教育综合（333）
备考指南

教育学原理

主编　张立平

JIAOYU ZONGHE (333)
BEIKAO ZHINAN

山东教育出版社
·济南·

图书在版编目（CIP）数据

教育学原理 / 张立平主编. -- 济南 ： 山东教育出版社，2025. 2. -- （教育综合（333）备考指南）.
ISBN 978-7-5701-3595-0

Ⅰ. G40

中国国家版本馆CIP数据核字第2025V8Y210号

责任编辑：苏文静　董　丁　齐　爽　周红心

责任校对：舒　心

封面设计：颜　彤　吴江楠

JIAOYU ZONGHE（333） BEIKAO ZHINAN

教育综合（333）备考指南

张立平　主编

主管单位：山东出版传媒股份有限公司

出版发行：山东教育出版社

　　　　地址：济南市市中区二环南路 2066 号 4 区 1 号　　邮编：250003

　　　　电话：（0531）82092660　　网址：www.sjs.com.cn

印　　刷：山东华立印务有限公司

版　　次：2025 年 2 月第 1 版

印　　次：2025 年 2 月第 1 次印刷

开　　本：787mm×1092mm　1/16

印　　张：58.5

字　　数：1100 千

定　　价：168.00 元

（如印装质量有问题，请与印刷厂联系调换）印厂电话：0531-76216808

教育学原理考试目标

一、系统掌握教育学原理的基础知识、基本概念、基本理论和现代教育观念。

二、理解教学、德育、管理等教育活动的任务、过程、原则和方法。

三、能运用教育的基本理论和现代教育理念分析和解决教育的现实问题。

前　言

　　教育硕士专业学位是具有特定教育职业背景的专业性学位,主要授予掌握现代教育理论、具有较强的教育教学实践和研究能力、高素质、专业化的基础教育、中等职业学校专任教师和教育管理人员。自1996年国家设置教育硕士专业学位以来,教育硕士招生单位从16所扩充到现在的191所(统计时间为2024年),累计招生54万余人,获学位人数累计为35万余人。当前,教育硕士成为我国培养规模最大的专业学位种类之一,教育硕士专业学位的建立在教师发展史上具有里程碑意义。教育硕士专业学位的设置极大满足了教育事业发展对高层次专门人才的广泛需要。今后,教育硕士专业学位教育将以高质量发展为目标,以立德树人为关键,以深化产教融合和联合培养基地建设为重点,不断深化人才培养模式改革,规范培养过程,为教育事业输送大批高素质、专业化和创新型的教师和教育管理人员,为加快建设教育强国、科技强国和人才强国,为基础教育和中等职业技术教育高质量发展做出新的贡献。

　　教育硕士的招生院校覆盖了传统的师范院校,也扩展到综合类高校;招生对象包括了基础教育、幼儿教育和中等职业学校人员,覆盖了学前教育、小学教育、心理健康教育、职业技术教育、教育管理、学科教学、现代教育技术、特殊教育、科学技术教育等9个专业20多个领域。2009年,教育部下发《教育部关于做好全日制硕士专业学位研究生培养工作的若干意见》,规定高等院校可以招收全日制教育硕士,于是出现了在职教育硕士和全日制教育硕士共存的局面。2015年1月,国务院学位委员会办公室通知要求,2016年起不再组织在职人员攻读硕士专业学位全国联考,在职人员攻读硕士专业学位招生工作将以非全日制研究生教育形式纳入国家招生计划和全国硕士研究生统一入学考试。至此,教育硕士考试正式纳入"国考"系列。2024年,全国教育硕士教育综合考试纳入国家统一命题,67所学校宣布加入统考。

　　教育硕士入学考试的科目一般为四门:①思想政治理论;②外语;③教育综合;④学科教育理论。其中思想政治理论、外语为全国统考科目,教育综合(学科代号333)采用统考与学校自主命题两种形式。教育硕士专业学位入学考试教育综合科目总分为150分,考试时间180分钟,答题方式为闭卷、笔试;考试内容包括教育学原理(约60分)、中外教育史(约50分)和教育心理学(约40分);试题包括单项选择题(30小题,每小题2分)、论述题(2小题,每小题15分)、材料分析题(4小题,每小题15分)。对于参加教育硕士专业学位入学考试的众多考生来说,合理安排复习时间和复习内容非常重要。一般来说,复习计划包括复习时间分配和复习内容整合。从时间上来说,临阵磨枪难免挂一漏万,但也并非投入时间越多越好,关键是学习的效果。建议合理分配好时间,先将全部知识点复习一遍,然后按照"中国教育史""外国教育史""教育心理学"和"教育学原理"的顺序分段复习第二遍,第三遍结合近年来的考点分布复习各部分的重点内容。最后,通过真题查缺补漏。考生应根据自己的实际情况合理分配四轮复习时间。

就复习内容来说,应该先通读参考书的目录,初步了解教育综合的知识体系和内在逻辑结构,掌握各个部分的知识脉络。学习完每一章的内容后,一定要对照结构图(思维导图)回忆知识点,把握章节的"知识树"。章节中的核心概念、基本理论、主要制度、历史沿革要简明扼要地做记录,重难点要用不同颜色标注,以便后续复习时特别关注。考试前两周,简要回忆一年中教育领域发生的重大事件、主要教育政策和国家领导人关于教育的讲话,并与教育综合考试内容建立联系。

非常重要的一点,是找到关于教育综合考试的权威用书,按照书中内容按图索骥、全面复习。作为一本经典考试用书,本书由北京大学教育学博士领衔,国内知名大学的知名学者和青年才俊参加了各部分的编写工作。这些学者从事教育学或心理学教学工作多年,有的多次参加教育综合考试命题,有的是教育硕士考试辅导机构的金牌讲师。他们对教育学和心理学的知识结构、能力考查和综合运用有较深刻的理解,结合最新考试大纲和考试指定用书,精选本书内容,使内容完全符合考试要求,既全面系统又重点突出。本书的重要特色是以经典知识学习为主线,辅以重点内容的考试真题,并为每章内容制作了思维导图,便于考生系统掌握知识结构。

北京大学教育学博士、天津师范大学张立平副教授担纲本书主编,于露、吕凡等参加了《教育学原理》的编写工作,杨春英、袁馨雨、庞皓天参加了《中国教育史》《外国教育史》的编写工作,凌玲、张星蕊参加了《教育心理学》的编写工作,全书的思维导图由张星蕊负责绘制。在此,衷心地感谢他们。当然,由于编者知识和能力所限,对考试重难点的理解可能存在偏颇,欢迎考生提出宝贵意见,我们将在后续的修订中逐一完善。考生的满意将是我们编者一贯的追求。

目 录

第一章 教育及其产生与发展

第二章 教育与社会发展

第三章 教育与人的发展

第四章 教育目的与培养目标

第五章 教育制度

第六章 课 程

第七章 教 学

第八章 德 育

第九章 教师与学生

第一章　教育及其产生与发展

一、教育的概念

（一）关于"教育"的陈述类型

1.教育定义

教育是一种有目的地培养人的社会活动,它的目的在于影响和促进人的发展。有目的地培养人是教育活动与其他社会活动的根本区别,也是教育的本质特点。但是强调教育活动的目的性,并不意味着要否定其他社会生活对人的发展的作用。

【2022 年 311 第 2 题】《论语》:"子以四教:文、行、忠、信。"《大学》:"所谓治国必先齐其家者,其家不可教而能教人者,无之。"《学记》:"教也者,长善而救其失者也。"上述各句中"教"字相同的含义是(　　　)

　　A.反求诸己　　　　B.养子使作善　　　　C.以身垂范　　　　D.上施下效

【解析】B

题干各句中的"教"侧重于"教化育人"。"教,上所施下所效也;育,养子使作善也"一句中,"养子使作善"为"培育、育人"之义。故选 B。

2.教育隐喻

（1）含义:教育隐喻有广义和狭义之分,广义的教育隐喻是指在一切教育活动中所开展的隐喻认知与所使用的隐喻语言,狭义的教育隐喻指关于教育的隐喻,即人们运用隐喻性思维解释教育事实、描述教育理想的认知活动与语言现象。谢弗勒认为教育领域同时借用比较、类似来阐释相关问题,同样也缺乏相应的规范,缺乏标准的表达形式及系统性。

（2）评价:教育隐喻是介于教育定义与教育口号之间的,它来源于感性认识,而又尚未脱离理性的限制;它试图借助理性达到抽象概括的水平,而又苦于没有适当的词语来表达。

3.教育口号

（1）含义：教育口号是在特定的社会时空环境下，政府或权威机构、组织以及个人根据不同的教育目的和思想理念，提出符合本机构、组织及个人利益或思想的非系统化、简练、明晰、通俗易懂，且富有宣传和鼓励作用的公共言语。

（2）评价：教育口号的出现是为了表达政府机构或组织以及个人的某种利益诉求或思想理念，将其加工润色成为公共语言符号。教育口号通常是非系统化地存在，因其朗朗上口，在传播方面具有独特优势，具有简约性、情境性和导向性等特征。

（二）教育定义的类型

美国分析教育哲学家谢弗勒在其著作《教育的语言》一书中探讨了三种定义的方式，即"规定性定义""纲领性定义"和"描述性定义"。

1.规定性定义。规定性定义即作者自己所下的定义，其内涵在作者的话语情境中始终统一。

2.纲领性定义。有关定义对象应该是什么的界定。

3.描述性定义。指对被定义对象的适当描述或如何使用定义对象的适当说明。

【2025年333第2题】教育定义、教育口号、教育隐喻是教育领域的三种常见陈述形式。下列选项中，属于教育口号的是（　　　）

A."教育是农业，不是工业"

B."人民教育人民办，办好教育为人民"

C."教育是一种有目的的培养人的社会活动"

D."善待问者如撞钟，叩之以小则小鸣，叩之以大者则大鸣"

【解析】B

教育口号通常是非系统化的存在，因其朗朗上口，在传播方面具有独特优势，具有简约性、情境性和导向性等特征。"人民教育人民办，办好教育为人民"是20世纪80年代常说的一个教育口号。故选B。

（三）教育概念的内涵与外延

1.教育的本质

教育是有目的地培养人的社会活动。有目的地培养人，是教育这一社会现象与其他社会现象的根本区别，是教育的本质特点。

【2024年333第4题】教育概念有特定的内涵外延,下列称得上教育的是
(　　)

　　A.曹冲称象　　　　B.程门立雪　　　　C. 岳母刺字　　　　D.公车上书

【解析】C

　　根据教育的定义,凡是有目的地增长人的知识和技能,影响人的思想品德,提高人的认识能力,增强人的体质,提升人的审美,增强人的劳动能力,完善人的个性的一切活动都可称之为教育。"岳母刺字"是有目的、引导性的、影响人的思想品德教育活动。故选C。

2.广义的教育与狭义的教育

(1)广义的教育:泛指能增长人的知识和技能,影响人的思想品德,提高人的认识能力,增强人的体质,完善人的个性的一切活动。它包括人们在家庭中、学校里、亲友间、社会上所接触到的各种有目的的活动。

(2)狭义的教育:主要指学校教育,即教育者根据一定社会或阶级的要求,有目的、有组织地对受教育者的身心施加影响,把他们培养成一定社会或阶级所需要的人的活动。

更狭义的内涵是指思想教育活动。

【2012年重庆师范大学333真题】狭义的教育主要指(　　　　)

　　A.家庭教育　　　　B.社会教育　　　　C.学校教育　　　　D.职业教育

【解析】C

　　狭义的教育主要指学校教育,即教育者根据一定社会或阶级的要求,有目的、有组织地对受教育者的身心施加影响,把他们培养成一定社会或阶级所需要的人的活动。故选C。

　　教育是一种有目的地培养人的社会活动,它的目的在于影响和促进人的发展。有目的地培养人是教育活动与其他社会活动的根本区别,也是教育的本质特点。但是强调教育活动的目的性,并不意味着要否定其他社会生活对人的发展的作用。

3.正规教育与非正规教育

按照教育活动的规范程度,教育可分为正规教育和非正规教育。

（1）正规教育

由专门的教育人员、机构及运行制度构成的教育形态。正规教育是每个人最先都会接触的教育,能获得相应学历。

正规教育具有统一性、连续性、标准化、制度化的特点,最有利于促进国家普及教育和提高教育效率。

所谓正规教育,主要指的是学校教育,它是学生在有组织的教育机构中所受到的教育,比如我们的小学教育、中学教育等。在这种教育中,学校教师有目的、有计划、有组织地对学生进行教育,而且学生们毕业后也可以获得相应的学历,因此也可以叫作学历教育。另外,这类教育由于有着严谨的学制,所以又可以叫作制度化教育。

（2）非正规教育

非正规教育没有能够形成相对独立的教育形式的教育,与生产生活高度一体化,其内容、方法、形式比正规教育具有更多的灵活性。

非正规教育的特点是有组织的活动,但未充分制度化;不需要注册,不发文凭,不授予学位;是组织性的教育,但更为常规化;结构松散,组织灵活。

非正规教育可以满足人们各种各样的学习需要,满足社会均衡发展的需要。非正规教育是促进终身学习的重要手段,在学习型社会的建设中起到核心作用。非正规教育已经成为判断一个国家社会经济发展水平的有效晴雨表。

4.家庭教育、学校教育与社会教育

根据教育活动存在的范围,教育可以分为家庭教育、学校教育和社会教育。

（1）家庭教育

家庭教育是指以家庭为单位,父母或主要监护人在家庭里自觉、有目的、有意识地对子女进行的教育活动。不论是在西方还是我国,家庭作为一种基本的社会单位,承担了大量的教育任务。

到了大工业革命以后,家庭教育中的大部分功能才让位于公共的学校教育。然而,即使是在今天,家庭的教育作用仍然是非常重要的,特别是在培养青少年健全人格方面,家庭的作用更是学校所无法取代的。

（2）学校教育

学校教育作为一种教育形态，有其自身的优越性，它已经成为一种主导性的现代教育形态。学校教育作为制度化教育的典型代表，具有有目的、有组织、有计划、有系统的特点，有利于促进教育的普及和提升教育的效率。

但是，学校教育由于组织性强，侧重集体，而忽视了学生的个性与差异，丧失了教学的灵活性。

（3）社会教育

社会教育从其外延上说，主要包括"社会传统的教育""社会制度的教育"与"社会活动或事件的教育"等不同类型。

①社会传统的教育是指一个社会的传统风尚对于个体的发展具有一种不言而喻的教育性。

②社会制度的教育是指当下的社会政治、经济、文化等方面的制度对于个体的态度、行为和信念也有一种塑造的作用。

③社会活动或事件的教育是指个体从各种各样的社会活动体验中所获得的教育。

二、教育的结构与功能

（一）教育的结构

1.教育系统的结构（教育的外部结构）

教育系统的结构指教育作为社会的一个子系统，与政治、经济、文化等其他子系统共同构成社会结构。教育系统结构种类的划分有着不同标准，这里主要从教育活动的任务、性质和时空三个维度进行分类。

（1）以教育活动的任务为标准，可划分为德育活动、智育活动、体育活动、美育活动和劳动技术教育活动。

（2）以教育活动的性质为标准，可划分为教授活动、学习活动和管理活动。

（3）以教育活动的时空为标准，可划分为课内活动和课外活动。

2.教育活动的结构（教育的内部结构）

教育活动的结构指教育作为一种培养人的社会活动的构成，即教育的内部结构。教育活动的基本要素包括教育者、受教育者、教育内容、教育活动方式，即教育活动的四要素。这些要素之间的相互活动构成教育活动的内部结构，教育者借助教育措施作用于受教育者，影响受教育者的身心发展。

（1）教育者

凡是对受教育者在知识、技能、思想、品德等方面起到教育影响作用的人，都可称为教育者。家庭教育中，父母是子女最初和经常的教育者；社会教育中，师傅以及起到教育作用的其他人员，都是教育者。但自学校教育产生以后，教育者主要是指学校中的教师和其他教育工作人员。

教育者是构成教育活动的一个基本要素，也是教育实践活动的主导者；是教育活动的设计者，也是教育目标、内容、方法和组织形式的制定者和实施者。教育者通过自己的活动实施一定的教育影响，促进受教育者的身心发展。它具有两个基本特征：主导性和社会代表性。

（2）受教育者

受教育者是指在各种教育活动中从事学习的人，既包括学校中学习的儿童、少年和青年，也包括各种形式的教育中的成人学生。

受教育者既是教育的对象，又是学习的主体。教育活动是教育者与受教育者双向互动的活动，受教育者是构成教育活动的基本要素，缺少这一要素，就无法构成教育活动。如果没有受教育者的积极参加，发挥其主观能动性，教育活动将只是教育者的独舞，不会有好的效果。

（3）教育内容

教育内容是教育者用来作用于受教育者的影响物，也是受教育者学习活动的对象。它是根据教育目的，经过挑选和加工的、最有教育价值和适合受教育者身心发展水平的人类科学文化成果的结晶。它主要体现在课程、教科书、教学参考书和其他形式的信息载体（如广播、电视、电影、报刊等）中，还体现在经过选择和布置的具有教育作用的环境（如教室、阅览室、校园等）中。

（4）教育活动方式

是指受教育者学习教育内容所选用的交互活动方式，它具有动态性和灵活多样性的特点。它在教育过程中具有举足轻重的作用，其选择和实施在很大程度上决定着学生对其所学知识的理解程度，决定着学生智力和能力的发展状况，并深刻地影响着学生的思想品德和审美修养水平。

（5）相互关系

教育的三个基本要素相互联系。教育者、受教育者是教育活动的主体，教育内容是师生传承的精神客体，要使三者形成一个有目的地培养人的教育活动，必须选用并通过一定的中介，即教育方式才能实现。

其中,教育者是主导性的因素,是教育活动的组织者和领导者,掌握着教育的目的,采用适当的教育内容,选择一定的教育活动方式,创设必要的教育环境,调控着受教育者和整个教育过程,促进受教育者的身心发展,以达到预期的目的。

需要说明的是,教育的基本要素只是一种对教育活动的过程结构的抽象分析与概括,这些要素本身及其相互关系是随着历史条件和现实选择的变化而变化的。

(二)教育的功能

教育功能指教育对人的发展和社会发展所能够起到的影响和作用,尤其指积极的促进作用。从教育作用的对象上,可以分为个体发展功能和社会发展功能;从教育作用的方向上,可以分为正向功能和负向功能;从教育作用呈现的方式上,可以分为显性功能和隐性功能。

1.从教育作用的对象上划分,可分为个体发展功能与社会发展功能。

(1)个体发展功能

个体发展功能是教育对个体的生存和发展所产生的作用和影响。教育的本质是培养人,所以教育促进个体发展的功能永远不会变。促进个体发展的功能是教育固有的功能,也是教育的本体功能。具体表现为教育的个体个性化功能、个体社会化功能、谋生功能和享用功能。

教育促进个体发展的功能是有条件的,教育活动必须遵循个体身心发展规律;必须符合社会发展的方向和要求;有效地组织教育活动才能促进学生发展;发挥教师的引导作用,才能促进学生自主能动性的发挥。

【2010年青岛大学333真题】从作用的对象看,教育功能可分为(　　　)

A.个体功能和社会功能　　　　B.正向功能和负向功能

C.显性功能和隐性功能　　　　D.本体功能和派生功能

【解析】A

从教育作用的对象上划分,可分为个体发展功能与社会发展功能。故选A。

【2018年南京师范大学333真题】从教育的本质属性来看,教育的本位功能是(　　)

A.促进个人的发展　　　　B.促进社会的发展

C.促进政治的发展　　　　D.促进经济的发展

【解析】A

促进个体发展的功能是教育固有的功能,也是教育的本体功能。具体表现为教育的个体个性化功能、个体社会化功能、谋生功能和享用功能。故选A。

【2013年311第2题】教师帮助和指导学生学会身份认同和角色定位,使其自觉按照角色要求为人处世。这体现了教育的(　　)

A.个体社会化功能　　　　B.个体个性化功能

C.个体谋生功能　　　　　D.个体享用功能

【解析】A

人所从事的职业与人在社会中所处的地位,这在很大程度上以其所接受的教育和训练为前提,教育是促进人的职业社会化和身份社会化的重要手段。个体的身份体现着个人在整个社会结构中的地位,也体现着人的各种社会关系。故选A。

（2）社会发展功能

社会发展功能是教育对社会的稳定、运行和发展所产生的影响。教育作为社会结构的子系统,通过培养人进而影响社会的存在与发展,是教育的本体功能在社会结构中的衍生,是教育的派生功能,也叫衍生释放功能。具体表现为"文化功能""经济功能""政治功能""科技功能""人口功能"等。

教育促进社会发展的功能要得以实现是有条件的,教育活动必须遵循社会发展的基本规律,并能够正确地把握教育和社会之间的相互作用的度。既要看到教育和社会的联系与区别,也要看到教育的个体功能和社会功能的联系与区别,还要看到教育为当下社会服务的保守功能与对未来社会服务的超越功能之间的联系与区别。只有正确处理教育功能之间的关系,教育的社会功能才会真正地得以实现。

（3）关系

教育的个体功能和社会功能是教育功能相互联系的两个方面。他们共同构成了完整的教育功能。教育的个人本位论和社会本位论,把教育的个体功能与社会功能对立起来,形成"本体论"和"工具论"的功能观,都是对教育功能完整性的割裂。教育功能是个完整的系统,必须确保教育个体功能和社会功能的统一。

2.从教育作用的方向上划分,可分为正向功能和负向功能

（1）教育的正向功能

教育的正向功能指教育对社会进步和个体发展的积极影响和推动作用。

表现为教育可能对个体发展产生积极影响和作用。比如当下所倡导的终身教育体系满足了个体的需要,有助于个体积极应对未来社会中的各种挑战。教育可能对社会发展产生积极影响和作用。比如教育提高了劳动者的素质,从而提升了整个社会的劳动生产率,促进了经济的发展。

（2）教育的负向功能

教育的负向功能指教育对社会和个体发展的消极影响和阻碍作用。

教育可能对个体发展产生消极的影响和作用。比如过分强调知识的传授,导致学生的实践能力不足,又如反复地机械练习会抑制学生的创新精神和创造才能的发展。教育可能对社会发展产生消极影响和作用,比如20世纪60年代,一些国家推行"教育先行"政策,抑制了这些国家投资和发展经济及其他社会事业;研究发现资本主义学校教育在生产、政治、经济、文化方面的不平等。

3.从教育作用的呈现方式上划分,可分为显性功能与隐性功能

（1）教育的显性功能

显性功能是依照教育目的、任务和价值期待,教育在实际运行中所体现出来的与之相符合的功能。

教育的个体发展功能、政治功能、经济功能、文化功能等,这部分功能既是教育的期待,也具有显著的外部表现。

（2）教育的隐性功能

隐性功能是教育非预期的且具有较大隐藏性的功能,教师的行为方式对学生潜移默化的影响,学校环境、社会环境对学生发展的影响等,都属于教育的隐性功能。

教育的隐性功能不等同于教育的负功能,隐性功能中既有积极的,也有消极的。我们需要利用积极的隐性功能,避免消极的隐性功能。

（3）显性功能与隐性功能的区分是相对的,也是可以相互转化、利用的。一旦意识到隐性功能的重要性,有意识地进行引导和利用,隐性功能就会转变为显性功能。教育虽然具有明确的目的,但不能强制和灌输,而要采用隐性的方式。所谓"随风潜入夜,润物细无声",就是把显性的教育转化为隐性的方式,实现"大雪无痕"的育人效果。

【2015年311第12题】结构功能主义者认为,结构良好的教育有助于社会流动,是实现社会公平的平衡器,因此学校是社会进步和改革最基本和最有效的工具。这种观点强调的是(　　)

A.正向显性功能　　　　　　B.正向隐性功能

C.负向显性功能　　　　　　D.负向隐性功能

【解析】A

结构功能主义者认为,结构良好的教育是改进社会的最基本最有效的工具。这一观点强调的是教育的正向显性功能。故选A。

三、教育的起源与发展

（一）教育的起源

1.生物起源说

生物起源说的代表人物有:法国社会学家、哲学家勒图尔诺,英国教育学家沛西·能,美国教育学家桑代克等。

该观点认为教育起源于人或动物的本能,是种族发展的本能需要。

教育学史上第一个正式提出的有关教育起源的学说,是达尔文的生物进化论,标志着教育起源问题由神话解释转向科学解释。错误在于没有把握人类教育的目的性和社会性,没有区分人类教育行为和动物教育行为之间的差别。

【2010年311第2题】"教育是与种族需要、种族生活相适应的、天性的,而不是获得的表现形式;教育既无须周密的考虑使它产生,也无须科学予以指导,它是扎根于本能的不可避免的行为。"这种教育起源说属于(　　)

A.神话起源说　　　　　　B.生物起源说

C.心理起源说　　　　　　D.劳动起源说

【解析】B

生物起源说认为,教育的产生完全来自动物本能,是种族发展的本能需要。故选 B。

2.心理起源说

代表人物有美国著名教育学家孟禄。

心理起源说是在对生物起源说批判的基础上产生的。孟禄从心理学的角度解释教育起源问题,他认为原始教育的形式和方法主要是日常生活中儿童对成人的无意识模仿。

该理论比生物起源说有进步,因为该理论涉及人的心理层面。教育是以人为对象的,而人是有心理活动的。但该理论忽视了人的教育的有意识性,从本质上并没有说明人的模仿与动物的本能活动的差别。该理论抹杀了教育的社会属性,也就忽视了人类教育的社会性、历史性和文化性。

3.劳动起源说

代表人物有苏联教育学家麦丁斯基以及我国的一些教育史学家和教育学家,如杨贤江等。

该观点认为:生产劳动是人类最基本的实践活动;教育起源于生产劳动过程中经验的传递;生产过程中的口耳相传和简单模仿是最原始和最基本的教育形式;生产劳动的变革是推动人类教育变革最深厚的动力。

劳动起源说是在直接批判生物起源说和心理起源说的基础上,在马克思主义唯物史观指导下形成的,指出了教育是人类社会所特有的、有目的、有意识的活动,强调其社会性、目的性和有意识性。

(二)教育的发展

教育的发展经历了古代教育、近代教育和现代教育三个阶段。

1.古代教育

奴隶社会和封建社会的教育被称作古代教育,其特征为:

(1)阶级性和等级性。学校成了统治阶级培养统治人才的场所。

(2)象征性。教育是贵族子弟的特权,象征着人们的身份与地位。

(3)教育内容的狭隘性。学校的教育内容主要是古典人文知识和治人之术。

（4）教育在西方具有鲜明的宗教性。欧洲以基督教作为主要学习内容，中亚以伊斯兰教作为主要学习内容。

（5）道统性。中西方古代教育各有自己的道统，西方教育的道统来自宗教，中国教育的道统来自儒家思想。

（6）教育具有刻板性与保守性。古代教育人才的目标是刻板的，思想是保守的。

（7）教育理论发展的无系统性和无理论性。古代有关教育的论著都是教育经验的描述，还没有上升到理论性的程度，也没有很强的系统性。

（8）教育与生产劳动和实际生活相分离。

2.近代教育的特征

近代教育指自由资本主义社会时期的教育，其特征是：

（1）教育的世俗化，教育逐渐从宗教中分离出来。

（2）教育的国家化，国家重视教育，公立教育崛起，形成学校教育制度。

（3）教育的义务化，西方国家普遍实施初等义务教育。

（4）教育的法制化，重视教育立法，依法治教。

（5）教育内容丰富化，加大自然科学知识的比重。

（6）教育开始与生产、生活有机结合。

3.现代教育的特征

现代教育的特征也说明了未来教育的发展趋势，它们的内容是一致的，具体表现为：

（1）教育民主化。教育民主化是指个体享有越来越多的平等的教育机会，并受到越来越充分的以自主合作为特征的民主形式的教育，以及教育制度不断转向公正、开放、多样的演变过程。

（2）教育现代化。教育现代化是指教育将社会现代化的理念和要求逐渐现实化的过程。教育过程现代化包括教育观念、教育内容、教育体制机制、教育手段方法、教育管理和教师素质等方面的现代化。

（3）教育全民化。教育全民化就意味着教育普及化。全民教育是满足所有人"基本学习的需要"的教育，是普及教育的继续与发展，也是解决当代人类困境的基本手段。现在，国际正在联合行动，推动全民教育运动的发展。

（4）教育信息化。教育信息化就是在教育领域全面深入地运用现代信息技术来提升教育现代化水平的过程,其技术特点是数字化、网络化、智能化和多媒体化,基本特征是开放、共享、交流协作。教育信息化的发展,带来了教育形式和学习方式的重大变革,对传统的教育思想、观念、模式、内容和方法产生了巨大冲击。

(5)教育制度化。教育制度化的实现,使得教育系统中的各级各类学校、各种教育机构和教育行政部门的工作均有一定制度可循,能够排除来自外部或内部的种种纷争或干扰,使教育活动有序有效地开展。

(6)教育终身化。法国教育家保罗·朗格朗首先提出终身教育的主张,他认为应在每个人需要知识的时候,随时都可以以最好的方式获得必要的知识,终身教育要贯穿人生命的始终,所以要使教育与生活密切地结合起来,并对制度化的教育提出挑战,注重人们个性发展的全面性、连续性,比传统教育更加能够显示每个人的个性。终身教育成为现代教育中一个富有生命力和感召力的教育思潮。

(7)教育国际化。教育国际化,即以国际的视野和全球认同的方式,构建教育发展和运行的完整体系和管理制度。在教育国际化这一进程中,发展中国家要学会掌握和运用好国际规则,努力做到趋利避害,同时建立、健全自身的法律法规,保持应有的独立,使教育国际化的正面效应得到最大限度的发挥,同时将负面影响降到最低。

(8)科学精神与人文精神相结合。科学教育的内容主要是事实(真伪)问题,而人文教育的内容主要是价值(世界对人的意义)问题。科学教育教人辨别客观事实,发现客观规律,趋向于"超人的东西";而人文教育则面向社会,面向人,面向人的情感、价值观念、伦理道德规范等,它解决人对客观事实、规律的价值认识和判断问题。二者要有机地结合起来。

(9)教育与生产劳动相结合。在现代社会,随着工业生产的发展和科学技术的进步,科学技术与教育在生产中的作用迅速增强。现代教育与生产劳动的逐步结合,对提高社会生产效率和增加社会财富起着重要作用,日益成为经济发展的有力保证。

【2013年青岛大学333真题】"活到老学到老"是现代教育( )特点的要求。

A.大众性 　　　　B.公平性 　　　　C.终身性 　　　　D.未来性

【解析】C

法国教育家保罗·朗格朗首先提出终身教育的主张,他认为应在每个人需要知识的时候，随时都可以以最好的方式获得必要的知识，终身教育要贯穿人生命的始终。故选 C。

【2010 年青岛大学 333 真题】下列不是现代形态教育的特征的是（　　）

A.教育的世俗化　B.教育的国家化

C.学校教育与生产劳动相脱离　D.教育的法制化

【解析】C

现代教育的特征说明了未来教育的发展趋势，它们的内容是一致的，具体表现为：①教育民主化；②教育现代化；③教育全民化；④教育信息化；⑤教育制度化；⑥教育终身化。故选 C。

（三）中国特色社会主义教育发展与改革

改革开放以来，我国确立了教育优先发展的战略地位。开启了以改革促发展、以开放促改革的伟大历程，不断完善党的教育方针，加快推进教育现代化，教育事业发展取得历史性成就，总体水平跃居世界中上行列，培养了一大批高素质人才，为提高全民族的思想道德素质和科学文化素质，促进经济发展、社会和谐、文化繁荣做出了贡献。

1.教育普及水平实现新提升

各级教育普及程度均达到或超过中高收入国家平均水平，学前教育跨越式发展，超过中高收入国家平均水平；义务教育取得历史性进展，达到世界高收入国家平均水平；高中阶段教育基本普及，多样化发展稳步推进；高等教育快速发展，进入普及化发展阶段；职业教育、继续教育体系更加完善，有力支持产业发展和终身学习；民办教育从无到有，成为我国教育重要组成部分。

2.教育公平发展迈上新台阶

全面打赢打好教育脱贫攻坚战，实现全国义务教育阶段建档立卡辍学学生"动态清零"；建立覆盖全学段的学生资助政策体系；大力提升基本公共教育服务水平；全面实行义务教育免试就近入学和公民同等入学政策。

3.教育服务国家发展取得新突破

教育资源空间布局进一步优化，创新性开展部省合建高校模式，现代职业教育体系加快构建，高校创新创业教育改革持续深化，高校服务创新驱动发展能力加快提升,教育对外开放呈现新格局。

4.教育综合改革激发新活力

全面推进依法治教,中国特色社会主义教育法律体系基本形成,基本实现教育事业领域的有法可依、依法治教;深化教育领域"放管服"改革,推动构建富有时代特征、彰显中国特色、体现世界水平的教育评价体系;稳步推进考试招生制度改革,深化高考综合改革,推进高职分类招生考试,深化硕士研究生考试招生改革,推进专业学位和学术学位分类考试,完善博士研究生招生选拔机制;实施"强基计划",加强基础学科拔尖创新人才选拔培养。

中国特色社会主义教育事业之所以取得显著成就,根本就在于以"九个坚持"指导教育改革发展的实践。

(1)坚持党对教育事业的全面领导;

(2)坚持把立德树人作为根本任务;

(3)坚持优先发展教育事业;

(4)坚持社会主义办学方向;

(5)坚持扎根中国大地办教育;

(6)坚持以人民为中心发展教育;

(7)坚持深化教育改革创新;

(8)坚持把服务中华民族伟大复兴作为教育的重要使命;

(9)坚持把教师队伍建设作为基础工作。

这"九个坚持"为加快推进教育现代化、建设教育强国、办好人民满意的教育提供了根本遵循。

本章内容思维导图

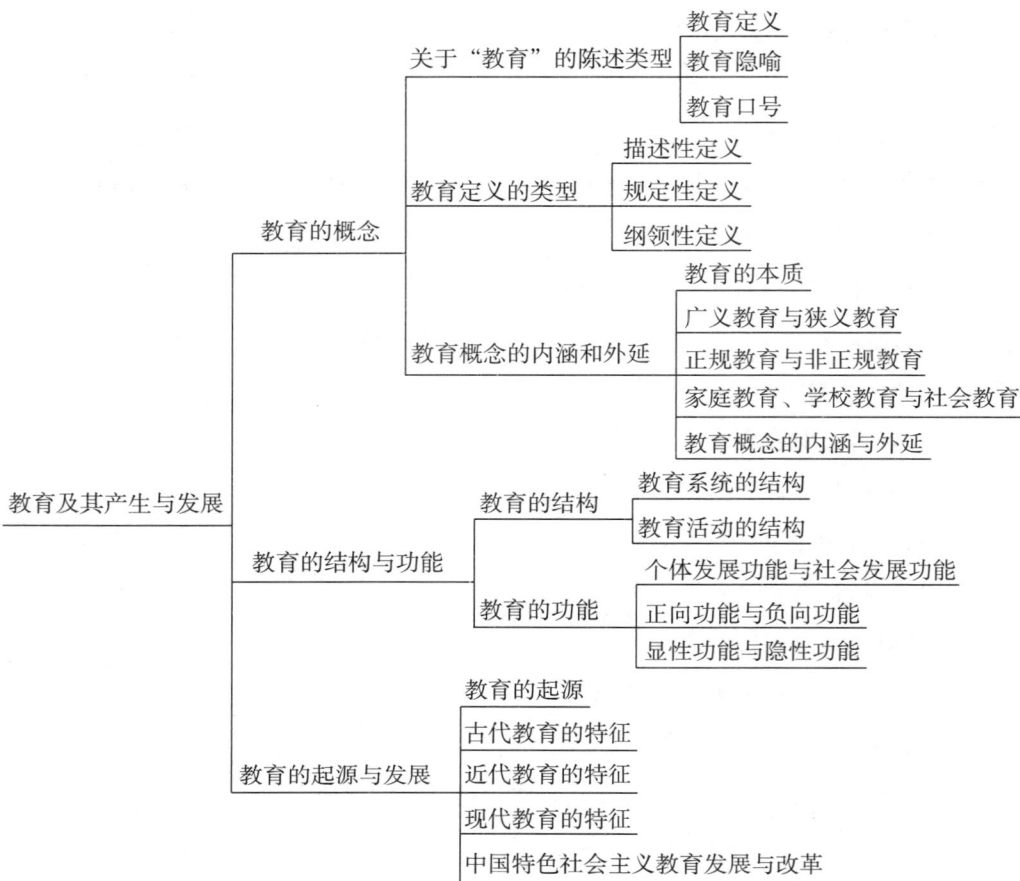

教育及其产生与发展
- 教育的概念
  - 关于"教育"的陈述类型
    - 教育定义
    - 教育隐喻
    - 教育口号
  - 教育定义的类型
    - 描述性定义
    - 规定性定义
    - 纲领性定义
  - 教育概念的内涵和外延
    - 教育的本质
    - 广义教育与狭义教育
    - 正规教育与非正规教育
    - 家庭教育、学校教育与社会教育
    - 教育概念的内涵与外延
- 教育的结构与功能
  - 教育的结构
    - 教育系统的结构
    - 教育活动的结构
  - 教育的功能
    - 个体发展功能与社会发展功能
    - 正向功能与负向功能
    - 显性功能与隐性功能
- 教育的起源与发展
  - 教育的起源
  - 古代教育的特征
  - 近代教育的特征
  - 现代教育的特征
  - 中国特色社会主义教育发展与改革

自测题

一、选择题

1.【2024 年 333 第 15 题】针对学生说谎起外号,郭老师教导学生:你们痛恨上当受骗,那自己怎么可以欺负别人呢？你们不愿意被起绰号,那怎么会给别人去取绰号呢？后来,让郭老师感到惊喜的是,他想让同学们商讨制定一个班规,有的同学就说:我们都不愿意被欺负,不能做欺负别人的人！这种现象体现的教育功能是(　　)

A.显性正向功能　　　　　　　　B.显性负向功能

C.隐性正向功能　　　　　　　　D.隐性负向功能

2.【2020 年 311 第 4 题】振兴中学王老师为促进全班学生努力学习,提高学业成绩,组织开展了一系列学习竞赛活动。结果发现,该班同学的学习积极性和学业成绩虽得以提高,但是他们对班级事务的关心变少,同学之间的友爱互助关系也不如从前。上述现象表明教育具有(　　)

A.正向显性功能和正向隐性功能

B.负向显性功能和负向隐性功能

C.正向隐性功能和负向隐性功能

D.正向显性功能和负向隐性功能

3.【2023 年 311 第 11 题】在《课堂生活》中,杰克逊描述了"拥挤的人群""评价性的环境"以及"不平等的权利关系"对学生心理与行为的影响。从教育功能角度看,这种影响属于教育的(　　)

A.显性功能　　　　　　　　　　B.隐性功能

C.保守功能　　　　　　　　　　D.超越功能

4.【2018 年 311 第 2 题】某家长认为目前学校课业负担过重,担心会影响孩子创造性和批判反思能力的发展,决定在家亲自给孩子上课。该事例说明学校教育具有(　　)

A.正向显性功能　　　　　　　　B.负向显性功能

C.正向隐性功能　　　　　　　　D.负向隐性功能

5.【2011 年 311 第 2 题】世界近代教育发展的重要成就之一是实施了(　　)

A.补偿教育　　　　　　　　　　B.义务教育

C.终身教育　　　　　　　　　　D.回归教育

6.【2012 年 311 第 2 题】如下现象属于教育范畴的是（　　）

A.爸爸针对小明懦弱的个性设法训练小明如何以牙还牙报复欺侮者

B.妈妈指导小明在与他人的冲突中如何保护自己

C.老师严格管理以保护小明等弱小学生不再受欺负

D.小明在与同学的多次冲突中逐渐学会了如何与人和睦相处

7.【2020 年 311 第 3 题】近代以来欧洲教育逐渐世俗化,这种发展特征在学校教育制度中表现为（　　）

A.教育对象扩大到平民阶层

B.公立学校与宗教组织分离

C.教育与生产劳动相结合

D.义务教育的普及

8.【2019 年 311 第 3 题】"教育机会均等"涉及诸多实践议题,其中包括（　　）

A.补偿教育、多元文化教育、全纳教育

B.多元文化教育、全纳教育、国际理解教育

C.全纳教育、国际理解教育、补偿教育

D.国际理解教育、补偿教育、多元文化教育

二、论述题

1.【2010 年东北师范大学 333 真题】结合我国近年来对应试教育和素质教育的讨论,谈谈你对素质教育的认识和理解。

2.【2018 年东北师范大学 333 真题】论述教育与生产劳动相结合的现实意义。

三、材料分析题

【2021 年北京师范大学 333 真题】材料:在民主观念放任的情况下,人们已经忘记教育为何物,人们所理解的教育只是将青年人培养成有用之才。当某一科学被运用到经济之中时,这门科学马上身价百倍,人们为了获利,纷纷追求它,并在学校中推广这一学说。因此,科学和培养科学人才的重要性得到前所未有地强调,人们也因此愿意付出最大的物质代价。科学价值的评判与精神价值的评判不可同日而语。培养出来的科技人员只是服务于某些目的的专业工人,他们并没有受到真正的教育。因为技能的培训、专业技能的提高还不能算是人的陶冶,连科学思维方式的训练也谈不上,更何况理性地培养。

结合以上材料,论述你对教育意义和价值的理解。

第二章　教育与社会发展

一、关于教育与社会关系的主要理论

(一)教育独立论

教育独立论的代表人物主要是蔡元培。

观点:教育经费独立。要求政府划出某项固定收入,专做教育经费,不能挪用;教育行政独立。专管教育的机构不能附属于政府部门之下,要由懂得教育的人充任;教育内容独立;教育脱离宗教而独立。

教育独立论主张教育脱离政党、教会而独立,要求教育家办教育,反映了资产阶级民主派要求摆脱军阀政府对教育的控制,反对帝国主义国家的文化侵略,在中国独立、自由地发展教育事业的愿望。在当时,这无疑具有重要的进步意义,但在理论和实践上都是行不通的。

(二)教育万能论

爱尔维修在启蒙运动时期抨击人的天赋不平等以及教育等级制的贵族理论时提出该理论。

观点:人的成长归因于教育与环境,"人受了什么样的教育,就成为什么样的人";肯定人生来天赋平等,人的发展完全是由教育决定的。

教育万能论反映了在当时的历史条件下,新兴资产阶级推翻封建制度的进步要求,但它普遍忽视或否定了遗传素质及人的主观能动性在人的发展中的作用,把社会环境和教育看作影响人的发展的决定性因素,显然是不科学的。

(三)人力资本论

人力资本论是由美国经济学家舒尔茨提出来的。人力资本是指凝聚在劳动者身上的知识、技能及其表现出来的能力。这种能力是生产发展的主要因素,它是具有经济价值的一种资本,但不能被继承及转让。

观点:

(1)人力资本对个体的作用。人力资本能够提高个体的生产率,是人未来薪资收益的源泉,也是劳动收入增加的根本原因。

(2)人力资本对社会的作用。人力资本是一种生产要素资本,对生产起促进作用,是经济增长的源泉。人力资本的增长速度快于物质资本增长的速度,这是现代经济最基本的特征。

（3）重视教育投资对人力资本的作用,劳动者通过教育和训练所获得的知识和技能是资本的一种形式,他同物质资本一样是可以通过投资生产出来的。教育投资是人力资本的核心,是一种可以带来丰厚利润的生产性投资。

理论上揭示了教育对经济的促进作用,为研究二者的关系提供了全新的视角;实践上促使各国加大教育投资,重视教育的经济功能。该理论认为要重视教育投资对人力资本的作用,教育投资能够转化为人力资本,促进社会经济的发展。但是,该理论忽视了教育的表征功能;忽视了劳动力市场中的分类前提。

【2024 年 333 第 2 题】20 世纪 60 年代许多国家相继实行教育先行战略,支持这种国家发展战略的理论是(   )

A.社会再生产理论　　　　　　B.人力资本理论

C.社会平衡理论　　　　　　　D.文化资本理论

【解析】B

人力资本理论认为要重视教育投资对人力资本的作用,教育投资能够转化为人力资本,促进社会经济的发展。教育先行指教育在本国经济能力可承载的情况下,适度地先于其他行业或经济发展的现有状态而超前、提前发展,体现国家对教育的重视。故选 B。

【2025 年 333 第 10 题】人才资本理论认为,教育具有促进经济增长的重要功能,主要因为教育能够(   )

A.提高劳动者素质

B.提高劳动者的学历水平

C.改变人的一般本性

D.促进生产过程的社会结合

【解析】A

在人力资本理论看来,人力资本投资可以增加个人的知识和学习技能,提高个人收入回报;对社会而言,教育为社会培养人才,提高其生产力,促进了社会经济的发展。故选 A。

（四）筛选假设理论

1973年,迈克尔·斯宾塞发表的《筛选假设——就业市场信号》一文阐述了这一理论。他们认为教育并不能提高人的能力,教育只是一个筛子,是用来区别不同人的能力的手段,教育具有筛选的功能。

1.观点:

（1）筛选假设理论基本假定前提:不完全信息和不确定投资。雇主由于不了解求职者的生产能力,因而雇用的决定变成为一种不确定的投资,即一种风险投资。但雇主可以通过个人属性和特征间接地了解求职者的生产能力。

（2）信号和标识。求职者的个人属性可分两类:信号与标识。他们可以表明一个人的生产能力。信号指可观察到的隶属于个人并且可以改变的属性。标识指可观察到的但不能改变的个人属性,如年龄。

（3）教育具有表征功能。每个人的能力都是固定的,而且是不同的教育不能提高一个人的能力,却能表征一个人的能力。因为教育成本与能力呈负相关。支付同样的成本,能力较强的人能够获得较高的教育水平,能力较低的人只能获得较低的教育水平,结果得不偿失。

（4）教育与工资成正相关。能力高的人,在职培训所需要的成本较低,但生产率较高,因而雇主支付给他们较高的工资。由于教育水平反映了求职者的能力,因而教育水平越高的人,雇主付给他们的工资也越高,反之亦然。

2.优点:筛选假设理论描述和解释了20世纪70年代以来困扰许多国家的教育文凭膨胀问题,因此在世界各国得到了广泛传播。

3.局限:但该理论片面强调教育的筛选作用,否认教育能够通过提高人的认知技能来提高劳动生产率,这一观点是错误的。

（五）劳动市场理论

劳动力市场理论主要是在批判筛选假设理论的基础上发展起来的。

该理论认为:劳动力市场由主要劳动力市场和次要劳动力市场组成;教育与个人收入之间的关系不直接相关,工资水平取决于在哪个劳动力市场工作。在主要劳动力市场的收入会高于次要劳动力市场;在哪个劳动力市场工作并不只受教育因素的影响,还和人的性别、年龄、种族等其他因素显著相关。

该理论揭示了教育在资本主义国家劳动力市场划分中的作用,揭示了教育未能改变各阶级、集团之间收入不平等的现实。但也有些人认为,它对教育与经济关系的论述是不全面的。

（六）再生产理论

再生产理论是法国著名的社会学家、教育家布迪厄提出来的。

布迪厄以"符号暴力"为逻辑的起点，认为教育活动本身是一种"符号暴力"，教育活动体现的是权力集团和统治阶级的意识，宣扬的是统治阶级的文化和意志，使这种统治阶级的文化能够不断再生产，维持现有统治结构的稳定，保证该种文化一代代地传递下来。从某种程度来说，文化的再生产也是权力的再生产，即"符号暴力"的再生产，而这些都是通过教育实现的。

二、教育的社会制约性

在社会历史的发展中，教育目的与制度、内容与方法、规模与速度，无不受到一定的社会生产力、经济政治与文化等因素的制约，这就是教育的社会制约性。

（一）生产力对教育的制约

1.生产力的发展水平制约着教育事业发展的规模和速度

一方面，生产力的发展为教育提供了物质条件和基础；另一方面，当教育的发展超过了生产力的承受能力，占用过多的资金和人力时，社会必将对其进行调整，以使教育的发展适应生产力发展的水平。

2.生产力的发展水平制约着人才培养的规格和教育结构

培养什么样的人，既受制于社会的政治经济制度，也与生产力发展水平密切相连。在现代社会，基础教育的普及、义务教育年限的延长、职业技术教育的大力发展、高等教育的大众化趋势都是由生产力的发展需要决定的。

学校教育结构反映了经济的技术结构和产业结构的发展变革。教育为生产培养的人才能满足生产力发展的需求，否则，即使培养的人才在总量上有富余，也仍会出现结构性失调。

3.生产力的发展水平制约着课程的设置和教育内容的沿革

由于不同时代的生产力和科学技术发展水平不同，各个时代使用的生产工具也各不相同，生产力发展对人才培养规格的要求不同，学校的课程门类、课程结构、课程内容也各不相同。教学内容的历史发展证明，学校的课程，特别是自然科学方面的内容，是直接受制于生产力发展的。

4.生产力的发展促进着教学方法和教学组织形式的发展与改革

学校的物资设备、教学实验仪器、组织管理所使用的某些工具和技术手段，都随着社会生产力发展水平的提高而逐步地获得改善和提高。在生产力高度发展的今天,一些现代化的教育手段如多媒体、电视等被引入教学领域,从而使教学组织形式、教学手段、方法向多元化发展,而先进的教学手段能使教学超越时间和空间的限制,大大加速了人们的认识过程。

【2014 年华中师范大学 333 真题】制约教育事业发展规模和速度的是( )

A.政治制度   B.生产力

C.科学技术   D.文化

【解析】B

生产力的发展水平制约着教育事业发展的规模和速度。故选 B。

【2025 年 333 第 3 题】社会对教育发展的影响可能表现在:①教育发展的规模和速度;②课程设置与内容选择;③教育领导权和受教育权;④教育方法与手段;⑤教育管理体制。其中,生产力对于教育的影响主要表现在( )

A.①②④   B.②③④   C.③④⑤   D.①④⑤

【解析】A

生产力的发展制约教育事业发展的规模和速度;生产力的发展水平制约人才的培养规格和教育结构;生产力的发展制约教学内容、教学方法和教学组织形式的发展和改革。③和⑤属于政治经济制度对于教育的影响。故选 A。

(二)政治经济制度对教育的制约

1.政治经济制度决定着教育的领导权

任何社会,谁掌握了政权,谁就会掌握教育的领导权。具体到阶级社会中,统治阶级大多通过制定教育法律、颁布教育方针政策、规定教育目的、明确教育内容、任免教育行政人员和教师、控制教育经费的分配和使用等手段,把教育领导权牢牢掌握在自己手中,以培养为本阶级服务的人。

2.政治经济制度决定着受教育的权利

谁有受教育权利,以及受什么样的教育,由社会的政治经济制度决定。

3.政治经济制度决定着教育目的的性质和思想品德教育的内容

正是由于教育的领导权和受教育权、教育的方针政策、教育目的的性质和思想品德教育的内容等,都是随着政治经济制度的变化而变化的,才有了教育属于上层建筑的教育本质观。在这个意义上说,在阶级社会中,任何"超阶级""超政治"完全中立的教育是不存在的。

4.政治经济制度的性质制约着教育的性质

教育具有什么样的性质是由所在社会的政治经济制度的性质决定的，而教育的发展变革也受制于社会政治经济制度的发展变革。

5.政治经济制度制约着教育内容、教育结构和教育管理体制

为了实现不同的教育目标，不同社会政治经济条件下的教育有着不同的教育内容，尤其是社会科学方面的内容。特定社会的教育结构也是由该社会的社会结构、经济结构决定的。教育的管理体制更直接受制于社会政治经济制度。

（三）文化对教育的制约与影响

正如文化教育学派所指出的，人是一种文化的存在，而教育的对象是人，教育又是在一定社会历史背景下进行的，因此，教育的过程是一种历史文化过程，即"以文化人"的过程，教育不能离开文化而存在。

1.文化知识制约教育的内容和水平

文化是教育的基础，教育的本质是"以文化人"，也就是通过传承和创新文化来培养人才。教育的任务之一就是传授系统化、概念化的文化知识。教育内容反映在课程上，课程本身就是文化的载体。文化知识始终是教育的主要资源。

2.文化模式制约教育环境和教育模式

文化模式为教育提供了特定的背景，生活在经济政治制度大体相同而文化模式迥异的国家，其国民性却大相径庭、各有千秋。

3.文化传统制约教育的传统和变革

文化传统越久，对教育传统变革的制约性就越大。当前我国在教育改革上遇到的阻力追根溯源与文化传统中的消极因素有一定关系。正确认识文化传统对教育的制约关系，对当前的教育改革有重大作用。

（四）科学技术对教育发展的影响和制约

1.科学技术能影响教育者的教育观念，提高其教育能力。

科学发展水平会影响教育者对教育内容、教育方法的选择和对教育工具的使用，也会影响他们对教育规律的认识。

2.科学技术也能够影响到教育对象。

一方面，科学的发展日益揭示出教育对象的身心发展规律，从而使教育活动更符合这种规律，并使学习者扩展自己的受教育能力；另一方面，科学的发展及其在

技术上的广泛应用,能够使教育对象的视野和实践经验得以扩大。

3.科学技术还会渗透到教育影响的所有环节之中,为教育措施的更新和发展提供各种必需的思想要素和技术条件。科技迅速发展迫使课程体系不断变化,教学内容不断更新,教育教学设施、设备不断更新与完善,教育方法不断变化与拓展。

(五)人口对教育发展的影响和制约

人口是生活在一定社会、地区的人的总体,通常包括人口的数量、质量和结构等指标。其中,人口质量是一个用以表明人口各方面素质综合发展水平的概念,通常包括人口的身体素质、科学文化素质和思想道德水准。

1.人口数量对教育发展有较大影响和制约。其表现为:

(1)人口数量影响教育发展的规模,人口的高增长必然要求扩大教育的规模;

(2)人口数量影响着教育结构;

(3)人口数量特别是人口的增长率影响着教育质量。

2.人口质量影响着教育质量。表现为直接和间接两个方面:

直接影响是指入学者已有的水平对教育质量的总影响;间接影响是指年长一代的人口质量影响新生一代的人口质量,进而影响以新生一代为对象的学校教育质量。

3.人口结构对教育发展也有一定的影响和制约。

人口结构包括人口的自然结构与社会结构。自然结构指人口的年龄、性别等方面。社会结构指人口的阶级、文化、职业、地域、民族等方面。人口结构对教育结构产生很大影响。其表现为人口的年龄结构会影响各级各类学校在学校教育系统中的比例;人口的文化构成对教育需求和质量产生很大影响;人口的民族结构对教育的影响更为复杂,需要提供多样化的学校和不同的教育内容,以满足不同民族对教育的不同需求。

4.人口地域分布的不平衡也会带来教育机构布局的不平衡。人口的疏密度也会影响学校的办学形式。

5.人口的流动对于教育的影响也日益凸显。尤其是流动人口及其子女的教育问题、移民教育问题已经成为城镇化和全球化时代面临的重大教育难题。

【2018年311第11题】随着我国城镇化的发展,在一些农村小学就读的适龄学童越来越少,甚至出现学校难以维持的状况。导致这种局面的直接原因是(   )

A.人口结构　　　B.人口波动　　　C.人口流动　　　D.人口质量

【解析】C

人口流动是人口在地区之间所做的各种各样短期的、重复的或周期性的运动。人作为学校教育的对象，是教育形成与发展的前提条件。人口流动对学校教育会产生一定的制约和影响。人口的密度决定着学校教育规模；人口的发展状况决定着学校教育发展的速度。在我国，一些农村小学就读的适龄学童越来越少，甚至出现学校难以维持的状况，导致这种局面的直接原因是人口流动。本题的正确答案为C。

（六）媒介对教育的影响与制约

媒介制约教育的发展规模。在口传作为单一媒介来完成教育活动的时期，教育活动传播的知识和面向的教育对象有限。随着现代媒介的发展，尤其是数字传播时代的来临，教师可以利用多种媒体传递更多的教育信息，知识传播的渠道变得多元，内容也变得更为丰富。同时，现代媒介也打破了时空的限制，使得教师可以在同一时间为数以万计的人提供优质教学，教学效率大幅提升，教学规模也空前扩大。

媒介改变教师的教学模式。媒介技术的发展改变了教师的教学模式，使得教师能够与学生在线互动交流，互动学习，互动答疑，教师不再居高临下地灌输知识，更多的是为学生提供资源，促进其兴趣的产生，对其进行思维的引领。

媒介丰富学生的学习体验。通过现代媒介，如网络视频，学生几乎可以随时随地随心地与同伴沟通，与老师沟通，甚至可以与远在千里之外的各行各业的名师们进行即时对话。这些都极大丰富了学生的学习体验。

三、教育的社会功能

（一）教育的经济功能

教育通过总结、传承与发展生产经验，科学技术和经济管理知识，能够培养参与各种经济活动的劳动者和专门人才，使社会生产力和经济得到发展。

1.教育是使可能的劳动力转变为现实的劳动力的基本途径，也是劳动力再生产的手段和途径，它通过培养社会需要的各种劳动力推动社会生产与经济发展。

2.现代教育是使知识形态的生产力转化为直接生产力的一种重要途径。

科学作为人们认识客观世界成果的知识体系，它仅仅是一种知识形态的生产力,只有当科学知识运用于生产过程,才有可能转化为现实的生产力;而要实现由知识形态的潜在生产力转化为现实的生产力,除了要通过艰巨而复杂的科学研究、发明创造或革新实践外,其技术成果的推广、经验的总结与提升都需要通过教育与教学的紧密配合。

3.现代教育是提高劳动生产率的重要因素。

现代生产率依靠科学技术在生产中的应用、推广和不断革新,依靠提高劳动者受教育的程度与质量,依靠提高劳动者的素质、扩大脑力劳动者的比重、发挥劳动者在生产和改革中的创造性。因此,随着科学技术在生产中的作用日益增强,脑力劳动在生产中的比重越来越大。

【2012年311第3题】下列现象中可以说明教育对社会发展起促进作用的是( )

A.班级授课制为普及义务教育提供了便利

B.普及义务教育在一定程度上满足了机器大生产对劳动力的要求

C.僵化的制度化教育导致社会拒绝学校毕业生

D.学生发展指导制度促进了学生学业、生涯、个性及社会性的发展

【解析】B

普及义务教育在一定程度上满足了机器大生产对高素质劳动力的要求,教育的经济功能有了很好的发挥,促进了社会的发展。故选 B。

(二)教育的政治功能

教育通过传播与宣传一定社会的政治理念、意识形态,调控或主导着一定社会的舆论和规范,积极地影响人、引导人,尤其注意通过培养年轻一代的政治理念与品德,以促进和保障一定的社会政治经济制度与路线的巩固和发展。

1.教育传播科学真理,启迪人的民主观念。

教育通过传播科学真理,启迪人的思想意识,提高人的民主观念,来推动政治的改革和进步。只有具有民主意识和民主精神的公民,才能建立民主的社会和民主的政体。

2.教育民主化本身是政治民主化的重要组成部分。

教育民主化是现代教育改革的目标和追求,它表现为受教育权利的平等,即入学机会的平等、教育过程中的平等和教育结果的平等。公民受教育机会平等是一个国家政治民主化的重要标志,也是推动社会政治变革的重要力量。

【2015年南京师范大学333真题】教育为政治服务的最基本的途径是（   ）

A.建设社会政治制度　　　　B.开展思想宣传活动

C.开设思想政治课程　　　　D.培养现代政治公民

【解析】D

教育通过传播与宣传一定社会的政治理念、意识形态，调控或主导着一定社会的舆论和规范，积极地影响人、引导人，尤其注意通过培养年轻一代的政治理念与品德，以促进和保障一定的社会政治经济制度与路线的巩固和发展。故选 D。

3.民主的教育是政治民主化的加速器。

民主的教育不仅可以提高国民的政治素养，推动他们参与政治的热情，提高执政者管理的科学化和民主化水平。更重要的是，真正的民主教育本身能直接影响每个学生的心灵，使他们在民主的教育中增强民主意识，成为推动政治民主的中坚力量。

（三）教育的文化功能

1.教育的文化传递、保存功能。

教育作为培养人的活动，它以文化为中介，客观上起着文化的传承和普及作用。正因为教育的独特作用，才使得人类积累的文化代代相传。

2.教育的文化选择、批判功能。

教育作为一种特定的文化，它必须对浩瀚的文化做出选择，根据统治阶级的需要和学生发展的需要，对社会现实的文化状况进行分析和评价，去伪存真，向学生提供科学的、有价值的文化。这既能引导社会文化向健康的方向发展，又能培养和提高受教育者的文化选择和批判能力，最终促进学生的发展。

3.教育的文化交流、融合功能。

教育主要通过两种途径促进文化的交流和融合：一是内在的教育过程本身通过对不同文化的学习，对文化进行选择、整合，形成新的文化，促进文化的不断丰富和发展；二是外在的教育交流活动，如互派留学生、对外学术交流和合作等，促进不同民族文化间的相互吸收、相互影响和相互融合。

4.教育的文化更新、创造功能。

教育对文化的选择、批判和融合功能，也就是构建新的文化特质和体系，使文化得到不断的更新和发展。另外，教育不仅直接生产新的文化，如新的作品、新的思想和新的科学技术，还培养创造性人才从事文化创造活动。

（四）教育的生态功能

生态环境是人类生存、发展的必要条件与家园，其关乎人民福祉、民族未来的长远大计。因此，肩负生态教育的重任，需注重以下几个方面。

1.树立建设生态文明的理念。

学校和社会要加强生态文明的教育与宣传，让学生从小养成爱护自然、爱护生命、节约资源、保护生态环境的思想情感，从而逐步在全社会牢固树立建设生态文明的观念。

2.普及生态文明知识、提高民族素质。

对自然开发的无序与过度，运用科技的不当或失误，不懂得珍爱生命和节约资源等，都会造成生态破坏。造成生态灾害与失衡的原因很多，都与人的素质不高相关。因此，我们应当有计划地普及生态文明知识，并注意指导与督促他们将这些知识运用于生活实践。

3.引导建设生态文明的社会活动。

生态文明建设关涉社会的移风易俗，所以，学校的生态文明教育不应局限于校内，要组织学生参加到社区的生态文明建设中去。学生在社会实践中加深、提高认识，经受熏陶与锻炼，养成生态文明建设的兴趣与信念。

（五）教育的科技功能

1.教育是科学知识再生产的手段。科学技术是第一生产力，教育不仅传播科学技术，而且是科学技术转化为生产力的中间环节，是科技第一生产力由潜在性变为现实性的前提和条件。教育以其极为简约的方式和广泛的形式传递人类已有的科学知识，高效能地扩大科学知识的再生产。

2.教育是促进科技革命与发展的重要手段，而且能够直接生产科学技术。特别是高等学校通过创造和发明新的科学技术从而发挥再生产科学技术的功能。科学技术的创新依赖于人才的创新，而人才的创新无疑依赖于教育。正因为教育对经济、政治、文化和科技发展有如此重要的功能，自改革开放以来，我国逐步确立并实施科教兴国和人才强国战略，提出了创新型国家建设、创新型人才培养和创新教育等一系列重大命题。

（六）教育的人口功能

教育不仅对调控人口数量、调整人口结构有着重要作用，更重要的是教育作为促进人的德智体美劳全面发展的活动，其直接的效果就是改善人口质量。

当今的教育不只着眼于培养少数专业性、高科技人才，而是通过普及义务教育,实施人才开发战略,把沉重的人口负担转化为人才资源优势,提高全民族的素质。良好的教育能使我国由人口大国转变为人力资源强国。

四、当代社会发展对教育的需求与挑战

(一)现代化与教育变革

1.教育现代化的内涵

教育现代化是整个社会现代化进程中一个不可或缺的部分,是一个具有指向性的、能动的教育变革过程,是教育的整体性转型,是教育获得和深化现代化的过程。

教育现代化指教育应该把社会现代化的理念、要求、方法、手段、技术等逐渐实现的过程,教育现代化也是一个有着诸多层面、内涵丰富、从低级走向高级、从不完善走向完善、动态、不断发展变化的过程,这是教育发展的趋势。教育现代化的核心是实现人的现代化,特别是人的观念的现代化。

2019 年颁布的《中国教育现代化 2035》提出了推进教育现代化的八大基本理念:以德为先,全面发展,面向人人,终身学习,因材施教,知行合一,融合发展,共建共享。该文件还提出我国到 2035 年的教育发展总目标:到 2035 年,总体实现教育现代化,迈入教育强国行列,推动我国成为学习型大国、人力资源强国和人才强国。

2.现代化背景下的教育变革

教育观念的现代化。教育观念的现代化是实现教育现代化的一个重要前提。适应社会发展的先进教育观念对社会和教育的发展起着积极的促进作用,教育观念的现代化就是摒弃与时代和社会发展相背离的、落后的教育观,树立与现代社会发展需要相一致的教育观念,如终身教育观、教育主体观、教育民主观等。

教育制度的现代化。教育制度现代化是教育现代化的基本内容和重要保障。具体来说,国家要建立高质、高效的教育管理体制;坚持开放、民主的教育管理原则;使用融合现代管理技术的教育管理手段。

教育内容的现代化。通过教育内容的调整推进教育现代化是各国教育改革的一个焦点。注重课程的时代性和稳定性、结构性和系统性的统一,加强学科之间的相互渗透,调整必修课和选修课的比例,引进科技发展的新成就、新理论,是教育内容现代化的表现形式。

教育条件的现代化。教育条件设备是反映教育教学水平的一个重要标志。现代科学技术的发展为教育条件设备的现代化创造了条件,在教育教学中使用先进教学手段,如幻灯片、投影、录音、录像、闭路电视、计算机多媒体等都是教育条件设备现代化的标志。此外,还有教育方法现代化、教育组织形式现代化、课程结构现代化等。

教师素质的现代化。教师素质的现代化是教育现代化的关键,包括教师的思想观念现代化、职业道德素质现代化、知识构成现代化和教育能力现代化等方面。

(二)全球化与教育变革

1.教育全球化的内涵

全球化是指人类社会发展到一定历史阶段,由于生产力的发展与科学技术的进步,经济、政治、文化、社会生活等方面在全球范围内形成互动,汇合成一个全球社会的历史过程和趋势。全球化中包含教育全球化。

教育全球化是指人类社会的教育不断跨越空间障碍和制度、文化等社会障碍,在全球范围内实现充分沟通,达成更多共识,采取更多共同行动,同时不断获得和深化现代性的过程。教育全球化是一个包罗广阔、多层次、多阶段的历史过程。

教育全球化的作用:探索全球化的真谛,引导全球化健康发展;立足本国,面向世界,培养具有国际水准的公民;加强教育的国际交流与合作,促进教育的全球化。

2.全球化背景下的教育变革

正确把握全球化与本土化的关系,明确教育发展的定位。教育本土化可以理解为全球教育思想与中国教育实际的汇通、融合,是使全球教育思想转化为我国教育实际,并因此体现出本土特征的过程。教育的本土化既要立足本土,从本国实际出发,又要积极借鉴一切优秀的外来教育发展要素。

辨识全球化对教育带来的影响,有意识地抵御全球化的风险。要认清全球化进程中产生的消极影响和风险。作为发展中国家,我们必须认识到全球教育规范或标准的相对性,寻求教育多元发展的框架。

拓宽全球视野,加强国际理解和全球意识教育。国际理解教育以解决国际社会的问题为主题内容,涉及了解世界各种文化,理解世界的多元性和国际社会所面临的人口、贫困、环境保护等现实问题,认识世界的各种关系和不同文化社会之间的相互依存性,从而提高对国家和民族的认识增强个人的责任感。

(三)知识经济与教育变革

1.知识经济的内涵

知识经济是"以知识为基础的经济"。它直接依赖于知识的创造、传播和应用,是以现代科技为核心的建立在知识和信息的生产、储存、使用和消费之上的经济。

2.知识经济背景下的教育变革

实施科教兴国战略。在知识经济的大背景下,国家要把教育摆在优先发展的战略地位,实施科教兴国战略,完成人才强国的历史使命。

培养创新型人才。知识经济时代最重要的是知识创新与应用，适应知识经济发展的人才必须有较强的知识获取、创造和应用能力，应该破常规、解放个性，给予他们个性发展空间。

打破学科壁垒。知识经济的发展要求调整专业结构、教学内容，实现课程综合化，培养综合型人才。

营造学习型社会。改变传统的教育职能和教育形式，营造一个线上线下都可以学习的学习型社会。

推进教育市场化。转变政府职能，建立健全更趋完善的教育机制，使政府、学校、市场之间形成良性互动。

（四）信息社会与教育变革

1.教育信息化的内涵

信息社会也称信息化社会，是脱离工业化社会以后，信息将起主要作用的社会。所谓信息社会是以电子信息技术为基础，以信息资源为基本发展资源，以信息服务性产业为基本社会产业，以数字化和网络化为基本社会交往方式的新型社会。

信息社会的教育变革主要体现为教育信息化，即在教育中普遍运用现代信息技术，开发教育资源，优化教育过程，培养和提高学生的信息素养，促进教育现代化。

教育信息化的意义：教育信息化增加了人们接触信息和数据的可能性，使一切教育活动变得方便、快捷、高效。教育信息化也带来了教育新技术的广泛应用，随之将带来教学方法、教学过程和教学资料等各个环节的变革。教育信息化还会促进个体进入职场和融入社会，促进个体现代化。

2.信息社会背景下的教育变革

变革培养目标。教育要培养具有较高信息素养的人。他们要有多方面的知识和较强的综合能力，要有自主学习的精神，合作共事的能力，并且有搜寻信息、处理信息、筛选信息和利用信息的素养，拥有信息素养的个体才能被称为现代人。

变革教育管理。信息技术大大改变了学校管理方式，也改变了国家对整个教育事业的管理方式，促使教育管理数据化、便捷化、智能化。

变革教育方式。教育方式主要指教育方法、教育组织形式和教育手段。教育新技术的广泛应用，随之将带来教学方法、教学过程和教学资料等方面的较多变化。"互联网+教育"的深化、在线教育的发展、"人工智能+教育"的创新，都会促使未来的教育发生极大的变化和革新。

拓展学习时空。如今，学习者可以利用信息技术快速获取自己需要的知识，做到泛在学习,落实终身学习的理念。

变革教学条件。教育教学活动数字化、网络化、智能化和多媒体化,并具有开放性、共享性、交互性与协作性。

(五)学习化社会与教育变革

1.学习化社会的内涵

21世纪是一个信息化、知识化、全球化高度发达的社会。学习从来没有像今天这样成为一个国家、一个人最基本的生存能力。处在一个人人都需要确立终身学习思想和观念的学习化时代,让现代人都具有终身学习的意识成了当下教育的重要目标之一。

学习化社会也叫学习型社会,是指国家采用相应的机制和手段来建立一个保障全民学习和终身学习的社会。其基本特征是社会成员善于学习,形成全民积极学习的社会风气。创建学习化社会是全民学习和终身学习的必然要求。

学习化社会的建立不仅仅能让各社会成员的学习权利得到有效的保障,而且也大大促进了终身学习资源的高效整合,学习化社会的最终目标是构建全民学习的社会氛围。

2.学习化社会背景中的教育变革

教育年限和教育场所的变化。传统的教育往往限定在学校中接受所谓的"正规教育",这种教育年限上的"阶段性"不适合终身学习中"终身"的要求,而教育场所的"唯一性"也不适合全民学习中"全民"的要求。因此,只有使教育年限延长,使教育场所、教育环境多样化,使每个人都不断学习,不断自觉地给自己充电,才能体现自我的生存价值。

教育资源和教育方式的变化。传统的教育资源是指书面的文字材料,缺乏生动性和直观性;传统的教育方式是粉笔加黑板再加上教师的口授,不利于学习者动手能力和操作能力的培养。因此,传统的教育资源和教育方式必须加以改变。要充分利用高速发展的信息资源;要加强实际考察学习,使学习者一生都有学习的条件。

教师角色和师生关系的变化。建设学习化社会主要要求教师角色发生以下两方面的变化:教师从知识的传播者转变为学生学习的指导者;教师从传统知识的拥有者转变为终身学习者。在学习化社会中,多元化的知识来源,使教师不能再以知识的唯一拥有者自居,学生可以反过来成为教师,教师由知识的占有者向求知者的角色转变。

新型教育体系的变化。目前学习化社会表现为建立终身教育体系,终身教育体系的多样性表现为网络教育、继续教育、终身教育、职业教育等。坚持把教育摆在更加突出的位置,满足不同群体多元化的学习需求。

(六)多元文化与教育变革

1.多元文化教育的内涵

文化具有多种多样的形态,不同形态的文化具有不同的价值,各种文化彼此之间是相互联系的,应该和谐相处、共同发展。具体来说,从民族、地域、种族、阶层、性别等维度而言,不同人群分别具有不同的文化,这些文化相互联系,不同人群应该和谐相处、共同发展,这就是我们要营造的多元文化的社会环境。

多元文化教育就是以尊重不同文化为出发点,在平等的基础上,为促进不同文化的相互理解,有目的、有计划地实施的一种共同平等的教育。

多元文化教育加深了各族人民对文化多样性的理解,促进了民族自我意识的发展,也促使学生了解各族人民和各个国家从对抗到合作所走过的道路,激发学生对世界共同体的参与感,培养对世界各族人民的尊重和在各种文化之间进行交往的技巧。

2.多元文化背景下的教育变革

倡导教育公平。多元文化教育的本质就是人人平等,各民族平等,各地域文化平等,反对任何形式的歧视和偏见,帮助学习者走出自身文化的局限性,致力于培养学习者克服偏见的行动。

促进课程变革。从课程、教材和教学上去体现多元文化教育,促成教育观念和思维方式的转变,有助于确立平等、接纳、宽容的态度和价值观。

促进教学变革。将文化和各科教学结合起来,在教学设计、教学方法、教学评价等方面具有文化敏感性和文化关联性,让教学过程处处体现文化性。

(七)民主化与教育变革

1.教育民主化的内涵

民主化是指从威权主义或极权主义等其他各种政治体制转变成自由民主制的过程。当下各国发展主要议题是追求民主治理,包括教育民主化。

民主化背景下的教育变革,旨在追求教育民主化。教育民主化是对教育的等级化、特权化和专制化的否定,包括教育的民主和民主的教育两个方面,前者是把民主的外延扩展到教育领域,使每个受教育者都享有平等的公民权利;后者指教育内涵的加深,即把专制的教育改造成民主的教育。教育民主化要求教育具有平等、民主、合作、能调动教育者和受教育者的积极性等特点。

教育民主化使教学具有效率并处于良性循环之中,更为重要的是它能给学生以民主生活的锻炼,为走入社会做准备。我们致力于建设社会主义民主和法制,而学校又是为未来培养人才,如果学生在学校里都不能受到民主生活的熏陶和锻炼,那么社会民主就是一句空话了。

2.民主化背景下的教育变革

教育机会均等。教育要为所有的社会成员提供平等的教育权利,包括入学机会的均等、教育过程中享有教育资源机会的均等和教育结果的均等。这也意味着国家对弱势群体要给予特殊照顾。

师生关系的民主化。师生关系民主化是校园里教育民主化的一个重要表现。这意味着尊重学生、建立平等的师生观、调动学生的积极性等。

教育过程民主化。教育过程民主化指教育活动、教育方式、教育内容等的民主化。如为学生提供更多自由选择的机会,反对压抑儿童的个性,培养和增强他们的民主和参与意识等。

教育管理民主化。教育管理民主化是指教育管理者充分发扬民主,调动全体教职工和学生的积极性与创造性,并使他们参与管理的过程。

追求教育自由化。教育自由化包括教育自主权的扩大。教育不仅要促进学生个性自由发展,也要根据社会要求拥有设置课程、编写教材的灵活性等。

(八)本土化、民族化的教育变革

1.教育本土化的内涵

所谓本土化,指所有外来文化在与本民族传统文化相互沟通、融合的过程中,会根据我国的本土文化进行自己初始形态的变化,从而能够适应本土社会文化发展要求的过程。

教育本土化是指外来教育思想与中国教育实际在相互沟通与融合的过程中,外来教育思想会自觉发生一定的变化来适应我国教育现状的过程。

2.教育民族化的内涵

所谓民族化,指国际经济往来中民族特性、民族利益显现的过程和状态。

教育民族化可以理解为在教育的国际学术交流中,以本国国情和民族特性为基点,以促进教育现代化为目标,对外来文化进行精细的鉴别、选择和改造,使其与本民族文化的优良基因相交融的过程。

3.本土化、民族化背景下的教育变革

全球性和本土性相统一,国际性和民族性相统一。教育本土化和教育民主化概念的提出是基于教育全球化的大背景,是希望在发展全球化的进程中不丧失本土性和民族性的特色,而本土化和民族化是相互交融在一起的过程,这一过程既有时代特点,又有本国特色,以实现全球性和本土性的统一、国际性和民族性的统一。

（九）人工智能与教育变革

1. 人工智能的概念

人工智能是一种模拟人类智能的技术,使机器能够像人一样学习、思考和做出决策,从而能够自主地执行各种任务。人工智能不仅仅是一种单一的技术,还包括了深度学习、机器学习、计算机视觉、自然语言处理等多种技术和算法。

2. 人工智能的影响

从中短期来看,人工智能给教育带来了六个方面的影响:

（1）影响培养目标

为应对人工智能带来的长远挑战,教育要根据未来社会需要调整人才培养目标,以发展学生的核心素养为导向,培育学生终身发展和适应社会发展所需的正确价值观、必备品格和关键能力。

（2）影响学习方式

人工智能可以助力实现个性化的学习路径,提供智能化助学辅导,还可以通过虚拟现实技术和增强现实技术为学习者营造更逼真的学习情境,模拟那些无法在真实世界呈现的科学实验,等等。

（3）影响教学方式

通过人工智能,人类可以消解大规模教学和因材施教在实践中的两难困境,兼顾促进教育公平和提升教育质量,促进实现更好的教与学。

（4）影响师生关系

当师生关系不再单纯围绕知识传授而构建时,如何更好地发挥引导、激励和示范作用,如何重新诠释言传身教、保持师道尊严,对教师来说是一种挑战。

（5）影响教育内容

教材中的机械记忆内容将大幅度减少,给深度学习、认知创新和实践性学习留出了空间。另外,要注意防范通用人工智能潜在的意识形态风险。

（6）影响教育管理

教育管理中的人工智能应用已相对成熟,技术促进了教育管理高效化、精细化、科学化,在我国各地已形成诸多优秀案例,积累了丰富经验。同时,还需要继续探索教育管理数据的集成应用,提升数据治理水平,并加强数据安全监管。

3.积极应对人工智能挑战的教育变革

（1）注重学生的高阶思维培养

人工智能时代,育人目标和模式从知识本位、学科本位走向素养本位,即查即用类知识的习得将更多由人工智能辅助完成。人工智能时代要求学生具有提出问题的能力,甚至要提出有质量、有逻辑、开放性的问题。提出好的问题,才是人类与人工智能良好协作的开始。因此,教师需要善用互动启发式教学法,注重师生之间、生生之间的问答互动,重点在于学生的思维发展、情感发展与道德发展,这要求教师不断提高数字素养与技能。

（2）着力构建新型师生关系

"以学为主、以生为主"的新型师生关系会逐渐产生,形成多向互动的"师—机—生"三元主体关系;教师将从"知识的守门人"转变为"学习的编舞者",应更加注重对学生情感、态度、价值观的引导,将教育变成"艺术"。教师逐渐成为知识生产者、学习促进者和成长引导者。

（3）创新探索智能时代教学模式的变革

教师应该注重引导学生加强对生成式人工智能技术的本质认知与初步应用,强调在理性判断的前提下与新技术"接触"。构建以数据驱动大规模因材施教为核心的教学模式;创新素养导向、能力为重的教育内容;推进管理精细化、服务精准化、决策科学化的教育治理。

本章内容思维导图

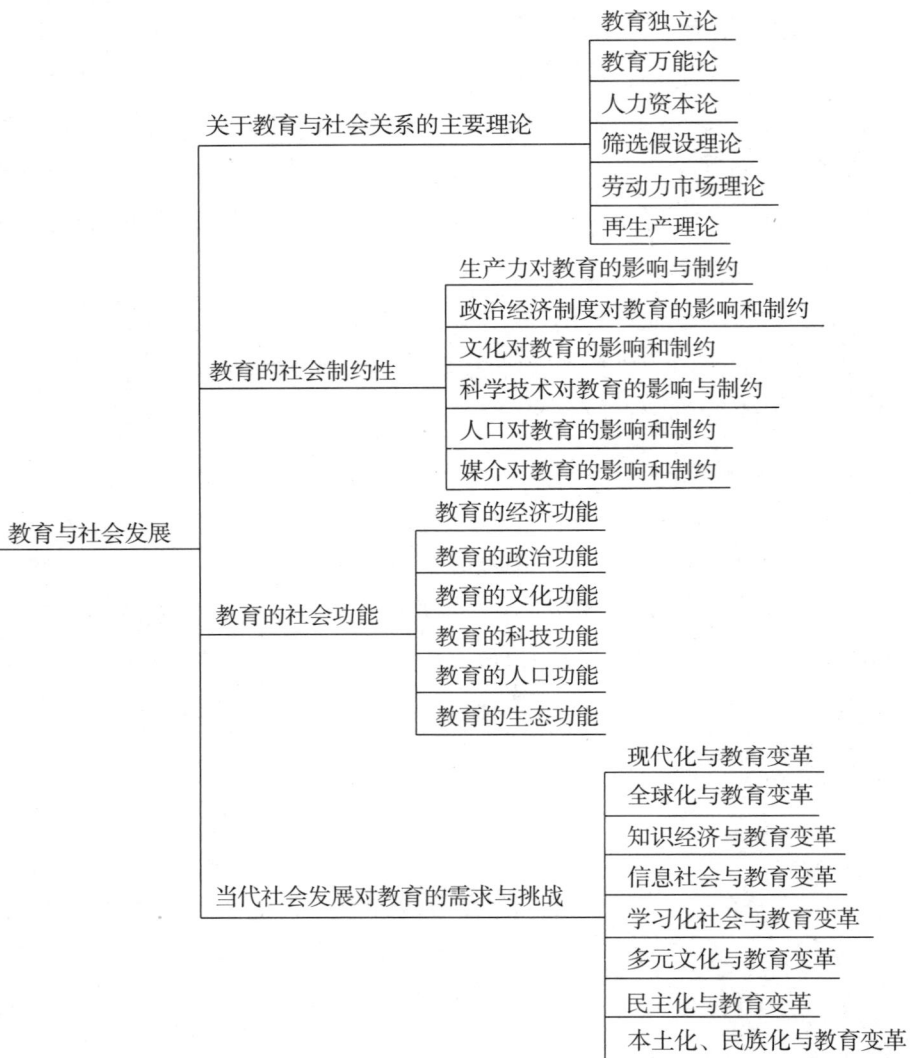

教育与社会发展

关于教育与社会关系的主要理论
- 教育独立论
- 教育万能论
- 人力资本论
- 筛选假设理论
- 劳动力市场理论
- 再生产理论

教育的社会制约性
- 生产力对教育的影响与制约
- 政治经济制度对教育的影响和制约
- 文化对教育的影响和制约
- 科学技术对教育的影响与制约
- 人口对教育的影响和制约
- 媒介对教育的影响和制约

教育的社会功能
- 教育的经济功能
- 教育的政治功能
- 教育的文化功能
- 教育的科技功能
- 教育的人口功能
- 教育的生态功能

当代社会发展对教育的需求与挑战
- 现代化与教育变革
- 全球化与教育变革
- 知识经济与教育变革
- 信息社会与教育变革
- 学习化社会与教育变革
- 多元文化与教育变革
- 民主化与教育变革
- 本土化、民族化与教育变革

自测题

一、选择题

1.【2019年南京师范大学333真题】对教育起决定作用的是(　　)

A.政治制度　　　　B.经济制度　　　　C.生产力　　　　D.领导权

2.【2011年311第11题】20世纪60年代以来,许多国家推行"教育先行"改革,以促进国民经济快速发展。这种政策理论基础是(　　)

A.教育万能论　　　　　　　　　　B.劳动力市场理论

C.筛选假设理论　　　　　　　　　D.人力资本理论

3.【2021年311第3题】分别从"教育—劳动生产率—工资"和"教育—筛选—工资"的角度,讨论工资与教育关系问题的两种理论是(　　)

A.再生产理论和劳动力市场理论　　B.再生产理论和文凭理论

C.人力资本论和劳动力市场理论　　D.人力资本论和文凭理论

4.【2013年311第3题】有西方学者研究发现,美国大多数教师出身于中产阶级,习惯用中产阶级的价值观作为奖惩的标准,即合乎他们要求的就受到奖励,否则就受到处罚。这实质上是教师在利用教育对文化进行(　　)

A.传递　　　　　B.选择　　　　　C.创造　　　　　D.传播

5.【2014年311第11题】20世纪末,为应对知识经济的挑战,我国开始特别重视(　　)

A.培养学生创新精神和实践能力

B.学生全面掌握基础知识和基本技能

C.发展职业教育

D.义务教育均衡发展

6.【2016年311第13题】有学者强调,教育要根据一个民族的固有特性来进行,这种观点体现了(　　)

A.生产力对教育的影响和制约

B.政治制度对教育的影响和制约

C.文化对教育的影响和制约

D.经济制度对教育的影响和制约

7.【2022年311第13题】2018年9月10日，中共中央总书记、国家主席、中央军委主席习近平在全国教育大会上提出"坚持把优先发展教育事业作为推动党和国家各项事业发展的重要先手棋"。这个战略要求强调了（   ）

    A.教育重构社会秩序的功能

    B.教育促进社会发展的功能

    C.教育是确定社会发展方向的灯塔

    D.教育是解决社会问题的最终钥匙

8.【2009年311第3题】人力资本理论认为，人力资本是经济增长的关键，教育是形成人力资本的重要力量。这一理论的主要缺陷是（   ）

    A.忽视了教育的其他社会功能

    B.有教育万能论的倾向

    C.忽视了劳动力市场中的其他筛选标准

    D.夸大了教育对人力资本的作用

二、论述题

1.【2021年东北师范大学333真题】结合实际谈谈生产力对教育的制约。

2.【2021年东北师范大学333真题】结合案例论述教育的政治功能和经济功能。

3.【2010年陕西师范大学333真题】评述教育与生产力的关系。

三、材料分析题

【2013年陕西师范大学333真题】

材料一：人才效能进一步提高。人力资本投资占国内生产总值比例达到12.0%，比2008年增长1.3个百分点，人才对经济增长的贡献率达到26.6%（据2008年不完全统计，1978年—2008年的平均值为18.9%），人才对我国经济增长的促进作用进一步提升。——《人民日报》（2012年5月15日第4版）

材料二：百年大计，教育为本。教育是民族振兴、社会进步的基石，是提高国民素质、促进人的全面发展的根本途径，寄托着亿万家庭对美好生活的期盼。强国必先强教。优先发展教育、提高教育现代化水平，对实现全面建成小康社会奋斗目标，建设富强、民主、文明、和谐的社会主义现代化国家具有决定性意义。——《国家中长期教育改革和发展规划纲要（2010—2020年）》序言

结合上述材料谈谈现代化教育具有哪些经济功能，并据此分析我国当前教育如何更好地发展这些经济功能。

第三章　教育与人的发展

一、人的身心发展的特点及对教育的制约

(一)人身心发展的特点

人的身心发展特点有顺序性、阶段性、差异性、不平衡性等特点。这些特点也可以看作人的身心发展的规律,它们具有重要的教育学意义,教育工作者必须依据这些特点进行教育。

1.发展的顺序性

人的身心发展是一个由低级到高级、由量变到质变的连续不断的发展过程,这一发展过程是有一定顺序的。比如,身体的发展是按着"从头部向下肢"和"从身体的中心向边缘部位"进行的。儿童的思维是由形象思维发展到抽象思维,记忆是从机械记忆发展到意义记忆等。

2.发展的阶段性

不同的年龄阶段表现出不同的特征。同时,在同一年龄段的儿童则表现出相似的特点。

如童年期(六七岁至十一二岁)学生的思维特点具有较大的具体性和形象性,抽象思维能力还比较弱,情感特征不稳定且形于外。而少年期的学生,抽象思维能力已有很大的发展,对情感的体验开始向深与细的方向发展,但很脆弱。在青年初期,以抽象思维为主,情感比较丰富细腻、深刻而稳定,理智感在情感生活中占主要地位。

3.发展的不均衡性

在一个人的发展过程中,身心发展的速度和方面在不同年龄阶段或者在同一年龄阶段都是不均衡的。如个体的身高、体重有两个发展高峰:第一个高峰出现在出生的第一年;第二个高峰出现在青春发育期。另外,人的语言、思维、记忆等发展都存在不同的关键期。

4.发展的差异性

由于人的发展的主客观条件不一样,即遗传、环境、教育和其自身主观能动性的不同,在身心发展上存在着个别差异。

【2015 年青岛大学 333 真题】教育上的"拔苗助长"违背了人的身心发展的（　　）规律

A.互补性　　　　　　　　　　B.阶段性

C.顺序性　　　　　　　　　　D.个别差异性

【解析】C

人的身心发展是一个由低级到高级、由量变到质变的连续不断的发展过程，这一发展过程是有一定顺序的。我们不能打乱顺序，任意发展。故选 C。

【2007 年 311 第 6 题】在一个人的发展过程中，有的方面在较低的年龄阶段就达到了较高的水平，有的方面则要到较高的年龄阶段才能达到成熟的水平。这反映人的身心发展具有（　　）

A.顺序性　　　　　　　　　　B.阶段性

C.差异性　　　　　　　　　　D.不均衡性

【解析】D

在一个人的发展过程中，身心发展的速度和方面在不同年龄阶段或者在同一年龄阶段的发展都是不均衡的。如个体的身高、体重有两个发展高峰：第一个高峰出现在出生的第一年；第二个高峰出现在青春发育期。另外，人的语言、思维、记忆等发展都存在不同的关键期。故选 D。

（二）对教育的制约

（1）发展的顺序性

教育要适应儿童身心发展的顺序性，遵循量力性原则，循序渐进地促进儿童身心的发展。

（2）发展的阶段性

教育要适应儿童身心发展的阶段性，对不同年龄阶段的学生，在教育的内容和方法上进行针对性教学。

（3）发展的不均衡性

教育要关注儿童身心发展的不平衡性，恰当把握儿童语言、思维、人格发展的关键期，积极促进儿童身心发展。

（4）发展的差异性

教育要适应儿童身心发展的个体差异性，做到因材施教。

但是,教育要适应人的身心发展规律和特点,并不等于迁就儿童身心发展的现有水平,而是从儿童身心发展的实际出发,基于"最近发展区"理论,善于向他们提出经过努力能够达到的要求,促进他们的身心发展,不断提高其身心发展的水平。

【2018 年 311 第 4 题】教育工作需要循序渐进,主要依据的是儿童身心发展的( )

A.差异性和阶段性 B.差异性和顺序性

C.不均衡性和差异性 D.阶段性和顺序性

【解析】D

个体身心发展的顺序性要求教育要适应儿童身心发展的顺序性,遵循量力性原则,循序渐进地促进儿童身心的发展。发展的阶段性要求教育要适应儿童身心发展的阶段性,对不同年龄阶段的学生,在教育的内容和方法上进行针对性教学。教育工作需要循序渐进,主要依据的是儿童身心发展的阶段性和顺序性。故选 D。

二、人的身心发展的主要影响因素

(一)关于影响人的身心发展因素的主要观点

1.单因素论与多因素论

(1)单因素论

代表人物及观点:高尔顿、霍尔的"遗传决定论";行为主义学派的"环境决定论";爱尔维修的"教育万能论"。

单因素论认为在众多影响人的身心发展的因素中,只有一个因素是起决定作用的。该理论忽视了影响人的身心发展的其他因素以及各因素之间的关系。

(2)多因素论

二因素论:一类是生物因素,包括人的遗传因素、个体先天特点以及生理结构等;另一类是社会因素,包括环境、教育等,着重突出环境因素的作用。格赛尔的爬梯实验强调"成熟"与"学习"的相互作用。

三因素论:强调遗传、环境与教育的作用。

四因素论:强调遗传、环境、教育与个体的主观能动性。

多因素论认为影响人的身心发展的因素是多方面的,其中既有环境与遗传相互作用的观点，又有遗传、环境、教育、个体的主观能动性等因素相互作用的观点。

2.内发论与外铄论

（1）内发论

以高尔顿为代表的遗传决定论、卢梭的自然主义思想、格赛尔的成熟论（著名的同卵双生子爬梯实验）、孟子的性善论等。

内发论强调人的身心发展的力量主要源于人自身的内在需要，身心发展的顺序也是由身心成熟机制决定的。

内发论过分强调人的发展动因是人的内在因素，而忽视了人的成长的外部因素。

（2）外铄论

代表人物有中国的荀子、英国的洛克和美国的华生等。

外铄论强调人的发展主要依靠外在的力量，诸如环境的刺激和要求，他人的影响与学校的教育等。

外铄论的观点也是片面的，但是外铄论者研究了内发论者没有关注的问题，在一定程度上强调了外界因素对人的发展的作用，还为深入研究外部作用如何才能被作用对象接受并内化提供了认识材料。

3.内因与外因交互作用论

观点一：人的发展既不单由遗传决定，也不单由环境决定，而是遗传和环境共同决定，人的发展不是遗传和环境之和，而是二者的乘积。

观点二：遗传从怀孕起就受环境因素的影响，出生后环境的影响无时无处不在。遗传和环境在人的发展过程中的作用始终是交织在一起的，很难明确划分。

内因与外因交互作用论是内发论和外铄论的混合体，是一种折中主义的调和论。虽然避免了这两种理论的片面性，但该理论把遗传和环境的作用等同起来，并没有认识到影响人的发展中的各种因素的辩证关系。同时内因与外因交互作用论否定了人的主观能动性，抹杀了教育的主导作用，也是错误的。

（二）遗传在人的发展中的作用

1.遗传素质的内涵

遗传是指人从上代继承下来的生理解剖上的特点，如机体的结构、形态和神经系统的特点等。这些遗传的生理特点也叫遗传素质。

2.遗传素质在人的身心发展中的作用

（1）遗传素质是人身心发展的生理前提，它为人的身心发展提供了可能性。

如果没有这些自然条件，人的发展就无法实现。例如，一个人生下来无大脑，也就不会有思维的机制，无法学习科学文化知识。当然，遗传素质只是为人的发展提供了生理方面的可能，它不是现成的知识、才能和思想道德品质，它不能决定人的发展。如果离开了后天的社会生活和教育，遗传素质所给予的人发展的可能性便不能变为现实。

（2）遗传素质的发展过程制约着年轻一代身心发展的年龄特征。

遗传素质有一个发展过程，它表现在人身体的各种器官的构造及其机能的发展变化上。遗传素质的成熟程度为一定年龄阶段的身心特点的出现提供可能与限制，并制约着年轻一代身心发展的年龄特点。例如，让三岁的儿童学高等数学是很难成功的。只有当身体的发展具有一定的条件，才能为学习一定的知识技能提供可能。

（3）遗传素质的差异性对人的身心发展有一定的影响。

人的遗传素质是有差异的，这种差异不仅表现在体态、感觉器官方面，也表现在神经活动的类型上。

（4）遗传素质具有可塑性。

随着环境、教育和人类实践活动的改变，人的遗传素质也将逐渐地发生变化。许多事实证明，一个在遗传素质上神经活动属于强而平衡、灵活的人，在不良的环境和教育下，也可能变成神经活动弱而不平衡、不灵活的人；一个在遗传素质上神经活动属于强而不平衡、不灵活的人，在良好的教育下，也会变得很有涵养、很守纪律。

3.遗传决定论

有必要指出，我们在强调遗传素质重要性的同时，不能无限度地夸大遗传素质的作用。以高尔顿为代表的遗传决定论（或称先天决定论、血统论）是错误的。

这种观点把人的知识才能和道德品质的好坏，说成是天生的遗传决定的，不论后天的生活条件如何变化，社会制度怎样不同，教育上采取什么措施，都改变不了遗传基因所决定的方向，培养不出新的个性。

这种观点否认了社会生活条件和教育的作用，显然是错误的。

【2014年青岛大学333真题】马克思说："搬运工和哲学家之间的原始差别要比家犬和猎犬之间的差别小得多，他们之间的鸿沟是分工造成的。"这一论断说明（ ）

A.遗传素质最终决定人的发展

B.遗传素质只是为人的发展提供可能性

C.遗传素质具有差异性

D.遗传素质对人的发展不起作用

【解析】B

遗传素质是人身心发展的生理前提，它为人的身心发展提供了可能性。如果没有这些自然条件，人的发展就无法实现。例如，一个人生下来无大脑，也就不会有思维的机制，无法学习科学文化知识。当然，遗传素质只是为人的发展提供了生理方面的可能，它不是现成的知识、才能和思想道德品质，它不能决定人的发展。如果离开了后天的社会生活和教育，遗传素质所给予的人发展的可能性便不能变为现实。故选B。

（三）环境在人的发展中的作用

1.环境的内涵

环境是围绕在个体周围，并对个体自发地发生影响的外部世界。它包括自然环境、社会环境和精神文明。其中，对人的发展起作用的主要是社会环境，包括所处的国家政治经济制度、经济生活、文化生活、风俗习惯以及家庭、邻里、亲戚、朋友、学校、娱乐场所等。

2.环境在人的身心发展中的作用

（1）社会环境是人身心发展的外部客观条件，对人的发展起着一定的制约作用。个体正是在环境中并在环境的影响下成长，形成各种思想观点和行为习惯，获得一定的生活知识和经验的。正所谓"一方水土养一方人""近朱者赤，近墨者黑"。

（2）环境的给定性与主体的选择性

环境的给定性指的是由自然、历史，由前人、他人为儿童个体所创设的环境，它对于儿童来说是客观的、先在的、给定的。儿童只能在现在的、既成的、给定的环境中生活，无法抗拒或摆脱环境的影响与限制，只有适应环境而生活，并从中获得自身的生存与发展。但是，环境的给定性并不意味着人的发展、人的命运已经被确定了、注定了,因为环境和人都还在不断继续发生变化。

（3）环境对人的发展的制约作用离不开人对环境的能动活动

环境的给定性离不开主体的选择性,环境的给定性不但不会限制人的选择性,而且正因为有了环境的给定性,反而激发了人的能动性、创造性。当然,给定的环境条件也不是一成不变的,二者的相互作用蕴含着人的多种多样的发展可能性。

3.环境决定论

环境决定论者把人看成环境的消极、被动的产物,片面夸大环境对个体发展的作用,例如中国古代的思想家墨子认为,人的发展犹如白布放进染缸,"染于苍则苍,染于黄则黄,所入者变,其色亦变"。西方行为主义心理学家提出的刺激—反应学说,认为人的发展就是环境刺激的结果,完全无视人的自身条件。人不同于动物就在于人是具有能动性的主体,环境的影响不可能不通过人的选择和认同而起作用,只有被人认同和接受的刺激,才能真正成为人的发展的影响因素。

我们反对过分夸大环境作用的"环境决定论",应当正确认识环境在人的发展中的作用及其限度。

【2024年333第12题】杨院士带领团队创建了中国首个理工结合、覆盖全面的水产。做采访的时候说:"我只是一颗普普通通的种子,不过上学期间遇到了好老师、好同学,就像找到了肥沃的土壤,所以就长出苗了。"在影响人身心发展的因素方面,这段话强调（   ）

A.遗传素质可以决定个体的发展

B.人无法选择和塑造自己的环境

C.环境对人的发展具有重要作用

D.人的发展完全是一个外烁过程

【解析】C

A.遗传为人的身心发展提供了可能性,是人身心发展的主要因素,个体的主观能动性在个体发展中起着最终的决定作用。B.个体的能动性不仅影响个体对环境的选择,而且影响个体对环境的加工。C.环境是人的发展的外部条件,为个体的发展提供了可能性和限制,对人的发展起重要作用。D.人的发展并不完全是外烁的过程,个体的主观能动性在个体发展中起着最终的决定作用。故选C。

【2025年333第4题】墨子曰："染于苍则苍,染于黄则黄。所入者变,其色亦变。"荀子曰："蓬生麻中,不扶而直;白沙在涅,与之俱黑。"这两段话经常被用来强调,对人的身心发展起主要作用的因素是（　　）

A.成熟　　　　B.遗传　　　　C.环境　　　　D.个体能动性

【解析】C

"染于苍则苍,染于黄则黄。所入者变,其色亦变"比喻的是环境对人的影响,意味着人所处的环境和接受的教育、文化等会塑造一个人的思想和行为。正如染丝一样,人的成长和发展也受到周围环境的影响。"蓬生麻中,不扶而直;白沙在涅,与之俱黑"强调了环境对事物成长和发展的巨大影响。无论是植物还是人,好的环境可以促使其健康成长,而恶劣的环境则可能让人或事物变坏。故选C。

（四）个体的能动性在人的发展中的作用

1.个体能动性的内涵

人在发展过程中会表现出人所特有的能动性,这种能动性具体表现在人的能动、自主、自觉、自决和自我塑造等方面。

这是人的教育与人改造自然的实践活动及动物训练等活动之间最根本的区别。

2.个体能动性在人的身心发展中的作用

（1）个体的能动性是其身心发展的内在动力。

个体的能动性不仅影响个体对环境的选择,而且影响个体对环境的加工。在同样的环境和教育条件下,每个学生发展的特点和成就,主要取决于他自身的态度,取决于他在学习、劳动和科研活动中所采用的方法和付出的精力,取决于他的能动性的发挥状况。

（2）个体的能动性是通过个体的活动表现出来的。

人的能动性是在人的活动中、在人的社会生活中产生的,并通过人的活动表现出来的。

人不仅是认识和改造客观世界的主体,同时也是认识和改造自身的主体,并在认识和改造客观世界和主体自身的过程中表现出人的能动性。人是在以自己的活动为中介同环境相互作用过程中,接受着环境的影响,同时也改造着环境,并在改造环境的过程中改造着自己。所以,从个体发展的各种可能变为现实这一意义上来说,个体的活动和社会实践是个体与环境互动的中介,是个体发展的基础,是个体发展的决定性因素。

(3)个体的能动性影响人的自我设计和自我奋斗。

人的自我设计和自我奋斗主要表现在两个方面:一是人在认识自己与周围环境现实关系的前提下,不断地为自己的发展创造条件,而不是消极地期待客观条件的成熟;二是人勾勒自己的未来前景,选择自己的发展目标,策划实现该目标的行动,并坚持为实现目标而践行,在践行中反思,不断调整策略和行为,不断克服困难和干扰,以实现自我发展的目标。

> 【2024年333第14题】马克思指出:"劳动首先是人和自然之间的物质变换的过程。当他通过这种运动作用于他身外的自然并改变自然时,也就同时改变他自身的自然。"马克思的这段话表明,将个体发展的可能性转化为现实性的因素是( )
>
>   A.实践活动   B.环境   C.遗传物质   D.学校教育
>
> 【解析】A
>
> 通过题干可提炼出中心思想"人通过劳动改变自身与自然"。因此可得知人通过实践活动将自身发展的可能性转化为实际性。故选A。

三、学校在人身心发展中的作用

(一)个体的个性化与社会化

学校教育发挥主导作用的表现:个体个性化和个体社会化。

1.教育的个体个性化功能

个性化是个体在社会生活中追求独特性、主体性、创造性的过程。教育应该为每个个体提供适合他自身的教育。所以,真正的教育是个性化的教育,促进人的个性发展是教育最根本的功能。

教育的个体个性化能促进人的主体意识形成和主体能力的发展。如果教育的个体社会化功能使人适应社会,那么教育的个性化功能则要培养人的主体意识和主体能力。现代教育不同于传统的灌输式教育,而是一种主体教育,它以培养学生的主体性为目的,教育过程以学生为主体,通过自主、合作、探究等活动发挥学生的主体性,培养学生的主体意识和主体品质。

教育的个体个性化能促进个性差异的充分发展,形成人的独特性。人生来具有差异,教育能够尊重个体的差异,因材施教,帮助不同的学生充分开发其内在潜能,形成自己的优势和特长。也只有教育真正开发了个体的特殊才能,实现了个性的充分发展,才能完成其真正使命,因为本真的教育是个性化的。

促进个体价值的实现,开发人的创造性。创造性是人的个性的核心品质,是个性的自主性、独特性的综合体现,是个体在创造活动中所表现出来的自主、独特、与众不同的心理倾向。创造活动是人生产新颖、独特、具有社会价值的产品的活动。

2.教育的个体社会化功能

所谓社会化,是指个体接受文化规范,学习其所处社会的行为模式,由一个自然的人转化为社会的人的过程。

教育的个体社会化能促进个体思想意识的社会化。个体的思想意识本质上是社会价值规范在个体头脑中的反映。由于教育所传播的文化价值观念的系统性和深刻性,还由于教育活动组织的计划性和严密性、教育形式的活泼性和多样性,易使学生接受这种价值观念,并形成完整的思想观念体系,以此使教育促进个体思想意识的社会化。

促进个体行为的社会化。教育首先要帮助个体实现社会规范的内化,使人们认识和掌握社会规范的意义和内容,做出符合社会要求的行为。同时,教育还具有生活指导的功能,帮助人们学会协调理想和现实之间的冲突,使人们学会生活、适应生活,能够过一种集体社会性生活,从而实现生活技能的社会化。

促进角色和职业的社会化。人在生活中承担多种角色,难免会发生角色冲突,因此教育必须教会学生合理地进行角色协调,避免角色冲突。同时,教育要促进个体谋生,教会个体拥有谋生的职业知识和技能,以此促进个体职业社会化。

3.二者的关系

教育无论是促进个体个性化还是促进个体社会化,都不能割裂二者的关系,必须以二者的统一为基点。

（1）社会化是个性化的基础。个性化必须建立在社会化的基础上,缺乏社会化的个性只能是原始的自然性,表现出来的只能是个人的"任性"和"怪癖",而不是健全良好的个性。

（2）个性化是社会化的丰富。只有以丰富的个性为基础的社会化,才是民主社会的社会化,才是健全意义上的社会化。

总之,人的社会性和个性的统一,决定了教育必须在促进二者统一的基础上,平衡二者的关系。

（二）学校教育在人的身心发展中的主导作用及有效发挥的条件

1.学校教育在人的身心发展中的主导作用

学校教育在人的身心发展中起主导作用,否定教育决定论。学校教育的主导作用不是万能的,因为学校教育既不能超越他所依存的社会条件,也不能违背儿童身心发展的客观规律,任意决定人的发展。很多人都认为学校教育对人的发展起到了决定性的作用,这个看法是错误的,这是在夸大学校教育的作用。而且学校教育必须与社会教育、家庭教育有力配合,才能发挥主导作用。

2.学校教育发挥主导作用的原因

（1）学校教育的本质。学校教育是有目的的,专门培养人的社会活动。学校教育的价值主要在于引导年轻一代通过掌握知识获得身心发展,从而积极地促进社会发展。所以,学校教育对人施加的影响是全面、系统、深刻的。

（2）学校教育通过传递文化知识来培养人。文化知识是滋养人成长的最重要的社会因素与资源,学校也总是弥漫着文化知识的气息。文化知识之所以对人的发展至关重要,主要是因为文化知识蕴含着有利于人的发展的多方面价值。

①知识的认识价值

学生掌握知识,意味着他对知识所指的事物的认识,弄清事物是什么,把握住事物的特性。学生掌握知识的广度和深度,制约着他对事物的视域和世界认识的广度和深度;意味着他掌握认识的工具;意味着掌握认识的资料和资源。

②知识的能力价值

学生学习知识,不仅要掌握知识的内容,还要掌握知识的形式;不仅要获得对事物的认识,还要养成从心理上和行为上操作事物的方法和能力;不仅要学会善于传承文化知识技能,还要养成探究、发现与创新知识的意向,其中包括对信息的搜集、鉴别、筛选、加工的能力和倾向。

③知识的陶冶价值

学生经历科学精神和人文精神的陶冶,体验到以史为据的事实尺度和以人为本的价值尺度,体悟到人何以生存,为何生存,才能真正形成人生智慧,具有人生理想、人生抱负,担当起社会责任、人类责任,才能成为挣脱奴性、物性的人。

④知识的实践价值

知识具有对社会实践的有用性或有效性。学生通过学习获取知识,认识事物特性,也就获得了通过社会实践改造事物的可能性。这对学生来说,大体上是一个将外在的知识转化为内在素质，又由内在素质外显为社会实践的过程。人们常说学习的目的全在于运用，在很大程度上就是强调知识的实践价值。

鉴于知识的多方面价值，要有效地促进学生的发展，教育必须引导学生尊重知识、热爱知识、主动学习、探寻真知、创造性地理解和运用知识，并在这个过程中使儿童的智能、品德、个性和人格都获得发展，成为社会的主体。在教育过程中，要反对忽视和贬低知识、降低教育教学质量的倾向，同时也要克服教育脱离生活的弊端。

（3）学校教育对提高人的现代性有显著作用。与古代社会相比，现代社会对人的发展和教育提出了越来越高的要求，教育对人的发展的作用也越来越大，这在人的现代化发展方面表现得尤为明显。我国正在进行社会主义现代化建设，人的现代化是社会现代化的重要基础和前提条件。我们应当自觉地优先发展教育，高度重视并充分发挥教育对人的现代化促进作用。

3.学校教育主导作用有效发挥的条件

（1）受教育者的主观能动性与身心发展规律。

学校教育只是外部条件，是影响人的身心发展的外因，学校教育主导作用的实现，最重要的条件是必须通过学生自身的积极活动，个体主观能动性的发挥对人的发展起着决定性的意义。离开了学生自身的主观能动性，学校教育的作用无从谈起。

（2）学校教育的自身状况。

教育的自身状况包括：教育的物质条件、教师的素质、教育管理水平及其相关的精神条件等。

（3）家庭和环境的因素。

家庭经济条件的好坏制约着儿童所能享有的教育资源的质量；家庭的经济状况制约着家长在儿童成长中精力和经济的投入程度；父母的文化水平对儿童教育有直接的制约作用；家庭的人际氛围对教育影响的发挥有干扰和促进作用。

另外，还应争取社区和其他社会力量的积极配合，协同一致地去教育学生，发挥多方面力量的优势，实现教育效果的最大化。

（4）社会发展状况。

社会的生产力水平、社会的政治经济制度、整体的社会环境、民族心态、文化传统等都会对教育功能的实现产生影响。

【2024 年 333 第 13 题】20 世纪 70 年代初出现的学习型社会理念,把学习型社会作为未来社会形态的构想和追求目标。该理念的基本内涵是(　　)

A.学校教育应该覆盖各个年龄段的人群

B.学校是幼儿教育和成人教育的主流形式

C.学校在终身学习的趋势中占据着主导地位

D.学校及生活的全部时间和空间都可以用于教育

【解析】D

学习型社会是指国家采用相应的机制和手段来建立一个保障全民学习和终身学习的社会。其基本特征是社会成员善于学习,形成全民积极学习的社会风气。A、B、C 项没有体现,D 项改变传统的教育职能和教育形式,使人们在学校及生活的所有时间和空间都可以接受教育。故选 D。

本章内容思维导图

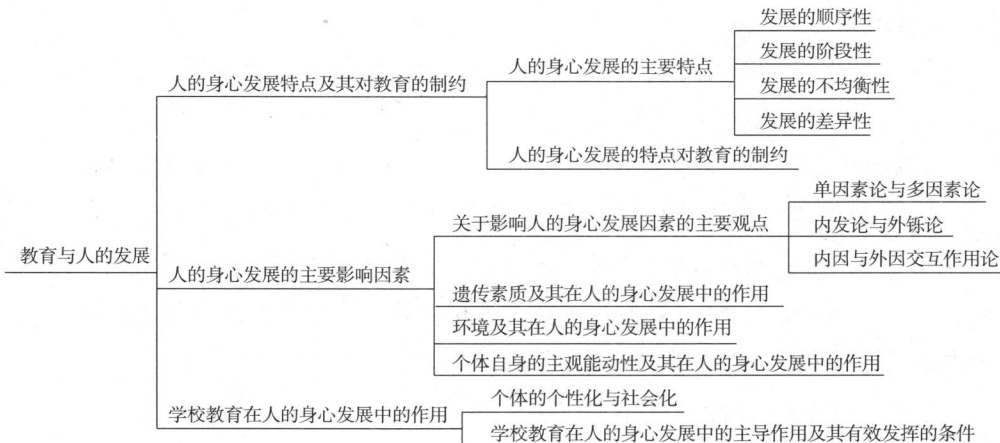

教育与人的发展
- 人的身心发展特点及其对教育的制约
  - 人的身心发展的主要特点
    - 发展的顺序性
    - 发展的阶段性
    - 发展的不均衡性
    - 发展的差异性
  - 人的身心发展的特点对教育的制约
- 人的身心发展的主要影响因素
  - 关于影响人的身心发展因素的主要观点
    - 单因素论与多因素论
    - 内发论与外铄论
    - 内因与外因交互作用论
  - 遗传素质及其在人的身心发展中的作用
  - 环境及其在人的身心发展中的作用
  - 个体自身的主观能动性及其在人的身心发展中的作用
- 学校教育在人的身心发展中的作用
  - 个体的个性化与社会化
  - 学校教育在人的身心发展中的主导作用及其有效发挥的条件

自测题

一、选择题

1.【2007年311第9题】"个人怎样表现自己的生活，他们自己就是怎样。因此，他们是什么样的，这同他们的生产是一致的——既和他们生产什么一致，又和他们怎样生产一致。因而，个人是什么样的，这取决于他们进行生产的物质条件。"马克思的这段话说明个体的发展具有（　　　）

A.顺序性和阶段性　　　　　　　　B.社会性和历史性

C.相似性和差异性　　　　　　　　D.现实性和潜在性

2.【2014年311第12题】我国致力于促进普通高中发展的多样化和特色化，一方面是为了满足社会对人才的多元化需求，另一方面是为了适应高中学生发展的（　　　）

A.顺序性　　　　　　　　　　　　B.阶段性

C.差异性　　　　　　　　　　　　D.不平衡性

3.【2019年311第6题】人的感知、思维、记忆、想象等方面发展存在着不同的关键期。这表明个体的身心发展具有（　　　）

A.差异性　　　　B.阶段性　　　　C.顺序性　　　　D.不平衡性

4.【2021年311第4题】布拉特等人研究发现，在同辈群体交流中，儿童倾向于拒斥低于自己道德发展阶段的同伴的道德推理，能够理解和同化高于自己一个发展阶段的同伴的道德推理，但不能接受高于自己两个或多个发展阶段的同伴的道德推理。这个发现说明儿童的道德认知发展具有（　　　）

A.不平衡性、阶段性、差异性

B.阶段性、顺序性、差异性

C.顺序性、不平衡性、阶段性

D.差异性、顺序性、不平衡性

5.【2022年311第4题】基于夏山学校的实践，尼尔认为在自然生长状态下，当孩子的自我需求得到充分满足，其自我中心就会变成利他观念，以及对别人的自然关心。这种观念涉及个体身心发展的（　　　）

A.顺序性　　　　B.阶段性　　　　C.差异性　　　　D.不平衡性

6.【2023年311第4题】幼儿问："霸王龙到底有多大?"爸爸并没有直接告诉儿子相关的数据,而是跟他说:"霸王龙蹲下来可以占满我们整个院子,站起来可以高过我们二楼的窗户。不过你放心,霸王龙钻不进来,因为它的头比我们的窗户还要大。"爸爸这样描述,所考虑的儿童身心发展特点是(　　)

A.不平衡性　　　　　　　　　　B.顺序性

C.差异性　　　　　　　　　　　D.阶段性

7.【2012年311第4题】把教育隐喻为"园艺",把学生比作"祖国的花朵",称教师为"园丁"。持这种观点的人在人的身心发展影响因素问题上倾向于(　　)

A.遗传决定论　　　　　　　　　B.成熟论

C.环境决定论　　　　　　　　　D.内因与外因交互作用论

8.【2016年311第4题】有人把教育隐喻为"塑造",称教师是"人类灵魂工程师"。这种观点在人的发展影响因素问题上倾向于(　　)

A.遗传决定论　　　　　　　　　B.成熟论

C.外铄论　　　　　　　　　　　D.内因与外因交互作用论

9.【2019年311第4题】下列教育主张中,符合教育"外铄论"的是(　　)

A.柏拉图认为教育即灵魂的转向

B.卢梭主张让儿童通过实地探究明白知识是有用的

C.荀子认为"人之性恶,其善者伪也"

D.孟子主张"凡有四端于我者,知皆扩而充之矣"

10.【2019年311第8题】某国招募新兵,除体检之外,还用韦氏量表进行智力测验。有学者对所得数据进行统计分析,发现获得中学文凭的新兵智力测验的平均得分比未获得中学文凭的新兵高将近3分,经检验,差异显著。这项研究结果说明(　　)

A.军营比学校更有可能提高人的智商

B.受教育水平高的新兵在军营里的智力表现更优秀

C.学校教育可以促进个体的智商不断提高

D.个体智商通过学校教育可以实现一定幅度的提升

11.【2020年311第5题】苏格拉底用反讽术使自以为知者自觉到无知,又用产婆术使自以为无知者发现知识。他所开创的这种教育传统,在影响人的发展主要因素的问题上倾向于(　　)

A.内发论　　　　　　　　　　　B.外铄论

C.遗传决定论　　　　　　　　　D.环境决定论

二、论述题

1.【2010、2011、2012 年华中师范大学,2011、2013 年西南大学,2010 年南京师范大学,2017 年天津师范大学 333 真题】论述人的发展的规律性及其教育学意义。

2.【2017、2022 年华中师范大学 333 真题】联系实际谈谈主观能动性对人的身心发展的作用。

3.【2019 年华中师范大学 333 真题】论述教育对人的作用及实现条件。

4.【2015 年天津师范大学、2015 年北京师范大学 333 真题】论述环境、教育、遗传素质在人的身心发展中的作用。

三、材料分析题

【2018 年陕西师范大学 333 真题】材料:西班牙狼孩儿的故事

狼孩儿从小与狼为伍,所以其保持着狼的生活习性。狼孩儿被牧羊人收养后,学会了基本的觅食技能。但牧羊人去世之后,狼孩儿重新回到狼群中与狼群过着和狼相同的生活。当他后来又一次被人发现,带入人类社会生活时,人们却发现狼孩儿无法很好地适应人类生活。

（1）根据影响人身心发展的因素及关键期分析狼孩儿的故事。

（2）请提出一些措施帮助他。

第四章　教育目的与培养目标

一、教育目的

(一)教育目的概念

1.教育目的的定义

教育目的是对教育活动所要培养的人的个体素质的总的预期与设想,是对社会历史活动的主体的个体素质的规定。具体体现为,把受教育者培养成为一定社会所需要的人的总要求,是学校教育所要培养的人的质量规格。

(1)从内涵上看,教育目的概念有广义和狭义之分。

广义的教育目的是指存在于人的头脑之中的对受教育者的期望和要求。狭义的教育目的是指由国家提出的教育总目的和各级各类学校的教育目标,以及课程与教学等方面对所培养的人的要求。本章主要研究狭义的教育目的,特别是我国教育的总目的。

(2)从形态上看,教育目的还可作理论形态和实践形态的区分。

理论形态的教育目的是人们根据现存的社会条件和教育目的的基本理论所提出的具有某种倾向性的教育目的。实践形态的教育目的是指教育工作者或与教育有直接联系的人(如学生、家长),在自己的教育行为中所实际追求的教育目的。前者是一种教育的价值取向,具有一定的理想性,不一定都能变成事实,但经过人们对教育目的的调适与积极实践,也可以成为现实上追求的教育目的;后者既是一种教育价值取向,也是一种教育现实。

2.教育目的与教育方针的关系

(1)教育方针是国家或政党根据一定时期政治、经济发展的总路线、总任务规定的教育工作的发展道路和发展方向,教育方针是教育工作的总方向和根本指针,是教育政策的总概括。

(2)教育方针一般由三部分组成:教育的性质和方向;教育的目的;实现教育目的的途径和方法。

(3)联系:教育目的与教育方针在对教育社会性质的规定上具有内在的一致性,都是一定社会各级各类教育在其性质和方向上不得违背的根本指导原则。

(4)区别:

①教育方针包含了教育目的,教育目的是教育方针的核心和基本内容。

②教育方针与教育目的也是手段和目的的关系。

从总体上看，教育目的是教育活动的出发点和依据，也是教育活动的归宿。它对于明确教育方向、建立教育制度、确定教育内容、选择教育方法、组织教育活动进行教育管理、评估教育质量、引领和激励受教育者起着指导作用。

（二）关于教育目的主要理论

1.社会本位论与个人本位论

（1）社会本位论（国家本位论）

社会本位论把满足社会需要视为教育的根本价值，以德国的纳托普、凯兴斯泰纳，法国的涂尔干为代表。

①理论主张：第一，教育目的不应该从人的本位出发，而应从社会需要出发，根据社会需要来确定；第二，个人只是教育加工的原料，他的发展必须服从社会需要；第三，教育的目的在于把受教育者培养成符合社会准则的公民，使受教育者社会化，保证社会生活的稳定与延续；第四，社会价值高于个人价值，个人的存在与发展依赖并从属于社会，评价教育的价值只能以其对社会的效益来衡量。

②评价：重视教育的社会价值，强调教育目的从社会出发，满足社会的需要，具有一定的合理性；过分强调人对社会的依赖，把教育的社会目的绝对化，完全割裂人与社会的关系，极易导致教育对人的培养只见社会而不见人，单纯把人当作社会工具，而不是把人作为社会主体来培养，造成对人发展的严重束缚和压抑。

（2）个人本位论

个人本位论把满足个人需要视为教育的根本价值，以法国的卢梭和萨特、瑞士的裴斯泰洛齐、德国的康德为代表。

①理论主张：第一，教育目的的根本在于使人的本性、本能得到自然发展。第二，重视人的价值、个性发展及其需要，把人的个性发展及其需要的满足视为教育的价值所在。第三，个人价值高于社会价值，社会只有在有助于个人的发展时才有价值，教育的价值应当以其对个人发展所起的作用来衡量。

②评价：第一，重视教育的个人价值，强调教育目的从个人出发，满足个人的需要，具有一定的合理性。特别是在文艺复兴以后的历史条件下，它对于打破宗教神学和封建专制对人的束缚，倡导人的自由和个性解放，提升人的价值和地位，促使教育向人和人的发展回归等方面具有深远的历史意义。

第二，激进的个人本位论者离开社会来思考人的发展，无视个人发展的社会需要和社会条件，甚至把满足个人需要和满足社会需要对立起来，把教育的个人目的和社会目的看成不可调和的，这极易导致唯自由论和个人主义倾向。

【2016年青岛大学333真题】裴斯泰洛齐说："为人在世,可贵者在于发展,在于发展个人天赋的内在力量,使其经过锻炼,使人能尽其才,能在社会上达到他应有的地位。这就是教育的最终目的。"这句话反映了(　　)

A.社会本位的教育目的论　　　　B.教育目的论

C.个体本位的教育目的论　　　　D.效能主义的教育目的论

【解析】C

个人本位论把满足个人需要视为教育的根本价值,以法国的卢梭和萨特、瑞士的裴斯泰洛齐、德国的康德为代表。故选C。

【2025年333第5题】"一切教育的真正目的,是人,即人的身体、思想和灵魂的和谐发展。"这种教育目的的价值取向属于(　　)

A.伦理本位论　　　B.社会本位论　　　C.个人本位论　　　D.生活本位论

【解析】C

美国教育家帕克认为:"一切教育的真正目的,是人,即人的身体、思想和灵魂的和谐发展。"这种教育目的是个人本位论的观点。个人本位论把满足个人需要视为教育的根本价值,认为教育的目的是培养个人的本性。故选C。

2.内在目的论与外在目的论

(1)教育的内在目的论

美国教育家杜威是内在目的论的代表人物,他的主要观点有:

第一,批判传统。杜威反对传统的远离儿童需要和理解能力的、抽象的、遥远的目的,也就是说杜威反对中级的教育目的。

第二,教育即生长。教育应该依据儿童的兴趣需要与身心发展规律去完成教育活动过程的具体目的。

第三,教育没有外在目的。杜威认为:"教育的过程在他自身之外没有目的,教育的过程就是他自己的目的。"所以教育的内在目的论也叫教育无目的论,不是教育没有目的,而是没有外在的目的。

第四,教育满足需要。教育应该满足儿童内在的生长与发展的各种需要。

(2)教育的外在目的论

教育的外在目的指关于政治、社会的要求或教师等人强加给儿童的目的。杜威认为,外在目的是压抑、阻碍儿童自由发展的事物,这些目的都不是儿童真正想要的。因为教育既然是一种社会行为,就必然受到社会的影响和约束。

外在目的普遍存在,主要体现了社会发展对教育的要求。从现实来讲,外在教育目的不可能消失,有其存在的必要性。但外在目的毕竟是外界强加给学生的目的,属于为遥不可及的将来做准备的教育目的,会使教师和学生的工作变为机械、奴隶性的工作,也就成为压抑和阻碍儿童自由发展之物。

3.教育准备生活说与教育适应生活说

（1）斯宾塞的教育准备生活说

第一,为未来完满生活做准备。在《什么知识最有价值》中,斯宾塞论述教育的目的就是"为人未来的完满生活做准备"。教育准备生活说反映了人们期望通过教育获取能够使个人幸福的知识和能力。

第二,相关课程设置。在斯宾塞看来,怎样运用我们的一切能力使对己对人最为有益,怎样去完满地生活,这即我们需要学的大事,也是教育中应当教的大事,为我们的完满生活做准备是教育应尽的职责。所谓"完满生活"包括直接保全自己的活动,目的在于抚养子女的活动与维持正常社会政治关系有关的活动,以及在社会中的闲暇时间满足爱好和感情的各种活动。

斯宾塞的教育准备生活说突出为将来生活做准备,特别体现教育目的的未来性、方向性和目标性,但是忽视儿童当下生活的需要。

（2）杜威的教育适应生活说

第一,批判教育准备生活说。教育适应生活说主要反对将教育看作对未来生活的准备,认为这样必然要传递成人的经验,忽视儿童当下的兴趣和需要,从而把儿童置于被动的地位。

第二,教育为当下生活做准备。杜威认为,把教育看作为未来生活做准备,采用的是比较的观点,把成年期当作一个固定的标准来看待儿童期。这种观点忘记了儿童与成人都是处于发展中的个体,都在不断地生长。他们之间不是生长和不生长的区别,而是各有适合于不同情况的不同生长方式。

杜威更强调教育目的具有过程性和动态性,认为儿童和成人的生活具有同样的价值,后者并不比前者更重要、更有价值。虽然杜威注重了儿童当下的生活,但杜威对教育准备生活说的否定又使他忽视了教育发展的终极目标与方向。

【2010 年 311 第 5 题】"教育的目的在于使个人能够继续他们的教育,或者说,学习的目的和报酬,是继续不断的生长能力。"持这种观点的人,在教育目的上主张（　　）

　　A.教育准备生活说　　　　　　B.教育适应生活说

　　C.教育超越生活说　　　　　　D.教育改造生活说

【解析】B

教育适应生活说的主要观点是学校教育应该将现有的生活情境作为其主要内容,教儿童适应眼前的生活环境,即培养能完全适应眼前社会生活的人。题干中提到"教育的目的在于使个人能够继续他们的教育,或者说,学习的目的和报酬,是继续不断的生长能力",这正是教育适应生活学的核心观点。故选 B。

(三)教育目的确立的依据

1.马克思主义关于人的全面发展的学说

(1)马克思主义关于人的全面发展学说的科学含义

人的全面发展是指人的劳动能力的全面发展。在马克思看来,人的全面发展,就其最基本的意义而言,是指人能够适应不同的劳动需求。

人的全面发展是指人的体力和智力的全面发展。马克思从资本主义的劳动分工中分析了工人在生产劳动中体力和智力两个方面的片面发展,进而提出全面发展的人将是体力劳动和脑力劳动相结合,在体力和智力上得到协调发展的人。

人的全面发展是指人的先天和后天的各种才能、志趣、道德和审美能力的充分发展,即人的个性的自由发展。马克思认为,人的发展领域包括劳动时间和自由时间两个方面。劳动时间创造了人类才能的发展所必需的物质财富,自由时间同劳动时间一样,也是人的全面发展不可缺少的一个方面,是人的先天和后天的各种才能和志趣、道德与审美能力充分发展的又一个广阔领域,马克思称其为"真正的自由王国"。在这个自由的王国里,个人从事自由活动的时间不断扩大,人的个性因此得到自由发展。

(2)马克思主义论人的全面发展必须具备的社会条件

马克思根据大工业生产的发展,认为实现人的全面发展已经具备的客观经济条件主要表现在三个方面:一是市场的扩大和交往的普遍性为人的全面发展提供了可能性;二是大工业的发展使自由时间增多,从而为个人全面发展创造了重要条件;三是大工业的发展使新的产业不断兴起,使社会内部的分工不断发生革命,劳动变换加速,要求人必须全面发展。

(3)马克思主义关于人的全面发展学说在教育学上的重要意义

确立了科学的人的发展观。全面发展学说把人的发展历史归结为生产方式的发展历史,确立了"人怎样表现自己的生活,他们自己也就怎样"的科学发展观,从而为人的发展问题提供了一种全新的方法论指导。

指明了人的全面发展的历史必然。全面发展学说所揭示的人的发展方向是一种建立在生产发展普遍规律之上的自然历史过程。

为我国教育目的制定奠定了理论基础。马克思主义强调人的全面发展，我国的教育目的正是根据马克思主义的全面发展学说，提出了培养德智体美劳全面发展的社会主义建设者和接班人。

> 【2012、2013年青岛大学，2016年重庆师范大学333真题】我国教育目的制定的主要理论基础是（　　　）
>
> A.马克思主义关于人的全面发展学说　　B.实用主义
>
> C.建构主义　　　　　　　　　　　　D.教育心理学
>
> 【解析】A
>
> 马克思主义关于人的全面发展学说为我国教育目的制定奠定了理论基础。马克思主义强调人的全面发展，我国的教育目的正是根据马克思主义的全面发展学说，提出了培养德智体美劳全面发展的社会主义建设者和接班人。故选A。

2.时代与社会发展需要

（1）社会生产力的发展是确立教育目的的最终决定性因素

生产力的发展水平体现人类的发展程度，这对人的进一步发展提出了要求并提供了可能性。在推动社会发展的各因素中，社会生产力的发展起到最终的决定性作用，因而也是确立教育目的的最终决定因素。

（2）教育目的要反映生产关系和科技发展对人才的需要

一定社会的社会关系及社会中的物质关系和思想关系，对教育目的起着直接的决定性的影响。一个社会需要什么样的人，具有什么样的政治倾向和思想意识，需要哪些类型与规格的劳动力，都集中反映在所制定的教育目的上。

（3）教育目的要符合社会政治、经济、文化的需要

教育目的的性质和方向是由政治、经济、文化决定的。在阶级社会里，教育目的反映统治阶级的利益，集中体现统治阶级对人才培养的根本要求。

3.个体发展的需要

教育目的的确立要根据教育对象身心发展的规律和心理逻辑，使教育对象得到更完全地发展，也要符合教育对象不同阶段的兴趣、需要、生活和个性。

（四）我国的教育目的

1.1949 年以来各个时期的教育目的

中华人民共和国成立以来,我国的教育目的几经变化,反映了时代对教育所要培养的人才规格要求的变化,也体现了对教育目的的认识变化过程。

1957 年,毛泽东在《关于正确处理人民内部矛盾的问题》的讲话中提出:"我们的教育方针,应该使受教育者在德育、智育、体育几方面都得到发展,成为有社会主义觉悟的、有文化的劳动者。"

1958 年,《关于教育工作的指示》明确而系统地提出了"教育必须为无产阶级政治服务,教育必须同生产劳动相结合"这一教育方针。

1978 年,我国宪法中关于教育方针的表述为"教育必须为无产阶级政治服务,教育必须同生产劳动相结合"这一教育方针。教育与生产劳动相结合,使受教育者在德育、智育、体育几方面都得到发展,成为有社会主义觉悟、有文化的劳动者。

1981 年,中共中央在《关于建国以来党的若干历史问题的决议》中要求:"坚持德智体全面发展、又红又专、知识分子与工人农民相结合、脑力劳动与体力劳动相结合的教育方针。"

1982 年,《中华人民共和国宪法》规定:"国家培养青年、少年、儿童在品德、智力、体质等方面全面发展。"

1985 年,《中共中央关于教育体制改革的决定》提出:教育要为 20 世纪 90 年代以至 21 世纪初叶我国经济和社会发展,大规模地准备的能够坚持社会主义方向的各级各类合格人才。并指出:"所有这些人才,都应该有理想、有道德、有文化、有纪律,热爱社会主义祖国和社会主义事业,具有为国家富强和人民富裕而艰苦奋斗的献身精神,都应该不断追求新知,具有实事求是、独立思考、勇于创造的科学精神。"

1986 年,《中华人民共和国义务教育法》规定:"义务教育必须贯彻国家的教育方针,努力提高教育质量,使儿童、少年在品德、智力、体质等方面全面发展,为提高全民族素质,培养有理想、有道德、有文化、有纪律的社会主义的建设人才奠定基础。"

1993 年,《中国教育改革和发展纲要》指出:"教育改革和发展的根本目的是提高民族素质。多出人才,快出人才,各级各类学校要认真贯彻'教育必须为社会主义现代化建设服务,必须与生产劳动相结合,培养德、智、体全面发展的建设者和接班人'的方针,努力使教育质量在 20 世纪 90 年代上一个新台阶。"

1995 年,《中华人民共和国教育法》规定:"教育必须为社会主义现代化服务,必须与生产劳动相结合,培养德、智、体等方面全面发展的社会主义事业的建设者和接班人。"

1999 年,《中共中央国务院关于深化教育改革全面推进素质教育的决定》中指出:"实施素质教育,就是全面贯彻党的教育方针,以提高国民素质为根本宗旨,以培养学生的创新精神和实践能力为重点,造就'有理想、有道德、有文化、有纪律'的、德智体美等全面发展的社会主义事业建设者和接班人。"

2001 年,《国务院关于基础教育改革与发展的决定》明确提出要:"高举邓小平理论伟大旗帜,以邓小平同志'教育要面向现代化、面向世界、面向未来'和江泽民同志'三个代表'的重要思想为指导,坚持教育必须为社会主义现代化建设服务,为人民服务,必须与生产劳动和社会实践相结合,培养德智体美等全面发展的社会主义事业建设者和接班人。"

2002 年,党的十六大报告《全面建设小康社会 开创中国特色社会主义事业新局面》再一次强调:"全面贯彻党的教育方针,坚持教育为社会主义现代化建设服务,为人民服务,与生产劳动和社会实践相结合,培养德智体美全面发展的社会主义建设者和接班人。"

2010 年,《国家中长期教育改革和发展规划纲要（2010—2020 年）》提出:"坚持教育为社会主义现代化建设服务,为人民服务,与生产劳动和社会实践相结合,培养德智体美全面发展的社会主义建设者和接班人。"

2015 年修订的《中华人民共和国教育法》中的教育方针是:"教育必须为社会主义现代化建设服务、为人民服务,必须与生产劳动和社会实践相结合,培养德、智、体、美等方面全面发展的社会主义事业的建设者和接班人。"

2021 年修订的《中华人民共和国教育法》规定:"教育必须为社会主义现代化建设服务、为人民服务,必须与生产劳动和社会实践相结合,培养德智体美劳全面发展的社会主义建设者和接班人。"

2.我国教育目的的精神实质

中华人民共和国成立以来,对于教育目的的表述虽然在字面上有所不同,具体内容也不完全一样,但它们有着共同的精神实质。

（1）培养"劳动者"或"社会主义建设人才"是社会主义教育目的的总要求

教育目的中最根本的问题是"培养什么人"。社会主义社会只存在分工的不同,但人人都应该是劳动者,劳动是每一个有劳动能力的公民的光荣职责。社会主义社会的教育培养每一个社会成员都成为劳动者,这是社会主义教育同一切剥削阶级教育的本质区别。所以,把每个人都培养成为劳动者,这是社会主义教育目的的根本标志和总要求。

（2）坚持教育目的的社会主义方向，是我国教育目的的根本性质

教育目的的方向性是教育性质的根本体现。按什么方向培养人，这是教育目的的又一个构成要点。我国社会主义的教育目的明确规定我们培养的是社会主义建设者和接班人，是新型的劳动者。教育目的的要求和素质规格的社会主义方向性，反映了我国教育的社会主义性质和特色。

（3）要求德、智、体、美、劳全面发展是社会主义教育的质量标准

教育目的的另一构成部分是培养规格问题，即人才的素质结构和质量标准。社会主义劳动者是一个完整的社会人，具有丰富的属性。德、智、体是人的素质构成的主体，因而教育目的强调统一发展。但是现代社会人的素质除德、智、体之外，还有劳动素质和审美素质。我国教育方针在人才规格上提出德、智、体、美、劳的全面发展正是在于说明这一全面要求。

（4）以提高全民素质为宗旨

社会主义要求人人都应成为劳动者，成为国家的主人。社会主义的劳动者应该是一种新型的劳动者，即脑力劳动与体力劳动相结合的劳动者，是"全面发展的一代生产者"。造就这种新型劳动者是社会主义教育的理想要求，要想造就这种新型的劳动者就需要以提高全民素质为宗旨。

（5）培养独立个性

培养受教育者的独立个性，是马克思主义关于人的全面发展学说的基本内涵和根本目的。我国的教育目的注重培养人的独立个性，注重发挥、调动人的主体性，使受教育者的自由个性得到保护、尊重和发展。这里所提倡的独立个性是全面发展的独立个性，所说的自由发展是与社会同向度的自由发展，是受教育者独立自主发展的需要，也是他们形成使命感、事业心、创造性的源泉。

（五）全面发展教育与立德树人

1.全面发展教育的含义

全面发展教育是指教育者根据社会的政治经济需要和人的身心发展的规律与特点，有目的、有计划、有组织、有系统地对受教育者实施的旨在促进人的素质结构全面、和谐、充分发展的系统教育。

2.全面发展教育的组成部分

（1）德育

德育是引导学生领悟社会主义思想观点和道德规范，组织和指导学生的道德

实践,培养学生的社会主义品德的教育。它集中体现了我国教育的价值取向和社会政治性质,对学生的全面发展起着定向和动力的作用。所以,德育在全面发展教育的重要组成部分中,处于引领的地位。

（2）智育

智育是授予学生系统的科学文化知识、技能和发展他们智力的教育。它能够帮助学生认识自然规律、社会规律,提高分析和解决问题的能力,掌握从事社会主义现代化建设和各种社会工作的实际本领。

（3）体育

体育是授予学生健身知识、技能,发展学生体力、增强学生体质的教育。体力和体质的发展非常重要,是人的个性全面发展的生理基础。人们进行生产劳动、社会活动、军事活动和幸福生活都需要强健的体魄作基础。

（4）美育

美育是培养学生正确的审美观,发展他们的鉴赏美、创造美的能力,培养他们的高尚情操和文明素质的教育。它在净化学生心灵,激发学生热爱和追求美好生活,促进学生全面发展上具有重要作用。

（5）劳动教育

劳动教育是引导学生掌握现代劳动的知识与技能,养成良好的劳动习惯和正确的劳动态度,培育学生科学的劳动价值观的教育。劳动教育具有启智、育德、强体和创美的作用,劳动教育也是实现德、智、体发展的重要途径之一。

3.全面发展教育各组成部分之间的关系

在全面发展教育中,各育之间的关系是相互联系、相互影响、辩证统一的。

（1）各育之间不可分割。因为各育都具有制约或促进其他各育的因素,各育的发展又都离不开其他各育的配合,都需要其他各育与之协调。

（2）各育间不能相互代替。因为各育都具有特定的内涵,都具有自己特定的任务,各育的社会价值、教育价值、满足人发展需要的价值都是通过各自不同的作用体现出来的。任何一育都是不可替代的。在处理各育之间的关系时,要避免两种倾向:一是只注重各育之间的联系性和相互促进性而忽视各育的独特功能;二是只注重各育的区别和不可代替性而忽视各育相互促进的作用,甚至把它们割裂开来、对立起来。综上,我们必须考虑到人的发展的全面性和整体性,坚持五育并举,处理好它们之间的关系,使其相辅相成,发挥教育的整体功能。

3.立德树人

立德,就是坚持德育为先,通过正面教育来引导人、感化人、激励人;树人,就是坚持以人为本。习近平总书记指出："培养什么人、怎样培养人、为谁培养人是教育的根本问题,也是建设教育强国的核心课题。"我们要建设的教育强国,以立德树人为根本任务,以为党育人、为国育才为根本目标。扎实推进立德树人,就要把习近平新时代中国特色社会主义思想的世界观和方法论贯彻和运用到教育工作中,增强工作的科学性、预见性、主动性、创造性,努力培养一代又一代德智体美劳全面发展的社会主义建设者和接班人。

【2011年311第4题】把教育方针规定为"教育必须为社会主义现代化建设服务,必须与生产劳动相结合,培养德、智、体等全面发展的社会主义事业的建设者和接班人"的文献是(   )

A.《中华人民共和国义务教育法》

B.《中共中央关于教育体制改革的决定》

C.《中华人民共和国教育法》

D.《中国教育改革和发展纲要》

【解析】C

我国1995年颁布实施的《中华人民共和国教育法》第五条规定:"教育必须为社会主义现代化建设服务,必须与生产劳动相结合,培养德、智、体等方面全面发展的社会主义事业的建设者和接班人。"首次在教育基本法中对我国的教育方针进行了明确的规定。故选C。

【2016年311第5题】20世纪50年代末我国确立的教育方针强调(   )

A.教育必须与生产劳动相结合

B.教育必须与社会实践相结合

C.教育必须为人民服务

D.教育必须为现代化建设服务

【解析】A

1957年,国务院正式颁布了新中国的教育方针:教育必须为无产阶级政治服务,教育必须同生产劳动相结合。故选A。

二、培养目标

(一)培养目标的概念及演变

培养目标是人才培养所要达到的标准,是各级各类学校人才培养要达到的具体规格和标准。

（二）培养目标与教育目的的关系

从培养人这一终极指向上来讲，培养目标与教育目的基本一致。培养目标是教育目的的具体化，教育目的与培养目标之间是一般与特殊的关系。但从其本身的特性、表述和作用方面来说，两者存在着差别。

第一，培养目标反映各级各类学校的具体要求，具有具体性、可操作性；教育目的则是各级各类教育目标的顶层设计，具有抽象性。

第二，培养目标在各年级、各阶段、各学校均有不同的表述，具有多样性；教育目的是理念层面的指引，具有相对的稳定性。

第三，培养目标能够不断校正教育行为，起着规范作用；教育目的是教育活动的起点，起着指导作用。

（三）培养目标的演变

我国的教育培养目标经历了一个渐进的演变过程：

（1）新中国成立初期，教育培养目标主要是培养社会主义建设者和接班人。培养政治立场坚定、品德优良的社会主义建设者。

（2）改革开放初期，教育培养目标开始转向培养社会主义现代化建设者。强调培养既红又专的人才，提出知识结构合理、操作技能高超的要求。

（3）进入21世纪，教育培养目标进一步转向培养创新型人才。强调培养学生的创新精神，强调综合素质，提出全面发展的要求。

（4）进入中国特色社会主义新时代，教育培养目标提出要培养既有国际视野又有中国根脉的高素质创新人才。强调培养学生的国际化视野、中国传统文化素养和创新精神。要培养既有国际竞争力又具有中国特色的优秀人才。

（四）我国学校的培养目标

1.幼儿园的培养目标

2016年实施的《幼儿园工作规程》规定幼儿园保育和教育的主要目标是：

（1）促进幼儿身体正常发育和机能的协调发展，增强体质，促进心理健康，培养良好的生活习惯、卫生习惯和参加体育活动的兴趣。

（2）发展幼儿智力，培养正确运用感官和运用语言交往的基本能力，增进对环境的认识，培养有益的兴趣和求知欲望，培养初步的动手探究能力。

（3）萌发幼儿爱祖国、爱家乡、爱集体、爱劳动、爱科学的情感，培养诚实、自信、友爱、勇敢、勤学、好问、爱护公物、克服困难、讲礼貌、守纪律等良好的品德行为和习惯,以及活泼开朗的性格。

(4)培养幼儿初步感受美和表现美的情趣和能力。

2.小学阶段的培养目标

(1)初步具有爱祖国、爱人民、爱劳动、爱科学、爱社会主义的思想感情,初步养成关心他人、关心集体、认真负责、诚实、勤俭、勇敢、正直、合群、活泼向上等良好品德和个性品质,养成讲文明、讲礼貌、守纪律的行为习惯,初步具有自我管理以及分辨是非的能力。

(2)具有阅读、书写、表达、计算的基本知识和基本技能,了解一些生活、自然和社会常识,初步具有基本的观察、思维、动手操作和自学的能力,养成良好的学习习惯。

(3)初步养成锻炼身体和讲究卫生的习惯,具有健康的身体以及较广泛的兴趣和健康的爱美的情趣。

(4)初步学会生活自理,会使用简单的劳动工具,养成爱劳动的习惯。

3.初中阶段的培养目标

(1)具有爱祖国、爱人民、爱劳动、爱科学、爱社会主义的思想感情,初步了解辩证唯物主义、历史唯物主义的基本观点,初步具有为人民服务和集体主义的思想,具有守信、勤奋、自立、合作、乐观、进取等良好品德和个性品质,遵纪守法,养成文明礼貌的行为习惯,具有分辨是非和自我教育的能力。

(2)掌握必要的文化科学技术知识和基本技能,具有一定的自学能力、动手操作能力,以及运用所学知识分析和解决问题的能力,初步具有实事求是的科学态度,掌握一些简单的科学方法。

(3)初步掌握锻炼身体的基础知识和正确方法,养成讲究卫生的习惯,具有健康的体魄,具有初步的审美能力,形成健康的志趣和爱好。

(4)学会生活自理和参加力所能及的家务劳动,初步掌握一些生产劳动的基础知识和基本技能,了解一些择业的常识,具有正确的劳动态度和良好的劳动习惯。

4.普通高中的培养目标

2002年,教育部印发《全日制普通高级中学课程计划》,其中普通高中教育的培养目标特别强调:

(1)热爱社会主义祖国,拥护中国共产党,了解中国历史和国情,对国家和民族具有责任感,初步形成正确的世界观、人生观和价值观。

具有民主和法制精神,学习行使公民权利和履行公民义务;积极参与社会公益活动;具有自觉保护环境的意识和行为;具有集体意识和合作精神;具有参与国际活动和国际竞争的意识;具有独立生活的能力;形成健全的人格。

(2)具有适应学习化社会所需要的文化科学知识,形成独立思考、自主学习的能力;具有科学精神,形成科学态度,学会科学方法;能够利用现代信息技术手段进行学习,解决问题;进一步发展创新精神和实践能力,逐步形成适应学习化社会需要进行终身学习的能力。

(3)具有健康体魄和身心保健能力,养成自觉锻炼身体的习惯,掌握科学的锻炼方法;具有良好的心理素质;形成文明健康、积极向上的生活方式。

(4)树立健康的审美观,养成健康的审美情趣,对自然美、社会美、科学美和艺术美具有一定的感受力、鉴赏力、表现力和创造力。

(5)具有与社会生活相适应的职业意识、创业精神和一定的择业能力,形成一定的劳动技能和现代生活技能,能够对自己的生活和发展做出恰当的选择。

5.职业高中的培养目标

2009年,教育部印发《关于制定中等职业学校教学计划的原则意见》,规定:

(1)中等职业学校培养与我国社会主义现代化建设要求相适应,德、智、体、美全面发展,具有综合职业能力,在生产、服务一线工作的高素质劳动者和技能型人才。他们应当热爱社会主义祖国,能够将实现自身价值与服务祖国人民结合起来。

(2)具有基本的科学文化素养、继续学习的能力和创新精神。

(3)具有良好的职业道德,掌握必要的文化基础知识、专业知识和比较熟练的职业技能,具有较强的就业能力和一定的创业能力。

(4)具有健康的身体和心理。

(5)具有基本的欣赏美和创造美的能力。

6.大学的培养目标

我国普通高等教育分为专科教育、本科教育和研究生教育,不同层次高等教育的人才培养目标是不一样的。《中华人民共和国高等教育法》(1998年颁布,2018年第二次修正)明确规定:

(1)高等教育的任务是培养具有社会责任感、创新精神和实践能力的高级专门人才,发展科学技术文化,促进社会主义现代化建设。

(2)专科教育应当使学生掌握本专业必备的基础理论、专门知识,具有从事本专业实际工作的基本技能和初步能力。

(3)本科教育应当使学生比较系统地掌握本学科、专业必需的基础理论、基本知识,掌握本专业必要的基本技能、方法和相关知识,具有从事本专业实际工作和研究工作的初步能力。

（4）硕士研究生教育应当使学生掌握本学科坚实的基础理论、系统的专业知识，掌握相应的技能、方法和相关知识，具有从事本专业实际工作和科学研究工作的能力。

（5）博士研究生教育应当使学生掌握本学科坚实宽广的基础理论、系统深入的专业知识、相应的技能和方法，具有独立从事本学科创造性科学研究工作和实际工作的能力。

本章内容思维导图

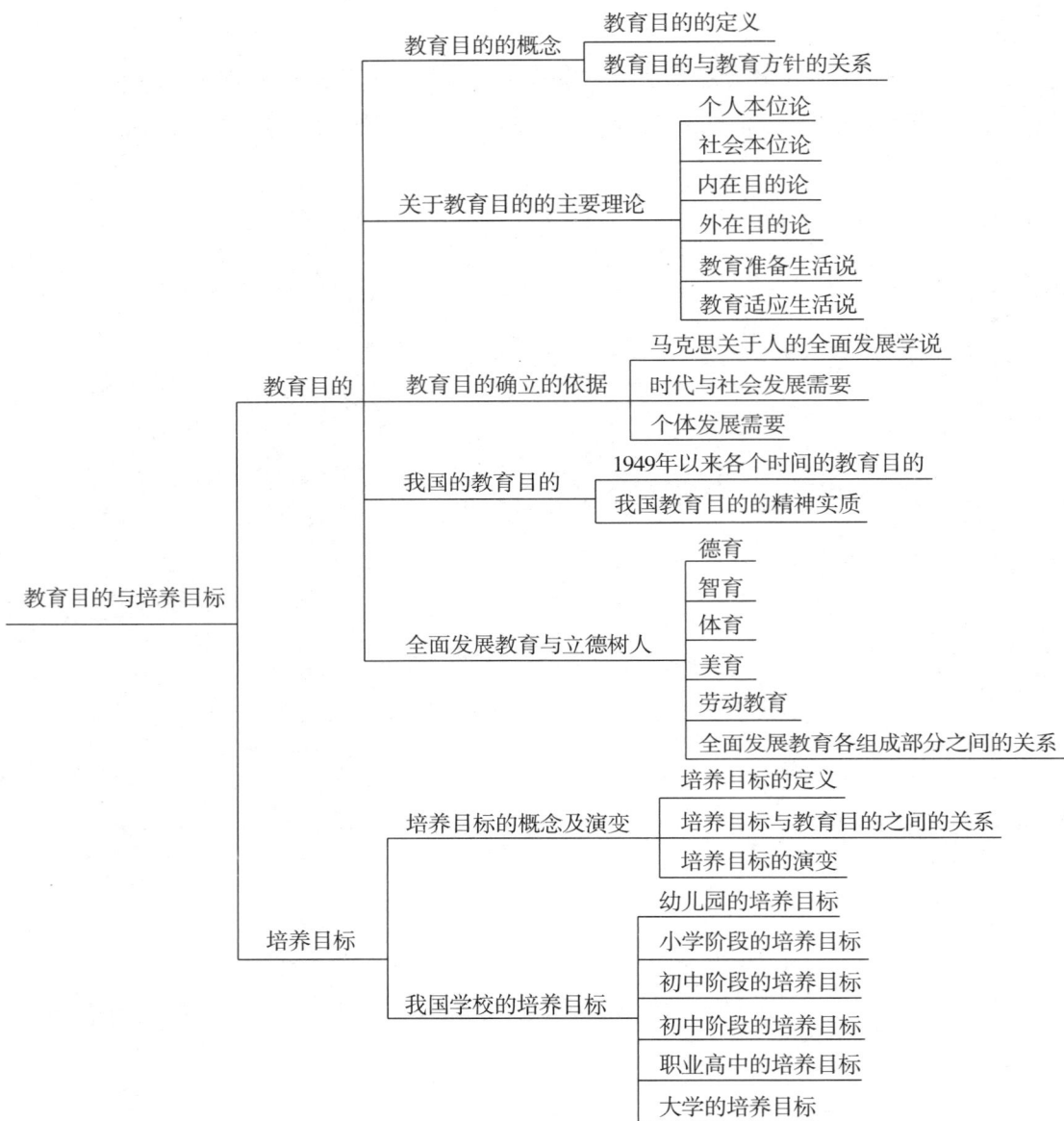

```
                              ┌─ 教育目的的概念 ──┬─ 教育目的的定义
                              │                  └─ 教育目的与教育方针的关系
                              │
                              │                  ┌─ 个人本位论
                              │                  ├─ 社会本位论
                              │                  ├─ 内在目的论
                              ├─ 关于教育目的的主要理论 ─┤
                              │                  ├─ 外在目的论
                              │                  ├─ 教育准备生活说
                              │                  └─ 教育适应生活说
                              │
                              │                  ┌─ 马克思关于人的全面发展学说
                    教育目的 ──┼─ 教育目的确立的依据 ─┼─ 时代与社会发展需要
                              │                  └─ 个体发展需要
                              │
                              │                  ┌─ 1949年以来各个时间的教育目的
                              ├─ 我国的教育目的 ──┤
                              │                  └─ 我国教育目的的精神实质
                              │
                              │                  ┌─ 德育
                              │                  ├─ 智育
                              │                  ├─ 体育
                              └─ 全面发展教育与立德树人 ─┤
教育目的与培养目标 ─┤                                ├─ 美育
                              │                  ├─ 劳动教育
                              │                  └─ 全面发展教育各组成部分之间的关系
                              │
                              │                  ┌─ 培养目标的定义
                              │                  ├─ 培养目标与教育目的之间的关系
                              ├─ 培养目标的概念及演变 ─┤
                              │                  └─ 培养目标的演变
                              │
                    培养目标 ──┤                  ┌─ 幼儿园的培养目标
                              │                  ├─ 小学阶段的培养目标
                              │                  ├─ 初中阶段的培养目标
                              └─ 我国学校的培养目标 ─┤
                                                 ├─ 初中阶段的培养目标
                                                 ├─ 职业高中的培养目标
                                                 └─ 大学的培养目标
```

自测题

一、选择题

1.【2014年重庆师范大学333真题】倡导社会本位教育目的论的主要教育家是（　　）

A.凯兴斯泰纳　　　　　　B.卢梭　　　　　　C.杜威　　　　　　D.蒙台梭利

2.【2012年311第5题】在课程内容选择上,斯宾塞认为科学知识最有价值,其判断依据是他的（　　）

A.社会本位教育目的论　　　　　　B.外在教育目的论

C.教育准备生活说　　　　　　　　D.教育适应生活说

3.【2014年311第5题】美国教育家帕克认为,"一切教育的真正目的,是人,即人的身体思想和灵魂的和谐发展。"这种教育目的观属于（　　）

A.个体本位论　　　　　　　　　　B.社会本位论

C.文化本位论　　　　　　　　　　D.生活本位论

4.【2015年311第5题】集中体现杜威教育目的价值取向的观点是（　　）

A.儿童是教育的中心,教育的各种措施都要围绕儿童加以组织

B.教育过程在它之外没有终结,它终结于它自身

C.社会是教育的目的,儿童是教育的起点和手段

D.教育的目的就是获得更多的生长

5.【2017年311第2题】我国社会主义教育目的的理论基础是（　　）

A.社会本位论　　　　　　　　　　B.个人本位论

C.国家本位论　　　　　　　　　　D.人的全面发展理论

6.【2018年311第12题】杜威所谓教育的内在目的是指（　　）

A.教育过程中的目的　　　　　　　B.学校系统中的目的

C.教育以人格发展为目的　　　　　D.教育以知识掌握为目的

7.【2023年311第5题】斯宾塞主张,教育旨在使人掌握自我保全、谋生、养育子女、维持社会和政治关系、从事闲暇活动的知识,为人的完满生活做准备。这种教育目的的取向是（　　）

A.社会本位　　　　　　　　　　　B.政治本位

C.文化本位　　　　　　　　　　　D.个人本位

8.【2017年311第6题】我国1958年确立的教育方针强调(   )

A.教育必须与生产劳动相结合

B.全面实施素质教育

C.坚持立德树人

D.培养社会主义建设者和接班人

9.【2020年311第6题】中华人民共和国的教育目的有一以贯之的基本价值取向,在表述上又因应形势需要而有所变化。新时代我国教育目的在于培养(   )

A.德智体几方面都得到发展有社会主义觉悟的有文化的劳动者

B.德智体等方面全面发展的社会主义事业建设者和接班人

C.德智体美劳等全面发展的社会主义事业建设者和接班人

D.德智体美劳全面发展的社会主义事业建设者和接班人

10.【2022年311第5题】中华人民共和国成立以来的各时期教育目的表述虽然有所不同,但始终坚持(   )

A.培育四有新人

B.德智体美全面发展

C.发展核心素养

D.社会主义性质

11.【2021年311第6题】伴随封建庄园经济的退场,机器大工业取代了手工业。在机器操作中,工人从"使用工具"变成"服侍机器"。虽然操作机器也需要一定的经验和技巧,但是,整体而言,操作技术大大简化了。为了避免人被机器奴役,马克思主义者主张,有必要实施(   )

A.劳动技能教育

B.全面发展教育

C.职业教育

D.技术教育

二、论述题

1.【2021年东北师范大学、2017年华南师范大学333真题】联系实际论述马克思的人的全面发展学说的主要内容及其现实意义。

2.【2012年东北师范大学333真题】在全面发展教育中如何认识和处理各育的关系?

3.【2019年西南大学333真题】何谓立德树人?学校当前在立德树人方面有哪些偏差?你认为应该如何进一步提高学校立德树人工作的成效?

第五章 教育制度

一、教育制度概述

(一)教育制度的概念

1.含义

教育制度是指一个国家各级各类教育机构与组织的体系及其管理规则。它包括两个基本方面:一是教育的施教机构系统方面,包括学校教育机构和幼儿教育机构系统、校外儿童教育机构和成人教育机构系统等;二是教育的管理系统方面,包括教育行政机构、教育督导机构、教育评价和考试机构系统等,以及这些教育机构赖以存在和运行的整套规则,如各种各样的教育法律法规、制度和规则等。

2.特点

教育制度具有客观性、规范性、历史性、强制性等特点。

(1)客观性

教育制度作为一种制度化的东西,是一定时代的人们根据自己的需要制定的。虽然反映着人们的一些主观愿望和特殊的价值需求,但是,人们并不是也不可能随心所欲地制定或废止教育制度。某种教育制度的制定或废止主要是由社会生产力发展水平和人的发展水平决定的。

(2)规范性

任何教育制度都是制定者根据自己的需要制定的,具有一定的规范性。主要表现在入学条件即受教育权的限定和各级各类学校培养目标的确定上。

(3)历史性

教育制度既是对客观现实的反映,又是一种价值性的选择和体现,而它的具体内容又是随着社会的变化而变化的,在不同的社会历史时期和不同的文化背景下就会有不同的教育需要。教育制度是随着时代和文化背景的变化而不断创新的。

(4)强制性

教育制度作为教育机构系统的制度,是先于个体而存在的。它独立于个体之外,对个体的行为具有一定的强制作用。但随着教育制度的发展及其内部的丰富多样化,特别是终身教育的确立与推行,个体的选择性也越来越大。

（二）教育制度的形成与发展

教育制度随着社会的发展变化而发展变化，在不同的历史发展阶段表现出不同的发展状况。

在原始社会，社会处于混沌的未分化状态，教育还没有从社会生产和社会生活中分离出来，没有产生专门的教育，因而也就不可能有教育制度。

在古代阶级社会之初，由于社会的分化，教育从此时起也从社会生产和社会生活中分离出来，于是就产生了古代学校，后来还出现了简单的学校系统，因而产生了古代教育制度，具有简略性、非群众性和不完善性。

现代教育制度不但有阶级性和等级性，而且有生产性和科学性，它要为生产服务，与生产劳动相结合。这就决定了现代学校规模上的群众性和普及性，结构上的多类型和多层次，教育制度在当代还在不断地发展。它已由过去的现代学校教育系统，发展为当代的以现代学校教育系统为主体，包括幼儿教育系统、校外儿童教育系统和成人教育系统的庞大体系，它的发展方向是终身教育。终身教育对当代世界教育实践的影响正越来越清楚地显示出来，教育制度正在越来越多地向终身教育的方向发展。

（三）我国教育基本制度

《中华人民共和国教育法》对我国教育基本制度作出了明确规定。

1.国家实行学前教育、初等教育、中等教育、高等教育的学校教育制度。国家建立科学的学制系统，学制系统内的学校和其他教育机构的设置、教育形式、修业年限、招生对象、培养目标等，由国务院或者由国务院授权教育行政部门规定。

2.国家制定学前教育标准，加快普及学前教育，构建覆盖城乡，特别是农村的学前教育公共服务体系。各级人民政府应当采取措施，为适龄儿童接受学前教育提供条件和支持。

3.国家实行九年制义务教育制度。各级人民政府采取各种措施保障适龄儿童、少年就学。适龄儿童、少年的父母或者其他监护人以及有关社会组织和个人有义务使适龄儿童、少年接受并完成规定年限的义务教育。

4.国家实行职业教育制度和继续教育制度。各级人民政府、有关行政部门和行业组织以及企业、事业组织应当采取措施，发展并保障公民接受职业学校教育或者各种形式的职业培训。国家鼓励发展多种形式的继续教育，使公民接受适当形式的政治、经济、文化、科学、技术、业务方面的教育，促进不同类型学习成果的互认和衔接，推动全民终身学习。

5.国家实行国家教育考试制度。国家教育考试由国务院教育行政部门确定种类,并由国家批准实施教育考试的机构承办。

6.国家实行学业证书制度。经国家批准设立或者认可的学校及其他教育机构按照国家有关规定,颁发学历证书或者其他学业证书。

7.国家实行学位制度。学位授予单位依法对达到一定学术水平或者专业技术水平的人员授予相应的学位,颁发学位证书。

8.各级人民政府、基层群众性自治组织和企业、事业组织应当采取各种措施,开展扫除文盲的教育工作。按照国家规定具有接受扫除文盲教育能力的公民,应当接受扫除文盲的教育。

9.国家实行教育督导制度和学校及其他教育机构教育评估制度。

二、学校教育制度

(一)学制的概念与要素

1.学制的概念

学校教育制度简称学制,是指一个国家各级各类学校的系统及其管理规则,它规定着各级各类学校的性质、任务、入学条件、修业年限以及它们之间的关系。

学制是教育制度的核心。学制最终向着终身教育的方向发展,各国正在构建终身教育的学制体系。学制的要素包括学校类型、学校级别、学校结构。学制分为双轨学制、单轨学制、分支型学制。

【2008年311第8题,2014年青岛大学、重庆师范大学333真题】教育制度的核心部分是(　　　)

A.教育管理制度　　　B.国民教育制度

C.义务教育制度　　　D.学校教育制度

【解析】D

教育制度是一个国家或地区各级各类教育机构与组织系统及其管理规则的总称。学校教育制度简称学制,是指一个国家或地区各级各类学校的系统以及管理规则的总称,它规定着各级各类学校的性质、任务、入学条件、修业年限以及它们之间的衔接与分工等关系。学校教育制度是现代教育制度的核心内容。故选D。

2.学制的要素

学制的要素主要包括:学校类型、学校级别和学校结构。

（1）学校类型

指哪一种形式、哪一种性质的学校,是公立学校还是私立学校,是普通教育的学校还是职业教育的学校。

【2020 年 311 第 8 题】学制的基本构成要素是( )

A.学校的类型、级别和数量

B.学校的类型、级别和性质

C.学校的类型、级别和结构

D.学校的类型、性质和结构

【解析】C

学制的基本构成要素是学制构成内容的向度,也是学制构成的价值标准。一般来说,它是由三个基本要素构成的,即学校的级别、学校的类型、学校的结构。故选 C。

（2）学校级别

指学校的层次水平,即初等教育的学校、中等教育的学校、还是高等教育的学校。

（3）学校结构

学校结构决定了学校的类型,反映了学校之间的交叉、衔接、比例的关系。

3.学制的类型

（1）双轨学制

在 18—19 世纪的西欧,在社会政治、经济发展及特定的历史文化条件影响下,由古代学校演变来的带有等级特权痕迹的学术性现代学校和新产生的供劳动人民子女入学的群众性现代学校,都同时得到了比较充分的发展,于是就形成了欧洲现代教育的双轨学制,简称双轨制。

一轨自上而下,其结构是大学(后来也包括其他高等学校)、中学(包括中学预备班);另一轨从下而上,其结构是小学(后来是小学和初中)及其后的职业学校(先是与小学相连的初等职业教育,后发展为和初中联结的中等职业教育）。

19世纪末20世纪初在欧洲形成的这种双轨制,由于它和第二次工业技术革命,特别是和第三次工业技术革命时代的大生产的性质的矛盾越来越尖锐,与工业技术革命所推动的普及初中教育甚至普及高中教育的发展趋势相矛盾,因而引起了双轨制的变革。

（2）单轨学制

北美洲多数地区最初都曾沿用欧洲的双轨制。1830年以后,美国的小学得到了蓬勃的发展。由于产业革命和电气化的推动,美国由农业社会向工业社会快速发展,于是继小学的大发展之后,从1870年起,中学也得到了大发展。在快速发展的经济条件和在美国这种没有特权传统的文化历史背景下,美国原来的双轨制中的学术性一轨没有得到充分的发育,就被在短期内迅速发展起来的群众性小学和群众性中学所湮没,从而形成了美国的单轨学制,简称单轨制。

美国单轨制自下而上的结构是:小学、中学、大学。其特点是一个系列、多种分段。单轨制最早产生于美国,长期以来之所以没有重大变化,被世界许多国家先后采用,是因为它有利于教育的逐级普及。它不但有利于过去初等教育的普及,而且有利于后来初中教育的普及,以及20世纪以来高中教育的普及。实践证明,它对现代生产和现代科技的发展具有更强的适应能力。

（3）分支型学制

帝俄时代的学制属欧洲双轨制。十月革命后,苏联制定了单轨的社会主义统一劳动学校系统,后来在发展过程中,又恢复了帝俄文科中学的某些传统和职业学校单设的做法,于是就形成了既有单轨制特点又有双轨制的某些因素的苏联型学制。

苏联型学制不属于欧洲双轨制。因为它一开始并不分轨,而且职业学校的毕业生也有权进入对口的高等学校学习。但它和美国的单轨制也有区别。因为它进入中学阶段时又开始分叉。就是说,苏联型学制前段(小学、初中阶段)是单轨,后段分叉,是介于双轨制和单轨制之间的分支型学制。苏联型学制的中学,上通(高等学校)下达(初等学校),左(中等专业学校)右(中等职业技术学校)畅通,这是苏联型学制的优点和特点。

我国基本上采用了分支型学制。

【2009年311第7题】18—19世纪的西欧,在社会政治、经济发展及特定历史文化背景下,逐渐形成了带有等级特权痕迹的双轨学制。其"双轨"是指（　　）

A.公立学校系统与私立学校系统

B.职业学校系统与普通学校系统

C.大学—中学系统与小学—初等职业学校系统

D.义务教育系统与非义务教育系统

【解析】C

学制按其类型分为双轨制、单轨制和分支型学制。双轨制是17-18世纪欧洲大部分国家实行的学制,如英国,具体为一轨自上而下:大学、中学再到家庭教育,是贵族的教育形式;另一轨自下而上,小学、中学再到职业学校,是劳动人民的教育形式。双轨制体现了教育的不平等性、阶级性。单轨制是当今美国实行的学制,具体为自下而上的结构:小学、中学、而后升入大学,是一种最具平等性的学制。分支型学制是中国、苏联以及当今大部分欧洲国家所实行的学制,它的前段（小学、中学）是单轨,而后分叉,分为普通教育和职业教育,其最大的特点就是符合国情。故选C。

（二）学制确立的依据

1.社会依据

（1）学制的确立受生产力发展水平与科技发展状况的制约

经济的发展为教育制度提供了一定的物质基础,并向教育提出了一定的育人需求。

（2）学制体现了社会政治经济制度和国家教育方针政策的要求

在阶级社会里,掌握着政权的统治阶级必然掌握着教育权,决定着谁能享受教育,谁不能享受教育,直接制约着不同社会背景下的学生享受教育的类型、程度和方式。

（3）一个国家的文化传统也制约着学制的确立

任何教育活动都是在一定的社会文化背景下进行的,同时也承担着一定的文化功能,如文化选择、文化传承、文化整合和文化创造等。不同的民族传统和文化传统会对教育类型和学校教育制度产生一定的影响。

2.人的依据

学制的确立受学生身心发展规律和年龄特征的制约。教育是培养人的活动，人的发展受制其身心发展规律与年龄特征。因此，学制的确立要考虑学生的身心发展规律与年龄特征。当然学生的兴趣、需要、天性与自由、学生的生活也都影响着学制的确立。

3.教育内部的依据

（1）学制的确立要参照教育目的

教育目的是教育活动的方向和目标，也是教育活动的出发点和归宿。教育目的是教育制度的指针，学制的确立要参照教育目的。

（2）学制的确立既要受国内学制发展历史的影响，也要合理地参照国外学制的经验

任何一个国家的学制，都有它建立和发展的过程，既不能脱离本国学制发展的历史，也不能忽视外国学制中的有益经验。

（三）各级学校系统

"级"表示学校实施教育的程度高低的区别。从国际趋势来看，现代学制各级学校分为以下几种：

1.学前教育

各国均把幼儿教育纳入学制系统。招收3~6岁幼儿，我国于2018年取消幼儿教育学习小学知识的规定，促进幼小良性衔接。当前我国学前教育不属于义务教育阶段，有很多学者呼吁将学前教育纳入义务教育体系。

2.初等教育

主要指全日制小学教育，招收6~7岁儿童入学，学制一般为5年或6年。小升初直接衔接，取消升入初中的入学考试。

3.中等教育

主要指全日制普通中学、各类中等职业学校和业余中学。学制共6年，初中3年、高中3年，职业高中2~3年，中等专业学校3~4年，技工学校2~3年。属成人教育的各类业余中学、修业年限可适当延长。其中，初中是基础教育阶段，之后进行分流，可以升入高中，也可以进入职业学校。

4.高等教育

包括全日制大学、专门学院、专科学校、研究生院、函授大学、业余大学等。大

学和专门学院修业年限为 4~5 年,毕业合格者授予学士学位。条件较好的大学、专门学院和科学研究机构可以设立研究生教育机构。硕士研究生修业年限为 2~3 年,博士研究生修业年限为 3~4 年。按学历层次可划分为专科教育、本科教育、研究生教育三个层次。

我国现行学制的改革方向主要是:基本普及学前教育,均衡发展义务教育,努力普及高中阶段教育,大力发展高等教育。

(四)各类学校系统

"类"表示同一级学校在入学对象、培养目标、办学形式等方面的差别。类的划分,可因划分标准的不同而不同。

1.按教育对象的特点,分为正常儿童的学校和特殊儿童的学校。

2.按学校组织形式,分为全日制学校、半工半读学校(也叫半日制学校,属于正规学校)、教授学校和业余学校。

3.按我国教育管理体制和工作范畴,可分为普通教育系统、职业技术教育系统、师范教育系统和成人教育系统。

(1)普通教育系统。包括学前教育阶段、初等教育阶段、中等普通教育阶段和普通高等教育阶段,形成了阶段性、系统性和持续性的教育过程。

(2)职业技术教育系统。这是给予学生从事某种职业或生产劳动所需知识技能的教育。这一系统包括职业高中、中等职业技术学校、技工学校、高等职业技术学校或大学等,既包括中等教育和高等教育两个阶段,也表现在在职培训中。

(3)师范教育系统。承担师范教育的机构主要有中等师范学校、高等师范专科学校、综合性师范大学以及各级各类师资培训机构等,形成了自下而上的完整系统。

(4)成人教育系统。我国现行的成人教育系统主要通过业余、脱产或半脱产的形式对成人进行教育,是学校教育的继续、补充和延伸。主要包括中等教育机构(成人中专)和高等教育机构(职工大学、广播电视大学、函授学院、成人高等学校等)两部分。

(五)1949 年以来我国的学制

1.1951 年的学制

1951 年,中央人民政府政务院颁布了《关于改革学制的决定》,明确规定了中华人民共和国的新学制。

(1)吸收了老解放区的经验、1922 年的"新学制"和苏联学制的合理因素,发扬了我国单轨学制的传统,使各级各类学校互相衔接,保证了劳动人民子女受教育的平等权利。

(2)职业教育在新学制中占有重要地位,体现了重视培养各种建设人才和为生产建设服务的方针,表现了我国学制向分支型学制方向的发展。

(3)重视工农干部的速成教育和工农群众的业余教育,坚持了面向工农和向工农开门的方向,初步实现了我国学制由学校教育机构系统向包括幼儿教育和成人教育在内的现代教育机构系统的发展,显示出终身教育的萌芽。

2.1958 年的学制改革

1958 年,中共中央和国务院发布了《关于教育工作的指示》,指出:"各省、市、自治区党委和政府有权对新学制积极地进行典型试验。"

(1)提早入学年龄,进行了 6 岁入学的试验。

(2)为了缩短年限,进行了中小学十年一贯制的试验。

(3)为了贯彻"两条腿走路"的方针,采取多种形式办学,创办了农业中学、半工半读学校,进一步发展了业余学校。但是由于受"左"倾的思想影响,学制改革的试验不可能在正常的教学秩序下进行,而且一大批新创办的各级各类学校,由于师资、设备跟不上,也难以维持。

3.1985 年《中共中央关于教育体制改革的决定》

(1)明确学制改革的根本目的是提高民族素质,多出人才,出好人才。

(2)加强基础教育,把发展基础教育的责任交给地方,有步骤地实行九年制义务教育。

(3)调整中等教育结构,大力发展职业技术教育。

(4)改革高等教育招生与分配制度,扩大高等学校办学自主权,逐步实行校长负责制。

(5)实行基础教育由地方负责分级管理的原则,高等教育实行中央、省(自治区、直辖市)、市和中心城市三级办学的体制,明确了义务教育的重点和难点在农村。

4.1993 年《中国教育改革和发展纲要》(以下简称《纲要》)

(1)确立了 20 世纪末教育发展的总目标,即:基本普及九年义务教育,基本扫除青壮年文盲;要全面贯彻党的教育方针,全面提高教育质量;要建设好一批重点学校和一批重点学科。简称为"两基""两全""两重"。

(2)调整教育的结构。《纲要》确定了基础教育、职业教育、高等教育、成人教育四种类型。另外,还要重视和扶持少数民族教育事业,重视和支持残疾人教育事业,积极发展广播电视教育。

（3）改革办学体制。在办学体制方面,改变政府包揽办学的传统格局,逐步建立以政府办学为主体、社会各界共同办学的体制。基础教育应以地方政府办学为主;高等教育要逐步形成以中央、省（自治区、直辖市）两级政府办学为主,社会各界参与办学的新格局;职业教育和成人教育主要依靠行业、企业、事业单位和社会各方面联合办学。

（4）改革高校的招生和毕业生就业制度。实行国家任务计划与调节性计划相结合,并逐步实行收费制度;改变"统包统分"和"包当干部"的就业制度,实行少数毕业生由国家安排就业,多数毕业生"自主择业"的制度。

（5）改革和完善投资体制。增加教育经费,逐步建立以国家财政拨款为主,以征收教育税费、收取学费、校办产业收入、社会捐资集资、设立教育基金等为辅的多渠道筹措教育经费的制度。要努力实现"三个增长",即"中央和地方政府教育拨款的增长要高于财政经常性收入的增长,并使按在校学生人数平均的教育费用逐步增长,切实保证教师工资和生均公用经费逐年有所增长"。

5.1999年《中共中央国务院关于深化教育改革全面推进素质教育的决定》

（1）全面推进素质教育,把素质教育贯穿于各级各类教育,贯穿于学校教育、家庭教育和社会教育等各个方面。

（2）基本普及九年义务教育和基本扫除青壮年文盲（简称"两基"）。

（3）调整现有教育体系结构,扩大高中阶段教育和高等教育的规模,拓宽人才成长的道路,减缓升学压力。

（4）构建与社会主义市场经济体制和教育内在规律相适应、不同类型教育相互沟通和衔接的教育体制,为毕业生提供继续学习深造的机会;进一步简政放权,加大省级人民政府发展和管理本地区教育的权利以及统筹力度,促进教育与当地社会经济发展密切结合。

（5）进一步解放思想、转变观念,积极鼓励和支持社会力量以多种形式办学,满足人民群众日益增长的教育需求,形成以政府办学为主体、公办学校和民办学校共同发展的格局。

（6）加快改革招生考试和评价制度,改变"一考定终身"的状况。

（7）调整和改革课程体系、结构、内容,建立新的基础课程体系,试行国家课程、地方课程和学校课程。

（8）加强和改革师范教育,建立高质量的教师队伍。

6.2001年《国务院关于深化基础教育改革与发展的决定》

（1）"两基"仍然是教育工作的重中之重,进一步扩大九年义务教育人口覆盖范围。

（2）发展和重视学前教育。

（3）大力发展高中阶段教育,促进高中阶段教育协调发展。

（4）大力发展农村教育,进一步完善农村义务教育管理体制。确保农村中小学教师工资发放是地方各级人民政府的责任,坚决抵制乱收费,实行"一费制"收费制度,完善中小学助学金制度,因地制宜地调整农村义务教育的学校布局,规范义务教育学制。

（5）改革考试评价和招生选拔制度。改革考试内容和方法,小学成绩评定应实行等级制,中学部分学科应实行开卷考试,重视对实验操作能力的考查。学校和教师不得公布学生考试成绩和按考试结果公开排队。推行高等学校招生考试和选拔制度改革。

（6）依法完善中小学教师和校长的管理体制。

（7）推进办学体制改革,促进社会力量办学的健康发展。基础教育以政府办学为主,积极鼓励社会力量办学。

7.2010 年《国家中长期教育改革和发展规划纲要（2010—2020 年）》

（1）基本普及学前教育;建立政府主导、社会参与、公办民办并举的办园体制;重点发展农村学前教育。

（2）巩固提高九年义务教育水平;推进义务教育均衡发展;减轻中小学生课业负担。

（3）加快普及高中阶段教育;全面提高普通高中学生综合素质;推动普通高中多样化发展。

（4）大力发展职业教育,把职业教育纳入经济社会发展和产业发展规划,促使职业教育规模、专业设置与经济社会发展需求相适应;统筹中等职业教育与高等职业教育发展;加快发展面向农村的职业教育;增强职业教育吸引力。

（5）全面提高高等教育质量;提高人才培养质量;提升科学研究水平;增强社会服务能力;优化结构办出特色。

三、现代教育制度改革

（一）义务教育年限的延长

义务教育是依据法律规定,适龄儿童和青少年必须接受,国家、学校、家庭和社会必须予以保证的国民教育。义务教育是世界各国现代化进程中或迟或早都要经历的一个过程,是教育普及化的一种普遍形式,具有强制性、免费性、公共性、普及性和基础性等特征。义务教育的发展水平已逐渐成为衡量一个国家文明程度的标志之一。

然而,当前我国农村义务教育还存在一些问题,如教学质量不高、师资素质不高等,严重影响着我国义务教育的均衡发展,导致了教育的不公平。

大力支持教育事业,健全保障教育优先发展的机制和制度,要高度重视和切实加强教师队伍建设,重点提高农村教师素质,要坚持教育公益性,促进教育公平,要促进公共教育资源向农村地区、困难地区和薄弱学校倾斜。学校要坚持从严治教、规范管理,推进和谐校园建设,要继续推进教育改革开放,转变人才培养模式,深化教学内容、方式和考试招生制度、质量评价制度等改革。一线的教师要更加关注教育的改革与发展,不断提高自身素质,提高自己的教学质量。

(二)普通教育与职业教育的综合化

1.普通教育

普通教育主要是指以升学为目标,以基础科学知识为主要教学内容的学校教育。由义务教育延续并由国家统一招生录取的中、高等教育系列,主要进行"全日制"学习的学历教育。

2.职业教育

职业教育主要是让受教育者获得某种职业或生产劳动所需要的职业知识、技能和职业道德的教育。职业教育的目的是培养应用人才和具有一定文化水平、专业知识技能的劳动者,与普通教育和成人教育相比较,职业教育侧重实践技能和实际工作能力的培养。

3.普通教育与职业教育的综合化

随着经济和科学技术的发展,对劳动者文化素质的要求越来越高,单纯的职业技术教育已不能适应社会的要求。普通教育除了学习普通知识,也在加强职业知识与技能的学习。职业教育除了学习职业知识和技能,也在加强普通知识的学习。可见,职业教育普通化、普通教育职业化、普通教育和职业教育正朝着综合统一的方向发展。

(三)非正规教育的复兴及其对正规教育的影响

1.正规教育

正规教育是指国家教育部门认可的教育机构(学校)所提供的有目的、有组织、有计划,由专职人员承担,以促进学生的身心发展为直接目标的全面系统的教育活动,如各级各类学校教育。

由专门人员实施教育,教育制度化、标准化,能对学生施加全面、系统的教育。同时正规教育效率高,能够确保教育的质量。但是,正规教育越来越呈现出僵化、忽视学生个性发展等问题,与现代社会人才观不相符。

2.非正规教育

《中国教育大百科全书》认为,非正规教育是在正规教育系统外进行的有组织、有计划的教育活动,即国家教育行政部门统一学制要求范围(初等教育、中等教育、高等教育)以外的各类教育活动,如扫盲、文化技术培训、政治学习、业务训练、专题讲座、岗位培训和继续教育等。

非正规教育形式多样,内容丰富,贴近学生的实际需要,非正规教育的复兴有利于打破正规教育对教育系统的垄断。非正规教育是建设终身教育的重要手段,在学习型社会起核心作用。非正规教育已成为判断任何一个社会或国家经济发展水平的有效晴雨表。但是,非正规教育在教育市场化的背景下,良莠不齐,难以保障教育的公平与质量。

随着教育制度的不断发展和变化,世界各国更加看重非正规教育的作用。非正规教育的发展与复兴,打破了正规教育对教育系统的垄断,成为正规教育十分重要的补充,具体体现为除正规教育体系外各种培训机构的发展。这促使教育在市场化体系中发展起来,大大补充了正规教育的不足和局限,满足了人们泛在学习的需要。

【2009年311第6题】小明的爷爷当年就读于半工半读学校,半天读书,半天劳动,既学到了系统的文化知识,又掌握了劳动技能。他接受的教育属于(　　)

A.正规教育　　　　　　　　B.半正规教育

C.非正规教育　　　　　　　D.业余教育

【解析】A

依据教育的正规化程度,可以将教育分为正规教育和非正规教育。正规教育,也叫制度化教育,主要指学校教育,它是学生在有组织的教育机构中所受到的教育。非正规教育,也叫非制度化教育,是对有组织的教育机构以外所从事的教育活动的统称,如农民教育、成人识字计划、社区教学计划等。小明的爷爷是在学校当中接受的教育,因此是一种正规教育。故选A。

（四）高中的多样化、特色发展及其与大学的衔接

为了适应青少年的升学和就业的需要，高中阶段的学制应该多样化和特色化。

1.高中种类应多样化

在我国经济发展不平衡的国情下，高中种类应多样化。我国目前的高中类型有普通高中、职业高中、中等专业学校和技工学校等不同类型的学校。另外，应当扩大普通高中在高中阶段所占的比例，以满足我国高等教育不断扩大招生的需要。普通教育后的职业教育应当多样化、使未能继续升学的学生可以选择接受就业前的各种职业培训。

2.高中的特色发展

国务院办公厅印发的《关于新时代推进普通高中育人方式改革的指导意见》指出，到2022年，普通高中多样化、有特色发展的格局基本形成。这就意味着高中教育既要强调扎实基础，又要满足学生多样性、个性化发展的需要。鼓励高中的特色发展具体表现在促使高中办学体制多样化，培养模式多样化，鼓励普通高中办出自己的特色，如办学理念的特色化、管理方式的特色化、开发有特色的校本课程等。

3.促进高中与大学的衔接

新高考改革就在努力促使高中与大学的衔接。新高考改革在给予考生和高校更多选择权的同时，也对大学招生与高中教育提出了更多挑战。为应对这些挑战，高中课程开设了选修课与必修课加强各高中与大学选修课程的衔接；同时高中为学生提供职业生涯规划课程及专业分析讲座，加强高中与大学生涯规划教育衔接，从而使学生更好地选择大学专业，提升高校的招生质量。

4.改变高中的应试性教学方式

高中多样化和特色化发展才能使高中既为升学服务，也为就业服务，打破应试教育的怪圈，为培养人才不断创新教学。

【2024年333第5题】关于当前我国普通高中教育改革趋势描述，不正确的是（　　）

　　A.精英化发展　　　　　　　B.特色化发展

　　C.多样化发展　　　　　　　D.加强与大学的衔接

【解析】A

当前我国普通教育高中改革要求高中种类应多样化、特色发展、促进高中与大学的衔接、改变高中的应试性教学方式。而精英化发展不符合我国国情。故选A。

（五）高等教育的大众化

高等教育"大众化"是美国学者马丁·特罗提出的衡量高等教育发展阶段和水平的一个概念。他在《从精英向大众化高等教育转变中的问题》一文中,以美国高等教育发展为例,提出了高等教育发展阶段划分的理论:当一个国家大学适龄青年中接受高等教育者的比率在15%以下时,属于精英高等教育阶段;15%~50%为大众化高等教育阶段;50%以上为普及化高等教育阶段。

目前,世界各大发达国家的高等教育的发展十分迅速,美国等西方发达国家高等教育已达到普及阶段,而我国高等教育毛入学率仅为23%,离高等教育普及化50%的标准还有差距。此外,不能过于乐观地看待高校规模扩展的速度,而应该继续深化高等教育改革。将"量"的发展和"质"的发展相结合,重视高等教育的内涵发展和质量提升,强化高等学校的教学水平评估工作,不断加强教学质量保障体系,从而增强高校主动适应社会需要的能力,不断提高办学水平和教育质量。

（六）终身教育体系的建构

现代教育正越出单纯的学校教育范围,成为一个复杂的社会系统;教育正逐渐在时间上和空间上扩展到人的各个方面。所谓终身教育,是指任何人在任何时候、任何地点都能获得学习的机会。在时间上,学习不再是局限于青少年时代或人生早期的活动,而是贯穿于人的毕生,学习和教育是每个人最基本的生存能力,成为整个生命的重要组成部分;在空间上,学习不再局限于学校这样的专门教育机构,而是扩展到社会的各个方面,如企事业单位、乡村、街道、图书馆、展览馆、文化站和家庭,从而形成社会、家庭、学校相互联系的教育网络。因此,终身教育意味着"学习(学校)的社会化,社会的学习(学校)化"。

1970年,法国成人教育家保罗·朗格朗的《终身教育导论》问世,终身教育在国际上产生了广泛影响。1972年,联合国教科文组织出版了《学会生存》,终身教育从此成为改革成人教育和学校教育并使之一体化的基本指导理论。自20世纪80年代以来,许多国家都根据终身教育思想提出本国21世纪教育和社会发展战略。日本把建立终身教育体系作为面向21世纪的教育改革的根本目标,并依靠立法等手段提出一系列的具体政策和措施。美国提出要建立"全民皆学之邦",不仅要把各类学校办好,而且要把每个社区建成可以进行学习的地方。我国于1995年通过的《中华人民共和国教育法》,明确提出了"建立和完善终身教育体系"的目标。

终身教育观念和理论带来了教育领域的一系列变革:

（1）在教育观念上，要求我们树立大教育观，同等重视正规教育和非正规教育。

（2）在教育体系上，要求建立终身教育体系，使教育贯穿人的一生。

（3）在教育目标上，要培养和提升人的终身学习的意识和能力，建设学习型社会。

（4）在教育方式上，要实施多元化的教育，促进学习者更加主动地学习。

本章内容思维导图

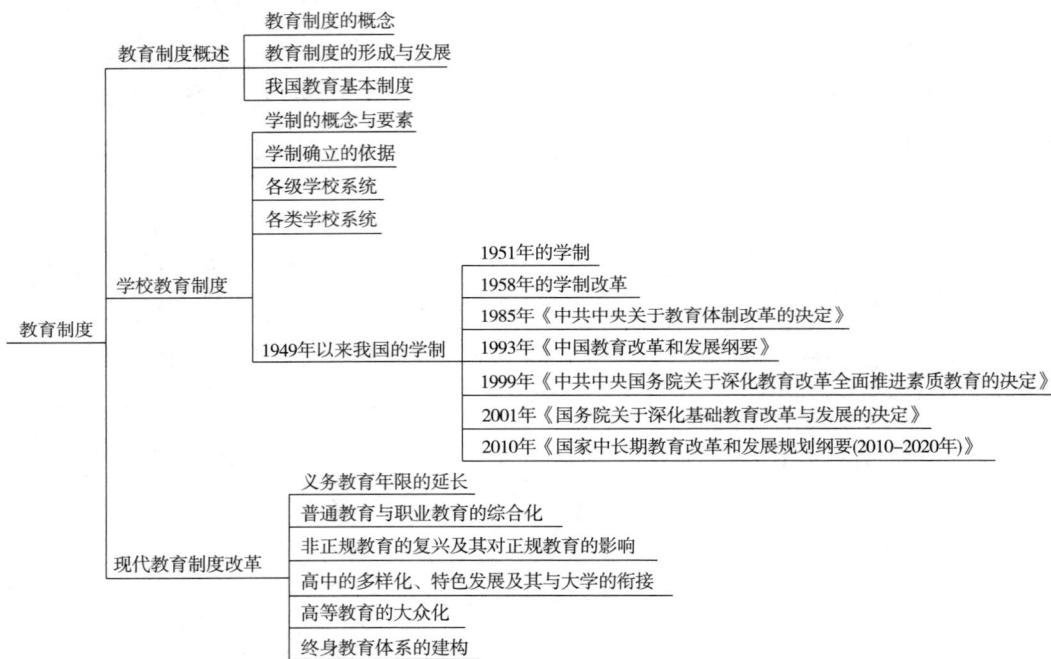

教育制度

- 教育制度概述
  - 教育制度的概念
  - 教育制度的形成与发展
  - 我国教育基本制度
- 学校教育制度
  - 学制的概念与要素
  - 学制确立的依据
  - 各级学校系统
  - 各类学校系统
  - 1949年以来我国的学制
    - 1951年的学制
    - 1958年的学制改革
    - 1985年《中共中央关于教育体制改革的决定》
    - 1993年《中国教育改革和发展纲要》
    - 1999年《中共中央国务院关于深化教育改革全面推进素质教育的决定》
    - 2001年《国务院关于深化基础教育改革与发展的决定》
    - 2010年《国家中长期教育改革和发展规划纲要(2010–2020年)》
- 现代教育制度改革
  - 义务教育年限的延长
  - 普通教育与职业教育的综合化
  - 非正规教育的复兴及其对正规教育的影响
  - 高中的多样化、特色发展及其与大学的衔接
  - 高等教育的大众化
  - 终身教育体系的建构

自测题

一、选择题

1.【2011年311第6题】学制规定了各级各类学校的性质、任务、入学条件、教育年限以及学校之间的(　　)

A.主导与辅助关系 　　　　　　　B.领导与从属关系

C.合作与竞争关系 　　　　　　　D.衔接与分工关系

2.【2012年311第6题】随着我国高中教育大众化、普及化,普通高中的性质发生改变,在教育任务上兼顾(　　)

A.普通教育与职业教育 　　　　　B.普通教育与基础教育

C.升学预备教育与就业预备教育 　D.基础教育与预备教育

3.【2013年311第6题】根据《中华人民共和国教育法》的规定,下列属于我国基本教育制度的是(　　)

A.社区教育制度 　　　　　　　　B.成人教育制度

C.教师教育制度 　　　　　　　　D.教师资格制度

4.【2015年311第6题】在我国现代学制中,根据培养目标的不同,一般把中学区分为(　　)

A.普通中学、职业中学、综合中学

B.文科中学、理科中学、实科中学

C.文科中学、实科中学、职业中学

D.普通中学、重点中学、特色中学

5.【2019年311第7题】根据《中华人民共和国教育法》,国家实行学校教育制度。以下说法中正确的是(　　)

A.职业教育不是学校教育制度的组成部分

B.学前教育是学校教育制度的组成部分

C.学校教育制度不属于国家基本教育制度

D.学校教育制度由全国人民代表大会颁布实施

6.【2020 年 311 第 7 题】《国家中长期教育改革和发展规划纲要（2010－2020 年)》提出在普通高中建立学生发展指导制度,并且根据现状和请求,特别强调对高中生加强(　　)

　　A.学业、心理和就业指导　　　　B.学业、就业和理想指导

　　C.学业、心理和理想指导　　　　D.心理、就业和理想指导

7.【2021 年 311 第 7 题】根据中共中央、国务院《关于学前教育深化改革规范发展的若干意见》的规划,到 2020 年我国学前教育三年毛入园率达到 85%,普惠性幼儿园覆盖率达到 80%。这里的"学前教育"不属于(　　)

　　A.国民教育　　　　　　　　　　B.终身教育

　　C.义务教育　　　　　　　　　　D.基础教育

8.【2022 年 311 第 6 题】联合国教科文组织在《学会生存》中指出"发展先行""教育预见""社会拒绝使用毕业生"三种现象,其中"社会拒绝使用毕业生"现象产生根源在于(　　)

　　A.制度化教育弊端　　　　　　　B.非正规教育的弊端

　　C.学校教育的过度发展　　　　　D.学习化社会来临

9.【2014 年 311 第 6 题】我国现行学制是（　　）

　　A.单轨制　　　　　　　　　　　B.双轨制

　　C.三轨制　　　　　　　　　　　D.分支型学制

10.【2016 年 311 第 6 题】双轨学制形成于 18、19 世纪的西欧,其中一轨是"学术性",另一轨是"职业性"。以下关于这种学制形成方式的描述中,正确的是(　　)

　　A.两条轨道发端于高等教育,是自上而下形成的

　　B.均发端于初等教育,是自下而上形成的

　　C.学术型轨道是自上而下形成的,职业型轨道是自下而上形成的

　　D.学术型轨道是自下而上形成的,职业型轨道是自上而下形成的

第六章 课　程

一、课程与课程理论

(一) 课程的概念

1.课程的定义

课程是由一定的育人目标、特定的知识经验和预期的学习活动方式构成的一种动态的教育存在。

从育人目标的角度看,课程是一种培养人的蓝图;从课程内容的角度看,课程是一种适合学生身心发展规律的、连接学生直接经验和间接经验的、引导学生个性全面发展的知识体系及其获取的路径。

2.课程与教学的关系

对于课程与教学的关系的认识,可归纳为以下三种观点:

(1)大教学小课程。苏联以及我国的一些学者认为,教学这一概念包含课程,课程也往往被具体化为教学计划、教学大纲和教科书三部分。

(2)大课程小教学。美国现代课程论的奠基人泰勒等人支持这种观点,他们认为教学是包含在课程之中的,教学是课程的实施与设计。这种看法在北美较为普遍。

(3)课程与教学是目的与手段的关系。西方一些学者提出,课程是指学校的意图,教学则是指达到教育目的的手段,它们分别侧重于教育的不同方面。

(二) 课程理论及主要流派

泰勒于1949年出版了《课程与教学的基本原理》一书,该书被公认为现代课程理论的奠基石,对课程理论的发展有重大的推动作用。此后,课程理论成为教育学的一个重要分支,形成了各种理论流派。历史上的主要课程理论大致可分为以下三个流派。

1.知识中心课程理论(学科中心课程理论)

赫尔巴德、斯宾塞、布鲁纳(结构主义)、巴格莱等人提倡课程应以知识为中心,这一课程流派主要分为要素主义和永恒主义。

（1）主要观点

①核心：知识是课程的核心学科知识，是人类智慧的结晶，也是人类集体智慧的反映。通过学校课程来传递知识，易于让学生掌握人类文化遗产的精华。

②基础：学科逻辑是知识编排的基础。以知识为中心编订的课程具有很强的学术性，其特点是逻辑性强、结构严谨、理论周密，有利于学生掌握各门科学的原理和规律。

③教学：教师为主导的学科教学学校以学科教学为核心，教师讲授学科内的知识体系，突出教师的主导性。

④开发人：学科专家在课程开发中起重要作用。他们关心的主要问题是学生学习什么知识有利于他们未来的生活。

⑤评价：注重终结性评价方式，知识中心课程理论流派注重终结性评价，可以更好地了解学生对知识的掌握情况。

（2）优点

①注重知识的逻辑性和体系性，有利于学生掌握各门学科的原理和规律。

②易于编写教材，易于教师教学和学生学习，也易于对学习效果进行评价。

③易于发挥教师的主导作用，学生可以在短时间内高效地学习到系统的知识，保证教育质量。

（3）局限

①忽视学生的个性、兴趣、需要、生活、身心发展规律与心理逻辑，这样也就忽视了学生的主体性，增加了学习负担。

②忽视了知识的实用性，容易导致理论与实践的脱离，使学生不能学以致用。

③忽视了直接经验与实践，也容易把各门学科的知识割裂开来，不能在整体中、联系中进行学习，各学科容易出现不必要的重复，易导致教学与学习枯燥。

2.学习者中心课程理论

学习者中心课程理论是在进步主义教育传统的基础上建立起来的，是对传统知识中心课程理论的反叛，其代表人物是儿童中心课程论者杜威和人本主义课程论者罗杰斯。

（1）主要观点

①经验主义课程流派认为：学生是课程的核心，课程必须与儿童的生活息息相关，学生是课程的出发点、中心和目的，学生是教育的学习主体。经验课程的实施

是为了儿童的成长和发展。

②基础:学校课程应以学生的兴趣、生活和心理逻辑为基础。这一流派认为编制课程内容应该充分利用儿童的本能和课程组织的心理学化,考虑儿童心理发展的次序以及儿童现有经验和能力、激发儿童学习动机,让学生主动获得对世界的完整认识。

③教学:学校教学以活动和问题为核心。教师应重视学生的自学和思维能力的培养,为了体现学生的主体性,就弱化了教师的主导性。

④开发人:学生在课程开发中起重要作用。经验课程要与儿童的需求与目的相适应,教材也应该是儿童有目的地活动的手段或工具,因此经验课程的开发要充分发挥儿童的作用,满足儿童的兴趣和需要。

⑤评价:注重过程性评价方式。学习者中心课程理论重视过程性评价,重视在评价中引领学生学习能力的增长。

(2)优点

①充分尊重学生的主体性,表现为尊重学生的兴趣、需要、生活、个性、身心发展规律,及心理逻辑。

②注重知识的实用性,使学生可以学以致用,将理论与实际相结合。

③重视学生的直接经验与实践,有利于学生获得对世界的完整认识。为学生提供了更广阔的学习空间和更充分的动手操作机会,重视学习的乐趣与创造性的培养。

(3)局限

①由于过分注重直接经验和兴趣、需要,以致忽略知识的系统性、学科自身的逻辑性和学术性。

②不易于编写教材,不易于教师教学和学生学习,也不易作出精确的评价。

③削弱了教师的主导作用,导致放纵学生,同时耗时耗力,效率低下,难以保证教育质量。

3.社会中心课程理论(社会改造主义课程理论)

社会中心课程理论的代表人物有布拉梅尔德、弗莱雷等。

(1)主要观点

①核心:广泛的社会问题是课程的核心。而非知识是课程的核心改造主义者认为学校的课程尤其要关心城市、犯罪、交通等社会问题。学生对这些问题要具有鲜明的批判意识,学校课程应该给学生认识和解决这些问题提供一定的背景知识,并把这些问题联系成为一个整体。

②基础：课程编制以解决实际社会问题的逻辑为基础。这一流派主张课程应以实际的社会问题的逻辑，而不是以学科知识的逻辑为主线来组织课程。改造主义者提出了多种课程组织方式，如课程的安排要具有弹性，多种形式的活动形成学习单元，充分利用校内外的环境，学科须重新组织，对课程重新认识，课程计划无须事先制定等。

③教学：教师教学主要围绕社会问题展开。这一流派鼓励学生尽可能多地参与到社会中，因为社会是学生寻求解决问题方法的实验室。在改造主义者看来，传统的课堂教学固然有其价值，但重要的是要使学生将其所学运用于社会，此外，学生也可以从社会中学到很多东西。

④出发点：社会需要是课程编制的出发点。课程的价值既不能根据学科知识本身的逻辑来判断，也不能根据学生的兴趣、需要来判断，课程应该促进学生进行社会反思，唤醒学生的社会意识、社会责任和批判意识。

⑤评价：注重过程性评价方式。社会中心课程理论不再以终结性的方式去评判学生获得了多少知识，而是以过程性评价来督促学生关爱社会和促进社会改造。

（2）优点

①该课程理论重视教育与社会的联系，以社会需要来设计课程，有利于为社会需要服务。

②重视各门学科的综合学习，有利于学生掌握解决问题的方法。

（3）局限

①忽视了知识的逻辑性和系统性，不利于学生掌握各门学科的系统知识。

②片面强调社会需要，夸大了教育的社会作用，忽视了制约课程的其他因素。

③夸大了教育的作用，很多社会问题单靠教育无法解决。

二、课程类型

（一）学科课程与活动课程

1.学科课程

指根据学校培养目标和科学发展，分门别类地从各门学科中选择适合学生年龄特征与发展水平的知识所组成的教学科目。亦称分科课程。

（1）评价

学科课程重视成人生活的分析及其对儿童为适应未来社会生活需要所做准备的要求，有明确的目的与目标；能够按照归类整理的科学文化知识的逻辑系统，结合学生身心发展的特点，预先选定课程及内容，编制好教材，便于师生分科，从而循序渐进地进行教学;强调课程与教材的内在的伦理精神价值和智能训练价值,对学生的发展有潜在的定向的质量要求。

但是,学科课程是一种静态的、预先计划和确定好了的课程与教材,完全依据成人生活的需要,为遥远未来做准备,往往忽视儿童现实的兴趣与欲求,极易与学生的生活与经验脱节,导致强迫命令,学生被动、消极,造成死记硬背等弊端,值得我们警惕和改正。

2.活动课程

与学科课程相对立,它打破了学科逻辑系统的界限,是以学生的兴趣、需要、经验和能力为基础,通过引导学生自己组织的有目的的系列活动而编制的课程。亦称经验课程,或儿童中心课程。

(1)评价:活动课程重视儿童的兴趣、需要、能力和阅历,以及儿童在学习中的自我指导作用与内在动力;注重引导儿童从做中学,通过探究、交往、合作等活动使学生的经验得到改组与改造,智能与品德得到养成与提高;强调解决问题的动态活动的过程,注重教学活动过程的灵活性、综合性、形成性,因人而异的弹性,以及把课程资源作为解决问题的工具,反对预先确定目标的观念。

但是活动课程不重视系统的科学文化知识的教学,也不重视严格而确定的目的与任务的达成;过于重视灵活性,缺乏规范性,其教学过程不易理性地引导,存在较大难度;对教师要求过高,不易实施与落实,也极易产生偏差,学生往往学不到预期的、系统的科学基础知识。

(二)分科课程与综合课程

1.分科课程

根据各级各类学校培养目标和科学发展水平,从各门学科中选择出适合一定年龄阶段学生发展水平的知识,组成各种不同的教学科目。分科课程的特点主要有:知识的系统性强,逻辑严密;各门学科都有独立的学科体系;学术性强,有一定深度;门类多。

2.综合课程

又称"广域课程""统合课程"或"合成课程",其根本目的是克服分科课程过细的缺点。它采取合并相关学科的办法,减少教学科目,把几门学科的教学内容组织在一门综合学科之中。

(1)分类

综合课程是一种主张整合若干相关联的学科而成为一门更广泛的共同领域的

课程。根据综合课程的综合程度及其发展轨迹,可分为以下几种:

①相关课程也称"联络课程",就是在保留原来学科的独立性基础上,寻找两个或多个学科之间的共同点,使这些学科的教学顺序能够相互照应、相互联系、穿插进行。

②融合课程也称"合科课程",就是把部分的科目统合兼并于范围较广的新科目,选择对于学生有意义的论题或概括的问题进行学习。

③广域课程就是合并数门相邻学科的教学内容而形成的综合性课程。

④核心课程也称"问题课程",这种课程是围绕一些重大的社会问题组织教学内容,社会问题就像包裹在教学内容里的果核一样,因此又被称为问题中心课程。

前三种课程都是在学科领域的基础上进行的知识综合的课程形式,它们打破了原有的学科界限,是旧的学科课程的改进和扩展;核心课程则是以解决实际问题的逻辑顺序为主线来组织教学内容的。

（2）评价

首先,综合课程可消除学科内容不必要的重复,发挥学习者的迁移能力。通过综合课程的学习,学生通常会把某一学科领域的概念、原理和方法运用到其他学科领域。这样,不同学科的相关内容就会互相强化,学习效果就能得到加强。其次,它还比较贴近社会现实和实际生活,是学生未来就业的需要。

但是,综合课程在实施过程中面临着许多困难:教材的编写,怎样把各门学科的知识综合在一起,这是一个比较棘手的现实问题,在聘请各门学科的学校教师来编写综合课程的教材上会有一定的难度。在师资问题上,过去培养的师资,专业划分过细,那些只受过单一学科训练的教师往往不能胜任综合课程的教学,这难免带有"拼盘教学"的感觉,没有真正体现综合课程的真谛。

（三）必修课程与选修课程

1.必修课程

必修课程指同一学年的所有学生必须修习的公共课程,是为了保证所有学生的基本学历而开发的课程。必修课程一般由国家、地方或学校规定。

必修课程的宗旨是培养和发展学生的共性。必修课程突出体现了国家对学生所学课程共同的基本要求,为学生在德、智、体、美等方面打下基础。

2.选修课程

选修课程指依据不同学生的特点与发展方向,容许学生进行个人选择的课程,是为适应学生的个性差异而开发的课程。

开设选修课程是实施个性化教育的重要举措。每个学生都有个别差异,教育应该为每个学生的开发提供一条适宜的"通道",即个性化课程。这样学生的个性发展才有保障。选修课程以发展学生的兴趣为目的,只要学生喜欢、学校有条件开设的课程,都可以列为选修课程。这类课程有学术性的、技能性的,也有休闲性的。

3.对待两种课程的态度

在课程设置上既需要设置必修课程,也需要设置选修课程,以加强课程的可选择性。既要保证学生获得必备的知识素养,又要满足学生的个性发展,将两种课程类型相结合,培养全面发展的人。

(四)国家课程、地方课程和校本课程

1.国家课程

自上而下由中央政府负责编制、实施和评价的课程。特征:权威性、多样性、强制性。

(1)评价:

在推广国家课程的过程中,暴露出诸多脱节现象:第一,国家课程与地方教育需求之间的脱节。第二,国家课程与学校办学条件之间的脱节。第三,国家课程与学校教师之间的脱节。第四,国家课程与学科发展之间的脱节。

2.地方课程

贯彻国家课程改革的精神,开发地方课程资源,核心是国家课程的标准与地方课程资源的结合与融合。

3.校本课程

由学生所在学校的教师编制、实施和评价的课程。它是在克服国家课程和地方课程诸多弊端的基础上产生的一种课程形式。

(1)评价

优势:第一,校本课程更具有地方特色,更能体现学校的办学特点。第二,校本课程是一个持续的、动态的、逐步完善的过程,教师能够根据情况的变化,经常修订校本课程。第三,使用校本课程能够使教师获得工作的满足感和成就感,从而增强教师参与学校其他工作的兴趣和积极性。第四,校本课程鼓励和吸收教师、学生、家长和社会人士参与,在提高课程质量的同时,也会不断提高教师、学生、家长和社会的满意度。

【2024年333第11题】根据《义务教育课程方案（2022年版）》，义务教育课程包括国家课程、地方课程、校本课程。下列表述正确的是（　　　）

A.国家课程为学生发展奠定共同基础，其中部分课程可以选修

B.地方课程由省级教育行政部门规划设置，并在所有年级开设

C.校本课程以综合课程形态服务学生个性化学习需求

D.校本课程原则上由学生自主选择

【解析】A

B.地方课程由省级教育行政部门设置，但并不供给每个年级使用，要针对课程内容选择适合的年级。C.校本课程不一定是以综合形态呈现，有时也会以学科课程的形式呈现。D.校本课程分为两种，一种可以自主选择，一种要求全校的学生必须选择。故选A。

不足：第一，课程编制的权力下放给教师和学生以后，必然扩大了学校与学校之间课程的差距，加剧了学校与学校之间教育质量的不平衡，落后学校的教育质量可能进一步恶化，从而给学生的转学和流动带来困难，也给政府教育部门检查基层学校工作造成了一定的难度。第二，校本课程的开发通常由全体教师参与，涉及的范围较大，其中有一部分教师可能缺乏开发校本课程的专门理论和专门技能。第三，在校本课程开发的过程中，学校需要提供额外的人力、财力、物力、信息和时间，所耗费的教育资源明显高于实施国家课程的需求。第四，在教师流动比较频繁的学校，流动教师无法正常参与校本课程的编制、实施、评价、修订及质量追踪，这势必影响校本课程的质量和连续性。

三、课程开发

（一）课程开发的基本模式

1.泰勒的目标模式

1949年，泰勒出版了《课程与教学的基本原理》，该书被视为现代课程理论的奠基石。泰勒认为课程原理是围绕四个基本问题组成和运作的：学校应该试图达到什么教育目标？提供什么教育经验最有可能达到这些目标？怎样有效组织这些教育经验？如何确定这些目标正在得以实现？

这四个基本问题——确定教育目标、选择教育经验（学习经验）、组织教育经

验、评价教育经验——构成了著名的"泰勒原理"。围绕上述四个中心,他提出了课程编制的四个步骤或阶段:

(1)确定教育目标

泰勒认为,目标是有意识地想要达到的目的,也就是学校教职员工期望实现的结果。教育目标非常关键,它包含选择材料、勾画内容、编制教学程序,以及制定测验和考试的准则等。

确定教育目标应当注意三点:首先,要对教育目标做出明智的选择,这必须考虑学生的需要、当代社会生活、学科专家的建议等多方面的信息;其次,用教育哲学和学习理论对已选择出来的目标进行筛选;最后,陈述教育目标,每一个教育目标包括行为和内容两个方面,这样可以明确教育的职责。

(2)选择学习经验

"学习经验"并不等同于一门学科所涉及的内容,也不等同于所从事的活动,而是指学生与环境中外部条件的相互作用。

泰勒提出了五条选择学习经验的原则:

第一,为了达到某一目标,学生必须具有使他有机会实践这个目标所隐含的那种行为的经验;

第二,学习经验必须使学生能通过实践教育目标所隐含的那种行为而获得满足感;

第三,学习经验所期望的反应,是在有关学生力所能及的范围之内的;

第四,有许多特定的经验可用来达到同样的教育目标;

第五,同样的学习经验往往会产生几种结果。

在教学过程中,学生不是被动接受知识的容器,而是积极主动的参与者,教师要创设各种问题情境,用启发的方式,引导学生主动探究问题,培养学生的创造性思维能力和批判思维能力,并帮助学生把新知识与原有知识进行有意义的建构。因此,所选的学习经验应有助于培养学生的思维技能,有助于获得信息,有助于形成社会态度,有助于培养学生的学习兴趣。

(3)组织学习经验

在组织学习经验时,应遵守三个准则:连续性、顺序性和整合性。

连续性指直线式地陈述主要的课程要素;顺序性是强调每一个后续经验以前面的经验为基础,同时又对有关内容加以深入、广泛地展开;整合性是指各种学习经验之间的横向关系,便于学生获得统一的观点,把自己的行为与所学的课程内容统一起来。

（4）评价结果

评价是查明学习经验实际上带来多少预期结果的过程。评价的目的，就是要全面地检验学习经验在实际上是否起作用，并指导教师引起所期望的那种结果。评价的过程实质上是一个确定课程与教学实际达到目标程度的过程。教育评价至少包括两次评估：一次在教育计划早期进行；另一次在后期进行，以便测量在此期间发生的变化。

对于评价结果，泰勒认为，不应该只是一个单一的分数或单一的描述性术语，而应该是反映学生目前状况的一个剖析图，评价本身就是让教师、学生和有关人士了解教学的成效。

2.斯腾豪斯的过程模式

斯腾豪斯在1975年出版的《课程研究与开发导论》中，对目标模式的课程理论进行了分析、批判，由于受到进步主义教育理论和发展心理学的影响，他提出了和泰勒原理截然不同的过程模式的课程理论。

（1）主要观点

第一，反对目标模式

斯腾豪斯认为，目标模式易造成为了同样的既定目标而不顾教师与学习者各自的知识和能力状况，不利于教师进行创造性工作，也不利于学生个性的成长；仅用考试方式来测量其成绩，很容易忽视个性特征、兴趣态度、情感特点等最有价值的东西；导致学生失去活动的主体性，失去个性，成为为别人所控制的被动物。因此他尝试提出了"过程模式"。

第二，课程开发的依据

过程模式反对把教育作为工具，主张教育要关注具有内在价值的活动。斯腾豪斯认为，教育与课程意味着向学习者传授具有价值的东西，即发展学习者的知识和理解力，所以教育与课程有自己固有的内在价值和优劣标准。人们完全可以通过详细说明课程内容和程序原则的方法来合理地开发课程，而不必用目标预先指定所希望达到的结果。

第三，选择课程内容的标准

斯腾豪斯引用了拉思提出的一套标准。1971年，拉思在《教育领导》杂志上发表了一篇题为《没有特定目标的教学》的论文，提出了鉴别教育活动内在价值的十二条标准。其中的一条是"在所有其他条件相同的情况下，如果一项活动在学习情境中允许学生充当主动的角色而不是被动的角色，则这项活动比其他活动更有价值"。

④课程评价的方法

斯腾豪斯认为,课程评价不应以目标的实现情况为依据,过程模式比目标模式更重视课程教学过程中的形成性结果,更倾向于形成性评价和教师的诊断。在学生学习过程及结果评价中,教师应是一位诊断者、批评家,而不是一位判分者。教师与学生所从事的有价值的活动有其自己内在的标准,学习的评价应建立在学生的自我评价和教师的诊断与评析的基础之上。

（2）优点

第一,追求课程内容的内在价值。过程模式在一定程度上弥补了目标模式的局限性,否定了目标模式关于确立和表述课程目标的行为主义和机械主义偏向,肯定课程研究的重要性和课程内容的内在价值。

第二,强调学生的主动参与。过程模式是一种开放系统,学习不是直线式的、被动的反应过程,而是一个主动参与和探究的过程。

第三,强调教育是一种过程。通过主动地探究学习和建构的过程,促进儿童学习能力和认知技能的发展。

第四,改变了传统的教师角色。教师不再是知识的传授者,而是学生学习的引导者、解释者、咨询者和参考资料的提供者。

（3）局限

首先,在课程开发的程序设计上没有提出一个更为明确的方案,可行性比较差。如果没有方案,课程开发者会因缺乏具体的步骤而难以开展卓有成效的工作。

其次,否定了教育目标的价值。过程模式在否定目标模式通过目标来开发课程的同时,又走向了否定目标的反面,把整个课程开发局限于对学科体系进行抽象、演绎的单一来源中,忽视了社会需要、知识的实用性以及儿童的可接受性。

最后,在实践上还存在一些困难。一方面,过程模式对学生学习情况进行评价存在困难;另一方面,过程模式对教师的要求太高了,在实践中困难重重。

3.施瓦布的实践模式

施瓦布是美国著名的课程理论专家,参加过结构主义课程改革运动。但是结构主义课程改革运动遭遇挫折后,施瓦布针对以理论模式、目标模式为代表的传统课程理论进行了反思,指出了传统课程理论的弊端,进而提出了实践模式。

（1）主要内容

第一,追求课程的实践性

施瓦布主张课程研究应当立足于具体的课程实践状况,从课程实践的各种事实出发,而不是从现在的所谓普遍、科学的课程原理出发。他把课程看作一个相互作用的、有机的"生态系统"，注重手段、过程和相互理解、相互作用。

第二，强调教师和学生的主体作用

一方面，他认为教师是课程的主要设计者，在课程编制中起主导作用，主张发挥教师的创造性；另一方面，学生虽不能开发、设计课程，但是有权选择课程，并向教师提出疑问，学生将自己的全部生活经验运用到课程改造过程中，学生在此过程中得到发展。

第三，提出了开发过程

施瓦布提出了一种新的课程开发运作方式——集体审议。具体步骤：确定迫切需要解决的问题→对各事实判断和价值判断形成暂时的共识→拟定备选的解决方案→权衡各备选方案→选择最佳方案→对确定的方案进行"预演"→反思已确定的目标，形成最终的一致性意见。集体审议的主体是"课程集体"，以学校为基础，由校长、教师、学生、社区代表、课程专家、心理学家和社会学家等人员组成，并从中选出一位主席来领导整个审议过程。

第四，提出了实践模式的方法论——行动研究

行动研究是指有计划、有步骤地对教育实践中产生的问题，由教育实践工作者和专业研究者相结合，发展成研究主题进行系统的研究，边研究边行动，以解决实际问题和提高认识为目的的一种科学研究方法。施瓦布认为在行动研究中，教师总能发现学生的实际问题，并在行动研究中帮助学生解决好问题。

（2）优点

第一，非常重视教育实践情境中教师和学生的主体地位。这是超越泰勒原理的地方，即把控制师生的过程变成充分发挥师生作用的过程。

第二，重视一线教师在课程开发中的作用。这改变了由专家开发课程的思想，突出了教师、学生、家长等各方面人员对课程开发的参与。

第三，从重视理论研究转向了重视实践研究。这更加贴合实际的需要和学生的实际发展水平。

（3）局限

首先，忽视理论的价值。过于注重实践性的研究，这就易于忽视理论的研究，走向相对主义的极端。其次，可行性差。集体审议是一种理想的实践模式，但在现实中很难做到。

（二）课程计划、课程标准与教材

1.课程计划

课程计划也称课程方案，是课程设置的整体规划，是由国家教育主管部门制定

的有关课程设置与课程管理等方面的政策性文件。

课程计划的内容有：学校的培养目标、学科的设置（课程计划的核心问题）、学科顺序、课时分配、学年编制和周学时安排等。

课程计划是国家实施课程的指导性文件。它体现国家对学校的统一要求，是组织学校活动的基本纲领和重要依据。

2.课程标准

课程标准是指在一定课程理论的指导下，依据培养目标和课程方案，每门学科以纲要的形式编制的有关课程开发与实施等方面的纲领性文件。编写课程标准是课程开发的重要步骤。

课程标准的内容包括：（1）课程定位。包括课程性质、课程基本理念、课程设计思路。（2）课程内容标准。（3）实施建议。包括教学建议、教材编写建议、评价建议、课程资源开发与利用建议。

课程标准在整体上规定着某门课程的性质及其在课程体系中的地位，是教材编写、教学、评估的依据，是国家管理和评价课程的基础。课程标准的正确设计对教材的编制、课程实施和评价具有决定性的作用。

3.教材

教材又称教科书或课本，是依据课程标准和学生接受能力编写的、系统反映学科内容的教学用书。它不同于一般的书籍，是为一定年级的学生掌握某一门学科的基本知识而编写的书籍，通常按学年或学期分册，划分单元或章节。

（1）内容：教科书一般由目录、课文、习题、实验、图表、注释、附录等部分构成。课文是主要部分。

（2）意义：教材是学生在学校获得系统的基础知识、循序渐进地进行学习的主要资源和工具，也是教师进行教学的主要依据。

（3）原则：①科学性与思想性。根据本学科的特点，体现科学性与思想性。②衔接性。强调内容的基础性，各年级教材之间要具有衔接性。③实用性。在保证科学性的前提下，教材还要考虑到我国社会发展现实水平和教育现状，必须注意到基本教材对大多数学生和大多数学校的实用性。④逻辑性。教科书的编写要同时兼顾学科知识的逻辑顺序和受教育者学习的心理顺序。⑤生活性。强调教材的编写要注重与实际生活相联系。

除教材以外，还有各类指导书、补充读物、工具书、图表，包括专门为上课而设计的幻灯片、电影等都是课程编制的产品。

【2014年重庆师范大学333真题】根据《基础教育课程改革与发展纲要》，教材编写、教学、评估和考试命题依据是（　　　　）

A.课程大纲　　　　　　　　B.教学大纲

C.课程标准　　　　　　　　D.教学参考书

【解析】C

课程标准包括教学建议、教材编写建议、评价建议、课程资源开发与利用建议。

（三）课程目标

课程目标是课程实施应达到的学生身心素质发展的预期结果，是对培养目标的具体化。课程目标就是课程本身要实现的具体目标和意图，它规定了某一教育阶段的学生通过课程学习以后，在发展德、智、体等方面期望实现的程度，它是确定课程内容、教学目标和教学方法的基础。课程目标是指导整个课程编制过程中最为关键的准则。

1.课程目标的来源

（1）社会的依据。课程目标的制定要依据社会政治、经济、文化、科技的需要，以社会为依托，适应社会的发展。

（2）人的依据。课程目标的制定要依据学习者的身心发展规律和年龄特点。此外，还要依据学生的兴趣、需要、生活、个性与自由等因素。

（3）教育内部的依据。课程目标的制定也要依据教育目的和各级各类学校的培养目标，以及学科的逻辑、学科专家的建议等方面。

2.课程目标与教育目的、培养目标、教学目标的关系

（1）学校教育目标体系由教育目的、培养目标、课程目标、教学目标等层次构成。

（2）它们是一般与个别的关系。教育目的是制定培养目标的依据，培养目标是制定课程目标的依据，课程目标是制定教学目标的依据。培养目标、课程目标与教学目标是为实现教育目的而逐级具体化的目标。

3.布鲁姆教育目标分类学

美国心理学家布鲁姆等在20世纪五六十年代建立起教育目标分类学，也称"布鲁姆教育目标分类学"。

布鲁姆将教育目标分为认知领域、情感领域和动作技能领域。他认为教育目标是有层次结构的。每一领域的目标由低级向高级分为若干层次,从而形成了目标的层次结构。同时,以外显行为作为教育目标分类的对象。

布鲁姆教育目标分类的基本框架如下:

(1)认知领域的教育目标,按照从简单到复杂的顺序分为6个层次:知识、领会、应用、分析、综合、评价。后5个层次属于理智能力和理智技能。

(2)情感领域的教育目标,按照价值内化的程度分为5个具体类别:接受、反应、形成价值观念、组织价值观念、价值体系个性化。

(3)动作技能领域的目标,按照从简单到复杂的顺序分为7个层次:知觉、定势、模仿、操作、准确、连贯和习惯化。

4.我国中小学课程目标及其演变

我国课程目标的演变。我国课程目标的变化,大致经历了从"双基"到"三维目标"再到"核心素养"的变化。

(1)"双基":指基础知识、基本技能,这是我国长期以来对课程目标的定位。

(2)"三维目标":知识与技能(能力)、过程与方法、情感态度与价值观,这是我国2001年新一轮课程改革提出的目标。相比"双基"目标,"三维目标"更加关注人的全面发展,强调学生的发展是三维整合的结果,"三维"是一个目标的三个方面,而不是三个互相孤立的目标的简单相加。

(3)"核心素养":是指学生应具备的适应终身发展和社会发展需要的正确价值观、必备品格和关键能力。所以,核心素养是"核心的"素养,是三维目标、全面发展、综合素质等中间的"关键少数"素养。2017年版《普通高中课程方案》规定了普通高中阶段的核心素养。2022年版《义务教育课程方案和课程标准》中规定了义务教育阶段的核心素养。

我国中小学课程目标演变的规律性:我国中小学开设的主要课程有语文、数学、英语等,每一门课程都有其对应的课程目标。总体而言,我国中小学课程目标的制定和演进、人才的培养规格是与国家教育目的和培养目标的方向保持一致的,表现出一定的规律性。

①整体性。各级各类的课程目标是相互关联的,而不是彼此孤立的。

②阶段性。课程目标是一个多层次和全方位的系统,包括中学课程目标、小学课程目标等。

③持续性。高年级课程目标是低年级课程目标的延续和深化。

④层次性。课程目标可以逐步分解为总目标和从属目标。

⑤递进性。低年级课程目标是高年级课程目标的基础，没有低年级课程目标的实现，就难以达到高年级的课程目标。

【2025年333第11题】张老师在准备一节化学实验课时，将目标设定为学生能够在实验室条件下利用所给的药品和装置制备氧气。按照课程目标取向的分类，该目标属于（　　　）

A.生成性目标

B.体验性目标

C.行为目标

D.情感目标

【解析】C

典型的课程目标取向主要有以下三种：一是行为目标取向。行为目标是以具体的、可操作的行为的形式加以陈述的课程目标。题干所描述的就是行为目标，它既用特定动词指明学生身上发生的行为变化，又指明了行为发生的条件。二是生成性目标取向。生成性目标是在教育情境之中随着教育过程的展开而自然生成的课程目标，它是问题解决的结果，是人的经验成长的内在要求。三是表现性目标取向。表现性目标是指学生在课程情境中的种种"际遇"——每一个学生在具体情境中个性化的创造性表现。故选C。

（四）课程的范围、组织与结构

1.课程的范围

指课程所包含的所有组成部分。有的资料认为是教育内容，即课程计划、课程标准和教材。

（1）内容包括直接经验与间接经验。直接经验是通过亲身实践得到的知识，间接经验是从别人或书本得到的知识，是他人的认识成果。

（2）意义：在课程开发过程中，既要注重课程的范围，也要注意课程的内容，既要选择直接经验，也要选择间接经验，促使课程内容更加丰富，符合学生的实际需要。

2.课程的组织

（1）概念内涵

课程组织指课程开发，是以一定的课程观为指导制定课程标准、选择和组织课程内容、预设学习活动方式的活动，是对课程目标、教育经验和预设学习活动方式的具体化过程。

按照泰勒原理,课程组织的步骤分别是设计课程目标、选择课程内容、组织课程内容和进行课程评价。关于课程内容,在组织时一般遵循三种方式,分别是直线式与螺旋式、逻辑顺序与心理顺序、纵向组织与横向组织。

（2）课程内容的组织方式

①直线式与螺旋式

直线式是指把课程内容组织成一条在学科知识逻辑上前后联系的"直线",前后内容基本不重复,即课程内容直线前进,前面安排过的内容在后面不再呈现。它的依据是科学知识本身的内在逻辑是直线前进的,直线式就是顺应了知识的逻辑,这种组织方式效率很高。在适应性上,一些理论性或操作性要求相对较低的内容,采用直线式较适合,如数学等工具性、应用性学科。

螺旋式是指在不同单元或阶段,乃至不同课程门类中,课程内容重复出现、螺旋上升,逐渐扩大知识面,加深知识难度的组织方式。即同一课程内容前后重复出现,前面呈现的内容是后面内容的基础,后面内容是对前面内容的不断扩展和加深,层层递进。它的依据是人的心理发展过程的规律,即人的认识是由易到难,由低到高,螺旋上升,稳步前进的。螺旋式就是顺应了人的心理逻辑。在适用性上,理论性要求较高、学生不易理解和掌握的内容,最好使用螺旋式,尤其对低年级的学生来说,螺旋式较适合,如语文、政治、历史等文科知识。

直线式和螺旋式是课程内容的两种基本的组织方式。它们各有利弊,分别适用于不同性质的学科、不同年级的学生。不过,现实情况往往比较复杂,有时在同一课程的内容体系的编写中,直线式和螺旋式都必不可少。在组织编写中究竟应当采取何种形式,应依据不同学科内容的特点和学生心理发展的需求而定。

②逻辑顺序与心理顺序

逻辑顺序是指根据学科本身的体系和知识的内在联系来组织课程内容,也叫作知识逻辑、学科逻辑。学科课程更侧重逻辑顺序,但当下的学科课程也会充分考虑学生的心理顺序。心理顺序是指按照学生心理发展的特点来组织课程内容,也叫作心理逻辑。活动课程更重学生的心理顺序,但当下的活动课程也会充分考虑学科的逻辑顺序。

现在人们一致认为,课程内容的组织要把逻辑顺序和心理顺序结合起来。逻辑顺序与心理顺序的统一,实质上是在课程观方面,把学生与课程统一起来;在学生观方面,把学生的"未来生活世界"与"现实生活世界"统一起来。

③纵向组织与横向组织（课程的结构）

纵向组织是指按照学科知识的逻辑序列，按照从已知到未知、从具体到抽象等先后顺序来编排课程内容。它的依据是，纵向组织是从学习理论的角度提出的一种组织形式，如加涅就倾向于按照学生学习的八种层次的逻辑关系来设计课程内容的顺序。在适用性上，纵向组织注重课程内容的学科理论体系和学术性。

横向组织是指打破学科的知识界限和传统的知识体系，按照学生发展的阶段，以学生心理发展阶段需要探索的、社会最为关心的问题为依据，组织与编写课程内容，构成一个个相对独立的专题。从心理发展角度看，学生生理的、社会的、理智的、情感的发展，都是按照一定顺序由内部加以调节的，因此，教材内容应考虑学生发展的阶段性要求，从综合的角度，以知识之间横向联系的方式组织课程内容。在适用性上，横向组织强调课程内容在社会生活中的实际运用和知识的综合性。

纵向组织注重课程内容的独立性和知识的深度，而横向组织强调课程内容的综合性和知识的广度。这是两种适合于不同性质的知识经验的课程内容组织形式，同直线式与螺旋式的关系一样，都是不可偏废的。

3.课程的结构

课程的结构是课程类型、课程内容或具体科目等要素有机整合起来所形成的课程体系的结构形态。每一类要素组合方式和组合比例的不同，会形成不同的课程结构。课程结构作为课程内部各要素、各成分之间内在联系和相互结合的组织形式，可分为宏观结构（体系结构）、中观结构（科目间的结构）和微观结构（科目内的结构）三个层面。

（五）课程实施

课程实施是把课程计划付诸实践的过程，它是达到预期课程目标的基本途径。

1.课程实施的取向

课程实施的取向是指对课程实施过程本质的不同认识以及支配这些认识的相应的课程价值观。我国的课程学者采用辛德等人的观点，将课程实施取向分为以下三种：

（1）忠实取向。课程实施过程就是忠实地执行课程计划的过程。衡量课程实施成功与否的基本标准是课程实施过程实现预定的课程计划的程度。实现程度高，则课程实施成功，实现程度低，则课程实施失败。

（2）相互适应取向。课程实施过程是课程计划与班级或学校实践情境在课程目标、内容、方法、组织模式诸方面相互调整、改变与适应的过程。

（3）创生取向。课程创生取向是课程实施研究中的新兴取向。这种取向认为,真正的课程是教师与学生联合创造的教育经验,课程实施本质上是在具体教育情境中创生新的教育经验的过程,既有的课程计划只是供这个经验创生过程选择的工具而已。

2.影响课程实施的因素

（1）课程本身

①课程方案本身的合理性。设计课程方案时要考虑到各方面的实际情况和实施课程时所需要的资源。一般而言,课程方案设计自身的合理性,对课程实施有重要影响。

②课程实施的理论依据。课程论、教学论、心理学等研究成果对课程实施产生了很大影响,尤其是对课程实施策略的研究影响最大。

（2）相关人员

①课程实施中的交流与合作。课程的成功实施离不开合作性文化的建设,离不开各级各类教育行政部门、社会人士和其他专业人士、学校校长、教师等力量之间的合作与交流。

②课程实施的管理和领导。课程实施的领导者要做好课程实施的计划、宣传、督促等工作,取得课程参与者以及社会的认可。

③教师实施课程的能力和素质。教师是直接的课程实施者,教师参与课程实施的积极性与主动性强弱对课程实施的成败起着重要作用。

（3）环境与制度

①评价(考试)体系改革的滞后。评价体系改革的滞后成为制约课程顺利实施的"瓶颈"。目前能反映新的教育理念,并符合新课改精神的评价体系虽在努力建构,但尚未建成,致使新课改的教育理念难以真正深入课堂。

②各种外部因素的支持,特别是文化背景因素。成功的课程实施应该能够敏锐地感知社会环境并快速适应,应充分了解社会的结构、传统和权力之间的关系,为课程改革争取到有力的政治和经济支持。这部分因素包括国家和地方政策的变化、财政拨款、技术支援、舆论支持等。

3.课程资源的开发与利用

课程资源是指满足课程活动所需要的思想、知识、人力、物力,按三级课程管理可以分为国家地方和学校三个层面。根据课程资源的空间分布,可分为校内课程资源和校外课程资源。根据课程资源的存在方式,可以分为显性课程资源和隐性课程资源。课程资源的开发与利用主要有以下四种路径。

（1）基于学生立场进行课程资源开发

坚持以学生个体发展的实际和需要为准则，一是要对学生发展维度的素质现状进行调查分析，实际上是厘清和把握学生接受和理解课程资源的能力和水平；二是要对学生的兴趣以及各种喜爱的活动进行研究，基于学生的兴趣着手进行课程资源的开发，增强学生在课程资源开发上的积极性和自主性。

（2）基于师资条件进行课程资源开发

师资条件是开发课程资源的基础要素，并直接制约着对课程资源的有效与合理利用。对此，课程资源的开发前提是提升教师队伍的专业素养和水平，使得相关课程资源在实施和开发上具备可操作性，能够真正落地。

（3）基于学校实际进行课程资源开发

不同的学校拥有不同的精神文化和硬件设备，也具有各自独特的课程资源。对此，在进行课程资源开发时要因地制宜，从学校实际出发，挖掘学校的特色资源。

（4）基于社会需要进行课程资源开发

从社会需求的角度开发课程资源，回应社会发展的要求，培养学生契合社会发展需要维度的素质，可以让学生将来较好地适应社会，提升学生的社会化程度。

4.教师与课程

（1）教师是课程主要的研究者

当今教师要走教学和课程研究相结合的道路，从事与自己的教学有关的课程研究，从理论上提高自己的业务水平。教师要有探讨问题的意识，注意收集资料，勤于动脑思考和反思。思考的过程就是研究的过程。它要求教师去伪存真，去粗取精，探索规律。教师要勤于总结，在总结的过程中提高课程研究的水平。

（2）教师是课程主要的设计者

教师在教育系统中起着至关重要的作用，教师是课程的直接实践者，与学生接触的机会最多，能最为准确地掌握学生对课程的需求。他们清楚对何种学生应采取何种策略，才能最大限度地促进其发展。教师作为课程的设计者，可以根据不同阶段学生的特点，选择教材和教具，设计出符合实际情况的课程。

（3）教师是课程主要的实施者

课程实施不会自行规划、启动或推行，它必须依靠教师来完成，教师在课程实施中能够把课程具体化到实际中。课程实施的成功与否与教师息息相关，教师是影响课程实施的核心因素，教师的发展推进新课程的实施，教育改革也离不开教师的积极参与，所以我们在课程实施中要发挥教师的作用。

（4）教师是课程主要的评价者

在课堂教学中，教师要对学生在学习过程中表现出来的情感、态度、学习能力和学习策略，掌握基础知识和技能的水平以及表现出来的发展潜能等，进行全面的综合性评价。采用形成性评价、描述性评价以及终结性评价等方式对学生进行评价，并且针对自己在课堂教学中产生的问题和实施效果直接进行检验和验证，以获得有效的课程评价。

【2012年重庆师范大学333真题】影响课程实施最关键的因素是（　　　）

A.学校　　　　　　B.教师　　　　　　C.教材　　　　　　D.学生

【解析】B

课程实施的成功与否与教师息息相关，教师是影响课程实施的核心因素，教师的发展推进新课程的实施，教育改革也离不开教师的积极参与，所以我们在课程实施中要发挥教师的作用。故选B。

（六）课程评价

1.课程评价的含义

课程评价是指对课程计划及其实施实际达到教育目的的程度的价值判断活动。它既包括学生学业评价，又包括课程本身的评价。

课程评价的根本目的是促进学生更好地发展，还具有协助改进课程、帮助选择课程、判断课程效果、了解学生发展等作用。

2.课程评价的功能

（1）评估功能。在一项课程计划拟定之前，先要了解社会或学生的需要，作为课程开发的直接依据。这项任务可以由课程评价来承担。

（2）诊断功能。一项课程或教学计划在实施后究竟有哪些成效，可以通过课程评价进行全面衡量而作出判断。这种判断不同于上述对目标达成程度的了解，而是对效果的全面把握。

（3）导向功能。通过对课程的评价，可以引导我们走更适合国情的课程道路，使课程的制定更适合社会的需要和学生的需要。

（4）调控功能。为了确保课程的正确实施，必须有强有力的管理制度，定期进行课程评价，做好奖惩工作，做好监督、调节和控制，以确保课程建设和实施沿着正确的轨道发展。

（5）激励功能。课程评价能够反映现行课程同主体需要的矛盾,促进课程健康地发展,保证课程的正确实施。

3.课程评价的模式

课程评价模式是评价人员或研究者依据某种教育理念、课程思想或特定目的,选取一种或几种评价途径所建立的相对完善的评价体系。下面主要介绍七种评价模式。

（1）泰勒的目标达成模式

教育的目的在于改变学生的行为,评价就是要衡量学生行为实际发生变化的程度,通过预先设定的行为目标设计课程、评价课程。这个评价模式是在泰勒的"评价原理"和"课程原理"的基础上形成的,优点是操作性强,适用性广;局限是容易僵化、机械,灵活性差。

（2）斯克里文的目标游离模式

评价者应注意的是课程计划的实际效应,而不是其预期效应,评价的重点应从"课程计划预期的效果"转向"课程计划实际的结果"。

斯克里文的目标游离模式突破了课程预设目标的限制,重视形成性评价与终结性评价的结合。但难以进行合适的价值判断,难以协调评价者与管理者的关系,操作比较困难。

（3）斯塔克的应答模式

建议采用"全景色的观察"方法,强调评价应当从关注课程的所有人的需要出发,通过信息反馈,让方案结果满足大多数人的需要,并通过对方案的调整和修改,对大多数人的愿望作出回答。

斯塔克的应答模式重视各类人员在评价中的作用,强调评价的民主性。但分歧意见比较多,实施起来比较困难。

（4）斯塔弗尔比姆的 CIPP 模式

CIPP 模式就是背景评价（Context Evaluation）、输入评价（Input Evaluation）、过程评价（Process Evaluation）和结果评价（Product Evaluation）。CIPP 模式主要围绕着为决策者提供信息进行评价。这种评价可以使研究者用一种比较客观的眼光来看待评价对象,尽可能地全面描述、分析研究对象的特征,从而为教育决策者提供更有效的信息。

这种模式突出形成性评价和综合性评价的功能,强调评价为教育决策、改进工作服务。但缺乏价值判断,评价人员的作用受到限制。

（5）欧文斯的反对者模式

这是一种为了揭示方案正反两方面利弊得失而采取的类似于法律过程中的评委会审议形式的评价模式。这种模式重视关于课程方案的争议意见，尤其是反对者的意见。

这种模式充分重视评价中存在的多元价值观的问题。但评价结果易受辩论技巧影响，花费高，效率低。

（6）CSE 评价模式

CSE 即美国加利福尼亚大学洛杉矶分校评价研究中心的简称。该模式包括四个步骤：需要评定、方案计划、形成性评价、总结性评价。该模式强调全程性评价。

（7）艾斯纳的鉴赏评价模式

艾斯纳试图对传统评价模式进行改造。鉴赏评价模式认为在教育评价中应该借鉴评酒员和艺术鉴赏家凭自己的经验对一种酒或一件艺术作品进行整体评价的方法。该模式较为严谨，但其评价结论具有较强的主观性，对评价者的技能提出了相当高的要求。

4.课程评价的主要范围

课程评价的范围主要是指课程评价应包含的领域。总体而言，课程评价的范围可从以下两个方面进行阐述。

（1）从课程研制程序上讲，课程评价包括课程理念评价、课程目标评价、课程开发评价和教材评价、课程实施评价和课程效果评价

①课程理念评价主要是看它是否符合时代的发展趋势，是否体现了以学生发展为本的理念，是否符合民族的文化传统，是否符合国家的长远利益，是否符合国家当前的教育目标等，一般由课程研制者以外的专业机构及人员来进行。

②课程目标评价主要是看它是否符合教育目的，是否符合学生的发展需要和实际，是否符合社会的发展规律与要求，一般也是由课程设计者与开发者以外的专业机构与人员进行。

③课程开发评价主要包括对开发活动程序的评价、对所选的材料及其内在联系的评价、对开发课程所遵循的原则的评价等，一般应以开发人员的反思性评价为主。

④教材评价除了看教材是否准确反映了课程目标与教育目的以外，还应看教材的组织结构是否合理，编排是否符合学生心理发展顺序，装帧设计是否美观大方

等,最关键的还是教材内容的思想性、科学性与教育性。

⑤课程实施评价就是教学评价。

⑥课程效果评价就是教学效果和学习效果的评价。

（2）从课程纵向结构上讲,课程评价主要包括国家课程评价、地方课程评价和校本课程评价。

①国家课程评价主要是对国家颁布的课程纲要、课程标准及由国家相关部门组织编写的教材的评价,一般应组织专业机构来进行。

②地方课程评价主要是对地方制定的课程标准、编写的教材以及根据国家课程纲要制定的课程实施意见等进行评价。一是国家相关部门组织专家对其进行评价,主要表现为对地方课程进行监控;二是各学校也可以组织力量对其进行评价,以便进行教材的选择。

③校本课程评价主要是看其是否符合本校实际,是否具有可行性,能否促进学生的发展,是否具有系统性与连续性,是否具有本校特色等。一是相关主管部门对其进行的评价、以保证校本课程的质量;二是学校的自评,它有利于校本课程的改进。

四、课程改革

（一）影响课程改革的主要因素

1.政治因素

政治因素对课程改革的影响是多层次的、深刻的,比科技、文化的变革对课程改革的影响更为直接。

（1）政治因素制约着课程目标的厘定。课程目标是教育目的和培养目标的具体化,统治阶级根据自己的利益、愿望和要求,从政治上制定教育目的和培养目标。

（2）政治因素制约着课程改革内容的选择。课程改革内容的选择,不仅是一个技术问题,也是一个政治影响与控制的过程,因为课程内容的选择与编制要依据教育目的与培养目标,而教育目的与培养目标又必须集中体现统治者的意志。

（3）政治因素制约着课程的编制过程。课程标准、课程计划和教材的编写都有强烈的政治性,否则统治阶级就不能培养出自己需要的人才。

2.经济因素

（1）经济领域劳动力素质提高的要求制约课程目标。在经济社会,经济发展对劳动者提出了新的要求,劳动者要想达到这些要求就需要接受教育。

（2）经济的地区差异性制约课程改革。当今,各国经济发展极不平衡,发达国家、发展中国家与落后国家的差异极大,因此,各国的课程发展也不平衡。

(3)市场经济影响课程改革。当前,我国正努力完善社会主义市场经济体制,市场经济发展对课程有直接的冲击力。

3.文化因素

(1)文化模式影响课程改革。民族文化的基本模式要求学校课程变革时,依据不同民族的文化特质,设置与之相适应的课程。

(2)文化变迁影响课程改革。学校课程作为传递、传播和创造文化的载体,也应随时作出相应的调整。文化变迁指文化内容或结构的改变,即文化与文化之间的传播或文化自身的创造。

(3)文化多元影响课程改革。现代社会日趋多元,学校课程如何体现文化间的差异,在尊重各少数民族文化、各社会阶层文化的同时,将主流文化与少数民族文化整合起来,成为课程改革面临的一个实际问题。

4.科技革新(科技因素)

(1)科技革新制约课程改革的目标。科技革新要求课程目标不仅注重知识传递,更要培养学生的能力。

(2)科技革新推动课程结构的改革。近代学校理科课程的科目构成与科技门类的演变直接相关,课程结构对科技的变革有很大的依从性。

(3)科技革新影响着课程改革的速度。在教育发展史上,随着科技发展的速度不同,课程变革的速度也不平衡。

5.学生发展(学生因素)

(1)学生的身心发展特征影响课程改革,学生的身心发展特征表现为整体性、不平衡性、阶段性和个体差异性。学生对课程变革的反应极为敏感,课程变革要考虑学生的身心发展特征。

(2)学生的身心发展需要影响课程改革。课程对学生身心发展产生的效果,取决于学生的具体发展状态与心理特性的结合,并且取决于采用什么方式,达到何种程度的结合。

(3)课程改革的着眼点:学生的最近发展区。课程改革应根据学生的最近发展区设定课程目标、选择课程内容,实现新的发展,从而创造出又一个新的"发展区"。

(二)20世纪60年代以来国外的主要课程改革

课程改革是20世纪60年代世界性的教育思潮。人们把布鲁纳的"结构主义课程"、赞科夫的"教学与发展实验"、瓦·根舍因的"范例教学原理"称为课程改革的三大流派。20世纪80年代后,国际上又掀起了新一轮的课程改革。

1.典型国家课程改革

（1）美国课程改革

①20世纪80年代：20世纪80年代以来，美国掀起了20世纪第三次课程改革浪潮。通过《国家处在危险之中：教育改革势在必行》（1983年）的报告，揭开了美国20世纪第三次课程改革的序幕，全美第一次教育高峰会议（1989年）的主要议题是提高中小学教育质量。

②20世纪90年代：《2000年目标：美国教育法》（1994年）采纳了乔治·布什政府的六大目标，并且又新增加了两大目标。这是20世纪90年代最值得关注的法案。

③21世纪：《不让一个儿童落后法》（2002年）的基本理念和追求就是在平等的基础上提高教育质量，使全体美国学生都得到进步和提高，从而达到维护美国世界霸主地位的目的。由于美国是一个分权制国家，各州的教育质量差异较大，所以这次课程改革的主要举措是制定国家课程标准和推行全国性考试。

（2）英国课程改革

①20世纪80年代：英国20世纪80年代致力于课程改革，他们通过（一种课程观）（1980年）、《把学校办得更好》（1985年）、《1988年教育改革法》（1988年）等，促进国家课程日益成熟。尤其《1988年教育改革法》规定全国所有公立学校的学生都要学习国家统一课程。这在英国课程发展史上是一项重大的改革。

②20世纪90年代：英国通过《国家课程及其评价》（1993年）、提高中小学水平计划（1995年），《学会竞争：14～19岁青少年的教育和培训》（1996年）、《1997年教育法》（1997年）促进课程改革。其旨在让学生在21世纪的激烈竞争中，学会生存和参与竞争的本领。

③21世纪：2000年英国实行了新的课程改革，强调课程的精神价值，以及着眼于迎接世纪挑战的主要问题，以为学生的未来生存作准备。英国的课程改革也主要集中在实行全国统一课程计划与推行全国性的课程评定制度。

（3）法国课程改革

①20世纪80年代：法国在20世纪80年代，组织了由专家学者组成的全国性的专门委员会对教育和课程的现状和问题进行调查研究，如《为建立民主的初中斗争》（1982年）、《21世纪前夕的高中及其教育》（1983年）、《关于小学的全国咨询与思考》（1984年）、《初中的大纲与指令》（1985年）、《教育方向指导法》（1989年）。通过一系列的法案，提升教育质量。

②20世纪90年代：1990年法国成立了国家课程委员会，专门负责国家课程的制定。通过"学校新契约"（1993年），重点在于减轻学生负担，加强法语和应用外

语教学,降低学校教育失败率。《在初中学习什么》(1994年)报告指出,学校在义务教育阶段应该保证所有的学生"掌握知识与能力的共同基石"。通过"高中应当教授哪些知识"为主题的全国研讨会(1998年),为高中课程指明了方向。

③21世纪:注重课程管理权力的集中与分散相结合;注重通过统一课程政策来保证教育的民主化;注重课程综合和分科的协调;注重加强体现现代社会发展需要的课程。

(4)日本课程改革

①20世纪80年代:日本于20世纪80年代掀起自明治维新和战后初期改革以来的第三次教育改革浪潮。80年代初,日本中央教育审议会议指出,学校教育应重视学生"自我教育能力"的培养。80年代中期,日本教育改革强调,教育应遵循尊重个性、营造"宽松时间"的改革方向,要加强培养学生的求知欲和主动适应社会变化的能力,要重视国民基础知识、基本技能,充实个性教育并且加深对国际社会的理解,要重视培养学生尊重日本文化和传统的态度。

②20世纪90年代:日本教育界将上述思想进一步具体化。《关于我国面向21世纪的教育》(1996年)的咨询报告指出,教育要在"宽松"中注重对学生基本素质和能力——"生存能力"的培养,并就课程改革的方针、课程体系的构建、学科教育的内容等重大问题进行了讨论。

③21世纪:2002年4月新学年开始,日本中小学开始实施新的学习指导要领,标志着日本基础教育课程改革的全面展开。

此次课程改革的主要内容包括:①严格精选教学内容;②充实道德教育;③适应国际化的要求;④适应信息化的要求;⑤创设综合学习性课程,设置"综合学习时间";⑥高中阶段减少毕业所需学分;⑦扩大选修学习的范围,增加初中阶段选修课的课时,降低高中阶段必修科目的最低学分标准。

2.世界各国课程改革发展的趋势

20世纪80年代以来,世界各国的学校课程改革十分活跃,体现出如下新趋势。

(1)追求卓越的整体性课程目标

当前各国在课程改革中普遍倾向于培养学生公民的责任感和创新精神,社会交往能力与团队精神,灵活处理各种信息、适应急剧变化的社会环境和创造性地进行工作的能力,并注重国际理解教育,要求学生具有国际视野。

(2)注重课程编制的时代性、基础性、综合性和选择性

面对全球化、信息时代、知识经济等新的世界背景,各国基础教育课程改革都强调把握课程改革内容的时代性。一方面反映科学发展的新趋势;另一方面,关注

时代发展对人的生存方式及其必备素质的新要求,注重处理基础知识与学科发展的关系,增强课程对学生的适应性,开设大量选修课程、综合课程、实践课程,满足学生个性发展的需要。为此,20世纪90年代,联合国教科文组织号召世界各国基础教育课程改革务必精选学生终生发展必备的基础知识和基本技能,发展学生终身学习的愿望和能力,引导学生分享并具有人类共同的核心价值观。

（3）讲求学习方式的多样化

信息化社会、知识社会、学习化社会引起了教育教学方式的变革。通过课程改革,创设以"学"为中心的课程,创造以"学"为中心的教学,真正使教学过程成为和事物对话和他人对话和自身对话的活动过程,从而超越单一的知识接受性教学,创造一种活动性的、合作性的、反思性的学习,已成为世界各国课程改革的共同选择。

此外,课程管理体制也呈现出集权与分权相结合的发展趋势。世界各国的课程改革表明,课程问题日益成为一个公共的教育议题。

（三）1949年以来我国的课程改革

1.中华人民共和国成立以来的八次课程改革简述

（1）第一次（1949—1952年）

教育部颁布了《中学暂行教学计划（草案）》,这是中华人民共和国第一份教学计划（1950年8月）。此计划设置了门类齐全的学科课程,包括政治、语文、数学、自然、生物、化学、物理、历史、地理、外语、体育、音乐、美术等。1952年3月,教育部颁布了《中学教学计划（草案）》,同年10月,颁布了中华人民共和国成立以来第一份五年一贯制小学的《小学教学计划》

（2）第二次（1953—1957年）

在这期间,国家共颁布了五个教学计划,其中在1953—1955年颁布的三个计划中,大幅削减了教学时数,首次在教学计划中设置劳动技术教育课程。1956年,颁布了中华人民共和国成立后第一套比较齐全的中学各科教学大纲,同年,国家正式发行中华人民共和国成立以来的第二套中小学教科书,这套教材理论性有所加强,特别注意了对学生动手能力的培养。

（3）第三次（1958—1965年）

这一时期是我国经济发展的重要时期,同时也是"左"倾思想影响萌芽的时期。1958年"大跃进"引发了"教育大革命",大幅缩短学制,精简课程,增加劳动,注重思想教育,还出现了多种学制的改革实验（小学五年一贯制、中学五年一贯制、中小学十年一贯制、中小学九年一贯制、高中文理分科的初步实验）。

（4）第四次（1966—1976 年）

"文革"十年，学校课程与教学经历了一场灾难。

（5）第五次（1977—1985 年）

"文革"结束，拨乱反正。1978 年，颁发《全日制十年制中小学教学计划试行草案》和新中国成立以来全国统编的第五套中小学教材，统一规定全日制中小学学制十年、小学五年、中学五年。1980 年，出版了中华人民共和国成立以来全国统编的第五套中小学教材。

（6）第六次（1986—1991 年）

1986 年，《中华人民共和国教育法》出台。1988 年国家教委公布了《义务教育全日制小学、初级中学教学计划（试行草案）》，突出了新型教育方针的具体要求，适当增加了基础学科的教学时数，在教学计划中给课外活动留出固定的、足够的空间。

（7）第七次（1992—1998 年）

1993 年，中共中央颁发《中国教育改革和发展纲要》（中发〔1993〕3 号）。1994 年，国务院颁发《国务院关于〈中国教育改革和发展纲要〉的实施意见》（国发〔1994〕39 号）。1995 年《中华人民共和国教育法》正式颁发。在此期间，国家教委正式颁发《九年义务教育全日制小学、初级中学课程方案（试行）》《全日制普通高级中学课程计划（试验）》。教学计划改为课程计划，对小学和初中的课程进行整体设计。课程结构由学科类课程和活动类课程组成，还留有地方课程。

（8）第八次（1999—2022 年）

1999 年，颁发《中共中央国务院关于深化教育改革，全面推进素质教育的决定》（中发〔1999〕9 号），国务院批转教育部《面向 21 世纪教育振兴行动计划》。2000 年教育部颁发的《全日制普通高级中学课程计划（试验修订稿）》，在 1996 年课程计划的基础上强化了课程结构的多样性，并在必修课中增加了"综合实践活动"，在选修课中加大了地方和学校的作用。2001 年，颁发《国务院关于基础教育课程改革与发展的决定》（国发〔2001〕21 号）。2001 年 6 月，教育部颁发《基础教育课程改革纲要（试行）》（教基〔2001〕17 号）。第八次基础教育课程改革的启动，使我国教育进入又一个新纪元。

（9）第九次（2022 年至今）

2022 年 4 月 21 日教育部发布义务教育课程方案和语文等 16 个课程标准（2022 年版）。新修订的义务教育课程以习近平新时代中国特色社会主义思想为指导,落实立德树人根本任务,强调育人为本,依据"有理想、有本领、有担当"时代新人培养要求,明确了义务教育阶段培养目标。

各门课程基于培养目标,将党的教育方针具体化细化为学生核心素养发展要求,明确本课程应着力培养的正确价值观、必备品格和关键能力。进一步优化了课程设置,九年一体化设计,注重幼小衔接、小学初中衔接,独立设置劳动课程。与时俱进,更新课程内容,改进课程内容组织与呈现形式,注重学科内知识关联、学科间关联。结合课程内容,依据核心素养发展水平,提出学业质量标准,引导和帮助教师把握教学深度与广度。通过增加学业要求、教学提示、评价案例等,增强了指导性。

新修订的义务教育课程描绘了育人蓝图,增强了思想性,系统融入习近平新时代中国特色社会主义思想,强化社会主义先进文化、革命文化、中华优秀传统文化等方面的教育;增强了科学性,遵循学生认知规律,注重与学生生活、社会实际的联系;增强了时代性,注重体现马克思主义中国化最新成果,反映经济社会发展新变化、科学技术进步新成果;增强了整体性,注重学段纵向衔接、学科横向配合;增强了指导性,加强了课程实施指导,做到好用管用。为义务教育优质均衡、高质量发展提供了有力支撑。

【2025 年 333 第 6 题】《义务教育课程方案和课程标准（2022 年版）》确立了今后一个时期义务教育阶段的培养目标,其核心要求是（   ）

A.有理想、有本领、有担当

B.正确价值观、必备品格、关键能力

C.健全人格、创新精神、实践能力

D.全面发展、个性发展、终身发展

【解析】A

2022 年修订的《义务教育课程方案和课程标准》强调立德树人,培养"有理想、有本领、有担当"的时代新人。故选 A。

本章内容思维导图

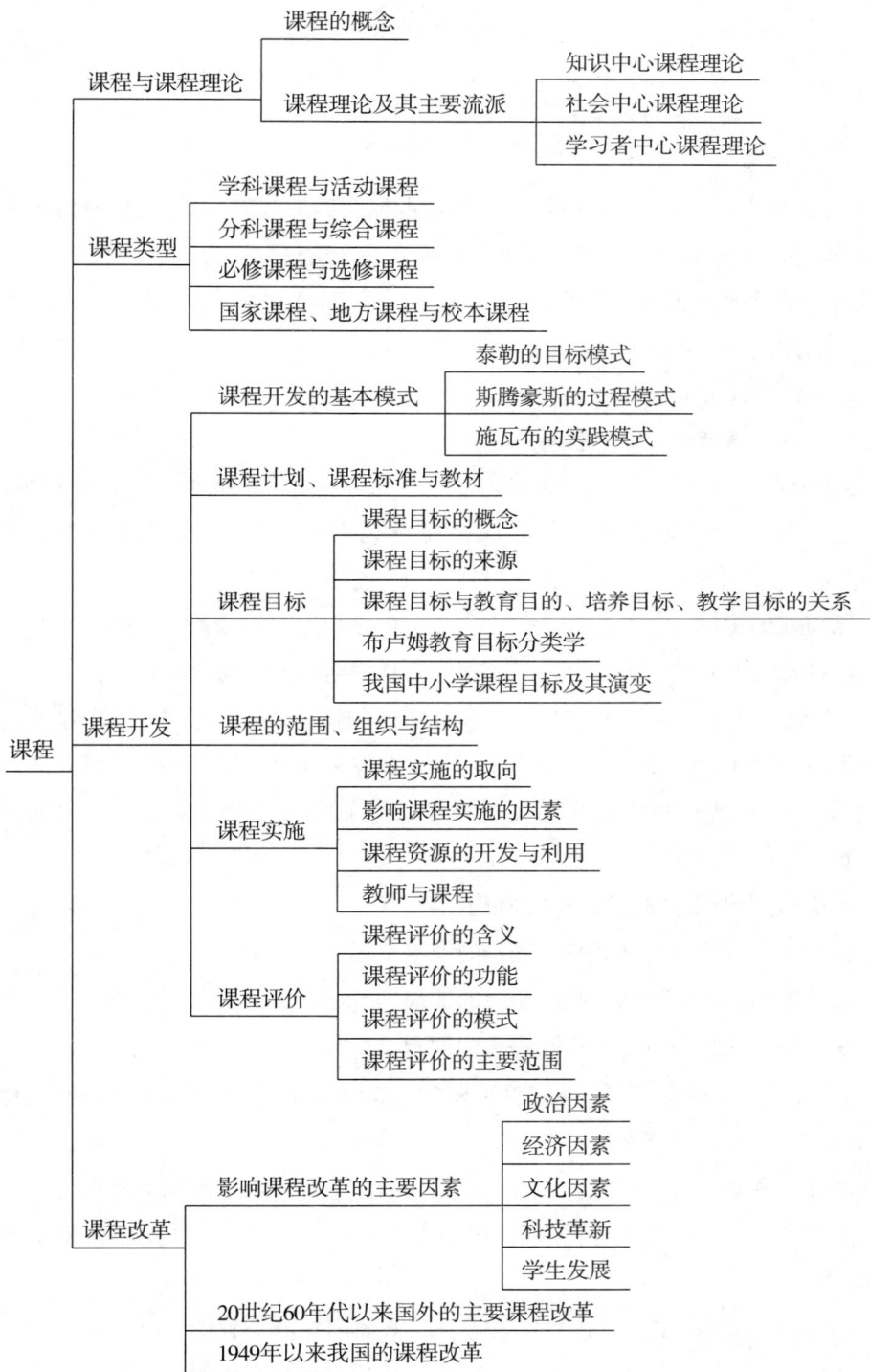

```
课程
├─ 课程与课程理论
│   ├─ 课程的概念
│   └─ 课程理论及其主要流派
│       ├─ 知识中心课程理论
│       ├─ 社会中心课程理论
│       └─ 学习者中心课程理论
├─ 课程类型
│   ├─ 学科课程与活动课程
│   ├─ 分科课程与综合课程
│   ├─ 必修课程与选修课程
│   └─ 国家课程、地方课程与校本课程
├─ 课程开发
│   ├─ 课程开发的基本模式
│   │   ├─ 泰勒的目标模式
│   │   ├─ 斯腾豪斯的过程模式
│   │   └─ 施瓦布的实践模式
│   ├─ 课程计划、课程标准与教材
│   ├─ 课程目标
│   │   ├─ 课程目标的概念
│   │   ├─ 课程目标的来源
│   │   ├─ 课程目标与教育目的、培养目标、教学目标的关系
│   │   ├─ 布卢姆教育目标分类学
│   │   └─ 我国中小学课程目标及其演变
│   ├─ 课程的范围、组织与结构
│   ├─ 课程实施
│   │   ├─ 课程实施的取向
│   │   ├─ 影响课程实施的因素
│   │   ├─ 课程资源的开发与利用
│   │   └─ 教师与课程
│   └─ 课程评价
│       ├─ 课程评价的含义
│       ├─ 课程评价的功能
│       ├─ 课程评价的模式
│       └─ 课程评价的主要范围
└─ 课程改革
    ├─ 影响课程改革的主要因素
    │   ├─ 政治因素
    │   ├─ 经济因素
    │   ├─ 文化因素
    │   ├─ 科技革新
    │   └─ 学生发展
    ├─ 20世纪60年代以来国外的主要课程改革
    └─ 1949年以来我国的课程改革
```

自测题

一、选择题

1.【2008年311第9题】按照美国学者古德莱德的观点,课程可以分为五个层面,除理想的课程、正式的课程、领悟的课程之外,还有（　　）

A.生活的课程和经验的课程

B.运作的课程和经验的课程

C.隐性的课程和运作的课程

D.隐性的课程和生活的课程

2.【2022年311第7题】李老师习惯用更加准确的语言复述学生不甚清晰或不甚完整的发言,引得学生频频点头,表示那就是自己的意思。根据古德莱德的观点,这属于（　　）

A.正式的课程　　　　　　　　　　B.教师理解的课程

C.理想的课程　　　　　　　　　　D.学生经验的课程

3.【2023年311第7题】在讲解李清照词的课上,学生在学到"浓睡不消残酒"时,对于古代酒水的酒精度问题发生了兴趣。因此,老师调整了原来的教学计划,转而和学生讨论起古代词人与酒文化的主题。这堂课主要涉及的课程类型是（　　）

A.理想的课程、正式的课程、领悟的课程

B.正式的课程、领悟的课程、操作的课程

C.领悟的课程、操作的课程、经验的课程

D.经验的课程、操作的课程、理想的课程

4.【2007年311第1题】赫尔巴特所代表的传统教育思想的核心一般被概括为:教材中心、课堂中心和（　　）

A.教师中心　　　B.学校中心　　　C.学生中心　　　D.活动中心

5.【2007年311第2题】强调知识的内在逻辑和系统性,主张分科教学的是（　　）

A.经验主义课程论　　　　　　　　B.学科中心课程论

C.存在主义课程论　　　　　　　　D.后现代主义课程论

6.【2012年311第7题】学生必须接受"自由教育"(liberal education),受过这种教育的人因为有广博的知识和理性的能力,将来也是适应力最强的、对未来做了最充分准备的优秀公民和劳动者。秉持这种观点的人在课程类型上倾向于(　　)

　　A.学科中心课程　　　　　　　　B.学生中心课程

　　C.社会中心课程　　　　　　　　D.活动中心课程

7.【2009年311第11题】泰勒的课程编制原理主要强调(　　)

　　A.课程目标的主导作用　　　　　B.教师对课程的再开发

　　C.管理者对课程的监控　　　　　D.学生对课程的评价

8.【2018年311第7题】泰勒原理由两条密切相关的基本原理组成,一条是课程编制原理,另一条是(　　)

　　A.课程实施原理　　　　　　　　B.课程设计原理

　　C.课程评价原理　　　　　　　　D.课程组织原理

9.【2011年311第12题】关于如何组织课程内容的问题,泰勒在《课程与教学的基本原理》中提出的3条影响至今的基本原则是(　　)

　　A.基础性、顺序性、整合性　　　B.连续性、顺序性、整合性

　　C.基础性、连续性、整合性　　　D.基础性、连续性、顺序性

10.【2009年311第12题】按照布鲁姆目标分类学的基本要求,下列选项中不宜作为教学目标的表述是(　　)

　　A.培养学生的思维能力

　　B.培养学生区别事实与假设的能力

　　C.培养学生运用特定信息检验假设一致性的能力

　　D.培养学生领会一个段落中各种观念之间的相互关系的能力

11.【2019年311第10题】依据布鲁姆教育目标分类学框架,下列认知目标中属于最高层次的是(　　)

　　A.口头解释各种几何概念后,学生能画出相应的几何图形

　　B.面对一份污染报告,学生能提出检验其中结论的方法

　　C.学生能推测出容器中的空气全部抽出后会对容器产生什么样的影响

　　D.学生阅读文章时,能区别出文中的观点和事实

12.【2021年311第13题】在"负数的初步认识"的教学设计中,胡老师确定的教学目标之一是"在教师示范和讲解之后,学生独立列举出至少一个日常生活中使用负数的例子"。按照布鲁姆的教育目标分类学的分类标准,这一目标中涉及的认

知维度的类目是（　　）

 A.创造   B.运用   C.分析   D.理解

13.【2017年311第4题】某语文老师在古诗单元教学结束时，给学生布置了写七律诗的作业，根据布鲁姆20世纪60年代提出的教育目标分类学框架，该作业在认识目标的分类中属于（　　）

 A.分析   B.理解   C.评价   D.综合

14.【2022年311第38题】中国共产党第十九次全国代表大会的报告要求："把社会主义核心价值观融入社会发展各方面，转化为人们的情感认同和行为习惯。"这要求社会主义核心价值观的学习应达到（　　）

 A.接受水平 B.组织水平 C.性格化水平 D.反应水平

15.【2011年311第7题】布鲁纳说："任何学科的任何知识，都可以用智力上诚实的方式，教给任何阶段的任何儿童。"这种观点属于（　　）

 A.结构主义课程论   B.经验主义课程论

 C.要素主义课程论   D.社会改造主义课程论

16.【2014年311第7题】20世纪60年代初美国课程改革代表人物布鲁纳的《教育过程》一书面世。下列对该书基本主张的概括中，不正确的是（　　）

 A.强制学术标准，注重教学内容的现代化

 B.强调学科基本结构的学习和发现教学方法的运用

 C.强调中小学教师和课程专家在课程改革中的作用

 D.主张任何学科都能以某种方式教给任何年龄阶段的任何儿童

17.【2007年311第7题】泰勒认为，课程评价是为了找出结果与目标之间的差距，并利用这种反馈信息作为修订课程计划的依据。据此提出的课程评价模式是（　　）

 A.目标评价模式   B.目标游离评价模式

 C.背景、输入、过程、结果评价模式 D.差距评价模式

18.【2011年311第8题】把两门或两门以上的学科内容整合在一门课程里，加强学科联系，但不打破学科界限。这种课程属于（　　）

 A.活动课程 B.核心课程 C.相关课程 D.融合课程

19.【2016年311第7题】教育界尝试以综合课程加强学科之间及学科知识与现实生活之间的联系，典型的综合课程按照综合程度从高到低排列其顺序为（　　）

 A.相关课程、广域课程、核心课程 B.广域课程、相关课程、核心课程

 C.核心课程、相关课程、广域课程 D.核心课程、广域课程、相关课程

20.【2017 年 311 第 7 题】我国中学曾经分别开设《动物学》和《植物学》的两个科目,后来合并为《生物学》一个科目,从课程组织的类型来看,合并后的《生物学》属于(　　)

　　A.融合课程　　　　B.综合课程　　　　C.分科课程　　　D.核心课程

21.【2020 年 311 第 9 题】下列选项中,属于按同一分类维度划分的课程相关概念是(　　)

　　A.相关课程、融合课程、广域课程

　　B.基础型课程、拓展型课程、研究型课程

　　C.学科课程、活动课程、综合课程

　　D.必修课程、选修课程、活动课程

二、论述题

1.【2015 年陕西师范大学 333 真题】试论述活动课程和学科课程的分歧。

2.【2017 年西南大学 333 真题】论述综合课程的含义、优势与不足。

3.【2012 年华东师范大学 333 真题】评述课程编制的泰勒原理。

4.【2014 年华东师范大学 333 真题】试分析课程内容的组织对学生学习的影响。

5.【2022 年陕西师范大学(2020 南京师范大学)333 真题】结合实际,讨论课程改革的影响因素。

第七章　教　学

一、教学概述

（一）教学的概念

教学是教和学相结合或相统一的活动，是由教师的教和学生的学所组成的双边活动过程。通过教学，学生在教师有计划、有步骤地引导下，积极主动地掌握系统的科学文化知识和技能，发展智力、体力，陶冶品德，养成全面发展的个性。

简言之，教学是在教师引导下学生能动地学习知识以获得个性发展的活动。

（二）教学与教育、智育、上课的区别与联系

1.教学与教育

教学与教育是部分与整体的关系。教育包括教学，教学只是学校进行教育的一个基本途径。除教学外，学校还通过课外活动、生产劳动等途径对学生进行教育。

2.教学与智育

教学与智育有联系也有区别。智育主要是发展学生的智力，向学生传授系统的科学文化知识和技能。智育主要是通过教学来完成的，是全面发展教育的重要组成部分。但教学不等于智育，教学也是进行德育、美育、体育、劳动教育的途径。

3.教学与上课

教学与上课是整体与部分的关系，教学包括上课，上课只是教学中的一个环节，教学的任务主要是通过上课来完成的，比如除上课外，教学还包括备课，课后辅导等。

（三）教学的作用与任务

1.教学的作用

（1）教学在传承文化、促进青少年学生个性全面发展上，起着引领的重要作用。它是传播系统知识、促进学生发展的最有效的形式。

（2）教学在学校工作中居于主导地位，是学校教育的主要工作，也是进行全面发展教育、实现培养目标的基本途径。

2.教学的任务

（1）引导学生掌握科学文化基础知识和基本技能

教学的首要任务就是要引导学生掌握基础知识和基本技能，教学的其他任务只有在学生掌握了基础知识和基本技能的基础上才能实现。

（2）发展学生的智力、体力和创造才能

发展学生的智力、体力和创造才能，不仅是顺利地、高质量地进行教学的必要条件，也是培养全面发展的新人的要求。教学要促进学生智力的提升，体力的强健，以及创造才能的发挥，培养全面发展的人才。

（3）培养学生的社会主义品德和审美情趣，奠定学生的科学世界观基础

培养学生的社会主义品德和审美情趣、奠定学生的科学世界观基础是教学的一项重要任务，体现了社会主义教学的性质与方向。

二、教学理论及主要流派

（一）教学理论概述

1.学习理论及其与教学理论的关系

学习理论是心理学的分支学科，它是描述或说明人和动物学习的性质、过程和影响学习的各种因素的学说。

教学理论是关于教学情境中教师行为的规定或解释的理论。它既要研究教学的现象和问题，揭示教学的一般规律，也要研究遵循规律解决教学实际问题的方法和策略。它关注的是一般的规律性的知识，旨在指导教学实践。

二者的区别有：学习理论主要描述"学习是怎样发生的，以及学习开始后会发生一些什么情况"的问题。而教学理论主要研究"怎样教"的问题，它关心的是如何促进学生的学习，而不是描述学习；学习理论是描述性的，而教学理论既是描述性的，也是规范性和处方性的。

二者的联系有：学习理论为更好地实施教学提供了理论基础和前提。

2.课程理论及其与教学理论的关系

（1）大教学小课程观：将课程理论内含与教学理论中。

（2）大课程小教学观：把教学理论作为课程理论的组成部分。

3.教学理论的形成和发展

（1）萌芽期

《学记》是我国最早，也是世界上最早的系统论述教育教学思想的专著。古罗马教育家昆体良所写的《雄辩术原理》，是西方最早的教育教学专著。

（2）形成期

最早使用"教学论"一词的是德国教育家拉特克和捷克教育家夸美纽斯。夸美纽斯的《大教学论》是教育学史上里程碑的著作，标志着系统的教育学理论的产生。

德国教育家赫尔巴特重视全面而系统的知识的教学，他认为系统的知识体系是可以通过分解进行传授的，进而提出了教学的四个阶段，即明了、联想、系统、方法，与之相对应的学生心理活动则是注意、期望、要求、行动。在教学中，教学活动与心理活动这两种活动是紧密结合在一起的。

赫尔巴特学派的理论经其弟子席勒等人的补充，将教学的四个阶段演变为预备、提示、联系、总结和应用五个阶段，促使赫尔巴特的教学理论风靡欧美各国大半个世纪之久。

（3）发展期

美国教育家杜威猛烈批判旧教育的理念与做法，并将其称为"传统教育"，阐述了新的教育思想，提出了"五步教学法"。这五步被简明地概括为：情境、问题、假设、推断、验证。

苏联教育家凯洛夫注重系统科学文化知识的教学，提出了知觉具体事物，理解事物的特点、关系或联系，形成概念，巩固知识，形成技能、技巧，实践运用六个环节的教学过程。

美国教育学家布鲁纳强调教学过程要使学生学到知识结构，采用发现法教学。他认为，学习任何一门学科任何知识都涉及新知识的获得、转换和评价三个过程。

除此之外，在20世纪乃至今日，教学理论的发展都精彩纷呈，如斯金纳的程序教学、罗杰斯的非指导性教学、赞科夫的教学促进一般发展，等等。

（二）当代主要教学理论流派

1.行为主义教学理论

以华生、斯金纳为代表的行为主义心理学家认为，学习及刺激—反应之间的联结，教学的本质在于如何进行强化。行为主义教学理论以斯金纳的程序教学理论为代表。

（1）教学目标

斯金纳认为，教学的目的就是为学生提供特定的刺激，以便引起学生特定的反应，所以，教学目标越具体、越精确越好。

（2）教学过程

该理论认为，学生的行为是受行为结果影响的，若要让学生做出合乎需要的行为反应，必须形成某种相倚关系，即在行为后有一种强化性的后果。因此，该理论强调对学习环境的设置、课程材料的设计和学生学习行为的管理做出系统安排与控制，即强化。这种教学过程分为五个阶段：①具体说明最终的行为表现；②评估行为；③安排相倚组织（选择强化物和强化方式）；④实施方案；⑤评价方案。

（3）教学原则

采用程序教学的方法。程序教学就是把教学分成连续的小步子，严格地按逻辑编成程序的一种教学模式。主要分为四个步骤：第一步，小步骤进行（小步子原则）；第二步，呈现明显的反应（积极反应原则）；第三步，及时反馈（及时反馈原则）；第四步，自定步调学习（自定步调原则）。

2.认知主义教学理论

以布鲁纳奥苏贝尔为代表的认知心理学家认为，学习的本质是学习者内部认知结构的形成或改组，而不是刺激——反应联结的形成或行为习惯的加强或改变，教学就是促进学习者内部认知结构的形成或改组。

（1）教学目标

布鲁纳在《教育过程》中提出，我们必须强调教育的质量和理智的目标，也就是说，教育不仅要培养成绩优异的学生，而且要帮助每一个学生获得最好的理智发展。

（2）教学过程

一般来说，发现学习的教学过程包括四个阶段：

①提出问题。教师创设问题情境，使学生在这种情境中发现其中的矛盾，提出问题。②做出假设。教师促使学生利用提供的某些材料，针对所提出的问题，提出解答的假设。③验证假设。学生用理论或者通过实验数据检验自己的假设。④形成结论。学生根据实验获得的一些材料或者结果，在仔细评价的基础上引出结论。

（3）教学原则

这一教学过程需要遵循"动机—结构—序列—强化"的原则。

（4）教学方法

发现法。学生不是被动地接受知识，而是积极主动地在教师创造的学习情境中发现知识。发现教学方法强调学习过程、直觉思维、内在动机和信息提取。其基本步骤是：①创设问题情境；②提出假设；③验证假设；④获得结论；⑤应用结论。

（5）教学策略

布鲁纳认为教学策略是掌握学科知识的基本结构，而掌握学科知识结构有如下好处：有助于理解这门学科；有助于把学习内容迁移到其他情境中去；有助于学生记忆具体细节的知识；如果给予学生适当的学习经验和对结构的合理陈述，即便是年幼儿童也可以学习高级的知识，从而缩小高级知识与初级知识之间的差距。

3.人本主义教学理论

以罗杰斯为代表的人本主义心理学家强调研究人类真实的内在自我，注重心理学研究与人类生活实际相结合，认为心理学应关注完整的人。人本主义教学理论又称为情感教学理论。人本主义心理学家认为，真正的学习涉及整个人，而不仅仅是为学习者提供事实。教学的本质即促进学生成为一个完善的人。

（1）教学目标

培养充分发挥作用的人、自我发展的人和自我实现的人。

（2）教学过程：非指导性教学过程

这种教学过程以解决学生的情感问题为目标，通常包括以下五个阶段：

①确定帮助的情境。即教师要鼓励学生自由地表达自己的感情。

②探索问题。即鼓励学生自己来界定问题，教师要接受学生的感情，必要时加以澄清。

③形成见识。即让学生讨论问题，自由地发表看法，教师给学生提供帮助。

④计划和抉择。即由学生作出初步的决定，教师帮助学生澄清这些决定。

⑤整合。即学生获得较深刻的见识，并做出较为积极的行动，教师对此予以支持。

（3）教学方法

罗杰斯把学习分为无意义学习和有意义学习。有意义学习不是那种仅仅涉及知识累积的学习，而是一种使个体的行为、态度、个性以及在未来选择行动方式时发生重大变化的学习。而认知学习涉及的学习内容绝大多数对学生自己是没有个人意义的，旨在培养心智，而不具有情感或个人意义是一种"在颈部以上发生的学习"，因此是一种无意义学习。

（4）师生观

教师是教学过程的"促进者"，应该包括真诚、接受和理解。这里的"理解"是一种"移情性的理解"，教师要站在学生的立场上思考问题，而不能主观臆断，用教师的标准来要求学生。

4.社会互动教学理论

"社会互动"即社会相互作用,是指在一定的社会关系背景下,人与人、人与群体、群体与群体等在心理、行为上相互影响、相互作用的动态过程。

（1）理论基础

①维果茨基的社会互动理论

维果茨基认为,儿童通过社会互动的双向过程,逐步建立系统的认知表征作为解释框架,并且信奉自己社会文化情境中所提倡的普遍价值体系和行为准则。

②费厄斯坦的"中介作用"理论

费厄斯坦指出,对个人有重要意义的人在认知发展过程中起中介作用,有效学习的关键在于本人和"中介人"之间的互动。

（2）教学目标:培养学生的主体性和创造性

通过和谐的互动,如人与社会、环境之间,教师、学生、活动之间的相互活动,以达到最佳的教学效果,从而培养学生的主体性和创造性。

（3）教学过程:互动贯穿教学始终

①互动前提。教师创设情境,通过启发引起学生的认知冲突。

②互动基础。学生对问题情境感兴趣,有所准备,在情境中感知问题。

③互动关键。学生发挥其能动性,小组和小组之间、小组成员之间、师生之间、学生和学生之间都能产生互动。

④互动结果,学生成果展示,多元主体评价。

（4）教学方法

教学方法是社会互动法。社会互动的主要方法有:交换、合作、冲突、竞争和强制等。正是在这一系列的语言和非语言的互动中,人们不断学习由社会建构且由大家共享的象征意义,通过角色借用,理解他人的想法,在符号互动中完成交流,共建意义系统。在互动中,意见得以分享,能产生感情共鸣,从而也影响文化的建构和变迁。

三、教学原则

教学原则是有效进行教学必须遵循的基本要求和原理,是人们在长期的教学实践中对教学经验的总结和概括,反映了学生的身心发展特点和教学过程的规律性,体现了教学目标的要求。教学原则既指导教师的教,又指导学生的学,贯彻于教学过程的各个方面和始终。

（一）思想性和科学性统一的原则

思想性和科学性统一是指教学要以马克思主义为指导,授予学生以科学知识,并结合知识教学对学生进行社会主义品德,以及正确的人生观和世界观教育。

1.保证教学的科学性

在教学中,教师要以马克思主义的观点和方法来分析教材,使选择和补充的教学内容都要切合时代的需要,反映学科的进步;力求传授给学生的知识及其方法、过程都应当是科学的、正确无误的、富有教益的。

2.发掘教材的思想性,注意在教学中对学生进行品德教育

社会政治学科具有鲜明的政治思想性,如语文、历史、政治等都是提高学生思想修养、进行人生观教育的重要教材;自然学科也蕴含着丰富的人文精神,在教学中如能深入发掘教材内在的思想性,结合知识的传授,联系实际、有的放矢地向学生进行思想教育,就能有力地感染学生。

3.重视补充有价值的资料、事例或录像

一般来说,教材的思想性寓于科学知识中,大都十分内隐,自然学科尤其如此。如果教师能深入领悟、吃透教材,根据教学需要补充一些有价值的资料,包括生动的故事与实例、经典的格言、动人的录像等,将开启学生的心智,震撼学生的心灵,使他们获益匪浅。

4.教师要不断提高自己的专业水平和思想修养

教学的科学性和思想性主要由教师来保障。教师必须不断充实与更新知识,提高理论水平与思想修养。

(二)理论联系实际原则

理论联系实际是指教学要以学习基础知识为主导,从理论与实际的联系上去理解知识,注意运用知识去分析问题和解决问题,达到学懂会用,学以致用。

1.书本知识的教学要注意联系实际

教学一定要引导学生学好理论,以理论为主导。为了使学生能自觉掌握各学科的基本知识与原理,教师就必须注意联系实际进行知识的讲授:

(1)联系学生的生活经验、已有的知识、能力、志趣、品德的实际;

(2)联系科学知识在生产建设和社会生活中的运用实际;

(3)联系当代最新的科研进展和科学成就的实际等。

只有联系实际,教学才能生动活泼,使抽象的书本知识易于被学生理解、吸收,转化为对学生有用的精神财富,而不至于造成学生囫囵吞枣,掌握一大堆无用死板的概念。

2.重视引导学生运用知识

必须改变传统观念，注重学以致用，激励学生勤于动手，掌握解决问题的能力。

（1）要重视教学实践，这是在教学过程中引导学生运用知识的主要方面。它对学生掌握和运用知识、形成技能和技巧，以及培养学生对学习的情趣起着关键作用。

（2）教师应当根据教学的需要组织学生进行一些参观、访问、社会调查，参加一些课外学科或科技小组的实际操作活动，或组织他们从事一些科学观察、实验与小发明以及生产劳动等。

3.逐步培养与形成学生综合运用知识的能力

学生理论联系实际、学以致用的能力是一个需要经过反复领悟与运用、总结与提高才能逐步形成的过程。在这个过程中，不仅要求学生理解所学的知识，而且要使他们能将当前所学知识与以往所学知识联系起来，经过多次锻炼才能让他们形成综合运用知识的能力。

4.补充必要的乡土教材

我国幅员辽阔，南方与北方、沿海与内地在自然条件、经济与文化发展各方面都有很大差异，每个地方都有其特有的历史文化、风土人情。因此在使用统一的教材时，必须适当补充乡土教材，使教材不脱离地区实际，为地区的经济建设服务。

（三）直观性原则

直观性是指在教学中要通过学生观察所学事物或教师语言的形象描述，引导学生形成所学事物、过程的清晰表象，丰富他们的感性知识，从而使他们能够正确理解书本知识和发展认识的能力。

1.正确选择直观教具和现代化教学手段

直观教具一般分为以下三类：一是实物直观，包括各种实物、标本、实验、参观；二是模象直观，包括各种图片图表等；三是多媒体教学，即运用计算机和网络技术，以及课件、软件进行直观的教学。

无论运用哪种直观方式，都要注意其典型性、代表性、科学性和思想性，适合儿童发展的特点，符合教学的要求。

2.直观要与讲解相结合

教学中的直观不是让学生自发地看，而是要在教师的指导下有目的地观察。教师通过提出问题，引导学生去把握事物的特征，发现事物之间的联系；并通过讲解以解答学生在观察中的疑惑，以便更深刻地掌握理论知识。

3.防止直观的不当与滥用

直观是一种教学的手段,而不是教学的目的。也就是说,不能把直观当作目的,不能为直观而直观,不是直观得越多越好。

运用直观,特别是现代化的多媒体教学,也有其局限和不足。它定型化、固定化,不能因学生的不同而变化。总之,不能为直观而直观,盲目地追求形象与形式。

4.重视运用语言直观

教师语言直观的特点是不受实物或模象直观所需的设备和条件的限制,但它必须基于学生已有的相关经验和知识,通过教师的语言把这些经验按教学需要重新组合,以建构他们头脑中新的表象。

(四)启发性原则

启发性是指在教学中教师要承认学生是学习的主体,注意调动他们的学习主动性,引导他们独立思考,积极探索,主动地学习,自觉地掌握科学知识和提高分析问题和解决问题的能力。

1.调动学生学习的主动性

调动学生内在的学习主动性是启发的首要问题,教师要善于因势利导,使学生许多一时的欲望和兴趣,汇集为推动学习的持久动力。在培养学生学习的主动性上,要充分发挥教学内容与教材的吸引力,以激发学生的求知欲和积极性。

2.善于提问激疑,引导教学步步深入

教师在启发学生思考的过程中,要有耐心,给学生以思考时间,要有重点,要深入下去引导学生一步步去获取新知;不仅要启发学生理解知识,而且要启发学生理解学习的过程,掌握获取知识的方法,领悟人生的价值。

3.注重通过在解决实际问题中启发学生获取知识

在教学中,也要注重为学生提供必要的设备与条件,提出要解决的一定任务和问题,让学生亲自动手、动脑,这对学生更具诱惑力、挑战性,使他们更积极主动完成预定的任务。

4.发扬教学民主

要创造宽阔、和谐、民主、平等、坦率、活跃的课堂教学氛围,这是启发教学的重要条件。只有这样,学生的心情才会感到宽松、坦然、乐观、积极,他们的聪明才智才能发挥出来。

(五)系统性原则(循序渐进原则)

系统性原则是指教学要依据所传授的学科知识的内在逻辑结构、学生能力发

展水平和掌握知识的顺序循序渐进地进行,又称循序渐进原则。

1.按教材的系统性进行教学

按课程标准和教科书的逻辑体系进行教学是为了保证科学知识的系统性和教学的循序渐进性。教师要深入领会教材的系统性,结合学生认识特点和本班学生的情况,编写一个讲授提纲或教学活动计划,以组织、指导教学的具体进程。

2.抓主要矛盾,解决好重点与难点的教学

教学循序渐进并不意味着要面面俱到,而是要区分主次地教学。抓好重点,就是要把基本概念、基本技能当作课堂教学的重点,把较多的时间和精力放在重点上。

难点不一定是重点,难点是针对学生感到困难而言的,不同的学生有不同的难点,所以突破难点要针对学生的困难采取措施。

3.由浅入深,由易到难,由简到繁

这是循序渐进遵循的一般要求,是行之有效的宝贵经验。如果不顾学生认识的循序性,一味求速成,跳跃前进,那必定是"欲速则不达"。如果循序渐进教学,学生的基础打好了,能力提高了,学习进度自然会由慢变快,效率自然会提高。

4.将系统连贯性与灵活多样性结合起来

教师要掌握学生的情趣、欲求与动向,又始终注意知识的系统,并突出重点,着力完成教学的主要任务。

（六）巩固性原则

巩固性是指教学要使学生在理解的基础上牢固地掌握知识和技能,长久地保持在记忆中,能根据需要迅速再现出来,以利于知识技能的运用。

1.在理解的基础上掌握

理解知识是巩固知识的基础,要使学生知识掌握得牢固,教师首先要在传授时使学生深刻理解,留下极深的印象。所以,教师在教学中要引导学生把理解知识和巩固、记忆知识联系起来。

2.重视组织各种复习

复习就是重温已学过的知识,它可以使知识在记忆中强化、熟练,加深学生对知识的理解,提升学生的再造与创造能力。

为了组织好复习,教师要向学生提出复习与记忆的任务,力求具体、明确;要安排好复习的时间;要注意复习方法的多样化;要指导学生掌握记忆方法。

3.在扩充、改组和运用知识中积极巩固

教师要通过引导学生学习新知识，扩大、加深、改组原有知识，积极运用所学知识于实际来巩固知识，这种方法与复习相比较来看，是一种更为积极的巩固。这是一种在前进中的巩固，在学习新知识过程中不断联系，复习已有知识，在运用知识过程中不断巩固深化已有的知识和技能。

（七）量力性原则

量力性原则是指教学的内容、方法和进度要适合学生的身心发展水平，这是他们能够接受的，但又要有一定的难度。需要学生经过努力才能掌握，以促进学生的身心发展。

1.了解学生的发展水平，从实际出发进行教学

教师在教学过程中，随时都要了解学生的发展水平、已有的知识与能力状况，这是教学的基点与起点，也是学生知识的生长点。

教学只有符合学生发展水平才能被学生接受。教学对学生应当有一定的难度，但这个难度是他们在教师引导下通过努力能够解决的，即符合学生的最近发展区，有助于调动学生的学习积极性。

2.考虑学生认识发展的时代特点

对学生发展水平的估计，不能停留在早已过时的估计上，要考虑学生认识发展的时代特点，要与时俱进，改变传统教学的旧观念，提高教学的起点。

因此，要改变教学环境和条件，适当增加教学给学生的信息量和适当提高其难度，充实现代生活和科技发展方面的新知识，特别要重视指导和培养学生利用网络查找资料与文献，进行学习和完成作业的能力，以便更好地促进学生的发展。

（八）因材施教原则

因材施教是指教师要从学生的实际情况、个别差异出发，有的放矢地进行有差别的教学，使每个学生都能扬长避短，获得最佳的发展。

1.针对学生的特点进行有区别的教学

了解学生个别特点是实施因材施教的基础。教师应当了解学生德、智、体、美、综合实践能力等各方面发展的特点，然后才能有目的地因材施教。

2.采取有效措施使每个学生都得到充分发展

现代科技的发展，国际上各个领域竞争加剧，都要求学校教学应注意从小培养有特殊才能的人，尽可能使每个学生的才能和品行都能获得充分的发展。

【2018 年陕西师范大学 333 真题】罗老师讲解《观潮》这篇课文时,通过播放视频,让学生真切感受到钱塘江大潮的雄伟壮观。他在教学中贯彻了(　　)

A.直观性原则　　　　　　B.科学性和思想性相结合原则

C.循序渐进原则　　　　　D.巩固性原则

【解析】A

直观教具一般分为以下三类:一是实物直观,包括各种实物、标本、实验、参观;二是模象直观,包括各种图片图表等;三是多媒体教学,即运用计算机和网络技术,以及课件、软件进行直观的教学。故选 A。

【2025 年 333 第 7 题】现代教育理论所推崇的一些教学原则,在中国古代教育典籍中也有论述,下列选项中匹配正确的是(　　)

A.直观性原则——"不愤不启,不悱不发。举一隅不以三隅反,则不复也"。

B.因材施教原则——"求也退,故进之;由也兼人,故退之"。

C.启发性原则——"其身正,不令而行;其身不正,虽令不从"。

D.量力性原则——"不闻不若闻之,闻之不若见之"。

【解析】B

"求也退,故进之;由也兼人,故退之"的意思是冉求做事畏缩不前,所以要鼓励他大胆进一步;子路个性好胜,需要加以约束,退后一步。本论述体现了因材施教原则。故选 B。

四、教学模式

(一)教学模式的概述

1.教学模式的概念

教学模式是在一定教学思想或教学理论的指导下,为了实现教学目标而采取的较为稳定的规范化教学程序和操作体系。

2.教学模式的特点

教学模式具有简约性、针对性、操作性、稳定性、完整性的特点。

3.教学模式的结构

教学模式的结构包括五个要素,分别是理论依据、教学目标、操作程序、实现条件、教学评价,这五个要素之间有规律的联系就是教学模式的结构。

（二）当代国外主要教学模式

1.程序教学模式

程序教学模式的代表人物是斯金纳,理论依据是行为主义心理学。该模式的教学目标是希望通过对强化刺激的系统控制,使学生做出合乎需要的行为反应。它的中心概念是"强化",通过强化提高个体反应的出现频率。

（1）操作程序:

①小步子原则。教学过程中将"过程"分解为若干"小步子",有次序地进行。

②积极反应原则。教师或者教学机器为学生呈现问题,然后由学生解答问题。

③及时反馈原则。解答问题后就可知道学习结果,确认自己的回答正确或错误。

④自定步调原则。如果学生回答正确,就可进入下一组程序学习。如果学生解答错误,需要回到本组程序的起点重新学习。

（2）实现条件

这一模式的实现条件需要对学习结果即时反馈和强化,这就要求学生需要有较强的自学能力。

（3）优点

程序教学可以使学习内容化难为易,更易于为学习者所掌握;及时强化有利于调动学生积极性;适应学生的个体差异,有利于学生自学。

（4）局限

严格规定了学生的学习进程,不利于培养学生的主动性和创造性;程序教学忽视了教师对学生身心发展的全方位指导,只能显示教学结果,不能突出教学过程。

2.发现教学模式

发现教学模式的代表人物是布鲁纳,是以结构主义认知心理学为理论基础的。教学模式的教学目标是以解决问题为中心的。

（1）操作程序

①创设问题情境;②提出假设;③验证假设;④应用假设解决问题。

（2）实现条件

学生要有学习的动机和兴趣,主动探究;教师要与学生的认知发展相适应,合理安排教学序列;教师要选择适当的时机对儿童的学习结果进行强化。

（3）评价

①优点：有利于培养学生的学习兴趣，提高学生的创造思维和能力。

②局限：花费时间相对较多；老师设计课程难度较大；要求教师的水平较高。

3.掌握学习教学模式

掌握学习教学模式是在掌握学习理论、教育目标分类学和教育评价理论的指导下，以"教师为掌握而教，学生为掌握而学，每个学生都能学好，达到掌握的程度"为教学目标。

（1）操作程序

①诊断性评价；②确定课时教学目标；③进行团体教学；④单元形成性评价；⑤矫正；⑥再测验；⑦进行下一单元的学习；⑧终结性评价。

（2）实现条件

当教师对所有学生都能学好抱有希望，并且可以准确无误地诊断学生的学情时，可以使用该教学模式。

（3）评价

①优点：掌握学习教学模式的评价标准是目标参照性评价、诊断性评价、形成性评价和终结性评价三种形式的综合运用；掌握学习教学模式，强调因材施教，帮助学生达到教学目标所规定的掌握标准。

②局限：这种教学模式对于成绩差的学生更为有利，不适用于全部同学。

4.暗示教学模式

暗示教学模式的代表人物是保加利亚心理学家洛扎诺夫。通过暗示原理让学生在接受暗示中学习。

（1）教学目标

暗示教学使形象和抽象的内容同时作用于学生，学生的大脑两半球同时得到利用。这使学生的无意识心理活动发挥作用，有利于激发一个人超强的记忆力。

（2）操作程序

①创设情景；②参与各种活动；③总结转化。

（3）实现条件

当教师可以综合统筹暗示学生掌握知识的情境、环境、手段、方法时，就可以使用该教学模式。

（4）评价

①优点：该模式可以充分调动学生的学习兴趣，满足学生的求知欲。

②局限：该模式依赖教学水平较高的教师，对学生的自觉性要求较高。

5.范例教学模式

范例教学模式是由德国教育实践家瓦·根舍因提出的，运用精选的知识经验以及事实范例作为教学内容，使学生掌握一般的具有普遍意义的知识。它能使学生把所学的知识迁移到别的地方，形成独立的学习能力和判断能力。

（1）操作程序

①阐明"个"案；②范例性的阐明"类"案；③范例性地掌握规律原理；④掌握规律原理的方法论意义；⑤规律原理运用训练。

（2）实现条件

当教师能找寻典型的范例促进学生掌握原理、规律性的知识时，就可以使用该教学模式。

（3）评价

①优点：有利于学生掌握知识结构体系、重视基础，便于学生广泛地迁移和运用。

②局限：改变了传统的教学原则，将知识分成一个个的课题。但是，如果处理不当，反而会影响学习者对整门学科知识系统地掌握。

6.非指导性教学模式

非指导性教学的倡导者是美国著名的人本主义心理学家罗杰斯。否定"以知识为中心"和"以教师为中心"的传统教学模式，强调要以学生个人为中心。教师在激发学生内在动力和需要的基础上，通过建立良好的人际关系，营造宽松融洽的课堂氛围促进学生学习，而并非"教"学生学习。

（1）操作程序

确定情境—探索问题—形成见识—计划和抉择—整合。

（2）实现条件

教学内容涉及人际关系和学习情感因素的影响时，可以使用该教学模式。

（3）评价

①优点：这种教学模式突出活动中学生的情感和价值观的作用。

②局限：但是过分强调以学生为中心，忽视教师在教学中的主导地位。

7.逆向设计教学模式

逆向设计教学模式是由美国教育学者威金斯和麦克泰格提出的，是"一种先确定学习的预期结果，再明确达到的证据，最后设计教学活动以发现证据的教学设计模式"。

（1）操作程序

①呈现结论;②寻找证据;③评估证据;④回到结论。

（2）实现条件

当教师认为探究教学不易发现知识结论,同时又想要锻炼学生的逆向思维时,可使用该教学模式。

（3）评价

①优点:该模式有利于激发学生的学习兴趣,促进学生自主构建知识,锻炼学生的逆向思维能力。

②局限:对教师和学生的能力要求较高。

8.问题教学模式

问题教学模式是以问题为线索,创设问题情境,激发学生自主学习的能力,让学生在解决问题的思维活动中掌握知识、发展智力、培养技能,进而培养学生自己发现问题、解决问题的能力。

（1）操作程序

①提出疑问,启发思考。教师依据教学目标提出学生感兴趣的问题,从而启发学生的思考。

②边读边议,讨论交流。教学活动中,鼓励师生之间、生生之间互相讨论、交流经验。

③解决疑难。教师综合运用各种教学方法,帮助学生获得问题的答案,解决学生的问题。

④练习巩固。老师通过布置课堂作业的形式,让学生运用其所学的知识解决问题,加强巩固。

（2）评价

问题教学模式为学生提供了交流合作,探索发展的平台,使学生在问题解决中感受学科教学的价值。在教学活动中掌握技能、学会思考、学会创造,促进学生创造性思维的发展。

9.项目探究教学模式

项目探究教学模式是指在教师的指导下,将一个独立的项目交给学生自己去处理。信息的收集、方案的设计、项目的实施及最终评价都由学生自己负责。学生通过该项目,了解并把握整个过程每一个环节的基本要求。

（1）操作程序

①选定项目;②制定计划;③活动探究;④制作作品;⑤交流成果;⑥评

价活动。

（2）实现条件

当教师想培养学生的综合分析能力和信息整合能力，且学生有可能实现项目成果时，可以使用该模式。

（3）评价

①优点：有利于培养学生的兴趣，促进学生自主建构知识，有利于发展学生的综合能力和创新能力。

②缺点：项目探究教学模式费时，而学生获得的知识量相对较少；该模式对教师要求较高，学生的主动性难以发挥。

10.STEM 教学模式

STEM 是科学（Science）、技术（Technology）、工程（Engineering）、数学（Mathematics）四门学科英文首字母的缩写。STEM 教学模式的重点是加强对学生科学素养、技术素养、工程素养、数学素养四个方面的综合性的教育。

（1）实施

①科学素养，即运用科学知识理解自然界并参与影响自然界的过程。

②技术素养，即使用、管理、理解和评价技术的能力。

③工程素养，即对技术工程设计与开发过程的理解。

④数学素养，即学生发现、表达、解释和解决多种情境下的解决问题的能力。

（2）实现条件

当教师需要培养学生的科学素养、技术素养、工程素养和数学素养时，可以使用该模式。

（3）评价

①STEM 教学模式有利于培养学生的学习兴趣，促进学生自主建构知识，有利于促进学生综合能力和创新能力的发展。

②缺点：STEM 教学模式对教师的素养、教师的理论和实践能力、教师教学指导的能力要求很高，若教师知识面不够宽广，则很难设计出 STEM 教学模式。

（三）当代我国主要教学模式

1.传递—接受模式

该模式源于赫尔巴特的教学法，后来由苏联的凯洛夫等人进行改造传入我国。该模式是我国中小学教学实践中长期以来普遍采用的一种教学模式，以教师讲授为主，重在传授系统知识，促进学生发展，为未来生活做准备；充分挖掘学生的记忆力、推理能力与间接经验在掌握知识方面的作用。但是,如果教师只是机械地套用该模式,容易造成"注入式"的问题,不利于学生主动性的发挥。

2.自学—指导模式

该模式是教师先提出问题让学生自学,学生在教师的指导下独立进行学习,发现问题并解决一部分问题。该模式能够培养学生独立思考的能力,但是对教师的业务水平要求较高,否则就很难实现教学目标,导致教学质量下降。

3.情境—陶冶模式

指在教学活动中创设一种情感和认知相互促进的教学环境,让学生愉快地获得知识。在这种模式之下,教师是学生情感的激发者和维护者。但是,运用不好可能会使情境与教学相脱离。

4.问题—探究模式

指在教学活动中以解决问题为中心,学生在教师的指导下,通过独立活动发现问题并解决问题的一种教学模式。该模式主要培养学生的合作精神和创新精神。

5.目标—导控模式

该模式以明确的教学目标为导向,以教学评价为动力,以矫正、强化为活动中心,让绝大多数学生掌握教学内容的一种教学模式。

五、教学过程

(一)关于教学本质过程的几种观点

1.教学过程是一种特殊的认识过程(特殊认识说)

(1)教学过程首先主要是一种认识过程

教学过程是学生在教师指导下,借助教材或精神客体的中介,掌握科学认识方法,以最经济的途径认识客观世界并改造主观世界、发展自身的活动过程。师生为传承知识而相互作用的认识活动是教学活动区别于其他活动的最突出、最基本的特点。

(2)教学过程还是一种特殊的认识过程

教学过程的特殊性在于它是学生个体的认识过程,具有不同于人类总体认识的显著特点。

①间接性:主要以掌握人类长期积累起来的科学文化知识为中介,间接地认识现实世界。

②引导性:需要在富有知识的教师引导下进行认识,而不能独立完成。

③简捷性：教学过程走的是一条认识的捷径，是一种科学文化知识的再生过程。

④制约性：学生的认识过程还受儿童身心发展特征制约。

2.教学过程必须以交往为背景和手段（交往说）

（1）教学过程必须以交往为背景

教学过程以社会交往为背景，尤其是个体最初的学习与认识，例如对实物及其名词概念的认识就是在交往中发生与发展的。人们对语言的掌握，对通过语言文字授受的经验、知识的掌握，均有赖于人们交往与沟通的共同生活经验。所以，有目的地进行的教学也必须以交往为背景，并通过社会交往与联系社会生活来帮助和检验学生的学习效果，理解所学知识的实际意义与社会价值。

（2）教学过程必须以交往为手段

教学还以交往沟通、交流为重要手段和方法。在教学过程中，教师引导学生围绕着循序渐进地学习与运用系统的科学文化知识，常常有意识地在师与生、生与生之间进行问答、讨论、交流、互助，以便学生获得启发、进行思想碰撞与反思、集思广益与加深理解，并学会应用，使教学中的认知活动进行得更加生动活泼而有效。

3.教学过程也是一个促进学生身心发展、追寻与实现价值目标的过程（价值目标说）

教学过程是教师引导学生掌握知识、认识世界、进行交往，以促进学生的身心发展，并追寻与实现价值增值目标的过程。其中，引导学生通过掌握知识、进行认识及交往的活动是教学的基本与基础的活动；而促进学生的身心发展及其价值目标实现则是在这个认识及交往活动过程中所要完成的教学任务。

要使教学过程强有力地促进学生的身心发展，自觉地追寻与实现价值目标，就应当使教学成为教育性教学和发展性教学，这是现代教学的追求与特点。

4.教学过程是一种促进学生身心全面发展的过程（全面发展说）

这种观点认为教学过程的根本目的在于培养人，促进学生德、智、体、美、劳等方面的全面发展。学生的智能和品德的发展虽然是在认识的基础上进行的，但是认识的过程并不能包括学生身心全面发展，发展的过程是比认识的过程更为根本的过程。

5.教学过程是一种教师教与学生学的双边活动过程，是教学相长的过程（双边活动说）

教学相长的本意并非教与学双方的相互促进,而是指教这一方面,以教为学。但现在人们将其引申为在教学过程中教与学双方互相促进、共同成长。

(二)教学过程中应该处理好的几种关系

1.直接经验与间接经验的关系

直接经验,即学生通过亲自活动、探索获得的经验;间接经验,即他人的认识成果,主要指人类在长期认识过程中积累并整理而成的书本知识。

(1)学生认识的主要任务是学习间接经验

以间接经验为主组织学生进行学习,这是学校教学为青少年学生精心设计的一条认识世界的捷径。它的主要特点是:把人类世世代代积累起来的科学文化知识加以选择,使之简约化、系统化、心理化,组成课程,编成课本,引导学生循序渐进地进行学习。这就可以使学生避免重复人类在认识发展中所经历的错误与曲折,用最短的时间、最高的效率来掌握人类创造的基本知识。

(2)学习间接经验必须以学生个人的直接经验为基础

现成的书本知识,一般表现为概念、原理、定律与公式所组成的系统,是一种偏于理性的知识。这种知识对学生来说,是他人的认识成果、间接经验,是很抽象的、不容易理解的东西。学生要把这种书本知识转化为自己理解的知识,就必须依靠个人以往积累的或现时获得感性经验为基础。

(3)防止忽视系统知识传授或直接经验积累的偏向

只有经过自己的独立思考,把直接经验与间接经验结合起来,理性认识与感性认识结合起来,学生才能理解所学的书本知识,获得运用知识的能力。

2.掌握知识与培养思想品德的关系

(1)学生思想品德水平的提高以知识为基础

这里讲的提高思想品德水平是广义的,其提高的方法主要通过掌握知识、掌握获取知识的科学方法与科学精神,经历获取真知过程中的艰难困苦的磨炼、体悟与提高。

(2)引导学生对所学知识产生积极的态度才能使他们的思想品德水平得到提高。

学生掌握了知识并不一定能够提高思想品德水平。因为由知识的掌握到思想提高的转化,不仅有认知问题,更重要的还有一个情感问题、态度问题、生活实际的践行问题。因此,要使教学中传授的知识能给学生以深刻的思想影响,不仅要使学生深刻领悟知识,而且还要让他们感受到它的巨大意义或深远后果,在态度和价值追求上发生积极的变化,才能推动他们由自我强迫的,然后逐渐转变为自觉、坚持不懈地践行。

（3）学生思想品德水平的提高又推动他们积极地学习知识

在教学中要防止两种偏向：一种是单纯传授知识、忽视思想教育的偏向。这种思想忽视了与社会实际尤其是学生思想实际的联系，是片面的。另一种是脱离知识的传授而另搞一套思想教育的偏向。这种思想不利于学生思想的提高，而且对系统的文化科学知识的教学有害。

3.掌握知识与发展智力的关系

（1）智力的提高有赖于知识的掌握，知识的掌握又依赖智力的发展。

在教学过程中，学生智力的提高依赖于他们知识的掌握，因为系统的知识是智力发展的必要条件，人们的智力发展离不开知识和经验；同时，学生对知识的掌握又依赖于他们智力的提高，因为人们的智力同样是人们掌握知识的必要条件。

（2）引导学生自觉地掌握知识和运用知识，才能有效地发展他们的智力。

学生的智力不仅与他们所掌握的知识的性质、难度和分量有关，更重要的是与他们获取这些知识的方法和运用知识的创造态度密切相关。在教学过程中，要启发学生了解掌握知识的过程，弄清获得知识的方法，学会独立思考、逻辑推导与论证，能够自如地，甚至创造性地运用知识来解决理论和实际问题，才能有效地提高他们的智力。学生的学习活动进行得越是富有创造性，他们的智力就将提高得越快、达到的水平越高。这是掌握知识与提高智力之间的必然联系。

（3）防止单纯抓知识教学或智力发展的片面性。

不管是认为教学的主要任务在于训练学生的思维形式，知识的传授则是无关紧要的，或者认为教学的主要任务在于传授给学生对生活有用的知识，学生的智力无须进行特别的培养和训练，都是片面的。

4.智力活动与非智力活动的关系

智力因素通常是指记忆力、观察力、思维能力、注意力、想象力等，即认识能力的总和。它是人们在对事物的认识中表现出的心理特征，是认识活动的操作系统。而非智力因素是指智力因素以外的一切心理因素，它对人的认识过程起直接制约的作用。

（1）非智力活动依赖于智力活动，并积极作用于智力活动。

一般来说，在教学中，非智力因素依赖于智力因素，因为智力因素是非智力因素的基础，学生的兴趣情感、意志、性格是在认知知识、掌握知识的过程中产生和发展的。同时，非智力因素又积极作用于智力因素，因为学生是有能动性的人，他们已有的兴趣、情感、意志、性格等心理因素，常表现为内驱力量作用于智力因素，并对学生的学习产生巨大的影响。

（2）按教学需要调节学生的非智力活动才能有效地进行智力活动,完成教学任务。

通过改进教学本身,使教学的内容和过程都富有知识性、趣味性、启发性、民主性,激起学生学习的欲望,通过发挥非智力因素作用于智力因素。教学内容选择要适合学生年龄特征,具有吸引力,以便引起、保持学生的求知欲和兴趣、毅力、信心、抱负,使他们能自觉地按教学需要调节自己的非智力因素及其活动,积极进行智力活动,提高学习效率。

5.教师主导作用与学生主体作用的关系

教师与学生这两个认识主体之间的关系是贯穿教学全过程的最基本关系。

（1）发挥教师的主导作用是学生简捷有效地学习知识、发展身心的必要条件。在整个教学过程中,教师是教育的主体,只有通过教师的组织调节或指导作用,学生才能迅速地掌握知识,形成技能、品德,促进自己的发展。

（2）调动学生的学习主动性是教师有效教学的一个主要因素。

学生是学习的主体,教师对学生的指导和调节,只有当学生积极参与教学活动时,才能起到应有的作用。

（3）防止忽视学生积极性和忽视教师主导作用的偏向。

把教师的主导作用与学生的主动性对立起来,强调一个而忽视另一个都将导致削弱或破坏,唯有师生积极互动才能产生教学双方的积极性和教学的整体功能。

6.教学方式与教学内容的关系

教学方式是指教育者引导受教育者学习教育内容所选用的交互活动方式,主要指教育手段、教育方法、教学组织形式等。

（1）教学内容与教学方式相互依存,相互促进。

教学方式是教学内容有效传递的基本保障。在教学原则的指导下,根据教学内容的性质和特点、学生的实际情况、教师自身的素养等选择的教学方式,可以更好地达到教学目的,完成教学内容。

教学内容是教师确立教学方式的依据。教师根据学科和教学内容的特征选择合适的教学方式。

教学和教学内容是教学过程中不可或缺的基本要素。二者共同构成了教学活动的完整结构。

（2）防止忽视教学方式或忽视教学内容的偏向

如果我们只关注教学方式,忽视教学内容,学生就不能有效地掌握课程内容。

如注重教学内容，忽视了教学方式，则容易导致机械教学，影响课堂的教学效率，不利于学生学习内容的掌握和思维能力的提高。

（三）教学设计

1.教学设计的概念

教学设计是根据学生年龄特点和学习的需要，以一定教学目标为导向，运用科学、系统的方法。在教学之前对教学目标、教学内容、教学策略、教学媒体等做出计划和安排。主要解决"教什么"和"怎么教"两个基本问题。

2.教学设计的基本原理

（1）目标控制原理

教学设计应该首先确定教学目标，它包括总体目标和具体目标两个层次。总体目标就是优化教学的总要求，而具体目标则依各门学科、各个单元的内容和学生的原有状态而确定。

（2）要素分析原理

我们把教学过程看成一个开放的系统，包括输入部分、学习者和输出部分。输入部分就是对教师内容、媒体与资源方法进行分析；学习者就是对学生的基础知识、非智力因素、身心发展规律等进行分析。输出部分就是明确学生经过教学后在学习态度、学习行为与认知程度上取得何种程度的进步。教学设计的核心对教学策略的设计。

（3）优选决策原理

优选决策的教学设计是以分析教学需求为基础，以确立解决教学问题的步骤为目的。在教学策略设计的过程中，对各种待选设计方案进行比较、分析、评价，从而选出最佳的策略。

（4）反馈评价原理

在教学设计时，必须重视反馈信息的收集，即必须进行学习评价，设计各种反映学生学情的测量工具，确立学习评价指标体系，以获取反馈信息，控制和调整教学过程。

3.教学设计的过程与方法

（1）确定教学目标

确定教学目标必须依据课程标准、教材内容和学生特点，做到全面、具体、恰当。

（2）分析教学内容

分析教学内容的特点、地位和作用；分析教学内容的重点与难点；分析蕴于知识中的智力因素和情感因素。

（3）了解学生特征

了解学生的心理、生理和社会的特点；了解学生对学科已具备的有关知识和技能；了解学生的认知风格与学习习惯。

（4）选择教学媒体与教学方法

在教学过程中，教学媒体与方法的选择是多种多样的，选择教学媒体和教学方法需要充分依据教学规律与原则、教学目的与任务、教师风格特点，学习者的身心发展特点等。

（5）设计教学过程

教学过程的设计，一般包括导入、新课教学、课堂练习，课堂总结、作业布置等。

（6）开展评价反思

从总体设计上反思，从教学过程上反思，从学生反应上反思，从教学准备上反思，从教学效果上反思。

4.教学设计的模式

（1）过程模式

该模式是由美国肯普提出的。它的设计步骤是非直线型的，设计者可以根据教学的需要，从整个设计过程的任何一个步骤起步，向前或向后，体现出灵活和实用的特点。

主要的设计步骤有：①确定教学目标和课题；②列出学生的重要特点；③确定学习目标；④将学习目标具体化和操作化；⑤预测学生已有的学习准备状况；⑥构思教学活动，选用教学资源；⑦提供辅助性服务计划教学活动进行的时间；⑧评定学生学习目标的达成状况，评价和修正教学方案。

（2）系统分析模式

该模式是由美国心理学家加涅和布里格斯提出的，把教学过程看作"输入—产出"的系统过程。这一模式强调以系统分析的方法，对教学系统的"输入—产出"过程及系统的组成因素进行全面分析、组合，借此获得最佳的教学分析方案。

主要的步骤有：①分析和确定现实的需要；②确定教学的一般目标和特定目标；③设计诊断和评估的方法；④形成教学策略，选择教学媒体；⑤开发、选择教学材料；⑥设计教学环境；⑦教师方面的准备；⑧小型实验，形成性评价与修改；⑨总结性评价；⑩系统的建立和推广。

（3）目标模式

这一模式叫系统方法模式，由美国教学设计专家狄克和柯瑞提出，其基本特点是强调教学目标的基点作用，也最接近教师的实际教学。这种模式的系统性较强，易操作。

主要步骤有：①确定教学目标；②进行教学分析；③确定学生初始行为及特点；④列出操作目标；⑤确定测验项目的参照标准；⑥开发教学策略；⑦开发选择教学材料；⑧进行形成性评价；⑨进行终结性评价；⑩修正教学。

（四）教学工作的基本环节

教学以上课为中心，形成了一个循序渐进、周而复始的师生互动过程。它包含备课、上课、课后教导工作和教学评价等教学的基本环节。

1.备课

备课是教师上好课的先决条件。上课前教师必须备好课，编制出学期教学进度计划，写好课题计划与课时计划。

（1）学期教学进度计划

这是对一学期的教学工作所做的总的准备和制订的总计划，应在学期开始前编制出来，内容包括：学生情况的简要分析，学期教学的总要求，需要的教具等。

（2）课题（单元）计划

一个课题教学开始前，教师必须对这个课题的教学作全面地考虑和准备，并制订课题计划。内容包括：课题名称、课题教学目的、课时划分、课的类型和主要方法等。

（3）课时计划

即教案。教师在上课前一定要写好并熟悉教案。教案是在课题备课基础上，对每一节课进行的深入细致地准备。内容包括：班级、学科名称、授课时间、教学内容、教学进程等。

备好课，教师必须做好下述三个方面的工作：

①钻研教材

在课前，教师要认真钻研教材，包括钻研教学大纲、教科书和阅读参考书。教师钻研教材有一个深化的过程，一般须经过懂、透、熟三个阶段。懂，就是对教材的基本思想、基本概念都要弄清楚，弄懂；透，即要透彻了解教材的结构、重点与难点、掌握知识的逻辑等；熟，就是教师对教材、教法，以及师生的双边活动中可能产生的问题作全面而深思熟虑的思考、筹划与掌握，并运用自如，熟能生巧，能有个性或创造性地编写教案。

②了解学生

了解学生原有的知识、技能、兴趣和需要，还要了解学生的学习方法和习惯，并在此基础上，对学生学习新知识会有哪些困难、出现什么问题等做出预测，以采取积极的对策。

③考虑教法

解决如何把已掌握的教材传授给学生的问题。它包括：如何组织教材，如何确定课的类型，如何安排每一节课的活动，如何运用各种方法开展教学活动。此外，也要考虑学生的学法，包括预习、课堂学习活动与课外作业等。

④拟订教学计划

包括安排教学进度、选择教学方法等。

上课前，教师还应要求学生为上课做一定的准备，包括：复习有关知识，收集有关素材，阅读指定的参考书，预习教材等。

【2024年333第10题】30年教龄历史老师上公开课，教研员说：上得太好了，您花了多少时间来备课，老师回答一辈子，但直接的准备大概15分钟。不正确的是(　　　)

A.备课不能仅仅局限于研读教材

B.备课是上好课的先决条件

C.备课要求老师保持终身学习的习惯

D.教龄越长越不需要备课

【解析】D

备课是上好课的先决条件。教师要备好课，就必须做好以下工作：(1)认真钻研教材；(2)深入了解学生；(3)合理选择教学方法。此外，教师还应与时俱进，终身学习，不断进步。因此ABC三项正确。D项备课是每位教师都需要做的工作，与教龄长短没有关系。故选D。

2.上课

上课是教学工作的中心环节，提高教学质量的关键是上好课。这就要求它应以现代教学理念为指导，遵循教学规律与原则，创造性地运用教学方法，并着重做到下述几点：

（1）明确教学目的

教学目的是以教材为依据，从学生实际出发制定的。它包括知识教学目标，也包括思想教育目的，还应当有启智与审美目的。一节课的目的，不仅应在教案中明确提出，而且应在课堂教学中成为师生的奋斗目标。也就是说，师生的活动都要围绕教学目的进行，全力以赴地实现目的而不偏离目的。

（2）保证教学的科学性与思想性

这是上好一堂课的基本要求。科学性就是教师要正确无误地传授知识和进行操作，及时而准确地纠正学生在学习中表现出的种种差错。思想性就是要深入发掘教材蕴含的思想性，以饱满的热情讲解，激起学生的思想共鸣，使他们深受教育。

（3）调动学生的学习积极性

在教学中应使师生都处于积极主动状态，尤其要调动学生的积极性。在课堂中，要善于启发引导学生积极进行认识活动，只有调动起师生双方的积极性，才能上好一堂课。

（4）根据实际情况调整教学计划

在课堂教学中教师应当认真执行备课时制订的教学计划。但是课堂情况千变万化，即使原定计划再完善，也难免与实际情况不符，所以教师要善于根据未估计到的情况及时调整和修改教学计划，想方设法完成主要的教学任务。

（5）组织好教学活动

整个课的进行，要有高度的计划性，严密地组织好教学活动。上课开始，要立即稳定情绪，引导学生做好上课的心理准备，随即积极投入学习活动。然后，按预定的教学进程，什么时候讲，什么时候练等，都要组织得非常妥当、严密有序。

（6）布置好课外作业

课堂教学结束前一分钟左右，要布置好预定的家庭作业，讲明作业要求，完成时限，并对较难的作业做必要的提示。

3.作业的布置与批改

①布置作业要有目的，有重点，作业应有助于学生掌握基础知识，形成基本技能。作业应与教科书的内容、目的有逻辑联系，但不应该是教材的例题或材料的照搬，应围绕教材的重点知识。

②作业的容量与难度要适中，就是可以给不同能力的学生布置不同分量与难度的作业。

③作业要有助于激发学生思维，所以应与现代生产实际相结合。教师通过作业鼓励学生独立探索，培养学生创造性思维。

④要求学生独立完成,确有困难时再请教父母或老师做启发指导。

⑤老师要认真批改及时反馈,也可以采用在教师指导下学生互相批改和批改的方式,使学生受到更多地锻炼和提高。

3.课外辅导

在课后时间里,师生之间的教学也并未停止,只是改变了活动形式,学生转入以独立作业和自学为主的各种学习活动,教师则围绕学生的独立作业和自学进行各种课后教导活动。

课后教导工作主要有以下两个方面:

(1)做好学生的思想教育工作

为了使学生做好作业,首先要抓好思想教育,并使这一工作贯彻到整个课后对学生的学习指导过程中去。这些工作包括:①培养学生计划学习的习惯,及时复习当日功课,按时完成作业;②经常提醒和督促学生及时复习、按时交作业;③了解学生独立作业与自学的情况,以及学习条件;④查明学生未完成作业的原因,并进行有针对性的教育;⑤与家长联系,共同商定督促与教育的办法等。

(2)做好对学生学习的辅导和帮助工作

这项工作包括:教师对学生进行辅导与补课;借助家长的力量和组织优秀学生对学习困难的学生以必要的帮助;发挥课代表的作用,及时向学生提醒作业的要求,与学生保持联系对学生进行帮助;组织学习经验交流会、优秀作业的传阅,促进学生之间的互相学习,共同提高等。

课外辅导中应注意:因材施教,应深入了解学生;指导学生独立思考、钻研;发挥集体优势,组织学生开展互帮互学活动。

4.学业考评

学业考评可通过书面考试(开卷与闭卷)、口试、实验操作考试等多种形式来实施。考试是对学生水平的检测,主要用于评定学生的学业成绩。考试分平时测试、期中质量分析测试、期末考试与会考。

学业成绩检查和评价的基本要求:按时检查;认真批改;仔细评定;及时反馈;重点辅导。

六、教学组织形式

(一)教学组织形式的历史发展

教学组织形式是指为完成特定的教学任务,教师和学生按一定要求组合起来进行活动的结构。它不是固定不变的,会随着社会政治、经济和科学文化的发展而不断地改进。

1.古代教学的组织形式

（1）个别教学制

个别教学制是教师面对个别或少数学生进行教学的一种教育组织形式。在个别教学中,每位学生所学的内容和进度可以有所不同,教师对每位学生教的方法和要求也有所区别,自然每位学生学习的成效各不一样,甚至差距极大。

个别教学最显著的优点在于:教师能够根据每位学生的特点包括天赋、接受能力和努力程度而因材施教,加强教学的针对性,比较充分地发展每位学生的潜能、特长和个性。

但是采用个别教学不利于学生之间的交流、合作和个人的社会化,不利于教师对学生身心发展规律的深入认识,不利于教学经验的总结,以及教师自身专业化的发展。

这种个别教学制与古代发展水平较低的社会生产力相适应。在古代的学校里,间或也有采用初级的集体教学形式,但未形成一种制度。

（2）班组教学

班组教学是个别教学制与班级授课制之间的过渡形式,它是班级授课制的萌芽。

班组教学的特点有:教师同时面对一组学生,而不是一个学生进行教学;由数名教师分工组织与实施教学工作,教师有主讲与助讲之分;教师主要对个别学生进行教学;学生在年龄、程度、修业年限及学习进度上参差不齐,但教学有一定的计划和安排。

2.近代教学的组织形式

（1）班级授课制（下文详解）

（2）贝尔—兰卡斯特制（导生制）

3.现代教学的组织形式

进步教育运动时期,美国公立学校涌现出很多新的教学组织形式,如道尔顿制、设计教学法、文纳特卡制、分组教学制和特朗普制等。

（二）班级授课制

班级授课制是教学的基本组织形式,是一种集体教学形式。它把一定数量的学生按年龄与知识程度编成固定的班级,根据周课表和作息时间表,安排教师有计划地向全班学生集体上课,分别学习所设置的各门课程。在班级授课制中,同一个班学生的学习内容与进度必须一致,开设的各门课程,特别是在高年级,通常由具有不同专业知识的教师分别担任。

班级授课制注重集体化、社会化、同步化、标准化,便于向学生集体教学。但是,不利于照顾学生的个别差异和对学生进行个别指导,不利于充分发展学生的潜能,培养学生的特长。

1.班级授课制的优势

(1)形成了一整套严格制度。如按年龄、知识编班分级制度,实行学年、学期和学周制度;采用招生、考试、升留级和毕业制度;建立作息制度和课堂纪律与常规等。

(2)以课为单位进行教学,比较科学。每节课 45 分钟左右,完成一定数量的知识与技能教学;上完一节课,略做休息,又进行下一节课,有劳有逸。

(3)便于系统地传授各科的系统科学知识。班级授课制能以周课表方式科学地安排各科教学,使之有条不紊地交错进行,确保学生循序渐进地学习和掌握各学科的系统科学知识,完成预定的教学计划。

(4)能够充分发挥教师的主导作用。班级授课制通过发挥教师的主导作用,不仅能够使学生掌握系统的科学知识与技能,而且能够通过加强因材施教、个别指导和学生的独立作业,以弥补其自身难以照顾学生个别差异的缺陷。

(5)能促进学生的社会化和个性化。长期在一个班级里上课、学习、交往,形成了互爱、互尊、互助、民主平等、和谐亲密的人际关系,可以有力地促进学生的社会化。班级授课也能使他们更好地个性化,学生只有在班级的学习和交往中,才能使其各自的个性与特长得到最充分的历练与发展。

2.班级授课制的特征

(1)以班级为单位由教师同时对整个班级进行教学,班级是按照学生的年龄和知识水平编制的,且人数和成员固定。

(2)教学内容按学校和学年分成许多既有系统联系又相对独立和均衡的部分,每一部分采用相应的教学方法和教学手段,有计划、有步骤地展开教学活动。

(3)每一堂课都限定在统一且固定的单位时间进行,课与课之间有一定的休息时间。

3.班级授课制的评价

(1)总体来说,班级授课制有利于提高教学效率;有利于发挥教师的主导作用;有利于发挥学生集体的教育作用。其主要体现在以下几个方面:

第一,它能大规模地面向全体学生教学,一个教师能同时教几十个学生,而且使全体学生共同进步,比个别教学的效率高。

第二,它能保证学习活动循序渐进,并使学生获得系统的科学知识,扎扎实实,有条不紊。

第三,它能保证教师发挥主导作用,首先是教师系统讲授,而且在这个基础上直接指导学生学习的全过程。

第四,它把教学内容及活动加以有计划地安排,特别通过课的体系,分工合作,从而赢得教学的高速度。

第五,学生彼此之间由于共同目的和共同活动结集在一起,可以互相观摩、启发、切磋,比较适合学生身心发展的年龄特点和发挥学生之间的相互影响作用,有助于提高教学质量。

第六,它在实现教学任务上比较全面,从而有利于学生多方面的发展,它不仅能较全面地保证学生获得系统的知识、技能和技巧,同时也能保证对学生经常的思想政治影响,启发学生的思维、想象力,以及学习热情。

第七,促进学生的个性化和社会化。

(2)班级授课制不利于照顾学生的个别差异;不利于培养学生的探索精神、创造能力和实际操作能力。

学生的主体地位或独立性受到一定的限制。实践性不强,学生动手机会少。探索性、创造性不易发挥,主要接受现成的知识结果。难以照顾学生的个别差异,强调的是统一,齐步走。不能容纳和适应更多的教学内容和方法,因为它一切都固定化、形式化,灵活性有限。不能保证真正的智力发展要求,往往将某些完整的教学内容和教学活动进行人为分割。

缺乏真正的集体性。每个学生独自完成学习任务。教师虽然面向许多学生同时施教,而每一名学生各以自己独特的方式去掌握。每名学生分别对教师负责,学生与学生之间并无分工合作。

4.班级授课制的改进与优化

班级授课作为教学的基本组织形式,并非完美无缺,因此,它在一定程度上仍然可以改进。如增强班级授课制的弹性,加强班级中的小组与个别教学活动,改变讲台与学生课桌椅的传统排列等;班级活动也不必都局限于固定的教室里上课等;改变重点学校班级过大的情况,采取小班化教学。

(三)现代教学组织形式的改革

1.个别辅导与个别化教学

个别辅导是指一位老师对单个学生进行的针对性辅导。

个别辅导要求在学习材料、学习方法、学习过程、学习时间等方面给学生以灵活选择的余地;在学生的作业布置和成绩评定中实行个性化的操作;对不同的学生实施不同的教学策略;给予特殊的学生指导教学。

2.分组教学与小组合作教学

(1)分组及教学

分组教学是指按照学生的能力或成绩把他们分成不同的组。它于19世纪末在西方出现并流行。分组教学主要有以下两种分类方式:

①能力分组和作业分组:能力分组是根据学生的能力发展来进行教学的,各组课程相同,学习年限则不相同;作业分组是根据学生的特点和意愿来分组的,各组学习年限相同,课程则不同。

②内部分组和外部分组:内部分组是指在传统的按年龄编排的前提下,按照学生的能力或者学习成绩发展变化来分组教学;外部分组是指打破传统的分组方法,按照学生的能力或者学习成绩的差别来分组教学。

(2)小组合作教学

小组合作学习相对的是"个体学习",是以合作学习小组为基本形式的,学生在小组或团队中为了完成共同的任务有明确的分工和互助性的学习。

小组学习强调要有合作意识和个人责任感,通常比个人学习的效率要高。小组学习注重组间成员竞争,组内成员合作。

3.分层教学与走班制

(1)分层教学

分层教学是教师根据学生现有的知识能力和潜力,把学生科学地分成水平相近的群组,确定相应的教学层次,有区别地针对性教学。

(2)走班制

走班制又称"跑班制",指20世纪60年代美国开始不分年级的实验和探索。到了20世纪90年代,这一做法得到广泛重视,目前已经成为美国基础教育中普遍实行的一种个别化教学组织形式。

这种教学组织形式中每个学生都有一张自己的课程表,没有固定的教室,可以同时在几个不同年级学习不同的课程。

它以学生个别差异为出发点,让学生的各个方面都得到充分地发展。

1.泛在学习

泛在学习是指任何时间、任何地点获取所需要的任何信息的方式。

泛在学习具有以下几个特点:①泛在性。学习者可以在任何时间、任何地点接收到他们所需要的学习信息。②便捷性。随着信息技术的日益普及,信息设备和工具更加先进、便携。③情境性。利用智能学习设备感知学习者的学习需求,为其提供适合的学习服务。

泛在学习不受学校空间的约束,利于远程学习、自由学习。但是,真实性无法考证,缺乏实践经验。

2.慕课(大规模开放在线课程)

慕课是大规模的网络开放课程,是为了增强知识传播,而由具有分享和协作精神的个人或组织发布的开放课程。

慕课具有以下几个特点:①大规模。不是一个人发布的一两门课程,而是有那些参与者发布的大规模课程。②开放课程,遵从创用共享协议。③网络课程。不是面对面的课程,而是将材料散布于网络之上,上课地点不受局限性。

3.翻转课堂

翻转课堂是指学生在家中或课外观看教师的视频讲解自主学习,老师不再占用课堂的时间来讲述信息。课堂上教师有更多的时间面对面地互动交流、答疑解惑以及合作探究。

翻转课堂具有以下几个特点:①教学视频短小精悍;②教学信息清晰明确;③重新建构学习流程;④复习检测方便快捷。

4.混合教学

混合教学是把学生作为教学活动的主体,在多种教学手段的支持下采用最合适的教学方法和教学组织形式。也就是说,混合教学是将在线教学和传统教学的优势结合起来的一种"线上+线下"的教学。将在线教学与传统教学的优势结合起来,把学习者的学习由浅到深地引向深度学习。

混合教学"线上"的教学不是整个教学活动的辅助或者是锦上添花,而是教学的必备活动;"线下"的教学也不是传统教学活动的照搬,而是基于线上的学习成果而开展的更加深入的教学活动。

七、中小学常用的教学方法

(一)教学方法概述

1.教学方法及相关概念

(1)教学方法

教学方法是为完成教学任务而采用的方法。它包括教师教的方法和学生学的方法,是教师引导学生掌握知识技能、获得身心发展而共同活动的方法。教学方法具有目的性、双边性等特点。

①目的性

教学方法产生于实现教学目的、完成教学任务或解决教学问题的活动之中，为目的、任务服务，并受其制约。

②双边性

教学是由教与学两方面统一组成的双边活动，因而教学活动也具有双边性。它既包括教师的教，也包括学生的学，二者只有在共同目的的指引下相互作用，才能确保教学任务高质量地完成。

（2）教学方式

教学方式有广义与狭义之分。

狭义的教学方式通常是指构成教学方法运用的细节或形式。

广义的教学方式外延很广，包括教学方法和教学形式，甚至涉及教学内容的组合与安排。

（3）教学手段

教学手段是指为完成教学任务，配合某种教学方法而采用的器具、资料与设施。它的范围很广，主要有：教学用书（教科书、参考书、工具书），教学资料（补充资料、习题、学生作业），直观教具（实物、标本、图片等），现代化教学手段（幻灯片、录音机、录像机、计算机等）。

（4）教学模式

教学模式是指在教学实践中形成的具有一定指导性的简约理念和可照着做的标准样式。它具有为完成某一任务而活动的方法特性，也属于方法范畴，但教学模式又不同于单一因素的某种方法，它是在一定理念指导下的多种方法的特定组合。所以，它既有简约的理念特征，又有可照着做的实践特性，是理论与实际相结合的产物或结晶。教学模式在教学中所起到的具体而明确的引导和示范作用是单一的教学方法难以达到的。

（5）教学策略

教学策略是指为达成教学的目的与任务，组织与调控教学活动而进行的谋划。

教学策略具有目的性、个人的主观性、能动性、选择性以及调控性。

教学策略的提出与思考，有助于教师在进行教学之前对教学任务、内容及其完成的主客观条件，做全面、总体的思考与决策，有利于发挥教师的主导作用并提高教学质量。实施所采取的教学策略还有许多具体的工作要做，包括充实、调整教学内容，组织安排具体的途径、方法、顺序，开展多样化的活动等。

2.教学方法的选择

要有效地调动师生双方在教学中的主动性、积极性，优质地完成教学任务，必须正确选择和运用教学方法。既要讲究科学规范，切合实际，又重机智与创新。

现代教学提倡以系统的观点来选用教学方法，优化教学，其主要的依据如下：

（1）课题（或单元）与课时的教学目的和任务，该学科内容的教学法特点。

（2）教学过程、教学原则和班级上课的特点。

（3）学生的情趣、可接受水平，智能的发展状况，学习态度、学风与习惯。

（4）教师本身的条件，包括思想业务水平，实际经验与能力，个性与特长。

（5）教师与学生活动的配合、互动，教师主动性与学生主动性的动态平衡。

（6）讲与练，学与用，班级、小组与个人活动，课堂教学与课外作业或课间活动等方面的结合。

（7）教学过程中的交往、沟通、合作与竞争。

（8）学校与地方可能提供的条件，包括社会条件、自然环境、物质设备等。

（9）教学的时限，包括规定的课时及其他可利用的时间，如早自习、晚自习等。

（10）对可能取得的效果的慎重预计与考量。

（二）中小学常用的教学方法

中小学常用的教学方法有以下两种不同的分类。

第一种按双边活动中以谁的活动为主划分，包括两类：一类是以教师的教授活动为主的方法，有讲授、谈话、演示；另一类以学生的学习活动为主的方法，有读书、讨论、实验、研究等。

第二种是按学生获得的信息来源来划分，包括三类：通过语言的有讲授、谈话、读书指导、讨论；通过直观的有演示、观察；通过实际操作的有练习、实验、实习作业、研究等。

1.讲授法

讲授法是教师通过语言，系统连贯地向学生传授科学文化知识、思想理念，并促进学生的智能与品德发展的方法。

讲授法可分讲读、讲述、讲解和讲演四种。

（1）讲授内容要有科学性、系统性、思想性、启发性、趣味性。对基本概念与原理的讲述讲解要以实物、事实与事例作基础；讲授的内容要条理清楚、写成纲要；要使学生掌握准确的概念、原理和系统的知识与正确的技能。

（2）要讲究讲授的策略与方式。除了要考虑是采用讲读、讲述，还是采用讲解、讲演的方法外,还需要对讲授策略与方式作更深入的研究与决断。

(3)要讲究语言艺术,力求语言清晰、准确、简练、形象、条理清楚、通俗易懂;讲授的音量、速度要适度,注意抑扬顿挫;以姿势助说话,提高语言的感染力。

2.谈话法

谈话法又称问答法,是教师按一定的教学要求向学生提出问题让学生回答,通过问答对话的形式来引导学生思考、探究,获取或巩固知识,促进智能发展的方法。

谈话法可分复习谈话和启发谈话两种。

(1)准备好问题和谈话计划。在上课之前,教师要根据教学内容和学生已有经验、知识准备好谈话的问题、顺序,如何从一个问题过渡到另一个问题。

(2)要善问。向学生提出的问题要具体、明确、有趣味、有启发性,能引起、激活与深化学生的思考;要耐心等待学生的回答;若有困难,要注意启发;切忌学生一时答不出来便立刻换优秀生回答,伤害学生对话的积极性。

(3)善于启发诱导。当问题提出后,要善于启发学生进行分析与思考,研究问题或矛盾的所在,因势利导,引导学生一步步地去获取新知。

要做好归纳、小结。当问题基本解决时,教师要及时归纳或小结,使学生的知识系统化、科学化。注意纠正一些不正确的认识,帮助学生准确地掌握知识。

3.情景模拟法

情景模拟法是教师根据教学内容、教学目标和学生的实际情况,在课堂上创设一定的生活和工作场景,指导学生进行模拟活动,完成特定的情景任务,解决特定问题,从而将理论转化为具有操作性的实践过程,以体验特定理论并提高理论的应用能力。

情境模拟法是层次更加丰富的角色扮演,学生既可以扮演他人的角色,设身处地体会他人的心理活动;或者置身事外,旁观某种情境预测事情的发展后果;还可以扮演自己,重现自己经历的事情。

4.练习法

练习法是学生在教师指导下运用知识去反复完成一定的操作,或解决某类作业与习题以加深理解和形成技能技巧的方法。

(1)提高练习的自觉性。任何练习都要掌握一定的程序、规范、要领和关键。只有明确目的、掌握原理与方法,才能提高练习的自觉性,保证练习的质量。

(2)循序渐进,逐步提高。在练习的质量、难度、速度、独立和熟练程度、综合应用和创造性上,对学生都应有计划地提出要求,由易到难逐步提高、熟练与完善。

(3)严格要求。无论是口头练习、书面练习或操作练习,都要严肃认真,要求学生一丝不苟、刻苦训练、精益求精,达到最高的水平,具有创造性。

5.演示法

演示法是教师通过展示实物、直观教具、实验或播放有关教学内容的软件、特制的课件，使学生认识事物、获得知识或巩固知识的方法。

（1）做好演示前的准备。演示前要根据教学需要，做好教具准备，选择典型的实物、教具，放大需要认真观察的部分，最好用色彩把易忽略的地方突出。还要考虑好运用教具进行演示的过程。

（2）使学生明确演示的目的、要求与过程。让学生知道要看什么，怎样看，需要考虑什么问题，主动、积极、自觉地投入观察与思考。

（3）讲究演示的方法。演示要紧密配合教学，及时进行，演示过程中教师要向学生提出问题或作适当讲解、指点，并引导他们边看、边听、边思考、边议论，以获取最佳效果。

6.实验法

实验法是在教师指导下学生运用一定的仪器设备进行独立作业，观察事物和过程的发生和变化，探求事物的规律，以获得知识和技能的方法。

实验法可分为探究性实验和验证性实验两种。前者在进行新课时做，为学生探究、发现和获得新经验、新知识、新方法服务；后者在讲完新课后做，检验所学原理的正确性，并加深理解。

（1）做好实验前的准备。要制订好实验的课时计划；准备好实验用品，分好实验小组；要求学生做好实验的理论准备。

（2）明确实验的目的、要求与做法。让学生懂得实验的原理、过程、方法和要注意的事项，特别要提醒学生注意安全和爱护仪器，提高学生实验的自觉性。

（3）注意实验过程中的指导。教师要巡视全班实验情况，如发现重要的或共同的问题要及时向全班学生作指导或组织交流，对困难较大的小组或个人要给予帮助，使每个学生都积极投入实验。

（4）做好实验小结。教师应当总结好全班实验情况，指出优缺点，分析问题产生的原因和提出改进意见；要求学生收藏好实验用品，打扫好实验室；布置学生写好实验报告。

7.实习法

实习法是学生在教师的指导下进行的学科实践活动，以培养学生的专业操作能力的方法。

基本要求：做好学习的准备；做好实习的动员；做好实习的指导；做好实习的总结。

8.讨论法

讨论法是学生在教师指导下为解决某个问题而进行探讨,辨明其是非、真伪以获取知识并发展能力的方法。

讨论法的种类很多,既可以是整节的课堂讨论,也可以是几分钟的短暂讨论;或是全班性的讨论,或是小组讨论,还可以将小组讨论与全班讨论结合起来进行。

（1）讨论的问题要有吸引力。抓好问题是搞好讨论的前提,问题要有吸引力,能激起他们的兴趣,有讨论、辨析的价值。

（2）要善于在讨论中对学生进行启发、引导。要启发他们独立思考,勇于发表自己的见解,把学生的注意力集中到讨论的主题和争论的焦点上,以引导讨论向纵深发展,研究关键问题,使问题逐步得到深化、解决,切忌暗示问题的结论。

（3）做好讨论小结。讨论结束前,教师要简要概括讨论情况,使学生获得正确的观点和系统的知识,并纠正错误、片面或模糊的认识。

9.参观法

参观法是组织学生到大自然或社会特定场所观察、接触客观事物或现象,以获取新知识或巩固所学知识的方法。

基本要求有:做好参观的准备;指导参观的进行;总结参观的收获。

10.自学辅导法

自学辅导法是一种以学生自学为主,教师辅导为辅的新式教学法。

基本要求有:布置自学的任务要明确;加强自学方法的指导;及时检查学生的学习成果;营造良好的自学环境。

11.角色扮演法

角色扮演法是学生在教师的指导下通过角色扮演而亲验仿真式的教学方法,使个人暂时置于他人的社会地位,并按照这一位置所要求的方式和态度行事,从而加深对角色的理解。

教师要创设教学内容所需要的接近实际生活的场景,让学生在这种场景中扮演他人的社会角色。教师在一旁指导,最后并作出总结。

八、教学评价及其改革

（一）教学评价的含义及功能

1.教学评价的含义

教学评价是对教学工作质量所做的测量、分析和评定。它以参与教学活动的教师、学生、教学目标内容、方法、教学设备、场地和时间等因素的有机组合的过程和结果为评价对象，是对教学活动的整体功能的评价。

2.教学评价的功能

（1）对学校来说，可以记载和积累学生学习情况的资料，定期向家长报告其子女的成绩，并作为学生升、留级和能否毕业的依据；

（2）对教师来说，可以及时了解学生的学习情况和获得教学效果的反馈信息，以分析自己教学的优缺点，更好地提高教学水平；

（3）对学生来说，可以及时得到学习效果的反馈信息，明确自己学习中的长处与不足，从中受到激励与警示，以扬长避短；

（4）对领导来说，可以了解每个教师、每个班的教学情况，便于发现问题与总结经验，以改进教学；

（5）对家长来说，可以了解子女的学习情况及其变化，以便配合学校进行教育。

（二）教学评价的种类

（1）根据评价在教学过程中的作用不同，可分为诊断性评价、形成性评价和总结性评价。

①诊断性评价

诊断性评价也称"教学性评价"，一般是指在学期教学开始或一个单元教学开始时对学生现有知识水平、能力发展的评价。它包括各种通常所称的摸底考试，以弄清学生已有的知识和能力发展情况，学习上的特点、优点与不足之处。其目的是更好地组织教育内容，选择教学方法，以便对症下药，因材施教。

诊断性评价的实施时间，一般在课程、学期、学年开始或教学过程中需要的时候。其作用主要是：确定学生的学习准备程度；适当安置学生。

②形成性评价

形成性评价是在教学进程中对学生的知识掌握和能力发展的及时评价。它包括在一节课或一个课题教学中对学生的口头提问和书面测验，使教师与学生都能及时获得反馈信息。其目的是更好地改进教学过程，提高质量。

它在教育教学活动中进行，目的是找出教师工作中的不足，为教师不断改进教学提供依据。形成性评价分三个步骤进行：

第一，确定形成性学习单元的目标和内容，分析其包含要点和各要点的层次关系。

第二，实施形成性测试。测试包括所测单元的所有重点，测试进行后教师要及时分析结果，同学生一起改进、巩固教学。

第三,实施平行性测试。其目的是对学生所学知识加以复习巩固,确保掌握,并为后期学习奠定基础。

形成性评价的主要特点包括:

第一,重视评价过程。这种评价注重教师的教育教学过程,而不单纯是教师的教育教学效果;

第二,教师不仅是评价的客体,而且也是评价的主体,教师参与评价活动是其重要特征;

第三,评价的结论服务于为教师未来专业发展提供诊断性意见,而不单纯是为了考评教师过去的工作实绩和实行奖惩;

第四,与终结性评价相比,形成性评价更能体现出民主与人文精神。

③终结性评价

终结性评价是在一个大的学习阶段、一个学期或一门学科终结时对学生学习成绩的总评,也称终结性评价,其目的是给学生评定成绩。

终结性评价是检测学生综合运用语言能力发展程度的重要途径,也是反映教学效果和办学质量的重要指标之一,如期末考试、结业考试等。

终结性评价不仅应用在教学领域,已逐步扩展到商业、社会、生活、政治的各个领域。

(2)根据评价所运用的方法和标准不同,可分为相对性评价和绝对性评价。

相对性评价是用常模参照性测验对学生成绩进行的评定,它依据学生个人的成绩在该班学生成绩序列中或常模中所处的位置来评价和决定其成绩优劣,而不考虑他是否达到教学目标的要求,故相对性评价也称常模参照性评价。

绝对性评价是用目标参照性测验对学生成绩进行评定,它依据教学目标和教材编制试题来测量学生的学业成绩,判断学生是否达到了教学目标的要求,而不以评定学生之间的差别为目的。故绝对性评价也称目标参照性评价。

(3)根据评价的主体不同,可分为教师评价和学生自我评价。

教师评价主要是指任课教师与班主任对学生的学习状况与成果进行的评价。

学生自我评价是指在教师的引导下学生对自己做的作业、试卷、其他学习成果进行的评价。

(三)学业成就评价

学业成就评价实质上就是判断学生达到或达到了何种程度的教学目标的要求,主要包括对学生的知识、技能和情感的评价。学生学业成就评价主要有观察法、测验法、调查法、自我评价法等多种方法。

学生学业成就评价主要有纸笔测验、表现性评价和档案袋评价三种类型。

1.纸笔测验

纸笔测验是指以书面形式的测验工具，侧重于评定学生在学科知识方面，学习成就高低或在认知能力方面发展强弱的一种评价方式。

纸笔测验实施方便，既经济又省时，评分也较为客观迅速。但是不能全面观察被测者的工作态度、品德修养、组织管理能力及口头表达能力等。

2.表现性评价

表现性评价是通过客观测验以外的行动、表演、展示、操作、写作等更真实的表现来评价学生的口头表达能力、文字表达能力、创造能力、实践能力的评价方法。在学业成就评价中，表现性评价主要分为限制型表现性任务和拓展型表现性任务。

（1）限制型表现性任务

限制型表现性任务对评价的任务、目标有非常明确的要求，而且对被评价者的行动有一定的限制。因其有一系列明确规定的操作程序，故在学生学业评价中使用的频率较高，主要考查学生对课程所要求的技能的掌握程度。

（2）扩展型表现性任务

扩展型表现性任务从开始设计方案、实施方案，到最后结果的表现形式，都没有具体的限制，给予学生高度的自由。在这一过程中，学生可以自由展示他们选择、分析、综合和评价各种信息的能力，以及对探究结果的判断、组织和深层次的加工能力，主要考查学生的问题解决能力和创造性思维。

表现性评价有利于评价学生"做"的能力，也有利于促进学生知识技能的整合与综合运用。但高质量的表现任务与评分办法难以编制，表现性评价也会带有教师的主观性，导致实施比较困难。

3.档案袋评价

档案袋评价又称学习档案评价或学生成长记录袋评价，是以档案袋为依据对评价对象进行的客观、综合的评价。档案袋是指由学生在教师的指导下收集起来的，可以反映学生的努力情况、进步情况、学习成就等的一系列学习作品的汇集，体现了全面发展观。除了考试成绩评价，还有运动比赛等评价，强调学生的全面发展。

档案袋评价重视发展性评价；档案袋评价是一种过程性评价，体现了形成性评价、发展性评价观。但是，评价周期长，耗时耗力；没有统一的评价标准，很难做到公正客观。

（四）教学评价的改革

1.由过去主要评价教师的"教"向重点评价学生的"学"转变。

2.由过去注重"双基"和"学科能力"目标落实的评价,向既注重"双基"和"学科能力"的形成,也注重学生在学习过程中情感、态度的发展的评价转变。

3.由注重教师对教材的使用和教学方法的选择的评价,向注重学生学习方法的指导和教学媒体的有效利用的评价转变。

4.注重发挥教学评价的发展性功能,即淡化评比和奖惩,突出其发展性价值,发挥其提高课堂教学质量和促进任课教师专业成长的功能。

5.构建新的课堂教学评价标准。体现在:关注学生的全面发展;注重教师角色的转变,发展新型的师生关系;倡导自主、探究、合作的学习方式;关注个体差异,满足不同学生的需要。

本章内容思维导图

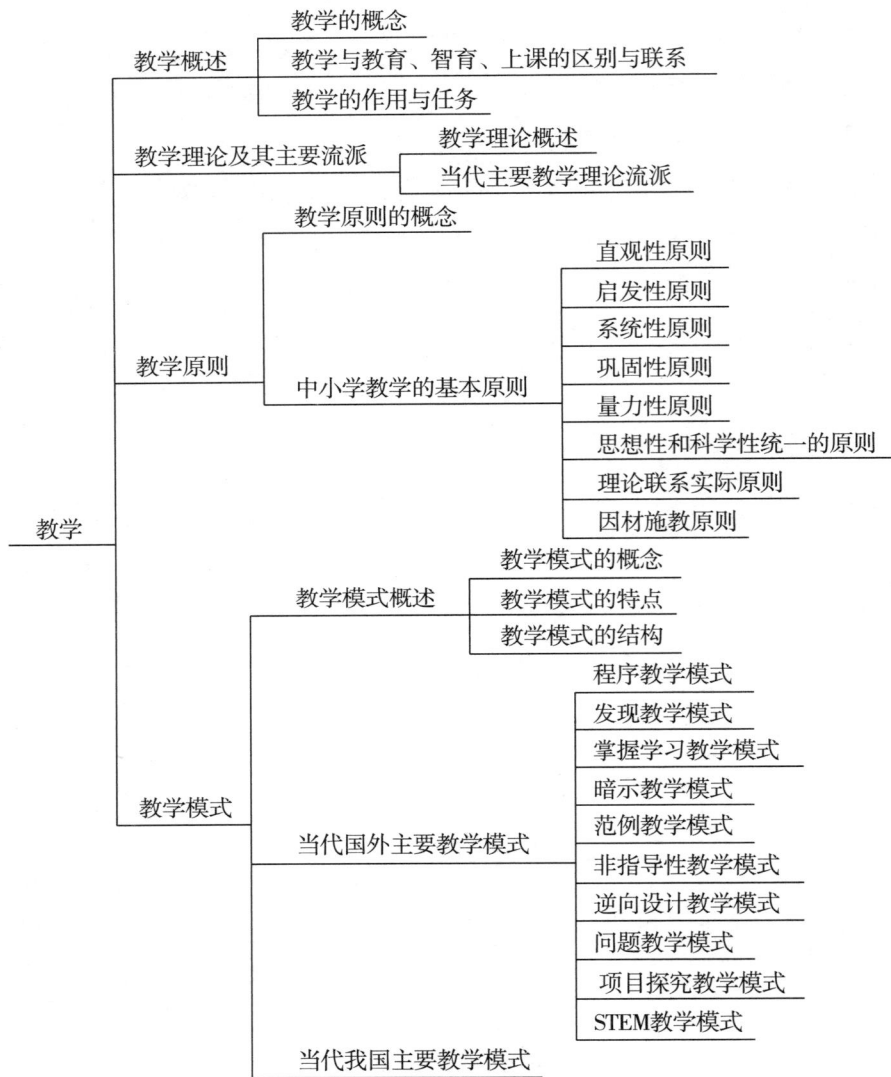

教学概述
- 教学的概念
- 教学与教育、智育、上课的区别与联系
- 教学的作用与任务

教学理论及其主要流派
- 教学理论概述
- 当代主要教学理论流派

教学

教学原则
- 教学原则的概念
- 中小学教学的基本原则
  - 直观性原则
  - 启发性原则
  - 系统性原则
  - 巩固性原则
  - 量力性原则
  - 思想性和科学性统一的原则
  - 理论联系实际原则
  - 因材施教原则

教学模式
- 教学模式概述
  - 教学模式的概念
  - 教学模式的特点
  - 教学模式的结构
- 当代国外主要教学模式
  - 程序教学模式
  - 发现教学模式
  - 掌握学习教学模式
  - 暗示教学模式
  - 范例教学模式
  - 非指导性教学模式
  - 逆向设计教学模式
  - 问题教学模式
  - 项目探究教学模式
  - STEM教学模式
- 当代我国主要教学模式

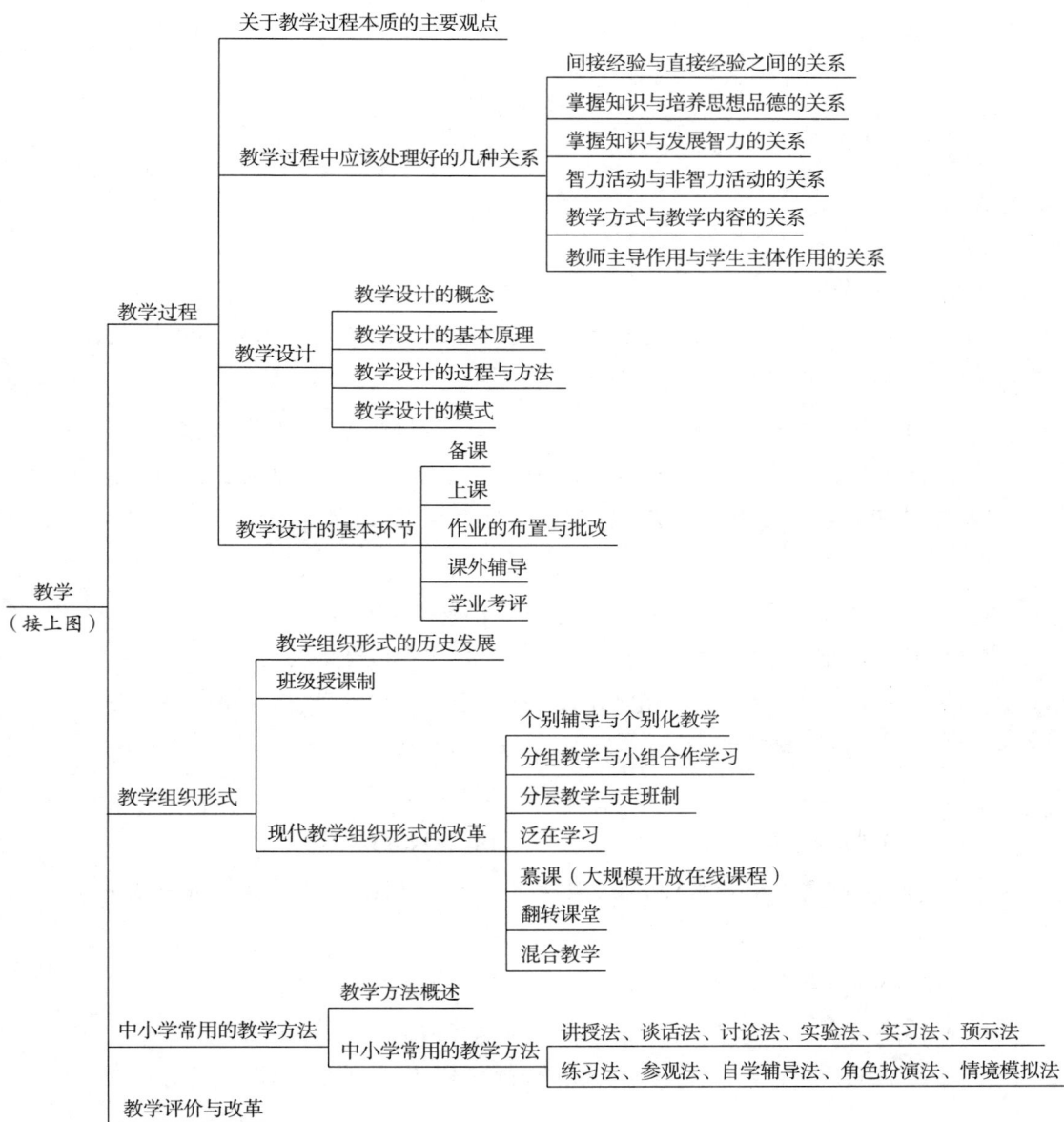

关于教学过程本质的主要观点

教学过程中应该处理好的几种关系
- 间接经验与直接经验之间的关系
- 掌握知识与培养思想品德的关系
- 掌握知识与发展智力的关系
- 智力活动与非智力活动的关系
- 教学方式与教学内容的关系
- 教师主导作用与学生主体作用的关系

教学过程

教学设计
- 教学设计的概念
- 教学设计的基本原理
- 教学设计的过程与方法
- 教学设计的模式

教学设计的基本环节
- 备课
- 上课
- 作业的布置与批改
- 课外辅导
- 学业考评

教学
（接上图）

教学组织形式
- 教学组织形式的历史发展
- 班级授课制
- 现代教学组织形式的改革
  - 个别辅导与个别化教学
  - 分组教学与小组合作学习
  - 分层教学与走班制
  - 泛在学习
  - 慕课（大规模开放在线课程）
  - 翻转课堂
  - 混合教学

中小学常用的教学方法
- 教学方法概述
- 中小学常用的教学方法
  - 讲授法、谈话法、讨论法、实验法、实习法、预示法
  - 练习法、参观法、自学辅导法、角色扮演法、情境模拟法

教学评价与改革

自测题

一、选择题

1.【2010年311第10题】为了达到一定的教学目的,对教学内容、组织、方法及媒体的使用等所进行的系统规划称为(　　)

A.教学策略　　　B.教学模式　　　C.教学目标　　　D.教学设计

2.【2011年311第3题】根据皮亚杰的研究,初中生的思维处于具体运算阶段向形式运算阶段过渡的时期。针对这一发展特点,教师在教学中应加强学生的(　　)

A.运算能力的培养　　　　　　B.操作能力的培养

C.具体思维能力的培养　　　　D.抽象思维能力的培养

3.【2014年311第4题】提出"只有当教学走在学生发展前面的时候才是好的教学"这一命题的教育家是(　　)

A.凯洛夫　　　　　　　　　　B.赞科夫

C.苏霍姆林斯基　　　　　　　D.阿莫纳什维利

4.【2014年311第8题】倾向于废除直接教学、废除考试的教学理论流派是(　　)

A.行为主义教学理论　　　　　B.认知主义教学理论

C.人本主义教学理论　　　　　D.建构主义教学理论

5.【2016年311第3题】赞科夫主张教学应走在学生发展前面,所依据的是(　　)

A.最近发展区理论　　　　　　B.隐性知识理论

C.先行组织者理论　　　　　　D.支架式教学理论

6.【2016年311第8题】布鲁纳认知主义教学理论提出的教学原则有(　　)

A.动机原则、结构原则、程序原则、强化原则

B.高速度原则、高难度原则、理论知识起主导作用原则

C.直观性原则、量力性原则、巩固性原则、彻底性原则

D.及时反馈原则、小步子原则、自定步调原则、积极反应原则

7.【2017年311第11题】"形式教育论"认为,教育应发展人的能力,这个"能力"是指(　　)

A.实践能力　　　　　　　　　B.创新能力

C.理性思维能力　　　　　　　D.解决实际问题能力

8.【2019年311第9题】小组合作学习不同于能力分组教学,它推崇不同背景、能力及倾向的学生共同学习。为其提供有力支持的理论是(　　)

A.行为主义学习理论

B.人本主义学习理论

C.认知主义学习理论

D.社会建构主义学习理论

9.【2023年311第8题】主张教学活动应致力于提高学生的自我意识、引导学生进行人格化和个性化学习的教学理论流派是(　　)

A.行为主义　　　B.认知主义　　　C.人本主义　　　D.社会互动论

10.【2017年311第8题】学习者中心课程理论的拥护者,在教学模式上更倾向于选择(　　)

A.程序教学模式　　　　　　　B.掌握教学模式

C.探究教育模式　　　　　　　D.范例教学模式

11.【2020年311第10题】让学生从选择出来的有限例子中主动获得本质的、结构性的、原则性的、典型的知识、能力和态度,这种教学模式是(　　)

A.发现教学模式　　　　　　　B.掌握学习模式

C.范例教学模式　　　　　　　D.非指导性教学模式

12.【2007年311第3题】只要提供了足够的时间和帮助,每一个学生都能达成学习目标,依据这种思想建构的教学模式是(　　)

A.程序教学模式　　　　　　　B.发现教学模式

C.掌握学习教学模式　　　　　D.非指导性教学模式

13.【2010年311第9题】教学过程由四个阶段组成:阐明"个"的阶段,阐明"类"的阶段,掌握规律与范畴的阶段,获得世界经验与生活经验的阶段。这种教学模式属于(　　)

A.发现教学模式　　　　　　　B.掌握学习模式

C.范例教学模式　　　　　　　D.非指导性教学模式

14.【2023年311第12题】俞子夷在回顾自己辅导某学生算学的经历时写道:"他不但信我,和我接近,待我好,他常在别人面前自夸:他最得意的是我教他。他起先或者以为我不肯教他,不教他。后来渐渐和我接近,知道我的确是他的朋友,帮助他克服了好多算学上的困难。他是孩子,所以很天真地信仰我,所以无论说什么话都是听从的。"(《教算一得》)这段经历表明,教学过程中应处理好( )

　　A.间接经验与直接经验的关系

　　B.掌握知识与发展智力的关系

　　C.智力因素与非智力因素的关系

　　D.教学方式与教学内容的关系

15.【2011年311第5题】某校将全体学生分为两批:一批上午在教室上课,另一批上午在学校的图书馆、体育馆、工厂、商店等场所进行有组织的活动,下午对调。这种做法属于( )

　　A.二部制　　　　　　　　　　　B.工读制

　　C.复式教学　　　　　　　　　　D.合作教学

16.【2011年311第9题】将一个班的同学按照能力分组,各组以不同的进度完成相同的课业。这种能力分组属于( )

　　A.作业分组制　　　　　　　　　B.活动分组制

　　C.异质分组制　　　　　　　　　D.混合能力分组制

17.【2013年311第8题】学生围绕自己和教师订立的学习契约开展自学和独立作业的教学组织形式是( )

　　A.文纳特卡制　　　　　　　　　B.道尔顿制

　　C.特朗普制　　　　　　　　　　D.曼海姆制

18.【2015年311第13题】研究表明,人的发展存在个体差异,充分尊重和利用这种发展特点的教育措施有( )

　　A.个别辅导、分层教学、小组合作学习

　　B.个别辅导、分层教学、班级授课

　　C.分层教学、班级授课、小组合作学习

　　D.班级授课、小组合作学习、个别辅导

19.【2018年311第8题】近代以来,人们设计出一些力图克服班级授课制局限性,同时保持其优越性的新型教学组织形式,主要有( )

　　A.分层教学、个别教学、小队教学

　　B.个别教学、小组合作学习、分层教学

　　C.小组合作学习、小队教学、个别教学

　　D.分层教学、小组合作学习、小队教学

20.【2007年311第10题】教学的内容、方法、分量和进度要适合学生的身心发展,是他们能够接受的,但又要有一定的难度,需要经过努力才能掌握,以促进学生的身心发展。这条原则是(　　)

A.因材施教原则　　　　　　　　B.启发性原则

C.巩固性原则　　　　　　　　　D.量力性原则

21.【2021年311第1题】某化学老师在讲授元素周期表时,还与学生分享了门捷列夫发现化学元素周期律的故事,鼓励学生勇于探索真理、发现化学的奥秘。该老师遵守的教学原则是(　　)

A.理论联系实际原则　　　　　　B.启发性原则

C.思想性与科学性统一的原则　　D.直观性原则

22.【2016年311第9题】学生出现下列哪种情形,教师可以考虑采用惩罚来教育(　　)

A.认知错误　　　　　　　　　　B.明知故犯

C.作业错误　　　　　　　　　　D.情绪失控

23.【2022年311第10题】毛老师在道德与法治课中将学生分组,组织各组围绕课本里描述的同伴冲突事件编写同伴调解剧的脚本,学生轮流扮演事件中的当事人和旁观者,反复演练调解过程,不断完善脚本,最后,各组登台演出,相互评议,形成了一个最佳调解方案。这堂课使用的教学方法有(　　)

A.角色扮演法、实践锻炼法、情境模拟法

B.角色扮演法、讨论法、情境模拟法

C.实践锻炼法、讨论法、角色扮演法

D.实践锻炼法、讨论法、情境模拟法

24.【2009年311第8题】班主任在与小明谈话时说:"根据前段时间你的表现,虽然学习效果不是很理想,但非常努力,如果注意改进学习方法,相信成绩会不断提高。"其中的评价属于(　　)

A.配置性评价　　　　　　　　　B.形成性评价

C.终结性评价　　　　　　　　　D.鉴定性评价

二、论述题

1.【2011年北京师范大学333真题】论述诊断性评价、形成性评价和终结性评价的内涵。

2.【2011年北京师范大学333真题】论述教学原则中的科学性和思想性统一原则。

3.【2016年北京师范大学333真题】论述教育过程中智力活动与非智力活动的关系。

4.【2020年北京师范大学，2011年华东师范大学333真题】论述班级授课制的时代局限性和变革趋势。

5.【2018年华东师范大学333真题】结合实际，谈谈如何在教学中有效地应用讨论法。

6.【2019年华东师范大学333真题】结合实际谈谈因材施教。

7.【2021年华东师范大学，2010年北京师范大学，2014年西南大学333真题】结合教学实际，谈谈如何处理好教师主导作用与学生主动性之间的关系。

8.【2022年华东师范大学，2018年华中师范大学333真题】举例说明，在教育过程中运用"直观性原则"的基本要求。

9.【2013、2020年华中师范大学，2012北京师范大学，2011、2013、2016年陕西师范大学333真题】举例说明启发性原则在教学中的要求。

10.【2014年华中师范大学，2015年西南大学333真题】论述直接经验和间接经验的关系。

11.【2021年华中师范大学333真题】结合教育实践，论述教育过程是以交往为背景和手段的活动过程。

12.【2012年东北师范大学，2015年华中师范大学，2016年西南大学333真题】论述教学中掌握知识与发展智力的关系。

13.【2017年东北师范大学，2011年东北师范大学333真题】教学中应处理好的几对关系是什么？

14.【2018年东北师范大学333真题】论述教学过程中的教学原则有哪些，并说明每个原则的要求。

15.【2020年东北师范大学333真题】简述中小学主要的教学组织形式。

16.【2011年西南大学，2013年陕西师范大学333真题】试论述教学过程的本质。

三、材料分析题

1.【2024年333第33题】分析下述案例，并按要求回答问题。

材料：苏联著名教育家阿莫纳什维利在《孩子们，祝你们一路平安！》一书中写道："分数——这是跛足的教育学的一根拐杖。对于乐观主义的、快乐的、生气勃勃的教育学来说，分数是不需要的东西，就像拐杖对于健康人来说是多余的一样。"他认为，不给小学生打分数，无论一、二、三年级都不打。分数就是体现教师绝对权利

的一根拐杖。拄着拐子走进预备班的教室,把拐杖架在 6 岁儿童头上,此现象是一个教育的怪胎。请回答:

(1)材料中作者反对给年幼儿童打分的理由可能是什么?

(2)不给幼年儿童打分,是否意味着要取消对学习的评价? 请说明理由。

(3)如果不给幼年儿童打分,那么该怎样对他们的学习进行评价?

2.【2025 年 333 第 33 题】阅读材料,回答下列问题。

效果律是学习与教学的基本定律。人倾向于快速地学习那些产生了满意效果的反应,而回避产生烦恼效果的反应。准备与效果有密切的关系,使欲望保持在较高的水平,是必要的准备,此前已获得的习惯、态度、知识、技能,也构成后续学习的准备。准备的程度越高,实现效果的力量也越强。练习也是学习必需的条件,反应要反复练习,才能长久保持。教育界常说"熟能生巧",就练习是学习的必需而言,这是正确的;但如果以为只要通过练习就足够了,那就不对了。单的练习不能"熟能生巧",不断重复一个行为不一定能改进那个行为。事实上,如果一种工作自始至终都一样地重复去做,学生绝不能进步。要让学生有机会不照原样地练习,改变他的工作,从改变中进行选择以改进其能力,这样反复进行的练习,才有益处。要使学生进步,练习必须有变化。(选自桑代克、盖茨合著《教育基本原理》)

请回答:

(1)上述材料涉及教育中的练习问题,试简述练习法的一般含义。(3分)

(2)结合材料,从练习与效果、准备的关系角度,阐述有效运用练习法的要求。(6分)

(3)结合材料,从练习方面提出中小学"减负提质"的两项措施(6分)

第八章 德 育

一、德育概述

(一)德育的概念

德育有广义和狭义之分。

1.广义的德育

广义的德育是指教育者按照一定社会或阶级的要求,有目的、有计划、系统地对受教育者施加思想、政治和道德影响,通过受教育者积极地认识、体验、身体力行,以形成他们的品德和自我修养能力的教育活动。

2.狭义的德育

狭义的德育专指道德教育。教育者根据一定历史时期社会的道德要求与个体的品德心理发展规律,有目的、有计划、有组织地在受教育者身上培养所期望的道德素质,使他们具有正确的道德观念、丰富的道德情感、坚强的道德意志、热切的道德观念和较高的道德实践能力,不断提升他们的道德境界的教育过程。

简而言之,德育就是教师有目的地培养学生品德的活动。

(二)德育的任务

德育的任务是指学校德育要实现的目标,它是对德育活动结果的期望。德育内容是指用什么样的道德规范和世界观、人生观、价值观等来培养学生。

德育的任务是指通过教育活动,使个体在思想品德发展的质量和规格方面达到基本要求。

(1)逐步提高学生的道德修养能力,形成社会主义和共产主义的道德观。

(2)培养学生坚定的政治立场和高尚的道德情操。

(3)养成学生良好的道德行为习惯和自我教育的能力。

(4)培养学生的民族精神,形成正确的理想和信念。

1998年颁布的《中小学德育工作规程》对中小学的德育任务作了这样的表述:中小学德育工作的基本任务是,培养学生成为热爱社会主义祖国、具有社会公德、文明行为习惯、遵纪守法的公民。在这个基础上,引导他们逐步确立正确的世界观、人生观、价值观,不断提高社会主义思想觉悟,并为使他们中的优秀分子将来能够成为坚定的共产主义者奠定基础。

二、我国学校德育的基本内容

德育的内容具体规定了学生发展的政治方向和应该掌握的思想观点和道德规范,是进行德育的依据,是完成德育任务和实现德育目的的重要保证。它有两个层次:一是德育的现实性;二是德育的理想性。

我国德育的内容是依据我国教育目的和德育任务确定的,主要包括道德教育、思想教育、政治教育和法制教育。

(1)道德教育:主要以共产主义、社会主义道德理想为基础,培养学生良好的道德品质和行为习惯。

(2)思想教育:引导学生树立正确的世界观、人生观。在我国,要引导学生逐步掌握辩证唯物主义和历史唯物主义的基本观点,使其形成科学的世界观和人生观。

(3)政治教育:注重对学生政治思想、政治立场和态度的培养,主要培养学生对社会主义祖国、中国共产党、劳动人民和集体的积极情感和态度,塑造社会主义事业的建设者与接班人。

(4)法制教育:对学生进行民主、纪律与法制的教育,培养学生的民主意识与参与意识,掌握法律常识,遵纪守法。

(5)心理健康教育

根据学生生理、心理发展的规律和特点,运用心理学的教育方法和手段,培养学生良好的心理素质,促进学生整体素质全面提高的教育。

2006年10月11日,中共十六届六中全会通过的《中共中央关于构建社会主义和谐社会若干重大问题的决定》提出"建设社会主义核心价值体系"问题。《决定》指出:"马克思主义指导思想,中国特色社会主义共同理想,以爱国主义为核心的民族精神和以改革创新为核心的时代精神,社会主义荣辱观,构成社会主义核心价值体系的基本内容。""坚持把社会主义核心价值体系融入国民教育和精神文明建设全过程、贯穿现代化建设各方面。"这就为中小学德育内容的设计指出了更加明确的方向。

三、德育过程

德育过程是在教师有目的、有计划地引导下,学生积极主动地进行道德认识和道德实践,逐步提高自我修养能力,形成品德的过程。

（一）德育过程的要素

德育过程的基本要素包括学生、教师、德育内容和德育影响。

其中，学生是德育过程的主体，教师对学生的德育影响，必须经过学生主体的选择、吸收与能动的实践活动，才能转化为他们的品德。教师在德育过程中发挥着主导作用。德育内容是进行德育的依据，是完成德育任务、实现德育目的的重要保证。德育影响包括德育方法和德育途径，它是德育过程得以实现的中介。

（二）德育过程的规律

1. 德育过程是教师引导下学生能动的道德活动过程

（1）学生品德的发展是在活动中能动地实现的。

在德育过程中，学生是能动地吸取教育影响的。成长中的儿童和青少年在与外界社会接触和相互作用的过程中，接受来自家庭、社会、学校等各方面的影响，逐步发展了自己的道德思想与行为习惯。由于学校教育是一种有目的的、有组织的自觉能动的力量，尽管学校教育不能控制家庭和社会的影响，但它可以适当引导家庭和社会环境对学生的影响，因而在学生的品德发展中起主导作用。

（2）道德活动是促进外界的德育影响转化为学生自身品德的基础。

德育活动必须从学生的生活实际出发，密切联系学生的生活实际和思想实际，把德育过程组织成为引导学生能动进行的活动过程。这样的德育活动符合教育目的和青少年的特点，能激发学生的兴趣。学生在其中，便会形成相应的品德，发展一定的道德能力。

（3）进行德育要善于组织、指导学生的活动。

在德育过程中，既要组织学生积极参与各种教育活动，又要引导学生自觉进行个人内部的道德修养活动，使两者联系起来，相互促进。

首先要组织好学生的各种表现为外部行为的实际的教育活动，以便启迪、激发和引导他们积极开展内部心理活动，促进他们的思想认识的提高和品德的发展。人们内部思想情感上的心理活动一经发动和开展，就会表现出巨大的能动力量，指导和促进人们的社会实践活动。

2. 德育过程是培养学生知、情、意、行整体和谐发展的过程

（1）知、情、意、行的特点。

知，即道德认识，人的品德的形成离不开认识，一定的品德总是以一定的道德认识为必要条件。一个人的道德认识水平总是制约着他的修养水平，所以说德育过程常常从提高学生的道德认识开始的。

情,即道德情感,情感在品德形成与发展中有重要作用,是一种巨大的力量,能推动道德认识转化为道德行为,发展为道德信念。在德育过程中应当重视培养学生的道德情感。

意,即道德意志,道德意志是人们为了达到某种道德目的而产生的自觉能动性,即在履行道德义务的过程中所表现出来的自觉克服一切困难和障碍、做出抉择的顽强毅力和坚持精神。

行,即道德行为,道德行为是人的品德的一个重要的外部表现,是衡量人们道德修养水平的重要标志。道德行为在人们的品德发展中具有极为重要的作用,只有在履行道德规范的活动中,人们才能深化道德认识和情感,磨炼道德意志和增强道德信念,从而使自己的品德得到发展,道德能力得到提高。

(2)德育要注意发挥知、情、意、行的整体功能。

品德结构中知、情、意、行四因素各有自己的特点与作用,四者相互联系,相互制约,相互促进,推动品德的发展。其中,知是基础,行是关键;在从知到行转化过程中,情、意起调节促进作用。

进行德育需要注意以下几点:

①德育要注意全面性,要全面关心和培养学生品德中的知、情、意、行,对他们要晓之以理、动之以情、导之以行、持之以恒,四者相辅相成,全面和谐地得到发展,这样才能最有效、最巩固地培养学生的品德。不可把四者割裂,不科学地排顺序、分等级,影响品德健康的发展。进行德育具有多开端性,没有一个固定不变的程式,但无论从何开端都要注意全面性,注意抓一端以促进其余,使各个因素相互协调、配合,以发挥其最大的整体功能。

②德育要有针对性。在品德发展的过程中,知、情、意、行四个因素的发展往往是不平衡的,导致各因素之间的不协调或严重脱节,如"言行不一"就是一种常见的表现。所以,要针对品德结构中诸因素发展不平衡的具体情况,有的放矢、因材施教,抓好品德结构中的薄弱环节,有效地调节品德的结构。

知、情、意、行是互相作用、统一实现的过程。知、情、意、行四要素,是从简单到复杂,从低级向高级,从旧质到新质的矛盾运动,它们构成了思想品德形成的全过程。德育过程就是要促进这一过程的实现。

3.德育过程是提高学生自我教育能力的过程

(1)自我教育能力在德育过程中的作用。

自我教育能力在德育过程中有越来越重要的作用,一方面,自我教育能力是德育的一个重要条件,只有注意培养与提高学生的这种能力,学生品德内部矛盾才能转化,德育才能进行得更顺利、更有效;另一方面,学生的自我教育能力又是学生品德发展程度的一个重要标志。德育的任务就在于把青少年学生从缺乏道德经验与能力、依赖性较强的孩子逐步培养成为具有自我教育能力、能独立自主地待人接物的社会成员。

(2)自我教育能力的构成因素。

自我教育能力主要包括自我期望能力、自我评价能力和自我调控能力。

自我期望是自我教育的内在目的和内在动力。学校教育应当细心地呵护这种期望,热情地激励这种期望,并引导学生把这种期望变得更具体、更实际、更充实、更稳定、更理性、更富情感、更具自主性、更显个性特点,启发学生构思近期期望与长远理想,并把二者联系起来。

自我评价能力是进行自我教育的认识基础。一个人只有在能够认识和评价自己的思想与行为时,才能进行自我教育;越能正确评价自己、分析自己的优点与缺点,进步与不足,越能明确自我教育的目标与要求,有效地进行自我教育。

自我调控能力是在自我评价的基础上建立起来的自觉调节控制自己思想与行为的能力,它是进行自我教育的重要机制。要教育学生善于调节和控制自己的思想、行为、志趣与性格,逐步提高他们的自我调控能力。

(3)德育要促进自我教育能力的发展。

德育的任务之一就是促进这种自我教育能力的发展。在德育过程中,既要从实际出发因势利导,有计划地培养与提高学生的自我意识、自我评价和自我调控能力,以形成和发展他们的自我教育能力;还要采取恰当而有效的措施,调动学生的积极性,充分发挥学生的自我教育能力在自身品德形成中的能动作用。

4.德育过程是促进学生品德发展矛盾的积极转化过程

德育过程的基本矛盾:社会通过教师向学生提出的道德要求与学生已有品德水平之间的矛盾。因此,必须深入具体地促进学生品德发展内部矛盾的产生与积极转化,并为此调节学生品德发展的外部环境。

(1)促进学生品德发展内部矛盾的积极转化。

学生品德发展的内部矛盾按性质划分表现在以下方面:

①认识性质的矛盾,是由于学生缺乏道德知识、经验而呈现出认识上的差距或产生的错误思想、行为与道德要求的矛盾。解决这种矛盾,需要向学生反复讲解道德规范,提高他们的理论修养、认识水平。

②能力性质的矛盾,是由于青少年学生道德能力不强,未能履行道德要求而出差错产生的矛盾。对于这种矛盾,必须引导学生注意总结生活经验和加强道德的

实际锻炼,通过提高他们的自我控制和道德修养能力来解决。

③思想性质的矛盾,是由于学生沾染上或已形成某些不良的思想与习气,因而不能遵循或根本不愿遵循道德规范犯了错误而产生的矛盾。对这种矛盾,要做深入细致的思想工作,引导他们认识自己思想与行为上的问题与错误的性质、严重程度、危害性,使他们积极而认真地进行思想斗争、自我反省,找出错误根源,悔悟自新,并督促他们努力改正错误,这样才能解决矛盾。

(2)调节学生品德发展的外部矛盾。

学生品德发展的外部矛盾,主要指学校德育的要求同社会、家庭等方面对学生影响不一致而产生的矛盾。

四、德育原则

德育原则:即教师对学生进行德育必须遵循的基本要求。它以个体品德发展规律和社会发展要求为依据,概括了德育实践的宝贵经验,反映了德育过程的规律性。

(一)集体教育与个别教育相结合原则

1.含义:集体教育与个别教育相结合原则是指在德育过程中,既通过集体教育影响每个成员又通过个别成员的教育影响集体;既面向集体,又因材施教,从而把集体教育与个别教育辩证地结合起来。

2.基本要求

(1)引导学生关心、热爱集体,重视培养学生集体。培养学生集体的过程也是一个教育学生促进他们的品德发展的过程。要发挥学生集体的教育作用,首先要把学生群体培养成良好的学生集体。

(2)通过集体教育学生个人,通过学生个人转变影响集体。要发挥集体的教育作用,首先教师要把集体当作教育的主体,先向集体提出要求,然后让集体去要求、教育和帮助它的成员。其次要注意通过学生个人转变来影响集体。

(3)把教师的主导作用和集体的教育力量有机结合起来。充分发挥集体的教育力量,并不否定教师对集体活动的引领作用。

(二)知行统一原则

1.含义:知行统一原则是指导学生学习和掌握一定的政治理论和道德理论。用道德思想、道德准则指导自己的行动的一种原则。

2.基本要求

(1)理论与实际相结合,提高学生的思想水平。理论的教育与学习必须以学生的实际生活为基点,同学生的实际生活相结合。

（2）注重实践,培养学生良好的道德行为。德育理论学习要见诸行动,引导学生的实践活动与交往。

（3）教师应该言传身教,做好学生的表率。在对学生进行道德教育的过程中,教师首先要注重自身的言行,做好学生的榜样。

（三）正面引导与纪律约束相结合原则

1.含义:正面引导与纪律约束相结合原则又称疏导原则、循循善诱原则,是指在德育过程中,以事实、道理、榜样等进行启发诱导,同时制定必要的规章制度进行约束。

2.基本要求

（1）讲明道理、疏通思想。

对青少年进行德育,要注重摆事实、讲道理,做深入细致的思想工作,启发他们自觉认识问题,自觉履行道德规范。即使学生有了缺点、毛病,行为上出现了过失、错误,也要注重疏通思想,提高认识,启发自觉。

（2）因势利导、循循善诱。

青少年学生活泼爱动、精力旺盛,不可一味要求他们安安静静、循规蹈矩,要善于把学生的积极性和志趣引导到正确方向上来。

（3）以表扬、激励为主,坚持正面教育。

青少年学生积极向上,有自尊心、荣誉感;但往往有孩子气,不能正确认识社会和人生问题。教师要给以启示、指点,使他们放眼社会、懂事明理,关心他人、祖国和世界,树立自己的理想。在他们的成长过程中,要坚持正面教育,对他们表现的积极性和微小的进步,都要注意肯定,多加赞许、表扬和激励,引导他们步步向前,以培养他们的优良品德。批评与处分只能作为辅导的方法。

（四）发挥积极因素与克服消极因素相结合原则

1.含义:发挥积极因素与克服消极因素相结合原则又称长善救失原则,是指在德育过程中,要调动学生自我教育的积极性,依靠和发扬他们自身的积极因素,克服他们品德上的消极因素,实现品德发展内部矛盾的积极转化,促进学生的道德成长。

2.基本要求

（1）一分为二地看待学生。

正确了解和评价学生是正确教育学生的前提。对学生既要看到他积极的一面,也要看到他消极的一面;既要看他过去的表现,也要看他后来的变化和现时的表现;要看到优秀学生的不足之处,懂得"响鼓也要重锤敲",还要善于发现后进生身上的闪光点,以便长善救失,促进他们的转变。

(2)发扬积极因素,克服消极因素。

全面而深入地了解学生,为教育学生打下了良好的基础,但要促进他们的品德发展,根本的一点在于调动其积极性,引导他们自觉地发扬自身的优点来抑制和克服自身的缺点,才能养成良好的品德,取得长足的进步。

(3)引导学生自觉评价自己,勇于自我教育。

引导学生长善救失,固然需要教师起主导作用,但主要靠学生自我教育、自觉发扬优点来克服缺点。然而,青少年学生往往不易正确评价自己,或评价过高,骄傲自满,阻碍进步;或评价过低,自卑不已,无法振作。所以,要帮助学生善于虚心听取父母、教师、同学等各方面的意见,勇于解剖和正确评价自己,能够对自己的思想与行为自觉地进行反思,为自己的优点而自豪,为自己的缺点而自责、内疚,自觉地提高道德修养。

(五)严格要求与尊重信任相结合原则

1.含义:严格要求与尊重信任相结合原则是指在德育过程中,要把对学生的思想和行为的严格要求与对他们个人的尊重和信赖结合起来,使教育者对学生的影响与要求易于转化为学生的品德。

2.基本要求

(1)尊重和信赖学生。青少年学生是祖国的花朵、人类的未来。每个青少年学生都有一颗自尊自爱、向善求善、希望得到社会理解和肯定的心。尊重、呵护与信赖学生是一个优秀教师必须具备的基本品德。爱护、尊重与信赖孩子又是教好孩子、获得良好德育效果的一个重要条件。皮格马利翁效应证明了这个道理。

(2)严格要求学生。没有要求就没有教育。在一定意义上说,德育就是对学生品德发展的引导和规范,主要表现为对学生的严格要求。对学生的缺点和错误,尤其是对那些"好学生"的缺点和错误,不能视而不见、姑息纵容,或因其年轻事小而原谅不究,要注重防微杜渐。

当然,严格要求应当与尊重、信赖学生很好地结合起来。只有当要求是出于关爱的、真诚的,有利于学生树立自尊心、自信心的,才能为学生乐意接受,积极履行,并逐渐从"他求"转向"自求",从他律转向自律。这是教师在德育上获得成功的一门重要的艺术。

（六）照顾年龄特点与照顾个别特点相结合原则

1.含义：照顾年龄特点与照顾个别特点相结合原则又称因材施教原则。因材施教原则是指进行德育要从学生品德发展的实际出发，根据他们的年龄特征和个性差异进行不同的教育，使每个学生的品德都能得到最大程度的发展。

2.基本要求

（1）了解学生的个性特点和内心世界。

这是进行德育的前提和基础，也是正确因材施教的前提和基础。

（2）依据学生个性特点有的放矢地进行教育。

由于学生的生活环境、成长经历和个性特点、内心的精神世界都不同，因而对他们的教育必须有的放矢，采用不同的内容和方法来因材施教。

（3）依据学生的年龄特征有计划地进行教育。

学生思想认识与品德发展有明显的年龄特征，因而进行德育有必要研究和弄清每个年级学生的思想特点。只有掌握了每个年级学生的年龄特征和学生的思想特点，才能对德育作整体规划、系统安排，以保证德育切合学生实际，具有连贯性和巩固性。

（七）教育影响的一致性原则

1.含义：进行德育应当有目的、有计划地把来自各方对学生的教育影响加以组织、调节，使其互相配合、协调一致地进行，以保障学生的品德能按德育的目标发展。

2.基本要求

（1）组建教师集体，使校内对学生的教育影响一致。首先，全校教职工应明确对学生进行德育的目的、任务和学生应遵守的行为准则与要求，使对学生的德育工作步调一致地展开。其次应当分工协作、互通情况，定期研究，协同一致地解决学生的德育问题。

（2）发挥学校教育的主导作用，使学校、家庭和社会对学生的教育影响相互配合、协调一致。学校、家庭、社会经常会产生激烈的矛盾与对立，面对这种复杂的局面，我们必须做到整合和优化，否则就会给学生造成价值观混乱，不利于人才培养。

（3）做好衔接工作，对学生的教育影响要保持一致性。对学生的教育影响前后不连贯、不一致，时紧时松，时宽时严，不仅影响学生良好品德的形成，而且易使学生思想松弛。因此，要做好德育的衔接工作，对学生的教育影响要保持一致性。

（八）教育影响的连续性原则

1.含义：教育影响的连续性原则是指进行德育，除了要保持各方面对学生教育影响的一致性外，也要保持其连续性，使教育在组织、调节中相互协调一致，前后连贯地进行，以保障学生的品德能按照教育目的的要求发展。

2.基本要求

（1）各级各类学校做好衔接工作，使对学生的教育影响前后连贯和连续。具体是指做好小学与初中、初中与高中以及大学期间的思想教育衔接工作。

（2）不同学生发展阶段的德育内容要具有连续性。在了解、掌握学生思想意识、行为、能力等发展的顺序和德育内容内在逻辑的基础上，科学地确定不同教育阶段的德育要求和内容，运用不同的德育方法对学生进行教育。

【2025年333第8题】李老师的班里有位学生擅长书法，但对上学不感兴趣，时常逃课。李老师让该生发起建立了书法兴趣组，组织书法爱好者一起活动。该生逐渐喜欢上学，不再逃课，期末考试成绩也有了明显提高。李老师遵循的德育原则是（　　）

　　A.教育影响一致性原则

　　B.严格要求与尊重学生相结合原则

　　C.知行统一原则

　　D.长善救失原则

【解析】D

长善救失原则也称为发挥积极因素与克服消极因素相结合原则，是指进行德育要调动学生自我教育的积极性，依靠和发扬他们自身的积极因素去克服他们品德上的消极因素，促进学生的道德成长。题干中李老师的做法正是贯彻了长善救失原则。故选D。

五、中小学常用的德育方法

德育方法是师生为完成德育任务而采取的活动方式的总和。它有两层含义：第一，它是师生共同活动的方法；第二，它是为实现德育目标、要求而服务。

我国中小学德育的一般方法有：说服教育、榜样示范、实践锻炼、情境陶冶、奖惩、自我教育、品德评价等。

（一）说服教育

1.含义

说服教育法是通过摆事实、讲道理，使学生提高认识形成正确观点的方法。

说服教育法包括：讲理、谈话（沟通）、报告、讨论、参观等。

（1）讲理：说服常用讲解，讲解可以是简短的说明，也可以是系统的理论传授；既可以是口头讲解，也可以通过墙报、广播进行。

（2）谈话/沟通：说服常通过谈话进行。通过谈话可以交流思想情感，了解学生的情况，提高他们的认识，对他们进行教育。

（3）报告：当学生思想认识上有一些带普遍性的问题需要解决和共同要求需要满足时，采用报告或讲座进行说服为宜。

（4）讨论：通过讨论、辩论能培养学生追求真理的志趣，使学生交流思想，互相切磋，共同提高。

（5）参观：参观是让事实说话，通过接触实际来提高学生思想认识。

2.基本要求

（1）具有针对性。

从学生的实际出发，注意个别特点，针对要解决的问题，有的放矢、符合需要、切中要害，启发和触动他们的心灵，切忌使学生感到单调、厌烦、抵触。

（2）富有知识性、趣味性。

注意给学生以知识、理论和观点，使他们受到启示、获得提高。但选用的内容、表述的方式要力求生动、有趣，让学生留下深刻印象，乐于实践。

（3）注意时机。

说理的成效，往往不在于花了多少时间、讲了多少道理，而取决于是否善于捕捉教育的时机，拨动学生的心弦，引起他们的情感共鸣，被他们所接受。

（4）以诚待人。

对学生说理，教师的态度要诚恳深情、语重心长、与人为善。只有待之以诚，才能叩开学生心灵的门户，使教师讲的道理被学生所接受。

（二）榜样示范法

1.含义

榜样示范法是以他人的高尚思想、模范行为和卓越成就来影响学生品德的方法。

榜样包括：伟人的典范、教育者的示范、学生中的好榜样。

典范：历史伟人、民族英雄、科学家等杰出人物都是学生学习的典范，引导学生确定学习的典范,对照典范严格要求自己,推动自己积极上进。

示范:教师、家长和其他长者给青少年学生所做的示范,也是学生学习的一种榜样,对学生产生潜移默化的影响。

评优:从学生中评优,包括评优秀个人、优秀集体等,以此可以促进学生你追我赶,共同提高。

2.基本要求

(1)选好学习的榜样。

选好榜样是学习榜样的前提,虽然学生大多积极向上,但对人生问题却考虑很少,没有确立学习的好榜样。我们应该根据时代需要和学生实际情况,指导他们选择好学习的榜样,获得前进的明确方向与巨大动力。

(2)激起学生对榜样的敬慕之情。

要使榜样能对学生产生力量,推动他们前进,就需要引导学生了解榜样,使他们在心灵深处对所学榜样产生惊叹、敬佩之情,这样,外在的学习榜样才能转化为学生心目中的榜样。要引导学生用榜样来调节行为,提高修养。

要抓住时机,及时把学生的情感、冲动引导到行动上来,把敬慕之情转化为道德行动和习惯。否则,对榜样产生的感情就不能巩固深化。

(三)实践锻炼法

1.含义

"实践锻炼法"是有目的地安排学生生活,组织学生进行一定的实际活动与交往,以培养他们的良好品德的方法。

"实践锻炼法"包括:练习、委托任务和组织活动等。

(1)练习:培养青少年良好的行为习惯必须通过反复练习。要求他们在同学交往中练习、在社会生活中使用,这样坚持下去才能形成良好品德。

(2)委托任务:教师或学生集体委托学生个人完成一定的工作任务,也是一种重要的实际锻炼。通过完成委托任务,不仅能提高学生的工作能力,而且能培养他们的工作责任感、集体主义品质,同时提高了思想水平。

(3)组织活动:组织学生参加各种实际活动是很重要的道德锻炼。在活动中学生要遵循一定的规范,克服许多困难,经受多方面的锻炼,因而能培养学生各种好品德。

2.基本要求

(1)调动学生的主动性。

锻炼主要是学生的活动,只有激发学生的主动性、积极性,使他们内心感到锻炼是必要的、有益的、有价值的,他们才能自强不息,自觉严格要求自己,获得最大的锻炼效果。

(2)教师予以适当的指导。

对学生的道德行为方式应视学生的能力给予适当的提示、指导,有时还要同他们共同分析,共同选择行为方式,培养学生的行为能力。

(3)坚持严格要求。

有效的锻炼有赖于严格要求,对学生品德的锻炼贵在一个"严"字,丝毫不能放松。

(4)及时检查和长期坚持。

良好的习惯和品德的形成必须经历一个长期的反复的锻炼过程。对学生的锻炼,要强调自觉,但又不能放松对他们的督促、检查。要引导他们长期坚持下去,久而久之一定会见成效。

(四)情境陶冶法

1.含义

情境陶冶法是通过创设良好的生活情境,潜移默化地培养学生品德的方法。它利用暗示原理,让学生通过无意识的心理活动来接受某种影响。

情境陶冶法包括:人格感化、环境陶冶和艺术陶冶等。

(1)人格感化:这是教育者以自身的品德和情感为情境对学生进行的陶冶。教师以自己高尚品德、人格,对学生的深切期望和真诚的爱来触动、感化学生,促进学生思想转变、积极进取。

(2)环境陶冶:良好的环境会陶冶人的良好品德,我们应当自觉地为学生创设良好的环境,来保证学生品德健康成长。

(3)艺术陶冶:我们应重视组织学生阅读文学诗歌、聆听音乐、欣赏画展,或引导他们自己去创作、表现,从中获得启示,受到陶冶和教育。

2.基本要求

(1)创设良好的情境

要有效地陶冶学生,首先需要创设良好的情境。这种环境包括:美观、朴实、整洁的学习与生活环境;团结、紧张、严肃、活泼、尊师爱生、民主而有纪律的班风、校风。同时要改变和消除对学生可能产生不良影响的各种情境。

(2)与启发引导相结合

不能只让创设的情境自发地影响学生,还需要教师配合以启发、说服。引导学生注意到自己学习与生活的情境的美好、温暖、富有教益,自觉吸取情境的有益影响,从而也在自己身上培养起相应的良好品德与作风。

（4）引导学生参与情境的创设

良好的情境不是固有的、自然存在的,需要人为创设。教师应当组织学习为自己创设良好的学习与生活情境。

（五）奖惩法

1.含义

奖惩是对学生的思想和行为作出评价,包括表扬、奖励和批评、处分两个方面。表扬、奖励是对学生的良好思想、行为做出肯定评价,以引导和促进其品德积极发展的方法。批评、处分是对学生不良思想、行为做出的否定评价,以帮助他们改正缺点与错误的方法。

（1）表扬:一般可分为赞许和表扬两种方式。赞许是教师对学生一般的好思想、好行为表示的称赞或欣赏,多以口头表示或点头、鼓掌等动作表示。表扬是对学生比较好的思想和行为表现郑重做出的好评,可以口头当众宣布,也可以书面形式张贴出来。

（2）批评:是对学生不良思想、行为的指责。这是比较常用的。批评可以对个人,也可以对集体;既可以只对被批评者进行,也可以在公众场合下进行,可根据实际情况的需要来定。

（3）奖励:是对学生突出的优秀品行做出的较高评价。一般包括颁发奖状、颁发奖品、授予称号这几个等级。

（4）处分:是对学生所犯错误的处理。一般包括警告、记过、留校察看、开除学籍这几个等级。

2.基本要求

（1）公平公正、正确适度、合情合理。

做到当奖则奖、当罚则罚,奖励与处分一定要符合实际,实事求是,不主观片面,不讲情面。

（2）发扬民主,获得群众支持。

奖惩由少数人决定,难免主观武断、出现差错,得不到群众支持。只有发扬民主,听取群众意见,才能使奖惩公平合理,富有教育意义。

（3）注重宣传与教育。

奖惩要有一定形式与声势,在一定范围内宣布,并通过墙报、广播、橱窗等形式加以宣传,以便收到更好的效果。

(六)自我教育

1.含义:自我教育也叫自我修养,是在教师引导下,学生经过自觉学习、自我反思和自我改进,使自身品德不断完善的一种重要方法,包括立志、学习、反思、箴言、慎独等。其中,慎独是自我修养的最高境界,它要求一个人在无人监督的独处情况下,也能自觉地按道德规范要求自己。

2.基本要求

(1)培养学生自我修养的兴趣与自觉性。引导学生的自我修养,首先要培养他们的兴趣,使他们愿意去实践。

(2)指导学生掌握修养的标准。以什么作为修养的标准,决定着修养的方向性质,因而指导学生掌握正确的修养标准是极为重要的。

(3)引导学生积极参加社会实践。指导学生提升修养绝不可脱离生活、脱离社会,相反,要引导他们广泛接触社会生活、积极参与社会活动,从中体验自我修养的必要性。

【2021年311第12题】下列格言中,体现了自我教育法的是(　　　)

A.省察于将发之际,省察于已发之后

B.纸上得来终觉浅,绝知此事要躬行

C.染于苍则苍,染于黄则黄

D.桃李不言,下自成蹊

【解析】A

自我教育是在教师引导下学生经过自觉学习、自我反思和自我行为调节,使自身品德不断完善的一种方法。"省察"就是自我教育的德育方法。故选A。

(七)品德评价

1.含义:品德评价是根据德育目标的要求,对学生的品德水平给予肯定或否定的评价,以促进学生发扬优点、克服缺点,逐步培养其良好品德的德育方法。品德评价包括表扬、奖励和批评处分两个方面。

2.基本要求

(1)明确目的,长善救失。教师首先要有明确的德育目的,然后要分析学生的优点和缺点,帮助学生长善救失,最终达到目的。

（2）实事求是,公正合理。教师在对学生进行言行评价时,要基于事实本身,不可添油加醋主观臆断,整个谈话过程要让学生感到公正合理。只有以理服人、实事求是,才能打动学生。

（3）发扬民主,激发参与。教师的品德评价要让学生感受到谈话过程的民主性。教师是基于尊重学生而进行的品德评价,只有这样,才会激发学生对教师评价的认同感,才具备感染力,产生教育效果。

（4）奖惩适当,把握时机。发现学生有好的表现时,应立即做出肯定评价,及时鼓励;当发现学生有不好的表现时,应及时给予适当批评,提醒学生立即改正。

六、德育途径

（一）德育课程与直接的道德教学

德育课程主要包括思想品德课、时事政治课等。在义务教育阶段,主要包括道德与法治课;在高中教育阶段,主要是思想政治课。

1.直接德育

直接的道德教学主要包括思想品德课和时事政治课等课程的教学活动。思想品德课和时事政治课等课程的教学作为道德教学的直接途径,是集中对于学生的道德、政治观念和思想进行教育的途径。

2.评价

直接的道德教学的优点:

（1）使学校德育的实施在课程和时间上得到最低限度保证。

（2）有利于向学生系统、全面地传授道德知识和道德理论。

（3）如果教法得当,可以迅速促进学生道德思维能力和道德敏感性的发展。

直接的道德教学的缺点:

（1）把道德教学和学科教学相提并论,贬低了学校德育的价值和地位。

（2）道德领域无明显的界限,很难限定在一套固定的课程里进行教学。

（3）道德课实际上是道德知识的教学,与其说是在实施德育,不如说是在实施智育,道德不仅仅是知识,因而难以用讲授科学知识的方法讲授道德。

（4）安排一门独立的课程实施德育,容易导致知与行分离。

（二）全方位德育与间接的道德教育

1.全方位德育

指德育应当普遍存在于学校的一切教育活动中。每一个教师都应该是德育教师,教师以自己的教学活动与日常生活全方位地影响着学生的道德成长。教师的德育不仅存在于课堂之中,还存在于日常生活之中,即直接德育和间接德育的结合。

2.间接的道德教学

间接的道德教学是指除思想品德课、时事政治课等课程之外的其他途径所进行的德育。

（1）意义:学科教学中唯一可行的道德渗透是德育;道德学习的核心是价值观或态度的学习;教材对学生品德的影响很重要。

（2）间接的道德教育途径

①教育育人。从严格落实德育课程,发挥其他课程德育功能、用好地方和学校课程等方面,强调发挥课堂教学在育人中的主渠道作用。

②指导育人。通过各种形式的指导进行德育。

③管理育人。将德育工作贯穿落实到学校管理细节之中。

④活动育人。组织活动引导学生树立正确的价值导向。

⑤环境育人。从优化校园环境,营造文化氛围,建设网络文化等方面加强校园文化建设。

⑥协同育人。是指家庭、学校、社会三方面在德育上相互配合,形成合力,在教育功能上互补、协调统一。创造和谐统一的德育环境,实现家、校、社共育,推动学生的全面发展。

【2021年311第9题】小丁不怎么懂得拒绝别人。有一天,小丁和爸爸正高兴地打着羽毛球,小红过来说也要玩。小丁把球拍让给了小红,可是一脸不情愿的样子。回家的路上,爸爸对小丁说:"你如果还想玩,可以对小红说,我再玩一会儿就给你。"从德育途径上说,爸爸的做法属于（　　　）

A.指导育人　　　　　　　B.环境育人

C.活动育人　　　　　　　D.管理育人

【解析】A

与直接的道德教育相对而言,间接的道德教育是在其他学科教学或教育实践活动中,通过道德渗透的方式,潜移默化地引导学生形成和掌握道德知识与道德观念的教育活动,主要有教学育人、指导育人、管理育人、活动育人、环境育人等。爸爸通过语言为小丁提供范例,明显属于指导育人的方式。故选A。

七、德育模式

(一)集体教育模式

集体教育模式是苏联教育家马卡连柯提出来的。马卡连柯认为,集体教育就是"通过集体""在集体中""为了集体"的教育。

1.集体教育的观点

集体教育模式的宗旨可以概括为"在集体中""通过集体""为了集体"的教育体系。具体来说,教育工作的基本对象是集体,教育的任务就是培养集体主义者,教育工作的主要方式就是集体教育。

2.集体教育的原则

(1)前景教育原则。就是通过经常在集体和集体成员面前呈现美好的"明日之快乐"的前景,推动集体不断向前运动、发展,永远保持生气勃勃的旺盛的力量。

(2)平行教育影响原则。就是教育者对集体和集体中每一个成员的教育影响是平行的,即"每当我们给个人一种影响的时候,而这影响必定同时应当是给予集体的一种影响"。

3.集体教育的方法

马卡连柯认为,劳动教育即人的劳动品质的培养,其最大的益处在于"道德和精神上的发展",即培养学生良好的道德品质。他认为,纪律教育是与集体教育、劳动教育密切联系的。纪律是达到集体目的的最好方式,纪律可以美化集体。在对学生进行纪律教育时,要合理使用惩罚和奖励,反对滥用惩罚,坚决反对体罚。

(二)道德认知发展模式

1.皮亚杰的道德发展阶段理论

皮亚杰主要研究了4~12岁儿童的道德观念,他用"对偶故事"的观察实验进行研究,揭示了儿童道德认知发展的总规律,即儿童道德的发展经历了他律到自律的转化过程。

2.科尔伯格的道德发展阶段理论

在皮亚杰的道德发展阶段理论的基础上,科尔伯格通过道德两难故事法研究道德发展问题,开创性地提出了著名的三种水平、六个阶段的道德发展阶段理论。

3.对德育的启示

(1)应该首先了解儿童的道德发展水平,使德育具有时效性和针对性。

(2)应把儿童当作主体,强调儿童的主动建构。

(3)设置一定的道德情境或道德两难故事,引起儿童的道德冲突,使儿童在解决冲突的过程中提升道德水平。

（三）体谅模式

体谅模式与道德认知发展模式中强调道德认知发展不同,它把道德情感的培养置于中心地位,代表人物是麦克费尔、诺丁斯。

1.观点

（1）理论基础:与人友好相处是人类的基本需要,人人都渴望获得关心和体谅。获得友好的人际关系是每个人的必然需求,因此学校道德教育的首要职责是满足与人友好相处,爱和被爱的基本需要。

（2）德育对增强人际意识有重大作用,但反对用高度理性化的方式进行德育。青少年对人际和社会问题的反应处于不成熟向成熟过渡的社会试验期,所以学校德育的根本目的是促进成熟的社会判断力和行为的发展。

（3）德育的根本目的是教人学会关心、学会体谅。无论是麦克费尔还是诺丁斯,都强调人的道德习得是一个互相理解和体谅的过程。人与人之间建立互相体谅、互相信任的关系是道德发展的前提性保证。

2.实践

（1）营造相互关心、相互体谅的课堂氛围。班级氛围越友好,学生之间友好的行为就越多。让学生身处友爱的班级和课堂,是教师的重要任务。

（2）注重道德感染力和榜样的作用。麦克费尔认为,品德是感染来的而非直接教来的,在引导学生形成关心人、体谅人的人际意识中,重要的是营造相互关心、相互体谅的课堂气氛,以及教师在关心人、体谅人上起道德表率作用。麦克费尔还非常重视榜样的作用,他认为,模仿榜样也是一种重要的教育形式。

（3）编写教材《生命线》。麦克费尔为道德教育课程专门编写了一套教材《生命线》。这是体谅模式的实操,教材内容由一套独具特色的人际—社会情境问题组成。该教材包括三部分,循序渐进地向学生呈现越来越复杂的人际与社会情境。

第一部分:《设身处地》。这一部分是围绕人们在家庭、学校和邻里中经历的各种共同的人际问题设计的,目的在于发展个体体谅他人的动机。

第二部分:《证明规则》。这一部分情境所涉及的是比较复杂的群体利益冲突和权威问题,其目的在于帮助青少年形成健全的同一性认识,并把自己视为对自己的共同体做出贡献的人。

第三部分:《你会怎么办?》这一部分向学生展示以历史事实或现实为基础的道德困境,其目的在于通过一个令人深刻印象的历史时刻,帮助学生拓宽、超越当前社会的道德视野,鼓励学生形成更为深刻、普遍的道德框架。

（4）德育方法灵活多样。主要有榜样、角色扮演、模仿、观察等方法。

（5）教师的培训用书是诺丁斯的《学会关心》。书中提出了一些可贵的思想,如家庭、学校、社会的要求要一致,要相互配合衔接。

3.评价

(1)优点

①体谅模式具有浓厚的人本主义色彩。它把情感置于德育的中心地位,这在教育理论中独树一帜。

②体谅模式使道德教育更加贴近生活。它反对传统道德教育中只注重道德理性和道德知识的灌输,强调道德教育要来源于生活,回归于生活。

③体谅模式有较强的实践性。该模式方法多样、民主,有配套教材和教师参考书,深受师生欢迎。

(2)局限

没有建立起一套系统的理论,因此缺乏理论基础,从而影响具体实施。

(四)价值澄清模式

价值澄清模式是针对美国儿童在多元社会中面对多种价值观的选择而提出的理论,代表人物主要有拉思斯、哈明、西蒙、鲍姆等。其中,拉思斯是该理论的创始人,与西蒙、鲍姆合著的《价值与教学》一书系统地阐明了价值澄清模式。

1.价值澄清模式的四大要素

(1)关注生活。以生活为中心,引导人关注有价值的生活中的事物,如情感、态度、目的等,解决生活中的问题。

(2)接受现实。原原本本地接受学生的一切,包括观点、兴趣、情感等价值观,以使学生坦诚地表达自己。

(3)激发思考。在接受的同时,鼓励学生进一步思考、反省各种问题,鼓励他们做出多种选择,更好地意识到、选择和珍惜日常的行为。

(4)提高潜能。通过价值澄清,使个人正视、思考个人的价值问题,更好地整合他们的选择、珍视和行动,提高自我指导能力。

2.价值澄清模式的七个步骤

(1)第一阶段:选择阶段。

①完全自由地选择。

②在尽可能广泛的范围内再进行自由选择。

③对每一种可能选择的后果进行审慎思考后做出选择。

(2)第二阶段:赞赏阶段。

④做出喜欢的选择并对选择感到满意。

⑤乐于向别人公布自己的选择。

(3)第三阶段:行动阶段。

⑥根据做出的选择行事。

⑦作为一种生活方式不断重复。

3.价值澄清模式的三大方法

价值澄清有很多种方法，如澄清反应、价值单填写、价值连续体、价值观投票、含有价值观的游戏等，其基本方法有以下三个：

（1）澄清反应法是指教师针对学生所说的话或所做的事而做出的反应。一方面，要求教师要有足够的责任心及价值敏感性。另一方面，要求教师拥有较高的对话技巧，少说多听，提出能激发学生进一步思考的问题。

（2）价值单填写法是指教师选择"某一发人深思的陈述和一系列相关问题，把它们复制在一张纸上，分发给学生"，由学生独立完成价值单，并将答案写在纸上，然后学生之间或师生之间进行交流。

（3）价值连续体法是指师生共同确定所要讨论的问题后，确认两种极端的态度，并写在一条直线的两端（于是产生连续体），将处于两种极端态度之间的其他态度写在连续体上。

4.评价

（1）优点

①尊重儿童的地位，引发儿童的主动性。

②具有较强的实践性，受到教师和学生的普遍欢迎。

③有章可循，具有很强的可操作性。

④注重现实生活。

（2）缺点

①过分强调价值观的相对性，极易导致价值相对主义。

②过分强调价值观的个性特征，极易导致极端个人主义。

（五）社会学习模式

社会学习模式是在社会学习理论的基础上提出来的，代表人物主要是美国的班杜拉。

1.社会学习模式的理论基础

社会学习模式的理论基础是班杜拉的社会（观察）学习理论。观察学习包括注意、保持、动作再现和动机四个子过程。

2.社会学习模式的基本观点

（1）通过榜样培养个体的道德行为。个体道德行为的学习是通过观察学习和模仿学习实现的。社会学习模式坚信榜样的力量，通过观察榜样的行为形成自己新的道德行为。

（2）注重培养学生的道德判断能力。影响道德判断能力的因素很多，其中最重要的是个体的认知能力。因而加强对个体认知能力的培养有助于其道德判断能力的养成。

（3）强调自我调节对道德行为的作用。该模式特别强调个体自我调节对道德行为的作用。

（4）倡导教育者的言行一致。教育者必须言行一致。如果教育者言行不一，就会直接影响儿童对道德律令的遵守程度，从而产生不良的道德行为。

3.社会学习模式的研究方法

社会学习模式研究儿童道德教育问题，主要集中在模仿学习、抗拒诱惑和言行一致等方面。

（1）模仿学习。榜样影响作用高于赞扬强化作用，儿童的道德判断主要是由于社会学习和榜样的影响造成的。

（2）抗拒诱惑。奖励或指责榜样具有"替代强化"的作用，会直接影响到儿童对诱惑的抗拒。

（3）言行一致。成人和同伴言行不一的话，会造成儿童不良行为的产生。

4.评价

（1）优点

①强调成人与环境对儿童道德行为形成的作用，这是符合教育规律的理论认识。

②强调动机的激发以及动机对维持一些特定行为的作用。

（2）缺点

①忽略了儿童身心发展的成熟性和阶段性。

②虽然强调了人的认知能力对行为的影响，但对人的内在动机、内心冲突、建构方式等因素未作研究，理论本身有较大的局限性。

（六）社会行动模式

1.道德教育的目的是培养道德推动者

纽曼认为，一个有道德的社会成员，应当具备三种改变环境的能力：

（1）作用事物的能力：审美能力（绘制图画）、实用能力（造房、造机械）。

（2）影响他人的能力：培养关系的能力、经济关系的能力（买卖事务）。

（3）影响公众事务的能力：开展公共选择活动的能力，在利益相关集团内活动的能力。

2.公民社会行动的过程

（1）制定政策目标：主要包括道德研讨和社会政策研究两个方面。

（2）争取公众的支持：一是要使学生懂得整个社会行动的实施程序。二是培养学生辩论的技能，如阐述观点的谋划过程、演讲技巧。三是具备一定的群体知识，即如何形成强有力的团体，内部权威的确立等。

（3）解决心理上的问题：这关系到公民社会行动的成败。纽曼认为，如何保持精神上的冷静、明智非常重要。

3.公民社会行动中的教师

纽曼认为，在公民社会行动中，教师具有重要的作用，主要扮演四种角色：

（1）一般资料提供者：提供社区内的人、地方、财力以及行动方法、步骤及策略方面的资料信息。

（2）顾问：满足学生各种行动咨询要求，解决心智方面出现的问题。

（3）经验智谋者：如在环境污染或种族自决权问题上的参谋作用。

（4）活动分子：积极参加公民行动、活动。

本章内容思维导图

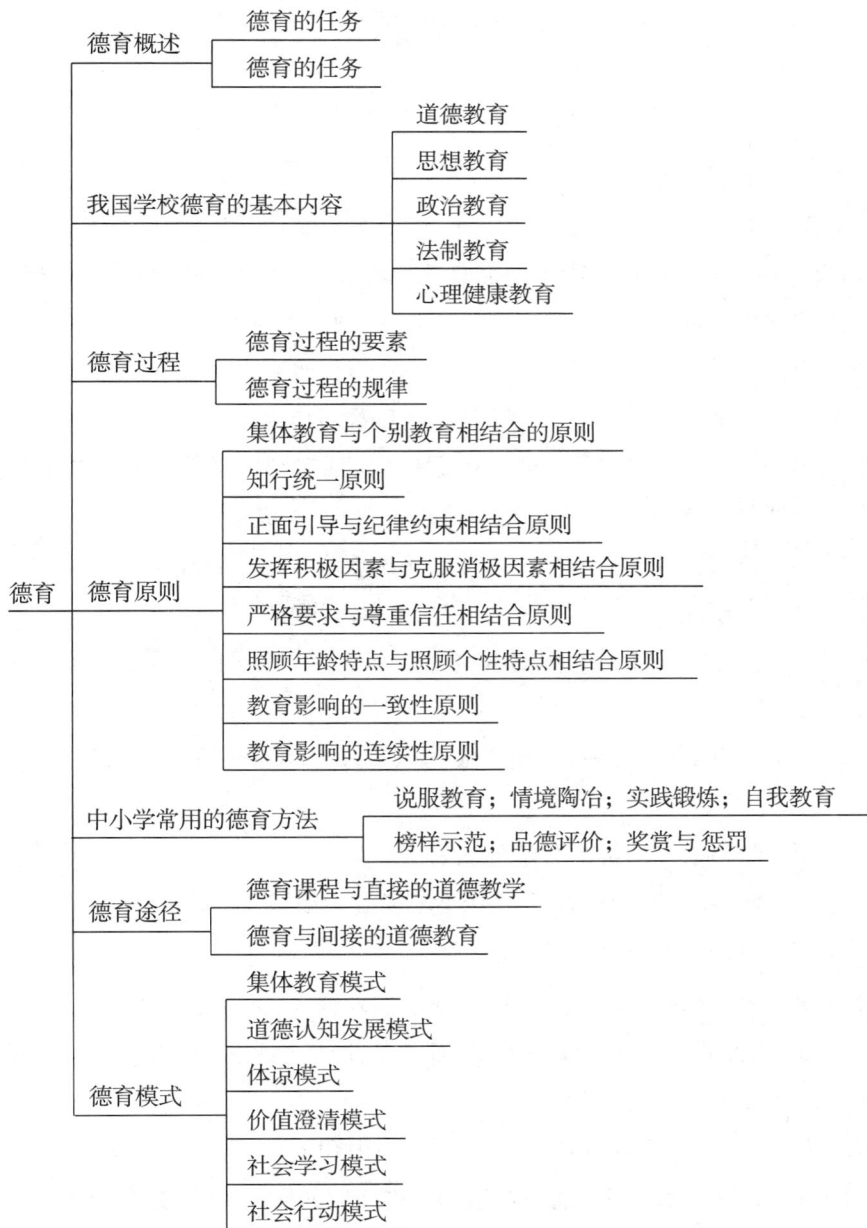

```
                   ┌─ 德育概述 ──────┬─ 德育的任务
                   │                └─ 德育的任务
                   │
                   │                 ┌─ 道德教育
                   │                 ├─ 思想教育
                   ├─ 我国学校德育的基本内容 ├─ 政治教育
                   │                 ├─ 法制教育
                   │                 └─ 心理健康教育
                   │
                   ├─ 德育过程 ──────┬─ 德育过程的要素
                   │                └─ 德育过程的规律
                   │
                   │                 ┌─ 集体教育与个别教育相结合的原则
                   │                 ├─ 知行统一原则
                   │                 ├─ 正面引导与纪律约束相结合原则
                   │                 ├─ 发挥积极因素与克服消极因素相结合原则
   德育 ──────────┼─ 德育原则 ──────┼─ 严格要求与尊重信任相结合原则
                   │                 ├─ 照顾年龄特点与照顾个性特点相结合原则
                   │                 ├─ 教育影响的一致性原则
                   │                 └─ 教育影响的连续性原则
                   │
                   ├─ 中小学常用的德育方法 ┬─ 说服教育；情境陶冶；实践锻炼；自我教育
                   │                    └─ 榜样示范；品德评价；奖赏与惩罚
                   │
                   ├─ 德育途径 ──────┬─ 德育课程与直接的道德教学
                   │                └─ 德育与间接的道德教育
                   │
                   │                 ┌─ 集体教育模式
                   │                 ├─ 道德认知发展模式
                   │                 ├─ 体谅模式
                   └─ 德育模式 ──────┼─ 价值澄清模式
                                     ├─ 社会学习模式
                                     └─ 社会行动模式
```

自测题

一、选择题

1.【2007年311第5题】按照科尔伯格的理论,以人际关系和谐或"好孩子"为定向的道德发展阶段处于(　　)

A.前习俗水平　　　　　　　　　　B.习俗水平

C.后习俗水平　　　　　　　　　　D.准习俗水平

2.【2009年311第10题】发现并重视团体生活对个人道德思维方式的深刻影响的德育模式是(　　)

A.集体教育模式　　　　　　　　　B.道德认知发展模式

C.社会学习模式　　　　　　　　　D.体谅模式

3.【2010年311第11题】根据体谅模式,下述教例中对情境问题作出了成熟反应的学生是(　　)

教师:如果你同别人说话时,一个你认识的人不停地插嘴并且试图改变话题,你怎么办?

学生甲:躲开他,然后继续我们的谈话。

学生乙:让他加入我们的谈话,看看他到底是什么意思。

学生丙:告诉老师,老师会批评他。

学生丁:也许是我们冷落了他,既然他想加入进来,就一起聊好了。

学生戊:也许我们的话题使他不安,既然他想改变话题,就别当着他的面说这个话题了。

A.甲和乙　　　　B.乙和丙　　　　C.丙和丁　　　　D.丁和戊

4.【2011年311第10题】通过对道德两难问题的深入讨论,儿童倾向于拒斥低于自己道德发展阶段的同伴的道德推理,并且能够理解和同化高于自己一个阶段的道德推理,但难以理解和接受高于自己两个或两个以上阶段的同伴道德推理,这种现象被科尔伯格等称为(　　)

A.皮格马利翁效应　　　　　　　　B.俄狄浦斯效应

C.布莱特效应　　　　　　　　　　D.布朗效应

5.【2012 年 311 第 9 题】体谅模式与其他德育模式的区别在于(　　)

A.把道德情感的培养放在中心地位

B.把道德认知发展放在中心地位

C.把道德行为学习放在中心地位

D.把道德价值观念的获得放在中心地位

6.【2012 年 311 第 11 题】道德认知发展模式采取"道德两难法"和"公正团体法"促进学生道德发展,其依据是人的道德发展具有(　　)

A.阶段性、顺序性、差异性

B.阶段性、差异性、不平衡性

C.顺序性、差异性、不平衡性

D.阶段性、顺序性、不平衡性

7.【2013 年 311 第 9 题】为避免灌输与说教而大量使用道德问题情境激发学生角色认取(role taking)和主动思考的德育模式,除道德模式外,还有(　　)

A.体谅模式

B.价值澄清模式

C.社会学习模式

D.集体教学模式

8.【2014 年 311 第 9 题】体谅模式使用诸如"有人在乘车时不停地跟司机说笑话,接着可能发生什么?"之类的人际互动情境问题,组织学生交流经验,续写故事或画连环画,分组合作编写和表演情景剧,其直接目的在于引导学生(　　)

A.置身事外,从旁观者的立场客观评价他人的处境和需求

B.设身处地,从参与者的立场感受他人的处境和需求

C.设身处地,从参与者的立场预估人际行为后果

D.置身事外,从旁观者的立场预估人际行为后果

9.【2015 年 311 第 9 题】麦克费尔的体谅模式中所使用的人际或社会问题情境教材是(　　)

A.《学会关心》

B.《生命线》

C.《中学道德教育》

D.《社会与道德教育》

10.【2016年311第11题】体谅模式创立者围绕学生普遍感到困惑的人际与社会问题,编制一套《生命线书丛》情景教材,发展青少年人际与社会技能,这套教材包括三个部分,分别是(   )

A.《设身处地》《证明规则》《你会怎么办》

B.《敏感性》《证明规则》《你期望什么》

C.《敏感性》《你期望什么》《你会怎么办》

D.《证明规则》《你期望什么》《你会怎么办》

11.【2017年311第3题】以下道德教育模式中,将"学会选择"作为核心理念的是(   )

A.价值澄清模式   B.认识发展模式

C.体谅模式   D.社会学习模式

12.【2017年311第12题】科尔伯格主张用"道德两难法"来促进学生的(   )

A.道德认知发展   B.道德情感发展

C.道德意志发展   D.道德品格发展

13.【2018年311第9题】在"海因兹偷药"的道德两难问题上,某儿童认为:"不管妻子过去对他好不好,他都要对妻子负责。为救妻子去偷药,只不过做了丈夫该做的事。如果他不这样做,别人会骂他的。"根据科尔伯格道德认知发展阶段理论,该儿童道德判断的特点是(   )

A.以人际和谐或"好孩子"为定向

B.以工具理性的相对主义为定向

C.以惩罚与服从为定向

D.以法律的秩序为定向

14.【2019年311第12题】谢老师在班会上问学生:有个同学在上课时对老师说了不敬的话,接下来可能会发生什么？学生们自由发言,说出了各种可能的师生互动方案。谢老师把学生分成多个小组,每个小组表演其中一种方案,全班学生边看边评议各组演得像不像。谢老师这一做法属于(   )

A.认知发展模式   B.体谅模式

C.价值澄清模式   D.社会学习模式

15.【2020 年 311 第 12 题】育才中学通过组织学生模拟市政和模拟法庭活动开展法治教育,这种方法属于( )

A.说服教育法 　　　 B.情感陶冶法 　　　 C.实践锻炼法 　　　 D.榜样示范法

二、论述题

1.【2012 年北京师范大学,2022 年华中师范大学 333 真题】论述德育过程是提高学生自我教育能力的过程。

2.【2015 年北京师范大学,2016、2020 年华中师范大学,2022 年东北师范大学 333 真题】论述德育是培养知、情、意、行的过程。

3.【2010 年陕西师范大学,2022 年北京师范大学 333 真题】试分析论证教学、教育及德育的关系。

4.【2021 年陕西师范大学 333 真题】简述榜样法的定义及实施要求。

第九章　教师与学生

一、教师

（一）教师的概念与类别

1.教师的概念

教师是履行教育教学职责的专业人员,承担教书育人、培养社会主义事业建设者和接班人、提高民族素质的使命。广义上,教师即教育者。狭义上,教师专指学校的专职教师。

2.教师的类别

（1）根据《中华人民共和国教师法》和《中华人民共和国教师资格条例》中的规定,教师可分为七类:幼儿园教师、小学教师、初级中学教师、高级中学教师、中等职业学校教师、中等职业学校实习指导教师和高等学校教师。

（2）根据教师任职学校性质的不同,教师可分为公办学校教师和民办学校教师。《中华人民共和国民办教育促进法》明确规定:民办学校的教师与公办学校的教师具有同等的法律地位。

（3）根据教师和学校之间法律关系的不同,教师可分为有事业单位编制（与学校签订聘用合同）的教师和无事业单位编制（与学校签订劳动合同）的教师。

（二）教师职业的产生与发展

1.产生条件

教师职业的产生,需要具备以下条件:

（1）人类教育活动,尤其是学校的出现,是教师职业产生的基础。

（2）社会生产力的发展是教师职业产生的根本原因。

（3）阶级社会统治阶级的要求也影响着教师职业的出现。

2.发展过程

教师是从事教育教学活动的专业人员,最初并不是作为一种专业产生的,教师专业化是人类社会分工的必然结果。教师从"职业"到"专业"的发展,大致经历了四个阶段,分别为非职业化阶段、职业化阶段、专门化阶段、专业化阶段。

（1）非职业化阶段

在人类社会初期，教育没有单独从生产劳动中分离出来，因此也没有专门的教育机构和专门的教师职业。在原始社会，长者为师，能者为师。

（2）职业化阶段

学校的产生和体脑分工的出现，开始有专门的人员从事教师职业，但"学在官府""以吏为师"，表明教师职业并不是独立的。

随着社会的进一步发展和社会阶层的演变，出现了私学，独立的教师职业由此而生。如我国春秋时期的诸子百家，他们竞相提出了自己的政治理想和主张，并且设学授徒，宣传自己的学说和思想。古希腊的智者也以专门教授人们知识为主。

私学教师逐渐成为一种行业，但并没有形成从教的专业技能，教师职业专业化程度很低，从业人数也十分有限。

3.专门化阶段

教师职业的专门化是社会发展到一定阶段的结果，以专门培养教师的教育机构的出现为标志。世界上最早的师范教育机构诞生于法国。

我国最早的师范教育产生于清末。1897 年，盛宣怀在上海开办"南洋公学"，分设上院、中院、师范院和外院，师范院即中国最早的师范教育机构。1898 年，京师大学堂成立师范馆，我国教师培养也开始走向专门化。

4.专业化阶段

伴随着教育改革和师范教育的发展，人们对教师的要求从"数"的增加转为"质"的提高，教师逐步向专业化方向发展，已经成为许多重视教育的国家追求的目标。

1966 年 10 月，联合国教科文组织和世界劳工组织在巴黎会议上通过了《关于教师地位的建议》，提出"教师工作应被视为一种专业"。20 世纪 80 年代中后期，美国掀起了"教师专业化"改革浪潮，法国、德国、澳大利亚等国也都先后进入了教师教育改革的高潮，"促进教师专业发展""提高教师专业地位"成为世界各国的共同呼声。

1993 年 10 月，我国颁布的《中华人民共和国教师法》把教师界定为"履行教育教学职责的专业人员"。随后，我国相继颁布了《教师资格条例》（1995 年 12 月）和《〈教师资格条例〉实施办法》（2000 年 9 月），通过资格认定的方式体现对教师专业职业的要求。

在原始社会，部落长者是兼职教师；西周时期，官师合一；秦朝时实行"以法为教，以吏为师"；在汉朝时，教师被称为"博士""祭酒""儒生"。西方最早的以收费授徒为主的专职教师是智者派；僧侣、神父、牧师也担任教师角色。

（三）教师劳动的特点

1.教师劳动的复杂性

教师劳动的复杂性表现为教师需要运用多方面的知识、能力，投入更多的时间，消耗更多的精力来从事教书育人的工作。

（1）教师劳动对象的复杂性。

教师的劳动对象是具有个别差异的学生和学生集体，因此对他们的教育不可能像物质产品那样，按固定的工艺流程、统一的型号，用一个模子来铸造。而教育教学工作又是具有明确目的、统一标准的工作，这就要求教师既要按照统一的标准来培养学生，又要注意学生的个别差异，提出切合学生实际的不同要求，采用有针对性的不同方法，区别对待，因材施教。同时，学校、教师又不是学生的唯一教育者。影响学生成长的因素是多方面的。面对这种复杂的情况，教师若没有足够的聪明才智，不经过艰苦细致的工作，不付出艰苦的劳动，就无法搞好教育教学工作。

（2）教师劳动过程的复杂性。

教师劳动的过程，是一个运用智力的过程，是一种综合使用、消化、传递、发现科学知识与技能的脑力与体力劳动相统一的过程。在教师的劳动中，知识信息的传递和转换是劳动的主要手段。传递和转换就是使社会所要求的以知识形态表现出来的精神财富，成为学生个人的财富。这就要求教师必须先消化知识，领会、把握知识，然后采用易于为学生接受的方式，将这些知识转化为学生的财富；要求教师不仅要从学生的年龄特征出发实施教育，而且还必须从学生的现有发展水平出发实施教育。

（3）教师劳动需要的能力复杂。

教师劳动的工具是教科书、教具等，教师在使用教科书之前，必须先掌握、理解它，把凝集在教科书中的智能、情感、世界观等完全转化为自身的智能、情感和世界观。这就意味着教师劳动有着比其他专业脑力劳动更高的要求。

（4）教师职责的多方面性。

教师的根本职责是教书育人，把学生教好，使每个学生在德、智、体、美、劳诸方面都得到统一、充分地发展，成为和谐发展的人。这一职责要求教师既要教书，又要育人；既要传授知识，又要发展学生的智力、能力、体力与品德；既要使学生在毕业后能承受社会生产力发展提出的要求，与自然做斗争，又要使他们适应现有的社会关系，适应社会生活。这些复杂繁重的职责，要求教师必须通过艰苦细致的劳动去履行。同时,教师的劳动具有其他劳动产品无法比拟的社会价值。这就要求教师对学生必须高度负责、精益求精。

2.教师劳动的示范性

教师劳动的示范性特点是指教师的学识、思想、情感、性格、意志、言行等,都对学生产生影响并受到学生严格监督的特性。

教师劳动的这一特点是由两个方面的因素决定的。

(1)教师劳动手段所具有的示范性特征。

①教师分析教材、演示教材的过程具有示范性。教师是否注意运用劳动手段的示范性,以及示范性手段运用得如何,都直接影响着教学的效果。

②教育教学活动中的各种实践活动,也具有很强的示范性。教学中的各种实验,其过程就是教师亲手演示并指导学生参加实验的过程,每一个环节、每一个步骤,都离不开教师的示范与讲解。

(2)学生的向师性和模仿性。

所谓"向师性"是指学生尊重、崇敬教师,乐于接受教师教导的自然倾向,希望得到教师的注意、重视、关怀、鼓励,热情而认真负责地教育自己的特点。教育心理学的研究表明,从幼儿园的幼儿到大学校园的大学生,都有向师性和模仿教师言行的特点。学生的向师性是由自己的不成熟性和教师在教育过程中的主导地位决定的。向师性使得学生坚信教师言行的正确性、权威性,并愿意接受教师的教诲,主动模仿教师的言行。这就要求教师时时、处处、事事严格要求自己,在各方面都堪为楷模。

3.教师劳动的创造性

教师劳动的这一特点表现为教师必须从学生的实际出发,精心设计教育教学方案,并根据学生的反应,及时准确地调整教育教学方法与进程,有效地促进学生的发展。

首先,教师的劳动对象是人,主要是正在成长中的青少年一代组成的学生集体。不仅学生之间有一定的个体差异,而且学生一般特点和个体差异都主要是社会环境影响的产物,是随着社会的发展而不断变化的。

其次,教师劳动的内容和手段不断变化。作为教师劳动内容的教科书,会因时代的发展而表现出一定的变化,劳动手段也会由于科技的发展而多样化。从表面上看,教师的劳动是年复一年地按照既定的计划、程序,向学生传授既定的文化科学知识,通过重复训练形成学生的某些技能、技巧,并通过大量的言传身教,将学生思想纳入一定社会的道德规范之中。但从内在机制上看,教师的劳动是没有固定不变的规范、程式或方法可以套用的，教师必须在劳动中发挥自己的主观能动性，通过自己对教育目的、教材的理解和对教育对象具体特点的全面把握，遵循教育的规律，选择最能奏效的方法与途径来实现教育目的。

4.教师劳动的专业性

1966 年，国际劳工组织、联合国教科文组织在《关于教师地位的建设》中提出，"教育工作应被视为专门职业（profession），这种职业是一种要求教员具备经过严格而持续不断的研究才能获得并维持专业知识及专门技能的公共业务；要求对所辖学生的教育和福利具有个人的及共同的责任感。"1993 年 10 月 31 日，第八届全国人民代表大会常务委员会第四次会议审议通过的《中华人民共和国教师法》，也明确规定"教师是履行教育教学职责的专业人员"。这从根本上肯定了教师劳动的专业性。

教师劳动的专业性突出表现在教师对育人的崇高敬业精神和道德修养上，对教育教学专门化知识和技能的掌握和教育活动的自主权上。而这一点在我国现阶段并未得到真正地贯彻落实。

5.教师专业化

教师专业化是指教师作为教学人员，在整个教学生涯中，通过自身专业训练，习得教育专业知识和专业技能，提高专业道德水平，逐步提高自身从教素质，成为一个良好的教育专业工作者，由不成熟到相对成熟的专业人员的发展历程。

（四）教师的地位与作用

1.教师地位的内涵

教师的社会地位是通过教师在整个社会中所发挥的作用和所占有的资源体现的，主要包括政治地位、经济地位、法律地位和专业地位。

（1）政治地位

即指教师职业在国家或民族的政治生活中所处的地位和所起的作用，表现为教师政治身份的获得、教师自治组织的建立、政治参与度、政治影响力等。随着社会的发展、教育地位的提升，教师政治地位的提高成为提高教师职业社会地位的前提。

（2）经济地位

即指将教师职业与其他职业相比较，其劳动报酬（包括工资奖金及社会保险、退休金等）的差异状况及其经济生活状态。教师的劳动属于复杂劳动创造性劳动，因此，教师劳动具有较高的价值，教师职业从业者在社会总体劳动中的经济待遇水平应与其劳动的性质和形式相称,即教师的经济地位应相当于社会复杂劳动者所享有的经济待遇水平。

（3）法律地位

即指法律赋予教师职业的权利、责任。教师职业的权利主要是指法律赋予教师在履行职责时所享有的权利。教师享有的社会权利,除一般公民权利(如生存权、选举权,享受各种待遇和荣誉等)外,还包括职业本身特点所赋予的专业方面的自主权。以法律手段确立、保障教师的权利,是提高教师社会地位的必要措施。

（4）专业地位

它是教师职业社会地位的内在标准。它主要是通过其从业标准来体现,有没有从业标准和有什么样的从业标准是教师职业专业地位高低的指示器。

教师职业的社会地位与教育地位紧密相连,它不仅与人们对教育地位的认识有关,而且与社会对教育的需要与期望有关,还与它拥有的社会地位资源及对社会的实际贡献相关。古代教育依附于政治、经济,教师的社会地位不稳定;现代教育的地位提高了,教师的社会地位也相应地提高了。

2.教师地位的发展

（1）在我国历史上,儒家把教师的地位看得很高,常常把师与君相提并论。如荀子把教师纳入天、地、君、亲的序列。尽管儒家非常重视教师的地位和作用,但并不是一直把"师道尊严"或"尊师重道"置于突出地位。韩愈提倡师道的原因正是当时的"师之不存"。

（2）在西方历史上,初等学校教师的地位并不比中国封建时期的蒙童之师优越多少。古希腊雅典伺候奴隶主子弟学习的成年奴隶,叫教仆。文艺复兴后,教师的地位和作用日益受到重视。夸美纽斯认为教师的职业是太阳底下最光辉的职业。但与东方国家一样,在西方直到19世纪之前,初等学校特别是为劳动人民所设立的初等学校的教师一直不受重视。19世纪以后,尽管教师地位有所改善,但远不尽如人意。

（3）现今,教师的地位总体而言有很大的提高,但在不同的国家差异也很大。从我国教师队伍的总体状况来看,教师的社会地位和经济待遇是在不断提高。在我国及一些发达国家,随着教师待遇的提高,其社会地位也有了明显的改观,教师成为一个吸引人的职业,拥有硕士、博士学位的人担任中小学教师的现象越来越普遍。

3.教师的作用

（1）教师是人类文化的传播者和发展者

教师作为人类文化的传播者,通过将人类丰富的文化遗产有效地传授给年轻一代,从而延续社会的文明。

(2)教师是社会物质文明和精神文明建设的推动者

从物质文明的建设和发展来看,教师通过教育输送各级各类人才参与物质文明建设。从精神文明的建设和发展来看,教师在培养各种高级专门人才、促进精神财富的生产方面也发挥着重要作用。

(3)教师是学生成长的引领者

教师在人的全面发展中起到重要的影响作用。教育过程是一个促进人整体精神的重要过程。

(五)教师的专业素养与专业发展

1.教师专业素养的构成与结构

教师的专业素养是教师拥有和带入教学情境的知识能力和信念的集合。具体而言,教师具备以下三个方面的素养:专业理想、专业知识与专业能力。

(1)专业理想

教师对于教育本质、目的、价值和生活等的理想和信念。

(2)专业知识

①学科专业知识:学科相关的基础知识、应用知识及教学技术知识。学科专业知识是教师能否胜任岗位的主要标准。

②教育专业知识:教育学科类知识,一般分为有关教育的理论知识(如儿童生理和发展的知识)与有关教育的实践性知识(如教育教学经验)。

③通识性知识:广泛而深厚的当代学科和人文方面的基础知识。

(3)专业能力

教师在具备知识素养的同时,还需要具备一定的能力素养。具体而言,教师的专业能力与教学设计、表达能力、组织管理能力、教育教学交往能力、教育教学机智、反思能力、教学研究能力、创新能力。

2.教师专业标准

2012年,教育部研究制定了《幼儿园教师专业标准(试行)》《小学教师专业标准(试行)》和《中学教师专业标准(试行)》。

教师专业标准包括基本理念(师德为先、学生为本、能力为重、终身学习)、基本内容(专业理念与师德、专业知识、专业能力)和实施建议三个部分。这对构建教师专业标准体系建设高素质专业化教师队伍具有重要意义。

3.教师专业发展的内涵、取向与途径

（1）教师专业发展的内涵

教师专业发展，又称教师专业成长，是指教师在整个专业生涯中，依托专门的组织、培养制度和管理制度，通过持续的专业学习，习得教师教育专业技能，形成专业理想、专业道德和专业能力，从而实现专业自主的过程。

（2）教师专业发展的取向

1.理智取向的教师专业发展。这种取向的教师专业发展重点在于教师的专业知识基础，认为教师要进行有效教学，一要拥有学科知识，二要拥有帮助学生获得知识的知识与技能，即教育知识。

2.实践—反思取向的教师专业发展。该取向的教师专业发展比较重视实践，主要通过写日志传记、构想、文献分析等方式进行单独反思，促使教师对自己的专业活动以及相关的事物有更为深入的理解，以此来促进教师自己的专业发展。

3.生态取向的教师专业发展。该取向的教师专业发展认为，教师的专业知识和技能的获得并不仅仅依靠自己的学习和提高，向他人学习也是教师专业发展的有效途径。

4.专家型取向的教师专业发展。专家型教师也叫研究型教师，指在教育教学领域中，具有丰富的和组织化了的关于普通教育和特殊教育的专门化的知识，能够高效率地应对教育教学中的各种问题，并富有职业的敏锐洞察力和创造力的全纳型教师。

5.创新型取向的教师专业发展。创新型教师要具备创新的教育观念、创新型的人格、多元化的知识结构、丰富的教学经验，能够自主创新地教学。

6.自我更新取向的教师专业发展。自我更新取向的教师汲取了各类发展取向的精华，既有学习型教师的自主建构，也有反思型教师的反省认知，既有专家型教师的专业结构，也有终身教育理念的学习态度。

（3）教师专业发展的途径

①职前培养

第一，完善教师教育的培养体系。首先，不断加强教师教育的一体化；其次，优化课程设置是建设重点；最后，建立开放的教师教育体系。

第二，加强教师资格制度的建设。

②入职教育

一是重视新教师群体。二是入职教育的课程内容综合化，加强人际沟通、科研指导等方面的内容。三是优化教育手段。

③在职成长

一是教师专业发展学校培训。二是校本培训。三是教师教育网络联盟培训。

【2023年311第10题】富勒使用自编的《教师关注问卷》对教师职业生涯进行调查，发现从入职到退休，教师的关注焦点依次是（ ）

A.生存、学生、教学情境　　　　B.教学情境、学生、生存

C.学生、教学情境、生存　　　　D.生存、教学情境、学生

【解析】D

富勒认为教师的发展阶段是关注生存—关注教学情境—关注学生。

（六）教师的权利与义务

1.教师的权利

教师的权利是指教师依法享有的各种权益。

我国《中华人民共和国教师法》规定，教师所享有的特殊权利主要有以下几方面：

（1）独立工作的权利，即教师依法享有对学生实施教育、指导、评价的权利。

（2）自我发展的权利，即教师依法享有发展自己、提高专业文化水平的权利。

（3）参与管理的权利，即教师可以通过各种合法途径参与学校建设和管理的权利。

（4）争取合理报酬、享受国家规定的各种福利待遇的权利。

【2025年333第9题】王老师将学生的课程纪律、作业完成及奖惩等情况写进学生的成长档案，在肯定学生优点的同时，指出不足之处，并提出改进建议。根据《中华人民共和国教师法》，王老师行使的教师专业权利是（ ）

A.参与管理权　　B.科学研究权　　C.指导评定权　　D.教育教学权

【解析】C

教师的指导评价权是指教师有指导学生的学习和发展、评定学生的品行和学业成绩的权利，这是教师在教学活动中居于主导地位的基本权利。题干中的王老师就是在行使他的指导评定权。故选C。

2.教师的义务

教师的义务是指教师依法应当承担的各种职责。

《中华人民共和国教师法》规定,教师除了必须承担国家宪法规定的公民的一般义务外,还必须履行如下基本职责:

(1)遵守宪法、法律和职业道德,为人师表。

(2)贯彻国家的教育方针,遵守规章制度,执行学校的教学计划,履行教师聘约,完成教育教学工作任务。

(3)对学生进行宪法所确定的基本原则的教育和爱国主义、民族团结的教育、法制教育,以及思想品德、文化、科学技术教育,组织、带领学生开展有益的社会活动。

(4)关心、爱护全体学生,尊重学生人格,促进学生在品德、智力、体质等方面全面发展。

(5)制止有害于学生的行为或者其他侵犯学生合法权益的行为,批评和抵制有害于学生健康成长的现象。

(6)不断提高思想政治觉悟和教育教学业务水平。

二、学生

(一)学生与学生观

1.学生

学生又称受教育者,是教育活动的主体。

(1)从广义上讲,学生泛指所有从事学习活动的人。

(2)从狭义上讲,学生是指在教师的指导下有目的、有计划、有系统地从事学习活动的。简而言之,学生是指在学校教育系统中从事学习的人,尤指在校的儿童和青少年。

2.学生观

现代学生观的基本内涵具体表现为:学生是未成熟的人,学生是有主体性的人,学生是独特性的人,学生是有特定权责的人。学生以系统学习间接经验为主,具有主体性、独立性、选择性、个体性、创造性、自我意识、差异性和明显的发展特征。

(1)学生是未成熟的人

人是未完成的动物。未成熟性意味着无限发展的可能性和极大的可塑性或可教性。

（2）学生是有主体性的人

学生只有充分发挥自身的主体性,才能主动积极、有选择地吸收外在的经验,形成自己的认知结构。

（3）学生是有独特性的人

独特性意味着差异性,需要因材施教。独特性还意味着完整性,需要全面关注学生的成长。

（4）学生是有特定权责的人

教师要做到正视并保护学生的权利,避免其权利受到侵害;要合理地处理学生的权利与责任之间的关系,既要保护学生的权利,又要善于引导学生承担责任,树立学生的权责观念。

（二）学生发展及年龄特征

1.幼儿、小学生、初中生、高中生的发展特征

①幼儿的发展特征（3~6岁）

这个阶段个体的身心发展较为迅速,已开始能够部分适应最初的生活自理,但认知和思维的发展多依赖于具体行动的感知觉体验,不会运用逻辑思维进行推理,抽象思维能力尚处于萌芽阶段。其心理活动较为丰富,活泼好动,对世界充满好奇,喜欢模仿,性格和个性等特征尚未稳定建立。

②小学生的发展特征（6~12岁）

这个阶段个体的身体发展会出现相对平缓的状态。

第一,在心理发展上,其感知觉发展迅速,注意力主要由不集中、不稳定向集中、持久的方向发展;第二,记忆由无意识记、机械识记、具体形象识记向有意识记、意义识记和抽象识记发展;第三,思维由具体形象思维向抽象逻辑思维过渡,但仍带有很强的具体性;第四,情绪、情感的内容不断丰富,深刻性和稳定性不断增强,调节能力得到快速发展。

③初中生的发展特征（12~15岁）

这个阶段个体正处于青春发育期,其身体形态和功能得到迅速发展,如体力、体重、神经系统发育逐渐增强。

第一,在心理发展上,依然具有明显的不成熟性,进入叛逆期,自我意识和自尊心增强,容易冲动。第二,在认知和思维发展上,其抽象逻辑思维日益占主导地位,但还有赖于具体形象的情境支持。第三,思维的独立性和批判性得到明显发展,但容易产生片面性和表面性特点。

④高中生的发展特征(15~18岁)

这个阶段个体的生理发育接近成年,相对成熟。

第一,在心理发展上,个性发展和自我意识趋于成熟,开始尝试建构较为稳定的世界观、价值观。但依然表现出明显的不平衡性和差异性。第二,在认知和思维发展上,抽象逻辑思维的发展进入成熟期,已具有充分的假设性、预计性及内省性。

2.学业发展、个性与社会性发展、生涯发展

(1)学业发展

学业发展主要是在学校教育中,学生完成各阶段的具体学业任务,满足自身发展的学业需要,掌握基本知识和基本技能,提高自身综合素质与能力,不断达到各阶段的学业任务要求与标准。

(2)个性与社会性发展

个性是指个体在物质活动和交往活动中形成的具有社会意义的稳定的心理特征系统,包括学生的自我意识、需要的满足,能力、气质以及性格等维度的发展。

社会性是作为社会成员的个体为适应社会生活所表现出的心理和行为特征。社会性发展,也称"社会化",是指儿童从自然人成长为社会人的过程,包括社会技能的学习、人际交往、亲社会关系培育等内容。社会性发展是学生健全发展的重要组成部分,促进学生社会性发展已成为现代教育的最重要目标。

(3)生涯发展

①生涯发展

生涯发展是一个人一生的发展过程,由时间、广度、深度三个层面构成,其中生涯发展的时间是指生涯发展的阶段或时期,包括生长、探索、建立、维持及衰退五个发展阶段;生涯发展的广度是指一个人一生所要扮演的各种不同角色,如儿童、学生、公民、员工和父母等;生涯发展的深度是指个体扮演每一个角色所投入的程度。

②生涯发展规划

生涯发展规划是指学生个体通过对生涯发展的主客观因素分析、总结和测定,确立个人的生涯奋斗目标,并为实现这一目标而预先进行生涯发展系统安排的活动或过程,内容主要包括学习规划、职业规划、生活规划、家庭婚姻规划和财务规划等。

(三)学生群体与学生组织

1.正式群体与非正式群体

(1)正式群体

正式群体是在学校行政班主任或社会团体的领导下,按一定的章程制度、管理

要求组织起来的学生群体。它通常包括班级学生群体、班级共青团和少先队等。

（2）非正式群体

非正式群体是学生自发形成或组织起来的群体。它包括因志趣相同以及其他需要而形成的学生群体。

2.青年及少年儿童组织及其建设

（1）青年组织

青年组织是指以青年为主体，具有组织的基本要素和属性的社会团体。它是现代社会中青年公民参与社会活动的重要途径，具有相对独立自主性等特点。

常见的正式青年组织有中国共产主义青年团、中华全国青年联合会等。非正式组织：公益青年自组织、休闲青年自组织、社区青年自组织等。

（2）少年儿童组织

少年儿童组织指少年儿童在成人指导下组成的，有特定目标、共同活动和组织规划的少年儿童社会团体。它是现代社会中相对独立的和具有自主性的少年儿童群众团体，对丰富少年儿童的社会生活、促进其社会性发展具有重要作用。

3.学生群体与组织的作用

学生群体有正式群体和非正式群体之分。

正式群体的目的与任务明确，成员稳定，有一定的组织纪律与工作计划，活动开展频繁且丰富多彩，能增强集体凝聚力；非正式群体大都自愿组合，成员性情相近，志趣相投，比较容易调动成员的积极性。

（四）学生的权利与义务

1.学生的权利

根据学生的权利与学习活动的关系，学生权利可以分为与学习活动直接相关的权利和与学习活动间接相关的权利。

（1）与学习活动直接相关的权利

①上课及参加课外活动的权利。学生享有"参加教育教学计划安排的各种活动，使用教育教学设施、设备、图书资料"的权利。

②获得物质帮助的权利。学生享有"按照国家有关规定获得奖学金、贷学金、助学金"的权利。

③获得公正评价和学业证书的权利。学生享有"在学业成绩和品行上获得公正评价，完成规定的学业后获得相应的学业证书、学位证书"的权利。

④表达个人意愿的权利。学生享有"对学校给予的处分不服向有关部门提出

申诉,对学校教师侵犯其人身权、财产权等合法权益,提出申诉或者依法提起诉讼"的权利。

(2)与学习活动间接相关的权利

①人身自由的权利。人身自由是指法律规定范围内的行动上的自由。在学校里,不能因为学生犯了错误而采取禁闭、延长在校时间等措施侵犯学生的人身自由权。

②人格尊严的权利。教育者不得以任何理由对学生在语言上进行挖苦、讽刺或者打击,不得做出侮辱学生的行为。

③生命健康的权利。法律明确规定"不得体罚、变相体罚学生"。

④隐私的权利。隐私权与人格尊严息息相关。学生的隐私包括家庭背景信息、个人成绩、身体方面的欠缺或者是学生的日记等多个方面,不得随便公布于众或者泄露。

2.学生的义务

根据学生的义务是否与学习活动直接相关,可以把学生义务分为与学习活动直接相关的义务和与学习活动间接相关的义务。

(1)与学习活动直接相关的义务主要有:上课及参加课外活动的义务;遵守学校作息制度和学习和与学习活动间接相关的义务。纪律的义务;完成规定学习任务的义务;有遵守中小学生守则和日常行为规范的义务。

与学习活动间接相关的义务主要有:遵守国家法律法规的义务;尊重同学和尊敬师长的义务;爱护学校财产的义务。

三、师生关系

(一)师生关系的特点与类型

师生关系是指教师和学生在教育教学过程中结成的相互关系,包括彼此所处的地位、作用和相互对待的态度等。

1.特点

(1)人格上:师生之间是平等的关系。师生双方均具有独立的人格,享有法律法规规定的各项权利。

(2)道德上:师生之间是相互影响、相互促进的关系。

(3)内容上:师生之间是传授与接受的关系。在教育中,教师传授知识,学生能动地接受知识。

(4)教学上:师生之间是主导与主体的关系。在教学中,教师发挥主导作用,学生居于主体地位。

2.类型

（1）教师中心论

古代学校"教师中心论"的倾向比较明显。到了近代，"教师中心论"以赫尔巴特为典型代表。"教师中心论"把教师看作教育主体，强调教师在教育教学过程中的权威地位；把学生看作教育客体，学生为教师所控制，对教师绝对服从。

（2）学生中心论

杜威是"学生中心论"的典型代表。他批判传统教育的"教师中心论"，把学生看作教育主体，强调学生在教育过程中的中心地位，强调学生的自主和自动，将教师置于辅助地位。

（二）良好师生关系的建立

1.良好师生关系的标准

（1）尊师爱生，相互配合

学生尊敬、信任教师，教师关心、热爱学生，是良好师生关系的重要特征。爱生是尊师的前提和基础，尊师是爱生的结果。

（2）民主平等，和谐亲密

在教育教学活动中，教师和学生以知识为中介，通过生动地传授知识和能动地接受知识，共同完成教学任务。师生双方在人格上是平等的，在真理面前是平等的。

（3）教学相长，心理相容

教学是师生双方双边互动的活动过程。

2.建立良好师生关系的途径与方法

（1）了解研究学生，建立新型师生观

教师要充分了解自己的教育对象，包括学生的性格特点、知识基础、兴趣爱好、家庭背景等。

（2）公平对待学生，建立教师威信

公平对待学生，建立教师威信，对于建立良好师生关系具有重要意义。

（3）主动与学生沟通，善于与学生交往

在师生交往的过程中，教师要注意引导，以增进师生之间的感情联系，密切师生关系。

（4）努力提高自我修养，发扬教育民主

只有在民主的氛围中，学生才感到宽松、坦然，才能充分发挥自主性、能动性和创造性。教师要善于引导学生相互尊重、相互理解、相互学习、相互支持。

本章内容思维导图

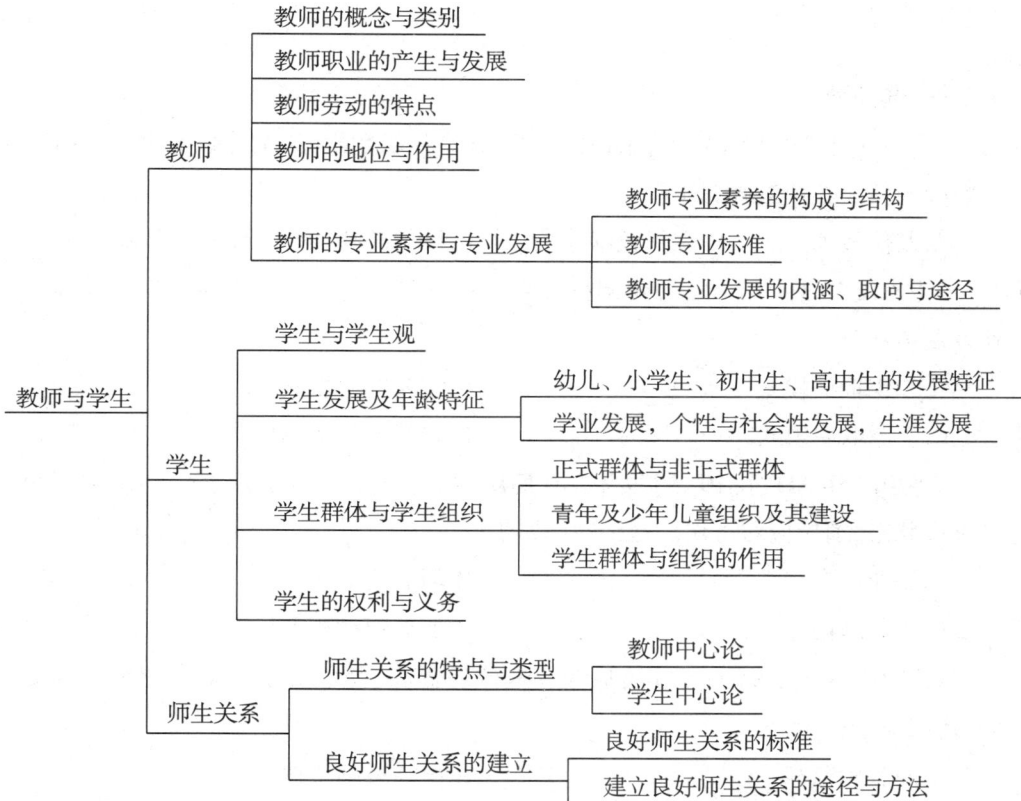

```
                        ┌─ 教师的概念与类别
                        ├─ 教师职业的产生与发展
                        ├─ 教师劳动的特点
                 教师 ──┤─ 教师的地位与作用
                        │                          ┌─ 教师专业素养的构成与结构
                        └─ 教师的专业素养与专业发展 ─┤─ 教师专业标准
                                                   └─ 教师专业发展的内涵、取向与途径

                        ┌─ 学生与学生观
                        │                   ┌─ 幼儿、小学生、初中生、高中生的发展特征
                        ├─ 学生发展及年龄特征 ┤
教师与学生 ──┤                   └─ 学业发展，个性与社会性发展，生涯发展
            学生 ──────┤                   ┌─ 正式群体与非正式群体
                        ├─ 学生群体与学生组织 ┤─ 青年及少年儿童组织及其建设
                        │                   └─ 学生群体与组织的作用
                        └─ 学生的权利与义务

                        ┌─ 师生关系的特点与类型 ┬─ 教师中心论
                        │                      └─ 学生中心论
            师生关系 ──┤                      ┌─ 良好师生关系的标准
                        └─ 良好师生关系的建立 ──┤
                                              └─ 建立良好师生关系的途径与方法
```

自测题

一、选择题

1.【2011年311第13题】某山区小学,每个年级数学、语文等科的教学均由一名教师担任。这些教师属于(　　　)

A.兼任教师　　　　B.主任教师　　　　C.级任教师　　　　D.科任教师

2.【2012年311第10题】强调教师文化建设和教师之间的沟通交流的教师专业发展模式是(　　　)

A.知识取向模式　　　　　　　　B.实践取向模式

C.生态取向模式　　　　　　　　D.自我更新取向模式

3.【2015年311第10题】教师在长期压力的体验下,会出现情感、态度和行为的衰竭状态,消极应对工作。这种问题属于(　　　)

A.职业倦怠　　　　　　　　　　B.职业迷茫

C.职业逃避　　　　　　　　　　D.职业道德失范

4.【2019年311第11题】教师专业地位的提高,既取决于教师专业水平的提升,还取决于(　　　)

A.向教师赋权　　　　　　　　　B.提高教师待遇

C.加强教师培训　　　　　　　　D.全社会尊师重教

5.【2020年311第13题】优秀教师不仅具备扎实的学科知识、学科教学知识,还具备丰富的实践性知识。下列关于教师"实践性知识"的描述错误的是(　　　)

A.教学实践性知识是教师群体独享的知识类型

B.实践性知识属于应用科学的范畴

C.反思性实践是教师获得实践性知识的主要途径

D.实践性知识难以通过直接教授而获得

6.【2016年311第10题】某教师在作文教学中运用"过程作文教学法",根据舒尔曼"教学的知识基础"理论,该教师运用的是(　　　)

A.学科教学法知识　　　　　　　B.教育情境知识

C.课程知识　　　　　　　　　　D.基于学生的知识

7.【2021年311第10题】某师范院校为师范生开设"20世纪数学思想史"课程。按照舒尔曼的教师知识分类框架,这门课程的核心功能是要增进未来教师的(   )

A.教育脉络知识　　　　　　B.学科教育知识

C.课程知识　　　　　　　　D.内容知识

8.【2018年311第10题】傅老师在执教中极为关心"同学们如何看我?""他们喜欢我吗?""校长是否觉得我干得不错?"诸如此类的问题。根据富勒的教师专业成长理论,傅老师处于(   )

A.关注生存阶段　　　　　　B.关注情境阶段

C.关注学生阶段　　　　　　D.关注自我阶段

9.【2017年311第10题】在师生关系上倾向于"学生中心说"的教育学家是(   )

A.帕克　　　　　　　　　　B.布拉梅尔德

C.赫钦斯　　　　　　　　　D.梅伊曼

10.【2022年311第12题】2017年,教育部颁布了中学、小学、学前教育专业认证标准。下列选项中,列入师范生"毕业要求"的是(   )

A.学会创新、学会发展、学会育人

B.学会创新、学会发展、学会教学

C.学会教学、学会育人、学会发展

D.学会教学、学会育人、学会创新

二、论述题

1.【2010年华东师范大学,2014年北京师范大学,2021年华中师范大学333真题】试分析学校转型变革背景下教师的基本素养。

2.【2013年华东师范大学333真题】论述社会变迁对教师角色及教师专业发展的具体影响。

3.【2014年华东师范大学333真题】针对教师专业发展的不同阶段,应该怎样帮助教师成长?

4.【2015年华东师范大学333真题】试分析教师素养及社会变迁中教师角色的发展趋势。

5.【2020年华东师范大学,2012年西南大学333真题】试述教师素养的构成及对教师成长的启示。

6.【2019年东北师范大学333真题】一个合格教师的专业素养由哪几方面构

成？如何培养教师的专业素养？

7.【2014 年西南大学 333 真题】联系实际论述如何处理教书与育人的关系。

8.【2015、2017 年西南大学 333 真题】论述教师专业发展的内涵及其要求。

9.【2020 年西南大学 333 真题】试述现代学生观的内涵。

10.【2022 年西南大学,2019 年陕西师范大学 333 真题】试析如何构建现代师生关系。

三、材料分析题

1.【2024 年 333 第 35 题】分析下述案例,并按要求回答问题。

顾老师是一位年轻的数学老师,学生们和她都亲密无间,因此她的课堂师生关系融洽,气氛活跃。这给她的教学带来了很大的便利,同时也带来了很大的麻烦。有一次课堂讨论,同学们情绪高涨,质疑问难,相互辩驳,课堂氛围热烈,秩序却渐渐失控。学生们言辞激烈逐渐偏离主题,间或出现言语攻击,顾老师大声喊停,学生们仍然意犹未尽,在课堂上反复争吵,这节课教学进度受到严重影响,最终没有完成预定的教学任务。课后反思,顾老师也相当困惑,学生一点也不怕,我是不是对他们太好了？是不是应该放弃在课堂上和学生互动？我上学那会儿,老师要求学生鸦雀无声,认真听课,那时我们的成绩好像也不错。

从教学方法、课堂管理、师生关系三个角度描述顾老师现在面临的困境,并分别提出摆脱困境的对策与建议。

2.【2014 年南京师范大学 333 真题】一位教师在给学生讲人教版第七册"钓鳟鱼"的课文时,老师提问:"仔细阅读课文,看看父亲是一位怎样的人？"

生1:"为什么还没有到时间父亲就允许我钓鱼,而钓到鱼又让我放走？"老师脸带怒色地说:"你没有听清楚老师的问题,坐下。"生1很害羞地坐了下去,这一堂课就再也没有举手了。

生2:"我觉得这位父亲对自己的孩子很严格。"老师:"仅仅是严格吗？"生2也坐了下去,再也没有发言。老师说:"在没有人的情况下,父亲严格要求自己遵守规则,是一个品德高尚的人。"下课后老师向同事抱怨:"我给了他们机会,可是他们不珍惜,只好我自己报了答案,我也没有办法。"

(1)这位教师的行为是否合适？为什么？

(2)如果换作是你,你会怎么做？

参考文献

1.王道俊、郭文安编.教育学(第七版).人民教育出版社,2016.

2.《教育学原理》编写组.教育学原理(马克思主义理论研究和建设工程重点教材).高等教育出版社,2022.

3.全国十二所重点师范大学联合编写.教育学基础(第 3 版).教育科学出版社,2014.

4.张立平、柴美艳编著.教育学.江西教育出版社,2020.

5.张立平主编.教育综合(333)考试宝典.首都师范大学出版社,2021.

答案与解析

第一章　教育及其产生与发展

一、选择题

1.C　【解析】(1)教育的显性功能是依照教育目的、任务和价值期待,教育在实际运行中所体现出来的与之相符合的功能。(2)教育的隐性功能是教育非预期的且具有较大隐藏性的功能,如教师的行为方式对学生潜移默化的影响,学校文化、社会环境对学生发展的影响等。(3)教育的正向功能指教育对社会进步和个体发展的积极影响和推动作用。(4)教育的负向功能指教育对社会和个体发展的消极影响和阻碍作用。题干中郭老师对学生说话和起绰号的现象进行教导,体现教育的正向功能。此外"让郭老师感到惊喜的是"说明这种现象并不是在预料之内的,属于隐性功能,并且是一种积极的发展。故选 C。

2.D　【解析】学生学习的积极性和学业成绩的提高是教育的正向功能和显性功能,而学生对班级事务的关心变少、学生之间的友爱互助关系也不如从前是教育的负向功能和隐性功能。故选 D。

3.B　【解析】隐性功能是教育非预期的且具有较大隐藏性的功能,教师的行为方式对学生潜移默化的影响,学校环境、社会环境对学生发展的影响等都属于教育的隐性功能。故选 B。

4.D　【解析】隐性教育功能属于伴随显性教育功能出现的非预期的功能,而负向功能具有阻碍社会进步和个体发展的消极影响和作用。本题事例说明学校教育具有负向隐性功能。故选 D。

5.B　【解析】义务教育是世界近代教育发展的重要成就之一,近代教育特征主要表现在国家加强了对教育的重视和干预;初等义务教育的普遍实施;教育的世俗化和法制化等方面。故选 B。

6.B　【解析】广义教育是指凡是能增进人们的知识和技能、影响人们的思想品德的活动,都可称为教育。狭义教育主要指学校的教育。B 项中妈妈指导小明在与他人的冲突中如何保护自己属于教育的范畴。选项 C 是教师对学生的管理,选项 D 是小明的自我学习,选项 A 虽然看上去是父亲对小明的教育,但是给予的是一种负向影响,并不能提升孩子的品德和社会交往能力,其基本价值取向存在问题。故选 B。

7.D 【解析】近代教育的世俗化表现为教育从宗教中分离、义务教育普及、教育与生产劳动相结合等,而这些特征在学校教育制度中表现为义务教育的普及。故选 D。

8.A 【解析】①补偿教育指的是为文化不利的儿童设计不同的教育方案,以补偿其幼年缺乏文化刺激的环境,减少其课业学习困难和增进课业学习能力,从而为他们创造更多学习和成功的机会。根据补偿教育的定义可知,补偿教育属于教育机会均等的诉求。②多元文化教育指的是所有学生,无论他们属于哪一类群体,譬如在性别、民族、文化等方面各不相同或者某种特殊群体,他们在学校中都应该享受平等的教育。即多元文化教育强调的是教育机会均等。③全纳教育主张人人都有平等的受教育权,即不仅要有平等的入学机会,而且要能做到平等地对待每一个学生,满足他们的不同需求。全纳教育强调的平等观,并不是要追求一种绝对平等,而是强调我们的教育应关注每一个学生的发展,不要只关注一部分学生,而歧视或排斥另一部分学生。即全纳教育体现了教育机会均等。④国际理解教育是随着当代经济贸易活动国际化而发展起来的,旨在通过传播和掌握各国地理、经济、文化和政治等知识,适应日益扩大的国际交往的需要,达到各国及其人民之间的相互理解和相互关心。国际理解教育没有涉及教育机会均等的有关议题,排除 BCD 三项。故选 A。

二、论述题

1.(1)素质教育是指以提高全民族素质为宗旨的教育,是以面向全体学生、全面提高学生的基本素质为根本目的,以注重开发受教育者的潜能,促进受教育者德、智、体诸方面生动活泼地发展为基本特征的教育。

(2)应试教育和素质教育的联系与区别。

①实施素质教育正是为了克服应试教育的弊端,准确地贯彻全面发展的教育方针。同时,素质教育既体现为一种教育思想,又表现为一种实践模式。②素质教育不是不考试,而是旨在通过素质教育纠正那种把考试作为目的的错误教育思想,把考试作为提高教学质量的一种手段,把作为具体方法的考试和作为指导思想的应试教育区别开来。③素质教育强调面向全体学生,绝不是否定个体的差异,恰恰相反,素质教育追求的是"一般发展"与"特殊发展"的统一,注重因材施教,面向有差异的每一个个体,根据不同学生的不同实际,促进学生的全面发展。

(4)实施素质教育的要求。①充分认识到课程、教材、教学方面的改革是推进素质教育的核心,应当作重点来抓;②从应试教育向全面素质教育的转变根本取决于是否有一支适应素质教育要求的教师队伍,要求教师不仅要有崇高的职业道德和奉献精神,而且要有过硬的教学本领和现代化的教学思想。③通过改革升学、考试以及评估制度,逐步淡化学校教师以及学生的升学意识和分数观念,建立多元化的评定标准,减轻学校和学生的压力,为全面实施素质教育创造良好的人文环境。(可结合具体案例作答)

2.在现代社会,随着工业生产的发展和科学技术的进步,科学技术与教育在生产中的作用迅速增强。现代教育与生产劳动的逐步结合,对提高社会生产效率和增加社会财富起着重要作用,日益成为经济发展的有力保证。

(1)教育与生产劳动相结合不仅是提高社会生产的一种方法,而且是造就全面发展的人的唯一方法,是改造现代社会强有力的手段之一。

(2)由于大工业的本性需要尽可能多方面发展的工人,于是,客观上一方面要求将生产劳动与教育结合起来,使工人尽可能受到适应劳动职能变更的教育;另一方面要求将教育与生产劳动相结合,以培养多方面发展的劳动者。

(3)由于机器大工业生产是建立在现代科学技术基础上的,这就为通过科学这一中介,将教育与生产劳动有机地结合起来提供了基础。

(4)综合技术教育使儿童和少年了解生产各个过程的基本原理,同时使他们获得运用各种生产的最简单的工具技能的现代教育内容,为教育与生产劳动相结合提供了重要的"纽带"。

(5)教育与生产劳动相结合尽管是现代社会发展的客观要求,但在资本主义社会,这种"结合"不能不受资本主义基本经济规律的制约。因此,只有彻底变革旧的生产方式,在合理的社会制度下,才能实现生产劳动与教育的结合,实现人的全面发展。

三、材料分析题

(考察教育的功能)上述这段材料出自雅斯贝尔斯的著作——《什么是教育》。

从教育作用的对象上划分,教育可分为个体发展功能与社会发展功能。

(1)个体发展功能

个体发展功能是教育对个体的生存和发展所产生的作用和影响。教育的本质是培养人,所以教育促进个体发展的功能永远不会变。促进个体发展的功能是教育固有的功能,也是教育的本体功能。具体表现为教育的个体个性化功能、个体社会化功能、谋生功能和享用功能。教育促进个体发展的功能是有条件的,教育活动必须遵循个体身心发展规律;必须符合社会发展的方向和要求;有效地组织教育活动才能促进学生发展;发挥教师的引导作用,才能促进学生自主能动性的发挥。

正如材料中所提到的那样,如果教育只是将青年人培养成有用的人才,只是为了培养服务于某些目的的专业工人,那么这样的教育就谈不上是真正的教育。在雅斯贝尔斯看来,一味地专业技术训练只能将人打造成最有用的工具,而如果一个国家想要振兴,就要让教育的内容超越实用的专业技术教育,上升到培育人的精神、安顿人的心灵的高度,以此接近教育的本质。

（2）社会发展功能

社会发展功能是教育对社会的稳定、运行和发展所产生的影响。教育作为社会结构的子系统,通过培养人进而影响社会的存在与发展,是教育的本体功能在社会结构中的衍生,是教育的派生功能,也叫衍生释放功能。具体表现为"文化功能""经济功能""政治功能""科技功能""人口功能"等。

教育促进社会发展的功能要得以实现是有条件的,教育活动必须遵循社会发展的基本规律,并能够正确地把握教育和社会之间的相互作用的度。既要看到教育和社会的联系与区别,也要看到教育的个体功能和社会功能的联系与区别,还要看到教育为当下社会服务的保守功能与对未来社会服务的超越功能之间的联系与区别。只有正确处理教育功能之间的关系,教育的社会功能才会真正地得以实现。

教育的意义和价值就在于提醒人们不断地反观自身、反观社会、反观文明,在拥有工具理性的同时,也不丧失对价值理性的追寻;在求真的同时,又不忘对善与美的呵护。教育是时代的平衡器。通过教育,使人回归本身;通过教育,使人精神成人,而这样的个体必将焕发出强大的活力和创造力,从而构建出一个更有活力、多样化的文明社会。

（3）关系

教育的个体功能和社会功能是教育功能相互联系的两个方面。它们共同构成了完整的教育功能。教育的个人本位论和社会本位论,把教育的个体功能与社会功能对立起来,形成"本体论"和"工具论"的功能观,都是对教育功能完整性的割裂。教育功能是个完整的系统,必须确保教育个体功能和社会功能的统一。

第二章　教育与社会发展

一、选择题

1.C　【解析】生产力决定生产关系,经济基础决定上层建筑,因此,对教育起决定作用的是生产力。故选 C。

2.D　【解析】教育与社会关系的主要理论有教育独立论、教育万能论、劳动力市场理论、筛选假设理论和人力资本理论。人力资本理论认为人力资本是体现在人身上的资本，即对生产者进行教育、职业培训等支出及其在接受教育时的机会成本等的总和，表现为蕴含于人身上的各种生产知识、劳动与管理技能以及健康素质的存量总和。题干中提到的"许多国家推行'教育先行'改革，以促进国民经济快速发展"，这种政策的理论基础是人力资本理论。故选 D。

3.D　【解析】人力资本理论是由以美国舒尔茨为代表的一些西方经济学家于 20 世纪 60 年代提出的。该理论认为，教育不仅可以提高个人所得，还能提高生产力，促进社会经济的发展。筛选假设理论也称文凭理论，其代表人物伯格、斯蒂格利茨等对人力资本理论关于教育能提高人的生产能力、能提高生产率的观点提出了质疑，认为教育并不提高人的能力，只是一个筛子，是劳动力市场用来区别不同人的能力的手段。故选 D。

4.B　【解析】教育作为一种特定的文化，它必须对浩瀚的文化做出选择，根据统治阶级的需要和学生发展的需要，对社会现实的文化状况进行分析和评价，去伪存真，向学生提供科学的、有价值的文化。这既能引导社会文化向健康的方向发展，更能培养和提高受教育者的文化选择和批判能力，最终促进学生的发展。故选 B。

5.A　【解析】2001 年 6 月，教育部印发了《基础教育课程改革纲要（试行）》，总体目标方面，特别强调了培养学生创新精神和实践能力。故选 A。

6.C　【解析】正如文化教育学派所指出的，人是一种文化的存在，而教育的对象是人，教育又是在一定社会历史背景下进行的，因此，教育的过程是一种历史文化过程，即"文化化"的过程。教育不能离开文化而存在。教育要根据一个民族的固有特性来进行，体现了文化对教育的影响和制约。故选 C。

7.B　【解析】优先发展教育事业，凸显了党和国家层面对于教育地位和作用的高度评价，体现了教育促进社会发展功能。从"坚持把优先发展教育事业作为推动党和国家各项事业发展的重要先手棋"中并不能看出"教育重构社会秩序""教育确定社会发展方向""教育解决社会问题"。故选 B。

8.C　【解析】这一理论的提出加深了人们对教育与经济发展之间关系的认识，充分注意到人力资本对个人收入和社会发展的重要作用，但是其缺陷在于忽视了劳动力市场中的其他筛选标准，如年龄、性别、种族、工作经验等。故选 C。

二、论述题

1.(1)生产力的发展水平制约着教育事业发展的规模和速度

一方面，生产力的发展为教育提供了物质条件和基础；另一方面，当教育的发展超过了生产力的承受能力，占用过多的资金和人力时，社会必将对其进行调整，以使教育的发展适应生产力发展的水平。

（2）生产力的发展水平制约着人才培养的规格和教育结构

培养什么样的人，既受制于社会的政治经济制度，也与生产力发展水平密切相连。

（3）生产力的发展水平制约着课程的设置和教育内容的沿革

生产力发展对人才培养规格的要求不同，学校的课程门类、课程结构、课程内容也各不相同。

（4）生产力的发展促进着教学方法和教学组织形式的发展与改革

学校的物资设备、教学实验仪器、组织管理所使用的某些工具和技术手段，都随着社会生产力发展水平的提高而逐步地获得改善和提高。在生产力高度发展的今天，一些现代化的教育手段如多媒体、电视等被引入教学领域，从而使教学组织形式、教学手段、方法向多元化发展，而先进的教学手段能使教学超越时间和空间的限制，大大加速了人们的认识过程。

2.（1）教育的政治功能

①教育传播科学真理，启迪人的民主观念。

②教育民主化本身是政治民主化的重要组成部分。

③民主的教育是政治民主化的加速器。

（2）教育的经济功能

①教育是使可能的劳动力转变为现实的劳动力的基本途径，也是劳动力再生产的手段和途径，它通过培养社会需要的各种劳动力推动社会生产与经济发展。

②现代教育是使知识形态的生产力转化为直接生产力的一种重要途径。

③现代教育是提高劳动生产率的重要因素。

3.（1）生产力对教育的影响与制约

①生产力的发展水平制约着教育事业发展的规模和速度；

②生产力的发展水平制约着人才培养的规格和教育结构；

③生产力的发展水平制约着课程的设置和教育内容的沿革；

④生产力的发展促进着教学方法和教学组织形式的发展与改革。

（2）教育具有经济功能，促进经济的发展

①教育是使可能的劳动力转变为现实的劳动力的基本途径，也是劳动力再生产的手段和途径，它通过培养社会需要的各种劳动力推动社会生产与经济发展；

②现代教育是使知识形态的生产力转化为直接生产力的一种重要途径；

③现代教育是提高劳动生产率的重要因素。

三、材料分析题

（1）材料中体现的教育的经济功能有：

①教育把可能的劳动力转化为现实的劳动力，实现劳动力的再生产。

②教育通过提高劳动者素质来促进经济发展教育提高生产者对生产过程的理解程度和劳动技能的熟练程度，从而提高工作效率，也能帮助人们合理操作、使用工具和机器，注意对工具的保养和维修，降低工具的损坏率，并且教育能增强人的创新意识和创造力。

③现代教育是生产科学技术、促进经济的重要途径。教育传播科学文化知识和技术，实现科学文化知识和技术的再生产；教育也会生产新的科学文化知识；教育还培养创新人才和科技人才，促进科技的发展。

④教育能够产生经济效益，是经济发展的新的增长点。人力资本理论和其他多项研究表明，教育对经济增长的贡献率在30%以上，现代教育与经济增长之间显著正相关。这说明教育发展对经济增长具有明显的促进作用，教育投资越来越成为经济发展的新的增长点。

（2）要更好地发展教育的经济功能，就要贯彻教育优先发展战略。

①教育先行是一种发展战略，即教育发展先于其他行业或者先于经济发展的现有状态而超前发展。教育优先发展的原因是教育在我国社会主义现代化建设中具有基础性、先导性、全局性意义。落实科学发展观，实现科教兴国战略和人才兴国战略，必然要求把教育摆在优先发展的战略地位。

②教育优先发展不是教育过度地超前发展，也不是教育的盲目发展，而是一种适度发展，要依据一个国家的经济发展水平来确定教育投资。所以，我国采用教育适度优先发展战略，这一战略能更好地保证人才兴国和科教兴国。

第三章 教育与人的发展

一、选择题

1.B 【解析】本题旨在考查考生对教育性质的认识与理解程度。马克思的这段话出自《德意志意识形态》，这段话集中说明了个体的发展具有社会性和历史性。故选 B。

2.C 【解析】发展的差异性是由于人的发展的主客观条件不一样，即遗传、环境、教育和其自身主观能动性的不同，在身心发展上存在着个别差异。高中的多样化发展是为了满足学生的差异性需求。故选 C。

3.D 【解析】个体身心发展的不平衡性，即人的发展并不总是按照相同的速度直线前进的。从总体发展来看，幼儿期和青春发育期是两个加速发展期，童年期平稳发展,到了老年期则开始出现下降。这就要求我们要抓住发展的关键期,及时施教,并根据这些特点提出不同的发展任务,采用不同的教育内容和方法,进行有针对性地教育。故选 D。

4.B 【解析】不平衡性是指在一个人的发展过程中,身心发展的速度和方面在不同年龄阶段或者在同一年龄阶段的发展都是不均衡的。美国人布莱特发现儿童在讨论道德两难问题时,能够理解和同化高于自己一个阶段的同伴的道德推理方式,拒斥低于自己的发展阶段的同伴的道德推理,这种现象称为"布莱特效应"。这个理论并没有体现出不平衡性。故选 B。

5.A 【解析】此题题干所表述的重点为当孩子的自我需求被满足后,道德发展水平就会随之得到提升发展。由低层次水平向高水平发展,这个过程为个体身心发展的顺序性体现。故选 A。

6.D 【解析】阶段性强调个体不同年龄阶段的特点不同。题干爸爸针对幼儿不了解复杂的数量与单位,没有抽象思维的特点,采用实际生活场景的比较方式,促使回答更具体详细,具有情境感,爸爸重视了幼儿阶段的身心发展的特点,因此体现了阶段性。故选 D。

7.D 【解析】内因与外因交互作用论目前主要有两种观点:第一种观点,人的发展既不单由遗传决定,也不单由环境决定,而是遗传和环境共同决定,人的发展不是遗传和环境之和,而是二者的乘积;第二种观点,认为遗传从怀孕起就受环境因素的影响,在出生以后环境的影响无时无处不在。遗传和环境在人的形成和发展过程中的作用始终是相互交织。本题题干中将教育比喻为"园艺",学生是"花朵",教师是"园丁",这既强调了园丁的精心呵护、因势利导作用,也强调了花朵先天因素与自我生长的作用。故选 D。

8.C 【解析】主张人的发展主要是由外在的力量,诸如环境、学校的教育与训练等决定的,被称为个体发展动因上的外铄论。代表人物有荀子、洛克、华生等。题目中把教育隐喻为"塑造",称教师是"人类灵魂工程师"是从外因来看影响人的发展因素。故选 C。

9.C 【解析】"外铄论"的基本观点是:人的发展主要依靠外在的力量,诸如环境的刺激和要求、他人的影响和学校的教育等。其思想从哲学上发轫于英国经验决定论者——洛克的"白板说",代表人物主要有中国的荀子、美国的华生等。故选 C。

10.D 【解析】关于"军营比学校更有可能提高人的智商"在本题题干中并没有提及,A 项不正确。题干中只是提到了获得中学文凭的新兵智力测验的平均得分,比未获得中学文凭的新兵高将近 3 分,没有提到其他学历水平的新兵,B 项不正确。学校教育在人的身心发展中起到了主导作用,但要具备有效发挥的条件。

个体智商的提升，受多方面因素的制约，而学校教育只能发挥有限的作用，难以绝对地促进其不断提升，可以实现一定幅度的提升，C项不正确。故选D。

11.A 【解析】苏格拉底认为，真理以潜在的形式存在于人的内心，教师的任务不在于传授知识，而在于通过交谈和讨论，消除错误与模糊的认识，唤醒学生的意识。由于苏格拉底曾把教师比喻成"知识的产婆"，所以这一方法又被称为"产婆术"。这一方法主要由讥讽、助产术、归纳和下定义四个步骤组成。内发论主张内在因素在人的身心发展中的决定作用，如性善论、自然成熟论、预成论等。因此，苏格拉底的产婆术属于内发论的范畴。故选A项。

二、论述题

1.(1)人的身心发展的规律性主要表现为顺序性、阶段性、差异性、不平衡性和整体性。

①发展的顺序性。人的身心发展是一个由低级到高级、由量变到质变的连续不断的发展过程，这一发展过程是有一定顺序的。比如，身体的发展是按着"从头部向下肢"和"从身体的中心向边缘部位"进行的。儿童的思维是由形象思维发展到抽象思维，记忆是从机械记忆发展到意义记忆等。②发展的阶段性。不同的年龄阶段表现出不同的特征。同时，在同一年龄段的儿童则表现出相似的特点。如童年期(六七岁至十一二岁)学生的思维特点具有较大的具体性和形象性，抽象思维能力还比较弱，情感特征不稳定且形于外。而少年期的学生，抽象思维能力已有很大的发展，对情感的体验开始向深与细的方向发展，但很脆弱。在青年初期，以抽象思维为主，情感比较丰富细腻、深刻而稳定，理智感在情感生活中占主要地位。③发展的不均衡性。在一个人的发展过程中，身心发展的速度和方面在不同年龄阶段或者在同一年龄阶段的发展都是不均衡的。如个体的身高、体重有两个发展高峰：第一个高峰出现在出生的第一年；第二个高峰出现在青春发育期。另外，人的语言、思维、记忆等发展都存在不同的关键期。④发展的差异性。由于人的发展的主客观条件不一样，即遗传、环境、教育和其自身主观能动性的不同，在身心发展上存在着个别差异，如有的早慧，有的大器晚成。

(2)人的身心发展规律对教育教学的意义。

①顺序性和阶段性要求我们的教育必须遵循由具体到抽象、由浅入深、由简到繁、由低级到高级的教育规律，遵循量力性原则，循序渐进地促进青少年的发展。②依据发展的阶段性，对不同年龄阶段的学生，在教育内容和方法上应有所不同。③人的身心发展的差异性要求教育必须从实际出发，充分考虑受教育者在不同年龄阶段的不同发展特征，做到因材施教，有的放矢。④青少年身心发展的阶段性与不平衡性要求教育工作者必须重视研究不同时期个体的成熟状况及其特征，了解

成熟期,抓住关键期,不失时机地采取有效的教育措施,积极促进青少年身心迅速健康地发展。

2.(1)个体的能动性是其身心发展的内在动力。

个体的能动性不仅影响个体对环境的选择,而且影响个体对环境的加工。在同样的环境和教育条件下,每个学生发展的特点和成就,主要取决于他自身的态度,取决于他在学习、劳动和科研活动中所采用的方法和付出的精力,取决于他的能动性的发挥状况。

(2)个体的能动性是通过个体的活动表现出来的。

人的能动性是在人的活动中、在人的社会生活中产生的,并通过人的活动表现出来的。人不仅是认识和改造客观世界的主体,同时也是认识和改造自身的主体,并在认识和改造客观世界和主体自身的过程中表现出人的能动性。人是在以自己的活动为中介同环境相互作用过程中,接受着环境的影响,同时也改造着环境,并在改造环境的过程中改造着自己。所以,从个体发展的各种可能变为现实这一意义上来说,个体的活动和社会实践是个体与环境互动的中介,是个体发展的基础,是个体发展的决定性因素。

(3)个体的能动性影响人的自我设计和自我奋斗。

人的自我设计和自我奋斗主要表现在两个方面:一是人在认识自己与周围环境现实关系的前提下,不断地为自己的发展创造条件,而不是消极地期待客观条件的成熟;二是人勾勒自己的未来前景,选择自己的发展目标,策划实现该目标的行动,并坚持为实现目标而践行,在践行中反思,不断调整策略和行为,不断克服困难和干扰,以实现自我发展的目标。

3.(1)人的身心发展受多种因素的影响和制约,其中学校教育起着主导作用。

①学校教育是一种有目的、有计划、有组织、有系统地培养人的活动,它规定着人的发展方向;②学校教育给人的影响比较全面、系统和深刻;③学校有专门负责教育工作的教师和管理人员;④学校教育通过知识培养人,知识具有认识价值、实践价值、思想价值、陶冶价值;⑤学校教育对提高人的现代性有显著作用,学校教育不仅培养人具有现代化的知识,更培养了现代人的价值、态度和行为方式。

(2)学校教育主导作用有效发挥的条件。

从学校教育的内部来讲:①学校教育要尊重受教育者的主观能动性与身心发展规律。②学校教育的办学水平主要包括:教育的物质条件、教师的素质、教育管理水平及其课程设置的合理性等。

从学校教育的外部来讲:①家庭教育与学校教育的积极配合程度。②社会发展的稳定性以及社会教育与学校教育的配合程度。③科技、信息对学校教育的改造程度。

4.影响人身心发展的因素有遗传素质、环境、教育和个体的主观能动性。

（1）遗传素质是人的身心发展的物质基础和前提条件。其成熟程度制约着人的身心发展过程及其阶段；遗传素质的差异性对人的身心发展有一定影响作用；遗传素质具有可塑性；遗传素质在个体发展的不同阶段，作用大小不同，遗传素质作用随着个体的发展而日益减弱。

（2）环境是人发展的外部条件，蕴含着人的多种多样的发展可能性。人具有主观能动性，环境对人发展的作用离不开人对环境的能动活动，不能过分地夸大环境的作用。

（3）教育对人的身心发展起主导作用，教育是一种有目的地培养人的社会活动。教育主要通过文化知识的传递来培养人，知识具有认识价值、能力价值、陶冶价值和实践价值。学生通过学习获取知识，认识事物特性，也就有了通过社会实践改造事物的可能性。

（4）个体的主观能动性是决定人发展的一个重要因素。个体的主观能动性是在人的活动中产生和表现出来的，是人发展的内在动力。它影响人的自我设计和自我奋斗。总之，只有遗传素质、环境、教育和个体的主观能动性四者相互作用才能充分促进人的身心发展。并且，教育对人身心发展的作用越来越大。

三、材料分析题

（1）影响人身心发展的因素。（见 2015 年北京师范大学和天津师范大学 333 真题）

对于狼孩儿来说，环境和教育对其影响巨大，使其遗传素质和主观能动性都几乎没有显现。狼孩儿因为在狼的环境中成长，接受狼群的教育，所以才成了"狼孩儿"。

（2）措施。①教授最基础的知识，使其循序渐进地适应人类生活。②不主张一定要让狼孩达到人类正常的水平。③通过日常生活中的教育，使其不断适应环境。

第四章 教育目的与培养目标

一、选择题

1.A 【解析】社会本位论把满足社会需要视为教育的根本价值，以德国的纳托普、凯兴斯泰纳，法国的涂尔干为代表。故选 A。

2.C 【解析】斯宾塞认为，"学习科学，从最广义看，是所有活动的最好准备。""教育即为未来人的完满生活作准备。"因此在课程内容的选择上，斯宾塞认为科学知识最有价值,其判断依据是他的教育准备生活说。故选 C。

3.A 【解析】个人本位论把满足个人需要视为教育的根本价值,个人本位的价值取向重视教育的个人价值,强调教育目的从个人出发,满足个人的需要。故选 A。

4.C 【解析】杜威认为,教育是社会进步及社会改革的基本方法,学校是社会进步和改革的最基本和最有效的工具。杜威的教育目的不仅仅强调为了儿童,还要为了社会,通过对儿童的教育来促进社会民主的发展。即集中体现杜威教育目的价值取向的观点为社会是教育的目的,儿童是教育的起点和手段。故选 C。

5.D 【解析】人的全面发展理论不仅是我国教育目的的理论基础,也是当前我国教育实践领域正在实施的"素质教育"的理论基础。故选 D。

6.A 【解析】杜威是美国哲学家、教育家,实用主义的集大成者。杜威把教育目的分为两类:①教育过程以内的目的;②教育过程以外的目的。其中,教育过程以内的目的,反对功利性的教育,遵循儿童的成长规律,使其自然率性成长,在教学中将家长、老师的中心位置让位给了儿童。故选 A。

7.A 【解析】斯宾塞强调为人的完满生活做准备,就是个体成为符合社会准则的成员,非常重视个体社会化。所以他的主张属于社会本位论。故选 A。

8.A 【解析】1958 年我国提出了"两个必须"教育方针,"两个必须"指的是:教育必须为无产阶级政治服务,教育必须与劳动生产相结合。A 项正确。1999 年在《中共中央国务院关于深化教育改革 全面推进素质教育的决定》中提出了"全面实施素质教育",B 项不符合题意。2012 年在党的十八大报告中提出了"立德树人",C 项不符合题意。1993 年在《中国教育改革和发展纲要》中提出了"培养社会主义建设者和接班人",D 项不符合题意。

9.D 【解析】2018 年 9 月 10 日,全国教育大会提出我国教育方针的新表述,即坚持中国特色社会主义教育发展道路,坚持社会主义办学方向,立足基本国情,遵循教育规律,坚持改革创新,以凝聚人心、完善人格、开发人力、培育人才、造福人民为工作目标,培养德智体美劳全面发展的社会主义建设者和接班人,加快推进教育现代化、建设教育强国、办好人民满意的教育。因此新时代下我国教育目的在于培养德智体美劳全面发展的社会主义建设者和接班人。故选 D。

10.D 【解析】坚持社会主义方向,是社会主义教育目的的根本性质。

11.B 【解析】马克思提出人的全面发展理论,是指人的劳动能力的全面发展,人的体力和智力的全面发展,人的先天和后天的各种才能、志趣、道德和审美能力的充分发展,即人的个性的自由发展。故选 B。

二、论述题

1.（1）马克思主义关于人的全面发展学说的科学含义

人的全面发展是指人的劳动能力的全面发展。在马克思看来,人的全面发展,就其最基本的意义而言,是指人能够适应不同的劳动需求。

人的全面发展是指人的体力和智力的全面发展。马克思从资本主义的劳动分工中分析了工人在生产劳动中体力和智力两个方面的片面发展,进而提出全面发展的人将是体力劳动和脑力劳动相结合,在体力和智力上得到协调发展的人。

人的全面发展是指人的先天和后天的各种才能、志趣、道德和审美能力的充分发展,即人的个性的自由发展。马克思认为,人的发展领域包括劳动时间和自由时间两个方面。劳动时间创造了人类才能的发展所必需的物质财富,自由时间同劳动时间一样,也是人的全面发展不可缺少的一个方面,是人的先天和后天的各种才能和志趣、道德与审美能力充分发展的又一个广阔领域,马克思称其为"真正的自由王国"。在这个自由的王国里,个人从事自由活动的时间不断扩大,人的个性因此得到自由发展。

（2）马克思主义论人的全面发展必须具备的社会条件

马克思根据大工业生产的发展,认为实现人的全面发展已经具备的客观经济条件主要表现在三个方面:一是市场的扩大和交往的普遍性为人的全面发展提供了可能性;二是大工业的发展使自由时间增多,从而为个人全面发展创造了重要条件;三是大工业的发展使新的产业不断兴起,使社会内部的分工不断发生革命,劳动变换加速,要求人必须全面发展。

（3）马克思主义关于人的全面发展学说在教育学上的重要意义

确立了科学的人的发展观。全面发展学说把人的发展历史归结为生产方式的发展历史,确立了"人怎样表现自己的生活,他们自己也就怎样"的科学发展观,从而为人的发展问题提供了一种全新的方法论指导。

指明了人的全面发展的历史必然。全面发展学说所揭示的人的发展方向是一种建立在生产发展普遍规律之上的自然历史过程。

为我国教育目的制定奠定了理论基础。马克思主义强调人的全面发展,我国的教育目的正是根据马克思主义的全面发展学说,提出了培养德智体美劳全面发展的社会主义建设者和接班人。

2.（1）全面发展教育的组成部分。（2010年东北师范大学真题）

全面发展教育是指教育者根据社会的政治经济需要和人的身心发展的规律和特点,有目的、有计划、有组织、有系统地对受教育者实施的旨在促进人的素质结构全面、和谐、充分发展的系统教育。全面发展教育的组成部分及其各自的地位与作用:

①德育。德育有广义和狭义之分,广义的德育指关于人生活的意义和规范的各种教育活动的总和。它涉及人成长生活的各种品质内容,如思想教育、政治教育、法制教育、心理健康教育、道德教育,甚至包括生命教育、公民教育和人格教育等。狭义的德育指"育德",即道德教育。德育在全面发展教育中处于思想引领的地位,在"五育"并举中起着保证方向和动力的作用。

②智育。智育是教授学生系统的科学文化知识和技能,培养和发展学生的学识素养和智慧才能的教育。智育是全面发展教育的基础。智育帮助学生认识大千世界,学会知识和技能,开阔眼界,提升能力,能够培养学生的创造力和问题解决能力,使其学会生存的本领。

③体育。体育是授予学生健身知识和技能,发展他们的体力,增强他们的体质的教育。增强学生的体质是学校体育的根本任务。体育是人的个性全面发展的生理基础。人们进行生产劳动、社会活动、军事活动和幸福的生活都需要强健的体魄作为基础。

③美育。美育是培养学生健康的审美观,发展他们感受美、鉴赏美、表现美、创造美的能力,培养他们的高尚情操和文明素质的教育。美育具有启智、育德、健体的作用,美育也是实施德、智、体的途径。美育在净化学生心灵,激发学生热爱生活和追求美好生活方面有重要作用。

④劳动教育。劳动教育是引导学生掌握现代劳动的知识与技能,养成良好的劳动习惯和正确的劳动态度,培育学生科学的劳动价值观的教育。劳动教育具有启智、育德、健体和育美的作用,劳动教育也是实施德、智、体的重要途径之一。

(2)德育、智育、体育、美育、劳动教育之间的关系:

①"五育"相对独立、缺一不可,不可相互替代。全面发展的五个组成部分各有自己的特点、规律和功能,是相对独立、缺一不可的,不能互相替代。每部分的社会价值和满足个体发展的价值都是不同的。我们应该主张"五育"并举,组成完整的统一体。

②"五育"又相互联系,互为目的和手段,在实践中,共同组成统一的教育过程。德育对其他部分起着保证方向和动力的作用;智育为其他部分提供了认识基础;体育是实施其他部分的机体保证;美育在促进学生全面发展中具有重要作用;劳动教育是全面发展教育的有机组成部分。

③我们要坚持"五育"并举,处理好它们的关系,使其相辅相成,发挥教育的整体功能。也就是说,随时都要注意引导学生在德、智、体、美、劳诸方面的发展,防止和克服顾此失彼的片面性,坚持全面发展的教育质量观。

3.(1)立德,就是坚持德育为先,通过正面教育来引导人、感化人、激励人;树人,就是坚持以人为本,通过合适的教育来塑造人、改变人、发展人。立德树人就是自身树立德业,给后代做榜样,培养人才。

(2)学校当前在立德树人方面的偏差:①对德育工作的意义和价值认识不到位;②缺乏校园文化氛围;③缺乏高水平的师资和管理队伍。

(3)提高学校立德树人工作成效的措施:①我们要充分认识社会主义核心价值体系对于学校思政和德育工作的重要意义和价值。学校作为培养青少年学生的重要阵地,学校的思政和德育工作是社会主义核心价值体系建设中不可分割的一部分。②我们要积极营造社会主义核心价值观的校园文化氛围,加强校园文化建设和管理,形成良好的校园文化环境。要充分发挥校园文化的引导作用,建设社会主义核心价值观的校园文化。③要做好立德树人的工作,最为核心的是在学校培养"德才兼备,以德为先"的高水平的师资和管理队伍形成以德修身、以德服众、以德领才、以德润才、德才兼备的用人导向。

第五章　教育制度

一、选择题

1.D　【解析】学制指的是一个国家各级各类学校的系统及其管理规则,它规定着各级各类学校的性质、任务、入学条件、修业年限以及它们之间的相互衔接与分工关系。故选 D。

2.D　【解析】中国现行学制规定,"实施基础教育,担负着为高一级学校输送合格新生以及为国家培养劳动力后备力量的双重任务"这是对全日制普通高中的教育规定。随着我国高中教育大众化与普及化,普通高中增加了职业性课程,为普通高中毕业生做些就业准备,在教育任务上兼顾基础教育与预备教育,呈现出普通教育职业化趋势。故选 D。

3.B　【解析】教育制度包括两个基本的方面:一是教育的施教机构系统方面(包括学校教育机构和幼儿教育机构系统、校外儿童教育机构和成人教育机构系统等)。二是教育的管理系统方面(包括教育行政机构、教育督导机构、教育评价和考试机构系统等,以及这些教育机构赖以存在和运行的一整套规则)。故选 B。

4.A　【解析】我国现代学制中,根据培养目标的不同,一般把中学区分为普通中学、职业中学和综合中学。故选 A。

5.B　【解析】《中华人民共和国教育法》第二章《教育基本制度》,第十七条中规定:"国家实行学前教育、初等教育、中等教育、高等教育的学校教育制度。国家建立科学的学制系统。学制系统内的学校和其他教育机构的设置、教育形式、修业年限、招生对象、培养目标等,由国务院或者由国务院授权教育行政部门规定"。第二十条中规定:"国家实行职业教育制度和继续教育制度"。故选 B。

6.C 【解析】《国家中长期教育改革和发展规划纲要(2010—2020 年)》提出在普通高中建立学生发展指导制度,加强对学生的理想、心理、学业等多方面指导。故选 C。

7.C 【解析】义务教育是依据法律规定,适龄儿童和少年必须接受,国家、学校、家庭和社会必须予以保证的国民教育。目前我国实行 6～15 岁的九年义务教育,学前教育并没有纳入其中。故选 C。

8.A 【解析】当制度化教育发展跟不上社会的发展速度,就会出现教育成果与社会需要之间的矛盾,产生教育与社会的脱节,从而出现"社会拒绝使用毕业生"的结果。故选 A。

9.D 【解析】分支型学制是一个国家的学校体系在初等教育阶段和中等教育阶段的一定阶段由单一的学校系统构成,而在此后的阶段(初中或高中以后)开始分化的多种学校系统与之衔接。这样构成的整个学校体系就像一把叉子,所以这种学制类型又被称为分叉型学制。中国的现行学制即属于此类。故选 D。

10.C 【解析】双轨学制包括:一轨是"学术性"轨道(自上而下),另一轨是"职业性"轨道(自下而上)。故选 C。

第六章 课 程

一、选择题

1.B 【解析】这道题考查了古德莱德的课程分类。美国学者古德莱德归纳了五种不同的课程。(1)理想课程:由研究机构、学术团体和课程专家提出的应该开设的课程;(2)正式课程:被官方采纳的课程、计划和教材等;(3)领会课程:任课教师所领会的课程;(4)运作课程:课堂实际开展的课程;(5)经验课程:学生实际体验到的课程。故选 B。

2.D 【解析】经验的课程,即指学生实际体验到的东西。识别这种课程的方式包括学生问卷、交谈以及根据对学生的观察来推断。题干中提到的是学生对于课程的理解,所以是经验的课程。故选 D。

3.C 【解析】(1)"在讲解李清照诗词的课上"(教师正在讲授的课程属于领悟的课程);(2)"学生在学到'浓睡不消残酒'时,对于古代酒水的酒精度产生了兴趣。"(学生感受到的经验课程);(3)"因此,老师调整了原来的教学计划,转而和学生讨论起古代词人与酒文化的主题"(教师实际操作的课程)。

4.A 【解析】本题旨在考查考生对赫尔巴特和杜威教育思想核心的掌握程度。以赫尔巴特为代表的传统教育思想的三个中心是教材中心、课堂中心与教师中心,而以杜威为代表的现代教育思想则强调经验中心、活动中心和学生中心。故选 A。

5.B　【解析】本题旨在考查考生对课程理论流派的掌握程度。经验主义课程论认为应以儿童活动为中心来组织课程,课程的组织应该心理学化;学科中心课程理论强调的是知识的内在逻辑和系统性,主张实施分科教学;存在主义课程论认为课程最终要以学生的需要来决定;后现代主义课程论则强调课程的丰富性、循环性、关联性和严密性,借助于后现代主义理论分析看待现代课程问题。故选 B。

6.A　【解析】强调知识的内在逻辑和系统性,主张实施分科教学,这是学科中心课程理论的主要观点。故选 A。

7.A　【解析】泰勒在其《课程与教学的基本原理》这本著作中提出了一个整套课程编制的过程,主张课程编制要考虑以下四个基本问题:(1)学校应努力达到哪些教育目标(确定教育目标);(2)提供哪些教育经验才能实现这些目标(选择学习经验);(3)这些教育经验应如何有效地组织起来(组织学习经验);(4)如何确定这些目标正在得到实现(评价目标是否得以实现)。可见,课程编制的整个过程是以目标为中心的,强调课程目标的主导作用。故选 A。

8.C　【解析】泰勒原理由两条密切相关的基本原理组成,一条是课程编制原理,另一条是课程评价原理。故选 C。

9.B　【解析】泰勒在《课程与教学的基本原理》中把课程理论归结为四个最基本的问题:第一,学校应该达到哪些教育目标? 第二,提供哪些教育经验才能实现这些目标? 第三,这些教育经验应如何有效地组织起来? 第四,我们如何确定这些目标正在得到实现? 第三条中,泰勒提出了组织学习经验时必须符合的主要准则,即连续性、顺序性和整合性。故选 B。

10.A　【解析】布鲁姆将教育目标分为认知领域、情感领域和动作技能领域。每一领域的目标由低级向高级分为若干层次,从而形成了目标的层次结构。同时,他主张以外显行为作为教学目标的分类的对象,因为只有外显行为是可观察、可测量的。思维能力不可以被观察和测量。因此,答案选 A 项。

11.B　【解析】布鲁姆在《教育目标分类学》中将教育目标分为认知、情感、动作技能三个领域,每个领域的目标又由低到高分为若干层次。认知领域的教育目标可以分为:知识、领会、应用、分析、综合、评价;情感领域的教育目标可以分为:接受、反应。形成价值观念、组织价值观念系统、价值体系个性化;动作技能领域的教育目标可以分为:知觉、模仿、操作准确、连贯、习惯化。A 项旨在用与原先表达方式不同的方式来表达所学的内容,体现的是一种知识的转化,这属于知识层次。C项旨在预测发展的趋势,是对发展趋势的判断,这属于领会层次。D 项旨在对部分进行鉴别,分析部分之间的关系和认识其中的组织原理,这属于分析层次。B 项旨在拟定一项操作计划,强调了创造能力,这属于综合层次。故选 B。

12.B 【解析】布鲁姆的教育目标分类学将全部教学目标划分为认知领域、情感领域和动作技能领域。其中,认知领域的目标包括知识、领会、应用、分析、综合和评价六级水平。让学生列举关于负数的例子很显然是对所学知识的应用。故选 B。

13.D 【解析】布鲁姆在《教育目标分类学》中将教育目标分为认知、情感、动作技能三个领域,每个领域的目标又由低到高分为若干层次。其中教育目标在认知领域的分类如正文所示。

14.C 【解析】布鲁姆等在《教育目标分类学·第二分册:情感领域》一书中把情感领域目标分为五个亚领域,主要包括接受(注意)、反应、价值的评估(形成价值观念)、组织价值观念系统和由价值或价值复合体组成的性格化 5 大类①接受:具有意识、愿意和关注的素质,包括意识、愿意和专注。②反应:对一种情境作出默许、依从和评估等反应的素质,包括默许、依从和评估。③形成价值:接受、喜爱与承诺某一价值观的素质,包括接纳、喜爱和确证。④组织价值观念系统:重点在于解决不同价值之间的冲突进行联合和综合。⑤性格化:形成了一种价值体系,这一价值体系在相当长的时间内控制着他的行为。题干中提到的把核心价值观转化为情感认同和行为习惯,是指的观念的性格化。

15.A 【解析】"任何学科的任何知识,都可以用智力上诚实的方式,教给任何阶段的任何儿童"是布鲁纳提出的观点。布鲁纳自 20 世纪 60 年代起,把皮亚杰关于儿童认知结构发展理论应用到教学和课程改革上,创立了结构主义教育理论,认为教学的目的就是让学生理解学科知识的基本结构。故选 A。

16.A 【解析】心理学家布鲁纳以《教育过程》为名发表了改革中小学课程报告。布鲁纳是结构主义的代表,结构主义教育的主要观点包括:注重教授各门学科的基本结构。由于任何一门学科都可以构成一系列由基本概念和基本原理组成的基本结构,因此,教授任何一门学科,主要是使学生理解和掌握这门学科的基本结构以及这门学科所特有的研究方法。通过学习各门学科的基本结构,不仅能使学生容易地掌握整个学科,而且能促进知识"迁移"的能力。布鲁纳始终强调学科结构,即基本概念和基本原理,而非"学术标准",二者是不可等同的。故选 A。

17. A 【解析】本题旨在考查考生对主要的课程评价模式的认识与理解程度,以泰勒为代表的传统课程评价观强调的是行为目标模式,其核心思想是,目标是课程评价的依据和出发点,通过测量目标的达到程度判断教学效果。目标游离评价要求脱离一定目标,以课程计划或活动的全部实际结果为评价对象,尽可能全面客观地展示这些结果。背景、输入、过程、结果评价模式考虑到影响课程的各种因素,相对来说比较全面。差距评价模式旨在提示计划的标准与实际的表现之间的差距,以此作为改进课程计划的依据。故选 A。

18.C 【解析】把两门或两门以上的学科内容整合在一门课程中,加强学科联系,但不打破学科界限。这种课程属于相关课程。故选 C。

19.D 【解析】根据综合程度,把综合课程由高到低排列为:核心课程、广域课程、相关课程。故选 D。

20.C 【解析】题干中提到的动物学和植物学虽然形式上存在着两个科目合并,但是实际上强调的是生物学科的相对独立性,两科合并使生物学科逻辑体系更加完整。故选 C。

21.A 【解析】综合课程又称广域课程、统合课程,其根本目的是克服学科课程分科过细的缺点。它采取合并相关学科的办法,减少教学科目,把几门学科的教学内容组织在一门综合学科之中。综合课程坚持知识的统一性,通过综合课程的学习,学生常常会把某一学科领域的概念、原理和方法运用到其他学科领域中。综合课程的具体分类为相关课程、融合课程、广域课程和核心课程。B、C、D 三项均不属于按统一维度划分的课程分类。故选 A。

二、论述题

1.(1)学科课程。

①学科课程是从各门学科中选取最基本的内容,组成各种不同的学科,分学科安排教学顺序、学习时数和期限的课程。②优点:a.从内容看,以学科作为教学活动的单位,方便编订教材,教学内容的选择、结构、顺序就是学科知识的选择、结构、顺序。课程目标以学科知识的掌握为目标。b.从教学看,以科学文化知识为主体的学科课程便于教学。从学习的角度看,便于让学生学到系统的科学文化知识,便于管理,便于评价。③缺点:学科各自独立,割裂各学科间的联系。只重视系统学科知识的学习,不利于培养学生的能力。知识与能力培养相脱离,轻学科间的联系,难以培养出现代化建设所需要的人才。

(2)活动课程

①活动课程即以儿童活动为中心来组织教学过程。课程应是一系列儿童自己组织的活动,儿童通过活动获得经验,从中培养学习兴趣,学会独立解决问题,锻炼能力。②优点:以儿童为中心,从儿童需要和个性出发设计课程,课程的组织是综合性的;课程顺序强调心理结构;课程进度无严格规定;重视学生的主动性和发展学生的个性;注意学生的动机和兴趣,强调经验的获得。③局限:过分地夸大了儿童的个人经验,忽视了间接知识的系统学习,降低了教学质量;不顾及这些经验本身的逻辑顺序,降低了学生的系统知识水平;对于教师而言,活动课程的组织较困难。

（3）分歧

①补充说。认为活动课程是学科课程的补充,在我国课程结构中,应以学科课程为主,活动课程为辅,二者相辅相成,共同发挥育人功能。②对立说。认为活动课程和学科课程有着本质的不同,是根本对立的两种课程形态。③发展说。活动课程是对学科课程的超越,活动课程实质上包含了学科课程,活动课程可以说是学科课程的各种整合形态,以活动作为特殊形式把学科课程有机地结合起来。总之,我们主张当下的课程改革要将活动课程和学科课程结合起来,要互为补充,才能促进学生的全面发展。

2.(1)含义:所谓综合课程,也叫"广域课程""统合课程"和"合成课程",是打破传统的学科课程的知识领域,组合相邻领域的学科构成的一门学科,其根本目的是克服学科课程分科过细的问题。

（2）优势:①综合课程坚持课程统一性的观点,符合学生认识世界的特点,有利于学生整体把握客观世界。②有利于促进知识的迁移。③可以弥合知识间的割裂性,培养学生综合分析、解决问题的能力。④综合课程是学生未来就业的需要。⑤综合课程贴近社会现实和生活实际。

（3）不足:①忽视每门学科自身的逻辑结构。②教材编写困难。怎样把各门学科的知识综合在一起,这是个棘手的问题:通晓各门学科的人才较少,聘请各科优秀的教师合作编写综合课程的教材也困难重重。③师资问题。没有很好的综合课程的教师能够驾驭综合课程,培养综合课程的师资也是一大困难。

3.【答】(只提供答题框架,具体内容根据知识点内容补充)

拉尔夫·泰勒是美国当代著名的课程和评价专家,被誉为"课程理论之父""教育评价之父"和"行为目标之父"。在《课程与教学的基本原理》中,泰勒指出开发任何课程和教学计划都必须回答四个基本问题,这四个基本问题构成著名的"泰勒原理"。

（1）基本内容:课程编制应该围绕四个基本问题进行。

①确定教育目标。②选择教育经验。③组织教育经验。④评价教育计划。

总之,这四个问题可以表述为确定教育目标、选择教育经验、组织教育经验以及评价教育计划四个环节,它们构成泰勒关于课程开发的系统观点。

（2）优点

①经典性。②可行性。③强调目标的作用。④强调评价的作用。

（3）局限:简单化、机械化

泰勒原理是课程开发的一个非常理性的框架,它不可避免地带有那个时代"科学至上"的印记。它对课程编制的认识具有简单化、机械化的倾向。如预先确定严格的行为目标与手段,也不利于发挥教师教学的灵活性;又如泰勒忽视了知识目标的社会性,也忽视了知识在其他方面(比如情感、意志等)的功能和价值。

4.(1)课程内容采取何种逻辑形式编排和组织,直接影响课程内容结构的性质和形式,制约着课程实施中的学习活动方式。

(2)要想组织好课程内容,我们应着手处理好以下几种关系:

①直线式与螺旋式。直线式是指把课程内容组织成一条在逻辑上前后联系的"直线",前后内容基本不重复。螺旋式是指在不同单元或阶段乃至不同课程门类中,使课程内容重复出现,逐渐扩大知识面,加深知识难度。直线式和螺旋式各有利弊,分别适用于不同性质的学科、不同年级的学生。对理论性较强、学生不易理解和掌握的内容,尤其对低年级的学生来说,螺旋式较适合;对一些理论性相对较低的学科知识、操作性较强的内容,则直线式较适合。其实,即使在同一课程的内容体系中,直线式和螺旋式都是必不可少的。

②纵向组织与横向组织。纵向组织是指按照知识的逻辑序列,从已知到未知、从具体到抽象等先后顺序组织编排课程内容。横向组织是指打破学科的知识界限和传统的知识体系,按照学生发展的阶段,以其需要探索的、社会和个人最关心的问题为依据来组织课程内容,构成一个个相对独立的专题。纵向组织注重课程内容的独立体系和知识的深度,而横向组织强调课程内容的综合性和知识的广度。这是两种适合于不同性质知识经验的课程内容组织形式,同直线式与螺旋式的关系一样,都是不可偏废的。

③逻辑顺序与心理顺序。逻辑顺序是指根据学科本身的体系和知识的内在联系来组织课程内容。心理顺序是指按照学生心理发展的特点来组织课程内容。课程内容的组织要把逻辑顺序和心理顺序结合起来。逻辑顺序与心理顺序的统一,在课程观上,体现为把学生与课程统一起来;在学生观方面,体现为把学生的"未来生活世界"与"现实生活世界"统一起来。

5.【答】(只提供答题框架,具体内容根据知识点内容补充)

1.政治因素。政治因素对课程改革的影响是多层次的、深刻的,比科技、文化的变革对课程改革的影响更为直接。(1)政治因素制约着课程目标的厘定。(2)政治因素制约着课程改革内容的选择。(3)政治因素制约着课程的编制过程。

2.经济因素。(1)经济领域劳动力素质提高的要求制约课程目标。(2)经济的地区差异性制约课程改革。(3)市场经济影响课程改革。

3.文化因素。(1)文化模式影响课程改革。(2)文化变迁影响课程改革。(3)文化多元影响课程改革。

4.科技革新(科技因素)。(1)科技革新制约课程改革的目标。(2)科技革新推动课程结构的改革。(3)科技革新影响着课程改革的速度。

5.学生发展(学生因素)。(1)学生的身心发展特征影响课程改革,学生的身心发展特征表现为整体性、不平衡性、阶段性和个体差异性。(2)学生的身心发展需要影响课程改革。(3)课程改革的着眼点:学生的最近发展区。

第七章 教 学

一、选择题

1.D 【解析】教学策略是指在特定教学情境下,为完成特定的教学任务,对教学活动进行调节和控制的一系列执行过程,包括教学方法的选择、材料的组织和师生互动的规范等。教学模式是构成课程,选择教材,指导在教室和其他环境中教学活动的一种计划或范型。教学目标是在某一阶段(如一节课或一个单元)教学过程中预期达到的具体结果,是教学工作的依据和评价标准。教学设计是指根据教学对象和教学目标,确定合适的教学起点和重点,能够对教学目标,教学内容,教学媒体,教学策略、教学评价等教学要素和教学环节进行分析,计划并做出具体安排,形成教学方案的过程。故选 D。

2.D 【解析】处于具体运算阶段的学生虽然具有了一定的逻辑推理能力,但运算还离不开具体事物的支持,处于具体运算阶段向形式运算阶段过渡时期的中学生,思维在一定意义上不需要依赖于具体可感知的事物,并且能够通过假设推理来思考、解答问题,即教师在教学中应加强初中生抽象思维能力的培养。故选 D。

3.B 【解析】赞科夫是来自苏联的著名心理学家、教育家。"只有当教学走在学生发展前面的时候才是好的教学"是赞科夫提出的命题。故选 B。

4.C 【解析】人本主义教学理论重视自我评价,倾向于废除直接教学,废除考试。故选 C。

5.A 【解析】赞科夫认为教学应该走在学生的发展前面,促进学生的一般发展,赞科夫所依据的是最近发展区理论。故选 A。

6.A 【解析】布鲁纳认知主义教学理论提出的教学原则:动机原则、结构原则、程序原则、强化原则。故选 A。

7.C 【解析】形式教育论以英国的洛克为代表,强调教学的目的是培养心理能力、理性思维能力,即形式教育论认为,教育应发展人的能力,这个"能力"指的是理性思维能力。故选 C。

8.D 【解析】社会建构主义学习理论认为学习是学生建构和改造自己知识经验的过程。学生的知识建构过程有三个重要特征:①学习的主动建构性;②学习的社会互动性;③学习的情境性。小组合作学习就是以建构主义学习理论为依据的。

故选 D。

9.C 【解析】人本主义强调学生的人格化、个性化与学生的自我意识。故选 C。

10.C 【解析】探究教学模式指的是以学生为中心，弱化老师授课，强调学生的中心位置。学习者中心课程包括经验主义课程理论和存在主义课程，以奈勒为代表的存在主义课程论认为，课程要由学生的需要来决定；以杜威为代表的经验主义课程论认为，课程必须与儿童的生活相联系，以儿童为出发点，为中心。即学习者中心课程理论的拥护者，在教学模式上更倾向于选择探究教学模式。故选 C。

11.C 【解析】范例教学模式强调精选材料，教给学生基本性、基础性和范例性的知识，使学生掌握学科的基本结构、发展智力。故选 C。

12.C 【解析】掌握学习教学模式是美国教育学家布鲁姆创立的，是在"所有学生都优学好"的思想指导下，以集体教学为基础，辅之以及时的反馈，为学生提供个别化帮助以及必要的学习时间，从而使大多数学生达到学习目标的一种教学模式。程序教学模式是根据斯金纳"操作条件反射"和强化理论设计的教学模式；发现教学模式是根据美国教育心理学家布鲁纳的认知心理学思想所设计的教学模式；非指导性教学模式是根据罗杰斯的情感教学理论所设计的教学模式。故选 C。

13.C 【解析】范例教学模式是通过典型的内容和方式，使学生从个别到一般掌握规律性的知识和方法，是一种发展独立学习、独立解决问题的教学策略，范例教学模式的代表人物是马丁·瓦根舍因。范例教学模式强调精选材料，教给学生基本性、基础性和范例性的知识，通过"个"的认识，达到"类"的认识，进而达到规律性的认识，最终通过自身体验提高对客观世界的自觉能动性。故选 C。

14.C 【解析】A.题干未体现知识与经验的关系。B.题干中未体现学生学习知识和提高能力的关系。C.题干中，学生认为这位教师有名，会教，教学中又感受到教师教得好，充分调动了学生的智力因素，所以，师生有了深厚情谊，学生学习更努力，这一点非常体现学生学习的非智力因素，所以推断本题选择 C。D.题干未体现教师的教学方法与教学具体内容。

15.A 【解析】"二部制"是"葛雷制"的另一种称呼，美国教育家沃特于 1907 年被印第安纳州葛雷市教育委员会聘为公立学校的督学，推行一种以"葛雷制"著称的教学制度，将全校学生一分为二，一部分在教室上课，另一部分则在体育场、图书馆、工厂、商店以及其他场所活动，上下午对调，解决了葛雷地区学校少、供不应求的矛盾。故选 A。

16.B 【解析】题干中"将一个班的学生按能力分组，各组以不同的进度完成相同的课业"属于活动分组制。故选 B。

17.B 【解析】"道尔顿制"是一种个别教学制度。帕克赫斯特提出以下主张：①废除课堂教学,废除课程表和年级制,代之以"公约"或合同式的学习；②将各教室改为各科作业室或实验室,按学科的性质陈列参考用书和实验仪器,供学生使用,各作业室配有该科教师一人,负责指导学生；③用"表格法"来了解学生的学习进度,既可增强学生学习的动力,也可使学生管理简单化。题干中提到的"学生围绕自己和教师订立的学习契约开展自学和独立作业的教学组织形式"是道尔顿制。故选 B。

18.A 【解析】个别辅导、分层教学、小组合作学习都是在尊重学生个体差异的基础上进行的教学。故选 A。

19.D 【解析】个别教学产生于班级授课制以前,古代中国、希腊和埃及等国的学校大都采用个别教学形式,个别教学不属于新型教学组织形式。分层教学、小组合作学习、小队教学都是班级授课制后产生的新型教学组织形式。故选 D。

20.D 【解析】量力性原则又称可接受性原则,是指教学的内容、方法、分量和进度要适合学生的身心发展,是他们能够接受的,但又要有一定的难度,需要他们经过努力才能掌握,以促进学生的身心发展,故选 D。

21.C 【解析】科学性与思想性统一是指教学要以马克思主义为指导,授予学生科学知识,并结合知识教学对学生进行社会主义品德及正确的人生观和世界观教育。老师通过使用科学性与思想性统一的教学原则,让学生不仅获得了知识,还可以鼓励学生的创造性和积极探索的精神。故选 C。

22.B 【解析】教师合理的惩罚是教育教学的一种手段,学生明明知道不对,还故意去做,这属于"明知故犯",教师可以考虑采用惩罚来教育学生。故选 B。

23.A 【解析】学生在教师指导下根据教材中的要求扮演相应角色,通过角色扮演活动加强对教材内容的理解和掌握的教学方法为"角色扮演法"。教师根据教学内容和教学目标,有针对性地设计情境,并让学生扮演情境角色,模拟情境过程,让学生在高度仿真的情境中获取知识和提高能力的教学方法为"情景模拟法"。学生按照一定的要求,参与各种实际活动,在活动中形成良好的思想品德和行为习惯的方法为"实际锻炼法"。这三个方法在题干表述中都有体现。而"讨论法"是学生在教师的指导下为解决某个问题而进行探讨、辨明是非真伪以获取知识的方法,在题干中并没有体现。故选 A。

24.B 【解析】布鲁姆根据评价在教学活动中作用的不同,将评价分为诊断性评价、形成性评价和总结性评价。诊断性评价是指在学期开始或一个单元教学开始时,为了解学生的学习准备状况及影响学习的因素而进行的评价；形成性评价是指在教学过程中为了改进和完善教学活动而进行的对学生学习过程及结果评价；

总结性评价是指在一个大的学习阶段、一个学期或者一门课程结束时对学生学习结果的评价,也称终结性评价。故选 B。

二、论述题

1.布鲁姆根据评价在教学过程中的作用不同,将教学评价分为诊断性评价、形成性评价和终结性评价。

①诊断性评价。诊断性评价也称"教学性评价",一般是指在学期教学开始或一个单元教学开始时对学生现有知识水平、能力发展的评价。它包括各种通常所称的摸底考试,以弄清学生已有的知识和能力发展情况,学习上的特点、优点与不足之处。

②形成性评价

形成性评价是在教学进程中对学生的知识掌握和能力发展的及时评价。它包括在一节课或一个课题教学中对学生的口头提问和书面测验,使教师与学生都能及时获得反馈信息。其目的是更好地改进教学过程,提高质量。

③终结性评价

终结性评价是在一个大的学习阶段、一个学期或一门学科终结时对学生学习成绩的总评,也称终结性评价,其目的是给学生评定成绩。终结性评价是检测学生综合运用语言能力发展程度的重要途径,也是反映教学效果和办学质量的重要指标之一,如期末考试、结业考试等。终结性评价不仅应用在教学领域,已逐步扩展到商业、社会、生活、政治的各个领域。

2.(1)定义:教学原则是根据一定的教学目的和任务,遵循教学过程的规律而制定的对教学的基本要求。其中科学性和思想性统一的原则是指教学要以马克思主义为指导,授予学生科学知识,并结合知识教学对学生进行社会主义品德和正确人生观、科学世界观的教育。

(2)科学性和思想性统一原则的基本要求。

①确保教学的科学性,结合教学内容的特点进行思想品德教育,要通过各个环节对学生进行思想品德教育,不断提高自己的业务能力和思想水平。如基本知识要准确无误;适当地引入错误知识作为反例来辨别知识;有争议的问题也要引入教学,开阔学生眼界;用生动的故事引出含有人文性的知识。

②发掘教材的思想性,注意在教学中对学生进行品德教育。教师应掌握马克思主义的思想观点,对学生进行辩证唯物主义世界观、人生观、价值观的教育。如发掘人文性的知识,提高思想修养;品德教育贯穿在一切教学中;永不说教。

③在教学过程中应讲求教学艺术,重视补充有价值的资料、事例或录像。如隐

性的知识;重视对知识的领悟;精选故事,触动学生的心灵。

④教师要不断提高自己的专业水平和思想修养,跟上科学发展的潮流。如教师对知识理解的深度决定讲解知识的方式和深度;言传身教,充分认识到自己的一言一行对学生潜移默化的作用。

(3)科学性和思想性相统一的教学原则是教学规律的反映,关系到教学的方向。首先,它是我国教育目的的基本要求,我们要培养德、智、体、美、劳全面发展,具有独立个性的社会主义事业的建设者和接班人。其次,该原则也是教学具有教育性的反映。最后,科学性和思想性统一原则还体现了物质与精神相平衡的时代需要,有助于科技与人文的结合,具有时代意义。

3.智力因素通常是指记忆力、观察力、思维能力、注意力、想象力等,即认识能力的总和。它是人们在对事物的认识中表现出的心理特征,是认识活动的操作系统。而非智力因素是指智力因素以外的一切心理因素,它对人的认识过程起直接制约的作用。

(1)非智力活动依赖于智力活动,并积极作用于智力活动。

一般来说,在教学中,非智力因素依赖于智力因素,因为智力因素是非智力因素的基础,学生的兴趣情感、意志、性格是在认知知识、掌握知识的过程中产生和发展的。同时,非智力因素又积极作用于智力因素,因为学生是有能动性的人,他们已有的兴趣、情感、意志、性格等心理因素,常表现为内驱力量作用于智力因素,并对学生的学习产生巨大的影响。

(2)按教学需要调节学生的非智力活动才能有效地进行智力活动,完成教学任务。

通过改进教学本身,使教学的内容和过程都富有知识性、趣味性、启发性、民主性,激起学生学习的欲望,通过发挥非智力因素作用于智力因素。教学内容选择要适合学生年龄特征,具有吸引力,以便引起、保持学生的求知欲和兴趣、毅力、信心、抱负,使他们能自觉地按教学需要调节自己的非智力因素及其活动,积极进行智力活动,提高学习效率。

4.班级授课制是教学的基本组织形式,是一种集体教学形式。它把一定数量的学生按年龄与知识程度编成固定的班级,根据周课表和作息时间表,安排教师有计划地向全班学生集体上课,分别学习所设置的各门课程。

(1)班级授课制的优势

①形成了一整套严格制度;②以课为单位进行教学,比较科学;③便于系统地传授各科的系统科学知识;④能够充分发挥教师的主导作用;⑤能促进学生的社会化和个性化。

（2）班级授课制的特征

①以班级为单位由教师同时对整个班级进行教学，班级是按照学生的年龄和知识水平编制的，且人数和成员固定。②教学内容按学校和学年分成许多既有系统联系又相对独立和均衡的部分，每一部分采用相应的教学方法和教学手段，有计划、有步骤地展开教学活动。③每一堂课都限定在统一且固定的单位时间进行，课与课之间有一定的休息时间。

（3）班级授课制的评价

①总体来说，班级授课制有利于提高教学效率；有利于发挥教师的主导作用；有利于发挥学生集体的教育作用。

②班级授课制不利于照顾学生的个别差异；不利于培养学生的探索精神、创造能力和实际操作能力。

（4）班级授课制的改进与优化

班级授课作为教学的基本组织形式，并非完美无缺，因此，它在一定程度上仍然可以改进。如增强班级授课制的弹性，加强班级中的小组与个别教学活动，改变讲台与学生课桌椅的传统排列等；班级活动也不必都局限于固定的教室里上课等；改变重点学校班级过大的情况，采取小班化教学。

5.（1）讨论法是中小学常用的教学方法，是学生在教师指导下通过独立地探索，创造性地解决问题、获取知识和发展能力的方法。

（2）教学当中使用讨论法应注意以下几点：

①正确选用研究课题：依据教学目标、教学内容和学生已有的发展水平，在教师的指导下选择合适的研究课题。②提供必要的条件：如实验所用器材、书籍、材料等。必要时，还要对研究过程进行一定的引导性提示。③让学生独立思考与探索：探索过程应以学生为主体，让学生在合作中通过讨论得出结论，教师不应直接告诉学生现成的答案。④循序渐进、因材施教：对于不同水平的学生，应该采取不同的指导策略。

6.（1）因材施教最早是孔子提出的，是指教师从学生的实际情况和个别差异出发，有的放矢地进行有差别的教学，使每个学生都能扬长避短，获得最佳发展。

（2）因材施教的基本要求。①针对学生的特点进行有区别的教学。例如，学生的性格各异，特长有别，教师在课堂提问时可以给活泼大胆的同学展示的机会，在课外竞赛时可以多给沉稳内敛的学生发挥的机会。②采取有效措施使学生的才能得到充分地发展。教师要创新教学形式，例如，利用合作学习的方式让每个小组成员在团队中发挥自己的才能，提高人际交往的能力。

（3）教师在进行教学时，不仅要根据"学生"来组织教育，还要考虑到教材的因素、学习过程中的情况和教师的自身条件。

实施因材施教时应做到：①分组划分层次。要把集体教学、分组讨论与个别指导有机结合起来，最大限度地调动每个学生学习的积极主动性，逐步使他们达到教学要求，使每个学生的知识、能力都不断提高，充分体现学生在学习中的主体性，从而大面积地提高教育教学质量。②教师主导，学生主动。首先要改变教育思想，改革课堂教学方法，明确"学生探索，教师引路"的教与学的关系，多让学生动脑、动手、动口去获得知识。③要精心设计教案，满足不同层次学生的要求。平等对待每一位学生，使所有人都得到最大限度发展。

7.教师与学生这两个认识主体之间的关系是贯穿教学全过程的最基本关系。

（1）发挥教师的主导作用是学生简捷有效地学习知识、发展身心的必要条件。在整个教学过程中，教师是教育的主体，只有通过教师的组织调节或指导作用，学生才能迅速地掌握知识，形成技能、品德，促进自己的发展。

（2）调动学生的学习主动性是教师有效教学的一个主要因素。学生是学习的主体，教师对学生的指导和调节，只有当学生积极参与教学活动时，才能起到应有的作用。

（3）防止忽视学生积极性和忽视教师主导作用的偏向。

把教师的主导作用与学生的主动性对立起来，强调一个而忽视另一个都将导致削弱或破坏，唯有师生积极互动才能产生教学双方的积极性和教学的整体功能。

8.直观性原则指在教学中通过学生观察所学事物或教师语言的形象描述，引导学生形成对所学事物及过程的清晰表象，丰富他们的感性认识，从而使他们能够理解书本知识并发展认识能力。直观性教学的基本要求有：

（1）正确选择直观教具和现代化教学手段。直观教具一般分为实物直观、模象直观和多媒体教学。但是，不论选用哪种直观方式，都要注意其典型性、代表性、科学性和思想性，以适合儿童发展的特点，符合教学的要求，使学生能形成所学事物的清晰表象，掌握抽象的文字概念。因此，直观教具或多媒体课件的制作和运用，要注重使它与教学的需要相契合；要放大所学部分，用色彩显示所要观察的部分；要动态地揭示、呈现所学事物的运动、变化和发展。

（2）直观要与讲解相结合。教学中的直观不是让学生自发地看，而是要在教师的指导下有目的地观察，或配合讲解边听边看。教师要通过提出问题，引导学生去把握事物的特征，发现事物之间的联系；应鼓励学生提问解答学生在观察中的疑惑，以便更深刻地掌握理性知识。

（3）防止直观的不当与滥用。一节课是否运用直观，以什么方式、怎样进行直观，都应当根据教学的需要来决定。不管教学是否需要，一味追求直观和多媒体的生动形象、刺激与时尚，必然导致直观过多或直观不当。这样不仅无助于教学，而且将影响学生抽象思维、创造性想象能力的发展。

（4）重视运用直观语言。教师用语言做生动地讲解、形象地描述、通俗地比喻，都能够起直观的作用。

9.启发性是指在教学中教师要承认学生是学习的主体，注意调动他们的学习主动性，引导他们独立思考，积极探索，主动地学习，自觉地掌握科学知识和提高分析问题和解决问题的能力。

（1）调动学生学习的主动性

调动学生内在的学习主动性是启发的首要问题，教师要善于因势利导，使学生许多一时的欲望和兴趣，汇集为推动学习的持久动力。在培养学生学习的主动性上，要充分发挥教学内容与教材的吸引力，以激发学生的求知欲和积极性。

（2）善于提问激疑，引导教学步步深入

教师在启发学生思考的过程中，要有耐心，给学生以思考时间，要有重点，要深入下去引导学生一步步去获取新知；不仅要启发学生理解知识，而且要启发学生理解学习的过程，掌握获取知识的方法，领悟人生的价值。

（3）注重通过在解决实际问题中启发学生获取知识

在教学中，也要注重为学生提供必要的设备与条件，提出要解决的一定任务和问题，让学生亲自动手、动脑，这对学生更具诱惑力、挑战性，使他们更积极主动完成预定的任务。

（4）发扬教学民主

要创造宽阔、和谐、民主、平等、坦率、活跃的课堂教学氛围，这是启发教学的重要条件。只有这样，学生的心情才会感到宽松、坦然、乐观、积极，他们的聪明才智才能发挥出来。

10.直接经验，即学生通过亲自活动、探索获得的经验；间接经验，即他人的认识成果，主要指人类在长期认识过程中积累并整理而成的书本知识。

（1）学生认识的主要任务是学习间接经验

以间接经验为主组织学生进行学习，这是学校教学为青少年学生精心设计的一条认识世界的捷径。它的主要特点是：把人类世世代代积累起来的科学文化知识加以选择，使之简约化、系统化、心理化，组成课程，编成课本，引导学生循序渐进地进行学习。这就可以使学生避免重复人类在认识发展中所经历的错误与曲折，用最短的时间、最高的效率来掌握人类创造的基本知识。

（2）学习间接经验必须以学生个人的直接经验为基础。

现成的书本知识，一般表现为概念、原理、定律与公式所组成的系统，是一种偏于理性的知识。这种知识对学生来说,是他人的认识成果、间接经验,是很抽象的、不容易理解的东西。学生要把这种书本知识转化为自己理解的知识,就必须依靠个人以往积累的或现时获得感性经验为基础。

(3)防止忽视系统知识传授或直接经验积累的偏向

只有经过自己的独立思考,把直接经验与间接经验结合起来,理性认识与感性认识结合起来,学生才能理解所学的书本知识,获得运用知识的能力。

11.(1)简介:教学是以交往为背景的过程,以师生交往、沟通、交流为重要手段和方法。交往说超越教师中心论和学生中心论,强调师生平等对话,倡导自由民主、相互理解和关爱的人际关系。

(2)原因:教学活动不是孤立的个体认识活动,它离不开师与生、生与生之间的交往、互动,离不开人们的共同生活。个体最初的学习与认识就是在共同生活与交往中发生与发展的。所以,教学也必须以交往为背景和手段,来增进、活跃和检验学生的学习效果,理解、深化与确证所学知识的实际意义与社会价值。

(3)意义:①以交往为背景和手段的教学过程能促进学生的认知能力发展。在教学过程中,教师要常常引导学生,围绕学习与运用系统的科学文化知识,有意识地在师与生、生与生之间进行问答、讨论、互助,以便学生进行思想碰撞,获得启发与进行反思,能够使学生集思广益、加深理解、探析应用,使教学中的认知活动进行得更加生动、活泼、有效。(2)教师能通过交往与学生进行情感的沟通与共鸣。教学中师生思想情趣的沟通、共享与培养,也就是教学追寻的思想情感增值的体现。所以,我们的教学应当注意师生之间的思想情趣的坦诚沟通,以便激起师生在认识与情感上的共鸣与共享,从而在学生的个性发展上形成教育者需要的品质。

(4)结合教育实践。詹大年校长创办的丑小鸭中学生动、有力地诠释了教育过程是以交往为背景和手段的活动过程。他曾说,教育,首先是一种交往,在交往中建立关系。学生的"学习问题"其实是关系问题。教育的本质其实就是在师生交往中帮助学生构建关系。具体而言,就是帮助学生建立与自己的关系、与社会的关系、与他人的关系以及与自然的关系。交往说其实是把人当作了教育的最高价值。正是在这种理念下,大家帮助两千多名在他人眼中所谓的"问题孩子"重返了正常的学习轨道,重拾了对生活的自信。

12.(1)智力的提高有赖于知识的掌握,知识的掌握又依赖智力的发展。

在教学过程中,学生智力的提高依赖于他们知识的掌握,因为系统的知识是智力发展的必要条件,人们的智力发展离不开知识和经验;同时,学生对知识的掌握又依赖于他们智力的提高,因为人们的智力同样是人们掌握知识的必要条件。

(2)引导学生自觉地掌握知识和运用知识,才能有效地发展他们的智力。

学生的智力不仅与他们所掌握的知识的性质、难度和分量有关，更重要的是与他们获取这些知识的方法和运用知识的创造态度密切相关。在教学过程中，要启发学生了解掌握知识的过程，弄清获得知识的方法，学会独立思考、逻辑推导与论证，能够自如地，甚至创造性地运用知识来解决理论和实际问题，才能有效地提高他们的智力。学生的学习活动进行得越是富有创造性，他们的智力就将提高得越快、达到的水平越高。这是掌握知识与提高智力之间的必然联系。

（3）防止单纯抓知识教学或智力发展的片面性。

不管是认为教学的主要任务在于训练学生的思维形式，知识的传授则是无关紧要的，或者认为教学的主要任务在于传授给学生对生活有用的知识，学生的智力无须进行特别的培养和训练，都是片面的。

13.（1）间接经验与直接经验的关系。①学生认识的主要任务是学习间接经验；②学习间接经验必须以学生个人的直接经验为基础；③防止忽视系统知识的传授或直接经验积累的偏向。

（2）掌握知识与发展智力的关系。①智力的发展与知识的掌握二者相互依存、相互促进，学生对知识的掌握依赖于他们智力的发展；②生动活泼地理解和创造性地运用知识才能有效地发展智力；③防止单纯抓知识教学或只注重智力发展的片面性。

（3）智力因素与非智力因素的关系。①智力因素是非智力因素的基础，非智力活动依赖于智力活动，并积极作用于智力活动；②按教学需要调节学生的非智力活动才能有效地进行智力活动，完成教学任务；③防止忽视智力因素或忽视非智力因素的偏向。

（4）教师主导作用与学生主体作用的关系。①发挥教师的主导作用是学生简捷有效地学习知识、发展身心的必要条件；②学生在教学过程中具有主体地位，调动学生的学习主动性是教师有效教学的一个主要因素；③防止忽视学生积极性和忽视教师主导作用的偏向。

（5）掌握知识与培养思想品德的关系。①学生思想的提高以知识为基础；②引导学生对所学知识产生积极的态度，才能使他们的思想得到提高；③学生思想的提高又推动他们积极地学习知识；④防止单纯地传授知识、忽视思想教育，或脱离知识的传授而另搞一套思想教育的偏向。

14.（1）教学原则是根据一定的教学目的和任务，遵循教学过程的规律而制定的对教学的基本要求，既指导教师的教，也指导学生的学，应贯穿于教学过程的各个方面和始终。

（2）我国中小学的教学原则。（见知识点部分）

①直观性原则 ②启发性原则 ③系统性原则 ④巩固性原则 ⑤量力性原则 ⑥思想性和科学性统一的原则 ⑦理论联系实际原则 ⑧因材施教原则

15.(1)班级授课制。班级授课制是一种集体教学形式,它是一定数量的学生按年龄与知识程度编成固定的班级,根据周课表和作息时间表,安排教师有计划地向全班学生集体上课。同一班级的学生学习内容和进度必须一致。班级授课制最大的优点是教学效率高,有利于教育的普及。但是最大的缺点是很难顾及班级内的个性化差异。

(2)个别辅导。个别辅导指一位辅导老师对单个学生进行的针对性辅导。

(3)个别化教学。个别化教学是一种适应学生个别差异的教学。它指为了适应个别学生的需要、兴趣、能力和学习进度而设计的教学方法。教师须在教学过程中特别设计不同的教学计划。

(4)分组教学。分组教学指在班级授课制的前提下,将学生按能力或学习成绩分成不同的组分别进行教学的一种教学组织形式。分组教学最显著的优点在于它比班级授课制更切合学生个人的水平和特点,便于因材施教,有利于人才的培养,便于学生的交流与合作。但很难科学地鉴别学生的能力和水平。

(5)小组合作学习。小组合作学习是在班级授课制背景下的一种教学方式,即在承认以课堂教学为基本教学组织形式的前提下,教师以学生学习小组为重要的教学组织形式,通过指导小组成员展开合作,形成“组内成员合作,组间成员竞争”的学习模式,发挥群体的积极功能,提高个体的学习动力和能力,达到完成特定的教学任务的目的。它强调学生要有合作意识和责任感。

(6)分层教学。教师根据学生现有的知识、能力水平和潜力倾向把学生科学地分成水平相近的群体并区别对待,教师根据不同班组的实际水平进行教学。实质是尊重学生的个别差异,使学生个性特长得到充分发挥。

(7)走班制。走班制又称“跑班制”,是指学科教室和教师固定,学生根据自己的能力水平和兴趣愿望选择适合自身发展的班级上课,不同的班级,其教学内容和程度要求不同,作业和考试的难度也不同,没有固定的教室。它以学生个别差异为出发点,让学生的各个方面都得到充分发展。

16.(1)教学过程是一种特殊的认识过程。师生为传承知识而相互作用的认识活动是教学活动区别于其他活动的最突出、最基本的特点。其特殊性在于间接性、引导性、简捷性。

(2)教学过程必须以交往为背景和手段。教学中应当注意师生之间的平等对话、坦诚沟通,以便激起认识与情感上的共鸣,从而在学生的个性发展上培养和形成教育者所期望的品质。

（3）教学过程也是一个促进学生身心发展、追寻与实现价值目标的过程。引导学生掌握知识，是教学的基本活动；而促进学生身心发展及其价值目标的实现则是在这个认识及交往活动过程中所要完成的教学任务。

三、材料分析题

1.（1）作者反对给年幼儿童打分的理由

①从幼童的特点来看，作者认为一、二、三年级幼童的发展不能用分数来衡量，当儿童在低龄阶段的时候，更要弱化分数，促进他们的才能的多样性的发展，促进德智体美劳全面发展，因此作者反对给年幼儿童打分。②从师生关系来看，教师给幼童打分，体现了教师的绝对权利，也就不利于建立民主平等的师生观，不利于学生发挥自己的能动性，因此作者反对给年幼儿童打分。

（2）不给幼年儿童打分，不意味着要取消对学习的评价。评价具有多种功能，具体体现在：①导向功能。如何培养未来社会所需要的人才，教育评价起到了重要的导向作用。②激励功能。未来社会应该面向人人，发扬个性，比选拔性功能更重要的是发挥教育的激励功能。③调控功能。当教育现状违背未来社会需求和国家教育目的时，教育评价发挥拨乱反正和调控的功能。④诊断功能。教育评价具有对教育过程中的矛盾和问题做出判断的功效和能力。⑤育人功能。合理的教育评价可以滋润学生的心灵，可以促进学生不断成长，突出育人作用。

综上所述，无论是教师的教还是学生的学两方面来看，我们都不能取消评价。

（3）评价幼童学习的方法

①强化过程评价。我们可以采用表现性评价、成长记录袋等加强对学生成长过程优点的关注，打破唯成绩评价的方式，还可以采用量化评价与质性评价相结合的方式，用教育的激励性评语来温暖学生、激励学生，还可以请学生做好自我评价，激发学生的自我反思和自我教育意识。②探索增值评价。增值评价就是以学生学业成就为依据，追踪学生在一段时间内学业成就的变化。教师可以在学生的成绩单上约谈或写下学生在其他方面的优点学生的兴趣和特长，学生近几次成绩的进步性等一系列充分体现个体内差异的评价，以达到因材施教、长善救失、促进学生全面发展的增值性目的。③健全综合评价。综合评价包括完善德育评价、强化体育评价、改进美育评价、加强劳动教育评价、修正智育评价，重视心理健康评价等，促进人才的综合能力的发展。

2.（1）练习法是学生在教师指导下运用知识去反复完成一定的操作、作业与习题，以加深理解和形成技能技巧的方法。

（2）在教学中运用练习法应遵循以下要求：

①练习要有明确的目标。学生应明确学习目标，与此前已获得的习惯、态度、

知识、技能联系,做好充分的准备;增强学习动机,使学生欲望保持在较高的水平,以提高学习效果。

②练习中要加强指导与反馈。练习要引导学生由难到易,逐步提高其掌握原理与技能的理解与熟练度;从改变中进行选择以改进其能力,并通过积极反馈促进练习效果。

(3)中小学"减负提质"措施

①加强教师的指导与反馈。教师要掌握有效的教学策略和练习指导技巧,以更好地支持学生的学习;教师应及时给予学生反馈,分析练习完成情况,并针对每位学生的表现进行个性化的指导和评估。

②作业布置要高质适量。教师需要合理控制作业的数量和难度,确保作业量适中,同时关注作业质量,适当地进行变式训练。坚决杜绝重复机械练习,允许学生根据自己的兴趣选择练习,并激发他们的学习动机。

第八章　德　育

一、选择题

1.B　【解析】科尔伯格将儿童的道德判断发展阶段分为前习俗水平、习俗水平和后习俗水平,以人与人之间的和谐一致或"好男孩、好女孩"为定向的道德发展阶段处于习俗水平。故选 B。

2.B　【解析】这道题考查考生对于德育模式的掌握程度。道德认知发展模式的代表人物是皮亚杰和柯尔伯格,皮亚杰的贡献主要在理论建设上,柯尔伯格的贡献在于从实践上提供了一种德育模式。柯尔伯格通过运用道德两难故事来诱发学生产生道德认知冲突,引起学生积极思考的主动性和积极性,从而促进学生道德认识的深化和道德判断水平的提高。柯尔伯格把儿童的道德发展划分为三种水平、六个阶段,因此道德认知发展模式主要涉及的是道德判断问题,着眼于发现并重视团体生活对个人道德思维方式的深刻影响。故选 B。

3.D　【解析】体谅模式把道德情感的培养置于中心地位。按照麦克费尔的观点,道德教育的任务应当建立在体谅的基本核心之上。对于道德发展来说,给机会表达隐藏于心中的敏感点,是至关重要的。教师要营造相互关心、相互体谅的课堂气氛,使猜疑、谨小慎微、提心吊胆、敌意在课堂生活中逐渐销声匿迹,引导学生关心人、体谅人。学生丁和学生戊对教例中的情境作出了成熟的反应。故选 D。

4.C　【解析】美国的布莱特在进行儿童道德发展阶段的研究中,发现儿童在讨论道德两难问题时,能够理解和同化高于自己一个阶段的同伴的道德推理方式,拒斥低于自己的发展阶段的同伴的道德推理。科尔伯格等人在其后一些学校所进行的实验,结果证明布莱特的观点是成立的,由此将这种现象称为布莱特效应。故选 C。

5.A 【解析】道德教育模式有道德认知发展模式、价值澄清模式、社会学习模式、集体教育模式和体谅模式。体谅模式与其他德育模式的区别在于,体谅模式把道德情感的培养置于中心地位,并且认为道德教育的任务应当建立在体谅的基本核心之上,道德教育重在增强学生的人际意识和社会意识,引导学生要学会关心,学会体谅。故选 A。

6.A 【解析】"道德两难法"就是儿童的道德发展划分为三个水平:前习俗水平、习俗水平和后习俗水平;同时分为六个阶段:惩罚和服从的道德定向阶段、朴素的享乐主义或功利主义定向阶段、好孩子定向阶段、尊重权威和维护社会秩序定向阶段、社会契约定向阶段、良心或普遍原则定向阶段,根据以上可以看出阶段性和顺序性。"公正团体法"是指利用公正的机制在创设公正团体中培养学生的公正观念,达到更高的道德发展水平。"公正团体法"强调的是团体的教育力量和民主机构的教育作用,其依据是个体身心发展的差异性。故选 A。

7.A 【解析】英国学校德育专家麦克费尔首创了体谅模式。与道德认知发展模式所强调道德认知发展不同,体谅模式把道德情感的培养置于中心地位。按照麦克费尔的观点,道德教育的任务应当建立在体谅的基本核心之上。故选 A。

8.B 【解析】体谅模式由英国的学校德育专家麦克费尔首创。体谅模式认为道德教育重在提高学生的人际意识和社会意识,引导学生学会关心,学会体谅。鼓励处于社会试验的青少年试验各种不同的角色和身份,认为教育即学会关心。故选 B。

9.B 【解析】麦克费尔等人编写了与体谅模式相配套的系列教科书《生命线》和教师参考书《学会关心》。这一系列教材和参考书的出版和发行,标志着体谅模式的正式确立。故选 B。

10.A 【解析】麦克费尔首创体谅模式,麦克费尔等人编制了《生命线》丛书。《生命线》由三部分组成:(1)《设身处地》,包括《后果》《敏感性》《观点》三个单元。(2)《证明规则》,包括《你认为我是谁?》《规则与个体》《你期望什么?》等五个单元。(3)《你怎么办?》包括《幽闭》《生日》《悲剧》等六个单元。其中选项 C 具有很大的干扰性,《你期望什么?》是《证明规则》的一部分。本题的正确答案为 A。

11.A 【解析】价值澄清模式的代表人物是美国路易斯·拉斯、哈明、西蒙等人,这种模式着眼于价值观教育,试图帮助人们减少价值混乱并通过评价过程促进统一的价值观的形成。这一过程的基础是避免观点说教并促使人们在确定价值观方面使用有道理的推理。价值过程的目的是通过选择、赞扬和实践过程来增进赋予理智的价值选择。故选 A。

12.A 【解析】柯尔伯格是道德认知理论的代表人物。柯尔伯格开创了道德两难故事法研究道德发展问题,在道德两难问题讨论时,他强调使每个学生都能面对比自己当前的道德认知发展阶段高出一个阶段的观点,从而引起认知矛盾,这样可以激起学生进一步思索有关的信息,理解具有更高一级的道德发展水平的学生的立场,提升自己的道德认知水平。故选 A。

13.A 【解析】在本题中,某儿童认为:"不管妻子过去对他好不好,他都要对妻子负责。为救妻子去偷药,只不过做了丈夫该做的事。如果他不这样做,别人会骂他的。"该儿童的道德水平处于习俗水平中以好孩子为定向的阶段,该阶段的儿童在道德评价时总是考虑到他人和社会对一个"好孩子"的要求和期望,并以此为准展开思维和行动。故选 A。

14.B 【解析】本题题干中,谢老师让学生通过角色扮演并自由进行选择的方式让学生设身处地地理解问题的做法属于对体谅模式的应用。故选 B。

15.C 【解析】实践锻炼法是教育者有目的地组织学生进行一定的实践活动,以培养学生良好品德的方法。实践锻炼法主要有常规训练和实践锻炼两种形式,其中实践锻炼包括委托任务、组织活动等。组织学生模拟市政和法庭活动开展法制教育属于实践锻炼法。故选 C。

二、论述题

1.(1)自我教育能力培养的意义。

①自我教育能力是德育的一个重要条件,只有注重培养和提高学生的这种能力,德育才能进行得更顺利、更有效。②学生的自我教育能力的形成,又是学生思想道德发展过程的一个重要标志。德育的任务就在于把学生逐步培养成具有自我教育能力的、能独立自主地进行思想道德实践的主体。③只有能够激发学生进行自我教育的教育,才是真正发挥了学生自主性、能动性和创造性的教育,这在学生的成长过程中意义重大。

(2)自我教育能力的构成因素。

①自我期望能力,是个体设定自我发展愿景的能力。它是自我教育的内在目的和动力。②自我评价能力,是个体对自我发展现状与趋势的评判能力,是进行自我教育的认识基础。③自我调控能力,是在自我评价的基础上建立起来的自觉调节、控制自己思想和行为的能力,它是进行自我教育的重要机制。

(3)学生自我教育能力的发展。

学生自我教育能力的发展是有规律的,大致是从自我中心发展到他律,又从他律发展到自律。教师应该依据这一规律,在实际中因势利导,有目的地培养学生的自我期望、自我评价和自我调控能力,以形成他们的自我教育能力。

2.学生的品德由知、情、意、行四个因素组成，所以德育过程就是培养学生知、情、意、行的过程。

（1）知、情、意、行的关系。道德认识是思想品德形成的基础，同时也是道德情感、道德意志的基础。道德情感是道德认识转化为道德行为的内在动力，是加深道德认识、形成道德信念、坚定道德意志和巩固道德行为习惯的催化剂。道德意志既是一种自我控制、自我约束的能力，又是品德形成过程中的动力条件。道德行为是道德认识、道德情感、道德意志的集中体现，是思想面貌和道德品质的外在标志。四者相互联系、相互制约、相互促进，共同推动品德的发展。

（2）德育要注意发挥知、情、意、行的整体功能，既要全面培养，又要有针对性。品德发展中的知、情、意、行往往发展不平衡，导致各因素间的不协调或者严重脱节，所以教师要有的放矢，抓薄弱环节，有效地调节品德的结构。

（3）德育具有多种开端性，要具体问题具体分析。每个学生品德发展的具体情况存在个别差异，表现出来的品德面貌或品德问题不尽相同。这就要求针对品德结构中诸多因素发展不平衡的状况，灵活处理、有的放矢、因材施教。

3.（1）德育。德育是政治、思想、道德和心理品质教育。它把学生培养成爱国的、具有社会公德和文明习惯的、遵纪守法的好公民，引导他们逐步确立科学的人生观、世界观，并不断提高社会主义觉悟，为使他们中的优秀分子将来能够成为坚定的共产主义者奠定基础。

（2）教育。

教育是一种影响，一种积极的影响，一种对人类认识和改造自身及客观世界的积极的影响。教育的最终目的是不教，即教会学生自我反思、自我管理的生存和发展的能力。教学是教师的教和学生的学所组成的一种人类特有的人才培养活动。通过这种活动，教师有目的、有计划、有组织地引导学生积极自觉地学习和加速掌握文化科学基础知识和基本技能，促进学生多方面素质的全面提高，使他们成为社会所需要的人。

（3）教学。广义的教学就是一定时间、地点、场合下的传授经验的活动，即教的人指导学的人进行学习的活动；狭义的教学是在学校中传授经验的活动，即在学校教育活动中，以教师传授知识、技能和学生获得知识、技能为基础教师的教和学生的学相互联系、相互作用的统一活动。教学引导学生掌握科学文化基础知识和基本技能，从德、智、体、美、劳诸方面促进学生身心的发展，所以教学是学生全面发展的有效途径，也是促进社会发展的有力手段。

（4）教学、教育及德育的关系。

①教学与德育的关系：教学与德育是一个整体的两个方面，它们是相互依存、

相互促进、相辅相成的关系没有良好的德育工作基础,学生学习就没有动力,不知道为什么而学习,也就不可能真正提高学习质量。只有德育工作抓好了,学生才能增强自律意识,这样教学工作也就有了一个良好的环境,教学质量也就会随之提高。反之,没有坚实的教学工作,学生学习质量上不去,德育也会失去根基。换一句话说,没有学习质量做保证的德育是空的德育,应该说是没有意义的。对学生成长而言,切不能只重智育抓教学,也不可只重德育抓活动。②教育与教学的关系:教育包含教学,无论是在生活中还是在学校里,教育都无处不在,而教学通常指学校的教育和教学,有了空间的限制;教育的施教者可以是一切对受教育者在身心、知识、品德等方面有影响的人,教学的施教者就指学校的教师。③教育与德育的关系:教育也包含德育,德育是教育内容的一个方面。

4.(1)含义

榜样示范法是以他人的高尚思想、模范行为和卓越成就来影响学生品德的方法。

榜样包括:伟人的典范、教育者的示范、学生中的好榜样。

①典范:历史伟人、民族英雄、科学家等杰出人物都是学生学习的典范,引导学生确定学习的典范,对照典范严格要求自己,推动自己积极上进。②示范:教师、家长和其他长者给青少年学生所做的示范,也是学生学习的一种榜样,对学生产生潜移默化的影响。③评优:从学生中评优,包括评优秀个人、优秀集体等,它可以促进学生中的你追我赶,共同提高。

(2)基本要求

①选好学习的榜样。选好榜样是学习榜样的前提,虽然学生大多积极向上,但对人生问题却考虑很少,没有确立学习的好榜样,我们应该根据时代需要和学生实际情况,指导他们选择好学习的榜样,获得前进的明确方向与巨大动力。

②激起学生对榜样的敬慕之情。要使榜样能对学生产生力量,推动他们前进,就需要引导学生了解榜样,使他们在心灵深处对所学榜样产生惊叹、敬佩之情。这样,外在的学习榜样才能转化为学生心目中的榜样。引导学生用榜样来调节行为,提高修养。要抓住时机,及时把学生的情感、冲动引导到行动上来,把敬慕之情转化为道德行动和习惯。不这样,对榜样产生的感情就不能巩固深化。

第九章　教师与学生

一、选择题

1.C 【解析】在中国小学教育中,把不做班主任的、专门承担各学科教学任务的专职教师称为科任教师;通常把专门负责某一个班级日常教育教学和管理的教师称为班主任；把每个年级数学、语文等科的教学均由一名教师担任的教师成为级任教师。题干中"某山区小学，每个年级数学、语文等科的教学均由一名教师担任"，这些教师属于级任教师。故选 C。

2.C 【解析】教师专业发展有三类取向：第一是知识取向；第二是实践—反思取向；第三是生态取向。其中生态取向认为教师专业发展不能全都依靠教师自己孤军奋战，而是更大程度依赖于"同伴互助"或者"教师文化"。强调教师文化建设和教师之间的沟通交流的教师专业发展模式是生态取向模式。故选 C。

3.A 【解析】职业倦怠指个体在工作重压下产生的身心疲劳与耗竭的状态，表现出消极应对工作。故选 A。

4.A 【解析】教师的地位一般表现为教师的社会地位（主要包括政治地位、经济待遇等）和法律地位。ABCD 四项均能提高教师地位，但 A 项最能提高教师的专业地位和专业自主权。故选 A。

5.A 【解析】教师的专业知识是教师职业区别于其他职业的理论体系与知识经验，是教师专业素质的基础。教师的专业知识包括学科知识、条件知识和实践性知识。实践性知识，即教师在实际教学过程中所具有的课堂情境知识以及与之相关的知识，这类知识大多来自实践。是教师经验的积累。很多学者用"教师个人实践理论"来指代这类知识，教学实践性知识不仅属于教师群体。还是每个教师个体的知识。故选 A。

6.A 【解析】"学科教学知识"是舒尔曼提出的著名概念。舒尔曼认为教学需要七类知识的支撑：一般教学法知识、学科内容知识、课程知识、学科教学法知识、有关学生的知识、教育环境的知识、其他课程知识。其中学科教学知识是指某学科中的原理、概念和具体的技巧方法。题干中提到的某教师在作文教学中运用"过程作文教学法"，属于学科教学知识。故选 A。

7.D 【解析】舒尔曼"教学的知识基础"提出了教学需要七类知识的支撑：学科内容知识、一般教学法知识、课程知识、学科教学法知识、有关学生的知识、教育情境的知识、其他课程知识。其中，有关教育情境的知识强调教师对于教学情境的应用。20 世纪数学思想史是属于有关数学的学科内容知识。故选 D。

8.A 【解析】处于关注生存阶段的老师经常关心的问题是"学生喜欢我吗？""同事们怎么看我呢？"诸如此类的问题。有些老师可能会想方设法控制学生，而不是让学生取得学习上的进步。在本题中，根据富勒的教师专业成长理论，傅老师处于关注生存阶段。故选 A。

9.A 【解析】帕克是美国教育家，他的教育革新措施以"昆西教学法"著称，其主要的观点是：①重视学校的社会功能；②强调儿童应处于学校教育的中心；③强调培养儿童自我探索和创造的精神;④主张学校课程应尽可能与实践活动相联系。帕克在师生关系上更倾向于"学生中心"。故选 A。

10.C 【解析】2017 年教育部颁布《普通高等学校师范类专业认证实施办法(暂行)》,分类制定中学教育、小学教育、学前教育、职业教育、特殊教育等专业认证标准,作为开展师范类专业认证工作的基本依据。其中规定,师范生毕业要求有:践行师德、学会教学、学会育人、学会发展。故选 C。

二、论述题

1.教师的专业素养是教师拥有和带入教学情境的知识能力和信念的集合。具体而言,教师具备以下三个方面的素养:专业理想、专业知识与专业能力。

(1)专业理想。教师对于教育本质、目的、价值和生活等的理想和信念。

(2)专业知识。①学科专业知识:学科相关的基础知识、应用知识及教学技术知识。学科专业知识是教师能否胜任岗位的主要标准。②教育专业知识:教育学科类知识,一般分为有关教育的理论知识(如儿童生理和发展的知识)与有关教育的实践性知识(如教育教学经验)。③通识性知识:广泛而深厚的当代学科和人文方面的基础知识。

(3)专业能力

教师在具备知识素养的同时,还需要具备一定的能力素养。具体而言,教师的专业能力与教学设计、表达能力、组织管理能力、教育教学交往能力、教育教学机智、反思能力、教学研究能力、创新能力。

2.随着社会的变迁,教师角色和教师专业发展都发生了重大的变化。

(1)教师角色的变化。教师不再仅仅是知识的传授者,还兼具了其他角色。主要包括:①"家长代理人"和"朋友、知己者"的角色;②"传道、授业、解惑者"的角色;③"管理者"的角色;④"心理调节者"的角色;⑤"研究者"的角色。

(2)教师专业发展。教师专业发展不再仅仅是指发展自身的专业知识、技能,而是教师以自身专业素质包括知识、技能和情意等方面的提高与完善为基础的专业成长、专业成熟的过程,是由非专业人员转向专业人员的过程。教师专业发展既包括教师队伍的专业发展,也包括教师个体的专业发展。

3.(1)入职前:

①教师自身要有专业发展的观念和意识,寻求自我专业发展的途径。②参加职前培训(师范教育)与在职培训。学习教师专业发展的一般理论,建立专业责任感。教师专业发展的培训模式有:a.教师发展学校。这是以中小学为基地,大学和中小学合作建设,旨在通过合作研究,实现教师专业发展,同时也促进学生发展的学校。b.校本培训。这是中外教育专家和学校所崇尚的有效在职

培训方法,这种培训是由学校发起并组织实施,旨在提高教师的教育教学能力,使教师得到专业发展的一种方式。简而言之校本培训就是"为了学校、在学校中、基于学校"的培训。

（2）刚入职时：

①制订自我生涯发展规划。a.认识自我及所处的时间与空间环境;b.审视发展机会,确定发展目标;c.制订行动策略并按目标逐步执行;d.评价发展计划。

②新教师的入职辅导。入职辅导就是学校为新教师适应环境安排了一个有序的计划,主要由有经验的导师进行现场指导。

（3）入职一段时间后：

①进行教育研究。这是提高教师自身素质,促进教师专业发展的一条有效途径。

②进行经常化、系统化的教学反思。反思是教师专业发展的重要方式。

③在参与课程改革和课程开发中获得专业发展。

4.（1）教师素养的构成。（见2014年北京师范大学真题）

（2）教师角色的发展趋势：

①履行多种职能。在教学过程中更多地履行多样化的职能,更多地承担组织教学的责任。②组织学生学习。从一味强调知识的传授转向着重组织学生的学习。③注重学习差异。注重学习的个性化,改进师生关系。④做好教师间合作。实现教师之间更为广泛地合作,改进教师与教师之间的关系。⑤利用信息技术。更广泛地利用现代教育技术,掌握必需的知识与技能。⑥做好家校合作。更密切地与家长和其他社区成员合作,经常参与社区活动。⑦积极参与活动。更广泛地参加校内服务和课外活动。⑧削弱教师权威。削弱加之于孩子身上,特别是大龄孩子及其家长身上的传统权威。

教师角色的这些转换,不仅意味着学校教育功能的某些变化,而且对教师的素养以及相应的师资培训问题也提出了更高的要求。

5.（1）教师素养的构成。（见2014年北京师范大学真题）

（2）培养教师专业素养的主要途径：①教师自身要有专业发展的观念和意识,寻求自我专业发展的途径。②职前培训（师范教育）与在职培训。如教师发展学校、校本培训等。③制订生涯发展规划,包括自我认知、确定目标、制订并执行计划和评价计划。④进行教育研究。这是提高教师自身素质、促进教师专业发展的一条有效途径。⑤进行经常化、系统化的教学反思。反思是教师专业发展的重要方式。⑥新教师的入职辅导。入职辅导就是学校为新教师适应环境安排了一个有序的计划,主要由有经验的老师进行现场指导。⑦在参与课程改革和课程开发中获得专业发展,如开拓校本培训和教师教育网络联盟。

6.【答】(1)教师素养的品德要求即教师职业道德,又称"教师道德"或"师德",是教师在从事教育劳动中所遵循的行为准则和必备的道德品质。它是社会职业道德的有机组成部分,是教师行业特殊的道德要求。它从道义上规定了教师在教育劳动过程中以什么样的思想、感情、态度和作风去待人接物,处理问题,做好工作,为社会尽职尽责。它是教师行业的特殊道德要求,是调整教师与教师、教师与学生、教师与学校领导、教师与学生家长以及教师与社会其他方面关系的行为准则,是一般社会道德在教师职业中的特殊体现。

(2)爱与责任是师德的核心与灵魂。当前教师职业道德的时代特征主要有爱国守法、爱岗敬业、教书育人、关爱学生、为人师表、终身学习。

7.(1)智育是传授学生系统的文化知识和技能,发展他们的智力与非智力因素的教育。智育是全面发展教育的基础,为其他各育提供了认识基础。德育即培养人思想道德的教育,是向学生传授一定社会思想准则、行为规范并使其养成相应思想品德的教育活动,是思想教育、政治教育、道德教育、法制教育、健康心理品质教育等方面的总称。

(2)智育和德育都是全面发展教育的重要组成部分。其中智育为人的全面发展提供认识基础,德育为人的全面发展保证方向、提供动力。

8.(1)教师职业发展专业化是指教师以自身专业素质包括知识、技能和情意等方面的提高与完善为基础的专业成长、专业成熟过程,是由非专业人员转向专业人员的过程。教师专业发展既有教师队伍的专业发展,也包括教师个体的专业发展。

(2)教师职业发展专业化的要求:

①教师自身要有专业发展的观念和意识,寻求自我专业发展的途径。②职前培训(师范教育)与在职培训。教师要学习一般理论,建立专业责任感。③制订生涯发展规划。认识自我及所处的时间与空间环境;审视发展机会,确定发展目标;制订行动策略并按目标逐步执行;评价发展计划。④进行教育研究。这是提高教师自身素质、促进教师专业发展的一条有效途径。⑤进行经常化、系统化的教学反思。反思是教师专业发展的重要方式。⑥新教师的入职辅导。任职辅导就是学校为新教师适应环境安排了一个有序的计划,主要由有经验的导师进行现场指导。⑦在参与课程改革和课程开发中获得专业发展。

9.现代学生观的基本内涵具体表现为:学生是未成熟的人,学生是有主体性的人,学生是独特性的人,学生是有特定权责的人。学生以系统学习间接经验为主,具有主体性、独立性、选择性、个体性、创造性、自我意识、差异性和明显的发展特征。

(1)学生是未成熟的人。人是未完成的动物。未成熟性意味着无限发展的可能性和极大的可塑性或可教性。

（2）学生是有主体性的人。学生只有充分发挥自身的主体性，才能主动积极、有选择地吸收外在的经验，形成自己的认知结构。

（3）学生是有独特性的人。独特性意味着差异性，需要因材施教。独特性还意味着完整性，需要全面关注学生的成长。

（4）学生是有特定权责的人。教师要做到正视并保护学生的权利，避免其权利受到侵害；要合理地处理学生的权利与责任之间的关系，既要保护学生的权利，又要善于引导学生承担责任，树立学生的权责观念。

10.（1）了解、研究学生，建立新型师生观。

教师要充分了解自己的教育对象，包括学生的性格特点、知识基础、兴趣爱好、家庭背景等。

（2）公平对待学生，建立教师威信，对于建立良好师生关系具有重要意义。

（3）主动与学生沟通，善于与学生交往。在师生交往的过程中，教师要注意引导，以增进师生之间的感情联系，密切师生关系。

（4）努力提高自我修养，发扬教育民主。只有在民主的氛围中，学生才感到宽松、坦然，才能充分发挥自主性、能动性和创造性。教师要善于引导学生相互尊重、相互理解、相互学习、相互支持。

三、材料分析题

1.（1）教学方法：顾老师在运用讨论法时，课堂讨论主题偏离，课堂讨论变成反复争吵。顾老师面临是否该弃用讨论法，选用其他教学方法的困境。对策及建议：

①顾老师应加强讨论过程中的指导作用，引导学生正确的讨论方向。

②顾老师应正确把握讨论法和其他教学方法的关系，合理使用不同方法进行课堂教学。

③顾老师应充分考虑自身特点、学生特点、教材内容特点、教学方法适用性等因素，科学选用适切的教学方法进行课堂教学。

（2）课堂管理：顾老师的课堂氛围热烈，但是逐渐秩序失控，学生言辞激烈，间或出现言语攻击，在老师喊停后还出现反复争吵。顾老师面临课堂管理失控的困境。对策及建议：

①顾老师应加强课堂纪律管理，维持班级的良好秩序，保证教学活动的顺利进行。②顾老师应加强课堂问题行为管理，对课堂语言攻击、相互争吵这类行为应果断迅速地加以制止，以防在课堂中蔓延开来，影响教学顺利进行。③顾老师应加强课堂教学交流管理，加强教师与学生之间的交流，引导学生与学生之间的交流，保证教学进度的正常进行，落实教学任务。

（3）师生关系：顾老师和学生关系融洽，但是课堂上学生不怕顾老师，不管顾老师的喊停,依旧继续讨论、争吵。顾老师感觉自己对学生太好了,面临不知道该如何正确处理和学生关系的困境。

对策及建议:①正确处理师生关系。顾老师应该努力提高自我修养,健全人格,通过自身素养的发展来引导学生发展。②正确处理师生关系。顾老师应该充分了解和研究学生,树立正确的学生观,热爱、公平对待学生。通过分析、研究,掌握不同学生特点,尊重学生,正确处理学生课堂问题。③正确处理师生关系。顾老师应该主动与学生沟通,善于与学生交往。保持与学生的沟通,掌握与学生沟通的策略和技巧,促进彼此关系的健康发展。

2.(1)该教师的行为是不合适的。因为学生都是独立的个体,都有自己的思考和理解,而教师却要求学生必须回答出教师所设想的准确答案,对学生的疑惑没有给予合理的解释和引导,反倒对学生呵斥,导致学生害怕提问、害怕回答问题。长此以往,学生将会逐渐丧失信心。

(2)如果我是该教师,在生1提出疑惑后,我会称赞他思考问题的角度新颖且独特,并带领全班同学针对这个问题展开讨论,发表意见,最终解决该生的疑惑。对于生2的回答,我会先表扬他回答得很准确,再进一步追问:"父亲的严格体现在哪件事上? 这件事你觉得有哪些值得我们学习的地方?"逐渐引导学生得出最终答案。然后再强调说:"好,我们接着思考最开始提的问题,我再来说一下问题是什么,大家这次独自思考之后再举手回答"。这样就不会使同学们因讲错或答错丧失在课堂的主动性,而是让同学们更愿意积极主动地回答问题,增强学生的自信心的同时,亦可拉近师生之间的关系。

教育综合（333）
备考指南

中国教育史

主编　张立平

JIAOYU ZONGHE（333）

BEIKAO ZHINAN

山东教育出版社
·济南·

图书在版编目（CIP）数据

中国教育史 / 张立平主编. -- 济南 ： 山东教育出版社, 2025. 2. -- （教育综合（333）备考指南）.
ISBN 978-7-5701-3595-0

Ⅰ. G529

中国国家版本馆CIP数据核字第20254C18L7号

中国教育史考试目标

一、系统掌握中国教育史的基本知识，把握教育思想演变、教育制度发展、教育实施进程的基本线索，特别是主要教育家的教育思想、重要的教育制度、重大的教育事件。

二、认真阅读和准确理解有关中国教育史的基本文献，特别是其中的代表性材料，培养严谨、踏实的学风，掌握学习教育历史的基本方法。

三、能够运用教育史学的基本原理分析、评价中国历史上的教育现象，探讨有益于现实教育改革与发展的理论启示。

四、通过历史上教育人物矢志探索教育的精神，培养热爱教育事业、热爱祖国和人民的情感。

目　录

第四章　封建国家教育体制的完善

第五章　理学教育思想和学校的改革与发展

第六章　理学教育思想的批判与反思

第七章　近代教育的起步

第八章　近代教育体系的建立

第九章　近代教育体制的变革

第一章 西周官学制度的建立与"六艺"教育的形成

一、西周的教育制度

(一)"学在官府"

"学在官府"是西周文化教育的重要特征,奴隶社会的经济、政治条件决定了当时只有官学而没有私学,官学机构与政治机构联系在一起,没有分离、独立,历史上称这种现象为"学在官府"。

形成这种局面的客观原因:惟官有学,而民无学;惟官有器,而民无器;惟官有书,而民无书。"学在官府"形成的最根本原因在于西周的生产力发展水平和社会制度结构。

特点是西周时期形成了"学在官府""学术官守"的局面,政教一体,官师合一,以"六艺"为主要教育内容,以"明人伦"为教育宗旨,培养治术人才。

"学在官府"现象出现的根本原因是( )

A.惟官有书,而民无书

B.惟官有器,而民无器

C.惟官有学,而民无学

D.奴隶社会生产力低下

【解析】D

"学在官府"形成的最根本原因在于西周的生产力发展水平和社会制度低下。奴隶社会的经济、政治条件决定了当时只有官学而没有私学。选项A、B、C均为"学在官府"这一现象出现的客观原因。故选D。

(二)大学与小学

"国学"又分为小学和大学两级。国学的小学设在王宫内,入学年龄与家庭身份等级有关,贵族子弟入学年龄早于平民子弟,平民子弟所进入的小学学习年限是7年;小学的学习内容是德、行、艺、仪,是关于奴隶主贵族道德行为准则和社会生活知识技能的基本训练。

大学的生源有两类，一类是贵族子弟，一类是平民中的优秀分子，体现教育的等级性。天子所设的大学叫辟雍，诸侯所设的大学叫泮宫，二者有规模和等级的差别。学习内容是学大艺、履大节，礼乐为重，射御次之，还学《诗》《书》，教师都由官吏兼任。学生需要经过考核才能得到任用，考核内容包括德行和道艺，对于德行上不合格的学生，采取先教后罚的惩戒方式。

（三）国学与乡学

"国学"是设在天子、诸侯的王都内，专为贵族子弟设立，由大司乐主持，分为大学和小学两级；乡学是设在王都郊外地方行政区内的学校，入学对象是一般奴隶主和平民的子弟，由司徒负责领导，教育内容是"乡三物"——六德：知、仁、圣、义、忠、和；六行：孝、友、睦、姻、任、恤；六艺：礼、乐、射、御、书、数。乡学只有小学一级，但是学习优秀者可选拔到国学中的大学学习。

> 【2022 年南师大 333，第 7 题】西周时期，设在王都的小学、大学，总称为（　　）
>
> A.辟雍　　　　　　　　　　B.泮宫
>
> C.国学　　　　　　　　　　D.乡学
>
> 【解析】C
>
> "国学"又分为小学和大学两级。国学的小学设在王宫内，入学年龄与家庭身份等级有关。大学的生源有两类，一类是贵族子弟，一类是平民中的优秀分子，体现教育的等级性。天子所设的大学叫辟雍，诸侯所设的大学叫泮宫，二者有规模和等级的差别。故选 C。

（四）家庭教育

西周时期贵族子弟在未入正式学校之前一般都要接受相当严格而规范的家庭教育。父母就是幼儿最初的教师。家庭教育的内容有基本的生活技能与习惯教育、初步的礼仪规则、确立初级的"数"的观念。孩子从 7 岁起进行男女有别的教育，女子只在家庭中接受女德的教育，而男子将来可继续接受学校教育。西周家庭教育的特点是重男轻女和明显的计划性。

二、"六艺"教育

"六艺"是夏、商、西周时期教育的六项基本内容，即礼、乐、射、御、书、数。不论是国学乡学，还是小学大学，都以"六艺"为基本学科，但在要求上有层次的不同。

（一）礼乐

礼：也被称为周礼，内容极广，凡政治、伦理、道德、礼仪都包括在内，不仅在于养成礼仪规范，同时具有深刻的社会政治作用，通过礼制表明尊卑上下的等级关系，强化宗法制度和君臣等级制度。

乐：包括诗歌、舞蹈和音乐，是当时的艺术教育，陶冶人的感情，包含德育、智育、体育、美育的要求，使强制性的礼转化为人们内在的道德和精神的需求。

礼乐是"六艺"的中心，礼重在训练人的外在行为规范，乐重在陶冶人的内在情操，二者相互配合。

（二）射御

射：拉弓射箭的技术；御：驾驭战车的技能。西周重视武力建设，射、御是当时主要的军事技术。

（三）书数

书：西周时把文字构造规律归纳为指事、象形、形声、会意、转注、假借六个方面，称为六书，并编写了我国最早的儿童识字课本——《史籀篇》。

数：算法，以及历法等与数字计算相关的知识。

书、数是文化基础知识，是西周小学的主要教学内容。

"六艺"教育经历了夏、商，到西周发展到最为完整的状态，是西周教育的特征和标志。"六艺"教育包含多方面的教育因素。它既重视思想道德，又重视文化传统和实用技能；既重视文事，又重视武备；既要求符合礼仪规范，又要求内心情感修养。总之，"六艺"体现了文武兼备、诸育兼顾的特点，反映了中华文明发展早期的辉煌。

（四）评价

1."六艺"是西周的教育内容的总称，是西周教育的特征和标志。

2."六艺"既重视思想道德，也重视文化知识；既重视传统文化，也重视实用技能；既重视文事，也重视武备；既要符合礼仪规范，又要求内心情感修养。

3."六艺"有符合教育规律的历史经验，可供后世借鉴。

下列关于西周时期的"六艺"，说法不正确的一项是(　　)

A．"六艺"是指《诗》《书》《礼》《乐》《易》《春秋》

B．"六艺"是西周时期教育的基本内容

C．"六艺"体现了文武兼备、诸育兼顾的特点

D．"六艺"反映了中华文明发展早期的辉煌

【解析】A

"六艺"是指礼、乐、射、御、书、数。故选 A。

本章内容思维导图

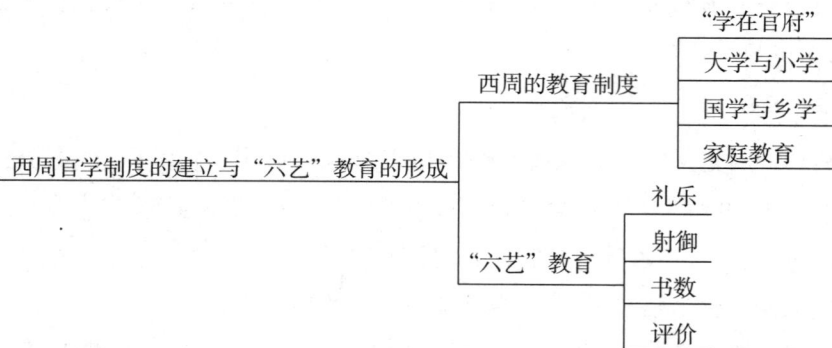

```
                                              ┌─ "学在官府"
                          ┌─ 西周的教育制度 ──┼─ 大学与小学
                          │                    ├─ 国学与乡学
                          │                    └─ 家庭教育
西周官学制度的建立与"六艺"教育的形成 ─┤
                          │                    ┌─ 礼乐
                          └─ "六艺"教育 ─────┼─ 射御
                                              ├─ 书数
                                              └─ 评价
```

自测题

一、选择题

1.【2008年311,第11题】在古代文献记载中,我国西周时期设在王都的小学和大学,总称为( )

    A.都学   B.乡学

    C.国学   D.官学

2.【2012年311,第14题】西周时期贵族家庭的儿童教育体现了循序渐进的要求,在其最初阶段更为注重( )

    A.学习计数和练习写字   B.训练基本的生活技能

    C.培养坚强的意志品质   D.养成端正的道德品行

3.【2014年311,第14题】据《礼记·王制》记载,西周天子和诸侯所设大学分别称为( )

    A.成均、泮宫   B.辟雍、庠序

    C.辟雍、泮宫   D.辟雍、泽宫

4.【2015年311,第14题】西周学校以"六艺"为课程,根据程度分别安排在小学或大学学习。其中被称为"小艺",安排在小学学习的是( )

    A.诗、书   B.礼、乐

    C.射、御   D.书、数

5.【2016年311,第14题】在文献记载的中国古代学校中,与乐教最为相关的是( )

    A.庠   B.成均   C.序   D.泮宫

6.【2019年311,第14题】据古籍记载,我国学校教育设立"小学"始于( )

    A.夏朝   B.商朝

    C.西周   D.汉朝

7.【2021年311,第14题】"六艺"是西周的教育内容,包括礼、乐、射、御、书、数。下列关于"六艺"教育的陈述中正确的是( )

    A.乡学和国学对"六艺"教育的要求在层次上有所不同

    B.射、御教育是"六艺"教育的中心

    C.礼、乐教育和射、御教育分别面向不同等级的奴隶主子弟

    D.乡学侧重书、数教育,国学侧重礼、乐教育

8.【2023 年 311,第 14 题】《礼记·内则》记载了西周贵族家庭对儿童教育的要求,其中"能言,男唯女俞"强调要培养儿童从小形成(　　)

A.男外女内意识　　　　　　　　　B.男尊女卑意识

C.男女性别意识　　　　　　　　　D.男女防嫌意识

二、分析论述题

1.【2017 年湖南大学 333】简述"六艺"的教育内容。

第二章 私人讲学的兴起与传统教育思想的奠基

一、私人讲学的兴起与诸子百家私学的发展

(一)私人讲学的兴起

1.私学兴起的原因

(1)生产力的发展。春秋时期,王权衰落,封建私有制逐渐代替了井田制,新兴地主阶级出现,诸侯国林立,促进了奴隶制的解体,"经济下移"与"政治下移"导致官学失去政权的依托,造成"天子失官,学在四夷"的局面,土地私有制的发展为私学的产生奠定了经济基础。

(2)官学衰落,学术下移。世袭制造成贵族不重视教育;王权衰落,导致学校荒废;战争动乱,使得周王宫里一批有文化知识的人,失去了原来的地位和职守,他们为了谋生,依靠"六艺"知识教书,还把藏于官府中的典籍文物、礼器乐器等学习器具带到民间,这样就打破了旧的文化垄断,出现了"学术下移"的现象。

(3)"士"阶层的出现。私学到春秋末期进入初步繁荣的阶段,与养士之风盛行有密切关系。"士"阶层本是奴隶制度中贵族的下层,在封建制度兴起时转化为平民阶级的上层。各诸侯和一些贵族之家为了扩张争相养士来搜罗人才,大批自由民要想成为士,就必须学习文化知识,于是出现了培养士的私学机构,私学随之兴盛。

(4)一些思想家的办学活动直接促进了私学的发展。

2.私学兴起的意义

(1)私学打破了"学在官府"的教育垄断局面,使政教分设、官师分离,教师成为独立的职业,教育成为独立的活动。

(2)教育内容新,不局限于"六艺",培养各类人才。教育方式新,场所不固定,人才培养与学术研究相结合。

(3)扩大了教育对象,使学校向平民开放,进一步促进学术下移。

(4)私学促进了"百家争鸣",各家各派的教育理论和教育经验的辉煌成就,为中国教育做出重要贡献,在世界教育史上也有很高的地位。

(5)私学讲求自由原则,各家私学没有统一的思想,自由讲学,自由就学,自由

办学,自由竞争,发展教育事业,符合历史潮流,开辟教育史新纪元。

(二)诸子百家私学的发展

1.养士之风盛行

战国时期,养士之风的盛行,使士成为一种受人青睐的职业,人们竞相学习做士,而士又需要经过一定的学习与训练才能造就,因此想成为士就要拜师求学,这就促进了私学的再发展。士阶层的活跃,为战国时期私学和思想学术的发展提供了广泛的社会基础,促进了私学的发达,形成了"百家争鸣"的局面。士阶层地位高,独立性强,与各诸侯国统治者无人身依附关系。

2.百家争鸣

诸子百家在教学时各自宣传自己的政治主张、社会理想、伦理观念等,形成不同的思想体系,发展成为不同的学派,各派都有自己的代表人物。西汉初的司马谈总括为六家:阴阳、儒、墨、法、名、道家。各家各派之间因立场和解决社会问题方法的不同,相互斗争,相互批评,在争鸣中相互影响又相互吸取,推动中国文化学术思想达到空前繁荣的时代,形成"百家争鸣"的局面。

在"百家争鸣"中,教育始终是中心问题之一。一方面,参与争鸣的各家各派都以学校为阵地,以讲学为手段,宣传自己的学说主张,不同的学派往往就是不同的教育团体,有丰富的教育实践;另一方面,各家各派又因对教育在社会改造和人性改造等方面作用的不同认识而相互辩难。因此,"百家争鸣"必然推动教育实践的活跃、教育思想的繁荣、教育理论的发展。

3.私学发展

战国时期,各家各派都重视教育活动,不同程度地开展教育活动。在各家之中,儒、墨、道、法影响最大。这四家之中,儒、墨更被称为"显学",这不仅因为他们的学说影响大,也因为他们教育活动的规模大,道家和法家虽然在理论上不重视教育,但为了扩大学说的影响,也都有授徒讲学活动。

(三)齐国的稷下学宫

稷下学宫是战国时代齐桓公在都城临淄的稷门附近地区创办的一所著名学府。它是战国百家争鸣的中心与缩影,也是东方文化教育和学术的中心,是教育发展史上的一大创举,对中国古代学术文化、教育的发展产生了重大的历史影响。

1.创办稷下学宫的历史条件

(1)经济条件。当时齐国的农业、商业和手工业比较发达,是一个富强大国,齐桓公又是春秋最早确立霸主地位的君主,国都临淄也是各国中最繁华的都市,人口众多,生活富裕,临淄成为理想城市。

(2)政治需要。春秋战国时期,各国为了发展,成就霸业,都需要招贤纳士,网罗人才,创办稷下学宫是齐国招揽人才的一个好方式。

(3)养士之风的产物。齐国田氏很注重养士,采取减轻剥削、礼贤下士的手段,以得民心。田氏成为齐国国君后,凭借国家权力扩大养士规模,稷下学宫是齐国养士规模的扩大化、制度化和组织化的表现。

2.性质

(1)稷下学宫是一所由官家操办而由私家主持的特殊形式的学校。从主办者和办学目的来看,它是官学,因为它是齐国官方出资举办,并且以"招纳贤人"为目的;同时,稷下学宫的教学与学术活动,由各家各派自主开展,官方不多加干预,这又体现了私学的性质,也正是因为学术上的私学性质才保证了它在学术上的繁荣。

(2)稷下学宫是一所集讲学、著述、育才活动为一体并兼有咨政议政作用的高等学府。稷下学宫的创办目的是招贤纳士,所以它是以学术活动为主要任务的高级学府,主要研究社会、政治问题。

①讲学。教师自由讲学收徒,学生自由求学择师,还可以跨越学派门墙,广泛求学,学无常师;学宫定期举行学术集会,以及演讲、讨论、辩论等学术交流会,稷下学宫的学则《弟子职》更加将讲学活动制度化,讲学活动十分兴盛。

②著述。稷下学宫的学术性一方面体现在讲学和思想交锋,另一方面体现在著书立说。稷下先生们的著作堪称宏富,除了各家各派的书以外,还有集体劳动的学术成果,如《管子》,名为管仲所作,实则是稷下先生的论著汇编,故人称"稷下丛书"。著述与讲学互为表里,共同体现稷下学宫的特色。

③育才。稷下大师云集,吸引各方子弟前来求学,不仅为人才培养创造了良好的学术环境,还将育才逐步制度化,具有目的性、计划性和组织性,从教育管理方面保证人才的培养。稷下学宫通过政治人才和学术人才的培养,发挥了高等学府的作用。

④咨政议政。这也是一大特色,议政是所有私家学派的特点,稷下学宫的不同之处在于为各家学者提供了一个固定的议政论坛。稷下学宫的政治色彩十分鲜明,咨政议政的作用突出,这也是办学目的政治性的体现。

3.特点

(1)学术自由。这是稷下学宫的基本特点,容纳百家是学术自由的一种表现,来者不拒、包容百家是稷下学宫的办学方针,各家各派学术地位平等,不因统治者的好恶而加以扬抑;自由还体现在欢迎游学,来去自由,学生自由择师,且学无常师,游学制度使稷下学术与外部各国的学术不断交流,富有活力;相互争鸣与吸取是学术自由的又一大表现，学术论辩带来稷下诸子学派的吸收、交融和分化、嬗变，促进了学术繁荣。

（2）尊师重道，待遇优厚。齐王不仅在精神上尊重教师，给予教师的物质待遇也很优厚。这是稷下学宫兴盛的原因之一。

（3）不治而议论。稷下先生不担任具体职务，不加入官僚系统，却可以对国事发表批评性的言论。这些学者们在地位上与君主不是君臣关系，而是师友关系，学者们拥有更多的自由和独立，体现了君主给予学者们极高的政治待遇。

（4）管理规范上出现了我国第一个学生守则——《弟子职》。

4.历史意义

（1）稷下学宫促进了战国时期思想学术的发展。它是各派思想的聚集地，各家学者云集于此，争鸣于此，极大地促进了学术思想的繁荣。

（2）稷下学宫显示了中国古代知识分子的独立性和创造精神。在政治多元、各国争雄下产生和存在的稷下之学，标志着中国知识分子黄金时期的到来。当时的学者，敢于藐视王公大人，能在学术和政治领域内纵横思想、无所顾忌，最大限度地发挥了知识分子阶层的独立性和创造精神，创造出辉煌的稷下时代和战国文化。

（3）稷下学宫创造了一个出色的教育典范。它所独创的官方举办、私家主持的办学形式，集讲学、著述、育才与咨政为一体的职能模式，自由讲学和自由听讲的教学方式，学术自由和鼓励争鸣的办学方针，尊重优待知识分子的政策，都显示了它的成功之处。

（4）留给后人的思考：稷下学宫尊重贤士，尊重学术，其思想学术、文化教育是成功的。齐国办稷下学宫是为了争霸，然而争霸成功的恰恰是对学术思想持否定态度的秦国，这富有戏剧性的一幕是值得我们思考的。

二、孔子的教育实践与教育思想

（一）创办私学与编订"六经"

孔子在文化教育方面的贡献主要有两个：（1）编订"六经"——《诗》《书》《礼》《乐》《易》《春秋》，整理和保存了我国古代文化典籍，奠定了儒家教学内容的基础；（2）开创私人讲学之风，孔子创办的私学在春秋时期规模最大、持续时间最长、影响最深远。他积累了丰富的教育经验，是我国古代教育思想的奠基人。

（二）"庶、富、教""性相近也，习相远也"与教育作用和地位

1."庶、富、教"：教育与社会发展

孔子阐述了他的"庶、富、教"的施政大纲。孔子认为治理好一个国家，要有三

个条件:首先,要有较多的劳动力;其次,发展生产,解决人民物质生活中吃、喝、穿、住的问题;最后,只有在先庶、先富的基础上才能有效地进行教化,发展教育事业。经济的发展是教育发展的物质基础,孔子是我国最早论述教育与经济关系的教育家。

2.“性相近也,习相远也”:教育与人的发展

孔子首次论述了教育与人性的关系,“性”指先天素质,“习”指后天习染,包括教育与社会环境的影响。他认为人的先天素质是很接近的,之所以在成长中出现千差万别,是后天“习染”的结果。这一观点肯定了人不论等级贵贱,生来在天赋素质上的平等,说明教育是一种特殊的环境培养,承认教育的必要性和关键性。从“习相远”的观点出发,孔子强调人的一生都要受教育,还要重视居住环境的选择和社会交往的选择。“性相近,习相远”的思想是孔子人性论的组成部分,成为人人有可能受教育和应该受教育的理论依据,具有一定的科学性。

(三)“有教无类”与教育对象

孔子对于教育对象的基本主张是“有教无类”。“有教无类”的本意是指在教育对象上,不分贫富贵贱与种族,人人都可以入学受教育。孔子“有教无类”的提出是针对奴隶主阶级垄断学校教育而言的,打破了“礼不下庶人”的等级制度,把受教育的对象扩大到平民,是历史性的进步。

孔子躬亲实践“有教无类”这一办学方针,广收弟子,“自行束脩以上,吾未尝无诲焉”这一句最能表现孔子的收徒思想,即只要学生有学习的意愿,奉送10条干肉行师生见面礼,就可以成为他的弟子。

开放性的“有教无类”教育方针,满足了平民入学受教育的愿望,扩大了教育对象,打破了奴隶主贵族的教育垄断,适应了社会发展的需要,有利于进一步促进文化下移,对战国时期文化学术的繁荣和百家争鸣的出现起到了促进作用。

(四)“学而优则仕”与教育目标

从平民中培养德才兼备的从政君子,这条培育人才的路线可概括为“学而优则仕”。这句话是子夏所说,但是也代表了孔子的教育观点。

“学而优则仕”包含多方面的意思。学习是通向做官的途径,培养官员是教育最主要的目的,“学而优则仕”与“任人唯贤”的路线配合一致,把读书和做官紧密联系在一起,成为封建统治者维护统治和笼络人才的手段。

“学而优则仕”的主张反映了封建制度兴起时的社会需要,成为知识分子学习的动力,为封建官僚制度的建立提供了准备条件,适应了当时社会发展的要求,直

到现在依然有实际意义。

（五）以"六艺"为教育内客

《论语》记载，"子以四教：文，行，忠，信"。其中，品行、忠诚和信用属于道德教育的要求。孔子认为德育居首要地位，其次是文化知识的学习，通过文化知识的学习来灌输道德教育。"文"主要指《诗》《书》《礼》《乐》等典籍的学习，孔子的私学以"六艺"为教学科目，但在儿童阶段学习的"小艺"——书写和计算，孔子并不重视。孔子私学主要的教材是他编订的"六经"，最主要的是《诗》《礼》《乐》，孔子认为"兴于《诗》，立于《礼》，成于《乐》"。

孔子教育的内容有三个特点：偏重文事，偏重社会人事，轻视自然知识、科技与生产劳动。

（六）教学方法：因材施教、启发诱导、学思行结合

孔子认识到教学过程不仅是教师"教"的过程，更重要的是学生"学"的过程，为此他提出了一系列的教学原则和方法：

1.因材施教

因材施教是指根据学生的个性特点和个别差异采取不同的教学方法，主要解决教学中统一要求与个别差异的矛盾，孔子是我国历史上首倡因材施教的教育家。这一教学原则的前提条件是：承认学生间的个别差异和了解学生的特点。了解学生最常用的两种方法是与学生谈话和个别观察，即孔子说的"听其言而观其行"和"视其所以，观其所由，察其所安"。只有了解学生，才能对他们做出准确的评价，并且根据具体情况，有针对性地进行教育。

2.启发诱导

孔子是世界上最早提出启发式教学的教育家，这一原则主要是解决发挥教师的主导作用和调动学生积极性之间的矛盾。孔子认为不论培养道德还是学习知识，都要建立在学生自觉需要的基础上，充分发挥学生的积极主动性，反对机械学习，提倡启发式教学。

孔子说，"不愤不启，不悱不发，举一隅不以三隅反，则不复也"。"愤"与"悱"是内在心理状态在外部容色言辞上的表现。朱熹在《论语集注》中说，"愤，心求通而未得之意；悱，口欲言而未能之貌，启谓开其意，发谓达其辞"。就是说，在教学前务必先让学生认真思考，若学生已经思考了相当长的时间但还想不通，才可以去启发他；虽经思考并已有所领会，但未能以适当的言辞表达出来，此时可以去开导他。教师的启发是在学生思考的基础上进行的，启发之后，应让学生再思考，获得进一步的领会。

孔子提出的训练学生思考的方法有:(1)"由博返约",意思是"博学"以获得较多的具体指示,"返约"是在对具体事物分析的基础上进行综合、归纳,形成基本的原理原则和方法。(2)"叩其两端",意思是从事物的正反两方面思考问题,进而解决问题。这种方法注意到事物的对立面,合乎辩证法。启发式教学的关键在于是否调动了学生学习的积极性。

孔子主张"不愤不启,不悱不发",其中"发"的意思是( )

A.心求通而未得之意　　　　B.口欲言而未能之貌

C.开其意　　　　　　　　　D.达其辞

【解析】D

朱熹在《论语集注》中说"愤者,心求通而未得之意;悱者,口欲言而未能之貌。启谓开其意,发谓达其辞"。故选 D。

【2025 年 333,第 7 题】现代教育理论所推崇的一些教学原则,在中国古代教育典籍中也有论述,下列选项中匹配正确的是( )

A.直观性原则——"不愤不启,不悱不发。举一隅不以三隅反,则不复也"。

B.因材施教原则——"求也退,故进之;由也兼人,故退之"。

C.启发性原则——"其身正,不令而行;其身不正,虽令不从"。

D.量力性原则——"不闻不若闻之,闻之不若见之"。

【解析】B

"求也退,故进之;由也兼人,故退之"的意思是冉求做事畏缩不前,所以要鼓励他大胆进一步;子路个性好胜,需要加以约束,退后一步。体现了因材施教原则。故选 B。

3.学思行结合

"学而知之"是孔子进行教学的主导思想,学是求知的途径,也是唯一手段。

孔子强调要在学习的基础上深入思考,把学习与思考结合起来,他精辟地论述了学与思的关系——"学而不思则罔,思而不学则殆"。如果读书只是记诵而不去思考,就不能抓住事物的要领,茫然不知所措;如果只思考,不读书吸收实际知识,就不能解决问题,容易倦怠。学习与思考不宜偏废,应当结合起来,学是思的基础,思有助于深入认识,这种见解符合人的认识规律,初步揭示了学习与思考的辩证关系。孔子还强调学习知识要"学以致用",学是手段不是目的,行才是终极目的,行比学更重要。由学而思进而行，是孔子探索的学习过程，也是教育过程，与人的一般认识过程基本符合。

（七）论道德教育

1.道德教育内容

孔子认为，成为君子的主要条件是具备良好的道德品质修养，因此，道德教育居首要地位，仁、知、信、直、勇、刚是君子应具备的六种道德品质。"仁"与"礼"是孔子道德教育的主要内容，"礼"为道德规范，是人必须接受的外在社会行为规范；"仁"是最高道德准则，是对生命及其价值的珍视和关爱，即"仁者，爱人也"。凡符合"礼"的道德行为都要以"仁"为精神指导，也就是说礼与仁的关系是形式与内容的关系，有了仁的精神，礼才能真正充实。"仁"被孔子作为最高的道德准则，是他学说的中心思想。仁的实行最重要的两项是"孝"与"忠"。

从"仁"出发，强调培养人们"爱人"的情感，启发人们内在的道德自觉，主要有两条路线："己欲立而立人，己欲达而达人"，"己所不欲，勿施于人"，这是一条内发的道德修养路线；"非礼勿视，非礼勿听，非礼勿言，非礼勿动"等，这是一条外铄的道德修养路线。

2.道德修养的方法

（1）立志。"三军可夺帅也，匹夫不可夺志也。"志向的确立和坚持，取决于个人的信仰和自觉努力。孔子教育学生要坚持自己的志向，不能过多地计较物质生活，要为社会尽义务。

（2）克己。孔子在处理人际关系时，主张重在严格要求自己，约束和克制自己的言行，使之合乎道德规范，即"君子求诸己，小人求诸人"。克己的人才会严以责己、宽以待人，才能克制个人非分的欲望，限制自己对私利的追求，不为利己而损害他人和社会的利益。对人应采取平等的态度，给人以高度尊重；涉及相互关系时，应"躬自厚而薄责于人"。

（3）力行。"言必信，行必果"，孔子提倡言行一致，重视行，就是重视道德实践。"力行近乎仁"，他认为努力按道德规范实践的人接近于仁德，行动表明人的道德水平。

（4）中庸。"中庸者，不偏不倚，无过不及而平常之理也"，孔子认为待人处事都要中庸，防止发生偏向，一切行为都要中道而行，做得恰到好处，正如子曰："过犹不及"。

（5）内省。内省是日常修养方法之一。"见贤思齐焉，见不贤而内自省也。"

"吾日三省吾身，为人谋而不忠乎？与朋友交而不信乎？传不习乎？"内省就是对日常所做的事依靠自觉进行反思。

（6）改过。"君子之过也，如日月之食焉，过也，人皆见之，更也，人皆仰之。"人非圣贤，孰能无过？孔子认为重要的是人要敢于正视自己的错误，勇于改正，改正错误需要得到别人的指点，别人的忠告和批评，是能够帮助自己提高修养的。

（八）论教师

孔子热爱并终身从事教师事业，有丰富的教学经验，他认为教师应该具有以下基本条件：

1.学而不厌。这是教人的前提条件，教师应该重视自身的学习修养，掌握丰富的知识，具有高尚的道德品质，一生好学乐学，达到"发愤忘食，乐以忘忧，不知老之将至"的境界。

2.诲人不倦。教师要以教为业，以教为乐，不仅毕生从事教育事业，还要用心去说服教育学生，给学生高度的爱和责任。孔子说："爱之，能勿劳乎？忠焉，能勿诲乎？"诲人不倦是教学态度的思想基础。

3.温故知新。"温故而知新，可以为师矣"有两层含义：第一，"故"指过去的政治历史知识，"新"指现在的社会实际问题。教师既要掌握过去的政治历史知识，又要借鉴有益的历史经验来认识当代的社会实际问题，知道解决问题的办法。第二，新旧知识之间有联系，温习旧知识时能积极思考、联想、深化认识，获得新知识，巩固旧知识。教师有传递和发展文化的使命，既要注意继承，又要注意创新。

4.以身作则。"其身正，不令而行；其身不正，虽令不从。"孔子强调了言传身教的重要性，甚至身教比言教更重要，对学生有重大的感化作用，教师应该给学生树立一个好榜样，以身作则——这对教师提出了严格的要求。

5.爱护学生。孔子爱学生，对学生充满信心，他提倡要客观公正地对待学生，爱护学生，更要尊重学生，才会赢得学生的爱戴。

6.教学相长。孔子认识到教学过程中教师对学生不是单方面的知识传授，而是可以教学相长的。他在教学活动中为学生答疑解惑，经常共同进行学问切磋。不但教育了学生，也提高了自己。

孔子是提倡"以德服人"的教育家，是教师的光辉典范，他身上所体现的"学而不厌，诲人不倦"的教学精神，已成为中国教师的优良传统。

【2025年333,第16题】下列选项中,属于孔子有关教师论述的是（　　　）

A.“尊严而惮,可以为师。”

B.“温故而知新,可以为师矣。”

C.“诵说而不陵不犯,可以为师。”

D.“师者,人之模范也。”

【解析】B

“温故而知新,可以为师矣”体现了孔子教师观的“温故知新”,属于正确答案。“尊严而惮,可以为师”译为“有尊严并能使人敬畏,可以当老师”,是荀子的观点;“诵说而不陵不犯,可以为师”译为“诵经解说不逾越、不违反师说,可以当老师”,是荀子的观点;“师者,人之模范也”出于西汉著名学者扬雄的《法言》首篇《学行》。

（九）历史影响

孔子是我国春秋时期世界公认的伟大的思想家与教育家,他毕生从事教育事业,建立了丰功伟绩,他的教育学说为中国古代教育奠定了理论基础。

1.他首先提出教育在社会发展与人的发展中的重要作用,强调重视教育。

2.创办私学,成为“百家争鸣”的先驱。

3.实行“有教无类”的方针,扩大受教育的范围,促进学术下移。

4.提出“学而优则仕”的教育目的。

5.整理“六艺”,拥有自己的教育理论、方法、内容,有利于保存文化,促进教育发展。

6.重视道德教育。

7.提出自己独到的教师观。

8.整理古籍,编纂“六经”作为教材。

总之,他创立的儒家及儒学,与中国封建社会发展密切相关,至今仍然具有很大的现实意义,是中华民族优秀的教育遗产。

三、孟子的教育思想

（一）思孟学派

孟子,名轲,字子舆,战国时期邹人,是继孔子以后儒家的主要代表人物,被其后的封建统治者奉为仅次于孔子的“亚圣”。研究孟子教育思想的主要资料是《孟子》

一书。该书一般被认为是他的门徒万章等人对他言行的记述,也有人说是孟子本人所著。孟子在政治上的主张是施行"仁政"。孟子认为君子有三乐,"父母俱存,兄弟无故,一乐也;仰不愧于天,俯不怍于人,二乐也;得天下英才而教育之,三乐也"。

孔子死后儒家分为八派,孟子所代表的思孟学派和以荀子为代表的荀卿学派便是其中两个重要派别。孔子的孙子子思和孟子对儒学有共同的见解,在儒学分化中形成"思孟学派",成为儒学派别中最有影响的学派,被后来的封建统治者看作是儒学正统,即为"孔孟之道"。

(二)"性善论"与教育作用

孟子从社会和个人两个角度论述了教育的作用:

1."性善论"的内容与价值

从"性善论"出发,孟子认为人人都先天具有恻隐之心、羞恶之心、恭敬之心、是非之心,即仁、义、礼、智四个"善端"。孟子认为每个人与生俱来的这四个"善端",是人与物的本质区别,其中"恻隐之心"是最基本的,是人类发展"仁"的基础。他提出"人人皆可为尧舜",体现了人性本质上的平等性,人们的道德境界、智能程度不是先天绝对的,主要是后天个人主观努力程度不同。孟子从人性论上肯定了每个人发展的可能性。

2.教育对个人的作用:扩充善性

孟子认为仅有这些"善端"是不够的,必须加以扩充,使之达到完善的境地,就可以成为圣人。由于受外界环境的影响,人的"善端"易受到破坏,心灵易遭到"陷溺",就会成为小人、恶人。因此,"善"的习得须依靠学习和教育,教育的作用表现在两方面:一是"存心养性",把人天赋的"善端"加以保持、培养、扩充、发展;二是"求放心",乃是寻求失落、放任的心灵,启发人恢复天赋的善良本性,把已经丧失的"善端"找回来,使之成为道德上的"完人"。

3.教育对社会的作用:通过教育来扩充人性,进而达到国泰民安

孟子继承和发展了孔子的"仁"和"德治"思想,提出了"仁政"学说,中心是"民本"思想。他说:"善政不如善教之得民也。善政民畏之,善教民爱之;善政得民财,善教得民心。"强调教育是"行仁政""得民心"的最有效手段。

(三)"明人伦"与教育目的

孟子认为教育的目的在于"明人伦",同时认为教育就是通过实现"明人伦"来为政治服务的。

"人伦"的内容就是"人道",是人类的本质表现。具体表现为五种人际关系:

"父子有亲，君臣有义，夫妇有别，长幼有序，朋友有信。"孟子极为重视"孝"与"悌"，并以此为中心，建立了一个道德规范体系——"五常"，即"仁、义、礼、智、信"。

"明人伦"的价值："五伦"体现了中国古代社会的宗法关系，维护上下尊卑的社会秩序和道德观念，为人们普遍接受。孟子想把国家统一政治的实现，建立在以"孝"为纽带的血缘宗法关系的基础上。以伦理道德为基本教育内容，以"孝悌"为伦理道德基础的教育，是整个中国封建社会教育的重要特点。

（四）"大丈夫"的人格理想

孟子对中国传统文化的重要贡献还在于他提出了"大丈夫"的理想人格，丰富了中国古代的精神境界。

1.孟子对"大丈夫"理想人格的描绘

人的道德品质和精神境界是最宝贵的精神财富，远远高于物质财富，"富贵不能淫，贫贱不能移，威武不能屈，此之谓大丈夫"。

首先，"大丈夫"有高尚的气节，他们决不向权势低头，决不无原则地顺从。他们立足于仁、义、礼、智，只向真理和正义低头。其次，"大丈夫"有崇高的精神境界——浩然之气。"浩然之气"可以理解为受信念指导的情感和意志相混合的一种心理状态或精神境界，这是一股凛然正气，是对自己行为的正义性的自觉，具有伟大的精神力量。

2.培养"大丈夫"理想人格的途径

主要靠内心修养，大致有以下几条：

（1）持志养气。树立并坚持崇高的志向，一个人有了志向与追求就会有相应的"气"——精神状态。养气，一是靠坚定志向，二是靠平时的善言善行来积累道义。

（2）动心忍性。就是指意志锻炼，尤其是在逆境中的磨炼。

（3）存心养性。人人都有"善端"，要形成实实在在的善性善行要靠存养和扩充。存养的障碍来自人的耳目之欲。要扩充"善端"就要寡欲，要发挥理性的作用。

（4）反求诸己。当你的行动未得到对方的回应时，就应当首先反躬自问，从自己身上找原因，对自己提出更高的要求，然后对别人做得更好。凡事必须严于律己，时时反省。

（五）"深造自得"的教学思想

孟子认为知识的学习并非从外而来，必须经过自己主动自觉地学习和钻研，有了自己的收获和见解，才能形成稳固而深刻的智慧，遇事则能左右逢源，挥洒自如——"自得之,则居之安;居之安,则资之深;资之深,则取之左右逢其原,故君子欲其自得之也"。

孟子认为要达到深造自得的基本要求,就要有正确的办法,深入学习和钻研,尤其主张独立思考和获取独自见解,不轻信、不盲从,要求读书不拘于文字表层意思,而应通过思考去体会深层意蕴。总之,学习特别重要的是由感性学习到理性思维的转化,孟子强调理性思维。

【2015 年 311,第 15 题】《学记》所阐述的循序渐进教学原则,早在孟轲就已提出,他将其阐述为(　　)

A."不陵节而施"　　　　　　　　B."学不躐等"

C."当其可"　　　　　　　　　　D."盈科而后进"

【解析】D

《学记》中的"不陵节而施之谓逊"要求教育要循序渐进,而孟轲的"盈科而后进"也体现了循序渐进的思想。故选 D。

【2019 年 311,第 15 题】孟轲认为人先天具有恻隐之心、羞恶之心、恭敬之心和是非之心,其中恻隐之心是(　　)

A.仁之端　　　　　　　　　　　B.义之端

C.礼之端　　　　　　　　　　　D.智之端

【解析】A

恻隐之心、羞恶之心、恭敬之心和是非之心是人所固有的,它们分别对应仁、义、礼、智。故选 A。

四、荀子的教育思想

(一)荀况与"六经"的传授

荀子,名况,字卿,又称孙卿,战国末期赵国人,先秦最后一位儒家大师。研究荀子教育思想最可靠的材料,是现存的《荀子》一书,共三十二篇,大部分为荀况本人所著。荀子也是整个春秋战国思想的理论总结者,他提出了"性恶论",在中国教育史上开创了与教育"内省说"完全相反的教育"外铄论"。

荀子重视传授儒家经籍,依据新兴地主阶级的需要,结合当时的形势,对孔子编订的"六经"进行了继承和改造,对经学的发展有很大的贡献。由于荀子的传经,先秦儒家经籍得以保存,成为后世中国封建社会教育的经典教科书,在学术发展史上具有重要意义。

(二)"性恶论"与教育作用

荀子学说中最突出的是与孟子"性善论"相对立的"性恶论",在"性恶论"和教育作用方面,他有如下论述:

1."性伪之分"

荀子认为人性是人与生俱来的自然属性。他提出:"不可学、不可事而在人者,谓之性;可学而能、可事而成之在人者,谓之伪。是性伪之分也。"这就是说,与生俱来的本能是"性",而人的本性是恶的,因为人的本能中不存在道德和理智,如听任本能而不加节制,必将产生暴力。后天习得者叫"伪"。"伪"泛指一切通过努力而使人发生的变化。荀子指出孟子最根本的错误是把后天的"伪"与先天的"性"混同起来,他认为孟子所说的人性善实质上是"伪"而不是"性"。人的善德是后天习得的。可以看出荀子不是简单绝对的性恶论者,他的学说实际上是一种"人性恶端"说。

2."性伪之合"

"性"与"伪"是有区别甚至对立的,但是二者也是相互联系与统一的。因为"性"与"伪"就是素材与加工的关系,只有二者结合才能实现对人的改造。仁义礼法可以被认识,任何人都可以习得善,通过"化性起伪"实现"性伪之合"。"性伪之合"表现了在人性与教育问题认识中的平等观念,他的"涂之人可以为禹"(下贱的人也具备掌握仁义礼法的能力)与孟子的"人皆可为尧舜"异曲同工。

3.教育的作用是"化性起伪"

"性恶论"是荀子教育思想的理论基础,他指出凡人都可以通过"化性起伪"改变自己的恶性,化恶为善,而成为君子甚至禹那样的高尚人物。

荀子认为教育之所以能"化性起伪",有以下四个原因:第一,人的贵贱、智愚都取决于后天的教育和学习;第二,环境对人的成长有重要作用,但人不是被动地接受环境的影响;第三,学习与教育是人素质高低和命运好坏的决定性因素;第四,个人也要努力去积累知识。环境、教育和个体努力,三者协调有序,人才的造就才成为可能。其观点具有唯物主义因素。

荀子也重视教育的社会作用,认为教育能够统一思想、统一行动,促使国富民强,荀子关于教育作用的论述,在先秦诸子中较为全面,且更理论化。

(三)以培养"大儒"为教育目标

荀子认为教育培养的各类人才,要德才兼备。德,即人格独立,忠于君主,办事公正,不追求物质的满足;才,指运用礼法,自如地治理国家。

教育应当以"大儒"为培养目标。荀子把当时的儒者分为三个层次:俗儒、雅儒、大儒(另一种说法为四个层次,即俗人、俗儒、雅儒、大儒)。俗儒徒有儒者外表,对古经能背诵却全然不知其用,趋炎附势,人格低下;雅儒虽也显得笨拙,但能承认无知,显得坦荡;大儒是最理想的一类人才,他们不仅知识广博,而且能以已知推未知,自如应对新事物、新问题,自如地治理好国家。

荀子关于教育目的的思想具有一些新特点。首先,体现了"贤贤"的育才、选才标准,主张靠人的才德争得社会地位;其次,要求人才精于道而不是精于物,道指礼义。这种人才内涵的确定虽非由荀子始创,但却是他首先将其作为培养目标加以阐述的。荀子的思想是儒家思想与现实政治进一步结合的过渡环节。

(四)以儒经为教学内容

荀子的教育内容,仍然是以儒家的传统教材为主——《诗》《书》《礼》《乐》《易》《春秋》,其中以《礼》为重点。礼是一切事物的绳墨和一切行为的规范,"礼"是荀子整个教育理论的核心。荀子重视儒家经典的传播,认为儒家经典囊括了一切道理。

荀子重视以儒家经典为内容的文化知识传播,其影响从中国经学史上看,秦焚书坑儒毁掉了大量传统文献,留存下来的一部分中的相当数量得益于荀子的口耳相传。纵观中国教育史,荀子的传经,使儒家经典得以保存,使后世封建社会有了经典教科书,为文化、思想的定于一尊提供了依据。

(五)"闻见知行"结合的学习过程与教学方法

"不闻不若闻之,闻之不若见之,见之不若知之,知之不若行之,学至于行之而止矣。行之,明也;明之为圣人。"这段话表达了学习过程中阶段与过程的统一,以及学习的初级阶段必然向高级阶段发展,而学习的高级阶段又必须依赖初级阶段的思想。荀子认为闻、见、知、行每个阶段都具有充分的意义,由此构成一个完整的学习过程。

1.闻、见。这是学习的起点、基础和知识的来源,但是感官又是有缺陷的。首先,感官不能把握整体与规律;其次,感官常因主客观因素影响而产生错觉。在闻、见的基础上,学习必须向"尽其理"阶段发展,这就是"知"。

2.知。学习并能善于运用思维去把握事物的本质与规律,就能自如地应对事物的变化,这就是知——思维的学习阶段的意义。荀子还具体提出了正确的思维方法:第一,"兼陈万物而中悬衡",不偏执于某一事物或事物的某一方面,对事物做广泛的比较、分析、综合,择其所是而弃其所非,以求如实地把握事物的关系。第二,"虚壹而静"。"虚"指不以已有的认识妨碍接受新的认识,"壹"指思想转移,"静"指思想宁静,专心致志。"心"是藏与虚、两与一、动与静的统一。

3.行。就是知识的实践,这是学习必不可少的,也是最高阶段。荀子的"行"不仅指对书本知识的验证,也指人的社会实践,如个人修养、教人、从政治国等。

荀子的学习过程是以"行"为目的和归宿的完整步骤序列,为此他做了系统明确的说明,这是荀子的贡献。但是把学习止于"行",则极大地影响了中国古代学习思想的人文、社会特点的形成。

(六)论教师

在先秦儒家诸子中,荀子最为提倡尊师,表达了与孔孟颇为不同的见解。

1.教育的作用和地位。荀子将教师视为治国之本,教师参与治理国家是通过施教实现的,教师是礼仪的化身,他们提纲挈领地掌握着仁义的准则、先王的规矩,因此教师的教导是使礼义转化为个人品质的捷径。荀子说,"国将兴,必贵师而重傅;贵师而重傅,则法度存。国将衰,必贱师而轻傅;贱师而轻博,则人有快;人有快则法度坏"。可见,荀子把国家兴亡与教师的关系作为一条规律总结出来,把教师的地位提到与天地、祖宗并列的地位。

2.师生关系。荀子在强调尊师的同时,片面强调学生对教师的无条件服从,主张师云亦云,教师在教学过程中处于绝对的主导地位。

3.教师资格。教师如此尊贵和重要,自然不是人人可以做教师,荀子认为符合以下要求者可谓教师:

(1)有尊严和威信。

(2)有丰富的经验和崇高的信仰。

(3)能循序渐进,诵说不凌不乱。

(4)见解精深而表述合理。

这些观点对后世中国封建社会师道尊严的形成有很大影响。

【2024年333,第16题】先秦儒家诸子中,荀子最提倡尊师。下列观点中,最能反映荀子尊师思想的是(　　)

A.教师是治国之本　　　　　　　B.教师是学问之本

C.教师是人伦之源　　　　　　D.教师是人之模范

【解析】A

荀子将教师视为治国之本。他把国家兴亡与教师的关系作为一条规律总结出来,把教师的地位提高到与天地、祖宗并列。故选 A。

五、墨家的教育实践与教育思想

(一)"农与工肆之人"的代表

春秋战国时期,儒家和墨家是两个最著名的学派,后来韩非将他们并称为"世之显学",简称"显学"。墨家的创始人是墨翟,他出生卑贱,自称是"鄙人""贱人"。墨翟生活简朴,为了百姓的利益可以不辞辛劳。从思想倾向上看,他同情下层人民,自称其学说代表"农与工肆之人"的利益,重视实用,强调下层人民的利益。墨家学派是由下层的士大夫集团形成的,他们要求小手工业者在经济上得到发展,并参与政事,取得从政机会,集中反映了这一阶层走上政治舞台的强烈要求。

墨子学习过儒学,但反对儒家重礼厚葬的繁文缛节,并自立学术思想史上第一个批判儒家的学派——墨家,其思想以兼爱、非攻为核心,以尚贤、节用为基本点。研究墨翟和墨家学派的资料主要就是《墨子》,《墨子》基本上是其弟子和后人所做。

(二)"素丝说"与教育作用

1.教育的社会作用。墨家的社会政治理想是"兴天下之利,除天下之害",其中一项重要内容,就是推行教育,主张通过教育建设一个民众平等、互助的"兼爱"社会。在墨子看来可以通过教育使天下人知"义",从而实现社会的完善。

2.教育对人的作用。墨子的贡献是"素丝说",他以染丝为例——"染于苍则苍,染于黄则黄,所入者变,其色亦变",来说明人性在教育下的改变和形成。墨子认为,人性不是先天所成,生来的人性不过如同待染的素丝,下什么色的染缸,就成什么样的颜色,以此来比喻有什么样的环境与教育,就造就什么样的人。墨子的"素丝说"从人性平等的立场去认识和阐述教育的作用,较孔子的人性观显得进步。

【2025年333，第4题】墨子曰："染于苍则苍，染于黄则黄。所入者变，其色亦变。"荀子曰："蓬生麻中不扶而直，白沙在涅与之俱黑。"这两段话经常被用来强调，对人的身心发展起主要作用的因素是（　　）

A.成熟　　　　B.遗传　　　C.环境　　　D.个体能动性

【解析】C

"染于苍则苍，染于黄则黄。所入者变，其色亦变"比喻的是环境对人的影响，意味着人所处的环境和接受的教育、文化等会塑造一个人的思想和行为。正如染丝一样，人的成长和发展也受到周围环境的影响。"蓬生麻中不扶而直，白沙在涅与之俱黑"强调了环境对事物成长和发展的巨大影响。无论是植物还是人，好的环境可以促使其健康成长，而恶劣的环境则可能让人或事物变坏。故选C。

（三）以"兼士"为教育目的

"兼相爱，交相利"的社会理想决定了墨家的教育目的是培养实现这一理想的人，就是"兼士"或"贤士"。"兼士"必须具备三个条件："厚乎德行，辩乎言谈，博乎道术。"即道德的要求、思维论辩的要求和知识技能的要求。知识技能要求是为了兼士有能力投身社会实践，为天下兴利除害；思维论辩的要求是为了兼士能够发挥自己雄辩的才能"上说下教"，向社会推行"兼爱"的主张；道德的要求最为重要，使兼士懂得以"兴天下之利，除天下之害"为己任。

墨家的"兼士"与儒家的"君子"在外在和本质上有很大的不同，表现出了完全不同的人格追求，反映了小生产者的平等理想，虽然在战国时期难以实现这种社会理想，但是这种理想中的平等与博爱是人类可贵的精神遗产。中国后世的任侠精神在很大程度上是受了墨家兼士形象的启发。

（四）以科技知识和思维训练为特色的教育内容

出于培养兼士的需要，墨子及其弟子确定了一套教育内容，其中最具特色的是科技教育和思维训练，它们突破了儒家"六艺"的范畴，堪称伟大的创造。

1.科学与技术教育

包括生产和军事科技知识教育及自然科学知识教育，目的在于帮助兼士获得"各从事其所能"的实际本领。墨家在自然科学教育方面有很高的造诣，涉及数学、声学、力学、心理学、光学等，其中光学是墨家科学教育中最出色的部分。墨家在实用科技知识方面也很出色,主要表现在军事和生产的器械制造上。

2.培养思维能力的教育

包括认识和思想方法的教育、形式逻辑的教育。目的在于锻炼和形成逻辑思维能力,善于与人论辩,以雄辩的逻辑力量去说服他人,推行自己的政治主张。

墨子强调必须掌握思维和论辩的法则,即形式逻辑。提出"察类明故"的原则,即从已知推未知,强调运用类比,论据要有说服力,道理要合乎逻辑。墨子是中国古代逻辑理论的开拓者。

墨子还提出了判断言谈是否正确的三条标准,即著名的"三表法":第一表的内容是历史的经验和知识;第二表的内容是依据民众的经历,以广见识;第三表的内容是在社会实践中检查思想与言论正确与否。"三表法"体现了尊重实践、尊重民众意愿的进步性。

(五)主动、创造的教学方法

1.主动

墨子不赞成儒家"叩则鸣,不叩则不鸣"的被动施教态度,主张"虽不叩必鸣"的"强说人"精神。即使人们不来请教,你也应该主动地去施教,兼士的职责就是积极主动地"上说下教",向人们宣传、推行自己的主张。墨子想补救儒家教学中的不足,强调教育者的主动和主导,但又忽视了启发,忽视了学习必须具备知识和心理的准备。

2.创造

墨子批评儒家"述而不作"的主张,提出"古之善者则述之,今之善者则作之"。他认为对于古代的好东西应当继承,但是在今天应当创造出新的东西。这既反映了墨子对待文化遗产的态度,也表现了他的教育与学习的方法——重创造。

此外,墨子还提出实践与量力的方法,墨子是中国教育史上第一个提出"量力"方法的人。墨家的教育思想具有自身特色,其中也包含着不少合理主张,体现了理想主义、务实精神和主动精神。这就使得墨子的教育思想成为中国教育史上一份独特的、富有价值的遗产。

【2011年311,第14题】先秦墨家所倡导的最具特色的教育内容是(　　　　)

A.政治教育　　　　　　　B.科技教育

C.艺术教育　　　　　　　D.军事训练

【解析】B

墨家的教育内容主要包括政治教育、科技教育、文史教育和思维训练，以科技教育和思维训练最具特色。故选B。

六、战国后期的教育论著

战国后期出现了一批集中论述教育问题的教育理论著作，几乎论述了中国古代教育的所有基本问题，对后世封建教育的发展影响深远。这些教育论著理论价值高，形成了中国古代教育发展的高峰。儒家《礼记》中的许多篇章，是这些教育论著的代表，而就教育理论阐发的集中与其历史影响而言，当推《大学》《中庸》《学记》等。

（一）《大学》："三纲领""八条目"

《大学》，原是《礼记》中的一篇，居于"四书"之首。它是儒家学者论述大学教育的一篇论文，着重强调"大学之道"——大学教育的纲领，与论述大学教育之法的《学记》互为表里之作。大学主要指15岁以上的教育，内容是在初步文化知识（小艺）和道德品质（小节）教育之后的儒家经术教育和儒学思想教育。《大学》是儒家思孟学派的作品，它对大学教育的目的、程序和要求做了完整、明确的概括，对为学过程的表述有一定的逻辑严密性和程序的合理性，影响深远。

1."三纲领"。《大学》开篇讲，"大学之道，在明明德，在亲民，在止于至善"。这是儒家对大学教育目的和为学做人目标的纲领性表述，"明明德""亲民""止于至善"被称为"三纲领"。

所谓"明明德"，就是发扬光大人天生的善性，这是每个人为学做人的第一步；所谓"亲民"，是指发扬了善性之后，即从事治民，治民要亲爱人民；所谓"止于至善"，就是要求每个人在具有不同身份时要做到尽善尽美。这是儒家封建伦理道德的至善境界，大学教育的终极目标。

这三个纲领是一个要求由低到高、内涵由简单到复杂、活动由自身到群体社会的过程，层层递进，表现出了很高的道德要求、较强的逻辑性和可行性。"三纲领"表现了儒家以教化为手段的仁政、德治思想。

2."八条目"。为了实现"三纲领"，《大学》提出了一系列具体的步骤。"古之欲明明德于天下者，先治其国；欲治其国者，先齐其家；欲齐其家者，先修其身；欲修其身者，先正其心；欲正其心者，先诚其意；欲诚其意者，先致其知；致知在格物。"格物、致知、诚意、正心、修身、齐家、治国、平天下，被后世称为《大学》的"八条目"，这是实现"三纲领"的具体步骤。

"格物""致知"是八条目的基础,被视为学校始教的内容。"格物"指穷尽事物之理,即学习儒家的"六德""六艺""六行"之类的经典。"致知"指获得知识,从寻求事物的理开始,旨在综合而得到最后的启迪。这里所格的"物"、所致的"知"都是指伦理和道德原则,其实就是指学习儒家经典,提高自身素质。"诚意",就是要不自欺,人的意念和动机要纯正;"正心"就是不受各种情绪的左右,始终保持认识的中正。诚意和正心是行为发生前的心理活动,局限于自我。"修身"是人的一种综合修养过程,是人的品质的全面养成,是从"明明德"到"亲民"的转折点。齐家、治国、平天下是个人完善的最高境界。其中的中心环节是"修身"。"八条目"表现出了极强的逻辑性,层层递进,由内及外,逐渐向高层次发展,对中国知识分子的为学、为人和为政有极大影响。

《大学》的特点是有极强的伦理性、逻辑性和人文色彩。"三纲领"与"八条目"环环紧扣地加以推演,极易为人理解、接受和实行。

(二)《中庸》:"尊德性"与"道问学"、学问思辨行

《中庸》也是《礼记》中的一篇,《四书》之一,是儒家思孟学派的作品。它主要阐述了先秦儒家的人生哲学和修养问题,提出了"中庸之道"。它的基本思想是发挥儒家折中调和的思想,初步提到思想道德品质的形成和掌握文化知识的关系问题,认为二者相依并进,对后世中国知识分子及一般民众的个人修养、精神生活和为人处世之道影响深远。

1.性与教

《中庸》开篇就指出:"天命之谓性,率性之谓道,修道之谓教。"意思是:上天赐给的叫作性;顺从和发扬本性叫作道;把道加以修明和推广,使之实行,这就是教。所以人性要得到保存和发展,就要依靠教育。

2.中庸

孔子提出"中庸"思想,认为中庸是最高的道德准则。中庸即"两端执其中"和"中和"。就是说在政治和道德实践中,应杜绝一切过激行为,以恰到好处为处事原则。《中庸》还赋予中庸以"中和"的新义,即人的情感未发时,人性处在无情欲之蔽的"无所偏倚"状态;情感外现时,合乎节度,处于和谐状态。中庸既是世界观也是方法论,是一种道德修养,是为人处世的准则与方法,要求人们行事表现出最大限度的妥帖,当然,也体现出具有保守性和缺乏锐气的弊端。中庸对中国人的民族性格影响巨大。

3.自诚明与自明诚,尊德性与道问学

依《中庸》之见,人们可以从两条途径得到完善:一是发掘人的内在天性,进而达到对外部世界的体认,这就是自诚明,谓之性,或者尊德性;二是通过向外部世界的求知,以达到人的内在本性的发扬,这就是自明诚,谓之教,或者道问学。《中庸》将"诚明"——性、"明诚"——教,以及"德性"和"问学"并提,就是在说明学习与教育的实现需要以人性为依据,而人性的完善又依赖于学习与教育。人无非是通过向外求知以完善本性和向内省察以助于求知来完善自身的。

4."博学之,审问之,慎思之,明辨之,笃行之"

这是对求知学习过程的阐述。把学习过程具体概括为学、问、思、辨、行五个先后相续的步骤,这一表述概括了知识获得过程的基本环节的顺序,是对从孔子到荀子学习过程的发展。

(三)《学记》:学制与学年、教育教学的原则与方法、教师

《学记》也是《礼记》中的一篇,是世界上最早的专门论述教育、教学问题的论著,被认为是"教育学的雏形"。它是先秦时期儒家教育和教学活动的理论总结,主要论述教育的具体实施,偏重于说明教学过程的各种关系。其作者一般被认为属于思孟学派,有学者认为甚至可以具体到孟子的学生乐正克。其中的内容主要包括教育作用与目的,教育制度与学校管理,教育、教学的原则与方法,等等。

1.教育制度与学校管理

《学记》关于教育制度和学校管理的设想包括两部分内容:

(1)学制与学年

学制,《学记》以托古改制的方法提出建立从中央到地方的学制系统,"古之教者,家有塾,党有庠,术有序,国有学",这种按行政建制设学的思想对后世兴学影响很大。

学年,《学记》把大学教育定为两段、五级、九年。第一、三、五、七学年毕,共四级为一段,七年完成,谓之"小成";第九学年毕为第二段,合格后,谓之"大成"。这是古代年级制的萌芽。

(2)视学与考试

视学,《学记》十分重视大学开学和入学教育,把它作为教育管理的重要环节来抓。开学之日,天子亲率百官参加开学典礼,祭祀"先圣先师",还定期视察学宫,体现国家对教育的重视。新生入学要重视训诫仪式,明确为从政而学习。

考试,每隔一年考查一次成绩,考查内容包括学业成绩和道德品行,不同年级要求不同。"比年入学,中年考校。一年视离经辨志;三年视敬业乐群;五年视博习亲师;七年视论学取友,谓之小成;九年知类通达,强立而不反,谓之大成。"

其中,第一、三、五、七、九年,都有考试,分别是:"视离经辨志"(阅读能力方面能否分析章句,品德方面是否确立了高尚的志向)、"视敬业乐群"、"视博习亲师"、"视论学取友"(小成)、"知类通达,强立而不返"(学术上融会贯通,志向上坚定不移,这是"大成")。整个考试制度体现了循序渐进、德智并重的特点。

2.教育教学的原则

可归纳为:"豫、时、孙、摩","长善救失","启发诱导","藏息相辅","教学相长"。

(1)"未发先豫(预)。""禁于未发之谓豫",要求事先预计到学生可能会出现的种种不良倾向,预先采取防治措施。

(2)及时施教。"当其可之谓时","时过而后学,则勤苦而难成",教育应该按照学生的年龄特征和心理状况安排适当的教学内容。

(3)循序渐进。"不陵节而施之谓孙",指学习内容要有先后顺序,要求教师要根据知识本身的难易程度和逻辑结构来施教。

(4)学习观摩。"相观而善之谓摩",在学习过程中,同学之间要相互切磋研究,共同提高,既要专心学习,又要能融入集体。

(5)长善救失。"学者有四失,教者必知之。人之学也,或失则多,或失则寡,或失则易,或失者止,此四者,心之莫同也。知其心,然后能救其失也。"教师应了解不同学生的不同心理倾向,帮助他发扬优点,克服缺点。

(6)启发诱导。"道(导)而弗牵,强而弗抑,开而弗达",教师要引导学生,但又不能牵着学生的鼻子走;督促勉励,但又不可勉强、压抑;打开学生的思路,但又不能把现成的结果直接给学生。

(7)藏息相辅。"藏焉修焉,息焉游焉","时教必有正业,退息必有居学"。既有有计划的正课学习,又有课外活动和自习,有张有弛,让学生感到学习的乐趣,劳逸结合。

(8)教学相长。"虽有佳肴,弗食不知其旨也;虽有至道,弗学不知其善也。是故学然后知不足,教然后知困(困惑)。知不足,然后能自反也;知困,然后能自强也。故曰教学相长也。"这句话的本义并非教与学相互促进,仅指教这一方以教为学。后人引申为在教学过程中教师与学生双方相互促进,共同提高。

3.教学方法

《学记》对一些教学方法也有精当的阐述。

(1)讲解法。讲解应当"约而达"(语言简约而意思通达)、"微而臧"(义理微妙而说得精善），"罕譬而喻"（举少量典型的例证而使道理明白易晓）。

（2）问答法。教师的提问应先易简、后难坚，循着问题的内在逻辑；而答问则应随其所问，有针对性地作答，恰如其分，适可而止，无过犹不及。

（3）练习法。根据学习的内容来安排必要的练习，练习需要有规范，并且应逐步地进行。

4.论教师

《学记》十分强调尊师，要求形成社会普遍尊师的风气。首先，社会上每个人，从君到民都是教师教出来的，尤其是以教育为治术就离不开好教师，"师严然后道尊，道尊然后民知敬学"。其次，"能为师然后能为长，能为长然后能为君"，为师、为长、为君是一个逻辑过程，为师实际上成为为君的一种素质、一项使命。《学记》也对教师提出了一些要求，除了上述种种教学原则与方法，还有一条教师自我提高的规律——"教学相长"。"教学相长"的本义仅指"教"这一方的以教为学，之后被引申为教学双方的相互促进。

《学记》为中国教育理论的发展树立了典范，其历史意义和理论价值十分显著。它的出现，标志着中国古代教育思维专门化的形成，是中国教育理论发展的良好开端。

本章内容思维导图

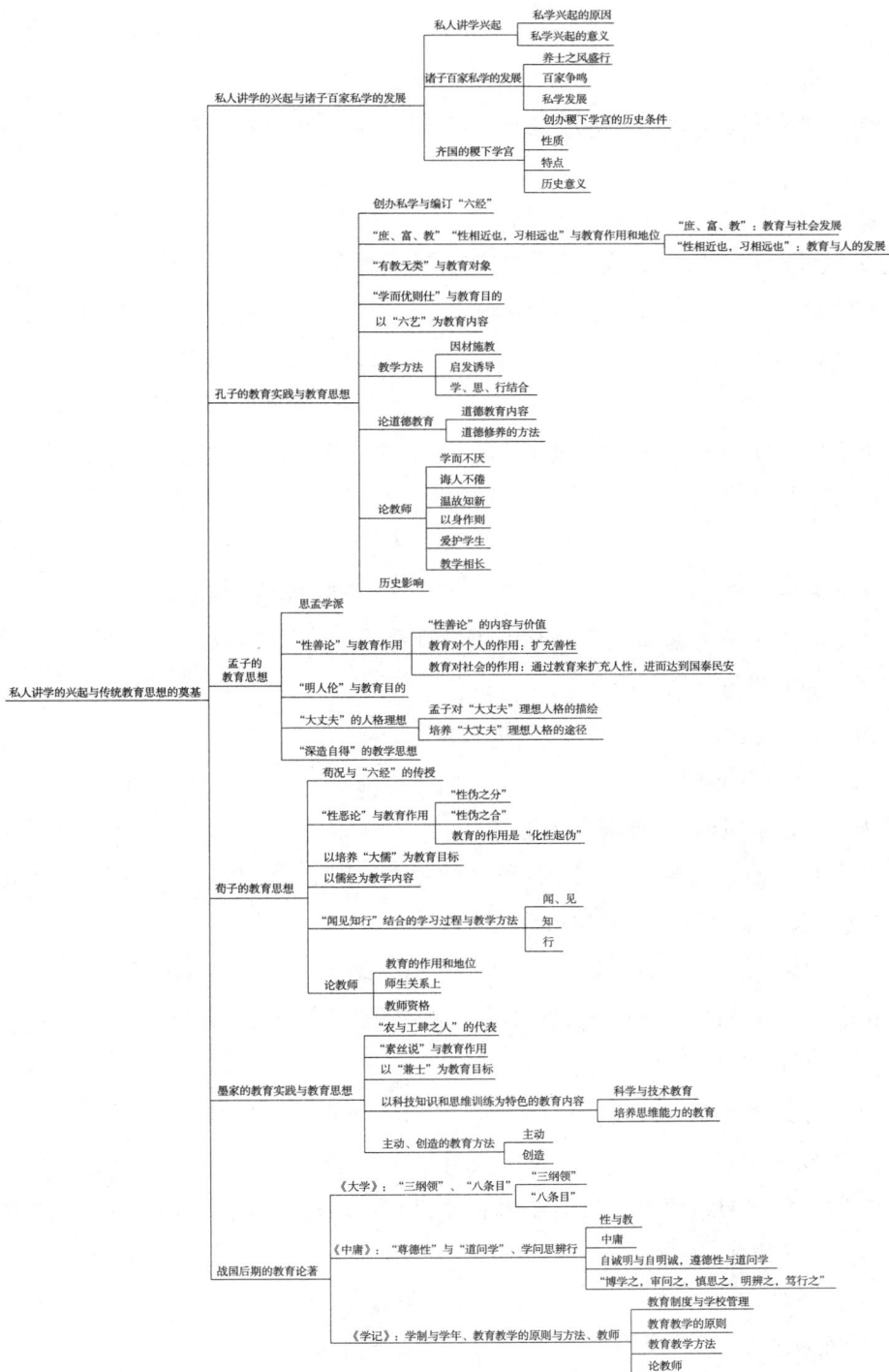

私人讲学的兴起与传统教育思想的奠基
- 私人讲学的兴起与诸子百家私学的发展
  - 私人讲学兴起
    - 私学兴起的原因
    - 私学兴起的意义
  - 诸子百家私学的发展
    - 养士之风盛行
    - 百家争鸣
    - 私学发展
  - 齐国的稷下学宫
    - 创办稷下学宫的历史条件
    - 性质
    - 特点
    - 历史意义
- 孔子的教育实践与教育思想
  - 创办私学与编订"六经"
  - "庶、富、教""性相近也，习相远也"与教育作用和地位
    - "庶、富、教"：教育与社会发展
    - "性相近也，习相远也"：教育与人的发展
  - "有教无类"与教育对象
  - "学而优则仕"与教育目的
  - 以"六艺"为教育内容
  - 教学方法
    - 因材施教
    - 启发诱导
    - 学、思、行结合
  - 论道德教育
    - 道德教育内容
    - 道德修养的方法
  - 论教师
    - 学而不厌
    - 诲人不倦
    - 温故知新
    - 以身作则
    - 爱护学生
    - 教学相长
  - 历史影响
- 孟子的教育思想
  - 思孟学派
  - "性善论"与教育作用
    - "性善论"的内容与价值
    - 教育对个人的作用：扩充善性
    - 教育对社会的作用：通过教育来扩充人性，进而达到国泰民安
  - "明人伦"与教育目的
  - "大丈夫"的人格理想
    - 孟子对"大丈夫"理想人格的描绘
    - 培养"大丈夫"理想人格的途径
  - "深造自得"的教学思想
- 荀子的教育思想
  - 荀况与"六经"的传授
  - "性恶论"与教育作用
    - "性伪之分"
    - "性伪之合"
    - 教育的作用是"化性起伪"
  - 以培养"大儒"为教育目标
  - 以儒经为教学内容
  - "闻见知行"结合的学习过程与教学方法
    - 闻、见
    - 知
    - 行
  - 论教师
    - 教育的作用和地位
    - 师生关系上
    - 教师资格
- 墨家的教育实践与教育思想
  - "农与工肆之人"的代表
  - "素丝说"与教育作用
  - 以"兼士"为教育目标
  - 以科技知识和思维训练为特色的教育内容
    - 科学与技术教育
    - 培养思维能力的教育
  - 主动、创造的教育方法
    - 主动
    - 创造
- 战国后期的教育论著
  - 《大学》："三纲领"、"八条目"
    - "三纲领"
    - "八条目"
  - 《中庸》："尊德性"与"道问学"、学问思辨行
    - 性与教
    - 中庸
    - 自诚明与自明诚，遵德性与道问学
    - "博学之，审问之，慎思之，明辨之，笃行之"
  - 《学记》：学制与学年、教育教学的原则与方法、教师
    - 教育制度与学校管理
    - 教育教学的原则
    - 教育教学方法
    - 论教师

自测题

一、选择题

1.【2007年311,第11题】"学问之道无他,求其放心而已矣"观点的提出者是( )

  A.孔子   B.孟子   C.荀子   D.庄子

2.【2008年311,第12题】孔子重视启发式教学,主张"不愤不启,不悱不发"。朱熹对"愤"的解释是( )

  A."达其辞"   B."口欲言而未能之貌"

  C."开其意"   D."心求通而未得之意"

3.【2011年311,第15题】被朱熹称为"为学之序"的"博学之,审问之,慎思之、明辨之,笃行之"出自( )

  A.《大学》   B.《中庸》

  C.《论衡》   D.《白鹿洞书院揭示》

4.【2014年311,第15题】下列引语最符合孔子关于教育对象主张的是( )

  A."唯上智与下愚不移"

  B."民可使由之,不可使知之"

  C."仕而优则学"

  D."自行束脩以上,吾未尝无诲焉"

5.【2016年311,第15题】"君子之学也,入乎耳,箸乎心,布乎四体,形乎动静。"这一关于学习过程的论述出自( )

  A.《论语》   B.《墨子》   C.《孟子》   D.《荀子》

6.【2017年311,第16题】《大学》是儒家学者论述大学的一篇文章,它提出大学的终极目标是( )

  A."明明德"   B."止于至善"

  C."化民成俗"   D."明人伦"

7.【2020年311,第14题】与儒家相比,墨家教育内容的特色除体现为重视科技教育外,还体现在重视( )

  A.政治教育   B.文史教育

  C.道德教育   D.思维训练

8.【2022年311,第14题】战国时期,齐国稷下学宫最突出的特点是( )

A.学术自由　　　　　　　　B.待遇优厚

C.“不治而议论”　　　　　　D.政教合一

9.【2023 年 311，第 13 题】孟懿子问孝，子曰："无违。"孟武伯问孝，子曰："父母唯其疾之忧。"子夏问孝，子曰："色难。有事，弟子服其劳；有酒食，先生馔，曾是以为孝乎？"（节选自《论语》）上述孔子与其弟子对话蕴含的教学原则是（　　　）

A.学思结合　　　　　　　　B.因材施教

C.启发诱导　　　　　　　　D.循序渐进

10.【2023 年 311，第 15 题】孟子认为教育是扩充"善性"的过程，其所依据的人性论主张是（　　　）

A."食色，性也"，"涂之人可以为禹"

B."恻隐之心，人皆有之"，"人皆可以为尧舜"

C."牛之性犹人之性"，"圣人之性，不可以名性"

D."凡性者，天之就也"，"名性者，中民之性"

二、分析论述题

1.【2018 年 311，第 55 题】请分别阐述孔丘、荀况和韩愈的教师观，并结合时代背景分析其侧重点的变化。

2.【2018 年东北师大 333】论述《学记》的教育思想。

三、材料题

1.【2021 年 311，第 55 题】阅读材料，并按要求回答问题。

材料 1：子曰："述而不作，信而好古，窃比于我老彭①。"（《论语·述而》）

材料 2：公孟子②："君子不作，述而已。"子墨子曰："不然。……吾以为古之善者则述之，今之善者则作之，欲善之益多也。"（《孟子·耕柱》）

材料 3：北海若③曰："夫物，量无穷，时无止，分无常④，终始无故⑤。……计人之所知，不若其所未知；其生之时，不若未生之时⑥。以至小⑦求穷其至大⑧之域，是故迷乱而不能自得也。"（《庄子·秋水》）

注释：

①老彭：即彭祖，商代大夫。一说指老聃与彭祖。

②公孟子：孔子后学，一说为曾子弟子。

③北海若：传说中的北海之神。庄子是通过神话人物之口，表达己意。

④分无常：意指事物随时变易。

⑤终始无故：意为事物尽管终而复始，却已不复故有状态。

⑥计人之所知，不若其所未知；其生之时，不若未生之时：意为计算人所知道的

东西,远不如他所不知道的东西;人活着的时间,远不如他未活着的时间。

⑦至小:意为人的智慧。

⑧至大:意为宇宙天地。

请回答:

(1)从孔子到墨子又到庄子,在知识学习问题上的认识表现出怎样的变化?

(2)结合孔子、墨子、庄子所处时代背景及教育主张,评说他们的知识学习观。

第三章　儒学独尊与读经做官教育模式的形成

一、汉初的文教政策

从汉朝建立到汉武帝即位,前后60多年的时间,即汉初时期。鉴于秦灭亡的教训,汉初统治者以道家的"清静无为"作为政治指导思想,推重"黄老之学"的文教政策。这种政策思想也在文化教育方面得到体现。

(一)内容

汉初几朝皇帝对知识分子都比较重视,允许民间开办私学,废除"挟书律"(即秦朝禁止收藏、携带《诗》《书》等书籍,在法律中规定对拥有书籍者进行惩处),上述措施使学者开始传写、抄录书籍,政府鼓励私人将图书献给国家或借给官府抄录,社会拥有的图书量渐增。"挟书律"的废除,在法律上为汉初学术的繁荣和教育的发展撤除了一道人为的屏障。

(二)评价

汉初较为宽松的文化政策所产生的效应是知识分子群体及文化活动的再度兴盛,不仅有百家争鸣之遗风,促进了各家各派私学蓬勃发展和学术繁荣,还为汉武帝时期"儒学独尊"奠定了基础。

【2024年311,第16题】汉代初期推崇黄老之学,实行无为而治,确立的文教政策是(　　)

A.废除"挟书律",设立五经博士

B.举办太学,设立五经博士

C.废除"挟书律",允许开办私学

D.举办太学,允许开办私学

【解析】C

汉初统治者鉴于秦灭亡的教训,以"清静无为"作为政治指导思想,推崇"黄老之学"的文教政策。这种政策思想在文化教育方面的表现为:重视知识分子的作用,允许开办私学,废除"挟书律"。故选C。

二、"独尊儒术"文教政策的确立

(一)"罢黜百家，独尊儒术"

秦朝统一六国后，未能适时变更统治政策，致使灭亡。汉初推行"黄老之学"的文教政策；到了汉武帝时期，汉朝经过了长时间的休养生息，经济上得到了恢复与发展，政治上出现了安定局面。但是当时各学派并存，思想混乱，无为而治并不适应封建统治的发展需要。怀有远大抱负的汉武帝想把汉初的无为政治转变为积极进取的政治。儒学强调"文事武备"，其积极进取的特点与汉武帝的愿望相切合，于是儒学顺应时代的要求登上历史舞台。董仲舒首先提出统一思想，独尊儒术，汉武帝在《对贤良策》中赏识董仲舒，采纳董仲舒的三大建议，推行汉初三大文教政策。

汉初三大文教政策为：第一，"推明孔氏，罢黜百家"，这是文教政策的总纲领，体现了儒学在封建统治中独一无二的统治地位；第二，兴太学以养士，政府直接操纵教育大权，决定人才的培养目标，这是落实独尊儒术教育政策的重要步骤；第三，重视选举，选贤使能。汉武帝在这三大政策之下，采取的具体措施主要有：立五经博士，开设太学，确立察举制。

独尊儒术文教政策的确立，标志着封建统治阶级树立起符合自身利益的意识形态，这一文教政策维系了两千多年，其主要影响有：第一，确立了教育为治国之本的地位，汉之后各个朝代重教兴学；第二，促成了教育的政治伦理化；第三，结束了百家争鸣的局面，实现了私学的统一、教育的儒学化。

(二)兴太学以养士

汉初的私学虽繁荣但培养的人才规格各异、思想不一，显然很难满足封建集权国家对统治人才的要求。为了保证封建国家在统治思想上的高度统一，也为了扭转统治人才短缺的局面，董仲舒提出了"兴太学以养士"的建议。他明确指出："养士之大者，莫大乎太学；太学者，贤士之所关也，教化之本原也。"实际上，兴办太学，政府直接操纵教育大权，决定人才的培养目标，也是整顿学术、促进儒学独尊的重要手段之一。

(三)实行察举，任贤使能

察举制是始于汉代的一种选官制度，始自汉文帝，但没有形成制度。察举制作为一种比较完备的制度得以确立，是在汉武帝时期。首先，汉武帝设孝廉一科，标志着察举制以选官常制的姿态登上了历史舞台；其次，武帝时察举取士的范围扩大到了布衣之士；最后，增加察举的科目，孝廉是其中最主要的科目。在选拔考试中，儒家受到特别的优待，开创了以儒术取士的局面。

察举制设立之初，颇能体现选贤任能的原则，选拔了不少济世之才，也极大地促进了讲习儒经社会风气的形成和教育的发展,成为科举制度的先导。

针对汉初人才选拔和使用中的弊病,董仲舒提出了加强选举、合理任用人才的主张。汉初以来,普遍存在着"任子""纳资"的授官制度,以及以年资深浅决定官员升迁与否的现象,这些显然不利于选贤任能原则的实施。董仲舒提出了一套严格的选士方案:"所贡贤者有赏,所贡不肖者有罚。"同时强调"量材而授官,录德而定位"的用人思想。"材""德"都是以儒家的经术和道德观念为标准的,这对促进儒学确立独尊地位也有一定的作用。根据董仲舒的这三项建议,汉武帝先后采取了三项措施:立五经博士、开设太学、完全确立察举制。

三、汉代的学校及经学教育的特点

(一)经学教育

汉武帝"罢黜百家,表彰六经"之后,儒学取得定于一尊的地位,带来了儒家经学教育与研究的繁荣局面,出现了众多的传授儒学的经师。汉代的诸多儒学流派,可以归结为两大学术流派:今文经学和古文经学。今古文经学者因治经立场和观点不同而表现出不同的学术风格。东汉后期,今古文经学最终走向融合,经学大师郑玄对此做出了重要贡献。

汉朝经学教育多采用章句的形式教学。章句实际上是经师教学所用的讲义。古籍本无标点段落,经师依照经文的顺序,进行断句并划分章节,之后逐字逐句地进行解说,这样便形成了章句之学,也可称之为经说。因为章句之学体现了不同经师的学术风格,所谓师法、家法正是体现在不同的章句之学之中。一般来说,师法是指汉初博士或著名经学大师(如董仲舒)的经说。如果大师的弟子对师说有所发展,能够形成一家之言,被学术界和朝廷承认,便形成家法。

两汉皇帝召集一些著名学者对儒学进行讨论,借此达到统一经学的目的。其中最重要的两次经学会议是石渠阁会议和白虎观会议。为了统一经学教材,蔡邕等人于东汉熹平四年(175年)倡议镌刻石经,立于太学门外,作为规范的经学教科书。经学会议是为了提供经学研究和教育的规范思想,石经创立则是为了提供经学的规范教科书,旨在将教育纳入政府所希望的轨道。

(二)太学

汉武帝设太学养士,这是落实独尊儒术教育政策的重要步骤。汉武帝下令为五经博士设弟子,标志着太学正式成立,也标志着以经学教育为主要内容的中国封建教育制度的正式确立。朝廷掌握教育大权,利用教育这一得力工具控制学术的发展方向,这是地主阶级在统治策略上走向成熟的表现。到东汉时,太学盛极一时。

1.汉代太学教育的基本特点

(1)教师与学生。太学的教师是博士,博士首领在西汉叫"仆射",东汉改为"博士祭酒"。太学的学生称作"博士弟子""诸生""太学生"等。

(2)培养目标。太学为国家培养"经明行修"的官吏。"经明行修"是对官吏才能和道德的要求,即必须通晓一种或两种经书,并具备"三纲五常"的德行。"三纲"的内涵是"君为臣纲,父为子纲,夫为妻纲","五常"即仁、义、礼、智、信五种道德观念。

(3)教学内容。制定统一的教材,学习儒家经典"五经"——《诗》《书》《礼》《易》《春秋》,这是太学法定的教材。

(4)教学形式。太学中有个别或小组教学,后期也有"大都授"的集体上课形式,主讲博士叫"都讲",还有次第相传的教学形式,即高业生教授低业生,来缓解教师不足的情况。

(5)考试制度。太学没有严格的授课和年级制度,考试作为一种督促、检查学生学习,衡量学生文化程度的手段尤为重要。太学的考试基本上采取"设科射策"的形式:"策"是教师所出的试题;"射"指以射箭的过程来形象描述学生对试题的理解和回答过程;"科"是教师用以评定学生成绩的等级标记,从优到劣依次分为甲科、乙科、丙科。学生所取得的等级是授官的依据。

2.太学的意义

汉代太学是中国教育史上的第一所有完备规制、史实详尽可查的学校,中国历代的最高学府多被称为太学,其影响之深,可见一斑。从真正的意义上说,利用学校教育来强化官方的意识形态,始于汉代的太学,因为太学是知识精英的荟萃之地,集结了"有识之士"。东汉太学生为了反抗黑暗的宦官政治所发动的政治运动,掀开了中国学生运动史上的第一页。汉代太学教学中存在排除异己学说的现象,并以烦琐考证、空谈义理取代了对现实问题的分析探究,严重束缚了教育思想和学术研究的发展。

> 随着"独尊儒术"文教政策的施行,中国经学教育制度正式建立,其标志是(　　)
>
> A.创办太学　　　　　　B.建立察举制
>
> C.设置博士　　　　　　D.守师法家法
>
> 【解析】A
>
> 太学的创办标志着中国经学制度的正式建立。故选 A。

（三）鸿都门学

鸿都门学是东汉灵帝在洛阳办的官学,因校址在洛阳鸿都门而得名。它在性质上属于一所研究文学艺术的专门学校。东汉宦官集团为了与太学生支持的官僚集团做斗争、利用教育培养拥护自己的知识分子,遂建立鸿都门学,可见这所学校的创办是统治阶级内部各种政治力量的较量在教育上的反映,鸿都门学的学生在政治上代表宦官的利益;但此举在教育上具有独特的意义。

鸿都门学的意义在于,首先,它打破了儒家独尊的教育传统,以诗赋、书画作为教育内容,这是教育史上的一大变革,促进了学校的多样化。其次,鸿都门学是一种专门学校,一种新的办学形式,为后来专门学校的发展提供了经验。同时,它也是世界上最早研究文学艺术的专门学校。

（四）宫邸学

汉朝的宫邸学可以分为两种:一种是政府专为皇室及贵族子弟创办的贵胄学校,又称"四姓小侯学";另一种是以宫人为教育对象的宫廷学校。

（五）郡国学

汉代除了中央设立官学外,还在地方设立官学,郡国学就是朝廷设立的地方官学。"文翁兴学"始创于汉景帝时期,蜀郡太守文翁送地方官吏到京师学习进修,后回蜀郡为官或者为教,在地方设立学校培养地方官吏,促进了蜀郡的经济发展。汉武帝对文翁兴学极为赞赏,下令各郡国普遍设立学校。东汉时郡国学盛极一时。

两汉郡国学的办学目的主要有两个:第一,培养本郡国官吏,向朝廷推荐优秀学生;第二,通过学校举行的"乡饮酒""乡射"等传统的行礼活动,向地方推行道德教化。

（六）私学

1.书馆

书馆又称书舍,前期主要从事识字和书法教育,后期则开始接触儒学基础内容。书馆教育可分为两个阶段:第一阶段主要进行识字教育,也传授一些数学常识;第二阶段继续进行读写训练,但重心开始转到培养学生的思想观念和伦理道德上。书馆里实行个别教学,重视口授和背诵。大部分人从书馆结业后从事农工商活动,少部分可进入地方官学乃至太学或经馆从事专经学习。

2.经馆

经馆又称精舍或精庐等,是较书馆高一级的私学,实际上是一些著名学者聚徒讲学的场所,其中程度较高的可与太学相比。私学中最常采用的教育方法是以次相传授。汉朝的经馆,实际上是后代书院的历史渊源。

四、选士制度:察举制度

(一)简介

察举制是始于汉代的一种选官制度。察举制在汉文帝时期开始设立,汉武帝时期成为一种比较完备的制度。察举制实际上是"学而优则仕"在制度上的保证,教育的直接动机和结果就是使学生顺利通过选士而入仕为官。这样一来,选士制度就成为中国古代教育最主要的宏观调控手段。

(二)主要内容

1.标志

汉武帝设孝廉一科,标志着察举制以选官常制的姿态登上历史舞台。

2.对象

汉武帝时期,察举取士的范围扩大到了布衣之士。在选举考试中,儒家受到特别的优待,开创了以儒术取士的局面。

3.科目

增加察举的科目,孝廉(以孝为本,被举者多为州郡属吏或通晓儒经的儒生)是最主要的科目。此外,还有茂材(即秀才科,选拔奇才异能之士)、贤良方正(选拔直言极谏之士)、明经科(选拔通晓经学的人才)、童子科(在童子中选拔博通经典者)等科目。

4.方式

(1)形成了察举和考试相结合的体制。察举是否得人,要经过考试,量才录用。在察举基础上加强考试,是汉代察举制度的一个重要特点。

(2)确立察举责任制。规定选任得人与否,选任者与被选任者要负连带责任,功罪赏罚相同。两汉大多数时期都确立此制。

(三)积极影响

1.落实"学而优则仕"的思想。察举制使孔子"举贤才"和"学而优则仕"的观念从汉代开始获得了制度上的落实。

2.形成学习儒学的社会风气。选士制度给教育带来了巨大的利益驱动,极大地促进了讲习儒经的社会风气的形成和教育的发展。

3.巩固封建官僚政治体制。汉代察举与学校教育各为一途,它们之间尚未建立制度上的联系,更谈不上衔接关系,但有助于集权制官僚政治体制的巩固和发展。

4.成为科举制的先导。察举制体现了选贤任能的原则,在察举的基础上加强考试是汉代察举制的主要特点,这被称为科举制的先导。

(四)消极影响

1.权贵干扰取士。贵戚高官利用手中的权力和金钱干涉取士。

2.沽名钓誉成风。默默无闻的人即使德行再高,也难被察举,士人追求声誉,寻求轰动效应,实际上是不思进取。

3.贿赂成风。东汉时期,贿赂考官的行为成风,察举的败坏与吏治败坏交织在一起,形成恶性循环。

4.察举不力。由于选拔标准和方式尚不完善,主观随意性太强,主管官员察举不力,难以保证公平和公正。

> 汉武帝设(　　)一科,标志着察举制以选官常制的姿态登上历史舞台。
>
> A.孝廉　　　　　　B.茂才　　　　　　C.贤良方正　　　　　　D.明经科
>
> 【解析】A
>
> 察举发展为一种比较完备的入仕制度,并得以真正确立其在两汉仕进制度中的主体地位,是在汉武帝时期。汉武帝设孝廉一科,标志着察举以选官常制的姿态登上了汉朝仕进的舞台。故选A。

五、董仲舒的教育实践与教育思想

董仲舒是西汉最著名的儒家学者,有"汉代孔子"之称。董仲舒学识渊博,遍通五经,他的著作大部分都已散失,流传下来的很少,其中《春秋繁露》和《对贤良策》影响最大。

(一)《对贤良策》与三大文教政策

汉武帝即位不久,让各地推荐贤良之士,使用对策的方法选拔官吏。所谓对策,就是应荐者回答皇帝提出的有关经文、政治、经济、文化和其他方面的策问。董仲舒得到举荐,汉武帝就治国大道进行策问,董仲舒连对三策,充分显示了自己的政治才能和学术造诣。在《对贤良策》中,他提出三大文教政策建议:

第一,罢黜百家,独尊儒术。董仲舒认为,为了保证政治的大一统,首先要统一思想,针对汉初百家俱存、各执一说的状况,建议罢黜百家——只有儒家是积极进取之学,应当独尊儒术,以实现思想的统一。

第二,兴太学以养士。兴教化的根本是培养人才和选拔人才。为了保证封建大一统国家人才辈出,国家应该积极地去培养人才,兴办太学,培养专门学习儒术的治国人才,方可使政治操纵教育大权,引领全国重视和学习儒家思想。

第三,重视选举,任贤使能。国家不仅要培养人才,还要用合理的制度去选拔人才,国家应通过选举将真正有才者选出来,经过考核加以分别利用。这是董仲舒针对任人唯亲的弊端提出的,要求"量才而授官,录德而定位"。

董仲舒的三大建议都被汉武帝采纳,成为汉代三大文教政策,在当时有利于巩固统一的局面,发展文化教育事业,对培养和选拔国家所需的人才而言有一定的进步意义。汉武帝后,经两汉历代皇帝的推广和实施,最终形成了以儒家思想为指导、以养士和取士为基本内容、比较完整的封建教育制度。

(二)论人性与教育作用

人性学说是董仲舒论述教育作用的理论依据。他认为人性是"天"赋予人的一种素质。人性中有"仁气"和"贪气":"仁气"指人性中有利于促进发展封建社会道德的先天因素,是主导方面;"贪气"指与封建社会道德相抵触的先天因素,是从属的方面,它们是人性中"仁气"的对立物。董仲舒又将人性和善区别开来:善指封建社会的伦理道德,人性与善的关系是可能性与现实性的关系,性是善的可能性和内在根据,善是性在教育条件下可能转化成德的一种结果。善的成分并非就是善德,它必须通过教育,才能继续发展成为人的善德,即所谓"性非教化不成"。可见,董仲舒认为人性中兼有善恶的因素,教育的作用就是发展人性,使人成为善人。

同时,董仲舒提出了"性三品说",将人性分为"圣人之性""中民之性"与"斗筲之性"。所谓"圣人之性",是天生的"过善"之性,是一般人先天不可能、后天不可及的。"斗筲之性",是无"善质"的、生来就"恶"的,教化无用,只能采用刑罚的手段来处置它们。而"中民之性",也就是万民之性,是"有善质而未能善",必须通过王者的教化才能成"善"。董仲舒关于人性以及教育作用的思想,立足于以占绝大多数的普通人为对象。

(三)论道德教育

在董仲舒的教育思想中,道德教育是其核心,因为它是董仲舒德治政治思想在教育上的自然延伸,是成就理想人格的必由之路。

1.德育的作用:德教是立政之本

董仲舒虽主张教化与刑罚并重,但强调以道德教化为本、为主。以教化作为实现仁政德治的手段也是儒家思想的传统,刑罚为末为辅。

2.以"三纲五常"为核心的道德教育内容

"三纲五常"是董仲舒伦理思想体系的核心,也是他的道德教育的基本内容。先秦儒家提出"五伦"——君臣、父子、夫妇、兄弟、朋友。董仲舒又突出强调君臣、父子、夫妇这三种关系,也就是所谓的"三纲",即"君为臣纲,父为子纲,夫为妻纲"。这虽并非由董仲舒最早提出,但他用理论进行系统论证,使之在教育和伦理实践中产生深刻影响。"五常"是仁、义、礼、智、信。"五常"作为道德概念在先秦早已被提出,但董仲舒把它提升为"五常之道"。"三纲五常"成为两千多年来中国封建社会道德教育的中心内容。

3.道德教育的原则与方法

(1)确立重义轻利的人生理想。"正其义不谋其利,明其道不计其功"这句话是董仲舒对这一原则的总概括。董仲舒要求人们心正意诚,立志做一个符合封建国家要求的人。"利"满足人们肉体上的需求,"义"满足人们精神上的需求,二者不可或缺,提倡封建国家利益原则的追求应高于个人对利益的追求。

(2)"以仁安人,以义正我。""仁"是建立在对人的生命珍惜和热爱的基础上的,体现的是对个体生命价值和权利的尊重。"义"是为封建国家的利益而确立的准则,凸显个人对社会的责任与义务,尊重他人的价值和权利,这实际上是对儒家强调主体道德自觉精神的继承和发展。

(3)"必仁且智。"道德教育必须做到"仁"与"智"的统一。董仲舒突出强调了道德修养中情感与认知的统一。

(4)"强勉行道。"努力进行道德修养,德性就能日益显著,取得良好的成效。强调品行的积累。

六、王充的教育思想

王充是东汉杰出的唯物主义思想家和教育家,现存的著作仅有《论衡》。他的思想有一个明显的特征,就是具有强烈的批判精神。

(一)对谶纬神学的批判

1.批判谶纬神学。西汉末年盛行谶纬神学。谶纬神学是董仲舒创立的由儒家神学发展而成的迷信学说。王充不崇拜权威,他怀疑神学化的儒学,其著作《论衡》实际上是一部针对当时盛行的谶纬神学和浮妄虚伪的世书俗说,论其是非、辨其真伪的书籍。在《论衡》中,王充提出了几个与儒家神学相对立的论点:

(1)天道自然。王充认为,天、地都是自然的物质实体,没有意志,人不能用自己的行动感动天,天也不能支配人,人与天不存在精神上的联系。

（2）万物自生，万物一元。世界上万事万物都是自然而然生成的，天没有意志，所以不可能创造万物。万物都由"元气"构成，"元气"不生不灭，是组成一切事物的基础，人也是由"元气"构成的，所以，皇帝和老百姓一样，没有任何区别。

（3）人死神灭。王充针对当时流传甚广的人死灵魂不灭的说法，提出"灵魂就是人的精神，如果人死了，精神也就消散了"这一观点。

可见，王充是一位朴素的唯物主义思想家和无神论者。

2.反对经学教育迷信化、烦琐化

（1）反对信师师古，主张"极问"。反对毫无思考地迷信教师、崇拜古人，应该大胆质疑，"问难"教师。

（2）反对记诵章句，主张"贵通"。学习知识一定要博学，要博览古今，知类通达。

（二）关于教育的作用与培养目标

1.人性论

王充从朴素的唯物主义的观点出发，比较正确地阐述了教育与人性的关系。王充认为人生来有善恶之分，与董仲舒一样，他把人性分为三种：生来就善的人是中人以上的人，生来就恶的人是中人以下的人，无善无恶或善恶混杂的人是中人。但人性的善恶，并非受命于天，中人之人性可以通过教育使之定型，生来就恶的人也可以通过教育使恶为善。

2.教育的作用

（1）教育对个体的作用。在王充看来，人的善恶关键在于教育，也就是他所言的"在化不在性"。

（2）教育对社会的作用。教育在发挥社会作用时表现出隐效性和间接性，是那些直接产生社会效益的事业赖以生存和发展的基础。

3.培养目标

王充把知识分子分为五个级别，从高到低依次是鸿儒、文人、通人、儒生、文吏。

（1）鸿儒。他们不仅系统地掌握现存的社会知识，而且不受前人思想的束缚，可以"兴论立说"，是有创新能力的不可多得的理论学术人才。

（2）文人。他们知识渊博，能够融会贯通，将书本知识与实际社会政治相结合，并加以评论，提出自己的建议，是称职的行政人才。

（3）通人。他们是掌握丰富书本知识的人，但不能把书本知识与社会实际结合起来。

（4）儒生。他们是只精通一种儒家经书的人，既不博古，也不通今。

（5）文吏。他们是受过简单的识字教育的人，没有丰富的思想。

（6）评价：王充认为教育的培养目标是文人和鸿儒，最高目的是培养杰出的政治人才和学术人才。在中国教育史上，王充首次明确地提出教育应培养创造性的理论学术人才。

（三）论学习

1.学知与闻见。王充重视知识的力量，在其无神论著作《论衡·效力篇》中提出"人有知学，则有力矣"的观点，意思就是人有了知识，就有了力量。知识来源于闻见，耳闻目睹的直接认识是知识的基础，这是感性认识即"见闻为"。此外还需理性思考的加工，即将感性的认识提高到理性的高度，才能得出正确的判断，王充人的理性认识被解释为"开心意"。

2.思考与求是。针对当时迷信书本的现象，王充认为书中的知识不一定都是真理，分辨知识真伪的一个有效办法就是思考并在实践中检验，坚持"效验""有证"的原则，即要使立论成立，不仅要有雄辩的推理，更要有事实的根据和实践的检验。"事莫明于有效，论莫定于有证"，这是王充重视实证的认识论思想在学习上的反映。

3.问难与距师。王充最突出的贡献是把教学当作一种不为任何经典所束缚的、生动的、有创造性的客观过程。他强调要获得真正的知识，必须打破唯师是从、唯书是从的心理。

（1）要敢于"问难"。"问难"不同于一般的未经思考的提问，它是提问者经过个人思考后的质疑、否定、批判。

（2）要敢于"距师"。"距师"即与教师保持距离，不能完全附和教师，要有自己的思考和见解。

（3）评价："距师"并不是"拒师"，王充没有彻底否定孔子等圣贤的教师观，他提倡的是追求学术真谛的精神，是勤于思索、实事求是的态度。在当时"独尊儒术"及"师道尊严"盛行的环境下，王充的思想更具有反潮流的突出意义。

本章内容思维导图

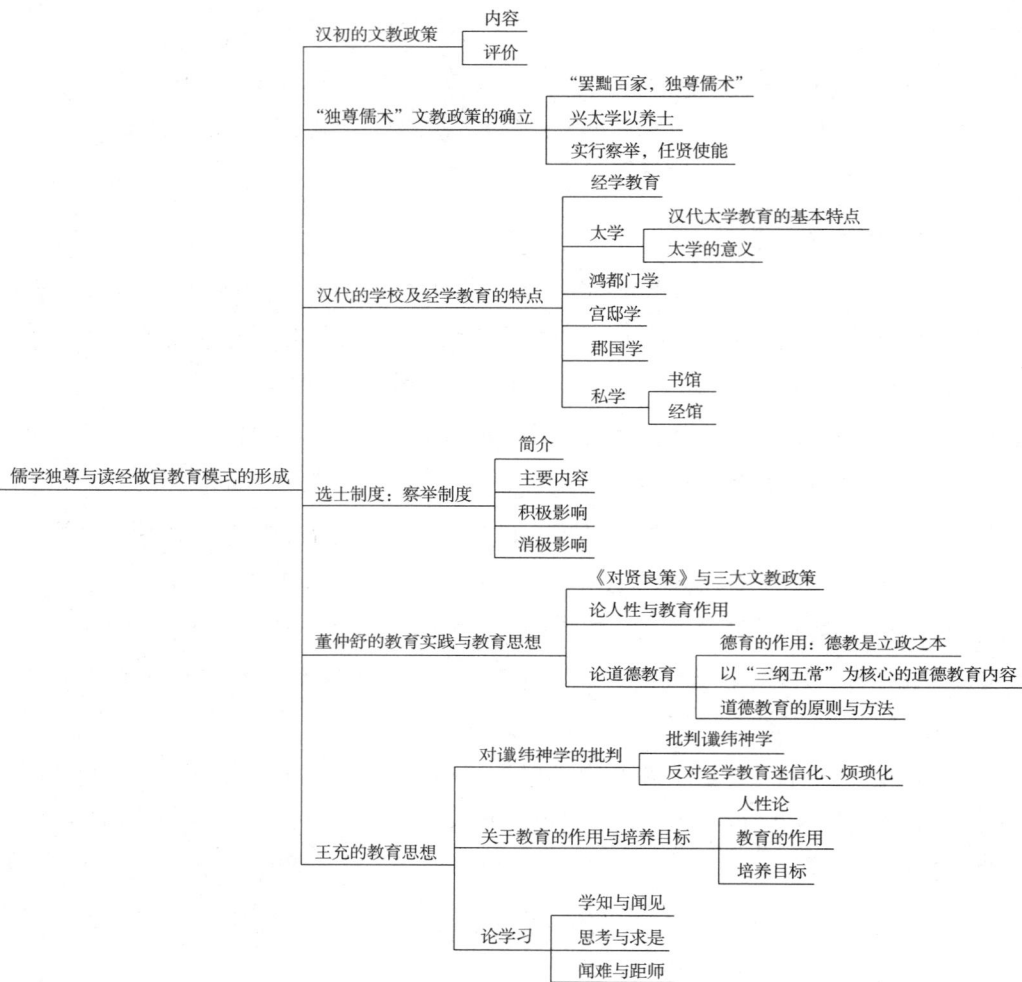

儒学独尊与读经做官教育模式的形成
- 汉初的文教政策
  - 内容
  - 评价
- "独尊儒术"文教政策的确立
  - "罢黜百家，独尊儒术"
  - 兴太学以养士
  - 实行察举，任贤使能
- 汉代的学校及经学教育的特点
  - 经学教育
  - 太学
    - 汉代太学教育的基本特点
    - 太学的意义
  - 鸿都门学
  - 宫邸学
  - 郡国学
  - 私学
    - 书馆
    - 经馆
- 选士制度：察举制度
  - 简介
  - 主要内容
  - 积极影响
  - 消极影响
- 董仲舒的教育实践与教育思想
  - 《对贤良策》与三大文教政策
  - 论人性与教育作用
  - 论道德教育
    - 德育的作用：德教是立政之本
    - 以"三纲五常"为核心的道德教育内容
    - 道德教育的原则与方法
- 王充的教育思想
  - 对谶纬神学的批判
    - 批判谶纬神学
    - 反对经学教育迷信化、烦琐化
  - 关于教育的作用与培养目标
    - 人性论
    - 教育的作用
    - 培养目标
  - 论学习
    - 学知与闻见
    - 思考与求是
    - 闻难与距师

自测题

一、选择题

1.【2008 年 311,第 13 题】在中国教育史上,提出对知识要坚持"效验""有证"、对师长要敢于质疑问难的教育家是(　　)

    A.墨翟　　　　　　　B.孟轲　　　　　　　C.王充　　　　　　　D.韩愈

2.【2009 年 311,第 14 题】对于先秦儒家学者所概括出的五种人伦关系,董仲舒最为强调的三种是(　　)

    A.君臣、父子、兄弟　　　　　　　　B.君臣、父子、夫妇

    C.君臣、父子、朋友　　　　　　　　D.父子、兄弟、夫妇

3.【2010 年 311,第 15 题】汉代察举注重考察德行的科目是(　　)

    A.孝廉　　　　　　　B.达于教化　　　　　C.贤良方正　　　　　D.茂材

4.【2011 年 311,第 16 题】随着"独尊儒术"的文教政策的施行,中国经学教育制度正式建立,其标志是(　　)

    A.设置博士　　　　　　　　　　　　B.守师法家法

    C.建立察举制　　　　　　　　　　　D.创办太学

5.【2014 年 311,第 16 题】"人有知学,则有力矣。"这句强调知识作用的话出自(　　)

    A.荀况　　　　　　　B.王充　　　　　　　C.王安石　　　　　　D.颜元

6.【2015 年 311,第 16 题】汉代实施察举制度,贯彻儒家"量材而授官,录德而定位"的用人思想,其所谓"材"是指(　　)

    A.经术之才　　　　　B.吏治之才　　　　　C.辞章之才　　　　　D.货殖之才

7.【2016 年 311,第 16 题】王充认为教育的最高目标是培养鸿儒,其有别于儒生、通人、文人的显著特征是(　　)

    A.博览古今　　　　　　　　　　　　B.讲授章句

    C.兴论立说　　　　　　　　　　　　D.上书奏记

8.【2020 年 311,第 15 题】中国古代通常用"志"表达行为动机,用"功"表达行为效果。关于行为的动机与效果在道德评价中的地位问题,董仲舒的基本看法是(　　)

    A."功"重于"志"　　　　　　　　　B."志"重于"功"

    C."合其志功而观"　　　　　　　　　D.孰轻孰重酌情而定

9.【2021年311，第15题】按发生时间的先后顺序，下列关于文化教育事件的排序中正确的是(　　)

A.建立鸿都门学，召开白虎观会议，设立太学

B.召开白虎观会议，设立太学，"文翁兴学"

C."文翁兴学"，召开白虎观会议，建立鸿都门学

D.设立太学，"文翁兴学"，建立鸿都门学

10.【2023年311，第16题】关于西汉时期古文经学教育和今文经学教育，下列表述正确的是(　　)

A.古文经学教育更早得到发展

B.古文经学教育更注重师法与家法

C.今文经学教育更依赖官学传授

D.今文经学教育更重视名物考据

二、分析论述题

1.【2015年山东师大333】简述汉代"独尊儒术"的文教政策。

2.【2015年陕西师大333】简述董仲舒的三大文教政策建议。

第四章 封建国家教育体制的完善

一、魏晋南北朝官学的变革

由于前朝末期战乱频繁,魏晋南北朝时期各朝建立之际都对官学做出一定的变革,出现以下几种新的学校形式。

(一)西晋的国子学

西晋除了兴办传统的太学外,晋武帝还下令创立了一所旨在培养贵族子弟的国子学,传授内容与太学相同,官品五品以上的子弟方能入学;另设一所传授相同内容的中央官学。这是西晋教育制度的一个主要特点。西晋是一个以士族为政治基础的政权,旨在维护门阀士族的利益和尊贵。晋武帝时期社会安定,经济恢复发展,出现了两晋学校教育发展的鼎盛时期。国子学的创立是为了满足士族阶级享受教育特权的愿望,严格士庶之别。国子学的出现标志着中央官学多样化、等级化更明显。国子学的创办,使传统教育体制由单一格局发展成为太学和国子学并行的双轨制,使传统教育走向多元化格局。后来经八王之乱、永嘉之乱,国子学与太学被焚烧。

【2010 年 311,第 16 题】国子学始于( )

A.西晋 B.东晋 C.南朝 D.北朝

【解析】A

国子学是西晋时期晋武帝下令创立的,旨在培养贵族子弟。国子学与太学传授相同的内容,五品以上官员的子弟方能入学。它的创立是为了满足士族阶级享受教育特权的愿望,严格士庶之别,标志着中央官学的多样化、等级化。故选 A。

(一)南朝宋的"四馆"与总明观

1."四馆"

东晋末年的战乱,使官学荒废。到了南朝宋文帝当政时期,在当时社会安定、经济发展的形势下,官学教育也出现了暂时的繁荣。宋文帝开设了以儒学为主的儒学馆,奖励生徒;次年又开设玄学馆,研究老庄学说;此外,还开设了史学馆和文学馆。四馆并列,各就其业招收学生进行教学、研究。四馆的建立打破了自汉代以来经学教育独霸官学的局面,使玄学、史学、文学与儒学并列,这是学制上的一大改革,也反映出当时思想文化领域的实际变化。

2.总明观

南朝宋明帝时期,宋明帝因国学荒废,设立总明观(亦称东观),置祭酒,设儒、道、文、史四科,每科置学士10人。总明观虽是由于国学的荒废而出现的,但它并不是纯粹的教学机构,而是藏书、研究、教学三位一体的机关,并且教学任务实际上已退居次要地位。值得注意的是,总明观的四科与元嘉时期的四馆分科相同,但它在四科之上以机构较为完备的总明观作为总的领导机构,则比四馆在管理上更加完善,也使原来四个单科性质的大学发展成分科教授的制度。这对隋唐时代的专科学校及分科教学制度的发展有重要影响,也表明"儒学独尊"逐渐被"儒释道"并行的局面所替代,科技的传授开始在学校教育中取得一定的地位。

(二)北魏的官学

北魏明元帝时改国子学为中书学,中书学属中书省管辖,学内设中书博士以教授中书学生。"中书学"名称是北魏的特创,太和十年,改中书学为国子学。为强化皇族的教育,北魏还建起了皇宗学。"皇宗学"亦为北魏首创。

二、隋唐时期教育体系的完备

(一)文教政策的探索与稳定

隋唐的文教政策,总体上可以概括为:"重振儒术,兼容佛、道。"即以崇儒尊孔为基本,以佛道为辅助手段,即援佛道入儒,发展科举,任立私学。

1.崇儒兴学思想的确立和措施

隋朝立国以后,有意重振儒术,但由于政权时间短暂,效果不显。唐朝立国以后,为了振兴儒学,先后采取了不少有效的措施:第一,提高孔子和儒生的地位;第二,推崇儒学,统一经学。唐朝为了统一经说繁杂的现象,唐太宗时颁布了《五经正义》,成为供儒生学习的正宗课本和科举考试的依据;唐文宗时镌刻《开成石经》,以维护儒经的权威性和统一性。这样就基本上结束了儒学内部的派别之争,维护了儒学的统治地位。

2.对佛教、道教的提倡和利用

隋唐虽然推崇儒术,但不是独尊,道教、佛教也被提倡和利用。佛教在隋唐时期走上了中国化的发展道路。隋代大兴佛教;唐代注意平衡儒、佛、道三者的关系,并不过分尊崇佛教,整体上对佛教的发展采取宽容的政策。道教是中国土生土长的宗教,在隋唐时期,由于统治者的支持,道教空前活跃、发展兴旺。

3.儒、佛、道融合的趋势

儒、佛、道相互斗争,相互融合,开阔了人们的视野,提高了人们的思维水平,共同形成了隋唐时期光辉灿烂的文化。儒家是入世的,要求人们成为良臣顺民;佛、道是出世的,要求人们行善弃恶,忍受现世的苦难,这些思想对统治者和被统治者都有诱惑力。三者并存而交融的局势活跃了人民的思想,任何一方都没有取得独尊的地位,这为宋明理学的形成奠定了基础。

4.文教政策对教育的影响

第一,教育制度上,隋唐封建教育的核心是经学教育体系,同时出现了宗教色彩的学校,如道教的崇玄馆。第二,教学的形式和方法上,各成体系,儒学吸收道教、佛教的教学内容、形式和方法,为书院的产生奠定了基础。第三,教育思想上,统治者兼重儒、佛、道,不独尊任何一家,因此隋唐的教育思想也出现了三者杂糅的特点。

(二)政府教育管理机构与体制的确立

1.政府教育管理机构的确立

隋唐以前中央政府没有专门主管教育的机构和官员。隋唐时期为了适应教育事业的发展,加强对教育的领导与管理,隋文帝时设立国子寺,内设国子祭酒一职总管教育事业。国子寺与国子祭酒的设立是我国历史上首次出现的由中央政府设立的教育行政机构和行政管理者,这在中国教育史上有重大的意义。隋炀帝时又改称国子监,名称一直沿用到清朝。唐代国子监统辖下属的各学校,对学校进行领导和管理,主要管理六学一馆(国子学、太学、四门学、律学、书学、算学和广文馆),以经学教育为主体的学校形成发展高潮。

2.教育管理体制的确立

隋唐的教育管理体制确立了两种模式:

模式一:中央和地方分级管理的教育行政体制。中央官学由国子监祭酒负责,地方官学由地方长官长史负责。

模式二:统一管理与对口管理并举,以统一管理为主。国子监统一管理教育事业,一些专科学校由对口部门去管理,比如医科由太医署管理、音乐等由太卜署管理。突出专科性学校的专业特点,有利于专业教育的实施。

(三)中央和地方官学体系的完备

1.中央官学

唐代从中央到地方形成了相当完备的官学教育体系，中央官学是隋唐封建教育的主干，是隋唐封建教育兴旺发达的标志。中国古代学校制度完备于唐朝。

隋朝的中央官学有"五学"：国子学、太学、四门学、算学与书学，统归国子寺（国子监）管理，这套制度被唐朝继承下来。书学和算学标志着我国封建专科学校的多样化。

唐代中央官学包括儒学与专门学校两类，国子监管理的"六学一馆"成了中央官学的主干，"六学一馆"指国子学、太学、四门学、律学、书学、算学和广文馆，由国子监管理。另外的学校是中央的一些事业和行政事务部门结合自己的需要所办，归这些部门管理。其中门下省的弘文馆和东宫的崇文馆为收藏书籍、校理书籍和研究教授儒家经典的三位一体的场所。总的来说，唐代中央官学较为发达，种类繁多，人数众多，等级森严，学习内容丰富，远远超过以往任何一个朝代。

2.地方官学

与此同时，唐代的地方官学也有比较完备的制度。唐代的主要行政单位是州、府、县，各级单位都根据其大小设立相应规模的地方官学，实行州县二级制，类型有三种——经学、医学、崇玄学，主要还是学习儒家经典。地方学校归地方政府之行政长官长史负责，包括主持考试。

唐代的地方官学也很发达，州县的学生大多是平民子弟，学生毕业后，可升入中央四门学，或者直接参加科举考试，或者做地方官吏。可以说中国封建社会的地方官学制度到唐代已得到充分的发展。

（四）私学发展

1.隋唐私学兴盛的原因

隋唐时期私学较发达，每一种专门的学术都有私人传授，既补充了官学，又成为科举制度的教育基础。私学在隋唐兴盛的原因：第一，唐朝明文鼓励私人办学；第二，太平年代，人们渴求文化；第三，科举考试，刺激私学的发展；第四，私学本身灵活多样，富有活力；第五，隋唐经济的繁荣，是民间私学发展的基础。

2.隋唐私学的特点

唐代官学与私学所承担的教育任务有差别，官学主要培养未来的官僚后备人才，以有一定文化知识的青年和成人为主要的对象，学习内容主要是儒经。私学一方面承担起了儿童启蒙识字基础教育的任务，另一方面也承担了比官学更广泛的民族文化传承的任务，各家各派、各种专业的知识，都有人来教授。隋唐私学的特点是层次多重，办学灵活，机构简单，形式多样，内容丰富，覆盖面广，有很强的自由性和自治性,是唐朝教育制度中不可或缺的组成部分,它为唐代文化教育事业的繁荣做出了贡献。

3.隋唐私学的分类

私学在教学程度上分为初级私学和高级私学。初级私学主要进行启蒙识字教育和一般的生活伦理常识教育,而且没有成文的规定,但遵守历史形成的习俗,如:六七岁入学,春季始教,单班学校,个别教学,主要学习读写算,并且社会上已有多种蒙学教材。其办学形式主要有乡学(由乡里的富户捐资、积极筹办的学校)、村学(以村为办学主体,由村民们集资办学)、私塾(塾师自己办学)、家塾(以家族为办学主体,专门教授自家子弟)、家学(父母教授子女)等。

高级私学以有一定文化基础的青年为教育对象,要求其进一步接受专业教育,各个社会阶层出身的人都有。高级私学以教师为中心,自由设置。开办私学的人主要是学有专长的人,如在职官员、具有一定学术素养的退休官员和隐居的学者等。各科知识都有专门的私学来传授,比较凸显的有这样几类私学:《三礼》学、《易》学、《春秋》学、《汉书》学、谱学、《文选》学、文学、科学技术。这种高级私学到了唐朝后期,逐渐发展成了书院的萌芽。一开始唐代的书院指私人读书藏书之所,后来指讲学授徒的场所。这样的场所既有藏书又有教学活动,逐渐成了名副其实的书院。

唐代官学的发达与完备并没有妨碍私学的发展,官学与私学相互补充,共同构成了唐代的封建教育体系。

(五)学校教育发展的特点

1.建立中央和地方分级管理的教育行政体制

2.形成完备的教育管理制度

各学校从入学到毕业都有制度化的规定。唐代开始,明文规定入学之始学生行束脩之礼;按照专业与课程的难易程度规定修业年限,形成旬考、岁考、毕业考试三种形式的考试;唐代还规定了假期制度,有长假和短假两种,短假是旬假(十天一休),长假分为田假(五月份放假一个月)和授衣假(九月份放假一个月)。

3.增添教育内容,扩大知识范围

学校的主要学习内容仍是儒经,以传授儒经为职责的学校是封建教育的主体,此外还有各种专科性知识。但不论学什么知识,其范围和程度都远远超过了前代各种类型的专科学校,开设了较为多样的专业课程,丰富了学生的知识。

4.教育等级制明显

教育的等级性是封建社会阶级关系的体现,唐朝政府明文规定各级各类学校招生的身份标准,将教育的等级性以法令的形式加以制度化。贵族子弟可进国子学、太学,毕业可为官;庶民子弟只能进入一些专科性的学校,培养成为专业人才。

5.学校类型多样化

隋唐时期,不仅有占主导地位的经学教育,还有各种专科学校成为经学教育的有机附加部分。形成了以经学为主,专科性学校为辅的隋唐教育体系,学校类型多、数量多、涉及面广,远甚于前代。

6.学校分布面广,教育普及程度高

隋唐时有中央官学,还广设地方学校,甚至在乡里也鼓励兴办学校;还有私学与家学,尤其是唐朝依据州县面积和人口数量而设学,使学校的分布在制度上有了规定和保证。

7.重视医学教育

唐代在中央和地方都设有医学,尤其是地方上的医学校,一方面反映了唐朝医学教育发展的情况,一方面体现了我国医学发展的水平,说明唐代已经有了丰富的医学知识和较高的医疗水平,具备了普遍设立医学校的条件,这在当时是走在世界前列的。

【2020年311,第17题】唐代中央国子学、太学、四门学的设置主要基于（　　　）

A.学校区位的布局　　　　B.教学内容的分化

C.学校层级的衔接　　　　D.教育对象的身份

【解析】D

唐代中央国子学、太学、四门学都是儒学学校,都具有等级性。所以其设置主要是基于教育对象的身份,故选D。

8.教育、研究、行政机构三者合为一体

唐代很多教育机构或行政机构担负多种职能,如弘文馆和崇文馆既整理、校正图书,又教授学生;太医署兼有行政机构、教育机构、研究机构的性质。行政机构中派生出教育和研究的功能,是唐朝教育的一大特色。

三、科举考试制度建立

(一)科举制度的产生与发展

科举制度产生于隋朝,发展于唐朝,是我国封建社会中持续时间最长、影响范围最广的选士制度。根据考试成绩来选拔人才的科举制,不同于两汉以德取士的察举制,也不同于魏晋南北朝门第取士的九品中正制。隋唐以前是荐举为主、考试为辅,隋唐之后的科举制是以考试为主、荐举为辅。科举制是隋代的一大创举,经唐、宋、明、清各朝代的发展更加完备,于清末(1905年)废除,共存在了1300多年,对封建社会产生了重大影响。

1.隋朝——科举制的产生

科举制产生于隋朝,既是隋朝政治、经济发展的结果,也是中国古代选士制度发展的必然产物。科举制产生的原因有:第一,隋朝一统天下后,为了巩固政权和统治者的切身利益,迫切需要德才兼备的人才充任官吏,求贤若渴;第二,在改朝换代的过程中豪门士族的经济势力日益衰落,庶族地主的经济力量得到巩固和发展,这为庶族地主参与政治、分享权力提供了物质基础;第三,九品中正制仅凭门第取士,不适应隋朝社会发展的要求,不受大众欢迎,淘汰九品中正制势在必行;第四,西魏时已经有了不全凭门第的选士方法,隋初为强化中央集权,收回了选士大权,统治者开始探索新的选士方法。此时的选士主要依靠人们文武才能的大小而定,并不完全依照门第高低,逐步向科举制迈进,科举制应运而生。

隋朝进士科的设置,标志着科举制度的正式产生。科举制在隋代只是初具雏形,虽还不居于主导地位,但它取代了九品中正制,从政治、文化上削弱了士族豪门势力,在一定程度上限制了门阀士族把持选士的局面,为庶族地主参加政权开辟了道路,扩大了统治阶级的社会基础。由于隋朝短暂,科举制没有发挥出它的作用,到了唐朝,政局稳定,国运昌盛,为科举制作用的发挥创造了条件。

2.唐朝——科举制的发展

唐承隋制,逐渐形成了一套较为完备的科举取士制度,取代了以荐举为主的选士制度。唐太宗时实行偃武修文的国策,一方面扩建校舍、振兴教育,以保证科举取士的质量与数量;另一方面开科取士,网罗人才,控制人们的思想,巩固统治。这一时期学校教育和科举考试都得到较快的发展。唐高宗规定,科举考试者必学《孝经》与《论语》。武则天轻视学校教育,重视科举,开创了科举考试中殿试的形式以及武举选拔军事人才的先例和糊名考试的办法,这种办法沿用至今。她对科举制做出了巨大的贡献。唐玄宗时,加强了中央对科举制的领导。天宝年间,科举考试内容以儒家经典为主，考试形式、科目也已定型，已经发展成为完备的选士制度。

（二）考试的程序、科目与方法

1.科举考试的程序

（1）考生来源。唐代参加科举的考生主要有两个来源：一是生徒，二是乡贡。按照规定考试合格，由中央、地方官学选送到尚书省的应试者，被称为生徒。不经官学而学有所成的士人，自己向所在州县报考，经县、州考试选拔报送尚书省应试，由于他们随各州进贡的物品发送，所以被称为乡贡。

（2）考试时间：每年十一月一日开始。

（3）考试程序：乡试—尚书省礼部举办的省试—吏部试。中央官学的学生由国子监祭酒负责选拔，地方官学的学生由长史负责选拔。地方上的考生先经过乡试，通过考试，成绩合格者送至尚书省礼部参加省试；礼部主持的笔试，以一日为限，开考之日，严格搜身，严防假滥。考试合格者送至吏部参加吏部试，通过后才能授官。

2.科举考试的科目

唐代科举分文科举和武科举两大类。

文科举又分常科和制科两种。常科每年定期举行，制科由皇帝亲自主持，生源不受等级限制，但由于不经常举行，地位不如进士科。此外，还有武科举，由武则天设立，兵部主考。

常科中的常设科目有秀才、明经、进士、明法、明字、明算六科。秀才科注重筛选博识高才、出类拔萃的人物，隋唐皆以此科为最高、最难。明经科注重考核儒家经典，考试形式有帖经、口试、时务策，最重视的是帖经，主要考查记忆力。进士科注重诗赋，主要考查写作能力和应变能力，考试要求比明经科高，待遇比明经科好。明法科注重考核法律知识，选拔司法人才。明字科注重考核文字理论和书法。明算科注重考核算术，要求详明术理。秀才科虽最高但后来此科废除，所以经常举行的又受士人重视的仅有明经、进士两科，这两科考试以儒家经典为中心内容，以《五经正义》为标准，反映唐代儒家思想仍占据统治地位。

3.科举考试的方法

唐代科举考试的方法有帖经、墨义、口试、策问、诗赋五种。

（1）帖经：是各科考试中普遍应用的方法，类似今日的填空考试，偏重考查考生的记诵能力。

（2）墨义：一种对经义的简单笔试问答。被试者按试题要求叙述经典中相关事实与大义,只需熟读熟记经文和注释就能回答,主要考查记忆能力。

（3）口试:口头回答关于经文内容的小问答题。

（4）策问:较帖经、墨义高深,也较重要。策问是针对当时社会经济、政治、文化等方面的问题发表评论,设想解决问题的办法。它考查一个人治国安邦的才能,能够促使考生开动脑筋去思考现实问题,有利于提高人们的思维水平。

（5）诗赋:要求考生当场写作诗赋各一篇。主要考查学生的文学修养和文学创作能力。诗赋考试在一定程度上推动了唐诗的兴盛,不过这种诗的格律体裁均有固定格式,语句用词又必须端庄典雅,以致后来形成注重形式而不重思想内容的创作风格。

【2008年311,第14题】科举考试中偏重测试考生综合运用知识、分析和解决问题能力的考试方式是（ ）

    A.帖经　　　　　　　B.策论　　　　　　　C.诗赋　　　　　　　D.经义

【解析】B

帖经类似于现在的填空考试,偏重考查考生的记诵能力。策论侧重测试考生综合运用知识、分析和解决问题的能力。诗赋主要考查考生的文学修养和文学创作能力。经义主要考查考生对儒家经典的理解和掌握程度。选项B符合题意,故选B。

（三）科举考试与学校教育的关系

科举制度是选拔人才的制度,学校教育制度是培养人才的制度。在科举制产生以前,选士制度和育士制度基本上是脱节的,而科举制的产生将二者紧密结合在一起。

1.相互促进。科举制促进学校教育的发展。学校根据科举考试的要求来组织教学活动,参加学校教育成为科举考试的前提,科举又是学生做官的必由之路。科举制刺激了人们学习的积极性,促进了学校教育的发展。同时,学校教育也促进了科举制的发展,为科举选拔培养人才。

2.相互制约。科举制与学校教育也相互制约彼此的发展。学校教育的兴衰直接影响科举取士的质量和数量;科举取士的标准和方法影响着学校教育的培养目标、教育内容和教育方法。学校教育是科举制的基础,科举制是学校教育发展的指挥棒。

3.当统治者偏重科举,并用科举制来操纵学校教育发展时,学校就成为科举的附庸。

4.需要说明的是,决定封建学校教育发展的终极因素,是封建社会的政治、经济、文化,而科举制只是一个辅助因素,并非科举制的产生导致学校教育衰落。相反,如果统治者将二者并重,则二者将相互促进,共同巩固封建统治。

(四)科举制度的影响

科举制是中国封建社会的选士制度,在历史上存在了 1300 多年,对我国后世产生了深远的影响,其存在有一定的合理性。

1.积极作用

(1)有利于加强中央集权制。第一,中央政府掌握选士大权,有利于加强中央集权制;第二,官吏经考试选拔,提高了官吏文化修养,有利于国家长治久安;第三,士子通过科举获得参政机会,扩大了统治基础;第四,科举制统一思想,笼络人心,缓和阶级矛盾,维护了国家稳定与发展。

(2)使选士与育士紧密结合。第一,促使社会形成良好的学习风气;第二,促进人们思想统一于儒学,结束了思想混乱的局面;第三,刺激学校教育发展,有利于教育的普及;第四,种类繁多的考试科目扭转了人们重文轻武、重经学轻科学的现象。

(3)使选拔人才较为公正客观。第一,重视人的知识才能,而非门第;第二,时务策与诗赋有利于检验人的能力;第三,我国是世界上最早实行文官考试制的国家。

2.消极作用

从整个发展历程看,科举制从隋唐到宋朝,积极作用大于消极作用;到了明清时期,消极作用日趋明显,最终被社会淘汰。

(1)国家只注重选科取士,而忽略了学校教育;学校成为科举考试的预备机构,失去了相对独立的地位和作用,成为科举制的附庸。

(2)科举制具有很大的欺骗性。第一,评分时主观因素会影响评分客观性;第二,考官受贿和考试作弊现象严重;第三,驱使知识分子为功名利禄而学习,大部分考生将几乎终生的时间浪费在科场上。

(3)科举制束缚思想,败坏学风。第一,导致学校形成了教条主义、形式主义的学习风气;第二,影响中国知识分子的性格,使很多知识分子养成了重权威、轻创新,重经书、轻科学,重书本、轻实践,重记忆、轻思考,独立性弱、依赖性强的性格特征;第三,形成了具有功利色彩的畸形读书观、学习观,如"万般皆下品,唯有读书高","书中自有黄金屋,书中自有颜如玉",等等,这些思想长期"阴魂不散"。

四、颜之推的教育思想

(一)颜之推与《颜氏家训》

颜之推,字介,梁朝建康(今江苏南京)人。出身于士族家庭,早年时受家传儒学的熏陶,奠定了他的整个学术思想的基础,使他在本质上始终秉持着儒家思想。但晚年转而笃信佛教,宣扬因果报应,主张儒佛调和,认为佛学为主体,儒学为附庸。可见,颜之推又不是一位纯粹的儒者。

颜之推根据自己的经历和体验,写出了我国封建社会第一部系统完整的家庭教科书——《颜氏家训》,用以训诫其子孙。这部著作是我们了解颜之推教育思想的主要依据。它不仅有助于我们研究颜之推在儿童教育、学习方法等方面的某些真知灼见,同时也展示了一幅封建士族教育腐败的漫画。

(二)论士大夫教育

颜之推对南北朝时期士族地主教育的没落深为忧虑,如何改良已经衰微的士大夫教育,是他整个教育思想的全部内涵。他的教育思想以如何加强士大夫的教育为中心。

1.士大夫必须重视教育

南北朝时期,士大夫阶级虽垄断教育,但又轻视教育。他们的子弟庸碌无能、不学无术,他们的教育程度和精神面貌十分糟糕。为此,颜之推要求整个士族阶层应该注重教育。

首先,他继承了前辈从人性论的角度来论述教育作用的传统,认为人性分为三品,人性的品级与教育有直接关系。"上智不教而成,下愚虽教无益,中庸之人,不教不知也。"这在理论上虽没有什么进展,却成为他强调士大夫应该接受教育的理论依据。

其次,他从接受教育与否同个人前途的利害关系出发,强调了士大夫受知识教育的必要性。他认为受教育是士大夫保持其原有社会地位的途径。

最后,他从"利"的角度,从知识也是一种谋生手段等角度论述了知识教育的重要性。

颜之推从"利"的角度来强调教育的重要性,有别于儒家"君子喻于义,小人喻于利"的传统思想,这是对当时社会现实的反映。

2.教育的目标在培养治国人才

抓好士大夫教育，培养对国家有实际效用的各方面统治人才；而各种专门人才的培养，要依靠各种专才的教育，各人专精一职才能实现。颜之推的这个观点，冲破了儒家培养较抽象的君子、圣人的培养目标，不再局限于道德修养和化民成俗，更重要的在于对各种人才的培养。

3.德与艺是教育的主要内容

在"德"方面，他承袭了儒家以孝、悌、仁、义等道德规范为主要内容的传统，认为树立仁义的信念是德育的重要任务，而实践仁义则是德育的最终目的，士大夫要以实践仁义道德为准则。晚年他信奉佛教，使其道德教育蒙上了浓厚的宗教色彩。在"艺"方面，颜之推主张以广博知识为教育内容，以读书为主要教育途径。"艺"的内容除了经史百家等书本知识外，还应包括士大夫身处社会生活中所需要的"杂艺"，即琴、棋、书、画、数、医、射、投壶等，这些技艺在生活中有实用意义。

德与艺的关系：道德教育是根本，知识教育是道德教育的基础，为道德教育服务。

值得一提的是，颜之推提出士大夫应重视农业生产知识，但仅限于重视这一知识，而不是要求去亲自耕作。

（三）论家庭教育

颜之推非常重视儿童教育，尤其是儿童的早期教育。他认为一个人要发展，幼年时期是奠定基础的重要阶段，长辈应利用这个最好的教育时机，及早对幼儿进行教育，越早越好。

重视儿童早期教育的原因，一是儿童年幼，心理纯净，各种思想还没有形成，可塑性强，容易受教育和环境的影响；二是年幼受外界干扰少，精神专注，记忆力好。

《颜氏家训》以讨论家庭教育为主，而家庭教育基本上是长辈对未成年人尤其是儿童的教育。儿童教育应当注意一些基本的原则：

1.及早施教。幼年时期是奠定基础的重要阶段，长辈应及早地对幼儿进行教育，早期教育甚至可以从胎教开始。

2.严慈相济。善于教育子女的父母，能把慈爱与严格要求相结合，并能收到良好的教育效果。

3.均爱原则。在家庭教育中应当切忌偏宠，不论子女聪慧与否，都应以同样的爱护与教育标准来对待。

4.重视语言教育。语言的学习应成为儿童教育的一项重要内容，对儿童进行的语言教育应注意规范，重视通用语言，而不应强调方言。

5.重视品德教育。道德的教育包括以孝悌为中心的人伦道德教育和立志教育两个方面。颜之推认为对儿童进行道德教育应该以"风化"的方式进行,这是一种长辈通过道德行为的示范,使儿童受到潜移默化的影响,从而形成所要求的德行的教育过程。立志教育即为生活理想的教育,颜之推要求士族应教育其后代以实行尧舜的政治思想为志向,继承世代家业,注重气节培养。教育内容:言语教育、道德教育和立志教育。

五、韩愈的教育思想

(一)重振儒学的卫道者(即道统说)

1.简介:韩愈在政治上反对藩镇割据,维护中央集权;同情民众疾苦,主张减轻负担;反对僧侣剥削,限制寺院经济。在思想意识上,不满宗教猖獗,主张复兴儒学,建立道统说。

2.内涵:道统说的本质就是复兴儒学。

(1)"道统"。韩愈高举"反佛"的大旗,为了对抗佛教的"法统",他提出了儒家的"道统",认为儒家的"道统"由尧舜开始,再由孔子传到孟子。他把这个"先王之道""圣人之教"的传统系统,称为"道统",韩愈以继承孔孟的"道统"自居。

(2)"道"。"道"是韩愈思想的最高范畴,其内涵就是抽象化、概括化了的仁义道德理念。他的"道"也是为儒家的仁义之道正名,以区别于佛、老之道。在他看来,佛、老之道所追求的是个人宗教修养的出世原则,向往的是"空""无"的彼岸世界。而韩愈主张的"道",则是一个有为的现实世界,追寻的是儒家传统的修身、齐家、治国、平天下的入世原则。

3.教育目的:"明先王之教""学所以为道"。在教育领域里,韩愈要求教育要"明先王之教",要发扬先王所倡导的儒家教育内容,使人们明白"学所以为道"。"学所以为道"就是要求通过教育的手段,使人们重新认识儒家的仁义道德,以恢复儒学的独尊地位,应对佛教和道教的挑战。

4.评价

(1)韩愈是"重振儒学的卫道者"。其道统说的建立,加强了儒学在民族文化中居主导地位的意识,抬高了儒家在历史上的正统地位,使儒学与佛、老相抗衡,为韩愈"儒家旗手"的资格提供依据。在这里,韩愈达成了肩负起卫道重任,与佛、老进行坚决斗争的决心。

(2)韩愈为后世理学教育思想提供了理论准备。他的"道"已初步地从宗教异化的天命神权观念过渡到以道德法则为中心的客体精神,这也为宋明理学家把道德上升到本体论的高度,进而强调道德自律的理学教育思想提供了理论准备。

（二）师道观

韩愈曾直接从事教育和教学工作，他热心教育事业，积极培养人才，不断探讨有关的教育理论问题，是唐代著名的教育家。韩愈提倡尊师重道，他的教育思想最突出的一点就体现在《师说》中。

1.尊师的原因

首先，教育的过程是一个先觉传后觉、先知传后知的过程，教师闻道在先，在教学活动中起主导作用。学生要学知识，就应该尊师重道。其次，"天地君亲师"，师道体现君道，能尊敬师长就能效忠皇帝，这是他提倡师道的深层原因。最后，还有社会原因。安史之乱后，国运转衰，儒学失去了宣传阵地，佛、道宗教势力膨胀，文学的重要性超过了儒学，韩愈提出尊师重道来维护儒家的道统，重振儒道，抵制佛教和道教的思想。总之，尊师即卫道，"道"是封建道德的最高境界。

2.教师的任务

"传道、授业、解惑"——传授儒家仁义之道，讲授儒家六艺经传和古文，解答学生的疑问。传道是首要任务，授业和解惑是过程与手段。

3.以"道"为求师的标准

"道之所存，师之所存。"韩愈提出的学无常师、唯道是求的观点，对促进思想文化的交流，有积极意义。

4.建立合理的师生关系

"是故弟子不必不如师，师不必贤于弟子。闻道有先后，术业有专攻，如是而已。"也就是说，师生的关系是相对的，在一定条件下可以互相转化、相互为师。只要闻道在先，术业有专长者，皆可以为人师表。学生向教师学习，但不必迷信和盲从教师。韩愈强调师生关系在道和业面前是一种平等关系，师生关系可以互相转化，这对维护教师绝对权威的师道尊严思想是一种否定。这种含有辩证法和民主平等因素的师生观，极大地丰富了我国古代的教育理论，确有重要的历史意义。

韩愈的《师说》是中国古代第一篇集中论述教师问题的作品，既肯定教师的主导作用，又强调师生相互尊重与学习，提倡建立平等的师生观，这是韩愈教育思想的独特之处。

（三）"性三品说"与教育作用

1.性三品

韩愈从唯心主义的天命论出发，提出"性三品"主张，又以此为理论依据，阐述教育作用。认为人是受命于天的,人性也是秉天命而成。人性论的基本观点:第一,人性分三品,上品之性为善性;中品之性可善可恶,尚未定型;下品之性为恶性。第二,人性中有性,也有情,情是人接触到外界事物后产生的内心反应,情与性相对应分为上、中、下三品,具体表现为喜、怒、哀、惧、爱、恶、欲七种。有什么样的性,就有什么样的情。韩愈继承了董仲舒的性三品说,为宋代理学"明天理,灭人欲"做了铺垫。性可移,但性的品级不可移。三品之人都固定在天生的"品"的界限内,是"不移"的。

2.教育的作用

第一,从性三品说出发,决定人发展的主要因素是人性。对于不同的人性,教育所起的作用是不相同的。上、中品之人可受教育;下品之人,教育对他们人性的变化起不了作用,只能以刑罚制之。教育不能改变人性,不能使下品转化为中品,中品转化为上品,教育只能在品位之内发生作用。

第二,教育只能在已定的人性品位内发生作用。不同等级的人接受教育的权利也是不同的,只有统治阶级才能享受教育的权利,对被统治阶级实行专制,剥夺其受教育的权利。这与孔子"有教无类"的思想相比是倒退的。

第三,人性决定教育的主要内容。由于人天生包含仁、义、礼、智、信的道德内容,教育就应把这种道德发扬开来,而儒家经典是最好的教育内容。

可见,韩愈一方面肯定了教育在促进人性变化中的积极作用,好让大多数人接受教育;另一方面他又认为,教育的作用是有限的,人性三品不可变,教育只能在品位之内发生作用。这种人性论不但为封建制度的等级性做了合理的论证,而且也为绝大多数人接受封建道德教育提供了理论依据。

（四）论人才的培养与选拔

韩愈认为要治国兴邦,统治者就应当从长远利益出发,"得天下英才而教育之",为巩固封建统治,培养合格的官吏,教育天下英才。教育的任务就是要为治国兴邦培养人才。为了培养人才,韩愈要求整顿国学,改革招生制度,扩大招生范围,否则势必导致人才匮乏,统治就会出现危机。他希望通过教育培养出"行君之令而致之民者"。为此,他在做国子监祭酒后,严格选拔学官,整顿教师队伍,整顿教学,建立了良好的教学秩序。

韩愈不仅重视人才的培养,还很注重人才的选拔。他认为不合理的考试内容、选拔方法都会埋没真才实学者,故要求统治者爱惜人才,不拘一格选拔人才。他以千里马和伯乐的关系来说明人才的难得。这种爱才、选才、用才的思想与封建社会选人唯贵、唯亲的腐朽思想是对立的,至今依然有重大的现实意义。

本章内容思维导图

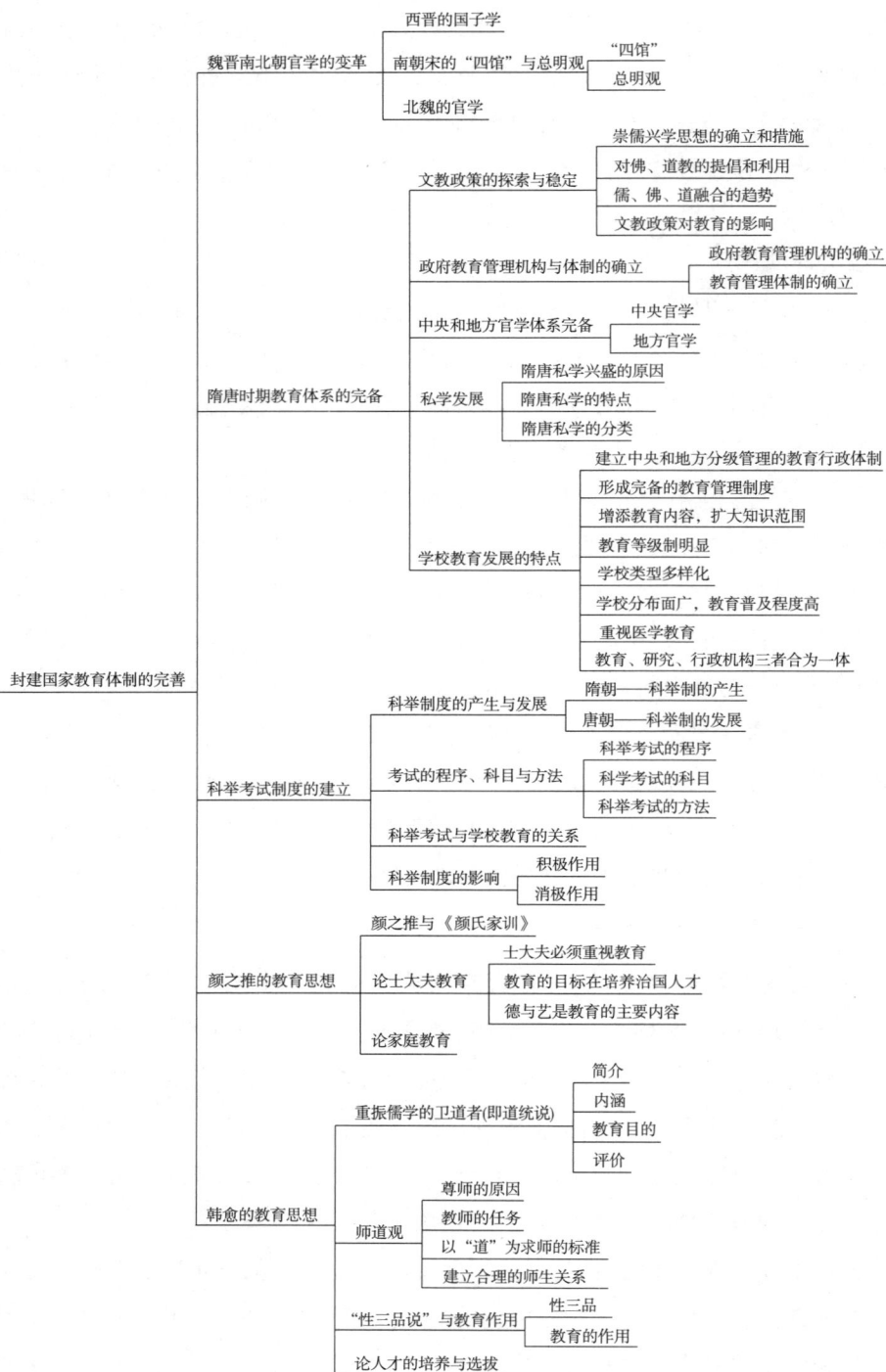

```
封建国家教育体制的完善
├─ 魏晋南北朝官学的变革
│   ├─ 西晋的国子学
│   ├─ 南朝宋的"四馆"与总明观
│   │   ├─ "四馆"
│   │   └─ 总明观
│   └─ 北魏的官学
│
├─ 隋唐时期教育体系的完备
│   ├─ 文教政策的探索与稳定
│   │   ├─ 崇儒兴学思想的确立和措施
│   │   ├─ 对佛、道教的提倡和利用
│   │   ├─ 儒、佛、道融合的趋势
│   │   └─ 文教政策对教育的影响
│   ├─ 政府教育管理机构与体制的确立
│   │   ├─ 政府教育管理机构的确立
│   │   └─ 教育管理体制的确立
│   ├─ 中央和地方官学体系完备
│   │   ├─ 中央官学
│   │   └─ 地方官学
│   ├─ 私学发展
│   │   ├─ 隋唐私学兴盛的原因
│   │   ├─ 隋唐私学的特点
│   │   └─ 隋唐私学的分类
│   └─ 学校教育发展的特点
│       ├─ 建立中央和地方分级管理的教育行政体制
│       ├─ 形成完备的教育管理制度
│       ├─ 增添教育内容，扩大知识范围
│       ├─ 教育等级制明显
│       ├─ 学校类型多样化
│       ├─ 学校分布面广，教育普及程度高
│       ├─ 重视医学教育
│       └─ 教育、研究、行政机构三者合为一体
│
├─ 科举考试制度的建立
│   ├─ 科举制度的产生与发展
│   │   ├─ 隋朝——科举制的产生
│   │   └─ 唐朝——科举制的发展
│   ├─ 考试的程序、科目与方法
│   │   ├─ 科举考试的程序
│   │   ├─ 科学考试的科目
│   │   └─ 科举考试的方法
│   ├─ 科举考试与学校教育的关系
│   └─ 科举制度的影响
│       ├─ 积极作用
│       └─ 消极作用
│
├─ 颜之推的教育思想
│   ├─ 颜之推与《颜氏家训》
│   ├─ 论士大夫教育
│   │   ├─ 士大夫必须重视教育
│   │   ├─ 教育的目标在培养治国人才
│   │   └─ 德与艺是教育的主要内容
│   └─ 论家庭教育
│
└─ 韩愈的教育思想
    ├─ 重振儒学的卫道者(即道统说)
    │   ├─ 简介
    │   ├─ 内涵
    │   ├─ 教育目的
    │   └─ 评价
    ├─ 师道观
    │   ├─ 尊师的原因
    │   ├─ 教师的任务
    │   ├─ 以"道"为求师的标准
    │   └─ 建立合理的师生关系
    ├─ "性三品说"与教育作用
    │   ├─ 性三品
    │   └─ 教育的作用
    └─ 论人才的培养与选拔
```

自测题

一、选择题

1.【2009 年 311，第 15 题】魏晋南北朝时期，南朝宋在学校制度方面的一大改革是分科设学，设立(　　)

A.玄、儒、文、史四馆　　　　　　　　B.玄、儒、律、算四馆

C.文、史、律、算四馆　　　　　　　　D.文、史、书、算四馆

2.【2010 年 311，第 17 题】韩愈说："师者，所以传道、授业、解惑也。"其所谓"道"具体是指(　　)

A.礼乐　　　　　　　　　　　　B.礼法

C.仁义　　　　　　　　　　　　D.天理

3.【2012 年 311，第 15 题】唐代国子学、太学、四门学和崇文馆、弘文馆，属同类性质的学校，其设立体现了当时学校教育的(　　)

A.系统性　　　　　　　　　　　　B.等级性

C.制度化　　　　　　　　　　　　D.专门化

4.【2013 年 311，第 15 题】在儿童学习语言的问题上，颜之推认为应该(　　)

A.重视学习通用语言　　　　　　　　B.重视学习本地方言

C.尽可能掌握多种方言　　　　　　　D.尽可能掌握不同阶层的语言

5.【2013 年 311，第 16 题】广文馆的设立表明唐代政府(　　)

A.重视来唐留学生的教育　　　　　　B.加强教育的等级性

C.重视科举考试　　　　　　　　　　D.加强博通人才的培养

6.【2015 年 311，第 17 题】唐代中央官学体系中实施儒学教育的学校主要为(　　)

A.国子学、太学、四门学　　　　　　B.国子学、太学、中书学

C.太学、四门学、中书学　　　　　　D.国子学、四门学、中书学

7.【2015 年 311，第 18 题】科举制度区别于察举制度的根本之处在于(　　)

A.开设繁多的考试科目　　　　　　　B.建立完备的防弊制度

C.自愿报名，逐级考选　　　　　　　D.地方推荐，中央考试

8.【2016 年 311，第 17 题】下列唐代中央官学中，对学生入学年龄限制最为宽松的是(　　)

A.国子学　　　　　B.太学　　　　　C.四门学　　　　　D.广文馆

9.【2021年311,第16题】唐代专门面向备考进士科者设立的学校是( )

A.四门学　　　　B.国子学　　　　C.弘文馆　　　　D.广文馆

10.【2023年311,第17题】唐代除国子监所辖学校外,还在中央行政机构附设一些学校,其中东宫设有崇文馆,门下省设有弘文馆。这两所学校的招生对象主要是( )

A.进士落第者　　　　　　　　B.地方官学学生

C.庶民子弟之优异者　　　　　D.贵族与高官子弟

二、分析论述题

1.【2024年333统考,第31题】儒家有尊重师道的传统。在魏晋时期,儒家文化受到冲击,师道失传。在唐代中后期,轻视求师已成为影响教育发展的重大问题。韩愈在任四门博士时,针砭时弊,弘扬师道,复兴儒学。以《师说》为依据,阐述韩愈的师道观。

2.【2010年南师大333】试论唐代科举制度的作用及其影响。

3.【2015年福建师大333】论述唐代官学的教育管理制度。

第五章　理学教育思想和学校的改革与发展

一、科举考试制度的演变与学校的改革

(一)科举制度的演变

1.宋代的科举制

宋朝科举制基本沿袭了唐制,但是也根据实际情况做了改革,使科举规模和制度进一步得到发展。宋代科举制的特点:

第一,科举地位提高,宋朝废除了两汉的察举制,视科举为取士正途。第二,考试规模扩大,录取人数增多。第三,考试内容改革。王安石变法时,废除帖经、墨义、诗赋等传统科目,改试经义,专用《三经新义》。第四,考试时间改为三年一试。第五,确定殿试为常制,设置"别头试",即回避制度。为了限制官僚子弟和士族子弟应试的特权,宋代规定食禄之家的子弟参加科举考试时必须加试复试,主考官的子弟、亲戚参加考试时应该另立考场、另派考官,即"别头试"。第六,实行糊名、誊录,防止徇私。

2.元代的科举制

科举考试进入中落时期,但开创了以"四书"试士的先例。

3.明代的科举制

明代科举制进入鼎盛时期,确立了"八股取士制",统治者高度重视科举,考试分为乡试—会试—殿试。八股文的诞生和流行,预示着科举制作为一种先进的人才选拔制度开始走向僵化和没落,也标志着封建社会开始走向衰落。

4.清代的科举制

与明代基本相同,沿用八股取士,科举制的弊病日益显现,徇私舞弊严重,科举考试日益僵化、衰落。

(二)科举制度对学校教育的制约——学校沦为科举附庸

自明代以来,科举制与学校教育的关系极为密切,明朝以进入学校作为科举的必由之路,只有接受学校教育的学生,才有资格参加科举考试,这样就使学校教育的目的直接变成了参加科考。同时,考试内容被固定在儒家经典中,学校教儒经,考试考儒经。这样,科举以学校为基础,学校以科考为目的,二者紧密结合。在科

举制下，学生的目的就是通过科考获得做官资格，迫使学校教育的目标转向为科举服务，导致学校教育失去了独立性，学校便沦为科举的附庸。

科举的盛行对教育产生了严重的消极影响，致使求学者读书只为追求名利、登上仕途，而不追求真理。由此可以看出明清时期的科举制逐渐表现出腐朽性。

（三）宋、元、明、清的文教政策与官学体制

1.宋代文教政策与官学体制

（1）文教政策

宋初的统治者在打败割据势力、基本上统一国家之后，在统治策略上做了重大改变，即由原来的重视"武功"，改为强调"文治"，推行了"兴文教，抑武事"的政策。在这样的文教政策下，具体措施有以下几点：第一，重视科举，重用士人；第二，"三次兴学"，广设学校；第三，尊孔崇儒，辅以佛道；第四，理学兴盛，书院兴盛。其中，尤其是尊孔崇儒，提倡佛、道的政策，对以儒家思想为主体，糅合佛、道的理学思想的形成起到了推动作用。

（2）官学体制

宋朝的官学教育制度分为中央官学和地方官学。

①中央官学。属于国子监管辖的有国子学、太学、辟雍、四门学、广文馆、武学、律学、小学等，属于中央各局管辖的有医学、算学、书学、画学等。

②地方官学。由地方政府的提举学事司管辖，主要设立州学和县学。地方官学的大力发展始于"庆历兴学"。宋朝地方官学除传统的儒学之外，还增设了武学和道学。

（2）宋朝官学制度的特点。①管理体制进一步完善。如地方政府的提举学事司管理地方官学就是创新之处。②官学类型多样化，并创立分斋教学制度。③中央官学的等级限制放宽。④首创学田制度。宋朝地方学校均有学田，作为学校经费的主要来源，这一制度被以后的各朝各代长期沿用。

2.元朝的文教政策与官学体制

（1）文教政策

元朝采用"遵用汉法"的文教政策。元朝政府一方面采用武力镇压和民族歧视的政策，另一方面极力笼络汉族地主阶级及知识分子，重视政治思想和文化教育方面的控制，以巩固政权。具体措施主要有：①笼络汉族士人；②尊孔；③尊崇理学。

（2）官学体制

元朝从中央到地方建立起了较为完善的官学体系和教育管理机构。

①官学体系

中央官学主要有国子学、蒙古国子学、回回国子学。地方官学包含路学、府学、州学、县学以及小学、社学的儒学系统，以及蒙古字学、医学、阴阳学等专门学校。

②教育管理机构

元朝在建立从中央到地方的官学体系的同时，设置了相应的较为完善的教育管理机构。集贤院下设国子监专门管理国子学。此外，在翰林院兼国史院下设回回国子监管理回回国子学，并在蒙古翰林院下设蒙古国子监管理蒙古国子学。在地方上设立儒学提举司管理路、府、州、县学等儒学系统。

3.明朝的文教政策与官学体制

（1）文教政策。明朝以"治国以教化为先，教化以学校为本"为文教政策。具体措施有：广设学校，培育人才；重视科举，选拔人才；加强思想控制，实行文化专制。文化专制表现为：崇程朱理学，删节《孟子》；严格管理学校，禁止学生议政；屡兴文字狱。

（2）官学体制。中央设立的官学主要有国子监、宗学、武学等。明朝的地方官学按其性质可以分为儒学、专门学校和社学三类。

（3）明朝官学制度的特点。①作为最高学府的国子监有许多新发展，如创立了监生历事制度；②地方官学得到空前发展；③社学制度趋于完善；④形成了从地方到中央相衔接的学制系统。

4.清朝的文教政策与官学体制

（1）文教政策。清朝实行"兴文教，崇经术，以开太平"的文教政策。具体措施有：①崇尚儒学经术，提倡程朱理学；②广兴学校，严订学规；③软硬兼施，加强文化控制，大兴文字狱。

（2）官学体制。①中央官学为国子监、宗学、觉罗学、八旗官学、景山官学、咸安宫官学。其中，八旗官学、景山官学、咸安宫官学都是为八旗子弟设立的旗学，前者隶属于国子监，后两者属内务府管辖。

②地方官学。按地方行政区设立的府学、州学、县学；按军队编制设立的卫学；在乡镇地区设立的社学；为孤贫儿童及少数民族子弟设立的义学；在云南设立的井学。

③清朝官学制度的显著特点：重视八旗子弟的教育；在府学、州学、县学中创立"六等黜陟法"，对生员实行动态管理；重视培养俄语人才，设立俄罗斯文馆；在国

子监实行分斋教学制度。

(四)"苏湖教学法"

"苏湖教学法"是指"分斋教学法",是胡瑗在主持湖州州学时创立的一种新的教学制度,在"庆历兴学"时被用于太学的教学。

胡瑗是北宋著名教育家。他早年在苏州、湖州两地州学讲学20余年,在主持苏湖州学期间,一反当时盛行的重视诗赋声律的学风,提倡经世致用的实学,主张"明体达用"。其内容是在学校内设立经义斋和治事斋,创行"分斋教学"制度。经义斋主要学习儒家经义,属于"明体"之学,以培养高级统治人才为目标;治事斋又称治道斋,分为治兵、治民、水利、历算等科,属于"达用"之学,旨在培养具有专长的技术和管理人才。并且在治事斋中,学生可以主学一科,兼学其他科,创立分科教学和学科的必修、选修制度,这在世界教育史上也是最早的。在教学方法上,不同于传统的死记硬背,胡瑗讲习解经,能联系实际,提倡实地考察,使学生获得感性认识。

隋唐时期虽然设立了很多专科学校,但地位低于儒学,直到胡瑗创立分斋教学制度,才在中国教育制度发展史上,第一次按照实际需要,在同一学校中分设经义斋和治事斋,把一些实用科目纳入官学教学体系之中,取得了与儒家经学同等的地位。这不仅是我国历史上最早的分科教学,也开创了主修和辅修制度的先声。

(五)北宋三次兴学与"三舍法"

1.北宋的三次兴学

北宋实行崇文政策,重视通过科举制度网罗人士,却忽视了兴学育才,学校教育受到很大冲击,国家因此深感人才匮乏,所以"兴文教"的政策在宋初80多年主要表现为重视科举,之后这个政策的侧重点转移到了兴学育才。宋朝历史上先后出现了三次兴学运动,意在改革科举,强化学校教育。

(1)庆历兴学。由范仲淹在宋仁宗庆历四年主持,史称"庆历兴学"。

第一,普遍设立地方官学。规定应试科举的士人须在学校习业300日,方许应举,进而保障学校的正常教学秩序。

第二,改革科举考试。罢帖经和墨义,着重策论、诗赋和经学。明法科试断案,重视实践能力。

第三,创建太学。将胡瑗的"苏湖教学法"引进太学,创立分科教学和学科的必修、选修制度,体现了对当时教育空疏、流于形式的批判。

庆历新政实施不过一年多,便在旧官僚权贵集团的强烈反对下失败,兴学也告夭折。但庆历兴学毕竟促成了宋代学校教育的兴起,且其余波荡漾不息。

（2）熙宁兴学。由王安石在宋神宗熙宁年间主持,史称"熙宁兴学"。

第一,改革太学,创立"三舍法"。三舍法是将太学分为外舍、内舍和上舍,学生依据成绩依次升舍的制度。

第二,恢复和发展州县地方官学。一是设置学官全权负责管理当地教育,地方当局不得随意干预学校事务。朝廷还为地方学校拨充学田,从而在物质条件上为州县学校的维持提供了保障。

第三,恢复与创立武学、律学、医学等专科学校,培养具有一技之长的人才。

第四,编撰《三经新义》,作为统一教材。为了统一经学,熙宁六年设经义局,王安石亲自修撰《诗》《书》《礼》三经义。由朝廷正式颁行,成为官方考试、讲经所依据的标准教材。

"熙宁兴学"也同样因为王安石被逐出朝廷而半途夭折,但它将北宋教育事业推进了一大步,并对后来的兴学运动产生了深刻影响。

（3）崇宁兴学。由蔡京在宋徽宗崇宁年间主持,史称"崇宁兴学"。

第一,全国普遍设立地方学校。至此,形成了遍布全国州县的学校网络,无论在数量上、规模上,还是在分布的范围上,都远远地超过了以往任何一次兴学。

第二,建立县、州、太学三级相联系的学制系统。县学考生考试升州学,州学学生再根据成绩升入太学的不同舍。成绩上者升上舍,中者升下等上舍,下者升内舍,其余升外舍。这种学制系统对元、明、清影响深远。

第三,新建辟雍,发展太学。崇宁元年营建辟雍,也叫"外学",作为太学的外舍。同时在太学实行"三舍法"和"积分法",也增加了学生的数量。

第四,恢复设立医学,创立算学、书学、画学等专门学校。崇宁时期是中国古代唯一开办过画学的、设立过专门美术学校的时期。

第五,罢科举,改由学校取士。这是对取士制度的重大改革。

北宋以上三次兴学运动,虽然前两次均未取得预期的效果,但都不同程度地将宋朝教育事业向前推进了一大步。第三次兴学对北宋教育事业发展的促进作用更是超过前两次,这三次兴学是对北宋文教政策最直接、最重要的体现。

2."三舍法"

"三舍法"是王安石在"熙宁兴学"期间创立的一种对太学的改革措施。

（1）具体内容。将太学分为外舍、内舍、上舍三个程度不同、依次递升的等级;太学生相应地分为三部分,学员依学业程度,通过考核,依次升舍。初入学为外舍生,平时有品行("行")和学业("艺")的考查记录,每月由任课教师举行"私试",每年由学校举行"公试",学习一年后,外舍生考试和平时行艺合格者可依次升入内舍；内舍生学习两年后，考试和平时行艺合格者可依次升入上舍；上舍生学习两年后，学行优秀者，可由太学主判直接推荐做官，等于科举及第。其他人根据学业成绩，可分别得到免发解、免省试的待遇，等于减少了部分科举考试的程序。王安石的长远目标是逐渐让"三舍法"取代科举考试。

（2）"三舍法"的意义。"三舍法"是在太学内部建立起的严格的升舍考试制度，对学生的考查和选拔力求做到将平时行艺与考试成绩相结合，学行优劣与对他们的任职使用相结合。这有利于调动学生学习的积极性，提高教学质量。同时又把上舍考试与科举考试结合起来，融养士与取士于太学，提高了太学的地位。总之，"三舍法"是中国古代大学管理制度上的一项创新。它不仅对宋朝的学校教育产生了积极作用，而且对后来元、明、清的教育也有深远的影响。

【2024年311，第18题】北宋王安石"熙宁兴学"时期，创立"太学三舍选察升补"之法，后修订完备，其主要内容是将太学分为三舍，依次递升，其中内舍升为上舍的依据是（　　）

A.平时行艺为优

B.升舍考试为优

C.平时行艺为优、平二等者，再参酌升舍考试

D.升舍考试为优、平二等者，再参酌平时行艺

【解析】D

"三舍法"的升舍依据具体为：初入太学者，经考试合格入外舍肄业，为外舍生。外舍每月考试一次，每年举行一次公试（升舍考试），成绩获得第一、二等者，再参酌平时行艺，升入内舍肄业，为内舍生。内舍每两年举行一次升舍考试，成绩为优、平二等者，再参酌平时行艺，升入上舍肄业，为上舍生。故选D。

（六）积分法

积分法是元朝国子学的重要特点之一，是通过积累计算学生全年学业成绩来升级的方法。始于宋朝太学，至元朝国子学趋于完善，至明清继承和发展。其基本方法是每月考试一次，依据成绩来积分，优等者给一分，中等者给半分，下等者不给分，年终积分至八分以上者升补上一等级。若不能升等，来年积分即归零。成绩优异者，只要达到计分标准，就可以不受学习年限的制约。积分法与"升斋等第法"

相联系,根据学生的积分和品行依次升舍。由于积分法汇总学生平时成绩,具有督促学生平时认真学习的积极作用。

(七)"六等黜陟法"

清朝实施的一项对地方官学生员定级考试的制度,即六等黜陟法,该法有相应的奖惩措施。学生考试成绩被分为六等:一等补廪膳生,二等补增广生,三等无奖无罚,四等罚责,五等降级,六等除名。六等黜陟法对学生进行动态管理,其等级不是固定的,而是根据学业成绩来升降,其等级与学业成绩紧密挂钩,有利于调动学生学习积极性,提高学校教育质量。该制度在明朝"六等试诸生优劣"方法基础上发展完善而来,是清朝在地方官学管理上的一个重要创新。

(八)"监生历事"

"监生历事"又称"历练政事"或"实习历事",是明朝国子监监生的实习制度。"历事"指到监外历练政事,规定国子监监生学习到一定年限,分拨于京各衙门,历练事务,锻炼和考查政务才能。有时监生也到县州历练政事,清理粮田或兴修水利,历事后进行考核。上等送吏部附选,可授予官职;中等再令历练;下等送回国子监读书。"监生历事"是中国古代大学里最早的教学实习制度,使学校培养人才与业务部门实用人才直接挂钩,有利于促进学校教学,提高人才素质。

【2024年311,第19题】明朝国子监创立监生历事制度,以锻炼和监察监生的政务才能。期满考核为上等的监生可以享受的待遇是(　　　)

A.直接授官

B.吏部铨选后授官

C.直接参加殿试后授官

D.回国子监学习一年后授官

【解析】B

监生历事期满经考核,分为上、中、下三等,上等者送吏部铨选后授官,中、下等者仍历一年再考,上等者依上等用,中等者不拘品级,随才任用,下等者回监读书。故选B。

(九)社学

社学创办于元朝,是设在乡镇地区、利用农闲空隙时间、以8岁至15岁的农家子弟为对象的初等教育形式,并带有某种强制性。明代继承发展了社学,社学制度更趋完善,普遍设立,成为对民间儿童进行初步文化知识和伦理道德教育的重要形式。直至清代各省的州县都设立社学,普及面更广。社学对于农村地区文化教育事业的发展具有一定的意义。这是元朝在教育组织形式上的一种创新,对后世产生了深远影响。

二、书院的发展

(一)书院的产生与发展

书院是中国封建社会自唐末以后的一种重要的教育组织形式。它以私人创办和组织为主,将图书的收藏、整理与教学、研究合为一体,是相对独立于官学之外的民间学术研究和教育机构。

1.书院的萌芽

书院始于唐代,当时有两种场所被称为书院:一种是由中央政府设立的主要用作收藏、校勘、整理图书的机构,如唐代的集贤书院、丽正书院,其性质相当于皇家图书馆;另一种是民间主要供个人读书治学的地方,如李秘书院、松洲书院等。在私人书院中出现了不太普遍的收徒讲学活动,虽没有形成系统的制度,但它已成为书院的萌芽。

唐末出现书院萌芽的原因:第一,社会动荡,官学衰落,士人失学;第二,我国有源远流长的私学讲学传统;第三,佛教禅林制度的影响;第四,印刷术的发展,书籍大量增加。

2.宋朝书院制度化

书院作为一种教育制度形成和兴盛于宋代。北宋初期,书院开始兴旺起来,其规模和数量大幅度扩展,成为宋初教育的重要组成部分。宋朝主要有六所著名书院:白鹿洞书院、岳麓书院、应天府书院、嵩阳书院、石鼓书院、茅山书院。南宋各派大师讲论自己的学术主张,积极设立书院,书院作为一种教育制度得以确立,并达到极盛。书院促进了南宋理学的发展和学术文化的繁荣,但官学化倾向已经出现。

(1)宋代书院兴盛的原因。第一,国家统一,士心向学,北宋科举取士规模日益扩大,但忽视官学,官学长期处于低迷不振的状态;第二,朝廷崇尚儒术,鼓励民间办学;第三,佛教禅林制度的影响;第四,印刷术的应用,使书籍的制作与手写本相比,变得极为便利,是促成宋代书院兴旺发展的重要基础。

(2)书院的管理机制。书院作为教育机构,是中国古代私学最高级的表现形式。书院实行山长负责制,山长既是书院的主讲人,也是书院的主持人,山长可以减少外界对书院的干扰。书院的宗旨是以发扬学术为重,以探明圣贤之学为真旨,以求获得修身、齐家、治国、平天下之功效。书院盛行讲会制度,其学规指出为学的方向和道德修养的要求,这标志着书院走向制度化。

3.元代书院

政府对书院在采取保护制度的同时,也加强了对书院的控制,政府通过委任山长、规定教学内容、拨给经费的方式使书院官学化。元代书院以儒经和理学家著作为教材,也教授其他学科,如医学、数学、书学和蒙古字学等,颇具特色;书院数量也增多,对元代的文化教育和理学的发展起到了积极作用。

4.明代书院

到了明代中叶以后,书院再次兴盛起来,一些失意官僚和在野士人纷纷设立书院讲学,讽刺时政,使书院有了明显的政治色彩。另外也有一些人,如王守仁、湛若水等,通过书院讲学来传播自己的学说,对书院的发展产生了一定影响。

5.清代书院

清代前期书院发展缓慢、沉寂,雍正时期至鸦片战争以前政府积极提倡办书院,书院得到发展。政府对书院进行严密控制,主要表现在控制书院的经费和设立,规定书院师长的聘选、学生的招生和考核,等等,使书院日益官学化,成为科举的附庸。

(二)《白鹿洞书院揭示》与书院教育宗旨

南宋书院的兴盛发达,与朱熹修复白鹿洞书院有密切关系。白鹿洞书院在江西庐山五老峰下(今九江),原为唐后期李勃、李涉兄弟隐居读书处。南唐时兴建庐山国学,宋初设为书院,历有兴废。南宋时期朱熹修复,征集图书,筹措经费并任洞主,亲自掌教,聘教师、筹资金,费尽心血。

最重要的是朱熹亲自制定《白鹿洞书院揭示》,也叫《白鹿洞书院学规》《白鹿洞书院教条》。《白鹿洞书院揭示》作为书院的学规和教育宗旨,明确了教育目的,阐明了教育过程,提出修身、处事、接物的基本要求,并且作为实际生活和思想教育的准绳,把世界观和政治要求、教育方向以及学习修养的途径结合起来。其内容是:

1.五教之目。"父子有亲,君臣有义,夫妇有别,长幼有序,朋友有信。"(孟子)

2.治学之序。"博学之,审问之,慎思之,明辨之,笃行之。"(《中庸》)

3.修身之要。"言忠信,行笃敬,惩忿窒欲,迁善改过。"(孔子)

4.处事之要。"正其义,不谋其利,明其道,不计其功。"(董仲舒)

5.接物之要。"己所不欲,勿施于人,行有不得,反求诸己。"(孔、孟)

《白鹿洞书院揭示》中的这些思想都在儒家典籍中出现,朱熹把这些思想汇集起来用学规的形式固定下来,形成较完整的书院教育理论体系,成为后世一般学校的学规范本和办学准则,使书院教育逐步走上制度化发展的轨道。《白鹿洞书院揭示》集中体现了书院的精神,对当时及之后的书院教育,甚至对官学教育都产生了重大影响,其贡献不可低估。

(三)东林书院与书院讲会

东林书院在无锡城东南,原为北宋理学家杨时讲学地,也叫"龟山书院",后由明朝顾宪成、顾允成等复创,是明朝名声、影响最大的书院,形成了著名的东林学派。

东林书院的特点有:

1.东林书院的基本思想是推行程朱,反对王学。

2.制定《东林会约》,完善讲会制度。

书院讲会活动产生于南宋,至明朝逐渐制度化,东林书院的讲会制度是这一制度的突出代表,集中反映在《东林会约》的"会约仪式"中,要求定期举行学术会讲,每年一大会,每月一小会,各三日。推选一人为主持,讲会之日,仪式隆重,讲学内容主要为"四书",讲授结束后相互讨论,会间还相互歌诗唱和。此外,关于讲会组织的一些内容,如通知、稽查、茶点、午餐等都细致地做了规定,这所有一切都说明,东林书院的讲会已经制度化了。官学中没有讲会制度,书院通过"讲会",把书院的讲学活动扩展为地区性的学术活动。许多学派的著名学者往往不远千里,准时赴会。在会上,或发扬本学派学说的精义以扩大影响,或辨析不同学派主张的异同以取长补短,促进了学术的交流,推动了学术的发展。

3.学术与政治相结合,密切关注社会政治。

这一特点集中体现在顾宪成写的一副对联上,"风声雨声读书声声声入耳,家事国事天下事事事关心"。他强调讲学不能脱离世道,东林书院在讲习之余,抨击政治,评判权贵,以正义的舆论力量给朝廷施加压力。

东林书院不仅是一个重要的文化学术中心,也是一个政治活动中心,在中国古代书院发展史上,有特殊地位。讲会制度使书院名声大振,但也招来忌者,最终遭到以魏忠贤为首的阉党的迫害,书院被禁毁。

(四)诂经精舍、学海堂与书院学术研究

诂经精舍和学海堂是清朝后期学术巨子阮元在任浙江巡抚和两广总督时,先后在杭州西湖和广州越秀山创办的,并在学海堂制定了《学海堂章程》,

其宗旨是追求汉代考据学说。诂经精舍办学100余年,学海堂长达80年,培养了很多人才,成为当时浙江、广东的重要文化学术研究中心,并影响全国,被许多地方仿效。

诂经精舍、学海堂的特点:

1."以励品学,非以弋功名。"清代书院多为学习八股文、帖括等,专门参加科举考试。阮元却一反当时书院教育的腐朽之风,强调书院应该重品学、轻功名,不习科举应试之学。学习内容包括儒学、史学、天文、地理、算法等,学生自择一书肄业,这无疑为当时腐朽的书院教育注入了一股清新之风,具有积极意义。

2.各用所长,因材施教。诂经精舍和学海堂在教师使用上,贯彻"各用所长"、充分发挥教师学术专长的原则。对学生因材施教,根据学生已有的专长进行教育。

3.教学和研究紧密结合,刊刻师生研究成果。两所书院在从事教学活动的同时,又进行学术研究,注重自学和独立研究,组织学生合作编书,学生也独立从事著述。对优秀的文章,书院编辑刊刻,或出专著,既是学术成果,也是教学参考书,极大地推动和促进了书院教学与研究活动的开展。

这种办学的影响在于,第一,继承并发扬书院教育的优良传统,培养造就人才;第二,对改变清朝腐败的官学化书院教育有重要影响;第三,促进学术文化发展。但也有严重的局限,突出表现为引导学生终日埋头于故纸堆,脱离社会实际,缺少经世才能,而是以名物训诂、辩白考订为教学内容。

(五)书院教育的特点

1.书院精神

自由讲学是书院教学的基本精神。书院提倡自由讲学,注重讨论,学术风气浓厚,开辟了新的学风,推动了教育和学术发展。

2.书院功能

书院重视藏书,重视培养人才,要求学生读儒家经典,强调道德和学问并进。

3.书院组织

有私办、公办和私办公助等多种形式,书院主持者叫"山长"或"洞主",同时也是主讲者,即管理工作与教学工作一概负责,不另设管理人员和机构。

4.书院教学

讲学活动是书院的主要内容,也是作为教育机构的主要标志。首先,教学与研究相结合。书院既是教育机构,又是学术研究基地,同时,许多书院还有一定规模的图书馆和有影响的印刷出版机构。其次，教学形式多样，有学生自学、教师讲授、师生质疑问难、学友相互切磋等。尤其是明朝以后，盛行讲会制度，促进了学术交流。再次，教学上实行门户开放。书院教学不受地域和学派的限制，允许不同书院、不同学派的师生互相讲学、互相听课，在一定程度上体现了"百家争鸣"的精神。最后，一些书院的教学注重讲明义理、躬亲实践，采用问难论辩式，启发思维，重视学生兴趣，等等。

5.学生学习

书院强调学生读书自学，重视对学生自修的指导。

6.书院制度

书院作为一种教育制度得以确立，在教育目标、教学方法、教学顺序等方面用学规的形式加以阐明，最著名的是《白鹿洞书院揭示》，学规成为书院教学的总方针。此外在经费制度、管理方面各有规定，说明南宋之后书院已经制度化。

7.师生关系

中国教育尊师爱生的优良传统在书院中尤为突出。师生关系融洽，以道相交，感情深厚。

8.书院发展倾向

自南宋起书院已经出现了官学化的倾向，到了明清，政府加强对书院的控制，书院官学化日益严重，成为科举考试的附庸。

9.书院的作用

促进理学的发展和学术文化的繁荣。书院扩大了中国古代学校教育的类型，起到了弥补官学不足的作用。书院提倡自由讲学，成为推动教育和学术发展的重要动力，书院在办学和管理领域也创造了许多行之有效的经验措施，成为中国封建社会中后期一种重要的教育组织形式。

（六）书院的官学化

书院官学化，就是书院受制于政府，被纳入官学体系。这种倾向在宋朝已经明显出现。

1. 宋朝时期书院的表现形式

（1）两种形式

"以学舍入官。"朝廷对书院或赐院额，或赐书、赐田等，并任命书院学官。这类书院已改变私立性质，变成由政府办理，有的直接被改为地方官学。

州府长官直接利用地方官府财力兴建书院，嗣后或由朝廷赐院额，或赐书，或赐学田等，成为地方官学。

（2）两种倾向带来的效应

这些书院本身由于得到朝廷的褒奖而名闻天下，同时也因为朝廷的提倡，而刺激了其他书院的发展；政府加强了对书院的控制，书院逐渐被纳入官学体系，有的直接变成地方官学，成为准备科举考试的场所。

2.元朝书院的官学化

元朝政府在积极提倡办书院的同时，也加强了对书院的控制，使自宋朝以来书院的官学化倾向更为明显。元朝对于书院的控制，主要表现为三方面：首先，政府任命书院的教师。其次，控制书院的招生、考试及生徒的去向。再次，设置书院学田。元朝政府拨学田给书院，并设法保护书院学田不受地方豪强和佛、道侵夺，这样一方面保证了书院教学活动得以顺利进行，另一方面也控制了书院的经济命脉，从而也就控制了书院。

3.清朝书院的官学化

清政府改变了对书院的政策，在积极提倡的同时加强了控制，使书院得到很大发展。与此同时，书院官学化倾向日趋严重。这是清朝后期书院发展的基本特点。在积极倡设书院的同时，清政府采取种种措施加强对书院的控制，集中表现在以下几方面：

（1）控制书院的设立，掌握书院的经费。绝大部分书院的经费来源是靠政府拨款。书院的经费虽然有了保证，但同时也受到政府的控制。

（2）控制书院山长的选聘权。督抚学政控制了书院山长的选聘，实质上就抓住了书院的领导权，书院也就被掌握在政府手中了。

（3）控制书院的招生和对生徒的考核。清政府对书院的严密控制，其结果导致书院的官学化愈来愈严重。

三、私塾与蒙学教材

中国封建社会时期，一般将8—15岁儿童的"小学"教育阶段称为"蒙养"教育阶段，将对儿童进行启蒙教育的学校称为"蒙学"，将所用的教材称为"蒙养书"或"小儿书"。

（一）私塾的发展、种类和教育特点

1.私塾的发展

私塾是对民间私人创办的蒙学的统称，是对儿童和青少年进行启蒙和基础教育的教育组织，主要承担识字、写字、阅读、作文和封建道德教育。它是我国封建社会的一种特殊的教育组织形式。蒙学在西周时为官办，称为"小学"，春秋以后，蒙学为私人办理，汉代称"书馆"。宋元时期是我国古代蒙学发展的

一个重要时期,不仅在数量上得到进一步的发展,在教育内容、方法和教材上也形成了自己的特点,私塾成为中国古代社会中后期国家基础教育的主要承担者。

整个封建社会虽也有官办的蒙学,但数量少,且面向贵族,私塾就成了数量最多、覆盖面最广和规模最大的一个门类。中国古代的蒙学基本上由民间自主办理。

2.私塾的种类

私塾主要分为:第一,家塾。宦官和殷实人家聘教师在家中教子弟,如《红楼梦》里的家塾。第二,学馆。也叫散馆,是生员(秀才)或其他有文化的人在自家中办的私塾,如"三味书屋"。第三,义塾。私人或社会团体所办的具有公益性质的学校,也叫义学,是私塾中规模最大的学校。第四,专馆。由一家或数家、一村或几个村子单独或联合聘教师教育子弟的村学,也叫村塾、族塾,专馆以学习儒家经典为主,也叫经馆。

3.私塾的特点

私塾对学生的入学年龄、学习内容及教学水平等均无统一的要求和规定。私塾的学生多六岁启蒙。就私塾的教材而言,主要是我国古代通行的蒙养教本,教学内容以识字、习字为主,十分重视学诗作对。私塾的教学时数,一般因人、因时而灵活掌握,可分为两类:"短学"与"长学"。教学时间短的称为"短学",一般是1—3个月不等,家长对这种私塾要求不高,只求学生日后能识字、记账、写对联即可。而"长学"每年农历正月半开馆,到冬月才散馆。其"长"的含义,一是指私塾的先生有名望,其教龄也长;二是指学生学习的时间长,学习的内容也多。至于私塾的教学原则和方法,在蒙养教育阶段,十分注重儿童的教养教育,强调儿童要养成良好的道德品质和生活习惯。

(二)蒙学教材的发展、种类和特点

1.蒙学教材的发展

我国古代历来重视蒙学教材的编写,且起源较早。其发展大体分为两个阶段:

第一阶段——周朝至唐代:最早的蒙学教材见载为西周时代的《史籀篇》,之后的秦代蒙学识字读本《仓颉篇》,是秦始皇统一文字的范本。西汉时,史游的《急就篇》流传最广,影响最大。另有周兴嗣的《千字文》以及唐代的《开蒙要训》等。这一阶段的蒙学教材多为综合性读物,以识字为主,也进行品德修养的教育,包含各方面知识。

第二阶段——宋代以后:宋元是启蒙教材的繁荣发展时期,开始出现按专题分类编写的现象,明清时期蒙学教材发展到了相当完备的程度。

2.蒙学教材的种类

宋元时期的蒙学教材,按内容的侧重点,大致分为以下五类:

第一类为识字教学类。如流传最广的"三、百、千"(宋末王应麟的《三字经》、宋代的《百家姓》《千字文》),主要目的是识字,掌握文字工具,同时也综合介绍一些基础知识。

第二类为伦理道德类。如吕本的《童蒙训》、吕祖谦的《少仪外传》、程端蒙的《性理字训》、朱熹的《小学》《童蒙须知》等,主要传授伦理道德知识以及为人处事、待人接物的准则。

第三类为历史教材类。如宋王玲作《十七史蒙求》、胡寅作《叙古千文》、黄继善作《史学提要》、吴化龙作《左氏蒙求》等,既传授历史知识,又进行思想教育。

第四类为诗歌类。如《千家诗》、《唐诗三百首》、朱熹的《训蒙诗》、陈淳的《小学诗礼》等。进行文辞和美感教育。

第五类为名物制度和自然常识类。如宋方逢辰的《名物蒙求》等。

3.蒙学教材的特点

(1)宋元时期的蒙学教材开始出现按专题分类编写的现象,在内容和形式上呈现多样化。

(2)注重儿童的心理特点,采用韵语形式,文字简练,通俗易懂,多用故事,配有插图,穿插常识和做人做事的道理,力求将识字教育、基本知识教育和伦理道德教育有机结合起来。

(3)一些学者亲自编写教材,提高了蒙学教材的质量。

(4)注意与日常生活的联系。

(5)重视汉字的特点,传统启蒙教材编写最为成功之处就是符合中国语言文字的规律和儿童少年学习本国语言文字的规律,文字浅显通俗,字句讲究韵律,内容生动丰富,包含多种教育功能,儿童易读、易诵、易记,使我国蒙学教材的发展进入新阶段。

【2019年311，第16题】汉代书馆常用的识字教材有（　　）

A.《仓颉篇》《凡将篇》《千字文》

B.《仓颉篇》《凡将篇》《三字经》

C.《仓颉篇》《凡将篇》《急救篇》

D.《急救篇》《三字经》《千字文》

【解析】C

《仓颉篇》是秦朝时期的，《急救篇》和《凡将篇》都是西汉时期的，《千字文》属于魏晋南北朝时期，《三字经》是南宋时期的。故选C。

【2025年333，第17题】宋元是蒙学教材较为兴盛的时期，由当时学者编写的教材主要有（　　）

A.《三字经》《百家姓》《童蒙训》

B.《三字经》《百家姓》《千字文》

C.《三字经》《蒙求》《太公家教》

D.《百家姓》《兔园策》《弟子规》

【解析】A

记忆题，此题考查宋元时期的蒙学教材。

(1)《三字经》：作者一般认为是南宋王应麟，是一部中国传统的启蒙教材，内容涵盖了历史、天文、地理等诸多方面。

(2)《百家姓》：成书于北宋时期，是一部关于中文姓氏的作品，将常见的姓氏编成四字一句的韵文。

(3)《童蒙训》：宋代吕本中的著作，主要记载了一些名人的嘉言善行。

(4)《千字文》：南朝梁周兴嗣所作，是影响较大、流传较广的蒙学教材之一。

(5)《蒙求》：唐朝李瀚所作，以四言诗的形式介绍了大约600个历史故事。

(6)《太公家教》：唐朝中叶之后，在我国北方广泛流传，其内容主要以规劝人们接受和践行封建伦理道德为主。

(7)《兔园策》：是唐朝杜先编纂的，是古代的蒙学课本，不符合宋元时期的要求。它的内容主要是百科知识性质的问答。

(8)《弟子规》：是清朝李毓秀所作，主要列举了为人子弟在家、出外、待人接物、求学等应有的礼仪与规范。因此，答案选A。

四、朱熹的教育思想

(一)朱熹与《四书章句集注》

朱熹,南宋著名的理学家,一生主要从事学术活动和教育事业。他还编撰了很多书籍,其中影响最广、最深的是《四书章句集注》(简称《四书集注》或《四书》,包括《大学章句》《中庸章句》《论语集注》和《孟子集注》)。《四书集注》成为科举考试的标准答案和各级学校必读的教材,其地位甚至高于"五经",影响中国封建社会后期的教育长达数百年。

(二)"明天理,灭人欲"与教育的作用

朱熹的教育思想建立在其理学思想基础之上。从客观唯心主义思想出发,朱熹认为:宇宙万物是由"理"和"气"两种因素构成的。"理"是精神性的范畴,是创造万物的本源,也是万物运行的目的,是第一性的。"气"是物质性的范畴,是构成万物的材料,也是"理"的载体,是第二性的。

朱熹认为人和万物一样,是理与气结合而成的,人性的主流,秉受于"理"的部分,就是"天命之性"。"天命之性"是纯然至善的,是超越个体而普遍存在的。理和气结合在一起,就体现为"气质之性"。"气质之性"有善有恶、有清有浊,清明至善即为天理,昏浊不善则为人欲,而每一个人所秉受的气质之性各不相同。教育的作用在于"变化气质",发挥气质之性中的善性。为了论证伦理道德的合理性和永恒性,朱熹认为天理就是以"三纲五常"为核心的封建伦理道德,人欲就是违背封建道德的言行,必须禁止和根除。"明天理,灭人欲"不但是朱熹教育目的、作用的表述,而且是其道德教育的根本任务。

朱熹继承发展了董仲舒和韩愈"性三品"的学说。圣人之性清明至善,没有丝毫昏浊,不教而自善。贤人之性次于圣人,通过教育也可达到"无异于圣人"的地步。中人之性则善恶混杂,界于君子和小人之间,"教化之行,挽中人而进于君子之域;教化之废,推中人而堕于小人之涂"。

此外,朱熹还认为人心也与人性有关,就一般人的内心而言,都有"人心"和"道心"两种成分。"道心"体现天理,"人心"体现人欲,"道心"被包含在"人心"里面,是隐性的。教育的作用就在于要让"道心"显现出来,也就是把"天理"凸显出来,把人的私欲藏起来,这就是"明天理,灭人欲",使"人心"服从"道心"。这个过程也就是"明人伦"的过程,所以朱熹认为学校教育目的是"明人伦"。

(三)论"大学"与"小学"教育

朱熹在总结古代教育的基础上,对小学和大学的教育阶段划分及教育内容做

了系统论述。小学和大学是不可割裂的两个学习阶段，它们的根本目标一致，只是内容程度有所不同。朱熹对小学和大学的见解，反映了人才培养的一些客观规律。

1.小学

8岁入小学，朱熹认为小学教育任务是"圣贤坯璞"，是打基础的阶段，必须抓紧抓好。在教育内容上，"学事"为主，知识力求浅近、具体，从具体的行为训练着手，懂得基本的伦理道德规范，形成良好的生活习惯，学到初步的文化知识技能，教育与生长发育融为一体，在实践中得到锻炼。在教育方法上，一来主张先入为主，及早施教；二来要求形象生动，激发兴趣；三来首创《须知》《学规》的形式来培养儿童道德行为习惯。他编写《小学》一书，内容包括名儒的格言和前人的典范事例，对儿童进行生动形象的教育；又撰有《童蒙须知》，对儿童日常生活中应该遵守的礼仪、行为一一做了具体规范，还强调读书要"心到、口到、眼到"，其中"心到"最重要。

2.大学

学生15岁入大学，是在小学基础之上的深造。教育内容上要"明理"，在"坯璞"的基础上"加光饰"，培养对国家有用的人。在教学方法上，注重自学，提倡不同学术之间的交流。大学的教材主要是"四书"和"五经"。朱熹认为"四书"是大学的基本读物，人人必须学好；至于进一步学习"五经"，是专门研究的事。所以，"四书"的地位实际上超过了"五经"。

（四）"朱子读书法"

朱熹酷爱读书，他的弟子门人将朱熹有关读书的经验和见解整理归纳，成为"朱子读书法"六条，在教育史上具有重要影响。内容如下：

1.循序渐进。朱熹主要从三个方面论述循序渐进的含义。首先，读书要按照首尾篇章的顺序，不要颠倒；其次，根据自己的实际情况和能力，量力而行，安排读书计划，切实遵守；最后，强调扎扎实实，一步一步前进，不可囫囵吞枣、急于求成。

2.熟读精思。读书必须反复阅读，不仅要能够背熟，对书中的内容还要了如指掌。熟读是精思的基础，在此基础上，进一步深刻理解文章的精义及其思想真谛。

3.虚心涵泳。虚心指读书要虚怀若谷、精心思虑，体会书中的意思，来不得半点主观臆断或随意发挥。涵泳指读书时反复咀嚼、细心玩味。

4.切己体察。读书不能仅仅停留在书本上，要见之于具体行动。

5.着紧用力。读书学习一定要抓紧，发愤忘食，必须精神抖擞、勇猛奋发、绝不放松，反对松松垮垮。

6.居敬持志。读书的关键还在学者的志向及良好的心态。"居敬"指读书时端正态度,精神专注。"持志"即有坚定志向,用顽强的毅力坚持下去。

"朱子读书法"是中国古代最有影响力的读书方法论。这六条读书经验均反映了读书学习的基本规律和要求,在今天仍具有一定的参考价值。它的局限性在于,所提倡读的书是宣扬封建伦理道德的圣贤之书,读书法主要强调怎样读书,而不重视书本与实际知识的结合。

【2018 年 311,第 15 题】"朱子读书法"中有"居敬持志"一条,其中"居敬"的确切含义是(　　　)

A.对书中的观点要敬畏

B.保持读书场所安静、肃穆的气氛

C.精神专一、注意力集中

D.读书时保持恭敬的姿态和表情

【解析】C

"居敬"是指读书时态度端正,精神专注。"持志"是指有坚定志向,用顽强的毅力坚持下去。故选 C。

五、王守仁的教育思想

王守仁,字伯安,世称"阳明先生",明朝中期著名的教育家,从 34 岁开始从事讲学活动,同时从政。在思想主张上,他继承和发展了陆九渊的学说,提出"心即理""致良知""知行合一"等命题,创立了与程朱理学大相径庭的"阳明学派"(亦称"姚江学派"或"王学")。

(一)"致良知"与教育作用

王守仁十分重视教育对人的发展所起重要作用,提出了"学以去其昏蔽"的思想。他用"心学"的观点来阐明这一思想,并且其教育思想就是以他的主观唯心主义的"心学"为基础的。他认为万事万物都是靠心的认识而存在,万事万物都不在心外,而在心中,所以他不承认有客观存在的"理",认为"心即理"。他又继承和发展了孟子的"良知"学说,认为"良知即是天理",是"心之本体"。良知不仅是宇宙的造化者,还是伦理道德观念。作为伦理道德观念的良知,与生俱来,不能自学,不教自会,它是人人所具有的,不分圣愚,而且不会泯灭。但是良知在与外物的接触中,由于受物欲的引诱,会受昏蔽,即良知常被物欲、邪念所蒙蔽,就像明镜常为尘埃蒙蔽而失去明亮一样。所以,教育的作用在于除掉物欲对良知的昏蔽,去"明其心"。这就是说教育是

"致良知"或者说"学以去其昏蔽"的过程。王守仁"良知即是天理"的思想，说明人人都有受教育的天赋条件，都会自觉去恶为善，强调人的主观能动性。

（二）"随人分限所及"的教育原则

王守仁认为儿童期是一个重要的发展时期，儿童的精力、身体、智力等方面都在发展过程之中，并且"精气日足，筋力日强，聪明日开"。教学必须考虑到这个特点，儿童的接受能力发展到了何种程度，就在这个程度的基础上进行教学。他把这种量力施教的思想，概括为"随人分限所及"。所谓分限，是指人的认知发展水平和限度。首先，不顾及儿童实际能力，将高深知识灌输给他们，就像一桶水浇在幼苗上，毫无益处。教育的功劳就是随时扩充，掌握住"勿助勿忘"的分寸。其次，"授书不在徒多，但贵精熟"。最后，教学留有余地，顺应儿童性情，保持学生学习兴趣，使学生不会因为学习艰苦而厌学。

"随人分限所及"包含两层意思：第一，对于不同的人来说，要因材施教，施教的分量内容以及方法都要因人而异，起到"益精其能"的效果；第二，对于每个人而言，要循序渐进，教学的分量要照顾到学生的实际接受能力和基础，在"分限"内恰到好处地施教。

可见，这一原则既承认人的差异，又承认教育的作用，把教学和受教育者的心理特征结合了起来。

（三）论教学

第一，王守仁认为凡是有助于"求其心"者均可作为教学内容，读经、习礼、写字、弹琴、习射等都要学习。其中写字、弹琴、习射等帮助陶冶人的本心。在教育内容上他提出了著名的"训蒙教约"，训练标准是孝、悌、忠、信、礼、义、廉、耻。

读经的作用是帮助学习明本心的常道，但"六经"不过是对人"心"的展开过程的记载，其作用无非是帮助人明白和发展"心"中的"理"。所以，王守仁认为，读书不能迷信书中的东西，认为"六经皆史"而已。这并不表示王守仁反对读书学习，读经的目的是要通过体认经书的理，来启发自己的良知。可见，王守仁以"六经皆史"来界定经的性质和经学教育的作用，意在"去繁文以明道"，使经学教育重新恢复到孔孟之道上来，发挥其齐家、治国、平天下的作用。这体现出反盲从、反迷信的倾向，在一定程度上起到了促进思想解放的作用。但他的学说被正统程朱理学视为异端邪说，他本人被斥为"病狂丧心之人"。

第二，在修养方法方面，强调"事上磨炼"，就是结合具体事物，在实际中锻炼自己的修养。这里的"事"指"人事"。

(四)论儿童教育

王守仁在《训蒙大意示教读刘伯颂等》一文中,集中阐发了自己的儿童教育思想。

1.揭露和批判传统儿童教育不顾及儿童的身心特点,认为把儿童当作"小大人"是其致命的弱点。传统儿童教育压抑儿童的个性发展,视儿童为囚犯,视学校为监狱。

2.主张儿童教育应顺应儿童的性情。教育应该适应儿童的年龄特征,尊重儿童的兴趣,对待儿童就应该像对待小树苗一样,给予春风细雨般的呵护,趋向于鼓舞学生。

3.教育方法:采用"诱""导""讽"的"栽培涵养之方",即以诱导、启发、讽劝的方法代替传统的"督""责""罚"的方法。

4.教育内容:发挥各门课程多方面的作用。歌诗、读书、习礼都有各自独特的作用,应该加以综合运用。

5.教育程序:主张动静搭配、体脑并用,精心安排课程,使儿童既得到道德熏陶,又能学到知识、锻炼身体。

6.教育原则:"随人分限所及",教学应量力而行,盈科后进,因材施教。

尽管王守仁进行儿童教育的目的是灌输封建伦理道德,但是他开始主张顺应儿童的性情,依据儿童的接受能力使儿童在德、智、体、美方面都得到发展,这反映了他教育思想的自然主义倾向。早在15、16世纪就有这样的思想,是难能可贵的。

本章内容思维导图

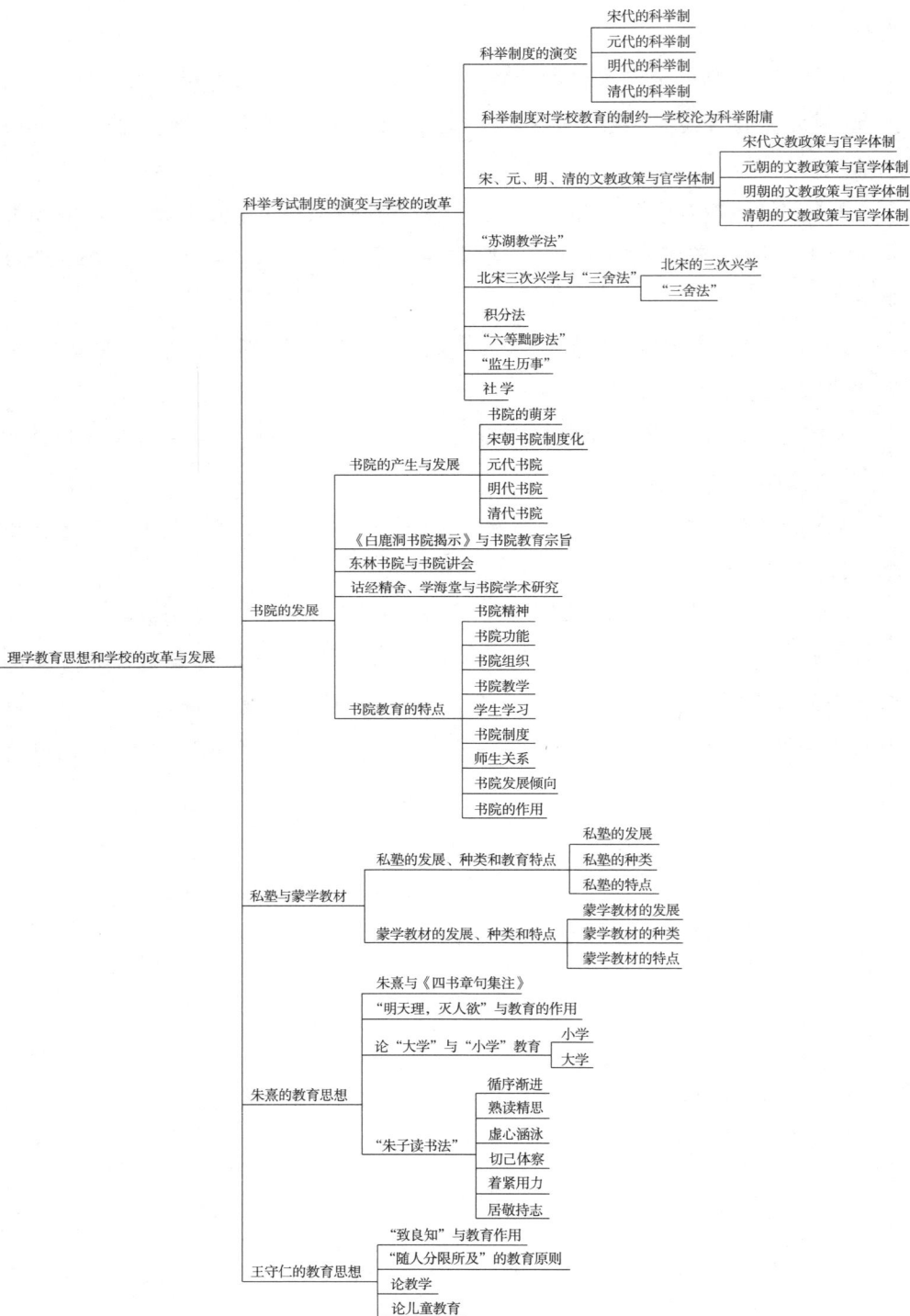

理学教育思想和学校的改革与发展
- 科举考试制度的演变与学校的改革
  - 科举制度的演变
    - 宋代的科举制
    - 元代的科举制
    - 明代的科举制
    - 清代的科举制
  - 科举制度对学校教育的制约—学校沦为科举附庸
  - 宋、元、明、清的文教政策与官学体制
    - 宋代文教政策与官学体制
    - 元朝的文教政策与官学体制
    - 明朝的文教政策与官学体制
    - 清朝的文教政策与官学体制
  - "苏湖教学法"
  - 北宋三次兴学与"三舍法"
    - 北宋的三次兴学
    - "三舍法"
  - 积分法
  - "六等黜陟法"
  - "监生历事"
  - 社学
- 书院的发展
  - 书院的产生与发展
    - 书院的萌芽
    - 宋朝书院制度化
    - 元代书院
    - 明代书院
    - 清代书院
  - 《白鹿洞书院揭示》与书院教育宗旨
  - 东林书院与书院讲会
  - 诂经精舍、学海堂与书院学术研究
  - 书院教育的特点
    - 书院精神
    - 书院功能
    - 书院组织
    - 书院教学
    - 学生学习
    - 书院制度
    - 师生关系
    - 书院发展倾向
    - 书院的作用
- 私塾与蒙学教材
  - 私塾的发展、种类和教育特点
    - 私塾的发展
    - 私塾的种类
    - 私塾的特点
  - 蒙学教材的发展、种类和特点
    - 蒙学教材的发展
    - 蒙学教材的种类
    - 蒙学教材的特点
- 朱熹的教育思想
  - 朱熹与《四书章句集注》
  - "明天理，灭人欲"与教育的作用
  - 论"大学"与"小学"教育
    - 小学
    - 大学
  - "朱子读书法"
    - 循序渐进
    - 熟读精思
    - 虚心涵泳
    - 切己体察
    - 着紧用力
    - 居敬持志
- 王守仁的教育思想
  - "致良知"与教育作用
  - "随人分限所及"的教育原则
  - 论教学
  - 论儿童教育

自测题

一、选择题

1.【2007 年 311，第 12 题】体现书院教学基本精神的是(　　)

A.分斋教学　　　B.自由讲学　　　C.注重考试　　　D.藏书读书

2.【2007 年 311，第 13 题】朱熹把教育分为"小学"和"大学"两个阶段，其中"小学"以(　　)

A.识字为主　　　B.读书为主　　　C.学事为主　　　D.穷理为主

3.【2008 年 311，第 15 题】下列传统蒙学教材中，重在培养儿童道德行为习惯的是(　　)

A.《蒙求》　　　B.《名物蒙求》　　　C.《童蒙须知》　　　D.《三字经》

4.【2009 年 311，第 16 题】"熙宁兴学"之后，宋代太学中曾经普遍实施的一种将学生平时的品行、学业表现与考试成绩结合考察的教学评价和管理制度，称为(　　)

A."苏湖教法"　　　　　　　　B."三舍法"

C."积分法"　　　　　　　　D."六等黜陟法"

5.【2015 年 311，第 21 题】《三字经》《百家姓》《千字文》是我国古代较为流行的蒙学教材。这类教材在编写上除了文字简练、通俗易懂外，还有一个重要特点是(　　)

A.联系儿童生活　　　　　　B.采用韵语形式

C.图文并茂　　　　　　　　D.内容生动有趣

6.【2017 年 311，第 18 题】明代在城乡广泛设立了一种对儿童进行教育的机构，它在招生择师、学习内容和教学活动等方面形成了较为完备的制度。这种教育机构是(　　)

A.书馆　　　B.精舍　　　C.社学　　　D.私塾

7.【2017 年 311，第 19 题】清朝地方官学实施严格的"六等黜陟法"，其基本特点是对生员进行(　　)

A.思想控制　　　B.动态管理　　　C.分类教学　　　D.身份限制

8.【2017 年 311，第 14 题】"物理不外于吾心"，"吾辈用功只求日减，不求日增，减得一分人欲，便是复得一分天理"，持这种观点的教育家是(　　)

A.孟轲　　　B.荀况　　　C.朱熹　　　D.王守仁

9.【2019年311,第18题】"切己体察"是朱熹"朱子读书法"的主要内容之一,其意思是指(   )

A.精神专一,集中注意力   B.量力而行,计划安排

C.不可先入为主,牵强附会   D.不停留在书本上,要身体力行

10.【2022年311,第15题】王守仁主张"心即理",但并不忽视儒家经书的学习。体现这一主张的经典原文是(   )

A."不以文害辞,不以辞害志;以意逆志,是为得之"

B."入乎耳,箸乎心,布乎四体,行乎动静"

C."夫所以读书学问,本欲开心明目,利于行耳"

D."六经者,吾心之记籍也,而六经之实,则具于吾心"

二、分析论述题

1.【2016年北师大333】论述王守仁的教育思想。

2.【2010年华中师大333】论述朱子读书法及当代意义。

三、材料题

1.【2022年311,第55题】阅读材料,并按要求回答问题。

书院虽萌芽于唐,但作为一种教育制度却形成和兴盛于宋。南宋教育家朱熹知潭州时,在《潭州委教授措置岳麓书院牒》中有下列一段文字:

契勘①本州州学之外,复置岳麓书院,本为有志之士不远千里求师取友,至于是邦者,无所栖泊②,以为优游肄业之地。……除已请到醴陵黎君贡士充讲书职事③,与学录郑贡士同行措置④外,今议别置额外学生十员,以处四方游学之士,依州学则例,日破⑤米一升四合、钱六十文,更不补试,听候当职考察搜访,径行拨入者,庶几有以上广圣朝教育人才之意。凡使为学者知所当务,不专在于区区课试之间,实非小补。

注释:

①契勘:宋元时公文用语,犹言查。

②栖泊:居留,寄居。

③职事:职务,职业。

④措置:安排。

⑤破:花费,消耗。

请根据上述材料,并结合宋代书院、地方官学的发展状况,论述宋代书院相对于地方官学而言在教学管理方面的特点。

第六章　理学教育思想的批判与反思

一、理学教育思想的批判

明末清初,随着进步思潮的诞生和发展,思想家们对传统的理学教育思想进行了批判。

1.批判理学家的人性观点和"明天理、灭人欲"的教育目的。

2.主张培养经世致用的实用性人才。进步思想家批评理学家空谈心性的"圣人",认为教育要培养"明道救世",具有挽救民族危亡和治理社会能力的人才。

3.在教育内容上,反对理学家们空疏的义理之学,提倡"实学",重视自然科学和技艺的学习。

4.在教学方法上,提倡习行、主动的方法。从唯物认识论出发,进步思想家认为人的学习只有亲自去做,才能获得真知。

> 下列不属于早期启蒙思想家的是(　　　)
>
> A.黄宗羲　　　　　B.顾炎武　　　　　C.颜元　　　　　D.王阳明
>
> 【解析】D
>
> 中国的思想启蒙运动经历了漫长的发展过程,最初的萌动是十七至十八世纪明清之际的早期思想启蒙运动,主要思想家有黄宗羲、顾炎武、王夫之、颜元等。故选 D。

二、黄宗羲的教育思想

黄宗羲是中国 17 世纪伟大的启蒙思想家和杰出的史学家,也是著名的教育家。他长期从事教育活动,培育了清代浙东学派。他提出了具有近代色彩的民主教育思想,对中国近代资产阶级的教育思想产生了重要影响。

(一)"公其非是于学校"

1.简介

黄宗羲认为,学校不仅应具有培养人才、改进社会风俗的职能,而且还应该议论国家政事,"公其非是于学校"是他对于中国古代教育理论的独特贡献,这一思想集中反映在《明夷待访录·学校篇》中。

2.内容

（1）在学校中由大家共同来议论国家政事之是非标准。学校集讲学和议政于一身，既是培养人才、传递学术文化的机构，又是监督政府、议论政事利弊的场所。

（2）普及教育。主张将寺观庵堂改为书院和小学，实现在全国城乡人人都能受教育、人人都能尽其才的理想，而且强调学校必须将讲学与议政紧密结合。

【2025年333，第18题】明末清初启蒙思想家、著名教育家黄宗羲反对封建君主专制，对学校职能有新的认识。最能体现其新认识的论述是（　　）

A."子产不毁乡校"

B."无人才则无政事"

C."公其非是于学校"

D."政立而厉教可施焉"

【解析】C

记忆题，此题考查黄宗羲的教育思想。

"公其非是于学校"是黄宗羲的重要观点。他认为学校不仅是培养人才的地方，还应该是议论国家政事的场所。这是对学校职能的新认识，是黄宗羲反对封建君主专制思想的体现。因此，答案选C。

（二）论教育内容

黄宗羲关于教育内容的思想具有广泛、实用的特点。具体包括经学、史学、文学和自然科学四部分内容。

1."学必原本于经术"

黄宗羲重视经学的学习，认为学问必须以经学为根底，求学者首先应当通经。在实际教学中，他把经学列为最基本的教学内容。如此重视经学的传授，主要有以下两方面的原因：首先，他认为经学能够经国济世。这是他经世致用思想在教育内容上的反映。其次，是为了改变当时空疏浅薄的学风。

2."不为迂儒，必兼读史"

黄宗羲在强调学经学的同时，重视向学生传授史学。他说："学者必先穷经，经术所以经世。不为迂儒，必兼读史。"黄宗羲重视史学的传授，认为史学具有经世致用的意义，学习历史，可以从"古今治乱"中吸取经验教训，"以显来世"。他还主张学习和研究历史,必须重视史实,强调广泛搜集史料;要重视志和表的作用;提出"以诗补史之阙"等。这些都是他长期从事史学教学的成功经验,值得我们注意。

3.教授诗文

除经学、史学之外,诗文也是黄宗羲教授的重要内容。根据长期的教学经验,对于如何教授诗文,他提出了如下主张:首先,必须有浓厚的兴趣;其次,反对模仿,提倡独创;再次,为文要情理交融;最后,必须兼通经史百家之学。

4.传授天文、数学、地理等自然科学知识

黄宗羲将天文、数学、地理等自然科学知识列为重要的教育内容,既是对中国古代科技教育传统的继承和发展,也是受当时传入中国的西方科学知识的影响,反映了资本主义生产关系萌芽对教育所提出的新要求。他不仅开清代"浙人研治西洋天算之风气",而且开清代"浙人传授西洋历算之先河"。

(三)论教学思想

1.力学致知

主张躬行实践以求知,力学致知。在实际教学中,黄宗羲总是教育和引导学生勤奋刻苦求学。

2.学贵适用

明确认为求学贵在适于实用,只有学问与事功相结合,学用一致,方是真儒。从这一思想出发,他强调只有适于实用的知识才是真正的学问。并且,他还将是否有真才实学作为选拔人才的重要原则。

3.学贵独创

(1)强调由博致精:所谓"博",就是要多读书,有渊博的学识,这是提出独立见解的前提。但广泛读书,必须抓住各家学派的宗旨。

(2)重视"异同之论":他要求"学者于其不同处,正宜著眼理会"。他还根据历史经验,强调指出:"古之善学者,其得力多在异同之论。"

(3)深思与能疑:只有对所学知识"加之湛思",在自己的头脑中经过一番加工和整理,才能深刻理解,融会贯通,产生自己的见解。学习的成功与否,取决于思考的深刻程度。只有思考得越深刻,获得的见解才越真实。黄宗羲强调怀疑在治学过程中的重要作用,认为只有善于提出怀疑者,才能引起深思,才会有所创见,这是符合学习规律的。

(4)讨论辩难:黄宗羲认为,要在求学过程中有所创见,调动学生个体主观能动性固然重要,同时必须注意发挥师生群体的积极作用。因此,讨论辩难是他在讲学中采用的一种基本方法。在讨论辩难过程中，他提倡"各持一说，以争鸣于天下"的精神，不"以一先生之言为标准"，而要敢于创新，发"先儒之所未廓"。这是黄宗羲的民主思想在教学上的集中表现。

（四）论教师

他十分重视教师在人类文化知识传递和发展过程中的重要作用。他认为，古往今来，人的学问虽然有大小，水平有高低，但每个人的成长都离不开教师。他主张尊师，认为学生必须"重师弟子之礼"。他要求提高教师的社会地位。尤其值得注意的是，黄宗羲还认为，教师除了向学生进行传道、授业、解惑之外，还必须从事清议。黄宗羲有关教师的思想突破了传统的教师理论，鲜明地反映了他的民主思想，具有强烈的时代特征。

三、颜元的学校改革思想

（一）颜元与漳南书院

颜元，明末清初杰出的教育家。他深刻地批判了程朱理学脱离实际的书本教育，竭力提倡"实学"和"实用"的教育。他亲自创办漳南书院，反对理学，实行六斋教学，实施其实学思想，制定"宁粗而实，勿妄而虚"的办学宗旨，集中反映了颜元的教育思想。他的教育思想对中国近代教育的发展起到了革新的作用，在中国教育史上具有重要地位。

（二）"实德实才"的培养目标

颜元十分重视人才对于治理国家的重要作用，把人才视为治国安民的根本。颜元不仅重视人才，而且进一步指出人才主要依靠学校教育培养，在他看来，"朝廷，政之本也；学校，人才之本也，无人才则无政事矣"。所以，从人才的角度来分析，颜元的上述见解正确地揭示了学校、人才、治国三者之间的关系，突出了学校教育的重要地位。

1.颜元对学校教育的培养目标也有具体主张。他主张学校应培养"实才实德之士"，即品德高尚且有真才实学的经世致用人才。实才实德之士有两种：一种是"上下精粗皆尽力求全"的通才，另一种是"终身止精一艺"的专门人才。

2.这一培养目标的意义：颜元的这种主张目的虽然是为了维护封建统治，但是他重视人才对于治国的重要作用，强调人才主要依靠学校教育培养，这些观点都是正确的。同时，他提出"实才实德之士"的培养目标，这显然已冲破了理学教育的桎梏，具有鲜明的经世致用特性，反映了要求发展社会生产的新兴市民阶层对于人才的新要求，在当时无疑是具有进步意义的。

(三)"六斋"与"实学"教育内容

为了培养"实才实德之士",颜元提出了"真学""实学"的教育内容,以及"实文""实行""实体""实用"的教学原则。

1."六斋"教学

晚年,颜元曾按自己的教育思想规划漳南书院,陈设"六斋",实行"分斋教学",并规定了各斋的具体教育内容,这是对"真学""实学"内容最明确也是最有力的说明。漳南书院的"六斋"及各斋教育内容为:

文事斋:课礼、乐、书、数、天文、地理等科。

武备斋:课黄帝、太公及孙、吴五子兵法,并攻守、营阵、陆水诸战法、射御、技击等。

经史斋:课"十三经"、历代史、诰制、章奏、诗文等科。

艺能斋:课水学、火学、工学、象数等科。

理学斋:课静坐、编著、程朱陆王之学。

帖括斋:课八股举业。

漳南书院之所以设立"理学斋"和"帖括斋",只是为了适应当时的实际,时机到了便关闭了这两斋。因此,颜元"真学""实学"的教育内容,不仅同理学教育有着本质的区别,而且无论是在广度上,还是在深度上,都大大超越了"六艺"教育。他除了经史礼乐等知识以外,还把诸多门类的自然科技知识、各种军事知识和技能正式列进教学内容,并且实行分科设教,这在当时确实是别开生面的,已经蕴含着近代课程设置的萌芽,将中国古代关于教育内容的理论推到一个崭新的发展阶段,这是颜元对中国古代教育理论的重要贡献,值得人们重视。

2."实学"教育内容

颜元的"实学"教育以"六艺"为中心的"三事""六府""三物"为教育内容。"三事"指正德、利用、厚生,"六府"指金、木、水、火、土、谷,"三物"指六德、六行、六艺("六德"为智、仁、圣、义、忠、和,"六行"为孝、友、睦、姻、任、恤,"六艺"为礼、乐、射、御、书、数)。这"三事""六府""三物"就是颜元所谓的"实学"。同时,颜元基于他"富国强兵"的政治理想,还提出教育要"兵农合一""文武兼备"。

实学内容的特点:反对重文轻武,提倡文武兼备;反对不劳而获,提倡劳动教育。

(四)"习行"的教学方法

强调"习行"教学法,这是颜元关于教学方法的一个最基本、最主要的主张。

1."习行"教学法内容：第一，他所说的"习行"教学法，就是强调在教学过程中要联系实际，坚持观察、练习和躬行实践。要获得真正有用的知识，必须通过自己亲身的"习行""躬行而实践之"，求诸客观的实际事物。第二，他反对传统的"静坐""闭门读书"和空谈心性，这也是他提倡习行的直接原因。因为静坐读书脱离实际，不能解决实际问题，而且终日坐在书房中，影响健康。第三，颜元并非排斥以读和讲来学习知识，只是反对唯独通过静坐读书来获取知识，主张读书、讲学与习行相结合，还要在习行上下更多的工夫和精力。第四，人获得知识的目的在于"实行""实用"。"习行"也是培养"经世致用"人才的主要途径和教学方法。

2.颜元强调"习行"的依据：第一，符合学习规律；第二，有利于道德的修养；第三，有利于身体健康。所以，教学常用的方法：一是学用结合，二是讲练结合。

3."习行"的意义：颜元所说的"习行"，虽然讲的是个人行动，忽视了"知"对"行"的指导作用，看轻了理论思维的重要性，但他强调接触实际，重视练习，从躬行实践中获得知识，这可以说是中国古代教学法发展上又一次手足解放的运动。它一反脱离实际的、注入式的、背诵教条的教学方法，可以说是教学法理论和实践上的一次重大革新。这在当时以读书为穷理工夫、讲说著述为穷理事业、脱离实际的"文墨世界"，无疑具有进步意义。

【2013年陕师大333，第5题】颜元主持的漳南书院性质上属于（　　　）

A.理学书院　　　　　　　　B.实学书院

C.制艺学院　　　　　　　　D.考据学院

【解析】B

颜元主持的漳南书院是一所实学书院，他在62岁时受邀主持该书院。他亲自规划书院，制定了"宁粗而实，勿妄而虚"的办学宗旨，并设文事、武备、经史、艺能等书斋。故选B。

四、王夫之的教育思想

王夫之是我国明清之际伟大的思想家和卓越的教育家。他在极为艰难困苦的条件下，坚持学术研究和授徒讲学活动数十年。他以"六经责我开生面"自勉，对教育理论进行了诸多创新。

（一）关于教育作用的思想

王夫之继承了我国儒家重视教育的传统。

1.教育是治国之本

2.教育对人的发展起重要作用

他明确提出人性不是天生的,而是在后天不断的生长变化过程中逐渐形成的。王夫之十分重视教育对人的发展所起的作用。他认为,这种作用主要表现为两方面:一是继善成性,使之为善;二是可以改变青少年时期因"失教"而形成的"恶习"。教育既对治国至关重要,又同人的发展密切相关,它或使人继善成性,或使人改恶为善。这就是王夫之关于教育作用思想的基本观点。

(二)教学思想

王夫之认为,教学是教师和学生共同活动的过程,教师在这个过程中居于主导地位。善教乐施的教师,必有善学、乐受的学生。当然,学生并不是消极被动的,他们是教学活动的主体,教学的成功与否往往取决于他们的自觉程度的高低。

1."因人而进"

王夫之指出,教师应该根据学生的实际状况,有针对性地施教,即"因人而进"。正因为要"因人而进",所以教师在实际教学活动中应该采用各种不同的方法。王夫之还认为,实施"因人而进"的关键在于熟悉、了解学生。教师通过平时考察学生的品质、询问他的志向、观察他的行为等途径了解学生的特点,然后才能有的放矢地施教。

2."施之有序"

王夫之认为,事和理都有序,人的能力也是逐步发展的,因而教学也应该顺序进行,即所谓"施之有序"。他把"立教之序"分为五个阶段,就是"始教之以粗小之事,继教之以精大之事,继教以精大之理,乃使具知粗小之理,而终以大小精粗理之合一"。很明显这是对传统的循序渐进原则的继承和发展。

3.学思"相资以为功"

王夫之指出,人们获得知识的途径有两条,即学与思。主张学习必须虚心,要尽量吸取前人的宝贵经验,以丰富自己的学识;思则不应墨守古人的成规,而要敢于独立思考,充分发挥自己的聪明才智。在学与思的关系上,他认为两者不可偏废,而必须紧密结合。学与思并不矛盾,而是相辅相成,相互促进。他所说的"学愈博则思愈远""思之困则学必勤",是对学思关系的概括,可谓是至理名言。

(三)道德观和道德修养论

1.道德观

王夫之的道德观具有两个显著特点。

（1）他主张"天理"和"人欲"紧密相联，"天理"存在于"人欲"之中。当然，王夫之强调"天理"和"人欲"的紧密联系，并不是赞成纵欲，而是主张依据"天理"适当满足人们的欲望，即所谓"节欲"。由上可见，虽然王夫之所说的"天理"仍没有越出封建道德的藩篱，但他反对理欲对立而主张理欲统一，反对灭欲而主张节欲。很显然，这是对佛、老二氏和宋明理学家道德观念的批判和否定，具有历史的进步性。

（2）他提倡不以"一人之私"而"废天下之公"。在君臣关系上，臣不应该对非天下之君主尽忠。由此可知，尽管王夫之还没有从根本上否定君为臣纲，然而他对传统的君臣之伦和忠君观念表示了异议，做出了自己的理解和分析，富有时代气息。

2.道德修养论

（1）强调立志。王夫之十分重视"志"在道德修养中的重要作用，甚至认为一个人的道德修养取决于立志是否远大坚定，圣人和普通人的不同之处，就在于圣人有远大而坚定的志向。他强调教师必须把教育学生树立正确的志向置于重要地位，同时，他还要求志向必须专一，不可朝三暮四，无论发生什么情况，都要矢志不移。王夫之所说的立志是"志于道"，即志于封建伦理道德，这是他思想的局限性。然而他强调立志，主张把教育学生树立正确的志向作为教育之本，要求志向必须专一、执着，这是正确的。

（2）主张自得。王夫之认为道德修养的关键在于学生的自觉。

（3）重视力行。王夫之指出，道德修养不能仅停留在知识阶段，还必须将道德知识变成实际行动。因此，他极为重视力行，认为在学、问、思、辨、行五者之中，"第一不容缓则莫如行"。在他看来，"行"不仅有验正道德知识真假的功效，更为重要的是，"行"还是衡量道德心的标准。所以，他认为所谓道德，即是将道德知识转化成为自身的道德行为。

（四）论教师

1."必恒其教事。"王夫之要求教师应该热爱教育工作，乐意精心培育人才。

2."明人者先自明。"教师的责任在于向学生传授知识，讲明道理。教师只有具有渊博的知识，深刻领会了道理，才能胜任教育工作。

3.要"正言""正行""正教"。王夫之非常重视教师自身的道德行为在教育活动中对学生所产生的潜移默化的影响，曾将此称为"起化之原"。他强调教师应该以身作则，为人师表，要以自己的模范行为，即"正言""正行""正教"，教育和影响学生,以扶正世道人心。

王夫之要求教师热爱教育工作,具有广博的知识,能为人师表,这是他长期从事教育工作的经验总结,也确实是一个教师所必须具备的基本素质,这至今仍有现实意义。

本章内容思维导图

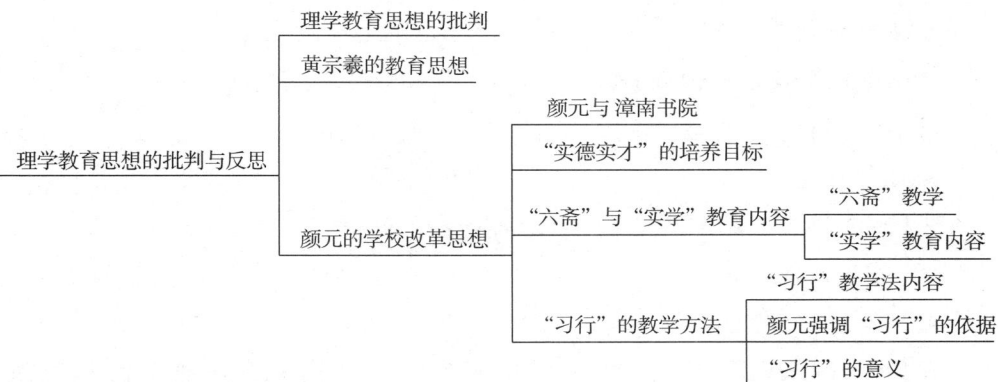

```
                          理学教育思想的批判
                          黄宗羲的教育思想
                                        颜元与漳南书院
                                        "实德实才"的培养目标
理学教育思想的批判与反思                                        "六斋"教学
                                        "六斋"与"实学"教育内容
                          颜元的学校改革思想                     "实学"教育内容

                                        "习行"教学法内容
                                        颜元强调"习行"的依据
                          "习行"的教学方法
                                        "习行"的意义
```

自测题

一、选择题

1.【2010年,第20题】在人性与教育作用关系的问题上,王夫之提出人性"日生日成"和"习与性成"的观点,旨在强调(　　)

　　A.人性如素丝　　　　　　　　　B.人性无善无恶

　　C.人性具有生成变化性　　　　　D.人性具有稳定性

2.【2011年311,第18题】颜元主持的漳南书院性质上属于(　　)

　　A.理学书院　　　　　　　　　　B.实学书院

　　C.制艺书院　　　　　　　　　　D.考据书院

3.【2017年311,第17题】颜元特别强调学校应该培养(　　)

　　A."实才实德之士"　　　　　　B."读书明理之人"

　　C."博学笃行之士"　　　　　　D."明体达用之才"

4.【2019年311,第20题】颜元抨击宋明教育陷于"训诂、清谈、禅宗、乡愿",提出"习行"的教学方法。下列选项中最符合颜元"习行"观点的是(　　)

　　A.轻视书本知识　　　　　　　　B.强调躬行实践

　　C.重视习惯培养　　　　　　　　D.注重功课复习

二、分析论述题

1.试论述颜元的"习行"教学法。

第七章　近代教育的起步

一、教会学校在中国举办

早在鸦片战争以前,就有外国传教士在中国办学。随着鸦片战争后列强的入侵,西方传教士利用不平等条约,获取了在华办学进行教育渗透的特权。典型的教会学校有英华书院和马礼逊学校学堂。

(一)学校与教科书委员会

1877 年第一次在华基督教传教士大会上,为适应教会学校的发展,规范教会学校的教学内容,大会决定成立"学校与教科书委员会",这是近代第一个在华基督教教会联合组织。委员会成立后,随即开会决议编写初、高级两套中文教材,这极大地推动了教会学校的教材编写工作。

1890 年,第二次在华基督教传教士大会召开,将 1877 年成立的"学校与教科书委员会"改组为"中华教育会",议定每三年召开一次大会。中华教育会标榜"以提高对中国教育之兴趣,促进教学人员友好合作为宗旨",对整个在华基督教教育进行指导。通过对中国教育进行调查,创办各种杂志和讲习会、交流会、演讲会,鼓励个人之间以通信联系的方式,来推广教育经验,策划教育方针和具体措施,并在基督教会学校推行公共考试计划。中华教育会扩大了工作范围,强调工作的经常性和规范性,后来实际上成为中国基督教教会教育的最高领导机构,对当时中国教育的发展产生了较大的影响。

(二)教会学校的课程

教会学校的课程设置经历了由各自为政逐渐走向统一的过程。1877 年之前,各校基本由主办者自行选择、编写教材,自行安排课程。1877 年后,"学校与教科书委员会"通过统一编译教科书,引导教会学校课程向规范化发展。1890 年中华教育会成立后,对课程统一问题给予了更多的关注,并成为中华教育会努力推行的事项。其课程设置一般包括宗教、外语、西学和儒学经典等。

宗教:这是教会学校的必修课。除课程表里规定的宗教课程外,学生还需参加弥撒、礼拜等活动,大部分学校规定宗教课程不及格者不能升级。

外语:在 19 世纪 60 年代初,不少学校已经开设外语课。之后英语越来越受到重视,1890年后,教会学校已普遍开设外语课程,有些已用之作为教学用语。

西学:教会学校一般都开设相当数量的数学、物理、化学课程和其他科技课程,高等级的学校还开设一定数量的人文社会学课程,如哲学、逻辑学、经济学等。洋务运动开始后,西方科技越来越受到中国人的重视,传教士认为,受过基督教和科学教育的人能够胜过中国旧士大夫,就能够从受到过儒家思想教育的人那里夺取他们所占有的地位。

儒学经典:早期的传教士认为儒家文化与基督教文化势不两立,但他们的传教活动受到儒家思想的强烈抵制,迫使传教士不得不有所妥协。同时,教会学校要使培养的学生能对中国一般民众产生影响或居于领袖地位,就必须适应中国的文化背景,甚至通过科举考试取得功名。19世纪70年代以后,教会学校一般都开设相当数量的儒经课程。

（三）教会学校的性质与影响

1.积极影响

(1)教会学校是中国传统教育向近代教育过渡的促进因素

①促进中国近代教育体系的建立。教会学校与洋务学堂被并称为新式学堂,但教会学校办学的整体规模大于洋务学堂。除宗教课程外,教会学校和洋务学堂都开设"西文"和"西艺",这都是当时中国人急需了解的西学成分。同时,中国通过教会学校引进了西方先进的教学体制、课程规划、教学方法、考试管理等,具有近代教育的特征,促进了中国教育的近代化。

②促进中国人教育视野的开阔。自接受教会教育开始,中国人逐渐打开了自己的教育视野,如开放女子教育、设立学前教育机构等。

③促进新式教师的培养。在中国教育由传统教育向近代教育的转变中,需要大批懂"西学"的新式教师,但当时中国非常缺乏这样的教师。教会学校的毕业生至少在知识结构上符合新式教育的需要,成为洋务时期乃至维新时期、清末新政时期新式学堂教师的重要来源。

(2)教会学校无疑加速了西学在中国的传播进程。教会学校在中国的开办,开启了中国教育接触国际的大门,不仅使中国了解了西方的教育,也了解了整个西方的政治、经济、文化,包括工业、科学、技术等方方面面的发展。所以,教会学校无疑是近代中西文化交流的产物,它的发展变化是促进中西文化交流的重要组成部分。

2.消极影响(等同教会学校的性质)

(1)教会学校本质上是西方世界殖民扩张的产物,带有强烈的殖民性质。传教士的目的是让中国完全基督教化,事实上,他们的活动领域并不限于文化和宗教,目的也不是单一的,而是与各宗主国的政治、经济甚至军事目的紧密结合,带有强烈的殖民性质。

（2）教会学校的存在,是近代中国半殖民地的国家地位在教育上的反映。西方传教士在华开设的一大批教会学校,没有一所在中国政府立案。它是以武力开道,以不平等条约为保护伞。清政府也无力管控教会学校的教育内容与课程,这是教育主权不独立的表现。教育主权是国家主权的一部分,一个主权完整的国家不会允许其教育主权受到如此公然的侵犯。

近代第一所面向华人开办的新式学堂是（　　）

A.英华书院　　　　　　　B.宁波女塾

C.马礼逊学堂　　　　　　D.经正女学

【解析】A

近代第一所面向华人开放的新式学校是英华书院。故选 A。

下列选项中,最能体现中国近代教育半封建半殖民地性质的是（　　）

A.洋务学堂　　　　　　　B.清末学制

C.幼童留学　　　　　　　D.教会学校

【解析】D

教会学校是列强文化教育侵略的结果,在性质上是西方殖民扩张的产物,是中国半殖民地的国家地位在教育上的表现。故选 D。

二、洋务学堂的兴办

（一）洋务学堂的兴办、类别与特点

1.洋务学堂的兴办

洋务学堂是洋务运动的重要组成部分,其目的在于培养洋务运动所需要的翻译、外交、工程技术、水陆军事等多方面的专门人才,教学内容以"西文"与"西艺"为主。

2.洋务学堂的类型

从 19 世纪 60 年代至 90 年代,洋务派创办的洋务学堂有 30 余所,其主要类型包括:

（1）外国语言文字（"方言"）学堂,如京师同文馆、上海方言馆、广州同文馆、新

疆俄文馆等。

(2)军事技术("武备")学堂,如福建船政学堂、上海江南制造局操炮学堂、广东实学馆及广东水陆师学堂等。

(3)技术实业学堂,如福州电报学堂、天津电报学堂、天津西医学堂、山海关铁路学堂等。

3.洋务学堂的特点

洋务学堂的新特点主要表现在培养目标、办学性质、教学内容、教学方法和教学组织形式上。

(1)培养目标:造就各项洋务事业需要的人才。

(2)办学性质:提供专门训练的专科性学校,属于部门办学的性质,直接为本部门的需要而培养人才。

(3)教学内容:以"西文"与"西艺"为主,课程多包含各自专业相关的科学技术课程,注重学以致用。

(4)教学方法:按照知识的接受规律由浅入深、循序渐进地安排教学内容,重视理解及理论与实践的结合。

(5)教学组织形式:制定分年课程计划和学制年限,采用班级授课制。

洋务学堂因根植在半殖民地半封建社会的土壤中,具有新旧杂糅的特点:(1)缺乏全国性的整体规划和学制系统,学校之间很孤立;(2)在"中学为体,西学为用"的总原则下,不放弃学习"四书五经";(3)管理上有封建官僚习气,关键管理环节受洋人挟制,影响学堂正常办理。

4.洋务学堂的意义

洋务学堂拉开了中国教育近代化的序幕,它以西方近代科技文化作为主要课程,在形式上引入了资本主义因素,初步具备近代教育的特征。产生之初,并未有意与以科举为核心的旧教育相对抗,但产生之后,逐渐动摇和瓦解了旧教育体系,实际上启动了近代中国教育改革的进程,历史意义重大。

(二)京师同文馆

京师同文馆最初是作为外语学校设立的,是近代中国被动开放的产物。迫于外交需要,1862 年 6 月京师同文馆正式开学,它是第一所洋务学堂,是我国最早的官办新式学校。初创时只有英文馆,1866 年京师同文馆改为以外语教学为主、兼习各门西学的综合性学校,学习年限为 8 年。学校建立了中国近代最早的化学实验室和博物馆。在学校管理上,因经费由英国操纵,海关拨款的管理权由外国控制。1900 年,八国联军攻占北京时停办,1902 年并入京师大学堂。

1.特点

第一,培养目标。专为培养译员、通事而设,专门培养洋务人才,不再是培养应科举考试的官僚后备军,注重学以致用。第二,课程设置。外语居于首位,侧重"西学"与"西艺",汉文经学贯穿始终,特别重视对学生封建道德习惯的培养,还向学生灌输殖民主义、帝国主义思想,以宗教麻醉学生。第三,教学组织形式。最早开始了中国的班级授课制和分年课程。第四,教学方法。由浅入深、循序渐进,一定程度上改变了死记硬背的学风,注重理论与实际的结合。

2.意义

京师同文馆既有封建性,又有殖民性,是清政府在教育上和外国资本主义结合的产物。就办学成效而言,京师同文馆不能列入洋务务学之列,也未表现出比其他学校更鲜明的特点,它的历史地位主要表现在:首先,它是洋务学堂的开端,也是中国近代新教育的开端。这表明我国向西方学习从观念走向了现实,正是由于其领头羊的作用,从此以后我国开办了大量学校。其次,京师同文馆身处北京,它的一些重要举措以及由此引起的争执往往能反映出各派关于教育改革的观点,所以它也是社会关注的焦点。以上两点,决定了京师同文馆在中国近代教育史上的标志和象征意义。

简而言之,京师同文馆标志着我国半殖民地半封建社会教育的开始,具有新的办学形式,且使科学教育正式列入中国教育之中,教育向前迈了一步。

(三)福建船政学堂

福建船政学堂又称"求是堂艺局"或"福州船政学堂",是福建船政局的组成部分。福建船政局也叫"马尾船政局"或"福州船政局",由左宗棠在 1866 年奏请创办,是中国近代第一个也是洋务运动时期最大的专门制造近代轮船的工厂。左宗棠一开始就把造船与培养人才结合起来,在《详议创设船政章程折》里确定学校的名称为"求是堂艺局",并拟定《艺局章程》八条,对有关假日制度、生活待遇等都做了详细规定。

学堂的宗旨是"习学洋技",主要培养造船和驾驶人才。学堂有前学堂和后学堂之分,前学堂学习制造技术,又称造船学堂,目标是培养能够设计制造各种船用零件并能进行整船设计的人才;后学堂学习驾驶和轮机技术。一般邀请英、法、德教习。1868 年 2 月,前学堂内添设"绘事院"和"艺圃"。"绘事院"的目标是培养用图纸进行生产的制作人才,"艺圃"实际上是在职培训学校,通过工读结合形式有计划地培养生产和技术骨干的做法，开创了我国近代职工在职教育的先声。总之，学堂既培养军事人才，也培养军工技术人才。

1872年前后，船政学堂达到兴盛期。1913年它从船政局中分离，改组为三个独立的学校：前学堂改组为福州制造学校；后学堂改组为福州海军学校，直属民国政府海军部；"艺圃"改组为艺术学校。

意义：福建船政学堂从开办到改组，历时半个世纪，是洋务学堂中持续时间最久的一所。它在我国近代海军事业的发展中占有重要地位，为近代中国海军输送了第一批舰战指挥和驾驶人才，也为近代船舰制造业的发展写下了光辉的一页，是近代中国海军人才的摇篮。

（四）留学教育的起步

19世纪70年代，洋务运动进行了一段时间后，洋务派逐渐认识到学习西方知识和先进技术的重要性，而国内缺乏师资，且社会文化方面存在限制，于是洋务派启动了留学教育。

1.幼童留美

幼童留美始于1872年，最早提出建议的是容闳。1871年9月，曾国藩、李鸿章等在容闳"教育计划"的基础上，上奏《选派幼童赴美肄业酌议章程折》，拟选送12—16岁的幼童，每年30名，计划4年共120名赴美留学，15年后每年回华30名。经清政府批准，命候补知府刘翰清总理沪局事宜，并在沿海各地挑选聪颖幼童。1872年8月11日，第一期30名幼童经上海预备学校培训后，在监督容闳、陈兰彬带领下赴美，1873年6月、1874年11月、1875年10月，第二、三、四期各30名幼童也按计划出发。留美幼童在国外不仅学习英语、自然科学知识，也不忘记学习儒家经典。然而，由于诸多矛盾，这些幼童并没有按计划完成学业，而是在1881年下半年分三批被撤回。

虽然这次活动中途夭折，但是它开启了中国留学教育的先河，为近代留学积累了宝贵的经验。这批留美学子接触了西方资产阶级文明，学到了近代自然科学和生产技术知识，成为一批新型的知识分子。

2.派遣留欧

留欧学生的派遣始于船政大臣沈葆桢的建议，并以船政学堂的学生居多。1873年12月，由于外国技术人员和教师合同期满即将回国，福建船政局面临如何发展的问题，沈葆桢建议选派优秀学生留欧，并获得同意，但由于诸多原因未能实施。

1877年1月，李鸿章等奏请派遣福建船政学堂学生留欧，主要学习造船和航海技术。1877年3月31日,中国近代第一批正式派遣的留欧学生在监督李凤苞和日意格的带领下出发赴欧。第一届留欧学生经过三年的学习,于1880年左右先后回国。在他们即将回国之前,沈葆桢领衔奏请续派。于是第二届留欧学生由香港出发分赴英、法、德三国。1886年第三届留欧学生赴欧求学。这三届学生从1879年开始陆续回国。

学成归国的这批人才对我国影响重大。首先,留欧学生成为近代中国第一代海军的重要将领骨干;其次,将中国近代军舰制造技术推到一个新的水平,为近代中国海军教育事业做出贡献;最后,留欧学生的影响不局限在海军事业,在外交、实业以及其他领域均有建树,成为中国近代第一代实业人才。

洋务派的留学教育虽然规模小、人数少,但它是中国教育走向世界过程中名副其实的一步,是引进西学较为彻底和开放的一个途径。除了培养人才之外,这批学生还有力地回击了守旧派"终鲜实效"的预言,改变了人们的科举正途观念,洋务留学教育对中国教育近代化的推进功不可没。

三、"中体西用"主张与张之洞的教育思想

(一)"中体西用"思想的形成与发展

洋务运动的过程实质上是一场对近代西方文明成果的移植过程。因此,这就不可避免地引出一个如何处理"西学"(新学)与"中学"(旧学)关系的问题。针对此问题,洋务派与守旧派展开了论争,从19世纪60年代开始,就有人用"主辅""本末""体用"这样的概念范畴来表达中学与西学的关系。如1861年,冯桂芬在《采西学议》中提到"以中国之伦常名教为原本,辅以诸国富强之术"。19世纪90年代类似观点趋多,逐渐统一定型为"中体西用"的观点。1892年,郑观应说"中学其本也,西学其末也"。1895年,沈寿康说"宜以中学为体,西学为用",孙家鼐在《议复开办京师大学堂折》中也提到了这样的观点。到1898年,张之洞在《劝学篇》中,围绕"中体西用"进行了系统的阐述,形成了完整的思想体系。

"中体西用"是洋务派关于中、西文化关系的核心命题,也是指导思想。虽然提倡"中体西用"的并不都是洋务派人物,但他们在洋务运动时期多服从洋务派,为洋务派提供思想理论。"中体西用"是洋务实践活动的基本方针,体现在洋务教育活动的各个环节。

(二)张之洞与《劝学篇》

张之洞,清末维持封建社会的重臣,是洋务派的代表人物。张之洞任清朝的重要官职,又长期管理文化教育事业,他的教育活动主要有三个方面:一是整顿封建

传统教育，二是兴办洋务教育，三是制定和推行新教育制度。

1898年，张之洞发表《劝学篇》，全面阐述了"中学为体，西学为用"的教育观点，试图为中国改革提供理论依据。《劝学篇》分内篇和外篇，"内篇务本，以正人心，外篇务通，以开风气"。通篇主旨归于"中学为体，西学为用"。

1.中学也称"旧学"（"四书五经、中国史事、政书、地图为旧学"），即封建的典章制度、伦理道德、中国的经史之学、孔孟之道。其中张之洞最注重的是纲常名教，"三纲"是维持封建王权和家族伦理的基本准则，"三纲"的废除必然招致封建社会秩序的崩溃。

2.西学也称"新学"（"西政、西艺、西史为新学"）。西政，指西方有关文教制度、工商财政、军事建制和法律行政等管理层面的文化；西艺，即近代西方科技。张之洞认为西艺最难，适合于年少者学习，着眼于长远；而西政相对而言易学，适合年长者学习，符合当前的需要。

3.中西学的关系："旧学为体，新学为用，不使偏废。"张之洞在《循序》篇中论证了中学之体对西学之用的导向作用——中学着重的是人的品行修养，具有德育的功能；而在《会通》篇中他论证了二者的结合和共存："中学治身心，西学应世事。"《劝学篇》全面阐述了中体西用思想，认为教育首先要传授中国传统的经史之学，这是一切学问的基础，应放在率先的地位上；然后再学西学，以补中学之不足。

4.《劝学篇》还提出了教育改革的具体措施，如改革科举的设想、倡导留学教育、制定学制、进行职业教育及培训师资等。

《劝学篇》成为晚清政府推行教育改革的纲领性文件。这是洋务运动的理论总结，也是改革的理论依据，并为20世纪初"新政"时期的教育改革确定了基调，奠定了理论基础。但《劝学篇》后来遭到资产阶级改良派和革命派的痛批。

在张之洞《劝学篇》提到的"西学"中，西方有关文教制度、工商财政、军事建制和法律行政等管理层面的文化指的是（　　　　）

A.西制　　　　　　B.西艺　　　　　　C.西政　　　　　　D.西史

【解析】C

张之洞《劝学篇》中指出，西政是指西方有关文教制度、工商财政、军事建制和法律行政等管理层面的文化，西艺指近代西方科技。故选C。

（三）"中体西用"思想的历史作用和局限

从整体上看："中学为体，西学为用"思想，对教育的影响是深远的，它将西学作为一个整体予以认可,给僵化的封建文化打开了一个缺口,使西学在中国的发展成为可能,为中国近代的变革注入了新的物质力量和精神力量,加速了封建制度的解体,推动了近代化的步伐。

在教育方面:"中体西用"作为洋务运动的指导纲领,对中国近代教育的影响是双重的,既有促进又有阻挠。

1.开启了中国近代教育改革的步伐,催发新式教育产生,兴办新式学堂,增加了自然科学知识,开展留美教育等,打破了儒学一统天下的传统教育格局。

2.引进西方近代科学、课程及制度,对清末教育改革既有思想层面的启发,又有实践层面的推动。

3.极大地冲击了传统教育的价值观,为新式教育进一步推广扫清了障碍。

4."中体西用"的根本目的是维护封建统治,使新式教育一直受到忠君尊孔的封建信条的支配,又阻碍了新式教育的发展进程。尤其是阻碍了其更广泛的传播,不利于近代刚刚开始的思想启蒙运动。

5."中体西用"作为中、西文化接触后的初期结合方式,有其历史的合理性。但是作为文化的整合方案和教育宗旨又是粗糙的,它是在没有克服中、西学之间固有的内在矛盾的情况下的直接嫁接,必然会引起两者之间的排异性反应。

本章内容思维导图

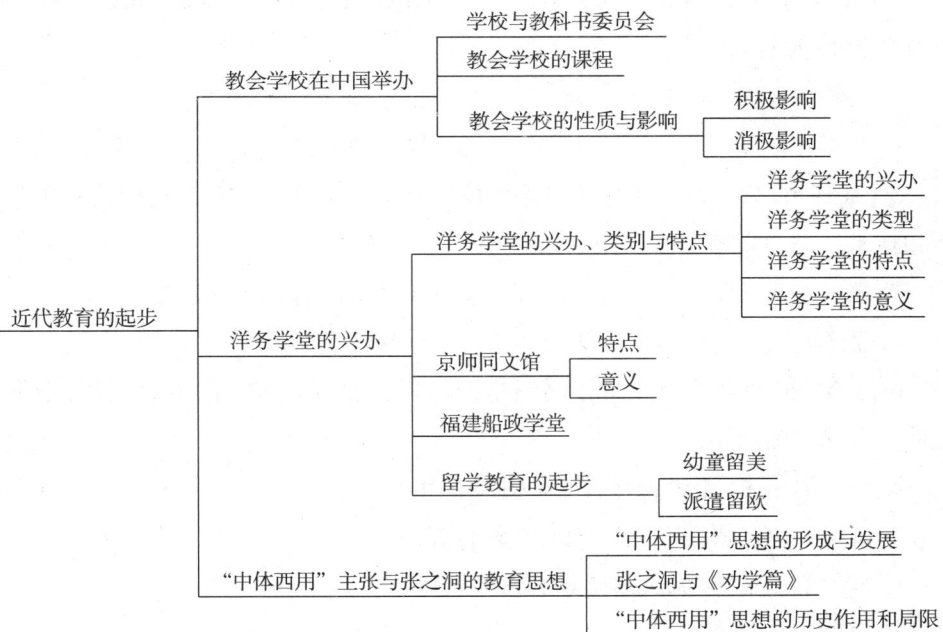

近代教育的起步
- 教会学校在中国举办
  - 学校与教科书委员会
  - 教会学校的课程
  - 教会学校的性质与影响
    - 积极影响
    - 消极影响
- 洋务学堂的兴办
  - 洋务学堂的兴办、类别与特点
    - 洋务学堂的兴办
    - 洋务学堂的类型
    - 洋务学堂的特点
    - 洋务学堂的意义
  - 京师同文馆
    - 特点
    - 意义
  - 福建船政学堂
  - 留学教育的起步
    - 幼童留美
    - 派遣留欧
- "中体西用"主张与张之洞的教育思想
  - "中体西用"思想的形成与发展
  - 张之洞与《劝学篇》
  - "中体西用"思想的历史作用和局限

自测题

一、选择题

1.【2007年311,第14题】近代中国第一所实施班级授课制的官办新式学堂是（　　）

A.京师同文馆 　　　　　　　　　　B.湖南时务学堂

C.福建船政学堂 　　　　　　　　　D.上海广方言馆

2.【2008年311,第17题】中国近代最早设立于企业中,旨在培养技术人才的教育机构是（　　）

A.江南制造局操炮学堂 　　　　　　B.福建船政学堂

C.湖北矿务局工程学堂 　　　　　　D.福州电报学堂

3.【2011年311,第21题】下列选项中,不属于中国近代洋务学堂特点的是（　　）

A.以造就专业人才为唯一培养目标

B.以"西文""西艺"为唯一教学内容

C.以理论联系实际为基本教学原则

D.以班级授课制为基本教学组织形式

4.【2012年311,第22题】我国近代最早制定分年课程计划,采用班级授课制进行教学的新式学堂是（　　）

A.京师同文馆 　　　　　　　　　　B.京师大学堂

C.上海广方言馆 　　　　　　　　　D.湖北自强学堂

5.【2014年311,第18题】中国近代最早以半工半读形式有计划地培养生产骨干和技术骨干的学校是（　　）

A.福建船政学堂 　　　　　　　　　B.江南制造局操炮学堂

C.北洋大学 　　　　　　　　　　　D.南洋公学

6.【2017年311,第20题】张之洞是中国近代教育发展中的重要人物,以下有关他的表述正确的是（　　）

A.最早提出了"中学为体,西学为用"的主张

B.系统阐述了"体用一致"的文化教育观

C.组织草拟了《京师大学堂章程》

D.主持制定了"癸卯学制"

7.【2021年311,第18题】冯桂芬在《校邠庐抗议》中说:"如以中国之伦常名教为原本,辅以诸国富强之术,不更善之善者哉?"这段话阐明的思想是(   )

A."洋为中用"   B."中体西用"

C."经世致用"   D."师夷长技以制夷"

8.【2022年311,第16题】从19世纪70年代四批留美幼童的籍贯看,留学意愿受本地区对外开放程度的影响。当时留美幼童来源最多的两个省份是(   )

A.福建、广东   B.江苏、浙江

C.浙江、福建   D.广东、江苏

9.【2024年311,第20题】福建船政学堂,通过工读结合的形式有计划地培养生产骨干和技术骨干的机构是(   )

A.艺圃   B.绘事院   C.前学堂   D.后学堂

二、分析论述题

1.【2021年东北师大333】试述"中体西用"思想的主要内容和历史作用。

2.【2015年苏州大学333】论述洋务学堂的特点、兴起的背景及在近代教育中的作用。

第八章　近代教育体系的建立

一、早期改良派的教育主张

早期改良派是 19 世纪 70 年代后逐渐形成的一个思想群体,代表人物有容闳、王韬和郑观应等。他们的社会观念和治国方略带有明显的资产阶级意识,批判洋务派仅仅局限于技术层面的引进学习,提倡在政治、经济、文化教育等方面进行全面改革。他们都认识到改革的关键在于人才,人才的基础在于教育。特别是郑观应,他明确提出了"兵战不如商战,商战不如学战"的思想。因此,早期改良派把改革封建传统教育制度、培养新型人才作为实现整体改革方案的基础。他们在文化教育上的主张可归结为以下几个方面:

(一)全面学习西学

1.内容:早期改良派将近代向西方学习的思想推进一步,认为西学的内容非常丰富,要求扩大向西方学习的规模和领域,深化学习的层次。如郑观应在《盛世危言·西学》中倡导学习西学,他将西学分为天学、地学、人学三部分,内容包括西方的自然科学、工艺(技术)和社会科学等诸多学科。

2.评价:早期改良派用人类整体文化的观念来考虑中学和西学的关系。他们认为,一个国家的政教法度应该择善而从,不应该有古今、中外、华夷的区分。这完全突破了民族文化本位的观念。

(二)改革科举制度

1.内容:鸦片战争前后,科举制度的弊端越来越明显。第一,中国近代教育的主旋律是学习西学,而科举考试却侧重八股和经史。第二,近代教育以培养多种类型、多种层次的人才为目标,而科举考试以选取单一的政治人才为目的。

早期改良派抨击了科举制度。如王韬主张"以学时文之精神才力,专注于器艺学术"(即选拔实学人才)。郑观应认为,最好能改革科举,在传统学问之外另立一科,"挂牌招考西学"。

2.评价:早期改良派虽然猛烈抨击科举制度,但并未彻底予以否定,仍主张保留科举制度的形态,甚至在他们设计近代学制时还考虑到与科举制度接轨。

（三）建立近代学制

1.内容：容闳作为我国最早接受美国高等教育的知识分子，希望在中国建立近代学校教育制度，但是他的这一主张仅仅是理想，并没有成文传世。在早期改良派中，勾画出中国近代学制轮廓的是郑观应，其思想主张有：

（1）国家应促进教育普及化。郑观应认为中国传统教育是"只知教学举业"，而西方教育是"无事不学，无人不学"，可谓一语道破近代教育多样化、职业化、普及化的特征。

（2）国家应建立完善的学制体系。郑观应提出仿照西方学制设立小学、中学、大学三级学制系统，大、中、小学均采取班级授课的形式，规定学习年限各为三年，以考试的结果为升学标准。鉴于当时的现实，他提出将科举制的进士、举人、秀才三级科名与大、中、小三级学校相配合，并倡导改书院为学堂。郑观应是国内最早倡导改书院为学堂的人。

（3）该学制体系有特殊之处。郑观应所设想的三级学制系统，实际上是以中等教育作为正规学制起点的，学制中的"小学"已略相当于中等教育的起始程度。而"分设家塾、公塾"，初等教育主要在家塾、公塾中进行，未纳入正式学制系统，不规定学习年限，学生通过考试才能进入"小学"。从入"小学"开始实行分科教育，分文、武科两大类。

2.评价：这种学制设想虽然还显得粗糙，且明显与科举挂钩，包括三年学制年限也与科举三年一试相通，但它反映了早期改良派要求系统地改革封建教育体制的思想，也远远超出了洋务派教育实践的水平，克服了洋务学堂孤立性、分散性和应急性的特点。

（四）倡导女子教育

1.内容：在近代西方男女平权观念的影响下，早期改良派开始关注女性的教育问题。如陈虬提出中国应仿照西方"设女学以拔取其材，分等录用"的主张，并认为占人口半数的妇女不读书，不能服务于社会，是"无故自弃其半于无用，欲求争雄于泰西，其可得乎？"再如出现了郑观应的《盛世危言·女教》等集中讨论女子教育问题、倡导女子教育的专篇文章。

2.评价：早期改良派最早倡导男女平等的教育观，要求妇女在身体和智力上摆脱封建束缚。

总之，正是有早期改良派的教育思想启蒙，才会使中日甲午战争后的维新教育思潮一触即发，并迅速转化为维新教育运动。

二、维新派的教育实践

维新派主张在保留清朝皇权的前提下，用和平的方式进行自上而下的改良，建立君主立宪制。维新派普遍认为改革教育、培养新式人才是实现维新变法的基础，因此，维新教育实践活动便成为维新教育的基本内容。

（一）兴办学堂

1.维新运动的代表人物为培养维新骨干、传播维新思想而设立的学堂

（1）万木草堂。万木草堂继承了传统书院的办学方式和教学方法，但在旧形式中注入了新内容。教学内容虽沿用了义理、考据、经世和文字之学等传统提法，但包括了西方哲学、地理学、数学等学科内容，成为酝酿、研究、宣传维新变法理论的场所，也造就了一大批维新人才，梁启超就是典型代表。

（2）湖南时务学堂。在谭嗣同的推动下，时务学堂于1897年在长沙创办，聘梁启超为中文总教习，李维格为西文总教习。

2.在办学类型与模式、招生对象、教学内容等某些方面和洋务办学相比有所突破，领风气之先

（1）北洋西学堂与南洋公学。1895年，盛宣怀呈请北洋大臣王文韶奏准在天津开办中西学堂，亦称北洋西学堂。1896年，盛宣怀又奏请在上海仿照北洋西学堂设立南洋公学，民国后发展为交通大学。这两所学校最早采取西方近代学校体系的形式，分初、中、高三个等级并相互衔接，且按年级逐年递升，具有近代三级学制的雏形。虽为洋务派人物创办，但维新观念已寓于其中。

（2）经正女学，又称"中国女学堂"。1837年，梁启超、经元善等人倡议在上海设立女学堂，以树中国女子教育的先声。作为近代第一所国人自办的正规女子学校，它起到了开风气之先的作用。

这些学校反映了资产阶级对教育的要求，在教育目标、教育内容和教育方法上都有别于封建主义的旧教育，培养了一批变法人才。

【2022年，第17题】甲午中日战争后，维新运动蓬勃发展，维新人士通过开办学堂培养维新人才、传播维新思想。下列选项中不属于维新派开办的学堂是（　　）

　　A.经正女学　　　　B.南洋公学　　　　C.广雅书院　　　　D.通艺学堂

【解析】C

广雅书院是洋务派代表人物张之洞于1887年在广州创办的，故选C。

（二）兴办学会与发行报刊

维新派还通过创办各种学会和发行报刊来宣传维新思想。第一，康有为在北京和上海组织"强学会"，开办学会风气之先，各地的学会除了通过集会、演讲、印发书报等形式传播维新思想之外，还聘请教师定时讲课，收藏图书仪器，广收学员，更重要的是通过学会联络和组织维新人才，形成维新变法的政治团体。第二，康有为在北京办《万国公报》（后更名为《中外纪闻》），在上海办《强学报》，梁启超在上海办《时务报》，严复在天津办《国闻报》，上海的蒙学会办《蒙学报》。维新派以学会为阵地，以报纸为宣传工具，传播西学，宣传变法主张，与维新学堂互为补充，起到了扩大教育面、开通民风的作用，扩大了维新变法的社会基础。

三、"百日维新"中的教育改革

（一）创办京师大学堂

1896 年 6 月，刑部侍郎李瑞棻在《请推广学校折》中首次向朝廷正式提出设立京师大学堂的建议，此后，康有为、王鹏运等也多次奏请开办京师大学堂，但因一些大臣的反对未能实施。1898 年，在光绪帝的严令督促下，总理衙门委托梁启超起草了《京师大学堂章程》，并于 7 月 3 日上报，光绪帝当即批准，并派吏部尚书孙家鼐为官学大臣，管理京师大学堂。后来又分设中、西总教习，聘许景澄为中学总教习，美国传教士丁韪良为西学总教习。1898 年 9 月政变发生，新政停止，但京师大学堂并未封闭，只是逐渐有名无实。1900 年，京师大学堂毁于八国联军战火，1902 年恢复开办，纳入清末学制系统。民国初年，京师大学堂更名为北京大学。

《京师大学堂章程》对大学堂做了详细的规定，主要内容有：第一，性质。不仅是全国最高学府，也是全国最高教育行政机关。第二，办学宗旨。"中学为体，西学为用"。第三，课程设置。西学比重高于中学。第四，封建等级性非常浓厚。

创办京师大学堂的意义：(1)京师大学堂的创办，说明清廷重视高等教育机构的建立，反映了中国近代教育发展的内在逻辑；(2)京师大学堂在办学宗旨、课程设置、学生入学等方面形成了一系列系统的规定，为中国近代新学制的制定提供了摹本，是我国学制史上的新起点；(3)京师大学堂的规章制度适应教育发展的需要，在中国教育行政由传统向近代转型的过程中发挥了过渡性的作用；(4)京师大学堂所确立的师法日本的办学方针影响了清末民初中国教育发展的价值取向。

（二）书院改办学堂

1898 年，光绪帝在《明定国是诏》中明确宣示：从今以后，王公大臣、士子以及庶民百姓，都要兼习中、西学。随后，光绪帝又令各省及地方官将各省、府、厅、州、县之大小书院，一律改为兼习中学、西学的新式学堂。以省会之大书院为高等学堂，郡城之书院为中学堂，州县之书院为小学堂，地方自行捐资办理社学、义学等也要一律中、西学兼习。凡民间祠庙不再祀典者，也一律改为学堂，并鼓励绅民捐资兴学。

（三）改革科举制度

1898 年 6 月 23 日，光绪帝下诏废除八股取士，此后人们不得不寻求新的学问，这客观上促进了西学的传播。不久，光绪帝再次下诏催立经济特科，议设法律、财政、外交等专门课科，以选拔维新人才。并宣布以后的取士以"实学实政"为主，不以楷法优劣为取舍标准，科举考试和现实的联系更加紧密了。虽然百日维新失败后恢复了八股取士，罢经济特科，但经此改革之后，人们开始向往富有生机的新式教育，科举应试人数锐减。

【2009 年 311，第 18 题】下列选项中，不属于清末"百日维新"中的教育改革措施的是（　　）

　　A.废除八股考试　　　　　　B.颁布近代学制

　　C.设立京师大学堂　　　　　D.书院改学堂

【解析】B

"百日维新"的主要改革措施包括：创办京师大学堂；书院改办学堂；废除八股考试，改革科举制度。A、C、D 三项均符合。清末新政时期才开始颁布近代学制。故选 B。

四、康有为的教育思想

（一）维新运动中的教育改革主张

康有为认为兴学育才是一个国家得以强盛的基本保障。

针对当时弊端丛生的科举制度，他提出了三点主张：第一，废除八股考试，改试策论，等学校普遍开设后，再废科举；第二，大力创办学校，改变传统的教育内容，传授科学技术，培养新型人才；第三，为了有效地学习西学，他还提出了派留学生、翻译西书等建议。

（二）《大同书》的教育理想

《大同书》是康有为代表作之一。书中康有为描述了一个"大同"的理想社会，是一个"无邦国，无帝王，人人平等，天下为公"的社会，根除愚昧无知，教育昌盛，文化繁荣;主张废除私有制和等级制;消灭了家庭,儿童就是整个社会的儿童,对儿童的抚养和教育均由社会承担。

1.康有为设计了一个前后衔接的完整教育体系,包括人本院、育婴院、慈幼院、小学院、中学院、大学院。

人本院(出生前):为怀孕妇女设立,进行胎教。院内环境优雅,有书画、音乐等供孕妇欣赏,服务人员有女医、女傅、女师、女保。

育婴院(0—3岁)与慈幼院(3—6岁):婴儿断乳后,送入育婴院抚养,3岁后送入慈幼院,主要是幼儿教育工作,保育目标是"养儿体,育儿魂,开儿知识",主要内容有语言、歌曲、手工。工作人员为女性。

小学院(6—11岁):以德育为先,奉行"养体为主而开智次之"的原则。教师是女傅,教师的言行举止、音容笑貌等应善良规范,让儿童模仿,培养和影响儿童终身的善良德行。

中学院(11—15岁):人生的关键期,德、智、体兼重,但尤应以育德为重。教师男女均可,一定选择有才有德者充任,课程要根据学生的禀赋和个性设置。

大学院(16—20岁):专以开智为主,注重实验,校址的选择应结合专业的实际,学生自由选择专业,教师不限男女,选择"专学精深奥妙,实验有得者"担任。

2.在《大同书》里,有《去形界保独立》专章论述男女平等,重视女子教育。认为男女不平等是人类历史上最大的不平等,在入学资格和毕业出路上女子都应与男子平等。康有为还从女子对胎教和儿童教育有重大影响的角度说明了重视女子教育的意义。

《大同书》中倡导"公养""公教",每个社会成员都有权享受教育,皆为公费,重视学龄前教育,主张男女教育平等,指出对儿童应实行德、智、体、美诸方面的教育等,在当时给人耳目一新的感觉,对传统封建教育是一个很大的冲击。但是《大同书》中教育理想的观念背景,则是中国传统的大同思想和近代空想社会主义的综合体,带有明显的未来乌托邦色彩。

五、梁启超的教育思想

(一)"开民智""伸民权"与教育作用

梁启超认为国势的强弱随人民的受教育程度而发生变化,并明确地将"开民智"与"伸民权"联系起来,为"伸民权"而"开民智",权生于智,这在一定程度上揭示了专制与愚民、民主与科学的内在联系。他的"开民智"具有科学与民主启蒙的内涵。梁启超也明确地指出民智的开发要靠教育来实现。

（二）培养"新民"的教育目的

梁启超的教育目的是培养"新民"，他认为中国传统教育的最大缺点是培养的人没有国家观念，有作为一个人的资格，但是唯独没有作为一名国民的资格。而"新民"必须具有新道德、新思想、新精神、新的特性和品质，诸如国家思想、权利思想、政治能力、冒险精神以及公德、私德、自由、自治、自尊、尚武、合群、生利、民气、毅力等。可以看出这种"新民"正是具有资产阶级政治信仰、思想观念、道德修养和适应资本主义社会生活的知识技能的新国民。这里的"新民"品质明显侧重德育方面，反映出他想沿着"政学"、精神文明、品德这条路线，尽快培养具有资产阶级意识的维新人才，普遍转变人民的思想观念，推动政治改革的迫切愿望。

【2007 年 311，第 15 题】在教育宗旨问题上，梁启超主张通过教育培养（　　　）

A.政治家　　　　B.学术人才　　　　C.新国民　　　　D.实业人才

【解析】C

梁启超是资产阶级维新派的代表人物，在教育宗旨问题上，他主张教育要通过"开民智"来"伸民权"，进而培养"新民"，即具有资产阶级政治信仰、思想观念、道德修养和适应资本主义社会生活的知识技能的新国民。故选 C。

（三）论学制

1.简介

梁启超根据当时西方心理学研究成果中年龄与身心发展的关系理论，列出了《教育期区分表》。

2.内容

（1）划分教育阶段。梁启超将教育过程划分为四个阶段：5 岁以下（幼儿期——家庭教育与幼稚园期）；6—13 岁（儿童期——小学校期）；14—21 岁（少年期——中学校期）；22—25 岁（成人期——大学校期）。

（2）介绍身心特征。他分别介绍了各个年龄段的学生在身体、知、情、意、自观力（自我意识）等方面的发展情况和基本特征。

（3）介绍日本学制。他详细介绍了日本学者根据上述分期理论设计的《教育制度表》，其中幼稚园 2 年、小学 8 年、中学 8 年、大学 3 至 4 年，分别对应《教育期区分表》中的四个阶段。

（4）结合中国实际。他考虑到当时中国基础教育薄弱、中国留日学生因缺乏必要的普通知识而不适应高等专门学校的学习等事实和经验，提出了"大办小学、缓办大学"的建议。

3.评价

根据学生身心发展的阶段性特征来确定学制的不同阶段和年限是近代西方教育心理研究的成果，梁启超是中国近代最早系统地介绍和倡导这一理论的人。

（四）论师范教育、女子教育和儿童教育

1.师范教育

（1）简介：1896年，梁启超于《时务报》发表《变法通议·论师范》。他是中国近代教育史上首次专文论述师范教育问题的人，也是我国最早提出设立师范学校的人。

（2）问题：两类教师不可用。梁启超对新、旧学堂教师状况进行了分析，指出两类教师不可用。第一类是传统教师，他们不了解西学；第二类是外国教师，他们言语不通，聘金昂贵，学问粗陋，滥竽充数。

（3）措施：设立师范学校。中国急需普遍设立中、西学兼习的新式学堂，但不能依靠上述两类教师，根本的解决办法是设立师范学校，培养符合时代要求的教师。

（4）评价：梁启超倡导师范教育，不仅是从教师职业的特殊性出发，强调对教师进行专门培养，更重要的是希望通过广设师范学校，统一课程设置，培养一批在知识结构和思想观念上都符合维新要求的新教师，推动维新教育活动的全面开展。

2.女子教育

（1）简介：1896年，梁启超在《时务报》上发表《变法通议·论女学》，系统论述了女子教育问题。

（2）原因

①必要性：梁启超从女子自养自立、成才成德、教育子女、实施文明胎教等方面揭示了女子教育的必要性。

②人才资源：女性是一种独特的人才资源，女子有耐心、喜静、心细等特点，与男子相比，各有所长，中国应充分开发和利用女性这一巨大的人才资源。

③天赋权利：接受教育是女性的天赋权利，也是男女平等的保障。

④反映国势：梁启超通过考察世界各国的情况得出结论，女子教育的发展水平反映国势的强弱。中国欲救亡图存，由弱转强，就必须大力发展女子教育。

（3）措施

①破除缠足：发展女子教育必须从破除女子缠足陋习、给女子行动自由开始。

②创办女学：1898年，他参与筹办中国第一所国人自办的女学——经正女学，以实际行动推动女子教育的发展。

（4）评价：梁启超女子教育的主张，反映了他的男女平权、解放妇女的思想，比"女子无才便是德"的封建教育要进步得多。此外，他的女子教育思想内容广泛，有鲜明的近代特征，为以往论者所不及。

3.儿童教育

（1）简介：梁启超特别重视儿童教育，他通过了解西方传入的教育学、心理学知识，撰成《变法通议·论幼学》，并提出"人生百年，立于幼学"的主张，倡导对中国儿童教育进行改革。

（2）理论：对中西儿童教育进行比较。他指出西方强调由浅入深、由易到难、循序渐进，而中国则与之相反。西方重视理解，而中国注重识记；西方注重直观教学，实物教学，而中国只注重语言文字；西方重视儿童的学习兴趣，而中国忽视学习兴趣。他十分赞赏西方的教学方法（顺序+理解+直观+兴趣）。

（3）实践：从编写儿童教学用书入手对儿童教育进行改革。他主张为儿童办新式学校，并采用西方教学方法。他更强调中国应从编写儿童教学用书入手对儿童教育进行改革，应编写的书包括识字书、文法书（同今天的写作书）、歌诀书、问答书、说部书（圣贤经典历史故事书）、门径书（儿童应读书目）、名物书等。梁启超还为上述七类书应包括的学科内容做了说明。

（4）评价：梁启超是我国近代最早倡导各科教材教法的教育家，他的儿童教育思想反映了资产阶级反对封建教育、学习西方新教育的进步要求。

六、严复的教育思想

（一）"鼓民力""开民智""新民德"的"三育论"

严复是中国近代从德、智、体三要素出发构建教育目标模式的第一人，他在《原强》中首次阐发了他的"三育论"。受影响于英国实证主义哲学家斯宾塞的教育著作《教育论》，严复认为一国的政治经济状况、参与国际竞争的能力取决于国民德、智、体三方面的发展水平，中国要改变积贫积弱的现状，就必须从提高国民这三方面素质着手，鼓民力、开民智、新民德，才可谓是真国民。所谓"鼓民力"就是提倡体育，包括禁止吸鸦片和女子缠足等陋习，使国民具有强健的身体；"开民智"就是要全面开发人民的智慧，提高人民的文化教育水平，但实际牵涉到对传统教育体制、教育内容、学风和教学方法的改革,其核心是改革科举制度、废除八股取士和训诂辞章之学,讲求西学;"新民德"主要是改变传统德育内容,用西方的民主自由平等取代封建伦理道德,培养人民忠爱国家的观念意识,改变人民的奴隶地位。严复认为"新民德"最难。

这三育就是要用资产阶级的德、智、体武装国民,取代以儒学为中心的封建教育,这三育是统一的,相互联系,不可偏废。这种教育观实属教育救国论,反映了严复对教育作用的高度重视,基本上确立了中国教育目标的近代化模式。

(二)"体用一致"的文化教育观

在确立中国未来文化教育发展的基本原则上,严复批判"中体西用"思想,主张体用不可分:"中学有中学之体用,西学有西学之体用,分之为两立,合之则两亡。"他主张"体用一致"的文化教育观,主要内容有:

1.严复肯定了西方文化的先进性和优越性,他认为洋务派所学的西学不过是抄袭西方资本主义的皮毛,孤立地学习西方的某些技术,或仅是抄袭西学的现成结论,忽视西学的整体性和发展性。真正的西学包括西方民主、政体、科学等。他倡导对西方的自然科学和社会政治学说进行一体学习,此时他的"体用一致"思想有"全盘西化"和西学自成体用的倾向。

"体用一致"还包括对西学的整体性和发展性的认识。他把近代科学按从基础到应用的层次划分为三类:玄学(逻辑学和数学)属于思维和工具学科,玄著学(物理学、化学等)属于基础理论学科,著学(天学、地学等)属于应用学科。认为这三类学科连成一体,相资为用,交叉发明。他还认为西学是一个发展的体系,可运用考察、实验、归纳等方法创造新知和验证学理,不断更新、改进和发展。

2.后来严复改变了以前"全盘西化"的倾向,提出了要构建一种融会中西、兼备体用的新文化体系的设想。认为本民族文化中经淘汰、选择保留下来的文化精华代表了民族的特色,也是吸纳西学孕育新文化体系的母体。

3.从"体用一致"等观点出发,严复设想各阶段的教学内容和方法应该是:小学阶段以十分之九的时间学习"中学",教学法应"减其记诵之功,益以讲解之业"。中学阶段西学占十分之七,中学占十分之三,主要教授西学,并且一切功课皆用洋文授课。高等学堂先经预科后进入专业学习,只设西学教习,不设中学教习。

"体用一致"的文化教育观具有较强的系统性,并初具理论形态。

(三)对传统教育的批评

严复通过对中西学风的对比,对中国传统学风进行了反省和批判。首先,他认为西学提倡独立思考的精神，不因循古人的见解，不盲从别人的结论，而中学注重知识的积累，崇尚述而不作。其次，他认为西学贵于采用观察、实验、实测、归纳等实证的方法独创新知或对前人的既成之论进行验证和质疑，而中学沉湎于对古训的考释求证，演绎发微，所做的学问表面看来十分有理，但不能深究其原因。

七、清末新政时期的教育改革

19世纪末，美国抛出"门户开放"政策，列强将中国视为可瓜分的稳定市场。1900年，八国联军攻陷北京，慈禧携光绪西逃，震撼中国朝野。其后，清政府被迫实行"新政"，改革图强，教育是其中的一部分。

（一）"壬寅学制"和"癸卯学制"的颁布

1901年，中国近代最早的教育专业刊物《教育世界》系统地介绍了日本的重要教育法规、学制等，为我国清末制定学制提供了参照蓝本。清末学制始于《钦定学堂章程》，成于《奏定学堂章程》。

1.壬寅学制。1902年，管学大臣张百熙主持拟定了一系列学制系统文件，统称《钦定学堂章程》，又称"壬寅学制"。这是中国近代第一个以中央政府的名义制定的全国性学制系统，具体规定了各级各类学堂的性质、培养目标、入学条件、在学年限、课程设置以及相互衔接关系。学制主系列划分为三段七级，蒙学堂和寻常小学堂共7年，规划为义务教育性质。它虽然正式公布，但是没有实行。

2.癸卯学制。这是我国近代由中央政府颁布并首次得到施行的全国性法定学制系统。1903年，张百熙、张之洞、荣庆拟定了《奏定学堂章程》，1904年1月颁布执行。这个章程规定了学制系统，除制定各级各类学校章程以外，还制定了学校管理法、教授法等，该学制也称"癸卯学制"。癸卯学制从纵向方面把整个学程分为三段七级：第一阶段为初等教育，包括蒙养院、初等小学堂和高等小学堂。其中，将幼儿教育机构蒙养院纳入学制系统，标志着我国学前幼儿教育已进入到国家规划发展的新阶段。初等小学堂为五年强迫教育阶段，儿童7岁一律入学。第二阶段为中等教育阶段。第三阶段为高等教育阶段。从小学堂到大学堂，学制年限有20—21年，横向方面除普通各学堂外，另有师范教育及实业教育两个系统。

清末学制具有半资本主义半封建性质，是传统性和近代性的综合产物，也是学习西方教育的系统性成果，在中国教育近代化发展中具有标志性意义。它直接参考日本，间接吸纳欧美，反映出近代资本主义教育的诸多特点：(1)仿照西方流行的三级学制系统模式，分为初、中、高等三级，规划义务教育阶段，反映了教育的普及性和平等性要求；(2)学制各阶段尤其是初等教育阶段，确立德、智、体协调发展的三育发展模式;(3)设置实业学堂,推动近代资本主义工商业发展;(4)重视师范教育,加强教师职业训练;(5)将分年课程规划、班级授课制作为基本的教学管理和教学组织形式;(6)尊重儿童个性,禁止体罚;(7)课程比重上,西学占主导地位。

但是,清末学制又有浓厚的封建性:(1)指导思想是"中体西用",首要任务是培养学生效忠封建王朝;(2)读经讲经课比重过大,所以导致学制年限偏长;(3)大学堂的入学条件仍有限制,以此维护教育的封建等级性;(4)广大妇女被排斥在学校教育之外;(5)对教职员和学生的许多规定旨在维护封建统治秩序,显示出较强的封建专制性;(6)根据学生的表现和学业程度奖励相应的科举功名,没有割断与旧教育的联系。

(二)废科举,兴学堂

1.清末科举制的弊端。首先,科举考试的步骤更加烦琐,采用八股文,越发空洞,命题不合理,形式主义严重,很难选拔到真正的人才,甚至会摧残人才。其次,科举制度在使学校完全沦为其附庸的同时,导致新式学校也成了科举的附庸,科举一直是清末影响新式学堂发展的重大障碍。最后,科举制度的腐败当时已司空见惯,严重败坏社会和学校的风气,毒害知识分子的精神面貌。

2.科举制的废除过程。清末在制定学制的同时,开始了如何处置科举考试的讨论。清末不少官员纷纷要求递减科举取士名额,1905年,袁世凯、张之洞等从维护清末统治的基点出发,奏请停止科举、兴办学校,于是光绪帝下诏"立停科举以广学校"。乡试、会试一律停考,各省岁科考试也随即停考,至此,共实行了1300多年的科举考试,终告废除。总的来看,科举制度从改革到废除共经历了三个步骤:(1)改革科举内容;(2)递减科举名额;(3)停止科举。

3.废除科举的意义。科举制度的废除有力地配合了学制颁布后兴学政策的落实,中国近代史上出现了难得的兴办学校的热潮。这为资产阶级革命派的教育改革减少了阻力,也标志着封建旧教育的结束。科举制度对我国封建社会的发展起过重大的作用,至今对我国的文化都有影响,是中国古代文化和考试文化遗产的重要组成部分,并渗透到我们今天的文化教育中,我们仍要认真对待和总结。

(三)建立教育行政体制

随着新学制的颁布实行,以及废除科举后为适应教育形式的新变化,教育的行政体制也发生了变化,以便于加强教育管理。

1.中央

1905年,清廷成立了学部,以此作为统辖全国教育的中央教育行政机关,并将原来的国子监并入学部,学部的最高长官叫尚书,首任学部尚书是荣庆。学部在整体上注意到了教育行政与教育学术的联系,注重了实业教育的地位。

2.地方

1906 年,各省设提学使司,专管全省教育事务。长官为提学使。府、厅、州、县设劝学所,为各级教育行政机关,至此形成了一套新的从中央到地方的教育行政系统。

(四)制定教育宗旨

1902 年以前,中国没有确定全国统一的教育宗旨。1906 年,针对民权思想的流行和资产阶级革命派的活动,学部明定教育宗旨,为"忠君、尊孔、尚公、尚武、尚实"。"忠君、尊孔"是中国政教所固有的,应该予以发挥,明显保留了中国传统的封建主义旧学;"尚公、尚武、尚实"是要求学生学习操练,办军事学堂,学习科技知识,以适应半殖民地半封建军事教育的要求。

这一宗旨进一步说明了中西学的关系,注意到了国民公共心、国家观念、身体素质和基本生活技能的培养,采取学用结合的教学方法。这个宗旨体现了"中体西用"的思想,是中国近代第一次正式宣布的教育宗旨。

同年,王国维提出以体育培养人的身体之能力,智、德、美三育培养人的精神之能力,相应实现真、善、美的理想,培养"完全之人物",这是中国近代史上第一次提出德、智、体、美四育并重的教育宗旨,对后来的教育目标模式的设计产生了重大影响。

(五)在学制中开放了"女禁"

继近代第一所国人自办的女子学堂——经正女学之后,全国各地不同形式的女子学校相继出现。1904 年《奏定学堂章程》明令禁办女子学堂,对女学的发展起到一定的限制作用,特别是限制了官办女学的发展。在迅速发展的形势下,《奏定学堂章程》对女学的限制越来越不得人心,振兴女学已成为不可阻挡的时代潮流。这虽然离全面开放女子学校教育相差甚远,但这是我国女子教育在学制上取得合法地位的开始。

(六)1909 年颁布了《变通初等小学堂章程》

规定根据师资和入学对象的情况,原《章程》中初等小学完全科的部分课程可以删减,初等小学简易科的年限可缩至 4 年或 3 年,课程更为简缩。这些补充和修正措施有助于扩大教育的对象和范围,促进了新式学堂的发展。

（七）1909 年对中学制度的调整

1909 年对中学制度进行了调整，实行文、实分科，课程各有侧重。

八、清末的留学教育

这一时期，因新政的实施，留学教育再掀热潮，以留学日本和美国为主。这虽非新政的内容，但却是新政直接导致的一种后果。首先是在 1906 年前后形成了大规模的留日高潮，其次是在 1908 年美国实行"退款兴学"政策后留美潮流逐渐兴起。

（一）留日教育

1896 年，中国驻日公使裕庚因使馆缺乏熟练的日文翻译，征得总理衙门同意，派 13 人前往日本学校附读，学习日本语言文字、外交知识和历史、地理、数学、物理等科目，但仅有 7 人完成了预定学业，其余 6 人中途回国。这是中国最早具有官派性质的留日学生。1901 年清廷实行新政，倡导留学，留日学生逐年增多。同时，由于受甲午中日战争刺激，中国士大夫开始认识到学习日本的必要性，且认为应将日本作为中国派遣留学生的首选国，并通过各种途径向日本派遣留学生。1905 年，清政府宣布废除科举后，士人为寻求新的出路，纷纷涌向日本，形成留日高峰。

清末留日归国学生虽然在输入近代西方科技方面整体层次不高，但他们充实了新式学堂的师资，壮大了实业技术人才的队伍，翻译了大量日文西学书籍，较广泛地传播了资产阶级思想。特别是以留日学生为骨干，形成了资产阶级革命派群体，促成了辛亥革命的爆发，对中国近代社会的变革产生了重大影响。

（二）"庚款兴学"与留美教育

在清末新政的鼓励下，中央及地方政府和机构陆续派出了一些留美学生。但留美人数的越发增加，是在美国 1908 年提出退还庚子赔款，以及清华学堂建立之后。

留日高峰的形成格外引起美国朝野的注意，他们认为这将不利于美国在华的长远利益。美国决定从 1909 年开始，将中国"庚子款"中的一部分以先赔后退的方式退还给中国，并和中国政府达成默契，将这笔钱用来发展留美教育，史称"庚款兴学"或"退款兴学"。后来这一举动被相关国家纷纷效仿。

为了实施"庚款留美"计划，中国政府专门拟定了《遣派留美学生办法大纲》，规定在华盛顿设立"游美学生监督处"作为管理中国留美学生的机构，在北京设立"游美学务处"。

"游美学务处"在直接派遣留美学生的同时，又着手筹建留美预备学校——清华学堂。清华学堂于 1911 年 4 月正式开学，民国成立后改称清华学校。清华学堂对提高中国留美学生的层次和系统引入西学起到了重要作用。

通过这次"庚款兴学"，美国的确把中国留学潮引向美国，中国留学生的流向结构从此发生了变化。

九、资产阶级革命派的教育活动

清末新政时期，出现了以推翻清政府腐朽统治为目标的资产阶级革命派。他们开展的革命教育活动形式多样，面向整个社会宣传革命思想，如创办报纸杂志、印发革命书报，以及通过兴学热潮将革命思想传播到各类官办学堂中。

同时，资产阶级革命派还创办学校和成立学会。主要有：孙中山在东京面向留日学生创办的青山革命军事学校，蔡元培等在上海创立的中国教育会和爱国女校、爱国学社，徐锡麟、秋瑾等在绍兴创办的大通学堂。这些学校起到了培养革命骨干、播撒革命种子、掩护革命活动的作用。现介绍其中著名的几所。

（一）中国教育会

1.简介：1902 年，蔡元培与上海教育界人士集议发起成立"中国教育会"，蔡元培被推为会长。教育会以教育中国男女青年，开发其知识而增进其国家观念，以为他日恢复国权之基础为目的。

2.评价：中国教育会表面上从事办理教育、编订教科书、推行函授教育、刊行丛报等工作，实际上是在暗中宣传革命，它培养了不少反清革命运动的中坚力量，对清末资产阶级革命起到了很大的宣传和组织作用。

（二）爱国学社

1.简介：爱国学社是 1902 年中国教育会为南洋公学罢课学生组建的学校。南洋公学学生因"墨水瓶事件"对南洋公学大失所望，蔡元培带领罢课学生离开南洋公学，并把学生带到中国教育会请求帮助。在教育会负责人章太炎等人的支持下，当即成立了"爱国学社"，使退学学生得以继续学习。

2.评价：爱国学社的成立开启了我国近代学生罢课并另行设校的先河。其创办的报刊成为爱国学社向社会宣传革命思想的阵地，学社的声望和影响日益增高，曾有力地声援全国各地的学潮。但这也引起了清政府的忌恨，他们逮捕了邹容和章太炎，爱国学社也被迫解散。

（三）爱国女校

1.简介：1902 年，中国教育会成立后，在蔡元培、蒋观云等人的建议下，开设女校，定名为爱国女校，首任校长蒋观云，继任蔡元培，提出以"增进女子之智、德、体力，使有以副其爱国心"为宗旨。

2.评价:爱国女校是中国教育会创办的著名革命学校,为辛亥革命培养了一批坚强的女战士。1908 年后,中国教育会被迫解散,爱国女校失去了经济支援,后来逐渐成为普通女子中学。

本章内容思维导图

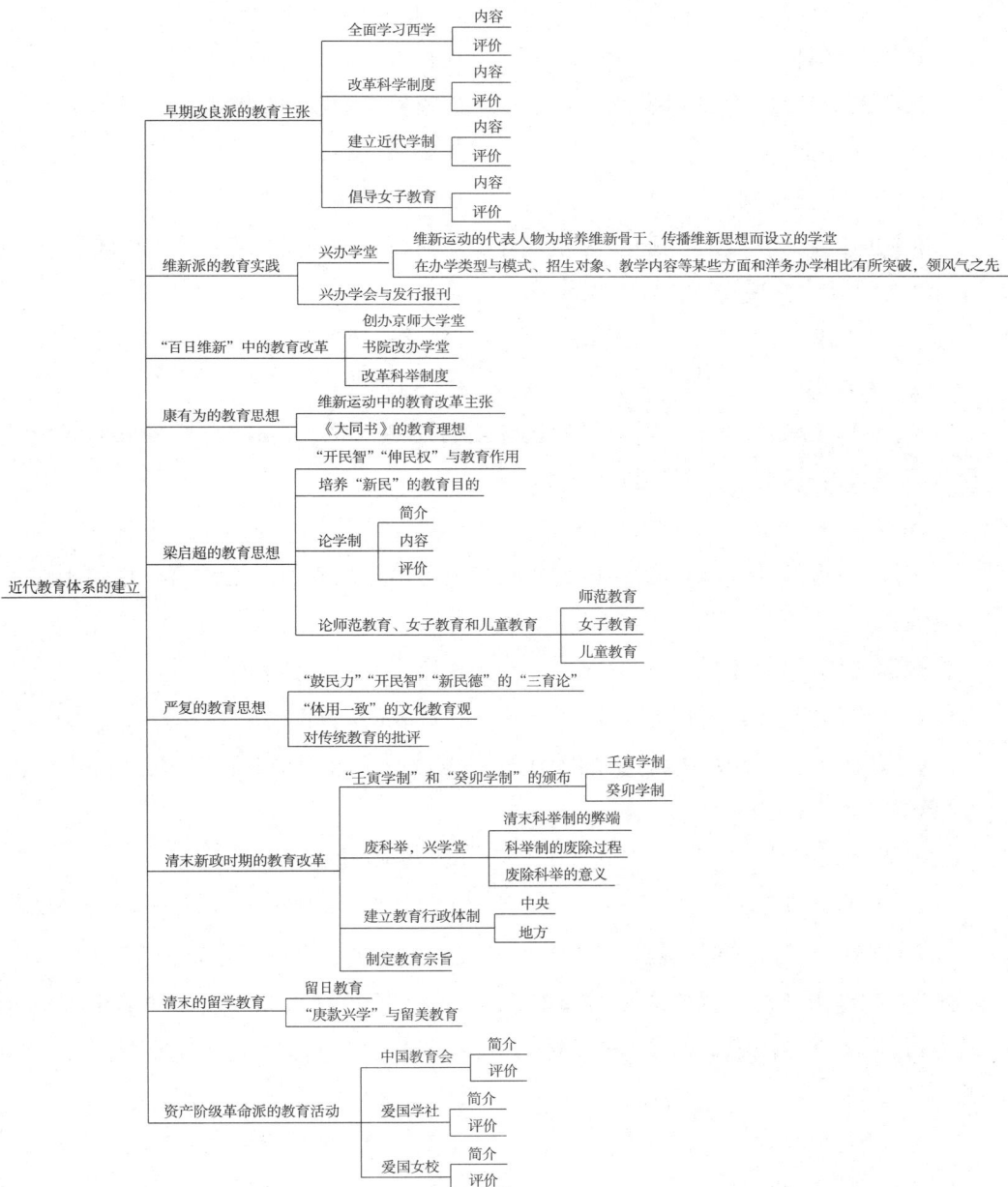

近代教育体系的建立

- 早期改良派的教育主张
  - 全面学习西学
    - 内容
    - 评价
  - 改革科学制度
    - 内容
    - 评价
  - 建立近代学制
    - 内容
    - 评价
  - 倡导女子教育
    - 内容
    - 评价
- 维新派的教育实践
  - 兴办学堂
    - 维新运动的代表人物为培养维新骨干、传播维新思想而设立的学堂
    - 在办学类型与模式、招生对象、教学内容等某些方面和洋务办学相比有所突破,领风气之先
  - 兴办学会与发行报刊
- "百日维新"中的教育改革
  - 创办京师大学堂
  - 书院改办学堂
  - 改革科举制度
- 康有为的教育思想
  - 维新运动中的教育改革主张
  - 《大同书》的教育理想
- 梁启超的教育思想
  - "开民智""伸民权"与教育作用
  - 培养"新民"的教育目的
  - 论学制
    - 简介
    - 内容
    - 评价
  - 论师范教育、女子教育和儿童教育
    - 师范教育
    - 女子教育
    - 儿童教育
- 严复的教育思想
  - "鼓民力""开民智""新民德"的"三育论"
  - "体用一致"的文化教育观
  - 对传统教育的批评
- 清末新政时期的教育改革
  - "壬寅学制"和"癸卯学制"的颁布
    - 壬寅学制
    - 癸卯学制
  - 废科举,兴学堂
    - 清末科举制的弊端
    - 科举制的废除过程
    - 废除科举的意义
  - 建立教育行政体制
    - 中央
    - 地方
  - 制定教育宗旨
- 清末的留学教育
  - 留日教育
  - "庚款兴学"与留美教育
- 资产阶级革命派的教育活动
  - 中国教育会
    - 简介
    - 评价
  - 爱国学社
    - 简介
    - 评价
  - 爱国女校
    - 简介
    - 评价

自测题

一、选择题

1.【2008年311，第18题】下列选项中，属于清末新政时期教育变革的重要举措是（　　）

A.颁布"壬子癸丑学制"　　　　　　B.确立男女同校制度

C.设立学部　　　　　　　　　　　　D.创设京师大学堂

2.【2012年311，第18题】我国最早规定义务教育阶段的学制是（　　）

A.壬寅学制　　　　　　　　　　　　B.癸卯学制

C.壬子癸丑学制　　　　　　　　　　D.壬戌学制

3.【2012年311，第17题】严复在教育作用问题上，受斯宾塞"三育论"的影响，主张"鼓民力""开民智"和（　　）

A."新民德"　　　　　　　　　　　　B."移民风"

C."增民财"　　　　　　　　　　　　D."强民体"

4.【2013年311，第19题】为了对民众进行思想启蒙，维新教育所采取的区别于洋务教育的一项重要举措是（　　）

A.改革科举　　　B.发行报刊　　　C.兴办学堂　　　D.译介西书

5.【2014年311，第21题】中国近代教育史上第一次专门讨论师范教育问题的著述是（　　）

A.张之洞的《劝学篇》　　　　　　　B.康有为的《大同书》

C.梁启超的《变法通议》　　　　　　D.严复的《救亡决论》

6.【2016年311，第19题】中国近代科举考试改革过程中，清政府正式提出设立"经济特科"是在（　　）

A.太平天国时期　　　　　　　　　　B.洋务运动时期

C."百日维新"时期　　　　　　　　　D.清末新政时期

7.【2016年311，第20题】1900年八国联军入侵北京，次年强迫清政府签订了不平等的《辛丑条约》，向中国勒索战争赔款四亿五千万两白银。出于在华长远利益考虑，后来部分国家退回了部分赔款。1911年成立的清华学堂，其经费主要来源于（　　）

A.英国退回的部分赔偿　　　　　　　B.美国退回的部分赔偿

C.法国退回的部分赔偿　　　　　　　D.德国退回的部分赔偿

8.【2020 年 311,第 19 题】将西方近代教育明确概括为"无事不学,无人不学"的早期改良派人物是(　　)

　　A.王韬　　　　　B.马建忠　　　　　C.容闳　　　　　D.郑观应

9.【2021 年 311,第 19 题】梁启超十分重视女子教育,并积极推动女子教育实践,他参与创办了(　　)

　　A.振华女学　　　B.爱国女学　　　　C.经正女学　　　D.务本女学

10.【2024 年 333,第 17 题】维新运动中首次论述师范教育,并提出师范学校是群学之基的学者是(　　)

　　A.康有为　　　　B.梁启超　　　　　C.严复　　　　　D.王韬

二、论述题

1.【2019 年 311,第 55 题】维新派相对于洋务派提出了哪些新的教育主张?产生了哪些影响?

2.【2014 年陕师大 333】简述"百日维新"中的教育改革措施。

第九章　近代教育体制的变革

一、民国初年的教育改革

1911 年 10 月 10 日爆发武昌起义,革命的烽火迅速燃遍全国。1912 年 1 月,资产阶级革命党人在南京成立了以孙中山为大总统的中华民国临时政府。自此开始了与政治上的民主共和国相对应的文化教育上的革新。

（一）制定教育方针

民国临时政府任命蔡元培为教育总长,1912 年 1 月—9 月,南京临时政府教育部正式成立。教育部成立的重要任务是为新生的资产阶级共和国的教育发展规划蓝图,其中具有战略意义的是确立民国教育方针。蔡元培于 1912 年 4 月发表了《对于教育方针之意见》,率先对民国教育方针的整体构思从理论方面进行了系统的探讨,对清朝政府颁定的教育宗旨进行了批判,响亮地宣布"忠君与共和政体不合,尊孔与信教自由相违",予以取消,对"尚公、尚武、尚实"三项加以改造,使其符合资产阶级民主主义的要求。主张对青少年进行道德教育、军国民教育、实利主义教育、世界观教育和美育,提出"五育并举"的教育方针。认为普通教育应养成国民健全之人格,专门教育应养成学问神圣之风习。

在蔡元培这一思想指导下,1912 年 7 月召开的临时教育会议讨论并通过了新的教育方针,9 月 2 日正式公布实行,新教育方针是:"注重道德教育,以实利教育、军国民教育辅之,更以美感教育完成其道德。"它基本反映了蔡元培的思想,其中,由于世界观教育意义过高,未被采纳。

这一教育方针包含了德、智、体、美四育因素,体现了受教育者身心和谐发展的思想,以道德教育为核心,将受教育者培养成为具有共和国民健全之人格作为首要任务,以军国民教育和实利主义教育引导体育和智育,对清政府的封建教育宗旨进行彻底的清算,寄希望于教育能在捍卫国家主权、抑制武人政治、振兴民族经济方面发挥基础作用。

（二）颁布"壬子癸丑学制"

1912 年 9 月初,教育部仍然在参照日本学制的基础上,结合中国的实际经验,制定了壬子学制。壬子学制公布后,1913 年 8 月,教育部又陆续公布了《小学校令》《中学校令》《大学校令》《实业学校令》等一系列法令规程,这些法令规程使壬子学制更加充实和具体,二者综合起来形成了一个全面完整的学制系统,称为"壬子癸丑学制",又称"1912—1913 年学制"。

1.学制体系:壬子癸丑学制主系列划分为三段四级。初等教育段分为初等小学和高等小学,共 7 年,不分设男校女校,初等小学(四年)为义务教育,法定入学年龄为 6 周岁。中等教育段 4 年,但专门设立女子中学。高等教育段设大学,分预科、本科、大学院三个层次。学制总年限为 17—18 年,小学之下的蒙养园和大学之上的大学院均不计入学制年限。此外,设立师范类和实业类学校。壬子癸丑学制仍保持以小学—大学教育为骨干、兼重师范教育和实业教育的整体结构。

2."壬子癸丑学制"与"癸卯学制"相比,有很大进步:(1)学制总年限缩短了 3 年,易于普及教育和平民化发展;(2)取消对毕业奖励科举,废除清末教育中的保人制度,大学不设经科,消除教育中的封建等级性、科举名位和复古气息;(3)女子享有与男子平等的法定教育权,男女儿童都要接受义务教育,初等教育阶段开创男女同校,突破了封建礼教对女性的限制,体现了资本主义文化的男女平等观念,女子教育取得一定地位;(4)不采纳清末中学文实分科的做法,取消高等学堂,只设大学预科;(5)规定一学年为三个学期;(6)课程上,取消忠君、尊孔的课程,增加自然科学课程和生产技能的训练,改进教学方法,反对体罚,教育更加联系儿童实际,适应儿童身心发展特点。

壬子癸丑学制是民国的第一个学制,比较全面地反映了资产阶级的教育要求,它是民国初期的中心学制,至 1922 年"新学制"出现以前,有过局部调整但是整体的框架不变,较以前的学制有很大的稳定性。

(三)颁布课程标准

在"壬子癸丑学制"确立之前,为了恢复各地正常的教育秩序,民国政府于 1912 年 1 月颁布了《普通教育暂行课程之标准》,这一标准成为"壬子癸丑学制"颁布后课程标准制定的基本蓝本。"壬子癸丑学制"颁布后,教育部颁布了与之匹配的课标,这些课标的特点是:

1.废止了"癸卯学制"中的"读经讲经"课。这一做法突出了近代学科和资本主义文化在教育中的地位。

2.对中国传统文化采取了批判继承的态度。例如,小学修身课突出孝悌、亲爱、信实、义勇、恭敬、勤俭等传统德目,中学修身课要求注意"本国道德之特色",大学文科中的文学、历史、哲学各门都注意对中国传统文、史、哲的教授、研究与发扬,等等。

3.注重课程的实用性、平民性和美感教育。这一课程标准提高了唱歌、图画、手工、农业等课程的地位,关注对学生的美感和情感教育,注意课程的应用性、平民化和手脑协调发展的特色。

总之,这些课程设置明确体现了民国初年的教育方针。

二、蔡元培的教育实践与教育思想

蔡元培是中国近代著名的资产阶级革命家和民主主义教育家,担任民国第一任教育总长,坚决清除教育中的封建专制主义因素,苦心规划民国教育的未来。1917年任北大校长后,他以自由、民主的原则改革北大,为中国高等教育开辟了一片天地。

(一)蔡元培与资产阶级革命教育

蔡元培的教育实践主要表现为以下五个阶段:

1.辛亥革命前,蔡元培创办革命学校。蔡元培于1901年被聘为南洋公学经济特科班总教习,常在课内课外向学生宣传爱国民权思想,使学生的民主意识明显增强。同时,他参与创办《外交报》,成立中国教育会,创办具有资产阶级革命性质的爱国学社和爱国女校。

2.辛亥革命后,蔡元培任第一任教育总长。1912年1月,蔡元培被任命为民国第一任教育总长。他主要制定了一系列教育政策、法规,尤其是他提出"五育"并举的教育思想,建立了民国的教育方针,奠定了民国教育的基本规模与发展理念。

3.再赴欧洲,推动留法勤工俭学运动。1916年,蔡元培在法国参与组织"勤工俭学会",与法国友人一道发起"华法教育会",任中方会长。这些组织直接推动了留法勤工俭学运动的开展。

4.任北大校长,改革北大。1917年,蔡元培担任北京大学校长。他对北京大学进行全面改革,使北京大学由一所痼弊缠绵的旧式学堂转变为生机勃勃的近代新型大学。他还积极参与推进高等教育和各项文化教育事业的改革,并在这一时期提出教育独立思想。

5.南京国民政府成立后,推行大学院和大学区制。1927年,蔡元培先后被任命为国民政府大学院院长、中央研究院院长等,并提出大学院和大学区制的改革思想。

(二)"五育并举"的教育方针

蔡元培在1912年发表的《对于教育方针之意见》中,从"养成健全之人格"的观点出发,提出了"五育并举"的教育思想。"五育"包括军国民教育、实利主义教育、公民道德教育、世界观教育和美感教育。文章还系统地阐述了"五育"各自的内涵、作用和相互关系。

军国民教育:主要目的是强健体魄,蔡元培认为军国民教育不是理想社会的教育,但有此主张是针对中国的现实,有寓兵于民、对抗军阀拥兵自雄、捍卫民主共和的良苦用心。

实利主义教育:以人民生计为普通教育之中坚,密切教育与国民经济生活的关系,加强职业技能的培训,使教育发挥改善人民生活和国家经济能力的作用,这是对杜威实用主义教育思想的一种概括。

公民道德教育:主要内容是资产阶级的自由、平等、博爱。他认为中国一些传统思想与资产阶级的精神是相通的,所以主张尊重继承中国传统文化,汲取有利于资产阶级道德建设的养分,将二者结合起来,培养国民的道德感。

世界观教育:这是蔡元培独创的并作为教育的最高境界。指培养人们一种立足于"现象世界"但又能超脱"现象世界"而贴近"实体世界"的观念和精神境界。

美感教育:与世界观教育紧密联系,利用美感教育去陶冶、净化人的心灵,是世界观教育的主要途径。他的教育思想和实践的一个重要特点是大力提倡美感教育,甚至有"以美育代宗教"的思想。

蔡元培强调五育不可偏废:前三者偏于"现象世界"之观念,隶属于政治教育;后两者以追求"实体世界"之观念为目的,为超越政治之教育。军国民教育为体育,实利主义教育为智育,公民道德教育为德育,美感教育可以辅助德育,世界观教育将德、智、体合而为一,是教育的最高境界。五育尽管各自的作用不同,但都是"养成共和国民健全之人格"所必需的,是统一整体中不可分割的有机部分。五育中也有重点,即必须以公民道德教育为根本。

(三)北京大学的教育改革实践

蔡元培任北大校长后,对官僚习气严重、校政腐败、制度混乱的北大进行了大刀阔斧的改革,为中国高等教育的发展开辟了新天地。主要措施有以下几个方面:

1.抱定宗旨,改变校风

他认为大学应该是"研究高深学问之地",但北大教师不热心学问,学生把大学当作升官发财的阶梯,这是北大腐败的总因。所以,他改革北大的第一步就是明确大学宗旨,为师生创造研究高深学问的条件和氛围。

第一,改变学生的观念。蔡元培对学生提出了三点要求:一是抱定宗旨,二是砥砺德行,三是敬爱师长。并将"抱定宗旨"置于首位,要求学生从此以后抱定为求学而来的宗旨,并强调对学生人格的培养。

第二,整顿教师队伍,延聘积学热心的教员。蔡元培在教师聘任上采取"学诣"第一的原则,聘任具有真才实学、热心教学、有研究学问的兴趣和能力的学者。

第三,发展研究所,广积图书,引导师生研究兴趣。蔡元培重视建设各科研究所和北大图书馆,丰富藏书,使北大图书馆成为全国高校首屈一指的图书馆。

第四,砥砺德行,培养正当兴趣。倡导成立各种学会和活动,丰富学生生活,引导学生正当的兴趣。

2.贯彻"思想自由,兼容并包"的办学原则

大学的宗旨是研究高深学问,但它不是研究某一家、某一派的学问,更不是研究被某些人指定的学问,"大学者,'囊括大典,网罗众家'之学府也"。蔡元培声明,在学术上遵循"思想自由原则,兼容并包",这是他管理北京大学的基本指导思想。各种学问在大学自由地研究和讲授,这也是各国大学的共同准则,这样大学才能对学术的发展起促进作用。

同时这一原则还体现在对教师的聘任上,蔡元培以"学诣为主",罗致学术人才,使北大教师队伍一时出现流派纷呈的局面。既集中了许多新文化运动的代表人物,也有政治上守旧而学问深沉的学者,北大呈现百家争鸣的局面,极盛一时。这一思想体现了蔡元培的资产阶级民主主义思想,在当时具有冲破封建专制思想的作用,是积极进步的。

3.教授治校,民主管理

1912年蔡元培在主持制定《大学令》时,便已经确定了教授治校、民主管理的大学校务管理原则。蔡元培主要采取了以下措施:第一,成立全校最高立法和权力机构——评议会;第二,成立全校最高行政执行机构——行政会议;第三,建立全校教务传导机构——教务会议及教务处;第四,建立主管全校人事和事务工作的机构——总务处;第五,成立各科教务管理机构——教授会。

管理体制的改革目的是把推动学校发展的责任交给教授,让真正懂学术的人来管理学校。新的管理体制的建立,改变了京师大学堂遗留下来的封建衙门作风,提高了工作效率,从而促进了学校的蓬勃发展。

4.学科与教学体制改革

第一,扩充文理,改变"轻学而重术"的思想。在学科与教学体制改革上,蔡元培认为大学应该偏重于纯粹学理研究的文、理两科,在这一思想指导下,将北大的工科停办,商科改为商业学,并入法科。同时扩充文、理两科的准专业门类,加强两科的建设,即把原来的五科改为文、理、法三科,突出文、理两科,强调基础理论的地位。

第二,沟通文理,废科设系。蔡元培强调文、理应该相互联系、相互渗透,文科里包含理科,理科里也要包含文科。同时废科设系,设系主任。

第三,改年级制为选科制。课程分为必修课、选修课和基础课三类,实行学分制,学生可以提前毕业或者滞后毕业,大大增加了教学的灵活性。选科制体现了蔡元培"尚自然""展个性"的教育思想,也帮助落实了"沟通文理"的措施,后来其他高校纷纷效仿。

此外,北大还有一些开风气之先的改革。如正式招收女生,开我国公立大学招收女生的先例。北大旁听生制度,让教学和学术活动向社会公开。还开办了不少平民学校和夜校等,努力服务于社会。这些都有力地促进了我国大学的开放性和平民化程度。

北大的改革不仅是自身面貌的变化,也是我国高等教育近代化发展中的一个里程碑。改革的灵魂是"思想自由,兼容并包"。"兼容并包"不仅包容不同的学术和学说流派、不同的人物和主张,还包容女生和旁听生。"兼容并包"也并非不偏不倚,而是有所抑扬,主要包容资产阶级思想和无产阶级的新思想、新文化和新人物。北大也成为新文化运动和马克思主义的传播中心,"五四"运动的策源地,影响远远超出教育领域。

(四)教育独立思想

"教育独立"作为一种思潮,萌发于"五四"之前,兴盛于20世纪20年代。蔡元培提出教育独立,有其深刻的社会原因。由于军阀混战,经济萧条,北洋政府无暇顾及教育,国家预算中的教育经费极低,还经常被挥霍。"五四"前后,由于政府拖欠教育经费,经常引发师生罢课、罢教。为了维持教育的正常进行,教育界发起了向北洋政府争取教育经费独立的斗争,进而形成了内容广泛的教育独立思潮。1922年3月,蔡元培在《新教育》上发表《教育独立议》,阐明教育独立的基本观点,成为教育独立思潮的重要篇章,后形成教育独立思潮。蔡元培是教育独立的积极倡导者与支持者。主要内容有:

1.教育经费独立:要求政府划出教育经费,不能移用。

2.教育学术和内容独立:能自由编辑、出版、采用教科书。

3.教育行政独立:专管教育的机构不能附属于政府部门之下,要由懂得教育的人担任,不因政局的变动而变化。其原因有以下几点:第一,教育要求平衡发展人的个性与群性,而政党要求抹杀人的个性,服从政党;第二,教育求远效,政党求近功;第三,当时,各政党更迭频繁,影响教育稳定发展。

4.教育脱离宗教而独立:教育不必依存于某种信仰或观念。其原因有以下

几点:

第一,教育求进步,宗教为保守;第二,教育是共同的,要求相互交流,宗教妨碍文化交流;第三,基于当时社会现实,反对帝国主义文化侵略。

影响:在当时国家衰落的国情下维持教育基本生存状态,有合理性。但是这种教育脱离政治、脱离政党的主张是一种历史唯心主义的观点,教育不可能完全独立于政治。这是蔡元培对当时政治状况的无奈反抗,反映了他反对军阀控制教育、希望按教育规律办教育的美好愿望。而教育脱离宗教的主张又含有反对帝国主义文化侵略的革命意义。

【2013 年,第 21 题】20 世纪 20 年代的教育独立思潮,除要求教育经费独立、教育行政独立、教育脱离宗教而独立之外,还要求(　　)

    A.教育立法独立　　　　　　　　B.教育教学权独立

    C.教育内容独立　　　　　　　　D.教育督导独立

【解析】C

1922 年,蔡元培发表《教育独立议》,阐明教育独立思想,教育独立包括教育经费独立,教育行政独立,教育学术和教育内容独立,教育脱离宗教而独立。故选 C。

三、新文化运动时期和 20 世纪 20 年代的教育思潮与教育改革运动

新文化运动时期各种教育思潮、教育运动和教育实验层出不穷,大大促进了中国近现代教育的发展。它们都有一个显著特点:将教育和救国联系在一起。

(一)新文化运动促进教育变革

"五四"时期是中国近代史上一个重要的转折时期,新旧文化激烈冲突,思想革命波澜壮阔,预示着传统文化发生巨大变革的历史时机已经到来。袁世凯上台后,出于复辟的需要,竭力推崇孔孟之道,下令提倡"孔教",并恢复了尊孔读经。复古主义教育回潮,一开始就受到以孙中山为代表的资产阶级革命派的反击。随后,以陈独秀、李大钊、胡适等一批激进的民主主义者为核心,以《新青年》杂志为阵地,对封建礼教进行了有力地抨击,揭示了封建礼教对人性的残害和阶级压迫的本质。新文化运动之所以能以前所未有的深度批判封建道德和专制制度,是由于新文化运动的闯将中有李大钊、陈独秀等初步接受了马克思主义的早期共产主义者。他们已经开始学习运用历史唯物主义观点分析和解释社会与教育现象,运用

经济基础和上层建筑的关系原理对儒家学说的历史作用以及其产生、发展与没落的历史命运做出说明。因此,要反对复辟,便必然要反对尊孔读经,反对封建道德的专制统治,反对孔孟之道。新文化运动中的民主斗士还敏锐地洞察了以"中体西用"为指导思想的封建传统教育的致命缺陷,从目的、内容、方法等方面对中国教育现状做了深刻批判,力图以包含人权、自由、平等等民主思想和重视科学技术、崇尚自然、讲究实用等科学精神的新教育取代迷信权威、压抑个性、脱离实际、忽略身心的旧教育,为新教育观念的形成做准备。

在此基础上,新文化运动促进了中国教育观念的变化,以教育的个性化、教育的平民化、教育的实用化、教育的科学化为追求。

【2015年311,第22题】中国近现代教育史上,政府通令国民学校废止文言文教材,代之以现代语体文是在(　　　)

　A.清末新政时期　　　　　　B.南京临时政府时期

　C.北洋政府时期　　　　　　D.国民政府时期

【解析】C

1919年新文化运动时期,学校教育开始逐步推行白话文和国语。1920年,教育部通令规定,凡国民学校都废止所用文言文教材,代之以现代语体文。1922年,停止使用一切文言文教科书。至此,国语教学和白话文教材在学校教学中的位置得以确立,此时属于北洋政府时期。故选C。

(二)平民教育思潮

倡导平民教育,是新文化运动中的民主思潮在教育领域里的反映和重要组成部分。投身平民教育运动的有:具有共产主义思想的知识分子、小资产阶级知识分子和资产阶级知识分子。他们的共同点是批判传统"贵族主义"的等级教育,破除千百年来封建统治者独占教育的局面,使普通平民百姓享有受教育的权利,获得知识文化,改变生存状况。但由于政治立场、思想倾向等的不同,平民教育思潮和运动的各个派别在平民教育的内容、目的和方法上又表现出相当大的差异。大致可以分为以下两个部分:

1.一部分以陈独秀、李大钊、邓中夏等初步具有共产主义思想的知识分子为代表,主张向平民普及教育,提倡教育平等。他们认为平民教育必须符合劳动人民谋求自身解放的根本利益,应该与破除阶级统治的革命斗争同时进行。要真正解决平民教育问题,必须先解决经济和政治制度问题,只有在无产阶级革命取得胜利的条件下,工农劳苦大众才能获得受教育的权利和机会。

具体实践包括:(1)1919年,毛泽东在湖南第一师范学校开办工人夜校;(2)1919年,邓中夏发起组织了"平民教育讲演团"并负责筹备了长辛店劳动补习学校。早期共产主义者的平民教育逐渐发展成了共产党领导下的革命工农教育。

2.另一部分以资产阶级和小资产阶级知识分子为代表,在杜威民主主义教育思想的影响下,把平民教育视为救国和改良社会的主要手段,肯定劳动人民受教育的权利,并且希望通过平民教育来实现平民(民主)政治。

具体实践包括:(1)北京高等师范学校的师生于1919年组织了平民教育社,这是体现平民教育思想的最早团体;(2)朱其慧、陶行知、晏阳初于1923年组织成立了中华平民教育促进总会,向全国推广平民教育,晏阳初还主编了教材《平民千字课》,不久,资产阶级的平民教育运动达到高潮。

意义:这一时期的平民教育活动,使平民受到了一定程度的文化知识教育,扩大了教育对象,在一定范围内普及了教育,但在城市收效不大,后移向乡村。1927年平民教育运动的主流地位逐渐被乡村教育运动所取代,最终融入30年代流行一时的乡村教育运动。

(三)工读主义教育思潮

工读主义思想萌发于第一次世界大战期间,蔡元培、吴玉章、李石曾等人对旅法华工的教育活动。后受国际工人运动、劳工神圣思想及新文化运动的影响,渐次形成。其基本内涵是"以工兼学、勤工俭学、工人求学、学生做工、工学结合、工学并进,培养朴素工作和艰苦求学的精神,以求消除体脑差别"。在这一思潮的影响指导下,出现了工读互助的教育实践活动。由于提倡者和参加者思想立场的差异,在工读的旗号下形成了关于工读目的、意义的不同主张。大致分为以下四种思想和实践活动:

1.1919年由匡互生、周予同等北京师生发起组织工学会,倡导工学主义。主张把工学看作实现民主自由、发展实业、救济中国社会的武器。工学会要将工和学并立,做工的人一定要读书,读书的人一定要做工。

2.少年中国学会成员王光祈发起组织北京工读互助团,代表着更为激进、影响也更大的派别。王光祈将工读视为实现新组织、新生活、新社会的有效手段。

3.以李大钊为代表的初步具有共产主义思想的知识分子,一方面提出了工人和农民的工读问题,另一方面也支持青年学生的工读互助实验,尤其号召知识青年到工农中去,初步提出了知识分子与工农结合的思想。

4.以胡适、张东荪为代表的一派人,可称为纯粹的工读主义者,他们把工读单纯看作是解决青年失学问题的好方法,将工读看作是纯粹的经济问题,不承认其改造社会的功能。

各种工读主义思想虽各有侧重,但又相互渗透,对教育和社会改革做出了有益的探索。到 20 世纪 20 年代中期,工读主义渐趋沉寂。

(四)职业教育思潮

职业教育思潮是由清末民初的实利主义和实用主义教育思想发展演变而来的。民国初年蔡元培将实利主义列入资产阶级的教育方针;陆费逵指出中国教育在三方面亟须注意改进,即国民教育、职业教育、人才教育,其中"职业教育以一技之长可谋生活为主"。在对职业教育概念的最早阐述上,涉及授人一技之长和促进实业发展这两点职业教育思潮的基本内涵。

1.实践

(1)1915 年起"全国教育会联合会"多次提出推行职业教育的议案,早期主张实用主义教育的人士大多转而提倡职业教育,思潮逐步形成。

(2)1917 年黄炎培发起组织中国近代第一个研究倡导实验和推选职业教育的专门机构——中华职业教育社,进一步从理论上探讨、在实践中推选职业教育,将职业教育思潮推到高潮。

(3)1918 年中华职业教育社在上海创办中华职业学校,通过学校教育形式开展职业教育实验。

2.意义

职业教育思潮及其运动开展的结果,不但产生了系统的、有中国特色的职业教育理论,而且大大促进了中国的职业教育事业,对 1922 年"新学制"影响甚大。30 年代中期,职业教育思潮趋于消沉。

(五)实用主义教育思潮

"五四"运动前后,杜威的实用主义思想经蔡元培、黄炎培、胡适、陶行知等的介绍,在中国流行起来。人们对"实用主义"教育产生兴趣,源于 1913 年黄炎培发表的《学校教育采用实用主义之商榷》一文。在"五四"前后,尤其是杜威来华讲学后,实用主义教育成为全国范围内很有影响的教育思潮。他们主张教育与儿童实际生活紧密相联,宣传教育救国。

1.形成原因:杜威的思想适应了中国国内希望社会改良的要求和教育救国、教育改革的主张,实用主义教育信条——教育即生活、教育即生长、学校即社会、从做中学等传播开来。其中，教育即生活、学校即社会、儿童中心正符合了教育救国和改革传统教育的需要。

2.意义：实用主义教育思潮是从"五四"到新中国成立前最重要的资产阶级教育思潮，传播极广，影响超过任何一种教育思潮。实用主义教育思潮的兴起，既与新文化运动后引进西方文化的开放态势有关，又与当时的教育状况有关。实用主义教育思潮说明了中国教育观念的转变，在教育理论和教育实践中的反映都十分显著。

（六）勤工俭学运动

1.辛亥革命前，随着大批青年自费出国留学，自费留学生中出现"俭学"之风。同时在法国的李石曾通过"兼工与学"使来自农村的华工得到教育。受此启发，1912年李石曾、吴玉章、蔡元培等在北京发起"留法俭学会"并设预备学校，目的是大兴苦学之风，输世界文明于国内，以改良中国社会，造就新社会、新国民。勤工俭学运动逐步发展起来，其中以留法勤工俭学为主。

2.1915年蔡元培、李石曾、吴玉章等人在法国创立"勤工俭学会"，明确提出"勤于工作，俭于求学，以进劳动者之智识"为宗旨。在华工教育中创造了半工半读的教育形式，产生了最初的工读主义教育思想。同时，把做工和学习科学技术知识结合起来，突破了原有的以识字、写字为主的国民教育范畴。1916年，法国政府招募10多万华工赴法，为了组织和领导华工的教育和学生出国留学与谋工，蔡元培、吴玉章等在巴黎发起组织"华法教育会"，在国内各地办留法预备学校，以勤工俭学的方式吸引贫苦有志青年赴法留学。这两项活动为留法勤工俭学运动的大规模兴起创造了条件。

3. 1919年至1920年年底，留法勤工俭学达到高潮。早期共产主义者是此阶段留法勤工俭学运动的主要发起组织者和参与者，李大钊、毛泽东、吴玉章是发起组织者。至此，勤工俭学运动的内容与性质都发生了变化，从通过勤工俭学以维持学业，提高到俭学与勤工相结合，探索改造中国与世界的出路的认识高度。因此，留法学者表现出了很强的政治意识，组织中国社会主义青年团，宣传马克思列宁主义。

留法勤工俭学运动结束于1925年前后。这场运动最初是一场以输入西方资本主义文明为指导思想，以教育救国和实业救国为主要追求，以工读结合为手段的教育运动。在此过程中，广大青年和知识分子认识到劳动、教育与生产劳动相结合的伟大意义，是一次知识分子与工人群众相结合、脑力劳动与体力劳动相结合、教育与生产劳动相结合的实践尝试；同时对留学教育事业的发展，对西方教育思想的引进，对中国现代多方面专业人才的培养，产生了积极影响。可以说勤工俭学运动是工读主义教育思潮的一次大规模实践。

(七)科学教育思潮

科学教育思潮在新文化运动期间盛极一时,以任鸿隽为代表的中国科学社和《科学》杂志倡导科学教育,主张将科学内容与方法渗透到各项社会事业中。该思潮认为科学教育的基本内涵是:(1)"物质上之知识"的传授;(2)应用科学方法于教育研究和对人的科学精神、科学态度的训练。主要以后者为重。

科学教育思潮的主要流派有:(1)以任鸿隽为代表的中国科学社和《科学》杂志;(2)以陈独秀为代表的激进民主主义者,通过文化反思倡导科学启蒙,主张以理性态度看待中国传统教育,建设未来教育;(3)以胡适为代表的实证主义,将科学的方法理解成"大胆地假设,小心地求证",以之为解决一切学术和社会问题的有效方法,是一种较为具体的科学教育主张。

"五四"以后,科学教育运动在西方学者和科学成果的推动下得到较为广泛的开展,主要表现在两个方面:第一,科学的教育化。提倡学校中的科学教育,即按照教育原理和科学方法进行教育,培养学生科学的知识技能和态度,即科学的教育化趋势。第二,教育的科学化。提倡以科学的方法研究教育,包括儿童心理和教育心理的研究、各种心理和教育统计与测量的试验,以及量表的编制应用。

科学教育思潮对中国教育的促进作用:(1)以科学的方法研究教育蔚然成风,教育及心理测量、智力测验、教育统计、学务调查在 20 世纪 20—30 年代的中国教育界成为十分流行的研究手段;(2)各种新教学方法的试验广泛开展——道尔顿制、设计教学法、蒙台梭利教学法、自学辅导主义等,为人们耳熟能详;(3)高校中培养教育学科专门人才的学科和专业开始设置。

(八)国家主义教育思潮

国家主义教育思潮是一种具有强烈资产阶级民族主义色彩的社会思潮,于 20 世纪 20 年代初在中国兴起,其内涵为:第一,教育是国家的工具,教育目的对内在于保持国家安宁和国家进步,对外在于抵抗侵略、延存国脉;第二,教育是国家的任务,教育设施应完全由国家负责经营办理,国家对教育不能采取放任态度。其主旨在于以国家为中心,反对社会革命,通过加强国家观念的教育来实现国家的统一与独立。

国家主义教育思潮最初产生于 18 世纪末的欧洲,新文化运动中一度中衰。1922 年以后,国家主义以新面目出现,代表人物多是归国的留学生,如曾琦、左舜生、李璜、余家菊、陈启天等。1923 年,曾琦、李璜在法国成立"国家主义青年团",开始有组织地宣传国家主义。同年,余家菊和李璜合著《国家主义的教育》,标志着国家主义教育思想的重振，引起全国教育界的注意和讨论。1924—1925 年国家主义教育思潮盛极一时，国家主义教育派共同促成了 20 年代的国家收回教育权运动，促进了学校中军国民教育和爱国教育的加强，也促成了中华教育改进社一度以国家主义为教育宗旨。

国家主义教育思潮的目的是培养具有爱国精神和国家意识的好国民。它批评新文化运动中的平民主义教育，认为追求学生个性发展的思想会造成教育的混乱局面，不利于救国。可以看出，国家主义教育思潮本质上是一种教育救国论，甚至一概而论地反对教育的政治和党派性，与教育民主观相抵触，受到了马克思主义者的批判。随着北伐战争的胜利，国民党严禁国家主义，国家主义思想就此消沉。

【2024 年 311，第 21 题】国家主义教育思潮具有资产阶级色彩，以下不属于其特点的是（　　）

A.教育是国家的"工具"，教育通过传播国家观念实现国家统一和独立

B.教育设施完全由国家进行经营和办理

C.教育是社会需要的产物，不是个人理想的产物

D.教育为国家培养完全人格的个体

【解析】D

国家主义教育思潮的特点包括：（1）教育是国家的工具。教育事业对内保持国家安宁和谋求国家进步，对外抵抗侵略、延存国脉。（2）教育是国家的任务。教育设施应完全由国家负责经营和办理，国家对教育不能采取放任态度。（3）教育以国家为中心。教育是社会需要的产物，不是个人理想的产物。所以，教育应该加强国家观念，以实现国家的统一与独立。故选 D。

（九）学校教学改革与实验

1.现代西方教学理论在中国的传播

受新文化运动思想解放潮流的激荡，受实用主义教育、科学主义教育的影响，在学校、课程与教材改革的推动下，一场改革教学法的运动在 20 世纪 20 年代逐渐形成高潮。在近代，输入中国最早的是赫尔巴特教学法。赫尔巴特的"五段教学法"以学生的心理过程为依据，强调教师的主导作用，注意课堂教学形式的组织和规范化。这种教学法虽然给教师的教学带来了便利，但其本身的缺陷和机械地运用，与传统的注入式讲授法共同影响了教学质量，压抑了学生的个性。

20 世纪初,美国和欧洲的一些国家兴起了进步主义教育运动,猛烈冲击"以教师为中心""以课本为中心"的课堂教学模式,形成了"以儿童为中心""以活动为中心"的关注学生兴趣和个性发展的教学思想和教学方式,新文化运动掀起的思想解放潮流,加速了中国教育界对进步主义教育思想与方法的引进,从 1916 年起,中国的教育杂志和报纸开始介绍进步主义教育思想的代表人物杜威的学说。

1919 年,杜威来华讲学,在中国逗留长达两年,掀起了中国教育界宣传、介绍和运用实用主义教育理论的高潮;1921 年,孟禄来华,倡导平民主义教育思想;1922 年,麦柯尔、推士来华,指导编制心理与教育测验,并指导学校搞实验;1925 年,帕克赫斯特来华,推行"道尔顿制";1927 年,克伯屈应中华教育改进社之邀来华,宣传"设计教学法",并参观晓庄师范学校附小的实验,出版了《克伯屈讲演集》。

学校教学改革和实验主要表现在以下方面:(1)重视实验心理学研究;(2)普遍设立实验学校;(3)开展教学方法的试验;(4)实验课程趋于完备,各级各类学校都有专门的实验或观察课程。

2.设计教学法

设计教学法是克伯屈依据杜威问题教学法和桑代克行为主义心理学而创造的一种教学方法,主张由学生自发地决定自己的学习目的和内容,学生在自己设计、自己实行的单元活动中获得有关知识并形成解决实际问题的能力。它主张从实际生活中获取学习材料,打破教学科目的界限,摈弃教科书,强调教师的责任在于利用环境去引发学生的学习动机,并帮学生选择活动所需要的材料。这一教学法重视学生学习的主动性和独立性,强调学生的学习动机与兴趣,注重教学与学生生活紧密联系,摒弃传统教学形式主义,因符合国内教育界改革教学的强烈愿望,而深受重视。设计教学法于 1917 年输入中国后,就不断有学者予以介绍。1921 年,全国教育会联合会议决《推行小学设计教学法案》,1922—1923 年设计教学法实验便在全国进入高潮,有关设计教学法的出版物也大量涌现。

由于设计教学法本身所存在的理论偏差,加之时局动荡,这一方法在 1924 年后渐趋沉寂。然而,设计教学法在中国的影响是持久的,直至 1949 年,设计教学法始终是我国教育理论界和师范学校中小学教学法研究中的一项重要内容。

3."道尔顿制"

道尔顿制是相对于班级授课制的一种个别教学制度,创始人是美国进步主义教育家帕克赫斯特女士,产自 1920 年应邀在马萨诸塞州道尔顿中学所进行的实验。道尔顿制主张破除班级授课制,在规定时间内,让学生自订计划,自行学习;将教室改为各科作业室,按学科性质陈列参考书与实验仪器;废除课堂讲授,将学习内容制成分月作业大纲;学生与教师订立学习公约后,可以各自按兴趣自由支配时间,安排学习;教师只是作为各作业室的顾问;设置成绩记录表,由教师和学生分别记录学习进度,速度快的可以提前更换公约,并缩短毕业年限。

1922年,道尔顿制被介绍到中国,次年10月舒新城率先在上海吴淞中国公学中学部试行。1923年全国教育联合会通过了《新制中学及师范学校宜研究试行道尔制案》的决议,要求在研究基础上逐渐推广道尔顿制。1925年帕克赫斯特访问中国,将道尔顿制的宣传和试行活动推向高潮,20世纪20年代后这一试验逐渐停止。

4.“文纳特卡制”

文纳特卡制是比道尔顿教学法更为激进的一种个别教学方法(也叫适应个性教学法),由美国教育家华虚朋创造。文纳特卡制设定了四个目标:一是给儿童以优美的快乐生活,二是充分发展儿童的个性,三是个人的社会化,四是养成儿童普遍必需的知识和技能。依据这四个目标,文纳特卡制把课程分为两个部分。第一部分为儿童将来生活必需的知识和技能,如阅读、拼字等。这类课程还是学科课程,安排在上午进行,要求每个儿童在个别化教学中学得十分纯熟。第二部分是创造性地参与社会的活动,使儿童个人的能力和社交意识得到发展,如音乐、美术、文学欣赏和各种创造表演等,不必使全体儿童有统一的态度和统一程度的熟练性。这一部分的课程属于“活动课程”,安排在下午进行。就儿童个人来说,这一部分课程可以发展个人的才能,是一种创造表演;而就团体来说,可以培养社会意识、团队和协作精神。

文纳特卡制在学科教学中倡导个别化自学,对教师有很高的要求。至于活动课程,主要是学生的团体活动和创造性表演活动。其目的是“使儿童表现自己”,以起到“教育的功能”。文纳特卡制完全打破班级教学,谋求彻底的个别化教学,且没有年级的编制。与道尔顿制相比,文纳特卡制显然要更成熟,它既注重儿童的个性和自由,又强调儿童的团体意识和社会化过程。1928年文纳特卡制传入中国,1931年华虚朋来华讲学,但文纳特卡制并没有像道尔顿制那样引起广泛的兴趣。一方面,文纳特卡制对学生的自学能力要求较高,缺少教师的直接讲授,导致学生不易获得系统扎实的基础知识;另一方面,经过此前的设计教学法和道尔顿制实验,人们对西方新教学方法的热情减退,甚至出现了质疑,因而导致对文纳特卡制的使用与运用相对较为谨慎。

四、教会教育的扩张与收回教育权运动

（一）教会教育的扩张与变革

20 世纪 20 年代,在华外国教会已经建立起了一个从初等教育到高等教育,并包括各种专门教育的相互衔接的庞大的教会教育系统。招生升学、课程教材、考试毕业等自成体系,严重侵犯了中国教育主权。

进入 20 世纪后,教会学校在数量和办学层次上都有所发展,并形成了一个完整而独立的办学体系。据统计,1920 年,全国基督教学校学生数比 1912 年翻了一番。特别值得注意的是教会大学的发展——1921 年全国公立大学仅北京大学、山西大学、北洋大学 3 所,私立大学也只有 5 所,而教会大学却有 16 所之多。所有这些教会学校都是由相应的差会(教会的一种宣教组织)设置,无一向中国政府立案注册,其招生升学、课程教材、考试毕业等自成体系,堪称中国教育领域中的"独立王国"。

（二）收回教育权运动

1.收回教育权运动的过程

1922 年 3 月,蔡元培在《新教育杂志》上发表《教育独立议》,极力主张教育脱离政党与宗教而独立,率先举起反基督教教育的大旗。当时由于"世界基督教学生同盟会"要在北京清华学校举行第 11 次大会,讨论"如何宣传基督教于现代之大学生""学生生活基督化"等问题,引起社会的普遍反对。针对这些问题,北京、南京以及上海组织了"非基督教学生同盟"与之对抗,广泛宣传和演讲,第一次在中国公开揭露基督教的反动本质和在教会学校里进行的文化侵略。

1923 年 9 月,余家菊在《少年中国》月刊上发表《教会教育问题》一文,首先提出了"收回教育权"的口号,要求对教会学校"施行学校注册法"。在社会各界特别是教育界和学生界引起强烈反响。

1924 年 6 月,"广州学生收回教育权运动委员会"宣告成立。

1924 年 7 月,中华教育改进社在南京开会,讨论外人在华设学和收回教育权问题。10 月,全国教育会联合会在开封召开年会,通过《教育实行与宗教分离》和《取缔外人在国内办理教育事业》。

2.收回教育权运动的结果

1925 年,收回教育权运动在五卅运动中达到高潮,全国各地学生举行了声势浩大的游行示威,教会学校学生纷纷退学,一些知名学者也振臂呐喊,声援学生运动。政府迫于压力,也采取了一些实际行动,1925 年 5 月,浙江省发出通令,禁止全

省所有学校宣传宗教。11 月 16 日,北洋政府教育部颁布《外人捐资设立学校请求认可办法》,其主要内容有:(1)外国人在中国办学要遵守中国法令;(2)教会学校要由中国人任校长;(3)学校董事会里要由中国人占多数;(4)不得传播宗教;(5)课程要遵照教育部颁发的课程标准;(6)学校名称上要有私立字样。这个文件的颁布与执行是收回教育权运动最大的实际性成果。

3.收回教育权运动的意义

尽管收回教育权运动没有彻底收回教会学校的教育权,但是它使中国人民对教会教育有了清晰的认识,使教会教育的发展受到了遏制,淡化了宗教色彩,教育职能得到一定程度的强化。收回教育权运动是教会教育走向本土化和世俗化的必不可少的前奏,具有深远的历史意义。

五、1922 年"新学制"

(一)"新学制"的产生过程

"壬子癸丑学制"经过几年的实施,出现了整齐划一有余而灵活性不够、中学的修业年限太短且偏重于普通教育而对学生职业技能的训练不够等缺点。1915 年,在全国教育会联合会第一届年会上,湖南省教育会提出了改革学制系统的议案。在以后的几届年会上,陆续有学制改革的议案提出。经过比较长的一段时间的准备,在 1921 年 10 月的第七届年会上,确定以"学制系统案"作为大会的中心议题,最后通过了《学制系统草案》。会后,联合会将讨论通过的草案全文公开发表,向全国广泛征求意见,从而引起了全国范围的学制改革讨论。北洋政府教育部于 1922 年 9 月召开了专门的学制会议,对全国教育会联合会通过的草案提出了修改意见,并于 1922 年全国教育会联合会第八届年会上通过了《学校系统改革案》,随后以大总统的名义颁布施行。这个学制被称为"新学制",或叫"壬戌学制"。又因有小学六年初中和高中各三年的分段形式,故称"六三三制"。

(二)"新学制"的标准和体系

1."新学制"的七项标准

受实用主义思想的影响,"新学制"不定教育宗旨,而以七项标准作为指导,"新学制"的标准为:(1)适应社会进化之需要;(2)发扬平民教育精神;(3)谋个性之发展;(4)注意国民经济力;(5)注重生活教育;(6)使教育易于普及;(7)多留各地伸缩余地。七项标准是"新学制"的指导思想,体现了民主与科学的精神,对民国之后的教育改革产生了深远影响。

【2025年333，第19题】1922年北洋政府颁布新学制，在《学校系统改革案》基础上，增加了一项新标准。该标准是（　　）

A.重视预科教育　　　　　　B.加强理科教育

C.强调升学教育　　　　　　D.注重生活教育

【解析】D

记忆题，此题考查1922年"新学制"。1922年"新学制"以七项标准作为指导：(1)适应社会进化之需要；(2)发扬平民教育精神；(3)谋个性之发展；(4)注意国民经济力；(5)注意生活教育；(6)使教育易于普及；(7)多留各地伸缩余地。其中以《学校系统改革案标准》以《学校系统改革案》为基本，再加上"注意生活教育"一项，因此，答案选D。

2.学制体系

1922年的"新学制"与以往学制相比，在指导思想、整体结构和具体条款上都有独特的长处和显著的进步。"新学制"以儿童身心发展规律为依据，采用"六三三制"分段标准，将学制划分为三段，纵向看，小学6年，其中初级小学4年（义务教育阶段），高级小学2年；中学分为初、高中，各3年；大学4—6年。小学之下有幼稚园，大学之上有大学院。横向看，与中学平行的有师范学校和职业学校。

学制还有《四项附则》规定：注重天才教育，得变通年限及教程，使优异之智能尽量发展；对于精神或身体上有缺陷者，应施以相当之特种教育；为青年个性发展，采用选科制；对年长失学者，给予补习教育。

(三)"新学制"的特点

1.第一次依据我国学龄儿童的身心发展规律划分教育阶段，学制仿照美国的"六三三学制"，基本上是依据我国青少年身心发展的特点来划分的，这在中国近代学制发展史上是第一次。

2.初等教育缩短小学年限，更加务实合理，利于普及。幼稚园纳入初等教育阶段，使幼儿教育与小学教育得以衔接，确立了幼儿教育在中国教育史上的地位。

3.中等教育是改革核心，是"新学制"中的精粹。(1)延长中学年限，初中和高中各3年，提高中等教育的程度，克服旧学制中中学只有4年而造成基础教育浅显的缺点，改善中学和大学的衔接关系；(2)中学分为初、高中，不仅增加了地方办学收缩余地，也增加了学生的选择余地；(3)中学实行分科制和选科制，力求使学生有较大的发展余地,适应不同发展水平学生的需要。

4.高等教育缩短年限,取消大学预科,使大学不再担任普通教育的任务,有利于大学进行专门教育和科学研究。

5.增强职业教育,最明显的特点是兼顾升学与就业。小学高级阶段要求根据各地情形增置职业教育准备;在中学开设各种职业科,使学生既能准备升学,也能准备就业。

6.师范教育方面(6年)程度提高,设置灵活,设师范大学,并在大学设教育科。

(四)"新学制"的课程标准

在学制改革的同时,全国教育会联合会还组织了"新学制"的课程标准起草委员会,并于1923年公布了《新学制课程标准纲要》(以下简称《纲要》),对小学、初中、高中的课程设置做了规定。《纲要》规定,小学设立国语、算术、卫生、公民、地理、历史(公民、地理、历史三科初小合并,称"社会")、自然、园艺、工用艺术、形象艺术、音乐、体育。初中课程分为两类:一是必修课,二是选修课。必修课有公民、历史、地理、国语、外语、算学、自然、艺术、体育。从初中开始实行学分制,初中三年学满180学分后可以毕业。其中必修课占164学分,其余为选修课。高中因为实行分科制,课程分为公共必修课、分科专修课和纯选修课三类。公共必修课包括国语、外国语、人生哲学、社会问题、文化史、科学概论、体育,这些是不管哪一科都要修的科目。分科专修课反映不同的科目特色,纯选修课反映各人不同的爱好。高中修满150学分后可以毕业。其中公共必修课67学分,纯选修课一般不超过30学分。

(五)"新学制"评价

比起前两部学制,无论是指导思想上,还是整体结构上,"新学制"都有进步。表现在:

第一,指导思想注重教育和社会的联系,强调发展儿童个性,有民主气息和科学精神。

第二,整体结构缩短了小学年限,延长了中学年限,同时将中学分为两段,有利于普及初等教育,提高中等教育水平。各个层次上的职业教育都兼顾学生升学和就业两种准备。

第三,注重学制的弹性和多样性,以适应国情需要。

1922年"新学制"在学年分段形式、各阶段年限、中等教育模式等方面采用了美国当时还处于探索试验中的"六三三制",是中国近代学制改革由日本转向美国寻求借鉴的标志。虽然说还带有一定程度的模仿痕迹,但从制定过程来看,确实经过了长期酝酿和广泛讨论,在一定程度上集中了教育界的智慧与经验,既考虑到了我国民族工业的发展对教育的要求,又适应了学生的个性发展,也考虑到了学龄儿童的身心发展特点和年龄分期问题。正是这一学制,在一定程度上符合了教育规律,从而成为我国近代以来最主要也是最稳定的学制模式。1922年"新学制"的颁布,标志着中国近代教育发展到了一个新阶段。

> 【2024年311,第6题】我国确立现代教育制度始于清末,在20世纪上半叶,颁布了四种学制。下列说法正确的是(   )
>
> A."壬寅学制"是我国第一个实施的学制
>
> B."癸卯学制"将学制划分为三段七级
>
> C."壬子癸丑学制"将中学划分为初、高两级
>
> D."壬戌学制"规定小学男女同上学堂
>
> 【解析】B
>
> "壬寅学制"是我国第一个颁布的学制,但是并未实施。"癸卯学制"将学制划分为三段七级。"壬子癸丑学制"将初等教育分为初等小学校(4年)和高等小学校(3年),且"壬子癸丑学制"规定男女儿童都要接受义务教育,初等阶段开创男女同校。"壬戌学制"并没有规定小学男女同上学堂。故选B。

六、新民主主义教育的发端

新民主主义教育是在新民主主义革命时期,由中国共产党领导的以马克思主义为指导的人民大众反对帝国主义、封建主义和官僚资本主义的教育,即民族的、科学的、大众的教育。

(一)早期马克思主义者的教育思想

1.早期马克思主义者的教育活动

(1)留法勤工俭学运动

最初产生于1912年,以勤工俭学方式吸引贫苦有志青年赴法留学,其目的是学习西方的文明、科学技术,以此来使"图中国道德、知识经济之发展"。

"五四"运动以后,由于一批早期共产主义者的参加,勤工俭学运动的性质和内容发生了变化,规模也扩大了,1919—1920年达到高潮,参加赴法留学者一千六百多人。

早期共产主义者是抱着学习马克思主义和与工人阶级相结合、以俭学与勤工

相结合的方式探索改造中国与世界的出路等的思想赴法留学的。留学期间他们不仅亦工亦读，而且亲自考察了资本主义社会的状况。留学期间，勤工俭学学生还发动了三次向北洋政府的抗议斗争，受到中法政府的破坏和迫害，这些都大大提高了他们的觉悟。不少勤工俭学学生归国后积极参加革命活动。

（2）参与平民教育运动，举办工人教育

1919 年 3 月，以邓中夏为首发起组织了北京大学平民教育讲演团，当时的共产主义知识分子，以此为阵地进行工农教育活动，一直持续到 1923 年。为了使马克思主义和中国工人运动相结合，1920 年，北京共产主义小组决定在京汉铁路长辛店铁路工场办劳动补习学校。在邓中夏主持下，以史文彬等十名工人名义发起成立，是为中国教育史上第一所工人阶级自己的学校。通过教学向工人讲解"劳工神圣"的道理等，为早期北方铁路工人运动培养了第一批骨干。此外，"五四"时期早期共产主义者还自己组织起来学习马克思列宁主义，并改造自己成为工人阶级的先进战士。

2.李大钊的教育思想

李大钊是中国共产主义运动的先驱，中国共产党的创始人和领导人之一，也是中国马克思主义教育理论的奠基人之一。李大钊的关于教育本质问题的阐述、工农教育和青年教育的思想，对新民主主义教育思想的形成产生了实际影响。

李大钊用历史唯物主义阐明教育的本质，提醒人们正确认识教育与社会发展的关系。他指出文化教育受经济基础和政治制约，要改造中国光靠教育本身是不够的，首先要解决经济基础问题。李大钊运用上层建筑与经济基础的关系理论，深刻揭示了封建教育灭亡后新教育建立的历史必然。他积极倡导工农大众的教育，认为资产阶级那里不可能有真正平等的教育，广大工农群众应该面对现实，积极争取受教育的机会。他还认识到劳动教育的重要性，因此号召广大有志青年到农村去，根据农民的生活生产实际，对农民进行反帝反封建教育，启发阶级觉悟并进行工农联盟的政治教育。他始终关心青年问题，关心青年的教育和成长。中国共产党成立后，他明确指出青年在社会改造中的使命，要求青年成为社会变革的先锋，认为青年不仅要树立正确的人生观，而且要磨炼坚强的意志，要走工农结合的道路。

3.恽代英的教育思想

恽代英是中国共产党早期出色的活动家和理论家、杰出的青年运动领导人，同时也是一位教育理论的探索者和教育改革的实践者。

恽代英论述了教育与社会改造的关系。肯定了教育是改造社会的有力工具，但要发挥这一作用，关键要以社会改造为目的和需要来办教育。同时，他批判了

"教育救国论",主张把教育放在社会中,把改造教育与改造社会结合起来,认为中国当下最需要的是革命的人才,而不是学术的人才。在对教育的改造问题上,恽代英以社会改造为其教育改造的根本目的和依据,通过批判旧教育提出新教育的构想。他主张实行儿童公育,使儿童一出生就受到良好的教育。恽代英的教育工作始于中学,因此提出了对中等教育的改造——中等教育首先应该明确它的教育目的,这样才能培养出符合社会发展的人才;提出通过对中等教育的课程、教科书和教学方法的改革来改造思想。恽代英澄清了人们对教育作用的认识,为青年指出了前进的方向。恽代英改革中等教育的思想,切中当时中等教育的弊端,推动了20世纪20年代中学教育的发展。

(二)中国共产党领导下的工农教育、青年教育和干部教育

1.中国共产党领导下的工农教育

中国共产党成立后,始终重视工农教育,并将其作为开展革命的有力武器。党的工农教育围绕提高工农政治觉悟和文化水平的目标展开,而教育形式因地制宜、灵活多样。

中国共产党领导的工人教育是通过领导全国职工运动的中国劳动组合书记部并依靠各级工会展开的。广大的中国共产党党员深入厂矿企业展开职工教育,进行多种形式的教育活动。北方最早创办的工人教育机构是长辛店劳动补习学校。南方则由刘少奇于1921年在沪西小沙渡开办了劳动补习学校。国共合作后,各地纷纷办起工人教育机构。在各地的工人教育中以湖南地区最具代表性。1925年后,工人教育在全国各地更为广泛地开展起来,各种形式的工人学校逐渐普及,有效地促进了工人运动的深入开展和北伐战争。

与此同时,广大党员深入农村,组织和教育农民开展斗争。在农民运动和农民教育最早兴起的地区,是由彭湃领导的共产党人在当地开办的学校,实施农民教育。建党以后,许多共产党人和进步人士在各地办起农民补习学校,宣传革命。1922年成立的长沙农民教育补习社就曾在长沙附近办有17所补习学校,编写了一批农村教材。农民运动的开展有力地促进和保障了农民教育的发展。1926年,第二次农民代表大会通过了《农村教育决议案》,规定了农民教育的方针、组织、师资、经费等问题,成为全国农民运动的行动纲领。1926年12月,湖南省第一次农民代表大会通过了《农村教育决议案》。这些纲领性文件,既促进了农民教育的蓬勃开展,也推动了农民运动的发展,为后来中国共产党领导的农村革命根据地教育事业奠定了基础。

2.中国共产党领导下的青年教育

（1）内容：1922年，中国共产党通过了青年团教育工作的行动纲领《关于教育运动的决议案》，提出青年教育工作的任务包括社会教育、政治教育和学校教育三个方面。

①社会教育：要求提高社会青年的知识，提高其社会觉悟，并使年长失学的青年得到普通文化教育。

②政治教育：要求对多数无产阶级青年宣传社会主义，启发并培养他们的政治觉悟及批判能力。

③学校教育：发动改革学校制度，使一般贫苦青年得到初步的科学教育，并发动实施普通的义务教育，发动学生参加校务管理，发动取消基于宗教关系和其他方面关系的一切不平等待遇。

（2）评价：《关于教育运动的决议案》反映了党的基本教育精神，并成为之后在中共"二大"提出的新民主主义教育纲领的先导。

3.中国共产党领导下的干部教育

（1）湖南自修大学

1921年8月，毛泽东、何叔衡等在长沙利用船山学社的旧址和经费，办起了湖南自修大学这一新型学校，为中国共产党培养了许多干部。办"平民主义的大学"是湖南自修大学的办学宗旨。为实现这一办学宗旨，自修大学实行了独特的教学制度、方法和课程。由于办学模式新颖，湖南自修大学广受赞誉。1923年11月，大学被军阀政府强行关闭。自修大学被关后，中共湖南省委筹办的湘江学校于1923年11月24日开学，自修大学大部分的学员转来学习。湖南自修大学为中国共产党培养了大量的干部和革命的中坚分子，对中国人民的解放事业贡献巨大。

（2）上海大学

上海大学创办于1922年春，是中国共产党领导的又一类型的高等学校。初为私立东南高等专科师范学校，同年改组为上海大学。上海大学的办学目的是培养研究社会实际问题和建设新文艺的革命人才，专业设置关注现实与政治。教学采取教师授课与学生自学相结合的方式，注重学生的自学。上海大学鼓励学生投身社会活动，支持学生积极参加革命活动。上海大学以改造社会为己任，"五卅"运动后遭当局强制解散。上海大学办学五年，不仅宣传革命，教育青年民众，还培养了许多党的干部。

（3）农民运动讲习所

农民运动讲习所是国共合作时期培养农民运动干部的学校，也是全国农民运动的研究中心，创办于1924年7月，初为广州农民运动讲习所，至1926年9月共办六届,广州国民政府迁武汉后,到 1927 年 3 月又办一届,为中央农民运动讲习所。前六届分别由彭湃、毛泽东主持。广州和中央农民运动讲习所先后培养了 1000 多名农运干部,为此后 10 年的土地革命播下了火种。

(三)国共合作时期的黄埔军校

1.简介

1924 年,孙中山决定筹办"中国国民党陆军军官学校"。同年,黄埔军校领导机构在广州黄埔岛正式成立,孙中山担任黄埔军校总理,蒋介石任校长,廖仲恺任党代表。

2.特色

(1)办学宗旨:黄埔军校是第一次国共合作的产物,建立在"新三民主义"的思想基础上,把政治教育放在首位,政治教育和军事教育相辅相成。

(2)培育目标:黄埔军校是一所新型的军事干部学校,培养了大批高级军事政治人才。

(3)教学方式:实行课堂教学与现实斗争相结合的教学方式,将学生锻炼成为革命军战士。

(4)学校管理:纪律严明,管理规范,从严治校。

3.中国共产党的贡献

中国共产党在黄埔军校成立初期倾注了大量人力,为其发展做出了巨大贡献。

(1)筹建:中国共产党多次促成国民党和共产国际的沟通,争取苏联的支持,并团结国民党,使黄埔军校得以顺利筹建。

(2)招生:中国共产党派代表赴各地秘密招生,选拔进步青年应考。

(3)政治:中国共产党一手建立起军校的政治工作。周恩来、叶剑英、聂荣臻等都做出了突出贡献。

4.评价

黄埔军校为我国培养了一批重要的军事将领和政治人才。国共合作破裂后,黄埔军校变成为蒋介石服务的军事学校,但它为国共两党培养了大量人才,永远是中国教育史上享有盛名的军事院校。

本章内容思维导图

近代教育体制的变革

- 民国初年的教育改革
  - 制定教育方针
  - 颁布"壬子癸丑学制"
  - 颁布课程标准

- 蔡元培的教育实践与教育思想
  - 蔡元培与资产阶级革命教育
  - "五育并举"的教育方针
  - 北京大学的教育改革实践
    - 抱定宗旨，改变校风
    - 贯彻"思想自由，兼容并包"的办学原则
    - 教授治校，民主管理
    - 学科与教学体制改革
  - 教育独立思想

- 新文化运动时期和20世纪20年代的教育思潮与教育改革运动
  - 新文化运动促进教育变革
  - 平民教育思潮
  - 工读主义教育思潮
  - 职业教育思潮
    - 实践
    - 意义
  - 实用主义教育思潮
    - 形成原因
    - 意义
  - 勤工俭学运动
  - 科学教育思潮
  - 国家主义教育思潮
  - 学校教学改革与实验
    - 现代西方教学理论在中国的传播
    - 设计教学法
    - "道尔顿制"
    - "文纳特卡制"

- 教会教育的扩张与收回教育权运动
  - 教会教育的扩张与变革
  - 收回教育权运动
    - 收回教育权运动的过程
    - 收回教育权运动的结果
    - 收回教育权运动的意义

- 1922年"新学制"
  - "新学制"的产生过程
  - "新学制"的标准和体系
    - 新学制的七项标准
    - 学制体系
  - "新学制"的特点
  - "新学制"的课程标准
  - "新学制"评价

- 新民主主义教育的发端
  - 早期马克思主义者的教育思想
    - 李大钊的教育思想
    - 恽代英的教育思想
  - 中国共产党领导下的工农教育、青年教育和干部教育
    - 中国共产党领导下的工农教育
    - 中国共产党领导下的青年教育
    - 中国共产党领导下的干部教育
  - 国共合作时期的黄埔军校
    - 简介
    - 特色
    - 共产党的贡献
    - 评价

自测题

一、选择题

1.【2007 年 311,第 17 题】"大学者,'囊括大典,网罗众家'之学府也。"这体现了蔡元培主张(　　)

A.教育独立　　　　B.教授治校　　　　C.思想自由　　　　D.文理沟通

2.【2008 年 311,第 19 题】为体现资产阶级民主精神,南京临时政府教育部明确规定中小学校课程中必须(　　)

A.废止读经课　　　　　　　B.废止修身课

C.开设公民课　　　　　　　D.开设法制课

3.【2009 年 311,第 19 题】在中国教育制度发展史上,中学阶段最早兼顾升学和就业双重需要的学制是(　　)

A."癸卯学制"　　　　　　　B."壬子癸丑学制"

C."壬戌学制"　　　　　　　D."戊辰学制"

4.【2013 年 311,第 18 题】在中国近代教育史上,基本消除受教育权上的性别差异,规定小学可以男女同校的学制是(　　)

A."壬寅学制"　　　　　　　B."癸卯学制"

C."壬子癸丑学制"　　　　　D."壬戌学制"

5.【2016 年 311,第 21 题】"五四"新文化运动期间,中国兴起了工读主义教育思潮,并形成了不同派别。以李大钊为代表的初步具有共产主义思想的知识分子有别于其他派别的主张是(　　)

A.靠自己的辛勤工作去获取教育经费

B.工学并立,扫除"贵学贱工"的千年旧见

C."人人做工,人人读书,各尽所能,各取所需"

D.知识青年与工农打成一气,创造"真正人的生活"

6.【2018 年 311,第 17 题】1912 年蔡元培在《对于教育方针之意见》中提出"五育"并举的教育方针,其中超轶政治的教育为(　　)

A.实利主义教育、世界观教育

B.实利主义教育、军国民教育

C.世界观教育、美感教育

D.军国民教育、美感教育

7.【2019 年 311,第 21 题】20 世纪 20 年代,舒新城将美国一种个别教学制度引入中国,率先在上海吴淞公学中学部试验,以自由、合作与时间预算为原则,培养学生自主学习的能力。这种教学制度是(　　)

　　A.道尔顿制　　　　　　　　　　B.设计教学法

　　C.文纳特卡制　　　　　　　　　　D.葛雷制

8.【2019 年 311,第 22 题】1925 年,在收回教育权运动的推动下,北洋政府教育部颁布了相关法令,规定(　　)

　　A.禁止外国人在华办学

　　B.学校不得开设宗教课程

　　C.外国人所办学校收归国人办理

　　D.外国人在华办学须向中国政府立案

9.【2020 年 311,第 22 题】1925 年 11 月,北洋政府教育部颁布《外人捐资设立学校请求认可办法》,其中规定(　　)

　　A.学校校长须为中国人,校长原系外国人者应以中国人换之

　　B.学校不得以传布宗教为宗旨,不得以宗教科目列入必修科

　　C.学校名称上应冠以私立字样,须向地方行政官厅请求认可

　　D.学校设有董事会者,中国人占董事会名额不少于三分之二

10.【2022 年 311,第 18 题】我国最早将手工、图画、音乐(唱歌)列入中小学课程的学制是(　　)

　　A.“癸卯学制”　　　　　　　　　B.“壬子癸丑学制”

　　C.“壬戌学制”　　　　　　　　　D.“戊辰学制”

二、分析论述题

1.【2014 年 311,第 55 题】试从教育思想、制度、实践三个方面,举例说明新文化运动时期民主思想在当时中国教育领域里的体现。

2.【2017 年 311,第 55 题】1918 年,蔡元培在《新教育与旧教育之歧点》一文中指出:“夫新教育所以异于旧教育者,有一要点焉,即教育者非以吾人教育儿童,而吾人受教于儿童之谓也。吾国之旧教育以养成科名仕宦之材为目的……是教育者预定一目的,而强受教者以就之……新教育则否,在深知儿童身心发达之程序,而择种种适当之方法以助之。”

请回答:

(1)蔡元培所说的“教育者非以吾人教育儿童,而吾人受教于儿童之谓也”,反映了什么样的教育观念?

（2）试从学校制度、教学内容和教学方法三个方面,说明蔡元培所说的"新教育"在 20 世纪 20 年代前后中国教育变革中的表现。

三、材料题

1.【2023 年 311,第 55 题】阅读下列材料,并按要求回答问题

1906 年,清政府学部颁布《咨各省督抚为外人设学无庸立案文》,其中规定:"照得教育为富强之基,一国有一国之国民,即一国有一国之教育;匪惟民情国俗各有不同,即教育宗旨亦实有不能强同之处。外国人在内地设立学堂,奏定章程并无允许之文,除已设各学堂暂听设立,无庸立案外,嗣后如有外国人呈请在内地开设学堂者,亦均无庸立案。"

光绪三十二年（1907 年）,清学部颁布了《咨各省督抚为外人设学无庸立案①文》,通令各省:"至外国人在内地设立学堂,奏定章程并无允许之文。除已设各学堂暂听设之,无庸立案外。嗣后如外国人呈请在内地开设学堂,亦均无庸立案,所有学生概不给奖励②。"

注释:

①无庸立案:不能够注册。

②奖励:指给予学生科举出身,认可学生在中国学制体系中的升学资格。

（1）评述早期教会学校的性质。

（2）评述上述咨文的用意及影响。

（3）评述 20 世纪 20 年代收回教育权的主要措施以及影响。

第十章　南京国民政府的教育建设

一、教育宗旨与教育方针的变迁

（一）"党化"教育

1927 年国民政府教育行政委员会通过《国民政府教育方针草案》，阐述了"党化教育"的含义，就是在国民党指导之下，求得教育的"革命化""民众化""科学化""社会化"，即把教育方针建筑在国民党的根本政策之上，按国民党的"党义"和政策的精神重新改组学校课程，不仅造就各种专门人才，尤其要使学生走出学校后都能做党的工作。国民政府将"党化教育"看作当时教育发展中最重要的问题，明令各地各级学校坚决执行。

实际上，"党化教育"是为一党专制服务的，目的在于强化国民党对学校教育的控制，也是在推行"一个党，一个主义"的专制教育，实行教育国民党化，建立起一党独裁。由于"党化教育"过于露骨，受到进步人士的攻击，1928 年用"三民主义教育"代替了"党化教育"。

（二）"三民主义"教育宗旨

1929 年 3 月国民党第三次全国代表大会通过，并由国民政府正式公布的"三民主义"教育宗旨为："中华民国之教育，根据三民主义，以充实人民生活，扶植社会生存，发展国民生计，延续民族生命为目的；务期民族独立，民权普遍，民生发展，以促进世界大同。"配套公布的还有《三民主义教育实施方针》，至此，"三民主义"教育宗旨终告形成。

为了落实和加强"三民主义教育"，1931 年公布了《中华民国临时训政时期约法》，以根本法的形式规定了国民教育宗旨及方针政策。还通过了《三民主义教育实施原则》，"三民主义"教育宗旨及实施原则至此完备。直至今天，上述的教育宗旨和方针始终是国民党实施教育的法律依据。

"三民主义"教育宗旨的实质：国民党借此控制了教育，使"三民主义"教育宗旨完全背叛了孙中山提出的新三民主义的反帝反封建的革命目标，反而成为反共、反对民族民主革命和为建立国民党独裁统治服务的手段。这事实上是维护和粉饰专制统治的工具。

（三）"战时须作平时看"的教育方针

抗日战争全面爆发后的 1937 年 8 月,国民政府提出"战时须作平时看"的教育方针,颁布了以"一切仍以维持正常教育"为主旨的《总动员时督导教育工作办法纲领》。一方面采取了一些战时的教育应急措施,另一方面强调维持正常的教育和管理秩序。

主要内容:1.在战争期间,学校的课程、学制、学校秩序和教育经费都需要以平时为准;2.为了"适应抗战需要"和"符合战时环境",要对教材做适当的修改,推行战时教材,为抗战培养人才;3.进一步加强思想政治教育和传统文化教育,教育学术坚定三民主义信仰。

意义:这一方针政策是一项并不短视的重要决策,它既顾及了教育为抗战服务的近期任务,也考虑了教育为战后国家建设重建和发展的远期目标,使得教育事业在艰苦的战争环境中仍苦苦支撑,并在大后方西南、西北地区还有所发展。也因为国民党强调"教育目的与政治目的的一贯",教育同样成为国民党控制教育、抑制民主思想发展的工具。

二、教育制度改革

（一）大学院和大学区制的试行与终结

1927 年 6 月,国民党中央执行委员会第 105 次政治会议通过蔡元培等人的提案,撤销广州国民政府的教育领导机构——教育行政委员会,仿照法国教育行政制度,中央设中华民国大学院主管全国教育,地方试行大学区,取代民国以来中央政府设教育部、各省设教育厅的教育行政制度。随后,国民政府任命蔡元培为大学院院长,公布了《中华民国大学组织法》。同年 10 月 1 日,大学院正式成立,根据大学院组织法规定,大学院为全国最高学术教育机关,隶属于国民政府,管理全国学术和教育行政事宜。

与此同时,国民政府审议通过了《大学区组织条例》,规定全国各地按教育、经济、交通等状况划分为若干个大学区,每区设大学 1 所,大学设校长 1 人负责大学区内一切学术和教育行政事务。大学区下设高等教育处、普通教育处、扩充教育处等。大学区的最高审议机构是评议会,由大学校长教授、中学校长教员、小学校长教师、教育团体等组成。大学区制先在江苏、浙江、河北三省试行,取得经验后推广到全国。

"大学区"制是蔡元培独立教育思想的体现,目的是促进教育与学术的结合,实现教育行政机构学术化,摆脱腐败官僚的支配,事权统一,实现教育决策与实施民主化。但在专制独裁统治的政治形势下，在经济极端落后的情况下，大学院与大学区制在推行一年后不了了之。无法实施的原因是：第一，理想过高，期望学术领导行政，使教育行政学术化，反而使学术机关官僚化，效率低下。由于中国学术风气未浓，而官僚习气却深，让学术机构与官僚机构混杂，高等学府反成倾轧场所，官僚机构的腐败必现于学术机构。原本是让大学区制保障教育的独立性，但事实证明大学区的教育反而更容易卷入政治漩涡。第二，忽视中小学实际需要，削减中小学教育经费，导致中小学居于附庸地位，而遭到中小学界激烈反对。"大学院"和"大学区"制是一次忽略中国国情的失败的教育管理改革实践。

【2011年311，第20题】1927年6月，南京国民政府接受蔡元培等人的提案，试行大学院和大学区制，以实现教育行政机构的（   ）

A.科学化　　　　B.集权化　　　　C.学术化　　　　D.法制化

【解析】C

1927年6月，南京国民政府接受蔡元培等人的提案，仿照法国教育行政制度模式，试行大学院和大学区制，这一目的就是为了"改官僚化为学术"，促使教育学术的结合，实现教育行政机构的学术化。故选C。

（二）"戊辰学制"的颁行

1922年"新学制"实施后，效果并不显著，南京国民政府成立后要推行三民主义教育，需要制定新的学制。1928年5月，当时的大学院院长蔡元培主持第一次全国教育会议，在1922年学制的基础上略加修改，提出《整理中华民国学校系统案》，即"戊辰学制"。"戊辰学制"分原则和组织系统两部分，第一部分提出七项原则：1.根据本国国情；2.适应民生需要；3.提高教育效率；4.提高学科标准；5.谋个性之发展；6.使教育易于普及；7.留地方伸缩之可能。第二部分为学校系统，基本框架与1922年"新学制"相比没有什么太大的变化。

"戊辰学制"颁布后直到1937年抗战全面爆发，经过多次局部调整，也留下了南京国民政府统治时期的政治、经济烙印。其突出特点有：1.使占人口80%以上的不识字儿童和成年人受到了一定教育，较为重视义务教育和成人补习教育；2.为提高民族文化程度，中等教育和高等教育的工作重心定为整理充实，求质量的提高，不求数量的增加；3.为适应30年代经济的增长，政府的教育决策明显倾向于职业教育,使职业教育得到一定发展。

相较于"壬戌学制","戊辰学制"的不同之处体现在(　　)

A.促进教育普及　　　　　　　B.适应民生需要

C.注重学生个性发展　　　　　D.提高学科标准

【解析】D

"壬戌学制"七项原则为:适应社会进化之需要,发扬平民教育精神,谋个性之发展,注意国民经济力,注意生活教育,使教育易于普及,多留各地伸缩余地。"戊辰学制"七项原则为:根据本国实情,适应民生需要,增高教育效率,提高学科标准,谋个性之发展,使教育易于普及,留地方伸缩之可能。"戊辰学制"与"壬戌学制"的不同之处在于,"戊辰学制"的七项原则中,有提高教育效率,提高学科标准。故选 D。

三、学校教育的管控措施

(一)训育制度

国民党政府为控制学校教育,通过建立训育制度对各级各类学校实施严格管理。抗战爆发前,1929 年国民政府制定《中小学训育主任办法》,建立训育主任和训育人员,专事考查学生的思想、言论和行动,开始在全国中小学实行训育制度。学校训育制度规定:"各级学校之训育,必须根据总理恢复民族精神之遗训,加紧实施,特别注重于刻苦勤劳习惯之养成与严格的规律性之培养。"抗战时期,为了进一步控制学生,强化学校的训育,教育部规定中等以上的学校推行导师制,即中学以上学校每一年级学生分成若干组,由校长指定专任教师一人为导师,学校设主任导师或训育主任一人,总领全校训导,导师对学生的思想、行为、学业和身体,均应体察,做详细记录,按月报告训导处和家长。抗战胜利后,加强训育制度,1939 年教育部颁布的《训育纲要》是最为集中体现国民党训育思想的纲领性文件。

国民政府统治时期所建立的学校训育制度,虽然也有一些道德教育的价值,但主要是帮助国民党实施其独裁统治,并强调封建道德观念,因此是倒退的。

(二)中小学校的童子军训练

为了严格控制学校和学生,作为对学生训育的组成部分,国民政府在小学和初中实行童子军训练,在高中以上学校实行军事教育和军事训练,用管理军营的办法管理学校,用管理军队的办法管理学生,目的是养成儿童青少年的绝对服从意识,统一行动习惯、团体主义精神和军事知识技能。

童子军是一种使儿童少年接受军事化教育训练的组织形式，于民国初年传入我国。1928年，国民党中央常务会议通过《中国国民党童子军总章》，规定凡12—18岁之青少年皆须入伍受童子军训练。1933年，中国童子军总会筹备处公布《中国童子军总章》，其中规定：中国童子军"以忠孝仁爱信义和平为训练之最高原则"，以"智、仁、勇"为教育宗旨。1934年11月1日，中国童子军总会正式成立，蒋介石为会长。

在《初级中学童子军管理办法》中，规定了童子军的组织和活动方式以学校为单位组织童子军团，校长任团长，主持军训等一切管理事务；初中均实施童子军组织管理，学生起居上课一切作息均以号音为准，早晚举行国旗升降典礼，对学生服装、用品、勤务等进行检查；设童子军教练员主持训练管理一切事务，对童子军各项活动都有严格的规定，违者惩办不贷。

抗日战争全面爆发后，对童子军的组织和训练更为加强。1937年11月，教育部公布《中国童子军战时后方服务训练办法大纲》，强调童子军活动为战时需要服务。1939年，教育部又公布《中国童子军兼办社会童子军暂行办法》，要求各校童子军团招收附近12—18岁的失学青少年组成社会童子军，从而将童子军组织扩大到社会范围，以组织和控制社会青少年。

（三）高中以上学生的军训

1927年7月，南京国民政府通过的《国民政府教育方针草案》提出了"各学校要增设军事训练"。1929年1月，教育部颁发《修正高中以上学校军事教育方案》，规定高中以上学校军事科每学年三学分，两年共六学分。1933年3月，蒋介石下令国民政府军政部、教育部、训练总监部：凡高中以上学校学生军训不合格者，不得补考、报考大学。这就将军训作为完成学业和升学的必要条件。抗战胜利后，国民党加快发动内战的步伐，对学校的军训也逐步加紧，此时的青少年军训已完全蜕变为反对共产党、镇压人民的工具。

在国难当头之时，出于抗战的需要，对大学生进行国防教育和一定的军事训练，确有必要性，能够增加学生的爱国情感、民族责任心。然而国民党却使其逐步沦为控制大中学校和学生的手段，变成为专制独裁统治服务的工具。

（四）颁布课程标准，实行教科书审查制度

为了从教育内容方面管理和控制学校，南京国民政府通过教育部制定和颁发了一系列有关法令，严格规范和统一全国学校的课程与教科书。

1.颁布课程标准

1927年国民政府在推行党化教育时,就提出要课程重组,使之与党化教育保持一致,同时也体现教育学和科学原则。1928年公布《中小学课程标准起草委员会规程》,着手制定中小学校的课程科目、课程目标、教授时间、教学方法和学分标准等要点。1929年8月公布幼儿园、小学、中学三个课程暂行标准。简言之,国民政府要求将"党义"课教材融化于国语、自然、社会等科目中,另设公民训练课以实施训育。从1938年至1948年,国民政府教育部召开了三次全国大学课程会议,先后颁发了文、理、农、工、商、师范几个学院的共同必修科目、分系必修科目和选修科目,强调基础训练、基本要求和扩大知识面。国民政府十分强调课程的统一性和规范性,不允许学校有自主权,尤其将公民、党义、"三民主义"、童子军训练、军训等硬性规定为必修科目,就是为了加强对学校的控制。

2.实行教科书审查制度

民国成立时,临时政府在1912年颁布了《审定教科图书暂行章程》。1927年,南京国民政府为贯彻党化教育,通过了《组织教科书审查会章程》。大学院时期,设立了专门编审机构,并公布了《教科图书审查条例》,规定非经大学院审定,所有教科书不得发行和采用;凡审定的教科书必须在书面上标明;教科书在使用一段时期后须重新审核认定。这明确了以国民党的党纲、党义和"三民主义"为审查教科书的标准。1929年,国民政府教育部先后公布了《教科图书审查规程》和《审查教科图书共同标准》,明确了所有图书都须经过教育部审定。随着国民党对教育控制的日益加强,对教科书的审查日趋严格。1932年设立国立编译馆,会同教育部普通教育司代表政府办理中小学教科书的编纂审定事宜。国民政府教育部先后成立中小学教科书编审委员会、教科图书编辑委员会和大学用书编辑委员会,1942年归入国立编译馆。抗战胜利后,除由国立编译馆继续编纂教材外,选择各书局、出版社的优秀课本,但都在国民政府严格的控制之下。当然,教科书编审制度的建立,也对全国教科书的编写出版起到了规范作用,提供了不少教材编纂经验。

(五)中学毕业会考

进入30年代,困扰国民政府教育当局的难题不少,其中此起彼伏的南北各校学潮、教育界要求保障教育经费和教师薪金的风潮,使政府深以为忌。1932年起,教育部开始整顿全国教育,重点在中等教育,中学毕业会考是整顿的重要措施与内容之一。1932年5月,国民政府教育部以"整齐小学、初级中学、中学、高级中学"

学生的毕业程度和"增进教学效率"的名义，公布了《中小学毕业会考暂行规定》（以下简称《暂行规定》），开始实行民国期间中小学生的毕业会考制度。1933年，教育部公布《中学毕业会考规程》，废除《暂行规定》，取消了小学生毕业会考。

《中学毕业会考规程》规定：参加会考的学校应在会考前两周结束毕业考试，取消体育会考，高中会考科目为公民、国文、算学、历史、地理、物理、化学、生物学、外国语。初中会考科目为公民、国文、算学、化学、理化（物理与化学）、生物（动物学与植物学）、史地、外国语。对会考做出调整规定的还有会考各科成绩计算法：学校各科考核成绩占十分之四，会考成绩占十分之六，合并计算；会考三科以上不及格者令其留级，以两次为限。国民政府时期的中学生毕业会考制度实行至1945年，政府决定停止会考。中学实行毕业会考制度后，国民政府又将这种做法推广到其他教育领域，要求师范学生必须通过会考，才予以毕业证书，获得正式教职资格，会考成了师范学生求职的关卡。国民政府还要求专科以上学校将毕业考试改为"总考制"，成为大专学生的一道关卡。这样做，徒增学生负担，不少高校毕业生反对此举，尤其是西南联大。

中学生毕业会考制度的实施在当时社会引起的反响也颇复杂。虽然客观上它对调整各地各校的教学水平和教学质量有一定的作用，但出于政治意图，对学校和学生严格管理、有效控制，使之成为学生的羁绊而令其无暇、无力旁顾，这是政府对学生求职就业的操纵和控制。政府各级教育主管部门对其持维护态度，并不难理解；学生家长中也有颇多支持者，系出于它能够保证教学质量，以令子弟学业顺利；学校教师和主管由于工作和社会压力大，工作受会考牵制过甚，反对者众多，或有保留执行，学生则表现出坚决的反对和抵制态度，而且年级越高，反对越烈；教育界人士则大多慎重，反对和持保留态度者不在少数，并且希望通过科学研究和调查说明其合理性与否。总之，国民政府时期会考制度的实行留下不少值得研究的问题。

四、学校教育发展

（一）幼儿教育

1904年颁布的"癸卯学制"规定幼儿教育机构为蒙养院，在1912年"壬子癸丑学制"中改称蒙养园，在1922年"新学制"中又改为幼稚园。"新学制"公布前后，以教会办幼儿机构较多；1920年以后，外国人设立幼稚园逐渐减少，其在中国幼儿教育中的地位开始下降，而中国人自办的幼稚园借助国家法律法规的保障，在重视幼儿教育、推广教育实验研究的社会氛围中，走上了规范蓬勃发展的道路。1932年，国民政府教育部颁布《小学组织法》，规定小学设立幼稚园。多采用西方设计教学法,办园形式以半日制为主。1919 年教育部公布《幼稚园规程》,1943 年教育部将《幼稚园规程》加以修正,经呈行政院,改名为《幼稚园设置办法》,随后公布实施。这一系列法规的颁布实施,使得各级政府管理幼稚园有据可依、有章可循,保证了幼稚园的健康发展。

(二)初等教育

南京国民政府时期,提出"普及国民教育",提高民众知识,以养成健全之国民。国民政府时期的初等教育与当时整个国民教育的发展一样,依时事变化,可以分为三个阶段:1.1927—1937 年是初等教育的稳定和发展时期,一方面国民政府以"三民主义"为旗号,加强了对初等教育的控制,另一方面教育建设实行法制化,也给予教育发展以一定的保障,民国初等教育于此时基本定型;2.全面抗战时期由于国民党提出"抗战建国"的口号,实施国民教育制度,初等教育在时局动荡中仍能维持一定发展;3.抗战胜利后,国民党随即发动全面内战,普及教育的实施受到影响,初等教育也同样走向衰败。

(三)中等教育

国民政府统治时期的中等教育也先后经历了三个发展阶段:最初 10 年,通过一系列中等教育法规的颁布,保证了中等教育的发展。主要体现在中等教育内部结构的调整,而非数量的增加。抗战时期由于采取"抗战救国"方针,中学数量增长较快。抗战胜利后,全国中学的数量达到最高点。

抗战时期:国民政府的中学体制最初沿用 1922 年"新学制"的初、高中三三分段的综合中学,将普通教育、师范教育、职业教育在同一学校中并设。1932 年教育部整顿全国教育,认为中学系统混杂、目标不明确,导致中学的普通教育无从发展,师范教育和职业教育难以保证,教育部废止综合中学,将普通中学、师范学校、职业学校分别设立,而高中不分文理科等。这一变革使中学教育的目标、结构和线索变得清晰,更有利于发挥各种教育的功能,适应中国教育发展的实际需要。

抗战胜利后:国民政府在部分地区实行中学分区制,即划分若干中学区,调整公私立学校配置。还试行六年一贯制,以提高学科程度为试行原则,以求办出一批高质量的、能起表率作用的学校。这些措施促进了中学教育的发展。

(四)高等教育

国民党政府时期的高等教育,前十年可以说是稳步发展,逐步定型,抗日战争爆发一段时期后发展受挫;但到抗战胜利后,大学学校和学生数量都达到了最高点,高校成为中国人民解放斗争"第二条战线"的主阵地,国民政府的高等教育走到了尽头。

1.抗战时期

（1）国民政府规定了大专院校的办学目标是大学是"研究高深学术，养成专门人才"，强调研究和学术性；大专是"教授应用科学，养成技术人才"，侧重的是应用性。

（2）全国大专院校分为国立、省立、市立和私立四种，大学分科改为学院，增设教育学院。

（3）采用学年学分制。

（4）为保证大学的研究和学术性，大学和独立学院均设立研究院和研究所。

（5）30年代后，进一步对高等教育进行提高教育质量和效率的部署，使高等教育内部学科专业结构趋于合理，重文轻实的教育传统有所改变，更适应社会需要，也不排除对高等教育进行强化控制的意图。

2.抗战胜利后

（1）在课程上，教育部提出规定统一标准、注重基本训练、突出精要科目三条课程整理原则。统一课程，这一做法既是大学规范办学的措施，也是加强控制的举措。

（2）国民政府对大学院系的名称做统一规定。

（3）为保存国家实力，进行学校西迁。

（五）师范教育

1.建立师范教育体系。1932年，教育部整顿全国教育，认为中学系统混杂，目标分歧，导致师范教育难以保证。于是，师范学校脱离普通中学，设置独立的学校系统，分为高等和中等师范学校。师范学校、简易师范学校属中等师范教育，师范学院与普通大学附设的师资培训班为高等师范教育。

2.规范师范教育课程。国民政府教育部对中等师范教育的课程进行过几次调整，至20世纪40年代初，师范学校和简易师范学校的课程设置大致确定，分为三种科目：一是基本学科，如语、数、理、化以及军事训练等；二是师范专业科目，如教育通论、教育行政、教材及教学法以及教育实习等；三是所谓"适应管教养合一之要旨"而设的科目，如地方自治、农村经济及合作等。调整后的课程设置注重学生的专业训练，显现了师范教育的特性，在有效培养小学师资力量方面起到了积极作用。

3.典型师范院校。1927年3月，陶行知在南京创办的南京试验乡村师范学校

（后改为晓庄师范学校）；曾任江苏省立界首乡村师范学校主任的黄质夫创办的栖霞乡村师范学校。

（六）职业教育

国民政府重视职业教育，不断提高职业教育的办学数量和办学质量。1931年以前，政府在普通中学办职业教育，要求各普通中学应一律添设职业科目或附设职业科。1932年以后，南京国民政府颁布《职业学校法》，将职业教育从普通中学中独立出来，分为初级职业学校和高级职业学校两级发展。其中，黄炎培为职业教育的发展做出了巨大贡献。

（七）抗日战争时期的学校西迁

抗日战争时期，为保存国家教育实力，国民政府将沿海地区不少著名大学西迁，高等教育的基础不仅得以保存，还获得了一定发展。1.一些原有著名大学经过合并组合，使各自的优良传统和学科优势得以发扬和互补，形成新的特色，如由北大、清华、南开合并成立西南联合大学；国立北平大学、国立北平师范大学和国立北洋工学院迁往陕西汉中，成立西北联合大学。国立中央大学迁往重庆，国立中央大学和国立浙江大学成为享誉盛名的大学。2.在西南、西北新设和改制一些大学，如新设江西中正大学、贵州大学等，如省立改为国立的云南大学、广西大学等，如私立大学改为国立的厦门大学、复旦大学等。所有这些措施，保障了高等教育的发展态势，学校和学生数比战前有较大的增长。

【2007年311，第19题】抗日战争时期，为保存国家教育实力，国民政府将一些著名大学西迁并进行合并。组成国立西南联合大学的是国立北京大学、国立清华大学和（　　　）

A.国立浙江大学　　　　　　B.国立复旦大学

C.国立天津大学　　　　　　D.私立南开大学

【解析】D

国立西南联合大学由国立北京大学、国立清华大学和私立南开大学组成。故选D。

本章内容思维导图

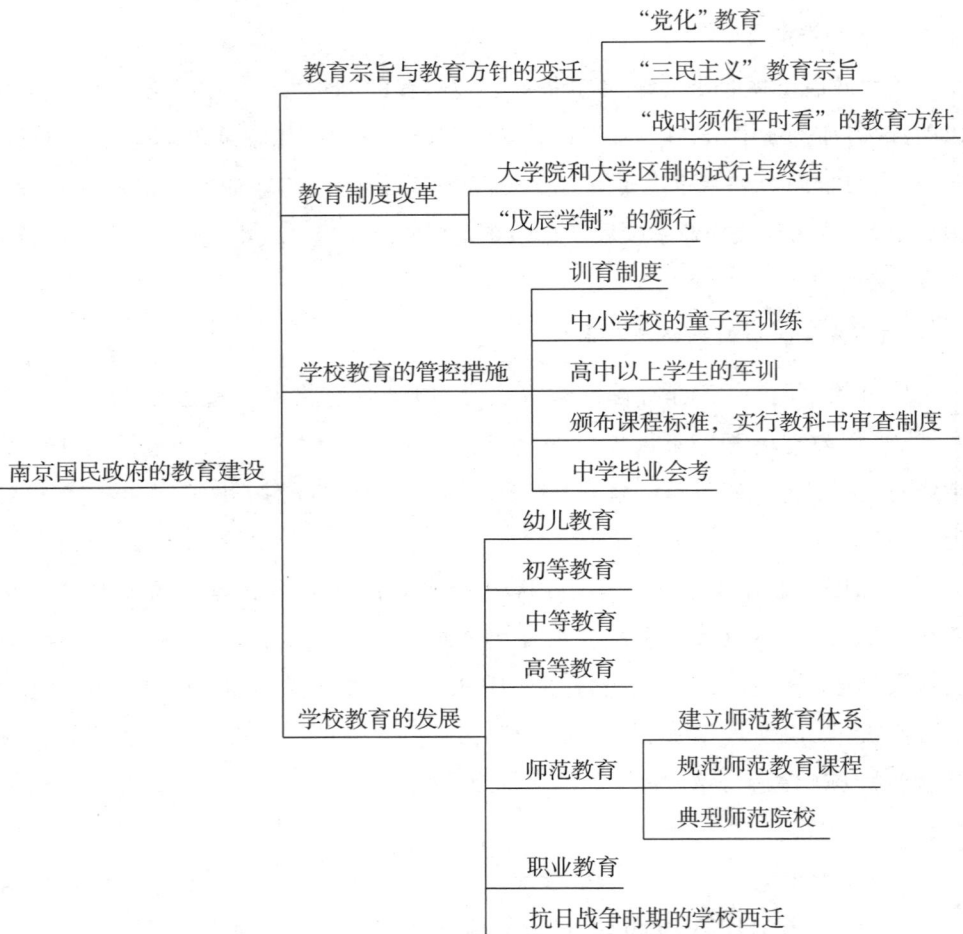

南京国民政府的教育建设
- 教育宗旨与教育方针的变迁
  - "党化"教育
  - "三民主义"教育宗旨
  - "战时须作平时看"的教育方针
- 教育制度改革
  - 大学院和大学区制的试行与终结
  - "戊辰学制"的颁行
- 学校教育的管控措施
  - 训育制度
  - 中小学校的童子军训练
  - 高中以上学生的军训
  - 颁布课程标准，实行教科书审查制度
  - 中学毕业会考
- 学校教育的发展
  - 幼儿教育
  - 初等教育
  - 中等教育
  - 高等教育
  - 师范教育
    - 建立师范教育体系
    - 规范师范教育课程
    - 典型师范院校
  - 职业教育
  - 抗日战争时期的学校西迁

自测题

一、选择题

1.【2009 年 311,第 21 题】抗日战争时期,为强化学校训育,国民政府规定在中等以上学校中推行(　　)

A.专任制　　　　B.导生制　　　　C.导师制　　　　D.辅导制

2.【2010 年 311,第 23 题】1932 年,国民政府教育部以"系统混杂,目标分歧"为由整顿全国中学教育,其主要举措是(　　)

A.中学分设初级中学和高级中学

B.高中分设普通科和职业科

C.高中分设文科和理科

D.中学分设普通中学和职业学校

3.【2013 年 311,第 22 题】1928 年 5 月,中华民国大学院第一次全国教育会议提出《整理中华民国学校系统案》,颁行"戊辰学制",该学制颁定后进行过多次局部的整改和调整,越来越重视(　　)

A.乡村教育　　B.普通教育　　C.师范教育　　D.职业教育

4.【2015 年 311,第 23 题】1927 年经蔡元培等人提议试行的大学院和大学区制,是借鉴国外教育行政制度的结果。所借鉴的国家是(　　)

A.法国　　　B.德国　　　C.日本　　　D.美国

5.【2017 年 311,第 22 题】抗战时期,国民政府实行"战时须作平时看"的教育方针,在中等教育阶段采取的主要措施是(　　)

A.设置国立中学　　　　　　B.实施毕业会考

C.中学西迁　　　　　　　　D.实行军训制度

6.【2018 年 311,第 19 题】1928 年南京国民政府制定"戊辰学制"的指导原则,对 1922 年"新学制"标准进行了调整,特别提出(　　)

A."多留各地伸缩余地"　　　B."使教育易于普及"

C."根据本国国情"　　　　　D."谋个性之发展"

7.【2018 年 311,第 20 题】1929 年,南京国民政府公布了《大学组织法》《大学规程》,规定大学的办学目标是(　　)

A.研究高深学术,养成专门人才　　B.教授应用科学,养成专门人才

C.教授应用科学,养成技术人才　　D.研究高深学术,养成技术人才

8.【2021 年 311,第 22 题】抗战时期我国一批大学迁往西南、西北,调整重组,其中组成国立西北联合大学的学校是(　　)

A.国立北平师范大学、国立北洋工学院、中央大学

B.国立北平大学、国立北洋工学院、中央大学

C.国立北平大学、国立北平师范大学、国立北洋工学院

D.国立北平大学、国立北平师范大学、中央大学

9.【2022 年 311,第 23 题】20 世纪 30 年代前后,国民政府对中学教育制度进行了改革,其重要举措有(　　)

A.高中不分文理,废止综合中学　　　　　B.高中不分文理,建立综合中学

C.高中文理分科,建立综合中学　　　　　D.高中文理分科,废止综合中学

10.【2023 年 311,第 22 题】1929 年,南京国民政府制定并颁布了《幼稚园暂行课程标准》,其内容规定主要源自一所幼稚园的实验成果。这所幼稚园是(　　)

A.北京香山慈幼院　　　　　　　　B.厦门集美幼稚园

C.南京燕子矶幼稚园　　　　　　　D.南京鼓楼幼稚园

二、分析论述题

【2025 年 333,第 31 题】在蔡元培等人的提议下,南京国民政府仿照法国的教育行政制度,于 1927 年陆续试行了大学院和大学区制,但试行一年多后又相继废止。试论述当时试行大学院和大学区制的目的、主要做法以及废止的原因。

第十一章　现代教育家的教育探索

一、杨贤江与马克思主义教育理论

杨贤江是中国最早的马克思主义教育理论家和青年教育家，撰有《教育史ABC》《新教育大纲》，翻译有《家庭、私有制和国家的起源》。

（一）论教育的本质

运用历史唯物主义阐明教育的本质，是杨贤江教育思想的重要内容，也是对当代教育理论的一大贡献。在《新教育大纲》中，他主要运用经济基础和上层建筑的关系原理，以及历史的和发展的观点分析了教育的本质问题。

1.杨贤江认为教育起源于实际生活的需要，教育在人类的生产劳动过程中发生与发展起来，是帮助人营造社会生活的一种手段。可见，在原始社会，教育是"社会所需要的劳动领域之一"。

2.在阶级社会里，杨贤江指出，教育是观念形态的劳动领域之一，即教育是社会的上层建筑之一，它具有以下特点：（1）单纯的劳动力转变成为特殊的劳动力；（2）教育以精神生产为内容；（3）阶级社会的教育是"变质"的，表现为五大特征——"教育与劳动分家""教育权跟着所有权走""教育专门为支配阶级的利益服务""两种教育制度的对立""男女教育的不平等"，除此之外，还有资本主义社会里的教育的独占化和商品化。

3.未来社会的教育将是"社会所需要的劳动领域之一"，未来社会里，私有制被消灭，阶级消亡，教育将表现为教育与劳动相结合，教育的普及将促成真正平等的教育，成为"社会所需要的劳动领域之一"。

4.教育由经济、政治决定，对经济和政治也有影响，教育以现实社会经济为基础，并随之发生变化；同时教育也促进经济发展，教育不仅由经济决定，还由政治决定，在一定条件下，教育甚至有率先领导革命和促进革命的作用。

杨贤江在揭示了教育的本质属性后，对"教育神圣说""教育万能说""教育救国论""教育独立说"等鼓吹教育超阶级、超政治的错误理论进行了批判。

（二）论"教育功能"

20世纪20年代的教育界流行着"教育万能""教育救国""先教育后革命"等

论点,对教育的功能做了不恰当的夸大。杨贤江认为,这些观点迷惑了人,颇为有害,有必要澄清。

1.批判"教育万能"论。杨贤江认为,教育固然有助于社会发展,但教育受制于社会的政治制度和经济系,它不可能超越时代和环境条件而有"独立特行的存在"和"非凡的本领"。

2.批判"教育救国"论。杨贤江针对当时提倡的道德教育、爱国教育和职业教育救国等几种观点,指出只要中国社会未得改造,只靠教人读书、识字,中国是无法得救的。青年学生要研究和寻找适合现实需要的救国方法,并切实行动。总之,教育救国是有前提的。

3.批判"先教育后革命"论。杨贤江指出,先通过教育培养人民的革命能力,然后才能进行革命的说法具有欺骗性。当时中国革命正处于危急关头,特别要注重革命的问题。但是,强调革命也不表示否定教育。教育无论在革命前、革命中还是革命后,都是"斗争武器之一"。

(三)"全人生的指导"与青年教育

杨贤江重视和关注青年问题,对青年各方面的问题均悉心指导,这种全方位的教育谓之"全人生指导"。

1.对青年问题的分析

青年问题不仅关系到个体的身心发展,也是社会问题最集中、最尖锐的反映。青年问题就是青年生活上所发生的困难或变态,主要有人生观、政治见解、求学、生活态度、职业、社交、家庭、经济、婚姻、生理、常识等方面的问题。

产生青年问题的原因有两方面:一是青年期是身心发生显著变化的时期,身心的急剧变化导致诸多身心问题;二是社会动荡、剧变更易导致青年问题。

2.全人生的指导

指导青年树立正确的人生观,是杨贤江青年教育思想的核心。他提出通过对人类有所贡献,来达到促进人生幸福的人生目的。

(1)所谓全人生的指导,就是对青年进行全面关心、教育和引导,即不仅关心他们的文化知识学习,同时对他们生活中各种实际问题给予正确的指点和疏导,使之在德、智、体诸方面都得以健康成长,成为一个"完成的人",以适应社会改进之所用。

(2)主张青年要干预政治,投身革命。他认为这在当时是中国社会的出路,也是青年的出路。

（3）强调青年必须学习,学习是青年的权利与义务。

（4）杨贤江对青年生活的指导性意见。完满的青年生活是多方面的,主要包括以下几方面:

第一,健康生活（体育生活）。个人生活的资本,体育锻炼和卫生健康的指导。

第二,劳动生活（职业生活）。维持生命和促进文明的要素,是幸福的源泉。劳动和职业指导。

第三,公民生活（社会生活）。懂得一个人不能离开社会和人群而存在,要处理好团体纪律与个人自由的关系。社交和婚恋指导。

第四,文化生活（学艺生活）。可增添人生情趣,促进社会进步。

具有正确生活态度的青年所应有的特征是:活动性、奋斗性、多趣性、认真性。

（5）宗旨。要有强健的体魄和精神,要有工作的知识和技能,要有服务人群的理想和才干,要有丰富的风尚和习惯。

杨贤江的全人生指导思想的核心是教育青年树立正确的人生观,并引导他们走上革命道路。"全人生指导"最重要的原则是提倡自动自律,培养青年的主动精神,让青年做自己的主人;教育只是居于指导地位,不应包办和强制。该思想对青年的影响很深远。

二、黄炎培的职业教育思想与实践

黄炎培,我国著名职业教育家,被誉为我国"职业教育之父",是我国职业教育现代化的重要奠基人。

（一）提倡"学校采用实用主义"

1.简介:黄炎培于1913年在《教育杂志》上发表了《学校教育采用实用主义之商榷》,对"癸卯学制"颁布以来的中国教育,尤其是普通教育发展中的问题做了考察。

2.内容:黄炎培指出,学生在学校所受到的道德、知识、技能训练,在走上社会后毫无用处。这就从理论上论证了改革普通教育、加强学校教育与个人生活和社会需要之间联系的必要性。

3.评价:文章发表后,在民国初年的教育界激起强烈反响,形成了早期实用主义教育思潮,引起人们教育观念的变化。

（二）职业教育的探索

黄炎培认为教育最大的弊端在于学用脱节。为教育救国,他研读西方教育著作,结合我国教育实际情况进行思考。

1.1913 年，发表《学校教育采用实用主义之商榷》，倡导教育与学生对话，批判教育脱离生产和实践。他对自"癸卯学制"以来的中国教育，尤其是普通教育发展中的问题做了考察，指出学生在普通学校所学知识其实在社会上毫无用处，从理论上论证了改革普通教育，加强学校教育与个人生活实际的联系，引发人们教育观念的变化。

2.1914 年，经国内考察发现职业与教育脱离，他的脑海开始有了职业教育的萌芽。

3.1916 年，主持成立中国近代教育史上第一个省级的职业教育研究机构——江苏省职业教育研究会；并提出实施职业教育的方案。

4.1917 年，在上海创立"中华职业教育社"，编辑《教育与职业》杂志。创立中华职业学校，开始了投身职业教育的实践生涯。该教育社团是我国活动时间最长的人民教育团体。同年，中华职业教育社成立后发表的《中华职业教育社宣言书》标志着以黄炎培为代表的职业教育思潮的形成。

5.自此起，黄炎培的职业教育思想不断发展成熟，提出"大职业教育主义"的观念，即开办职业教育必须联络和沟通所有教育界和职业界，参与全社会的活动和发展，更多地探寻职业教育外部环境的适应问题。至此，他的职业教育思想基本成熟。

（三）职业教育思想体系

在长期教育实践中，黄炎培逐步形成了完整的职业教育思想体系，要点包括职业教育的地位、目的、方针、教学原则和职业道德教育的基本规范等。

1.职业教育的作用和地位

（1）职业教育的作用

就理论价值而言：谋个性之发展、为个人谋生之准备、为个人服务社会之准备、为国家及世界增进生产力之准备。

就教育和社会影响而言：提供职业教育能提高国民的职业素养，使从业者受到良好的训练。

对当时中国社会的现实作用而言：有助于解决中国最大、最急需解决的生计问题。

（2）职业教育在整个教育体制中的地位

一贯的：应建立起从初级到高级的职业教育系统，并贯彻于全部教育过程和全部职业生涯。

整个的：不仅学校教育体系中应有一个独立的职业教育系统，其他各级各类教育也要与职业教育相互沟通。

正统的：应破除以为升学做准备的普通教育为正统，而以为就业做准备的职业教育为偏系的传统观念。

2.职业教育的目的

使无业者有业，使有业者乐业。职业教育帮助社会解决生计问题和失业问题，同时引导人们胜任所职，热爱所职，进而能有所发明创造，造福于社会。

3.职业教育的方针

第一，社会化。黄炎培将社会化视为"职业教育机关唯一的生命"，强调职业教育必须适应社会需要，必须与社会沟通。他的职业教育社会化内涵丰富，包括：（1）办学宗旨社会化——以教育为方法，职业为目的；（2）培养目标社会化——在知识技能和道德方面适合社会生产和社会合作的各行业人才；（3）办学组织社会化——办学根据社会需要和学员志愿与实际条件；（4）办学方式社会化——充分依靠教育界、职业界的各种力量。

第二，科学化。用科学来解决职业教育问题，包括物质方面的工作和人事方面的工作均需遵循科学原则。前者强调事前调查与实验、事后总结、逐步推广的原则；后者强调把科学管理方法引入职业教育的原则。另外，专门设立科学管理的研究机构。

4.职业教育的教学原则

（1）手脑并用；（2）做学合一；（3）理论与实际并行；（4）知识与技能并重。总之，就是知行结合——黄炎培说中国传统教育与社会分为两边，一边是士大夫"死读书老不用手"，一边是劳动者"死用手老不读书"。应该让动手的读书，让读书的动手，把读书和做工结合起来。

5.职业道德教育

敬业乐群。"敬业"指热爱所业、尽职所业，有为所从事的职业和社会做出贡献的追求；"乐群"指高尚的情操和群体合作的精神。黄炎培认为离开职业道德的培养，职业教育就失去了方向，职业教育的第一要义是"为群众服务"。

作为中国近现代职业教育的先行者，黄炎培的教育思想不仅开创和推动了中国的职业教育事业，更具有平民化、实用化、科学化和社会化的特征，丰富了中国的教育理论，对中国 20 世纪 20—30 年代的教育产生了巨大影响，对当今职业教育也有重大借鉴意义。

【2012年311，第21题】黄炎培认为，职业道德教育是职业教育的重要内涵，其基本要求是（　　）

A.“博爱互助”　　　　　　　　　　B.“谋生济人”

C.“敬业乐群”　　　　　　　　　　D.“爱国崇实”

【解析】C

黄炎培是著名的职业教育家，是我国职业教育现代化的重要奠基人。他认为职业道德教育是职业教育的重要内涵，其基本要求是敬业乐群。故选C。

三、晏阳初的乡村教育实验

（一）定县调查与对中国农村问题的分析

晏阳初是我国著名的平民教育家，世界平民教育与乡村改造运动的倡导者。1926年前后，平民教育运动从大城市转向农村，晏阳初主持中华平民教育促进总会进行了河北定县乡村教育实验。首先是进行了定县的社会调查，1933年出版《定县社会概况调查》。

晏阳初把中国的所有问题归结为"愚、贫、弱、私"四项："愚"指中国人民有占总数80%的文盲，"贫"指中国最大多数的人生活在贫困中，"弱"指中国最大多数人民是病夫，"私"指中国最大多数人民不能团结合作、缺乏道德陶冶和公民训练。要解决这四个问题，他提出了四大教育和三大方式。

（二）"四大教育"与"三大方式"

1."四大教育"

（1）以文艺教育攻愚，培养知识力。以文字和教育入手，使人民认识基本的文字。首要工作是除净青年文盲，将农村优秀青年组成同学会，使他们成为农村建设的中坚分子。

（2）以生计教育攻贫，培养生产力。第一，在农业生产方面，选种、园艺、畜牧各部分工合作，让农民接受最低程度的农业科学知识，提高生产；第二，在农村经济方面，利用合作方式教育农民，组织合作社、自助社等发展农村经济；第三，在农村工作方面，除改良农民手工业外，还提倡其他副业，以充裕其经济生产力。

（3）以卫生教育攻弱，培养强健力。注重大众卫生和健康以及科学医药的设施，建立医疗保健体系，保证农民有科学的治疗机会。

（4）以公民教育攻私,培养团结力。使农民有最基本的公民常识、政治道德,以建立地方自治的基础,培养公共心与团结力,在这"四大教育"中,公民教育最为根本。

在定县乡村平民教育实验中,针对过去教育与社会脱节、与生活实际相背离的弊端,在强调发挥教育的整体功能作用时,晏阳初提出了在农村推行"四大教育"的"三大方式"。

2."三大方式"

（1）学校式教育。以青少年为主要对象,教材以《平民千字课》为主。学校类型包括初级平民学校、高级平民学校、生计巡回学校。还有改进小学、传习处、公民服务训练班、幼童园等。

（2）社会式教育。是向一般群众及有组织的农民团体实施教育的一种方式。主要通过"平民学校同学会"开展的各项活动进行教育,如成立读书会、演新剧等。

（3）家庭式教育。是对各家庭中不同地位的成员用横向联系的方法组织起来进行教育的一种方法,组织形式主要有家主会、主妇会、少年会等。教学内容选择标准侧重于家庭需要与身份特点,依据家庭中对应的成员进行道德、卫生习惯、家庭预算、妇女保健、生育节制等知识的教育。

"四大教育"与"三大方式"是针对定县范围内如何具体实施乡村教育来谈的,但晏阳初没有认识到帝国主义的侵略与封建残余的剥削才是造成中国"愚、贫、弱、私"的原因。

（三）"化农民"与"农民化"

这是晏阳初进行乡村建设试验的目标和途径。晏阳初认为中国的根本在农村,最广大的人口是农民,改造中国就要从改造农村开始。晏阳初提出"农民科学化,科学简单化"的平民教育目标,并认为欲"化农民",须先"农民化"。所谓"农民化"是指知识分子与村民一起劳动和生活,时人称为"博士下乡"——只有先明了农民生活的一切,给农民作学徒,彻底地与广大农民打成一片,才能深切地了解农民,懂得他们的需要。所谓"化农民",指实实在在地进行乡村改造,教化农民。

作为一个教育救国论者,晏阳初所提出的中国农村四大基本问题只看到了社会现象的表层,没能认识到帝国主义的侵略与封建残余的剥削才是根源;否认了社会问题的根源是阶级压迫和剥削。乡村建设作为一种社会改革运动,实际上是一个不彻底的资本主义运动,结果以失败告终。

可取之处：一是平民教育和乡村改造理论颇有中国特色。二是确实给实验区农民带来了一定的实惠。三是"四大教育""三大方式"打破了狭隘的教育观念，使乡村教育与乡村经济、文化、卫生、道德等方面共同进行，形成学校、家庭和社会相互促进的系统工程，这在中国是一种创新，至今仍有现实意义。

四、梁漱溟的乡村教育建设

（一）乡村建设和乡村教育理论

乡村教育是梁漱溟乡村建设理论的重要组成部分。所谓乡村建设，是一种力图在保存既有社会的基础上，通过乡村教育的方法，由乡村建设引发社会工商业发展，以实现经济改造和社会改良。其乡村建设和乡村教育理论，构建于对中国传统文化和社会的分析、中西文化的比较之上。

1.中国问题的症结

在中西文化比较的基础上，梁漱溟指出，中国社会自始至终走着一条自己的发展道路。表现为遇事安分、知足、寡欲、摄生，取一种向自身内求"调和持中"的有理智、有意识的态度。中国文化追求人与人之间真正关系的妥洽，即"仁"的生活，因此世界文化的未来是中国文化的复兴，而中国问题的解决只能从自身固有文化中寻找出路。

梁漱溟认为"愚、贫、弱、私"只是社会表面病象，根源在中国社会自身。解决了社会内部问题，外国资本主义侵略和国内军阀专制就不难解决。中国的问题，就是文化失调——极严重的文化失调，为了学习西方文化"意欲向前"，抛弃自己，丧失精神；加之西方的入侵使中国文化秩序坏乱。

【2024年311，第22题】乡村教育思潮中的梁漱溟认为中国乡村教育的问题是（　　）

A.文化失调　　　　　　　B.愚穷弱私

C.封建专制　　　　　　　D.经济落后

【解析】A

梁漱民认为"中国的问题，并不是什么旁的问题，就是文化失调——极严重的文化失调"。故选A。

2.如何解决中国的问题：乡村建设

第一，梁漱溟认为，从社会历史看，中国自周代起就已脱离了阶级社会，不存在经济意义上的阶级对立,"中国旧社会可说为伦理本位、职业分立"的社会,在这种社会结构之下,不会产生阶级对抗。因此,社会革命在中国已不可能,唯一可行的道路就是乡村建设。

第二,从社会现状看,首先,中国社会是乡村社会,80%以上的人生活在乡村;其次,中国传统文化的根在乡村,道德和理性的根在乡村,要保存中国传统文化就必须从乡村教育入手,而理性的胚芽也只能在乡村慢慢培养起来;再次,近百年来中国社会已被破坏得不堪收拾,乡村经济尤甚,中国如要从头建设,必须一点一滴地从乡村建设做起。

所以,乡村建设是乡村被破坏而激起的乡村自救运动,是重建我们民族和社会新组织构造的运动。

3.乡村建设与乡村教育

乡村建设与乡村教育是一个问题的两个方面,乡村建设以乡村教育为方法,而乡村教育以乡村建设为目标。一方面,解决中国文化失调的主要手段是教育,它的功能在于延续文化而求其进步;另一方面,中国社会的改造其实是一个如何以中国固有精神为主吸收西方文化、融现代文明以求自身文化长进的过程,这不过是个教育的过程。所以,乡村建设是纳社会运动于教育之中,以教育完成社会改造。

总之,乡村建设力图在保存既有社会关系的基础上,通过乡村教育的方法,由乡村建设引发社会工商业发展,以实现经济改造和社会改良。

(二)乡村教育的组织与实施

梁漱溟在山东邹平、菏泽建设实验区,开办了山东乡村建设研究院,研究乡村建设问题,培养乡村建设人员,规划和指导实验区的乡农教育。

1.乡农学校的设立

实验区里,整个行政系统与各级教育机构合一,以教育的力量替代行政的力量。实验区将全县分为若干个区,各区成立乡农学校校董会,开办乡农学校。乡农学校分村学和乡学两级,文盲、半文盲入村学,识字的成年农民入乡学,村学是乡学的基础组织,乡学是村学的上层机构。乡农学校的组织结构按农村自然村落及其行政级别形成,组织原则一是政教养卫合一,以教统政,即乡农学校是教育机构和行政机构的统一;二是学校式教育与社会式教育融合归一。梁漱溟编写了《村学乡学须知》,立足于发扬传统道德文化,将政治、经济、法律、风俗等问题都通过道德教育来实施,乡农学校则成了实施基地。

2.乡农学校的教育内容

所有教育内容强调服务于乡村建设，密切适应农村生产生活的需要。课程分两大类：一类是各校共有的课程，包括识字唱歌等普通课程和"精神讲话"。所谓"精神讲话"，是指在教员指导下启发民众的思想，做切实的"精神陶冶"功夫，步骤是先用旧道德巩固他们的自信力，再用新知识、新道理改变从前不适用的一切旧习惯，以适应现在的新世界。另一类是各校根据自身生活环境需要而设置的课程，如产棉地区学习植棉技术。总之，所有教育内容强调服务于乡村建设。

五、陶行知的"生活教育"思想与实践

陶行知是中国现代杰出的人民教育家，毕生从事教育事业，为中国探索民族教育的新路。他的教育思想是一种具有创造性并不断发展、不断进步的教育思想，而生活教育思想则贯穿始终。

（一）生活教育实践：晓庄学校、山海工学团、"小先生制"、育才学校

1.晓庄学校

以培养乡村人民儿童所敬爱的老师为总目标，1926年，陶行知提出了"筹募一百万元基金，征集百万位同志，提倡一百万所学校"的口号。1927年，陶行知在南京创办试验乡村师范学校，该校后改名晓庄学校。他确立了"生活即教育""社会即学校""教学做合一"的生活教育理论，亲自试验，希望从乡村教育入手改造中国教育。1930年晓庄学校被查封。

2.山海工学团

1932年，陶行知在上海创办"山海工学团"，提出"工以养生，学以明生，团以保生"。力图把工场、学校、社会打成一片，进一步探索中国教育之路，以达到普及教育的目的。该学团有六个训练内容：军事、生产、科学、识字、民权和生活。教材是陶行知编写的《老少通千字课》。此外，工学团还组织修路、筑堤、赈灾和开办信用社等活动。

3."小先生制"

为了解决普及教育过程中出现的师资缺乏、经费匮乏、女子教育困难等问题，陶行知推行"小先生制"，即"即知即传"，人人将自己所识的字和所学的文化随时随地地教给别人，儿童是这一过程的主要承担者。陶行知认为小孩也能做大事，"小先生"不仅教别人识字学文化，还教别人做"小先生"，由此知识不断得到推广。"小先生制"是贫穷国家普及教育最重要的方式。

【2024 年 333，第 19 题】陶行知认为，穷国解决普及教育中师资缺乏、经费匮乏、女子教育困难等问题，最重要的钥匙是（　　）

A."艺友制"　　　　　　　B."小先生制"

C.分团教学　　　　　　　D.工学团

【解析】B

"小先生制"是陶行知为了解决普及教育中师资缺乏、经费匮乏、女子教育困难等问题而提出的，它是穷国普及教育最重要的钥匙，是旨在培养学生普及教育的模式。故选 B。

4.育才学校

（1）简介：1939 年抗战期间，为了收容战争中流离失所的难童，培养有特殊才能的幼苗，陶行知在重庆创办了育才学校。

（2）内容：①坚持培育人才。陶行知苦心兴学，以"新武训"自比，培养了一批艺术人才，其中有不少成为新中国的干部。②坚持独立办学。办育才学校时，他拒绝国民党"收为国立"的劝诱，坚持独立办学，耗尽个人资财，曾在报上登"卖艺"广告，以写字、讲演、卖文为生。

（3）评价：育才学校的创办，突出体现了陶行知站在人民大众尤其是劳苦大众的立场上思考和解决他们的教育问题的主张。

（二）"生活教育"理论体系

生活教育是陶行知教育思想的核心，集中体现了他在教育目的、内容和方法等方面的主张，深刻反映了陶行知在探索适合中国国情时代需要的教育理论。

1.生活教育理论的形成

受启发于裴斯泰洛齐，并师从杜威，陶行知在实验的基础上，将杜威的"教育即生活""学校即社会""教学合一"翻了个筋斗，形成了自己的生活教育理论。1918年，他提出了"生活教育"的思想。1919 年，在他的《教学合一》中把生活教育定义为"生活的教育""为生活而教育""为生活的提高、进步而教育"。1922 年形成"教学做合一"的认识。1927 年在晓庄学校形成完整的理论体系，即"生活即教育""社会即学校""教学做合一"。其内涵为："从定义上说，生活教育是给生活以教育，用生活来教育，为生活向前向上的需要而教育。从生活与教育的关系上说，是生活决定教育。从效力上说，教育要通过生活才能施展力量而成为真正的教育。"

2.生活即教育：生活教育理论的核心

第一，生活含有教育的意义。"教育的根本意义是生活之变化，生活无时不变即生活无时不含有教育的意义"，所以主张人们积极投入生活中，在生活的矛盾和斗争中向前、向上。

第二，实际生活是教育的中心。生活和教育是同一回事，是同一个过程，教育不能脱离生活且需要通过生活来进行，其方法和内容都要根据生活的需要。

第三，生活决定教育，教育改造生活。教育的目的、原则、内容和方法都由生活决定；教育的作用是使人天天向上，天天进步。

3.社会即学校

第一，指"社会含有学校的意味"或者说"以社会为学校"。因为到处是生活，所以到处是教育，整个社会就像一个教育的场所。

第二，指"学校含有社会的意味"。也就是说，学校通过与社会生活结合，一方面"运用社会的力量，使学校进步"；另一方面"动员学校的力量，帮助社会进步"，使学校真正成为社会生活必不可少的组成部分。陶行知认为"学校即社会"是半开门，"社会即学校"是拆除学校围墙，在社会中创建学校——"不运用社会的力量，便是无能的教育；不利于社会的需求，便是盲目的教育。"

"社会即学校"扩大了学校教育的内涵和作用，对传统的学校观、教育观有所改变；使劳苦大众能够受到起码的教育，贯穿了普及民众教育的苦心。

4.教学做合一

第一，要求"在劳力上劳心"。因为传统教育将脑力劳动和体力劳动割裂，造成"田呆子、书呆子"两个极端，长不出科学的种子。

第二，认为"行是知之始"。行是知识的重要来源，教育必须从行动开始，以创造完成。

第三，要求"有教先学"和"有学有教"。即教人者先教自己，学到知识就要去教别人。

第四，该理念是对注入式教学法的否定，即教育要与实践结合。教是服务于学的，而教与学又是服从于生活需要的。"教学做合一"是最有效的方法。

在教学做合一的方法论原则下，相应地对课程教材也提出改造意见：以培植学生的生活力为追求，遵循学生的需要和可能，由此破除以学科知识为原则的课程传统。

5.生活教育的特点

陶行知在《生活教育之特质》中认为生活教育有六个特点:生活的、行动的、大众的、前进的、世界的、有历史联系的。1946年他把生活教育的方针总结为民主的、大众的、科学的、创造的。陶行知的生活教育理论是一种为人民大众服务的教育理论。

六、陈鹤琴的"活教育"探索

(一)幼儿教育和儿童教育探索与"活教育"实验

陈鹤琴是我国近代学前儿童教育理论与实践的开创者。陈鹤琴重视儿童教育,研究总结儿童生理心理发展的基本特征,按照儿童身心发展的特点去教养儿童,认为家庭对幼儿的思想和行为习惯影响极大。20世纪30年代末,陈鹤琴提出教师如何"教活书、活教书、教书活",学生如何"读书活、活读书、读活书"等问题,并在总结自己以往教育实践和思想的基础上,明确提出了"活教育"主张。他的教育实践有:

1.1919年,对长子陈一鸣进行追踪研究,探索儿童心理发展及教育规律。

2.1919年,创办中国第一所实验幼稚园——鼓楼幼稚园,进行中国化、科学化的幼儿园研究,形成系统的、有民族特色的学前教育思想,主张"活教育"。

3.1940年,在江西建省立幼稚师范学校,继续进行"活教育实验"。

4.1941年,创办《活教育》杂志,标志"活教育"理论和运动的形成。

5.1943年,省立幼稚师范学校改为国立,增设专科部,至此形成婴儿园、幼儿园、小学部、幼师部、专科部的整套幼教体系。

6.1945年,陈鹤琴获准将专科部改为国立幼稚师范专科学校并前往上海,又创办上海市立幼稚师范学校,继续他的"活教育"实验。

(二)"活教育"理论体系

1."活教育"的目的论

"活教育"的目的:"做人,做中国人,做现代中国人。"做一个人,要热爱人类,热爱真理。做一个中国人,要爱自己的国家与同胞,团结国民,为国家兴旺而努力。对于"做现代中国人",陈鹤琴则赋予它五个方面的要求:第一,"要有健全的身体";第二,"要有建设的能力";第三,"要有创造的能力";第四,"要能够合作";第五,"要服务"。

"活教育"的目的论从抽象的人到具体的现代中国人,表达了陈鹤琴对人的发展、教育与社会变革的追求。

【2019 年 311，第 23 题】陈鹤琴提出"活教育"的目的是"做人，做中国人，做现代中国人"，对"现代中国人"的要求除健全的身体、建设的能力、能够合作、有服务的精神之外，还包括（　　　）

A.反思的能力　　　　　　　　　　B.自治的能力

C.创造的能力　　　　　　　　　　D.批判的能力

【解析】C

陈鹤琴提出了"活教育"理论体系。其中，"活教育"的目的是"做人，做中国人，做现代中国人"。对于"做现代中国人"，陈鹤琴提出了五个方面的要求：要有健全的身体，要有建设的能力，要有创造的能力，要能够合作，要服务。故选 C。

2."活教育"的课程论

陈鹤琴反对传统的将书本看作唯一教育资料的做法，明确提出"大自然、大社会都是活教材"。所谓"活教材"就是指取自大自然、大社会的"直接的书"，即让儿童在与自然、社会的直接接触中，在亲身观察中获取经验和知识。尽管陈鹤琴主张从自然和社会中直接获取知识，但他并非绝对强调经验、决然否定书本。尽管"活的"和"直接的"知识要"大大优于"书本知识，但只要将书本恰当地用作参考资料，"书本是有用的"。

"活教育"课程追求完整的儿童生活，教学组织形式打破惯常的学科中心体系，采取符合儿童身心发展和生活特点的活动中心和活动单元体系——"五指活动"，即儿童健康活动、儿童社会活动、儿童自然活动、儿童文学活动、儿童艺术活动。按"五指活动"的设想，儿童活动代替课堂教学成为学校教育的基本形式，它追求的是完整的儿童生活。五指活动是互相联系的整体。

3."活教育"的教学论

"做中教，做中学，做中求进步"是"活教育"教学方法的基本原则。"做"是学生学习的基础，也是"活教育"的出发点，强调的是儿童在学习过程中的主体地位和在活动中直接经验的获取。

陈鹤琴依据儿童心理学和教育学原理及自己的经验，提出了 17 条"活教育"的教学原则，这些原则都是以"做"为基础的，具有鲜明的特点：第一，强调以"做"为基础，确立学生在教学活动中的主体性，在教学中鼓励儿童自己去做、去思想、去发现，这是激发学生主体性的最有效手段；第二，儿童的"做"带有盲目性，需要教师积极正确的引导，教师要善于启发诱导学生，鼓励他们，用比赛、游戏、故事、暗示来调动他们,而不是进行惩罚和灌输教学。

　　陈鹤琴还归纳出"活教育"教学的四个步骤:(1)实验观察。这是"活教育"的基础。(2)阅读思考。如果感性不能彻底了解事物,就要通过阅读思考来弥补。(3)创作发表。要发挥儿童的主动性和创造性,对在阅读思考中获取的直接、间接的知识经验进行加工整理并创作发表。(4)批评研讨。儿童在学习中得到的结论不一定正确,需要通过批评研讨来相互启发,以达到完善。"活教育"思想是一种集吸收、改造、创新于一体的教育思想,吸取了杜威实用主义思想,也考虑了中国时代背景和国情,对中国现代教育产生了重要的影响。

本章内容思维导图

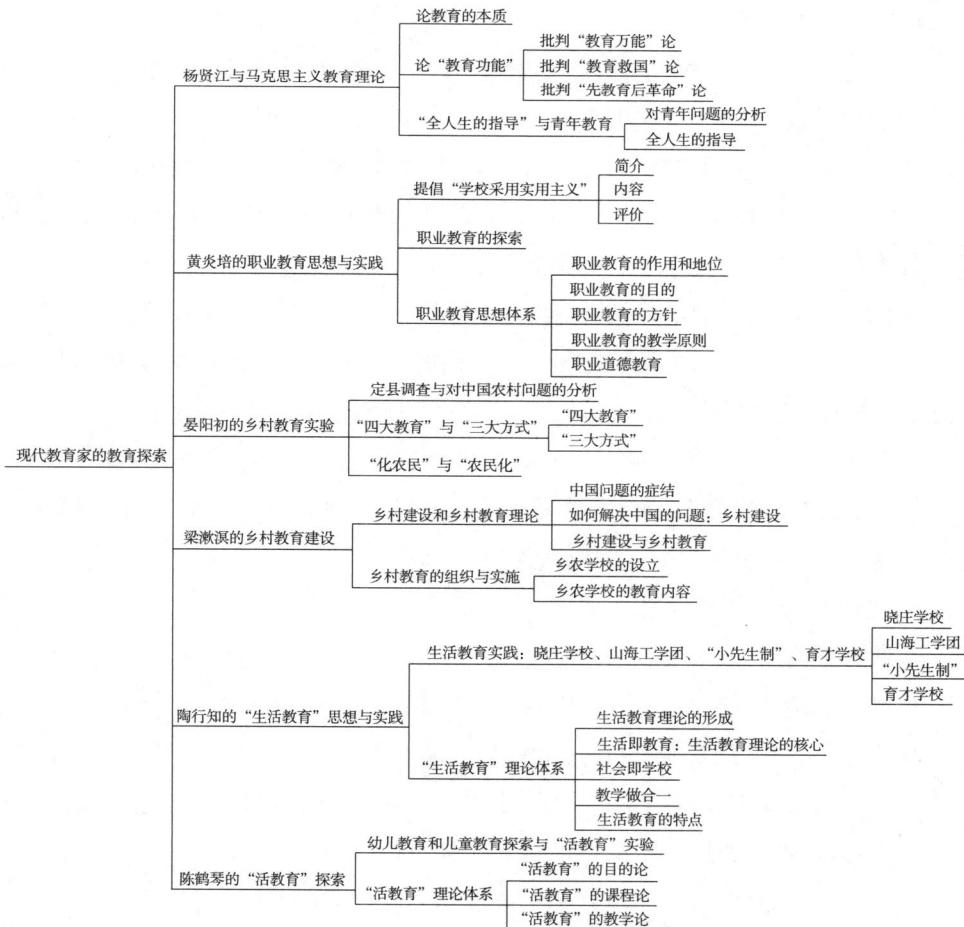

现代教育家的教育探索

- 杨贤江与马克思主义教育理论
  - 论教育的本质
  - 论"教育功能"
    - 批判"教育万能"论
    - 批判"教育救国"论
    - 批判"先教育后革命"论
  - "全人生的指导"与青年教育
    - 对青年问题的分析
    - 全人生的指导

- 黄炎培的职业教育思想与实践
  - 提倡"学校采用实用主义"
    - 简介
    - 内容
    - 评价
  - 职业教育的探索
  - 职业教育思想体系
    - 职业教育的作用和地位
    - 职业教育的目的
    - 职业教育的方针
    - 职业教育的教学原则
    - 职业道德教育

- 晏阳初的乡村教育实验
  - 定县调查与对中国农村问题的分析
  - "四大教育"与"三大方式"
    - "四大教育"
    - "三大方式"
  - "化农民"与"农民化"

- 梁漱溟的乡村教育建设
  - 乡村建设和乡村教育理论
    - 中国问题的症结
    - 如何解决中国的问题:乡村建设
    - 乡村建设与乡村教育
  - 乡村教育的组织与实施
    - 乡农学校的设立
    - 乡农学校的教育内容

- 陶行知的"生活教育"思想与实践
  - 生活教育实践:晓庄学校、山海工学团、"小先生制"、育才学校
    - 晓庄学校
    - 山海工学团
    - "小先生制"
    - 育才学校
  - "生活教育"理论体系
    - 生活教育理论的形成
    - 生活即教育:生活教育理论的核心
    - 社会即学校
    - 教学做合一
    - 生活教育的特点

- 陈鹤琴的"活教育"探索
  - 幼儿教育和儿童教育探索与"活教育"实验
  - "活教育"理论体系
    - "活教育"的目的论
    - "活教育"的课程论
    - "活教育"的教学论

自测题

一、选择题

1.【2009 年 311,第 23 题】在教育本质的问题上,杨贤江认为教育是(　　)

A.社会的经济基础　　　　　　　　B.劳动力再生产的手段

C.不偏不倚的公正事业　　　　　　D.观念形态的劳动领域之一

2.【2010 年 311,第 22 题】1913 年,黄炎培发表《学校教育采用实用主义之商榷》一文,深刻反思"癸卯学制"颁行以来中国教育发展的问题,提出必须(　　)

A.改革普通教育　　　　　　　　　B.发展师范教育

C.扩大高等教育　　　　　　　　　D.推进社会教育

3.【2012 年 311,第 20 题】陶行知创立"小先生制"的主要目的在于(　　)

A.解决普及教育的师资问题　　　　B.培养学生的创造精神

C.发挥优秀学生的帮扶作用　　　　D.尽早完成儿童的社会化

4.【2013 年 311,第 23 题】陶行知为了改变农村教育的落后面貌,探索了乡村师范教育的新模式。他提倡的教师培养模式是(　　)

A."艺友制"　　　B."小先生制"　　　C.学徒制　　　D.实习制

5.【2014 年 311,第 23 题】"五指活动"是陈鹤琴对其"活教育"课程组织的形象表述,它体现了儿童生活的(　　)

A.差别性　　　　B.整体性　　　　C.实践性　　　　D.创造性

6.【2016 年 311,第 22 题】黄炎培的职业教育思想有一个发展过程。20 世纪 20 年代后,他将职业教育的目的概括为(　　)

A.使动手的读书,使读书的动手

B.使无业者有业,使有业者乐业

C.联络和沟通教育界与职业界,参与全社会发展

D.为个人谋生、社会服务、国家和世界发展作准备

7.【2018 年 311,第 21 题】下列选项中符合陈鹤琴"活教育"课程思想的是(　　)

A.直接的知识要优于书本知识,故书本知识应予以摒弃

B.打破学科组织体系,采取活动中心和活动单元的形式

C.儿童经验虽然是重要的,但学科课程体系也不可破坏

D.打破知识的学科界限,按照儿童的兴趣组织课程内容

8.【2020 年 311,第 21 题】杨贤江的《新教育大纲》在教育本质问题上,提出(   )

    A.教育为观念形态的劳动领域之一   B.教育为经济活动的领域之一

    C.教育为再生产劳动的领域之一   D.教育为生产劳动的领域之一

9.【2020 年 311,第 23 题】在乡村教育运动中,晏阳初提出解决"愚、穷、弱、私"四方面问题的对策是实施"四大教育",其中最为根本的是(   )

    A.文艺教育   B.卫生教育   C.生计教育   D.公民教育

10.【2021 年 311,第 23 题】梁漱溟期望通过乡村重建探索出拯救中国的"第三条道路",其教育改革设想强调(   )

    A."伦理本位,职业分途"

    B."工以养生,学以明生,团以保生"

    C."使无业者有业,使有业者乐业"

    D."农民科学化,科学简单化"

二、分析论述题

1.【2015 年 311,第 55 题】试析陶行知"生活教育"与陈鹤琴"活教育"理论的共同特点。

2.【2018 年华中师大 333】论述黄炎培的职业教育思想。

三、材料题

1.【2008 年 311,第 56 题】请以下述材料为背景,叙述晏阳初和梁漱溟所提出的乡村教育方案,并比较关于他们乡村教育理论的异同。

20 世纪 20—30 年代,中国在全国范围内广泛兴起了以改革农村和农民现状为宗旨的乡村教育运动,不少学者纷纷提出自己的主张。晏阳初认为:中国乡村存在四大基本问题,即愚、穷、弱、私。"愚"指绝大多数人民是文盲;"穷"指人民生活的极度贫困;"弱"指缺乏医疗保障,人民健康水平低下;"私"指人民缺乏合作精神和公民意识。梁漱溟则认为:上述问题只是中国社会的表面现象,其深层原因是文化失调。中国文化的根在乡村,解决中国问题必须从乡村建设入手,从中国旧文化里转变出一个新文化来,以创造新文化来救活旧乡村。

第十二章　新民主主义教育的发展

一、新民主主义教育方针的形成

在指导和推动人民教育事业方面,党在不同的历史时期,依据具体情况制定了不同的教育方针。这些教育方针既延续了大革命时期党的教育纲领的精神(即教育为阶级斗争、革命战争以及扩大、巩固、建设革命根据地服务),又反映了战争环境下的斗争需要。

(一)苏维埃文化教育总方针

1931年中华苏维埃共和国宣告成立,也明确提出了教育方针:"工农劳苦大众,不论男子和女子,在社会、政治、经济和教育上,完全享有同等的权利和义务,取消一切麻醉人民的封建的、宗教的和国民党的三民主义教育。"阐明了苏区教育的根本性质。

1934年1月,毛泽东在第二次全国苏维埃代表大会的工作报告中,更具体、明确地表述了教育的根本方针:"在于以共产主义的精神来教育广大的劳苦民众,在于使文化教育为革命战争和阶级斗争服务,在于使教育与劳动联系起来,在于使广大中国民众都成为享受文明幸福的人。"苏维埃文化建设的中心任务是:"力行全部的义务教育,是发展广泛的社会教育,是努力扫除文盲,是创造大批领导斗争的高级干部。"毛泽东对苏区教育方针和教育任务的阐述,反映了共产党对马克思列宁主义教育思想和苏联教育经验的理解与吸收,紧密结合了中国土地革命战争时期党在农村反封建、反围剿的两个中心任务,坚持教育与生产劳动相结合,有利于发展生产、支援战争,倡导了工农大众的教育普及和教育权利平等。这一表述合乎苏区斗争的实际条件和实际需要,具有民族的、科学的、大众的和革命的基本特征,是共产党对新民主主义教育方针最初的也较为明确的表述,这既是对整个苏区教育实践的总结,也为它的进一步发展和以后抗日战争、解放战争时期革命根据地的教育事业奠定了理论基础。

(二)抗日战争时期中国共产党的教育方针政策

依据党的"一切为着前线,一切为着打倒日本侵略者和解放中国人民"的总方针,执行中共中央制定的一系列教育方针政策,如实行抗战教育政策、提倡国防教育、实行文化教育中的统一战线政策、实行教育和生活劳动相结合的方针等,发展抗日根据地教育。

1.抗战教育政策

这是毛泽东重点对"抗战教育"和"国防教育"的思考,充分反映出抗日民主根据地教育改革的历史特点,但并未充分顾及中国教育改革的历史内容——毛泽东还在思考这个问题。

2."文化工作中的统一战线"政策

与帝国主义文化侵略和封建主义文化残余做斗争。主要表现在:第一,吸收各种社会力量并团结到抗战中来,尤其需要依靠知识分子的力量,通过文化教育工作的开展支援战争;第二,组织千百万农民群众学习知识,建立各种正规与非正规学校,向封建和殖民主义做斗争,提高根据地群众的思想觉悟和科学文化水平,从而促进新民主主义教育的实现。

3."干部教育第一,国民教育第二"的政策

中国共产党诞生后,始终清醒地认识到人民的革命斗争需要干部来率领,因此十分重视自身干部队伍的建设,在严酷的抗日战争中,更是一再强调干部教育的重要性。1941 年 1 月,林伯渠在陕甘宁边区政府委员会第四次会议的报告中明确提出"干部教育第一,国民教育第二"的政策。"干部教育第一"政策的提出是为民族解放战争的需要、根据地文化教育的实际状况和党的未来事业发展做准备。

> 为适应革命战争的需要,抗日根据地的文教政策规定,将(　　)放在第一位。
>
> A.国民教育　　　　　　　B.干部教育
>
> C.士兵教育　　　　　　　D.儿童教育
>
> 【解析】B
>
> 1941 年 1 月,林伯渠明确提出"干部教育第一,国民教育第二"的政策。这一政策的提出是为民族解放战争的需要、根据地文化的实际状况和党的未来事业发展做准备。故选 B。

4."实行生产劳动"的教育政策

"教育与劳动"相结合曾是苏区教育的基本经验之一,抗日根据地要求青年学生和知识分子把学习与生产劳动相结合。这一方面是出于抗战的需要,另一方面

是出于对青年教育的需要。边学习理论边参加生产劳动可以帮助青年了解根据地农村的生产、人民的生活,提高对理论的理解,坚定信念,增强使命感。

5."民办公助"的政策

与干部教育相辅相成的是抗日民主根据地的群众教育,在群众教育中,根据地创造性地采取了"民办公助"的政策。1938年,毛泽东在《论新阶段》中就看到了人民中潜藏着的巨大教育资源。发动社会和民间的力量来共同办教育,后来成为根据地教育的重要经验。1944年4月,陕甘宁边区政府发出了《提倡小学民办公助的指示信》,就如何在初级小学中实行民办公助做出指示。"民办公助"既要充分发挥民间办学的积极性,充分尊重民众对学校学制、教育内容的需求,同时,又强调通过公助的形式加强对学校的指导和管理。

> 下列不属于抗日战争时期中国共产党的教育方针政策的是(　　　)
> A.干部教育第一,国民教育第二　　　　B.理论联系实际
> C.民办公助　　　　　　　　　　　　D.实行生产劳动
> 【解析】B
> 理论联系实际是"抗大"的学风,是"抗大"的办学方针之一。它在教学内容和方法中得到贯彻。故选 B。

(三)"民族的、科学的、大众的"文化教育方针

1940年,毛泽东在《新民主主义论》中也确定了新民主主义革命时期教育的总方针,即民族的、科学的、大众的新文化和新教育。毛泽东指出:"民族的科学的大众的文化,就是人民大众反帝反封建的文化,就是新民主主义的文化,就是中华民族的新文化。"这既是文化的方针,也是教育的方针。这一方针区别了新旧文化、新旧民主主义,也说明了新民主主义文化和社会主义文化的联系和区别。

所谓"民族的",是指新民主主义教育是反对帝国主义压迫、主张中华民族的独立和尊严、带有民族特性的教育。它不一概排除外国教育,也不"全盘西化",而是取其精华、去其糟粕。具有民族的形式和特点,又与新民主主义的内容相结合,即为新民主主义的教育。

所谓"科学的",是指新民主主义教育是反对一切封建迷信思想,主张实事求是,主张客观真理,主张理论与实践的统一。它坚持辩证唯物主义,对中国古代和近代教育既不一概否定,也不因循守旧,而是剔除封建糟粕,吸取其民主精华。

所谓"大众的",是指新民主主义教育是为全民族百分之九十以上的工农劳苦民众服务的,并逐渐成为他们的教育,因而又是民主的。它将革命干部和群众的教育进行了区别与联系,正确处理了普及与提高的关系,是人民大众的有力武器,是革命总战线中一条必不可少的战线。

二、革命根据地干部教育

(一)在职干部培训

这种教育形式开展得最早,目的在于提高在职干部水平或训练某种专业人员,主要通过干部训练班、在职干部学校实施。1931年以前的干部教育主要是在职培训。其特点是:1.以政治、军事指挥技术和文化教育为主要内容;2.以随军学校、教导队、短训班为主要形式;3.类别更丰富,实施较规范,多按系统、分层次举办,灵活易行;4.极大地缓解了革命工作对干部的急切需求,提高了干部素质。

实践:毛主席创办了第一个红军军官教导队——龙江书院。

(二)干部学校教育

干部学校教育是在1931年后苏区政权逐步稳定的条件下,由一些干部训练班和随营学校发展而来的干部教育形式。1933年以后,一批重要的高级干部学校建立,苏区干部教育从不正规、半正规向正规化过渡,形成了较完整的干部教育体系。

1.高级干部学校

高级干部学校主要是培养党政高级干部。苏维埃根据地较有影响的高级干部学校有马克思共产主义大学、苏维埃大学、红军大学等。各地抗日根据地有影响的干部学校有中共中央党校、陕北公学、鲁迅艺术学院、延安大学、华北联合大学等。

2.中级干部学校

中级干部学校是为各个部门培养中层干部。苏维埃根据地较有影响的中级干部学校有中央农业学校、中央列宁师范学校、高尔基戏剧学校等。抗日根据地时期的中级干部学校发展较为曲折。

苏区教育很有特色,目标明确,课程精简,形式多样,突出思想政治教育和理论联系实际,极大地提高了干部队伍的素质,为苏区的建设和革命战争提供了保障。

(三)"抗大"

中国人民抗日军事政治大学,简称"抗大",是在中国共产党和毛泽东直接领导和关心下创建和发展起来的一所培养抗日军政干部的学校,是抗日根据地干部学校的典型,前身是红军大学,校址延安,从1936年建校开始,先后办了8期,有12所分校。抗战胜利后,总校干部赴东北组建东北军政大学。

1.抗大的教育方针

抗大的教育方针内涵是,1938年毛泽东在第三期同学会成立时题词道:"坚定正确的政治方向,艰苦朴素的工作作风,灵活机动的战略战术,便一定能够驱逐日本帝国主义,建立自由解放的新中国。"

2.抗大的校训

团结、紧张、严肃、活泼。

3.抗大的培养目标

以训练抗日救国军政领导人才为宗旨。

4.抗大的学风

抗大的学风最重要的传统就是理论联系实际。边学习,边战斗,在战争的第一线学习、锻炼。

5.抗大的政治思想教育

抗大非常重视对学院进行以马克思列宁主义、毛泽东思想为核心内容的政治思想教育,并将其作为学校的一门主要课程。同时,开展政治思想教育的途径也多种多样:(1)学习理论,提高马克思主义理论水平;(2)学习中共党内斗争的文件,提高党性意识;(3)开展群众性的自我教育;(4)严格的组织纪律要求;(5)深入工农群众,投身于火热的斗争中去,向工农学习,在实践中学习。

6.抗大的教学方法

抗大创造了一套从实际出发、生动活泼的教学形式与方法。(1)启发式:具体方法有由近及远、从具体到抽象,注意相互联系,突出重点;(2)研究式:集体讨论,按照教育计划学习,个人自学和思考研究是主要的形式,教员只是从旁指导;(3)实验式:较少的课堂讲授,多实地操作,多设置实况演习,使学员善于判断分析,有随机应变的能力;(4)"活"的考试:由教员拟定考题,指定参考书目,学员自行准备后进行讨论,吸收补充他人的见解,再结合本人的材料完成答卷,学员互阅试卷。

【2025年333,第20题】中国人民抗日军事政治大学是抗日民主根据地干部学校的典范,其最重要的办学传统是(　　　　)

A.理论联系实际

B.教育与生产劳动相结合

C.自学为主,教学为辅

D.军事与政治并重

【解析】A

记忆题,此题考查"抗大"。中国人民抗日军事政治大学,简称"抗大",是中国共产党创建的一所培养抗日军政干部的学校。抗大学风最重要的传统是理论联系实际。因此,答案选 A。

三、革命根据地群众教育

群众教育是在不脱离民众生产和生活的情况下,以广大成人为教育对象的教育形式,是抗战时期社会教育的主要组成部分,其中以成人教育为重心。成人教育在抗战时期形式多样、生动活泼,尤其是经过整风运动和整学,社会教育纠正了以往脱离边区实际的倾向,取得很大发展。

1.群众教育的形式

组织形式主要有冬学、民校(民众学校)、夜校、半日校、识字班(组)、读报组以及剧团、俱乐部等,其中冬校和民校适应分散的农村群众和生活实际,是最受欢迎、最普遍、最广泛的社会教育形式。其中冬学是最主要的形式,它是利用冬季农闲时候开办的,一般设在人口较为集中的村里,让年长失学的人利用晚上时间认字。在兴办冬学、培养师资的同时,各根据地还积极组织编印了课本,如《识字课本》《日用杂志》《庄稼杂字》等。

2.群众教育的任务

一是扫除文盲,提高人民的文化水平;二是提高政治觉悟,进行军事知识和技能的训练。这一任务旨在让一般民众都能理解战争、配合战争和参与战争。

抗战时期,在群众教育中最受欢迎、最普遍和最广泛的社会教育形式是
(   )

A.识字班与夜校　　　　　B.识字班与半日校

C.夜校与民校　　　　　　D.冬学与民校

【解析】D

冬学和民校适应分散的农民群众和生活实际,是最受欢迎、最普遍、最广泛的社会教育形式。故选 D。

四、革命根据地普通教育

（一）根据地的小学教育

1.发展历程

抗日根据地的小学教育基本延续苏区的制度，学制五年，前三年为初小，后两年为高小。抗战初期，各根据地初小较多，高小较少。民主政权建立后，实行了减租减息政策，陕甘宁边区还废除了国民党的42种税捐，人民生活有了保障，在文化方面翻身有了要求，也有了条件。陕甘宁边区大力发展教育，且成绩斐然。

2.办学形式

根据地的小学办学形式多样、生动活泼、富有战斗性，主要有"游击小学""两面小学""联合小学""一揽子小学"等形式。在交通不便的地方办起了"流动小学""巡回小学"，教师往来授课。

3.教育内容

抗日根据地小学教育内容十分注意适应战争的需要。边区小学的课程，初小设国语、算术、常识、美术、音乐、劳作、体育。高小增加政治、自然、历史、地理。劳作以生产劳动为主，体育以军事训练为主。条件差的初小只开设国语、算术两门课程。抗日根据地的小学教育还特别注重政治教育，各根据地大都编写了战时小学教材。

（二）解放区中小学教育的正规化

解放战争时期的教育工作中心任务是随战场上的形势变化而变化的。解放战争刚开始时基本上继承了抗日根据地的教育传统，教育的政治任务由抗日的民族主义教育转到反蒋的新民主主义教育，教育起到了战争动员和政治宣传的作用。1948年，随着华北和东北大部分地区和许多大中型城市获得解放，解放全中国的态势已经形成，教育的正规化提上日程，标志着教育开始有意识地从为革命战争服务转移到为和平建设事业服务。

教育正规化主要指中等教育的正规化，也涉及整个普通教育。主要提出这样一些要求：1.制定长期的发展规划，教育不能像战争年代那样随政治任务的变化而变化；2.普及教育，学制正规化；3.教学内容以系统学习科学文化知识为主，降低政治课和直接与实践挂钩的课程等。

（三）解放区高等教育的整顿与建设

随着解放战争接近尾声，即将开始的大规模经济建设需要大量高级人才，高等教育的整顿和建设就成为解放区教育事业的重要方面。

1.办抗大式训练班

随着解放区的迅速扩大,大量学校被接管,要这些学校的师生适应解放事业,就得加强对他们的思想教育和思想改造。开办抗大式训练班,逐批对知识青年进行短期政治教育。这一时期,各大解放区陆续举办人民革命大学,如东北军政大学、华北人民革命大学、西北军区人民军政大学等。

2.解放区原有的大学进一步正规化

这主要是出于培养兼具革命理想与科学技术知识的管理干部和"自己的高级知识分子"的目的,将解放区原有较正规的大学进行正规化。其中,1939年创办于延安的华北联合大学堪称典型。1946年,华北联合大学又恢复原来的教育学院、法政学院、文艺学院,后又设外语学院。1948年,又与北方大学合并为华北大学。1949年,迁入北京,后组成中国人民大学,成为解放区自己办的正规大学的杰出代表。

3.创办新大学

随着解放战争战线的南移,东北解放区最先成为稳固的后方,高等教育的大规模整顿与创办新大学就最先从此地开始。1949年后,东北创办了一系列培养各种人才的新大学,如哈尔滨工业大学、哈尔滨医科大学等。

五、革命根据地教育的基本经验

共产党在战争年代造就了数量巨大的干部,普及了群众教育和少年教育,创办了一定数量的正规高等教育机构,积累了大量的成功经验,成为时代奇迹。根据地教育的成功经验,也成为中国教育史上一笔宝贵的遗产。

(一)教育为政治服务

最大的政治是以武装斗争的手段夺取民族民主革命的胜利,而动员千百万人民群众投入革命战争、支援革命战争,并最大限度地提高人民军队干部战士的觉悟,是中国共产党所面临的中心任务。

1.在安排各类教育的发展时,理清了任务的轻重缓急,保证了最迫切需要的满足。

2.在教育内容的确定上,以革命战争的需要为原则,以形势教育、对敌斗争教育、阶级斗争教育、纪律教育、群众教育路线为主。

3.在教育教学的组织安排上,也充分考虑到战争条件和政治需要。课程少而精,以速成班为主,教育与现实紧密联系,在战斗和工作中学习。

(二)教育与生产劳动相结合

第一,教育内容紧密联系当时当地的生产和生活实际,进行劳动习惯和观点、劳动知识和技能的教育。第二，教育教学的组织形式和时间安排上，注意适应生产需要，要求学生参加实际的生产劳动。第三，根据地的师生还广泛参加各类革命斗争和政治活动，这既有助于提高他们的思想觉悟，锻炼他们的革命意志，提高他们的工作能力，同时又支援了革命斗争和解放区的建设。

（三）依靠群众办教育

解放区的人民需要教育，但是政府能力有限，不可能包办教育，办教育需要走群众路线。"以民教民"是当时根据地教育的一个特点。其中"民办公助"的办学形式更是发挥了各个方面的积极性，即群众集资、出力自己办学，主要由家长和学生通过劳动来解决资金和人力问题，也采取集资、提取结余、组织文教合作社等方式来集资办学，政府给予方针上的指导、物质上的补助和师资上的支援。群众办学就是从群众的需要出发，群众自愿办学，教学内容也和群众息息相关，教学方式因地制宜，尤其是成人教育要适应生活和生产的需要。这是中国共产党人在根据地教育实践中总结出来的重要的办教育经验。

本章内容思维导图

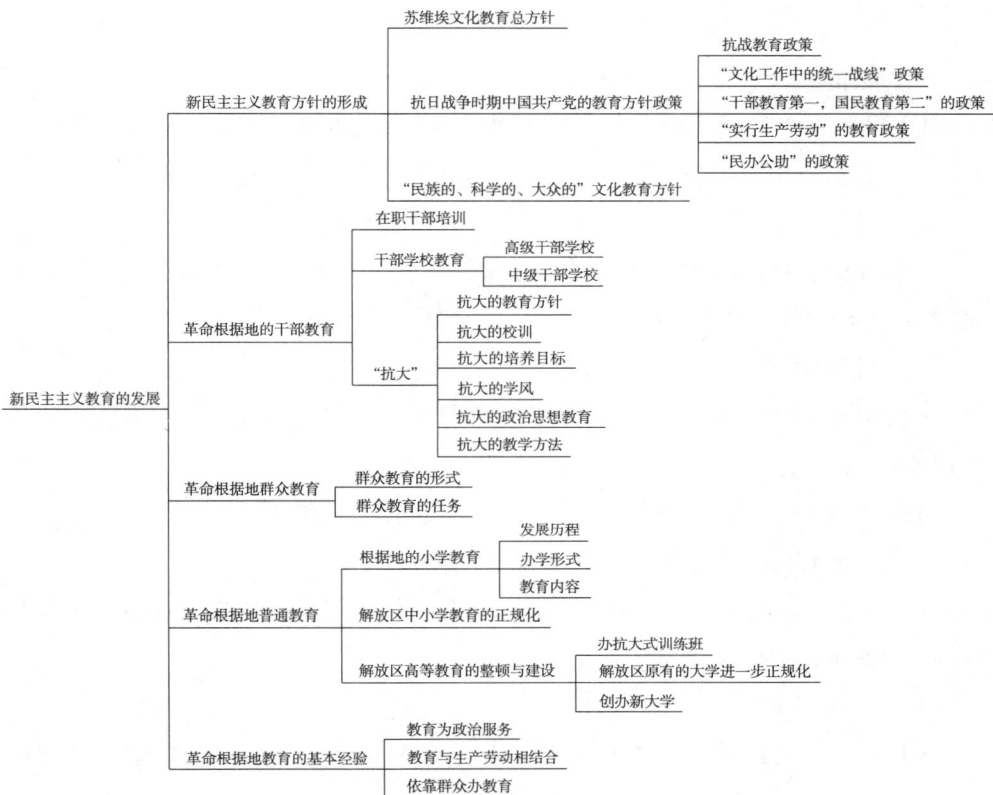

```
                                                    ┌─ 苏维埃文化教育总方针
                                                    │                          ┌─ 抗战教育政策
                                                    │                          ├─ "文化工作中的统一战线"政策
                            ┌─ 新民主主义教育方针的形成 ─┼─ 抗日战争时期中国共产党的教育方针政策 ─┼─ "干部教育第一，国民教育第二"的政策
                            │                          │                          ├─ "实行生产劳动"的教育政策
                            │                          │                          └─ "民办公助"的政策
                            │                          └─ "民族的、科学的、大众的"文化教育方针
                            │
                            │                          ┌─ 在职干部培训
                            │                          │                  ┌─ 高级干部学校
                            │                          ├─ 干部学校教育 ─────┤
                            │                          │                  └─ 中级干部学校
                            │                          │              ┌─ 抗大的教育方针
                            ├─ 革命根据地的干部教育 ──────┤              ├─ 抗大的校训
                            │                          │              ├─ 抗大的培养目标
                            │                          └─ "抗大" ──────┼─ 抗大的学风
                            │                                         ├─ 抗大的政治思想教育
新民主主义教育的发展 ──────────┤                                         └─ 抗大的教学方法
                            │
                            │                          ┌─ 群众教育的形式
                            ├─ 革命根据地群众教育 ────────┤
                            │                          └─ 群众教育的任务
                            │                                         ┌─ 发展历程
                            │                          ┌─ 根据地的小学教育 ─┼─ 办学形式
                            │                          │                  └─ 教育内容
                            ├─ 革命根据地普通教育 ────────┼─ 解放区中小学教育的正规化
                            │                          │                          ┌─ 办抗大式训练班
                            │                          └─ 解放区高等教育的整顿与建设 ─┼─ 解放区原有的大学进一步正规化
                            │                                                     └─ 创办新大学
                            │                          ┌─ 教育为政治服务
                            └─ 革命根据地教育的基本经验 ──┼─ 教育与生产劳动相结合
                                                        └─ 依靠群众办教育
```

自测题

一、选择题

1.【2007 年 311，第 18 题】抗日民主根据地实行的教育工作政策是（　　）

A.国民教育第一　　　　　　　　　　B.群众教育第一

C.干部教育第一　　　　　　　　　　D.儿童教育第一

2.【2008 年 311，第 20 题】在中国共产党领导下的抗日根据地中，以"团结、紧张、严肃、活泼"为校训的学校是（　　）

A.陕北工学　　　B.延安大学　　　C.华北联合大学　　　D.抗日军政大学

3.【2011 年 311，第 23 题】中国共产党领导下的抗日民主根据地发展教育的基本精神是（　　）

A.教育为长期的战争服务　　　　　　B.群众教育第一

C.注重教育的正规化建设　　　　　　D.生产教育第一

4.【2012 年 311，第 23 题】中国共产党领导下的抗日民主根据地在发展群众教育过程中采取的办学政策是（　　）

A.公有民办　　　B.公有公办　　　C.公办民助　　　　D.民办公助

5.【2016 年 311，第 23 题】1938 年 3 月，毛泽东为"抗大"题写办学方针，放在教育工作首位的是（　　）

A.坚定不移的政治方向　　　　　　　B.坚持不懈的抗战信念

C.艰苦奋斗的工作作风　　　　　　　D.机动灵活的战略战术

6.【2018 年 311，第 23 题】中国共产党领导下抗日民主根据地的社会教育以成人教育为重心，其最广泛、最普遍的教育形式是（　　）

A.工读校　　　　B.半日校　　　　C.列宁学校　　　　D.冬学

7.【2020 年 311，第 20 题】中国人民抗日军事政治大学是在中国共产党领导下创立和发展起来的一所干部学校，创办初期在课程设置的规划上提出（　　）

A.军事、政治、文化并重　　　　　　B.军事、政治、生产并重

C.以军事技术为主　　　　　　　　　D.以政治理论为主

8.【2021 年 311，第 21 题】早期马克思主义者恽代英对中学教育颇有研究，曾专门撰文批评当时中学教育中存在的注入式教学，主张实施（　　）

A.自学辅导法　　　　　　　　　　　B.适应个性教学法

C.设计教学法　　　　　　　　　　　D.单元教学法

9.【2022 年 311,第 20 题】1922 年,中国共产党第二次全国代表大会制定了新民主主义革命纲领,在教育方面提出了(　　)

A.实行教育普及化　　　　　　　　B.推动教育实用化

C.提倡教育科学化　　　　　　　　D.促进教育法治化

10.【2022 年 311,第 22 题】1940 年,毛泽东在《新民主主义论》中提出了新民主主义文化教育方针,即(　　)

A."民主的、大众的、科学的"文化教育

B."民主的、科学的、革命的"文化教育

C."民族的、科学的、大众的"文化教育

D."民族的、科学的、革命的"文化教育

参考文献

1.孙培青编.中国教育史.华东师范大学出版社,2009.

2.王炳照等.简明中国教育史.北京师范大学出版社,2007.

3.张立平.教育综合(333)考试宝典.首都师范大学出版社,2021.

答案与解析

第一章　西周官学制度的建立与"六艺"教育的形成

一、选择题

1.C 【解析】西周的学校教育体系分为国学和乡学,国学设在王都,分为大学和小学;乡学设在地方,只设小学。故选 C。

2.B 【解析】西周的贵族家庭教育有三项内容:基本的生活技能和习惯的教育(最初阶段最为注重此项内容),初步的礼仪规则和道德观念,学习计数和练习写字。故选 B。

3.C 【解析】西周的国学分为小学和大学两级。大学中,天子所设的大学叫辟雍,诸侯所设的大学叫泮宫。故选 C。

4.D 【解析】"书"指文字学习,"数"指算法学习。书、数是文化基础知识和技能,作为"小艺",安排在小学学习。故选 D。

5.B 【解析】庠是原始社会时期养老兼教育的机构;成均是五帝时期的乐教机构;序是夏朝时期的教育场所,设在王都,最初为教射的场所;泮宫是西周的大学,西周天子所设立的大学叫辟雍,诸侯所设立的大学叫泮宫。故选 B。

6.B 【解析】《礼记·明堂位》:"殷人设右学为大学,左学为小学,而作乐于瞽宗。"这说明了商朝已经根据不同年龄,提出了不同的教育要求,体现出商朝对教育阶段已经进行了划分。故选 B。

7.A 【解析】"六艺"教育的中心是礼、乐教育。"六艺"所有内容面向奴隶主子弟,但依据年龄的不同,学习侧重点会有所不同。小学侧重书、数教育,大学重视礼、乐教育。故选 A。

8.C 【解析】"能言,男唯女俞"意思是"孩子能够说话时,教给男孩子用'唯'回答问题,女孩子用'俞'回答问题。"古语中,"唯"上声,音强,"俞"平声,音弱。从这一层面来看,"男唯女俞"指的是男孩子说话可以大声,可以毫无顾忌,女孩子则要柔声柔气。这体现出了男女有别,与选项 C 意思相符。故选 C。

二、分析论述题

1.答案要点:

"六艺"是夏、商、西周时期教育的六项基本内容,即礼、乐、射、御、书、数。不论是国学乡学,还是小学大学,都以"六艺"为基本学科,但在要求上有层次的不同。

(1)主要内容

礼:也被后世称为"周礼",内容极广,凡政治、伦理、道德、礼仪都包括在内,不仅在于养成礼仪规范,同时具有深刻的社会政治作用。

乐:包括诗歌、舞蹈和音乐,是当时的艺术教育,陶冶人的感情,包含德育、智育、体育、美育的要求,使强制性的礼转化为人们内在的道德和精神的需求。

射:指拉弓射箭的技术。

御:指驾驭战车的技能。

书:西周时把文字构造规律归纳为指事、象形、形声、会意、转注、假借六个方面,称为六书。

数:指算法、历法等与数字计算相关的知识。

礼、乐是"六艺"的中心,礼重在训练人的外在行为规范,乐重在陶冶人的内在情操,二者相互配合;西周重视武力建设,射、御是当时主要的军事技术;书、数是文化基础知识,是西周小学的主要教学内容。

(2)意义:"六艺"教育经历了夏、商的发展,到西周最为完整,是西周教育的特征和标志。"六艺"既重视思想道德,也重视文化知识;既重视传统文化,也重视实用技能;既重视文事,也重视武备;既要求符合礼仪规范,又要求内心情感修养。总之,"六艺"体现了文武兼备、诸育兼顾的特点,反映了中华文明发展早期的辉煌。

第二章　私人讲学的兴起与传统教育思想的奠基

一、选择题

1.B 【解析】本题旨在考查孟子人性论的观点。"求放心"是孟子性善论的观点;孔子人性论的观点是"性相近也,习相远也";荀子则主张"性恶论";庄子主张探索出人之本性应有的自然状态,最终提出达到本真之性的修养方法。故选 B。

2.D 【解析】朱熹在《论语集注》中说"愤者,心求通而未得之意,悱者,口欲言而未能之貌。启谓开其意,发谓达其辞"。故选 D。

3.B 【解析】"博学之,审问之,慎思之,明辨之,笃行之"出自《中庸》。《中庸》是儒家著作,它首次将学习顺序总结为"学、问、思、辨、行"。故选 B。

4.D 【解析】《论语·述而》里提到"自行束脩以上,吾未尝无诲焉",这句话的意思是:"只要自愿拿着十条干肉为礼来见我的人,我从来没有不给他教诲的。"这句话体现了孔子关于教育对象的主张,反映了孔子"有教无类"的教育思想。"唯上智与下愚不移"是孔子关于人性论的主张;"民可使由之,不可使知之"是孔子的为政思想;"仕而优则学"是孔子关于教育方针和教育目的的主张。故选 D。

5.D 【解析】"君子之学也,入乎耳,箸乎心,布乎四体,形乎动静"的意思是君子的学习,进入到耳朵,明通在心,灌注在全身,表现在行动上。表明教育的过程要先从听开始,然后到了然于心,最后付诸行动。这是《荀子》中"闻见、知、行"的教育过程的观点。故选 D。

6.B 【解析】《大学》开头提到"大学之道,在明明德,在亲民,在止于至善",其中"明明德"是教育目的,"止于至善"是终极目标,指的是通过道德修养而达到最完善的境界。"化民成俗"是《学记》提出的教育作用,"明人伦"是孟子提出的教育目的。故选 B。

7.D 【解析】墨家的教育特色是重视科技,培养思维能力,重视文史知识以及重视政治和道德教育。儒家的教育特色是轻视科技,忽视思维能力,重视文史知识,重视政治和道德教育。选项 A、B、C 均为儒家和墨家重视的内容,只有选项 D 是墨家和儒家的不同之处,是墨家的特色。故选 D。

8.A 【解析】学术自由是稷下学宫最基本的特点,也是最主要最明显的特点。故选 A。

9.B 【解析】题目中,三位学生都向孔子问"孝",但孔子对于不同的学生回答也不同,体现了其因材施教的教学原则。故选 B。

10.B 【解析】"恻隐之心,人皆有之""人皆可以为尧舜"是孟子的主张。孟子肯定人性本善,肯定"人皆可以为尧舜",并将其贯彻于他的教育和政治实践。与题意相符,故选 B。

二、分析论述题

1.答案要点

(1)教师观

①孔丘:提出教师应具备的基本条件:"学而不厌,诲人不倦";论述教师应采取的教育方式:言教与身教结合,尤重身教;倡导应有的师生关系:相信和爱护学

生,做到教学相长。

②荀况:认为教师关乎国家兴衰,倡导尊师重道;强调学生须就师而学,遵从师教,"师云亦云";要求教师须有德望,讲学不违师法、条理清晰、见解深刻。

③韩愈:认为人非生而知之,肯定"学者必有师";提出以"传道、授业、解惑"为教师的基本任务;以"道"为求师标准,主张学无常师,不耻相师。

(2)背景与侧重点变化

①孔丘处在私学兴起、教师开始成为专门身份的时代,他提出"有教无类"、培养德才兼备的"君子"等主张,侧重阐述教师自身的要求,如教师的标准、教师的教育教学要求和师生关系等问题,奠定了中国传统教师思想的基础。

②荀况处在大一统封建专制国家即将形成的时代,他提出"外铄论"的教育主张,侧重阐述教师的外部关系,如教师与国家兴衰治乱的关系,强调教师对人性改造的主导作用,以师为道的化身,提出"师严道尊"主张,对后世教师地位和师生关系产生了影响。

③韩愈处在儒、佛、道争夺思想统治地位、科举考试冲击学校教育的时代,他坚持儒学道统,批评学者耻于求师风气,侧重阐述教师与儒学道统重建、传承的关系,以及以道为师的标准,强调教师弘道使命和教师职责,提倡交互的师生关系,对后世为师之道产生了影响。

2.答案要点

《学记》是《礼记》中的一篇,是世界上最早的专门论述教育、教学问题的论著,被认为是"教育学的雏形"。其内容主要包括教育制度与学校管理,教育、教学的原则与方法、论教师等几部分。

(1)教育制度与学校管理。在学制上,《学记》提出"古之教者,家有塾,党有庠,术有序,国有学"的行政建制。在学年上,《学记》把大学教育定为两段、五级、九年,这是古代年级制的萌芽。

(2)视学与考试。在视学方面,《学记》十分重视大学开学和入学教育,认为这是教育管理的重要环节。在考试方面,每隔一年考查一次成绩,考查内容包括学业成绩和道德品行,不同年级要求不同。

(3)教育教学原则。《学记》的教育教学原则可归纳为"豫、时、孙、摩","长善救失","启发诱导","藏息相辅","教学相长"。

(4)教育教学方法。《学记》提到了讲解法、问答法、练习法等。

(5)论教师。《学记》十分强调尊师,要求形成社会普遍尊师的风气,提出"师严然后道尊,道尊然后民知敬学"。

《学记》为中国教育理论的发展树立了典范,其历史意义和理论价值十分显著。它的出现,标志着中国古代教育思维专门化的形成,是中国教育理论发展的良好开端。

三、材料题

1.答案要点

(1)三人在知识学习问题上的变化:孔子强调对前代知识的继承;墨子不仅肯定对前代知识的继承,更强调人们当前对知识的创造与发展;庄子则对学习和掌握知识的必要性和可能性提出质疑。

(2)三人的知识学习观:

孔子所处的时代,王权衰微,"礼崩乐坏"。孔子崇尚西周的社会制度,重视西周"六艺"的教育传统,认为培养德才兼备的从政人才必须让其学习古代典籍。他整理前代文献,形成"六经"教材,作为教学依据,历史影响深远。其所做工作对保存和传递中国文化贡献很大,实际作用不啻在创造。但孔子自称"述而不作,信而好古",思想上确有保守的一面。

墨子生活在诸侯争雄的时代,他代表"农与工肆之人"的利益,出于"兼爱"的社会理想和培养实用人才的需要,在重视学习历史经验的同时,更注重经验知识和实际技能的获取,在科技知识、军事技术和逻辑学知识等方面有很多创造,丰富了传统文化。但墨子过于从功利的目的看待知识的价值,也表现出一定的局限性。

庄子生活的时代,知识极大地丰富起来,庄子感受到知识快速增加带给人的困扰;作为一个社会的失意者,又对历史经验和自然知识持相对论立场。他认为个人渺小,宇宙无穷,如果指望以有限的人生去穷尽知识世界,将使人陷于"迷乱"。庄子倡导怀疑精神,提醒人们注意正确处理人的认识能力和知识世界的关系,值得肯定。但他认为日益扩大的知识世界是难以把握的,这却是消极的。

第三章 儒学独尊与读经做官教育模式的形成

一、选择题

1.C 【解析】王充在学习方法上,有三个基本主张:学知与闻见,即留心观察和博览群书。思考与求是,书中的知识不一定都是真理,分辨知识真伪的一个行之有效的方法就是坚持"效验""有证"的原则。"问难"与"距师"中,"问难"是指要打破唯师是从、唯书是从的心理，有自己的看法，敢于否定，敢于批判；同时还要敢于"距师"，即与老师保持距离，也就是不能完全附和老师，要有自己的思考和见解。故选 C。

2.B　【解析】"三纲五常"是董仲舒伦理思想体系的核心，也是他的道德教育的基本内容。先秦儒家曾提出"五伦"，君臣、父子、夫妇、兄弟、朋友。董仲舒又突出强调君臣、父子、夫妇这三种关系，即所谓"三纲"——"君为臣纲，父为子纲，夫为妻纲"。"五常"则是指仁、义、礼、智、信。故选 B。

3.A　【解析】孝廉的考察以德行为主，"孝"指孝敬父母，"廉"指清廉勤政，孝廉是汉代察举常科中最重要的一科。故选 A。

4.D　【解析】元朔五年（前 124 年），汉武帝采纳董仲舒的建议，为博士置弟子，标志着太学的正式设立。同时，也意味着以经学教育为基本内容的中国封建教育制度的正式确立。故选 D。

5.B　【解析】东汉王充的著作《论衡·效力篇》中提道："人有知学，则有力矣。"意思是人有了知识，就有了力量。故选 B。

6.A　【解析】在汉代，董仲舒提出了"毋以日月为功，实试贤能为上，量材而授官，录德而定位"的用人思想。董仲舒在这句话中提到的"材""德"是以儒家的经术和道德观念为标准的。故选 A。

7.C　【解析】王充将知识分子分为五个级别，即文吏、儒生、通人、文人、鸿儒。其中最高级的一层是"鸿儒"，他们最明显的特征是能够"精思著文，连结篇章""兴论立说"，具有创造性的理论思维能力。故选 C。

8.B　【解析】董仲舒确立了重义轻利的人生理想，即"正其义（谊）不谋其利，明其道不计其功"，他认为个体行为的动机比行为的效果更具有道德价值。故选 B。

9.C　【解析】西汉汉武帝时期设立太学；西汉汉景帝执政时期"文翁兴学"兴起，后汉武帝将其推广演变为西汉时期的郡国学，故"文翁兴学"早于太学。东汉汉章帝时期白虎观会议召开；东汉汉灵帝时期建立鸿都门学，汉灵帝为汉章帝的玄孙，故先有白虎观会议，后有鸿都门学。先有西汉后有东汉，所以事件顺序为："文翁兴学"、设立太学、召开白虎观会议、建立鸿都门学，选项 C 正确。故选 C。

10.C　【解析】古文经学初本是先秦的古文字，发展晚于今文经学。古文经学家大多是一些学无常师、打破学派藩篱、贯通百家的学者，以私学为讲坛，在学术上重视文字训诂、名物考据，倾向于研究"六经"的本意，恢复儒学本来的面目；今文经学更依赖官学传授,且重视师法、家法,是汉朝经学教育,特别是今文经学传授的特点之一。故选 C。

二、分析论述题

1.答案要点

(1)"罢黜百家,独尊儒术。"汉武帝在董仲舒的建议下,下令国家政策和文化教育皆以儒术为本,儒学成为统一的指导思想。以儒家经典为教育内容,用严格的师法代替自由讲学,书本知识在教学中占主要地位,长句古训代替了对现实问题的探讨,这就是"独尊儒术"政策对教育的重大影响。

(2)兴办太学。兴太学以养士,这是落实"独尊儒术"教育政策的重要手段之一。汉武帝下令为五经博士设弟子,标志着太学正式成立,以经学教育为内容的中国封建教育制度正式确立。

独尊儒术文教政策的确立,标志着封建统治阶级树立起符合自身利益的意识形态。这一文教政策维系了两千多年,其主要影响有:第一,确立了教育为治国之本的地位,汉之后各个朝代重教兴学;第二,促成了教育的政治伦理化;第三,结束了百家争鸣的局面,实现了私学的统一、教育的儒学化。

2.答案要点

(1)推明孔氏,抑黜百家。汉武帝在董仲舒的建议下,下令国家政策和文化教育皆以儒术为本,儒学成为统一的指导思想。以儒家经典为教育内容,用严格的师法代替自由讲学,书本知识在教学中占主要地位,长句古训代替现实问题的探讨。

(2)兴太学以养士。兴太学以养士,这是落实"独尊儒术"教育政策的重要手段之一。汉武帝下令为五经博士设弟子,标志着太学的正式成立,以经学教育为内容的中国封建教育制度正式确立。

(3)重视选举,任贤使能。针对汉初人才选拔和使用中的弊病,董仲舒提出了加强选举、合理任用人才的主张。汉初以来,普遍存在"任子""纳资"的授官制度,以及以年资深浅决定官员升迁与否的现象,这些显然不利于选贤任能原则的实施。董仲舒提出了一套严格的选士方案:"所贡贤者有赏,所贡不肖者有罚。"同时,他强调"量材而授官,录德而定位"的用人思想。这里,董仲舒提到的"材""德"是以儒家的经术和道德观念为标准的。这些主张,对促进儒学取得独尊地位有重要的作用。根据董仲舒的这三项建议,汉武帝先后采取了三项措施:设立五经博士,开设太学,完全确立察举制。

第四章　封建国家教育体制的完善

一、选择题

1.A　【解析】南朝宋文帝开设"四馆"，包括儒、玄、文、史四馆，"四馆"是并列且分设的高等学府。故选 A。

2.C　【解析】韩愈在《师说》中提出"师者，所以传道、授业、解惑也"，他认为教师的基本任务包括三方面：一是"传道"，即传授儒家仁义之道；二是"授业"，即讲授儒家"六艺"经传和古文；三是"解惑"，即解答学生的疑问。故选 C。

3.B　【解析】唐代的国子监，有国子学、太学、四门学和崇文馆、弘文馆等学校，这些学校教授的内容相同，但招收的学生不同。国子学、太学、四门学分别面向三品、五品、七品以上官僚子弟，一般庶族子弟只能进入地方官学或实科学校。这充分体现出了当时学校教育的等级性。故选 B。

4.A　【解析】颜之推认为语言的学习应成为儿童教育的一项重要内容，对儿童进行的语言教育应注意规范，重视通用语言，而不应该强调方言。故选 A。

5.C　【解析】广文馆是为士子准备参加科举考试而设立的预备学校，体现了唐代政府对科举考试的重视。故选 C。

6.A　【解析】国子学、太学、四门学是唐代中央官学体系中实施儒学教育的学校。故选 A。

7.C　【解析】科举制度是由察举制度演化而来的，其特点是个人自愿报考，县州逐级考试筛选，全国举子定时集中到京都，按科命题，同场竞试，以文艺才能为标准，评定成绩，限量选优录取，以这种方式方法选拔国家官员。地方推荐，中央考试是察举制的特点。故选 C。

8.D　【解析】国子学、太学和四门学对年龄的要求一般是 14 岁以上，19 岁以下；广文馆学生入学不受年龄限制。故选 D。

9.D　【解析】广文馆是唐宋专门为应进士科考试的人申请附监读书备考的场所。故选 D。

10.D　【解析】唐代中央官学的旁支是中央各专职行政机构所属的学校。其中最重要的是弘文馆和崇文馆。弘文馆由门下省主办，崇文馆由东宫主办，两馆都规定只有皇亲国戚子弟才能入学。故选 D。

二、分析论述题

1.答题要点

唐代韩愈的教育思想主要体现在他的《师说》中,这是我国古代第一篇集中论述教师问题的文章。在该文中,他提倡尊师重道。

(1)尊师的原因。首先,教育的过程是一个先觉传后觉、先知传后知的过程,教师闻道在先,在教学活动中起主导作用。学生要学知识,就应该尊师重道。其次,"天地君亲师",师道体现君道,能尊敬师长就能效忠皇帝,这是他提倡师道的深层原因。

(2)教师的任务。"传道、授业、解惑",即传授儒家仁义之道,讲授儒家六艺经传和古文,解答学生的疑问。传道是首要任务,授业和解惑是过程与手段。

(3)教师的标准。以"道"为求师的标准,"道之所存,师之所存"。韩愈提出的学无常师、唯道是求的观点,对促进思想文化的交流,有积极意义。

(4)师生关系。提倡"相师",建立民主平等的师生关系。"是故弟子不必不如师,师不必贤于弟子。闻道有先后,术业有专攻,如是而已。"也就是说,师生的关系是相对的,在一定条件下可以互相转化、相互为师。韩愈强调师生关系在道和业面前是一种平等关系,师生关系可以互相转化,这对维护教师绝对权威的师道尊严思想是一种否定。

(5)现实价值。要坚持"尊师重教"的社会风气;对于教师而言,要始终坚持"传道授业解惑""精于传道";在师生关系方面,要建立民主平等的师生关系,相互转化。(每条可简要展开论述)

2.答题要点

(1)科举制的演变。科举制度产生于隋朝,发展于唐朝。宋朝的科举制基本沿袭了唐制,但是也根据实际情况做了改革,如科举地位提高,考试规模扩大,考试内容改革。元代的科举制开创了以"四书"试士的先例。明代的科举制进入鼎盛时期,确立八股取士,也标志着封建社会开始走向衰落。清代的科举制与明代基本相同,沿用八股取士,科举制的弊病日益显现,徇私舞弊现象严重,科举考试日益僵化、衰落。清末新政时期,科举制被废除。

(2)科举制的积极作用

①有利于加强中央集权制。

②使选士与育士紧密结合。

③选拔人才较为公正客观。

（3）科举制的消极作用

①国家只注重选科取士，而忽略了学校教育；学校成为科举考试的预备机构，失去了相对独立的地位和作用，成为科举制的附庸。

②科举制具有很大的欺骗性。

③科举制束缚思想，败坏学风。

3.答题要点

（1）唐代在中央设立中央官学，包括儒学与专门学校两类。国子监管理的"六学一馆"成了中央官学的主干，由国子监管理。唐代的地方官学也有比较完备的制度。唐代实行州县二级制，类型有三种，分别是经学、医学和崇玄学，但主要内容还是学习儒家经典。地方学校归地方政府之行政长官长史负责，包括主持考试。州县的学生大多是庶民子弟，学生毕业后，可升入中央四门学，或者直接参加科举考试，或者做地方官吏，或者自主择业。

（2）唐代官学教育管理制度最重要的是以下六项：

①入学制度。唐代中央官学实行等级入学制度，对申请入国子监的学生有一定的年龄限制。

②学礼制度。束脩之礼、国学释奠礼、贡士谒见及使者观礼，这些定期性的礼仪活动使学生受到崇儒尊师、登科从政的教育，以及一定的思想熏陶。

③教学制度。各种类型的学校教学内容具有具体性和专业性，如国子学、太学、四门学主要学习儒家经典，律学以学习唐律令为专业，格式法例也兼习之；且均规定了各门课程的修业时限。

④考核制度。主要有旬试、月试、季试、岁试和毕业试。

⑤督责与惩戒制度。国子监主簿负责执行学规，督促学生勤学，保证国子监的教学和生活秩序。

⑥休假制度。常规的休假有旬假、田假和授衣假，反映了农业社会的人性关怀。

第五章　理学教育思想和学校的改革与发展

一、选择题

1.B　【解析】分斋教学，又称"苏湖教法"，被范仲淹应用于太学，并未在书院中普遍实施；注重考试的书院大多存在于明清时期，是书院异化的表现；藏书读书只是书院的功能之一,并不是书院在精神方面的体现;自由是书院的基本精神,书院中的自由讲学、地位平等、师生关系融洽等都集中体现了这一精神。故选 B。

2.C 【解析】朱熹将教育分为"小学"和"大学"两个阶段。"小学"以学事为主,"大学"以教理为主。故选 C。

3.C 【解析】宋元时期的蒙学教材,按其内容的侧重点,大致可以分为以下五类:

(1)识字教学类。如《三字经》《百家姓》等。主要目的是教儿童识字,掌握文字工具,同时也综合介绍一些基础知识。

(2)伦理道德类。如吕本中的《童蒙训》、吕祖谦的《少仪外传》、程端蒙的《性理字训》、朱熹的《小学》《童蒙须知》等,侧重于向儿童传授伦理道德知识以及为人处事、待人接物的准则。

(3)历史教学类。如宋王令作《十七史蒙求》、胡寅作《叙古千文》、黄继善作《史学提要》、吴化龙作《左氏蒙求》等,既向儿童传授历史知识,又对他们进行思想教育。

(4)诗歌教学类。如朱熹的《训蒙诗》、陈淳的《小学诗礼》等。选择适合儿童的诗词歌赋供他们学习,对他们进行文辞和美感教育。

(5)名物制度和自然常识教学类。如宋代方逢辰的《名物蒙求》等。

故选 C。

4.B 【解析】"苏湖教法"又叫分斋教学法,是胡瑗在主持湖州州学时创立的一种新的教学制度,后被范仲淹在"庆历兴学"中应用于太学。它是最早的分科教学制度,也开创了主修和辅修的先河。

"三舍法"是北宋王安石在"熙宁兴学"期间创立的一种对太学的改革措施。它是将学生平时的品行、成绩和升舍相结合的管理制度。

"积分法"始于宋朝太学,到元朝国子学趋于完善,明清继承和发展了这一方法。它是累积计算学生全年学业成绩的方法。

"六等黜陟法"是清朝实施的一种地方官学对生员定级的考试制度,并有相应的奖惩措施。"六等黜陟法"对学生进行动态管理,学生的等级根据学业成绩来升降。故选 B。

5.B 【解析】《三字经》《百家姓》《千字文》的特点有:注意儿童的心理特点,采用韵语形式,文字简练,通俗易懂,并力求将识字教育、基本知识教育和伦理道德教育有机地结合起来。故选 B。

6.C 【解析】明朝社学是设在城镇和乡村地区，以民间子弟为教育对象的一种地方官学。社学产生于元朝，明朝继承和发展了元朝的社学制度，在招生择师、学习内容和教学活动等方面形成了较为完善的制度，成为对民间儿童进行初步文化知识和伦理道德教育的重要形式。故选 C。

7.B 【解析】清朝在府、州、县学中创立严格的"六等黜陟法"，其基本特点是对生员实行动态管理，使他们的升降与学业成绩紧密挂钩。故选 B。

8.D 【解析】王守仁在人性论方面，主张"心即理"，即"物理不外于吾心"，属于主观唯心主义观点。在天理和人欲方面，他认为天理和人欲是不能共存的，人们只有去除人欲，才能"识天理"。故选 D。

9.D 【解析】朱熹是南宋著名的理学家、教育家。他的弟子将朱熹的读书经验归纳为六条，即循序渐进、熟读精思、虚心涵泳、切己体察、着紧用力、居敬持志，这六条称为"朱子读书法"。其中，"切己体察"指的是读书不能仅仅停留在书本上，口头上，而必须见之于自己的实际行动，要身体力行。故选 D。

10.D 【解析】选项 A 摘自《孟子·万章章句上》第四节。意思是：不要拘泥于文字而误解词句，也不要拘泥于个别词句而误解作品完整的意思。能以自己的切身体会去推测作者的本意，这才是懂得了阅读作品的正确方法，与题意不符。选项 B 摘自荀子的《劝学篇》。意思是：君子的学说，要听到耳朵里，记在心中，举止要有礼仪，言行要合乎道德标准。与题意不符。选项 C 摘自颜之推的《颜氏家训·勉学》。意思是：所谓读书学问，本来就是要开阔自己的胸襟，提高自己的鉴别力，从而有利于自己的行动，与题意不符。选项 D 摘自明代王守仁的《尊经阁记》。意思是：所以"六经"就是我们心中的账簿，而"六经"的根本实质就存在于我们心中，符合题意。故选 D。

二、分析论述题

1.答案要点

王守仁是明朝中期著名的教育家。其教育思想主要包括以下这几个方面：

(1)教育作用："致良知"。王守仁认为作为伦理道德观念的"良知"是与生俱来的，是人人所具有的，不分圣愚，而且不会泯灭。但是良知在与外物接触的过程中，会受到外物引诱，会受昏蔽，所以他提出了"学以去其昏蔽"的思想，认为教育是"致良知"或者是"学以去其昏蔽"的过程。王守仁"良知即是天理"的思想，说明人人都有受教育的天赋条件，强调人的主观能动性的发挥。

（2）论教学：①在教学内容方面，虽然提倡读六经，但是读书不能迷信书中的东西，认为"'六经'皆史"，只是"明吾心之道"的工具，反对记诵；②在修养方法方面，强调事上磨炼，这里的"事"指"人事"。

（3）教学原则：随人分限所及。①对于不同的人来说要因材施教，起到"益精其能"的效果；②对于每个人而言，要循序渐进，教学的分量照顾到学生的实际接受能力和基础，在"分限"内恰到好处地施教。这一原则既承认人的差异，又承认教育的作用，把教学和受教育者的心理特征结合了起来。

（4）论儿童教育：王守仁在《训蒙大意示教读刘伯颂等》一文中，集中阐发了自己的儿童教育思想，主要内容包括：①揭露和批判传统儿童教育不顾及儿童的身心特点，认为把儿童当作"小大人"是其致命的弱点。传统儿童教育压抑儿童的个性发展，视儿童为囚犯，学校为监狱。②主张儿童教育应该顺应儿童的性情。③教育方法：主张以诱导、启发、讽劝的方法代替传统的"督""责""罚"的方法。④教育内容：发挥各门学科多方面的作用。"歌诗""读书""习礼"都有各自独特的作用，应加以综合作用。⑤教育程序：主张动静搭配，体脑并用，精心安排课程，使儿童既得到道德熏陶，又能学到知识、锻炼身体。⑥教育原则："随人分限所及"，教学应量力而行，盈科而进，因材施教。

尽管王守仁进行儿童教育的目的是灌输封建伦理道德，但是他开始主张顺应儿童的性情，依据儿童的接受能力使儿童在德、智、体、美方面都得到发展，这反映了他教育思想的自然主义倾向。

2.答案要点

朱熹的弟子门人将其有关读书的经验和见解整理归纳成"朱子读书法"，在教育史上具有重要影响。主要内容包括：

（1）循序渐进。朱熹主要从三个方面论述循序渐进的含义。首先，读书要按照首尾篇章的顺序，不要颠倒；其次，根据自己的实际情况和能力，量力而行，安排读书计划，切实遵守；最后，强调扎扎实实，一步一步前进，不可囫囵吞枣、急于求成。

（2）熟读精思。读书必须反复阅读，不仅要能够背熟，对书中的内容还要了如指掌。熟读是精思的基础，在此基础上，进一步深刻理解文章的精义及其思想真谛。

（3）虚心涵泳。"虚心"指读书要虚怀若谷、精心思虑，体会书中的意思，来不得半点主观臆断或随意发挥。"涵泳"指读书时反复咀嚼、细心玩味。

（4）切己体察。读书不能仅仅停留在书本上，而要见之于具体行动。

（5）着紧用力。读书学习一定要抓紧，发愤忘食，必须精神抖擞、勇猛奋发、绝不放松，反对松松垮垮。

（6）居敬持志。读书的关键还在于学者的志向及良好的心态。"敬"指读书时端正态度，精神专注。"持志"指要有坚定志向，用顽强的毅力坚持下去。

当代意义："朱子读书法"比较集中地反映了我国古代对于读书方法研究的成果，反映了读书学习的基本规律和要求，在今天仍具有一定的参考价值。但它的局限性在于，所提倡读的书是宣扬封建伦理道德的"圣贤之书"，读书法主要强调怎样读书，不重视书本与实际知识的结合。

三、材料题

1.答案要点

（1）宋代书院对于求学者的来源没有区域限制；地方官学经费由地方政府拨付，学生也一般来源于本地区。

（2）宋代书院的教师一般由书院的主持者或兴办者自行聘请，标准多为学有造诣者；地方官学的学官为政府官僚系统官员，一般由政府委任。

（3）宋代书院的学习者由书院主持人自行决定，地方官学学生的录取一般需通过相应的考试方才允许入学。

（4）宋代书院的教学内容由书院主持人决定，且多为理学思想的传播；地方官学的教学重视科举考试内容，为科举考试服务。

第六章　理学教育思想的批判与反思

一、选择题

1.C　【解析】选项A"人性如素丝"是墨家"素丝说"的观点。选项D"人性具有稳定性"是法家的观点，法家认为人性本来就是恶的，且不可改变，只能通过法律和惩罚来制约，体现了人性的稳定性。王夫之认为，人性不是天生的，而是在后天不断的生长变化过程中逐渐形成的。故选C。

2.B　【解析】颜元主持的漳南书院是一所实学书院，他在62岁时受邀主持该书院。他亲自规划书院，制定了"宁粗而实，勿妄而虚"的办学宗旨，并设文事、武备、经史、艺能等书斋。故选B。

3.A　【解析】颜元主张学校应该培养"实才实德之士"，即要培养品德高尚、有真才实学的经世致用的人才。故选 A。

4.B 【解析】颜元所说的"习行"教学法,强调的是在教学过程中要联系实际,要坚持练习和躬行实践,认为只有如此,学得的知识才是真正有用的。他所说的"习行",并不轻视书本知识,而是强调书本知识与实际相结合。故选 B。

二、分析论述题

1.答案要点

颜元关于教学方法的一个最基本、最主要的主张是强调"习行"教学法。

(1)颜元所说的"习行"教学法,就是强调在教学过程中要联系实际,坚持观察、练习和躬行实践。要获得真正有用的知识,必须通过自己亲身的"习行""躬行而实践之",求诸客观的实际事物。

(2)颜元反对传统的"静坐""闭门读书"和空谈心性,这也是他提倡"习行"的直接原因。因为静坐读书脱离实际,不能解决实际问题,而且终日坐在书房中,影响健康。

(3)颜元并非排斥以读和讲来学习知识,只是反对唯独通过静坐读书来获取知识,主张读书、讲学与习行相结合,还要在习行上下更多的工夫和精力。人获得知识的目的在于"实行""实用"。"习行"也是培养"经世致用"人才的主要途径和教学方法。

(4)颜元强调"习行"的依据是,第一,符合学习规律;第二,有利于道德的修养;第三,有利于身体健康。所以,教学常用的方法,其一是学用结合,其二是讲练结合。

(5)"习行"的意义。颜元所说的"习行",虽然讲的是个人行动,忽视了"知"对"行"的指导作用,看轻了理论思维的重要性,但他强调接触实际,重视练习,从躬行实践中获得知识,这可以说是中国古代教学法发展上又一次手足解放的运动。它一反脱离实际的、注入式的、背诵教条的教学方法,可以说是教学法理论和实践上的一次重大革新。这在当时以读书为穷理工夫、讲说著述为穷理事业、脱离实际的"文墨世界",具有进步意义。

第七章　近代教育的起步

一、选择题

1.A 【解析】京师同文馆是中国第一所洋务性质的近代学校,并且第一次实施班级授课制。故选 A。

2.B 【解析】选项 A、B、C、D 均为培养技术人才的机构。其中,福建船政学堂又称"求是堂艺局",是福建船政局的组成部分,它有很多项"第一":(1)它是洋务学堂中持续时间最久的一所学校;(2)它是近代第一个,也是洋务运动时期最大的专门制造近代轮船的工厂;(3)它是中国近代最早设立于企业中,旨在培养技术人才的教育机构,开创了我国近代职工在职教育的先声。故选 B。

3.B 【解析】洋务学堂的培养目标是造就各项洋务事业需要的专门人才;在教育内容上,洋务学堂以学习"西文""西艺"为主,但不放弃"四书""五经"的学习;在教学方法上,洋务学堂注意教学中理论与实践的结合;在教学组织形式上,采用分年课程计划与班级授课制。选项 A、C、D 均为洋务学堂的特点,选项 B 不属于其特点,故选 B。

4.A 【解析】京师同文馆是洋务派创办的第一个新式学校,是我国近代最早制定分年课程计划,采用班级授课制进行教学的新式学堂。故选 A。

5.A 【解析】福建船政学堂开设的"艺圃"实际上是一所在职培训学校,通过工读结合的形式有计划地培养生产骨干和技术骨干,开创了我国近代职工在职教育的先声。故选 A。

6.D 【解析】张之洞不是最早提出"中学为体,西学为用"主张的人,他是在《劝学篇》中系统阐述了"中体西用"的思想。严复系统阐述了"体用一致"的文化教育观。梁启超组织草拟了《京师大学堂章程》。"癸卯学制"是清末新政时期推出的学制,张之洞是该学制的草拟者之一。故选 D。

7.B 【解析】题中冯桂芬的意思为,中国伦常是根本的教育内容,西方科学知识是辅助富强国家的教育内容。这是"中体西用"的思想。故选 B。

8.D 【解析】容闳是第一个"毕业于美国第一等之大学"的中国人。回国后因朋友的介绍,成为曾国藩的幕僚。1868 年,容闳向丁日昌(广东人,江苏巡抚)提出了他酝酿多年的派遣留美学生的设想,但因故搁置。1870 年,容闳通过丁日昌正式向曾国藩提出派遣留美学生的计划,并在曾国藩等人奏请下得到朝廷批准。后来,容闳在自己的家乡广东招收学生,他的好友丁日昌后来任江苏巡抚,积极在江苏推动此事。因此,江苏和广东的留美儿童最多,故选 D。

9.A 【解析】"艺圃"实际上是一所在职培训学校。学员是从船政局各生产部门招收的青年工人,名曰"艺徒"。实行半工半读,学习年限为 3 年。这种通过工读结合形式有计划地培养生产骨干和技术骨干的做法,开创了我国近代职工在职教育的先声。

二、分析论述题

1.答案要点

（1）主要内容

中学也称"旧学"，"四书五经、中国史事、政书、地图为旧学"，即封建的典章制度、伦理道德、中国的经史之学、孔孟之道。西学也称"新学"，"西政、西艺、西史为新学"。西政，指西方有关文教制度、工商财政、军事建制和法律行政等管理层面的文化；西艺，即近代西方科技。中西学的关系为"旧学为体，新学为用，不使偏废"。

（2）"中体西用"思想的历史作用和局限

积极作用方面，开启了中国近代教育改革的步伐，催发新式教育产生，兴办新式学堂，增加了自然科学知识，开展留美教育等，打破了儒学一统天下的传统教育格局；引进西方近代科学、课程及制度，对清末教育改革既有思想层面的启发，又有实践层面的推动；极大地冲击了传统教育的价值观，为新式教育进一步推广扫清了障碍。

局限性方面，由于"中体西用"的根本目的是维护封建统治，使新式教育一直受到忠君尊孔的封建信条的支配，又阻碍新式教育的发展进程，尤其是阻碍了其更广泛的传播，不利于近代刚刚开始的思想启蒙运动。"中体西用"作为一种文化整合方案和教育宗旨，是粗糙的。它是在没有克服中、西学之间固有的内在矛盾的情况下的直接嫁接，这必然会引起两者之间的排异性反应。

2.答案要点

（1）洋务学堂的新特点

①培养目标：造就各项洋务事业需要的人才。

②办学性质：提供专门训练的专科性学校，属于部门办学的性质，直接为本部门的需要培养人才。

③教学内容：以"西文"与"西艺"为主，课程多包含各自专业相关的科学技术课程，注重学以致用。

④教学方法：按照知识的接受规律由浅入深、循序渐进地安排教学内容，重视理解及理论与实践的结合。

⑤教学组织形式：制定分年课程计划和学制年限，采用班级授课制。

（2）洋务学堂兴起的背景

洋务学堂是洋务运动的重要组成部分，其目的在于培养洋务运动所需要的翻译、外交、工程技术、水陆军事等多方面的专门人才，教学内容以"西文"与"西艺"

为主。洋务学堂的举办是随着洋务运动的展开而开始的。

（3）洋务学堂在近代教育中的作用

洋务学堂拉开了中国教育近代化的序幕，它以西方近代科技文化作为主要课程，在形式上引入了资本主义因素，初步具备近代教育的特征。洋务学堂产生之初，并未有意与以科举为核心的旧教育相对抗，但产生之后，逐渐动摇和瓦解了旧教育体系，实际上启动了近代中国教育改革的进程，历史意义重大。

第八章　近代教育体系的建立

一、选择题

1.C　【解析】"壬子癸丑学制"是民国初年颁布的学制，又叫"1912—1913年学制"，学制中确立了小学男女同校制度；清末新政时期，清政府批准成立学部，作为全国最高教育行政机关；创办京师大学堂是戊戌变法时期资产阶级维新派的改革措施之一。故选C。

2.A　【解析】"壬寅学制"是我国近代第一个以中央政府名义制定的全国性学制系统，具体规定了各级各类学堂的性质、培养目标、入学条件、在学年限、课程设置和相互衔接关系。学制主系列划分为三段七级，第一阶段为初等教育，包括蒙学堂4年、寻常小学堂3年、高等小学堂3年。其中蒙学堂和寻常小学堂共7年，规划为义务教育性质。由于多种原因"壬寅学制"没有得到实行。虽未能实行，却成为"癸卯学制"的雏形。故选A。

3.A　【解析】严复是中国近代从德、智、体三要素出发构建教育目标模式的先导性人物。他认为，中国"积贫积弱"的根源就在于"民力已茶，民智已卑，民德已薄"。中国欲改变这种状况，必须从提高国民这三方面素质着手，"是以今日要政统于三端：一曰鼓民力，二曰开民智，三曰新民德"。"是三者备，而后可以为真国民。"故选A。

4.B　【解析】维新派的教育实践主要包括兴办学堂、兴办学会及发行报刊。为了对民众进行思想启蒙，维新派通过创办各种学会和发行报刊来宣传维新思想，发行报刊是维新教育所采取的区别于洋务教育的一项重要举措。故选B。

5.C　【解析】1896年，梁启超于《时务报》上发表《变法通议·论师范》，在中国近代教育史上首次专文论述师范教育问题。张之洞的《劝学篇》首次系统全面地阐述了"中体西用"的教育思想。故选C。

6.C 【解析】维新运动时期,光绪皇帝下令废除八股取士,设立经济特科,以选拔维新人才。经济特科是严修奏请设立的,区别于明清的进士科,拟分为内政、外交、理财、经武、格物、考工六项,并强调科举考试要以实学实政为主,不讲求楷法。故选 C。

7.B 【解析】清末新政时期,美国决定从 1909 年开始,将美国所得的"庚子赔款"的一部分以"先赔后退"的方式退还给中国,并和中国政府达成默契,以所退庚款发展留美教育。美国的这一举动,后来被部分相关国家仿效,这就是所谓的"庚款兴学"或称"退款兴学"。故选 B。

8.D 【解析】郑观应提出"兵战不如商战,商战不如学战","无事不学,无人不学"。"无事不学,无人不学"这句话道破了近代教育多样化、职业化、普及化的特征。故选 D。

9.C 【解析】梁启超重视女子教育。1898 年,梁启超积极参与中国第一所女学——经正女学的筹办,以实际行动推动女子教育的发展。故选 C。

10.B 【解析】1896 年,梁启超于《时务报》上发表《变法通议·论师范》,他提出"故师范学校立,而群学之基悉定"。梁启超是中国近代教育史上首次以专文论述师范教育问题的人,也是我国最早提出设立师范学校的人。故选 B。

二、分析论述题

1.答题要点

(1)新的教育主张

①认识到国势强弱取决于人民受教育程度,提出"开民智"、"兴学校"、普及教育、建立系统学制。

②认识到教育应当确立宗旨,提出培养"力、智、德"兼备的"新民"。

③认识到人才需求具有多样性,提出加强政治人才的培养。

④认识到科举考试制度阻碍教育发展,提出废除八股考试,改革科举制度。

⑤认识到教师对于发展教育的决定性作用,提出创办师范学堂专门培养教师。

⑥认识到女子受教育水平关乎国势强弱、人种优劣和女子自立,提出兴办女子学校。

(2)影响

①促进了普通教育的发展和近代学制的建立。

②促进了科举制度的废除和书院改学堂。

③促进了女子学堂的建立和发展。

④促进了社会教育和民众教育的开展。

⑤促进了作为国家最高学府和教育行政机构的京师大学堂的建立。

⑥促进了西方政治、社会、科学知识在学校教育中的传播。

2.答案要点

（1）创办京师大学堂；1898年光绪在《明定国是诏》中宣布设立京师大学堂，各省大学堂均属京师大学堂管辖。《京师大学堂章程》的主要内容包括：第一，京师大学堂不仅是全国最高学府，也是全国最高教育行政机关；第二，办学宗旨是"中学为体，西学为用"；第三，在课程设置方面，西学比重高于中学；第四，封建等级性非常浓厚。

（2）书院改办学堂。维新派主张各地大小书院一律改为兼习中学、西学的新式学堂，还计划设立实业学堂，广派人员出国游学，设立译书局与编译学堂，奖励开设报馆，开放言论，书籍、报纸实行免税等。

（3）废除八股考试，改革科举制度。1898年6月，光绪皇帝下诏废除八股取士，催立经济特科，议设法律、财政、外交等专门之课科，以选拔维新人才，并宣布以后的取士以"实学实政"为主，不以楷法优劣为取舍标准。这一措施的实施，为思想的解放创造了条件。

第九章　近代教育体制的变革

一、选择题

1.C　【解析】"大学者，'囊括大典，网罗众家'之学府也"指大学里各种思想均可教授和学习，这句话体现了蔡元培"思想自由，兼容并包"的主张。故选C。

2.A　【解析】南京临时政府教育部颁布了《普通教育暂行课程之标准》，明文规定废止"癸卯学制"中的"读经讲经"课，突出近代学科和资本主义文化在教育中的地位；1922年"新学制"规定，废止修身课，增加公民课、卫生课等。故选A。

3.C　【解析】"壬戌学制"，又叫1922年"新学制"。该学制中，中等教育是改革核心，兼顾到了升学和就业的双重需要。故选C。

4.C　【解析】"壬子癸丑学制"规定，女子享有与男子平等的法定教育权；不分男女儿童，都应接受义务教育，初等教育阶段可以男女同校，这突破了封建礼教对女性的限制，体现了资本主义文化的男女平等观念。故选C。

5.D　【解析】以李大钊为代表的初步具有共产主义思想的知识分子提出了工人和农民的工读问题，也支持青年学生的工读互助实验，尤其号召知识青年到工农中去,初步提出了知识分子与工农结合的思想,"使工不误读,读不误工,工读打成一片,才是真正人的生活"。选项 A"靠自己的辛勤工作去获取教育经费"是胡适等人的观点,他们将工读看成纯粹的经济问题,不承认其改造社会的功能。选项 B"工学并立,扫除'贵学贱工'的千年旧见"是匡互生等人的观点,他们主张把工读作为实现民主自由、发展实业、救济中国社会的武器。选项 C"人人做工,人人读书,各尽所能,各取所需"是王光祈等人的观点,他们将工读视为实现新组织、新生活、新社会的有效手段。故选 D。

6.C 【解析】蔡元培提出了"五育并举"的教育方针,他认为"五育"不可偏废,其中军国民教育、实利主义教育、公民道德教育偏于现象世界之观念,为隶属于政治之教育;世界观教育和美感教育以追求实体世界之观念为目的,为超轶政治之教育。故选 C。

7.A 【解析】道尔顿制是相对于班级授课制的一种个别教学制度,由美国进步主义教育学家柏克赫斯特创立,因在马萨诸塞州道尔顿中学进行试验而得名,其核心原则是自由、合作和时间预算。1922 年,道尔顿制被介绍到中国。同年 10 月,舒新城在上海吴淞公学中学部试行道尔顿制。故选 A。

8.D 【解析】1925 年,收回教育权运动达到高潮。11 月,北洋政府教育部颁布《外人捐资设立学校请求认可办法》,内有 6 条规定对外国人办学进行了规范。故选 D。

9.B 【解析】参考第 8 题解析《外人捐资设立学校请求认可办法》的 6 条规定,可知选项 B"学校不得以传布宗教为宗旨,不得以宗教科目列入必修科"正确。故选 B。

10.B 【解析】1912 年 11 月颁布的《小学校教则及课程表》展示了"壬子癸丑学制"关于小学课程设置的一般原则。初等小学校开设修身、国文、算术、手工、图画、唱歌、体操 7 门课程,女子加缝纫课。如因故不能开设手工、图画、唱歌、缝纫之一科或数科,应增加其他科目的教学时数。故选 B。

二、分析论述题

1.答题要点

新文化运动时期,以反封建、倡导自由平等为重要内容的民主思想在当时中国教育领域有着鲜明的体现,表现在:对封建传统教育的反思和批判更为全面、深入;肯定个人价值,倡导个性化教育;倡导平等的师生关系;强调受教育权利的平等,如阶级(阶层)、性别教育权利的平等;教育关注点下移,重视底层民众受教育权利的保障。

举例说明：

（1）教育思想方面，如陶行知的"生活教育"理论和陈鹤琴的"活教育"理论。他们都强调尊重儿童个性，发挥其创造性；适应儿童的身心特点和生活特点；建立平等、友好的师生关系等，体现出对儿童、对人的个性的尊重。

（2）教育制度方面，如1922年"新学制"的建立。"新学制"的七项标准：适应社会进化之需要；发扬平民教育精神；谋个性之发展；注意国民经济力；注意生活教育；使教育易于普及；多留各地伸缩余地。学制体系中将学制阶段的划分建立在儿童、少年身心发展阶段的研究上，缩短了小学年限，在中学阶段实行选科制和分科制等，体现出尊重儿童发展、力求教育普及的思想。

（3）教育实践方面，如乡村教育运动。1925年后平民教育运动逐渐转向农村，平民教育运动也逐渐转变为乡村教育运动。晏阳初领导河北定县乡村教育实验，总结出"四大教育"和"三大方式"、"化农民"和"农民化"的乡村教育经验，体现出对农民受教育权利的重视和对农民的尊重。

2.答题要点

（1）反映了教育应从儿童出发、以儿童为师、以儿童为本位的儿童教育观。强调教育应尊重儿童的人格、个性、需要和身心发展特点。

（2）蔡元培的"新教育"在20世纪20年代前后中国教育变革中的表现体现在学校制度、教学内容和教学方法三个方面。

①学校制度方面：1922年所颁"六三三"学制有关中小学各学段的划分，以儿童身心发展的阶段特点为依据；在中学阶段开始实行分科和选科制等，以适应不同个性特点和发展水平学生的需要。

②教学内容方面：强调教学内容应满足儿童生活需要，从儿童的兴趣出发，在中小学校开发和实施金工、木工、编织等活动课程；陈鹤琴鼓楼幼稚园的课程实验，让儿童直接接触自然与社会，在亲身观察中获取经验和知识。

③教学方法方面：中小学校开展设计教学法、道尔顿制实验，强调儿童主动、自动的学习；陶行知提出"教学做合一"，强调在活动中学习。

三、材料题

1.答题要点

（1）早期教会学校的性质。早期教会学校具有殖民性。教会学校本质上是西方世界殖民扩张的产物，带有强烈的殖民性质。其存在，是近代中国半殖民地的国家地位在教育上的反映。

（2）咨文的用意及影响。咨文的用意：一方面，清政府不把教会学校纳入学制体系，不对教会学校的学生给任何奖励，即更希望中国学生接受本国教育。另一方面，清政府又不对教会学校做任何约束，在中国办学不需要注册，客观上给了教会学校一个宽松的办学环境。

影响：

①消极影响：清政府对教会教育的宽松态度，导致教会教育逐渐形成规模宏大、自成体系的局面。其办学程度从初等教育、中等教育到高等教育均有涉及，而且办学程度高；招生对象已经转向富裕家庭子弟，收费高昂；办学目的除了传教，也渗透西方思想价值观念，已经含有文化侵略的性质，侵犯了我国的教育主权。

②积极影响：清政府之所以允许教会教育在我国发展，也考虑到教会教育在客观上促进了中国教育近代化，促进了中西文化交流，促进了中国近代教育体系的建立，促进了中国人教育视野的逐渐开阔。如开放女子教育、设立学前教育机构等，培养了大批具有西方知识的新教师和各行各业的工作者。

（3）20世纪20年代收回教育权的主要措施以及影响。北洋政府迫于压力，颁布了《外人捐资设立学校请求认可办法》，这个文件的颁布与执行是收回教育权运动最大的实际性成果。主要措施包括：

①凡外人捐资设立各等学校，遵照教育部所颁布之各等学校法令规程办理者，得依照教育部所颁关于请求认可之各项规则，向教育部行政官厅请求认可。

②学校名称上应冠以私立字样。

③学校之校长须为中国人，如校长原系外国人者，必须以中国人充任副校长，即为请求认可时之代表人。

④学校设有董事会者，中国人应占董事名额之过半数。

⑤学校不得以传布宗教为宗旨。

⑥学校课程，须遵照部定标准，不得以宗教科目列入必修科。

影响：

尽管收回教育权运动没有彻底收回教会学校的教育权，但是它使中国人民对教会教育有了一个较为清晰的认识，使教会教育的发展受到了遏制，淡化了宗教色彩，教育职能得到一定程度的强化。收回教育权运动是教会教育走向本土化和世俗化的必不可少的前奏，具有深远的历史意义。

第十章　南京国民政府的教育建设

一、选择题

1.C　【解析】抗日战争期间，为了进一步控制学生，强化学校的训育，国民政府教育部规定中等以上的学校推行导师制，即中等以上学校每一年级学生分成若干组，由校长指定一名专任教师为导师。导师对学生的思想、行为、学业和身体，均应考察，做详细记录，按月报告训导处和家长。故选 C。

2.D　【解析】1932 年，国民政府教育部整顿全国教育。同年 12 月，教育部相继公布《师范学校法》《职业学校法》和《中学法》，废止综合中学制度，将普通中学、师范学校、职业学校分别设立，而高中不分文理科等。故选 D。

3.D　【解析】"戊辰学制"提出了根据本国实情、适应民生需要、使教育易于普及等七项原则。该学制颁定后到 1937 年抗日战争全面爆发，经过多次局部的增改和调整，留下了南京国民政府统治时期政治、经济发展的烙印。如：适应 20 世纪 30 年代经济的增长，政府的教育决策明显地向职业教育倾斜，使职业教育得到一定的发展。故选 D。

4.A　【解析】大学区制是法国教育行政体系中的划区管理体制。1927 年经蔡元培等人提议试行的大学院和大学区制，是借鉴法国教育行政制度的结果。故选 A。

5.A　【解析】1937 年，国民政府提出了"战时须作平时看"的教育方针，在中等教育阶段采取的主要措施是设立国立中学，保障部分学校正常办学。故选 A。

6.C　【解析】1922 年"新学制"的标准是：适应社会进化之需要，发扬平民教育精神，谋个性之发展，注意国民经济力，注意生活教育，使教育易于普及，多留各地伸缩余地。1928 年 5 月，在中华民国大学院第一次全国教育会议上，以 1922 年的"新学制"为基础略加修改，提出了《整理中华民国学校系统案》，即"戊辰学制"。"戊辰学制"包括原则与组织系统两部分。第一部分提出的七项原则是，根据本国实情，适应民生需要，增高教育效率，提高学科标准，谋个性之发展，使教育易于普及，留地方伸缩之可能。通过比较可以得出，"戊辰学制"特别提出了"根据本国国情"。故选 C。

7.A　【解析】1929 年，南京国民政府和教育部配套公布了《大学组织法》《大学规程》和《专科学校组织法》《专科学校规程》，对大专院校的目标、学制、办学、课程等做了规定,规定大专院校的办学。其中关于教学目标,大学是"研究高深学术,养成专门人才",强调研究和学术性;大专是"教授应用科学,养成技术人才",侧重应用性。故选 A。

8.C 【解析】由国立北京大学、国立清华大学、私立南开大学合并成立的是国立西南联合大学。国立北平大学、国立北平师范大学和国立北洋工学院迁往陕西汉中,成立国立西北联合大学。故选 C。

9.A 【解析】1932 年 12 月,教育部相继公布《师范学校法》《职业学校法》《中学法》,废止综合中学制度,将普通中学、师范学校、职业学校分别设立,而高中不分文理科等。故选 A。

10.D 【解析】1923 年,陈鹤琴在南京创设了我国第一所实验幼稚园——鼓楼幼稚园,开创中国幼儿教育实验研究之风,使幼儿教育走上了中国化、科学化的道路。在实验基础上,拟定了《幼稚园课程暂行标准》,并被教育部颁行全国,中国有了自己的幼儿教育标准。故选 D。

二、分析论述题

1.答题要点

(1)目的

蔡元培以大学院和大学区制取代原来的教育行政制度,目的是改官僚化为学术化、民主化;又可以让教育摆脱官僚的支配,事权统一,使教育经费、图书设备、教职人员得到保障;还可以通过大学委员会和大学区评议会合议制度的建立,实现国家和地区教育决策、实施的民主化。

(2)主要做法

①在中央实施大学院制:大学院为全国最高学术教育机关,管理全国学术和教育行政事宜。大学院设院长 1 人,综理全院事务。大学院设有大学委员会,为最高评议机构,有权推荐大学院院长及审议全国教育、学术一切重大方案。

②在地方实行大学区制:规定将全国各地按教育、经济、交通等状况划分为若干个大学区,每区设大学 1 所,大学设校长 1 人,负责大学区内一切学术和教育行政事务。大学区下设高等教育处、普通教育处、扩充教育处等。大学区制率先在江苏、浙江、河北三省试行,取得经验后推广到全国。

(3)废止原因

大学院和大学区制是一次忽视中国国情的教育管理改革实践。在一年多的试行中该制度出现不少问题,受到各方反对。1928 年蔡元培辞职,宣告改革失败。

这一制度难以推行的原因主要有以下两点：

①过重理想而忽视事实：期以学术领导行政使教育行政学术化，让教育摆脱官僚的支配，实现教育民主化，达到事权统一。但事与愿违，该制度反而使学术机关官僚化，非但未能增高效率，且使行政效能日趋低落。

②中小学界反对激烈：以大学统率中小学，忽略中小学实际需要，削减中小学教育经费，导致中小学后于附庸地位，因此遭到中小学界激烈反对。因此，大学院和大学区制是一次忽略中国国情的失败的教育管理改革实践。

第十一章　现代教育家的教育探索

一、选择题

1.D　【解析】杨贤江在《新教育大纲》中，对"教育是什么"这个关乎教育本质的问题做了开宗明义的说明，他说："教育为'观念形态的劳动领域之一'，即社会的上层建筑之一。"故选 D。

2.A　【解析】黄炎培在 1913 年发表了《学校教育采用实用主义之商榷》一文，对"癸卯学制"颁布以来中国教育尤其是普通教育发展中的问题做了考察。他指出，学生在学校中所受到的道德、知识、技能训练，走上社会后毫无用处。从理论上论证了改革普通教育、加强学校教育与个人生活和社会需要之间联系的必要性。故选 A。

3.A　【解析】陶行知提出"即知即传"的"小先生制"。"即知即传"的"小先生制"指的是人人都要将自己认识的字和学到的文化随时随地教给别人，而儿童是这一传授过程的主要承担者。陶行知认为，"小先生制"是为解决普及教育中师资奇缺、经费匮乏、谋生与教育难以兼顾、女子教育困难等矛盾而提出的，"穷国普及教育最重要的钥匙是小先生"。故选 A。

4.A　【解析】陶行知为了改变农村教育的落后面貌，探索了乡村师范教育的新模式，晓庄师范无论在培养目标、课程设置、教学方法、学生管理等方面都是崭新的。其中如"艺友制师范教育"的创见，乃是有见于一般师范教育中学理论与实习的分离和各行各业师徒制的实效，而提出的教师培养的有效模式。故选 A。

5.B　【解析】陈鹤琴提出，儿童生活是整个的，在学前和小学阶段，他们还未形成学科概念，如按学科分类的形式组织课程，必将与儿童的生活和认识习惯相背离。因此，"活教育"的课程打破惯常按学科组织的体系，采取活动中心和活动单元的形式,即能体现儿童生活整体性和连贯性的"五指活动"形式。故选 B。

6.B 【解析】黄炎培的职业教育的目的是"使无业者有业,使有业者乐业"。故选 B。

7.B 【解析】陈鹤琴认为"大自然、大社会都是活教材",这是他对"活教育"课程论的概括性表述。尽管陈鹤琴主张从自然和社会中直接获得知识,但他并未绝对强调经验,决然否定书本。"活教育"的课程打破了学科组织体系,采取活动中心和活动单元的形式,通过"五指活动"来实现。故选 B。

8.A 【解析】杨贤江在《新教育大纲》中强调教育的本质是"观念形态的劳动领域之一"。故选 A。

9.D 【解析】晏阳初认为,"四大教育"最根本的是公民教育。故选 D。

10.A 【解析】梁漱溟教育改革设想强调"伦理本位,职业分途"。陶行知在山海工学团提出"工以养生,学以明生,团以保生"。黄炎培提出"使无业者有业,使有业者乐业"。晏阳初提出"农民科学化,科学简单化"。故选 A。

二、分析论述题

1.答题要点

(1)两种理论都是受杜威实用主义教育思想影响,并结合中国教育实际而形成的。陶行知认为自己的理论是受到杜威实用主义思想的影响,但在实践中感到行不通,而将杜威的理论"翻了半个筋斗";陈鹤琴也不讳言"活教育"受到杜威实用主义思想的影响,但更多是针对当时中国教育的实际情况而提出的,完全是一种新的试验。

(2)两种理论都反对传统书本教育,但并不忽视书本的地位。陶行知认为传统书本教育是以书本为教育重心,学生只是读书,教师只是教书,其结果是读死书、死读书、读书死。陈鹤琴认为传统的书本教育是把书本作为了学校学习的唯一材料,把学校与社会、自然隔离了,培养的是五谷不分的书呆子。当然,将书恰当地作为参考材料,书还是有用的。

(3)两种理论都反对课堂中心和学校中心,强调教育与社会生活和大自然的联系。陶行知主张"生活即教育""社会即学校",认为教育应以生活为中心,以社会为学校,把学校的一切都伸张到大自然里去。陈鹤琴提出"大自然、大社会都是活教材",主张把大自然、大社会作为活教育课程的出发点让学生直接向大自然、大社会去学习。

(4)两种理论都重视直接经验的价值,强调"做"在教学中的地位。陶行知提出"教学做合一",主张事情应该怎样做就怎样学、怎样教,"教"与"学"都以"做"为中心。陈鹤琴认为"做"是学生学习的基础,也是"活教育"教学论的出发点,主张"做中教,做中学,做中求进步"。

(5)两种理论都批判传统教育忽视儿童的生活及其主体性,提倡相信儿童、解放儿童、发展儿童。陶行知认为儿童生活是学校的中心,教育不能创造儿童,其任务只是帮助儿童发展,为此教育者应了解儿童、尊重儿童、解放儿童。陈鹤琴主张凡是儿童能够做的就应当教儿童自己做,凡是儿童自己能够想的就应当让他们自己想,鼓励儿童去发现他们自己的世界。

2.答题要点

黄炎培在长期教育实践中,逐步形成了完整的职业教育思想体系,主要包括职业教育的地位、目的、方针、教学原则和职业道德教育的基本规范等。

(1)职业教育的作用。就理论价值而言,是谋个性之发展、为个人谋生之准备、为个人服务社会之准备、为国家及世界增进生产力之准备;就教育和社会影响而言,提供职业教育能提高国民的职业素养,使从业者受到良好的训练;对当时中国社会的现实作用而言,有助于解决中国最大、最急需解决的生计问题。

(2)职业教育的地位。职业教育在整个教育体制中的地位是一贯的、整个的、正统的。

(3)职业教育的目的。使无业者有业,使有业者乐业。职业教育帮助社会解决生计问题和失业问题,同时引导人们胜任所职,热爱所职,进而能有所发明创造,造福于社会。

(4)职业教育的方针。第一是社会化。黄炎培将社会化视为"职业教育机关唯一的生命",强调职业教育必须适应社会需要,必须与社会沟通。第二是科学化。指用科学来解决职业教育问题,包括物质方面的工作和人事方面的工作均需遵循科学原则。

(5)职业教育的教学原则。手脑并用,做学合一,理论与实际并行,知识与技能并重。

(6)职业道德教育。"敬业乐群"是职业道德教育的基本要求。"敬业"指热爱所业、尽职所业,有为所从事的职业和社会做出贡献的追求;"乐群"指高尚的情操和群体合作的精神。黄炎培认为离开职业道德的培养,职业教育就失去了方向,职业教育的第一要义是"为群众服务"。

作为中国近现代职业教育的先行者,黄炎培的教育思想不仅开创和推动了中国的职业教育事业,更具有平民化、实用化、科学化和社会化的特征,丰富了中国的教育理论,对中国 20 世纪 20—30 年代的教育产生了巨大影响,对当今职业教育也有重大借鉴意义。

三、材料题

1.答题要点

(1)二者的乡村教育方案

晏阳初提出了"四大教育"和"三大方式"。"四大教育"是指以文艺教育攻愚,培养知识力;以生计教育攻穷,培养生产力;以卫生教育攻弱,培养强健力;以公民教育攻私,培养团结力。"三大方式"是指学校式教育,以青少年为对象设置初级、高级平民学校和生计巡回学校;社会式教育,以一般群众和农民团体为对象开展读书、演讲等活动;家庭式教育,以家庭中各成员为对象的生活、生产常识教育。

梁漱溟提出建立行政系统与教育机构合一的乡农学校。学校由学众、教员、学董、学长组成;学校按自然村落和行政级别分村学与乡学两级,实行"政教养卫合一""以教统政",将学校式教育与社会式教育合一;学校课程分两类,其一为以知识教育和"精神讲话"为内容的共有课程,其二为各校根据自身生活环境而设置的个别课程。

(2)二者的异同

二者相同点:晏阳初与梁漱溟均注重乡村教育在乡村建设中的作用,并将教育与乡村经济、文化、道德等方面结合起来共同建设,在方式上均注意学校教育与社会教育的结合。

不同点:对中国问题的认识不同:晏阳初对中国农村问题的分析更多的是对中国"社会病"具体表象的归结,梁漱溟着力从中国文化寻找中国乡村问题的病因。

乡村教育的理论和方案设计的指导思想不同:晏阳初更注重乡村具体问题的解决,并引进现代民主意识和西方社会治理模式;梁漱溟则主要借鉴中国古代乡约制度并加以改造,更注重弘扬传统道德。

第十二章　新民主主义教育的发展

一、选择题

1.C 【解析】1941 年 1 月,林伯渠在陕甘宁边区政府委员会第四次会议的报告中,明确提出"干部教育第一,国民教育第二"的政策。故选 C。

2.D 【解析】抗日军政大学以"团结、紧张、严肃、活泼"为校训。故选 D。

3.A 【解析】1938 年 10 月,毛泽东在中共六届六中全会上指出,"政治路线确定后,干部就是决定的因素。因此,有计划地培养大批的新干部,就是我们的战斗任务"。要使教育为长期的战争服务,就须将干部教育工作作为根据地教育的重点,为前线和各根据地培养大批能带领部队作战、领导群众工作的带头人。故选 A。

4.D 【解析】民办公助是抗日战争时期,中国共产党在群众教育中实施的办学政策。它是一条从处在战争环境中、经济条件极其有限的农村抗日民主根据地的教育实践中总结出来的经验,不仅有效促进了根据地教育事业的发展,也是穷国家办教育的有效对策,为建国后教育的普及积累了经验。故选 D。

5.A 【解析】1938 年 3 月,毛泽东给"抗大"题写的办学方针为:"坚定不移的政治方向,艰苦奋斗的工作作风,加上机动灵活的战略战术,便一定能够驱逐日本帝国主义,建立自由解放的新中国。"毛泽东把"政治方向"放在首位。故选 A。

6.D 【解析】在抗日民主根据地群众教育的组织形式中,冬学和民校适应分散的农民群众和生活实际,是最受欢迎、最普遍、最广泛的社会教育形式。故选 D。

7.A 【解析】"抗大"创办初期提出"军事、政治、文化并重"的课程规划。故选 A。

8.A 【解析】恽代英认为传统教育是注入式教育,存在许多弊端。因此,他主张实施自学辅导法。自学辅导法又称"研究法""自学教学",是当时中小学较为流行的一种教学方法,其要点是强调自学,在学生自学过程中培养自学习惯和自学能力。故选 A。

9.A 【解析】1922 年 7 月,中共二大召开,会上制定了党的新民主主义革命纲领,新民主主义教育纲领也随之提出。中共二大通过的《大会宣言》提出了七项具体奋斗目标,在第七项"制定关于工人和农民以及妇女的法律"之下,明确提出"废除一切束缚女子的法律,女子在政治上、经济上、社会上、教育上一律享受平等权利""改良教育制度,实行教育普及""保护女工和童工"。故选 A。

10.C 【解析】毛泽东提出了"民族的、科学的、大众的"文化教育。故选 C。

教育综合（333）

备考指南

外国教育史

主编　张立平

JIAOYU ZONGHE（333）
BEIKAO ZHINAN

山东教育出版社
·济南·

图书在版编目（CIP）数据

外国教育史 / 张立平主编. -- 济南 ：山东教育出
版社，2025. 2. -- （教育综合（333）备考指南）.
ISBN 978-7-5701-3595-0

Ⅰ . G519

中国国家版本馆CIP数据核字第20256S84F6号

外国教育史考试目标

一、掌握外国教育思想和制度发展的基本史实，了解重要的教育思想家、重要的教育制度和重大的教育事件，理解教育历史发展的线索。

二、了解外国教育史的基本文献，认真阅读和理解国外名著。

三、能运用历史方法和知识分析教育现象。

四、通过外国历史上教育人物矢志探索教育的精神，培养热爱教育事业、热爱祖国和人民的情感。

目　录

第三章　古罗马教育

第四章　西欧中世纪教育

第五章　文艺复兴与宗教改革时期的教育

第六章　欧美主要国家和日本的近代教育

第七章　西欧近代教育思想与教育思潮

第八章　19世纪末至20世纪前期欧美教育思潮和教育实验

第九章　欧美主要国家和日本的现代教育制度

第十章　现代欧美教育思想

第一章　东方文明古国的教育

古代巴比伦、古代埃及、古代印度和古代中国号称四大文明古国,对应着世界四大发明发源地,最早的文字、城市及学校在此萌芽,创造了灿烂的古代文明,堪称世界文化与教育的摇篮。

一、古代巴比伦的教育

古代巴比伦位于两河流域,其发展分为两个时期:第一个是苏美尔文化时期,这是从原始社会向奴隶社会过渡的时期,苏美尔人建立了一些城邦;第二个是古代巴比伦王国时期,此时两河流域建立起了奴隶制大型王国。苏美尔人发明了楔形文字,用芦苇管或小木棒在未干的板上刻上他们的文字,史称"泥板书"。巴比伦时期的天文学、医学、数学和建筑学等都得到进一步发展。他们的教育就是在这样的文化环境中诞生的。

(一)古代巴比伦的学校、教学内容与方法

1.苏美尔文化时期的学校教育

(1)教育机构:泥板书舍。苏美尔人最早的学校诞生于寺庙,泥板制成的"书"成为学校的主要教学和书写工具,故学校被称为"泥板书舍"。在泥板书舍中,负责人称为"校父",教师称为"专家",助手称为"大兄长",学生称为"校子"。

(2)教育目的:培养书吏。书吏指会进行读、写、算,拥有知识文化的人。

(3)教育内容:重视读、写、算。苏美尔人重视语言,尤其是书写楔形文字的学习,此外还注重阅读、计算等。从学习内容看,泥板书舍是一种世俗教育机构。

(4)教育方法:简单机械,主要以临摹、抄写、背诵为主。学校纪律严格,常用体罚。

2.古代巴比伦王国时期的学校教育

(1)教育机构:寺庙学校。随着古代巴比伦王国的建立,寺庙学校已发展为两级,即初级教育与高级教育。此时的教育被少数人垄断,奴隶不能享受教育。

(2)教育目的:培养书吏与官吏。初级学校以培养书吏为主,高级学校以培育官吏(即管理人才)为主。

(3)教育内容:古代巴比伦时期,学校内容逐渐丰富起来,除读、写、算外,还会

学习苏美尔文学、文法、祈祷文、数学、天文、医学、炼金术等。

（4）教育方法：师徒传授制。除机械灌输的教学方法外，还出现了师徒传授制，即学生先观察教师的操作，然后再临摹，最后由教师指点和纠错。

（二）古代巴比伦的教育特点

两河流域的文化教育发展极早，甚至可以说早于古代埃及，至少是大约与古代埃及同时有了学校。这是人类最初的学校教育的摇篮，也是人类正式教育的起点。

> 发明楔形文字的国家是（　　）。
> A.古希腊　　　　　B.古巴比伦　　　　　C.古埃及　　　　　D.古印度
> 【解析】B

二、古代埃及的教育

古代埃及位于非洲东北部尼罗河的下游，于公元前 3000 年左右建立了奴隶制国家，其发展历程大致分为"早期王国—古王国—中王国—新王国—后王朝"等历史时期。古代埃及很早就发明了象形文字，并用芦管笔写在纸草上。在科学方面富有成就，取得了巨大的进步。

（一）古代埃及的学校、古代埃及学校的教学内容与方法

1.古代埃及的学校类型

古代埃及的学校教育较为发达，种类包括宫廷学校、僧侣学校、职官学校和文士学校。

2.教育目的和教育内容

（1）宫廷学校：培养高级官吏。古王国时期国王法老设立了宫廷学校，以教育皇室成员和朝臣子弟为宗旨，内容以世俗知识为主，主要有书写、阅读、宫廷习俗和仪式，也包括社会道德、政治法律、自然科学知识等，十分突出学习内容的世俗性。学生学习完毕，接受适当的业务锻炼后，就可以被委任为官吏。它是一种世俗性质的学校。

（2）僧侣学校：培养高级僧侣与学术人才。中王国时期出现了一种附设在寺庙中的学校，重在科学技术教育如天文学、水利学、数学、建筑学、医学及科学等，以研究高深学问为特征，亦为学术中心。它是一种宗教性质的学校。

（3）职官学校：培养一般官吏。中王国时期政府部门设立了职官学校，职官学校的教学内容包括普通文化课程及专门职业教育,往往以吏为师,训练一般能从事某种专项工作的官员。许多行政机关都附设学校培养本部门的人员。它是一种世俗性质的学校。

(4)文士学校:培养会书、写、算的书吏。文士学校培养能熟练书写和计算工作的人,着重教授书、写、算和有关律令的知识。书写最受重视,训诫是主要的书写内容。此类学校较前三种学校低级,招收人数较多,对出身限制稍宽,修业期限有长有短。它是一种世俗性质的学校。

3.教育方法

灌输和体罚。古代埃及的教师惯用灌输和体罚,教师实施体罚被认为是正当、合理的。

(二)古代埃及的教育特点

上述四种学校为统治阶级子弟所独占,一般平民不可问津,奴隶更是被剥夺了受教育的权利。这充分反映了古代埃及教育的阶级性与等级性,以及对劳动的轻视。

> 古代埃及的学校中,由国王法老设立,教育皇室成员和朝臣子弟的学校是
> (   )。
> A.僧侣学校　　　　　　　　B.宫廷学校
> C.文士学校　　　　　　　　D.职官学校
> 【解析】B

三、古代印度的教育

以公元前6世纪为界限,古代印度的教育可分为两个阶段,一是婆罗门教育,二是佛教教育。古代印度的教育非常突出宗教性。

(一)婆罗门教育

婆罗门属于印度的高级僧侣阶层,家庭教育是婆罗门教育的主要形式。

1.教育机构:古儒学校。古儒学校是办在婆罗门家庭中的学校,其中教师被称为"古儒",系婆罗门种姓,是能够解读和研究婆罗门教经典的人。古儒往往在家中设学授徒,以婆罗门、刹帝利、吠舍子弟为招生对象,剥夺了首陀罗的受教育机会。古儒声称不收学费,但他们会接受家长的丰厚赠礼。总之,古儒学校是一种兼具宗教性质和家庭教育性质的学校。

2.教育目的:培养婆罗门教教徒。婆罗门教育以维持种姓压迫和培养宗教意识为核心目的。

3.教育内容:《吠陀》经。《吠陀》经是婆罗门教的主要教义,也是学习的主要内容。学生首先学习六科(也可以看作古代印度教育的"六艺"),即语音学、韵律学、文法学、字源学、天文学和祭礼,然后才能领会《吠陀》经。虽然这些课程内容以神学为核心,但涉及较广泛的知识领域。

4.教育方法:口授法、导生制与体罚

(1)古儒学校惯用口授法,虽然是以灌输的方式,但又比纯粹的死记硬背有所改进。

(2)古儒学校善用导生制,指教师利用年长儿童充当助手,由助手协助教师把知识传给一般儿童。这种方法后来被英国教师贝尔所袭用,19世纪在英国成为盛行一时的导生制。

(3)古儒学校体罚盛行。

(二)佛教教育

公元前6世纪左右,佛教逐渐兴盛。它反对婆罗门教的种姓制度,主张各种姓平等,宣扬逃避现实、消极厌世的思想,迎合了下层群众的心理,于是佛教在广泛流传中形成佛教教育。

1.教育机构:寺院。寺院不仅是一种教育机构,也是一种学术机构,乃至堪称学术(神学)研究中心,这是典型的宗教性学校。

2.教育目的:培养佛教教徒。佛教主张男女均可受教育,社会上流传着以学僧为尚的风气。一般把经考验合格的男僧称为"比丘",而将学习完毕的女僧称为"比丘尼"。

3.教育内容:以佛教经典为主。佛教教育虽然主张主要学习宗教知识,但也要学习哲学、历史、文学、数学逻辑、天文等世俗知识。

4.教育方法:使用地方语教学,讲解与个人钻研相结合。比起梵文,地方语更容易使广大民众理解佛教经典,此外,佛教主张教师讲解佛经与学生独立钻研相结合。

(三)教育特点

婆罗门教育与佛教教育均崇尚宗教教育,不同的是婆罗门教育具有贵族性,佛教教育具有平民性。

> 在古印度佛教教育中,推动教育平民化的措施是(　　)。
>
> A.把寺院作为学术交流机构
>
> B.吸纳外国学者
>
> C.以佛经为教育内容
>
> D.强调使用地方语言取代"梵文"进行教学
>
> 【解析】选 D

四、古代希伯来的教育

古代希伯来的历史大致可分为两个时期,第一时期(公元前 14 世纪—公元前 586 年)是从"出埃及记"到沦为"巴比伦之囚"这段时期;第二时期(公元前 538 年—公元 1 世纪)是"巴比伦之囚"返回耶路撒冷重新建设家园,到罗马帝国吞并巴勒斯坦这段时期。

(一)古代希伯来的家庭教育

1.教育机构:以家庭为主。希伯来各部落进入农业文化,以父权为主的家长制盛行。父亲既是家庭的祭司,又是子女的教师。

2.教育目的:培养犹太教教徒。由于古代希伯来人信仰犹太教,所以家庭教育的主要目的是培养儿童对犹太教的宗教信仰。

3.教育内容:以《圣经·旧约》为主。《圣经·旧约》是犹太教的主要经典,家长主要以《圣经·旧约》作为教育内容,重视宗教信仰和宗教感情的陶冶。此外,希伯来人也教授简单的文化知识和职业技能。

4.教育方法:重视民主。希伯来的家长制具有较多的民主色彩,家庭教育重视亲情与说服感化,认为儿童有独立的人格,父母要满足儿童的需要和兴趣。当然,父亲依然有体罚子女的权力。

(二)古代希伯来的学校教育

1.教育机构:学校。希伯来人仿照古代巴比伦王国发展学校教育,希伯来最早的初级学校是犹太会堂。公元前 2 世纪,学校从犹太会堂中分离出来,形成了较为发达和完备的教学制度,经过长期发展,形成了初级、中级和高级教育三种形式。只有男子可以入学享受教育,女子不得享有此权利。希伯来人的学校教育更多表现为世俗性质,但依然强调宗教知识的教授。

2.教育目的:培养信徒。希伯来人认为,只有人人成为犹太教的信仰者,且拥有广泛的文化知识，才能使民族不受危亡的威胁。

3.教育内容：以《圣经·旧约》为主。在初等学校，学生学习《圣经》和简单的读、写、算。在中等学校，学生主要学习《密西拿》和《革马拉》（合称《塔木德》），它们都是对《圣经》的注疏。高等教育主要学习宗教理论和法律知识等。

4.教育方法：民主色彩。希伯来人除了口授、灌输、背诵、惩戒等方法，还有体现民主色彩的两大教育方法，一是鼓励儿童发问，认为不善发问就不善学习；二是鼓励儿童相互帮助。

（三）教育特点

古代希伯来的学校教育中最发达的当属初等教育。与其他东方文明古国相比，其初等教育具备三大特点。

1.教育具有普及性。希伯来人对教育的解释是人人必须受教，才能成为上帝的真正信仰者，才能使民族不受衰亡的威胁。不受教育之人必须剥夺一切权利并放逐城外。未设学校的城市是不容存在的，以此保证每个市政都设有学校，每个儿童都能接受教育。

2.教师被当作神圣的职业，社会形成了普遍尊师的风尚。"拉比"是希伯来人对老师的尊称，最早出现在"巴比伦之囚"时期，是一批向民众宣讲经典的文人。希伯来人认为"拉比的声音就是上帝的声音"。

3.初等学校兼顾世俗性和宗教性。古代希伯来的初等学校既教给儿童读、写、算等科学文化知识，又有着宗教神学的气息。

五、东方文明古国教育发展的特点

（一）教育产生

作为世界文明的摇篮，东方文明古国都产生了最早的文字初学校教育，并开始探索科学知识。

（二）教育性质

教育具有强烈的阶级性和等级性。学校主要招收奴隶主子弟，教育对象按其等级、门第而被安排进入不同的学校。

（三）教育内容

内容较丰富，包括智育、德育及宗教教育等。既反映了统治阶级的需要，也反映了社会进步及人类多方面发展的需要，既有世俗性内容，也有宗教性内容。

（四）教育机构

种类繁多、形态各异，这有助于满足统治阶层的需要，既有森严的等级性，还具有强大的适应力。

（五）教育方法

简单机械，体罚盛行。各国通过丰富的教育实践，在教育方法上不乏创新之举，但教学方法简单机械，体罚盛行，实行个别施教，尚未形成正规的教学组织。

（六）教师方面

知识常常成为统治阶级的专利，故教师的地位较高，其与后来古希腊、古罗马学校教师的社会地位卑下形成鲜明对比。

（七）教育延续性

除了中国，其他东方文明古国的文化教育虽甚为古老，但失于早衰或有过断层期。中国的文化和教育绵延不断、源远流长，这是中国教育史的独特和优异之处，也是其他文明古国所不及之处。

> 下列关于东方文明古国的教育，描述错误的一项是（　　　）。
>
> A.古代巴比伦盛行体罚，教育目的主要是培养书吏
>
> B.古印度教育宗教性强，教育目的为维持种姓等级和宗教意识
>
> C.古埃及学校等级森严，多用灌输与体罚的教育方法
>
> D.古希伯来崇尚民主，鼓励学生发问
>
> 【解析】选 D
>
> 古代希伯来的教育并非崇尚民主，也没有特别鼓励学生发问。A 选项，古代巴比伦确实盛行体罚，其教育目的主要是培养书吏，因为书吏在当时的社会中具有重要地位。B 选项，古印度教育的宗教性很强，教育目的是维持种姓等级和宗教意识，这与古印度的社会制度和宗教传统紧密相关。C 选项，古埃及的学校等级森严，教育方法上多用灌输与体罚，这与当时的社会文化和教育理念有关。综上所述，答案选择 D。

本章内容思维导图

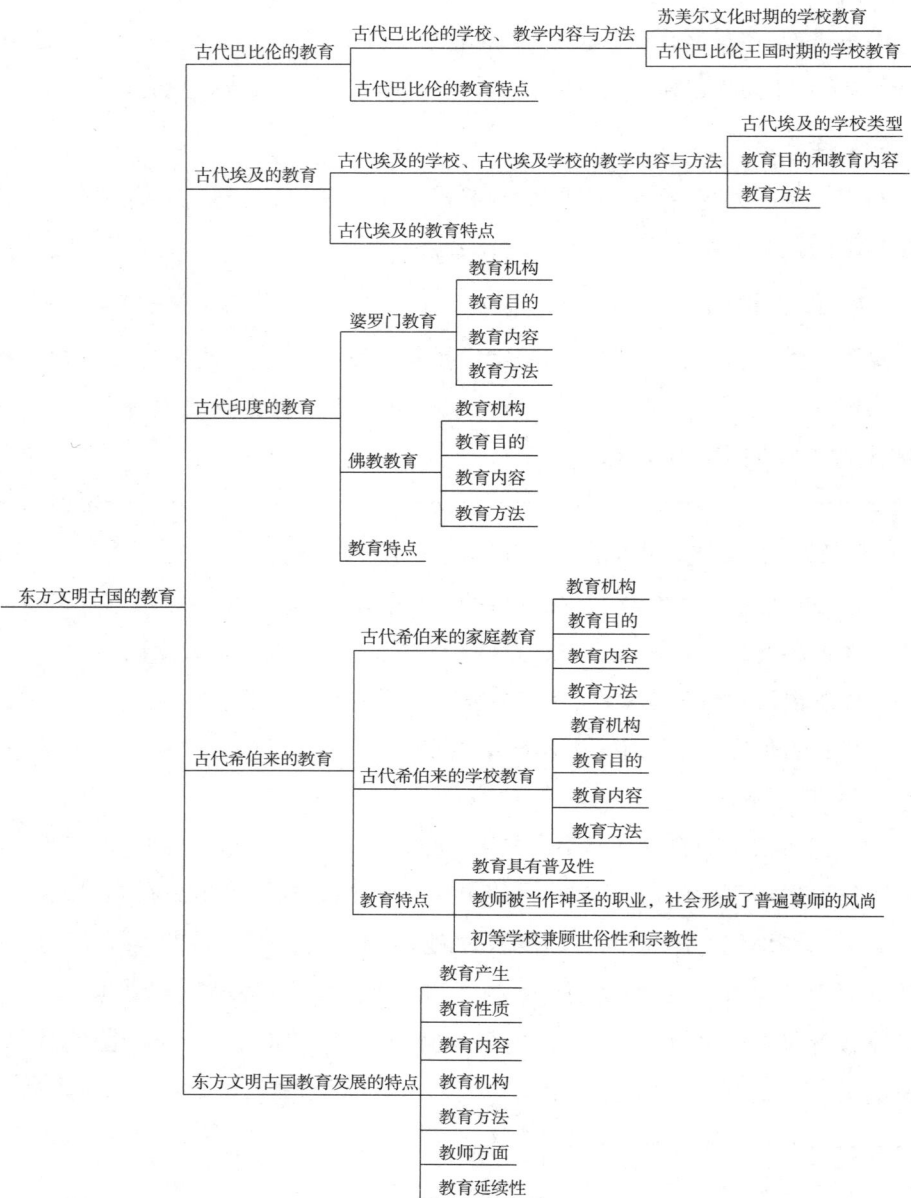

```
                                    古代巴比伦的学校、教学内容与方法 ─── 苏美尔文化时期的学校教育
                    古代巴比伦的教育                                  古代巴比伦王国时期的学校教育
                                    古代巴比伦的教育特点

                                                                    古代埃及的学校类型
                    古代埃及的教育    古代埃及的学校、古代埃及学校的教学内容与方法 ─── 教育目的和教育内容
                                                                    教育方法
                                    古代埃及的教育特点

                                              教育机构
                                              教育目的
                                    婆罗门教育   教育内容
                                              教育方法
                    古代印度的教育
                                              教育机构
                                              教育目的
                                    佛教教育     教育内容
                                              教育方法
                                    教育特点

东方文明古国的教育                                    教育机构
                                              教育目的
                                    古代希伯来的家庭教育 教育内容
                                              教育方法

                                              教育机构
                                              教育目的
                    古代希伯来的教育   古代希伯来的学校教育 教育内容
                                              教育方法

                                              教育具有普及性
                                    教育特点     教师被当作神圣的职业，社会形成了普遍尊师的风尚
                                              初等学校兼顾世俗性和宗教性

                                    教育产生
                                    教育性质
                                    教育内容
                    东方文明古国教育发展的特点 教育机构
                                    教育方法
                                    教师方面
                                    教育延续性
```

自测题

一、选择题：

1.【2009年311,24题】在公元前8世纪以后出现于古印度的婆罗门学校中,教师被称为(　　)。

A."拉比"　　　　　　　　　　B."古儒"

C."书吏"　　　　　　　　　　D."校父"

2.【2017年311,24题】下列关于古代东方国家古巴比伦、古埃及、古印度教育特点的表述中,正确的是(　　)。

A.教育内容以军事体育为主　　B.教师社会地位低下

C.教育具有鲜明的等级性和阶级性　　C.教育发展具有较强的连续性

3.【2019年311,24题】开设宫廷学校、寺庙学校、职官学校和文士学校以培养各类人才的文明古国是(　　)。

A.古巴比伦　　　　　　　　　B.古印度

C.古埃及　　　　　　　　　　D.古希伯来

4.【2020年311,24题】古代印度婆罗门教育与佛教教育的主要区别是(　　)。

A.婆罗门教育具有贵族性,佛教教育具有平民性

B.婆罗门教育的目的在于道德陶冶,佛教教育在于信仰教育

C.婆罗门教育的主要实施场所是"古儒学校",佛教教育主要在寺院

D.婆罗门教育的内容大多是积极的、入世的,佛教教育大多是消极的、避世的

5.【2021年311,24题】下列有关古希伯来学校教育实践的表述中正确的是(　　)。

A.儿童在"泥板书舍"中练习楔形文字的书写

B.儿童在"文士学校"跟随教师在纸草上练习书写

C.教师经常体罚儿童以提高儿童学习《吠陀》经的效果

D.教师教儿童学习《塔木德》时鼓励儿童发问

6.【2022年311,24题】古代印度教育等级色彩鲜明,其主要表现是(　　)。

A.首陀罗种姓享有受教育权

B.吠舍种姓被剥夺了学习《吠陀》经的特权

C.刹帝利种姓被剥夺了受教育权

D.婆罗门种姓享有接受当时最完备、最高级教育的特权

7.【2023年311,24题】古代印度教育发展的主要成就之一是（　　）。

A.创设"泥板书舍"，以"泥板书"作为主要学习材料

B.创设"犹太会堂"，以《塔木德》作为主要教学内容

C.创办"文士学校"，以培养熟练掌握书写技能的文士

D.创办"古儒学校"，以《吠陀》作为主要学习内容

8.以"古儒学校"为教育形式，教师被称为"古儒"的古印度教育是（　　）。

A.佛教学校教育　　　　　　　　　B.佛教家庭教育

C.婆罗门学校教育　　　　　　　　D.婆罗门家庭教育

9.东方文明古国的教育属于（　　）。

A.奴隶社会等级教育　　　　　　　B.原始大众教育

C.封建社会等级教育　　　　　　　D.资本主义教育

二、论述题：

1.【2015年311,50题】论述文明古巴比伦、古埃及、古印度和古希伯来教育的共同特征。

2.【哈尔滨师范大学2021年333论述题3】试述东方文明古国的教育特点。

第二章 古希腊教育

一、荷马时期的教育

关于荷马时期的历史记载主要来自《荷马史诗》(相传为盲人荷马所作)。该书记载了当时很多英雄人物的成长故事,由此可对当时的教育情况略见一二。此时古希腊正处于从氏族制度向奴隶制度过渡的时期。

(一)教育概况

1.教育机构:没有专门的教育机构。这一时期对儿童和青少年的教育主要在实际生活中进行,这也是一种非制度化的教育。

2.教育目的:培养武士。教育的目的是培养阿喀琉斯那样英勇果敢、武艺高强和奥德修斯那样足智多谋、能言善辩的武士。

3.教育内容:军事与道德教育。一方面,古希腊重视军事教育,以与军事直接相关的知识与技能为主,同时还注重对演说能力的培养;另一方面,古希腊重视道德教育,最为重视的道德品质是智慧、勇敢、节制和正义(这就是之后古希腊思想家所概括的"四大德")。

4.教育方法:个别化教育。《荷马史诗》所记载的英雄人物的培养过程是在实际的社会生活中进行的个别教学。教师往往是经验丰富的长者,对学生的教育不局限于某方面,反而非常广泛。

(二)评价

古希腊教育的全部萌芽都可以溯源到荷马时代。荷马时期的教育既重视集体利益又张扬个性发展,既尚英武又崇智慧,这种特点为古希腊城邦教育的形成和发展提供了宝贵的历史基础,构成了后世教育发展的源头。此外,《荷马史诗》是古希腊制度化教育出现后学校教学的基本教材。

二、古风时代的教育

古希腊是现代西方文明的摇篮,也是西方教育的发源地。在西方教育的发展史上,古希腊教育(特别是雅典教育)占有非常重要的地位。古希腊的教育成为西方奴隶制国家教育完整而典型的代表,也是西方奴隶制社会教育发展的高峰。

一般认为,希腊教育与文化的发展通常分为以下四个阶段:(1)荷马时代。公元前1100—前800年,因《荷马史诗》而得名。(2)古风时代。公元前800—前500年为希腊奴隶制城邦形成的时期。(3)古典时代(公元前500—公元前330年)。(4)希腊化时代(马其顿统治时代)。公元前330—前30年,马其顿王亚历山大东征,建立了一个地跨亚、欧、非三大洲的庞大军事帝国,同时也把希腊文化传播到其他地区。

古希腊人认为教育应该是全面、综合且和谐的,他们不重实用,而把重点放在塑造和培养个体身上。这种培养可以用三个标准来衡量,即智力、艺术和形体。智力上通过读、写、算的基本技能以及文学、哲学这些高级技能来体现;艺术主要是通过舞蹈和唱歌来体现;形体主要是通过体操和运动来衡量。古希腊人认为受教育是每个公民的义务和权利,每个公民都必须准备好参与城邦政府的工作。

在希腊半岛上百个大大小小的城邦中,最有代表性的是雅典和斯巴达。

(一)斯巴达教育

斯巴达处于伯罗奔尼撒半岛东南部平原,北部是高山,南部是岩石海岸,与外界交通不便,然而境内土壤肥沃,自给自足的农业经济发达。政治是保守的军事贵族寡头统治,为了统治政府和奴役土著居民,举国皆兵。

1.斯巴达教育的特点

(1)教育由国家控制。

(2)教育具有阶级性。

(3)教育目的是培养英勇果敢的保家卫国的战士。

(4)教育内容以军事体育和道德教育为主。

(5)教育方法是野蛮训练和鞭笞。

(6)重视女子教育。

2.斯巴达的教育体制

教育是国家事业,典型特征是军事教育。教育是斯巴达治国和维持统一的工具。婴儿出生时经长老检验,无残疾且体质强健的可由母亲代国家抚养;7岁以后送到国家教育场所接受系统教育指导;18岁公民子弟进入青年军事训练团,即埃弗比,进行更严格更高级的军事训练;20岁公民子弟开始接受实战训练;30岁成为公民,有权参加公民大会,可以担任官职,战时参加战斗;60岁解除兵役。

斯巴达人重视军事体育训练,忽视文化知识的学习;生活方式狭隘,除了军事作战而不知其他。这种教育很片面,忽视了个人的发展。

斯巴达教育特点不代表古希腊教育的发展特点,但是对古希腊教育思想,例如柏拉图、亚里士多德的教育思想以及后来西方教育的某些方面都有明显的影响。

【2020年311,25题】古希腊时期,斯巴达城邦教育有别于同时期其他城邦教育的主要表现是(　　)。

A.通过立法发展教育事务

B.重视实施"五项竞技"教育

C.女子接受与男子同样的军事和体育训练

D.公民子女7岁以前在家庭中接受教育

【解析】选C

此题考查斯巴达教育的特点。斯巴达比其他城邦更重视女子教育,要求女子与男子都接受同样的军体教育,因此区别于其他城邦的主要表现就是女子接受与男子同样的军事和体育训练。故答案选C。

(二)雅典教育

雅典三面环海,有优良的港湾和丰富的矿藏,工商业发达,是地中海和黑海地区的贸易中心。政治上建立起奴隶主民主政体。

1.雅典教育的特点

(1)教育不完全由国家控制,私人讲学盛行。

(2)教育具有阶级性。

(3)教育的目的是培养身心和谐发展的国家公民。身心和谐发展包括:身体健美,具有智慧、勇敢、节制、公正等美德。

(4)不但重视体育教育,而且重视文化教育。

(5)教育方式重启发诱导,属于理解的服从。

(6)轻视女子教育。

2.雅典的教育体制

婴儿出生后由父亲决定是否养育,7岁以前在家里接受教育,十分重视游戏和玩具的教育作用。7岁以后的男子开始接受学校教育,7—12岁的男子可以进入文法学校和弦琴学校,13岁以后可以到体操学校进行体育训练,16岁左右可以到国家体育馆接受更为系统的体育训练。18岁接受军事训练,但是国家不统一要求,由青年自己决定。在军事训练中,可以学到一定的航海知识和政治法律知识。20岁通过一定的仪式成为正式公民。

古希腊著名的教育家基本上都是雅典人，他们的教育思想主要反映了雅典的教育实践和教育理想，但是一定程度上也受到斯巴达教育实践的影响。

（三）斯巴达教育与雅典教育的比较

斯巴达教育与雅典教育既有相同之处，也有不同之处。相同之处在于学校教育主要被奴隶主阶级控制，教育和生产劳动没有发生关系，二者都把严格的军事体育训练放到了重要地位。但与斯巴达教育相比，雅典教育不仅要求通过严格的军事操练使学生强壮，而且还力求智力、美感、道德和体育等方面的和谐发展。雅典教育的和谐发展的思想，不仅受到亚里士多德的极大重视，而且影响了后来西方资产阶级进步教育思想的发展。

三、古典时期的教育

（一）"智者派"的教育活动

古典时期是古希腊教育发展的黄金时期。以"智者"的出现为标志，古希腊（尤其是雅典）的教育进入了一个新的发展阶段。

所谓"智者"，又称诡辩家，最早是指某种精神方面的能力和技巧，以及拥有这些能力和技巧的人。后来，各行各业具有专门知识和技艺的人、具有治国能力的人，同样被称为"智者"。再后来，用来专指以收费授徒为职业的巡回教师。

智者的思想特征：相对主义、个人主义、感觉主义和怀疑主义。

（二）"智者派"的教育贡献

智者不仅在希腊文化史上占有重要地位，作为西方最早的职业教师，他们对希腊教育实践和教育思想的发展同样做出了贡献。

1.云游讲学，推动文化传播，以钱财而不是以门第作为教学的条件，扩大了教育对象的范围，促进社会流动。

2.确立了教育内容和方式，扩大了教育内容的范围。西方教育史上沿用长达千年之久的"七艺"中的"前三艺"（文法、修辞、辩证法）就是由智者首先确定下来的。

3.出于培养政治家的教育目的，智者提供了一种新型的教育——政治家或者统治者的预备教育。智者重视道德教育与政治教育，把道德与政治的知识作为主要教育内容。

4.智者的出现标志教育工作开始职业化。在古希腊，职业教师取代了"大众教师"。

5.智者对希腊教育思想的发展做出的贡献尤为突出。由于智者的出现，希腊的教育思想才真正成型，主要表现为：智者的教育思想已经涉及大部分的教育的基本问题,并在不同程度上进行了探讨;希腊教育思想中的一些基本的范畴、命题、原理,智者们在其言论中已有涉及。总之,智者们的教育思想已经包含了希腊教育思想发展的基本线索和方向。

6.智者不仅直接促进了希腊教育实践的发展,而且还推动了希腊教育思想的进一步丰富。一方面,作为职业教师,他们明确地意识到教育活动的特殊性,并开始自觉地把教育现象与政治现象、道德现象等社会现象相区分,把教育过程当作一个运用禀赋进行练习的过程;另一方面,他们也明确地意识到,教育与政治、道德具有密切的联系,教育在国家生活中具有举足轻重的地位。最后,智者反对道德天赋论,强调道德是人人都可拥有的,道德是可以通过学习和练习获得的。

【2024年333,21题】古希腊时期,最早以收费授徒为职业的教师是( )。

A.苏格拉底　　　　　　B.智者

C.伊壁鸠鲁　　　　　　D.拉比

【解析】选B

智者专指以收费授徒为职业的教师,是西方最早的职业教师。因此答案为B。

四、希腊化时期的教育

公元前330年至公元前30年是古希腊历史上的希腊化时期,马其顿国王亚历山大大帝建立起一个横跨欧、亚、非三大洲的庞大军事帝国,这一过程促进了不同民族文化之间的交流融合,推动了古希腊文化和教育向地中海和西亚等地区的传播。

希腊化时期的学校教育发生了以下变化。

1.教育制度:广泛传播。古希腊特别是雅典的学校教育制度,广泛地传播到小亚细亚、美索不达米亚、波斯和埃及等广大地区,对这些地区的教育发展起到积极作用。

2.教育中心:发生转移。文化和教育的中心从雅典转移到了亚历山大里亚,这里成了当时东西方文化交流的中心。

3.初等教育:发生蜕变。在古典时期,古希腊的初级学校通常是以德、智、美、体为基本内容的多方面教育。而在希腊化时期，初级学校主要局限于读、写、算等知识性科目，带有军事性质的体育首先被取消，美育逐渐被削弱，注重和谐发展和多方面教育的传统遭到破坏。

4.中等教育：面临衰微。在希腊化时期，原有的中等教育机构——体育馆被文法学校取代。中等教育日益偏重于知识教学，尤其强调文学教育，体育和美育被忽视。

5.高等教育：明显发展。除原有的柏拉图的学园、亚里士多德的吕克昂和伊索克拉底的修辞学校之外，又出现了很多哲学学校。公元前200年前后，上述几所学校被合并成为雅典大学。经过长期发展，雅典大学成为著名的学术研究中心和高等教育中心，为传播古希腊文化、科学和学术做出了重要贡献。

总之，希腊化时期促进了东西方文化教育融合。从西到东，两大地区的教育从此无不打上古希腊的烙印。

五、苏格拉底的教育思想

苏格拉底是古希腊著名的哲学家，在西方哲学史上开辟了从自然哲学向伦理哲学转变的新阶段。

苏格拉底出生于雅典一个手工业者家庭，自幼对哲学和科学有浓厚的兴趣。由于当时无固定的学校，他向所有有学问的人学习，阅读所有能得到的诗人与哲学家的作品，成为一个有综合教养的人。他的一生以探讨伦理哲学和从事公众教育为乐，从不收取学费，做到了有教无类，吸引了许多学生，是西方思想史上有长远影响的第一位教育家。

（一）教育目的论

苏格拉底认为教育的目的是培养德才兼备的治国人才。他认为治国者必须道德高尚、才能卓越、深明事理，具备各种实际知识。

（二）德育论（知识即美德）

1.苏格拉底认为，知识、智慧和道德具有内在的直接联系。人的行为之善恶，主要取决于他是否掌握有关的知识，只有知道什么是善、什么是恶，人才能趋善避恶。在这个意义上，苏格拉底明确指出"知识即美德"。

2.从"智德统一"的观点出发，苏格拉底进而提出"德行可教"的主张。既然道德不是出自于人的天性，而是以知识或智慧为基础，那么美德就是可通过教育进行培养的，通过传记知识、发展智慧，就可以培养具有完善道德的人。因此，知识教育是道德教育的主要途径。

3.评价

(1)"知识即美德"的见解可以说是近代教育性教学原则的雏形。

(2)在苏格拉底所处的时代,他提出"智德统一"的见解,相对于贵族阶级"道德天赋"的理论,是有着明显的进步意义的。

(3)但"知识即美德"的观念也是不完善的,忽略了道德的其他方面,如情感、行为等。

(三)智育论

苏格拉底认为治国者必须有广博而实用的知识,而非纯理论的思辨。除教授政治、伦理、雄辩术和人生所需要的各种实际知识以外,苏格拉底第一次将几何、天文、算术列为必须学习的科目。

(四)体育论

健康来自锻炼。苏格拉底认为,健康不是天生的,锻炼可以使人身体强壮。即便是身体孱弱的人,只要经过锻炼,也会强壮起来。一方面,人们要尽量向那些知道怎样保持健康的人学习;另一方面,人们也要注意选择对自己有益的食物、饮料和运动。

(五)"苏格拉底方法"

1.概念

苏格拉底法,又称"问答法""产婆术"。苏格拉底在哲学研究和讲学中,形成了由讥讽、助产术、归纳和定义四个步骤组成的独特的方法,称为"苏格拉底法"。讥讽是就对方的发言不断提出追问,使对方自陷矛盾、无词以对的境地,最终承认自己的无知;助产术即帮助对方自己得到问题的答案;归纳即从各种具体事物中找到事物的共性、本质,通过对具体事物的比较形成一般概念;定义是把个别事物归入一般的概念,得到关于事物的普遍概念。

2.优点

该方法不是将现成的结论灌输或强加给对方,而是通过探讨和提问的方式,诱导对方认识并承认自己的错误,自然而然地得到正确的结论。

3.局限

(1)受教育者必须有追求真理的愿望和热情。

(2)受教育者必须对所讨论的问题积累了一定的知识。

(3)谈话的对象是已经有了一定知识基础和推理能力的成年人。这种方法不能机械地套用于幼年儿童。

（六）苏格拉底教育思想的影响

1.苏格拉底是西方教育史上第一位有长远影响的教育家。一方面,他积极总结教育思想,阐述了知识即美德、道德可教的教育思想;另一方面,他倾其一生从事教育活动,第一个提出了西方的启发式教学法,并以高尚的品德树立了教师的人格魅力,被公认为是"一个有全面教养的人,受过当时所需要的一切教育"。

2.在古希腊教育思想史上,苏格拉底发挥着承前启后的作用。古希腊的教育思想在"智者派"的发展下已有了基础的形式,但还不够系统化,苏格拉底在此基础上使教育的思想理论开始走上系统化的过程。"智者派"等许多思想家的教育主张在苏格拉底进一步的理论抽象下,成为教育思想体系化必不可少的思想工具。

六、柏拉图的教育思想

柏拉图是西方教育史上伟大的教育家,其著作《理想国》与卢梭的《爱弥儿》、杜威的《民主主义与教育》并称为教育史上三个里程碑式的著作。

柏拉图出生于名门望族,自幼对体育、文学、艺术、音乐有浓厚兴趣,曾师从苏格拉底。青年时他对政治产生兴趣,但他所生活的时代是雅典迅速走向衰落的时期,他亲历了对苏格拉底的不义审判,深受震动,见到了社会的混乱、多变、争斗、罪恶,从而萌生了探求一个稳定、和谐、正义、完善的理想社会宏愿。公元前387年,他创办了柏拉图学园,在那里完成了著作《理想国》,并想在叙拉古实现哲学家治国的梦想。三访叙拉古的失败让他对《理想国》的设计进行反思,写成了《法律篇》。

柏拉图创立的学园共存在了900多年,影响深远,其名称"academy"也成为后世学术机构的统称。学园开设哲学、数学、音乐、天文学等学科,并实行教学和探索思辨相结合、讲授与自由讨论相结合的教育模式,培养了大量人才,成为希腊的哲学和科学中心。

（一）"学习即回忆"

"学习即回忆"是柏拉图所持的一种学习与认识理论。主要内容有:

1.柏拉图认为从感性的个别事物中不能得到真知识,只有通过感性事物引起思维,认识共相,才能达到对真理的把握。

2.强调理性思维,追求共相、本质,他认为思维、共相与外界无关,只存在于人的灵魂内部。

3.认为人从出生以前就已经获得了一切事物的知识,当灵魂依附于肉体后,这些已有的知识被遗忘了,通过接触感性事物、才重新"回忆"起已经被遗忘的知识。

认为"灵魂本来就属于上天的精灵,那时它追随神,无视我们现在称作'存在'的东西,只昂首于真正的存在,所以它对理念领域有所观照,具备一切知识。灵魂后来坠入了肉体,依附于了躯体,因此而遗忘了一切"的是(　　)。

A.亚里士多德　　　　　　　　B.柏拉图

C.苏格拉底　　　　　　　　　D.洛克

【解析】选 B

柏拉图认为人在出生以前就已经获得了一切事物的知识,当灵魂依附肉体降生后,这些已有的知识就被遗忘了,并由此提出"学习及回忆"的论断。因此答案选 B。

(二)《理想国》中的教育观

柏拉图的《理想国》是一部讨论政治和教育的著作,被认为是西方教育史上最为重要和伟大的教育著作之一。在《理想国》中,柏拉图精心设计了一个他心目中理想的国家,并为这个理想国家的实现提出了完整的教育计划。其中的内容有:

1.教育目的论

《理想国》中教育的最高目标是培养哲学家兼政治家——哲学王,这种教育贯穿人的一生,要求学习与实际锻炼始终结合。

教育的最终目的是促使"灵魂转向",实际就是看问题的立足点和世界观的转变。教育要培养人从可见世界上升到可知世界,转离变化着的感性世界,看到真理、本质理念,认识最高的理念——善。

【2025 年 333,21 题】下列选项中,属于柏拉图教育主张的是(　　)。

A.雄辩家的首要品质是德行　　　B.教育的最高目标在于培养哲学王

C.教育属于家庭事务　　　　　　D.女子不宜接受体操训练和军事教育

【解析】B

记忆题,此题考查柏拉图的教育思想。柏拉图认为教育的最高目的在于培养哲学王。他认为最完美的国家是由执政者、军人和生产者组成的,并建立在智慧、勇敢、节制、正义这四种美德之上,而只有哲学王才应该成为理想国的统治者。因此,答案选 B。

2.教育作用

柏拉图非常重视教育的作用，认为理想国的建立和维持应主要通过教育来实施，要通过教育来培养合格的人才，培养执政者、军人、工农商人。教育应该由国家来集中管理，取消私人办学，对全体公民实施强迫教育。

柏拉图的教育观有两个特点：

（1）以英才教育为中心，是一种领袖教育，以培养国家领袖为目的。

（2）实施考核，层层淘汰，保证少数体、智、德各方面都优秀的人成为国家的统治者。

3.教育内容

柏拉图充分肯定教育塑造人的作用，系统论述了教育与政治、教育与智力发展的关系。他强调男女平等，提出了广泛的教育内容（算术、几何、天文、音乐）和智者的"三艺"，合称为"七艺"。另外他还提出了各门学科的作用。

4.教育阶段

柏拉图较早提出了理智、情感、心灵、意志等心理活动的概念范畴，确立了后人的思考范围；同时他重视身心和谐发展。他把哲学王的培养过程分为三个阶段：

（1）论学前教育。主张教育由国家控制，国家应创办幼儿教育机构，实行儿童公养公育。《理想国》重视早期教育，认为从小养成的习惯会成为第二天性。柏拉图是"寓学习于游戏"的最早提倡者。公民身份的男女儿童的教育从音乐和故事开始，内容要健康。然后经过2—3年的体育训练，锻炼吃苦耐劳和勇敢的品格。

（2）论普通教育（7—18岁）。普通教育以情感教育为主，重视音乐和体育。6岁以后，男女儿童分别进入国家所办的初等学校，如文法学校、弦琴学校、体操学校学习。学习内容以读写算、唱歌、音乐为主。柏拉图对体操和音乐尤其重视。

（3）论高等教育。高等教育分为四个阶段。第一个阶段为意志教育阶段（18—20岁），以军事训练及"四艺"（算术、几何、天文、音乐）为主。20岁以后，绝大多数贵族青年结束教育，去担任保卫国家的重任。少数才智出众的贵族子弟继续接受教育。第二阶段为发展智慧阶段（20—30岁），除"四艺"外重点学习辩证法。年满30岁后，这部分青年中绝大多数人会去担任国家的高级官吏；极少数聪慧而好学，并在哲学研究上有特殊才能的人则继续学习。第三阶段为继续学习（30—35岁），继续研究哲学，成为国家的重要官吏。第四阶段为哲学王（50岁左右），个别人需要再经过15年的锻炼，大约到了50岁，经过指挥战争等各种考验，在学识尤其在哲学方面有高深造诣的人，可以成为国家的统治者。

另外，柏拉图认为女子应当和男子受同样的教育，从事同样的职业。

5.评价

（1）优点：体现了国家对教育的重视；教育与政治结合；高度评价教育在人的塑造中的作用；重视体育训练；将算术、几何、天文、音乐（后来成为"四艺"）列入教学科目；第一次提出以考试作为选拔人才的手段之一；强调身心协调发展和男女教育平等；注意早期教育，主张课程与实践相结合，反对强迫学习；以理性指导欲望作为道德教育的中心任务。这些就是《理想国》中教育观的积极因素，对后来西方教育理论的发展产生了长远影响。

（2）缺陷：过于强调一致性，试图用一个刻板的模子塑造人，忽视个性发展；拒绝改变，认为变革会给国家带来危害。

七、亚里士多德的教育思想

亚里士多德是古希腊著名的哲学家，是古希腊百科全书式的学者，对西方的教育和教育思想有着深远影响。

亚里士多德于公元前335年创办了哲学学校吕克昂。学校注重科学研究和相应的实验与训练，并建有图书馆、实验室和博物馆，是实践亚里士多德教育观念的主要机构。后与学园等合并为雅典大学。

亚里士多德最早提出自由教育，是指对自由公民所施行的，强调通过自由技艺的学习进行非功利的思辨和求知，从而免除无知愚昧，获得各种能力全面完美的发展，以及身心自由状态的教育。其教学内容为不受任何功利目的影响的自由知识，也称为自由学科（"七艺"），包括音乐、文法、修辞、几何、算术、天文、逻辑（辩证法）等。自由教育成为西方经典的教育模式之一，对西方教育传统的形成具有重要作用。

（一）灵魂论与教育

1.灵魂论概述

亚里士多德将人的灵魂区分为两个部分：理性的部分和非理性的部分。非理性的部分又包括植物的灵魂和动物灵魂两种成分，所以人的灵魂由三个部分构成，即营养的灵魂、感觉的灵魂和理性的灵魂，这三个部分对应于植物的灵魂、动物的灵魂和人的生命。当营养的灵魂单独存在时，是属于植物的灵魂（植物的灵魂是灵魂最低级部分，主要表现在营养、发育、生长等生理方面）；如果它还有感觉，则属于动物的灵魂（动物的灵魂属于灵魂的中级部分，主要表现在本能、情感、欲望等方面）；理性的灵魂是灵魂的高级部分，主要表现在思维和认识方面。如果它既是营养的，也是感觉的，同时又是理性的，那它就是人的灵魂。在灵魂的三部分中，植物的灵魂与理性不相干，动物的灵魂即感觉、欲望的灵魂，在一定程度上具有理性。灵魂的三部分在理性的领导下和谐共存，人就成为人。

2.灵魂论在教育理论上的重要意义

（1）说明人也是动物，人的身上也有动物性特征，这些特征与生俱来，不承认它们是违反人的本性的，无法也是做到的。

（2）人具有理性，不同于动物，且高于动物。能否用理性领导欲望，使欲望服从理性，是区分人与动物的标志。人的欲望肆虐，不听从理性的指导，人就降低成为动物。用理性引导、限制、指导欲望，人就上升为人。发展人的理性，使人超越动物的水平，上升为真正的人，这就是教育特别是德育的任务。

（3）灵魂的三个组成部分的理论，为教育必须包括体育、德育、智育提供了人性论上的依据。

（二）教育作用论

1.教育的个人作用：教育要发展人的理性。亚里士多德提到了人成为人的三个因素，即天性、习惯和理性。天性和习惯受理性的领导，人又是通过教育来发展理性的，所以教育在于促进人的理性的发展。

2.教育的社会作用：教育有建设国家的作用。亚里士多德指出，教育对于巩固国家政权起着巨大的作用，所以教育应是国家的事业，国家应实行公共的教育，并为教育立法。

3.评价：亚里士多德的发展人的理性与公共教育思想富有远见，在2000多年后才被西方国家积极落实。但他在高度评价教育的作用时，并不认为教育的力量是万能的。教育并不能使那些天性卑劣的人服从理性的领导。对于不可救药的人，强制和惩罚是必要的。

（三）道德教育论

1.伦理美德就是"中道"。伦理思想是亚里士多德进行道德教育的理论基础。伦理美德就是"中道"，"中道"就是中国的中庸之意，力求做事适度，恰如其分，恰到好处。

2.强调实践德行。人们只知道德行是不够的，还要力求在实践中应用德行。亚里士多德批评那些空谈德行而不实践德行的人，批评苏格拉底"知识即美德"的观点不完善。在实践德行时，亚里士多德强调动机与效果的统一、知与行的统一、主观与客观的统一。

（四）和谐教育论

1.简介:亚里士多德的体、德、智、美和谐发展的教育思想有着丰富的内涵,对后世影响极大。

2.内容:和谐教育的实施首先是体格教育,使人拥有健全的体魄。其次是道德教育,将人的各种情感和愿望引向良性轨道,形成完善的道德观念,养成良好的习惯。最后是智育和美育,目的在于锻炼和提高人的思维、认识、理解和判断能力,使人的理性灵魂得到充分发展,达到身心和谐,这也是教育的最终目的所在。

3.评价:亚里士多德主张"四育"并举,相互促进,相互融合。比如,音乐教育是亚里士多德和谐发展教育思想的核心部分。在亚里士多德看来,音乐不仅是实施美育最有效的手段,而且还担负着智育的部分职能,又是实施道德教育不可缺少的内容。通过四育并举,才能实现人的身心和谐的发展。

（五）自然教育与儿童年龄分期论

1.自然教育

(1)简介:亚里士多德从灵魂论出发,根据人的身心发展的特征,首次提出并论述了教育效法自然的原理,并把这一原理运用到教育的年龄分期论和人的身心和谐发展的教育理论之中。

(2)内容:人的发展变化源于其本性,教育要顺应人本身的自然发展,尊重儿童的个性与自由,尊重儿童的身心发展的规律。其实,教育就是一个内在的发展过程,这是一种内发论。

(3)评价:亚里士多德的自然教育思想不仅推动了古希腊教育思想的发展,并使之达到顶峰,还奠定了近代西方自然主义教育思想的理论基础和基本观念,为西方教育思想的发展做出了重要贡献。

2.年龄分期论。亚里士多德在教育史上第一次提出按照年龄划分教育阶段的思想。

第一阶段(0—7岁,家庭教育阶段),儿童在家庭中以体育和游戏为主,不主张学习知识内容。第二阶段(7—14岁,初等教育阶段),儿童以阅读、书写、体育锻炼、音乐和绘画为主要学习内容。这一阶段也是接受自由教育的主要阶段,自由教育是指教育以提高一切文化素养为目的,学习广博的文化知识,这种教育只适合于自由民。第三阶段(14—21岁,中高等教育阶段),从吕克昂的实践中可以看出以下几点内容。

(1)课程内容:亚里士多德注重哲学和科学。具体内容包括"后四艺"、哲学、物理、文法、文学等。

（2）教学方法：学校中实行教学和科研结合、研究和实验结合、讲授和自由讨论结合的教育模式。

（3）教学组织形式：根据学生的程度，将其划分年级或班级，进行分班授课。

（六）亚里士多德教育思想的影响

1.优点：教育思想具有先进性。如他重视教育与政治的关系，认为教育应该是国家的事业；他重视教育对人的作用，认为教育应该培养人的理性；他总结了和谐教育思想，提出了自由教育的理念；他最早提出实践道德，促进了德育思想的进步；他还最早提出教育效法自然的思想，并提出年龄分期论等等。

2.局限

（1）只重视理性教育，轻视实用教育。亚里士多德对社会生产实践存在着严重的偏见，反对劳动教育，轻视职业化教育。这种只重精神、脱离实际的教育是一种片面的教育。

（2）否认奴隶和妇女的受教育权。亚里士多德代表奴隶主的利益，他的教育目的是站在奴隶主贵族的立场上的，否定了奴隶和妇女的受教育的权利。

3.地位：亚里士多德是苏格拉底和柏拉图哲学思想与教育思想的传承者、发扬者。亚里士多德在继承先辈光辉思想的同时，并不拘泥于前人的成就，而是结合他所生活的时代特征和社会需要，形成和发展出自己的教育理论，并将其推向古希腊教育思想的高峰。

【2021年311,25题】关于雅典城邦教育事务，亚里士多德在《政治学》中所提出的基本主张是（　　）。

A.青少年教育的顺序是智力训练先于身体训练

B.青少年教育应成为城邦立法者最关心的公共事务

C.家庭教育是城邦最为适宜的教育形式

D.城邦自由公民教育要兼顾文化修养与职业技能

【解析】选B

此题考查亚里士多德的教育思想，亚里士多德非常重试教育立法问题。只有选项B对应他的思想，其余三项均不符合他的主张。因此答案选B。

本章内容思维导图

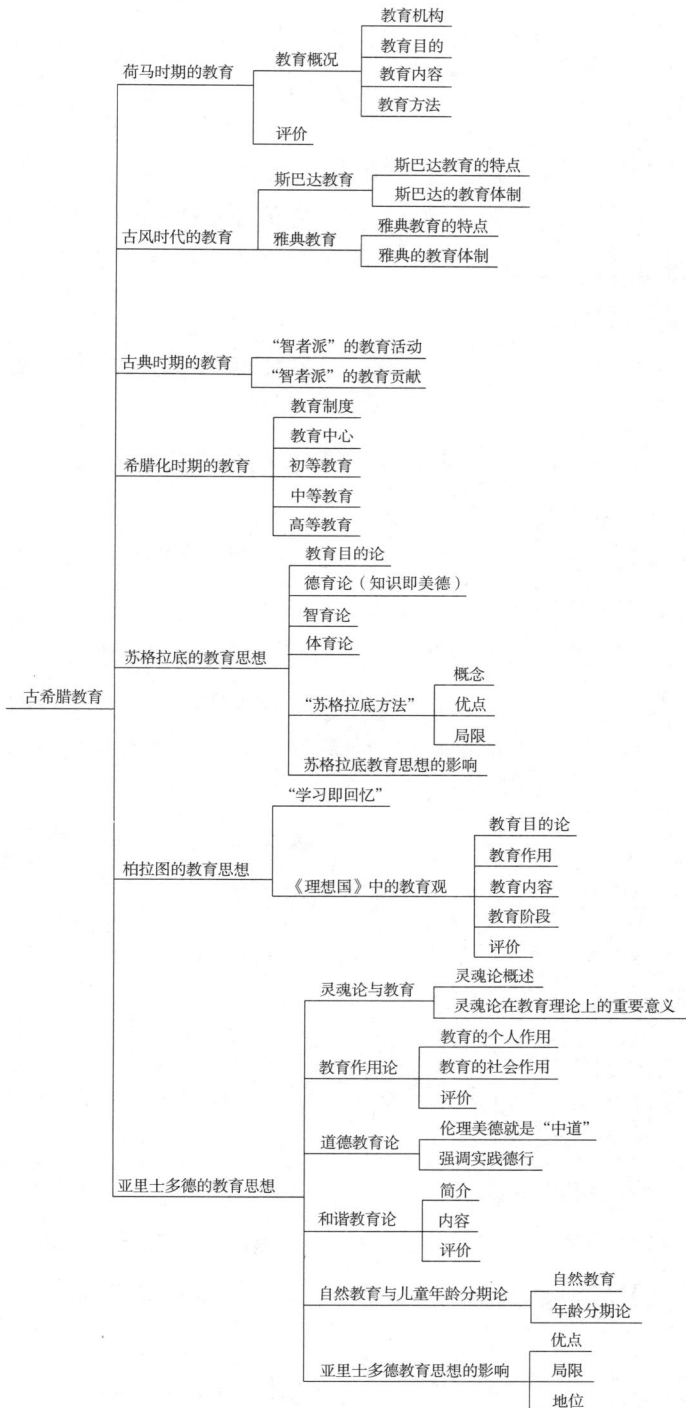

```
                                        ┌─ 教育机构
                        ┌─ 教育概况 ─────┤─ 教育目的
           荷马时期的教育 ┤               ├─ 教育内容
                        └─ 评价          └─ 教育方法

                        ┌─ 斯巴达教育 ──┬─ 斯巴达教育的特点
           古风时代的教育 ┤              └─ 斯巴达的教育体制
                        └─ 雅典教育 ────┬─ 雅典教育的特点
                                       └─ 雅典的教育体制

           古典时期的教育 ┬─ "智者派"的教育活动
                        └─ "智者派"的教育贡献

                        ┌─ 教育制度
                        ├─ 教育中心
           希腊化时期的教育┼─ 初等教育
                        ├─ 中等教育
                        └─ 高等教育

                        ┌─ 教育目的论
                        ├─ 德育论（知识即美德）
                        ├─ 智育论
           苏格拉底的教育思想┼─ 体育论
古希腊教育 ┤               │              ┌─ 概念
          │               ├─ "苏格拉底方法"┤─ 优点
          │               │              └─ 局限
          │               └─ 苏格拉底教育思想的影响

          │               ┌─ "学习即回忆"
          │               │              ┌─ 教育目的论
          │ 柏拉图的教育思想┤              ├─ 教育作用
          │               └─《理想国》中的教育观┼─ 教育内容
          │                              ├─ 教育阶段
          │                              └─ 评价

          │               ┌─ 灵魂论与教育 ┬─ 灵魂论概述
          │               │              └─ 灵魂论在教育理论上的重要意义
          │               │              ┌─ 教育的个人作用
          │               ├─ 教育作用论 ──┼─ 教育的社会作用
          │               │              └─ 评价
          │               ├─ 道德教育论 ──┬─ 伦理美德就是"中道"
          └ 亚里士多德的教育思想┤            └─ 强调实践德行
                          │              ┌─ 简介
                          ├─ 和谐教育论 ──┼─ 内容
                          │              └─ 评价
                          ├─ 自然教育与儿童年龄分期论┬─ 自然教育
                          │              └─ 年龄分期论
                          │              ┌─ 优点
                          └─ 亚里士多德教育思想的影响┼─ 局限
                                         └─ 地位
```

自测题

一、选择题：

1.【2011 年 311，24】在古代斯巴达，城邦为年满 18 周岁的公民子弟接受正规军事训练而设立的教育机构是（   ）。

A.体育馆   B.埃弗比   C.体操学校   D.角力学校

2.【2012 年 311，24 题】古风时代雅典青少年一边继续在文法学校和弦琴学校学习，一边为了接受体育训练进入（   ）。

A.斯多葛学校   B.体操学校

C.埃弗比   D.体育馆

3.【2013 年 311，25 题】在古希腊罗马教育中，雅典教育与斯巴达教育、古罗马教育的主要区别是（   ）。

A.重视军事教育   B.重视女子教育

C.倡导身心和谐发展的教育   C.加强国家对教育的控制

4.【2014 年 311，24 题】古代斯巴达人为年轻一代所提供的教育主要是（   ）。

A.文雅教育   B.文体教育   C.职业教育   D.军体教育

5.【2014 年 311，25 题】古希腊教育家苏格拉底向雅典青年提出的要求和期望是（   ）。

A.了解自然   B.熟悉社会   C.虔信上帝   D.认识自己

6.【2015 年 311，25 题】将人的灵魂分为营养的灵魂、感觉的灵魂和理性的灵魂，并据此主张实施体育、德育和智育的古希腊教育思想家是（   ）。

A.苏格拉底   B.柏拉图

C.亚里士多德   D.毕达哥拉斯

7.【2016 年 311，24 题】作为西方最早的职业教师，智者派对古希腊教育做出的主要贡献（   ）。

A.扩大了教育对象的范围   B.确立了"七艺"课程体系

C.形成了自由教育理论体系   D.提出了遵循自然的教育原则

8.【2018 年 311，24 题】创设文法、修辞学、辩证法科目，为后来"七艺"成型奠定基础的是（   ）。

A.智者派   B.柏拉图

C.亚里士多德   D.毕达哥拉斯学派

9.【2019 年 311,25 题】亚里士多德将教育分为体育、智育和德育,其依据是( )。

    A.灵魂论   B.天性论   C.习惯论   D.理性论

10.【2019 年 311,26 题】作为西方最早的职业教师,智者派对古希腊教育实践产生了诸多影响,其中包括( )。

    A.确立了"四艺"   B.创办了学园

    C.扩大了教育对象   D.强化了教育的等级性

二、论述题:

1.【东北师范大学 2019 年 333 论述题 1】比较雅典和斯巴达的教育体制。

2.论述你对苏格拉底"美德即知识"的理解。

3.【华南师范大学 2020 年 333 论述题 3】论述苏格拉底法的内容和意义。

第三章　古罗马教育

一、共和时期的古罗马教育

（一）古罗马共和早期的教育

共和早期的每一个公民，既是农民也是军人，所受的教育也是农民和军人两个方面的内容，因此是"农民—军人"的教育。古罗马以"家长制"出名，古罗马的家庭教育以"道德—公民"教育为核心，进行道德、政治、军事、农业、法律教育。教育的组织形式是在生产生活中进行的。

（二）古罗马共和后期的教育

古罗马共和后期开始设立学校，学校教育制度保留了罗马民族自身的文化特点，也吸收了古希腊文化教育的成就。在古罗马共和后期，存在着几乎平行的两种学校系统，一种是以希腊语、希腊文学为主的希腊式学校，另一种是拉丁式学校，它包括初等教育（罗马小学）、中等教育（文法学校）和高等教育（修辞学校）三个教育阶段。

随着商业和手工业的发展，古罗马的对外交流增加，促进了学校教育的发展。

一是初等学校（亦称"卢达斯"）。招收 7—12 岁的儿童，教育内容是读、写、算，其中包括《十二铜表法》和道德格言等，但不重视体育和音乐。教学条件简陋，贵族一般不去，而是自己雇家庭教师。教学方法主要是教师讲述，学生背诵。

二是文法学校。这是为贵族家庭子女设立的比初等教育更高一级的学校。教育内容是希腊文和拉丁文，此外还学地理、历史、数学、自然科学方面的知识。教学方法是讲解、听写、背诵，目的是使学生掌握读、写、说的能力，为儿童入修辞学校做准备。

三是修辞学校。比文法学校更高一级，接收文法学校毕业的贵族子弟，目标是培养雄辩家或演说家。教育内容是修辞、逻辑、法律、伦理学、数学、天文学、历史等。因此古罗马共和后期的教育主要是私立教育，最高目标是培养演说家。

关于古罗马共和早期、共和后期和帝国时期的教育特点,下列描述正确的一项是(   )。

A.共和早期主要进行私立教育

B.共和后期的高等学校主要为修辞学校或雄辩术学校

C.帝国时期的教育目的是培养雄辩家

D.帝国时期没有私立教育,取而代之的是国立教育

【解析】B

A 项应为共和早期主要进行家庭教育;C 项帝国时期的教育目的是培养官吏和顺民;D 项帝国时期既有私立教育又有国立教育。因此答案选 B。

二、帝国时期的古罗马教育

公元前 27 年,共和政体结束,古罗马进入帝国时期。为了适应帝国统治的需要,国家加强对教育控制,进行了一些教育变革,主要体现在:

第一,国家建立了统一的教育制度。加强了对初等教育的监督和控制,教师由国家委派,把教师变为国家官吏。把部分私立的文法学校和修辞学校改为国立,以便国家对教育进行严格控制。

第二,改变了教育目的。把教育目的定为培养效忠于帝国的官吏和顺民,主要有文法学校、高等修辞学校,并出现了拉丁文学校。

第三,提高教师的地位和待遇,改变教师的私人选聘为国家委派。

三、古罗马的教育思想

(一)西塞罗的教育思想

1.生平

西塞罗是古罗马政治家、雄辩家、哲学家,代表作《论雄辩家》,书中对雄辩家做出定义,并阐述了作为一个演说家所必需的学问和应具有的品质。

2.关于雄辩家的教育思想

(1)雄辩家的定义

西塞罗认为教育的直接目的是培养雄辩家。他在《论雄辩家》一书中,给雄辩家下了定义,认为雄辩家应当是一个能就目前需要运用语言艺术阐述的任何问题,以规定的模式,脱离讲稿,伴以恰当的姿势,得体而审慎地进行演讲的人。

(2)雄辩家教育的内容

成为合格的雄辩家,必须具备以下三个条件,这些条件就是雄辩家教育的内容。首先,必须具备广博的知识,只有这样才能打动人心,让别人接受自己的观点。其中伦理学的知识最重要,因为伦理学是一切知识的基础。其次,雄辩家应当具有修辞学方面的特殊修养,因为这样才能把自己广博的知识通俗、生动地表达出来。最后,雄辩家还应当具有优雅的举止风度,因为身体语言能对演说产生巨大的作用。

（3）雄辩家的培养方法

雄辩家的培养应把练习放在重要的位置上。常用的练习方法有模拟演说、写作等。

3.关于"人道"的教育思想

西塞罗还提出"人道"的教育主张。所谓人道,是指为人之道。他认为要尽为人之道,必须具备三个方面的条件:（1）必须充分发挥人之所以为人的特点;（2）以同情、仁爱、礼让等规范处理人与人之间的关系;（3）只有具备文化修养的人才能称作人,因为只有他们才能尽为人之道。因此,教育必须高度重视道德品质的培养。

4. 西塞罗的影响

1.对于古罗马:西塞罗生活在罗马由传统社会向希腊化社会过渡的时期,其本人深受古希腊文化的影响,因而他的教育主张乃是罗马的民族特点和古希腊文化深刻影响相结合的结果,也是罗马未来教育和教育思想发展的趋势。

2.对于中世纪和文艺复兴:西塞罗去世一个世纪后,昆体良继承、丰富和发展了他的教育理论,随后一直有人在研究、继承和发展他的教育思想的精华。到了文艺复兴时期,西方教育界和文学界甚至出现了所谓的西塞罗主义,西塞罗的文体被神圣化了。

（二）昆体良的教育思想

昆体良是古罗马著名的教育家、演说家,其代表作《雄辩术原理》是他20多年教学工作的总结,也是古希腊和古罗马教育经验的集大成者,是西方教育史上最早专门研究教学问题的著作。昆体良的教育思想内容丰富,可以分为三大主要部分。

1.昆体良的教育观

与西塞罗一样,昆体良主张教育的目的是要培养道德高尚的雄辩家、演说家。在他看来,仅仅是擅长演说是不够的,他强调德行是雄辩家的首要品质,具有崇高的德行比具有最出色的雄辩才能更重要。对于雄辩家来说,才能与德行是相互联系的,因为雄辩的主要任务是要宣传正义和德行,指导人们趋善避恶;因而雄辩家自身的德行很重要,教育的任务应当是培养有良好德行且精于雄辩术的人。

一方面,昆体良充分肯定教育的巨大作用,认为大多数人都具有基本相同的天赋,都能敏捷地、灵敏地学习。真正天生愚笨不可教的人是罕见的。另一方面他认为,天生的才能只是个人发展的一种可能性,天赋的发展有赖于不断的实践和教育。但是,教育的作用也不是绝对的,教育应当以人的自然本性为基础,教育者应当尊重受教育者的个性差异和年龄差异。

此外,昆体良还认为学校教育优于家庭教育。

2.昆体良的教学观

昆体良的教育思想中最为重要的内容,是他关于教学问题的一系列主张。

(1)在教学组织形式上,他提出了分班教学的思想,主张把学生分成班组,在同一时间里,由老师对全班教学,而不是个别教学。这是班级授课制的萌芽。

(2)在课程设置上,他认为专业教育应该建立在广博的知识基础上,雄辩家需要学习的学科应该包括文法、修辞学、音乐、几何、天文学、哲学等。

(3)在教学方法上,昆体良提倡启发诱导和提问解答的方法,教师应善于回答学生提出的问题,并向学生发问。

(4)在教学原则上,他认为教师所传授知识的深度和分量要适应儿童的天性,符合他们的接受能力,也就是量力原则;他还提出学习与休息应交替进行,防止学生过度疲劳,这就是劳逸结合原则。除此之外,他还有因材施教的思想。

3.昆体良的教师观

昆体良高度重视教师的作用,认为要做好教育工作,教师是至关重要的。因此他对教师提出了很高的要求。

(1)教师应当德才兼备,既教学生学习基础知识,又教学生做人。

(2)教师对学生应宽严相济,严肃而不冷酷,和蔼而不纵容。

(3)教师对学生的教育应当有耐心,多勉励、少斥责,在实行奖惩时要注意分寸。

(4)教师应当懂得教学艺术,教学简明扼要,明白易懂,深入浅出。

(5)教师要注意到儿童的个体差异,做到因材施教。

昆体良是古罗马时期最为重要的教育家,其教育思想在西欧文艺复兴时期产生了深远影响,成为人文主义思想的重要来源,对夸美纽斯也产生了深刻影响。

4. 昆体良的影响

昆体良的教育思想是古希腊古罗马教育理论和实践的总结。他在《雄辩术原理》中所论述的教育、教学的原理、原则和方法，为整个罗马帝国的学校和教师所效法，几乎没有多大变化。他的教育思想在文艺复兴时期，对人文主义者和教育家也产生了深刻的影响。

下列不属于昆体良的教育观点的是( )。

A.提出的分班教学思想是班级授课制的萌芽

B.认为家庭教育优于学校教育，所以要注重良好的家庭环境

C.其《雄辩术原理》是西方最早的关于教育教学的著作

D.认为德行是雄辩家的首要品质

【解析】B

昆体良认为，学校是儿童最好的学习场所，学校教育比家庭教育更加优越。因此答案选 B。

四、基督教的兴起与基督教教会的教育活动

在罗马帝国时期，基督教作为世俗文化和教育的对立面出现，并逐渐由弱变强，以至于产生了基督教文化教育系统，最后在罗马帝国的很大范围内取代了世俗文化和教育。

（一）基督教的兴起

第一阶段：产生期。公元 1 世纪左右，基督教产生。此时罗马帝国正处在强盛时期，早期的基督教宣称人人都是上帝的子民，在上帝面前人人平等。这种教义对被压迫的民众具有强烈吸引力，致使其迅速传播。虽然罗马帝国残酷迫害早期基督教教徒，但也无法阻止基督教的传播。

第二阶段：接受期。公元 2 世纪后半期，基督教教义逐渐宣扬逆来顺受，宣扬君主是神的代表。由于这些观念符合当时统治阶级的需要，于是基督教便逐渐变成罗马帝国统治者对人民进行精神统治的工具。

第三阶段：合法期。公元 4 世纪初，基督教被罗马皇帝宣布为合法的宗教。

第四阶段：国教期。公元 4 世纪末，基督教被定为罗马帝国的国教。

（二）基督教教会的教育活动

1.初级教义学校。基督教教会最早的教育活动是以成人为教育对象。教会在接受信徒之前，要由教会长老对入教者进行有关教义、教规的教育。后来这种教育扩展为一种学校机构，即初级教义学校。

2.高级教义学校(教理学校)。它是为年轻的基督教学者提供深入研究基督教理论的场所,这里的学者还会研究古希腊、古罗马世俗文化。这些学校为教会培养出一批学养深厚的传教士和神学家,有力地推动了基督教的传播与发展。

3.儿童教育。早期教会没有自己的学校系统,随着教会势力的发展,为了从儿童时期培育教徒,教会开始在各地设立自己的学校和实行免费教育,如堂区学校、唱歌学校等。

> 下列关于罗马时期基督教教育的发展,描述正确的一项是(　　)。
>
> A.基督教创办儿童教育,主张以收费的堂区学校和唱歌学校等来传播宗教教育
>
> B.初级教义学校是基督教最早的开展教育活动的学校机构,主要以儿童为教育对象
>
> C.高级教义学校主要是供学者研究基督教理论的场所,不研究古希腊、古罗马的世俗文化
>
> D.基督教教育经历了从迫害到被人们接受、成为合法宗教、最高成为国教的阶段,并在罗马帝国后期势头超过世俗政权
>
> 【解析】D
>
> A项应为免费的堂区学校和唱歌学校等来传播宗教教育;B项在教育对象上应为成人;C项高级教义学校既研究基督教理论,也研究古希腊、古罗马的世俗文化。因此答案选 D。

本章内容思维导图

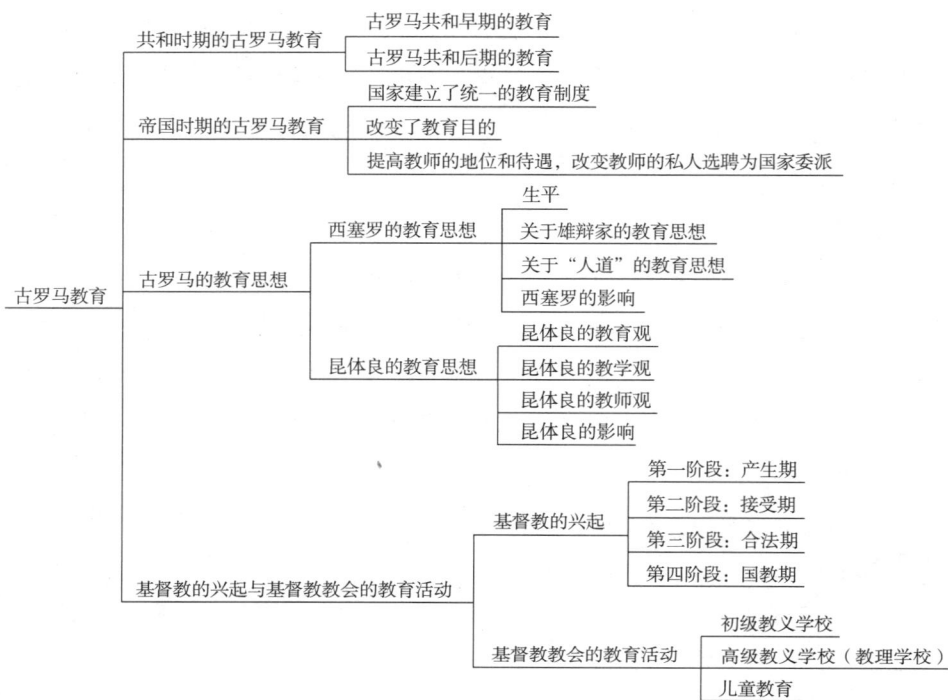

```
                          共和时期的古罗马教育 ┬── 古罗马共和早期的教育
                                             └── 古罗马共和后期的教育

                          帝国时期的古罗马教育 ┬── 国家建立了统一的教育制度
                                             ├── 改变了教育目的
                                             └── 提高教师的地位和待遇，改变教师的私人选聘为国家委派

                                                             ┌── 生平
                                             西塞罗的教育思想 ├── 关于雄辩家的教育思想
                          古罗马的教育思想 ┬                 ├── 关于"人道"的教育思想
古罗马教育 ┤                            │                 └── 西塞罗的影响
                                        │
                                        │                 ┌── 昆体良的教育观
                                        └── 昆体良的教育思想 ├── 昆体良的教学观
                                                            ├── 昆体良的教师观
                                                            └── 昆体良的影响

                                                      ┌── 第一阶段：产生期
                                             基督教的兴起 ├── 第二阶段：接受期
                                                      ├── 第三阶段：合法期
          基督教的兴起与基督教教会的教育活动 ┬              └── 第四阶段：国教期
                                        │
                                        │             ┌── 初级教义学校
                                        └── 基督教教会的教育活动 ├── 高级教义学校（教理学校）
                                                              └── 儿童教育
```

自测题

一、选择题：

1.【2011年311,25题】古罗马教育家西塞罗论述教育的主要著作是(　　)。

A.《雄辩术原理》　　　　　　　B.《论雄辩家》

C.《忏悔录》　　　　　　　　　D.《论灵魂》

2.【2016年311,25题】相对于古希腊教育思想而言,以西塞罗、昆体良为代表的古罗马教育思想更具有(　　)。

A.理想主义取向　　　　　　　　B.相对主义取向

C.思辨性取向　　　　　　　　　D.实践性取向

3.【2017年311,25题】古希腊罗马时期,以培养演说家或雄辩家为目标的学校是(　　)。

A.文法学校　　　　　　　　　　B.弦琴学校

C.体操学校　　　　　　　　　　D.修辞学校

4.【2018年311,25题】古罗马教育家昆体良主张在雄辩家培养中居于首要位置的是(　　)。

A.高尚品质的培养　　　　　　　B.雄辩技巧的练习

C.优雅举止的训练　　　　　　　D.文雅风度的修习

5.【2020年311,26题】关于雄辩家的培养,古罗马教育家昆体良主张(　　)。

A.家庭是培养雄辩家的理想场所

B.雄辩术训练是第一位的,广博知识的掌握是第二位的

C.善良的德行是第一位的,完美的雄辩技能是第二位的

D.雄辩家的主要任务并非致力于正义和德行的宣扬和阐释

6.【2021年311,26题】关于儿童早期教育问题,昆体良的教育建议是(　　)。

A.不要让儿童在他们还不能热爱学习的时候就厌恶学习

B.儿童年龄小的时候记忆力强,应尽可能多地教他们学习拉丁语

C.不要让儿童最初的教育成为一种娱乐

D.不要教7岁以前的儿童学习认字

7.【2022年311,25题】古罗马共和时期家庭教育主要内容为(　　)。

A.道德与公民教育　　　　　　　B.知识与技能教育

C.自由教育　　　　　　　　　　D.骑士教育

8.【2008 年 311,21 题】夸美纽斯提出并系统论述了班级授课制,而班级授课制思想的萌芽可以追溯到古希腊罗马时期的教育家(　　)。

A.夸美纽斯　　　　B.柏拉图　　　　　C.昆体良　　　　D.西塞罗

9.罗马帝国时期比罗马共和时期的教育更进步的表现有(　　)。

A.统一教育制度,改部分文法学校、修辞学校为国立

B.希腊语学校压倒拉丁语学校

C.教师由地方选拔

D.在教育内容上增加了实用科目

二、论述题：

1.【哈尔滨师范大学 2018 年 333 论述题 3】论述古罗马百科全书派教学活动的特点。

第四章　西欧中世纪教育

一、封建主与贵族的世俗教育

(一)宫廷教育

宫廷学校是一种设在国王或贵族宫廷中且主要培养王公贵族后代的教育机构,是欧洲重要的世俗教育形式。查理曼大帝在其统治期间大力发展文化教育,西欧最著名的宫廷学校是由英格兰学者阿尔琴创办的。宫廷学校主要学习"七艺"、拉丁语、希腊语。教育方法主要采用教会学校盛行的问答法。主要培养封建统治阶级所需要的官吏,由于中世纪早期欧洲社会生活的特点,世俗封建主往往两者合一,世俗官吏教育自然也具有浓厚的宗教色彩。

(二)骑士教育

1.骑士教育是中世纪西欧封建社会等级制度的产物,是一种特殊教育形式,也是中世纪世俗教育的一种主要形式。

2.骑士教育的主要目标是培养英勇善战、忠君敬主的骑士精神和技能。

3.骑士教育是一种特殊的家庭教育形式。无专设的教育机构,无专职的教育人员。骑士的训练和养成分为三个阶段:从出生到 8 岁为家庭教育阶段,儿童在家接受母亲的教育,内容有宗教知识、道德及身体的养护;8 岁以后为礼文教育阶段,低一级的贵族将儿子送到高级贵族的家庭中充当侍童;14—21 岁为侍从教育阶段,重点是学习"骑士七技",即骑马、游泳、投枪、击剑、打猎、弈棋和吟诗,同时还要侍奉领主和贵妇;年满 21 岁时,通过授职典礼,正式获得骑士称号。

4.骑士教育重在灌输服从与效忠统治阶级的思想,训练勇猛作战的本领,培养封建统治阶级的忠实保卫者,对文化知识并不重视。这种状况是由当时社会生产和生活水平的低下,以及西欧封建社会的阶级关系的特点所决定的。

二、新兴市民阶层的形成和城市学校的发展

(一)新兴市民阶层的形成

从 11 世纪起欧洲商业复兴逐渐加快,人口随着经济发展而增多,开始出现以手工业和商业为中心的城市。随着城市的兴起和城镇居民的增多,出现了主要由

手工业者、商人等构成的城市中的特殊阶层——市民阶层，这是资产阶级的前身。新兴市民阶层在争取属于自己的经济利益和政治斗争中也必然在文化教育上有所斗争，而教会学校与其他世俗宫廷封建主把持的学校都不能满足这种需要。因此，新兴学校形式应运而生，即城市学校。

（二）城市学校的发展

城市学校是应新兴市民阶层需要而产生的，它不是一所学校的名称，而是为新兴市民阶层子弟开办的学校的总称。其种类有行会学校、商会学校（也称基尔特学校）。城市学校内部虽然在课程设置、教师成分、学习年限等方面各不相同，但与传统学校相比，城市学校作为一种新的学校类型也与其具有一些共同的特点：

1.在领导权方面，领导权大多属于行会和商会。后期，城市学校逐渐由市政当局接管，市政府决定学费的数目、教师的选聘及儿童入学的资格等。

2.在教学内容方面，其内容以读、写、算以及商业、手工业相关的世俗知识为主。不仅扩大了教学内容，更要求学习内容为现实服务；以地方语教学，与用拉丁语教学的教会学校形成鲜明对比。

3.在培养目标方面，主要是培养从事手工业、商业的职业人才，大多为初等学校，但也具有一定职业训练的性质。

4.在学校性质上，城市学校虽然与教会有着千丝万缕的联系，但是基本上属于世俗性质。

总之，城市学校是适应生产的发展、市民阶层的利益需要而出现的新型学校。它的出现标志着新兴市民阶级的兴起，打破了教会对学校教育权的独占。尽管它曾经遭到教会的多方面反对和阻挠，但仍具有很强的生命力。到15世纪，几乎西欧所有的大城市都办起了城市学校。城市学校的兴起和发展对处于萌芽阶段的资本主义生产方式的成长起了促进作用。

中世纪大学在新兴市民阶层力量的推动下应运而生，保留了高等教育自由、自治的优良传统，对欧洲以及后期各国大学的发展产生了深远影响，但其局限性是（　　）。

A.等级性明显　　　　　　　　B.宗教化显著

C.思想保守性　　　　　　　　D.教育知识分化

【解析】B

由于中世纪的社会性质,中世纪大学逐渐被教会控制。尤其是中世纪后期的大学,由于坚持知识的传统形式,排斥一切新知识,在一定程度上阻碍了社会的进步和科学的发展。因此选 B。

三、中世纪大学的形成与发展

(一)中世纪大学产生的原因

新兴市民阶层成为社会发展的主要推动力量后,追求新学问成为一种时尚,中世纪大学应运而生。最初的中世纪大学是一种自治的教授和学习中心,一般由一名(或数名)在某一领域有声望的学者和他的追随者自行组织起来,形成类似于行会的团体进行教学和知识交易。中世纪大学产生的原因如下。

1.城市发展的需要。西欧封建制度进入发展的鼎盛时期之后,王权日渐强固,社会趋于稳定,农业生产稳步上升,手工业逐渐成为专门的职业。同时王权与教会的斗争更加激烈,市民之间的商业诉讼也不断增多,这一切都需要法律知识。此外疾病的防治需要医药知识。

2.东方文化的影响。十字军东征使得许多已经销声匿迹的古希腊、古罗马时期的经典著作重新被发现,与穆斯林的经典著作、科技一同被带到西欧,与欧洲传统的人文主义学科一起开创了中世纪后期的学术复兴,加强了不同文化的交流。

这两方面原因导致传统的宫廷学校和骑士教育已不能满足现实需要,新的教育机构和形式开始出现。其中中世纪大学最为引人注意。

(二)中世纪著名大学

1.波伦亚大学:建于意大利北部,以研究和传授法律知识著称。

2.萨勒诺大学:建于意大利南部的萨勒诺,以医学见长。

3.巴黎大学:西欧中世纪成立的较早的以神学著称的大学。

另外,还有牛津大学、剑桥大学等。

(三)中世纪大学的特点

1.教育目的:进行职业训练,培养社会所需的专业人才。

2.领导体制:"学生"大学与"先生"大学。前者由学生主管教务,教授的选聘、学费的数额、学期的时限和授课时数等均由学生决定;后者由教师掌管校务,学校诸事均由教师决定。

3.学位制度：中世纪大学已有学位制度，学生修完大学课程，经考试合格，可得"硕士""博士"学位。

4.课程设置：大学的课程开始并不固定，后趋向统一，应社会需求分文、法、神、医四科进行学习。

5.教学方法：讲演和辩论。讲演包括宣读和解释权威性教材，辩论也都从书本出发，结论是现成的。辩论有利于训练学生的逻辑推理能力，但是脱离实际。

（四）中世纪大学的历史意义

中世纪大学的产生具有很大的进步性，有着积极的意义。它打破了教会对教育的垄断，促进了教育的普及。在思想上也动摇了人们盲目的宗教信仰，讲求实效和理解力，改变了传统的死记硬背等教育方法。在权利上，大学争取了一定的独立性及特权，为学术和科研的发展提供了客观条件。大学也成了一些著名学者的舞台及育才基地。在制度上，现代意义上的大学基本都直接来源于欧洲中世纪大学，现代大学的一系列组织结构和制度建设都与欧洲中世纪大学有着直接的历史渊源。

中世纪大学也有局限性，当时的教会势力过于强大，宗教色彩浓厚，大学教学受经院哲学的影响很深。

下列不属于中世纪大学的特征的是（　　　）。

A.制度健全　　　　　　　　B.自治和自由

C.宗教色彩浓厚　　　　　　D.具有国际性

【解析】A

中世纪大学从最初形成时已表现出自治特点，由于身处中世纪浓厚的宗教氛围之中，因而带有较为浓厚的神学色彩，虽然它是现代大学的雏形，但在制度和思想方面都不够健全有待完善。因此答案为 A。

本章内容思维导图

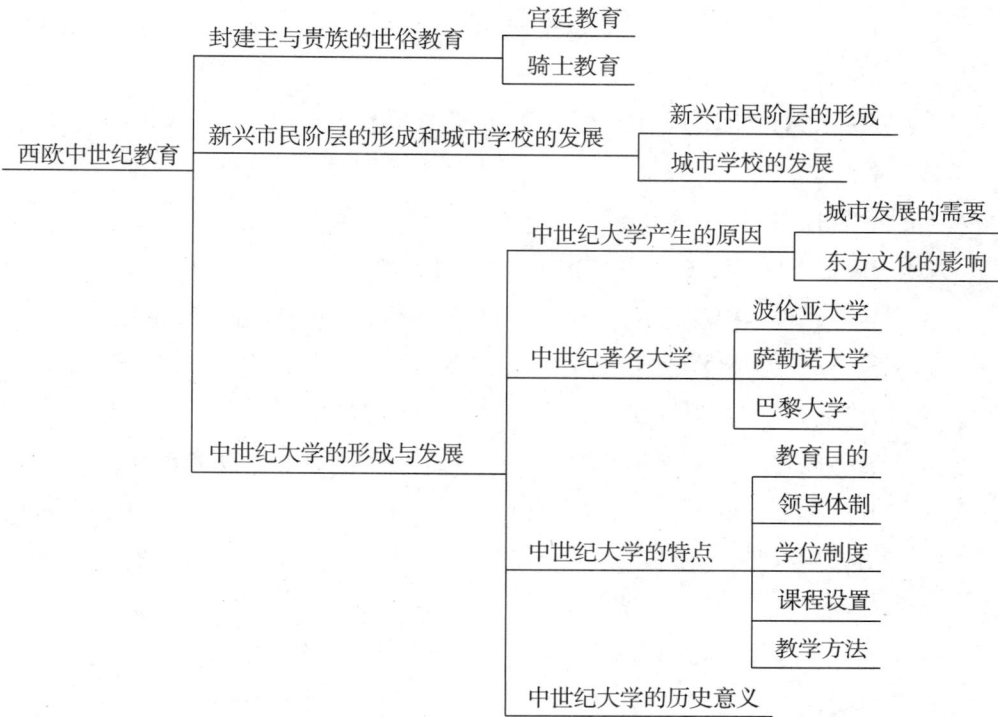

西欧中世纪教育
- 封建主与贵族的世俗教育
  - 宫廷教育
  - 骑士教育
- 新兴市民阶层的形成和城市学校的发展
  - 新兴市民阶层的形成
  - 城市学校的发展
- 中世纪大学的形成与发展
  - 中世纪大学产生的原因
    - 城市发展的需要
    - 东方文化的影响
  - 中世纪著名大学
    - 波伦亚大学
    - 萨勒诺大学
    - 巴黎大学
  - 中世纪大学的特点
    - 教育目的
    - 领导体制
    - 学位制度
    - 课程设置
    - 教学方法
  - 中世纪大学的历史意义

自测题

一、选择题：

1.【2007年311，22题】西欧中世纪时期的骑士教育是一种特殊形式的（　　）。

A.学校教育 　　　　　　　　　　　B.家庭教育

C.社会教育 　　　　　　　　　　　D.教会教育

2.【2012年311，25题】西欧中世纪大学所设学科一般为（　　）。

A.文科、法学科、医学科、神学科 　　B.文科、理科、医学科、神学科

C.文科、理科、法学科、医学科 　　　D.文科、理科、法学科、神学科

3.【2017年311，26题】西欧中世纪主要采用家庭教育形式的是（　　）。

A.基督教教育 　　B.骑士教育 　　C.行会教育 　　D.城市教育

4.【2018年311，26题】在西欧中世纪骑士教育的实践中，以"骑士七技"为主要学习内容的阶段是（　　）。

A.家庭教育 　　B.礼文教育 　　C.侍从教育 　　D.社会教育

5.【2020年311，27题】西欧中世纪教育的典型特征是（　　）。

A.以修道院、主教学校、堂区学校为代表的基督教教育的繁荣

B.以宫廷教育和骑士教育为代表的封建世俗教育的确立

C.以中世纪大学为代表的西方大学的崛起

D.以城市学校为代表的新型学校的出现

6.【2023年311，25题】中世纪晚期，西欧为满足手工业者和商人阶层子弟的教育需要而创设的教育机构是（　　）。

A.骑士学院 　　B.城市学校 　　C.青年学校 　　D.实科学校

7.【2021年311，29题】相对于17—18世纪的牛津大学和剑桥大学而言，同一历史时期以爱丁堡大学、格拉斯哥大学等为代表的苏格兰大学更为重视（　　）。

A.自由教育的开展 　　　　　　　　B.神学人才的培养

C.自然科学和实用学科教育 　　　　D.古典人文学科的教学

8.（　　）是中世纪最典型的教会教育机构。

A.主教学校 　　B.修道院学校 　　C.耶稣会学校 　　D.堂区学校

9.中世纪大学在教学方法上主要采取的是（　　）。

A.自学辅导 　　　　　　　　　　　B.讲演和辩论

C.示范和模仿 　　　　　　　　　　D.实践和练习

10.下列不属于西欧中世纪的学校是(　　)。

A.波隆那大学　　　　　　　　　B.基尔特学校

C.君士坦丁堡大学　　　　　　　D.法兰克王宫的宫廷学校

二、论述题：

1.论述中世纪西欧世俗教育的主要形式。

2.论述欧洲中世纪大学享有的特权。

3.【华南师范大学 2015 年 333 论述题 3】论述基督教教育的特点。

第五章　文艺复兴与宗教改革时期的教育

一、人文主义教育

（一）文艺复兴运动与人文主义教育的发展

1.文艺复兴运动

（1）文艺复兴的内涵。文艺复兴是14—16世纪新兴资产阶级在思想意识领域发动的一场反封建、反神学的思想文化运动。"文艺复兴"一词的含义基本包括两个方面：一是指古希腊、古罗马文化艺术的复兴；二是指人类精神的觉醒，是对中世纪束缚人的精神的反抗和对人的个性解放的追求。它标志着欧洲近代文化的开端。

（2）文艺复兴的发展与教育。文艺复兴运动具有阶段性和地域性，最早发生于意大利，后传至北欧，使人文主义新文化得到广泛传播，并引发了宗教改革运动，而北欧的宗教改革运动又导致了天主教会的反宗教改革运动。人文主义和宗教改革是文艺复兴运动的两大重要成就，具有历史进步意义，而反宗教改革则是天主教会对历史进步的一种反动。与之相应，文艺复兴时期的教育大致可分为人文主义教育、新教教育、天主教教育三种类型，这三种教育势力交织在一起，产生了错综复杂的关系，对欧美乃至世界都有深远影响。

2.人文主义教育的发展

人文主义教育的发展可分为前后两个时期，前期所体现的人文主义精神比较狭窄，后期则比较宽泛。早期人文主义教育又分为意大利人文主义教育和北欧人文主义教育两个中心。

（1）意大利人文主义教育

文艺复兴最早发生于意大利，此时的代表人物有弗吉里奥、维多里诺等。意大利人文主义教育的整体特点如下。

①教育性质：具有较强的世俗性。意大利上层人士开始追求古希腊、古罗马世俗文化，建立世俗学校，传播世俗知识，逐渐打破了教会对教育领导权的垄断。他们反对经院哲学，重视人现实的世俗生活，提倡人的个性解放和自由。

②教育目的：培养城市公民，注重个人全面发展。以弗吉里奥和维多里诺为代

表的意大利人文主义教育家希望培养具有多种知识文化素养的人,以此体现他们是追求自由、民主和个性的城市公民,而不是教徒。这种城市公民也可以表现为一种绅士的人格理想。

③教育内容:重视古典学科与古典语言。意大利的人文主义学者推崇古典学科,特别强调美育、文学类的课程体系,这也是强调学习内容世俗性的表现。此外还主张用古希腊语和古拉丁语教学。

④重视教育与社会的联系。意大利人文主义教育的宗旨是托古改制,是借助古希腊、古罗马文化来改造当前以宗教教育为主的状况,要求所学知识可以实用,所以加强了教育和社会的联系。

⑤后期表现出形式主义。意大利人文主义教育在发展后期产生了形式主义的弊端,背离了人文主义文化修养的目标,人文主义教育的内涵亟须予以丰富和新的拓展。

(2)北欧人文主义教育

北欧的文艺复兴运动是受意大利的影响而产生的,人文主义教育也随之逐渐发展起来,其主要代表人物有尼德兰的伊拉斯谟、英国的莫尔等。北欧人文主义教育的整体特点如下。

①教育性质:宗教虔诚与世俗道德并重。整个文艺复兴时期,所有人文主义者都具有世俗性和宗教性。如果说意大利更偏向世俗性,那么北欧人文主义者则强调宗教性与世俗性并重。具体说来,他们既主张培养世俗道德精神,强调社会道德的全面进步,又主张继承宗教道德精神,培养学生虔诚的宗教信仰。

②教育目的:培养君主与朝臣。北欧人文主义教育家崇尚君主制,更关注如何在教育中培养君主和朝臣。从培养公民转到培养君臣看似是一种倒退,但其实是一种进步,此时的教育目的既不是培养中世纪擅长军事与实用的骑士,也不是培养文艺复兴前期精通古典知识的学者型人物,而是二者精华的凝练与综合,培养一种既有知识又有实用能力并具有开拓精神的人。

③教育内容:重视古典学科与古典语言。北欧依旧主张教授古典学科,使用古典语言。

④重视教育与社会的联系。北欧主张治人治世之学,力图通过教育改造社会,而自然的改造、自然科学的研究在当时尚未受到重视。

⑤后期表现出形式主义。不论是意大利人文主义,还是北欧人文主义,都有西塞罗主义的倾向。西塞罗主义指文艺复兴时期文化教育领域出现的一种形式主义思潮。有些人文主义学者在推崇古典文化时,忽略学术的真正目的而崇尚纯粹的

西塞罗文风和词汇,他们所培养的学生能写西塞罗式的文章,会像西塞罗那样演说,却脱离了当时的现实生活。

3.后期人文主义教育

15世纪末16世纪初,人文主义教育走向后期发展。法国保守势力一直比较强大,极力压制新思想的发展,过分的压制反而带来了强烈的反抗,一种崭新的教育精神在保守的土壤上冉冉升起,拉伯雷、蒙田成为新教育精神的象征。

后期人文主义教育表现出一些新特点:世俗性更强;学科范围更加广泛(尤其强调自然科学知识);更贴近现实生活;近现代精神更强;主张用本族语教学。

> 意大利和北欧人文主义教育思想的共同点不包括(　　)。
> A.走向形式主义　　　　　　B.教育目的
> C.重视教育与社会的联系　　D.重视古典学科和古典语言
> 【解析】B
> 意大利教育目的是培养富有自由、平等精神的公民,而北欧人文主义教育家教育目的是培养具有人文主义精神的君主和朝臣。

(二)主要的人文主义教育家

1.弗吉里奥的教育观

(1)简介

意大利的弗吉里奥是率先阐述人文主义教育思想的学者,其思想大大受益于昆体良,并为昆体良的《雄辩术原理》做注释。其论文《论绅士风度与自由学科》最能体现他的教育思想。

(2)观点

①教育目的:对青少年实施通才教育,以培养身心全面发展的人,即培养绅士。这里的通才教育就是古希腊时期所讲的自由教育。他认为,自由教育和职业教育是截然对立的,虽然他看重医学、法律的实用价值,却认为这些学科与职业相关,对培养绅士是不适宜的。

②教育内容:弗吉里奥主张学习古典人文学科,其最推崇的三门科目是历史、伦理学(道德哲学)、雄辩术,他认为这三门科目最能体现人文主义精神。此外,他还提倡体育、文学、绘画、音乐等,但从未讨论神学。

③教育方法:弗吉里奥提倡教育内容要适合学生的个人爱好和年龄特征。

（3）评价

弗吉里奥从未讨论神学这一中世纪最重要的学科，显示出意大利人文主义教育世俗性较强的特点。

2.维多里诺的教育观

（1）简介

意大利的维多里诺是弗吉里奥教育思想的实践者，他对西塞罗的《论雄辩术》颇有心得。他创办了一所宫廷学校——"快乐之家"，实施人文主义的教育方式，这一学校的办学特点就体现了他的教育观。

（2）观点

①办学目的：利用通才（自由）教育培养身心全面发展的人。

②教育内容：开设以古典语文为中心的内容十分广泛的人文主义古典课程，重视品德教育。与弗吉里奥不同的是，他重视学生基督教信仰的养成。

③教育方法：主张快乐学习，反对死记硬背和体罚，尊重儿童身心特征和个性差别，重视启发式教学，培养学生主动学习的精神。

④教育对象："快乐之家"的学生多为贵族富豪子弟，也有少数贫民中的天才儿童。六七岁入学，20岁毕业，从小学到大学的修业年限约15年。学生全部住宿，不受家庭干扰。

⑤校风建设："快乐之家"建立在环境优美的地方，校风朴素自然，师生关系融洽，学习充满快乐。

（3）评价

维多里诺是最早把人文主义教育思想付诸实践的人，被誉为"第一个新式学校的教师"。他所建立的宫廷学校是当时欧洲最好的宫廷学校，被认为是人文主义学校的发源地。

3.伊拉斯谟的教育观

（1）简介

尼德兰的伊拉斯谟是一位基督教人文主义教育理论家，他并不像意大利人文主义者那样偏重古典文化，而是主张基督教与人文主义并重，即人文主义基督教化、基督教人文主义化。他的《愚人颂》的核心就是对虔敬与道德的呼唤。他在教育方面的代表作是《基督教君主的教育》和《论童蒙的自由教育》。

（2）观点

①教育目的：伊拉斯谟主张基督教与人文主义并重，培养虔敬、富有德行和智慧的人。

②教育内容：伊拉斯谟认为获得虔敬（敬上帝）、德行和智慧的必经之路就是学习古典文化。

③教育方法：伊拉斯谟特别重视教学方法问题，要求教师了解学生，尊重学生的性情，因材施教，反对体罚和羞辱等。

（3）评价

伊拉斯谟因在人文主义教育方面的重要贡献被称为"欧洲的导师"。与意大利人文主义教育家不同的是，他反对走向形式主义。他认为文以载道，人文主义教育就应该学古人之道，以改造现实社会。

（三）人文主义教育的特征、影响和贡献

1.人文主义教育的基本特征

（1）人本主义。人文主义教育在培养目标上注重个性发展，在教学方法上反对禁欲主义，尊重儿童天性，坚信通过教育这种后天的力量可以重塑个人，改造社会和自然，这些都表现出人本主义的内涵，人的力量、人的价值被充分肯定。

（2）古典主义。人文主义教育思想吸收了许多古人的见解，人文主义教育实践尤其是课程设置已具有古典性质，但非纯粹"复古"，而是古为今用，这在当时是一种进步。

（3）世俗性。不论从教育目的还是从课程设置等方面看，人文主义教育充溢着浓厚的世俗精神，关注人道而非神道，教育更关注今生而非来世，与中世纪有巨大区别。

（4）宗教性。人文主义教育仍具有宗教性质，几乎所有的人文主义教育家都信仰上帝，他们虽然抨击天主教会的弊端，但不反对宗教，更不打算消灭宗教，他们希望以世俗和人文精神改造中世纪陈腐专横的宗教性，以造就一种更富世俗色彩和人性色彩的宗教性。

（5）贵族性。这是由文艺复兴运动的性质决定的，人文主义教育的对象主要是上层子弟；教育的形式多为宫廷教育和家庭教育而非大众教育；教育的目的主要是培养上层人物，如君主、侍臣、绅士等。

综上所述，人文主义教育具有双重性，即进步性与落后性并存。尽管它有不足之处，但它扫除了中世纪教育的阴霾，展露出新时代教育灿烂的曙光，开欧洲近代教育之先河。

2.人文主义教育的影响和贡献

（1）教育内容发生变化。对古希腊和古罗马的热情使知识和学科成为教学主要内容。引发了美育和体育复兴，促使人们关注自然知识的学习。

（2）教育职能发生变化。从训练、束缚自己服从上帝到使人更好地欣赏、创造和履行人的职责。

（3）教育价值观发生变化。重新发现人，重新确立了人的地位，强调人性的高贵，复兴了古希腊的个人主义价值观。

（4）复兴了古典的教育理想。形成了全面和谐发展的完人的教育观念，教学目标从中世纪培养教士转向文艺复兴培养绅士。

（5）复兴了自由教育的传统。教育推崇理性，复兴古希腊的自由教育。

（6）兴起了自然主义教育思想。用自然取代《圣经》作为引证，按照人的天性生活，按照人的需求和本性设置课程，尊重受教育者的兴趣、爱好、欲望和天性，出现了直观、游戏、野外活动等教育新方法。

（7）出现了新道德教育观。以原罪论为中心的道德教育已开始解体，人道主义、乐观、积极向上、热爱自由、追求平等和合理的享乐等新的道德观在人文主义的学校中开始取代天主教会的道德观。尊重儿童，反对体罚已成为部分教育家的强烈要求。

（8）教育与劳动相结合及共产主义的教育思想。在某些空想社会主义教育思想中，首次提出教育与生产劳动相结合的思想以及成人教育的思想。莫尔和康帕内拉还提出空想共产主义的理论以及所实行的教育制度。

（9）建立了新型的人文主义教育机构，促进了大学的改造和发展。

（10）丰富了教育理论，推动了教育世俗化的历史进程。

人文主义教育与中世纪教育的根本区别是（　　）。

A.世俗性　　　　　　　　　B.人本主义

C.贵族性　　　　　　　　　D.古典教育

【解析】A

人文主义具有浓厚的世俗精神，教育更关注今生而非来世，中世纪教育显著的特点是基督教教育的繁荣及其对学校教育的影响。因此答案选 A。

二、新教教育

（一）马丁·路德的教育观与路德派新教的教育实践

1.马丁·路德的教育观

宗教改革起源于德国,发起者是威登堡大学神学教授马丁·路德。

(1)教育目的:首要目的是使人虔信上帝,使灵魂得救,具有宗教性;强调教育的世俗性目的,认为兴办学校不仅益于教会,也有利于国家。

(2)教育原则:国家掌握教育权,建立包含初等、中等、高等教育在内的国家教育体系,负责开办学校、提供经费、任命教师;由国家推行普及义务教育,每一个儿童,不分男女贫富都应受到教育,教育应在所有等级的儿童中普及。

(3)教育内容:以《圣经》为主要科目,也学习读、写、算、历史、音乐和体育等。

(4)教学方法:以直观的教学方法满足儿童的求知欲和活动兴趣,主张废除体罚。

2.教育实践

路德的教育思想由其追随者付诸实践,他们致力于建立新的学校教育体系,创建和完善新教学校。具体有梅兰克顿的《萨克森学习计划》、斯图谟的文科中学实践、布根哈根与初等学校的创建。路德关于普及初等教育的设想在16、17世纪的德国新教各派得到了初步的实践,并得以具体化。

(二)加尔文的教育观与加尔文派新教的教育实践

在反天主教的改革中,加尔文用自己的教会取代了罗马教会,他的新教运动首先起源于瑞士,继而在法国、荷兰、英格兰、苏格兰、北美等地广泛传播。

1.加尔文的教育观

与路德派不同的是,加尔文认为教会是上帝在人间的代表,国家应当从属于教会,是教会的工具,所有人民的教育应由教会负责,教育本质上是宗教性的。

2.基本特点

(1)教育作用:重视教育对个人生活、社会生活和宗教生活的影响。教育促进人养成宗教信仰,学习的知识和能力也有益于世俗生活。

(2)教育原则:提出了普及初等义务教育,教育对贫苦儿童免费,要求国家开办公立学校,实行免费教育,使所有儿童都有机会接受教育,学习基督教教义和日常生活所必需的知识技能。与路德不同,加尔文不仅提出普及教育的主张,而且还亲自领导了免费、普及教育的实践。有学者称他为"普及教育之父""免费学校的创始人"。

(3)教育内容:重视人文学科的价值,将宗教科目和人文科目结合起来。

(4)教育实践:学习古典文科中学的管理模式,创立了相对完整的教育体系和日内瓦学院,以培养传教士、神学家和教师为目的,影响了西方高等教育的发展。此外还创办了法律学校和文科中学。

(三)英国国教派的教育实践与教育主张

英国国王亨利八世创办了英国国教。英国的宗教改革与德国和瑞士迥然不同,不是出于宗教原因,而是出于政治和经济原因促成了一场自上而下的改革。亨利八世想夺取教皇在英国所具有的权力和教会的财产,他信仰的是一种"没有教皇的天主教"。

1.教育实践与教育主张

(1)教育作用:宗教性与世俗性的双重属性。英国国教派认为教育是统一宗教观点与维护社会秩序的有效途径,非常关注教育尤其是高等教育领域的改革。

(2)教育目的:培养对社会能有所作为的绅士。教育的目标更加注重培养在社会生活中能有所作为的绅士,更突出世俗性,现实主义精神愈益增强。

(3)教育制度:国家通过教会管理学校。英国国王是英国国教会的最高首脑,国教会负责在国内办理教育事业的活动。国家通过教会实现了对本国民众教育的干预,包括认定教师资格、审核教材。

(4)教育内容:宗教科目与世俗科目结合。学校教育仍以古典课程为主,提高外国语、物理、化学、体育科目的地位等,具有人文主义色彩。此外,国教会负责教贫苦儿童读《圣经》条文,传播宗教知识。

(5)教学语言:加强本族语教学。英语(本族语)作为教学语言,既体现了民族自尊心的增强、民族意识的崛起,也加强了教育与社会生活的联系。

(6)教师管理:严格监督教师。国教会严格监督学校教师的言行与宗教信仰,对不遵奉国教的教师予以罚款、免职甚至关进监狱。要取得教师资格,必须先获得教会当局颁发的特许状,还必须签署书面的誓言,宣誓效忠君主、尊奉国教。

2.评价

英国宗教改革后的教育更加注重英语教学,提升国家意识,加强教育与生活的密切联系,突出学习内容的人文性,这一系列的变化为17世纪弥尔顿、洛克、夸美纽斯教育思想的产生奠定了基础。

三、天主教教育

(一)耶稣会学校及其组织管理与教学

随着宗教改革运动的进行,罗马天主教会一方面镇压各地的反抗,一方面又忙着改革自身来适应变化中的世界，于是产生了"耶稣会"，创始人是西班牙神学家罗耀拉。他非常重视教育，并把重心放在中、高等教育上。耶稣会教育的特点就是用人文主义精神来改革学校和教学。

1.学校设置

（1）类型

耶稣会设立的学校称为耶稣会学校，学校一般分为初级和高级两部分。初级学校相当于文科中学，高级学校相当于大学文科。在规模较小的耶稣会学校，只设有初级部。在有些学校中，高级部之上设有神学部。出于培养精英以掌控未来的考虑，耶稣会学校集中全力于中等和高等教育，不重视初等教育。

（2）管理

耶稣会学校已经形成了一套完备的组织管理模式，一切以《耶稣会章程》和《教学大全》两个纲领性文件为标准和尺度。

（3）师资

高水平的师资也是耶稣会学校取得成功的一个重要条件。耶稣会学校十分重视师资的培养和训练，其教师均受过宗教、知识及教育教学方法三个方面的训练。

2.特点

（1）教育目的：重建教皇和天主教会对欧洲的统治。

（2）教育内容：耶稣会学校的教学内容也依据中高等的区别而不相同，中等教育以拉丁语、希伯来语、文法、古典文学等人文学科为主，高等教育则主要是哲学和神学。

（3）教学方法：耶稣会学校的教学方法也富有成效。采用了寄宿制和全日制，学生依成绩分班，采取班级授课方式，教师在教学中采用讲授、阅读、写作、背诵、辩论、练习等多种方式，学校提倡温和纪律、爱的管理，强调师生间的亲密关系，很少使用体罚。

3.局限

不管它的制度、方法多么完善，组织管理多么周密，师资水平多么高，这些都服从于一个目的——企图重建教皇和天主教会对欧洲的统治，这一目的是逆历史潮流的。

新教教育与天主教教育之间最大的区别是(　　　)。

A.天主教教育主张重建天主教教皇和天主教教会对欧洲的统治

B.天主教反对人文主义知识,新教崇尚人文主义知识

C.天主教反对古典学科,新教教育崇尚古典学科

D.天主教反对温和的、爱的、宽松的教育,新教教育主张温和的、爱的教育以及废除体罚

【解析】A

新教教育和天主教教育最大、最本质的区别就是是否要恢复建立天主教对欧洲的统治,是否要让宗教多元化发展。B、C、D 三项均不是最本质的区别。

本章内容思维导图

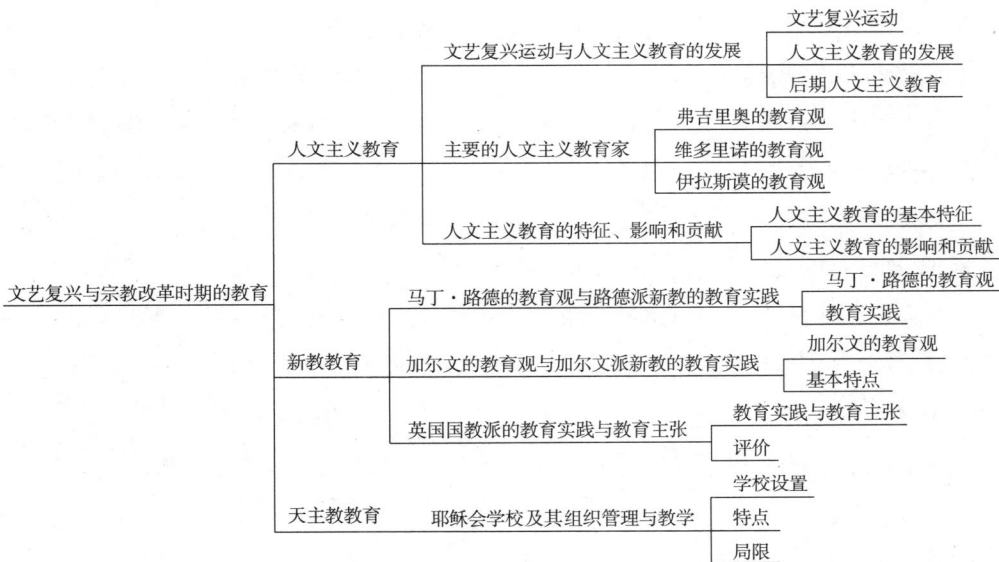

```
                                              文艺复兴运动
                      文艺复兴运动与人文主义教育的发展  人文主义教育的发展
                                              后期人文主义教育

                                              弗吉里奥的教育观
          人文主义教育  主要的人文主义教育家    维多里诺的教育观
                                              伊拉斯谟的教育观

                                              人文主义教育的基本特征
                      人文主义教育的特征、影响和贡献
文                                            人文主义教育的影响和贡献
艺
复                                                    马丁·路德的教育观
兴        马丁·路德的教育观与路德派新教的教育实践
与                                                    教育实践
宗
教                                                    加尔文的教育观
改        新教教育  加尔文的教育观与加尔文派新教的教育实践
革                                                    基本特点
时
期                                                    教育实践与教育主张
的        英国国教派的教育实践与教育主张
教                                                    评价
育
                                                    学校设置
          天主教教育  耶稣会学校及其组织管理与教学  特点
                                                    局限
```

自测题

一、选择题：

1.【2010年311,26题】15世纪末,意大利人文主义教育实践形式主义化的标志是(　　)。

A.西塞罗主义 　　　　　　　　　B.昆体良主义

C.新托马斯主义 　　　　　　　　D.新柏拉图主义

2.【2012年311,26题】文艺复兴和宗教改革时期,人文主义教育、新教教育、天主教教育所具有的共同点是(　　)。

A.实施贵族式精英教育 　　　　　B.重视古典人文学科

C.实施世俗性的义务教育 　　　　D.重视教育的群众性和普及性

3.【2014年311,27题】文艺复兴时期人文主义教育的古典主义特征主要体现为(　　)。

A.推崇绅士教育 　　　　　　　　B.推崇经院教育

C.推崇文雅教育 　　　　　　　　D.推崇骑士精神

4.【2016年311,26题】文艺复兴时期人文主义教育具有鲜明的人本取向,这种特征主要表现为(　　)。

A.教育目标侧重个性发展 　　　　B.重视古典人文学科的学习

C.教育对象偏向上层子弟 　　　　D.关注现实生活

5.【2017年311,27题)宗教改革对欧洲教育发展影响的具体表现是(　　)。

A.教育管理的国家化 　　　　　　B.教育内容的古典化

C.教学语言的统一化 　　　　　　D.教学目的的单一化

6.【2022年311,26题】文艺复兴与宗教改革时期,人文主义教育与新教教育的主要区别表现为(　　)。

A.人文主义教育具有精英性,新教教育具有平民性

B.人文主义教育具有现代性,新教教育具有古典性

C.人文主义教育具有实践性,新教教育具有理论性

D.人文主义教育具有职业性,新教教育具有学术性

7.【2008年311,22题】文艺复兴与宗教改革时期,具有较强群众性和普及性特点的教育是(　　)。

A.人文主义教育　　B.新教教育　　C.天主教教育　　D.耶稣会教育

8.在人文主义者看来,培养美德最好的方式是(   )。

A.学习圣经   B.学习神学

C.学习古典文化   D.学习自然科学

9.文艺复兴运动实质上是一次(   )的文化革命。

A.奴隶主阶级   B.封建阶级   C.资产阶级   D.无产阶级

10.加尔文派在教育权的问题上,主张(   )。

A.教会至高无上,教育由教会负责

B.国家应取代教会办教育

C.国家和教会合作办教育

D.教育权既不属于教会也不属于国家

二、论述题:

1.【曲阜师范大学 2022 年 333 论述题 3】试述文艺复兴时期人文主义教育的特征。

2.【哈尔滨师范大学 2019 年 333 论述题 3】论述马丁·路德的义务教育思潮。

3.【宁波大学 2020 年 333 论述题 1】分析比较文艺复兴时期的人文主义教育、新教教育和天主教教育之间的联系、区别和影响。

第六章　欧美主要国家和日本的近代教育

一、英国教育的发展

（一）英国近代教育发展史

1.17—18 世纪英国的教育

（1）初等教育。初等教育发展十分缓慢，国家采取放任政策，教会渗透学校。

（2）中等教育。中等教育主要是富家子弟的升学预备教育，形式有文法学校、公学、学园等。文法学校和公学都是私立教育机构，修业时间一般为五年，注重古典语言的学习和上层礼仪的培养，同时还进行体育和军事训练，且皆以升学为宗旨。学园于 17 世纪在英国出现，是由非国教派创办的一种新的学校形式，当时主要靠学生交费维持，传授一些实用的知识，后来发展成为一种实科性质的中学。星期日学校产生于英国工业革命时期，利用星期日的时间，为贫民儿童教授简单的读、写、算和宗教知识。

（3）高等教育。高等教育始于中世纪后期牛津大学的设立。古老的牛津大学、剑桥大学一直是英国高等教育的象征。

2.19 世纪英国的教育

（1）国家逐步干预教育

1833 年，英国国会通过《教育补助金法案》，开创政府通过拨款间接干预教育的先河。1839 年，英国政府成立枢密院教育委员会，具体负责教育拨款的分配与使用。1856 年，该机构改组成教育局，负责管理初等教育，成为英国政府设立的第一个教育管理机构。1899 年，成立由国会直接领导的国家教育委员会，统一管理初等及中等教育事业的发展。

（2）初等教育

19 世纪上半叶，英国初等教育主要由宗教团体和慈善机构办理，教育质量低下，学校数量与入学人数均严重不足。发展初等教育的师资也极为欠缺，盛行"导生制"的教学方法。1870 年颁布《初等教育法》，旨在完善已有的宗教和慈善团体兴办初等教育的基础上，建立公立的初等教育制度。

（3）中等教育

主要依靠两类教育机构开展中等教育，一种是捐办文法学校，另一种是公学。

捐办文法学校规模较小，课程内容也较为陈旧，难以适应时代需要。公学源于捐办文法中学，享有较高的地位和社会声誉。但公学课程内容陈旧、教学方法保守。

（4）高等教育

19世纪英国高等教育发展主要表现为新大学运动与大学推广运动。1828年，伦敦大学学院的成立标志着新大学运动的开始。学院以自然科学学科为主，不进行宗教教学。在其带领下，出现了许多新式大学。19世纪40年代，全日制大学以校内或校外讲座的形式将教育推广到非全日制学生。伦敦大学、牛津大学、剑桥大学在大学推广运动中发挥了关键作用。

（二）英国近代教育思想

1.洛克的教育思想

洛克是17世纪英国著名的哲学家。他重视教育对个人幸福、事业和前途的影响，其教育思想具有世俗化、功利主义和个人主义的色彩。他的主要著作是《教育漫话》，"白板说""绅士教育"是其教育思想的核心概念。

（1）"白板说"

洛克反对天赋观念论，提出了"白板说"和经验主义的观念论，认为人出生后心灵如同一块白板，一切知识是建立在由外部而来的感官经验之上的。"白板说"是其教育思想的主要理论基础。

（2）绅士教育

洛克所倡导的绅士教育是一种资产阶级贵族化的教育，在教育内容和方法上有许多新特点。

①在教育方式上，洛克认为不能通过学校教育，只能通过家庭教育。

②在教育内容上，他首次对教育的三大部分——体育、德育、智育做了明确的划分和详细的论述。

关于体育，洛克首先强调体育的重要性，认为人们要能工作，要有幸福，必须先有健康；他认为每个绅士的身体都必须能适应以后活动可能面临的艰苦环境，针对当时贵族子弟多娇生惯养的风气，他强调生活各方面的忍苦耐劳。

关于德育，洛克认为德育是教育的灵魂，道德观念来自教育和生活环境，他把德行放在比知识更重要的地位。洛克把听从理性的指导、克制自己的欲望看成是一切行为的重要标准及其基础。洛克具体论述了诚实、智慧、勇敢、仁爱等美德，但他尤其重视"礼仪"。他还提出了德育的方法，认为道德教育的方法首先要重视理性的领导，其次要重视榜样示范的作用，强调德育中的早期教育、行为习惯和良好榜样，主张尽可能不要使用体罚。

关于智育，洛克尤其强调两点：德行重于学问，学问的内容必须是实际有用的广泛知识；培养学生良好的学习态度，使学生采用正确的方法求知。

③评价：洛克的教育思想以其世俗化、功利性为显著特点。他相较于弥尔顿没有太多的古典主义色彩，相较于夸美纽斯更为彻底地破除了宗教神学的束缚。他的思想在实践中和理论上都对英国及西欧教育的现代化做出了贡献。但他的教育思想局限于绅士教育，缺乏夸美纽斯的民主性。

2.斯宾塞的教育思想

斯宾塞是 19 世纪英国著名的社会学家、哲学家。他是当时反对英国学校古典主义教育、提倡科学教育的主要代表人物之一，对英国教育内容的革新产生过深刻影响，其代表作是《教育论》。

他提出了"教育预备说""科学知识最有价值"等一系列著名理论。

（1）生活准备说

斯宾塞提出了"什么知识最有价值"这一问题，并将评价知识价值的标准定义为对生活、生产和人发展的作用，知识对生活的作用越大则价值越大。根据这个标准，斯宾塞确定了教育的目的是为"完满生活"做准备，从而反对古典主义不实用的知识和教育。斯宾塞根据上述划定知识价值高低的理论来选择课程，从而形成其独特的课程理论。

（2）知识价值说

斯宾塞认为科学的知识最有价值。针对古典主义者对古典学科价值的辩解，斯宾塞认为最重要的问题不在于某些知识有无价值，而在于它的比较价值。这个比较的尺度就是他提出的知识价值论：他认为学科是否重要是与生活、生产和个人发展相关的。为此，他对人类生活的几种主要活动加以分类，将其依次排列为直接自我保全的活动、通过获得生活必需品从而间接自我保全的活动、抚养教育子女的活动、维持正常社会关系和政治关系的活动、在闲暇时间可用于满足爱好和各种感情的活动。

（3）科学教育论

斯宾塞的教育理论与古典主义教育理论截然不同，他以科学知识为中心，重视个人生活和社会生活，是教育思想上的一次变革。斯宾塞及其他提倡科学教育的思想家们不仅对英国中学和大学冲破古典教育传统的禁锢产生了深刻的影响,而且影响到欧美其他国家,极大地推动了科学教育的发展。但是,他的教育观也带有明显的时代局限性,如他的课程论反映了资产阶级利益,带有个人主义、功利主义的色彩。

（4）课程论

斯宾塞把人类的活动分为五个部分,与之相对应的课程也分为五类。第一类是生理学和解剖学,是直接保全自己的知识,是合理的教育中最重要的一部分。第二类是逻辑学、数学、力学、化学、天文学、地质学、生物学和社会科学等,是间接保全自己的知识,是使文明生活成为可能的一切过程能够正确进行的基础。第三类是生理学、心理学和教育学,是履行父母责任必需的知识。人们养育了子女之后才可能有国家,家庭福利是社会福利的基础。第四类是历史学,实际上是一门描述的社会学,有利于人们调节自己的行为,履行公民的职责。第五类是文学、艺术等,是满足人们闲暇时休息和娱乐的知识。

在斯宾塞的课程价值论中,为了"维持正常社会关系"应开设的课程是（　　）。

A.历史学　　　　　　B.心理学　　　　　　C.文学　　　　　　D.生理学

【解析】A

斯宾塞提出学校应该开设五种类型的课程,其中第四类是历史学,有利于调节人们的行为,维持正常社会关系。

3.赫胥黎的教育思想

赫胥黎是英国著名的自然科学家和教育家,近代科学教育的主要倡导者。他的教育思想集中反映在《科学与教育》这一论文集中。

（1）批判传统的古典教育,赫胥黎认为当时的大中小学校都不能向学生提供教育和科学训练。

（2）科学教育

①科学教育的意义

赫胥黎从19世纪中期英国工业发展与现实生活的需要出发,阐述了实施科学教育的重大意义。他主张英国的各类学校必须实施科学教育,以培养有能力利用自然科学的人。

②科学教育的内容

赫胥黎认为科学教育应该首先包括自然科学，因为自然科学教育既能提供具有特殊价值的知识，又能提供科学方法的训练。

③关于科学教育的做法

针对当时教育实践中重视科学教育而忽视人文学科教育的现象，赫胥黎提出了批评。他认为，正确的态度是把两者结合起来，因为只有受过两方面的教育才算是完整的自由教育，受过自由教育的人才能从事多方面的职业。

二、法国近代教育

（一）17—18 世纪的法国近代教育概况

自中世纪中期起，法国一直是欧洲大陆上强大的封建专制国家。17—18 世纪，法国的教育从总体上看主要还是教会，特别是天主教会的天下。启蒙运动和资产阶级大革命的爆发，才促使法国教育在 18 世纪中后期发生重大改观。

1.法国大革命以前的教育

（1）初等教育

虽然强大的法国专制政府不像英国那样对初等教育漠不关心，但实际上由于政府不直接办学，以及新教力量的弱小，所以初等学校大多还是掌握在天主教派手中。

当时的初等学校以宗教教育为主，辅以读、写、算的教学；采用班级授课制，以法语讲课；面向下层社会的子女，免收学费；富人聘用家庭教师开启子女的初等教育。

（2）中等教育

在 1618—1764 年，耶稣会学校在中等教育方面占据统治地位。直至 18 世纪后期，一部分教会性质的中学受到了启蒙思想的影响，拓宽了学习范围，重视历史（特别是法国史）、数学、力学、地理、现代外语及拉丁文等学科。

（3）高等教育

①传统古典大学。18 世纪，法国共有 22 所大学，数量超过欧洲其他各国。最古老的是具有保守性的巴黎大学，表现在排斥新思想、新学科，打击新教学生，学费昂贵，学习年限过长，所以学生逐渐减少，古典大学日益衰落。

②专门技术学校。由于法国王朝的重商政策，专业技术的实用价值受到重视，加之教会在这方面控制较弱，一些技术性质的专门学校得以建立。如路桥学校、矿业学校、皇家军事学校及各兵种的专门学校等，还建立了法兰西科学院、自然历史博物馆等机构。

2.法国大革命时期的主要教育改革方案和教育主张

18世纪末在法国爆发的资产阶级大革命是一次具有深远意义的革命,不仅决定了法国历史发展的方向,也对法国和欧洲教育的发展产生了重要影响。

（1）简介

法国大革命中先后上台的立宪派、吉伦特派、雅各宾派,在教育改革方面分别制定了有代表性的三个教育改革方案,即《塔列兰教育法案》《康多塞方案》《雷佩尔提教育方案》。尽管这些方案内容各异且没有实施,但都反映了法国资产阶级对教育改革的共同主张。

（2）内容

这些方案主张建立国家教育制度,提出了课程及年限互相连接的学校系统的设想;认为国家应当保护并实行普及教育,并提出免费入学的主张;主张人人都有受教育的机会与权利,尤其主张男女有平等的受教育权;重视世俗科学的学习是大革命中各种教育方案的共同要求,如取消宗教课程,普及读、写、算基本学科,学习道德基础知识及各种技术类、实科类知识。

（3）评价

优点:虽然各种教育方案因各掌权派别执政期较短而难以实施,但它们都体现了启蒙运动中国家管理教育、实行普及教育、教育内容世俗化等先进思想,唤醒了法国民众对教育的热情,对18世纪末法国教育方针政策的完善产生了重要影响。

缺点:这些方案代表大资产者的利益,有些内容比较激进,一些方案中的规定也限制了劳动者子女获得初等以上教育的机会和权利。

（二）19世纪的法国近代教育概况

19世纪的法国教育集中表现在既确立了中央集权式的教育管理体制,又建立了完善的学制,各级各类教育事业也都获得了较大的发展。

1.教育管理——帝国大学

（1）简介

拿破仑建立了法兰西第一帝国,为牢固掌握教育管理权,他建立了以帝国大学为核心的中央集权式的教育管理体制。

（2）内容

①设立帝国大学。帝国大学是全国最高教育行政管理机构,专门负责整个帝国的所有公共教育事务。其长官为帝国大学总监,是负责全国教育的最高首脑,这表明法国的教育管理权力高度集中。

②实行学区管理。在帝国大学下,全国划分为 29 个大学区,每一个大学区设大学区总长一人,并设由十人组成的"大学区评议会",共同承担大学区的公共教育管理事务。每个大学区下再设学院、国立中学、市立中学、私立学校、寄宿学校和小学等。

③管理学校办学。未经帝国大学首脑的批准,不得在帝国大学之外成立任何教育机构或学校。

④管理教师资格。公立学校教师被视为国家官吏,所有从事教育工作的人员均应具备所要求的资格,薪酬由国家支付。教师必须忠于皇帝,并致力于帝国所需人才的培养工作。

（3）评价

拿破仑通过帝国大学建立起来的中央集权式的教育管理体制,虽在此后各历史时期也发生了某些变化,但其基本框架得以保留和延续,并对法国国民教育的发展产生了深远影响。

2.初等教育

（1）《基佐法案》

1833 年,初等教育继续保持着较为强劲的发展势头,教育部长基佐颁布《基佐法案》。

（2）内容

①在管理上,政府与教会联手发展初等教育,扩大初等学校的办学自主权。

②在设学上,法国在每一乡区设立初等小学一所,超过六千人的城市则须设立高级小学一所。

③在内容上,初级小学要向学生提供读、写、算教学,传授生活基本知识,实施道德与宗教教育。高级小学除实施初级小学的全部教育外,还需进行职业教育,使学生获得有关工厂和田间活动的实际知识。

④在经费上,地方有权征收教育税款作为教育经费,同时学校仍旧收费,若费用不足,则由国库补给。

⑤在师资上,国家掌握教师资格的确立权。要求各省设立师范学校;坚持所有小学教师必须接受师范教育的训练,通过考试获得证书后,方可任教;国家保证教师获得最低限度的薪俸。

（2）《费里法案》

19 世纪 70 年代,法国基本完成了工业革命,国民教育引起了人们的重视,普及初等教育成为教育发展的重点。1881 年和 1882 年,法国教育部长费里两次颁布有关义务教育的法令,合称《费里法案》。该法案不但确立了国民教育义务、免费、世俗化三大原则,而且把这些原则的贯彻实施予以具体化。主要内容有:

①义务原则。法案规定6—13岁为法定义务教育阶段。接受家庭教育的儿童须自第三年起每年到学接受一次考试检查,对不送儿童入校学习的家长则予以罚款。

②免费原则。法案免除公立幼儿园及初等学校的学杂费,免除师范学校的学费、膳食费与住宿费。

③世俗化原则。法案取消教会监督学校的特权,取消牧师担任教师的特权,取消公立学校的宗教课,设立道德与公民教育课。

《费里法案》的颁布与实施为这一时期初等教育的发展提供了必要的法律保障,指明了进一步努力的方向,标志着法国初等教育步入一个新的历史发展阶段。

3.中等教育

(1)古典型中学。19世纪初,法国中等教育的发展受到拿破仑第一帝国政府的高度重视,国立中学和市立中学成为主要的中等教育机构。这两种中学都主要教授古典语言与古典人文学科,古典主义色彩浓厚。

(2)现代型中学。普法战争后,中等教育现代化成为中等教育发展的主题,此时出现了现代中学,主要提供现代语及自然科学知识教育。女子中等教育也开始发展,国立女子中学和市立女子中学先后设立。

4.高等教育

(1)兴办期(1804—1814年)。高等教育在拿破仑第一帝国时期的发展,主要表现为一批专科学校、军事学校及巴黎高等师范学校的发展与创办,此类学校就是此后法国高等教育体系中的"大学校"。

(2)衰落期(1815—1870年)。在复辟王朝时期至第二帝国时期,由于受到宗教势力的冲击,一些高等教育机构被迫停办,文理学院发展受阻,使这一时期高等教育的发展没有出现大的起色。

(3)复兴期(1871年—19世纪末)。步入第三共和国初期,发展新型高等教育成为法国高等教育改革的问题,法国高等教育步入复兴发展时期。1896年颁布的《国立大学组织法》确定每个大学区设一所大学,使得法国传统意义上的"大学"在停办一个世纪之后,重新出现于法国社会。

就整体而言,法国的高等教育在19世纪发生了很大变化。原来的文科发展成为一个独立的专业,神学馆地位大大降低,法科、医科、理科的发展也受到相当的重视。不过由于受中央集权制教育管理体制的束缚,高等学校在适合各地区的发展与适应社会需要方面,始终存在很多需要解决的问题。

(三)法国近代教育思想

启蒙运动时期,法国出现了诸多思想家,基于平等、自由等启蒙精神,提出了新的教育观念,对国民教育进行了设想。主要代表人物有爱尔维修和拉夏洛泰等人。

1.爱尔维修的教育思想

爱尔维修追求教育民主化,提出了"教育万能论",将个人的成长归因于教育和环境,认为通过教育可以改变社会制度,解放思想,造就人才。"教育万能论"否定了遗传因素的作用,陷入了唯心主义的社会历史观。

爱尔维修的另一个重要思想是国民教育思想,他主张由国家创办世俗教育,教育应该摆脱教会的影响。同时他强调科学知识的传授。

2.拉夏洛泰的教育思想

拉夏洛泰是法国18世纪中期教育家。他系统论述了国家办学的思想,对法国和西欧各国世俗公共教育制度的建立产生了很大影响,主要著作是《论国民教育》。拉夏洛泰强烈地批判教会教育,强调教育应该由国家创办;教育的目的应该考虑国家目的,培养公民,使人民达到心智完善、道德高尚、身体健康的目标;他设想按年龄划分三级教育制度;各阶段的学习都要求注重本国语和科学学科;教师应当是严谨、有道德并且懂得如何教书的人。启蒙运动时期的国民教育思想虽然没有实现,但是该思想成为此后国民教育制度形成和发展的重要基础。

关于拉夏洛泰的教育思想,以下说法错误的是( )。

A 必须由国家办学

B.以培养良好的本国国民为目的

C.重视学校进行外语与科学教育

D.教师必须严谨、有道德,教学能力强

【解析】C

拉夏洛泰设想了三级教育制度,每个阶段的学习都要求注重本国语和科学学科,故C项错误。

(四)法国大革命时期的主要教育改革方案和教育主张

法国大革命时期的主要教育改革方案有《塔列兰方案》《康多塞方案》《雷佩尔提教育方案》,都不同程度体现了资产阶级各派的共同愿望,其主张主要表现在以下方面。

1.主张建立国家教育制度

主张建立国家教育制度,提出了课程及年限互相连接的学校系统的设想。《塔列兰方案》中规定了四级学制,即小学、中学、专门学校、大学院。《康多塞方案》提出了五个阶段的公共教育体制,即初级学校、高级小学、中学、专门学校、国家科学与艺术研究协会。后者既是监督和指导所有教育机构的领导机关,也是一个学术研究的中心。

2.主张人人都有接受教育的权利与机会,国家应当保护并实行普及教育

《雷佩尔提教育方案》提出国家举办"国民教育之家",让5—12岁男女儿童免费入学,由国家提供衣食住的条件,还具体规划了普及教育的经费来源。

3.教育内容和教师问题上实现世俗化、科学化

(1)康多塞的计划

①取消学校中的宗教课,要求小学学生除学习读、写、算基本学科外,还应学习测量土地、农业、手工艺的初步技能及道德基础知识。

②高级小学应有图书馆和实验室。

③中学应传播对每个公民无论选择什么职业都将有益的知识,并兼负培训小学教师的任务。

④专门学校要为社会培养各种专门人才。

(2)拉瓦锡方案

法国化学家拉瓦锡提出的教育方案强调以自然科学和技术操作作为学生课业的中心。

(3)雷佩尔提方案

雷佩尔提的方案不仅注意到实科教育,也重视以道德教育取代宗教教育,注重体育和劳动教育等,主张培养多方面发展的优秀公民和爱国者。

4.粉碎第一次反法同盟后实施的教育措施

各种教育方案因各掌权派别的短暂执政期而难以实施,只是在粉碎第一次反法同盟、大资产阶级执政稳定之后,才实施了一些具体措施。例如:

(1)保障初等学校教师工作稳定性及生活水准。

(2)中等教育方面设立了一批"中心学校",在欧洲首创了中学的自由选修制度和以课程为中心的教学组织。

(3)创办了包括巴黎理工学校在内的一大批高等科技专门学校和科学机构,培养了众多高级科技人才。

三、德国近代教育

（一）17—18世纪的德国近代教育概况

17—18世纪的德国实际上处于四分五裂的封建割据状态,并不是一个统一的国家。普鲁士因地处对外通商要道,经济恢复较快,势力最强,成为德意志各邦的表率和欧美各国的榜样。教育史上所述这一时期的德国教育为各邦自己管理,并且一般是以普鲁士教育为主的。

1.初等教育

（1）实行强制义务教育

受马丁·路德思想的影响,并从巩固自己小王朝的统治需要出发,德意志各邦从16世纪中期起先后颁布了有关国家办学和普及义务教育的法令,成为近代西方最早颁布法令实施强制初等义务教育的国家。主要内容有:

①威丁堡法令。16世纪中期,威丁堡决定国家在每个村庄设立初等学校,强制家长送子女入学。

②魏玛公国法令。17世纪初,魏玛公国要求列出6—12岁男女儿童的名单,以保证适龄儿童上学。

③普鲁士法令。18世纪初,普鲁士详细规定政府设校、强迫义务教育、学校课程、办学经费、教师等方面的具体要求和措施。之后,在18世纪中期也多次颁布法令推进义务教育,其他各邦也相继仿效。

④新进步。19世纪之后,德国初等教育发展加速,一些公国颁布了《初等义务教育法》。1885年,普鲁士实行免费初等义务教育,19世纪60年代德国初等教育入学率达到95%。

这些法令表明了德国是较早由世俗政权掌握教育事业的国家,在初等教育发展方面,德国走在了欧美国家的前列。

（2）泛爱主义教育

18世纪70年代,德国出现了"泛爱学校",这是受夸美纽斯和法国启蒙学者卢梭的自然主义教育思想的影响而出现的新式学校,创始人是巴西多。主要内容为:

①教育目的。教育的最高目的是增进人类的现世幸福,培养掌握实际知识、具有泛爱思想、健康乐观的人,反对压制儿童的封建式经院教育,主张热爱儿童,让儿童自由发展。

②教育内容。"泛爱学校"重视教授德育、体育、美育、劳动教育、现代语和自然科学知识,反对经院主义,反对古典主义。

③教育原则。"泛爱学校"主张教育适应自然的原则。

④教育方法。巴西多提倡实物教学和儿童主动学习,重视知识的实用性和儿童的兴趣,还希望寓教育教学于游戏之中,以此培养出博爱、节制、勤劳的美德,同时严禁体罚。

巴西多呼吁人们捐资助学,得到了包括奥地利国王和俄国女皇在内的达官贵族的支持。巴西多的泛爱学校传播资产阶级进步的人文主义教育思想,起到了反封建、反经院主义教育的作用,但泛爱运动的教育思想因过于注重儿童的自由而受到了后来赫尔巴特等人的批评。

2.中等教育

(1)文科中学

17—18世纪,德国中学的主要形式是文科中学,相当于英国的文法学校和公学,具有强烈的古典主义色彩,主要目的是为升学做准备和培养社会中上层职业者。

(2)实科中学

18世纪初,由于工商业的发展和城市生活的需要,德国的实科教育日渐走在欧洲各国前列。弗兰克于1695年在哈勒开办了一所国民学校,以实科内容和直观方法施教,并对贫家子弟免费提供教材。

实科中学既具有普通教育性质,也具有职业教育性质。实科中学反对学习古典知识,主张学习实用性的自然科学知识,用现代语教学,加强了科学与教育的联系。

实科中学适应了德国资本主义经济逐渐发展起来的需要,但其社会地位比文科中学低得多。实科中学的学生大多无法升入大学,只能进入职业领域,这种教育实际上开创了职业教育的先河。

此外,德意志各邦还面向上层贵族子弟开设了以现代外语和自然科学为主要教学内容的"骑士学院",这类学校实际上是一种培养新贵族人才的特殊学校。

3.高等教育——德国新大学运动

17世纪末,国家对大学的影响逐渐增强,自然学科发展,实科教育兴起,培根、笛卡尔、莱布尼茨等人掀起了哲学新思潮,德国随之出现了新大学运动。哈勒大学是欧洲第一所新式大学,是新大学运动的中心,之后的哥廷根大学也是典型的新式大学。

(1)哈勒大学

①积极吸收最新的哲学和科学研究成果,排除宗教教条,大胆选用崇尚理性、

善于思考和具有冒险精神的学者任教，为大学注入了新的生机，并为高水平的科研和教学奠定了基础。

②提倡"教自由"和"学自由"，为摆脱传统的束缚和促进科学进步提供了宽松的条件。

③首开民族语（德语）讲课的风气，重视现代外语。

（2）哥廷根大学

①进一步注重科学研究，设有藏书丰富的图书馆和各种研究所。

②上课多采用讨论、实验观察等新方法，即使对古典文化的研究也抛弃了背诵、模仿等做法。

其他大学也以这两所大学为榜样，进行了不同程度的改革，为19世纪柏林大学的建立和德国大学成为欧洲最高学府奠定了思想基础，积累了实践经验，拓展了近代大学的功能。

（二）19世纪的德国近代教育概况

1.19世纪的德国教育概况

19世纪的德国在教育理论和实践方面取得了令世界瞩目的成就。这一时期的德国出现了赫尔巴特、第斯多惠、福禄培尔等具有世界影响力的著名教育思想家，而洪堡、费希特等人在初等教育、中等教育、高等教育领域所倡导实施的一系列改革，极大程度地推动了19世纪德国教育实践的发展。

（1）主要内容

①学前教育。福禄培尔创办了世界上第一所幼儿园，此后德国各地纷纷创办幼儿园，德国的学前教育走在了世界前列。

②初等教育。19世纪后期，德国基本上实施了6—14岁儿童的普及义务教育，在教育内容上加入很多自然科学知识。初等教育的发展进一步提高了德国国民的整体素质，国家实力也得以增强。

③中等教育。文科中学和实科中学是德国主要的中学类型，在19世纪均有重要的改革措施。文科中学在传统的古典语教学之外，又重视德语和数学的教学，还重视其他科学课程的设置，并推行严格的升留级制度。实科中学的毕业生可以考入大学，但只能进入大学学习数学、自然科学和现代语言。

④高等教育。洪堡提出了"学术自由""教学与研究相结合"的原则，还创办了柏林大学，对欧美高等教育的发展产生了重大影响。除此之外，19世纪德国高等教育的发展还表现为高等工业学校或其他专业性学院的创立，这类机构为社会发

展与经济建设培养了大批专门人才。

⑤师范教育。德国师范教育也获得了很大的发展,弗兰克在哈勒设立的师资养成所是德国最早的师资培养机构,之后德国还创办了柏林师范学校等一批师范学校。

2.柏林大学的建立

19世纪初,德国在普法战争中丧失了大片国土,在失地上的著名大学,如哈勒大学和哥廷根大学也随之丢失,当时的洪堡、费希特等人呼吁建立新大学,于是德国于1810年建立了柏林大学。可以说,柏林大学是在民族丧失独立、经济十分困难的情况下创办的,人们对其寄予了民族振兴的期望。柏林大学的特点有以下几个方面。

(1)宗旨:倡科研,斥职业。洪堡认为,国家不能使大学仅仅服务于眼前利益,不能把大学仅仅视为高等古典语文学校或古典专科学校。大学的真正使命在于提高学术研究水平而非专注于职业培训,要为国家发展创造更广阔的前景。为实现这一理想,大学应注重纯粹的科学,包括哲学和人文科学,尤其是重视哲学的地位,认为哲学是一切学科的总学问。到20世纪初,柏林大学几乎所有的系都不开设与技术或实用科学相关的课程。

(2)管理:"教自由""学自由"。柏林大学拥有充分的办学自主权。柏林大学继承并改造了中世纪大学以来学者自治、学术自由的传统。"教自由",即教师的教学和科学研究活动不受干涉,能自由地传授和研究知识,探索真理。"学自由",即学生在学习内容和大学生活方面的自由选择。

(3)学生:培育研究型人才。柏林大学借鉴了哈勒大学和哥廷根大学重视科研的学术传统,主张教学与研究相结合,培育有研究精神和研究能力的新式人才,尤其是在教学活动中,采用了"习明纳"(即师生共同探讨与研究)这种教学组织形式,更彰显了学校的研究风气。

(4)教师:聘学术型教师。柏林大学聘请了一批学术造诣深厚、教学艺术精湛的教授到校任教,切实提高了柏林大学的教学质量和学术声望。

柏林大学是德国科学和艺术的中心。柏林大学营造了"以科学为业"的学术气氛,促进了研究的整体思维与协作精神的养成,培养了勇于探索、甘于寂寞的科学精神。经过半个世纪的发展,柏林大学已经成为德国首屈一指的大学,在科学界和艺术界富有声望。柏林大学的建立与促进德国的发展和统一有着密不可分的关系,它为德国工业革命储备了一批人才,推动了德国经济的振兴,并在民族独立的实现过程中发挥了重要作用。因此,可以说它是德国经济进步的象征。

（三）德国近代教育思想：第斯多惠论教育

第斯多惠是19世纪德国著名的资产阶级民主主义教育家。被誉为"德国师范教育之父"，主要著作有《德国教师培养指南》。

1.主要观点

（1）论影响人发展的因素

第斯多惠认为人的发展受天资、教育与自由自主的影响。天资是人发展的基础和可能性。教育在个人的发展过程中发挥的作用是非常大的，天资的发挥与教育的实施均须注重个人自由自主的发挥。

（2）论教育目的

教育的最高目标在于培养激发为"真、善、美"服务的主动性，培养独立性，使人达到自我完善，实现和谐发展。

（3）论形式教学与实质教学

对教育史上延续下来的关于形式教学与实质教学的争论，第斯多惠有自己的见解，他认为首要的任务在于不可把二者人为地割裂开来，二者之间有着内在的联系。形式教育只有在实质教育中才能形成，实质教育只有在形式教育中才能产生。

泛爱学校是受卢梭和夸美纽斯教育思想的影响而出现的新式学校，是自然主义教育思想在德国的实践。下列不属于它的作用与影响的是(　　)。

A.反对封建主义　　　　　　　　B.反对经院哲学

C反对古典主义　　　　　　　　D.反对实用主义

【解析】D

自然主义思想反对封建主义、古典主义、传统的经院哲学，实用主义是在自然主义之后出现的，不反对实用主义。

（4）论教学原则

第斯多惠提出教学要遵循自然原则、遵循文化原则、遵循连续性与彻底性原则、遵循直观教学原则。此外，他还提到循序渐进、启发式教学原则。

（5）论教师

第斯多惠对教师的作用有着清醒的认识，提倡在全社会形成尊师重教的风气，要求教师要自我教育，要有崇高的责任感，要有良好的教育素养和教学技能。

2.评价

第斯多惠根据自己的教育理论与教育实践,极大地推动了资产阶级民主主义和人道主义思想的传播与发展。他与同时代其他教育家一起,与落后的旧式学校与当政者的文教政策进行了斗争,极大地推动了德国教育的发展。

四、俄国近代教育

(一)17—18世纪的俄国近代教育状况

1.彼得一世教育改革

17世纪后半叶,沙皇彼得一世执政期间,引进西欧的科学技术,在国内进行了一系列改革改革,内容主要有:

(1)创建实科性质的学校,特别是有关军事技术的专门学校,如炮兵学校、数学及航海学校、各国语言学校、外科医学校、工程学校、矿业学校。在这些学校中一般先学习读、写、算,然后学习专业技术。

(2)在初等义务教育方面,彼得下令开办俄语学校、计算学校,并把各地开办学校的责任委派于当地教会。

(3)创办科学院,培养高级人才。科学院分为数学研究、自然研究、文科研究三大部分。

彼得一世的改革对俄国社会和教育的近代化具有一定的推动作用,但由于改革是自上而下进行的,缺乏直接的动力,因而彼得一世去世后改革陷于停滞。

2.莫斯科大学

18世纪中期,俄国教育史上最突出的成就是莫斯科大学的创立。莫斯科大学是在俄国科学家罗蒙诺索夫的倡导下设立的,具有世俗性和民主化的特点。这所大学打破传统的惯例,只设法律、哲学、医学三个系,而不设神学系。莫斯科大学一直保持了俄国最高学府和世界著名大学的崇高地位。

3.《国民学校章程》

1786年,由叶卡捷琳娜二世成立的国民学校委员会颁布了《国民学校章程》。主要内容有:

(1)各地设国民学校,经费由当地政府、贵族、商人共同负担。

(2)在各省城设立中心国民学校,修业5年。在各县城设立初级国民学校,修业2年。

这是俄国历史上发布最早的有关国民教育制度的正式法令,这一章程标志着俄国教育制度化和法制化的开端。该法令的实施改变了初等、中等教育被忽视以及外省缺乏学校教育的情况,但该章程并没有涉及农村地区的教育。

(二)19世纪的俄国近代教育概况

1.19世纪初的教育改革

在国内资产阶级民主思想和法国大革命的影响下,沙皇亚历山大一世实施了教育改革,分别在1803年颁布《国民教育暂行条例》,1804年实施《大学附属学校章程》,逐步建立和完善了学校体系和管理体制。

内容:借鉴法国大学区制,将全国分为六大学区,每一学区设立一所大学以培养国家官吏;大学享教学、结社、出版、集会、校长选举等自治权,并承担管理本学区各级普通学校的职责;大学之下附设各普通学校,具体包括堂区学校、县立学校和文科中学;各级学校免收学费,学校招生不受学生出身和宗教信仰的限制,教学内容注重自然科学知识教育。

评价:上述两个法案在一定程度上反映了资产阶级经济发展的需要,但其许多带有民主色彩的规定,并未得到彻底实施。

2.19世纪60年代的教育改革

19世纪中期,在沙皇政府开始酝酿自上而下废除农奴制的政治气氛中,俄国的公共教育运动勃然兴起。在广大社会民众和资产阶级的压力下,沙皇亚历山大二世推行了一系列学制改革法令。改革的主要内容有:

(1)初等教育。1864年颁布《初等国民教育章程》,赋予政府、地方自治机构、社会团体、私人开办学校的权利,所开办学校招收社会各阶层儿童,学制三年;实施男女同校教育,接受女子担任教学工作。

(2)中等教育。1864年颁布《文科中学和中学预备学校章程》,规定中学分为古典文科中学和实科中学两种,学制为7年;鼓励教师采用新型教学方法,反对体罚。

(3)高等教育。1863年颁布《俄罗斯帝国大学章程》,给予大学一些学术自由和自治权。

(4)女子教育。1860年颁布《国民教育部女子学校章程》,在俄国历史上第一次规定建立女子学校,推动了俄国女子教育的发展。

上述法案的颁布与实施使各级教育均有一定程度的发展,但这次改革也未能使俄国教育发生实质性的改变,19世纪60年代后期,随着俄国封建势力的增强,俄国教育又出现了较大幅度的倒退。

(三)俄国近代教育思想:乌申斯基论教育

乌申斯基是19世纪俄国著名的教育家,俄国国民学校和教育科学的奠基人,被誉为"俄国教育科学的创始人""俄国教师的教师"。《人是教育的对象》是其主要的教育代表作。乌申斯基的主要观点如下：

1.教育的本质与目的

教育是一门艺术，而不是一门科学。教育的目的在于培养全面和谐发展的个人。

2.课程教学观

在课程设置上，乌申斯基主张开设实科课程，如民族语言、历史、地理、数学、自然科学、现代外语等。在教学过程中，他提倡教学要适应学生的心理特点。

3.论道德教育

道德教育是培养爱国主义、人道主义情感，形成追求真理、公正、诚实、谦逊、尊重他人、信仰上帝等道德品格的最佳途径。

在德育方法上，教学是基本方法。此外，教师还要善于运用说服、强制、表扬、鼓励、警告、惩罚等方法。对学生道德品质的培养要与学生知识的掌握和日常活动结合起来。

4.论教育学及师范教育

乌申斯基认为教育学有广义与狭义之分。广义的教育学是指教育学者所必需的或有用的知识的汇集，狭义的教育学是教育活动规则的汇集。教育学的最终目的在于从一切方面教育人。所以，教育学的基础便是乌申斯基称为"人类科学"的所有知识。

为发展教育学培养一批教育学者，最好的途径便是创办教育系。出于对教育事业的关心，乌申斯基还对师范教育表现出充分的关注。在其 1861 年撰写的《师范学堂草案》中，他提出师范学校应设在小市镇或乡村，师范生一律住校。除具备优秀的品质外，师范生还要掌握俄语、文学、数学、地理、历史、自然、教育学、心理学、分科教学法等专门的学科知识。

五、美国近代教育

(一)殖民地普及义务教育

17 世纪的北美教育以移植欧洲教育模式为主，宗教是教育的主要出发点和归宿；但教育与殖民地的生活状况紧密联系，呈现出数量少水平低等明显特点。17 世纪中期以后，简单的读写教学和古典气息浓厚的少数文法学校都不再满足需要。

18 世纪初，北部和中部殖民地城市私人教学开始兴盛。1751 年，科学家、政治家富兰克林在费城创办了一所文实中学(Academy)，是美国中等教育的发展进入新阶段的标志。18世纪40年代至60年代是北美殖民地大学迅速增加的时期，新产生的大学大部分由各教派势力兴办。从1725年开始，为解决农村儿童的受教育问题，马萨诸塞殖民地出现巡回学校，它也是"学区制"的萌芽。1789年，马萨诸塞州颁布法令赋予学区与市镇同样的办学权，学区制度从此得以确立。

（二）19世纪的美国教育

1.公立学校运动

公立学校运动是19世纪由贺拉斯·曼和巴纳德等人在美国初等教育领域所发起的运动。地方税收制度的建立为公立学校的创办和运行提供必要的经费支持。1852年，马萨诸塞州第一个颁布强迫义务教育法，规定8—12岁儿童每年必须入学学习12周。公立学校运动认为义务教育阶段应对所有符合规定的学龄儿童实行免费教育。

公立学校运动还扩展到中学。公立和免费原则的实行，为更多人提供了接受初等和中等教育的机会。

> 【2025年333,22题】19世纪前半期，美国政府为促进初等教育的义务化和普及化而开展的教育改革运动是（　　）。
>
> A.劳作学校运动　　　　　　　　B.进步教育运动
>
> C.新学校运动　　　　　　　　　D.公立教育运动
>
> 【解析】D
>
> 记忆题，此题考查美国的公立教育运动。19世纪初期美国初等教育发展缓慢，教育内容脱离实际，经费投入明显不足，合格师资欠缺，导生制盛行，难以满足美国社会政治经济发展的需要。为改变这一现状，贺拉斯·曼与巴纳德等人倡导开展公立教育运动。劳作学校和新学校运动在19世纪末20世纪前期欧洲，进步教育运动在19世纪末20世纪前期的美国。因此，答案选D。

2.19世纪美国高等教育

（1）高等教育的变化

①在办学形式上丰富多样，以私立为主，公私并重。1819年，弗吉尼亚大学诞生，这是美国第一所公认的州立大学。

②高等学校数量大增，但规模普遍偏小。

③新兴农工学院的兴起，开启了大学为社会服务的先河。

④研究型大学的创办,提高了美国大学的研究实力。1876 年创办的霍普金斯大学被认为是美国的第一所现代化大学。

⑤美国高等教育在 19 世纪开始面向女子开放,19 世纪 20 年代以后,美国创办了一批女子学院。到 19 世纪末,各大学纷纷向女性开放,实行男女同校的教育。

(2)《赠地法案》

1862 年,林肯总统批准实施《赠地法案》(也称《莫里法案》《莫雷尔法案》)。

①该法案规定,联邦政府根据各州在国会的议员人数,按每位议员三万英亩的标准向各州拨赠土地,各州应将赠地收入用于开办或资助农业和机械工艺学院。

②利用这笔拨赠,大多数州专门创办了农业或机械工艺学院,有的州则在已有大学内附设农业或机械工艺学院。这在很大程度上推动了农工教育的开展,为美国社会培养了大批实用人才。

(三)美国近代教育思想:贺拉斯·曼论教育

贺拉斯·曼创建了州教育管理体制,是美国 19 世纪三四十年代公立教育运动的倡导者与推动者,被誉为"美国公立学校之父"。他的主要观点有:

1.教育目的和作用

(1)用建立免费学校的办法实施普及教育是共和政府继续存在的必不可少的保证。

(2)教育是维持社会安定的重要工具,即教育可以减少罪恶,可以减少社会遭受不良行为损害的概率。

(3)教育是帮助人民摆脱贫穷的重要手段。

2.教育内容

教育内容涉及体育、智育、政治教育、道德教育以及宗教教育诸方面。

(1)体育:向学生进行人体生理学、健身知识和卫生知识的教育。

(2)智育:向学生传授语文、生理学、历史、地理等知识的教育。

(3)政治教育:向学生讲授所在州的宪法和美国宪法的教育。

(4)道德教育:社会存在的基本需要,应该竭尽全力地教育儿童尊重真理、热爱祖国、热爱全人类,并养成仁慈、勤勉、节俭、节制的美德。

(5)宗教教育:反对教派控制学校和狭隘的教派教育,但他并不主张从学校中完全排除宗教教育。

3.师范教育

马萨诸塞州自 1839 年起建立了美国第一批公立师范学校,且要求师范院校除开设公立学校开设的全部科目外,还要学习各科教学法、心理学、哲学、人体生理学、卫生学等科目。

> 以下不属于贺拉斯·曼的教育贡献的是(　　)。
>
> A.开展公立学校运动　　　　　　B.师范教育的普及
>
> C.州教育领导体制的建立　　　　D.提出知识富人、教育立国的思想
>
> 【解析】D
>
> 知识富人、教育立国是日本教育家福泽谕吉的思想。

六、日本近代教育

(一)明治维新时期的教育改革

1868年,日本建立了地主和资产阶级联合执政的天皇明治政府,实施了一系列改革政策,史称"明治维新",其中也包括对教育的改革。改革的指导思想是"文明开化"和"和魂洋才"。主要内容包括以下几方面:

1.建立中央集权式的教育管理体制,在中央设立文部省主管全国的教育事业;规定全国实行中央集权式的大学区制。

2.普及初等教育,前4年寻常小学实施义务教育,后4年高等小学实施收费制。

3.中学承担为学生升入高等学校做准备的基础教育和实业教育两大任务,所以日本的中学类型由普通中学和实业中学构成。

4.努力发展高等教育,建立东京大学、庆应大学和早稻田大学等,政府不惜重金请西方国家的技术专家和教师来日本工作,并派留学生出国留学。

5.建立完善的师范教育制度,发展职业教育。

(二)日本近代教育思想:福泽谕吉论教育

福泽谕吉是日本明治维新时期著名的启蒙思想家、教育家,被誉为明治维新时期的"国民教师",代表作有《劝学篇》和《文明论概略》。主要观点有:

1.教育作用

(1)福泽谕吉认为众生一律平等,不存在贵贱上下之别。人们生来并无贫富贵贱之分,唯有勤于学问、知识丰富的人才能富贵。

(2)实施教育及文明开化政策是国家得以独立富强的前提和保证。为此,福泽谕吉主张大力普及学校教育以最终实现教育立国的主张。他赞成用强迫的方法

（3）除实施普及性教育外,福泽谕吉还倡导通过教育培养公民的民族意识和国家观念。

2.教育内容

（1）学问包括有形学问和无形学问,前者如天文、地理、物理、化学等,后者如心理学、神学、理学等,这两类学问均能扩大知识见闻的领域,使人辨明事物的情理,懂得做人的本分。但在修习学问时应分清主次,应主要学习那些能够解决实际问题的学问,而把那些远离实际的学问视为次要。

（2）在研究学问时必须确立远大的志向,切忌舍难就易,浅尝辄止。研究学问的最终目的在于追求独立不羁和自由自主。

（3）学问主旨的确定与人类活动的类型存在紧密关联。福泽谕吉把人们身心活动分为两大类,第一是指个人本身的活动,第二是指社会上伙伴之间有关交往的行动。

3.论德育

福泽谕吉认为,明治维新之前,日本人民缺乏正确的国家观念,仅仅是封建性的"愚忠"思想。当务之急是日本国民爱国之心的培养。在具体实施中,福泽谕吉反对在西洋文明面前顶礼膜拜式做法,着重强调民族自尊心的培养。对于西洋文明,福泽谕吉主张择其善者而从之,决不能盲目从事。

道德教育在个人身上还体现为独立意识的培养。在福泽谕吉看来,独立分有形的与无形的两种,有形的独立是指物质方面的独立,无形的独立是指精神方面的独立。物质方面的独立,是说人们各有财产,不依赖别人而能维持个人和家庭的生活。精神方面的独立则较为复杂,大致上可以分为两类。人的内心摆脱了物质的奴役与束缚,不会迷失本性;个人凡事有主见,不受他人意见左右。精神独立还主要表现为思想和行动的一致,理论与实践的一致。

4.论体育

（1）健康的国民必先具有健康的身体,健康的体魄是任何智慧和道德观念培养和形成的基础。

（2）体育锻炼的目标旨在使人健壮无病,精神活泼、愉快,从而能够克服社会上的各种艰难以独立生活。

（3）在体育活动的具体开展上,福泽谕吉主张只要能体现体育的本意,各国可以根据本国的传统及风俗灵活选择合适的方法。

（4）学校作为开展体育活动的主要场所,应注重培养学生具有健康的体魄,应把体育课确定为必修课。

本章内容思维导图

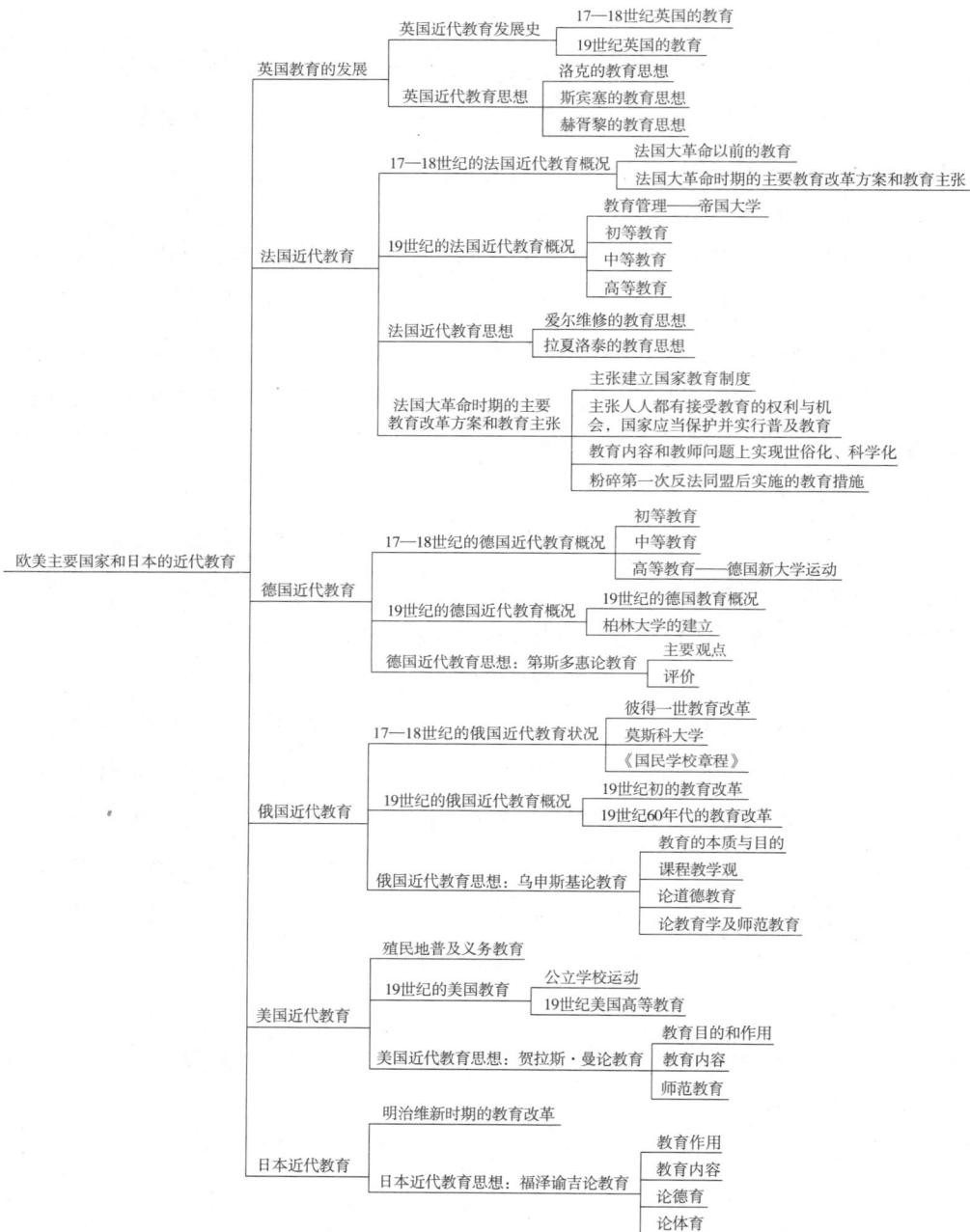

```
欧美主要国家和日本的近代教育
├─ 英国教育的发展
│   ├─ 英国近代教育发展史
│   │   ├─ 17—18世纪英国的教育
│   │   └─ 19世纪英国的教育
│   └─ 英国近代教育思想
│       ├─ 洛克的教育思想
│       ├─ 斯宾塞的教育思想
│       └─ 赫胥黎的教育思想
├─ 法国近代教育
│   ├─ 17—18世纪的法国近代教育概况
│   │   ├─ 法国大革命以前的教育
│   │   └─ 法国大革命时期的主要教育改革方案和教育主张
│   ├─ 19世纪的法国近代教育概况
│   │   ├─ 教育管理——帝国大学
│   │   ├─ 初等教育
│   │   ├─ 中等教育
│   │   └─ 高等教育
│   ├─ 法国近代教育思想
│   │   ├─ 爱尔维修的教育思想
│   │   └─ 拉夏洛泰的教育思想
│   └─ 法国大革命时期的主要教育改革方案和教育主张
│       ├─ 主张建立国家教育制度
│       ├─ 主张人人都有接受教育的权利与机会，国家应当保护并实行普及教育
│       ├─ 教育内容和教师问题上实现世俗化、科学化
│       └─ 粉碎第一次反法同盟后实施的教育措施
├─ 德国近代教育
│   ├─ 17—18世纪的德国近代教育概况
│   │   ├─ 初等教育
│   │   ├─ 中等教育
│   │   └─ 高等教育——德国新大学运动
│   ├─ 19世纪的德国近代教育概况
│   │   ├─ 19世纪的德国教育概况
│   │   └─ 柏林大学的建立
│   └─ 德国近代教育思想：第斯多惠论教育
│       ├─ 主要观点
│       └─ 评价
├─ 俄国近代教育
│   ├─ 17—18世纪的俄国近代教育状况
│   │   ├─ 彼得一世教育改革
│   │   ├─ 莫斯科大学
│   │   └─ 《国民学校章程》
│   ├─ 19世纪的俄国近代教育概况
│   │   ├─ 19世纪初的教育改革
│   │   └─ 19世纪60年代的教育改革
│   └─ 俄国近代教育思想：乌申斯基论教育
│       ├─ 教育的本质与目的
│       ├─ 课程教学观
│       ├─ 论道德教育
│       └─ 论教育学及师范教育
├─ 美国近代教育
│   ├─ 19世纪的美国教育
│   │   ├─ 殖民地普及义务教育
│   │   ├─ 公立学校运动
│   │   └─ 19世纪美国高等教育
│   └─ 美国近代教育思想：贺拉斯·曼论教育
│       ├─ 教育目的和作用
│       ├─ 教育内容
│       └─ 师范教育
└─ 日本近代教育
    ├─ 明治维新时期的教育改革
    └─ 日本近代教育思想：福泽谕吉论教育
        ├─ 教育作用
        ├─ 教育内容
        ├─ 论德育
        └─ 论体育
```

自测题

一、选择题：

1.【2009 年 311,27 题】下列选项中,不属于法国大革命时期教育改革计划所体现的教育观念是(　　)。

A.建立国家教育制度　　　　　　　B.人人享有接受教育的机会和权利

C.教育内容的世俗化　　　　　　　D.教育实施的终身化

2.【2013 年 311,26 题】下列表述中,体现洛克绅士教育主张的是(　　)。

A.健康之精神寓于健康之身体　　　B.身体健康重于精神健康

C.精神健康重于身体健康　　　　　D.禁欲与惩罚可以促进精神健康

3.【2015 年 311,27 题】在 17 世纪英国教育家洛克所设计的教育体系中,处于前提和基础地位的教育活动是(　　)。

A.身体的养育　　　　　　　　　　B.知识的学习

C.德行的塑造　　　　　　　　　　D.礼仪的培养

4.【2015 年 311,31 题】下列表述中,不符合贺拉斯·曼关于美国公立学校教育目的与作用理解的是(　　)。

A.社会机器的平衡轮　　　　　　　B.社会人才的锻造炉

C.社会差异的复印机　　　　　　　D.社会意识的均衡阀

5.【2022 年 311,30 题】关于教育学的学科性质,乌申斯基的基本看法是(　　)。

A.教育学是一门探讨个人生理学和心理学知识的科学

B.教育学是一门探讨人类教育问题的科学

C.教育学是一门探讨如何了解人和培养人的高级艺术

D.教育学是一门探讨学校教学科目的高级艺术

6.【2022 年 333,29 题】19 世纪上半期,英国新大学运动开始的标志是(　　)。

A.剑桥大学国王学院的改革　　　　B.伦敦大学学院的成立

C.曼彻斯特学院的创设　　　　　　D.伯明翰学院的开办

二、论述题：

1.【陕西师范大学 2010 年 333 论述题 3】试从教育发展的历史角度论述美国近现代教育发展的原因。

2.【上海师范大学 2022 年 333 论述题 3】论述洛克的绅士教育思想。

3.【杭州师范大学 2013 年 333 论述题 3】论述斯宾塞的教育科学化思想。

三、材料分析题：

【北京师范大学 2020 年 333 论述 2】教育的目标就是要克制儿童的欲望，发展儿童的理智，关键在于用理智和原则规范儿童的行为。

有时候，我们需要用严厉的方法约束儿童，要求儿童完成他应该完成的事情，制约儿童是一种有效的教育方法，但是，我们也不想看到儿童失去个性，没有自由，因为儿童受到管制就会变得怯弱、不自信。这样的儿童在未来也同样没有成就。当然，那些挥霍青春的儿童，如果能得到规范的管理和要求，一旦走向正途，前途不可限量。谁要是能调和这两种矛盾，他就可以觅得教育的真谛。

——洛克著，熊春文译，《教育片论》，上海人民出版社，2005 年，第 124 至 125 页

阅读材料，回答下列问题。

（1）洛克认为教育的目标是什么？关键是什么？

（2）看似矛盾的地方是什么？为什么洛克说调和了看似矛盾的地方就能觅得教育的真谛？

（3）谈谈你如何看待这对矛盾。

第七章　西欧近代教育思想与教育思潮

一、夸美纽斯的教育思想

夸美纽斯是 17 世纪捷克的伟大爱国者、教育改革家和教育理论家,是欧洲从封建社会向资本主义社会过渡时期的伟大教育家。代表作《大教学论》的问世标志着教育学成为独立的学科。

(一)论教育的目的和作用

1.教育的目的

从宗教世界观出发,夸美纽斯认为人生的最终目的是达到"永生",现世的生活只是永生的准备,因此,教育的目的也应是人为来世生活做好准备,这是宗教性的教育目的;另一方面,关于现实的教育目的,是为现实的人生服务,培养具有"学问、德行、虔信"的人,通过教育使人认识世界上的一切事物,以便享受现实的幸福,并为永生做准备。这种现实性是他的民主主义思想的反映。

2.教育的作用

夸美纽斯高度评价教育所起到的作用:第一,教育是改造社会、建设国家的手段。这一见解是有意义的,但是他把教育当作"人类得救"的主要手段,过分夸大了教育的作用。第二,夸美纽斯高度评价教育对人的发展作用。在他看来,人都是有一定天赋的,而这些天赋发展得如何,关键在于教育。第三,教育对宗教有很大的作用,可以培养人的学问、道德和虔信,从而步入天堂。

(二)论普及教育和统一学制

1.普及教育

(1)普及教育的提出:夸美纽斯从他的民主主义的"泛智"思想出发,提出了普及教育的思想,并建立了比较完善的普及教育理论体系。

(2)普及教育的措施:广设泛智学校;采用班级授课制;实行学年制;编写统一的"泛智"教材;建立全国统一的学制;设立督学等。

(3)普及教育的实现:为了实现普及教育,夸美纽斯呼吁帝王和官吏为民众兴办学校,并号召广大民众积极倡议当权者兴办学校。

(4)普及教育思想的进步意义:普及教育思想最先是莫尔和路德提出的,但是他们普及教育的目的是争夺宗教信徒,而夸美纽斯提倡普及教育的目的是使人成为理性的动物,成为万物的主宰。

（5）普及教育思想的局限性:虽然夸美纽斯提出要"把一切事物教给一切人",但是他认为一切青年男女接受教育的目的和程度都是不同的。

2.统一学制

为了便于管理全国学校,为了使所有儿童都有上学机会,夸美纽斯主张建立全国统一学制,他把儿童从出生到青年分为四个阶段,每个阶段六年,设立与之相适应的学校。

第一阶段:1～6 岁——婴儿期——母育学校——家庭

第二阶段:6～12 岁——儿童期——国语学校——村落

第三阶段:12～18 岁——少年期——拉丁语学校——城市

第四阶段:18～24 岁——青年期——大学与旅行——王国或省

（三）论教育适应自然的原则

教育必须适应自然是夸美纽斯教育体系的一条指导原则。所谓教育适应自然,就是教育必须遵循自然界的普遍规律。在夸美纽斯看来,自然界存在一种"秩序",即普遍规律。人是自然的一部分,因而人类的教育活动必须与自然界的普遍规律相适应。他认为旧学校的根本错误在于它违背了"自然"。教育适应自然,还包括教育必须适应儿童本身的"自然",即儿童身心的特点。主要内容如下:

1.教育适应自然原则的中心思想是教育应当服从"普遍秩序",即客观规律。实际上有两层意思:一是教育工作有规律可循,教育者应当遵循;二是教育者在教育过程中应当探求教育的规律。

2.要根据人的自然本性和年龄特征进行教育。各级学校要根据学生的年龄以及已有的知识循序渐进地教学。

（四）论教育与教育管理

每个家庭应当是一所母育学校,母亲是主要的教师。母育学校的主要任务是保护和发展幼儿的身体健康,并给予初步的知识、道德的和宗教的教育,为培养身心和谐发展的人打下基础。每个家庭应当有个母育学校,每个村落应当有个国语学校,每个城市应当有个中等学校,每个王国或省应当有个大学。同时他强调国家对教育的管理职权,认为国家应该设立督学,对全国的教育进行监督,保证教育得到统一发展。督学的职责包括培训教育管理者,管理各级学校人员,检查学校工作,监督学校规章的执行,指导社会和家庭教育。他是最早提倡国家设置督学的教育家。另外他还严格规定校长、教师、学生的职责,强调规章制度和纪律的作用。夸美纽斯这种建立全国统一的、既分段又连贯的学校制度,并加强国家管理的思想,对后世影响很大,各国的普及教育及公立学校制度正是在此基础上逐步发展起来的。

(五)论学年制和班级授课制

1.学年制

为了使普及教育有组织、有计划地进行,夸美纽斯主张实行学年制。

(1)各年级应在同一时间开学和放假。

(2)每年招生一次,学生同时入学,以便使全班学生的学习进度一致;学年结束时,经过考试,同年级学生同时升级。

(3)他对每学年、每学季、每月、每周、每日、每时的时间都做了具体安排,规定了工作、休息、学习的时间。

2.班级授课制

为了克服当时学校教育中个别教学的弊端,以及为普及教育服务,夸美纽斯大力提倡班级授课制。班级教学的显著特征是多、快、好、省,能适应普及教育的需要。尤其是在教师不足的情况下,其优越性更是个别教学无法比拟的。班级授课制的具体设想包括:

(1)根据儿童年龄及知识水平分成不同班级,每个班级一个教室,由一个教师对一个班的学生同时授课。

(2)把全班学生分成若干小组,每组十人,委托一个优秀学生作十人长,协助教师管理学生、考查学业。

(3)为每个班级制定统一的教学计划,编写统一的教材,规定统一的作息时间,使每年、每月、每日、每时的教学都有计划地进行。

班级授课制反映出教育工作的客观规律,符合近代学校教育特别是普及教育发展的需要,因而被后人广泛采用。

(六)论教学原则

在教育适应自然原则的基础上,夸美纽斯提出的具体教学原则有:直观性原则、激发学生求知欲望原则、巩固性原则、量力性原则、系统性和循序渐进性原则。

1.直观性原则

夸美纽斯第一次从感觉论出发论证了直观教学的重要性和实施方法。他把通过感官所获得的对外部世界的感觉经验作为教学的基础,并认为这是"一条教师的

金科玉律"。关于直观教学的方法,他认为:

（1）教学应从实际事物开始。

（2）在不能进行直接观察时使用图片或者模型。

（3）应该呈现教具,放在合理的范围内。

（4）要让学生先看到实物或模型的整体,然后再分辨各个部分。

夸美纽斯从理论上论证了直观教学原则,把文字教学引导到认识生活、认识世界的道路上,具有革新意义。但他在一定程度上把直观知识和间接知识对立起来。

2.激发学生求知欲望原则

夸美纽斯针对学校普遍存在的强迫孩子学习功课的现象,指出应该激发学生求知欲望。

（1）父母应当在子女面前赞扬学问与具有学问的人们。

（2）教师应该用温和的亲切的语言和循循善诱的态度去吸引学生,时常表扬用功的学生。

（3）学校应该是经过精心布置的。房舍明亮、清洁,各处挂着名人画像、地图、历史图表,有宽阔的活动场所,有花园。

（4）所教的科目是符合学生年龄特征的,并且写得清清楚楚、有吸引力的。

（5）所使用的方法能够激起学生爱好知识的兴趣。

（6）政府当局应当在公共场所赞扬用功的学生。

3.巩固性原则

夸美纽斯特别强调使学生掌握并牢牢记住所学得的知识,认为只有巩固的知识储备才能帮助学生随时随地加以运用。要想方便地记忆知识,首先必须理解知识。

他把理解性的教学比作钉子、钩子、夹子,能把知识牢牢地钉在、夹在脑子里。此外,经常地练习和复习,特别是把自己所掌握的知识教给别人等,都是巩固知识的有效方法。

4.量力性原则

夸美纽斯反对教学不考虑学生的接受能力,指责经院主义教育用繁多的抽象教材、儿童陌生的拉丁文、长时间的教学和死记硬背的方法增加儿童的心理负担。

夸美纽斯从教育适应自然的理论出发,在教育史上首次提出量力性原则,不仅击中时弊,而且反映了教学工作的客观规律,无疑是具有进步意义的,对后世的影响也很大,但他对儿童学习潜力的估计略显不足。

5.系统性和循序渐进性原则

夸美纽斯批评当时学校教给学生的都是一些片断、零碎的知识,学生不易看出知识之间的相互联系,因此就不容易掌握和牢记。为了改变这种状况,他提出系统性的教学原则,要求教材的组织具有系统性和逻辑性,要把一个学科的知识排成一个整体,不省略或颠倒任何内容。

(1)要求教学过程的循序渐进。教学应精心地划分阶段,使先行的为随后的铺平道路。

(2)要求教学应遵守从已知到未知、从易到难、从简到繁、从近及远等规则。

夸美纽斯关于教学系统性和循序渐进性原则在一定程度上反映了教学工作的客观规律性,但也存在着简单化等缺陷。

(七)论道德教育

1.道德教育的主张

(1)夸美纽斯把世俗道德的培养从宗教教育中分离出来,成为一个独立的部分。

(2)夸美纽斯还以功利主义和人文主义作为其道德教育的理论基础,脱离了以基督教教义为理论基础的旧思维,高度评价人的天性,并宣称他对伦理道德的研究是以人的利益为中心的。

(3)夸美纽斯还把培养德行看作学校的主要任务之一,甚至认为德育比智育更重要,把道德教育放在首位。

2.道德教育的基本内容

在道德教育的内容方面,夸美纽斯把"谨慎、节制、刚毅、正义"作为道德教育的基本内容,他把这四种品德称为基本德行。

夸美纽斯还在德育内容中纳入了一个在当时是崭新的概念——劳动教育。他要求儿童学会从事一切诚实的劳动,不做寄生虫。

3.道德教育的方法

(1)尽早开始正面教育。使儿童在年幼时受到良好训练是最重要的。

(2)从行动中养成道德行为的习惯。德行是在经常做正当的事情中学到的。

(3)重视榜样作用。父母、保姆、家庭教师和同学的井井有条的生活的榜样必须经常呈现在儿童面前。

(4)格言与行为规则。必须用正向的格言和行为规则影响学生。

(5)择友。必须小心地防止儿童与坏人交往,以免他们受到熏染。

（6）严格的纪律是必要的。

（八）论健康教育

1.夸美纽斯倡导提高生命的质量，并以辩证的观点看待人生的寿命。最重要的就是要抓紧时间，使自己的知识和工作积少成多，最终成就伟大的事业。

2.夸美纽斯也注意身体的保养和锻炼。他认为除了尽量避免危害生命的偶然事件外，最重要的就是营养、锻炼和休息，三者都不可欠缺，也不可过量；学校应当据此恰当地安排学习和休息的时间。

（九）夸美纽斯教育思想的历史地位与影响

夸美纽斯吸收前人教育理论和实践经验中有益的部分，并结合自己的思想和丰富的教育实践经验，为人类创立了不朽的教育学说。他受文艺复兴以来人文主义精神的影响，热爱儿童，重视教育在现实生活中的作用。

1.积极影响

（1）他提出的"把一切知识教给一切人"的泛智教育理想中蕴含着丰富的民主和科学思想。

（2）他关于普及教育和科学文化的主张预示了近代教育的方向。

（3）他拟定了西方教育史上第一个从学前教育到大学教育的单轨学制，后来更发展为一个系统的终身教育体系，成为近现代单轨学制及终身教育的先驱者，他还通过教育实践来努力实现自己的设想。

（4）他系统地论述了班级授课制和学年制，在学校管理制度方面也提出了许多设想。

（5）他力图探讨教学工作的规律，提出了改革旧教育课程体系及教学工作的原则和方法，奠定了近代教学理论的基础。

2.消极影响

由于夸美纽斯的卓越贡献，几乎所有18及19世纪教育理论的萌芽均可在他的著作中发现。但是，作为新旧交替时代的一位历史人物，夸美纽斯的思想受到过渡时代的局限，主要表现为其世界观和教育观中有浓厚宗教神学色彩。因此，有学者认为夸美纽斯的思想是保守的，甚至指责他在理性主义不断上升的年代仍将捍卫基督徒的信仰放在首位。

3.历史地位

夸美纽约的许多思想具有超前的特征，在当时不仅不能被一般人所理解，也不具备实现的历史条件。直至19世纪中叶以后，在各国普及教育迅速发展的历史时期,夸美纽斯的教育思想才重新引起人们的重视,并得到高度评价,从而确立了他在西方教育史上的重要地位。

二、裴斯泰洛齐的教育思想

(一)教育实践活动

裴斯泰洛齐是18世纪末19世纪初瑞士著名的民主主义教育家,代表作有《林哈德与葛笃德》。受担任牧师的祖父影响,他自幼便同情穷苦人民的遭遇,痛恨封建统治阶级。青年时期,他受法国启蒙运动特别是卢梭思想的影响,矢志改革传统教育和社会现状,试图帮助穷人走上幸福的道路。毕生有四次教育实验。

他购置一块荒地,取名为"新庄",把它当作一个模范农场向附近的农民传授新的农业技术与方法,借此改善农民的生活。五年后这一试验便失败了。

1774—1780年,裴斯泰洛齐又在新庄开办了一所孤儿院(亦称"贫儿之家")收留了几十名孤儿和乞儿,向他们传授劳动技能,使之能够独立生活。由于经费问题,"贫儿之家"最后停办了。此后的十多年时间,裴斯泰洛齐主要从事教育理论的研究与写作。《林哈德与葛笃德》这部教育小说便是这个时期完成的。

1799年,裴斯泰洛齐受政府之托,创办了斯坦兹孤儿院,并在短短的几个月内取得了很大的成绩。6个月后,因院址被改作医院,孤儿院被迫关闭。

1800年,裴斯泰洛齐在布格多夫小学任教。这是一所公立学校,在这里,裴斯泰洛齐正式开始了他的初等教育改革试验。他的学校如同一个大家庭,儿童在这里轻松愉快地学习。布格多夫国民学校成为近代欧洲初等学校诞生的标志。1805年,政府收回了这所学校的校址。

1805年,裴斯泰洛齐带领布格多夫学校的部分师生在伊佛东城重新建立了伊佛东学校。伊佛东学校建校后的前10年成绩最为突出,一时成了当时欧洲的"教育圣地",赫尔巴特和福禄培尔都曾来此考察。后因学校复杂的人事纠纷,年事已高的裴斯泰洛齐回到了新庄。

裴斯泰洛齐在教育方面的著作有《林哈德与葛笃德》《葛笃德怎样教育她的子女》。

裴斯泰洛齐一生致力于教育事业,虽历经磨难,但初衷不改。他关心劳动人民的疾苦,试图通过教育来改善他们的生活状况。他长期坚持教育实践,大胆探索新的教学方法,并取得了举世瞩目的成绩。

(二)教育目的论

裴斯泰洛齐的教育思想和活动与他的民主主义思想分不开。他认为,贫穷的根源是无知和缺乏教育,不平等的教育制度扩大了阶级之间的差距;通过教育,劳苦大众可以改变自己的悲惨状况,社会的不平等现象可以得到改善。因此,他主张建立一种平等普及的教育制度,使所有阶层的儿童都受到教育。裴斯泰洛齐一生的教育活动就是他的民主主义教育思想的体现,从中不难看出他对劳动人民子女教育的关心和重视。

裴斯泰洛齐认为,由于上帝的创造,人有"心、脑、手"三种天赋的基本能力。他所说的"心",不仅指伴随我们全部知觉和思想而来的一切感情范围,而且包括基本的道德情感。他所说的"脑",常常是指人认识世界、理智判断一切事物的官能,包括感觉、记忆力、想象力、思维和语言。而他所说的"手",是指人身体的各种活动能力。

裴斯泰洛齐认为,教育意味着完整的人的发展,每个人都有天赋的潜能,都要求得到发展。教育的目的是"促进人的一切天赋能力和力量的全面、和谐发展",即培育所谓的"完人"或"真正的人性"。基于此,裴斯泰洛齐赋予德育、智育、体育以及劳动教育以重要的意义。

(三)和谐教育论

裴斯泰洛齐的《天鹅之歌》充分反映了他的和谐教育思想,主要体现在以下几点。

1.受教育机会平等。裴斯泰洛齐认为,所有人都应受教育,教育应成为所有人的财富。通过教育可以改变社会的不平等关系和贫富悬殊的现象,改变贫苦人民的生活状况。

2.教育适应自然。教育应适应儿童能力的发展,遵循儿童发展的自然顺序。

3.教育必须培养完整的人性。在裴斯泰洛齐看来,每个人生来都有全面发展的要求和可能,教育应尽可能使学生的德、智、体、劳方面获得和谐发展,并构成人的整体性和统一性。

(四)论教育心理学化

在西方教育史上,裴斯泰洛齐是第一个明确提出"教育心理学化"口号的教育家。他确信人存在一种基本的心理规律,教育心理学化就是要找到这种规律,把教育提高到科学的水平,教育科学应该建立在人的心理活动规律基础上。专制主义、经院主义的弊端就在于不符合儿童的本性、使用不合适的灌输法,应当根除。教育心理学化的具体要求:

1.教育目的和理论指导心理学化。教育要适应儿童心理的发展,将教育的目的和教育的理论指导置于儿童本性发展的自然法则的基础上。

2.教学内容心理学化。要使教学内容的选择和编制适合儿童的学习心理规律,据此他提出了要素教育理论。

3.教学原则和教学方法的心理学化。教学程序和学生的认识过程协调,做到循序渐进。

4.教育者要适应儿童的心理,调动儿童学习的主动性,让儿童成为他自己的教育者。

裴斯泰洛齐的教育心理学化思想对19世纪欧洲教育心理学化的思潮产生了重大的影响。

(五)要素教育论

为了使更多的人和家庭能够进行教育,裴斯泰洛齐经过长期的摸索和试验,终于找到了一种简单易行的教育方法,并形成了自己独具特色的要素教育思想。

裴斯泰洛齐致力于要素教育的原因:第一,他认为儿童天赋能力和力量的发展都有从简单到复杂的顺序;第二,广大劳动人民都应有接受更加简便有效教育的权利。

按照裴斯泰洛齐的观点,任何事物都是由最基本的要素构成的。教育也应从最基本、最简单的要素开始,由易到难,循序渐进,适应儿童的接受能力。裴斯泰洛齐详细论述了智育、德育及体育的要素问题。

1.智育

智力的要素是整个要素教育的核心。儿童智力的最初萌芽是对事物的感觉和观察能力,这种能力的萌芽与眼前事物最基本、最简单的外部特征相统一,即事物的数目、形状、名称。儿童要认识这三个要素,就必须具备相应的三种能力,即确定事物数量的计算能力,区分事物形状的测量能力,表达事物数、形及名称的语言能力。培养这三种能力的学科是算术、几何与语文。

2.体育

体力的萌芽在于儿童身体各关节的活动,因而关节活动是体育最基本的要素。体育教学必须依据儿童日常生活中的各种最简单的动作进行。劳动中的许多简单的动作要素都与身体运动分不开,通过这些动作训练发展儿童的体力,也可以让儿童掌握一些基本的劳动技能,并且这些训练应该与感觉训练、思维训练结合起来。

3.德育

道德教育最基本的要素是爱,而儿童的爱最初表现为对母亲的爱,即对母亲的深厚感情,然后由爱母亲扩展到爱父亲、爱家人、爱周围的人,乃至爱全人类。

(六)初等学校各科教学法论

裴斯泰洛齐从要素教育和教学心理学化的观点出发,分析了小学各门学科的教学方法,在长期的教育实践基础上形成了独特的教学方法,因此他被誉为"现代初等各科教学法的奠基人"。

裴斯泰洛齐认为,教学艺术首先要培养人的最基本的计算能力、测量能力和说话能力。因此,他对初等学校的算术教学、测量教学和语言教学十分重视。

1.语文教学法

裴斯泰洛齐认为,语文教学最基本的要素是词,而词的最基本要素是声音。语文教学应当分三步进行:首先是发音教学,其次是单词教学,最后是语言教学。

2.测量教学法

测量教学的基本要素是直线。测量教学应当充分利用各种实物和图形,先让儿童形成直观的印象,然后再进行测量,最后通过绘画表现出来。

3.算术教学法

在教学中,首先要让儿童对数目形成感觉印象,数字"1"是最基本的要素,学生可以利用手指、石子、豆子等实物学习计数。在掌握了初步加法之后,再学习乘法、除法、减法。裴斯泰洛齐指出,以感觉印象为基础,算术教学就会变得异常容易。

(七)教育与生产劳动相结合

裴斯泰洛齐不是第一个提出教育与生产劳动相结合这一思想的人,但却是西方教育史上第一个将这一思想付诸实践的教育家,在自己的实践活动中他还推动和发展这一思想。

1.初步实验:新庄"贫儿之家"时期

裴斯泰洛齐认为教育和生产劳动相结合可以帮助未能进入学校接受教育的农村贫民子弟,使他们通过自己的劳动生产获得一定的经济收益,进而实现生活自给,在学到一定的劳动技能的同时学习初步的文化知识。裴斯泰洛齐主要重视生产劳动的经济价值,此时教学与劳动只是一种单纯的、机械的外部结合,无内在意义的联系。

2.成功实验:斯坦兹孤儿院时期

这次实验具有以下特点：

(1)明确地把学习与手工劳动相联系,把学校与工厂相联系。作为斯坦兹孤儿院的实验内容之一,这意味着此时地更有意识地将教育与劳动结合视为探讨新教育的一个重要方面。

(2)以学习为主,参加手工劳动为辅,强调二者的联系与结合。

(3)强调学习和手工劳动能够结合之前,二者必须分别打好基础。重视学习基础性文化知识,掌握基本的手工劳动技能。

(4)深信教育与生产劳动结合时培养人的重大教育意义,并认为这是基于教育心理学化的教育途径。

3.评价

(1)主要反映资本主义工场手工业时代对教育与生产劳动之间的关系的新要求。

(2)在一定程度上看到了教育与生产劳动相结合对人的和谐发展和社会改造的重要意义。

(3)由于时代限制,裴斯泰洛齐未能真正找到教育与生产劳动相结合的内在联系,更未能做出全面的历史分析。

(4)把教育与生产劳动相结合思想付诸实践,并在理论认识上加以发展,在教育史上有重要影响。

(八)裴斯泰洛齐教育思想的历史地位与影响

1.历史地位

裴斯泰洛齐毕生奉献于教育革新实践和教育理论探索。他在有选择地汲取前人的有关理论的基础上,形成了他自己的教育思想体系,反映了时代对教育的要求,反映了教育自身的规律。

裴斯泰洛齐的教育实践和国民教育理论,对欧美国家的教育曾产生很大的影响。

(1)19世纪初,在欧洲一些国家不仅设立了"裴斯泰洛齐式"的学校,甚至一时形成"裴斯泰洛齐运动"。

(2)19世纪上半期的许多著名教育家如赫尔巴特、福禄培尔、第斯多惠、贺拉斯·曼等都深受裴斯泰洛齐的影响。

(3)到19世纪中期,学习和推广裴斯泰洛齐的教育理论在美国甚至一度蔚然成风。

2.局限性与不足

（1）他的基本教育观中具有一定的唯心主义色彩。

（2）在论述要素教育以及教学原则、教学方法时，表现出一些机械主义和形式主义。

当然，这只能从裴斯泰洛齐所处的时代以及他自己的世界观和实践活动的局限性去说明。

裴斯泰洛齐与亚里士多德的和谐教育论的相同之处是（　　）。

A.受教育机会均等　　　　　　　B.教育适应自然

C.教育要培养完整的人　　　　　D.教育要适应不同个体的需要

【解析】B

不论是裴斯泰洛齐还是亚里士多德，都强调教育要适应自然，因此答案选 B。

三、卢梭的教育思想

卢梭是 18 世纪法国启蒙思想运动中著名的思想家和教育家。他通过教育代表作《爱弥儿：论教育》，提出了以人的自由发展和自然教育为基础的、培养"新人"的教育理想，奠定了自身在教育史上显赫的地位。卢梭出生于日内瓦一个贫穷的钟表匠家庭，作为小生产者的代言人，其革命的激烈程度大大超过了资产阶级中的其他派别。

（一）性善论与感觉论

在卢梭的思想理论中，与教育有密切联系的是性善论和感觉论，前者指明人的本性，后者指明人的知识的来源。

1.性善论

卢梭是坚定的性善论者。他在《爱弥儿》开篇就谈到"出自造物主之手的东西都是好的，而一到人的手里就全变坏了"。由此可见，他认为自然是善的，人性也是善的，只是社会把人变坏了。教育的任务应该是使儿童归于自然，发扬善性，恢复天性。他从自爱心、怜悯心和良心三个方面来分析人的善天性。

（1）自爱心。为了生存而具有的原始的、内在的自然欲念，只要顺其自然发展，就能成为高尚的道德

（2）怜悯心。可以使人的自爱心扩大到爱他人、爱人类，产生出仁慈、宽大等

人道精神。

（3）良心。在使人为善中有重要作用，它不仅能指导人判断善恶，还能引导人弃恶从善。但在罪恶横流的社会，良心容易泯灭。所以应该让儿童避开城市，到乡村去接受自然教育，以免良心遭受污染。

一方面，卢梭的性善论与宗教的原罪论针锋相对，他主张通过自然教育培养自然人，这是教育的责任。另一方面，性善论充满着反封建的战斗精神，如果社会把人变坏了，就应该彻底地推翻封建专制统治，建立新的理性王国。当然，卢梭把自爱心、良心等归之于天赋，看作超阶级、超时代的抽象物，这就体现出其思想局限，因为良心是在后天的社会环境中逐渐形成的。

2.感觉论

（1）感觉是知识的来源。卢梭认为所有一切知识都是通过人的感官进入人的头脑的，所以人的最初的理解是一种感性的理解，基于此，理智才能形成。

（2）加强感官训练。理性认识事物的前提是感觉器官的成熟，所以孩子们不成熟、不完善的感官需要通过实际训练加以完善。卢梭是教育史上首次详细论述如何训练儿童感官的教育家。

卢梭的感觉论具有唯物主义色彩。卢梭认为利用感官获取直接经验是教育的第一步，由此才能加强学生的理解力和记忆力，同时也不会完全听信他人，接受世俗偏见和谬论，而是会有自己的独立思考。感觉论还显示近代教育心理学化的端倪。卢梭把儿童的教育建立在了天性的研究和感官的研究之上，显示了近代教育心理学化的端倪，预示着教育的发展方向。

（二）自然教育理论

1.自然教育的基本含义

自然教育理论是卢梭教育思想的主体，自然教育的核心是"归于自然"，即教育必须遵循自然，顺应人的自然本性。

在卢梭看来，人所受的教育不外三种，即"受之于自然""受之于人""受之于事物"，也就是自然教育、人为教育、事物教育。"我们的器官和才能的内在发展，是自然的教育；别人教我们如何利用这种发展，是人为教育；从周围影响我们的事物获得良好的经验，是事物教育。"这三方面的教育是相互联系的。如果这三方面的教育是一致的，都趋于同一目的，他就能受到良好的教育。卢梭还进一步分析："在这三种不同的教育中，自然教育完全是不能由我们决定的；事物教育中人在有些方面能够决定；只有人为教育才是我们能够真正地加以控制的。"应该以自然教育为中心,事物教育和人为教育服从于自然教育,使这三方面教育相互配合并趋于自然的目标,才能使儿童享受到良好的教育。

卢梭所说的"自然教育"就是指服从自然的法则,顺应儿童天性发展进程,促进儿童身心自然发展的教育。在他看来,如果以成人的偏见加以干涉,结果只会破坏自然的法则,从根本上毁坏儿童。教师的作用只是要防范不良环境的影响,是消极的,因而他常提及"消极教育"。

2.自然教育的培养目标

卢梭认为,自然教育的目标是培养"自然人",即完全自由成长、身心调和发达,能自食其力、不受传统束缚、能适应社会生活的一代新人。卢梭所憧憬的"自然人"与"公民"的差异表现在:

(1)自然人是独立自主的人,他能独自体现出自己的价值;而公民的一切依赖于专制社会,失去了自身的独特价值。

(2)在自然的秩序中,所有的人都是平等的;而在社会之中,公民是有等级的。

(3)自然人又是自由人,他是无所不宜、无所不能的;而国家公民在社会中常常是某种专业化的职业人,他囿于他的职业,而失去自由。

(4)自然人还是自食其力的人,他靠自己的劳动所得为生;而公民中有一批人依靠他人劳动成果为生。

3.自然教育的方法原则

(1)正确看待儿童,这是自然教育的一个必要前提。

(2)给儿童以充分的自由,遵循自然天性的教育。成人不干预、不灌输、不压制,让儿童遵循自然率性发展。

4.自然教育的实施

根据年龄阶段的分期,卢梭提出教育者要按照学生的不同年龄特点进行教育。

第一阶段,在婴儿期(0—2岁),主要是进行体育,这一时期,教育的主要任务是促进儿童身体的健康发育。因为健康的体魄是智慧的基础,是儿童接受自然教育的条件。

第二阶段,儿童期的教育(2—12岁),又称"理性的睡眠期",主要进行儿童感官的训练并继续发展身体。卢梭反对儿童在12岁以前读书学习,认为这一阶段的儿童周围的事物就是一本书,要求对他们进行视觉、听觉、触觉等感官的训练。可以用"自然后果法"对儿童进行道德教育,即让儿童经受由于自己的过失招致的后果,而自知纠正错误行为。

第三阶段,在少年期(12—15岁),主要进行智育和劳动教育。智育上,卢梭主张选择实际、有用、有益于让儿童获得幸福的知识。在智育方法上,主张让儿童主动地学习。卢梭重视对这一时期的儿童进行劳动教育,在各种劳动中,最看重手工劳动,因为它无所依赖,是最自由的。

第四阶段,在青春期(15—20岁),主要是进行道德教育和宗教教育。这一阶段儿童由农村回到城市进行道德教育,让儿童了解社会。卢梭认为道德教育主要是培养儿童善良的情感和良好的道德行为,善良情感的培养应先从儿童"自爱"开始,逐步扩展为"他爱""博爱";道德行为的养成则需要身体力行和艰苦努力。另外,也可以通过学习历史和阅读等方式来对儿童进行道德教育。宗教教育也是道德教育资源之一,但应以自然宗教为限。

由于青年人处于激动和热情的阶段,需要用道德准绳的力量加以调节,指导他们处理好人与社会、人与人之间的关系。

5.自然教育的影响

卢梭教育思想的基本内容是高度尊重儿童的天性,倡导的是自然主义和儿童本位主义的教育观,是现代教育思想的重要来源。他系统地论述了自然教育理论,提倡性善论,反对封建社会对人性的压制,具有历史进步意义。在教育目的方面主张培养身心和谐发展的"自然人",反映了对人的发展的合理要求。他还详细地分析了不同时期学生身心发展特点,并据此探讨了教育内容。卢梭论证了自然主义教育的内容和方法,如他分析了儿童身体健康教育及感觉教育的价值,并论述了感觉教育的要求和方法;反对古典主义和教条主义,倡导学习真实和有用的知识;反对填鸭式的教育,提倡启发式的教育;主张直观教学;反对向儿童灌输道德教条,要求养成符合自然发展的品德等。这些观点既是在前人的基础上发展起来的,也反映了近现代教育的发展方向。

卢梭的教育学说包含着相当激进的思想,充满了新兴资产阶级自由、平等和博爱的精神。在法国大革命的前夜,该教育学说具有解放思想的重要意义。

有人称,卢梭在教育界发动了一场哥白尼式的大革命,他把儿童放在教育过程的中心,认为儿童有一种潜在的发展可能,而教育就是为儿童提供一个优良的环境,使其充分地实现这种可能性。同时卢梭奠定了实用主义哲学和进步教育的理论基础,对欧美教育产生了深远影响。虽说卢梭为教育的发展做出了突出贡献,但他本身也是一位备受争议的教育家,其教育思想也有不足之处,如对儿童天性的认识过于理想化,过分强调儿童在活动中的自然成长,忽视社会的影响和人类文化传统的教育作用;过高估计儿童的直接经验,忽视学习系统的书本知识。

（三）公民教育理论

卢梭在《爱弥儿》中所表达的自然主义教育思想，是在封建专制尚未倒台的政治前提下提出的革命性主张。一方面，他反对培养国家公民，主张培养"自然人"；反对儿童阅读书本，主张儿童亲身活动；反对国家的学校教育制度，提倡家庭教师实施教育；反对压制、灌输，主张给儿童以自由。但这只是卢梭教育思想的一个方面。另一方面，卢梭主张建立国家教育制度以及培养良好的国家公民。他是一个对新的社会制度充满幻想的思想家，当他在设想新制度建立后的教育问题时，特别主张建立国家教育制度和培养良好的国家公民。

卢梭认为，理想国家中的教育目标是培养忠诚的爱国者。学校教育由国家掌管，不能按教育对象的贫富分设学校和课程，要求儿童接受同样的教育。对受教育者，即使不能完全免费，国家也要给予补贴。教师需由本国公民担任。体育是教育里最重要的部分，不仅使儿童体魄变得健康和强壮，而且也能促进道德的发展。

（四）女子教育论

卢梭关于女子教育的观点是从其教育"回归自然"的基本思想中引申出来的。

1.教育目的

培养"小家碧玉、贤妻良母"的形象。

2.教育内容

（1）卢梭主张女子首先要培养健康的身体，但更倾向于培养灵巧的目的，这有益于生育健壮的孩子和获得良好的身段。

（2）卢梭认为女子要学习唱歌、跳舞等艺术，使声音动人、身材灵巧、风度优雅并具有思考的习惯，以便更好地愉悦家人、教育子女。

（3）卢梭认为女子的治家能力是她尽相夫育子天职所不可缺少的。卢梭理想中的女子不仅是做女工的能手，而且是管理、调度、安排全家生活、使全家人亲密相处的能人。

（4）卢梭认为女子没有相当精细的头脑和集中的注意力去研究严密的科学。

3.评价

针对当时社会贵族妇女不事家务、奢侈放荡的风气来说，卢梭的女子教育思想是一种进步，因为他提出女子和男子一样也要接受教育。但他在女子教育问题上总的倾向是保守的，达不到真正发掘女性的智慧潜力、解放女性的目的。

【2019年333,27题】在夸美纽斯看来,学校不幸变成儿童"才智屠宰场",其根本原因在于教学工作违背了(　　)。

A.直观性原则　　　　　　　B.系统性原则

C.适应自然原则　　　　　　D.激发学生求知欲原则

【解析】C

夸美纽斯提出的直观性原则、激发学生求知欲原则、巩固性原则、量力性原则、系统性原则都是具体的教学原则,这些教学原则的根本均是教育适应自然原则,其中心思想是"教育应当服从普遍秩序",即客观规律。因此答案选C。

(五)卢梭教育思想的历史地位与影响

1.历史地位

卢梭是18世纪法国启蒙运动中伟大的思想家,被视为法国大革命的导师和旗手,他在教育思想和实践中带来了"哥白尼式的变革"。他首次完整总结了自然主义教育理论体系,对封建教育的批判和对新教育所提出的设想有着划时代的意义。这不仅在当时的法国引起了强烈反响,而且对整个欧洲和后世的教育也产生了深刻的影响。

2.积极影响

(1)在理论上,自然教育和儿童本位的教育观,是新旧教育的分水岭。卢梭教育思想的基本内容是高度尊重儿童的善良天性和自由,把儿童放在教育过程的中心。他提出的研究儿童的号召,已经成为教育研究的永恒课题。不论是他的自然教育理论还是公民教育理论,其本质都是儿童中心论。

(2)在实践上,促使德国、巴西多开办了自然主义性质的泛爱学校。泛爱学校既是卢梭精神的产物,也是发展卢梭思想的成果。

(3)在传播上,对当时和后世产生了超越教育领域的重大影响。

在当时,产生了反封建、反宗教的划时代意义。卢梭的教育学说包含着相当激进的思想,充满了新兴资产阶级自由、平等和博爱的精神。他深刻地批判封建社会和封建教育,给天主教教育以沉重的打击,对新社会和新教育提出了设想。

对后世,奠定了自然主义教育思潮、实用主义哲学和进步教育的理论基础。卢梭不仅影响了近代巴西多、康德、裴斯泰洛齐等人的思想,形成了19世纪的自然主义教育思潮,还影响了20世纪的杜威,杜威在批判继承卢梭的教育思想的基础上形成了实用主义教育思想。卢梭还对后来的新教育运动、进步教育运动都有一定的影响。

3.消极影响

卢梭对儿童天性的看法过于理想化,过于强调儿童在活动中的自然成长,忽视了社会的影响和人类文化传统的教育作用,过高地估计了儿童直接经验的作用,忽视了书本知识的系统学习。

> 卢梭和夸美纽斯都提出了教育适应自然的思想,卢梭与夸美纽斯教育思想的不同之处在于( )。
>
> A.以性善论作为教育思想的理论根基
>
> B.将自然主义教育思想更加理论化、系统化、完善化
>
> C.以自然后果法为自然主义的重心
>
> D.更强调家庭教育的重要性
>
> 【解析】B
>
> 卢梭和夸美纽斯都主张自然主义教育,卢梭与夸美纽斯教育思想的不同之处就是卢梭对自然主义教育思想的论述更加系统、完善,从而形成了理论体系。

四、赫尔巴特的教育思想

赫尔巴特是19世纪德国哲学家、心理学家、教育家,被誉为"现代教育学之父",并提出把教育学建成一门独立学科。在伦理学和心理学基础上建立了完整的教育理论体系,其教育代表著作有《普通教育学》《教育学讲授纲要》。

(一)教育实践活动

1.在日内瓦—不来梅时期,赫尔巴特担任三个孩子的家庭教师,参观裴斯泰洛齐的布格多夫国民学校,积累了大量的教育经验。

2.在哥廷根时期,创作了《普通教育学》,提出"科学教育学"的基本学说,从伦理学角度探讨教育问题。

3.在柯尼斯堡时期,赫尔巴特侧重于从心理学角度探讨教育问题,通过这个时期的各项工作,他进一步充实了其教育理论体系,创作了《教育学讲授纲要》《普通教育学纲要》。

(二)教育思想的理论基础

赫尔巴特教育思想有双重理论基础,即伦理学和心理学。

1.赫尔巴特伦理学

赫尔巴特伦理学的基本内容之一是提出了五种道德观念,即内心自由(内心的

判断)、完善(内部理智能力的协调)、仁慈、正义(克己守法的观念)、公平或报偿(法律制裁)。它们是维持现存社会的永恒真理和道德标准。

(1)内心自由指的是一个人有了正确的思想或者对真善美有了明确地认识,就能够自觉地依照道德规范行事,使自己的行为符合理性的原则。

(2)完善指的是人调节自己的意志、做出判断的一种尺度。

(3)仁慈是指一种绝对的善,它要求人无私地为他人谋福利,与人为善,从而使自己的意志与他人的意志协调统一。

(4)正义即守法,它要求避免不同意志之间的冲突,并且按照人们自愿达成的协议(或法律)解决冲突。

(5)公平或报偿是指当人故意作祟时予以应有的惩罚,即善有善报、恶有恶报。

赫尔巴特强调知识和认识在道德形成中的作用。前两种是调节个人道德行为的,后三种是调节社会道德行为的。

2.赫尔巴特心理学

他是西方历史上第一位把心理学作为独立学科研究的教育家。他指出教育学必须以心理学为基础。他系统研究了统觉、兴趣、注意力等心理学问题,建立了自己的观念心理学。

(1)统觉(apperception)一词最早由莱布尼兹提出,赫尔巴特对其进行了批判独立的吸收,并借鉴康德、洛克等人的观点,整合成为自己的思想并应用于教学中。

赫尔巴特统觉理论的基本含义是,当新的刺激发生作用时,表象就通过感官的大门进入意识阈;如果他有足够的强度能唤起意识阈下已有的相似观念的活动,并与之结合,那么由此获得的力量就将驱逐此前在意识中占统治地位的观念,成为意识的中心,新的感觉表象与已有观念的结合,形成统觉团(即认识活动的结果);如果与新的表象相似的观念已经在意识阈上,那么二者的联合就巩固了它的地位。赫尔巴特还指出统觉的条件是兴趣。

统觉的基本原理是:

新的刺激 S→意识阈+已有观念→统觉团 S(SenseRepresentation,感觉表象)

(三)道德教育理论

赫尔巴特的教育理论中,道德教育是最为重要的内容。

1.教育的目的

道德是教育的最高目的。赫尔巴特认为,教育所要达到的基本目的可分为两种,即"可能的目的"和"必要的目的"。"可能的目的"是指与儿童未来所从事的职业有关的目的,这个目的是要发展多方面的兴趣,使人的各种潜力得到和谐发展。"必要的目的"是指教育所要达到的最高和最为基本的目的,即道德,这个目的就是要养成内心自由、完善、仁慈、公平、正义或报偿等五种道德观念。

【2025年333,23题】德国教育家赫尔巴特提出,教学需要实现的近期的和较为直接的目的是(　　)。

A.培养儿童各方面的兴趣　　　　B.养成儿童的道德性格

C.向儿童传授系统的学科知识　　D.造就儿童守秩序的精神

【解析】A

记忆题,此题考查赫尔巴特的教育目的。赫尔巴特认为,教育所要达到的目的可以分为两种,即所谓"可能的目的"和"必要的目的"。"必要的目的"是指教育所要达到的最高和最为基本的目的。"可能的目的"是指与儿童未来所从事的职业有关的目的,这个目的要发展多方面的兴趣,使人的各种能力得到和谐发展。因此,答案选A。

2.教育性教学原则

赫尔巴特重视教学的作用并提出了一个非常重要的原则,即教育性教学原则。教育性教学指教育(道德教育)只有通过教学才能真正产生实际作用,教学是道德教育的基本途径。依据心理学和伦理学的研究,他认为知识与道德有内在联系。人只有认识了道德规范,才能产生符合道德规范的行为。愚蠢的人是不可能有德行的。

如何做到通过教学进行道德教育的呢?首先要求教学的目的与整个道德教育的最高目的保持一致,即养成德行;其次,为实现这个目的要设立一个近的目标,即培养"多方面的兴趣"。

在赫尔巴特提出这一理论之前,教育家往往把教学和德育分开,规定各自不同的任务。赫尔巴特的贡献在于运用心理学的研究成果具体阐明了教育和教学之间的本质联系,使德育获得坚实基础。但是他把教学完全从属于教育,将二者等同具有机械论倾向。

3.道德教育(儿童管理与训育)

赫尔巴特的道德教育包括"儿童管理"和"训育"两方面,儿童管理是要防止恶行,训育是要形成美德。

管理的目的在于创造秩序,使教学更好地进行。赫尔巴特认为教育过程应有一定的顺序,包括管理、教学、训育三个阶段。管理的目的是在儿童心里"创造一种秩序",为以后的教学与训育创造必要的条件,因此,管理应在进行知识和道德教育之前进行。儿童管理的方法有:惩罚性威胁、监督、惩罚、安排紧凑而内容丰富的活动,使儿童无空闲做坏事。

训育是指有目的地进行培养,其目的在于形成性格的道德力量。训育可分四个阶段:道德判断、道德热情、道德决定和道德自制(相当于现在说的知、情、意、行)。赫尔巴特认为,道德判断是道德的基础,这种道德判断必须转化成为"同勇气与智慧相协调的热情",才能把道德化为性格。道德决定是指用"道德的眼睛"对事物、环境等进行观察和理解,并以此行动。道德自制是对自我的认识。

赫尔巴特提出的训育方法有:(1)维持的训育;(2)起决定作用的训育;(3)调节的训育;(4)抑制的训育;(5)道德的训育;(6)提醒的训育。

(四)课程理论

1.经验、兴趣与课程

赫尔巴特课程论的一个基本主张是:课程内容的选择必须与儿童的经验和兴趣相一致。

(1)经验。儿童在日常生活中获得的经验是教学活动赖以进行的基础,但儿童早期的经验并不是完美无缺的,而是分散、杂乱的,需要教学加以补充和整理。反映在教材中则为直观教材。

(2)兴趣。兴趣存在于经验之中,因此只有与儿童经验相联系的内容,才能引起儿童浓厚的兴趣,它能使儿童保持意识的警觉状态,从而更好地接受教材。

(3)兴趣课程体系。赫尔巴特把多种多样的兴趣分为两大类:经验的兴趣和同情的兴趣。其中经验的兴趣包括经验的、思辨的、审美的;同情的兴趣包括同情的、社会的、宗教的。各种经验、兴趣对应开设的课程如下表所示:

表 7.1　赫尔巴特的课程体系

经验的兴趣	经验的兴趣	自然、物理、化学、地理
	思辨的兴趣	数学、逻辑、文法等
	审美的兴趣	文学、绘画等
同情的兴趣	同情的兴趣	外国语(古典语言和现代语)、本国语等
	社会的兴趣	历史、政治、法律等
	宗教的兴趣	神学等

2.统觉与课程

新的观念和知识总是以原有观念和知识为基础产生的。从这里推理出,课程的安排应当使儿童能够不断地从熟悉的材料逐步过渡到密切相关但还不熟悉的材料。据此,赫尔巴特提出了"相关"与"集中"的课程设计原则。

（1）相关:学校不同课程的安排应当相互影响,相互联系。

（2）集中:在学校的所有课程中,选择一门科目作为学习的中心,使其他科目都作为学习和理解它的手段(历史和数学)。

3.儿童发展与课程

赫尔巴特课程理论一个重要特征是把儿童发展和课程联系起来。他深入探讨了儿童的年龄分期,进而提出了课程的程序。他认为婴儿期要注意身体的养护并加强感官训练,发展儿童的感觉性;幼儿期应发展儿童的想象力;童年期和青年期应发展其理性。

表 7.2　赫尔巴特的儿童发展课程

发展阶段	对应的种族发展阶段	课程内容
婴儿期	人类历史早期	身体养护、感官训练
幼儿期	人类的想象期	《荷马史诗》等具有想象性的材料
童年期	理性发展期	数学、历史等
青年期		

（五）教学理论

1.教学进程理论

赫尔巴特的教学进程理论是以统觉理论为基础的,他认为统觉过程的完成具有三个环节:感官的刺激、新旧观念的分析和联合、统觉团的形成。与此相应,他提出了三种不同的教学方法:单纯的提示教学、分析教学和综合教学。这三种方法之间相互联系就产生了他所谓的"教学进程"。

（1）单纯的提示教学,即直观教学,其目的在于通过感官的运用,得到一些与儿童观察过的事物相类似并与之有关联的感觉表象,从而为观念的联合做准备。

（2）分析教学。教师帮助学生对不同的观念和表象进行区分,有助于形成观念的复合或融合,为观念的联合做好准备。分析教学有两个阶段:第一,教师要求学生指出并命名当前出现的事物,然后转向尚未出现的事物;第二,讲述某一个整体分割成的各主要部分、这些部分的相对位置、它们的联系与变动。

（3）综合教学。形成观念的联合,获得新知识和概念。

2.教学形式阶段理论

该理论的突出贡献是在严格按照心理过程规律的基础上,对教学过程中的一切因素和活动进行高度的抽象概括,以建立一种明确的、规范化的教学模式。从这个意义上讲,教学的形式阶段论不仅反映了人类对教学过程和教学活动本质认识的发展,而且具有广泛的实践意义;不足之处是带有机械论的倾向。

赫尔巴特教育理论思想对后世影响最大的是他的教学阶段论,要理解赫尔巴特的教学阶段论,首先有必要了解他的"专心"和"审思"这两个概念。所谓"专心",是指在某一时间内只专心研究某一个东西而不考虑其他东西。所谓"审思",是指把一个又一个"专心"活动统一起来。

赫尔巴特认为兴趣可以分为四个阶段:注意、期待、要求、行动。在此基础上,他提出了教学阶段论,即教师应采取符合学生心理活动规律的教学程序,有计划、有步骤地进行教学。他把教学过程分成四个连续的阶段:

(1)明了。指教师讲解新教材时,把教材分解为若干个部分,提示给学生,以便学生领悟和掌握。这时,学生的心理处于"静止的专心"状态,其兴趣阶段是注意,教师适合用叙述的方法传授知识。

(2)联想。指通过师生谈话把新旧观念结合起来。教学的任务是把前一阶段教师所提示的新观念和学生意识中原有的旧观念结合起来。这时,学生的心理表现为"动态的专心"。其兴趣阶段发展到期待新的知识。教师的任务是与学生交流,自由交谈是联想的最好方法。

(3)系统。指在教师指导下寻找结论和规则,使观念系统化,形成概念。这时学生的心理处于"静止的审思"状态,兴趣活动处于要求阶段,教师要运用综合的方法,使知识系统化。

(4)方法。指通过练习把所学知识应用于实际,以检查学生对新知识的理解是否正确。这时学生心理表现为"动态的审思"。其兴趣点在于进行学习行动,教学方法主要是让学生做作业、写文章与修改等,重在对知识的运用。

(六)赫尔巴特教育思想的传播

赫尔巴特的教育思想既反映了资本主义发展的要求,又反映了封建国家的特色,既有进步的一面也有保守落后的一面。

赫尔巴特是近代教育科学的开拓者,也是近代教育心理化的最重要的代表人物。尽管赫尔巴特的心理学和教育学理论,在我们今天看来并非是完全科学的,但在当时无疑在科学化的道路上向前发展了一大步。作为传统教育的代表人物,赫尔巴特强调课堂、书本、教师三中心,其教育理论反映了资本主义确立时期教育理论发展的水平。19世纪70年代以后赫尔巴特和赫尔巴特学派的教育思想曾在一个相当长的时期里对世界许多国家的学校教育改革起到了支配作用。

在近一个世纪的世界教育科学的发展过程中，赫尔巴特的教育学说始终作为一个教育思潮的主要流派之一持续地出现，对各国教育科学的发展起着积极的作用。当然，赫尔巴特的教育理论也有不足之处，如其教育体系中充满思辨和神秘色彩，许多论述也带有一定程度的机械性和片面性。

五、福禄培尔的教育思想

福禄培尔是19世纪德国著名的幼儿教育家，幼儿园的创始人，近代学前教育理论的奠基人。他被誉为"幼儿教育之父"，代表作是《人的教育》。

（一）论教育的基本原理

1.万物有神论

万物有神论是福禄培尔思想的基础，也称统一的原则，具有宗教的色彩。他认为世界万物统一在上帝的精神之中，教育的目的就是通过认识自然、认识人性而逐渐认识上帝。

2.顺应自然的原则

福禄培尔所谓的"自然"主要有两层含义：一方面是指大自然，另一方面是指儿童的天性，即生理和心理特点。在论述教育顺应自然时，自然主要指后者。但是福禄培尔并没有绝对否认强制性、干预性的教育。他顺应自然的教育思想是建立在性善论的基础上的。

（二）幼儿园教育理论

1.福禄培尔认为幼儿园教育是家庭教育的补充，两者是一致的，是完善教育必不可少的条件。幼儿园工作的任务是通过各种游戏和活动，培养儿童的社会态度和民族美德，使他们认识自然与人类，发展他们的智力与体力以及做事或生产的技能和技巧，尤其是运用知识与实践的能力，从而为下一个阶段的发展做好准备。幼儿园的教学活动应遵循儿童的天赋兴趣和性情。学校的教学应完全以自我活动为基础。幼儿园既是幼儿教育机构，又是幼儿师资培训机构、幼儿教育宣传机构和幼儿教育研究机构。福禄培尔是世界上第一个提出并建立幼儿园的教育家。

福禄培尔深感儿童同社会关系的重要性，认为自我活动导致的个性自我实现，必须经由"社会化"过程才能达到，所以他在后来的教育实践中把"社会参与"作为幼儿园重要的教育方法。

2.福禄培尔依据直观性、自我活动与社会参与的思想，建立起一个以活动与游戏为主要特征的幼儿园课程体系，包括游戏与歌谣、恩物（福禄培尔创造的一套供儿童使用的教学用品)、作业(将恩物知识运用于实践)、运动、游戏、自然研究。

(1)恩物。其中真正的恩物应当满足三个条件：①能使儿童理解周围世界，又能表达他对客观世界的认识；②每种恩物包含前面的恩物，并应预示后继的恩物；③每种恩物本身表现为完整的、有秩序的、统一的观念，即整体由部分组成，部分可形成有序的整体。

(2)作业。作业是福禄培尔为幼儿园确定的另一种教育活动形式，通过作业对幼儿进行初步的教学。作业种类很多，积极有益的作业源于自动的原则，而非被动地接受。

(3)恩物与作业有区别也有联系。一方面，恩物和作业是相互连接的幼儿游戏的两种形式，是儿童认识自然、社会、满足其内心冲动的必要手段。另一方面，二者的区别表现在以下几点。第一，从幼儿活动次序来看，恩物在先，作业在后。恩物为作业的开展提供基础，作业是幼儿利用恩物进行游戏后的更高发展阶段。第二，从活动的材料看，恩物的材料是固定的，作业的材料是可以改变的。第三，从性质来看，恩物是活动的材料。作业既包括活动，也包括活动的材料。第四，从儿童的内心需要来看，恩物主要反映模仿的本能，作用在于接受或吸收，而作业主要反映创造的本能，作用在于发表和表现。

(三)福禄培尔教育思想的传播与影响

1.积极意义

福禄培尔在幼儿教育领域做出了突出贡献。他首创了"没有书本的学校"——幼儿园，并在长期的幼儿教育实践中摸索、总结出一套教育幼儿的新方法，建立起近代学前教育的理论体系。

2.局限性

(1)其世界观的唯心主义倾向，使其教育学说有着浓厚的神秘主义色彩。

(2)他的教育理论受到当时自然科学发展水平的限制。

(3)他的活动和思想在很大程度上受到当时德国的政治和社会条件的限制。

六、马克思与恩格斯的教育思想

(一)对空想社会主义教育思想的批判继承

在马克思主义教育理论诞生之前，空想社会主义者(代表人物圣西门、傅立叶、欧文)特别是欧文的教育思想已包含了马克思主义教育理论的一些因素。因此，尽管欧文等人的教育思想和实践带有空想的性质，但仍受到马克思主义创始人的高度重视，他们批判吸收了其中积极的和有价值的思想成果。

1.对资本主义社会教育的批判

三大空想社会主义者批判了资本主义社会教育的弊病。马克思与恩格斯赞赏他们对资本主义的批判思想,同时指出空想社会主义者们这种建立在人性论基础上的对教育的批判有局限性,他们认为只有建立在唯物史观的基础上,才能更深刻、科学地解释资本主义教育的弊病。

2.环境与教育对人的发展的影响

空想社会主义者强调人的发展的社会制约性,重视教育的作用,却走向了另一个极端,即认为后天的环境和教育决定人的成长和发展。马克思、恩格斯肯定了他们对教育和环境作用的高度重视,但同时指出这种忽视了人的主观能动性的观点是不正确的。

3.关于人的全面发展

三大空想社会主义者都提出了人的全面发展的思想。马克思与恩格斯在赞赏他们关于人的全面发展思想的同时,批判了其中的人性论的教育思想,并从现代工业生产的本性对劳动者的要求、社会向共产主义发展的必然趋势以及人的彻底解放之间的内在联系,对人的全面发展给予了科学的论述。

4.关于教育与生产劳动相结合

三大空想社会主义者提出教育要与生产劳动相结合的教育主张,但他们并未能真正揭示教育与生产劳动相结合的客观规律,在总结前人经验的基础上,马克思与恩格斯科学地论证了教育与生产劳动相结合的历史必然性和重大意义。

（二）论人的全面发展与教育的关系

人的全面发展是马克思、恩格斯教育理论的核心。

1.马克思与恩格斯认为,旧式分工是造成人的智力劳动与体力劳动分离和片面发展的根本原因。特别是随着资本主义机器大工业的发展,工人沦为机器的一个活零件,造成劳动者的片面发展更加恶化。在这种旧式分工的情况下人们的片面发展是不可避免的。

（2）但是资本主义机器大工业生产在导致个人的片面发展的同时,又对劳动者提出了新的要求,具有个人全面发展的客观趋势。

（3）大工业生产技术的经常变革,不但提出了培养全面发展的人的需要,也为人的全面发展提供了物质前提。而资本主义的生产方式却使人更加片面化。这个矛盾是机器大工业的生产力和资本主义生产关系的矛盾的反映,因此,只有根本改变资本主义的生产关系,才能使大工业的本性的客观要求得以"正常实现"。

（4）马克思主义认为，人的全面发展，意味着劳动者智力和体力两方面得到发展，智力和体力的各方面都得到发展，达到体力劳动和脑力劳动相结合，这是人的全面发展的基础。但从更深层次看，它也指一个人在志趣、道德、个性等方面的发展，即作为一个真正"完整的""全面性"的人的发展。

（5）人的全面发展及其实现只能依据现实的社会条件。根本变革资本主义生产方式，废除生产资料的私有制，消灭阶级划分，全面占有生产力，是实现人的全面发展的前提条件。还必须向全体社会成员施以普遍的全面教育，包括智育、综合技术教育、体育和德育，以及实行教育与真正自由的生产劳动相结合。

（6）马克思、恩格斯还指出，实现每个人的全面发展是一个历史发展过程。社会全体成员的全面发展，只有到共产主义社会才能最终实现。

（三）论人的本质和个性形成

1.遗传素质为人的发展提供了可能性。遗传素质是人的发展的前提；遗传素质的成熟制约着人的发展过程及年龄特征；遗传素质具有差异性。

2.环境影响着人的发展。环境具有给定性，但是主体具有选择性。

3.个体的主观能动性。影响个体发展的重要因素。

4.教育。在人的发展中起着重要的引领作用。

（四）论教育与社会的关系

1.教育的特点

（1）教育具有历史性

教育受社会、社会关系所制约，并为社会服务，因而随着社会的发展和社会关系的变化，教育也必然在发展变化，所以教育具有历史性。

（2）教育具有鲜明的阶级性

阶级社会的统治阶级，往往通过国家政权制定教育方针政策，确定教育目的，颁布教育法令，控制教育经费，垄断教育权利，使教育为维护阶级的政治统治和经济利益服务。

（3）教育具有相对的独立性和继承性

马克思、恩格斯虽然强调社会关系的性质决定教育的社会性质，但他们也认为教育还受多重因素的制约，因而教育对社会关系具有相对的独立性和继承性。

（五）论教育与社会生产

1.生产力对教育起着制约作用

（1）生产力的发展制约着教育事业发展的规模和速度。

（2）生产力的发展制约着人才的培养规格和教育结构。

（3）生产力的发展制约着教学内容、教学方法和教学组织形式的发展和改革。

2.教育对生产力有重要的能动作用

（1）教育是使可能的劳动力转变为现实的劳动力的基本途径。

（2）教育是使知识形态的生产力转化为直接的生产力的一种重要途径。

（3）教育是提高劳动生产率的重要因素。

（六）论教育与生产劳动相结合的重大意义

1.教育与生产劳动相结合不仅是提高社会生产的一种方法，而且是造就全面发展的人的唯一方法，是改造现代社会的最强有力的手段之一。

2.由于大工业的本性需要尽可能多方面发展的工人，于是，客观上一方面要求将生产劳动与教育结合起来，使工人尽可能受到适应劳动职能变更的教育；另一方面要求将教育与生产劳动相结合，以培养能多方面发展的劳动者。

3.由于机器大工业生产是建立在现代科学技术基础上的，这就为通过科学这一中介将教育与生产劳动有机地相结合提供了基础。

4.综合技术教育使儿童和少年了解生产各个过程的基本原理，同时使他们获得学会运用各种生产的、最简单工具的、技能的现代教育内容，为教育与生产劳动相结合提供了重要的"纽带"。

教育与生产劳动相结合尽管是现代社会发展的客观要求，但在资本主义社会，这种"结合"必然受到资本主义基本经济规律的制约。因此，只有彻底变革旧的生产方式，创建合理的社会制度，才能实现生产劳动与教育相结合，实现人的全面发展。

（七）马克思和恩格斯教育思想的历史地位与影响

1.历史地位

马克思和恩格斯是科学教育理论的奠基者。他们为揭示现代教育的基本特征，为建立社会主义教育体系，提供了科学的理论基础，他们的教育学说是无产阶级革命理论的有机组成部分。

2.影响

（1）在理论上，马克思、恩格斯更深刻地揭示了近现代教育的基本特征。马克思、恩格斯凭借辩证唯物主义和历史唯物主义世界观与方法论，形成了一种独特的教育观；马克思、恩格斯教育学说的最大特点是不研究"抽象的人"，而研究现实的人；马克思、恩格斯批判地继承了空想社会主义教育思想，并进行了科学的改造和变革。他们揭示了教育的社会本质及其职能，阐明了遗传因素、环境、教育和革命实践对人的发展,以及教育对社会发展的作用,论证了人的全面发展以及教育与生产劳动相结合的必然性。

(2)在实践上,马克思、恩格斯的教育思想为社会主义国家教育理论和实践的发展奠定了基础。中国作为目前世界上最大的社会主义国家,走在中国特色社会主义道路上,依然高举马克思主义的大旗,他们关于人的全面发展学说是我国教育目的的理论基础。

(3)在传播上,马克思、恩格斯的教育思想传播迅速。他们的教育思想不仅在社会主义国家受到重视,即使在资本主义国家也成为教育哲学、教育社会学考察的对象。

七、西欧近代教育思潮

(一)自然主义教育思潮

自然主义教育思潮是在封建教会教育逐渐没落、资本主义发展对自然主义教育力量的客观需要以及启蒙运动思想的影响下产生。主要代表人物有亚里士多德、夸美纽斯、维多里诺、卢梭、裴斯泰洛齐、福禄培尔等。

1.发展阶段

(1)萌芽阶段

亚里士多德提倡对学生进行和谐、全面发展的教育,这是自然主义教育思想的萌芽。

(2)提出阶段

欧洲文艺复兴时期,维多里诺等人文主义者倡导"引证自然"。

(3)形成阶段

夸美纽斯明确地提出了"教育适应自然"的原则,这标志着自然主义教育思想的形成;卢梭教育思想的核心概念为自然教育。

(4)发展阶段

裴斯泰洛齐首次提出了"教育心理学化"的口号,进一步将自然教育思想深化;福禄培尔认为教育必须遵循儿童的"内在"生长法则。

2.基本内容

(1)教育目的

在尊重人的自然发展基础上,强调教育需促进人的全面发展,改良社会,增进人类幸福。

(2)儿童发展分期

主张教育教学应建立在儿童身心发展规律之上，并对不同发展阶段的儿童提出了不同的教育目标；主张先发展儿童的身体和感官，后发展理性和抽象思维。

（3）课程论

无论是夸美纽斯的"泛智"课程，还是卢梭的家庭教育，自然主义教育思想家们都主张接近自然，学习广博的自然与生活知识，促进儿童的自然发展。

（4）教育教学的原则与方法

教育适应自然的原则是根本的指导原则，在此基础上，直观性原则、启发性原则、巩固性原则、循序渐进的原则都是自然主义教育思想的重要教学原则。

3.影响

（1）积极影响

为教育理论科学化奠基，确立了儿童的主体地位，具有反封建的革命进步意义。

（2）消极影响

第一，有些自然主义教育家对于"自然"的概念界定并不清晰；第二，有些自然主义教育家用自然的规律机械地论证教育规律；第三，有些自然主义教育家未能深刻地揭示教育的本质；第四，缺乏严谨的论证。

（二）科学教育思潮

科学教育思潮产生于 16 世纪末 17 世纪初，兴盛于 19 世纪后期。

1.代表人物和主要内容

代表人物有斯宾塞、赫胥黎等。

（1）斯宾塞：提倡科学教育的主要人物之一，代表作是《教育论》。他认为教育的目的是"为完满生活做准备"。他抨击传统古典主义教育，强调科学知识的价值，主张建立起以科学知识为核心的课程体系。

（2）赫胥黎：代表作是《科学与教育》。他批判传统教育，提倡科学教育与自由教育，对忽视人文学科的倾向进行批判。

2.评价

（1）适应了社会发展和时代进步的客观要求。

（2）有力地推动了欧美各国学校课程的改革。

（3）提高了自然科学知识的重要性。

（4）对近代教育实践和教育思想发展起到了巨大的促进作用。

（三）国家主义教育思潮

形成于 18 世纪法国启蒙运动时期，在 19 世纪的德国发展并在欧洲广泛传播。

1.时代背景

工业革命兴起,各国开始从教会手中夺取学校教育的控制权。革命者、社会思想家要求建立国家教育体制。

2.代表人物

(1)拉夏洛泰。在《论国民教育》一书中主张建立国民教育制度,认为国家必须承担起培养合格法国公民的任务。

(2)康多塞。于1792年提交的《国民教育计划纲要》体现了其对法国国民教育体系的构想。他认为国民教育的目的在于向所有人提供平等、满足需求的教育。他论述了国民教育应遵循的原则是公平性、普及性、免费性、独立性、广泛性原则。

(3)费希特。发表了《告德意志国民》演讲,他认为国民教育的目的在于造就国民。

3.特点

强调教育的社会功能;主张普及教育;提倡国家开办和管理教育。

4.影响

直接推动了欧美国家教育国家化的进程;为国民教育制度的建立和发展提供了有力的理论依据;推动了欧美国家近代教育行政体制的建立。

(四)教育心理学化思潮

产生于18世纪初,代表人物有裴斯泰洛齐、赫尔巴特、福禄培尔、第斯多惠等。

1.发展阶段

(1)开启阶段:裴斯泰洛齐首次提出了教育心理学化的概念,开启了教育心理学化的思潮。

(2)系统化阶段:赫尔巴特为教育心理学化奠定了理论基础,从而使教育心理学化思想系统化。

(3)深化阶段:福禄培尔将心理学应用于幼儿教育中,使教育心理学化思潮进一步深化。

(4)应用阶段:第斯多惠借用心理学理论解释人的自然本性及其发展规律,推动了教育心理学化。

2.内容

诚如裴斯泰洛齐所阐述的,所谓"教育心理学化",即要求将心理学融入、渗透到一切教育和教学活动之中,各种教育和教学活动都应从心理或心理学来观察、分析、阐述、设计和实施,真正遵循人类学习和发展的心理法则。

（1）树立正确的儿童观

儿童与生俱来的本性、潜能具有接受教育和发展的需求和可能，教育者应以儿童的本性和潜能为基础、依据和起点。儿童的发展是依循类似自然规律的秩序和法则进行的。

强调儿童的发展既需要一定的外部条件，但更必须基于儿童自身的身心特点及其发展水平，天资、教育和人的自由自主是人的发展不可或缺的因素。

强调只有了解、尊重、关爱儿童，才能在教育中充分调动和发挥儿童的主体性和主动性。

（2）教育目的心理学化

教育心理学化提倡者强调，在考虑儿童教育的目的时，不能只注意适应社会的需要而片面地确定某种教育目的，还必须重视儿童本性上就具有和谐发展的需求和可能性，必须通过教育使人在能力、智慧、情感、德性等心理素质上得到和谐的发展。

裴斯泰洛齐认为，人有"心、脑、手"三种天赋的基本潜能，这些潜能具有发展的内在动力，具有从不活动状态到充分发展的倾向，具有得到均衡、和谐发展的要求，渴望得到有序的、充分的发展，这是人的自然本性。

赫尔巴特认为，教育心理学首先要考虑的是学生的多种可塑性，不只是考虑继续发展的天赋，还有在各年龄阶段上获得的能力。

（3）教育教学过程心理学化

教学过程必须顺应人类认识的自然进程。首先应引导学生感知事物，帮助学生形成对事物的表象的感知，再引导学生把模糊的感性观念上升为清晰的理性认识。赫尔巴特根据他的统觉理论和兴趣学说，首次将课堂教学程序（或教学步骤）划分为"明了、联想、系统、方法"四个阶段，提出著名的"教学形式阶段"理论。

（4）教学内容心理学化

教学内容首先应符合儿童不同年龄阶段的心理发展。教材应合乎儿童的心理需要、兴趣、经验与能力。

（5）教学方法心理学化

赫尔巴特明确提出在不同的教学阶段应分别运用提示教学、分析教学和综合教学三种不同的教学方式方法。

3.评价

（1）促进了教育理论的科学化。

（2）推动了教育过程与方法的研究。

（3）心理学和教育学成为未来训练教师的必修课，提高了教师培训的质量。

本章内容思维导图

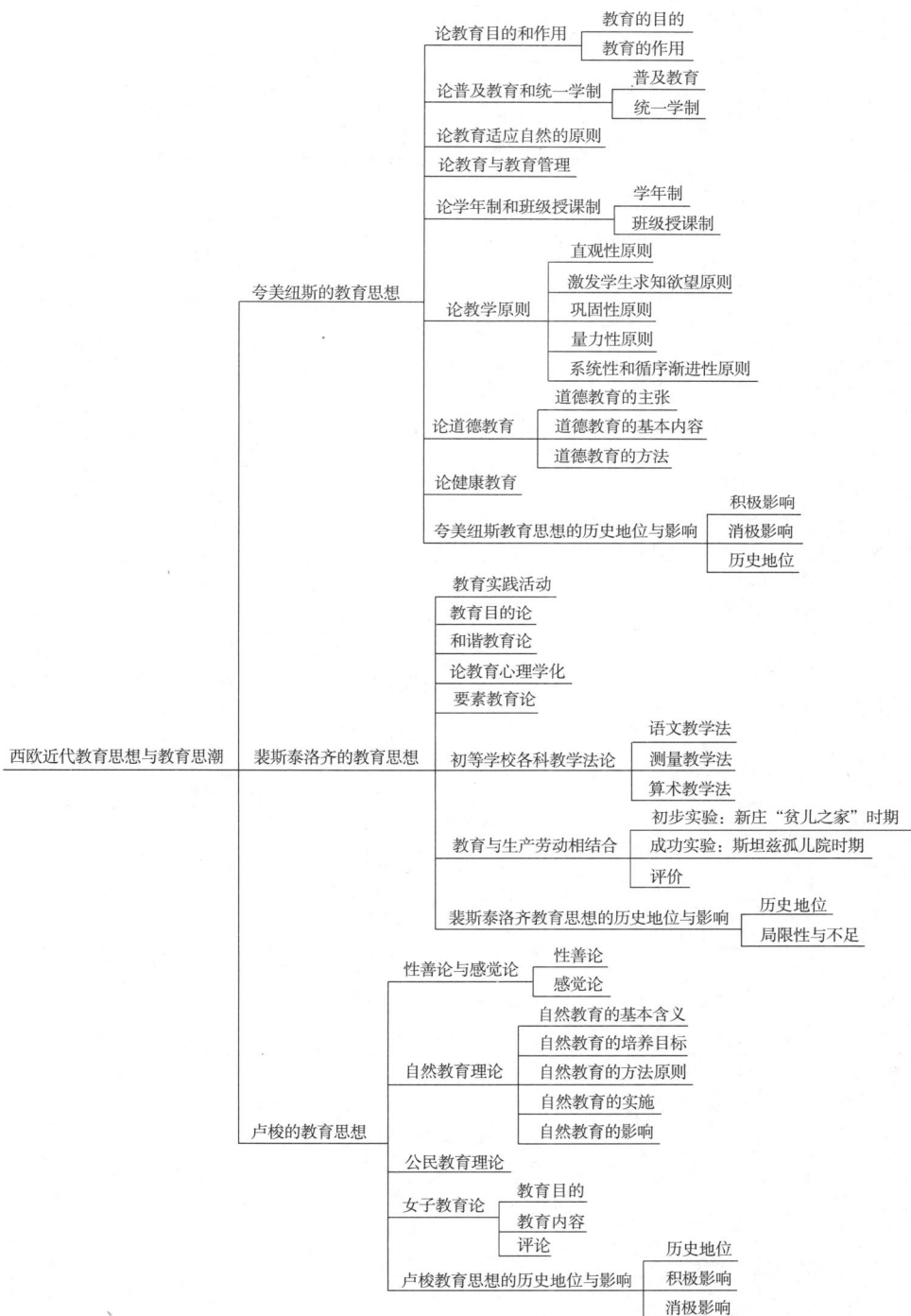

西欧近代教育思想与教育思潮
- 夸美纽斯的教育思想
  - 论教育目的和作用
    - 教育的目的
    - 教育的作用
  - 论普及教育和统一学制
    - 普及教育
    - 统一学制
  - 论教育适应自然的原则
  - 论教育与教育管理
  - 论学年制和班级授课制
    - 学年制
    - 班级授课制
  - 论教学原则
    - 直观性原则
    - 激发学生求知欲望原则
    - 巩固性原则
    - 量力性原则
    - 系统性和循序渐进性原则
  - 论道德教育
    - 道德教育的主张
    - 道德教育的基本内容
    - 道德教育的方法
  - 论健康教育
  - 夸美纽斯教育思想的历史地位与影响
    - 积极影响
    - 消极影响
    - 历史地位
- 裴斯泰洛齐的教育思想
  - 教育实践活动
  - 教育目的论
  - 和谐教育论
  - 论教育心理学化
  - 要素教育论
  - 初等学校各科教学法论
    - 语文教学法
    - 测量教学法
    - 算术教学法
  - 教育与生产劳动相结合
    - 初步实验：新庄"贫儿之家"时期
    - 成功实验：斯坦兹孤儿院时期
    - 评价
  - 裴斯泰洛齐教育思想的历史地位与影响
    - 历史地位
    - 局限性与不足
- 卢梭的教育思想
  - 性善论与感觉论
    - 性善论
    - 感觉论
  - 自然教育理论
    - 自然教育的基本含义
    - 自然教育的培养目标
    - 自然教育的方法原则
    - 自然教育的实施
    - 自然教育的影响
  - 公民教育理论
  - 女子教育论
    - 教育目的
    - 教育内容
    - 评论
  - 卢梭教育思想的历史地位与影响
    - 历史地位
    - 积极影响
    - 消极影响

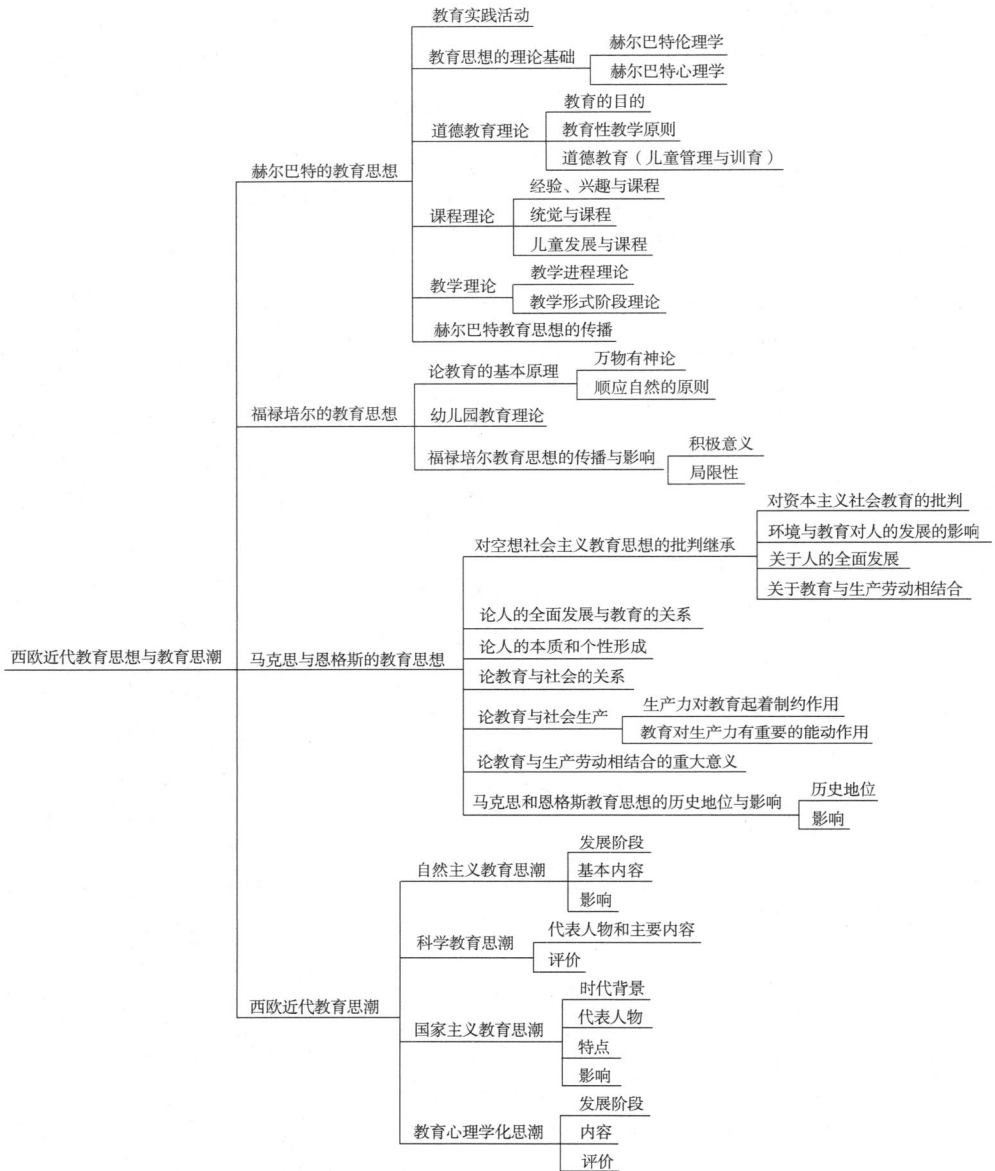

自测题

一、选择题：

1.【2009 年 311,26 题】赫尔巴特提出教学形式阶段理论,认为任何教学活动都必须经历的四个阶段是(　　)。

　A.注意、期待、要求、行动　　　　　　B.明了、联想、系统、方法

　C.注意、期待、相关、集中　　　　　　D.明了、联想、提示、巩固

2.【2011 年 311,27 题】夸美纽斯依据教育适应自然的原则将母育学校比喻为(　　)。

　A."春季"　　　　　B."夏季"　　　　　C."秋季"　　　　　D.冬季"

3.【2012 年 311,27 题】在西方近代教育中,依据教育心理学化的理念,提出初等学校教育应该从最简单的要素开始,以便循序渐进地促进人的和谐发展的教育家是(　　)。

　A.洛克　　　　　B.卢梭　　　　　C.夸美纽斯　　　　D.裴斯泰洛奇

4.【2013 年 311,27 题】赫尔巴特把教育过程分为相互联系、前后衔接的三个部分,即(　　)。

　A.统觉、教学和训育　　　　　　　　　B.兴趣、教学和训育

　C.联想、教学和训育　　　　　　　　　D.管理、教学和训育

5.【2014 年 311,26 题】在道德教育问题上,捷克教育家夸美纽斯主张(　　)。

　A.道德教育等同于宗教教育

　B.德行培养应成为学校教育的重要任务

　C.道德教育应戒绝使用斥责或鞭挞一类惩罚手段

　D.道德教育应以《圣经》有关诫命的学习为主

6.【2015 年 311,26 题】在职业选择的问题上,法国教育家卢梭反对的是(　　)。

　A.选择适合儿童禀赋的职业　　　　　　B.选择对社会有用的职业

　C.选择为法国政府服务的职业　　　　　D.选择有教育意义的职业

7.【2016 年 311,27 题】卢梭自然主义教育理论中的"消极教育"意指(　　)。

　A.教育作用有限

　B.教育在于等待儿童的自然发展

　C.教育对儿童发展难以发挥积极作用

　D.教育需要遵循儿童天性,防范外界不良影响

8.【2016 年 311,28 题】赫尔巴特认为教育目的包括"可能的目的"和"必要的目的"，其中"必要的目的"指（　　）。

A.与儿童未来所从事的职业有关的目的

B.与儿童奠定必要的文化知识基础有关的目的

C.与儿童养成内心自由、完善、仁慈、正义、公平等道德观念有关的目的

D.与儿童形成经验、思辨、同情、审美、社会、宗教等多方面兴趣有关的目的

9.【2017 年 311,31 题】依据赫尔巴特的教学形式阶段理论，学生的兴趣表现为注意，思维状态处于专心，通过教师讲解和提示的方式，获得清晰的表象。这一教学阶段是（　　）。

A.明了　　　　　　B.联合　　　　　　C.系统　　　　　　D.方法

10.【2018 年 311,29 题】依据统觉原理，赫尔巴特提出教学科目设置和教学内容组织的两项基本原则是（　　）。

A."相关"与"集中"　　　　　　　　B."平行"与"分配"

C."均衡"与"差异"　　　　　　　　D."连续"与"顺序"

二、论述题：

1.【2025 年 333,32 题】法国教育家卢梭在《爱弥儿》中提出"把孩子看作孩子"，强调教育应"回归自然"，实施自然教育。试阐述卢梭的儿童观、自然教育观及二者之间的关系。

2.【北京大学 2010 年 333 论述题 4】请你根据卢梭的教育思想，结合自己的理解，谈谈你对教育的认识。

3.【北京师范大学 2014 年 333 论述题 2】试论述夸美纽斯关于班级授课制的基本观点。

4.【华东师范大学 2011 年 333 论述题 3】评述赫尔巴特的课程理论。

三、材料题：

【重庆师范大学 2013 年 333 分析题 2】阅读以下材料，指出做此表述的思想家是谁？阐明的核心观点是什么？并论述此教育家对西方教育发展的历史影响。

"出自造物主之手的东西，都是好的，而一到了人的手里，就全变坏了。"

"大自然希望儿童在成人以前就像儿童的样子。"

"要按照你的学生的年龄去对待他。"

第八章 19世纪末至20世纪前期
欧美教育思潮和教育实验

一、新教育运动

（一）新教育运动的形成和发展

"新教育运动"亦称"新学校运动"，是指19世纪末20世纪初在欧洲兴起的教育改革运动，初期以建立不同于传统学校的新学校作为新教育的"实验室"为特征，主要内容是在教育目的、内容、方法上建立与旧式的传统学校完全不同的新学校。新教育运动始于19世纪80年代的英国，后扩展到欧洲其他国家如德国、法国、瑞士、比利时、荷兰和奥地利等国。早期代表人物有英国教育家雷迪、德国教育家利茨、法国教育家德莫林等。20世纪的代表人物有爱伦·凯、德可乐利、罗素、怀特海和沛西·能等。

1889年，英国人雷迪在英格兰创办了欧洲第一所新学校——阿博茨霍尔姆乡村寄宿学校，标志着新教育运动的开始。办校宗旨是促进学生身体、心灵的健全发展，重视儿童的个性特征，使儿童成为完人。新学校破除古典的传统课程体系，开设农艺、手工劳动等课程，以训练儿童的体力、智力和手工技巧。

1898年，法国新教育拥护者德莫林仿照雷迪的做法，在法国开办了罗歇斯学校。德国教育家利茨也在同年开办了同类学校，称为"乡村教育之家"。利茨认为教育应包括品格教育、宗教道德教育、身心官能力量的发展、公民教育、民族文化教育，使儿童在身体、精神、宗教道德、知识情感诸方面都能均衡发展。此后在比利时、瑞士、意大利都相继开办了各种形式的新学校，在欧洲逐渐形成广泛的新学校运动。新学校大多设在乡村或大城市的郊区，周围环境幽静，风景优美，设备优良，采用家庭式方式。新学校重视体育、手工、园艺活动，以此培养学生的观察能力、审美能力和独创精神；在教学内容上，重视现代人文科学与自然科学课程；在教学方法上，反对体罚，重视儿童兴趣与思维能力的发展；在道德教育方面，向儿童灌输资产阶级民主合作的观念，培养儿童的责任心和进取心。

随着新学校在欧洲各国的建立，1899年费利耶尔在瑞士成立"国际新教育局"，作为欧洲新教育学校的联络中心。1921年法国的加雷市成立"新教育联谊会"，出版《新时期的教育》杂志，宣传新教育理论。1921年正式颁布协会章程，提出"新教育的七项原则"，推行以儿童中心为教育目标：（1）增进儿童的内在精神力量；（2）尊重儿童个性发展；（3）使儿童的天赋自由施展；（4）鼓励儿童自治；（5）培养儿童为社会服务的合作精神；（6）发展男女儿童教育间的协作；（7）要求儿童尊重他人，保持个人尊严。这七项原则实际上成为新教育运动的国际宣言。1942年，新教育联谊会通过《儿童章程》，强调机会均等，以符合世界性普及教育的要求。

新教育运动传入美国后，因与当时进步主义教育思想基本相通，从而形成与传统教育对垒的更大势头。1966年，新教育联谊会改名"世界教育联谊会"，标志着新教育运动的终结。

（二）新教育实验

1.阿博茨霍姆学校

1889年英国雷迪的阿博茨霍尔姆学校的创办，标志着新教育运动的开始，被誉为欧洲"新学校"的典范。主要招收11—18岁男孩，以把他们培养成为新型的英国各级领导阶层为目的。课程主要包括体力和手工活动、艺术和想象力的课程、文学和智力课程、社会教育、宗教、道德教育。重视课程直接的联系和学生的全面发展。学校的作息时间分为三个部分：上午主要学习功课，下午从事体育锻炼和户外实践，晚上是娱乐和艺术活动。

2.罗歇斯学校

法国德莫林的罗歇斯学校于1898年创办，是法国第一所新学校。该学校重视师生直接的、家庭式的亲密关系，在开设各种正规课程的同时，还有体力劳动和小组游戏，尤其重视体育运动，被称为"运动学校"。

3.乡村教育之家

德国利茨的"乡村教育之家"于1898年创办，是德国第一所新学校。利茨认为城市生活对儿童心理的发展是有害的，因此他所办的乡村教育之家均设在风景优美的乡村，校舍建筑就在有山、森林、溪流和牧场的大自然环境之中，以使学生的身体和心理在大自然环境中得到充分发展。每一个乡村教育之家均应提供一种无拘束的家庭气氛，给学生提供各种活动，力图把智力活动与广泛的体育活动、社会教育和艺术欣赏协调地结合在一起。乡村教育之家不仅对德国影响巨大，而且影响到其他欧洲国家。

（三）新教育理论

1.梅伊曼、拉伊的实验教育学

实验教育学是19世纪末20世纪初兴起的用自然科学的实验法研究儿童发展及其与教育关系的理论。主要代表人物有德国教育学家和心理学家梅伊曼和拉伊，代表作主要有梅伊曼的《实验教育学讲义》、拉伊的《实验教育学》。

梅伊曼首先提出了"实验教育学"这一概念，拉伊出版了《实验教育学》，完成了对教育学的系统论述。主张学生的学习首先通过观察获得印象并构成知觉感受，其次是对所获得的印象和知觉进行加工整理，最后付诸行动表现。

实验教育学有如下主要观点。

（1）认为用思辨的方法建立起来的旧教育学（以赫尔巴特为代表）缺乏科学性，与实际严重脱节，不能很好地解决教育实践中的问题。

（2）强调实验教育学是以实验的方法为基础的新的独立科学，教育实验与心理实验是有差别的，心理实验是在实验室进行，教育实验则是在教学实践和学校环境中进行。

（3）认为实验教育学必须借助相关学科，采用实验、统计、比较的方法探索研究。

实验教育学强调的定量研究成为20世纪教育学研究的一个基本范式，近百年来得到广泛的应用和发展，极大地推动了教育科学的发展。但实验教育学也有一定的局限性，如其片面强调儿童的生物性，因而过分考虑教育的自然科学化，忽视了社会因素；把实验方法推崇到极端，视之为教育研究的唯一方法，忽视了社会科学与自然科学之间的差异，以致简单地照搬自然科学的方法。

2.凯兴斯泰纳的"公民教育"与"劳作学校"理论

凯兴斯泰纳是德国教育家，是欧美流行的劳作教育思潮的代表人物和推动者，主要著作有《德国青年的公民教育》《公民教育的要义》等。

（1）公民教育理论

关于国家职能的思想是凯兴斯泰纳公民教育理论的政治基础。他的政治理想是要建立一个"文化法制的国家"。为实现这个理想，国家有着双重任务：维护国家内在与外在的安全以及公民的身心健康；向伦理化社会发展，逐步实现人道国家的理想。

要实现这两个任务，必须给予每个人最广泛的教育，使他们大体上懂得国家的职能，并有能力也乐意尽最大努力担负起他们在国家组织中的职责。他认为培养有用的国家公民是国家公立学校的目的，也是一切教育的目的。公民教育的中心内容是通过个人的完善来实现为国家服务的目的。

在他看来，所谓"有用的公民"应具备三样品质：其一，具有关于国家任务的知识(聪明)；其二，具有为国家服务的能力(能干)；其三，还要具有热爱祖国、愿意效力于祖国的品质(爱国)。

关于公民教育的对象，他认为是所有阶级，特别强调对农民和女子的公民教育，认为忽视对这两者的教育是现代教育制度的两大缺点。

(2)劳作学校理论

在凯兴斯泰纳的教育理论体系中，劳作学校理论既是公民教育理论的有机组成部分，又是一个相对独立的部分。

①他主张为实现公民教育的目的，必须将德国的国民学校由"书本学校"改造成"劳作学校"，并强调公民教育、职业教育和劳作学校之间是目的、手段与机构的关系，它们是"三位一体"的。劳作学校是一种最理想的学校组织形式，其基本精神是让学生在自动的、创造性的劳动活动中得到性格的陶冶。

②"劳作"在教育学上的定义：第一，不只是体力上的，而是身心并用的活动；第二，不同于游戏、运动，"劳作"既有客观目的又须接受艰辛任务，富有教育意义；第三，"劳作"应能唤起个人客观兴趣，使学生有内心需求，想要按照自己的计划想方设法去完成，并检验自己的劳动成果。

③劳作学校的三项任务：第一，帮助学生将来能在国家组织团体中担任一种工作或职务，即"职业陶冶的准备"，这是劳作学校的基本任务；第二，"职业陶冶的伦理化"，要求把自己的任务看成是公事，不仅为自己更为社会进步去做，把职业陶冶与性格陶冶相结合；第三，"团体的伦理化"要求学生在个人伦理化的基础上，把学生组成工作团体，培养其互助互爱、团结工作的精神。

④要完成以上任务，就要对人进行性格陶冶，具体措施是：把"劳作教学"列为独立科目；改革传统科目教学，摒除灌输的教学方式，重逻辑思维的训练；以团体工作为原则，发展利他主义，关注社会利益。

3.蒙台梭利的教育思想

(1)生平

蒙台梭利出生于意大利，是20世纪杰出的幼儿教育家，也是西方教育史上与福禄培尔齐名的幼儿教育家。

(2)论幼儿的发展

①论幼儿的发展。蒙台梭利重视环境对儿童的影响，强调创造一种适合儿童身心发展的环境是进行自由教育的必要条件。她重视儿童心理的发展，认为儿童的心理发展存在四个显著的特点：其一，具有独特的心理胚胎期；其二，儿童发展是在工作中实现的；其三，发展具有敏感期；其四，发展具有阶段性，分别为个性建设阶段(0—6

岁）、增长学识和艺术才能阶段（6—12岁）、青春期阶段（12—18岁）。她认为教育的基本任务是使每个儿童的潜能在一个有准备的环境里得到自由的发展，使之成为一个自由独立的人。在儿童的自由发展中要处理好自由、纪律、工作的关系。

②论自由、纪律与工作。蒙台梭利认为，儿童的生命潜力是通过自发的冲动表现出来的，这种冲动的外在表现就是儿童的自由活动。真正科学的教育基本原则是给学生自由，即允许儿童按其性个别地、自发地表现。同时，儿童也是要守纪律的。在她看来，真正的纪律对于儿童来说必须是主动的，只能建立在自由活动的基础上。另外，工作是人类的本能与人性的特征，幼儿时期的各种感觉练习以及日常生活技能的练习等自发的活动都是工作。工作可起中介作用，将传统教育中根本对立的两个概念——"自由"与"纪律"有机地联系与统一起来。

③幼儿教育的内容。要使儿童自由发展，主要应对儿童进行三个方面的训练：感官教育；初步的知识教育，即读、写、算的练习；实际生活练习。

④蒙台梭利强调生物目的和社会目的的统一，将教师、儿童和有准备的环境三个要素结合。有准备的环境是一个需要真实的环境，提供儿童身心发展所需要的活动练习，充满自由、营养、快乐与便利的环境。具体标准是：有规律、有秩序的生活环境；提供有吸引力的、美的、实用的设备和用具；允许儿童独立活动、自然表现，使儿童意识到自己的力量；丰富儿童的生活印象；促进儿童智力的发展；培养儿童的社会性行为。

蒙台梭利继承和发展了裴斯泰洛齐和福禄培尔等教育家的思想，应用当时的医学、生理学、实验心理学知识，结合自己的实验，形成了自己的教育理论和方法体系。她的方法强调儿童有选择活动的自由，相信儿童有自我教育和自我约束的能力，重视儿童早期智力发展。所有这些都是对当时盛行的传统教育的有力挑战，推动了20世纪初蓬勃兴起的新教育运动。

下列关于蒙台梭利幼儿发展的特点，表述不正确的是（　　）。

A.幼儿发展具有心理吸收力

B.幼儿发展具有敏感期（关键期）

B.幼儿发展具有阶段性

D.幼儿发展具有心理形成爆发期

【解析】D

正确说法是幼儿发展具有心理形成胚胎期。

二、进步教育运动

(一)进步教育运动始末

进步主义教育运动是19世纪末美国出现的教育革新运动,是南北战争后为适应工业革命、城乡变化、边疆开发和大移民需要而出现的社会改革运动的组成部分。其理论来源于欧洲历史上的教育思想,也深受现代科学尤其是生物科学和进化论的影响。其"实验室"主要是美国的公立学校。相对于欧洲"新教育运动"来说,进步学校更关心普通民众的教育,更强调教育与社会生活的联系,更重视在实践中学习,更注重学校的民主化问题。进步教育运动的发展大致经历了四个阶段:

1.兴起(19世纪末—1918年)

19世纪末,帕克创造了"昆西教学法",被杜威称作"进步教育之父"。赖斯在揭露美国学校弊端、引起人们关心教育的变革方面做出了巨大贡献,引发全国对传统教育的批判。1896年,杜威创办芝加哥大学实验学校,在他的影响下许多进步教育实验以各种形式展开。早期的进步教育家都关心通过学校改变社会,但方法不尽相同,其中一些人受到卢梭和蒙台梭利的影响,强调个性发展,重视儿童的兴趣与能力;另一些人受杜威影响,试图把学习和劳动、抽象和实用以及个性和社会等因素结合起来。

2.成型(1918—1929年)

第一次世界大战后,美国公立教育成为世界先锋,美国许多社区和学校当局表示愿意试验新方法,普及进步教育的时机成熟了。1919年,科布发起进步教育发展协会,该协会后来改称美国进步教育协会,提出了进步教育的七项原则:健康、掌握基本方法、高尚的家庭成员、职业、公民资格、适宜地使用闲暇、道德品格。1924年,协会创办《进步教育》杂志。

3.转折(1929—1943年)

这一时期,进步教育本身日益专业化,哥伦比亚大学师范学院成为美国进步教育运动的中心。杜威担任协会的名誉主席。然而,由于过于专业化,失去了公众的理解和支持,并且进步教育运动内部出现分化,以拉格为代表的强调"儿童中心",以康茨为代表的强调"社会中心"。同时,1929年的大萧条严重影响了美国进步教育运动的发展:一方面,它使进步教育运动发生转向,此前强调儿童中心,此后强调学校的社会职能,此外教育中心从初等转向中等;另一方面,大萧条加剧了进步教育运动内部的分裂,改造主义正是其分裂的产物。1944年,美国在欧洲卷入战争,进步教育也进入尾声,失去感召力。

4.衰落(1944—1957 年)

1944 年,美国的进步教育运动进入衰落阶段,进步教育协会更名为"美国教育联谊会",成为欧洲新教育联谊会的一个分会。1955 年,协会解散。1957 年,《进步教育》杂志停办,标志着美国教育史上一个时代的结束。

衰落原因在于,进步教育运动不能与美国社会变化始终一致。进步教育理论与实践之间存在矛盾:过分强调儿童中心,忽视社会作用和需求;指导思想多元化;过分否定教育规律;改造主义和保守主义的抨击。

(二)进步教育实验

1.昆西教学法

昆西教学法指美国进步教育运动的先驱者帕克在昆西学校和芝加哥库克师范学校进行的教育改革实验所采取的新的教育方法和措施。其主要特征有以下几点:

(1)强调儿童应处于学校教育的中心地位。认为儿童具有内在的能力,能自发地从事学习和工作。教师必须了解儿童及其本性,提供相应的条件,满足其需要。

(2)重视学校的社会功能。强调学校应成为理想的家庭、完善的社区和民主政治雏形,在促进民主制度的发展方面发挥巨大作用。

(3)主张学校课程应尽可能与实践活动相联系。认为这样做不仅可以唤起儿童学习的意愿,使他们专心致志,还能摒弃以往的抽象的、无意义的形式训练,并把各门学科统一起来,使学生获得整体的知识。因此他围绕一个核心安排相互联系的科目,将学习的内容与儿童的日常生活相联系。

(4)强调培养儿童自我探索和创造的精神。帕克去世后,他的核心弟子之一库克将他的思想与杜威的思想融为一体并付诸实践,从而进一步发展了"昆西教学法"。

2.有机教育学校

美国教育家、进步教育协会的创始人之一约翰逊在亚拉巴马州的费尔霍普创办了费尔霍普学校,该校以"有机教育学校"而闻名,其主要特征是"有机教育"。主要观点有:

(1)目标在于发展人的整个机体,包括培养感觉、体力、智力和社会生活能力,以改善其生活和文化。

（2）其教育方法也是"有机的"，因为它们遵循学生的自然生长。学校的目的在于为儿童提供每个发展阶段所必需的作业和活动。

（3）主张以一般的发展而不是以获得知识的分量来调整学生的分班。她根据学生的年龄来分组，并将其称作"生活班"，而不叫年级。

（4）有机教育学校的整个课程计划以活动为主。约翰逊设计出以下活动代替一般课程：体育活动、自然研究、音乐、手工、野外地理、讲故事、感觉教育、数的基本概念、戏剧表演、体育比赛以及画地图和地形等。儿童根据需要和兴趣主动地从事探索。凭着儿童自己求知的愿望，再把他引导到读、写、算、地理等正规课程的学习上来。强制的作业、指定的课文和通常的考试都被取消。

（5）重视社会意识的培养。她认为人是社会的人，发展合适的社会关系应是学校最重要的任务之一。应培养学生无私、坦率、合作等品质以及能提出建设性建议的能力。

（6）约翰逊反对放纵儿童。在她看来，为使儿童以最有利的方式成长，纪律是必要的。她主张应以一种平衡而有纪律的方式发展整个人的机体。

3.葛雷制

葛雷制亦称"双校制""二部制"或"分团学制"，是美国教育家沃特担任印第安纳州葛雷市公立学校督学时所推行的一种进步主义性质的教学制度。主要内容包括以下几点：

（1）以杜威的基本思想为依据，把学校分为四个部分：体育运动场、教室、工厂、商店和礼堂。以具有社会性质的作业为学校的课程，并把课程也分成四个方面：学术工作和科学，工艺和家政，团体活动以及体育和游戏。因此，葛雷学校也称作"工读游戏学校"。

（2）教学中采用二重编制法，即将全校学生一分为二，一部分在教室上课，另一部分则在体育场、图书馆、工厂、商店以及其他场所活动，上下午对调，废除寒暑假和星期日，昼夜开放。

（3）沃特的葛雷制曾被称为美国进步教育思想最卓越的例子。它的课程设置能保持儿童的天然兴趣和热情，它的管理方式经济而有较高的效率。到1929年，美国已有41个州、200多座城市的很多学校采用这一制度，成为进步学校流行最广的一种形式。

4.道尔顿制

道尔顿制是美国进步主义教育家帕克赫斯特针对班级授课制的弊端创造的一种个别教学制度。主要内容包括以下几点：

(1)在学校里废除课堂教学,废除课程表和年级制,代之以"公约"或"合同式"的学习。学生以公约的形式确定自己应完成的各项学习任务,然后学生根据自己的需要自学,不强求全体一致。

(2)将各教室改为各科作业室或实验室,按学科的性质陈列参考用书和实验仪器,供学生学习之用。各作业室配有该科教师一人负责指导学生。

(3)用"表格法"来了解学生的学习进度,既可增强学生学习的动力,也可使学生管理简单化。

道尔顿制的两个重要原则是自由与合作。要使儿童自由学习,允许他们根据自己的需要安排学习,养成独立学习的能力。它还强调师生之间、学生之间需以合作的方式培养学生的社会意识。20 世纪 20 年代,道尔顿制在许多国家如英国、苏联流行一时,产生过较大影响。帕克赫斯特还于 1924 年和 1925 年分别到日本和中国介绍其方法。但其主要问题是过于强调个体差异,对教师要求过高以及在实施时易导致放任自流;将教室完全改为实验室也不太实际。

5.文纳特卡计划

文纳特卡制是由美国进步主义教育家华虚朋推行的教育实验计划。主要内容包括以下几点:

(1)认为学校的功课需适应儿童的个别差异。将个别学习和小组学习结合起来,将个性发展与社会意识的培养联系起来。

(2)具体做法是将课程分为两个部分:共同知识或技能(包括读、写、算等工具性学科)和创造性兼社会性的作业(如木工、金工、织布绘画、雕刻等)。前者主要按学科进行,并以学生自学为主,教师适当进行个别辅导。学习按计划进行,平时有进度记录,最后以考试来检验学习结果。后者则以小组为单位展开活动或施教,无确定的程序,也不考试。这样做可以加强不同年龄的儿童之间的联系,培养合作精神。

(3)文纳特卡计划在 20 世纪三四十年代的美国得到迅速而广泛的传播,对世界不少国家的教育也产生了重要影响。但有人指责它影响学科的深入学习,实施起来也很困难。20 世纪 50 年代起它逐渐衰落。

6.设计教学法

设计教学法是由美国进步主义教育家克伯屈提出的一种新的教育方法。他将"设计教学法"定义为在社会环境中进行有目的的活动,重视教学活动的社会的和道德的因素。强调有目的的活动是设计教学法的核心,儿童自动的、自发的、有目的学习,是设计教学法的本质。主要内容有:

(1)放弃固定的课程体制,取消分科教学,取消现有的教科书,将设计教学法分成四种类型：生产者的设计、消费者的设计、问题的设计、练习的设计。

（2）设计教学法有四个步骤：决定目的、制订计划、实施计划和评判结果。在这个过程中，他强调教师的指导和决定作用，但实行以学生为主。

设计教学法在美国得到迅速传播，到 20 世纪 30 年代，对英语国家的学校产生广泛的影响。设计教学法充分发挥了儿童的主动性和积极性，使儿童成为学习的主人，力求使教学符合儿童心理发展规律，以提高学习效率；注重培养儿童的合作精神，加强了教学与儿童实际生活的联系。但是由于强调根据儿童的经验组织教学，设计教学法实施的结果必然导致系统知识学习的削弱。

进步主义教育运动强有力地促进了美国教育从农业化时代向工业化时代、从近代向现代的巨大转变，对美国教育的转型发挥了积极的作用，构成了现代美国教育的重要开端，并直接制约着发展的方向和格局。进步主义教育运动对美国学校教育的基本特征的形成产生了深远的影响。它从根本上改变了美国学校的氛围，同时促进了美国教育理论研究的发展和教育理论研究的"美国化"。进步主义运动还具有世界意义，对世界许多国家和地区的教育发展产生了广泛的影响，并且成为中国、苏联、日本和印度等国现代教育历史的重要简章。此外，进步主义教育运动与新教育运动一起，共同构成了西方现代教育的重要开端。

1.下列说法中正确的一项是（　　）。

A.葛雷制将学校分为体育运动场、教室、工厂和餐厅

B.道尔顿制是美国进步教育运动中最卓越的例子

C.克伯屈的设计教学法的新课程体系中，消费者设计是最能体现教育社会化的课程

D.费尔霍普学校主张依据学生的年龄组成生活班

【解析】D

A 项葛雷制将学校分为体育运动场、教室、工厂和礼堂，没有餐厅；B 项葛雷制才是美国进步教育运动中最卓越的例子；C 项克伯屈的设计教学法的新课程体系中，生产者设计是最能体现教育社会化的课程。因此答案选 D。

2.进步教育运动和新教育运动最大、最本质的区别是（　　）。

A.进步教育运动在城市的公立学校进行；新教育运动在乡村的私立学校进行

B.进步教育运动更为激烈；新教育运动较为温和

C.进步教育运动更侧重儿童的需要和教育的民主性;新教运动更侧重学校的管理与自制

D.进步教育运动的影响是世界级的;新教运动的影响没有进步教育运动的大

【解析】C

进步教育运动更侧重儿童的需要,新教育运动更侧重教育管理,是选项中二者最大、最本质的区别。因此答案选 C。

本章内容思维导图

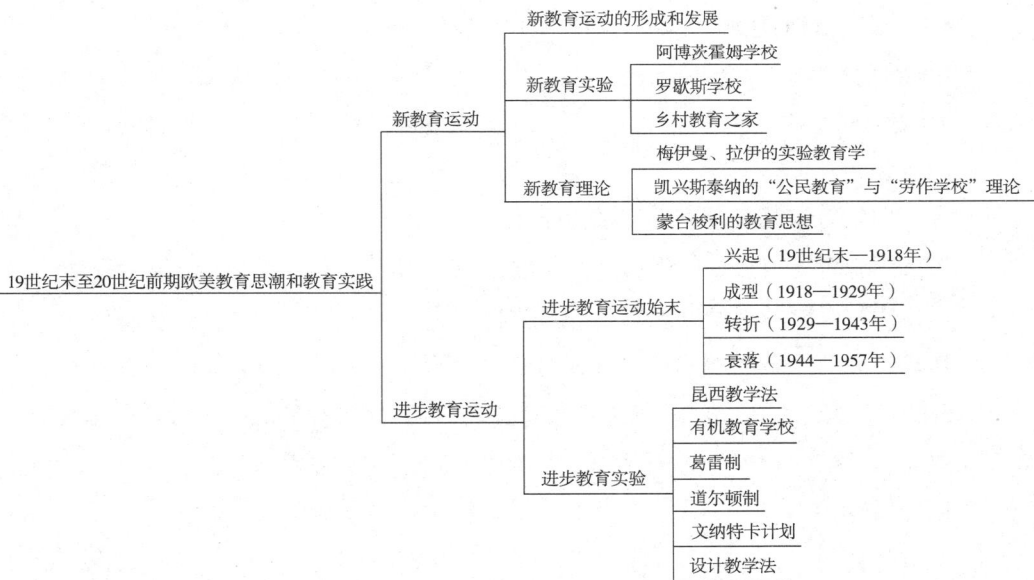

19世纪末至20世纪前期欧美教育思潮和教育实践

- 新教育运动
  - 新教育运动的形成和发展
  - 新教育实验
    - 阿博茨霍姆学校
    - 罗歇斯学校
    - 乡村教育之家
  - 新教育理论
    - 梅伊曼、拉伊的实验教育学
    - 凯兴斯泰纳的"公民教育"与"劳作学校"理论
    - 蒙台梭利的教育思想
- 进步教育运动
  - 进步教育运动始末
    - 兴起（19世纪末—1918年）
    - 成型（1918—1929年）
    - 转折（1929—1943年）
    - 衰落（1944—1957年）
  - 进步教育实验
    - 昆西教学法
    - 有机教育学校
    - 葛雷制
    - 道尔顿制
    - 文纳特卡计划
    - 设计教学法

自测题

一、选择题：

1.【2010 年 311,29 题】20 世纪意大利学前教育家蒙台梭利的教育方法的主要特点是强调（　　）。

  A.自然后果   B.作业的作用

  C.感官教育   D.游戏的作用

2.【2012 年 311,30 题】在美国进步教育运动中,为了充分利用学校设施提高办学效率,在教学中采用"分团学制"的教育改革试验是（　　）。

  A.昆西制度   B.葛雷制   C.道尔顿制   D.文纳特卡制

3.【2017 年 311,32 题】20 世纪美国进步主义教育运动时期,明确提出以自由与合作为基本原则,实施合同式的学习的个别教学制度是（　　）。

  A.葛雷制   B.昆西制   C.道尔顿制   D.文纳特卡制

4.【2020 年 311,30 题】19 世纪末 20 世纪初欧洲新教育运动开启的标志是（　　）。

  A.法国教育家德莫林开办罗歇斯学校

  B.英国教育家雷迪创办阿博茨霍尔姆学校

  C.德国教育家利茨创办德国第一所乡村教育之家

  D.瑞士教育家费利耶尔在日内瓦组建国际新学校局

5.【2020 年 311,31 题】美国进步教育运动时期,提出废除课堂教学和课程表以及年级制,代之以"公约"或合同式的学习的教学改革实验是（　　）。

  A.葛雷制   B.文纳特卡制

  C.道尔顿制   D.昆西教学法

6.【2021 年 311,32 题】1933—1941 年,"美国大学与中学关系委员会"为加强中学与大学的合作关系,推行实施了一项名为"八年研究"的高中教育改革实验研究计划,其指导思想是（　　）。

  A.永恒主义教育思想   B.要素主义教育思想

  C.结构主义教育思想   D.进步主义教育思想

7.【2007 年 311,24 题】针对班级授课制的弊端,美国进步教育家帕克赫斯特所提出的个别教学制度被称为（　　）。

  A.道尔顿制   B.葛雷制   C.昆西教学法   D.文纳特卡制

8.【2009 年 311,31 题】在进步教育运动中,美国教育家克伯屈的主要贡献在于创立了(   )。

    A.葛雷制   B.昆西教学法   C.道尔顿制   D.设计教学法

9.【2010 年 311,30 题】美国进步主义教育运动期间所创立的道尔顿制的基本原则是(   )。

    A.自由与合作   B.活动与主动

    C.注重学生个性差异   D.儿童中心主义与"从做中学"

10.【2011 年 311,30 题】19 世纪末 20 世纪初在欧美流行的劳作教育思潮的主要代表人物和推动者是(   )。

    A.拉伊   B.凯兴斯泰纳   C.蒙台梭利   D.克里斯曼

二、论述题:

1.论述 19 世纪末 20 世纪初实验教育学的主要观点及评价。

2.【南京师范大学 2011 年 333 论述题 1】评述 19 世纪末 20 世纪初欧美新教育和进步主义教育思潮的共同特征、意义及其局限。

3.【湖南师范大学 2013 年 333 论述题 4】试述 19 世纪末 20 世纪初期欧美教育运动的异同点。

第九章　欧美主要国家和日本的现代教育制度

一、英国教育的发展

（一）20世纪上半叶的英国教育制度

1.《巴尔福教育法》与教育行政管理体制的变化

19世纪末，英国还没有建立起对教育进行有效管理的体制。1902年，为了公平分配教育补助金和加强对地方教育的管理，英国通过了《巴尔福教育法》。主要内容有：

（1）新设机构。设立地方教育当局，以代替原来的地方教育委员会。规定地方教育当局应保证初等教育的发展，享有设立公立中等学校的权利，并为中等学校和师范学校提供资金。

（2）管理学校。规定地方教育当局对初等教育、中等教育、师范教育、私立学校和教会教育有管理权，为这些学校提供资助，加强管理、控制与监督。

（3）管理教师。地方教育当局具有否决学校管理委员会选择的不合格的校长和教师的权力，并负责支付教师的工资。

法案形成了以地方教育当局为主体的英国教育行政管理体制，首次讨论了初等教育和中等教育的衔接，推动了英国公立中等教育的发展。

2.《费舍教育法》

自1870年《初等教育法》颁布以后，英国的初等教育得到了较快的发展，但也存在初等教育与中等教育不相衔接、一些地区中学发展缓慢、初等教育还没有免费、产业工人缺乏一定教育等问题。1918年，英国国会通过了教育大臣费舍提出的关于初等教育的法案，也称《费舍教育法》。主要内容有：

（1）明确中央和地方各自权限。加强地方当局发展教育的权力和国家教育委员会制约地方当局的权限。地方当局应负责本地区教育的发展，全面组织本地区的教育，但须向中央教育委员会提交相关方案。

（2）建立基础教育系统。地方当局为2—5岁的儿童开设幼儿学校；规定5—14岁为义务教育阶段，小学一律实行免费教育。

（3）建立和维持继续教育学校。地方教育当局应建立和维持继续教育学校，并向 14—16 岁的年轻人免费提供一定的学习课程和教育训练。年轻人应在规定的时间内每年去继续教育学校中接受 320 个学时的学习。

法案明确了中央和地方各自的教育职责;首次建立了公共教育制度;真正实现了公立初等学校的免费教育;并未触及双轨制问题。

3.《哈多报告》

《巴尔福教育法》颁布后,英国政府各地方教育部门改建和新建了许多中等学校。但第一次世界大战后,英国经济的发展导致人们对中等教育的需求越来越大,中等教育急需改革。当时的改革有三种意见:一是坚持实行双轨制,维持初、中等教育的分离;二是采用选拔制,从初等学校筛选最合适的儿童进中等学校;三是主张单轨制,即所有人同时升入中等学校。为此,政府任命哈多为主席,对此问题进行调查,他们提出了《关于青少年教育的报告》亦称《哈多报告》。主要内容有:

(1)小学教育应重新称为初等教育,儿童在 11 岁之前的教育称为初等教育,5—8 岁入初级小学。

(2)儿童在 11 岁后所受的各种教育均称为中等教育。中等教育阶段分设四种类型学校:以学术性课程为主的文法学校、具有实科性质的选择性现代中学、相当于职业中学的非选择性现代中学、略高于初等教育水平的公立小学高级班或高级小学。

(3)为了使每个儿童进入最合适的学校,应在 11 岁时进行选择性考试。

该报告强调教育是一个连续过程,可分小学、中学两个阶段,提出了初等教育的终点和初等教育后的分流,这对英国教育有重要影响。但报告中反映的主张实质上是通过一次性的考试把中等教育分为两部分,即传统的文法学校和各种形式的现代中学,由此可看出英国教育传统双轨制对改革的影响。

4.《斯宾斯报告》

1938 年,为适应经济发展对技术人才的需要,英国政府又颁布了以改革中等教育为中心的《斯宾斯报告》。主要内容有:

(1)坚持哈多教育改革方向。强调各类中学之间建立对等关系的重要性。

(2)改双轨为三轨。该报告根据初级技术学校增加的现实,把《哈多报告》的双轨改成三轨,即文法中学、现代中学、技术中学,使技术中学成为中等教育的重要组成部分。

(3)设想多科性学校。该报告同时提出了设立一种兼有文法、现代、技术学科的多科性中学的设想。

该报告被誉为"英国中等教育发展的最有价值的设计草图",促进了未来综合中学的发展。该报告提出的"多科性中学"的设想，对后来综合中学在英国的发展有实质性的影响。

（二）20世纪下半叶的英国教育制度

1.《1944年教育法》

第二次世界大战期间，"人人受中等教育"的观念深入人心，而英国的时机与此有较大差距，中等教育继续改革。《巴特勒教育法》也称《1944年教育法》，由英国教育委员会主席巴特勒提出。主要内容有：

（1）加强国家对教育的控制和领导，设立教育部，统一领导全国教育。

（2）加强地方教育行政管理权限，设立由初等教育、中等教育和继续教育组成的公共教育系统。

（3）实施5—15岁儿童的义务教育，同时地方教育局应向义务教育超龄者提供全日制教育和业余教育。

（4）法案还提出了宗教教育、师范教育和高等教育改革等要求。

《巴特勒教育法》是英国教育制度发展史上一个极其重要的法令，形成了中央和地方相结合、地方为主的管理方式，也形成了初、中等和继续教育衔接的教育制度，扩大了国民受教育的机会，对英国战后教育发展的基本方针和政策产生了重要影响。

2."罗宾斯原则"

在高等教育改革方面，较有影响的改革方案是1963年的《罗宾斯高等教育报告》，该报告探讨了英国高等教育如何为社会服务这一重大问题。

所谓"罗宾斯原则"，是指应为所有在能力和成绩方面合格的、并愿意接受高等教育的人提供高等教育课程。

这一原则成为20世纪60年代高等教育大发展的政策依据，促使接受高等教育的人数快速增长，强调高等教育要适应现代科学进步和社会生产发展对人才的新要求。在这一原则的主导下，英国创办了颇具特色的新型高等教育机构"开放大学"。

3.《詹姆斯报告》

针对英国师范教育的弊端，英国在1972年发表了著名的《詹姆斯报告》，又称《师范教育和师资培训调查委员会的报告》。主要内容有：

（1）批判旧有的师范教育制度。该报告建议取消地区师资培训组织，成立全国师范教育委员会统筹全国师范教育事宜，全国师范教育委员会拥有承认教师资格文凭的权力等。

（2）提出师资培训三段法。该报告将师范教育分为三个连续的阶段,使师范教育中的普通教育与专业教育分离,体现了非定向型师范教育的特点和发展方向。

①普通高等教育阶段。大学或教育学院的学习,为期 2 年,开设的课程包括普通科目和专门科目。

②职前培训阶段。进行从事教学的职业教育和训练,为期 2 年,要求学生遵守专业训练计划。

③职后培训阶段。主要实施连续性的在职进修计划。

4.《雷弗休姆报告》

1981—1983 年,英国高等教育研究会连续发表了十多份高等教育调查报告,合称为《雷弗休姆报告》。该报告说明 20 世纪 60 年代高等教育数量型的发展已成为历史,提高高等教育质量成为新的主题。主要内容有:

（1）扩大入学途径。该报告规定扩大高等院校的入学途径,加快培养各种专门人才,以适应和振兴经济发展。

（2）改革课程结构。该报告规定调整高等教育课程的内容和结构,以适应知识综合化和职业多变化的需要。

（3）加强专业化管理。该报告规定加强和改进高等教育管理,特别是要加强高校内部专业化的管理,提高教学和科研水平,以承担更多的社会和经济课题。

（4）开辟奖助金新途径。该报告开辟了更多的奖学金和助学金发放途径,促进学生学习,减轻国家负担。

这个报告虽是民间团体调查的文件,但它的诞生被称为英国高等教育史上重要的里程碑。它提出的很多建议被后来的政府报告或立法所采纳,例如,高等教育应该更有效地为国民经济服务、大力发展终身教育和继续教育、加强大学的科研评估等等。

5.《1988 年教育改革法》

1988 年 7 月 29 日,英国通过了教育大臣贝克提交的教育改革法案,称为《1988 年教育改革法》。法案主要是关于普通中小学教育的改革问题,但也涉及高等教育、职业技术教育、教育管理、教育经费等多方面问题。主要内容有:

（1）实施全国统一课程,确定在 5—16 岁的义务教育阶段开设三类课程（核心课程、基础课程和附加课程）。

（2）建立与课程相联系的考试制度,规定在义务教育阶段,学生要参加四次（7 岁、11 岁、14 岁、16 岁）考试。

（3）改革学校管理体制，实施"摆脱选择政策"，原地方教育局管理的所有中学及规模较大的小学，在多数家长要求下可以摆脱地方的控制，直接接受中央教育机构的指导，还赋予家长为子女自由选择学校的权利。

（4）规定建立一种新型的城市技术学校。

（5）在高等教育的管理和经费预算方面规定：第一，废除高等教育的"双重制"，多科技术学院和其他学院将脱离地方教育局的管辖成为独立机构，取得和大学同等的法人地位；第二，中央政府加强对高等教育的控制。

《1988年教育改革法》涉及的问题十分广泛而且非常重要，在一定程度上触动了英国教育的某些传统，因此被看作是自《巴特勒教育法》以来英国教育史上又一个里程碑式的教育改革法案。总之该法案强化了中央集权式的教育管理体制，对英国的教育发展产生了不可忽视的影响。

6.《1992年继续教育和高等教育法》

1992年，为了继续推进废除高等教育的"双重制"，实现建立统一化的高等教育体制的设想，英国政府通过了《1992年继续教育和高等教育法》，给英国高等教育带来了戏剧性的变化。该法案规定国家学位授予委员会拥有多科技术学院学位授予权，同意将多科技术学院改名为大学，具有和大学相等的地位。

7.《学习社会中的高等教育》

为了检讨和评估《罗宾斯报告》以来英国高等教育政策和发展状况，制定面向21世纪的高等教育改革框架与发展战略，英国政府于1997年发表了《学习社会中的高等教育》（又称《迪尔英报告》的咨询报告）。

该报告反思了英国20世纪60年代以来的高等教育发展成果。第二次世界大战后，英国高等教育的发展虽然成绩显著，但是也表现出一些问题，该报告就英国高等教育的目的、模式、结构、规模、拨款、危机等问题对未来20年的发展做出了具体规划，还提出建立高等教育经费筹措机制，加强高等教育在地方和区域发展中的作用。

该报告引起了英国社会各界的强烈反响，被普遍认为是自20世纪60年代之后第一个全面回顾与反思英国高等教育并对未来发展做出战略构思的纲领性文件。该报告提出的多项英国高等教育制度改革建议，正深刻影响着高等教育制度的改革进程。

二、法国教育的发展

（一）20世纪前期的教育改革

20世纪前期为适应社会变革和教育现代化与民主化的需要，法国开始了具有自己特色的教育改革。

1.中学课程的改革

19世纪末,法国中学形成古典课程和现代课程并行、以古典课程为主的课程体系,使得许多没有学过古典课程的学生处于不利地位,引起了社会的不满。为解决这一问题,1902年法国教育部门提出了中等教育课程的改革方案。主要内容有:

(1)中学前四年。学生对课程有两种选择:一种是古典课程,必修拉丁语,选修希腊语;另一种是现代课程,着重学习法语和自然科学。

(2)中学后三年。在拉丁语与希腊语、拉丁语与现代语、拉丁语与自然科学、自然科学与现代语四种中选一种。

(3)中学最后一年。集中学习哲学或数学,为大学入学考试做准备。

这次改革强调古典课程的传统价值与现代课程的实用价值并行和互补,反映出现代社会对法国教育的影响,确立了法国中等教育课程改革的新模式。

2.统一学校运动与学制改革

(1)统一学校运动

20世纪初,法国典型的双轨制受到了人们的抨击。1919年,法国掀起了试图衔接初等教育和中等教育的统一学校运动。在运动中,"新大学同志会"发挥了重要作用。他们主张"统一的教育",主要解决两个问题。

①民主教育。初等教育和中等教育相互衔接,高等教育向一切中学毕业生开放。

②择优录取。在初等教育和中等教育的衔接上,采用"方向指导"策略,使儿童接受智力选择,让不同的儿童能够进入不同的中学。

(2)学制改革

1923年,法国政府决定在初等教育阶段实施统一的学校制度。

①实现小学统一。1925年,法国初步实现了小学阶段的统一学校。

②公立中学免费。1930年,法国的国立中学和市立中学实行免费制度。

③统一入学考试。1933年,中学设立统一入学考试制度,使学生享有平等的入学机会。

④完善学制体系。1937年,法国教育部长让·泽提出了在中学的初级阶段实行统一学校制度的方案。其主要内容有:把中学的初级阶段改为独立的公立学校,与初等统一学校衔接,实现初级中学教育的统一;为那些已经通过考试并持有"初等教育证书"、升入中学第一阶段的学生设立"方向指导班"(11—12岁),以指导

和培养学生的兴趣和能力；通过"方向指导"，根据学生的能力和表现在第二年实行分流，使他们分别进入古典中学、现代中学和技术中学。

1937年，法国教育部正式发布命令，将设置"方向指导班"作为学制改革的开始。但由于不久爆发了第二次世界大战，这一改革被迫中止。

（3）统一学校运动与学制改革的评价

①冲击双轨制。统一学校运动所引发的法国学制改革，极大地冲击了法国的"双轨制"教育。

②推动教育民主化。统一学校运动所引发的法国学制改革，扩大了劳动人民子女接受中等教育的比例，推动了法国教育民主化的进程。

③形成"方向指导"特色。"方向指导"的措施成为法国教育改革的特色，影响了战后的法国教育改革。

3.《阿斯蒂埃法》与职业技术教育的发展

20世纪初，法国的职业技术教育得到了一定的发展，1919年，法国议员阿斯蒂埃提出的关于职业技术教育的《阿斯蒂埃法》被议会通过。主要内容有：

（1）国家管理。该法案规定国家设立相关部门负责职业教育的管理工作。中央由教育部设置主管职业技术教育的部门，各省设立专门机构负责管理职业技术教育工作。

（2）经费来源。该法案规定全国每一市镇设立一所职业学校，经费由国家和雇主各负担一半。私立职业技术学校如果想得到国家的承认和补助金，必须遵守教育部的有关规定。

（3）学习免费。该法案规定18岁以下的青年有接受免费职业教育的义务。雇主必须保证青年每周有四小时的工作时间接受职业技术教育。

（4）教育内容。该法案规定职业技术教育的内容包括补充初等教育的普通教育、作为职业基础的各门学科、获得劳动技能的劳动学习这三个部分。

《阿斯蒂埃法》的颁布，使法国的职业技术教育第一次获得了有组织的形式，成为一种由国家管理的事业。该法案在历史上有法国"技术教育宪章"之称。

（二）20世纪下半叶的法国现代教育制度

1.《郎之万—瓦隆教育改革方案》

第二次世界大战结束后，法国议会组建了教育改革委员会，任命郎之万为主席，瓦隆为副主席。瓦隆认为法国教育体制没有民主，双轨制一个是资产阶级的，一个是人民的，中等教育则是按资产阶级的需要设的，所以应当彻底重新改造。他

们在 1948 年正式向议会提交《郎之万—瓦隆教育改革方案》,以现代化和民主化为目标。主要内容有:

(1)提出了战后法国教育改革的六项基本原则,具体为:社会公正原则;社会上的一切工作价值平等;人人都有接受完备教育的权利;加强专门教育的同时,适当注意普通教育;各级教育实行免费;加强师资培养,提高教师地位。

(2)实施 6—18 岁免费义务教育,主要通过基础教育阶段(6—11 岁)、方向指导阶段(基础教育后四年:12—15 岁)和决定阶段(学术型、技术型和艺徒制学校:16—18 岁)进行,其中学术型学校结业的学生可以进入一年制大学预科接受教育,然后进入高等学校学习。

(3)此外,方案还对注意学生的特点、采取小组教学、鼓励学生的创造性和责任等提出了要求。

在战后初期的历史条件下这个教育改革方案虽然没有实施,但提供了战后法国教育改革的重要依据,对法国教育的发展产生了重要的影响。

(三)20 世纪 50—60 年代的教育改革

1.《教育改革法》

1959 年,法国戴高乐政府颁布了《教育改革法》。该法规定,义务教育年限由战前的 6—14 岁延长到 16 岁。具体实施过程如下:6—14 岁为初等教育,所有儿童都应接受同样的初等教育。之后,除个别被确定不适于接受中等教育的儿童外,其余儿童都进入中等教育的第一阶段,即两年的观察期教育(11—13 岁)。两年后,学生进入中等教育的第二阶段(13—16 岁),这个阶段分为四种类型,即短期职业型、长期职业型、短期普通型、长期普通型。短期型均为三年制,长期型为四年和五年。长期普通型中等教育实际上是为大学做准备的教育。1959 年法国的教育改革由于不够灵活、难以操作、不实用、不明确,在实践中未被完全实施。

2.《国家与私立学校关系法》

1959 年,法国颁布了《国家与私立学校关系法》。该法规定国家采取"简单契约"或"协作契约"的形式,分别给予私立学校财政资助,但私立学校必须采用公立学校的生活规则和教学大纲,接受国家监督。

3.《高等教育方向指导法》(《富尔法案》)

1968 年颁布的《高等教育方向指导法》确立了法国高等教育"自主自治、民主参与、多科性结构"的办学原则,要求按照新的原则调整和改组法国的大学。按照这三项原则,大学是享有教学、行政和财政自主权的国家机构。该法案的理想是美好的,但在法国长期实施集权化教育管理的背景下,实现新的三项原则困难重重。

(四)20世纪70—80年代的教育改革

进入20世纪70年代,法国为保障其在世界工业和科技领域的优势,推进了新的教育改革。1975年,法国颁布了《法国学校体制现代化建议》(《哈比法》),对法国普通中小学的各方面提出了一系列改革措施。主要内容有:

1.教育管理。该法案规定中学校长由教育部长任命,学校内成立各种组织,如小学设家长委员会和教师委员会,中学设中学理事会、班级教师小组和教学委员会,参与学校的行政管理、教育和教学工作。

2.教学内容。该法案强调教学内容的"现代化",增强与实际生活的联系。法案要求在小学增设加强自然、社会环境及科学技术基础知识综合性教育的"启蒙课",增加有关收音机、录音机、照相机和复印机使用等知识,初中加强实验科学和技术教育。

3.教学方法。该法案主张用最新的心理学研究成果指导教学,注重学生的个性特征与能力差异,加强个别化教学;开展各种教学实验,采用现代化教学手段等。

4.课程设置。该法案实行"三分制教学法",即把教学内容分为工具课程(数学与法语)、启蒙性课程(如历史、地理、公民道德、人文科学、自然科学、艺术等)和体育课程三个部分。每天的上课时间也相应分为三段一般上午安排工具课程,下午安排启蒙性课程和体育课程。

《法国学校体制现代化建议》方向正确,但要求较高,改革步子过大,难以在实践中完全实施。

(五)20世纪90年代的教育改革

进入20世纪90年代后,法国对基础教育课程改革十分重视。1992年,法国国家课程委员会公布了《课程宪章》。主要内容有:

1.中央集权。该法案强调法国今后仍坚持中央集权制的课程管理体制,课程大纲以《政府公报》的形式颁布,各地必须认真实施。

2.学生中心。该法案强调课程编制应以学生为中心,使全体学生具备较高的素质。

3.纵横改革。该法案对学科体系进行综合改革,既有从小学到高中课程融为一体的纵向综合改革,也有各科知识融会贯通的横向综合改革等。

《课程宪章》成为20世纪90年代以来法国教育改革的纲领性文件。

【2021 年 333,31 题】20 世纪初期,法国"统一学校运动"的主要内容是( )。

A.高等教育大众化　　　　　　　　B.中等教育普及化

C.衔接中等教育和高等教育　　　　D.衔接初等教育和中等教育

【解析】D

　　法国的"统一学校运动"和英国的《哈多报告》都加强了初等教育和中等教育的衔接,确保择优录取,中等教育向一切学生开放。所以选择 D 项。

三、德国教育的发展

(一)20 世纪上半叶的德国现代教育制度

1.德意志帝国时期的教育

在德意志帝国时期,德国教育具有明显的等级性和阶级性。德国教育形成了典型的"三轨制",在这种制度下产生了三类学校:为下层阶级设立的国民学校、为中层阶级设立的中间学校、为上层阶级设立的文科中学。这一时期的德意志帝国进行过两次重要的教育改革。

(1)第一次教育改革。19 世纪末,受新人文主义思想的影响,德国开始了对中等教育的改革。这次改革一方面主张减少文科中学古典语言的分量;另一方面增设了两类学术性学校——实科中学和文实中学。

(2)第二次教育改革。进入 20 世纪后,德国又开始对各类教育进行改革。德国宣布文科中学、实科中学、文实中学的地位相等,都可以为大学多数科系培养学生,但仍重视文科中学及其课程的地位。

2.魏玛共和国时期的教育

1918 年,德意志帝国在其挑起的第一次世界大战中覆灭。1919 年,德国历史上第一个议会民主制共和国——魏玛共和国成立。魏玛共和国时期各级各类教育发展的主要内容有:

(1)教育管理。《德国宪法》规定教育权归各州所有,国家负责对各类教育进行监督,即分权制。第一次取消了教会对公共教育进行干预的权力,禁止牧师对学校进行管理。

(2)初等教育。德国废除双轨学制,在全国实行四年制的统一初等学校制度,并实施八年义务教育。在义务教育结束后,还为毕业生提供补习学校,使其接受职业继续教育,增加了人民受教育的机会。

(3)中等教育。德国取消中学的预备学校阶段,使中学开始建立在统一的基础学校之上;在原来的中间学校、文科中学、实科中学、文实中学的基础上,新建立德意志学校和上层建筑学校,使初等学校毕业生有多种中学就读。

(4)师范教育。从1924年起,德国规定小学教师由高等教育的师范学院培养。

(5)高等教育。德国的高等教育一方面坚持大学自治、教学与科研相结合的原则,另一方面提出高等教育面向大众,加强民众参与高等学校建设、促进高等教育发展的思想。

(6)职业教育。德国探索出了"双元制"。"双元制"就是一面在工厂企业培训中心接受实际操作性的训练,一面在职业学校进行理论知识学习。学生最后通过考试可以获得合格工人证书,以其作为就业的依据。

这一时期的德国国民教育体系已经初步建立,初等教育和中等教育有了一定的衔接,出现了一些新型的高等学校,为德国进一步发展奠定了基础。然而,这一时期的德国教育在发展指导思想上出现了强调民族主义和国家主义的倾向,为纳粹时期德国教育演变为法西斯统治的工具埋下了隐患。

(二)20世纪下半叶的德国现代教育制度

第二次世界大战结束后,德国被分为联邦德国和民主德国。直到20世纪50—60年代,联邦德国才开始实施重大的教育改革。

1.《改组和统一公立普通学校教育的总纲计划》(《总纲计划》)

1959年,联邦德国受苏联卫星上天的冲击,继美国《国防教育法》之后,做出了一个重要决定,即公布实施《改组和统一公立普通学校教育的总纲计划》(简称《总纲计划》)。《总纲计划》主要探讨如何改进普通初等教育和中等教育的问题。主要内容有:

(1)初等教育。建议所有儿童均接受四年的基础学校教育,然后再接受两年的促进阶段教育。促进阶段教育旨在给予学生充分发展能力和特长的机会,以便其通过考试遴选进入不同类型的中等教育机构。

(2)中等教育。建议设置三种中学,即主要学校、实科学校和高级中学,分别培养不同层次的人才。

①主要学校。主要学校取代了原来的国民学校,其职能是培养学生掌握初步的文化知识和生产技能,并为接受职业教育做好准备。它是为社会下层子弟开设的层次最低的一种中学,接收不能进入实科学校和高级中学的学生,使其完成义务

教育。

②实科学校。就是原来的中间学校,其任务是使学生熟悉科学知识及其在实际中的应用,并培养学生科学的思维能力,使他们掌握科学的工作方法。

③高级中学。包括完全中学和学术中学。完全中学接收经过促进阶段教育符合其入学条件者,而学术中学则吸收基础学校毕业生中具有特殊才能的学生,经考试合格方可入学。

《总纲计划》既保留了德国传统的等级性,又适应了战后德国社会劳动分工对学校培养人才规格和档次的不同要求。这一计划标志着联邦德国全面教育改革的开始。

2.《关于统一学校教育事业的修正协定》(《汉堡协定》)

20世纪60年代,与其他发达国家相比,联邦德国的教育事业仍比较落后。因此,1964年联邦德国各州州长在汉堡签订了《关于统一学校教育事业的修正协定》(简称《汉堡协定》)。主要内容有:

(1)义务教育。所有儿童均应接受九年义务教育,义务教育阶段应是全日制学校的教育。

(2)初等教育。所有儿童在接受基础学校教育后,参加两年促进阶段或观察阶段教育。

(3)中等教育。所有儿童在接受基础学校教育和两年促进阶段或观察阶段教育之后,可以进入三种不同中学,即三至四年制的主要学校、四年制的实科学校和七年制的完全中学。

《汉堡协定》的颁布是联邦德国从传统学校恢复时期向教育改革时期过渡的转折点,至此形成了联邦德国的学制。它既是联邦德国战后教育巩固和发展时期的总纲,也是教育改革时期的起点。

3.《高等学校总纲法》

1976年,联邦政府正式颁布《高等学校总纲法》,这是联邦德国战后第一部有权威的高等教育方面的法律,其精神实质是既保留传统大学民主自治的特色,又注重发掘大学的潜力,以适应新的国际竞争的需要。1985年,联邦政府进一步修订了这一法案,肯定高等学校多层次、多样化的办学原则,承认各高等院校享有更多的自主权,鼓励创办名牌大学。

(三)德国统一以来的教育改革

1990年10月,德国统一后,面临着如何使民主德国与联邦德国教育体制接轨

的问题。按照《统一条约》的规定,东部地区的五个州按原联邦德国的模式进行教育改革。主要内容有:

1.初等教育。基础学校统一实施初等教育,属义务教育阶段,儿童6岁入学。各州都实行九年义务教育,仅勃兰登堡实行十年义务教育。为了解决义务教育质量偏低的问题,德国将基础教育建立为全日制学校。

2.中等教育。大多数州采用主要学校、实科学校和完全中学平行的三分结构学制模式。此外,还有综合学校这一种结构。基础学校的毕业生,多数不经过考试直接升入主要学校或综合学校,部分学生需经过考试分别进入其他中学。

3.课程改革。注重学生外语能力、创造能力和现代信息技术应用能力的培养。

4.高等教育。将高等学校分为学术性和非学术性两大类。同时,新建很多综合高等学校和高等专科学校。另外,联邦政府下放部分权力,增强了各州及学校在经费、招生、决策等方面的自主权。

5.职业教育。各州在义务教育之后,实施三年制义务职业教育。职业教育机构包括职业学校、专科学校、职业基础学校、职业或专科补习学校等。其体制比较完善,结构比较多样,对其他欧洲国家的职业教育产生了较大的影响。

6.师范教育。各州基本上采取把专业训练与实践训练分为两个不同阶段的做法。师资培养任务已由高等学校来承担。

德国各州在初等教育、中等教育、高等教育、职业教育、师范教育等方面的改革实现了德国教育的大致统一,从此德国各州步调一致,共同迈向新时代。

四、美国教育的发展

(一)20世纪前期的教育

1.《中等教育的基本原则》

1913年,美国全国教育协会成立了"中等教育改组委员会",该委员会于1918年提出了《中等教育的基本原则》的报告,指出美国的教育应当基于民主的原则,按照民主社会的教育目的,促使每一个成员在为他人和为社会服务的活动过程中实现自我个性的发展。中等教育的主要目标有:

(1)健康;(2)掌握基本的方法;(3)高尚的家庭成员;(4)职业;(5)公民资格;(6)适宜地使用闲暇时间;(7)道德品格。

其中,高尚的家庭成员、职业与公民资格是最主要的目标。

《中等教育的基本原则》不仅肯定了"六三三"学制和综合中学的地位,而且提出了中学是面向所有学生并为社会服务的机构的思想。同时《中等教育的基本原则》也影响了我国 1922 年的学制改革。我国 1922 年"新学制"正是仿照美国的"六三三"学制制定的。

2."八年研究"

1930 年,美国进步教育协会成立了"大学与中学关系委员会",试图通过加强中学与大学的合作关系来解决高中长期存在的问题。委员会制订了一项为期八年(1933 — 1941)的大规模的高中教育改革实验研究计划,即"八年研究"计划。参加实验研究的是从美国全国 200 所中学中推荐的 30 所中学,故该实验也称"三十校实验"。"八年研究"主要涉及以下四个方面的问题:

(1)教育目的。过去高中的教学主要把升大学作为教育的根本目标。通过实验,人们认识到高中教育除了升学以外还有其他目的。学校教育的目的主要是实现个人的发展,并有效地协调个人与社会的关系。

(2)教育管理。教育管理最有效的方式是全体教师共同参与对教学大纲的再评价和再计划。

(3)课程、方法的选择和安排。其中影响较大的是核心课程的思想,主张以社会问题为中心进行课程安排。

(4)评估工作。过去的考试都是根据传统的教学和教材的需要而设计的,而新的实验评价更关注学生的发展。

3.初级学院运动

为解决中等教育和大学的衔接问题,1892 年芝加哥大学校长哈伯率先提出了把大学的四个学年分为两个阶段的设想,他也因此被誉为"初级学院之父"。

(1)第一个阶段的两年为"初级学院",第二个阶段的两年为"高级学院"。

(2)前一阶段的课程类似于中等教育,后一阶段的课程类似于专业教育或研究生教育。

(3)初级学院运动和美国的社区学院紧密联系。社区学院是两年制,入学条件简单,高中毕业即可;课程与大学前两年课程基本相同;学生毕业后可以申请名校大学,也可以直接工作。

4.职业技术教育的发展

1906 年,美国成立"全国职业教育促进会"。1917 年,美国国会通过了由议员史密斯和休斯联合提出的议案,史称《史密斯—休斯法》,其主要内容有:

(1)由联邦政府拨款补助各州大力发展大学程度以下的职业教育,开办职业学校。

(2)联邦政府与各州合作,提供工业、农业、商业和家政等科目的师资训练。

（3）在公立学校中设立职业科,设置供选修的职业课程,把传统的专为升学服务的中学改为兼具升学和就业职能的综合中学。

（4）联邦政府应当设立联邦职业教育委员会,各州也应当成立相应的职业机构,负责与职业教育相关的事宜。

《史密斯—休斯法》的提出标志着美国普通教育开始由单一的升学目标转向升学和就业的双重目标,加强了普通教育与社会的联系。

（二）"二战"后的教育改革与法案

1.《国防教育法》

受进步教育运动的影响,美国教育强调儿童中心,忽视了系统知识的传授,美国的教育质量有所下降。1957年苏联卫星上天后,美国全国上下一片震惊,对教育进行改革的呼声更加高涨。1958年,美国相应地颁布了《国防教育法》,旨在改变美国教育水平落后的状况,使美国教育能够适应现代科学技术的发展。基本内容有:

（1）加强普通学校的自然科学、数学和现代外语,即所谓"新三艺"的教学。

（2）加强职业技术教育。

（3）强调"天才教育"。

（4）增拨大量教育经费,加强普通学校的"新三艺"教学。

（5）资助高等学校提高教学和科研水平,设立"国防奖学金"。

美国《国防教育法》的颁布和实施不仅对美国的教育产生了重要影响,甚至对美国的整个社会都具有重要影响。

2.20世纪60年代的教育改革

（1）课程改革

在中小学课程改革方面,美国进行了一次以布鲁纳结构主义为指导思想的教育改革,相关总结报告以《教育过程》为书名发表。其主要观点有:

①强调早期教育。

②逐级下放科学技术课程。

③结构主义教育思想指导编制课程结构。

④鼓励学生用探索的发现式方法学习。

这次改革开启了美国20世纪60年代的课程改革运动,但是没有达到预期的目标。

（2）关于教育机会平等

1965 年,美国国会通过了《中小学教育法》,提出了中小学各自的教育目标,并要求政府拨巨款奖励推动黑人、白人学生合校的工作,规定凡主动而认真合并的学校可以领取大笔补助费。

（3）高等教育

美国针对高等教育通过了许多法案,这些法案的精神实质与《国防教育法》一致,强调培养科技人才,增加对高等院校的拨款,更新高校教学和科研设施等。

3.20 世纪 70 年代的教育改革

（1）生计教育

1971 年,美国教育总署署长马兰开始提出"生计教育"的主张。他认为,社会决定了人们接受教育不再是为了终生从事一种职业,人的一生会多次发生职业变化,因而要求人们学会许多新知识和技能以适应生存需要。1974 年,美国国会通过《生计教育法》,将中小学生计教育分为三个阶段:

①1—6 年级:了解和选择职业阶段。

②7—10 年级:探索和学习阶段。

③11—12 年级:职业决定阶段。

"生计教育"的实质是以职业教育和劳动教育为核心的适应社会发展的教育。由于"生计教育"过分强调职业、劳动和实际经验等,最后并未作为一种教育制度在美国普遍推行。

（2）"返回基础"

20 世纪 70 年代后半期,由于公众对公立学校教育质量低下的局面不满,对教育普遍缺乏信任,美国掀起了一场名为"返回基础"的教育运动,以提升公众对教育的信心。该运动的主要内容有:

①小学阶段。学校教育应将精力集中于阅读、写作和算术教学等基本技能训练上。

②中学阶段。应把主要精力集中于教授英语、自然科学、数学和历史的教学上。

③教师应当在学校教育的不同阶段起主导作用。

④教学方法应当涵盖练习、背诵、日常家庭作业以及经常性测验等。

⑤必须经过相关的考试,证明学生确已掌握课程教学要求的基本技能和知识后,方可被批准升级或毕业。

⑥取消选修课,增加必修课。

⑦严明纪律。

这场运动实质上是一种恢复传统教育的思潮，它否定了进步主义教育运动的基本主张，强调严格管理，提高教育质量，但又过于重视传统教育，因此受到多方指责，20世纪80年代以后又消沉下去了。

（2018年311,33题）20世纪70年代美国教育改革的主题是（　　　）

A.返回基础　　　　　　　　B.普及科学

C.天才教育　　　　　　　　D.大众教育

【解析】A

20世纪70年代美国教育改革的主题就是返回基础和生计教育。因此答案选A。

（三）20世纪八九十年代的教育改革

1.《国家处在危机之中：教育改革势在必行》

20世纪八九十年代，美国教育质量下降，为此，美国在1983年提出了名为《国家处在危机之中：教育改革势在必行》的报告。主要内容为：

（1）加强五门"新基础课"的教学，即要求中学阶段必须开设英语、数学、自然科学、社会科学及计算机课程，并加强这些课程的教学。

（2）提高小学、中学和大学的教育标准和要求，推行标准化测试。

（3）通过加强课堂管理等措施，有效利用在校的学习时间。

（4）改进教师的培养方式，提高教师的专业训练标准、地位和待遇。

（5）各级政府应加强对教育改革的领导和实施。各级政府、学生家长以及全体公民为实现教育改革的目标提供必要的财政资助。

改革具有积极的影响：第一，恢复和确立了学术性学科在中等教育课程结构中的主体地位；第二，进一步加强了课程结构的统一性，对所有学生提出了更为严格的共同要求；第三，增强和激发了公众对国家教育的信心，使得公众对教育的关注和资助的热情被重新唤起。

但是，因改革过分强调标准化的考试测评成绩，导致在某种程度上忽视了学生个性的培养；因教学要求过于统一，导致缺乏灵活性；因强调提高教育标准和要求，使潜在的辍学人数迅速增加。

2.《美国2000年教育战略》

为确保21世纪美国社会发展继续保持世界领先地位，1991年4月美国总统布什签发《美国2000年教育战略》,该战略提出了2000年美国六大教育目标和四项保证措施。规划了美国教育发展的蓝图,对美国教育的改革起到了重要的指导作用。

3.《2000年目标:美国教育法》

1994年,美国总统克林顿签署《2000年目标:美国教育法》,这是一场全国性的教育改革计划。内容包括:国家教育目标;全国教育的领导、标准和评价;州和地方教育体系的改革;国家技能标准委员会及其成员、经费和职责。

该法为美国教育改革提供了组织上和经费上的保证,进一步强化了联邦政府在教育改革中的主导作用,有助于提高美国中小学的教育质量。该法表明美国在教育改革上决心进一步强化联邦政府的主导作用。

五、日本教育的发展

(一)20世纪初期的教育

1.《教育敕语》

1890年,日本发布《教育敕语》,重申"忠孝"作为日本国体之精华、教育之渊源,要求全体国民孝父母、友兄弟、遵国法,义勇奉公,以及辅佐皇运等等。《教育敕语》的颁布,体现了日本教育开始将传统的儒家伦理道德规范与日本民族意识的培养紧密结合起来,反映了日本政府意图达成思想和教育统一的诉求。

2.《大学令》

1918年,日本政府颁布了《大学令》。该法案的主要内容有:

(1)大学教育的目的是向学生教授建设国家所需要的知识,培养高水平、符合国家需要的人才。

(2)除国立大学外,开放设立私立大学和地方公立大学。

(3)规定大学开办的结构形式和修业年限,大学可由几个学部组成,也可按规定设立单科大学,修业年限一般为3—4年。

(4)规定了大学招生的对象,主要面向预科或高级中学高等部的毕业生,这些学生经过考核以后方可录取。

3.军国主义教育体制的形成和发展

(1)日本政府加强了对师生民主进步运动的控制和镇压。

(2)军国主义思想通过教育手段被广泛灌输给国民。

(3)军事训练学校化和社会化。

（二）"二战"后的教育改革与法案

1.《教育基本法》

《教育基本法》的具体内容：

（1）教育必须以陶冶人格为目标，教育须致力于培养和平国家及社会的建设者。

（2）全体国民接受九年义务教育。

（3）尊重学术自由。

（4）政治教育是培养有理智的国民。

（5）国立和公立学校禁止宗教教育。

（6）教育机会均等，男女同校。

（7）教师应受到社会尊重，保证教师享有良好的待遇。

（8）家庭教育和社会教育也应得到鼓励和发展。

《教育基本法》被视为日本教育史上一部具有划时代意义的教育文献，它首次以立法的形式确定了日本教育和平与民主的性质，以法律主义取代敕令主义。

2.《学校教育法》

《学校教育法》是《教育基本法》的具体化。

（1）在管理上，废除中央集权制，实行地方分权。

（2）在学制上，采用"六三三四"制单轨学制，将义务教育年限由6年延长到9年。男女儿童教育机会均等，一律实行男女同校制度。

（3）高级中学的办学目的和定位是实行普通教育和专门教育。

（4）将原来多种类型的高等教育机构统一为单一类型的大学。大学以学术为中心，注重高深学问的传授和研究，大力培养学生的研究和实践能力。

作为确保《教育基本法》具体实施的法律文本，《学校教育法》为"二战"后日本教育的系统化改革提供了有力的法律保障。

（三）20世纪70年代至20世纪90年代的教育改革

1.20世纪70年代

1971年6月，日本中央教育审议会提出的《关于今后学校教育综合扩充、整顿的基本措施》咨询报告，拉开了日本自明治维新和战后初期两次重大教育改革后"第三次教育改革"的序幕。日本还颁布了《关于改善中小学教学计划的标准》（1977年）、《小学初中教学大纲》（1977年）、《高中教学大纲》（1978年）等文件。

2.20 世纪 80 年代

1984 年,日本成立的"临时教育审议会"和 1987 年文部省成立的"教育改革推进本部",成为 20 世纪 80 年代以来日本教育改革的领导机构。

3.20 世纪 90 年代

(1)日本基础教育改革的主题为:加强对学生国家观念和社会道德观念的培养;推行教育地方分权化改革;精选教育内容,重视体验学习;推进学校与入学考试制度多样化改革;促使学校教育与社会教育结合。

(2)1996 年,日本中央教育审议会提出《面向 21 世纪我国教育的发展方向》的咨询报告,指出日本教育改革的方向应是"在宽松的环境中培养学生的生存能力"。

(3)1998 年,大学审议会提出《21 世纪的大学和今后的改革策略》,为 21 世纪初日本"国立大学法人化"的重大改革奠定了基础。

> 【2019 年 311,33 题】1947 年,日本国会颁布《学校教育法》,为日本"二战"后学校教育发展指明方向。其中规定(   )。
>
> A.实施大学区制
>
> B.废除中央集权式的教育管理体制
>
> C.加强学生民族意识的培养
>
> D.将中学分为寻常中学与高等中学
>
> 【解析】选 B
>
> 《学校教育法》是《教育基本法》的具体化。(1)在管理上,废除中央集权制,实行地方分权。(2)在学制上,采用"六三三四"制单轨学制,将义务教育年限由 6 年延长到 9 年。男女儿童教育机会均等,一律实行男女同校制度。(3)高级中学的办学目的和定位是实行普通教育和专门教育。(4)将原来多种类型的高等教育机构统一为单一类型的大学。大学以学术为中心,注重高深学问的传授和研究,大力培养学生的研究和实践能力。因此答案选 B。

六、苏联教育的发展

(一)20 世纪上半叶的苏联现代教育制度

1.建国初期的教育改革

1917 年,列宁领导了著名的十月革命,建立了世界上第一个无产阶级专政的社会主义国家,政权初创时期,苏维埃政府主要采取了以下教育改革措施:

（1）改革教育管理体制，建立无产阶级的教育领导机构，实行民主化、非宗教化的国民教育原则。

（2）建立统一劳动学校制度。

（3）改进学校的教育、教学工作，改革教学内容和方法，编写教材。

（4）团结、教育和改造教师。

（5）开展大规模扫盲运动。

2.教育管理体制改革的内容及成效

（1）内容：十月革命后，苏俄成立了国家教育委员会。作为全国教育的领导机构，委员会颁布法令，提出"教会与国家分离，学校与教会分离"，禁止在一切普通学校中讲授宗教教义和举行宗教仪式。

（2）成效：新的教育体制的建立，清除了教会对学校的影响，消灭了封建性，确保各民族、各阶层人民子弟都有受教育的权利。同时，比较迅速、成功地制定出建立新的社会主义教育体制的总原则，结束了革命前学校管理方面的分散和混乱现象，保证了学校领导的统一性，有利于学校工作的有序开展。

3.《统一劳动学校规程》

1918 年，国家教育委员会正式公布了《统一劳动学校规程》。《统一劳动学校规程》规定，苏俄的一切学校（除高等学校外）一律命名为"统一劳动学校"。主要内容有：

（1）所有的儿童都应进同一类型的学校，都有权沿着这个阶梯升入高一级的学校。强调"新学校应当是劳动的"，并且把劳动列入学校课程，使学生通过劳动"积极地、灵活地、创造性地去认识世界"。

（2）统一劳动学校分为两个阶段：第一级学校招收 8—13 岁的儿童，学习期限为 5 年；第二级学校招收 14—17 岁的少年和青年，学习期限为 4 年。两级学校均是免费的，并且是相互衔接的。

虽然它存在严重的缺点和错误，但毕竟是苏俄教育史上第一个重要的教育立法。在世界教育史上第一次贯彻了非宗教的、真正民主的、社会主义的教育原则；尖锐地批判了旧学校的形式主义、脱离生活实际的倾向，要求把教育与生产劳动紧密地结合起来；强调全面发展儿童个性，充分发挥儿童学习的主动性和创造性等。但是，《统一劳动学校规程》取消了一切必要的、合理的教学制度，取消了教学计划，完全废除了考试和家庭作业，不正确地解释了教师的作用，过高地估计了劳动在学校生活中的地位，宣称"生产劳动应当成为学校生活的基础"等。

4. 20 世纪 20 年代的学制调整和教学改革实验："综合教学大纲"与"劳动教

学法"

1921—1925 年国家学术委员会的科学教育组编制并正式公布了《国家学术委员会教学大纲》,在实施综合教学大纲的同时,相应地改变了教学方法,开始采用所谓劳动教学法。

(1)"综合教学大纲"

完全取消学科界限,将指定要学生学习的全部知识,按自然、劳动和社会三个方面的综合形式来排列,且以劳动为中心。"综合教学大纲"力图通过单元教学的形式,把学校的教学工作同现实生活紧密地联系起来,彻底克服旧学校教学与生活完全脱离的缺点,并加强各门学科之间的联系。

(2)"劳动教学法"

"劳动教育法"要求在自然环境中,在劳动和其他活动中进行教学。主张废除教科书,甚至提出"打倒教科书"的口号,主张取消班级授课制而代之以分组实验室(即道尔顿制)和设计教学等。

"综合教学大纲"与"劳动教学法"力图打破学科界限,加强教学与生活的联系,出发点虽好,但是综合教学大纲实际上破坏了各门学科之间的内在逻辑,曲解了教学活动与现实生活之间的联系,因而削弱了学校中系统的基础理论知识的学习和基本的读、写、算能力的训练。综合教学大纲虽未普遍推行,但对苏联学校的教学工作却产生过深远的影响。整个 20 世纪 20 年代,苏联的教学计划和教学大纲几经修改,但综合教学大纲编制的原则基本没有改变,苏联的教学工作走了一段很长时间的弯路。

5.20 世纪 30 年代教育的调整、巩固和发展:《关于小学和中学的决定》

从 1931 年开始,苏联进行了一次新的教育改革。1931 年苏联政府颁布了《关于小学和中学的决定》(以下简称《决定》)。

这个决定是 20 世纪 30 年代苏联改革和发展国民教育的纲领性文件。《决定》对学校的基本任务、教学方法、干部、中小学的物质基础以及学校管理等方面提出了明确的要求和具体的改进措施。

《决定》克服了苏联普通学校工作中存在的缺点,进一步改进了学校的教学、教育工作,提高了教学质量,使之更加适合社会主义建设的需要,改变了学生和教师醉心于参加工人和集体农民的一般劳动而忽视了学校教学工作中的错误倾向。但是,在实际执行这一《决定》的过程中过分强调对学生的知识教育,结果导致学校工作走上了另一极端,使学生负担过重,忽视了学生的劳动教育。

【2018 年 311,30 题】20 世纪 30 年代联共(布)中央颁布实施《关于小学和中学的决定》,确定该时期苏联教育发展的主要任务是(   )。

A.实施综合教育大纲   B.恢复班级授课制度

C.建立统一劳动学校制度   D.加强教学与生产劳动的联系

【解析】选 B

《关于小学和中学的决定》指出恢复班级授课制,要求提高学生读、写、算能力,并制定教育计划和教学大纲,且恢复班级授课制度是 20 世纪 30 年代偏重知识教育发展的主要任务。因此答案选 B。

(二)第二次世界大战后的教育改革

1.1958 年的教育改革

1958 年,为了解决升学和就业之间的矛盾,苏联颁布了《关于加强学校同生活的联系和进一步发展全国国民教育制度的建议》(以下简称《建议》)。这标志着一场规模较大的教育改革的序幕正式拉开。

(1)普通教育

①确立办学目标。中学的主要任务是培养青年走向生活,参加公益劳动,进一步提高普通教育和综合技术教育水平。

②延长义务教育年限。《建议》将普及教育的年限由 7 年延长到 8 年,初等教育仍为 4 年。中等教育前 4 年为第一阶段,称为不完全中学教育,属于义务教育性质。

③中学进行分流。中等教育的后 3 年为第二阶段,这个阶段的教育由三种教育机构实施。一是工人青年学校和农村青年学校,属于在职学习机构;二是兼施生产教学的劳动综合技术普通中学,这是一种全日制类型的学校,学制为 3 年;三是中等职业技术学校和其他中等专业学校,培养具有中等教育程度的熟练工人和技术辅助人员,学制为 3—4 年。

④改革重心劳动。教育教学工作应该注重劳动教育,将基础知识教学、综合技术教学和劳动教育相结合,引导学生广泛参加各种公益劳动。

⑤扩大学校规模。《建议》要求扩大寄宿学校网,增加全日制学校和班级。

(2)职业学校

①开办职业技术学校。《建议》要求改组原有职业、技术教育体制,设立城市和农村职业技术学校。

②开办中等专业学校。《建议》要求进一步改进中等专业教育制度,开办建立在八年制学校基础上的中等专业学校。

（3）高等教育

①培养科技人才。其使命是培养精通科学与技术的相应部门的具有多方面知识的人。

②优先录取工作者。高等学校应优先录取具有实践工作经历的人入学。

③重点大学与学科。《建议》要求重视加强重点大学的建设,尤其注重尖端专业的发展。

④开放夜校与函授。从1959年开始,所有全日制大学和高等学校都要同时开办夜校和函授学校。

这次改革的重点在于加强学校和生活的联系,拉长义务教育年限,重视职业教育,发展高等教育为学生就业做准备。但顾此失彼,生产劳动教学占据较多时间,削弱了知识的传授,导致教学质量的下降。

2.1966年的教育改革

为适应国际竞争的需要和消除1958年以来教育改革偏重劳动教育带来的消极影响,苏联强调了提高劳动人民普通文化知识水平和技术知识的重要性,提出要把提高专家培养质量当作头等任务。1966年苏联通过了《关于进一步改进普通中学工作的措施》（以下简称《措施》）。

（1）学校任务。使学生获得牢固的科学基础知识,具有高度的共产主义觉悟,培养青年面向生活并能自觉地选择职业的能力。

（2）教学内容

①内容符合时代性。教学内容要符合科学、技术和文化发展的要求。

②系统讲授要衔接。1—10年级科学基础知识的学习要有衔接性,要从第四学年开始系统地讲授科学基础知识。

③精简教材减负担。《措施》要求删除教学大纲和教科书中过于烦琐和次要的材料,减轻学生的负担。

④明确上课课时数。《措施》对1—10年级周学时进行了规定。

⑤选修必修都要有。《措施》要求从七年级起开设选修课,目的是扩宽数理学科、自然学科和人文学科的知识面,发展学生多方面的兴趣和才能。

《措施》强调文化知识的重要性,有利于提高教育质量,但轻视劳动教育。对普通中学来说,就业和升学、精英人才和普通劳动者的培养仍然是两难兼顾。

3.1977年的教育改革

苏联通过 20 世纪 60 年代的教育改革,虽然提高了教育质量,但中学毕业生升学与就业的矛盾重新激化。1977 年,为纠正学生就业准备不足,苏联通过了《关于进一步完善普通学校学生的教学、教育和劳动训练的决议》(以下简称《决议》)。

(1)确定普通中学是统一的劳动综合技术学校。普通中学的主要任务是使学生深入掌握科学基础知识和在国民经济部门工作的劳动技能。只有认真掌握一定的职业技能,才能适应国民经济部门工作的需要。

(2)要求改进与加强劳动教育。《决议》规定增加劳动教学时间,加强对职业选择的指导,根据学生的年龄特点安排他们参加公益劳动等,使劳动教育和教学在广泛的综合技术教育的基础上进行。

《决议》体现了对劳动教育的重视,也汲取了以往教育改革的经验教训,在强调劳动教育的同时也注重科学基础知识的教学。

4.1984 年的教育改革

20 世纪 80 年代以后,苏联加大了教育改革的力度。1984 年,苏联通过了《普通学校和职业学校改革的基本方针》,主要针对普通学校和职业学校两种教育,提出要使学生全面和谐发展。

(1)完成两个任务

①提高教育质量。普通学校和职业学校都要大力提高教育和教学质量,让学生牢固掌握科学基础知识,要更加重视学生的全面和谐发展教育。

②加强劳动教育和职业教育。无论是普通学校还是职业学校,都要对青年实施完全的普通教育、劳动训练和职业训练。在普通学校,加强劳动教育、教学和职业定向工作、加强讲课的综合技术方向性;在职业学校,加强对高度熟练工人的培养,完成向青年普及职业教育的过渡。

(2)形成四五二学制,该学制改变过去 7 岁入学的传统,实行儿童 6 岁入学,普通学校由 10 年制改为 11 年制。所谓四五二学制,"四"指小学四年,"五"指不完全中学五年,这两者构成九年制的普通教育,这是进一步接受中等教育和职业教育的基础。"二"指中等学校两年,包括普通中学、中等职业技术学校和中等专业学校。

该法案促使普通教育和职业教育互相渗透、互相结合、相互接近,朝着综合统一的方向发展。

【知识点拓展:俄罗斯联邦的教育】

1.《俄罗斯联邦教育法》

1992 年颁布的《俄罗斯联邦教育法》(以下简称《教育法》)是俄罗斯联邦独立

以后第一部教育基本法。之后几经修改补充,最新版的《教育法》于2013年开始实施。

(1)第一版《教育法》

①重新构建国民教育体制。俄罗斯把原来苏联的普通教育、中等专业教育、职业技术教育和高等教育四部分重新划分,归并为普通教育和职业教育两大部分。

②确立多元化办学模式。俄罗斯确立了创办教育机构主体的开放机制,还规定了创办教育机构的程序和细则,使非国立教育的实施有了可能。

③扩大管理自主权。俄罗斯扩大了教育机构的管理自主权和经营自主权。

(2)新版《教育法》

新版《教育法》具有突出民主、开放、教育权责明确、教育信息化等特点,其自身的技术性、科学性也有明显的提高。

《教育法》承载了提升教育质量、促进发展创新的要求,促成了教育优先发展规划的生成。

2.俄罗斯国民教育管理体制

1991年年底,随着苏联的解体,俄罗斯联邦在教育管理体制上实行联邦中央、联邦主体、地方三级管理的体制,至今仍是如此。这表明俄罗斯的教育管理从苏俄、苏联的中央集权转变为地方分权制。

(三)著名教育家的教育思想

1.列宁的教育思想

苏联著名的无产阶级革命家、政治家、教育家。主要观点有:

(1)文化教育中注重扫盲教育、普及义务教育。

(2)以马克思主义为指导探求教育与政治的密切关系。

(3)注重对青年一代的教育。

(4)改造教师,提高教师的地位。

2.克鲁普斯卡娅的教育思想

苏联第一位马克思主义教育家。主要观点有:

(1)培养全面发展的人。

(2)注重劳动教育和综合技术教育。

(3)发展少先队组织。

(4)注重学前教育。

3.巴班斯基的教学过程最优化理论

（1）教学过程最优化的基本环节

①掌握教学的社会目的和任务,在研究学生、教学条件、教师本身可能性的基础上使之具体化。

②考虑全班学生的特点,使教学内容具体化。

③计划教学手段,选择形式和方法。

④制订课程计划。

⑤计划的执行。

⑥检查结果。

⑦分析教学效果。

（2）最优化的标准

最优化不是片面的,是具体条件下的最优化,是教师工作的一项特殊原则,最优化要实现最佳的效果。

4.马卡连柯的教育思想

马卡连柯是苏联早期著名教育理论家和实践家,其主要著作有《塔上旗》和《教育诗篇》等,这两部教育著作是他在高尔基工学团和捷尔仁斯基公社成长和发展的真实写照。

（1）教育实践活动

建立高尔基工学团,领导捷尔仁斯基公社,主要著作有《教育诗篇》《塔上旗》和《父母必读》等。

（2）教育目的

马卡连柯从当时苏联社会主义建设的实际情况出发,主张教育的目的应该是把青年一代培养成为真正有教养的苏维埃人、劳动者,一个有用的、有技术的、有学识的、有政治修养和高尚道德的身心健全的公民,他能够自觉地、有毅力有成效地参加社会主义建设,捍卫无产阶级革命事业。

（3）集体和集体教育

马卡连柯集体教育的核心思想是"通过集体、在集体中、为了集体",即教育工作的对象是集体,教育的主要方式是集体教育。换句话说,集体既是教育的主体,也是教育的客体。集体教育原则又叫做"平行教育影响"原则,意思是教师对集体和集体中的每一个成员的影响是同时的,教师和整个班集体对每个成员的影响也是同时的。

（4）纪律和纪律教育

纪律首先是教育的结果,当纪律形成以后才能成为教育的手段。马卡连柯主张实施纪律教育时要将严格要求与尊重相结合,具体方法包括诱导、督促、惩罚,但不许体罚。

(5)劳动和劳动教育

①劳动教育的目的是发展儿童的体力、智力,并培养他们从事生产劳动的技能技巧,尤其是要使学生得到道德和精神上良好的发展。

②马卡连柯不赞成学员从事消耗体力的单一的劳动,主张安排比较复杂的劳动任务。在各种劳动中,他认为最理想的是组织学员参加现代化的大工业生产。

③马卡连柯要求让儿童从事体力劳动的同时对他们进行思想政治教育,注意培养他们对待劳动的态度,培养对劳动者的尊敬和对寄生者的憎等思想感情,培养自觉的劳动纪律和爱护公共财产等劳动品质。

(6)论家庭教育

①基本观点

马卡连柯断言早期家庭教育对儿童的成长影响极大,儿童将来成为怎样的人,主要取决于五岁以前的教育。马卡连柯一再提醒家长重视对子女的教育,要把教育子女看作生活中最重要的一个方面,忽视或放弃对子女的教育乃是对社会、国家不负责任的表现。

马卡连柯认为,家庭教育的基本条件是要建立一个"完整和团结一致"的家庭集体。如果家庭结构不完整、不健全,生活不和谐,就很难进行真正的教育工作。

②家庭教育的方法

在家庭教育的方式方法上要注意掌握尺度和分寸。

父母在对待子女的态度上,既要亲近,又要与他们保持一定的距离。

要特别重视父母自身的行为在家庭教育中的作用。

在正确指导下,吸引儿童参与家庭经济管理并从事一些力所能及的劳动,组织各种游戏活动。

马卡连柯的教育理论是在全面总结苏联社会主义教育实践和自己的教育实践的基础上,逐渐形成和发展起来的,因而具有极其重要的理论意义和实践意义。他的教育著作被译成了多种文字在许多国家广泛流传。我国在 20 世纪 50 年代就已将《马卡连柯文集》翻译出版。

5.赞科夫的教学理论

赞科夫是苏联著名的心理学家和教育家,他的教学理论主要处理的是教育与人的发展关系问题。通过多年的实验，赞科夫形成了他的发展性教学理论。

（1）小学教学"新体系"。赞科夫把苏联侧重知识传授和技能训练的小学教学体系称为传统教学体系，把他着眼于学生的一般发展的实验教学体系称为小学教学"新体系"。

（2）教学与发展的关系。教学、教育与发展之间有着复杂的相互依赖关系，在这方面赞科夫受到维果茨基"最近发展区"以及他对教学与发展观点的启示，认为教学应该走在发展前面。

（3）"发展教学论"教学原则

①高难度进行教学的原则。

②在学习时高速度进行的原则。

③理论知识起主导作用的原则。

④使学生理解学习过程的原则。

⑤使班上所有的学生都得到一般发展的原则。

赞科夫的教育实验和理论对苏联教育理论与实践的发展影响较大。他的教育实验成果为苏联将小学学习年限由四年改为三年提供了重要依据。他的发展性教学理论的一些观点也为苏联教育理论界所接受，并且被吸收到20世纪七八十年代出版的教育著作和教科书中。

但其理论也存在较大的局限性。他的研究主要是从儿童心理的角度进行的，很少考虑教学过程的社会政治与道德要求，过分强调认知方面的智育。此外，他对传统教学理论的全盘否定态度显然是不科学的。

【2025年333，24题】下列选项中，体现赞科夫的发展性教学思想并有利于促进学生一般发展的策略是（　　）。

A.降低课程内容难度以调动学生积极性

B.增加练习题数量以提高学生做题的准确率

C.讲明知识之间的联系以帮助学生理解学习过程

D.强化课外补习以提升学生学业成绩

【解析】C

此题考查赞科夫的发展性教学理论。赞科夫的发展性教学理论以"最近发展区"为理论基础，提倡以高难度、高速度进行教学，让理论知识起主导作用，使学生理解学习过程，让全体学生都得到一般发展。因此，答案选C。

6.苏霍姆林斯基的教育理论

苏霍姆林斯基是第二次世界大战后苏联最有影响的著名教育家,其教育思想在世界范围内产生了广泛的影响。教育著作有《给教师的一百条建议》《把整个心灵献给孩子》《巴甫雷什中学》《公民的诞生》《失去的一天》等。苏霍姆林斯基教育思想主要是个性全面和谐发展的教育观。

(1)培养目标:全面和谐发展的人,社会进步的积极参与者

和谐发展意味着人是物质和精神财富的创造者,是物质和精神财富的享用者,是有道德和文化素养的人,是人类文化财富的鉴赏者和细心的保护者,是积极的社会活动者、公民,是树立于崇高道德基础之上的新家庭的建立者。

(2)实现途径:实施和谐教育

所谓和谐教育,就是将人们认识和理解的客观世界与自我实现的活动相结合。其和谐教育思想与过去片面强调学习间接知识、强调课堂教学和教师主导作用的理论完全不同,他主张教育与创造性劳动结合,课堂教学与课外、校外教育结合,教育与自我教育结合。

(3)从德育、智育、体育、美育、劳动教育相互联系、相互渗透的整体观点出发进行教育

苏霍姆林斯基的理论研究是与教育、教学实践密切结合的;他在结合教育实际进行理论研究的同时,注意结合历史经验并得出比较正确的结论,这就是他所说的历史思维问题,他并没有将自己的观点与传统教育完全对立;他对辩证唯物主义方法论和马克思列宁主义教育基本原理的深入掌握和运用,是他在教育理论研究与教育实践中取得辉煌成就的保证。

苏霍姆林斯基的教育思想和实践对 20 世纪七八十年代苏联的教育理论的发展产生了极大的影响,他被誉为"教育思想泰斗"。

本章内容思维导图

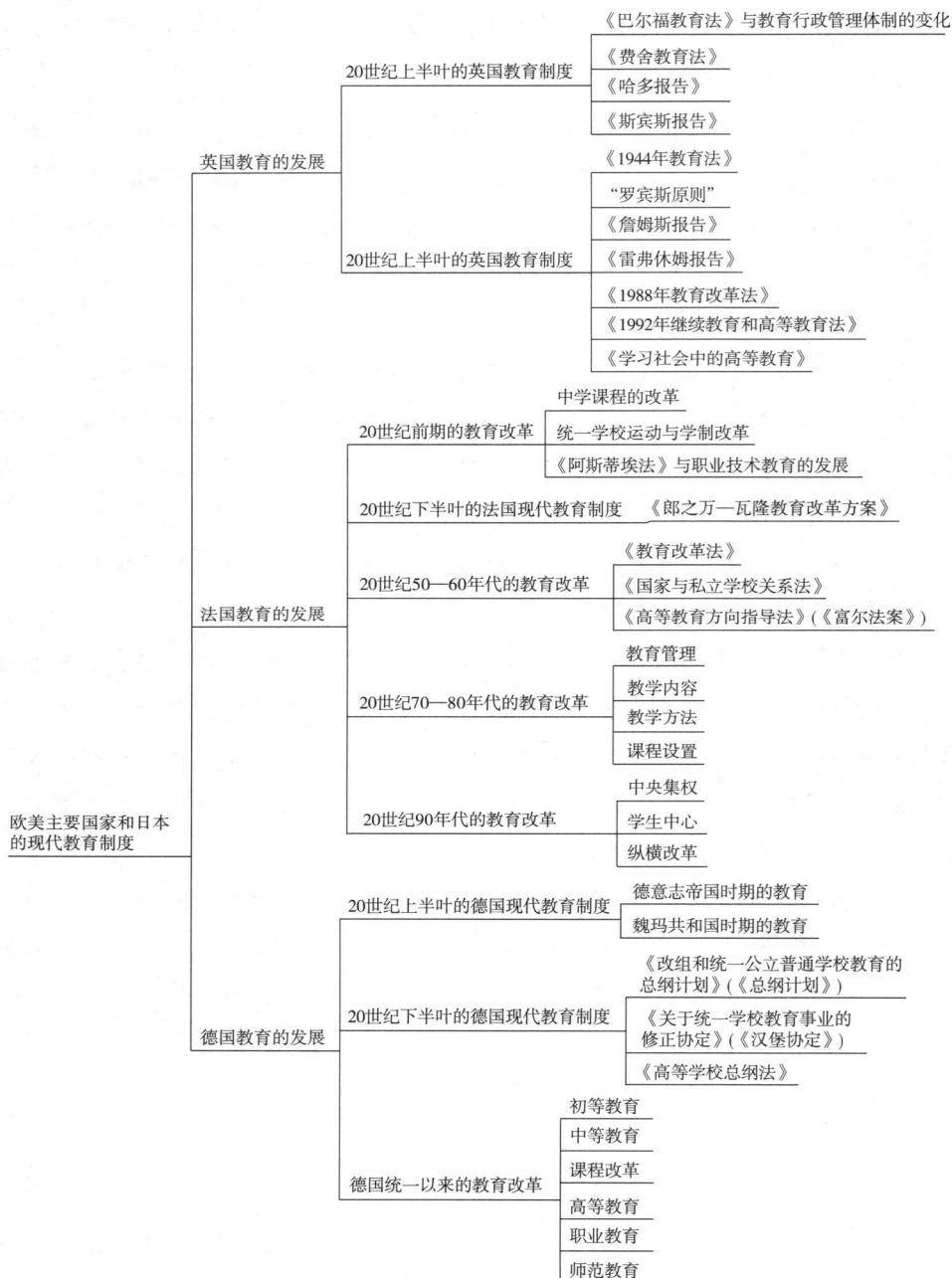

```
                                                    ┌─ 《巴尔福教育法》与教育行政管理体制的变化
                                                    ├─ 《费舍教育法》
                              ┌─ 20世纪上半叶的英国教育制度 ├─ 《哈多报告》
                              │                     └─ 《斯宾斯报告》
                              │                     ┌─ 《1944年教育法》
               英国教育的发展 ─┤                     ├─ "罗宾斯原则"
                              │                     ├─ 《詹姆斯报告》
                              └─ 20世纪上半叶的英国教育制度 ├─ 《雷弗休姆报告》
                                                    ├─ 《1988年教育改革法》
                                                    ├─ 《1992年继续教育和高等教育法》
                                                    └─ 《学习社会中的高等教育》

                                                    ┌─ 中学课程的改革
                              ┌─ 20世纪前期的教育改革   ├─ 统一学校运动与学制改革
                              │                     └─ 《阿斯蒂埃法》与职业技术教育的发展
                              ├─ 20世纪下半叶的法国现代教育制度 ── 《郎之万—瓦隆教育改革方案》
                              │                     ┌─ 《教育改革法》
                              ├─ 20世纪50—60年代的教育改革 ├─ 《国家与私立学校关系法》
               法国教育的发展 ─┤                     └─ 《高等教育方向指导法》（《富尔法案》）
                              │                     ┌─ 教育管理
                              ├─ 20世纪70—80年代的教育改革 ├─ 教学内容
                              │                     ├─ 教学方法
                              │                     └─ 课程设置
                              │                     ┌─ 中央集权
                              └─ 20世纪90年代的教育改革  ├─ 学生中心
欧美主要国家和日本 ─┤                                   └─ 纵横改革
的现代教育制度
                              ┌─ 20世纪上半叶的德国现代教育制度 ┌─ 德意志帝国时期的教育
                              │                          └─ 魏玛共和国时期的教育
                              │                          ┌─ 《改组和统一公立普通学校教育的
                              │                          │   总纲计划》（《总纲计划》）
                              ├─ 20世纪下半叶的德国现代教育制度 ├─ 《关于统一学校教育事业的
               德国教育的发展 ─┤                          │   修正协定》（《汉堡协定》）
                              │                          └─ 《高等学校总纲法》
                              │                          ┌─ 初等教育
                              │                          ├─ 中等教育
                              └─ 德国统一以来的教育改革     ├─ 课程改革
                                                         ├─ 高等教育
                                                         ├─ 职业教育
                                                         └─ 师范教育
```

欧美主要国家和日本的现代教育制度（接上页）

- 美国教育的发展
  - 20世纪前期的教育
    - 《中等教育的基本原则》
    - "八年研究"
    - 初级学院运动
    - 职业技术教育的发展
  - "二战"后的教育改革与法案
    - 《国防教育法》
    - 20世纪60年代的教育改革
    - 20世纪70年代的教有改革
  - 20世纪八九十年代的教育改革
    - 《国家处在危机之中：教育改革势在必行》
    - 《美国2000年教育战略》
    - 《2000年目标：美国教育法》

- 日本教育的发展
  - 20世纪初期的教育
    - 《教育敕语》
    - 《大学令》
    - 军国主义教育体制的形成和发展
  - "二战"后的教育改革与法案
    - 《教育基本法》
    - 《学校教育法》
  - 20世纪70年代至20世纪90年代的教育改革
    - 20世纪70年代
    - 20世纪80年代
    - 20世纪90年代

- 苏联教育的发展
  - 20世纪上半叶的苏联现代教有制度
    - 建国初期的教育改革
    - 教育管理体制改革的内容及成效
    - 《统一劳动学校规程》
    - 20世纪20年代的学制调整和教学改革实验
    - 20世纪30年代教育的调整、巩固和发展
  - 第二次世界大战后的教育改革
    - 1958年的教育改革
    - 1966年的教育改革
    - 1977年的教育改革
    - 1984年的教育改革
  - 著名教育家的教育思想
    - 列宁的教育思想
    - 克鲁普斯卡娅的教育思想
    - 巴班斯基的教学过程最优化理论
    - 马卡连柯的教育思想
    - 赞科夫的教学理论
    - 苏霍姆林斯基的教育理论

自测题

一、选择题：

1.【2011年311,31题】1947年日本颁布的终结军国主义教育并为战后教育指明方向的划时代教育法案是（　　　）。

A.《学制令》　　　　　　　　　　B.《大学令》

C.《产业教育振兴法》　　　　　　D.《教育基本法》

2.【2011年311,32题】在英国教育史上,第一次从国家角度阐明"中等教育面向全体儿童"的教育文献是（　　　）。

A.《斯宾斯报告》　　　　　　　　B.《哈多报告》

C.《雷沃休姆报告》　　　　　　　D.《诺伍德报告》

3.【2012年311,32题】1963年,英国颁布教育改革法案《罗宾斯高等教育报告》,探讨高等教育如何为社会服务的问题,提出了著名的"罗宾斯原则",其含义是（　　　）。

A.为所有类型的高等学校提供无任何附加条件的国家援助

B.为所有有能力和成绩合格,并愿意接受高等教育的人提供高等教育课程

C.高等教育分为"自治"部分(大学)和"公共"部分(大学以外的学院)

D.建立由个人高等教育、职前专业训练、在职进修构成的"师资培训三段法"

4.【2012年311,33题】1966年,受世界教育改革趋势的影响,苏联开始新一轮教育改革,矛头直指1958年教育改革的消极影响,即（　　　）。

A.片面强调提高智力水平,忽视基础知识教学

B.片面强调基础知识教学,忽视提高智力水平

C.片面强调生产劳动教学,忽视理论知识教学

D.片面强调理论知识教学,忽视生产劳动教学

5.【2013年311,29题】西方在近现代教育发展中逐渐形成了不同类型的教育行政管理体制,其中,以地方教育当局为主体、中央教育行政机构与地方教育当局相结合的教育行政领导体制形成于（　　　）。

A.英国　　　　　　B.法国　　　　　　C.美国　　　　　　D.德国

6.【2013年311,31题】20世纪五六十年代,苏联教育理论界开展了一系列关于教学与发展的教育实验,形成了实验教学论体系,其代表人物是（　　　）。

A.马卡连柯　　　　B.赞科夫　　　　　C.巴班斯基　　　　D.苏霍姆林斯基

7.【2013年311,33题】1959年,美国科学院召开了改进中小学自然科学教育

的会议,从而掀起了20世纪60年代以加强基础学科教学、编写新教材、注重学科概念与体系为核心的课程改革运动。这场运动所体现的教育思潮是(   )。

A.改造主义教育　　　　　　　B.要素主义教育

C.结构主义教育　　　　　　　D.永恒主义教育

8.【2014年311,31题】20世纪30年代指导苏联国民教育改革和发展的纲领性文件是(   )。

A.《教育人民委员会关于国民教育的宣言》

B.《国家学术委员会教学大纲》

C.《关于小学和中学的决定》

D.《统一劳动学校规程》

9.【2014年311,32题】20世纪70年代,英国《詹姆斯报告》的颁布与实施,促进了(   )。

A.英国中等教育民主化水平的提高

B.英国高等教育普及化水平的提高

C.英国职业教育与普通教育的融合

D.英国师范教育非定向培养体制的确立

10.【2015年311,33题】20世纪70年代美国教育改革的主题之一是(   )。

A.追求优异　　B.生计教育　　C.提高效率　　D.教育公平

11.【2017年311,29题】17—18世纪,英国初等学校的教育对象主要是(   )。

A.贫民子弟　　　　　　　　　B.贵族子弟

C.新兴资产阶级子弟　　　　　D.中产阶层子弟

12.【2017年311,33题】20世纪60年代,确立法国高等教育发展的"民主""自治"和"多科学"原则,规定大学是享有教学、行政和财政自主权的国家机构的教育法案是(   )。

A.《富尔法案》　　　　　　　B.《哈比改革法案》

C.《阿斯蒂埃法案》　　　　　D.《郎之万—瓦隆教育改革方案》

二、论述题:

1.【华东师范大学2017年333论述题1】论述《郎之万—瓦隆教育改革方案》的内容及对教育民主化的影响。

2.【东北师范大学2010年333论述题2】评述20世纪60年代美国的课程改革。

3.【东北师范大学2021年333论述题2】试述赞科夫教学理论的主要内容及其影响。

第十章　现代欧美教育思想

一、杜威的教育思想

杜威，美国著名的哲学家、教育学家、心理学家和社会学家。他一生从事教育活动和哲学、心理学及教育理论的研究，对美国乃至世界教育的发展产生了深远的影响，被称为"哲学家们的哲学家"。其教育哲学著作《民主主义与教育》被西方教育家视为与柏拉图的《理想国》和卢梭的《爱弥儿》有同等地位的重要教育著作，其他代表作有《我的教育信条》《学校与社会》《儿童与课程》《我们怎样思维》等。

（一）教育实践活动

博士毕业后在密歇根大学教授哲学。

1894 年在芝加哥大学担任哲学、心理学及教育学系的系主任。

1896 年创办"芝加哥大学实验学校"，对教育问题进行实验研究，期间写了大量的哲学和教育著作。

1904—1930 年在哥伦比亚大学教授哲学直到退休。

曾到日本、中国、土耳其、墨西哥和苏联等国考察教育情况，宣传实用主义教育思想。

（二）论教育的本质与目的

1.论教育的本质

在杜威看来教育的本质就是：教育即生长；教育即生活；教育即经验持续不断地改造。

（1）教育即生长

儿童的心理发展基本上是以本能为核心的情绪、冲动、智慧等天生机能不断开展、生长的过程，教育的目的就是促进这种本能的生长。以此为基础，杜威提出了著名的"儿童中心主义"教育原则。杜威批评传统教育无视儿童内部的本能与倾向，只是从外部强迫他们学习成人的经验，使得教育成为一种外来的压力。他明确提出了以儿童为中心的教育主张。

杜威批判传统教育不考虑儿童的心理特点，压抑儿童的个性，置儿童于被动地位等倾向,主张教育要重视儿童自身的能力和主动精神,把儿童从被动的、压抑的状态下解放出来。生长论要求尊重儿童,使一切教育和教学适应儿童心理发展水平和兴趣、需要的要求。这在当时是很有实践意义的。杜威不仅抨击了传统教育的一个要害,同时也阐明了学生在教育、教学过程中应具有主动地位这一规律性问题。

（2）教育即生活

杜威又从教育与社会生活的关系这一角度提出教育的本质即生活。在杜威看来,一切事物的存在都是人与环境相互作用产生的,人不能脱离环境,学校也不能脱离眼前的生活。因此,教育即生活本身,而不是为未来的生活做准备。一旦把教育看作为儿童的未来生活做准备,必然教儿童以成人的经验、责任和权利,而忽视了儿童自身的需要和兴趣。他认为教育是生活的过程,学校是社会生活的一种形式。首先,学校生活应与儿童自己的生活相结合,满足儿童的需要和兴趣;其次,学校生活应与学校以外的社会生活相联系。

基于此,杜威又提出了一个基本的教育原则——"学校即社会"。他认为应把学校创造为一个小型的社会,使每个学校都成为一种社会生活的雏形,以反映现实社会生活的各种类型的作业并进行活动,从而培养能够适应现实生活的人。

杜威的这些观点在当时教育严重脱离社会生活的情况下,有利于使教育参与生活,是有积极意义的。

（3）教育即经验的持续不断地改造

经验是杜威实用主义哲学和实用主义教育体系的核心概念。他认为经验是人的有机体与环境相互作用的结果,是世界的基础,自然依据经验而存在。由此他给教育下了一个专门的定义:"教育就是经验的改造或改组。"这种改造或改组,既能增加经验的意义,又有提高后来经验进程的能力。把教育视为从已知经验到未知经验的连续过程,这种过程不是教给儿童既有的科学知识,而是让他们在活动中不断增加经验。经验的获得离不开儿童的亲身活动,由此杜威又提出了另一个教育基本原则——"从做中学",他认为这是教学的中心原则。

活动教学理论在当时对传统教育中刻板的书本教学形成了有力的冲击,但是把获得主观经验作为教学的唯一目的,忽视系统知识的传授,这是有局限的。

2.论教育的目的

（1）教育无目的("教育即生长")

基于教育即生长、生活,也被称为经验不断改造的理论,杜威提出教育是一种过程,除这一过程自身发展以外,教育是没有目的的。他说:"教育的过程在它自身以外无目的;它就是它自己的目的。"他认为由儿童的本能、冲动、兴趣所决定的具体教育过程,即"生长",就是教育的目的;由社会政治需要所决定的教育目标,则是"教育过程以外"的目的。杜威指责这是一种外在的、虚伪的目的。杜威并不是一般的教育无目的论者,他反对那种普遍性的终极目的,强调教育过程中教育者与受教育者心中的具体目的。当然,只强调教育过程而抛开社会影响来讲教育目的,这是片面的。

(2)教育的社会性目的是民主,为社会进步服务,为民主制度完善服务。杜威认为,过程以内的目的并不否定教育的社会作用和社会目的。相反,杜威认为教育是社会进步和社会改革的基本方法,学校是社会进步和改革的最基本、最有效的工具。教育的社会目的就是改造社会、完善民主。民主不仅是教育的目的,也是教育的要求。

(三)论课程与教材

杜威认为传统的课程和教材代表的是成人的标准,只重视人性的理智方面,分门别类的学科将儿童的世界割裂和肢解了,对此他提出了"做中学"和"教材心理化"的观念。

1.做中学

在经验论的基础上,杜威要求学生从做中学、从经验中学,要求以活动性、经验性的主动作业来取代传统书本式教材的统治地位。这种活动性、经验性课程包括园艺、烹饪、缝纫、印刷、纺织、油漆、绘画、唱歌、演剧、讲故事、阅读、书写等形式。这些活动既能满足儿童的心理需要,又能满足社会性的需要,还能使儿童对事物的认识具有统一性和完整性。杜威并没有把个人直接经验与人类间接经验对立起来,而是看到了个人直接经验的局限性,帮助儿童最终获取系统知识的同时又能在学习过程中顾及儿童的心理水平。

2.教材心理化

教材心理化是指把各门学科的教材或知识各部分恢复到它被抽象出来之前的未来经验,就是把间接经验转化为直接经验,即直接经验化。然后再把直接经验组织化,形成能提供给有技能的、成熟的人的教材形式。杜威一向反对将成人和专家编写的有完整逻辑体系的教材作为教育的起点,他认为必须以儿童个人的直接经验为起点,并强调对直接经验的抽象和概括。但如何将学生的直接经验"组织"成为系统的知识是一个难题,杜威一直没有很好地解决。

（四）论思维与教学方法

在教学方法、课程方面，杜威提倡"从做中学"。在思维方法上，他提倡反省思维，即对某个经验情境中的问题进行反复地、严肃地、持续不断地思考，其功能在于求得一个新情境，解决困难、排除疑虑。

杜威非常重视学校对学生优良思维习惯的培养，他认为学校所做的一切都是为了培养学生的思维能力。他特别强调思维在经验中的重要作用，认为凡"有意义的经验"总是在思维的活动中进行的。胡适曾经把杜威的这一思维过程概括为"细心搜求事实，大胆提出假设，再细心求证"。在此基础上，杜威把思维的步骤在教学过程中展开，形成了教学的五个步骤：疑难的情景；确定疑难所在；提出解决问题的种种假设；推断哪个假设能解决这个困难；验证这个假设。

杜威强调在教学中要重视学生的主动性和创造性，使学生主动地活动、积极地思维，并注意学生的兴趣与需要，这是很有见地的，为"发现法"的教学方法奠定了基础。

不过，由于杜威过于重视活动，忽视了系统知识的传授，简化了认知的途径，泛化了问题意识，在实践中也存在诸多影响教育质量的问题。

【2025年333，25题】芝加哥大学实验学校在杜威指导下，为培养儿童反省性思维能力而设计实施的课程类型是（　　　）。

A.学科课程　　　B.活动课程　　　C.广域课程　　　D.核心课程

【解析】B

此题考查杜威的教育思想。芝加哥实验学校体现的是杜威的实用主义教育思想，认为课程编制应以直接经验为中心，因此采取的课程类型是杜威提倡的活动课程。因此，答案选B。

（五）论道德教育

杜威认为道德教育的主要任务是协调个人与社会的关系。他反对个人至上论和社会至上论，反对将社会与个人割裂开来，认为个人的充分发展是社会进步的必要条件，社会的进步又可为个人的发展提供更好的基础。他反对过分强调个人自由和竞争的旧个人主义，支持强调人与社会之间的合作、强调社会责任和理智作用的新个人主义。

道德教育应该是社会性的，道德教育应该在社会性的情境中进行而不是停留在口头说教。道德教育应该有社会性的情境、社会性的内容和社会性的目的。学校生活、教材、教法是道德教育的重要途径。

杜威将道德教育的原理分为社会方面和心理方面。社会方面的道德教育原理是关于道德教育的"目的和内容"，是指道德教育应有社会性的情境、社会性的内容（如同新个人主义和良好的公民素质所揭示的）和社会性的目的。心理方面的道德教育原理则是关于道德教育的"方法和精神"，是指道德教育若要取得成效，就必须建立在学生本能冲动、道德认识和道德情感的基础上。若忽视这些心理条件，道德行为可能会变成机械的模仿或外在的服从。对于社会的道德要求，应顾及学生的心理能力。

（六）杜威教育思想的影响与历史地位

杜威的教育思想深刻影响了 20 世纪上半叶美国的教育理论和教育实践，他针对传统学校中死板教学的种种弊端，提出了不少合理的见解，对后来美国出现的许多教学制度与方法亦有重大作用。杜威的教育思想不仅在美国享有权威，而且影响遍及世界各国，但由于杜威的教育理论过于强调以儿童为中心，轻视系统理论知识的传授，曾导致学校教育知识质量的下降，其理论也因此受到批评。

1. 积极影响

（1）强调知行合一，将教学中"死"的知识变为"活"的知识。

（2）教育是人与环境的交互作用的观点是对内发论和外铄论的超越和突破。

（3）教育是生长和生活的观点从心理学角度探讨了教育的本质。

（4）教育即经验，是从认识论的角度探讨教育的本质，解决知识、经验的获得以及心理与社会、过程与目的的协调问题。

（5）教育即生活、学校即社会，是从社会的角度出发将个人与社会统一起来。将学校的生活和学生的生活经验联系起来，解决教育与社会的脱离问题。

（6）教材心理学化，使教学适合学生经验的心理发展而不是逻辑顺序。

（7）教学方法的科学化和探究精神使科学精神成为教学的重要组成部分。

（8）教学专业提高教育学的学科地位，增强学术性。在其影响下教育专业机构大量设立。

（9）杜威具有世界性的影响，其教育理论对世界教育进程发挥了巨大作用，对日本、中国、土耳其、苏联、墨西哥等国有直接影响。

2. 消极影响

杜威的理论过于强调儿童中心、活动中心、经验中心，从而使教育实践忽视了系统知识的传授，并引发了自由和纪律、师生关系等诸多矛盾。另外，根据经验和教材心理学化原则编写新型教材的设想过于理想化,难以实现。

3.历史地位

杜威是世界教育思想上的巨人,是西方现代教育派的理论代表、新教育的思想旗手。他对传统教育的理论体系进行了挑战,奠定了现代教育理论的基石。杜威的教育理论着意解决三个重要的问题:教育与社会的脱离、教育与儿童的脱离、理论与实践的脱离。这三个问题也是当今和未来时代的难题,杜威提供的解决方案对现在来讲也许并不切合实际,但具有启发意义,值得借鉴。

1.【2018年311,12题】杜威所谓教育的内在目的是指(　　)。

A.教育过程中的目的　　　　　　　　B.学校系统中的目的

C.教育以人格发展为目的　　　　　　C.教育以知识掌握为目的

【解析】选A

杜威所谓教育的内在目的是指教育过程中的目的。杜威主张教育无目的论,强调教育的目的在教育过程之中,教育过程之外无目的。因此答案选A。

2.【2022年311,8题】"我们希望教育所培养的人的品格是,不仅具有善意而且能够坚决实现善良的品格。其他任何品格都软弱无力,是伪善,而不是真善。"这种教育观点的哲学基础是(　　)。

A.存在主义　　B.永恒主义　　C.实用主义　　D.要素主义

【解析】选C

实用主义哲学的根本纲领是把确定的信念作为出发点,把采取行动当作主要手段,把获得实际效果当作最高目的。此题要求培养具有善意且能实现善意的品格,强调实际效果,是以实用主义为哲学基础。因此答案选C。

二、现代欧美教育思潮

(一)改造主义教育

改造主义教育在20世纪30年代从实用主义和进步教育中分化出来,到20世纪50年代形成独立的教育思想。初期有康茨和拉格,直至布拉梅尔德在20世纪50年代发表一系列著作后最终形成。改造主义教育理论主要分为五个方面:

1.教育应该以"改造社会"为目标。

2.教育要重视培养"社会一致"的精神。所谓"社会一致"指不分阶级的人与人之间的合作关系,即通过共同协商而消除阶级分歧,达成一致意见,并在行动上一致。

3.强调行为科学对整个教育工作的指导意义。

4.教学上应该以社会问题为中心。主张课程以人文社会学科为主,教学应以问题为重,重视学科之间的联系。如四年制学院的轮状课程围绕经济、政治、文化和心理四个领域中的有关问题展开。

5.教师应进行民主的劝说的教育。

（二）要素主义教育

20世纪30年代,要素主义教育是作为实用主义和进步教育的对立面出现的。1938年"要素主义者促进美国教育委员会"的成立是要素主义教育形成的标志。发起者、主要代表人物是美国教育家巴格莱。20世纪60年代代表人物是科南特和里科弗。

1.把拥有人类文化的共同要素作为学校教育的核心。在人类的文化遗产中存在着永恒不变的、共同的、超时空的要素,它们是种族文化和民族文化的基础,中小学要强调双基（基础知识和基本技能）、"新三艺"（数学、自然科学、外语）,按逻辑系统编写教材、进行教学。

2.教学过程是个训练智慧的过程。强调传统的心智训练,传授整个人生的知识。

3.强调学生在学习上必须努力和专心。在教育教学过程中,不能把学生的自由当作手段,学生的自由应该是过程的目的与结果。

4.强调教师在教育和教学中的核心地位。

由于忽视学生自己的兴趣、身心特点及能力水平,片面强调系统的、学术性的基本知识学习,再加上所编教材脱离学校教育实际,20世纪70年代起逐渐失去优势地位。

【2022年311,32题】为20世纪70年代美国"回归基础"教育改革运动提供理论指导的教育思潮是(   )。

A.泛爱主义教育 　　　　　　B.要素主义教育

C.进步主义教育 　　　　　　D.自然主义教育

【解析】选B

为20世纪70年代美国"回归基础"教育改革运动提供理论指导的教育思潮是要素主义教育。要素主义教育强调传统学科的重要性和基础知识的系统学习,这与"回归基础"的理念相契合。因此答案选B

（三）永恒主义教育

20 世纪 30 年代形成的一种提倡复古的教育理论。代表人物有美国的赫钦斯、阿德勒，英国的利文斯通和法国的阿兰等。

1.教育的性质永恒不变。基于古典实在论哲学，认为宇宙存在一种永恒的、绝对的、同一的实在，事物的变化以其不变的固有本质为基础，被一种永恒的普遍法则所支配。

理性是人性中共同的、最主要的、永恒不变的特性，教育建立在这一人性基础上，并以为表现和发展这一人性的教育在本质上保持不变。

2.教育的目的是要引出人类天性中共同的要素，对人施以人性的教育，达到人性的自我实现，实现人的进步和完善。

3.永恒的古典学科应该在学校课程中占有中心地位。

4.提倡通过教师的教学进行学习。

（四）新托马斯主义教育

新托马斯主义教育是现代欧美国家一种以托马斯·阿奎那宗教神学理论为思想基础的、提倡基督教教育和希望培养"真正的基督徒"的教育思潮。法国神学家、教育家马利坦是主要的代表人物。

1.教育应以宗教为基础。新托马斯主义教育家认为理性要服从于宗教信仰。教育应当以宗教为基础，以神学为最高原则。他们强调应该通过宗教教育使人的精神在神性的感召下获得解放。

2.教育的目的是培养真正的基督徒和有用的公民。

3.学校课程以基督教精神为基础。

4.教育应该处在教会的严密控制之下。教育的使命主要属于教会，人一生下来就要接受以宗教教育为核心的完整的教育体系。

新托马斯主义教育家在强调宗教教育的同时，也尝试提出"现代化"和"世俗化"的口号，并要求重视精神生活方面的教育。在欧美国家的一些学校里，特别在天主教会的学校曾有一定的影响力。

作为一种提倡宗教教育的教育思潮，它的思想与以现代西方科技为特征的文化价值观在本质上存在尖锐的冲突，这种冲突限制了它在现代社会的作用。

（五）存在主义教育

存在主义是一种把人的存在（个人主观的自我意识）当作基础和出发点的哲学，其基本论点是萨特的"存在先于本质"。德国的博尔诺夫、美国的尼勒把它应用于教育理论,形成存在主义教育思想。

1.教育目的在于使学生实现"自我完成"。"自我完成"即自我生成,也叫自我实现。存在主义强调人的生成,甚至认为"教育即生成",主要关注人的本质实现,其中首先要发展自我意识,培养人作出自我选择的能力;再者要充分发展自我责任感,最终实现"自我完成"。

2.强调品格教育在人的自我发展中的重要性。存在主义教育家认为,教育的本质就是品格教育,我们之所以学习很多知识,都是为了通过知识最终形成品德。

3.提倡学生"自由选择"道德标准。存在主义强调人的感情和主观意志以及个体存在的独特性。人是自由的,在自由的氛围下,否认任何道德规范,提倡学生"自由选择"道德标准。

4.主张采用个别教育的方法。

5.师生之间应该建立信任的关系。

存在主义教育强调个性的发展,主张教育个性化,提倡积极的师生关系。但是,存在主义教育过分强调个人意志和自我选择以及本身存在的消极因素,而使其教育主张客观上带有偏激性和片面性,在20世纪70年代后便逐渐衰落。

(六)结构主义教育

认知心理学的代表人物是瑞士的皮亚杰。20世纪60年代,布鲁纳把儿童认知结构发展理论应用到教学和课程改革上,创立了结构主义教育理论。主要内容有:

1.强调教育和教学应重视学生的智能发展。

2.注重教授各门学科的基本结构。

3.主张学科基础的早期学习。

4.提倡"发现学习法"。

5.教师是结构教学中的主要辅助者。

布鲁纳把认知发展与教育统一起来,为心理学研究和教育研究的互相协作提供了一个范例。提出了一些值得研究的问题,对西方课程理论影响很大。

(七)终身教育

终身教育思潮产生于20世纪50年代中期的法国,20世纪60年代后在世界范围内得到广泛的传播。主要代表人物是保罗·朗格朗,其《终身教育引论》被公认为终身教育思想的代表作。主要观点有:

1.终身教育是现代社会的需要。基本特点是连续性和整体性。

终身教育有其特定的含义:它包括教育的各个方面、各项内容,即从人出生的那一刻起一直到生命终结为止的不间断地发展,也包括了教育发展过程中各个阶段之间紧密而有机的内在联系。

2.终身教育没有固定的内容和方法,任务是学会学习。

3.终身教育是未来教育发展的战略。这对实现教育机会均等和建立学习型社会有积极意义。

(八)现代人文主义教育

现代人文主义教育思潮是 20 世纪 70 年代后在美国盛行的以人本主义心理学为理论基础的一种现代教育思潮。试图通过挖掘人类理智与情感诸方面的整体潜力来确立人的价值。代表人物是美国的马斯洛、罗杰斯。

1.强调教育的目标是培养"完整的人"。教育目的就是人的自我实现、完美人性的形成,以及人的潜能的充分发展。"完整的人"是具有整体性、动态性和创造性人格特征的自我实现的人。

2.主张课程人本化。他们提出"一体化"课程,主张课程内容应建立在学生需要、生长的自然模式和个性特征基础上,体现出思维、情感和行动之间的相互渗透和相互作用。

3.学校应该创造自由的心理气氛。在学校中影响学校气氛的因素有三个:教师和管理者;人与人之间的关系;学习过程。要想创造自由的心理氛围,应提倡以人为中心的教学、非指导性教学、自由学习、自我学习。

现代人文主义教育注重人的整体发展,强调认知和情感两方面在教育过程中的作用,主张学校应形成最佳的学习气氛,充分发挥和实现人的各种潜能,给教育理论带来观念上的革新。但是,它立足于人性的发展,过分强调个人的价值观和个人的自我实现,简单把个体的潜能实现与个体的社会价值画上等号,从而忽视了社会环境和学校教育对个体发展的影响。

本章内容思维导图

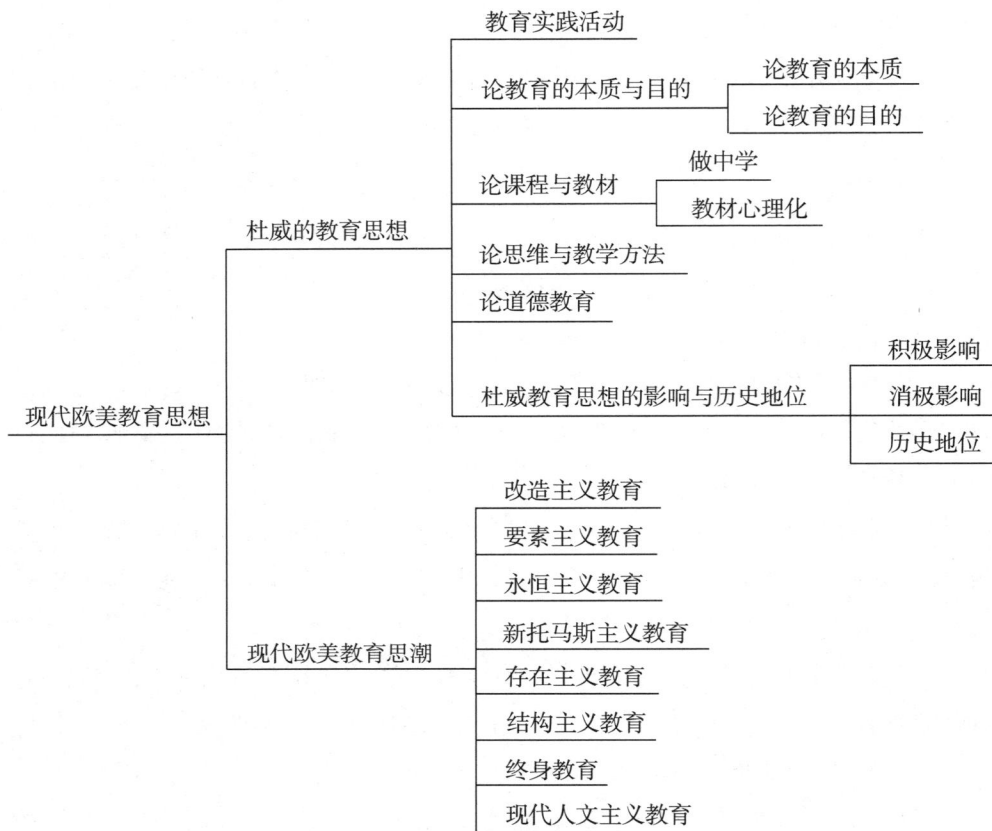

现代欧美教育思想
- 杜威的教育思想
  - 教育实践活动
  - 论教育的本质与目的
    - 论教育的本质
    - 论教育的目的
  - 论课程与教材
    - 做中学
    - 教材心理化
  - 论思维与教学方法
  - 论道德教育
  - 杜威教育思想的影响与历史地位
    - 积极影响
    - 消极影响
    - 历史地位
- 现代欧美教育思潮
  - 改造主义教育
  - 要素主义教育
  - 永恒主义教育
  - 新托马斯主义教育
  - 存在主义教育
  - 结构主义教育
  - 终身教育
  - 现代人文主义教育

自测题

一、选择题：

1.【2010 年 311,33 题】杜威教育理论成型的标志性著作是(　　)。

A.《经验与教育》　　　　　　　　B.《民主主义与教育》

C.《我的教育信条》　　　　　　　D.《教育与社会》

2.【2011 年 311,33 题】杜威的"思维五步法"包括经验的情境寻求、问题的产生、资料的占有和观察的开展、解决方法的提出以及方法的运用和检验。他把这种思维称作(　　)。

A.反省思维　　　　B.情境思维　　　　C.逻辑思维　　　　D.形象思维

3.【2013 年 311,30 题】"教育即生活"是杜威教育本质论的基本观点之一,其主要含义是(　　)。

A.教育是未来生活的预备,而不是儿童生活的过程

B.教育不是未来生活的预备,而是儿童生活的过程

C.教育是学校的生活,而不是儿童的生活

D.教育不是学校的生活,而是儿童的生活

4.【2022 年 311,33 题】关于课程与教学内容,改造主义教育家主张(　　)。

A.编制实施以社会问题为中心的学校课程

B.以人类文化遗产的共同要素作为学校课程的核心

C.古典学科课程在学校课程体系中应居于中心地位

D.学校课程内容应贯穿渗透基督教精神

5.【2023 年 311,32 题】巴格莱理智教育属于哪一教育思潮(　　)。

A.改造主义　　　　B.要素主义　　　　C.存在主义　　　　D.永恒主义

6.【2007 年 311,30 题】现代欧美教育史上,主张古典学科在学校课程中占中心地位的是(　　)。

A.永恒主义教育　　　　　　　　B.改造主义教育

C.存在主义教育　　　　　　　　C.结构主义教育

7.【2008 年 311,30 题】在现代欧美教育史上,重视通过教育建设"理想社会"、教学以社会问题为中心、培养学生"社会一致"精神的教育思潮是(　　)。

A.要素主义教育　　　　　　　　B.改造主义教育

C.永恒主义教育　　　　　　　　D.存在主义教育

8.【2009年311，33题】在现代欧美教育思潮中，主张传授学科的基本概念和原理、提倡发现学习的是（   ）。

    A.改造主义教育　　　　　　　　B.要素主义教育

    C.永恒主义教育　　　　　　　　D.结构主义教育

9.【2012年311，31题】从20世纪30年代起，欧美掀起了一场主张恢复西方传统教育核心价值的取向，反对进步教育和新教育的运动，形成了"新传统教育"思潮。新传统教育主要包括（   ）。

    A.要素主义教育、永恒主义教育、新托马斯主义教育

    B.改造主义教育、永恒主义教育、新托马斯主义教育

    C.永恒主义教育、要素主义教育、改造主义教育

    D.新托马斯主义教育、要素主义教育、改造主义教育

10.【2013年311，33题】1959年，美国科学院召开了改进中小学自然科学教育的会议，从而掀起20世纪60年代以加强基础学科教学、编写新教材、注重学科概念与体系为核心的课程改革运动。这场运动所体现的教育思潮是（   ）。

    A.改造主义教育　　　　　　　　B.要素主义教育

    C.结构主义教育　　　　　　　　D.永恒主义教育

二、论述题：

1.【北京大学2011年333论述题4】论述杜威的教育思想。

2.【华东师范大学2010年333论述题3】试述永恒主义教育理论及其对当代世界教育实践的影响。

3.【华东师范大学2013年333论述题1】评述结构主义教育。

三、材料分析题：

【2012年北师大333论述题4】

"我们要提醒自己，教育本身并无目的。只是人，即家长和老师等才有目的；教育这个抽象概念并无目的。所以，他们的目的有无穷的变异，随着不同的儿童而不同，随着儿童的生长和教育者经验的增长而变化，即使能以文字表达的最正确的目的，如果我们没有认识到他们并不是目的，而是给教育者的建议，在他们解放和指导他们所遇到的具体环境的各种力量时，建议他们怎样观察，怎样展望未来和怎样选择，那么这种目的，作为文字，将是有害无益的。……牢记以上这些条件，我们将进而提出一切良好的教育目的所应具备的几个特征。①一个教育目的必须根据受教育者的特定个人的固有活动和需要。……②一个教育目的必须能转化为与受教育者的活动进行合作的方法，必须提出一种解放和组织他们的能力所需要的环境。

……③教育者必须警惕所谓一般的和终极的目的。……"

    ——摘录自《民主主义与教育》第八章"教育的目的"第 118 至 122 页

（1）该材料作者及其基本情况。

（2）该材料所包含的基本观点及其意义。

（3）该作者其他主要的教育观念。

参考文献

1.张斌贤主编.外国教育史.教育科学出版社,2008.

2.吴式颖主编.外国教育史教程.人民教育出版社,2008.

3.张立平主编.教育综合(333)考试宝典.首都师范大学出版社,2021.

答案与解析

第一章　东方文明古国的教育

一、选择题

1.B　【解析】此题主要考查古印度的教育,古印度的古儒学校里将婆罗门种姓的教师称为"古儒",故选 B。

2.C　【解析】此题考查东方文明古国的教育特点,其教育性质是教育具有强烈的阶级性和等级性。学校主要招收奴隶主子弟,教育对象按其等级、门第而被安排进入不同的学校。因此答案选 C。

3.C　【解析】古埃及的四种学校是宫廷学校、寺庙学校、职官学校和文士学校。因此答案选 C。

4.A　【解析】此题考查古代印度教育的特点。其两种教育的主要区别就是婆罗门教育具有贵族性,佛教教育具有平民性。因此选 A.

5.D　【解析】此题考查东方文明古国的教育,其中 A 选项属于古巴比伦的学校与文字,B 是古埃及的学校与书写工具,C 是古印度的教育内容,D 是古希伯来的教育内容。因此答案选 D。

6.D　【解析】此题考查古印度的教育等级,印度种姓制度从高到低依次是婆罗门、刹帝利、吠舍和首陀罗。婆罗门是古代印度最高种姓,必定也享有最完备、最高级的教育特权。因此答案选 D。

7.D　【解析】A 选项是古代巴比伦的教育成就,B 选项是古代犹太教育的特点,C 选项是古代埃及的教育形式,D 选项是古代印度教育发展的主要成就之一。在古代印度,"古儒学校"是重要的教育机构,《吠陀》是其重要的学习内容。因此答案选 D。

8.D　【解析】公元前 8 世纪以后,古印度出现了一种办在家庭中的婆罗门学校,通称"古儒学校",教师被称为"古儒"。

9.A 【解析】东方文明古国的教育具有强烈的阶级性和等级性，学校主要招收奴婢子弟，学生学习完毕，接受适当的业务锻炼，教育对象按其等级、门第被安排进入不同的学校。

二、论述题：

1.（1）在教育性质上，与文明古国的社会政治、经济现实相适应，教育表现出强烈的阶级性和等级性。

（2）在教育内容上，以朴素形态的科学知识、文字书写和宗教知识为主要学习内容，初步形成较为丰富的教学内容体系。

（3）在教学方法上，实施个别教学，盛行体罚，教学方法较为简单。

（4）在教师地位上，相对于古代西方的教育现实而言，教师享有较高的社会地位。

2.（1）作为世界文化的摇篮，东方产生了最早的科学知识、文字以及学校教育。

（2）教育具有强烈的阶级性和等级性。

（3）教育内容较丰富，包括智育、德育及宗教教育等。

（4）教育机构种类繁多，形态各异，具有等级性。这有助于满足不同统治阶层的需要，既有森严的等级性，也具有强大的适应性。

（5）教学方法简单机械，体罚盛行。各国通过丰富的教育实践，在教育方法上不乏创新之举，但总的来说教学方法简单，体罚盛行，实行个别施教，尚未形成正规的教学组织。

（6）知识常常成为统治阶级的专利，故教师的地位较高。

（7）文明及文化教育甚为古老，但失于早衰或有过断层期，唯独中国的文化和这种文化所哺育的教育绵延不断，源远流长。这是中国教育史的独特之处和优异之处，也是其他文明古国所不及之处。

第二章 古希腊教育

一、选择题

1.B 【解析】古代斯巴达年满18岁的孩子进入高一级的教育机构——青年军事训练团（埃弗比）。故选 B。

2.B 【解析】古代雅典的教育体制是13岁时，一方面继续在文法学校和弦琴学校学习，另一方面则进入体操学校（又称角力学校），接受各种体育训练。故此题应选 B。

3.C 【解析】雅典主张培养身心和谐发展的公民,而斯巴达主张培养战士,古罗马主张培养顺民,所以雅典的区别就是倡导身心和谐发展的教育。因此答案选 C。

4.D 【解析】斯巴达的教育属于军体教育,因此答案选 D。

5.D 【解析】苏格拉底用产婆术帮助青年获得美德,他与青年讨论的大量问题都是美德,认识美德就是引导人们认识自己。因此答案选 D。

6.C 【解析】亚里士多德将人的灵魂区分为两个部分:理性的部分和非理性的部分。非理性的部分又包括植物的灵魂和动物灵魂两种成分。所以人的灵魂由三个部分构成,即营养的灵魂、感觉的灵魂和理性的灵魂。这三个部分对应于植物的灵魂、动物的灵魂和人的生命。且亚里士多德的体、德、智、美和谐发展的教育思想有着丰富的内涵,对后世影响极大。因此答案选 C。

7.A 【解析】此题考查智者派的贡献,智者派的主要贡献就是扩大了教育对象的范围。因此答案选 A。

8.A 【解析】西方教育史上沿用长达千年之久的"七艺"中的前三艺(文法、修辞、辩证法)就是由智者首先确定下来的,为后来"七艺"成型奠定了基础。因此答案选 A。

9.A 【解析】亚里士多德将教育分为体育、智育和德育,其依据是灵魂论。亚里士多德认为人的灵魂由三个部分构成,即营养的灵魂、感觉的灵魂和理性的灵魂。营养的灵魂主要与身体的生长、发育和营养有关,这对应着体育。感觉的灵魂与感知、记忆、想象等能力相关,智育的目的就是发展这些能力。理性的灵魂则涉及思考、判断和推理等高级思维活动,德育旨在培养人的良好品德和理性思维。所以,亚里士多德依据灵魂论将教育分为体育、智育和德育。因此答案选 A。

10.C 【解析】智者派扩大了教育对象,其余三项均不是智者派对古希腊教育实践产生的影响。因此答案选 C。

二、论述题:

1.雅典和斯巴达都是古希腊的著名城邦,二者的教育体制有相同之处,也有各自的特色。

(1)二者的共同点表现在:①政治上都是奴隶制城邦,教育为奴隶主阶级服务;②因时代要求,二者的教育都重视体育,斯巴达是为了征服和奴役土著居民,雅典是为了强大自己;③二者的教育体制都有年龄分期,且比较完善。

（2）虽然二者存在以上这些共同点，但是由于经济、政治条件的影响，二者的教育体制也表现出很大的差异，具体体现在以下几个方面。

①因地理环境不同造成经济、政治的差异。

a.斯巴达是平原，与外界交通不便，农业经济发达。这种经济基础导致斯巴达在政治上是保守的军事贵族寡头统治，教育具有较强的专制性。

b.雅典三面环海，工商业发达，是地中海和黑海地区的贸易中心。在此基础上雅典建立起奴隶制民主政体，教育体制也具有浓厚的民主色彩。

②不同的政治体制决定不同的培养目标、内容和方法。

a.斯巴达的政治是军事贵族专制，其教育目标是培养英勇、果敢的保家卫国的战士，相应地其内容只重视军事体育，教育方法是野蛮训练和鞭笞。

b.雅典在政治上是奴隶制民主政体，其目标是培养身心和谐发展的国家公民。教育内容上德、智、体和谐发展，设置了文法、修辞、体操、音乐等各种类型的学校，方法上也比较重视启发诱导。

2.（1）苏格拉底认为，知识、智慧和道德具有内在的直接联系。人的行为之善恶主要取决于他是否掌握有关的知识，只有知道什么是善、什么是恶，人才能趋善避恶。在这个意义上，苏格拉底明确指出"美德即知识"。从"智德统一"的观点出发，苏格拉底进而提出"德行可教"的主张。

（2）评价：①这个见解可以说是近代教育性教学原则的雏形。②在苏格拉底所处的时代，他提出"智德统一"的见解，相对于贵族阶级的道德天赋的理论来说，是有着明显的进步意义的。③但"美德即知识"的观念也是不完善的，忽略了道德的其他方面，如情感、行为等。

3.（1）"苏格拉底法"，又称"问答法""产婆术"。苏格拉底在哲学研究和讲学中，形成了由讥讽、助产术、归纳和定义四个步骤组成的独特的方法，称为"苏格拉底方法"。

"苏格拉底法"的基本内容：

①讥讽。就对方的发言不断追问，迫使对方自陷矛盾、无词以对，最终承认自己的无知。

②助产术。帮助对方依靠自己得到问题的答案。

③归纳。从各种具体事物中找到事物的共性、本质，通过对具体事物的比较寻求"一般"。

④定义。把个别事物归入一般的概念，得到关于事物的普遍概念。

（2）意义：由于社会历史条件的局限，启发式教学法中所蕴含的教育教学规律并没有得到完全阐发，甚至人们对此还有许多误解，在长期的教学实践中更多采用的也是填鸭式的教学法。因此苏格拉底对启发式教学法的探索和实践在今天仍具有一定的意义，给我们的教学以很多的启示。

①建立真正平等和谐的师生关系。教学中教师要像苏格拉底那样以真诚坦率的态度面对学生，尊重学生的人格、情感和意见，并确立学生在教学过程中的主体地位，让学生自始至终主动地参与教学过程，真正成为学习的主人。

②创设问题情境，注重通过问题解决的过程发展学生的思维能力。教学中教师应当注意创设问题情境，让学生了解和参与问题解决的过程，而不是一开始就不留余地地将答案告诉学生。同时在教学中教师要随时捕捉学生在问题解决时出现的思维障碍和萌发的灵感，并适时地开导、启发，唯有如此，才能防止学生思维的僵化、呆滞，有效地促进学生思维能力的发展。

③精讲巧练，举一反三。在教学过程中，教师对自己的讲授内容和教学方法等要精心设计，突出重点和难点，使自己的讲授成为学生思考、解决问题的模板，并鼓励学生质疑问难，追根究底。

④根据实际需要，采用灵活的教学方式、方法。启发式教学法是选择和应用教学方法的指导思想，它可通过多种教学方式、方法来进行，如讲授法、练习法、演示法、实验法、实习法、讨论法、谈话法等。这些方法虽然各有特定的要求和作用，但如果教师能根据自己所处的具体情况灵活变通，运用得当，都可以起到启发学生思维、促进学生发展的作用。

第三章　古罗马教育

一、选择题

1.B　【解析】西塞罗认为教育的直接目的是培养雄辩家。他在《论雄辩家》一书中给雄辩家下了定义，认为雄辩家应当是一个能就目前需要运用语言艺术阐述的任何问题，以规定的模式，脱离讲稿，伴以恰当的姿势，得体而审慎地进行演讲的人。故此题选 B。

2.D　【解析】以西塞罗、昆体良为代表的古罗马教育思想更注重培养共和国和帝国需要的掌握雄辩技巧的公民、政治家，教育对象是实践中活生生的人。因此答案选 D。

3.D　【解析】修辞学校是古罗马时期培养雄辩家的学校。因此选 D。

4.A　【解析】昆体良和西塞罗虽然都提出培养雄辩家，但昆体良认为雄辩家不仅仅是擅长演说的人，更强调德行是雄辩家的首要品质，具有崇高的德行比具有出色的雄辩才能更重要。因此答案选 A。

5.C　【解析】昆体良主张教育的目的是要培养道德高尚的雄辩家、演说家。他强调德行是雄辩家的首要品质，具有崇高的德行比具有最出色的雄辩才能更重要。因此答案选 C。

6.A　【解析】此题考查昆体良的教育思想。在儿童的早期教育问题上，昆体良的经典名句便是"不要让儿童在他们还不能热爱学习的时候就厌恶学习"。因此答案选 A。

7.A　【解析】古罗马的家庭教育以"道德—公民"教育为核心，进行道德、政治、军事、农业、法律教育，教育的组织形式是在生产生活中进行的。因此答案选 A.

8.C　【解析】昆体良其分班教学的思想是班级授课制思想的萌芽。

9.A　【解析】A 选项表达正确；B 选项应该为拉丁语学校压倒希腊语学校；C 选项教师由国家委派；D 选项应为在教育内容上减少了实用科目。因此答案选 A。

二、论述题：

1.古罗马百科全书派的核心是以狄德罗为首的唯物论者，他们反对封建等级制度和天主教会，向往合理的社会，认为迷信、成见、愚昧无知是人类的大敌。主张一切制度和观念都要在理性的审判庭上受到批判和衡量。他们推崇机械工艺，孕育了资产阶级务实谋利的精神。

第四章　西欧中世纪教育

一、选择题

1.B　【解析】骑士教育是西欧中世纪时期一种特殊形式的家庭教育，是在封建贵族家庭中进行的教育。

2.A　【解析】西欧中世纪时期，中世纪大学在学科设置上分为文、法、神、医四科进行学习。故此题选 A。

3.B　【解析】骑士教育是中世纪西欧封建社会等级制度的产物，是一种特殊教育形式，也是中世纪世俗教育的一种主要形式，以培养当时封建制度中骑士阶层的人员为目的,是一种特殊的家庭教育形式。因此答案选 B。

4.C 【解析】侍从教育阶段(14—21 岁),学习"骑士七技",即骑马、打猎、投枪、击剑、弈棋、吟诗、游泳。

5.A 【解析】当时代表整个中世纪基本教育形式的是宗教教育,中世纪教育思想最为重要、最为显著的特征是它的宗教化、神学化。因此答案选 A。

6.B 【解析】中世纪晚期,随着城市的兴起和工商业的发展,手工业者和商人阶层逐渐壮大。为了满足他们子弟的教育需求,城市学校应运而生。骑士学院主要是培养封建骑士的,不符合手工业者和商人阶层子弟的教育需要,A 选项不正确。青年学校这个表述在中世纪晚期的教育体系中并非专门针对手工业者和商人阶层子弟设立,C 选项错误。实科学校是近代以后才出现的,主要教授实用的自然科学和现代语言等课程,在中世纪晚期还未产生,D 选项也不正确。综上所述,满足中世纪晚期手工业者和商人阶层子弟教育需要而创设的教育机构是城市学校,选择 B 选项。

7.C 【解析】新大学运动中的新式大学均比古典中世纪的传统大学重视科学,古典大学本身就很重视古典人文学科、神学和自由教育。因此答案选 C。

8.B 【解析】中世纪最典型的教会教育机构是分散于各地的修道院。

9.B 【解析】中世纪大学的教学方法主要是讲演和辩论。

10.C 【解析】君士坦丁堡大学是拜占庭最有影响力的高等教育场所,不属于西欧地区。

二、论述题:

1.(1)城市学校。城市学校是应新兴市民阶层需要而产生的,为新兴市民子弟开办的学校的总称,其种类有行会学校、商会学校(也称基尔特学校)。

(2)中世纪大学。最初的中世纪大学是一种自治的教授和学习中心;教育目的是进行职业训练,培养社会所需要的专业人才;按领导体制可分为"学生大学"与"先生大学";已有学位制度;教学方法主要为讲演和辩论。

(3)骑士教育。骑士教育是中世纪西欧封建社会特殊的家庭教育形式,教育内容是"骑士七技"。骑士教育是一种典型的武夫教育,重在灌输服从与效忠的思想观念,使其成为封建统治阶级的保卫者。

(4)宫廷学校。宫廷学校是一种设在国王或贵族宫廷中,主要培养王公贵族后代的教育机构。宫廷学校的教学内容主要为"七艺"、拉丁语、希腊语,具有浓厚的宗教色彩;教学方法主要采用问答法;教育目的是培养封建统治阶级所需要的官吏。

2.（1）中世纪大学是12世纪左右兴起的自治的教授和学习中心，一般由一名（或数名）在某一领域有声望的学者和他的追随者自行组织起来，形成类似于行会的团体，进行教学和知识交易。

（2）中世纪大学的特权。①设立法庭，内部自治。②大学生可免除赋税及服兵役的义务。③颁发特许证。凡领到特许证者即有执业或教所修专业的资格，可到处开业或教学而不被阻拦。④大学有罢教和迁校自由。

（3）历史意义。①在权利上，它打破了教会对教育的垄断，促进了教育的普及，大学也成了一些著名学者的舞台及育才基地。②在思想上，动摇了人们盲目的宗教信仰，讲求实效和理解力，突破了传统的死记硬背等教学法。③在制度上，现代意义上的大学基本上都直接来源于欧洲中世纪大学，现代大学的一系列组织结构和制度建设都与欧洲中世纪大学有着直接的历史渊源。④在局限性上，宗教色彩浓厚，大学教学受经院哲学的影响很深。

3.基督教教育是西欧中世纪时期教育的主要形式。其特点有以下几个方面。

（1）教育目的宗教化。主要是为了培养教会人才，扩大教会势力。

（2）教育内容神学化。主要课程是神学和"七艺"。神学包括《圣经》、祈祷文、教会的礼仪等。"七艺"是从古希腊的教育内容演变而来的，经基督教改造，为神学服务。

（3）教育方法原始、机械、烦琐。为了维护教会、神学的绝对权威，教会学校强迫学生绝对地服从《圣经》和教师，纪律严格，体罚盛行。

总的来说，基督教教育在培养僧侣和其他为教会服务人员的同时，向群众宣传宗教，使劳动群众服从教会和封建统治。因此，西方教育发展中的一个重要主题是教会和学校的分类，即教育的世俗化和国家化。但是，在中世纪早期，在世俗学校普遍消亡、文化衰落的情况下，教会教育在保持、传播古代文化，发展封建文化方面，客观上起了一定的作用。

第五章　文艺复兴和宗教改革时期的教育

一、选择题

1.A　【解析】西塞罗主义专门指文艺复兴时期文化教育领域中出现的一种形式主义思潮，人文主义学者仅仅看重西塞罗的优美文风和词汇，而忽略了推崇文化的真正目的。故此题选 A。

2.B 【解析】人文主义教育、新教教育、天主教教育的共同特点是重视古典人文学科。因此答案选 B。

3.C 【解析】人文主义的古典主义特征主要体现为推崇文雅教育,如弗吉里奥的"通才教育"。因此答案选 C。

4.A 【解析】此题考查人文主义教育的基本特征,即教育目标侧重个性发展。因此答案选 A。

5.A 【解析】在基督教教育中教育权归教会所有,而宗教改革削弱了教会的权力。路德派明确提出国家应重视教育,由国家掌握教育权。因此答案选 A。

6.A 【解析】文艺复兴与宗教改革时期,人文主义教育具有精英性,主要是为了培养上层社会的人才;新教教育具有平民性,关注更多普通民众的教育需求。因此答案为 A。

7.B 【解析】文艺复兴与宗教改革时期,新教教育具有较强的群众性和普及性。新教主张每个人都能直接阅读《圣经》,这就促使其开展面向大众的教育,以提高民众的文化水平和宗教素养。因此答案为 B。

8.C 【解析】人文主义者强调古典学科的重要性,古典科目构成人文主义课程的基础和主体,强调培养美德最好的方式是学习古典文化。

9.C 【解析】文艺复兴运动实质上是一次资产阶级的文化运动。

10.A 【解析】加尔文派认为,所有人民的教育应由教会负责,教育本质上是宗教性的。

二、论述题:

1.(1)文艺复兴运动是欧洲新兴资产阶级在意识形态领域向封建主义和基督教神学体系发动的一场伟大的文化革命运动,人文主义是这场运动的旗帜。

(2)人文主义教育的特征。

①人本主义。在培养目标上注重个性发展,在教学方法上反对禁欲主义,尊重儿童天性,坚信通过教育力量,可以重塑个人,改造社会和自然,人的力量、人的价值被充分肯定。

②古典主义。人文主义教育思想吸收了许多古人的见解,人文主义教育实践尤其是课程设置已具有古典性质,但非纯粹"复古",而是古为今用,这在当时是一种进步。

③世俗性。不论是从教育目的还是从课程设置等方面看,人文主义教育都充

溢着浓厚的世俗精神,关注人道而非神道,教育更关注今生而非来世,与中世纪教育有巨大的区别。

④宗教性。人文主义教育家虽抨击教会的弊端,但不反对宗教,更不打算消灭宗教,希望以世俗和人文精神改造中世纪陈腐专横的宗教性,以造就更富世俗和人性色彩的宗教性。

⑤贵族性。这是由文艺复兴运动的性质决定的。人文主义教育对象主要是上层子弟;教育形式多为宫廷教育和家庭教育;教育的目的主要是培养上层人物,如君主、侍臣、绅士等。

2.马丁·路德在宗教改革运动中提出了"因信称义"的思想,这一思想延伸到教育领域就是全民都应接受教育的普及义务教育思想。16世纪,马丁·路德在宗教改革运动中基于宗教平等观念提出了普及义务教育的主张。具体内容包括以下几方面。

(1)普及义务教育思想的理论基础——"因信称义"说。马丁·路德的教育改革思想是在欧洲宗教改革运动过程中产生的,马丁·路德宗教改革的核心思想是"因信称义"说,即人人在上帝面前享有平等的权利和地位,每个人都可以通过宗教虔诚来获得拯救。

(2)从"因信称义"到普及义务教育。马丁·路德不仅认为应普及教育,而且特别强调应普及义务教育,按照新教的精神塑造下一代,强迫儿童入学受教。根据"因信称义"的理论,只要人们真正信仰上帝,就可以享有平等的权利和义务,这实际上是倡导了一种宗教上的平等观念。这种观念反映到教育上,就表现为儿童受教育权利的平等。

(3)面对现实中存在的种种问题,为了改变人们因不能得到原有的利益而不愿接受教育的现状,马丁·路德认为必须依靠实施强迫教育的措施来保障普及教育的实现。首先,实施普及义务教育是世俗国家的职责;其次,对儿童实施教育也是市政当局不可推卸的责任;最后,父母有义务使子女接受教育。

评价:宗教改革运动中,马丁·路德提出了推行普及义务教育的思想与举措。尽管限于当时的社会条件,他普及义务教育的主张并没有收到立竿见影的效果,然而这种主张教育权利平等、国家办教育的思想为德意志国家掌握教育权力提供了基础,在一定意义上促进了中世纪垄断性教育向现代普及性教育的转化,同时也为后世国民教育理论的发展、完善奠定了基础。

3.(1)联系

①宗教性。都信仰上帝,但是程度不同,人文主义教育有宗教性,同时也带有异教因素,新教教育和天主教教育都是宗教教育,都反对人文主义教育的异教倾向,宗教改革运动带有宗教性和世俗性的双重目的。②重视古典主义和人文主义。三者都以古典人文学科作为课程的主干。③教育教学在管理方面逐渐取消体罚,注重身心全面发展,出现并逐步完善班级年级制。④世俗性增强。人文主义教育倡导的是一种肤浅的世俗性,局限于社会上层,它反对宗教腐败但赞同天主教。新教改革压制人文主义世俗倾向,客观上却是世俗精神的大弘扬,教育与世俗生活结合紧密,世俗性知识比重加大,自然科学进入课堂。

(2)区别

①人文主义教育具有贵族性,新教教育具有较强的群众性和普及性。天主教教育也具有贵族性,但它是出于控制社会精英的政治目的而重视上层社会子女的教育,而人文主义者将古典知识作为贵族阶级自身的高级享受。②这三种教育的根本差异在于他们所服务的对象不同,人文主义教育为贵族服务,新教教育为新教服务,天主教教育为天主教服务。

(3)影响

尽管宗教改革是人文主义引发的,但是宗教改革对近代教育转折的历史意义远远高于人文主义,它为西方近代教育走向国家化、世俗化和普及化的历程拉开了序幕,这种转折标志着世俗性的近代教育从根本上取代了宗教性的中世纪教育。三种力量的相互冲突和融合,共同奠定了近代西方教育的基本格局,标志着教育迈向近代化(世俗化、国家化、普及化)。

第六章　欧美主要国家和日本的近代教育

一、选择题

1.D 【解析】法国大革命时期的主要教育改革方案有《塔列兰方案》《康多塞方案》《雷佩尔提教育方案》,都不同程度体现了资产阶级各派的共同愿望,其主张主要表现在以下方面:1.主张建立国家教育制度;2.主张人人都有接受教育的权利与机会,国家应当保护并实行普及教育;3.教育内容和教师问题上实现世俗化、科学化;4.粉碎第一次反法同盟后实施的教育措施。故此题选 D。

2.A 【解析】洛克所倡导的绅士教育是一种资产阶级贵族化的教育,在教育内容和方法上有许多新特点。他在教育内容上,首次对教育的三大部分——体育、德育、智育做了明确地划分和详细地论述。关于体育,洛克首先强调体育的重要性,认为人们要能工作,要有幸福,必须先有健康;他认为每个绅士的身体都必须能适应以后活动可能面临的艰苦环境,针对当时贵族子弟多娇生惯养的风气,他强调生活各方面的忍苦耐劳。他把健康教育看成绅士教育的基本要素,提出"健康之精神寓于健康之身体"更体现其主张。因此答案选 A。

3.A 【解析】洛克重视贵族子弟的教育,他把体育、德育、智育做了明确的划分和详细的论述,并把健康教育看成绅士教育的基本要素,提出"健康之精神寓于健康之身体"。因此答案选 A。

4.C 【解析】贺拉斯·曼主张建立免费学校,促进教育平等性、民主性,从而培养社会所需的各类工作者,A、B、D 三项均可符合,而 C 选项体现的是维持社会的阶级性、差异性,体现了教育的负向功能。这与贺拉斯·曼主张是完全相反的。因此答案选 C。

5.C 【解析】此题考查乌申斯基的教育思想。乌申斯基认为教育的本质是一门艺术,而不是一门科学;教育的目的在于培养全面和谐发展的个人。因此答案选 C。

6.B 【解析】伦敦大学的成立是新大学运动开始的标志,伦敦大学一开始叫伦敦大学学院,因此答案选 B。

二、论述题:

1.(1)纵观美国近现代教育,在教育民主化和教育科学化的道路上,都是快步向前的。形成这一状况的原因是多方面的,如政治和经济发展的需要:政府的重视和支持,善于向欧洲学习,充分调动社会各方面的力量来办学等。

(2)原因:①面对现实建设需要锐意创新;②视教育为立国之本,是政治革新、社会进步的必由之路;③政府重视支持,移民踊跃参与;④善于吸取别国的先进经验,以别国之长来补美国教育之短;⑤重视教育科学研究。

2.(1)洛克是英国著名的实科教育和绅士教育的倡导者,他在代表作《教育漫话》中阐述的绅士教育的主张对西方近代教育和社会发展产生了重要影响。

(2)绅士教育的内容:

绅士教育的内容是德、智、体"三育"并举,以道德教育为中心。

①关于德育,他把德行放在比知识更重要的位置。要重视早期教育,重视理性领导和榜样作用,不主张体罚。

②关于智育,学问的内容必须是实际有用的广泛知识。

③关于体育,强调体育的重要性,强调生活各方面都要吃苦耐劳。

（3）评价:洛克的教育思想以其世俗化、功利性为显著特点,他的思想在实践中和理论上都对英国以及西欧教育的现代化做出了贡献。但他的教育思想局限于绅士教育,缺乏民主性。

3.斯宾塞是19世纪英国著名的哲学家、社会学家和教育家。他反对英国学校古典主义教育,是科学教育的代表人物。他的代表著作是《教育论》。

（1）教育目的与课程。

斯宾塞认为,教育的目的是"为完满生活做准备"。

他在《什么知识最有价值》中指出,要满足每种生活的需要,实现教育目的,就必须向学生传授最有价值的知识,并明确地提出科学知识是最有价值的卓越见解,就此制定了以科学知识为核心的学校课程体系,推动了英国初等教育、中等教育和高等教育的以科学知识为核心的课程改革。

根据生活准备说和知识价值论,斯宾塞提出学校应开设以下五类课程。

第一类是生物学和解剖学,这是直接保全自己的知识,是合理的教育中最重要的一部分。

第二类是逻辑学、数学、力学、化学、天文学、地质学、生物学和社会学,这是间接保全自己的知识,是使文明生活成为可能、一切过程能够正确进行的基础。

第三类是生理学、心理学和教育学,这是履行父母责任必需的知识。

第四类是历史,它有利于调节人们的行为,维持正常的社会关系。

第五类是文学、艺术等,它是满足人们闲暇时休息和娱乐需要的知识。

（2）教学原则与方法。

①教学应符合儿童心智发展的自然顺序;②儿童所接受的教育必须在方式和安排上同历史上人类的教育一致;③教学的每个部分都应该从实验到推理;④引导儿童自己进行探讨和推论;⑤注重学生的学习兴趣;⑥重视实物教学。

与传统教育采用的照本宣科、死记硬背、无视学生的身心规律和学习主动性的教学方法相比,斯宾塞更重视心理规律、兴趣、实验等,这无疑是历史的进步。这种教学方法被进步主义教育家普遍采用,在今天也有借鉴意义。

三、材料分析题

（1）洛克认为教育目标就是发展人的理智,关键是用理智和原则来规范儿童的行为。

（2）看似矛盾的地方是在对儿童的约束和放任之间很难找到平衡点,即发展学生的个性和约束儿童的行为之间的矛盾。发展学生的个性和约束儿童的行为相结合能够促进儿童全面自由地向更好的方向发展,因此洛克说调和了看似矛盾的地方能觅得教育的真谛。

（3）发展儿童的个性与约束儿童的行为是辩证统一的关系。

①教育要尊重儿童的个性。儿童是一个正在发展的个体,儿童期不只是为成人期做准备,儿童具有自身存在的价值,儿童不能只是为将来而活着,他们也为现在而生活,他们应当充分享受儿童期的生活,拥有快乐的童年。

②儿童的发展离不开行为的约束。儿童尚处于发展之中,他们在许多方面还不够成熟,如果过分强调个性化,一味强调无条件地尊重个体及其发展,那么人作为社会成员的意义将不能体现。

③尊重儿童的个性发展要与约束儿童的行为相结合。教师不仅要尊重儿童的个性,遵循儿童发展的规律,同时更要注重儿童的活动,树立一个既尊重儿童个性又不偏废人的社会性的儿童观。儿童既是"自然的人",也是"社会的人",教育既要尊重儿童的个性,也要约束儿童的行为,使其行为符合一定的社会规则。

第七章　西欧近代教育思想与教育思潮

一、选择题

1.B　【解析】此题主要考查赫尔巴特的教学形式阶段理论,它在教学阶段必须经历的四个阶段分别是:明了、联想、系统、方法。故此题选 B。

2.A　【解析】夸美纽斯将母育学校比喻为"春季",在婴儿期(0—6)设置,因此答案选 A。

3.D　【解析】裴斯泰洛齐主张教育应从最基本、最简单的要素开始,由易到难,循序渐进,适应儿童的接受能力,提出了要素教育的思想。因此答案选 D。

4.D　【解析】赫尔巴特在自己的书中提到,教育过程应有一定的顺序,包括管理、教学、训育三个阶段。因此答案选 D。

5.B　【解析】夸美纽斯把培养德行看作学校的主要任务之一,甚至认为德育比智育更重要,"把道德教育放在首位"。因此答案选 B。

6.C　【解析】卢梭认为,自然教育的目的是培养"自然人",即完全自由成长、身心调和发达,能自食其力、不受传统束缚、能适应社会生活的一代新人。卢梭所憧憬的"自然人"与"公民"有 4 个方面的对立表现。1.自然人是独立自主的人,他能独自体现出自己的价值;而公民的一切依赖于专制社会,失去了自身的独特价值。2.在自然的秩序中,所有的人都是平等的;而在社会之中,公民是有等级的。3.自然人又是自由人,他是无所不宜、无所不能的;而国家公民在社会中常常是某种专业化的职业人,他囿于他的职业,而失去自由。4.自然人还是自食其力的人,他靠自己的劳动所得为生;而公民中有一批人依靠他人劳动成果为生。故卢梭会反对选择为法国政府服务的职业。因此答案选 C。

7.D 【解析】"消极教育"指成人不干预、不灌输、不压制,并让儿童遵循自然率性发展。教师的作用只能是防范不良环境的影响。因此答案选 D。

8.C 【解析】赫尔巴特教育目的中"必要的目的"指培养学生的"五德"——内心自由、完善、仁慈、正义、公平。因此答案选 C。

9.A 【解析】赫尔巴特认为兴趣可以分为四个阶段:注意、期待、要求、行动。在此基础上,他提出了教学阶段论:教师应采取符合学生心理活动规律的教学程序,有计划、有步骤地进行教学。他把教学过程分成四个连续的阶段,即明了、联想、系统、方法。1.明了。指教师讲解新教材时,把教材分解为若干部分提示给学生,以便学生领悟和掌握。这时,学生的心理处于"静止的专心"状态,其兴趣阶段是注意,教师适合用叙述的方法传授知识。2.联想。指通过师生谈话把前一阶段教师所提示的新观念和学生意识中原有的旧观念结合起来。这时,学生的心理表现为"动态的专心"。其兴趣阶段发展到期待新的知识,教师的任务是与学生交流,自由交谈是联想的最好方法。3.系统。指在教师指导下寻找结论和规则,使观念系统化,形成概念。这时学生的心理处于"静止的审思"状态,兴趣活动处于要求阶段,教师要运用综合的方法,使知识系统化。4.方法。指通过练习把所学知识应用于实际,以检查学生对新知识的理解是否正确。这时学生心理表现为"动态的审思"。其兴趣点在于进行学习行动,教学方法主要是通过让学生做作业、写文章与修改等加强对知识的运用。因此可得出答案选 A。

10.A 【解析】赫尔巴特在课程论中,依据统觉原理提出课程内容应遵循"相关"与"集中"原则。因此答案选 A。

二、论述题:

1.(1)卢梭的儿童观

①儿童有善良的天性。卢梭推崇性善论,认为儿童有善良的天性,认为善良的人性存在于纯洁的自然状态之中。

②儿童是独立的个体。儿童并不是"小大人",而是有自己独特发展阶段和需

求的个体。正确看待儿童，是自然教育的一个必要前提。

③儿童有其自身的身心发展规律。每个发展阶段有其特定的教育目标和方法，教育应符合儿童自然成长规律。

（2）卢梭的自然教育观

①自然教育的核心是"归于自然"，即教育必须遵循自然，顺应人的自然本性。

②善良的人性存在于纯洁的自然状态之中。15岁前的教育必须在远离城市的农村中进行。

③儿童受到自然的教育、人为的教育、事物的教育三方面的影响，应该以自然教育为中心，使事物的教育和人的教育服从于自然的教育。如果这三方面的教育是一致的，都趋于同一目的，儿童就能受到良好的教育。

④发挥儿童主动性，主张"消极教育"。即成人不干涉、不灌输、不压制，让儿童自然率性发展。

⑤教育应根据年龄阶段的分期，卢梭将人的发展分为婴儿期、儿童期、青年期、青春期。

（3）二者关系

①儿童观为自然教育观提供了理论基础，自然教育观是儿童观在教育上的体现。儿童观提出教育应尊重儿童的天性，而自然教育观核心是"归于自然"，即教育必须遵循自然，顺应人的自然本性。

②都批判传统教育。反对"性恶论"和"预成论"的儿童观。在教育界发动了一场哥白尼式的大革命，尊重儿童的成长规律，把儿童放在教育过程的中心。

③都以"自然"为核心。善良的人性存在于纯洁的自然状态之中。只有在自然中，儿童的天性才能得到充分发展。

④都体现了"自然人"的教育目标。"自然人"有善良的天性，在纯洁的自然状态中接受自然教育达成"自然人"的目标，是独立自主、平等自由、道德高尚、能力和智力极高、能够适应社会生活的一代新人。

2.（1）卢梭的自然教育思想

在卢梭看来，人所受的教育，也就是自然的教育、人为的教育和事物的教育。自然教育理论是卢梭教育思想的主体，核心是"回归自然"，即教育必须遵循自然，顺应人的自然本性。我们应该以自然的教育为中心，使事物的教育和人为的教育服从于自然的教育，使这三方面教育相互配合并趋于自然的目标，才能使儿童享受到良好的教育。在他看来，如果以成人的偏见加以干涉，结果只会破坏自然的法则,从根本上毁坏儿童。教师的作用只是要防范不良环境的影响,是消极的,因而他常提及"消极教育"。

（2）对卢梭教育思想的评价

①积极:卢梭的教育学说包含着相当激进的思想,充满了新兴资产阶级自由、平等和博爱的精神,在法国大革命的前夜,具有解放人们思想的重要意义。有人称卢梭在教育界发动了一场哥白尼式的大革命,他把儿童放在教育过程的中心,认为儿童有一种潜在的发展可能,而教育就是为儿童提供一个优良的环境,使其充分地实现这种可能性。同时卢梭奠定了实用主义哲学和进步教育的理论基础,对欧美教育产生了深远影响。

②消极:虽然卢梭为教育的发展做出了突出贡献,但是他本身也是一位备受争议的教育家。其教育思想也有不足之处,如对儿童的天性认识过于理想化,过分强调儿童在活动中的自然成长,忽视社会的影响和人类文化传统的教育作用,过高估计儿童的直接经验,忽视学习系统的书本知识。

（3）我对教育的认识

①树立正确的儿童观。卢梭关于儿童天性中包含主动、自由、理性和善良因素的结论,以及他呼吁保护儿童纯真的天性、让儿童个性充分发展的主张,适应了时代的潮流,促进了社会的进步。目前社会的竞争迫使越来越多的家长将孩子的童年牢牢地抓在手里,由此导致的童年悲剧层出不穷,树立正确的儿童观对家长和社会来说迫在眉睫。

②运用正确的教育方法。卢梭一直强调要在实践中学习知识。在实践教育中,卢梭认为应该让儿童直接面对自然这本"书",根据亲身感受和直接观察来扩展知识范围。现在很大一部分孩子长期娇生惯养,生活在狭小的空间中,书本中的大量知识很难转换成自己的语言和想法,他们也不能真正了解书中知识的含义。因此应适当地让孩子回归自然,让他们自己到大自然中去学习和锻炼,去捕获他们所缺乏的知识。

3.（1）班级授课制的含义。为了克服当时学校教育中家庭教育式的个别教学的弊端,以及为普及教育服务,夸美纽斯大力提倡班级授课制。他所说的班级授课,就是把不同年龄、不同知识水平的儿童,分到不同班级,通过班级进行教学。

（2）班级授课制的具体设想包括:①根据年龄及知识水平把儿童分成不同班级,每个班级一个教室,由一个教师对一个班的学生同时授课;②把全班学生分成若干小组,每组十人,委托一个优秀学生为组长,协助教师管理学生,考查学业;③

为每个班级制订统一的教学计划,编写统一的教材,规定统一的作息时间,使每年、每月、每日、每时的教学都有计划地进行。

（3）评价

优点：①扩大了教育对象,有利于普及教育；②教师面对众多的学生,工作兴趣大增,工作热情高涨,从而能够提高学生学习的积极性；③在学生方面,学生在一起学习,可以互相激励、互相帮助。

缺点：无法照顾到每个学生的发展。

4.赫尔巴特的课程理论主要包括三个方面的主张。

（1）课程内容的选择必须与儿童的经验和兴趣相一致。

①经验。儿童在日常生活中获得的经验是教学活动赖以进行的基础,但儿童早期的经验并不是完美无缺的,而是分散、杂乱的,需要通过教学加以补充和整理,反映在教材中则为直观教材。

②兴趣。兴趣存在于经验之中,因此只有与儿童经验相联系的内容,才能引起儿童浓厚的兴趣。它能使儿童保持意识的警觉状态,从而更好地接受教材。

③兴趣课程体系。赫尔巴特把多种多样的兴趣分为两大类——经验的兴趣和同情的兴趣。经验的兴趣包括经验的、思辨的、审美的兴趣；同情的兴趣包括同情的、社会的和宗教的兴趣。各种经验、兴趣有对应开设的课程,如对应经验的兴趣,应该开设自然、物理、化学、地理等课程。

（2）第二个基本主张是根据统觉的研究得出的。

新的观念和知识总是在原有的理智背景中形成的,是以原有观念和知识为基础产生的。课程的安排应当使儿童能够不断地从熟悉的材料逐步过渡到密切相关但还不熟悉的材料。据此,赫尔巴特提出了"相关"与"集中"的课程设计原则。

（3）课程应与儿童的发展相呼应。

文化纪元理论是课程设计和选择课程的基础。文化纪元理论认为,在人类历史早期,感觉在人的认识中起主导地位。在这之后,想象逐渐发展起来,人类的想象力在诗与神话中得到了完美的体现。最后,当理性发展起来时,人类就进入到成年。不同时代的文化成果集中反映了人类认识的不同发展水平。儿童个性和认识的发展重复了种族发展的过程,需要把儿童发展和课程联系起来。

三、材料分析题

（1）这些思想出自卢梭的《爱弥儿》。

（2）核心观点如下,①自然教育的目的是培养自由、平等、独立的自然人,卢梭从其激进的社会政治观出发,认为教育的目的应该是培养忠于祖国,能履行职责的公民。②自然教育的作用是保持和发展人的自然本性。卢梭认为,人的自然本性是善良的、纯洁的,人生来爱自由,具有自爱心和怜悯心。一切错误和罪恶都是不良社会环境影响的结果。③自然教育的基本原理是顺应儿童身心自然发展的规律。卢梭旗帜鲜明地反对封建教育对儿童身心发展的束缚,要求教育要"遵循自然,跟着它给你画出的道路前进",即"按照孩子的成长和人心的自然发展而进行教育",使儿童的本能、天性得到发展,使儿童合乎自然地成长为一个知道如何做人的人。教育的任务就是促进儿童"内在的自然发展"。

(3)历史影响:卢梭的自然教育思想对许多著名的教育家都产生过巨大的影响,如巴西多、康德、裴斯泰洛齐和杜威等都从不同方面受到卢梭的启发。作为一部教育著作,《爱弥儿》的主要特点和贡献在于冲破封建教育的桎梏,倡导尊重儿童的教育。卢梭的自然教育思想的核心是要求摆脱封建教育对儿童身心发展的摧残和束缚。要求教育遵循儿童身心发展的规律,代表了近代西方教育发展的主要趋势。但《爱弥儿》对儿童天性的描述过于理想化,过分强调儿童在活动中的自然成长,而忽视了人类文化传统在教育中的作用;过高地估计儿童的直接经验,而忽视学习系统的书本知识。这种从一个极端走向另一个极端的做法也是不可取的。

第八章 19世纪末至20世纪前期欧美教育思潮和教育实验

一、选择题

1.C 【解析】此题考查的是蒙台梭利的感官教育,蒙台梭利提出并专门设计了教具来训练儿童的各个感官。因此答案选C。

2.B 【解析】葛雷制亦称"双校制""二部制"或"分团学制",是美国教育家沃特担任印第安纳州葛雷市公立学校督学时所推行的一种进步主义性质的教学制度。因此答案选B。

3.C 【解析】道尔顿制的原则就是自由与合作。因此答案选C。

4.B 【解析】欧洲新教育运动开启的标志是英国教育家雷迪创办阿博茨霍尔姆学校。因此答案选B。

5.C 【解析】此题只有选项道尔顿制是"公约"或合同式的学习的教学改革试验。因此答案选C。

6.D 【解析】此题考查进步教育运动,进步教育家为了推动进步教育而进行了

"八年研究"。因此答案选 D。

7.A 【解析】道尔顿制是美国进步教育家帕克赫斯特针对班级授课制的弊端提出的个别教学制度。道尔顿制的主要特点是:在学校里废除课堂教学,废除课程表和年级制,代之以"公约"或"合同式"的学习。因此答案选 A。

8.D 【解析】克伯屈创立的是设计教学法,这是一种进步教育的实验。其特点在于取消分科教学,取消教科书,把学生有目的的活动作为设计的学习单元。因此答案为 D。

9.A 【解析】道尔顿制的基本原则是"自由与合作",道尔顿制强调学生在学习上拥有较大的自由,学生可以自主安排学习的时间和进度。同时,也注重学生之间的合作,通过合作来促进学习和成长。因此答案选 A。

10.B 【解析】19 世纪末 20 世纪初在欧美流行的劳作教育思潮的主要代表人物和推动者是凯兴斯泰纳。凯兴斯泰纳倡导劳作教育,他认为通过劳作教育可以培养学生的职业技能和道德品质。因此答案选 B。

二、论述题:

1.(1)实验教育学是 19 世纪末 20 世纪初兴起的用自然科学的实验法研究儿童发展及其与教育关系的理论。主要代表人物有德国教育学家、心理学家梅伊曼、拉伊等。

(2)实验教育学的主要观点

①认为以赫尔巴特为代表的依赖思辨法的旧教育学缺乏科学性,与实际严重脱节,不能很好地解决教育实践中的问题。

②强调实验教育学是以实验为基础的新的独立科学,教育实验与心理实验是有差别的,心理实验是在实验室进行的,教育实验则是在教学实践和学校环境中进行的。

③认为实验教育学必须借助相关学科,采用实验、统计、比较的方法探索研究。

(3)评价

实验教育学强调的定量研究成为 20 世纪教育学研究的一个基本范式,近百年来得到广泛的应用和发展,极大地推动了教育科学的发展。但实验教育学也有一定的局限性,比如其片面强调儿童的生物性,过分考虑教育的自然科学化,忽视了社会因素,把实验方法推崇到极端,并将其视为教育研究的唯一方法,忽视了社会科学与自然科学之间的差异,以致简单地照搬自然科学的方法。

2.(1)共同特征

①都把矛头指向了传统教育,批判传统教育观的一些做法;②都要求改革,并且进行了实验;③都对以前的教育著作进行了深入的研究,并在它们的基础上提出了新的观点;④都有实践经验丰富的教师。

（2）意义

①新教育成功引起世人的关注和对传统教育的反思,建立起各国新学校之间的紧密联系,为新教育赢得了国际声誉,为国际交流开辟了道路。

②进步教育运动促进了美国教育现代化的转变,制约了现代美国教育发展的方向和格局,对形成美国学校的特征产生了深远的影响,从根本上改变了美国学校和教室的气氛,促进了美国教育理论研究的发展和教育理论研究的美国化。

③对世界产生了广泛影响。进步主义运动和西欧新教育运动一起,共同构成了西方现代教育的重要开端。

（3）局限

①新教育收费昂贵,以上层社会和高收入阶层的少数学龄儿童为对象,规模一般很小,并独立于国家教育制度之外,不能产生大规模的教育影响。

②进步教育运动不能始终与美国的社会变化一致,未能较好地适应美国社会发展对教育提出的新要求。

③理论与实践本身有矛盾。过分强调儿童个人的自由,忽视社会和文化对个人发展的决定作用。过分否定学校工作的一些基本规律,导致教学质量的下降。进步教育运动在理论上的分化,导致内部的决裂。

④进步教育运动对教师提出过高的要求,使教师难以完成和达到进步教育家所期望的教育效果。

3.(1)19世纪末20世纪初期资本主义的弊端日益显现,在教育领域也有相关的反映,在欧洲和美国爆发了新教育运动和进步主义教育运动,这两场运动都旨在对传统教育进行批判,强调学生的主体地位,但二者也有所不同。

（2）共同点

①都把矛头指向了传统教育,批判了传统教育观和他们的一些做法;②都要求改革,并且进行了实验;③都对以前的教育著作进行了深入的研究,并提出新的观点;④都有实践经验丰富的教师。

（3）不同点

①两种教育运动的具体操作方式不同。新教育运动始于欧洲,主要是在原有的新学校中进行一些教学改革和实验,且这些学校大多建立在乡村或者城市郊区。

进步主义教育运动始于美国,主要是通过建立一些新的学校来进行教学改革和实验。

②两种教育运动的理论基础不同。新教育运动主要以梅伊曼、拉伊的实验教育学以及凯兴斯泰纳的相关理论进行指导,而进步主义教育运动的思想来源于卢梭、裴斯泰洛齐和福禄培尔。理论基础不同也是两场运动非常重要的区别。

③两种教育运动的侧重点不同。相比较新教育运动来说,进步主义教育运动更强调与社会生活的联系,更加贴近生活实际。

④两种教育运动的教育对象不同。新教育运动主要面向上层社会群体,这和欧洲传统的双轨制传统不无关系。进步主义教育运动主要面向普通民众。

第九章　欧美主要国家和日本的现代教育制度

一、选择题

1.D　【解析】《教育基本法》是 1947 年设立,否定战时军国主义教育政策,为战后教育指明发展方向。故此题选 D。

2.B　【解析】此题考查英国的教育制度,在《哈多报告》中阐明"中等教育面向全体儿童",这也是英国教育史上首次提出该内容。故此题选 B。

3.B　【解析】所谓"罗宾斯原则",是指应为所有在能力和成绩方面合格的、并愿意接受高等教育的人提供高等教育课程。因此答案选 B。

4.C　【解析】为适应国际竞争的需要和消除 1958 年以来教育改革偏重劳动教育带来的消极影响,苏联强调了提高劳动人民普通文化知识水平和技术知识的重要性,提出要把提高专家培养质量当作头等任务。1966 年苏联通过了《关于进一步改进普通中学工作的措施》。因此答案选 C。

5.A　【解析】英国教育管理体制是中央和地方相结合的体制,即混合制。因此答案选 A。

6.B　【解析】赞科夫是苏联著名的心理学家和教育家,他的教学理论主要处理的是教育与人的发展关系问题。通过多年的实验,赞科夫形成了他的发展性教学理论,是教学与发展的教育实验的代表人物。因此答案选 B。

7.C　【解析】结构主义教育思潮发生在 20 世纪 60 年代,它是以加强基础学科教学、编写新教材、注重学科概念与体系为核心的课程改革运动。因此答案选 C。

8.C　【解析】20 世纪 30 年代指导苏联国民教育改革和发展的纲领性文件是

《关于小学和中学的决定》。

9.D　【解析】《詹姆斯报告》促进了英国师范教育非定向培养体制的确立。并且提出师资培训三段法。该报告将师范教育分为3个连续的阶段,使师范教育中的普通教育与专业教育分离,体现了非定向型师范教育的特点和发展方向。因此答案选 D。

10.B　【解析】第二次世界大战后的美国经历过几个改革阶段,其中就包括20世纪70年代的生计教育和返回基础教育。因此答案选 B。

11.A　【解析】17—18世纪英国的初等教育多为教会兴办的慈善学校,主要针对贫民子弟,因此答案选 A。

12.A　【解析】《富尔法案》高等教育三原则:民主、自治、多科学。因此答案选 A。

二、论述题:

1.(1)具体内容:

①提出了法国战后教育改革的六项基本原则。社会公正原则;社会上的一切工作价值平等;人人有接受完备教育的权利;加强专门教育的同时,适当注意普通教育;各级教育实行免费;加强师资培养,提高教师地位。

②实施6—18岁的免费义务教育,主要通过基础教育阶段、方向指导阶段和决定阶段进行。

③对义务教育后的高等教育改革提出了设想。

④对教育中注意学生的特点、采取小组教学、鼓励学生的创造性和责任感等提出了要求。

(2)影响:该法案虽没有实施,但是为法国战后教育改革提供了重要依据,对法国教育的发展产生了重要影响。

①促进了教育权利的民主化,使人人可以接受完备教育的观念深入人心。

②促进了义务教育的普及化。其后颁布的1959年《教育改革法》将义务教育年龄延长至16岁,就是受其影响。

③促进了高等教育民主化。该法案也涉及高等教育改革。

④促进了教育对象民主化。教育对象即学生的特点,学生的身心发展规律及其创造性都得到了重视。

2.美国20世纪60年代的教育改革主要在三个方面进行:一是中小学的课程改革;二是继续解决教育机会不平等的问题;三是发展高等教育,提高高等教育的质量。

在中小学课程改革方面,心理学家布鲁纳发表了《教育过程》并引领了20世纪60年代的结构主义课程改革其主要观点有:重视早期教育;逐级下放科学技术课程;以结构主义教育思想指导编制课程结构;鼓励学生采用发现式方法进行学习;强调教育和教学应重视学生的智能发展;注重教授各门学科的基本结构;教师是结构教学中的主要辅助者。

优点:课程改革把认知发展与教育统一起来,为心理学研究和教育研究的互相协作提供了一个范例,并提出了一些值得研究的问题,对西方课程论影响很大,结构主义还成为美国20世纪60年代课程改革的指导思想。

局限性:由于教材有知识深度,难度比较大,过分强调课程理论化、抽象化,引起人们的争议。缺乏教学经验的教师不能使用好发现法教学,学生不感兴趣,引起大多数师生的反对,导致改革没有达到预期效果。

3.赞科夫是20世纪六七十年代苏联最有影响力的教育家,其代表作是《教学与发展》《和教师的谈话》。他通过"教育与发展关系问题"的实验提出发展性教学理论。

（1）发展性教学理论原则的主要内容:

①以高难度进行教学的原则。以高难度进行教学,旨在引起学生的思考,促进学生特殊的心理活动过程,并不是在于无限度的难。"难度的分寸"限于"最近发展区"。

②以高速度进行教学的原则。高速度绝不意味着"越快越好",也需要掌握分寸,即根据能否促进学生的一般发展来决定速度。

③理论知识起主导作用的原则。要求高难度必须体现在提高理论知识的比重上,而不是追求一般抽象的难度标准。

④使学生理解学习过程的原则。要求学生理解的对象是学习过程、掌握知识的过程,即让学生通过自己的智力活动去探索获得知识的方法和途径,掌握学习过程的特点和规律。

⑤使班上全体学生都得到一般发展的原则。这条原则是前面四条原则的总结,是有效提高教学质量的有力保证。

（2）影响:赞科夫认为,在传统教学条件下优生的发展受阻,而后进生的发展几乎毫无进展,这是因为没有把学生的一般发展看作最重要的任务。赞科夫的实验教学特别注意对后进生的帮助。他认为要解决学习差的问题,就要增强学生的学习信心,培养他们的求知欲,发展他们缺乏的心理品质。

第十章 现代欧美教育思想

一、选择题

1.B 【解析】这四个选项均是杜威有影响的代表作,其中《民主主义与教育》是最为集中、系统地表述了杜威的教育思想,是其教育理论成型的标志性著作。故此题答案为 B。

2.A 【解析】杜威批判传统教育不重视学生的思维培养,提出了"思维五步法"。他认为思维源于情境,让学生可以针对情境中的某个问题进行反复的、持续不断的思考,从而培养学生思考问题、分析问题、解决问题的能力,促进学生的自我反省。故此题选 A。

3.B 【解析】杜威对准备生活说进行了批判,它提出"教育即生活",主张教育不是未来生活的预备,而是儿童生活的过程。因此答案选 B。

4.A 【解析】此题考查 20 世纪中后期的现代欧美教育思潮。选项 B 属于要素主义;C 属于永恒主义;D 属于新托马斯主义。只有 A 符合改造教育家的主张。因此答案选 A。

5.B 【解析】巴格莱的理智教育属于要素主义教育思潮。要素主义教育思潮强调人类文化的"共同要素",认为学校教育的核心是传授人类文化遗产中的精华要素。巴格莱是要素主义教育的代表人物之一,他主张教育要传递人类文化中的基本要素,注重对学生进行基础知识和基本技能的训练。因此答案选 B。

6.A 【解析】永恒主义教育主张教育的性质永恒不变,教育目的是要引出我们人类天性中共同的要素,因此永恒的古典学科应该在学校课程中占中心地位。

7.B 【解析】改造主义教育主张教育目的在于"改造社会",教学的内容应该以社会问题为中心,重视培养学生的"社会一致"精神。

8.D 【解析】在现代欧美教育思潮中,结构主义教育主张传授学科的基本概念和原理,提倡发现学习。结构主义教育强调让学生掌握学科的基本结构,认为发现学习是学生获取知识的有效方式。因此答案选 D。

9.A 【解析】要素主义教育、永恒主义教育和新托马斯主义教育都反对进步教育和新教育运动,这三种理论形成了"新传统教育"思潮。因此答案选 A。

10.C 【解析】结构主义教育思潮发生在 20 世纪 60 年代,它是以加强基础学科教学、编写新教材、注重学科概念与体系为核心的课程改革运动。因此答案选 C。

二、论述题：

1.（1）简介：杜威是美国著名的哲学家、教育学家、心理学家和社会学家。他的思想对美国乃至世界教育的发展产生了深远的影响。其中以他的实用主义思想最具代表性。

（2）杜威的教育思想的内容

①教育的本质：教育即生长，教育即生活，教育即经验的持续不断地改造。教育应该与学生的实际生活相联系，学校应与社会相联系，促进儿童的生长，因此他又提出了"学校即社会"，并提出了"从做中学"的原则。

评价：杜威的这些观点有利于使教育融入生活，对传统教育形成冲击，但是把获得主观经验作为教学的唯一目的，忽视了系统知识的传授。

②教育的目的：教育是一种过程，教育没有外在目的。由儿童的本能、冲动、兴趣所决定的具体教育过程，即"生长"，就是教育的目的。

评价：杜威反对那种普遍性的终极目的，而强调教育过程中教育者与受教育者心中的具体目的，但他却很难把教育的内在目的与教育的社会性目的统一起来。

③课程与教材。杜威批判传统课程智育方面的课程极度贫乏，教材中充斥着呆板而枯燥无味的东西，于是提出了教材心理学化，并提出让儿童"从做中学"。

评价：教材心理学化使我们的课程编写更有科学依据，做中学对于传统的静坐学习也是有启发和进步意义的，但是他只强调直接经验，忽视了间接经验的学习。

④思维与教学方法。在思维方法上他提倡反省思维，提出思维五步法：疑难的情境；确定疑难所在；提出解决问题的假设；推断哪个假设能够解决这个疑难；验证假设。

评价：杜威非常重视学校对学生优良思维习惯的培养，他认为学校所做的一切都是为了培养学生的思维能力；但是，把整个教学过程完全建立在学生带有盲目摸索性的"做"的基础上，这是不科学的。

（3）综上所述，杜威的教育思想始终是围绕着"儿童中心"，以"做中学"的方式开展的，提倡教育的实用性，强调教育的实行，这些固然有很大的积极意义。然而，以上分析中关于杜威思想的一些不足和矛盾也是值得我们深思的。

2.（1）在现代欧美教育思潮中，永恒主义教育是一种提倡复古的教育思想。它形成于 20 世纪 30 年代，代表人物是美国教育家赫钦斯和阿德勒、英国教育家利文斯通、法国教育家阿兰等。

（2）永恒主义教育的主要观点

①教育的性质永恒不变。每个时代和每个地方的教育,本质上都是建立在永恒不变的人性基础上并表现和发展这种人性。

②教育的目的就是理性的培养。教育应该以发展人的理性和智慧为目标,通过了解人类文化遗产中的精华,使学生成为有理性精神的公民。

③永恒的古典学科应该在学校课程中占有中心地位。所谓的"永恒学科"就是指历史上伟大思想家的著作,尤其是经历许多世纪的古典名著。学生应该从由"永恒学科"组成的"永恒课程"中汲取那些永恒的知识。

④提倡学习和钻研古典名著。学生应该背熟许多重要段落,深刻理解其内容和精神,并在各方面模仿伟大的思想家。

（3）对当代世界教育实践的影响

①优点:一是重视古典学科的教育内容;二是重视教师教学的重要性;三是重视人性本身。在教育实践中,提倡人性化的教育,最终达到人性的自我实现、人的进步和完善。

②局限性:作为一种教育哲学思想的永恒主义教育在教育理论上有一定影响,但是由于永恒主义教育的复古态度遭到了许多人的批判,其在教育实践中的影响范围不大,主要局限于大学和上层知识界中的少数人。

3.(1)结构主义学习理论的主要代表人物是布鲁纳,他反对以强化为主的程序教学,倡导发现学习,强调学科结构在学生认知结构形成中的重要作用。

（2）主要观点

①强调教育和教学应重视学生的智能发展。结构主义教育家认为教育教学的最终目的是促进学生认知的发展,这也是完善智慧的过程。这一过程需要教育者引导学生不断地实现知识向能力的转化。

②注重教授各门学科的基本结构。所谓学科的基本结构,指一门学科的基本概念、定义、原理、原则和方法,掌握学科的基本结构有助于理解和把握整个学科的内容。

③主张学科基础的早期学习。结构主义教育家十分注重学生的早期学习,学生认知发展的每个阶段都有认识和理解世界的独特方式,任何一门学科的基础知识都能以一定的形式教给任何阶段的任何学生。

④提倡"发现学习法"。对学生来说,最重要的是要学会学习,使用发现法就是由学生自主探究知识、发现知识的过程。

⑤教师是结构教学中的主要辅助者。学生都是在教师的引导下发现知识的。

（3）评价

优点：结构主义弥补了建构主义的不足，以发现学习为教学法则，教师在教学中充当学习的设计者和指导者，为学生提供完整、丰富的材料。这样就确保学生学到系统的知识，不用走前人的老路去寻找已有的真理。

局限性：结构主义在注重学生先前经验，以及发挥和提倡学生主导性方面的水平有待提高。虽然它提倡学生主动学习，但学习内容是外界既定的"真理"，常常给学生套上固定的解释和领会，不允许学生有个性化的想法，设定标准答案。这些都是结构教学存在的弊端。

三、材料分析题

（1）这一思想是杜威提出的。

①杜威是美国著名的哲学家、教育学家、心理学家和社会学家。其教育学著作《民主主义与教育》，被西方教育家视为与柏拉图的《理想国》和卢梭的《爱弥儿》有同等地位的教育著作，其他代表作有《我的教育信条》《学校与社会》等。

②杜威系哲学出身，后在多所大学从事哲学、教育学、心理学教学研究，并创办芝加哥实验学校进行教育实践。

③杜威教学研究的特点表现为：一是不限于教育理论的研究，二是关注社会问题。

④杜威的教育中心思想可以概括为：教育即生活、学校即社会、教育即经验、教育即生长、从做中学、以儿童为中心。杜威的主要观点包括教育的本质与目的、课程与教材论、思维与教学论和道德教育理论。

（2）材料的观点是教育的无目的论，也就是教育即生长的观点。

①教育的无目的论。杜威认为由儿童的本能、冲动、兴趣所决定的具体教育过程，即"生长"，就是教育的目的。而由社会、政治需要所决定的教育目的则是"教育过程以外"的目的，杜威指责这是一种外在的、虚伪的目的。

②教育的社会性目的。杜威认为教育为社会进步服务，为民主制度的完善服务，过程以内的目的并不否定教育的社会作用和社会目的。相反，杜威认为教育是社会进步和社会改革的基本方法，学校是社会进步和改革的最基本、最有效的工具。而教育的社会目的就是改造社会、完善民主。民主不仅是教育的目的，也是教育的要求。

③评价：杜威不是一般的教育无目的论者。他反对那种普遍性的终极目的，而

强调教育过程中教育者与受教育者心中的具体目的。然而,他只强调教育过程,抛开社会影响来讲教育目的,很难把教育的内在目的与教育的社会性目的统一起来,这种思想是片面的。

(3)杜威其他主要的教育观念。

①教育的本质:教育即生长,教育即生活,教育即经验的持续不断地改造。教育应该与学生的实际生活相联系,学校应与社会相联系,促进儿童的生长,因此他又提出了"学校即社会",并提出了"从做中学"的原则。

评价:杜威的这些观点有利于使教育融入生活,对传统教育形成冲击,但是把获得主观经验作为教学的唯一目的,忽视了系统知识的传授。

②教育的目的:教育是一种过程,教育没有外在目的。由儿童的本能、冲动、兴趣所决定的具体教育过程,即"生长",就是教育的目的。

评价:杜威反对那种普遍性的终极目的,而是强调教育过程中教育者与受教育者心中的具体目的,但他很难把教育的内在目的与教育的社会性目的统一起来。

③课程与教材。杜威批判传统课程智育方面的课程极度贫乏,教材中充斥着呆板而枯燥无味的东西,于是提出了教材心理学化,并提出让儿童从做中学。

评价:教材心理学化使我们的课程编写更有科学依据,做中学对于传统的静坐学习也是有启发和进步意义的,但是他只强调直接经验,忽视了间接经验的学习。

④思维与教学方法。在思维方法上他提倡反省思维,提出思维五步法:疑难的情境;确定疑难所在;提出解决问题的假设;推断哪个假设能够解决这个疑难;验证假设。

评价:杜威非常重视学校对学生优良思维习惯的培养,他认为学校所做的一切都是为了培养学生的思维能力。但是,把整个教学过程完全建立在学生带有盲目摸索性的"做"的基础上,这是不科学的。

教育综合（333）

备考指南

教育心理学

主编　张立平

山东教育出版社
·济南·

图书在版编目（CIP）数据

教育心理学 / 张立平主编. -- 济南 : 山东教育出
版社, 2025. 2. -- （教育综合（333）备考指南）.
ISBN 978-7-5701-3595-0

Ⅰ. G44

中国国家版本馆CIP数据核字第2025QQ4651号

教育心理学考试目标

一、了解教育心理学的发展历程及趋势，理解和掌握教育心理学的基本概念、基本原理及其对学校教育工作的启示。

二、运用教育心理学的基本规律和主要理论，分析和解释有关教育现象，解决有关教育教学的实际问题。

目　录

第一章　心理发展与教育

第二章　学习及其理论解释

第三章　学习动机

第八章　态度与品德的学习

第一章 心理发展与教育

一、心理发展一般规律与教育

（一）认知发展的一般规律与教育

1.认知发展的内涵

认知是个体获得知识、运用知识、加工信息的过程。人脑接受外界信息后，经过头脑加工处理，将其转换为内在的心理活动，进而支配人的行为，这个过程就是信息加工的过程，也就是认知过程。个体在认识事物过程中所表现出的感知、记忆、思维、想象、言语和注意等心理活动都属于认知的范畴。可见，认知发展指个体在心理上表征世界、思考世界的方式的发展。

2.认知发展的规律

（1）认知活动从简单、具体向复杂、抽象发展。

（2）认知活动从无意识向有意识发展。

（3）认知活动从笼统向分化发展。

（4）认知活动具有顺序性、阶段性、差异性、连续性等特征。

3.认知发展与教育的关系

（1）教育工作者必须按照认知发展的规律来进行教育。认知发展理论揭示了认知发展的规律与特点，教育只有顺应个体认知发展的规律与特点，才能取得最佳效果。

（2）教育能促进人的认知发展。有效的教育教学活动对人的认知发展具有促进作用。

（二）人格发展的一般规律与教育

1.人格的内涵

人格主要指人所具有的与他人相区别的独特而稳定的思维方式和行为风格，也指一个人整体的精神面貌，是具有一定倾向性的和比较稳定的心理特征的总和。具体来说，人格体现在一个人的思想、情感、情绪、性格、意志力、需要、动机、兴趣、价值观、世界观等方面。

2.人格发展的规律

（1）连续性和阶段性并存：人一生的人格发展是连续不断的，又可以分为若干阶段,每个阶段都表现出相应的一些特点。

（2）定向性与顺序性：人格发展总是朝着一定的方向,且有先后顺序,这种顺序不可逆,也不可逾越。

（3）不平衡性：同一个体内,人格在不同时间段发展的快慢不同;在同一时间段,个体人格的不同方面,发展的快慢也不同。

（4）共同性和差异性：个体的人格发展表现出一些共有的特点,但是每个个体又都有自身的独特性,世界上没有完全相同的两个人。

3.人格发展与教育的关系

（1）教育工作者必须按照人格发展的规律来进行教育。人格发展理论从一定程度上揭示了人格或者人格某一方面的发展规律和特点。因此,我们要重视,利用其规律和特点进行人才培养。

（2）教育能促进人格发展。人格既受先天的影响,又受后天环境和教育的影响。人格是一个非常复杂的系统,它具有一定的稳定性,一旦形成很难改变,但这并不代表它不会受到环境和教育的影响,这种影响很大程度上是潜移默化的。

【2025年333第15题】某初中在研学旅行中打破班级限制,把兴趣、特点或特长相近的学生分散到不同小组,鼓励和引导学生各显其能,在小组中作出自己独特的贡献。这种做法主要依据了学生身心发展的哪一特点（　　）

A.阶段性　　　　B.顺序性　　　　C.不平衡性　　　　D.差异性

【解析】D

此题考查人的身心发展的特点。按兴趣、特点或特长分组,鼓励学生在小组中各显其能,发挥自己的优势,这遵从了学生身心发展的差异性。故本题选D。

（三）自我的发展规律与教育

1.自我发展概述

（1）含义：自我就是自我意识,自我是指主体对自身、自己与他人的关系、自己与社会的关系的认识和态度,是一个多维度、多层次的心理系统。

（2）与自我发展相关的理论。自我发展是精神分析理论关于自我形成的见解。弗洛伊德认为,个性是一个整体,由彼此相关的本我、自我和超我构成。这三个部分相互作用形成的内在动力,支配了个体的行为。

①本我是人生而具有的本能。

②随着个体的生长发展,受现实的影响,自我从本我中分化出来,在现实原则的支配下,管制本我的冲动。

③随着儿童对社会道德规范和行为准则的学习和内化,超我从自我中分化出来,根据道德原则指导自我,监督、管制本我,是人格中最后形成、最文明的部分。

2.自我概念与自尊的发展

(1)自我概念

自我概念是个体对自己多方面的印象和认识。由于每个个体的实际情况不同,他们对自己的知觉和评价也并不相同,因此,自我概念存在较大的个体差异。

自我概念是个体的观念、态度、情感的总和,是个体在与环境相互作用的基础上建立的。自我概念会随着情境和年龄的改变而不断变化发展,与学习是相互影响的。

(2)自尊的发展。自尊是指个体在社会比较过程中所获得的有关自我价值的积极的评价与体验。它是个体对自己的价值或个体是否接受自己、尊重自己的感受。

(3)自我概念和自尊的关系。自我概念是对自己整体的认识,而自尊侧重于对自己价值的认识。自尊会受到自我概念的影响。

3.自我发展的教育启示

(1)自我意识会影响个体受教育的情况。

(2)教育要培养学生积极的自我意识。

①重视学生的主体性:教师要相信学生的主体地位,尊重学生的个性发展,激发学生的学习动机和学习主动性。

②强化自我意识:通过德育和心理辅导,帮助学生树立自信和独立人格,增强自我控制能力和自我实现意识。

③培养自主学习能力:教师要改变知识灌输的教学模式,引导学生主动学习和实践,培养学生的自主学习、思考和创新能力。

二、认知发展理论与教育

(一)皮亚杰的认知发展阶段理论

1.认知发展的实质

皮亚杰用图式、同化、顺应、平衡四个概念来解释认知发展的复杂过程。

(1)图式是指儿童对环境进行适应的认知结构。儿童最初的图式是遗传所带来的一些本能反射行为,如吸吮反射。在儿童与环境的相互作用中,儿童动作图式的发展不仅表现为知识的增加,更表现为认知结构的完善。图式的发展水平是人认知发展水平的重要标志。

（2）同化是指个体利用已有的图式把新的刺激纳入已有的认知结构的认知过程。同化是图式发生量变的过程,它不能引起图式的质变,但能影响图式的生长。

（3）顺应是儿童通过改变已有的图式或形成新图式来适应新刺激的认知过程。顺应是图式发生质变的过程,通过这一过程,儿童的认知能力达到新的水平。

（4）平衡指同化和顺应之间的"均衡"。个体心理发展是个体通过同化和顺应环境而达到平衡的过程,并在平衡与不平衡的交替中不断建构和完善其认知结构,实现认知发展。

皮亚杰认为,有机体的认知发展过程就是不断地与环境进行同化和顺应进而达到平衡的过程。

【2008年311第32题】幼儿往往认为所有会动的东西都是有生命的,因此当他们看到月亮会动时,就坚持认为月亮是有生命的。这种构建知识的方式是(　　)

A.同化　　　　　　　B.顺应

C.图式　　　　　　　D.平衡

【解析】A

本题考查的是皮亚杰在认知发展阶段理论中提出的图式、同化、顺应和平衡四个概念。图式是指儿童对环境进行适应的认知结构;同化指个体利用已有的图式把新的刺激纳入已有的认知结构的过程;顺应是儿童通过改变已有的图式或形成新图式来适应新刺激的认知过程;平衡指同化和顺应之间的"均衡"。题中的幼儿"坚持认为月亮是有生命的",没有改变自己本身的认知结构,因此是一种同化。故本题选A。

2.影响认知发展的因素

皮亚杰认为,影响个体发展的因素有成熟、练习与习得经验、社会性经验、平衡化。

（1）成熟:指机体的成长,是儿童心理发展的必要条件,为儿童认知发展提供生理基础。

（2）练习与习得经验:指个体对物体施加动作过程中的练习和习得的经验。

（3）社会性经验：指社会环境中人与人的相互作用和社会文化的传递，主要涉及教育、学习和语言等方面。

（4）平衡化：指个体与环境相互作用过程中的自我调节。平衡化是智力发展的内在动力。

3.认知发展的阶段

皮亚杰把人的认知发展分为感知运动、前运算、具体运算和形式运算四个阶段。

（1）感知运动阶段（0—2 岁）

儿童早期的认知发展主要是感觉和动作的分化，主要通过探索感知觉与运动之间的关系来获得动作经验，而语言和表象尚未完全形成。这个阶段的儿童还不能用语言和抽象符号命名事物，手的抓取和嘴的吮吸是他们探索周围世界的主要手段。

儿童逐渐获得客体永久性的概念，即当某一客体从儿童视野中消失时，儿童知道该客体并非不存在。儿童大约在 9 到 12 个月获得客体永久性的概念，在此之前，儿童往往认为不在眼前的事物就不存在了，并不再去寻找。客体永久性的概念是后期认知活动的基础。

（2）前运算阶段（2—7 岁）

运算是指个体心理内部的智力操作。这一阶段的儿童有以下特点：

①具体形象性。儿童在感知运动阶段获得的感觉运动行为模式，在这一阶段已经内化为表象或形象模式，具有了符号功能，表象日益丰富。

②语言和概念获得了惊人的发展。儿童的认知活动已经不只局限于对当前直接感知的环境施以动作，开始能运用语言或较为抽象的符号来代表他们经历过的事物，但这一阶段的儿童还不能很好地掌握概念的概括性和一般性。

③泛灵论。前运算阶段的儿童的心理表象是直觉的物的图像，他们还不能很好地把自己与外部世界区分开来，并且认为外界的一切事物都是有生命的，即所谓的泛灵论。

④自我中心主义。儿童认为其他所有人与自己都有相同的感受，表现为不为他人着想，一切以自我为中心。

⑤集体的独白。儿童在独处的时候，甚至在儿童群体中，每个儿童都热情地说着，彼此之间没有任何真实的相互作用或者交谈，这就是集体的独白。

⑥思维不可逆性和刻板性。本阶段儿童的思维还具有只能前推、不能后退的不可逆性；本阶段儿童在注意事物的某一方面时往往忽略其他的方面，即思维具有

刻板性。也就是说，本阶段儿童的认知活动具有相对具体性，还不能进行抽象的运算思维。

⑦思维尚未获得守恒的概念。守恒指不论物体的形态如何变化，其质量是恒定不变的，但由于本阶段的儿童受直觉知觉活动的影响，尚未获得物体守恒的概念。

（3）具体运算阶段（7—11岁）

这一阶段的儿童开始接受学校教育，出现了显著的认知发展。

①刻板地遵循规则。本阶段儿童已经能理解原则和规则，但在实际生活中只能刻板地遵循规则，不敢改变。

②可逆性。随着可以对事物进行分类和排序，儿童获得了思维的可逆性。

③守恒性。这一阶段儿童的认知结构已发生了重组和改善，思维具有一定的弹性，可以逆转，儿童已经获得了长度、体积、重量和面积等的守恒概念，也就是说，这个阶段的儿童已经形成了"守恒"概念。

④去集中化。儿童的思维开始逐渐地去集中化，能够学会处理部分与整体的关系，能进行一些逆向或互换的逻辑推理。去集中化是这一阶段的儿童思维成熟的最大特征。

⑤正思维和群集运算。儿童能凭借具体事物或从具体事物中获得的表象进行逻辑思维和群集运算，但这一阶段儿童的思维仍需要具体事物的支持，儿童还不能进行抽象思维。

因此，皮亚杰认为对这一年龄阶段的儿童应多做事实性的、技能性的训练。

（4）形式运算阶段（11—16岁）

这一阶段儿童的思维已超越了对具体的、可感知的事物的依赖，使形式从内容中解脱出来，进入形式运算阶段（又称命题运算阶段）。

①抽象思维获得发展。本阶段儿童的思维是以命题形式进行的，并能发现命题之间的关系；能够根据逻辑推理、归纳或演绎的方式来解决问题；能理解符号的意义、隐喻和直喻，能做一定的概括，其思维发展已接近成人的水平。

②青春期自我中心。本阶段儿童不再刻板地恪守规则，并且常常由于规则与事实的不符而违反规则或违抗师长。

对这一年龄阶段的儿童，教师和家长不宜采用过多的命令和强制性的教育，而应鼓励和指导他们自己作决定，同时，对他们考虑不全面的地方应提出建议。

【2007年311第33题】按照皮亚杰的认知发展阶段理论,开始获得守恒概念的个体,其思维发展处于(　　)

　　A.感知运动阶段　　　　　　　　B.前运算阶段

　　C.具体运算阶段　　　　　　　　D.形式运算阶段

【解析】C

本题旨在考查考生对皮亚杰的认知发展阶段理论的掌握情况。根据皮亚杰的观点,个体的认知发展可以分为感知运动阶段、前运算阶段、具体运算阶段、形式运算阶段四个阶段。其中,具体运算阶段的标志是获得"守恒"概念。所谓"守恒",是指无论物体的形态如何变化,其物质总量保持不变。故本题选C。

【2015年311第36题】根据皮亚杰的观点,儿童能发现物体在水中受到的浮力与物体排开的水量有关,而与物体的质地无关。这说明儿童的认知发展水平已处在(　　)

　　A.感知运动阶段　　　　　　　　B.前运算阶段

　　C.具体运算阶段　　　　　　　　D.形式运算阶段

【解析】D

儿童逐渐从依赖具体内容的抽象思维中摆脱出来,而逐渐进入脱离具体内容的抽象思维的认知发展阶段。该阶段的儿童具备了假设演绎推理的能力;具有发现命题间关系的能力;具有假设性思考的能力。其认知能力已接近成年人的水平。故本题选D。

【2025年333第26题】根据皮亚杰的观点,学生根据自己的想象写出"假如人类移居火星"之类的作文,说明其认知发展一般处于(　　)

　　A.感知运动阶段　　　　　　　　B.前运算阶段

　　C.具体运算阶段　　　　　　　　D.形式运算阶段

【解析】D

此题考查皮亚杰的认知发展阶段理论。学生根据自己的想象写出"假如人类移居火星"之类的作文,体现了学生能进行假设性思维,这说明学生的抽象思维获得了发展。根据皮亚杰的观点,其认知发展一般处于形式运算阶段。故本题选D。

4.认知发展与教学的关系

（1）皮亚杰不主张教给儿童明显超出他们的发展水平的材料，也不主张毫无根据地或人为地加速儿童的发展。但同时，过于简单的问题对儿童的认知发展作用也不大。

（2）皮亚杰认为儿童的认知发展是以儿童已有的认知结构为基础，并以已有图式和环境相互作用而产生的认知需要为动力。

（3）教师应该创设或提供相应的教学情境，通过具体的情境引起学生的认知不平衡，但又不过分超越学生已有的认知水平。

（4）保持学生学习的主动性和自主性，使他们积极地参与到学习活动中来。

（5）儿童在认知发展过程中存在着个体差异。教师要确定学生的不同认知发展水平，以确保所实施的教学与学生的认知水平相匹配。

（二）维果茨基的文化历史发展理论

苏联心理学家维果茨基从历史唯物主义的观点出发，首次注意到了社会以及文化对人类心理的影响。他在20世纪30年代提出"文化历史发展理论"，主张人的高级心理机能是社会历史的产物，受社会规律的制约，十分强调人类社会文化对人的心理发展的重要作用，以及社会交互作用对认知发展的重要性。他和苏联另外两位心理学家列昂节夫、鲁利亚都是文化历史学派的代表人物，因此该学派被称为"维列鲁学派"。

1.文化历史发展理论

维果茨基从种系和个体发展的角度分析了心理发展实质，提出了文化历史发展理论，以此来说明人的高级心理机能的社会历史发展问题。

维果茨基区分了两种心理机能：一种是作为动物进化结果的低级心理机能，这是个体早期以直接的方式与外界相互作用时表现出来的特征，如基本的知觉加工和自动化过程；另一种则是作为历史发展结果的高级心理机能，即以符号系统为中介的心理机能，如记忆的精细加工。正是这种高级心理机能，使得人类心理在本质上区别于动物。在个体心理发展的过程中，这两种机能是融合在一起的。高级心理机能的实质是以心理工具为中介，受到社会历史发展规律的制约。因此，人的心理与动物相比，不仅是量上的优势，而且有结构的变化，形成新质的意识系统。

从这个意义上说，维果茨基认为，人的思维与智力是在活动中发展起来的，是各种活动、社会性相互作用不断内化的结果。与其他人以语言等符号系统进行的社会性相互作用，包括教学，对发展起到形成性的作用。儿童的认知发展更多地依赖于周围人们的帮助,儿童的知识、思想、态度、价值观都是在与他人的交往中发展起来的,儿童发展的情况取决于他们学习的方式和内容。他认为,人的高级心理机能是在与社会的交互作用中发展起来的,或者说,人的高级心理活动起源于社会的交互作用。

2.心理发展的本质

如果说皮亚杰认为认知是儿童自我建构的关于周围世界的认知图式,那么维果茨基就更加强调儿童的认知发展具有社会性。

维果茨基认为,心理发展是个体的心理自出生到成年,在环境与教育的影响下,在低级心理机能的基础上逐渐向高级心理机能转化的过程。由低级心理机能向高级心理机能的发展有四个主要的表现:

(1)随意机能的不断发展。随意机能指心理活动的主动性、有意性,儿童心理活动的随意性越强,心理水平越高。

(2)抽象——概括机能的提高。随着儿童词汇、语言的发展,以及知识经验的增长,各种心理机能的概括性和间接性得到发展,最终形成最高级的意识系统。

(3)各种心理机能之间的关系不断变化、重组,形成间接的、以符号系统为中介的心理结构。儿童心理结构越复杂、越间接、越简缩,心理水平越高。

(4)心理活动的个性化。个性的形成是高级心理机能发展的重要标志,个性特点对其他机能的发展具有重要作用。

对于儿童心理发展的原因,维果茨基强调了三点:首先,心理机能的发展起源于社会文化历史的发展,受社会规律的制约;其次,从个体发展来看,儿童在与成人交往过程中,通过掌握高级心理机能的工具——语言等符号系统,在低级心理机能的基础上形成了各种新质的心理机能;最后,高级心理机能是外部活动不断内化的结果。

【2021年311第38题】根据维果茨基的观点,属于心理工具的是(　　　)

A.微信表情　　　　　B.毛笔　　　　　C.无人机　　　　　D.口罩

【解析】A

维果茨基认为人类的精神生产工具或"心理工具",就是语言和各种符号。根据选项,只有微信表情属于心理工具。故本题选A。

3.内化论

内化是指个体将社会环境中吸收的知识转化到心理结构中的过程,也就是指个体将外部实践活动转化为内部心理活动的过程。如学生的学习主要是掌握人类的经验,并内化于自身的认知结构之中的过程。教育必须重视内化,促进学生从外部言语向内部言语转化,从外部的、对象的动作向内部的、心理的动作(即智力动作)转化,形成丰富的心理过程,促进个性发展。

内化的过程不仅可以通过教学来实现,还可以通过日常的生活、游戏和劳动来实现。在儿童认知发展的内化过程中,儿童的语言直接促进了高级心理机能的发展。随着儿童的成熟,由开始时的喃喃自语发展为耳语、口唇动作、内部言语和思维,从而完成内化过程。

4.教学与认知发展的关系——最近发展区

在论述教学与发展的关系时,维果茨基提出一个重要的概念——最近发展区,即"实际的发展水平和潜在的发展水平之间的差距"。前者指学生现有的身心成熟程度,后者指在成人的指导下或与更有能力的同伴合作时,能够获得的新的解决问题的能力。最近发展区为学生提供了发展的可能性,教和学的相互作用刺激了人的发展,社会和教育对发展起到主导作用。

因此,教学应该考虑儿童的现有发展水平,而且教学要走在儿童现有发展水平的前面,教学可以带动发展。教学的作用表现在两个方面:一方面,教学决定着儿童发展的内容、速度和水平等;另一方面,教学也创造着最近发展区,儿童的两种水平之间的差距是动态的,它决定着教学如何帮助儿童掌握知识并促进其内化。

最近发展区也是维果茨基的理论对教育教学的实践领域所作的最大贡献。

【2007年311第34题】关于教学与发展的关系,维果茨基的基本观点是（　　）

A.教学跟随发展　　　　　　　B.教学与发展并行

C.教学促进发展　　　　　　　D.教学等同于发展

【解析】C

本题旨在考查考生对维果茨基有关教学与发展关系的认识的掌握情况。根据维果茨基"最近发展区"的观点,教学应走在发展的前面,教学塑造着发展、促进着发展。"教学跟随发展"主要体现的是皮亚杰等人的观点,"教学等同于发展"主要体现的是桑代克等人的观点。故本题选C。

5.维果茨基理论的教育启示

(1)学习者是自主积极的"学徒式学习者"。

（2）学生的学习是受文化历史的背景影响的。

（3）在维果茨基的理论基础上，后人提出了支架式教学、情境教学和合作学习等教学模式。

（4）教学是一个相互作用的动力系统。

总之，维果茨基关于儿童心理发展问题的观点，可以归纳为一句话："教育不等于发展，但不受限于发展，在一定范围内教育可以促进发展。"

（三）认知发展理论的教育启示

1.强调了认知发展的阶段性和差异性，以及对教学的制约性。

2.学习是学习者主动建构的过程。

3.学生积极主动地参与活动非常重要。

4.教育教学应引导并促进学生的发展。教学要走在发展的前面，要创造最近发展区。

三、人格发展理论与教育

（一）埃里克森的心理社会发展理论

1.埃里克森对发展的看法

埃里克森受到弗洛伊德人格结构说的影响，但他并不主张把一切活动和人格发展的动力都归结为"性"的方面，而强调社会文化背景的作用，认为人格发展受文化背景的影响和制约。出于对文化和个体关系的重要性的认识，埃里克森提出了他的心理社会发展理论。

2.埃里克森心理社会发展理论的八个阶段

与皮亚杰相同，埃里克森把发展看作一个经过一系列阶段的过程，每一阶段都有其特殊的目标、任务和冲突。各个阶段互相依存，后一阶段发展任务的完成依赖于早期冲突的解决。早期阶段中问题的不良解决所造成的损失，可能会在后期的阶段中得到修正，但往往会对个体一生的发展造成间接而深远的影响。因此，有人称他的理论为发展危机论。

按照人在一生中所处的特定时期经历的生理成熟与社会要求，埃里克森把人的心理发展分为八个阶段：

（1）基本信任对怀疑（0—18个月）；

（2）自主性对羞怯感（18个月—3岁）；

（3）主动感对内疚感（3—6岁）；

（4）勤奋感对自卑感（6—12岁）；

（5）角色同一性对角色混乱（12—18岁）；

（6）亲密感对孤独感（18—30岁）；

（7）繁殖感对停滞感（30—60岁）；

（8）完善感对绝望感（60岁以后）。

3.评价

（1）优点

埃里克森对人的心理的研究，既注重社会因素也注重文化因素。埃里克森从整体上进行研究，从个体心理发展的各个层面及其相互关系中考察了人的社会性发展和道德等的形成发展，而不是孤立地看待它们的发展历程。他的理论不是只研究某一年龄段，而是涉及人的一生。

（2）局限性

受弗洛伊德的影响，其理论有过分强调本能，相对忽视人的意识、理智等高级心理过程在发展中的作用的倾向；其发展阶段的划分，以及每一阶段中主要矛盾的确定是否合理、是否适合不同文化背景下人的发展实际，都是引起争论的焦点，这些均需进一步研究。

4.心理社会发展理论的教育启示

（1）人格发展理论揭示了人格发展的连续性和阶段性。埃里克森从个体心理发展的各个层面和相互关系中考察人的社会性发展与道德的形成和发展，而不是孤立地看待它们的发展。

（2）适当的教育能培养学生解决发展危机的能力，促进个体的发展；不恰当的教育却导致危机发生，阻碍个体的发展。埃里克森的理论明确指出了人生每个阶段的发展任务，并强调了在各阶段中个体所需的支持与帮助。这一理论有助于我们通过教育来解决各阶段所面临的冲突，采取措施，因势利导，对症下药。

【2007年311第32题】根据埃里克森的心理社会发展理论，小学儿童的主要发展任务是（　　）

A.获得自主感，克服羞怯感，体验意志的实现

B.获得主动感，克服内疚感，体验目的的实现

C.获得勤奋感，克服自卑感，体验能力的实现

D.获得同一感，克服混乱感，体验忠诚的实现

【解析】C

本题旨在考查考生对艾里克森的心理社会发展理论的掌握情况。根据埃里克森的观点,婴儿的主要发展任务是获得自主感,克服羞怯感,体验意志的实现;幼儿的主要发展任务是获得主动感,克服内疚感,体验目的的实现;小学儿童的主要发展任务是获得勤奋感,克服自卑感,体验能力的实现;青少年时期的主要发展任务是获得同一感,克服混乱感,体验忠诚的实现。故本题选 C。

【2016 年 311 第 34 题】根据埃里克森的人格发展理论,中学生人格发展的主要任务是获得( )

A.勤奋感　　　　　　　　　　B.自主性

C.自我同一性　　　　　　　　D.亲密感

【解析】C

根据埃里克森的人格发展理论,中学生人格发展的主要任务是获得自我同一性。故本题选 C。

(二)科尔伯格的道德发展阶段理论

美国发展心理学家科尔伯格,依据不同年龄儿童进行道德判断的思维结构,提出了一套儿童道德认识发展的阶段模式。科尔伯格把道德判断分为三个水平,每个水平又各包括两个阶段,即"三水平六阶段"品德发展理论。

1.理论内容

(1)前习俗水平(0—9 岁)

这一水平的主要特征是:儿童的道德观念是纯外在的,儿童为了免受惩罚或获得奖励而顺从权威人物规定的行为准则。这一水平包括两个阶段。

第一阶段:惩罚和服从的道德定向阶段。

本阶段的儿童根据行为的后果来判断行为是好是坏及其严重程度。他们服从权威或规则只是为了避免惩罚,认为受赞扬的行为就是好的,受惩罚的行为就是坏的。

第二阶段:功利性的相对主义的定向阶段。

本阶段的儿童为了获得奖赏或满足个人需要而遵从准则,偶尔也包括满足他人需要的行动,他们认为如果行为者最终得益,那么为别人效劳就是对的。

（2）习俗水平（9—15 岁）

这一水平的儿童为了得到赞赏和表扬或维护社会秩序而服从父母、同伴、社会集体所确立的准则，或称因循水平，也可以说是为了满足社会的需求和希望。

第三阶段：人际和谐的定向阶段，又称为"好孩子"定向阶段。

本阶段的儿童尊重大多数人的意见和惯常的角色行为，避免非议以赢得赞赏，重视顺从和做好孩子。他们希望保持人与人之间良好、和谐的关系，希望被人看作好人，要求自己不辜负父母、教师、朋友的期望，保持相互尊重、信任。

第四阶段：维护权威或秩序的定向阶段。

本阶段的儿童注意的中心是维护社会秩序，认为每个人应当承担社会义务和职责。判断某行为的好坏，要看他是否符合维护社会秩序的准则。

（3）后习俗水平（15 岁以后）

这一水平又称原则水平，达到这个水平的人，其行为原则已经超出了某个权威人物的规定，它的特点是道德行为由共同承担的社会责任和普遍的道德准则所支配，道德标准已被内化为他们自己内部的道德命令。它也可以分为两个阶段。

第五阶段：社会契约和法律的定向阶段。

本阶段的道德推理具有灵活性。他们认为法律是为了使人们能和睦相处，如果法律不符合人们的需要，可以通过协商和民主的程序加以改变，认为反映大多数人意愿或最大社会福利的行为就是道德行为。

第六阶段：普遍的道德原则或良心的定向阶段。

本阶段的青少年认为应将适合各种情况的道德准则和普遍的公正原则作为道德判断的根据。

【2009 年 311 第 35 题】若问小明："为什么偷东西是不对的？"他的回答是："抓住了会挨打。"据此，可以判断小明的道德认知发展处于（　　）

A.前习俗水平　　　　　C.后习俗水平

B.习俗水平　　　　　　D.准习俗水平

【解析】A

这道题考查科尔伯格的道德认知发展阶段理论。同样的知识点在 2007 年的第 5 题也考过。科尔伯格通过"道德两难故事"，依据不同年龄的儿童进行道德判断的思维结构，将儿童的道德认知发展分为三水平、六阶段。"抓住了会挨打"显然是为了避免惩罚而选择服从的道德行为,因此属于前习俗水平中的惩罚和服从的道德定向阶段。故本题选 A。

【2025 年 333 第 12 题】在一次有关校规的班会上,甲生认为,校规是学校制定的,违反校规会受到学校处分;乙生认为,遵守校规是学生的义务,好学生就应遵守校规;丙生认为,校规事关学校秩序,如果有人违反了,大家就无法正常学习了;丁生认为,违反校规对遵守校规的同学不公平。根据科尔伯格的道德发展理论,道德认知发展水平处于第三阶段的学生是(　　)

A.甲生　　　　　B.乙生　　　　　C.丙生　　　　　D.丁生

【解析】B

根据道德两难问题,科尔伯格提出了三水平六阶段的理论:前习俗水平,这一水平包括两个阶段——惩罚和服从的道德定向阶段、功利性的相对主义的定向阶段;习俗水平,这一水平包括两个阶段——定向阶段、维护权威或秩序的定向阶段;后习俗水平,这一水平包括两个阶段——社会契约和法律的定向阶段、普遍的道德原则或良心的定向阶段。人际和谐的定向阶段,即"好孩子"定向阶段,儿童以人际和谐为准则,儿童心目中的道德行为就是取悦他人。他们希望被人看作好人,判断道德行为好坏的主要依据是看是否被人赞许。结合题干可知,乙生处于第三阶段。故本题选 B。

2.科尔伯格的道德发展阶段理论对道德教育的启示

(1)应该首先了解儿童的道德发展水平,只有这样,道德教育才更具有针对性和实效性。

(2)儿童道德发展的顺序是一定的,是不可颠倒的,这与儿童的思维发展有关。但具体到每个人,时间有早有迟,这与文化背景、交往等有关。

(3)要促进儿童道德发展,必须让他们不断地接触道德环境和道德两难问题,以便讨论和展开道德推理练习,进而提高儿童的道德敏感度和道德推理能力。

科尔伯格的道德发展阶段理论的意义在于发现了人类道德发展的两大规律——由他律到自律和循序渐进,并且提出道德教育必须配合儿童心理的发展。此理论不足之处在于它强调的是道德认知,而不是道德行为,因而不能作为学校实施道德教育的根据。

（三）布朗芬布伦纳的生态系统理论

美国学者布朗芬布伦纳提出了著名的生态系统理论,它包括微观系统、中间系统、外层系统、宏观系统、时间系统等层次。

1.基本观点

（1）理论概述

个体发展嵌套于从直接环境（如家庭）到间接环境（如宽泛的文化）的相互影响的一系列环境系统之中。每一系统都与其他系统以及个体交互作用,影响着个体发展的方方面面。该系统从空间上分为微观系统、中间系统、外层系统、宏观系统、时间系统等。

（2）系统层次

依据行为系统对儿童发展影响的直接程度划分为五个层次。

①微观系统（微系统）:指个体活动和交往的直接环境,是环境系统图中最里层的系统。微观系统是一个动态的发展情境。

②中间系统（中系统）:指各微观系统之间,如家庭、学校和同伴群体的联系或相互关系。

③外层系统（外系统）:指那些儿童并未直接参与,但却对他们的发展产生影响的系统。儿童在学校的经历也会受到外层系统的影响,如学校的整体计划。

④宏观系统（大系统）:指存在于微观系统、中间系统、外层系统中的文化、亚文化和社会阶层背景。

⑤时间系统（长期系统）:指将时间作为研究个体成长中心理变化的参照体系,要将时间和环境相结合来考察儿童发展的动态过程。

2.评价

（1）优点

①该理论有助于理解社会环境对个体心理与行为的影响和作用。布朗芬布伦纳强调人与环境的相互作用,突破了以往的研究对环境理解的局限性,拓宽了青少年心理发展的研究范围。从空间上看,环境对人的发展具有多方面的影响。从时间上看,环境对人的发展具有动态性的影响。

②该理论扩大了心理学研究中环境的概念,对环境的描述更为丰富。

（2）缺点

①该理论过分强调环境对人的身心发展的影响。布朗芬布伦纳忽略了生物性（即遗传）和能动性对人的身心发展的影响。

②该理论并未提出一个人类发展的系统理论模式,只是人类其他发展理论的补充。

【2020年311第34题】小星在家很任性,上学后常与同桌因座位而发生纠纷。根据布朗芬布伦纳的儿童心理发展生态系统理论,小星在家中养成的习性对其在校与同学相处的影响可归属于生态系统中的(　　)

　　A.微观系统　　　　　　　　B.中间系统

　　B.外层系统　　　　　　　　D.宏观系统

【解析】B

中间系统是布朗芬布伦纳生态系统理论中的第二层次,是指促进儿童发展的各种微观环境之间的联系。如果微观系统之间有较强的、积极的联系,儿童的发展可能实现最优化。相反,微观系统之间的非积极的联系会产生消极的后果。题干中,小星的家庭教养方式对其在学校与同学相处方式的影响,是微观环境对微观环境的消极影响。故本题选B。

(四)社会化与人格发展理论的教育意义

1.充分揭示了人格发展所具有的特征,体现了全面发展观,并充分揭示了社会性和道德的形成与发展是相互促进的。

2.充分揭示了人格发展中不同阶段所面临的主要矛盾不同,教育教学要帮助学生解决好每个阶段的主要问题,以促进儿童人格的健全发展。

四、心理发展的差异与教育

(一)智力差异与教育

1.智力差异

智力差异也称智能差异,主要表现为智力发展水平的差异和智力发展速度的差异。

2.智力差异的教育意义

(1)按能力分组。按能力分组一般是以学生的智力和学业成绩为依据,将处于同一智力水平或取得同一学业成绩的学生分为一组,并采用适合他们的教育内容和教育方式。

(2)设置不同的教育目标。针对智力超常的学生,其教育目标是进行多元智能的充分开发,对其进行高学历教育和个性优化教育。针对智力落后的学生,其教育目标根据智力落后的程度来确定。

（3）选择不同的教育方式。

（二）人格差异与教育

1.在教学活动中根据学生的人格差异，因人施教

内向人格的人，其心理活动是指向于自己内心世界的，很少展现于外。他们具有沉默寡言、小心谨慎、沉着稳重、善于思考、深入钻研、社交面窄、顾虑多、较孤独等特点。相反，外向人格的人，其心理活动是指向于外的，总爱把内心世界展露于外。他们的特点是交际广泛、独立性强、活跃开朗、自信、果断、勇于进取、对周围一切事物都很感兴趣、统率力强，但有点轻率。

在学习动机上，外向学生重社会动机，所以教师和家长的各种奖励措施对其作用很大，而内向学生则重内在动机。内在动机是一种内在自发的、自我激励的动机，到中学阶段逐渐发挥主导作用，这一时期，内向学生的学习成绩开始逐渐超过外向学生。

在学习习惯上，外向学生虽然头脑比较灵活，但比较浮躁，不扎实；内向学生往往能严格要求自己，学习认真，持之以恒，其意志的坚韧性较强。

在学习方式上，外向学生比较喜欢探索性、归纳性、大步骤的知识讲授方式；内向学生偏好支持性、演绎性、小步骤的知识传授方式。

2.根据不同的人格特质，因势利导

气质类型的相关知识如表1所示。

表1　人的气质类型

气质类型	高级神经活动过程	高级神经活动类型	气质类型特点
胆汁质	强、不平衡	兴奋型	直率热情，精力旺盛，好冲动，但暴躁易怒，脾气急，情绪忽高忽低，喜欢新环境带来刺激的学习
多血质	强、平衡、灵活	活泼型	活泼好动，反应迅速，热爱交际，能说会道，适应性强，具有明显的外向倾向，粗枝大叶
黏液质	强、平衡、不灵活	安静型	安静、稳重、踏实，反应性低，交际适度，自制力强，话少，适于从事细心、程序化的学习，表现出内倾性，可塑性差，有些死板，缺乏生气
抑郁质	弱	抑郁型	行为孤僻，不善交往，易多愁善感，反应迟缓，适应能力差，容易疲劳，性格具有明显的内倾性

【2008 年 311 第 33 题】兼具敏感、细心、情感体验深刻等积极品质和多疑、孤僻等消极品质的气质类型是(　　　)

A.胆汁质　　　　　　　　　B.多血质

C.黏液质　　　　　　　　　D.抑郁质

【解析】D

胆汁质生气勃勃,精力充沛,但易暴躁,任性,感情用事;多血质活泼,灵活,但易浮躁,不踏实,缺乏耐力;黏液质冷静,沉着,但易固执,死板;抑郁质细心谨慎,见微知著,聪慧过人,但易忧郁,孤僻,羞怯等。对于胆汁质的人来说,教育者要使其发扬勇敢进取、不屈不挠的优点,但要控制其不乱发脾气;对于多血质的人,应使其发挥机智、灵敏、兴趣广泛的优点,但要戒浮躁、粗心;黏液质的人踏实,顽强,认真,但要切忌优柔寡断;抑郁质的人细心,坚持,但要克服懦弱、忧郁。故本题选 D。

3.人格差异的教育意义

心理学研究人格差异,就是为了在教育和心理治疗方面为教师提供心理依据。培养学生的健全人格,是学校教育义不容辞的责任。人格差异研究对教育的借鉴意义主要表现在四个方面。

(1)教师应具有教育心理学的知识,以把学生培养成具有完整健康的人格的人。

(2)在活动中培养良好的人格。

(3)在集体中形成良好的人格。

(4)提高学生的自我教育能力。要培养学生形成良好的人格,学生自身的作用是必不可少的。提高学生的自我教育能力,主要包括四个方面的内容:①提高学生认知水平及道德判断、推理能力;②自我体验的深化;③自我控制的监督;④进行主体内省。

(三)性别差异与教育

大量研究表明,心理的发展速度和发展水平在两性之间并不是完全一致的:从出生到青春发育期,女性心理发展占优势;从青年发育期开始,男女心理发展总体上趋于平衡,但心理发展的性别特征和性别差异表现明显。两性在言语发展、空间知觉、数学能力、行为的攻击性这四个方面的差异已基本得到确认。

1.心理的性别差异的主要表现

（1）普遍意义上，智力的性别差异。①认知方面：从13岁开始，男性空间知觉能力明显优于女性；女性触觉、嗅觉、痛觉的知觉速度较快，对声音的辨别定位及颜色色调的知觉优于男性，而男性视觉能力较强。②记忆方面：女性机械记忆能力强，短时记忆广度超过男性；男性的理解记忆、长时记忆优于女性。③思维发展：学龄前女孩略高于男孩，小学到初一差异逐渐明显；初二以后，男孩思维发展速度迅速赶上并超过女孩。④思维倾向：女性倾向于形象思维或思维的艺术型，男性倾向于抽象思维或思维的抽象型。

（2）普遍意义上，言语发展的性别差异。从婴儿期到青春前期，女孩言语发展一直优于男孩，在包括接受性和创造性言语任务及需要高水平言语能力的任务中，女孩得分均高于男孩。女性口头言语有明显的流畅性、情感性，很少有口吃等言语缺陷，男性的言语表达具有较强的逻辑性和哲理性。

（3）普遍意义上，行为的性别差异。从2—5岁开始，男孩在社会性游戏中就表现出比女孩更强的身体侵犯性和言语侵犯性。男性的行为常易受情感支配，缺乏自制力而具有冲动性。

（4）普遍意义上，兴趣的性别差异。男性的注意多定向于物，即所谓"物体定向"。女性的注意多定向于人，一般对人与人之间的关系很注意、很敏感。

（5）普遍意义上，自信心的性别差异。一般认为，女性的自信心低于男性。在成败归因上，女性更多地把自己的成功归因于运气，把失败归因于自己的能力；男性更多地把成功归因于自己的能力，把失败归因于任务难。

2.性别差异的教育意义

心理的性别差异是遗传的生物学因素和后天的环境、教育因素相互作用的结果。环境和教育对性别差异的形成起决定性作用。因此，提供良好的环境条件和施行科学的、正确的教育，可以使男女两性在心理发展中充分发挥各自的优势，克服劣势，促进人的全面发展。教师只有充分考虑到这种性别差异，才能选择适当的教育教学方式，在实际教育教学过程中"扬长避短"，使学生得到最优发展。

本章内容思维导图

```
心理发展与教育
├── 心理发展一般规律与教育
│   ├── 认知发展的一般规律与教育
│   │   ├── 认知发展的内涵
│   │   ├── 认知发展的规律
│   │   └── 认知发展与教育的关系
│   ├── 人格发展的一般规律与教育
│   │   ├── 人格的内涵
│   │   ├── 人格发展的规律
│   │   └── 人格发展与教育的关系
│   └── 自我的发展规律与教育
│       ├── 自我发展概述
│       ├── 自我概念与自尊的发展
│       └── 自我发展的教育启示
├── 认知发展理论与教育
│   ├── 皮亚杰的认知发展阶段理论
│   │   ├── 认知发展的实质
│   │   ├── 影响认知发展的因素
│   │   ├── 认知发展的阶段
│   │   └── 认知发展与教学的关系
│   ├── 维果茨基的文化历史发展理论
│   │   ├── 文化历史发展理论
│   │   ├── 心理发展的本质
│   │   ├── 内化论
│   │   ├── 教学与认知发展的关系——最近发展区
│   │   └── 维果茨基理论的教育启示
│   └── 认知发展理论的教育启示
├── 人格发展理论与教育
│   ├── 埃里克森的心理社会发展理论
│   │   ├── 埃里克森对发展的看法
│   │   ├── 埃里克森心理社会发展理论的八个阶段
│   │   ├── 评价
│   │   └── 心理社会发展理论的教育启示
│   ├── 科尔伯格的道德发展阶段理论
│   │   ├── 理论内容
│   │   └── 对道德教育的启示
│   ├── 布朗芬布伦纳的生态系统理论
│   │   ├── 基本观点
│   │   └── 评价
│   └── 社会化与人格发展理论的教育意义
└── 心里发展的差异与教育
    ├── 智力差异与教育
    │   ├── 智力差异
    │   └── 智力差异的教育意义
    ├── 人格差异与教育
    │   ├── 在教学活动中根据学生的人格差异，因人施教
    │   ├── 根据不同的人格特质，因势利导
    │   └── 人格差异的教育意义
    └── 性别差异与教育
        ├── 心理的性别差异的主要表现
        └── 性别差异的教育意义
```

自测题

一、选择题

1.【2010年311第35题】皮亚杰用来说明儿童认知发展的重要概念是（　　）

A.图式、运算、同化、顺应　　　　　　　B.图式、成熟、同化、平衡

C.图式、同化、运算、成熟　　　　　　　D.图式、同化、顺应、平衡

2.【重庆师范大学2012年311第14题】皮亚杰提出的个体的认知发展的结果是形成（　　）

A.认知结构　　　B.图式　　　C.认知地图　　　D.格式塔

3.【2018年311第34题】在小莉眼里，所有物体都有生命，她常常会对玩具、小草说话。根据皮亚杰认知发展理论，小莉处于（　　）

A.感觉运动阶段　　　　　　　　　　　B.前运算阶段

C.具体运算阶段　　　　　　　　　　　D.形式运算阶段

4.【2023年311第34题】学生能理解"北京、首都、中国"之间的关系，表明他处于哪一阶段（　　）

A.感知运动阶段　　　　　　　　　　　B.前运算阶段

C.具体运算阶段　　　　　　　　　　　D.形式运算阶段

5.【2011年311第34题】维果茨基的"最近发展区"意指（　　）

A.最新达到的解决问题水平

B.超出目前的解决问题水平

C.正处于掌握边缘的解决问题水平

D.需要在下一发展阶段达到的解决问题水平

6.【重庆师范大学2014年333第17题】根据科尔伯格的理论，儿童道德发展的"好孩子"定向阶段属于（　　）

A.前习俗水平　　　　　　　　　　　　B.中习俗水平

C.习俗水平　　　　　　　　　　　　　D.后习俗水平

7.【华中师范大学2014年333第10题】"以社会契约为准则"的阶段属于科尔伯格品德发展理论所述的（　　）

A.前习俗水平　　　　　　　　　　　　B.习俗水平

C.后习俗水平　　　　　　　　　　　　D.以上都不是

8.【陕西师范大学 2018 年 333 第 10 题】中学生小辉因为害怕被教师批评而遵守上课纪律。根据科尔伯格的道德认知发展阶段理论,小辉的道德发展处于哪个阶段(　　)

A.相对功利取向　　　　　　　　B.惩罚服从取向

C.寻求认可取向　　　　　　　　D.遵守法规阶段

9.【2008 年 311 第 31 题】埃里克森认为,青少年时期人格发展的主要任务是获得(　　)

A.勤奋感　　　　B.亲密感　　　　C.自我完善感　　　　D.自我同一感

10.【2014 年 311 第 37 题】埃里克森认为,6—12 岁学生人格发展的主要任务是解决"勤奋与自卑"的矛盾。这对矛盾的积极解决有助于发展出的优秀品质是(　　)

A."胜任力"　　　　B."忠诚"　　　　C."希望"　　　　D."意志"

二、论述题

1.【南京师范大学 2010 年 333 论述题 2】论述皮亚杰的认知发展阶段理论及其对学校教育的启示。

2.【首都师范大学 2011 年 333 论述题 3】论述科尔伯格的道德发展阶段理论及其教育应用。

3.【华南师范大学 2013 年 333 论述题 4】论述人格和行为的性别差异。

三、材料分析题

【2023 年 311 第 56-Ⅰ 题节选】阅读材料,并按要求回答问题。

党的二十大报告明确要求,实施科教兴国战略,强化现代化建设人才支撑,健全学校家庭社会育人机制,为家庭教育事业指明了发展方向。《中华人民共和国家庭教育促进法》第十七条规定:未成年人的父母或者其他监护人实施家庭教育,应当关注未成年人的生理、心理、智力发展状况,尊重其参与相关家庭事务和发表意见的权利,合理运用以下方式方法:(一)亲自养育,加强亲子陪伴;(二)共同参与,发挥父母双方的作用;(三)相机而教,寓教于日常生活之中;(四)潜移默化,言传与身教相结合;(五)严慈相济,关心爱护与严格要求并重;(六)尊重差异,根据年龄和个性特点进行科学引导;(七)平等交流,予以尊重、理解和鼓励;(八)相互促进,父母与子女共同成长;(九)其他有益于未成年人全面发展、健康成长的方式方法。

《中华人民共和国家庭教育促进法》强调"尊重差异,根据年龄和个性特点进行科学引导",根据埃里克森的心理社会发展理论,如何对小学生开展家庭教育?

第二章　学习及其理论解释

一、学习的一般概述

(一)学习的科学含义及其生物与社会意义

1.关于学习的定义

(1)学习的含义

学习是凭借经验所引起的行为或思维的比较持久的变化过程。

(2)学习的实质

第一,学习的发生是由经验引起的。

第二,只有当个体在经验的作用下发生了行为上的变化,才能认为学习发生了。

第三,只有当行为的变化是由于练习或反复经验所导致的,才能视为学习。

第四,学习是一个广泛的概念,它不仅是人类普遍具有的行为,而且在动物中也存在。

【2013 年 311 第 36 题】下列尚未发生学习的现象是(　　　)

A. 杯弓蛇影　　　　　　　　　B. 蜜蜂采蜜

C. 望梅止渴　　　　　　　　　D. 老马识途

【解析】B

对于学习的定义有不同的观点,归结各种定义,至少有两个基本共识:第一,学习是一个获得和积累经验的过程;第二,学习可以通过行为的变化表现出来。B 项中蜜蜂采蜜属于动物的本能行为,未发生学习的现象。故本题选 B。

2.学习的生物与社会意义

(1)学习的生物意义

学习可以使个体具备竞争力和生存力。生物为了生存以及繁衍后代会产生一系列的行为,如取食、防御、繁殖等,这些可以统称为生物行为。学习行为是一种后天形成的行为,它是生物为了自身的生存与发展,通过生活经验和学习而获得的后天行为。学习行为使生物在物竞天择、适者生存的世界中更好地发展自己的生理能力,保持必要的竞争力和生存力。

(2)学习的社会意义

学习可以使个体实现个性化和社会化。为满足社会化需要,个体必须逐步了解与掌握某些知识或技能,进行社会学习,这个过程可以称为社会化过程。研究表明,儿童期的社会学习以模仿学习为主,青年期以掌握社会知识与技能为重要的社会学习形式。实际上,社会上的每一个个体都是通过各具特点的一系列社会学习,实现着不同程度的社会化和个性化。

(二)学习的分类

1.按学习主体分类

按主体不同,学习可以分为动物的学习、人类的学习、机器的学习。

2.按学习水平分类

加涅从学习水平分类的角度,提出了学习的八个层次:

(1)信号学习。即经典性条件作用,学习对某种信号作出某种反应。

(2)刺激—反应学习(S—R 的学习)。即操作性条件作用,其过程是情境—反应—强化,即先有情境,作出反应动作,然后得到强化。

(3)连锁学习。即一系列刺激—反应的联结。

(4)语言联想学习。也是一系列刺激—反应的联合,但它是由言语单位所连接的连锁化。

(5)辨别学习。学会识别多种刺激的异同并对之作出不同的反应。

(6)概念学习。对刺激进行分类,学会对同一类刺激作出同样的反应,也就是对事物的抽象特征的反应。

(7)规则的学习。规则指两个或两个以上概念的联合。规则学习即了解两个或两个以上概念之间的关系。

(8)解决问题的学习。又叫高级规则的学习,即在各种情况下,使用所学规则去解决问题。

3.按学习性质分类

奥苏伯尔根据两个维度对认知领域的学习进行了分类,一个维度是学习进行的方式,是接受还是发现;另一个维度是学习材料与学习者原有知识的关系,是机械的还是有意义的。如图 1 所示。

有意义学习	弄清概念之间的关系	听导师精心设计的指导	科学研究
	听讲演或看材料		例行的研究或智慧的"生产"
机械学习	记乘法表	学习实验室实验运动公式解题	尝试与错误"迷宫"问题解决
	接受学习	有指导的发现学习	独立的发现学习

图 1　奥苏伯尔的学习性质分类

4.按学习结果分类

加涅按学习结果将学习分为五类。

（1）言语信息的学习：学生掌握的是以言语信息（通过言语交往或印刷物的形式）传递的内容或者学生学习的结果是以言语信息的方式表达出来的。作用：一是进一步学习的必要条件；二是有些言语学习在一生中都有实际意义，如时钟的识别；三是为思维提供条件。

（2）智慧技能的学习：加涅把辨别技能作为最基本的智慧技能，依照不同的学习水平及其所包含的心理运算的复杂程度，划分为辨别—概念—规则—解决问题等智慧技能。

（3）认知策略的学习：认知策略是学习者用以支配自己的注意、学习、记忆和思维的内在组织的才能，这种才能使得学习过程的执行控制成为可能。简单地说，认知策略就是管理其学习过程的方式。

（4）态度的学习：主要指三个方面：①儿童对家庭和其他社会关系的认识；②对某种活动所伴随的积极的、喜爱的情感；③有关个人品德的某些方面，如爱国、助人。

（5）运动技能的学习：又称动作技能学习。

【2007 年 311 第 35 题】根据加涅对学习的分类，识别多种刺激的异同并对之作出不同的反应，这种学习是（　　　）

A.连锁学习　　　　　　　　B.辨别学习

C.概念学习　　　　　　　　D.规则学习

【解析】B

根据加涅的"学习累积说",连锁学习指学习—系列刺激—反应的联结，辨别学习指识别多种刺激的异同并对之作出不同的反应，概念学习指学会对同一类刺激作出同样的反应，规则学习指了解两个或两个以上概念之间的关系。故本题选B。

【2012年311第34题】根据加涅的学习层次分类观点，儿童学习游泳主要属于(   )

A.连锁学习   B.信号学习

C.规则或原理的学习   D.解决问题的学习

【解析】A

加涅提出的连锁学习，指的是成系列的单个"刺激—反应"的结合的学习，形成一连串的行为，其中有些连锁学习是由肌肉反应组成的(例如游泳等运动项目)，而有些连锁学习完全是言语的。所以儿童学习游泳主要属于连锁学习。故本题选A。

【2008年311第41题】按照加涅对学习结果的分类，下列选项中，不属于智慧技能的是(   )

A.言语信息   B.具体概念

C.定义概念   D.问题解决

【解析】A

加涅对学习做了两种分类:(1)按照学习的水平，把学习分为八个层次，即信号学习、刺激—反应学习、连锁学习、语言联想学习、辨别学习、概念学习、规则的学习、解决问题的学习。(2)按照学习的结果，把学习分为五大类:言语信息的学习、智慧技能的学习、认知策略的学习、态度的学习、运动技能的学习。其中，按学习中所包含的心理运算的复杂程度，把智慧技能分为辨别—概念—规则—解决问题，相当于前一种分类的后四个层次。故本题选A。

二、行为主义学习理论

(一)经典性条件作用说

1.巴甫洛夫的经典性条件作用说

巴甫洛夫，诺贝尔奖获得者、俄国生理学家，是最早提出经典条件反射的人。

(1)巴甫洛夫的经典实验:狗分泌唾液实验

日常生活中,狗见到食物会流口水,但狗听到铃声不会流口水。如果每次铃响后都给狗食物。久而久之,狗一听到铃响就会流口水。

①食物对狗而言,属于无条件刺激,能引起流口水这种无条件反应。

②铃声对狗而言,属于中性刺激,本身不会引起任何反应。

③无条件刺激和中性刺激结合,形成了条件刺激。狗一听到铃声,就会产生条件反应,开始流口水。

【2010年311第34题】下列选项中,由学习引起的行为变化是(　　　)

A.视觉适应　　　　　　　　B.望梅止渴

C.青春期男孩变声　　　　　D.服用兴奋剂提高成绩

【解析】B

服用兴奋剂提高成绩属于药物引起的行为变化;青春期男孩变声属于生理成熟引起的行为变化;视觉适应属于生理适应;望梅止渴是经典性条件学习引起行为变化的典型表现。故本题选B。

(2)经典性条件作用的主要规律

①习得、强化、消退

有机体对条件刺激和无条件刺激之间的联系的获得阶段称为条件反射的习得阶段。该阶段必须将条件刺激和无条件刺激同时或近于同时地多次呈现,才能建立起这种联系,这就是条件反射的习得或者叫获得。这种条件刺激与无条件刺激在时间上的结合就称为强化,强化的次数越多,条件反射就越巩固。如果反应行为得不到无条件刺激的强化,即使重复条件刺激,有机体原先建立起的条件反射也将会减弱并且消失,这被称为条件反射的消退。

②泛化

条件反射一旦建立,那些与原来刺激相似的新刺激也可能唤起反应,这被称为条件反射的泛化。

③分化

分化是与泛化互补的过程。泛化是指对类似的事物作出相同的反应,分化则是对差异刺激的不同反应,即只对特定刺激给予强化,而对引起条件反射泛化的类似刺激不予强化。这样,条件反射就得到分化,类似的不相同的刺激就可以得到辨别。

④高级条件作用

由一个已经条件化了的刺激来使另外一个中性刺激条件化的过程,叫作高级条件作用。

⑤两个信号系统理论

凡是能够引起条件反应的物理性条件刺激叫作第一信号系统的刺激;凡是能引起条件反应的、以语言符号为中介的条件刺激叫作第二信号系统的刺激。"谈虎色变"就属于第二信号系统的条件作用。人类学习与动物学习的本质区别就在于有了以语言为主的第二信号系统。

【2021 年 311 第 34 题】"风声鹤唳,草木皆兵"反映的是条件作用的( )

A.分化　　　　B.消退　　　　C.泛化　　　　D.强化

【解析】C

泛化指机体对某一特定的条件刺激作出条件反应以后,其他与该条件刺激相类似的刺激也能诱发其条件反应。分化指通过选择性强化和消退使机体学会对条件刺激和与条件刺激相类似的刺激作出不同反应的一种条件作用过程。消退指如果条件刺激重复出现多次而没有无条件刺激相伴随,则条件反应会变得越来越弱,并最终消失。强化指采取适当的强化物使机体反应概率、强度和速度增强的过程。故本题选 C。

2.华生对经典性条件作用的发展

华生是美国心理学家,行为主义心理学的创始人。

(1)华生的经典实验:婴儿恐惧形成实验

华生用条件作用的原理做了一个恐惧形成实验:研究者给婴儿一只小白兔,婴儿原本是很开心的,但当婴儿快碰到小白兔时,研究者就给出一种尖锐的声音,让婴儿感到害怕。几次后,婴儿只要看到小白兔就开始害怕。到后来,婴儿不仅怕小白兔,还怕白胡子、小白熊,甚至只要是白色的东西都害怕。

(2)对经典性条件作用的发展

该实验说明人类的学习中存在刺激—反应联结,即 S—R 联结。根据这一实验,华生提出,学习就是以一种刺激替代另一种刺激建立条件作用的过程(可用符号 S—R 联结来表示)。学习的实质就是通过建立条件作用,形成刺激与反应之间联结的过程,从而形成习惯。

习惯的形成遵循频因律（多次）和近因律（近时）。频因律指在其他条件相同的情况下，某种行为练习的次数越多，习惯形成得就越迅速。近因律指当反应频繁发生时，最新近的反应比较早的反应更容易得到强化。

（3）华生关于经典性条件作用的教育应用与评价

①教育应用

第一，解释学习现象。在实际教育中，许多学生的态度就是通过经典性条件作用而习得的。

第二，养成良好习惯。教育者在一定程度上调控学生的行为，促进学生进行一些基本的、简单的学习，并养成习惯。我们可以通过各种方法提高积极行为发生的概率，使期望的行为从无到有、由少到多地形成。

第三，消除不良习惯。我们可以通过消退等方法降低问题行为发生的概率，矫正学生的偏差行为，也可以消除学生的不良习惯，甚至可以消除学生对某些事物的恐惧。

②评价

华生最早用巴甫洛夫的研究来解释学习现象，但这一学说只能应用于比较简单的学习过程，并不能解释人类复杂的行为活动。这一学说无法解释有机体为了获得某种结果而主动作出某种随意反应的学习现象。

3.经典性条件作用的教育应用

（1）把学习任务与快乐事件相联系，促进学生产生学习积极性。

（2）已学习的知识可能会随着时间的流逝慢慢遗忘，教师要经常性引导学生温习知识，重新学习，并引导学生加深理解，防止遗忘等。

（3）针对学生的情况，将其对象加以区分，帮助学生辨别具体情况。

（4）教师要将学生学过的知识或者学生已有的经验转化成学生复杂学习的背景知识，以旧带新，以点带面，从而产生高级条件作用效应。

（二）操作性条件作用说

1.桑代克的联结—试误说

桑代克是美国著名心理学家、联结学习理论的创始人，也是将传统哲学教育心理学转化为科学教育心理学的第一人，被尊称为教育心理学之父。

他把动物和人类的学习过程定义为刺激与反应（S—R）之间的联结，认为知识和技能的获得必须通过尝试—错误—再尝试这样一个过程。通过饿猫实验，他认为学习即联结，学习即试误。

（1）桑代克的联结—试误说的主要内容

①学习的实质在于形成一定的联结。情境是引起反应的原因，反应是情境引起的结果，二者的联系是直接的，不需要以意识为中介。而且，这些联结是人先天

就有的。学习的实质在于形成刺激—反应联结。

②一定的联结需要通过试误而建立,并遵循一定的规律。不需要以观念为中介。为此,他提出了学习的三大定律:准备律、练习律、效果律。

准备律:指学习者在学习开始时的预备定势。当某一刺激与某一反应准备联结时,给予联结就引起学习者的满意,反之就会引起烦恼。

练习律:指一个学会了的反应的重复将增加刺激—反应之间的联结。也就是S—R联结被练习和使用得越多,就变得越强。在桑代克后来的著作中,他修改了这一规律,因为他发现没有奖励的练习是无效的,联结只有通过有奖励的练习才能增强。

效果律:桑代克的效果律表明,如果一个动作跟随着情境中一个满意的变化,在类似的情境中这个动作重复的可能性将增加;但是,如果跟随的是一个不满意的变化,这个行为重复的可能性将减小。

③动物的学习是盲目的,而人的学习是有意识的。

【2012年311第36题】同概念一样,规则也有正例、反例。下列表述能体现桑代克效果律正例的是(　　)

A.“近朱者赤,近墨者黑”　　　　B.“得寸进尺”

C.“入乡随俗”　　　　D.“吃小亏占大便宜”

【解析】B

效果律是强调个体对反应结果的感受将决定个体学习的效果,也就是说,如果个体对某种情境所起的反应形成可变联结之后伴随着一种满足的状况,这种联结就会增强,属于正强化律;反之,如果伴随的是一种使人感到厌烦的状况,这种联结就会减弱,属于负强化律。美国心理学家、动物心理学的开创者桑代克通过实验进一步考察这条定律后发现,感到满足比感到厌烦能产生更强的学习动机,因此他修正了效果律,更强调奖赏,而不太强调惩罚。本题B项中“得寸进尺”体现了效果律的正例。故本题选B。

【2023年311第35题】与行为主义的频因律相近的桑代克的学习律是(　　)

A.准备律　　　　B.练习律　　　　C.效果律　　　　D.近因律

【解析】B 华生在学习的实质中提出的频因律指的是在其他条件相同的情况下,练习越多,习惯形成得越迅速,即练习的次数在习惯形成中起重要作用。桑代克在联结—试误说中提出的练习律指的是重复一个学会了的反应,将增加刺激—反应之间的联结。这种联结被联系和使用得越多,就变得越强。故本题选B。

（2）对教育的启示

桑代克的学习理论指导了大量的教育实践。效果律指导人们用一些具体奖励，如小红花、口头表扬等，对所有学生进行大量的重复、练习和操练。他对教师的劝告是"集中并练习那些应结合的联结，并且奖励所想要的联结"。

（3）评价

桑代克的联结—试误说作为教育心理学史上第一个比较完整的学习理论，不仅试图说明什么是学习，还试图指出学习的过程是怎样进行的、遵循哪些规律、学习有哪些特点。它有利于确立学习在教育心理学理论体系中的核心地位，从而有利于教育心理学学科体系的建立。此外，不可否认，试误也是解决问题的一种途径和方法。

2.斯金纳的操作性条件反射说

（1）斯金纳的经典实验：白鼠的操作性条件作用实验

斯金纳在桑代克迷箱实验的基础上发明了一种学习装置——斯金纳箱。箱内装了一根操纵杆，操纵杆与一提供食丸的装置连接。把饥饿的白鼠置于箱内，白鼠偶然按压操纵杆，供丸装置就会自动落下一粒食丸。白鼠经过几次尝试，会不断按压操纵杆，直到吃饱为止。白鼠从这一过程中习得了按压操纵杆以取得食丸的反应。

（2）行为分类

①学习实质：斯金纳发现有机体作出的反应与其随后出现的刺激条件之间的关系对行为起着控制作用，它能影响以后反应发生的概率。也就是说，学习是一种反应概率的变化，而强化是增加反应概率的手段。

②行为分类：通过大量的实验研究，斯金纳认为人和动物的行为有两类，即应答性行为和操作性行为。应答性行为是由特定刺激引起的，是不随意的反射性行为，又称引发反应，例如风吹眨眼；操作性行为则不与任何特定刺激相联系，是有机体自发作出的随意反应，比如婴儿喃喃自语。

3.操作性条件作用的主要规律

（1）强化，包括正强化和负强化

凡是能增加反应发生概率的刺激和事件就是强化。强化有两类，即正强化和负强化。正强化：当在环境中增加某种刺激，有机体反应概率增加，这种刺激就是正强化（积极强化）。比如当学生表现不错，受到学校或教师的表扬和鼓励，这里的"表扬"和"鼓励"就是一种积极强化。负强化：当某种刺激在有机体环境中消失或减少时，反应概率增加，这种刺激便是负强化，即消极强化。比如，学生表现不好,受到学校或教师的处罚,一旦处罚解除,对学生就会产生一种刺激,这种刺激就是消极强化。负强化包括两种形式:逃避条件作用和回避条件作用。

(2)逃避条件作用和回避条件作用

当厌恶刺激或不愉快的情境出现时,有机体作出某种反应,从而逃避了厌恶刺激或不愉快的情境,该反应在以后的类似情境中发生的概率增加。这类条件作用称为逃避条件作用。当预示厌恶刺激或不愉快的情境即将出现的信号呈现时,有机体自发地作出某种反应,从而避免了厌恶刺激或不愉快情境的出现,则该反应在以后的类似情境中发生的概率也会增加。这类条件作用称为回避条件作用。回避条件作用是在逃避条件作用的基础上建立的。

虽然二者都是消极强化的条件作用类型,但有着明显的不同。在逃避条件作用中,厌恶刺激已经发生了,个体已经遭受到这种痛苦;在回避条件作用中,厌恶刺激还没有发生,有机体事先作出反应回避了它的发生,所以并没有遭到厌恶刺激的攻击。"防患于未然"就属于回避条件作用。

(3)惩罚、消退与维持

①惩罚:当有机体作出某种反应后,呈现一个厌恶刺激或不愉快刺激,以消除或抑制此类反应的过程,叫作惩罚。惩罚与消极强化不同。消极强化是通过厌恶刺激的排除,来增加反应在将来发生的概率,而惩罚是通过厌恶刺激的呈现来降低反应在将来发生的概率。比如,某人因为犯罪被判处终身监禁,这里的"判刑"就是一种惩罚,目的是抑制或阻止此人不好的行为表现。假如,经过改造,犯人的不良行为得到了抑制或消除,他认识到了自己的错误,依据法律可能会对他进行减刑,或者"解除处罚",这是消极强化。

②消退:有机体作出以前曾被强化的反应,如果在这一反应之后不再有强化物相伴,那么这一反应在今后发生的概率便会降低,这就是消退。

③维持:指行为的保持,操作性条件作用一旦形成,为了永久保持所获得的行为,应当逐渐减少强化的频次,或者使强化变得不可预测。

【2007 年 311 第 36 题】某小学生为了避免父母的斥责而认真完成家庭作业,其行为背后的作用机制是(   )
  A.正强化   B.负强化   C.正惩罚   D.负惩罚
【解析】B

根据斯金纳的观点,正强化与负强化的目的都是提高反应发生概率,但正强化是通过呈现愉快刺激的方式来达到这一目的,而负强化则是通过撤销厌恶刺激的方式来达到这一目的。正惩罚与负惩罚的目的都是降低反应发生概率,但正惩罚是通过呈现消极刺激的方式来达到这一目的,而负惩罚则是通过中止积极刺激的方式来达到这一目的。根据对本题内容的分析,"认真完成家庭作业"是希望提高发生概率的行为,而"避免父母的斥责"则是撤销厌恶刺激的方式。故本题选 B。

【2025 年 333 第 27 题】娜娜坐爸爸的车上学时发现,只有系上安全带,烦人的警示提示音才会停止。于是,她很快养成了上车系安全带的习惯。警示音停止对娜娜系安全带的行为来说是( )

A.替代弧化 　　　　B.负强化 　　　　C.惩罚 　　　　D.正强化

【解析】B

此题考查操作性条件作用的主要规律。娜娜系上安全带,烦人的警示提示音才会停止,这说明娜娜通过"系上安全带"的行为,避免了"警示提示音"这一厌恶刺激的出现。该反应在以后的类似情境中发生的概率会增加。这种现象属于负强化。故本题选 B。

4.程序教学与教学机器

学习的操作性条件作用理论在实际教学和教育工作中有着非常广泛的应用。影响最大的是程序教学及行为矫正。

（1）程序教学

以课本或教学机器的形式向学生呈现程序化的教材,使学生按规定的程序自学教材内容。程序教学要遵守四大原则:

①小步子原则,即把学习的整体内容分解成由许多片段知识所构成的教材,这些片段知识的难度逐渐增加,排成序列,使学生循序渐进地学习。

②积极反应原则,即要使学生对所学内容作出积极的反应。

③及时强化（反馈）原则,即对学生的反应要及时强化,使其获得反馈信息。

④自定步调原则,即学生根据自己的学习情况,确定学习的进度。

操作方法:把一门课程的教学总目标分为许多小步骤,学习者每完成一个阶段的学习都会及时得到强化,然后进入下一步骤的学习。在学习过程中,学生可以自定步调,自主进行反应,逐步达到总目标。

（2）教学机器

教学机器是指呈现程序教材并控制学习行为的机器,一般包括输入、输出、储存、控制四个部分。教学机器具有向学生呈现教学内容,提出问题并在学生回答后检验结果是否正确,根据答案的正确与否调整和改变教学程序的性能,以便学生利用其进行自学。最早的教学机器是美国心理学家普雷西创造的。

5.行为矫正技术

行为矫正技术是依据行为主义学习原理处理问题行为,从而引起行为改变的一系列客观而系统的方法。常用的行为矫正技术主要分为以下几大类。

（1）增加行为发生概率的技术:正强化、负强化、立即强化、连续强化与间歇强化等

①正强化。使用正强化的注意事项:第一,选择合适的强化物。第二,实施必须及时、一致和相倚。第三,控制好强化量。强化量指强化的次数或数量。第四,避免误用。

②负强化。使用负强化的注意事项:第一,慎重决定是否使用负强化。第二,实施应该及时、一致和相倚。第三,把握好时间间隔。第四,给予厌恶刺激信号。

③立即强化、连续强化与间歇强化。立即强化,在个体作出正确反应或行为后,立即给予强化。连续强化,每次目标行为出现时,都给予强化,可以快速学习新行为,但习得行为也会快速消失。间歇强化,也称延缓强化、间隔强化,是相对于连续强化的一种强化,即对发生的行为不是每次,而是偶然地或间歇地给予强化,来增加该行为发生概率的一种方法。

间歇强化包括四种类型:定时强化、定比强化、变时强化、变比强化。定时强化,即固定时段后给予强化。定比强化,即固定反应次数后给予强化。变时强化,即不定时给予强化。变比强化,即在不定反应次数后给予强化。

一般来说,立即强化的效果优于间歇强化,间歇强化的效果优于连续强化。

【2008年311第38题】在间歇强化的条件下,刺激—反应联结的特点是（　　）

A.建立快,消退也快　　　　　　　B.建立快,消退慢

C.建立慢,消退快　　　　　　　　D.建立快,消退也慢

【解析】D

强化程序分为连续强化和间歇强化。连续强化的特点是建立快,消退

也快；间歇强化的特点是建立慢，但是消退也慢。间歇强化可以让学习者在没有强化物的刺激下也能产生行为，是维持学习者行为的一个方法。故本题选 D。

（2）减少行为发生概率的技术：惩罚、消退、系统脱敏法与厌恶疗法等

①惩罚。使用惩罚的注意事项：第一，惩罚必须及时。第二，惩罚要注意一致性。第三，惩罚时实施者要注意控制自己的情绪。第四，惩罚要与良好行为的强化相结合。第五，避免滥用惩罚。

②消退。行为在消退过程中表现出以下特点：第一，缓慢减少。与惩罚技术快速抑制行为不同，消退所导致的行为变化是缓慢的、渐进的，需要使用者有足够的耐心。第二，消退爆发。在个体行为减少或消失之前会出现爆发性增加的现象，包括行为反应的频率、持续时间和强度等。第三，自然恢复。当目标行为的消退已有明显的下降效果以后，却突然故态复萌。

③系统脱敏法。当个体处于充分放松的状态下，让个体逐渐接近使其害怕或焦虑的事物，或是逐渐提高此类刺激物的强度，以逐渐降低个体的敏感性，从而减轻和消除对该刺激物的恐惧或焦虑情绪。

④厌恶疗法。让不良行为者进行过量的相关活动，或为其提供过量的负性强化物，从而使问题行为得到削弱或戒除。

【2013 年 311 第 38 题】某学生很怕猫。教师先让她看猫的照片，与她谈论猫，再让她看关在笼子中的猫，最后让她摸猫、抱猫，帮助她逐步消除对猫的恐惧反应。这种改变行为的方法属于（　　　　）

A.行为塑造法　　　　　　　B.系统脱敏法

C.松弛训练法　　　　　　　D.认知疗法

【解析】B

美国学者沃尔帕创立和发展了系统脱敏疗法。系统脱敏法就是通过一系列步骤，按照刺激强度由弱到强、由小到大，逐渐训练心理的承受力、忍耐力，增强适应力，从而达到最后对真实体验不产生"过敏"反应，从而保持身心的正常或接近正常状态。题干中，教师正是使用系统脱敏法帮助学生逐步消除对猫的恐惧反应。故本题选 B。

（3）培养新行为的技术：塑造、连锁、渐隐等

①塑造。个体通过对连续趋近目标的行为进行系统的、有区别的强化，并最终帮助个体学会新的目标行为的过程。

②连锁。个体通过形成"刺激—反应"链来建立新行为，更适合于比较复杂的行为。

③渐隐。在目标行为培养的过程中，逐渐改变控制某一反应的刺激，使个体对部分变化了的或完全新的刺激仍能产生相同的反应。

（三）社会（观察）学习理论

1.班杜拉的经典实验与发现：赏罚控制实验

（1）实验1

①过程：实验人员首先让儿童观察成人对一个充气娃娃拳打脚踢的过程，然后将儿童带到一个放有充气娃娃的实验室，让其自由活动，并观察儿童的行为表现。结果发现，儿童在实验室里也会对充气娃娃拳打脚踢。

②结论：成人榜样对儿童行为有明显影响，儿童可以通过观察成人榜样的行为而习得新行为。

（2）实验2

①过程：实验人员对早期的实验做了进一步的延伸，把儿童分为三组。首先，让儿童看电影中成年男子的攻击性行为。在影片结束后，第一组儿童看到成人被表扬，第二组儿童看到成人被批评，第三组儿童看到成人既不被表扬也不被批评。然后，把儿童带到实验室，里面有成人榜样攻击过的对象。结果发现，第一组儿童的攻击性行为最多，第二组最少，第三组居中。

②结论：榜样攻击性行为所引发的结果是儿童是否自发模仿这种行为的决定因素。

（3）实验3

①过程：实验人员猜想这是否表示第一组儿童习得了攻击性行为，而第二组儿童没有。为此，他们又以糖果作为奖励，让儿童尽量回忆刚才成人是怎么做的，并表现出来。结果发现，三组儿童的攻击性行为几乎一致。

②结论：榜样行为所引发的结果，只影响到儿童攻击性行为的表现，而对攻击性行为的学习几乎没有影响。只不过第二组儿童看到榜样受罚，把习得的行为隐藏起来，不敢表现出来。

【2007年311 第37题】体现"身教重于言教"思想的学习理论派别是（　　）

A.社会学习理论　　　　　　B.操作条件反射理论

C.认知学习理论　　　　　　D.人本主义学习理论

【解析】A

根据班杜拉实验研究结果，在影响个体观察学习效果的因素中，榜样的作用至关重要。其中，榜样身教的作用远远胜于言传。而人本学习理论强调的是师生互动关系和个体情感体验的价值，认知学习理论重视的是个体认知结构和知识掌握的价值，操作条件反射理论强调的则是通过奖惩来养成行为习惯，不重视榜样的作用。故本题选 A。

2.观察学习的基本过程与条件

班杜拉认为，人类大多数行为都是通过观察习得的，人们通过观察他人的行为，可以获得榜样行为的符号性表征，并以此引导观察者在今后作出与之相似的行为。这个学习过程受注意、保持、动作再现、动机四个子过程的影响。

（1）注意过程。注意过程是观察学习的首要阶段，调节着观察者对示范活动的探索和知觉，决定着在大量的榜样影响中选择什么作为观察对象。影响注意的因素有：榜样行为的特性（显著性、复杂性、普遍性和实用价值等）、榜样的特征（在年龄、性别、兴趣爱好、社会背景等方面与观察者越相似的榜样越易被注意，地位高、影响大的人也易受关注）、观察者的特点（观察者本身的信息加工能力、情绪唤醒水平、先前经验等）。

（2）保持过程。保持过程有赖于表象系统、语言系统，有时还有动作演练。在这一过程中，个体把观察到的榜样行为转换为表征性的形象或语言符号，保留在记忆中。

（3）动作再现过程。把符号性的表征转化为适当的行为。班杜拉认为，个体对动作行为的再现过程包括：反应的认知组织、反应的发起和监控以及在信息反馈基础上的精练。一个人即使充分意识到了榜样行为并记忆在头脑中，但如果没有适当的动作能力，个体仍不能再现这种行为。因此，是否具备榜样行为所需的动作能力也是一个条件。

（4）动机过程。指个体不仅通过观察模仿从榜样身上学习到一定的行为，而且愿意在适当的时机将习得的行为表现出来。也就是说，榜样的行为已经被观察者内化,动机过程中包括外部强化(直接强化)、替代强化(榜样强化)和自我强化(自我奖赏或自我批评)。

3.观察学习理论的教育应用

观察学习理论较多地应用于品德与规范的学习,在实施过程中应该注意以下问题:

(1)教师要发挥以身示范的榜样作用,为学生提供良好的榜样。

(2)教师要按照观察学习的基本过程和条件,指导学生进行观察学习。

(3)教师要充分发挥替代强化和自我强化的作用,激发学生学习的能动性。

(4)教师要消除社会环境中的不良榜样行为。

【2009年311第45题】一个经常违纪的学生被调到一个风气良好的班级后,在周围学生严格守纪行为的影响下,其违纪行为暂时很少表现出来。这体现了观察学习的(　　)

A.习得效应　　　　　　B.情绪唤起效应

C.抑制效应　　　　　　D.反应促进效应

【解析】C

观察学习是班杜拉的社会学习理论所主张的一种学习方式。班杜拉认为,儿童可以通过观察榜样而学习行为,而榜样行为引发的结果是儿童是否表现该行为的关键。如果榜样的行为受到了奖励,那么该儿童表现这种行为的概率就会增加,这体现了观察学习的反应促进效应;如果榜样的行为受到了惩罚,那么儿童表现这种行为的概率就会减少,这体现了观察学习的抑制效应。题目中"其违纪行为暂时很少表现出来"说明该行为的反应概率减少,因此体现了观察学习的抑制效应。故本题选C。

三、学习的认知理论

(一)早期的认知学习理论

1.格式塔学派的完形—顿悟说

完形—顿悟说是由德国的格式塔心理学派提出的一种学习理论。格式塔心理学又称完形心理学,苛勒、考夫卡、韦特海默是其重要的代表人物。

(1)苛勒的实验

①黑猩猩接竹竿实验。苛勒将黑猩猩关在一个笼子里面,笼子里有两根能够

接起来的竹竿,在笼子外面放有香蕉。黑猩猩先用手去够香蕉,再用一根竹竿够香蕉,经过两次尝试之后,黑猩猩没能得到香蕉。这时,黑猩猩停下来,看看外面的香蕉(目标物),并不时地摆弄两根竹竿,偶然使两根竹竿连接了起来,它很快就用连接起来的竹竿得到了香蕉。

②黑猩猩叠箱子实验。苛勒根据问题情境的复杂程度设计了简单的问题情境和复杂的问题情境。在简单的问题情境中,黑猩猩使用一个箱子便可够到香蕉,但在复杂的问题情境中,黑猩猩必须将两个箱子叠放才能够到香蕉。起初,黑猩猩采取跳跃的方式获取香蕉,但是无法够到香蕉。之后黑猩猩便不再跳,而是在箱子旁边走来走去。过了一会儿,黑猩猩突然意识到了箱子的作用,便很快把箱子推到香蕉下面,爬上箱子,取到了香蕉。

（2）实验发现

①学习是顿悟,不是尝试错误。

②学习是组织、构造一种完形,而不是刺激与反应的简单联结。

③刺激与反应之间的联系不是直接的,需要以意识为中介。

（3）评价

①贡献:把研究的对象确定为知觉、思维等心理现象,主张研究意识,这在当时是难能可贵的,为现代认知心理学的研究提供了心理学的来源。

②局限:企图用顿悟说解释人类的学习,这是不妥当的。同样,他们否认"尝试—错误"的学习形式,过分夸大顿悟学习的作用与意义,也不符合学习的实际。

2.托尔曼的认知—目的说

托尔曼,美国新行为主义学派的代表人物之一,受到格式塔学派影响,后人也将他看作早期认知主义者。他关心行为主义理论如何同知识、思维、推理、动机、目的、意向等概念相联系。他用白鼠学习方位迷宫的实验证明了自己的认知—目的说。

（1）实验:白鼠学习方位迷宫

小白鼠可以通过三条长短不同的路取到食物。一开始,小白鼠会直接走最近的A路,但是当A路被堵住、小白鼠在此受阻时,它会选择较远的B路。当A路和B路交会的某一处也被堵住、小白鼠在此受阻时,它并不会选择B路,而会选择最远的C路。

（2）实验发现

①学习是期待的获得:有机体的一切行为都指向一定的目的,为了达到目的,需要对其有所期待。

②学习是对"符号—完形"的认知,白鼠在学习方位迷宫图时,并非学习了一连串的刺激反应,而是在头脑里形成了对情境的"认知地图"。所谓认知地图,是指动物在头脑中形成的对环境的综合表象,包括路线、方向、距离,甚至时间关系等信息,这是一个较模糊的概念。

③在外部刺激(S)和行为反应(R)之间存在中介变量意识(O)。

(3)评价

①贡献:重视行为的整体性、目的性,提出中介变量的概念,重视刺激与反应之间的心理过程,强调认知、目的、期望等在学习中的作用,因此,这个理论是进步的。

②局限:没有对一些概念进行明确的界定,如认知地图;对人类的学习与动物的学习也没有从本质上进行区分,因而是机械主义的。

3.早期认知学习理论的启示

(1)肯定能动性和目的性。格式塔学派的完形—顿悟说强调学习的认知过程,肯定了主体的能动作用和目的性。

(2)认知结构的先导。托尔曼所说的"认知地图"就是现代认知心理学所讲的认知结构,而使学生形成良好的认知结构是教育的关键和核心。

(3)肯定顿悟的价值。学习过程中最主要的是顿悟。顿悟是观察和理解的过程,应避免单纯的、盲目的练习和重复。

(4)重视期待的作用。期待是学习动机的一个构成要素,是学习目标在人头脑中的反映。

(二)布鲁纳的认知—发现说

布鲁纳是美国著名的认知教育心理学家,他主张学习的目的在于运用发现学习的方式,使学科的基本结构转变为学生头脑中的认知结构。他反对以强化为主的程序教学,认为那只能使学生呆板死记,不会在另一种情境中运用这些知识。他倡导发现学习,强调学科结构在学生认知结构形成中的重要作用,他从认知心理学的观点出发,对学生的学习、动机以及教学等方面进行了全面阐述。

1.认知结构观

(1)学习的实质在于主动形成认知结构

学习的实质不是被动地形成刺激—反应的联结,而是使学生主动地形成认知结构。所谓认知结构,就是编码系统,其主要组成部分是"一套感知的类目"。学习就是类目及其编码系统的形成,他认为一切知识都是按照编码系统排列和组织的。这种各部分存在联系的知识,使人能够超越给定的信息,举一反三,触类旁通。

（2）学习包括获得、转化和评价三个过程。

学习活动首先是新知识的获得过程；通过转化，能够以不同的方式把新获得的知识转化为另外的形式，以适应新的任务，从而学到更多的知识；评价是对知识转化的一种检查，通过评价，可以核对我们处理知识的方法是否适合新的任务，运用得是否合理。

2.结构教学观

（1）教学的目的在于理解学科的基本结构

布鲁纳强调学生学习的积极性和主动性，强调认知结构的重要性。在教学观方面，他主张教学的最终目标是促进学生对学科结构的一般理解。学科的基本结构就是指一门学科的基本概念、基本原理及其基本的态度和方法。布鲁纳很重视学科结构的教学，他把学科的基本结构放在设计课程和编写教材的中心地位，使之成为教学的中心。

（2）掌握学科基本结构的教学原则

如何通过教学让学生学习和掌握学科的基本结构呢？为此，布鲁纳提出了四条教学原则：动机原则、结构原则、序列原则、强化原则。

【2009年311第37题】下列术语中，含义不同于"认知结构"的是（　　　）

A.统觉团　　　　　　　　　　B.认知地图

C.学科基本结构　　　　　　　D.编码系统

【解析】C

图式、统觉团、完型、认知地图、编码系统，在心理学上这几个词都是同一个意思，都等于认知结构。学科的基本结构是布鲁纳在其认知—发现中提出的教学的基本内容。所谓学科的基本结构，即围绕学科的基本概念、基本原理、基本方法和基本态度而形成的整体知识框架。学科基本结构是客观存在的，认知结构强调的则是个体通过与客观环境的交互作用，从而建构自己的知识体系的过程。二者具有不同的含义。故本题选C。

3.发现学习

（1）含义

布鲁纳认为"发现是教育儿童的主要手段"，是学生掌握学科的基本结构的最好方法。发现法就是"用自己的头脑获得知识的一切形式"，学生在学习情境中通过自己的探索来寻找获得问题答案的学习方式。

（2）步骤

①创设问题情境,提出和明确学生感兴趣的问题。

②激发探究的欲望,提供解决问题的各种假设。

③检验假设。

④引导学生运用分析思维去验证结论,最终使问题得到解决。在这个过程中,教师要提供资料,让学生亲自得出结论或发现规律。

（3）优缺点

发现学习有利于激发学生的好奇心及探索未知事物的兴趣,有利于调动学生的内部动机和学习的积极性,最大限度地为学生提供自由回旋的余地,这有利于学生创造性、批判性思维的发展。但是,发现学习也容易忽视学生学习的特点,歪曲接受学习的本意;同时,对发现学习的界定缺乏科学性和严密性,而且发现学习比较浪费时间,不能保证学习的水平。因此,发现学习应该根据教材性质和学生的特点来灵活安排。

【2015年311第38题】在上"圆柱体体积计算"这节课时,老师要求学生通过实验来确定如何测量体积。教师所采用的教学策略是(　　　)

A.接受学习　　　　　　　　B.操作性条件学习

C.发现学习　　　　　　　　D.观察学习

【解析】C

教师给学生提供材料,学生通过自身探索发现规律、原理的教学方式叫作发现学习。题干中所说的教学策略是发现学习。故本题选C。

（三）奥苏伯尔的有意义接受说

奥苏伯尔是和布鲁纳同时代的美国著名教育心理学家。

1.学习的发现与接受之争

（1）接受学习

①接受学习的界定

接受学习是教师通过直接呈现已有知识、经验的方式传授知识及其意义,学生通过新旧知识之间的相互作用来获得新知识的过程。与布鲁纳所倡导的发现学习的观点相反,奥苏伯尔认为,学生的学习主要表现为接受学习,是通过教师的传授来接受事物意义的过程，它是一种有意义的接受，完全可以是有意义的学习。有意义的学习和机械学习也不是绝对的，而是处在一个连续体的两端，学校的许多学习经常处在这两端之间的某一个点上。

②接受学习的评价

突出了认知结构和有意义的接受学习的作用，消除了对讲授教学和接受学习的偏见，加强了有意义学习的理论性，并且通过先行组织者突出了有意义学习的实践性。但奥苏伯尔偏重对知识的掌握，忽视了创造性的培养；偏重接受学习，没有给予发现学习应有的重视。

（2）学习的发现与接受之争

布鲁纳的认知—发现说与奥苏伯尔的认知—接受说虽然存在着差异，但二者又相互制约、相互促进。

①二者的区别

第一，在知识的获取方式上，布鲁纳的发现学习强调学生用自己的头脑去发现、探索知识；奥苏伯尔的接受学习强调原有的认知结构和同化作用。

第二，在知识的学习过程上，布鲁纳的发现学习强调归纳过程，让学生由特殊发现一般；奥苏伯尔的接受学习强调演绎过程，从一般到特殊。

第三，在教学方式上，布鲁纳反对教师在教学中的系统讲解，主张学生自行发现其中的道理，并认为一切知识都应该通过参与探究和发现的活动来学习；奥苏伯尔认为，有意义的讲解式教学应该是教学的主要模式，且发现学习可以是有意义的，也可以是机械的。

第四，在教师的作用上，发现学习中，教师是学生探究过程的引导者，需要给学生提出问题，引导学生提出假设、验证假设，最终得出结论；接受学习中，教师是知识的传授者，要通过师生互动的方式促进学生理解。

②二者的联系

第一，在认知结构的作用上，二者都重视学生对认知结构的构建。

第二，在学习的效果上，二者都可能发生有意义学习，也都可能发生机械学习。

③评价

第一，发现学习不一定是有意义的，接受学习不一定是无意义的。凡是能够让学生自主自动地参与学习，从而获得良好学习效果的学习就是有意义的。

第二，两种学习方式各有所长，在教学中应相辅相成。教师在教学中，应该依据教学目标和学习内容选择合适的教学方式。

2.有意义学习的实质和条件

（1）有意义学习的实质

所谓有意义学习，就是在符号所代表的新知识和学生认知结构中已有的适当观念之间建立非人为的和实质性的联系。否则，就只是机械学习。实质性联系指新的符号和符号代表的观念与学习者认知结构中的有关观念具有实际的联系；非人为的联系指新知识与学习者认知结构中的有关观念存在某种合理的或逻辑基础上的联系。

（2）有意义学习的条件

有意义学习的产生既受客观条件（学习材料的性质）的影响，也受主观条件（学习者自身因素）的影响。

①客观条件。有意义学习的材料本身必须能够与学生认知结构中的有关知识建立实质性和非人为的联系。也就是说，第一，材料必须具有逻辑意义，是学生可以理解的；第二，材料应该是在学生学习能力范围之内的，符合学生的心理年龄特征和知识水平。

②主观条件。第一，学习者要有有意义学习的意向或倾向，简单地说，学生必须想通过理解以及新旧知识之间的相互作用去获得这些知识，而不是死记硬背；第二，学习者认知结构中必须具有适当的知识基础；第三，学习者必须积极主动地使具有潜在意义的新知识与认知结构中有关的旧知识发生相互作用，从而加强对新知识的理解，使认知结构或旧知识得到改善，使新知识获得实际意义。

3.认知同化理论与先行组织者策略

（1）认知同化理论（认知结构同化论）

当学生把教学内容与自己的认知结构联系起来时，有意义学习便发生了。学习者接受知识的心理过程就是概念同化过程。具体表现为：首先，在认知结构中找到能同化新知识的有关观念，这些观念能够对新知识起到挂钩（固定点）的作用；其次，找到新知识与起固定点作用的观念间的相同点；最后，找到新旧知识的不同点，使新概念与原有概念之间有清晰的区别，并在积极的思维活动中融会贯通，使知识不断系统化。也就是说，有意义学习是新知识与学生认知结构中已有观念发生相互作用，这种作用引发新旧知识的意义的同化。

按照新旧知识发生联系的方式，奥苏伯尔提出有意义学习的三种同化模式：

①下位学习，也叫类属学习，将概括程度或包容范围较低的新概念或命题，归属到认知结构中原有的概括程度或包容范围较高的适当概念或命题之下，从而获得新概念或新命题的意义。

②上位学习，也叫总括学习，新概念或新命题具有广泛的包容范围或较高的概括水平，将一系列已有观念包含于其下而获得意义。如先知道松树、柳树等具体概念，然后学习"树"，知道"树"是各种树木的总括概念。

③组合学习，也叫并列学习，新旧知识既无上位关系，又无下位关系，这时发生的学习就是并列学习。如先学习"松树"的概念，再学习"柳树"的概念。

【2008年311第42题】学生在理解"力"概念的基础上，再来学习"重力"的概念。这种学习属于（　　）

A.派生类学习　　　　　　　B.相关类学习

C.并列结合学习　　　　　　D.总括学习

【解析】A

本题考查奥苏伯尔的认知同化理论中的同化学习模式。同化学习的模式有三种：（1）上位学习，也叫总括学习，是指新观念的抽象概括程度比认知结构中原有的观念抽象概括程度更高。（2）下位学习，是指认知结构中原有的观念抽象概括程度比新观念的抽象概括程度更高，因此学习者可以将新观念包含在原有认知观念之下，构成类属关系。下位学习包括两种形式：派生类属学习和相关类属学习。派生类属学习，即新学习的知识仅仅是学习者已有概念或命题的一个例证和证据。（3）组合学习，又叫并列结合学习，是指新旧知识既无上位关系，又无下位关系，这时发生的学习就是并列学习。故本题选A。

（2）先行组织者策略

奥苏伯尔认为影响接受学习的关键因素是认知结构中起固定作用的观念。为此，他提出了先行组织者的教学策略。所谓"先行组织者"，是先于学习任务本身呈现的一种引导性材料，它的抽象、概括和综合水平高于学习任务，并且与认知结构中原有的观念和新的学习任务相关联。其目的是在新的学习任务和旧知识之间搭建一座桥梁，为新的学习任务提供观念上的固着点，增加新旧知识之间的可辨别性，以促进学习的迁移。

"组织者"不仅可以是先行的，也可以是放在学习材料之后呈现的。它主要包括陈述性组织者和比较性组织者两种。前者是为新的学习提供最适当的类属者；后者是比较新材料和认知结构中相类似的材料，目的在于增强新旧知识的可辨别性。

【2007年311第38题】"先行组织者"教学策略的学习理论基础是( )

A.认知发现理论 　　　　　B.认知接受理论

C.认知目的理论 　　　　　D.认知建构理论

【解析】B

有意义接受理论也称认知接受理论,它高度重视原有认知结构对新学习的影响,认为原有认知结构中是否具有可用来同化新知识的适当观念是影响知识学习的首要变量。如果原有认知结构中缺乏可用来同化新知识的适当观念,则应运用"先行组织者"教学策略,为新的学习提供一个认知的组织框架。至于布鲁纳的认知发现理论、托尔曼的认知目的理论和皮亚杰等的认知建构理论都不强调"先行组织者"教学策略的运用。故本题选B。

(四)信息加工学习理论

1.学习的信息加工模型

加涅提出的学习模式是依据电子计算机工作的原理,并结合人对信息加工的特点提出来的,信息加工的学习模式由三大系统构成,即信息的三级加工系统、执行控制系统和期望系统,它主要用来说明人的学习的结构和过程。如图2所示。

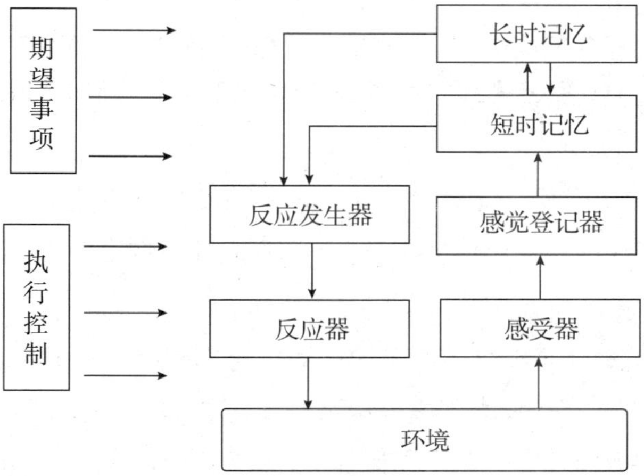

图2　学习的信息加工模式

(1)信息的三级加工(信息流)

①我们每时每刻都在接受来自环境的各种刺激,这些刺激首先到达我们的各

种感觉器官或感受器,从而推动感受器并把它转化为神经信息,这种信息就可能进入感觉登记。

②被感觉登记的信息很快就会进入短时记忆,这种信息主要是视觉或听觉的。短时记忆的信息可以持续二三十秒钟,要想使某种信息得到保持,就需要采用复述策略,复述就成为促进信息保持并使信息顺利地进入长时记忆的重要前提条件。短时记忆是信息的第二级加工,也是信息加工的一个重要环节。

③经过复述的信息就能够进入第三级加工,即长时记忆。长时记忆被认为是一个永久性的信息贮存库,其信息的容量也是巨大的。信息进入长时记忆后,发生了关键性的转变,即信息经过了编码的过程。

（2）期望事项和执行控制（控制结构）

①期望事项是指人希望信息加工所要达到的目标,主要指动机系统,正因为学生对学习有某种期望,才能够对信息进行深入加工,才能够进行学习,来自教师的各种反馈才具有强化作用,而反馈又进一步肯定和增强了学生的期望。

②执行控制系统主要是在信息加工过程中决定哪些信息从感觉记忆进入短时记忆、如何通过复述使信息进入长时记忆、如何对信息进行编码、采用何种信息提取策略等,相当于加涅所说的认知策略。

期望事项和执行控制的作用体现在整个信息加工的过程当中,所以加涅没有把它们与其他结构联系起来,而且它们之间的确切关系也还不清楚。

【2009年311第39题】主张"知识是外部现实在人脑中的表征"的学习理论派别是（　　　）

　　A.社会建构主义　　　　　　B.激进建构主义

　　C.皮亚杰理论　　　　　　　D.信息加工理论

【解析】D

皮亚杰认为,个体心理发展是个体通过同化和顺应环境而达到平衡的过程,建构主义就是在皮亚杰和维果茨基的理论基础上发展而来的。皮亚杰的理论主要发展成激进建构主义和信息加工建构主义,维果茨基的理论主要发展成社会建构主义和社会文化取向建构主义。而信息加工理论是认知主义学派加涅的理论,认为知识是外部现实在人脑的表现,强调学习就是人的"编码系统",即认知结构的形成过程。故本题选D。

2.加涅的学习阶段及教学设计原理

加涅在论述学习的类型和结果时认为,学习是一个有始有终的过程,这个过程可以分为若干阶段,每个阶段需要不同的信息加工。在各加工阶段发生的事情被称为学习的事件,主要表现为学生的内部过程。

为了进行分析,加涅把学习过程分为八个阶段,根据这些阶段进行相应的教学设计、安排相应的教学事件。在图 3 中,左边是学习阶段,右边则是教学事件。这样,学生内部的学习过程一环接一环,形成一个链条;与此相应,学习阶段把这些内部过程与构成教学的外部事件联系起来。

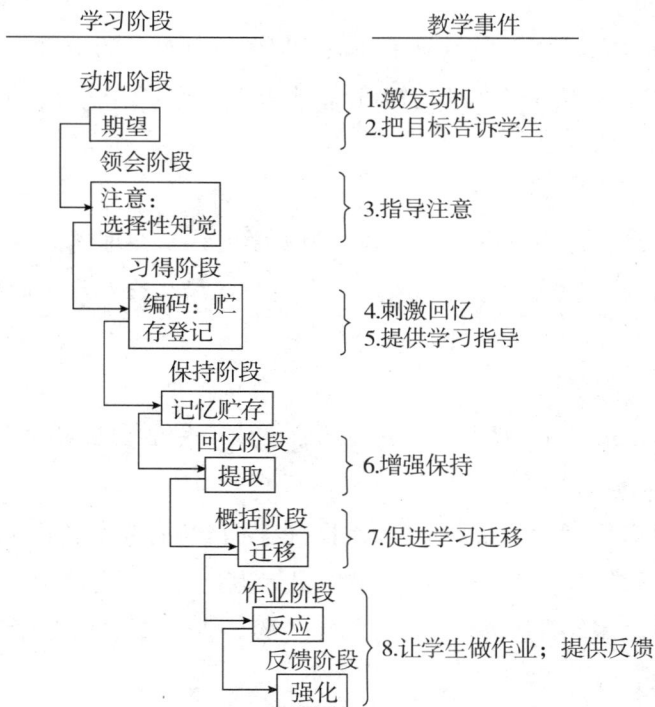

图 3　学习阶段与教学事件的联系

（1）动机阶段。有效的学习必须有学习动机,这是整个学习的开始阶段。教学要引起学生的兴趣以激发学生的学习动机,使之产生学习的期望。

（2）领会阶段。学生的主要心理活动是注意（选择性知觉）。因此,教师应该采取各种手段来引起学生的注意,以便使学生把注意力集中在与学习目标有关的刺激上。

（3）习得阶段。当学生注意或知觉外部情境之后,就可以获得知识。而习得阶段涉及的是对新获得的刺激进行直接编码后将其贮存在短时记忆里,进一步编码加工后将其转入长时记忆中。

（4）保持阶段。学生习得的信息经过复述、强化后，以语义编码的形式进入长时记忆的贮存阶段。

（5）回忆阶段。学生习得的信息要通过作业表现出来，信息的提取是其中必需的一环。教师可以利用各种方式使学生得到提取线索，但最重要的是指导学生，使他们为自己提供线索，从而成为独立的学习者。

（6）概括阶段。学习过程必然有一个概括的阶段，也就是学习迁移的问题。

（7）作业阶段。也叫反应生成阶段，只有通过作业才能了解学生是否已习得了所学的内容。

（8）反馈阶段。学生通过作业的完成可以了解到自己的学习是否达到了预期目标。这时，教师应给予适当的反馈，让学生及时知道自己学习的结果，这样可以强化他们的学习动机。

3.认知负荷理论

认知负荷理论由澳大利亚新南威尔士大学的认知心理学家约翰·斯威勒于1988年首先提出，是基于人类认知结构与外界信息结构交互作用而决定教学设计的理论。

（1）认知负荷的含义

认知负荷是指一项具体任务的执行给个体认知系统所施加的负荷。

（2）认知负荷的分类

①内在认知负荷。内在认知负荷是指由学习材料的难度水平带来的负荷。

②外在认知负荷。学习材料的呈现方式及其所要求的学习活动，也会带来认知负荷。外在认知负荷是由与学习过程无关的活动引起的，不是学习者建构图式所必需的，因而又称无效认知负荷。

③有效认知负荷（生成认知负荷）。简称有效负荷，是指工作记忆对认知任务进行实质性认知操作而承受的负荷。实质性认知操作是指形成图式建构与图式自动化的直接活动或相关活动，外在表现为有意义的认知过程与结果。有效负荷主要源于学习者本身对认知任务的有效认知。

【2023年311第36题】认知负荷理论要减少的是哪个阶段的负担（　　）

A.工作记忆　　　　　　　　　　B.感知记忆

C.长时记忆　　　　　　　　　　D.感觉记忆

【解析】A

斯威勒把认知负荷分为三大类：内在认知负荷、外在认知负荷和生成认知负荷。认知负荷的运量为三者相加之和。其中外在认知负荷也称为无效认知负荷，是指由于不恰当的教学技巧设计，导致与认知加工过程没有直接关联的活动施加给工作记忆的负荷。故本题选 A。

④三种认知负荷之间的关系

认知负荷理论者认为，前述三种认知负荷是可以累加的。它们的总和如果超出了工作记忆的总体承载能力，就会使学习陷入困境。

由于内在认知负荷是一种基本负荷，除非建构另外一些图式或者使先前获得的图式自动化，否则就不易减少。这意味着，借助认知负荷调控来影响学生的学习，其重心应该放在降低外在认知负荷或增加关联认知负荷两个方面：

当学习材料带来的内在负荷较低时，如果由教学设计带来的外在负荷也较低，学生认知资源有足够的剩余，就可以通过添加关联认知负荷来促进学习。

但如果学习材料带来的内在负荷较高，就要通过降低外在负荷释放工作记忆容量，且尽可能不要增加关联认知负荷，以确保学生有足够认知资源来加工必要信息。

（3）认知负荷的影响因素

①主观因素：个体先前的经验会影响学习者的认知负荷。

②客观因素：第一，学习材料内部的本质特征会影响认知负荷；第二，学习材料的组织和呈现方式也会影响认知负荷，同样的学习材料以不同方式呈现，将对认知负荷产生不同影响。

（4）减少认知负荷的教学策略

①感觉通道效应。文字以言语叙述的方式呈现，以便将一些必要的加工从视觉通道转移到听觉通道。

②分割效应。课程以学生可控的片段呈现，在信息组块之间留出时间。

③提示效应。提供线索引导学生处理材料以减少对无关材料的处理。

④连贯效应。清除有趣但无关的材料。

⑤预先训练效应。预先训练学生对成分的命名和特征的记忆。

⑥时间邻近效应。在播放动画的同时呈现相应的叙述，以便学生在记忆中保持表象。

⑦空间邻近效应。把标识文字置于图示的相应部分，以减少视觉扫描的需要。

⑧冗余效应。当文字以言语叙述的方式呈现时，避免以完全一致的书面文字重复呈现。

⑨空间能力效应。确保学生尤其是空间能力低的学生具备保持心理表象的技能。

4.多媒体学习

美国当代著名心理学家、认知心理学家与实验心理学家梅耶提出了多媒体学习的科学体系。

（1）多媒体学习的含义

多媒体学习指将多媒体计算机用于学习活动中，通过计算机对文字、声音、图形、图像、动画、活动视频等多种教学媒体信息综合处理和控制，并使各种信息建立起联系，从而在网络上储存，使之能够在不同界面上进行流通的综合性教学系统。当计算机呈现的材料包含两种及两种以上上述元素时，我们就认为这是多媒体的呈现。

（2）多媒体学习的认知理论的核心内涵

多媒体学习的认知理论形象地反映了人类进行多媒体学习时的学习原理。

①进入感觉记忆中心。以语词和画面呈现的多媒体材料，分别通过听觉通道和视觉通道进入人的感觉记忆中心，即以文本呈现的语词材料是由眼睛通过视觉通道进入感觉记忆中心的。

②进入工作记忆中心。进入感觉记忆中心的视觉表象（图像）和听觉表象（言语）做短暂停留，之后需要进行选择，视觉表象和听觉表象的选择基于容量有限假设，在相应的通道只能选择有限的信息进入工作记忆中心。多媒体学习的主要过程发生在工作记忆中，在积极主动的意识状态下，工作记忆被用于暂时性地储存知识和操作加工知识，工作记忆是以双通道为基础的。

③在通道中建立关联。在完成相应通道中信息的信息模型建构后，还需要在两种通道之间建立关联，即将有关联的听觉表象和视觉表象进行转换。

④存储到长时记忆。需要提取长时记忆中的先前知识，将经过加工后的信息与先前知识进行整合，存储到长时记忆中。

（3）多媒体学习的步骤

①选择文本。选择相关的语词在言语工作记忆中加工。

②选择图像。选择相关的图像在视觉工作记忆中加工。

③组织文本。将所选择的语词组织到一个言语心理模型中。

④组织图像。将所选择的图像组织到一个视觉心理模型中。

⑤整合。将言语和视觉表征与先前的知识整合。

（4）多媒体设计的基本原则

①多媒体认知原则。学生学习语词与图像组成的呈现比学习只有语词的呈现效果好。

②接近原则。在书面或屏幕上文字和画面在时空上的邻近呈现（时间接近原则和空间接近原则）比在时空上的分离呈现的效果要好很多。

③一致性原则。在多媒体呈现中去除无关的声音、图片和文字时，学生的学习效果会更好。

④通道原则。学生通过动画和解说进行学习比通过动画和屏幕文本进行学习的效果要好。

⑤冗余原则。学生通过动画和解说进行学习比通过动画、解说和屏幕文本进行学习的效果要好。

⑥个体差异原则。设计效果对知识水平低的学习者的影响要强于知识水平高的学习者，对空间能力高的学习者的影响要强于对空间能力低的学习者。

四、建构主义学习理论

（一）建构主义的思想渊源与理论取向

1.思想渊源

建构主义的兴起是教育心理学和学习理论领域发生的一场革命。建构主义学习论是学习理论从行为主义到认知主义之后的进一步发展。在皮亚杰和布鲁纳的思想理论中已经有了建构的思想。

皮亚杰认为学习的过程就是认知结构不断变化和重新组织的过程，而人的认知结构始终处于变化与建构之中，建构的基本心理机制就是同化和顺应（或称双重建构）。

布鲁纳的建构思想主要体现在两个方面：一是通过儿童心理发展过程中对客观世界表征形式的不同，讨论了不同时期的儿童如何对客观世界进行建构。布鲁纳认为，儿童表征系统的发展依次为动作表征、意象表征和符号表征，它们按顺序发展，相互作用，但彼此不能替代。二是通过讨论学科结构、知识结构和认知结构，阐明了认知结构的来源和知识建构的问题。

20世纪70年代，维果茨基的理论被介绍到美国以后，对现代建构主义思想的发展起到了巨大的推动作用。他认为人的发展过程主要是历史的、文化的发展过程，人的高级心理机能的发展最初来自外部，来自借助物质或物质化的外部操作，经过内化才形成了以智力活动为特征的高级心理机能。

2.理论的不同取向

建构主义本身并不是一种学习理论流派，而是一种理论思潮，目前正处于发展阶段，对教育实践具有一定影响的主要有以下四种理论：

（1）激进建构主义

该主义是在皮亚杰思想基础上发展起来的建构主义，以冯·格拉塞斯菲尔德和斯特菲为典型代表。激进建构主义有两条基本原则：①知识不是通过感觉或交流而被个体被动接受的，而是由认知主体积极建构的；②认识的功能是适应自己的经验世界，帮助自己的经验世界，而不只是对某一客观存在的现实的发现。

（2）信息加工建构主义

信息加工建构主义完全接受了"知识是由个体建构而成"的观点，强调外部信息与已有信息之间存在双向的、反复的相互作用。新经验意义的获得要以原有的知识经验为基础，从而超越所给的信息。而原有经验又会在此过程中被调整或改造，但又不是完全地适应新经验，完全被动地被改造。

（3）社会建构主义

社会建构主义是以维果茨基的理论为基础，以鲍尔斯菲尔德和库伯为代表的建构主义。他们认为，世界是客观存在的，对每个认识世界的个体来说是共通的。知识是在人类社会范围里建构起来的，又在不断地被改造；学习是个体建构和理解知识的过程，但更是社会性建构。

（4）社会文化取向建构主义

该主义与社会建构主义很相似，也受维果茨基的影响，社会文化取向建构主义者把学习看成建构的过程，关注学习的社会性。心理活动是与一定的文化、历史和风俗习惯背景密切联系的。

【2017年311第37题】学习需在别人的帮助下，在真实和现实的情境中发生。这种建构主义的主张属于（　　　）

　　A.个人建构主义　　　　　　　　B.认知建构主义

　　C.心理建构主义　　　　　　　　D.社会建构主义

【解析】D

社会建构主义更多地关注社会性的一面,这对以技术为基础的知识具有很大的启发。知识不能脱离具体情境而存在,要求学习在真实的问题情境中进行。故本题选 D。

(二)建构主义学习理论的基本观点

1.知识观

(1)知识的意义。建构主义认为知识只是人对客观现实的一种解释、假设,是不断发展的,并不是问题的最终答案。

(2)知识的应用。知识并不是精确地概括世界的法则,在具体问题中,我们并不能拿来便用、一用就灵,而是需要针对具体情境进行再创造。

(3)知识的学习。不同的学习者对同一个命题会有不同的理解,理解只能由个体基于自己的经验背景而建构起来,它取决于特定情境下的学习历程。

【2022 年 311 第 34 题】白居易在不同地方听到了同一种早莺的鸣叫,感受却不一样。他用优美的诗句感慨道:鸟声信如一,分别在人情。这说明人们对客观事物的理解具有(　　　)

　　A.情境性　　　　　B.客观性　　　　　C.社会性　　　　　D.主动性

【解析】A

建构主义认为知识并不是对现实的表征,它只是人对客观现实的一种解释,不同的学习者对同一个命题会有不同的理解。理解只能由个体基于自己的经验背景来建构,它取决于特定情境下的学习历程。因此,知识是具有情境性的。故本题选 A。

2.学生观

建构主义者强调,学生并不是空着脑袋走进教室的,他们在日常生活中、学习中已经获得了丰富的经验。所以,教学不能无视学生的这些经验,而是要把儿童现有的知识经验作为新知识的生长点,引导儿童从原有的知识经验中"生长"出新的知识经验。教学要为学生创设理想的学习情境,增进学生之间的合作;激发学生的推理、分析等高级思维活动,促进学生自身积极的意义建构。总之,建构主义强调学生已有知识经验、认知结构、兴趣和需要等对意义建构的影响，因而主张学生是学习的主体。

3.学习观

建构主义认为，学习不是由教师向学生传递知识，而是学生自己构建知识的过程。学生不是被动的信息吸收者，而是意义的主动构建者，这种构建不可能由其他人代替，也不是直接接受现成结论的过程。

学习者的知识构建过程具有三个重要特征：

（1）学习的主动构建性。面对新信息、新概念和新命题，每个学生都以自己原有的知识经验为基础构建自己的理解。学习是个体建构自己的知识的过程，这意味着学习是主动的，要对外部信息进行主动的选择和加工。

（2）学习的社会互动性。学习任务是通过各成员在学习过程中的沟通交流、共同分享学习资源完成的。

（3）学习的活动情境性。建构者认为知识并不是脱离活动情境而抽象地存在，知识只有通过实际情境中的应用活动才能真正被人理解。因而，学习应该与情境化的社会实践活动结合起来。

【2025年333第28题】维特里克认为，阅读是生成过程，学习是生成过程。这些论断说明学习的（　　　）

A.行为主义观　　　　　　　B.人本主义观

C.信息加工观　　　　　　　D.建构主义观

【解析】D

此题考查认知建构主义学习理论。维特里克提出了生成学习理论，认为学习者是在自己原有认知结构的基础上来理解新知识的，这是一种信息加工的建构主义。题干中的"生成过程"体现了学习的建构主义观。故本题选D。

（三）认知建构主义学习理论与应用

1.认知建构主义学习理论的内容

认知建构主义主要是以皮亚杰的思想为基础发展起来的，与布鲁纳、奥苏伯尔等人的认知学习理论有较大的连续性，它主要关注个体是如何建构认知经验（如知识理解、认知策略）和情感经验（如学习信念、自我概念）的。其基本观点是：学习是一个意义建构的过程，是一个通过新旧经验的相互作用而形成、丰富和调整自己认知结构的过程。就其实质而言,意义建构是同化和顺应相统一的结果。换言之,认知建构主义强调意义的双向建构过程。

2.认知建构主义学习理论的应用

认知建构主义对教学改革的具体指导主要表现在:反对僵化统一的课程目标,坚持课程目标的开放性和弹性;反对一味地灌输知识,强调学生积极主动地建构理解知识;反对抽象地授受知识,强调情境教学;反对一味重视结果,主张教师把注意力更多地放在学生获得知识的过程中。

(1)探究性学习。探究性学习是最典型的一种应用,即学习者通过发现问题和解决问题而建构知识的过程。以问题为中心的探究性学习有利于帮助学生提高灵活应用知识的能力,形成有效的问题解决和推理策略,发展他们的自主学习能力。探究性学习被广泛采用的一个具体模式是项目式学习,基本步骤是:针对课程内容设计出一个个学习单元——项目,每个项目围绕着一个发现的问题而展开,学习者以合作的方式来分析问题、搜集资料、确定方案,直到解决问题。基本环节是:提出驱动性问题—形成具体探究问题和探究计划—实施探究过程—形成和交流探究结果—反思评价。

(2)随机通达教学。这是斯皮罗在认知灵活性理论中提出的适合于高级学生的教学模式,重点阐述了如何通过理解的深化促进知识的灵活迁移应用。教学要促使学生在多个情境中、从多个角度对问题进行建构,以达到对知识全面而深刻的理解,同时也有利于把学习与具体情境联系起来,形成背景性经验,促进知识的迁移。所以对同一内容的学习要在不同时间多次进行,每次的情境都是经过改组的,而且目的不同,分别着眼于问题的不同侧面。

【2021年311第37题】在课堂教学中,为让学生理解浮力,教师现要求学生把一个土豆放在盛有水的容器中,土豆沉底,让学生放盐,土豆浮起来,然后又加水,土豆又沉,反复进行。教师使用了( )

A.互惠式教学　　　　　　B.随机通达教学

C.认知学徒制　　　　　　D.支架式教学

【解析】B

互惠式教学一般是以小组的形式展开的;随机通达教学是指学习过程中对于信息意义的建构可以从不同的角度入手,从而获得对于不同方面的理解;认知学徒制是一种从改造学校教育中的主要问题出发,将传统学徒制方法中的核心技术与学校教育整合起来的新型教学模式；支架式教学是教师在教学时应该为学生提供一种有利于有效理解知识的"支架"，并借助于"支架"进一步使学生深层次理解教学内容的教学模式。故本题选 B。

【2025 年 333 第 14 题】学校正在开展"科技创意手工比赛"活动，周老师借机指导学生创作参赛作品，且以恰当的方式指导学生说明自己作品的设计意图、关键创意、主要参数，最后在发布会上进行作品展示。这个过程中学生主要采用的方式是（　　　）

    A.发现学习   B.项目式学习   C.观察学习   D.泛在学习

【解析】B

此题考查学习方式。项目式学习是一种以学生为中心设计执行项目的教学和学习方法，学生通过完成一个完整的项目来进行学习。周老师借机指导学生创作参赛作品，且以恰当的方式对学生进行引导，是在项目活动中进行的学习。故本题选 B。

（四）社会建构主义学习理论与应用

1.社会建构主义学习理论的内容

与激进建构主义不同，该主义以维果茨基的理论为基础，以社会建构主义和社会文化建构主义为代表。它关注的是学习和知识建构背后的社会文化机制——学习不单是个人对学习内容的主动加工，而且需要学习者进行合作互动。探究不仅是一种认知活动，也是一种社会文化活动，即对某种社会实践活动的参与。这一理论在现实中的主要应用有抛锚式教学、合作学习、认知学徒制、交互式教学等。

2.社会建构主义学习理论的应用

社会建构主义学习理论在教学中的应用有以下几种，其中以情境性教学和支架式教学为典型代表。

（1）情境式教学。强调与实际情境相类似的教学，强调以事例、问题为基础，要求教学过程中要使学生的学习与具体情境结合起来，完成真实的任务，加深学生对知识的理解和应用。

（2）支架式教学。教师或者其他助学者通过运用和学习者共同完成某项学习任务的方法，为学习者提供某种外部支持，以帮助他们完成自己无法独立完成的学习任务。随着活动的进行，逐步减少外部支持，直到最后完全由学生独立完成任务为止。从不能独立完成到独立完成任务之间的距离,称为最近发展区。支架式教学的目的就是把学生的最近发展区转化为现实。支架式教学包括搭建支架—进入情境—独立探索—协作学习—效果评价五个环节。

（3）抛锚式教学。将学习活动与某种有意义的情境挂钩,让学生在真实的情境中进行学习。

（4）合作学习。这是一种教学策略,把学生分成一个个小组,每组都由能力各异的成员组成,以合作和互助方式从事学习活动,共同完成小组的学习目标,在促进每个人的学习水平的前提下,提高整体成绩,获取小组奖励。合作学习的目的不仅是培养学生主动求知的能力,而且发展了学生在合作过程中的人际交往能力。

（5）认知学徒制。认知学徒制通过允许学生获取、开发、利用真实领域中的活动工具的方法,来支持学生在某一领域中的学习。"学徒制"概念强调经验活动在学习中的重要性,并突出学习内在固有的依存于背景、情境和文化适应的本质。在传统的学徒制中,完成任务的步骤通常易于观察。然而在认知学徒制中,必须使思考过程变得更加明显。当师傅的思维更接近于学徒,而学徒的思维对师傅而言一目了然时,学习才有可能是逐渐完善又具有潜在改进性的过程。

（6）交互式教学。交互式教学是在示范的基础上传授知识与技能的一种方法。交互式教学重视学习者之间的相互支持和促进,它有两个特点:一是着眼于培养学生以特定的、具体的和用以促进理解的策略;二是以教师和学生之间的对话为背景。

【2017年311第36题】在有指导的发现学习中,教师提示和指导学生思维以促进学生的理解。这种教学属于(　　)

A.程序化教学　　　　　　B.支架式教学

C.合作式学习　　　　　　D.讨论式教学

【解析】B

支架式教学指的是社会建构主义学习理论在教学中的具体应用,是教师或其他助学者通过和学习者共同完成蕴含了某种文化的活动,并且为学习者参与该活动提供外部支持,帮助他们完成独自无法完成的任务的一种教学模式。题干中提到的"教师提示和指导学生思维以促进学生的理解",这符合支架式教学的定义。故本题选B。

五、学习的人本主义理论

罗杰斯对心理学的贡献主要表现在他提出了自我实现的人格理论，创立了以患者为中心的疗法，倡导了以学生为中心的教育思想，同时，他还主张培养知情融为一体的"完人"。

（一）罗杰斯的学习与教学观

1.罗杰斯的自由学习观

（1）罗杰斯关于学习的分类

罗杰斯认为学生学习主要有两种类型：认知学习和经验学习。其学习方式也主要有两种：无意义学习和有意义学习。罗杰斯认为认知学习和无意义学习、经验学习和有意义学习是完全对应的。

（2）罗杰斯的有意义学习的含义

罗杰斯的有意义学习不仅仅是一种增长知识的学习，而且是一种与每个人各部分经验都融合在一起的学习，是一种使个体的行为、态度、个性，以及在未来选择行动方针时发生重大变化的学习。罗杰斯的有意义学习具有四个特点：

①全神贯注。即整个人（包括情感和认知两部分）都参与到学习活动中。

②自发自动。学习是自发的，学生有内在的愿望去主动探索和求知。

③全面发展。它会使学生的行为、态度、人格等获得全面发展。

④自我评价。学生自己最清楚这种学习是否满足自己的需要。

（3）自由学习的含义

罗杰斯所提倡的有意义学习的核心就是要让学生自由学习，他认为只要教师信任学生，信任学生的学习潜能，并愿意让学生自由学习，就会给学生充分的自主权，学生可以自主自动且真正自由地学习。

2.学生中心的教学观

（1）批判传统的教学方式

罗杰斯从个人主义的学习观出发，认为凡是可以教给别人的知识，相对来说都是无用的，而真正能够影响个体行为的知识，只能是学生自己发现并加以同化的知识。

（2）非指导教学的含义

教师应该成为学生学习的"促进者"，只需要为他们设置良好的学习环境，提供各种学习资源，使他们知道如何学习，他们就能学到所需要的一切，所以"促进者"主要指导和激发学习者的动力与潜能。非指导教学的关键在于营造学习的良好心理氛围。

（3）师生关系

罗杰斯将教师的作用看作"学习的促进者"，也可以说是协作者、伙伴或朋友，师生关系是真诚友爱的，非指导教学应体现学生中心的思想。

（二）人本主义学习理论的应用

1.强调人在学习中的自主地位。也就是说，罗杰斯强调学习中的情感因素，并试图将情感和认知因素在学习中结合起来。

2.重视教师的促进作用，教师要对学生持积极乐观的态度。

3.重视意义学习、自由学习和过程学习。

4.重视师生友好关系以及课堂良好心理氛围的建立。

本章内容思维导图

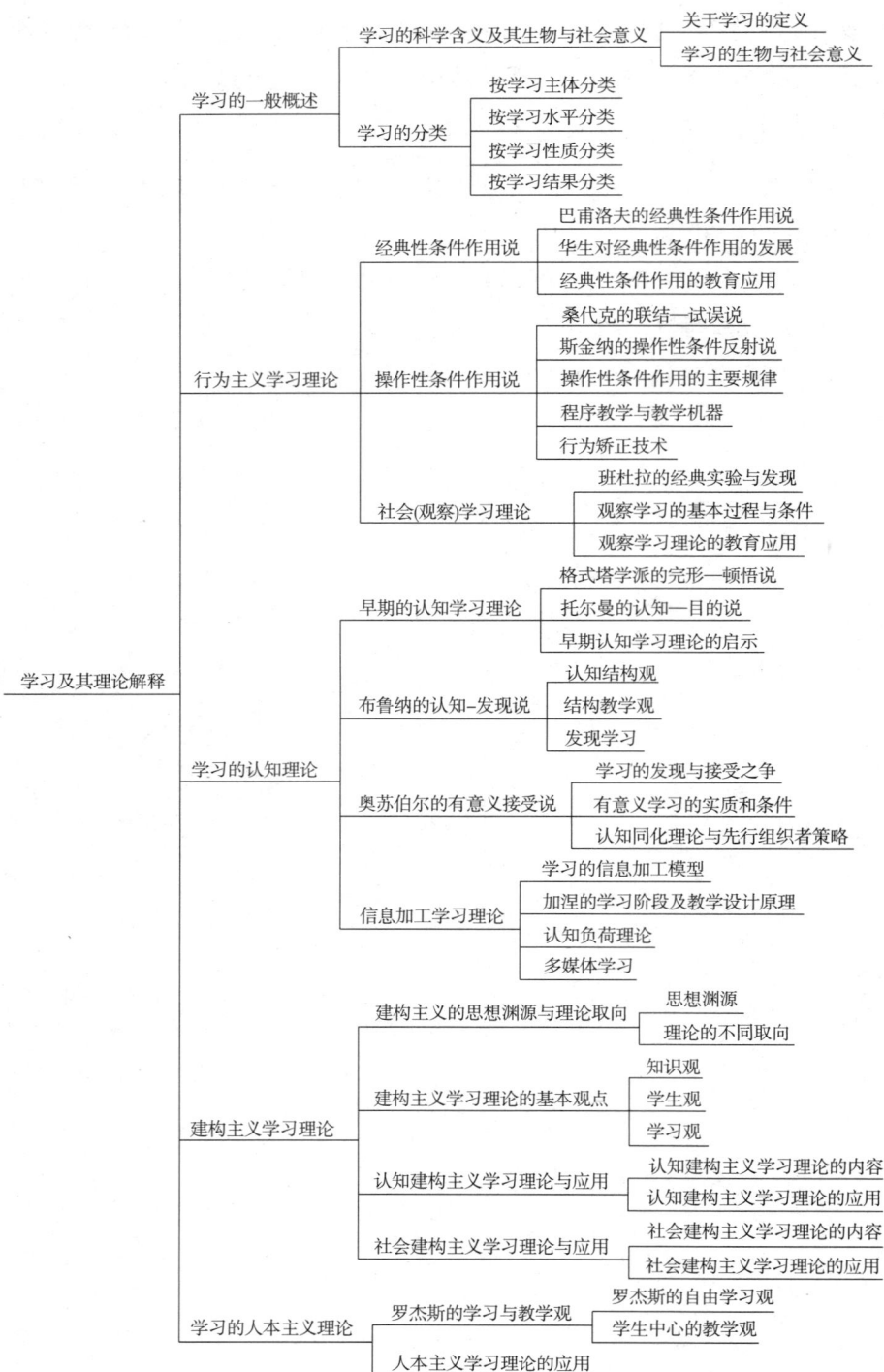

学习及其理论解释
- 学习的一般概述
  - 学习的科学含义及其生物与社会意义
    - 关于学习的定义
    - 学习的生物与社会意义
  - 学习的分类
    - 按学习主体分类
    - 按学习水平分类
    - 按学习性质分类
    - 按学习结果分类
- 行为主义学习理论
  - 经典性条件作用说
    - 巴甫洛夫的经典性条件作用说
    - 华生对经典性条件作用的发展
    - 经典性条件作用的教育应用
  - 操作性条件作用说
    - 桑代克的联结—试误说
    - 斯金纳的操作性条件反射说
    - 操作性条件作用的主要规律
    - 程序教学与教学机器
    - 行为矫正技术
  - 社会(观察)学习理论
    - 班杜拉的经典实验与发现
    - 观察学习的基本过程与条件
    - 观察学习理论的教育应用
- 学习的认知理论
  - 早期的认知学习理论
    - 格式塔学派的完形—顿悟说
    - 托尔曼的认知—目的说
    - 早期认知学习理论的启示
  - 布鲁纳的认知-发现说
    - 认知结构观
    - 结构教学观
    - 发现学习
  - 奥苏伯尔的有意义接受说
    - 学习的发现与接受之争
    - 有意义学习的实质和条件
    - 认知同化理论与先行组织者策略
  - 信息加工学习理论
    - 学习的信息加工模型
    - 加涅的学习阶段及教学设计原理
    - 认知负荷理论
    - 多媒体学习
- 建构主义学习理论
  - 建构主义的思想渊源与理论取向
    - 思想渊源
    - 理论的不同取向
  - 建构主义学习理论的基本观点
    - 知识观
    - 学生观
    - 学习观
  - 认知建构主义学习理论与应用
    - 认知建构主义学习理论的内容
    - 认知建构主义学习理论的应用
  - 社会建构主义学习理论与应用
    - 社会建构主义学习理论的内容
    - 社会建构主义学习理论的应用
- 学习的人本主义理论
  - 罗杰斯的学习与教学观
    - 罗杰斯的自由学习观
    - 学生中心的教学观
  - 人本主义学习理论的应用

自测题

一、选择题

1.【2009 年 311 第 42 题】学生在了解了长方形面积公式、三角形面积公式及面积的可加性原则后,生成了梯形面积的计算公式。按照加涅的学习分类标准,这种学习属于(　　)

A.辨别学习　　　　　　　　　B.概念学习

C.规则学习　　　　　　　　　D.高级规则学习

2.【陕西师范大学 2018 年 333 第 2 题】奥苏伯尔根据学习的方式,将学习的类型分为(　　)

A.接受学习和发现学习　　　　B.机械学习和有意义学习

C.认知学习、技能学习和情感学习　　D.符号学习、概念学习和规则学习

3.【2015 年 311 第 37 题】研究表明,学习成功的学生往往对学习抱积极态度,而屡受挫折的学生易对学习抱消极态度。能对这种现象作出合理解释的是(　　)

A.认知失调理论　　　　　　　B.社会学习理论

C.效果律　　　　　　　　　　D.准备律

4.【2009 年 311 第 38 题】某生上课害怕被点名回答问题,当他发现坐在教室后排并趴在桌上时,就不大可能被提问,于是后来就越来越多地表现出类似行为。从行为主义的观点来看,这是由于该生曾受到(　　)

A.正强化　　　　　　　　　　B.负强化

C.惩罚　　　　　　　　　　　D.塑造

5.【南京师范大学 2020 年 333 第 2 题】先于所要学习的新材料呈现的一种引导性材料,它是对新学习材料的简化与概括,在新学习材料与学习者原有观念之间起认知桥梁作用,这种学习内容的组织技术叫作(　　)

A.比较性组织者　　　　　　　B.认知结构

C.先行组织者　　　　　　　　D.固定点

6.【华中师范大学 2013 年 333 第 14 题】观察者因看到榜样受到强化而间接受到的强化称为(　　)

A.一级强化　　　　　　　　　B.自我强化

C.部分强化　　　　　　　　　D.替代强化

7.【2021年311第36题】无论给文字配图还是给图配上文字,都有助于学习者回忆相关内容,从信息加工角度来看,这是因为(　　)

A.进行了有意义编码 　　　　　　　B.扩展了工作记忆容量

C.使用了双重编码 　　　　　　　　D.形成了信息

8.【2010年311第36题】强调复杂情境和真实学习任务的学习理论派别是(　　)

A.联结理论 　　　　　　　　　　　B.认知理论

C.建构主义理论 　　　　　　　　　D.人本主义理论

9.【重庆师范大学2012年333第17题】布鲁纳提出的发现学习不具有的优点是(　　)

A.激发内部学习动机 　　　　　　　B.培养创造性思维

C.促进迁移学习 　　　　　　　　　D.节省教学时间

10.【陕西师范大学2013年333第1题】建构主义学习观认为:学习具有主观构建性、社会互动性和(　　)

A.能动性 　　　　　　　　　　　　B.主体性

C.可迁移性 　　　　　　　　　　　D.情境性

二、论述题

1.【华东师范大学2017年333论述题4】试论述奥苏伯尔有意义学习的实质与条件。

2.【东北师范大学2016年333论述题3】论述观察学习的过程及其在教育中的作用。

3.【华中师范大学2014年333论述题3】试述发现学习与接受学习的异同。

三、材料分析题

【2010年311第56—I题】对于学生在课堂上的违规行为,教师可能采用各种不同的办法进行处理。下面是5个实例:

例一:学生张明在课堂上对邻座做鬼脸,引起对方发笑,老师对其注视片刻后,即不再理睬,继续讲课,学生遂终止其不当行为。

例二:当学生的违规行为获得部分学生认可时,让违规学生坐到教室后面,与其他学生分开,有效地阻止了学生的违规行为。

例三:刚上课时,郭忠抽掉前座李军的椅子,李军重重地摔了一跤,老师当即严肃地批评了郭忠,并令其放学后到老师办公室写情况说明。

例四:课间有两个学生吵架,前来上课的老师厉声制止,毫无效果,围观的学生越来越多。于是老师决定用 8 分钟时间让两个学生吵个够,而让其他学生在一旁静观。结果两个学生很快就不再吵架了。

例五:对于平时在课堂上经常讲闲话的学生,一旦在某节课不再讲闲话,老师就及时予以表扬。

请用行为主义学习观点,分析说明上述各实例中处置学生不当行为的教育措施的心理学依据。

第三章　学习动机

一、学习动机的实质及其作用

（一）学习动机的含义

学习动机是激励并维持学生朝向某一目的的学习行为的动力倾向。学习动机与学习兴趣、学习需要、个人价值观、态度、志向水平、外来鼓励、学习后果等都有密切联系。

（二）学习动机的分类

1.正确的、高尚的学习动机与错误的、低下的学习动机

这是根据学习动机内容的社会意义来划分的。高尚的、正确的学习动机的核心是利他主义，学生把当前的学习同国家和社会的利益联系在一起，如周恩来的"为中华之崛起而读书"；错误的或低下的学习动机的核心是利己的、以自我为中心的，学习的动机只来源于自己眼前的利益。

2.近景的直接性动机和远景的间接性动机

这是根据动机的作用与学习活动的关系远近来划分的。所谓近景的直接性动机，是指与近期目标相联系的一类动机，即与学习活动直接相连的，来源于对学习内容或学习结果的兴趣；所谓远景的间接性动机，是指动机行为与长远目标相联系的一类动机，也就是说与学习的社会意义和个人的前途相连的动机。例如，学生在确定选修课程时，有的是考虑今后走上社会、踏上工作岗位的需要，有的只是考虑眼下是否容易通过考试，他们的择课动机便分别属于远景间接性动机和近景直接性动机。

3.内部动机和外部动机

这是根据学习动机的动力来源来划分的。内部动机是指人们由学习本身的内在需要所引起的动机。它不需要外界的诱因、惩罚来使行动指向目标，行动本身就是一种动力。外部动机是指人们由外部诱因所引起的动机，如有的学生是为了得到奖励、避免惩罚，或者为了取悦家长、老师等。但是二者的划分不是绝对的，在一定条件下是可以互相转化的。

4.一般动机与具体动机

根据学习动机起作用的范围不同，可将学习动机分为一般动机和具体动机，也

称为性格动机和情境动机。一般动机是在许多学习活动中都表现出来的,较稳定、持久地努力掌握知识经验的动机,如有的学生不管遇到什么情况都一样努力学习;具体动机是在某一具体学习活动中表现出来的动机,如因喜欢数学老师而爱上数学课,对别的课却没有兴趣。

【2018年311第36题】有的学生愿意为他所喜欢的老师努力学习,而面对不喜欢的老师则不愿意努力学习。此时影响学习的主要因素是(　　)

A.成就动机　　　　　　B.认知动机

C.交往动机　　　　　　D.向我提高动机

【解析】C

交往动机是在交往需要的基础上发展起来的一种重要的社会性动机。交往需要的主要表现为每个人都愿意归属于某个团体,喜欢与人交往,希望得到别人的关心、支持、合作与赞赏等。题干中提到"有的学生愿意为他所喜欢的老师努力学习,而面对不喜欢的老师则不愿意努力学习",这表明影响学习的主要因素是交往动机。故本题选C。

5.认知内驱力、自我提升内驱力与附属内驱力

根据学习动机影响学生学业成就的不同,奥苏伯尔将其分为认知内驱力、自我提升内驱力、附属内驱力。

(1)认知内驱力是在要求理解和掌握知识需要的基础上产生的,指向学习任务本身,是一种内部动机。

(2)自我提升内驱力是个体因自己的学业成就而赢得相应的地位的需要,即把学业看作赢得地位和自尊的根源。

(3)附属内驱力是在个体希望获得他人关心、认可、友谊与支持需要的基础上产生的,其目标是获得他人的赞许和认可。

后两者都是外部动机。

【2014年311第35题】奥苏伯尔认为,学生的附属内驱力在学校表现最突出、易见的时期是(　　)

A.小学低年级　　　　　　B.小学中年级

C.小学高年级　　　　　　D.初中

【解析】A

根据学习动机影响学生学业成就的不同，奥苏伯尔将其分为认知内驱力、自我提升内驱力、附属内驱力。附属内驱力是在个体希望获得他人关心、认可、友谊与支持需要的基础上产生的，其目标是获得他人的赞许与认可。这种动机特征在年幼儿童的学习活动中比较突出，表现为追求良好的学习成绩，目的就是要得到赞扬和认可。故本题选 A。

6.主导性动机和辅助性动机

这是根据学习动机在活动中的地位来划分的。前者是对学习活动起支配作用的动机，后者是对学习行为起辅助作用的动机。

（三）学习动机的作用

1.定向作用

以学习需要和学习期待为出发点，使学生的学习行为在初始状态时就指向一定的学习目标，并推动学生为达到这一目标而努力学习（指向）。

2.激发作用

当学生对于某些知识和技能产生迫切的学习需要时，就会引发内驱力，唤起内部激活状态，并最终激起学习行为（激活）。

3.调节作用

调节学习行为的强度、时间和方向（调整）。

4.维持作用

动机水平高的个体一般能够持之以恒（维持）。

二、学习动机的主要理论

（一）学习动机的强化理论

学习动机的强化理论是由联结主义学习理论家提出来的，他们不仅用强化来解释学习的发生，而且用它来解释动机的产生。

1.原理

人的某种学习行为倾向完全取决于先前的学习行为与刺激因强化而建立起来的稳固联系，强化可以使人在学习过程中增加重复某种反应可能性的力量。

2.观点

联结学习理论的核心是刺激与反应之间的联结，而不断地强化则可以使这种联结得到加强和巩固。

3.应用

在引导学生展开学习活动时,需要有效地增加正强化,合理地利用负强化,以此激发学生的学习动机,改善他们的学习行为及其结果。如采取奖赏、评分、竞赛等外部手段,都可以激发学生的学习动机。

4.局限性

这种理论过分强调引起学生行为的外部力量(外部强化),忽视甚至否定了人的期望、信念、自觉性与主动性(自我强化),因而这一学习理论有较大的局限性。

(二)学习动机的人本主义理论

人本主义学习动机理论的典型代表有马斯洛的需要层次理论和罗杰斯的自由学习理论。

1.需要层次理论

美国著名心理学家马斯洛于1943年提出了影响深远的需要层次理论,如图4所示。

(1)七种基本需要:人的基本需要有七种,它们由低到高依次是生理的需要、安全的需要、归属与爱的需要、尊重的需要、求知与理解的需要、审美的需要、自我实现的需要。自我实现作为最高级的需要,有两层含义:完整和丰满的人性的实现以及个人潜能或特性的实现。人们进行学习,就是为了自我实现,因此,可以说自我实现是一种重要的学习动机。

(2)七种需要的层次性:各种需要不仅有高低层次之分,也有先后顺序之别,低层次的需要满足了,才会产生高层次的需要。

(3)七种需要的两大分类:缺失需要和成长需要。其中前四种属于缺失需要,它们产生的原因是身心的缺失,一旦缺失需要得到满足,其强度就会降低。后三种需要属于成长需要,其特点在于永不满足。

(4)最高层次的需要:人的最高层次

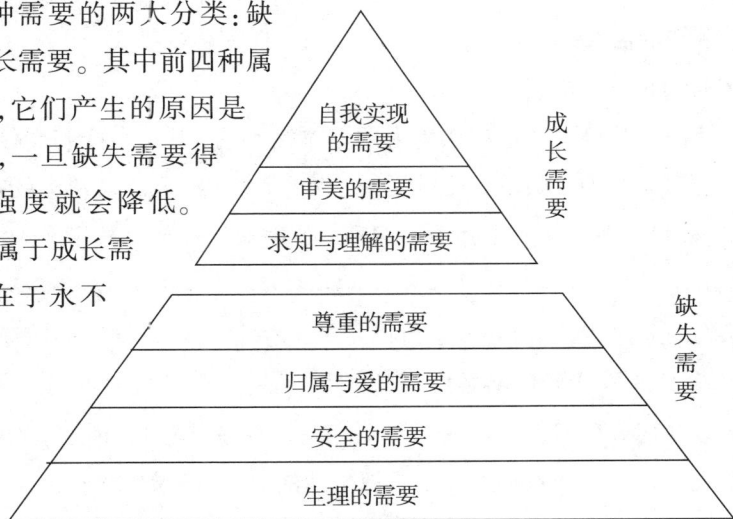

图4 马斯洛需要层次理论

的需要是自我实现的需要,只有少数人可以达到自我实现的境界。

（5）教学应用:①在某种程度上,学生缺乏学习动机可能是由于某种缺失需要没有充分得到满足而引起的。如家境贫寒,生理的需要不能得到满足;父母离异,归属与爱的需要不能得到满足;教师过于严厉,尊重的需要不能得到满足。这些因素会成为学生学习和自我实现的主要障碍。所以,教师不仅要关心学生的学习,也应该关心学生的生活和情感,以排除干扰学习的一切因素。②学校里最重要的缺失需要是爱与尊重。③引导学生追求成长需要。

2.自由学习理论

人本主义心理学家和教育家罗杰斯提出了自由学习理论。

（1）观点

①从学生方面看,只有自主、自动、自发地学习才能帮助学生达到自由学习的状态。自由学习的本质是自主学习,凡是被动强制的学习都不会产生持久而有效的学习效果。所以,我们要引导学生将情感和理智全部参与到学习中,只有这样才能激发学生的天赋潜能。

②从学的方面看,有意义学习可以帮助学生达到自由学习的状态。罗杰斯的有意义学习是指学习内容与个体的态度、情感、理想等非智力因素融为一体的学习。因此,只有发生了有意义学习的过程,才能达到自由学习的状态。

> 【2013年311第34题】根据马斯洛的需要层次论,下列选项中属于缺失性需要的是(　　)
>
> A.自我实现的需要　　　　　　　　B.自尊的需要
>
> C.认知的需要　　　　　　　　　　D.审美的需要
>
> 【解析】B
>
> 马斯洛的需要层次理论认为人的基本需要有七种,由低到高依次是生理的需要、安全的需要、归属和爱的需要、尊重的需要、求知与理解的需要、审美的需要、自我实现的需要。其中前四种属于缺失性需要。故本题选B。

③从教的方面看,非指导教学可以帮助学生达到自由学习的状态。罗杰斯认为,非指导教学不在于教师给学生"灌"知识,而在于激发学生的学习情感,促使学生自主学习。它重在创造一种相互理解、支持、尊重的学习环境,使学生可以对知识持有开放的态度,直面各种问题,重视生活能力,促进做中学。

④从师生关系看,真诚友好的师生关系和教师"促进者"的身份可以帮助学生

达到自由学习的状态。真诚友好的师生关系可以减少学生的心理压力,营造轻松、没有威胁的学习氛围。教师是"促进者",说明教师应该成为一名激励者,要相信学生具备学习的潜能,努力激发学生的学习动力。总之,师生关系越民主,学生越敢于探究和讨论,从而达到自由学习的状态。

（2）应用

①构建真实的问题情境。让学生面临与他们有关系或对他们个人有意义的问题。

②提供学习的资源。教师应该把大量时间放在为学生提供各种学习资源上,放在简化学生在利用资源时必须经历的实际步骤上。

③利用社区。学生可以利用社区的资源与人交流,发展社区研究项目等,从而成为知识的探索者。

④使用合约。教师可以与学生签订学习合约,规定学习目标、内容和时间等,教师仅提供学生需要的资料,学生则依据合约的规定开始自主学习。教师放权给学生自由学习时,学生会更多地依靠自己的力量去完成合约的要求,并在一种自由的气氛中保证学有所得。

⑤同伴教学。教师要创造同伴教学的机会,允许学生之间相互促进、相互指导。

⑥程序教学。强调及时强化和奖励,而不是惩罚和评价。

⑦探究训练。教师为学生制订探究的步骤、创造探究的环境,为学生的探究活动提供方便,以使学生自主发现问题并寻求问题答案。

⑧分组学习。教师可以将学生分组,让学生以小组的方式共同学习、相互帮助、相互促进。

⑨交朋友小组。让每个参与者处于与他人坦诚交流的情境中,解除各种戒备心理,形成人与人之间自由的、直接而自发的沟通。

⑩自我评价。评价方式多样,重要的是让学习者感觉到自己有责任去追求特定的学习目标。

（3）评价

①优点:冲击了教育传统。在教育实际中,倡导以学生经验为中心的有意义学习、内在学习和自由学习,对传统的教育理论造成了冲击,推动了教育改革运动的发展。罗杰斯的主张从理论上说无疑是正确的,值得我们思考和借鉴。

②局限:可行性差。在教学实践中实施起来相当不易,即使在人本主义思潮处于鼎盛时期,其教学主张,如"开放学校""开放课堂"等,也没有真正实现。

（三）学习动机的认知理论

1.期望—价值理论

阿特金森提出期望—价值理论,即成就动机理论。

（1）理论观点

他认为个体的成就动机强度由成就需要、期望水平、诱因价值三者共同决定，用公式表示为：动机强度$(T)=f($需要×期望×诱因$)$。其中，成就需要是个体稳定地追求成就的倾向(M)，期望是个体在某一任务上获得成功的可能性(P)，诱因是个体成功完成某项任务所带来的价值和满足感(I)。他把诱因价值定义为在特定任务中成功的相对吸引力。在他的模型中，包括了成功诱因和失败诱因。成就动机水平与完成学业任务的质和量紧密相关。

（2）两种动机分类。阿特金森认为，人在追求成就时存在两种倾向：一种是力求成功的倾向；另一种是避免失败的倾向。力求成功的倾向$(Ts)=$成功的动机强度$(Ms)×$成功的可能性$(Ps)×$成功的诱因值(Is)。避免失败的倾向也可以根据此公式类推。根据这两类动机在个体动机系统中所占的强度，可以将个体分为力求成功者和避免失败者。成功概率为50%的任务是力求成功者最有可能选择的，成就动机的水平与完成学业任务的质量关系密切。高成就动机者内在动机强，即使失败也能坚持，且把原因归为自己不够努力。避免失败的学生则相反，他们不够自信，如果成功，他们认为是运气；如果失败，他们认为是自己能力不足。这种动机理论把人的情感和认识统一起来，是对传统的一种突破。

【2008 年 311 第 43 题】根据阿特金森的研究，在面临不同难度的任务时，成就动机高者一般会选择的任务难度是（　　　）

A.最高 　　　　　　　　　B.最低

C.中等 　　　　　　　　　D.最高或最低

【解析】C

阿特金森认为，人在追求成就时存在两种倾向：一种是力求成功的倾向，一种是避免失败的倾向。根据这两类动机在个体动机系统中所占的强度，可以将个体分为力求成功者和避免失败者。力求成功者最有可能选择成功概率为50%的任务，因为如果一个人对获得成功的需要大于避免失败的需要，他就敢于冒险，在这一过程中，一定量的失败，反而会提高他们解决问题的愿望。而另一方面，如果太容易成功，反而会降低他们的动机。相反，避免失败者十分有可能因为失败而灰心，因成功而得到鼓励，因此他们在选择任务时倾向于选择非常容易或者非常难的任务，因为前者容易成功，而后者即使失败了也可以有借口挽回面子。故本题选 C。

2.成败归因理论

（1）前人研究

归因是人们对自己或他人活动及其结果的原因所作出的解释和评价。最早提出归因理论的是海德，他曾指出人们会把行为归结为内部原因和外部原因。后来，罗特根据"控制点"把人划分为内控型和外控型。

（2）维纳的理论内容

维纳在前人的基础上，对行为结果的归因进行了系统探讨。他发现人们倾向于将活动成败的原因归结为六个因素：能力高低、努力程度、任务难度、运气好坏、身心状态、外界环境。他又把这六个因素归为三个维度，即内部归因和外部归因、稳定归因和非稳定归因、可控归因和不可控归因。依据这三个维度，把成就行为归因于能力、努力、任务难度、运气四个具有代表性的原因。在这四个代表性原因中，能力是稳定的内部因素，努力是不稳定的内部因素，任务难度是稳定的外部因素，运气是不稳定的外部因素。人们往往把自己的成功与失败归结为上述四个原因中的一个或几个，归结为不同的原因会带来相应的心理变化，表现为对下一次成就结果的期待与情感的变化，进而影响以后的成就行为。

（3）学生最终将成败归因为何种因素，受以下几种变量的影响

①他人操作的有关信息，即个体根据别人行为结果的有关信息来解释自己行为结果的原因。如班上大部分人得高分，则易产生外部归因（老师判卷松）；少数人得高分，则易产生内部归因（能力强、刻苦）。

②先前的观念，即个体以往的经验或行为结果的历史。如果努力做事后来成功了，则归因为稳定因素；经过努力还是失败，则归因为不稳定因素，如运气不佳。

③自我知觉，即个体对自己能力的看法。自认为有能力者，易将成功归因为能力强，将失败归因为老师的不公、偏见。

④此外，教师或权威人物对学生行为的期待、奖惩，学生的性格类型，教育训练等都可以影响学生的归因。

（4）归因与动机

个人解释自己行为结果的原因会反过来激发他的动机，影响他的行为、期望和情感反应。

①把成功归结为内部原因，会使学生感到满意和自豪；把失败归结为内部原因，会使学生产生内疚和无助感。

②把成功归结为外部原因，会使学生产生惊奇和感激的心情；把失败归结为外部原因，会使学生产生气愤和敌意。

③把成功归因于稳定因素,会提高学生学习的积极性;归因于不稳定因素,学习的积极性可能提高,也可能降低。把失败归因于稳定因素,会降低学生学习的积极性;归因于不稳定因素,则可能提高学习的积极性。

④人们关于自己行为的归因是复杂的,但是维纳倾向于强调内部的、稳定的、可控的归因。

> 【2016 年 311 第 35 题】丽丽是个害羞的女生,即将参加演讲比赛。如果她是内控型的人,她很可能将演讲的成功归因于(　　)
>
> A.自己具有这个能力　　　　　　　B.认真地准备
>
> C.运气好　　　　　　　　　　　　D.任务要求简单
>
> 【解析】B
>
> 维纳提出了成败归因理论。他认为人们倾向于将活动成败归结为以下六个因素,即努力程度、能力高低、任务难度、运气好坏、外界环境、身心状态。同时,这六个因素可归结为三个维度:①稳定归因和非稳定归因;②内部归因和外部归因;③可控归因和不可控归因。内控型的人会把成功归因于能力与努力。如果丽丽是内控型的人,她很可能将演讲的成功归因于认真的准备。故本题选 B。

3.自我效能感理论

自我效能感指人们对自己是否能够成功地进行某一成就行为的主观判断。这一概念是由班杜拉最早提出的。

(1)理论观点

人的行为受行为的结果因素与先天因素的影响,行为结果因素就是通常所说的强化。但班杜拉对强化的看法与传统的行为主义对强化的看法不同。他认为,在学习中没有强化也能获得有关的信息,形成新的行为。而强化能激发和维持行为的动机,并控制和调节人的行为。他把强化分为直接强化、替代性强化、自我强化三种。

班杜拉认为,行为的出现不是由于随后的强化,而是人认识了行为与强化之间的依赖关系后对下一步强化的期望,他的"期望"概念也不同于传统的"期望"概念。传统的"期望"概念指的只是对结果的期望,而他认为除了结果期望,还有一种效能期望。

结果期望指的是人对自己某种行为会导致某一结果的推测。如果人预测到某一特定行为将会导致特定的结果,那么这一行为就可能被激活和选择。例如,儿童感到上课注意听讲就会获得他所希望取得的好成绩,他就有可能认真听课。

效能期望指的则是人对自己能否进行某种行为的实施能力的推测或判断,即人对自己行为能力的推测。它意味着人是否确信自己能够成功地进行带来某一结果的行为。当人确信自己有能力进行某一活动时,他就会产生高度的"自我效能感",并会进行该活动。例如,学生不仅需要知道注意听课可以带来理想的成绩,还需要在感到自己有能力听懂教师所讲的内容时,才会认真听课。人们在获得了相应的知识、技能后,自我效能感就成了行为的决定因素。

(2)影响因素

①直接经验。学习者的亲身经验对效能感的影响最大,成功的经验会增强自我效能感,反之,多次失败的经验会削弱自我效能感。

②替代性经验。学习者观察别人的成败,会间接影响自我效能感。

③言语说服。这种方法效果不持久。

④情绪的唤起。情绪和生理状态也影响自我效能感,高度的情绪唤起、紧张的生理状态会妨碍行为操作,降低对成功的预期水准。

(3)评价

自我效能感理论克服了传统心理学重行轻欲、重知轻情的倾向,把人的需要、认知、情感结合起来研究人的动机,具有极大的科学价值。但该理论仍然没有形成一个比较完整的、统一的理论框架。

4.自我价值理论

该理论的代表人物是科温顿。这一理论立足于学生的自尊,从实际的角度来解释学生的动机问题。

(1)对成就动机、成功的不同界定

该理论认为,人天生就有维护自尊和自我价值感的需要。当一个人的自尊和自我价值感受到威胁时,他就需要通过各种措施来维护、保持自我的价值感和能力感。学习同样有这种需要。自我价值理论依托于成就动机理论,同时也进行了多方面的扩展。

该理论认为人类将自我接受作为最优先的追求。在社会生活中,一个人的价值是与其成就相等同的;在学校中,学生的价值通常来源于他们在竞争中取得成功的能力。从这个意义上讲,学习成功就是保持积极的、有能力的自我形象。

（2）对动机类型的分类及其原因分析

自我价值理论将动机划分为四种类型，相应地，也将学生划分为四种类型。

①高趋低避型。这类学生拥有无穷好奇心，对学习有极高的自我卷入水平。他们通过不断刻苦努力发展自我，通常表现得自信机智。这种类型的学生被称为乐观主义者、成功定向者和掌握定向者。

②低趋高避型。对这类学生来说，逃避失败要比取得成功更加重要。他们并不一定存在学习问题，只是对课程的兴趣不高，此类型的学生被称为逃避失败者。

③高趋高避型。这种学生同时感受到成功的诱惑和失败的可怕，他们对某一项任务表现出既追求又排斥的矛盾情绪，兼具了前两类学生的特点，被称为过度努力者。

④低趋低避型。这类学生不奢望成功，对失败也没有羞耻感和恐惧感，被称为失败接受者。

（3）自我价值论的基本观点

①自我价值感是个人追求成功的内在动力，个体为了体现自己能干，喜欢找高难度的任务挑战。

②个人把成功看作能力的展现，而不是努力的结果。

③成功如果难以追求，则以逃避失败来维持自我价值。

④学生对能力与努力的归因随年龄而转变，当年龄渐长后，他们开始意识到努力的重要性，不再偏执于把一切成就都归因于能力。

（4）自我价值论在教育上的意义

自我价值论的意义在于人们把指导学生认识学习目的、培养学生学习动机视为学校教育最重要的目标。自我价值理论对教育过程中的很多现象具有独特的解释能力。如对学生努力的态度，其学习动机随年龄的增长而降低，其学习任务的选择、目标的选择，学生对考试的抱怨等都能进行合理的解释。这种理论把人的学习动机视为对成功的追求和个人能力的炫耀，只看到一部分学生缺乏理性的价值取向，并具有忽视自身努力、轻视教师作用的倾向。但现实中并不是所有学生都这样，所以该理论普遍性、代表性不强。

> 【2012年311第38题】某学生因对"必须坚持每天一定量运动达半年以上"的要求感到落实困难而放弃了自己的瘦身计划。根据班杜拉的理论，这表明其对瘦身的（　　　　）

A.结果期望低 　　　　　　　　B.结果期望高

C.效能期望低 　　　　　　　　D.效能期望高

【解析】C

班杜拉认为,效能期望指个体对自己能否实施某种行为的能力的推测或判断,它意味着个体是否确信自己能够成功地进行带来某一结果的行为。本题题干中,某学生由于感到自己无法做到"坚持每天一定量运动达半年以上"的要求而放弃了瘦身计划,这就是对自身行为能力的不确信。故本题选 C。

5.目标定向理论

德维克提出了目标定向理论。这一理论由两种能力内隐观和两种成就目标定向构成。

(1)观点

①两种能力内隐观。德维克首先区分了人的两种能力内隐观,即能力实体观和能力增长观。能力实体观认为能力是固定的、不可改变的;能力增长观认为能力是不稳定的、可以控制的,可以随着知识的增长、技能的训练而不断提高。

②两种成就目标。持有不同能力观的学生倾向于设置不同的成就目标。成就目标是个体对从事学业成就任务的目的或原因的认识。持有能力实体观的学生倾向于设置表现目标,持有能力增长观的学生则倾向于设置掌握目标。

第一,表现目标(成绩目标、自我卷入目标):指能让他人对自己的表现作出好评的目标。这类学生有向他人展示自己才智和能力的意愿,但极力回避那些可能失败或会表现出自己低能的情境,因此,他们倾向于选择那些容易实现并能够证明自己有能力的工作。

第二,掌握目标(学习目标、任务卷入目标):指学习新事物、提高技能的目标。这类学生把注意力集中在能力的提高和对任务的把握与理解之上,因此,他们倾向于选择那些有挑战性的任务,以求通过努力真正发展自己的能力。

【2008 年 311 第 44 题】以掌握为目标定向的学生倾向于将学业的成败归因于(　　)

A.能力 　　　　　　　　B.努力

C.运气 　　　　　　　　D.任务难度

【解析】B

成就目标定向有两类:掌握目标定向和表现目标定向。掌握目标定向,又叫学习目标定向、任务卷入目标定向,这类学生认为可以通过学习提高自己的能力,并且倾向于把能力的提高和对任务的掌握、理解程度作为成功的标准,因此会将成败归因于自己的努力程度。表现目标定向,又叫成绩目标定向、自我卷入目标定向,这类学生认为能力是不能通过学习而增长的,他们有向他人展示自己才智和能力的意愿,却极力回避那些可能失败或会表现出自己低能的情境,因此会将成败归因于能力或运气。故本题选 B。

【2020 年 311 第 36 题】具有掌握学习目标取向的学生对智力往往持(　　)

A.增长观　　　　　　B.实体观

C.多元观　　　　　　D.三元观

【解析】A

具有掌握目标取向的个体,对智力持增长观,其学习目的在于提高自己的能力、技能以及对知识的理解和掌握。故本题选 A。

③理论的深化发展。有研究者将趋近和回避两种动机与成就目标相结合,组合出四种目标类型。

第一,掌握趋近目标。着眼于掌握知识、完成任务,获得比自己过去强的能力或者胜任任务的能力。

第二,掌握回避目标。着眼于避免与自己相比、与任务相比感到自己无能,避免任务没有完成或者内容没被掌握,如努力避免对数学课的内容不完全理解。

第三,表现趋近目标。着眼于展现自己的能力,做到比别人优秀,根据常模标准来判断自己的表现。

第四,表现回避目标。着眼于避免在别人面前表现差劲,避免与别人相比显示自己无能。

【2019 年 311 第 38 题】在学习某一技能失败几次后,最容易放弃这一学习任务的是(　　)

A.具有掌握学习目标取向的学生

B.具有表现目标取向的学生

C.具有趋于表现目标取向的学生

D.具有逃避表现目标取向的学生

【解析】D

具有掌握学习目标取向的学生认为其能力是不稳定的,但可以随着知识的学习和技能的培训而加强。具有表现目标取向的学生认为其能力是稳定的、不可改变的,关注好成绩和好名次。具有趋于表现目标取向的学生常表现为把自己和别人进行比较,认为只有赢了才能成功。具有逃避表现目标取向的学生关注的是如何不让自己显得无能,这种取向的学生在学习某一技能失败几次后,最容易放弃学习任务。故本题选 D。

（2）应用

①对于表现目标定向的学生。他们将学习看作一种工具和手段,必然导致完成任务的坚持性差,采用表面加工策略,对自己有较多的消极描述。因此,教师要引导学生正确看待学习成绩,强调学习内容的价值和意义,淡化分数和其他奖励。

②对于掌握目标定向的学生。他们追求对知识的理解和掌握,完成任务的坚持性强,喜欢对知识进行深加工,拥有更多的积极自我描述。因此,教师要引导学生发挥优势,提供挑战性任务,适当利用激励的作用,引导学生更加努力、自信,同时还要教会他们深加工策略。

（3）评价

目标定向理论对教育实践有很多启示和作用,它从全新的角度将学生的学习按照不同的目标进行分类,解释了能完成目标的学生的不同学习心态,是对以往动机理论极大的完善。

6.自我决定理论

德西、瑞安提出的自我决定理论既可以归为人本主义动机理论,也可以归为认知主义动机理论。

（1）观点

①含义:自我决定指个体在充分认识个人需要和环境信息的基础上,对行为所作出的自由选择。人具有自我决定的潜能,这种潜能引导人们从事感兴趣的、有益于能力发展的行为,灵活地适应社会环境。

②基本假设:人是积极自主的有机体,具有与生俱来的心理成长倾向,会努力

地应对环境中的持续挑战，并将外部经验整合到自我概念中。但这种内在的心理成长倾向需要社会环境中的营养支持才能有效地发挥出来，而社会环境中的营养支持是人先天固有的三种基本心理需要的满足。

③基本心理需要理论：自我决定理论认为，理解学生学习动机的关键是个体的三种基本心理需要，即自主需要、能力需要（又称胜任需要）、关系需要（又称归属需要）。

第一，自主需要。指自我决定的需要，即个体对从事的活动拥有一种自主选择感而非受他人控制的需要。

第二，能力需要。指个体对自己的行为能够达到某种水平，对自己能够胜任某项活动的信念。

第三，关系需要。指个体感到自己被他人关心并关心他人，有一种从属于其他个体和团体的安全感，并能与别人建立起安全和愉快的人际关系的需要。

【2022年311第35题】根据动机的自我决定理论，下列反映学生需求的是（　）

A.小张希望得到同学们的认可和尊重

B.小王希望自己规划假期活动

C.小赵希望自己的英语发音越来越好

D.小李希望得到最新款手机

【解析】B

自我决定理论强调自我在动机过程中的能动作用。该理论指出，学生学习动机的关键是个体的三种基本心理需要：胜任需要、归属需要、自主需要。自我决定理论的核心是自主需要。人们在体验到成就或效能的同时，还必须感觉行为是自我决定的，是自己的意愿而不是外界的奖励或压力决定了自身的行为，这种情况下才会对内在动机起促进作用。题干中A项属于归属需要，C项属于胜任需要。故本题选B。

④有机整合理论：该理论将人的动机看作一个从无动机、外部动机到内部动机的自我决定程度不断增加的连续体。

第一，内部动机是指人类固有的一种追求新奇和挑战、发展和锻炼自身能力、勇于探索和学习的先天倾向。内部动机又可以分为三类：了解刺激型、取得成就型、体验刺激型。

第二,外部动机是指人们不是出于对活动本身的兴趣,而是为了获得某种可分离的结果而去从事某一项活动的倾向,如为了获得高分或避免惩罚而学习。根据个体对行为的自主程度由低到高,外部动机可以分为三类:外在调节型、摄入调节型、认同调节型。

第三,无动机是最缺乏自我决定的动机类型。个体认识不到自身的行为与行为结果之间的联系,对所从事的活动毫无兴趣,没有任何外在的或内在的调节行为以确保活动的正常进行。

(2)应用

根据自我决定理论,社会环境因素通过三种基本心理需要满足的中介作用,对个体的自我整合和心理成长产生影响。这对课堂教学具有重要的实践意义。

①引导树立内部目标。引导学生关注知识或任务对个人成长的内在价值。

②设置适度挑战任务。恰到好处的挑战,能够把个体的积极性最大限度地调动起来,能激发个体迎接挑战的内在动机。

③提供自主性支持。给学生提供独立工作和决策的机会,让学生学会自己决定,自己承担责任。

④呈现信息性的指导、规则、反馈、评价和奖励。传达个体能够胜任所从事的活动或者如何更好地胜任该活动的信息。

⑤营造和谐的人际关系氛围。使个体对所在团体产生归属感,满足关系需要,增强内部动机。

(3)评价

自我决定理论是一种较新的学习动机理论,与自主学习观点密切联系。它从人类的内在需要出发,解决了动机产生的能量问题,又兼顾了动机行为的方向和目标。从这个意义来看,它是强调需要和驱力的动机理论与强调学习者归因和信念的动机理论的集大成者,具有独特的教育意义和深远的研究价值。

三、学习动机的培养与激发

(一)学习动机的培养

1.成就动机的培养

成就动机的训练过程分为六个阶段:意识化—体验化—概念化—练习—迁移—内化。

2.自我效能感的培养

引起和增强学生的自我效能感,利于培养学习动机。自我效能感的培养要做好以下三个方面：直接经验训练、间接经验训练、说服教育。

3.注意学生的归因倾向，引导学生积极正确地归因

（1）帮助学生了解自己的优点和缺点，并为他们制订切实可行的目标。

（2）改变他们的归因倾向，帮助他们将失败归因于缺乏努力，而不是缺乏能力，使他们明白"只要付出努力便会成功"的道理。

（3）教学生学会按时完成他们的计划，并对学生的每一个学习行为给予及时的反馈。

（二）学习动机的激发

1.激发外部动机

（1）设置明确、具体、适当的学习目标。

（2）及时反馈学习结果。

（3）进行积极的、有针对性的评价。

2.激发内部动机

（1）创设问题情境。

（2）利用竞争与合作的方式。

（3）促进学习迁移。

3.内部动机与外部动机的交替与转化

（1）创设问题情境，实施启发式教学。根据成就动机理论，问题的难度系数为50%时，挑战性与胜任力同在，最容易激发学生的学习动机。

（2）根据作业难度，恰当控制动机水平。学习动机与学习效果并不是总成正比的，根据耶克斯—多德森定律，最佳的动机水平与作业难度密切相关。对于简单、容易的任务，尽量让学生集中注意力，紧张一些；对于复杂、困难的任务，则要创设相对宽松的学习氛围。

> 【南京师范大学 2019 年 333 第 9 题】耶克斯—多德森定律表明，动机强度与学习效率之间的关系是（　　）
>
> A.动机越低，学习效率越高
>
> B.动机越高，学习效率越高
>
> C.任务强度不同，其最佳动机强度不同
>
> D.任务强度不同，其最佳动机强度相同
>
> 【解析】C

学习动机与学习效果并不总是成正比的,根据耶克斯—多德森定律,最佳的动机水平与作业难度密切相关。对于简单、容易的任务,尽量让学生集中注意力,紧张一些;对于复杂、困难的任务,则要创设相对宽松的学习氛围。故本题选 C。

（3）充分利用反馈信息,给予恰当的评价与反馈。一方面可以调整学习活动,另一方面可以增强学习动机。不恰当的评价会有消极的作用,如使学生过分关注结果、抑制内在动机等。因此,在评价时应该注意:要用评价表示进步的快慢,并根据学生的个别差异给予恰当的评语。

（4）妥善进行奖惩,维护内部学习动机。此步骤涉及三条原理:第一,奖励能激发动机,惩罚则不能;第二,滥用外部奖励会破坏内部动机;第三,奖惩影响成就目标的形成。教师在教学时需做到表扬应针对学生的具体行为,而不是针对个人;态度要真诚,要强调学生的努力。

（5）合理设置课堂环境,妥善处理竞争与合作的关系。

（6）适当地进行归因训练,促使学生继续努力。指导学生进行积极的成败归因,有时候积极比正确更重要,尤其是差生,要引导其将失败归因于努力程度不足,而不是能力不足。

本章内容思维导图

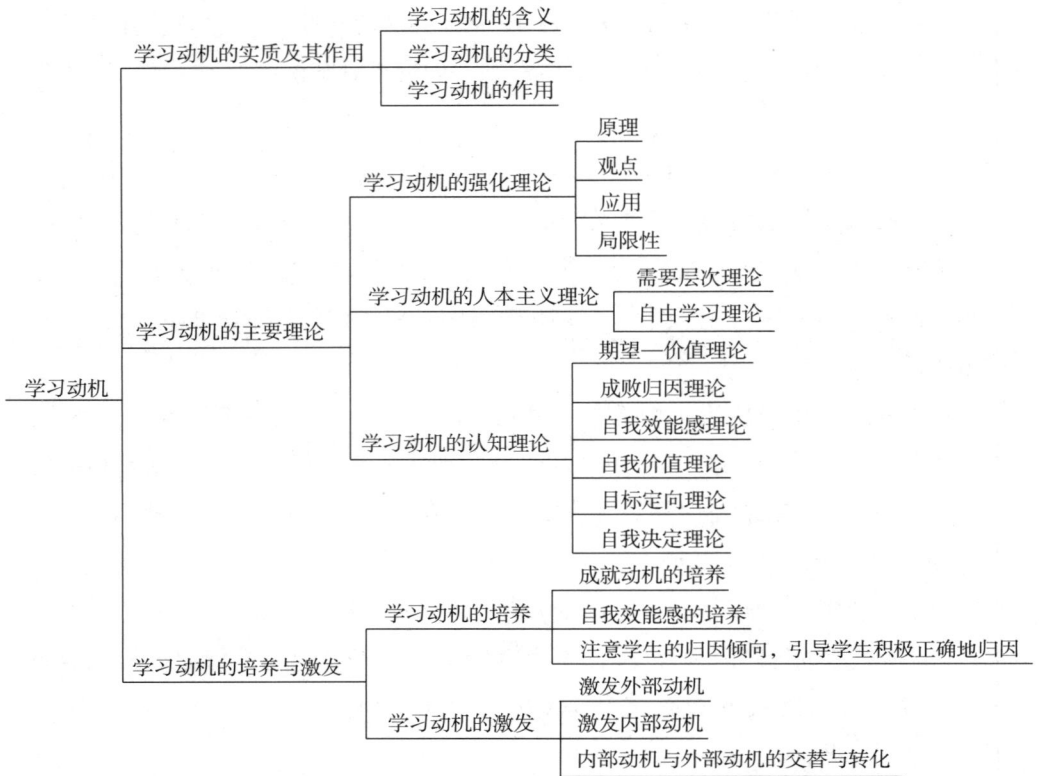

学习动机
- 学习动机的实质及其作用
  - 学习动机的含义
  - 学习动机的分类
  - 学习动机的作用
- 学习动机的主要理论
  - 学习动机的强化理论
    - 原理
    - 观点
    - 应用
    - 局限性
  - 学习动机的人本主义理论
    - 需要层次理论
    - 自由学习理论
  - 学习动机的认知理论
    - 期望—价值理论
    - 成败归因理论
    - 自我效能感理论
    - 自我价值理论
    - 目标定向理论
    - 自我决定理论
- 学习动机的培养与激发
  - 学习动机的培养
    - 成就动机的培养
    - 自我效能感的培养
    - 注意学生的归因倾向，引导学生积极正确地归因
  - 学习动机的激发
    - 激发外部动机
    - 激发内部动机
    - 内部动机与外部动机的交替与转化

自测题

一、选择题

1.【2007年311第39题】"知之者不如好之者,好之者不如乐之者。"这一论述强调的学习动机类型是(　　)

　　A.内部动机
　　B.外部动机

　　C.社会交往动机
　　D.自我提高动机

2.根据学习动机的分类,以下哪项属于内部动机(　　)

　　A.为了得到奖励而学习
　　B.为了避免惩罚而学习

　　C.为了满足好奇心而学习
　　D.为了取悦家长而学习

3.【2019年311第34题】马斯洛将人的基本需要划分为成长性需要和缺失性需要两大类。下列选项中属于成长性需要的是(　　)

　　A.自我实现需要
　　B.安全需要

　　C.归属需要
　　D.尊重需要

4.【重庆师范大学2014年333第19题】马斯洛需要层次理论中,属于最高层次需要的是(　　)

　　A.自我实现需要
　　B.安全需要

　　C.归属需要
　　D.生存需要

5.【2014年311第38题】某学生将自己某学科的学业失败归结为"自己不是学这科的料"。他的这种归因属于(　　)

　　A.内部、稳定性的归因
　　B.外部、稳定性的归因

　　C.内部、不稳定的归因
　　D.外部、不稳定的归因

6.【2011年311第37题】认为学业求助是缺乏能力的表现、是对自我价值构成威胁的学生,其成就目标定向类是(　　)

　　A.掌握目标
　　B.学习目标

　　C.任务目标
　　D.表现目标

7.根据目标定向理论,倾向于选择有挑战性任务以发展自己能力的学生,更可能持有哪种目标(　　)

　　A.表现趋近目标
　　B.掌握趋近目标

　　C.表现回避目标
　　D.掌握回避目标

8.根据自我价值理论,以下哪种类型的学生被称为"乐观主义者"或"成功定向

者"(　　)

A.高趋低避型　　B.低趋高避型　　C.高趋高避型　　D.低趋低避型

9.【华中师范大学2014年333第9题】"自我效能感"概念的提出者是(　　)

A.赞科夫　　　　B.维果茨基　　　C.布卢姆　　　　D.班杜拉

10.【青岛大学2015年333第13题】最具有动机价值的归因模式是(　　)

A.归因于能力　　　　　　　　　B.归因于努力

C.归因于任务性质　　　　　　　D.归因于运气

二、论述题

1.【2020年311第52题】简述奥苏伯尔的学习动机理论与马斯洛的需要层次理论的联系和区别。

2.【北京师范大学2019年333论述题2】小明这次期中考试的语文成绩不理想,在分析原因时他对小英说:"我真倒霉,我们都在猜老师会让我们默写哪篇课文,你猜中了,我却没猜中。"可见,学生在成功或失败之后都会寻找借口。

维纳提出了成败归因理论,请说明成败归因理论的基本观点及其教育实践启示。

3.【2023年311第52题】研究发现,具体的、难度适中、在近期可实现的目标能显著增强学生的学习动机。请根据相关的学习动机理论简要分析其原因。

三、材料分析题

1.【2009年311第56-I题】阅读下述案例,请分别用3种学习动机理论,对小明厌学、弃学的行为作出解释。

小明在初中学习阶段,成绩一直居于班级前列。中考时发挥得不太理想,考分比重点高中录取分数线低5分。父母设法让小明进入一所市重点高中就读。进入高中学习的头几个月,小明心想不能辜负父母的期望,铆足了劲儿,刻苦学习,成绩也一直居于班级平均线以上。在课时第一学期期末的两次年级统考中,小明成绩的总分排名却落到班级第37名。寒假中小明没休息,希望通过加班加点复习,迎头赶上。但第二学期开学后的几次测试中,小明的成绩一直没有起色,上课的时候,老师也很少让他回答问题。特别是数学成绩经常在班级倒数十名的圈子里徘徊。小明开始怀疑自己是不是缺乏数学细胞。原来语文一直是小明的优势学科,现在也开始明显退步。自此以后,小明就提不起精神,不想看书。有时放学回家连书包也不动。近来已经有一个月没有上学了,父母对小明也批评过,也骂过,都无效果。

2.【2025年333第34题】阅读材料,回答下列问题。

动机的自我决定理论的提出者德西(E. Deci)和赖恩(R. Ryan)认为,物质奖励之类的外部奖赏会削弱内部动机。在学习上奖励学生会使学生对学习本身失去兴趣,这是因为,外部奖赏会被人们理解成对行为进行控制或操纵。但也有研究者指出,当学生把外部奖赏视为自身有能力的标志,或者给予学生的奖赏出乎其意料时,并不会损害学生的内部学习动机,甚至会增强其内部学习动机。对此,教育心理学家伍尔福克(A.Woolfolk)感慨道:"即使最好的工具,如果不加选择地使用,也会使你陷入困境。"

(1)根据上述材料的描述,概括外部奖赏对内部学习动机可能存在的三种影响,并分别举例说明。

(2)在实际教学中,外部奖赏需结合学生的不同特征才能发挥其作用。试根据学生的年龄特征和学习目标定向、需求状态,谈谈如何有效使用外部奖赏。

第四章　知识的建构

一、知识及知识建构

（一）知识的含义及其类型

1.知识的含义

关于知识的含义，学界并没有统一的定论。从心理学角度看，知识的含义分为广义定义与狭义定义。

（1）广义的知识：指个体通过与环境相互作用后获得的一切信息及其加工和组织。心智技能和认知策略也包含其中，泛指人们所获得的经验。

（2）狭义的知识：指能储存在语言文字符号或言语活动中的信息或意义，如各门学科的事实、概念、公式、定理等，不包括技能和策略等调控经验。知识也是经过主观构建的信息，个体在加工知识时，会带有主观色彩，知识一方面存储在个体的头脑中，成为个体知识或主观知识，同时又可以通过文字符号表达出来。

2.知识的类型

一般来说，可以从以下角度对知识进行分类。

（1）根据知识的不同反映深度，分为感性知识与理性知识

所谓感性知识，是对事物的外表特征和外部联系的反映，可分为感知和表象两种水平，是人们通过感觉器官直接获得的；所谓理性知识，反映的是事物的本质特征和内在联系，包括概念和命题两种形式，是通过思维活动间接获得的。

（2）根据知识的不同抽象程度，分为具体知识与抽象知识

具体知识指具体而有形的、可以通过直接观察而获得的信息；抽象知识指不能直接观察的、只能通过定义来获取的信息。抽象知识往往是从许多具体事例中概括出来的、具有普遍适用性的概念或原理。

（3）根据不同状态和表述形式，分为陈述性知识与程序性知识

陈述性知识主要反映事物的状态、内容及事物发展变化的原因，主要指是什么、怎么样，也称描述性知识，一般可以用口头或书面语言进行清楚明白的表述；程序性知识主要反映活动的具体过程和操作步骤，说明做什么和怎么做，是一种实践性知识，主要用于实践操作，因此也称作操作性知识、策略性知

识或方法性知识。

（4）布卢姆的分类：具体的知识、方式方法的知识、普遍原理的知识

具体的知识，是指具体的、独立的信息，主要指具体指称物的符号：一是术语的知识；二是具体事实的知识，如日期、地点。

方式方法的知识，是有关组织、研究、判断和批评的方式方法的知识，介于具体知识和普遍原理之间的中等抽象水平。它含有五个子类别：惯例、趋势和顺序、分类与类别、准则、方法论。

普遍原理的知识，是把各种现象和观念组织起来的主要体系和模式的知识，包括两类：一是原理和概况的知识，二是理论和结构的知识。

（5）根据知识的不同来源，分为直接经验知识和间接经验知识

直接经验知识是通过自己的亲身实践活动而获得的知识；间接经验知识是个体通过书本和大众传媒等途径而获得的知识。

（6）根据知识是否容易传递，分为显性知识和隐性知识

显性知识易于用语言传递，如文字、数据的表述和处理；隐性知识指难以言传、只能意会的内隐经验类知识，如观念。

（7）根据知识及其应用的复杂多变程度，分为结构良好领域的知识和结构不良领域的知识

结构良好领域的知识指有固定答案的知识，如需要背诵的语言知识；结构不良领域的知识指生活中比较复杂的知识，这种知识是普遍存在的，如将老师的学习方法运用到自己的学习中。

【2007年311第40题】说明做什么和怎么做、反映活动的具体过程和操作步骤的知识属于（　　　）

A.描述性知识　　　　　　　　B.陈述性知识

C.程序性知识　　　　　　　　D.条件性知识

【解析】C

陈述性知识主要说明事物是什么、为什么、怎么样，一般可通过言语来进行清楚的描述，也称描述性知识；程序性知识则是说明做什么、怎么做，反映活动的具体过程和操作步骤。条件性知识所反映的是知识适用的时空条件，是陈述性知识和程序性知识的结合。故本题选C。

（二）知识建构的基本机制

1.陈述性知识建构的机制

（1）赫尔巴特最先提出同化概念，认为学习过程是新知识融入原有认知结构内，使原有认知结构得到丰富和发展，从而吸收新知识的统觉过程。

（2）皮亚杰发展了赫尔巴特的思想，认为知识的建构是通过新旧知识的同化和顺应而实现的。同化指新知识纳入个体已有的认知结构，引起认知结构发生量变的过程。顺应指新知识纳入个体已有的认知结构，调整和改造了已有认知结构，使之发生质变的过程。

（3）奥苏伯尔进一步发展了皮亚杰的思想。认为同化有三种方式：上位学习、下位学习、并列学习。他指出同化是一个促使知识从一般到个别，从上位到下位逐渐分化和横向联系的相互作用过程。

【2007年311第41题】学生一旦在新信息与原有认知经验之间建立了逻辑联系，就可以利用相关的背景知识对新信息作出进一步的推理和预期，从而"超越给定的信息"，生成更丰富的理解。这一知识建构的心理机制是（　　　　）

A.同化　　　　　　B.顺应　　　　　　C.平衡　　　　　　D.重组

【解析】A

知识建构是通过同化和顺应过程来实现的。其中，同化是指学生利用相关的原有认知经验对新信息进行解释，从而"超越给定的信息"，并生成更丰富理解的过程。顺应是指当新信息与原有认知经验存在偏差或完全对立时，个体在一定程度上调整原有观念或完全转变原有的错误观念的过程。平衡是指同化和顺应不断交替出现的过程；重组是指原有经验系统的成分保持不变，但是改变它们之间的关系或建立新的联系。故本题选A。

【知识点拓展：陈述性知识的表征方式】

陈述性知识的表征。陈述性知识以符号、概念、命题、命题网络、表象、图式等方式进行表征。

符号。符号主要指各种事物的名称或标记，用来代表知识的意义。

概念。概念代表事物的基本属性和基本特征，是一种简单的表征形式。

命题和命题网络。命题是意义或观念的最小单元，用于表述一个事实或描述一个状态，通常由一个关系和一个以上的论题组成。关系限制论题，如果命题之间具有相互关系,则构成命题网络。两个或多个命题常常因为有某个共同的成分而联系在一起,从而构成了命题网络,又称为语义网络。

表象。表象是人们头脑中形成的与现实世界的情境相类似的心理图像。

图式。图式是指有组织的知识结构,即关于某个主题的一个知识单元,包括与该主题相关的一套相互联系的基本概念,构成了感知、理解外界信息的框架结构。

【2025 年 333 第 29 题】学习"鸟"这一概念时,小李认为企鹅不能飞,所以不属于鸟类。这一错误判断的原因可能是( )

A.使用了概念的反例　　　　　　B.使用了类比策略

C.出现了过度概括　　　　　　　D.出现了概括不足

【解析】D

本题考查陈述性知识的表征形式。概念学习指学会对一类刺激作出同样的反应。A.反例是指不符合概念的例子,比如蝙蝠是会飞的哺乳动物,反例用来帮助学习者加深对概念的理解,题中没有涉及反例的使用。B.类比策略是通过已知的类似事物来推测新事物的属性,小李并未使用类比的思维方式。C.过度概括是指将概念范围扩大到包含不应属于该概念的事物,如认为所有会飞的动物都是鸟类,而题中是对概念范围缩小了。D.概括不足是指在学习概念时未能将所有符合该概念的事物纳入其中,导致对概念的理解过于狭窄。故本题选 D。

2.程序性知识建构的机制:*产生式*

现代认知心理学运用产生式理论来解释程序性知识获得的心理机制。产生式这一术语来自计算机领域,美国信息加工心理学创始人西蒙和纽厄尔首次将其应用于心理学,用来说明程序性知识的表征和获得机制。他们认为,人脑和计算机一样,都是"物理信号系统",其功能都是操作符号。计算机之所以具有智能,能完成各种运算和解决问题,是由于它储存了一系列以"如果……那么……"形式编码的规则。人经过学习,头脑中也储存了一系列以"如果……那么……"形式表示的规则,这种规则就是产生式。

产生式由条件和行动两部分组成,产生式的基本原则是"如果条件是 A,那么实施行动 B",即当一个产生式的条件得到满足,则执行该产生式规定的某个行动。解决一个简单的问题需要一个产生式,解决一个复杂的问题就需要若干个产生式,这些产生式组成产生式系统。所谓产生式系统,就是人所能执行的一组内隐的智力活动。

程序性知识的学习本质就是掌握一个程序,即在长时记忆中形成一个解决问题的产生式系统,以后遇到同样类型的问题,就可以按这个产生式系统来行动。产生式的提出为程序性知识的教学提供了便于操作的科学依据。

【2010年311第38题】运动技能的表征方式是(　　　)

A.命题　　　　　　　　B.语义网络

C.命题网络　　　　　　D.产生式系统

【解析】D

运动技能的表征方式是产生式系统。故本题选 D。

二、知识的理解

(一)知识理解的类型

一般所说的知识理解主要指学生运用已有的经验、知识去认识事物的种种联系、关系,直至认识其本质、规律的一种逐步深入的思维活动。它是学生掌握知识过程的中心环节。知识理解的类型主要分为以下几种。

1.陈述性知识的理解:对言语、符号、概念、原理、命题的理解。

2.程序性知识的理解:理解操作活动的步骤和程序。

3.策略性知识的理解:对认知策略、解决问题的思想和方法的理解。

4.图形知识的理解:从复杂的图形中分解出简单的基本图形,由基本图形寻找出基本元素及其关系。

(二)知识理解的过程

1.西方关于知识理解过程的理论

(1)三阶段论。著名心理学家诺曼和鲁墨哈特根据图式理论,提出知识的理解需要经过生长、重构、协调三个阶段。在生长阶段,学生通过接触各种形式的知识,包括术语、事件、理论解释等,力图将这些"外来的"知识与自己原有的知识建立联系。在重构阶段,主要是建立观念间的联系,形成观念间的关系模式。在协调阶段,知识由大量的模式构成,根据深层次结构加以组织以达到系统化和结构化的水平。

(2)三水平论。图尔文把知识的记忆分为情节记忆、语义记忆、程序性记忆三种水平。他还把三种水平的记忆与诺曼等人的三阶段论联系起来,认为知识的生长要以情节记忆为基础,知识的重构要以语义记忆为基础,知识的协调要以程序性记忆为基础。

2.我国关于知识理解过程的理论

心理学家冯忠良把知识的理解过程分为三个阶段:领会、巩固、应用。他认为,要掌握知识,首先应领会知识,然后在头脑中将领会的知识加以巩固,并在实际中应用这类知识,以便得到进一步的检验和充实。领会、巩固、应用是知识理解中的三个基本环节,直观、概括、具体化等认知动作以及识记、保持等记忆动作是实现这三个环节的核心。知识的领会是通过对教材的直观和概括来实现的,知识的巩固是通过对教材的识记和保持来实现的,而知识的应用则是通过具体化过程来完成的。

(三)影响知识理解的因素

1.客观因素

(1)学习材料的内容。学习材料的意义、内容的具体程度、相对复杂性和难度等都会影响学习者对知识的理解。

(2)学习材料的形式。在表达形式上的直观性,如是否采用实物、模型等,一般来说也会影响学习者对知识的理解。

(3)教师的言语提示和指导对学生的学习有直接影响。

(4)新旧知识的联系。理解以旧知识、旧经验为基础。学生在学习的过程中往往从已有的知识出发,去认识和理解新事物。

(5)知识的系统化。知识的系统化就是理解知识各部分之间的关系,有利于完整地理解知识。

2.主观因素

(1)学习者的相关经验。一般来说,学习者经验的丰富程度,以及经验与知识的关系会影响学习者对知识的理解。

(2)学习者学习的主动理解的意识和方法。学生要有主动理解的意识倾向和主动理解的策略与方法。

(3)学习者的认知结构特征。如认知结构中有没有适当的、起固着作用的观念,以及起固着作用的观念的稳定性和清晰性。

(4)学习者的能力水平。如学生的认知发展水平、语言能力等。

三、知识的整合与应用

(一)知识的整合与深化

知识的整合不是知识的简单相加,而是知识的彼此交融、贯通,整合后的知识是有机统一在一起的,并且知识整合的过程也是知识不断深化的过程。

1.记忆及其种类

（1）记忆的含义

所谓记忆，是个体通过对知识的识记、保持、再现（再认或回忆）等方式，在头脑中积累和保存经验的心理过程。从信息加工阶段的观点来看，记忆是指人脑对外界输入的信息进行编码、存储和提取的过程。识记和保持是再现的前提，再现是识记和保持的结果，知识的整合与深化主要是通过识记和保持两个记忆环节来实现的。

（2）记忆的种类

根据记忆的结构，可把记忆区分为瞬时记忆、短时记忆、长时记忆。

①瞬时记忆，也叫感觉记忆，是指感觉刺激停止之后所保持的瞬间映象。它不做任何形式的加工，且保持的时间很短。

②短时记忆，也叫工作记忆，是指个人当时注意着的信息，为现实进行加工、操作服务的记忆过程。它具有记忆容量有限、储存时间短、对信息进行有意识加工的特点，还具有语音听觉、视觉形象、语义等多重编码的特点。

③长时记忆，即是短时记忆中的部分信息经过加工而得到永久储存的记忆，这种记忆保持的时间从一分钟以上直至伴随人的一生，而且容量无限。

在长时记忆中，从不同的角度可将其区分为程序性知识和陈述性知识的记忆、形象记忆和情绪记忆、情景记忆和语义记忆等。

2.遗忘的特点与原因

（1）遗忘的特点

依据艾宾浩斯遗忘曲线，记忆的保持随时间的流逝而逐渐消退，呈现先快后慢的特征。

①保持量的减少。保持量随时间、测量方法、学习程度、材料性质等因素的变化而有所不同。

②保持量的增加。儿童在学习后的两三天测得的保持量会比学习后立即测得的保持量要多，这种现象叫作记忆的恢复。记忆恢复现象，儿童较成人普遍，学习较难的材料比学习较易的材料更明显，在学习程度较低的情况下比在学习纯熟的情况下更容易看到。

③记忆内容变化。保存在头脑中的图形不是原封不动的，也不只是模糊化，而是进一步被加工并发生变化。故事逐渐被缩短和省略，变得更有连贯性、合理化且符合习惯与价值观。

④复习与记忆。不复习和不合理的复习都不能取得保持记忆的最好效果，只

有合理复习才能最大程度地保证好的记忆效果。

(2)遗忘原因的理论探讨

①记忆痕迹衰退说。完形心理学家提出人们在学习时神经活动引起大脑产生某种变化,并留下各种记忆痕迹,这些记忆痕迹会随着时间的延长而逐渐衰退。只有通过不断练习,这种学习所留下的记忆痕迹才能继续保持。

②材料间的干扰说。这一理论认为,遗忘的发生是由于人们在一种学习任务结束之后又去从事其他的学习任务,人们在某时期所学习的材料或所获得的信息之间会发生相互影响,正是这种影响造成了遗忘的发生。

③检索困难说。现代信息加工心理学认为,人们所获得的信息是以某种编码形式永久地储存在长时记忆中的,人们一时无法回忆起所需要的信息,并不是遗忘之故,而是因为难以找到其提取的线索。如果能够通过指导获得提取的线索,这些先前"遗忘"的信息仍然是能够找到的。

④知识同化说。奥苏伯尔在其同化理论中指出,遗忘是知识的组织和认知结构简化的过程。在有意义学习中,新旧知识之间通过相互作用建立起非人为的、实质性的联系,新知识同化到原有的认知结构中,人们长时记忆中储存的是经过转换后较为一般性的观念结构,遗忘的往往是一些被较为高级的观念所替代的低一级的观念,从而减轻了记忆的负担。

⑤动机性遗忘说。这一理论认为,遗忘是因为我们不想记,而将一些记忆推出意识之外,因为它们太可怕、太痛苦、太有损于自我。遗忘不是保持的消失而是记忆被压抑。这种理论由此也被称为压抑理论。

总之,遗忘的原因是多方面的,上述每一种理论都能解释遗忘发生的部分原因,但又不能解释所有的遗忘现象,需要进行多角度、多侧面、综合性的思考与解释。

3.促进知识整合的措施

知识的整合实际上是运用记忆规律促进知识保持的过程,其措施有:

（1）提高加工水平。

（2）多重编码。

（3）联系记忆法。

（4）过度学习与试图回忆相结合。

（5）合理复习，包括及时复习和分散复习等。

（二）知识的应用与迁移

1.迁移及其分类

知识的运用是解决"怎么办"的问题，智慧技能是对外解决"怎么办"的问题；认知策略是对内解决"怎么办"的问题。不管解决哪一类"怎么办"的问题，其本质都是学习的迁移。

（1）迁移的概念

迁移是一种学习对另一种学习的影响，指已经获得的知识、技能，甚至方法和态度对新知识、新技能的影响。这种影响可能是积极的，也可能是消极的。

【2015年311第34题】下列不属于迁移的是(　　　　)

A.吃一堑，长一智　　　　　　B.近墨者黑

C.因噎废食　　　　　　　　　D.温故知新

【解析】B

迁移是指已经获得的知识、技能，甚至方法和态度对学习新知识、新技能的影响。"近墨者黑"是指客观环境对人有很大影响，不属于迁移的概念范畴。故本题选B。

（2）迁移的类型

表2　迁移的类型

维度	具体分类
从迁移发生的学习类型看	①知识与技能的迁移 ②情感与态度的迁移
从迁移的方向看	①顺向迁移：前面的学习对后面的学习的影响 ②逆向迁移：后面的学习对前面的学习的影响

续表

维度	具体分类
从迁移的影响效果看	①正迁移:一种学习对另一种学习的积极影响 ②负迁移:一种学习对另一种学习的消极影响
从迁移内容的抽象和概括水平看(加涅提出)	①横向迁移(水平迁移):同一抽象和概括水平的经验之间的相互影响,如直角、锐角、钝角等是并列的概念 ②垂直迁移:不同抽象和概括水平的经验之间的相互影响。如直角、锐角、钝角都被统一称作"角"
从迁移的程度看	①近迁移:个体把所学的经验运用到与原来的学习情境比较相似的情境中 ②远迁移:个体把所学的经验运用到与原来情境极不相似的情境中
从迁移发生的方式和范围看	①特殊迁移:某一领域或课题的学习直接对学习另一领域或课题所产生的影响 ②非特殊迁移:迁移产生的原因不明确,可能是原理原则的迁移,也可能是态度的迁移
从迁移发生的自动化程度看	①低通路迁移:反复练习的技能自动化的迁移,如驾驶不同类型的汽车 ②高通路迁移:有意识地将某种抽象知识运用到新的情境中,如利用做笔记策略来阅读文章
从不同内容的迁移看	①一般迁移:将一种学习中习得的一般原理、方法、策略和态度等迁移到另一种学习中去 ②具体迁移:将一种学习中习得的具体的、特殊的经验直接迁移到另一种学习中去,或者经过某种要素的重新组合迁移到新情境中去

【2020年311第37题】某学生数学基础好,在学习教育统计课程时感觉很顺利。这种学习现象属于( )

　　A.横向迁移　　　　　　　　B.纵向迁移

　　C.逆向迁移　　　　　　　　D.重组迁移

【解析】B

纵向迁移，又称垂直迁移，是指处于不同抽象、概括水平的经验之间的相互影响。教育统计课程是数学学科在教育领域（包括实践领域与理论研究领域）中的应用。教育统计课程的抽象概括水平低于数学，该学生数学基础好，有利于学习教育统计课程。因此，这种学习现象属于纵向迁移。故本题选 B。

【2023 年 311 第 37 题】把记数学笔记的方法迁移到记英语笔记中去，体现了（　　）

A.特殊迁移 B.非特殊迁移

C.纵向迁移 D.近迁移

【解析】B

不同内容的迁移分为特殊迁移和非特殊迁移，其中非特殊迁移也称为一般迁移，迁移产生的原因不明确，既可能是原理原则的迁移，也可能是态度的迁移。这样产生的迁移可能是由动机、注意等因素引起的，也可能是由学习的其他准备活动或学习方法、策略引起的。故本题选 B。

2.迁移理论与研究

（1）知识迁移的理论

早期迁移理论的观点：

①形式训练说。以官能心理学为基础，认为人的心智是由各种官能（如注意力、记忆力、推理力等）组成的，这些官能可以像肌肉一样通过训练而得到发展和加强。如果一种官能在某种学习情境中得到改造，就可以在与该官能有关的所有情境中自动地起作用，从而表现出迁移的效应。

②共同要素说。该理论认为一种学习情境到另一种学习情境的迁移，是由于这两种学习情境存在相同的成分，即桑代克和伍德沃斯的共同要素说，其实质就是两次学习在刺激—反应联结上具有共同点。

③概括化理论。贾德认为共同成分只是产生迁移的必要条件，而迁移产生的关键在于学习者能够概括出两组活动之间的共同原理。学习者的概括水平越高，迁移的可能性就越大。

④格式塔关系转换理论。该理论认为，迁移的产生主要是对学习情境内部关系的概括，学习者顿悟了某个学习情境中的关系，就可以迁移到一个有相应关系的学习情境中去，产生学习迁移。

⑤三维迁移模式。又称迁移与倒摄曲面，该模式是奥斯古德在总结大量对偶联想式学习迁移的基础上提出的。对偶联想式学习的一般形式是为学生提供一系列成对的材料，这些成对材料的第一项叫刺激项目，第二项称为反应项目。当刺激项目呈现时，要求被试说出或写出反应项目。在这种对偶联想式学习的迁移实验中，一般改变前后两次学习的材料，以观察和测量迁移的效果。迁移的性质和数量是刺激条件和反应二者相似性变化的函数。这个理论表明了刺激或学习材料的相似程度和反应的程度与迁移之间的关系。

⑥学习定势说。这一理论认为，迁移的产生主要是在训练中形成了学习定势，进而迁移到其他情境中去。

现代有关迁移理论的观点：

①符号性图式理论。以霍利约克、巴索克和吉克等人为代表，他们认为最初的学习中包含了一种形成抽象的符号图式，即抽象的结构特性的学习过程。当新的情境特征与该图式中的符号匹配时，就激活、提取和应用这种表征。图式匹配或表征相同是迁移的决定因素。

②产生式理论。以安德森等人为代表，着重研究了技能的迁移问题，提出了迁移的产生式理论。若两表征含有相同的产生式或者产生式的交叉有重叠，便可以产生迁移。产生式是决定迁移的一种共同要素。

③结构匹配理论。以金特纳等人为代表，该理论假定迁移过程中存在着一种表征匹配的过程，表征包括事件的结构特征、内在关系与联系等，若两表征匹配，则可以产生迁移。

④情境性理论。以格林诺等人为代表，认为迁移问题主要是说明在一种情境中学习参与某种活动，将如何影响在不同情境中参与另一种活动的能力。

3.知识迁移的影响因素

（1）相似性。相似性是影响学习迁移发生的一个重要因素。相似性包括客观因素的相似，也包括主观因素的相似。学习材料的相似性属于客观因素的相似，除此之外，个体加工学习材料的过程是否相似也影响着迁移的发生，加工过程的相似性可视为主观相似性。

（2）已有经验的概括水平。学习迁移实际上是一个对已有经验的具体化或新旧经验的协调过程，因此，已有经验的概括水平对迁移的效果有很大影响。

（3）学习态度和定势。一般来说，定势对学习能够起促进作用，但是有时候也会起阻碍作用，明显的表现就是功能固着，即把某种功能、作用赋予某种物体的心理倾向。

（4）个体的智力水平。这是影响迁移效果非常重要的主观因素之一。

除此之外，诸如年龄、学习者的态度、教学指导、外界的提示与帮助等因素，都在不同程度上影响着迁移的产生。

4.为迁移而教

我们的教学应该"为迁移而教"，把迁移渗透到每一项教学活动中去。主要措施有：

（1）整合学科内容。教师要注意把各个独立的教学内容整合起来，注意各门学科之间的横向联系，要鼓励学生把在某一门学科中学到的知识运用到其他学科中。这就是加涅所说的横向迁移。

（2）加强知识联系。教师应重视简单知识技能和复杂知识技能、新旧知识技能之间的联系，要促使学生把已学过的内容迁移到新知识上去，可以通过提问、提示等方式，使学生利用已有知识来理解新知识。这就是所谓的纵向迁移。

（3）重视学习策略。教师要有意识地教学生学会如何学习，帮助他们掌握概括化的认知策略和元认知策略。认知策略和元认知策略是可教的，教授学习策略会促进学习迁移。

（4）强调概括总结。教师要有意识地启发学生对所学内容进行概括总结。一方面，教师可以引导学生自己总结出概括化的原理，培养和提高学生概括总结的能力，以充分利用原理、原则的迁移；另一方面，在讲解原理、原则时要尽可能用丰富的案例，帮助学生尽可能地把原理、原则运用到其他情境或实践中。

（5）培养迁移意识。教师通过反馈和归因控制等方式使学生形成关于学习的积极态度，鼓励学生大胆进行知识迁移，将知识灵活应用。

本章内容思维导图

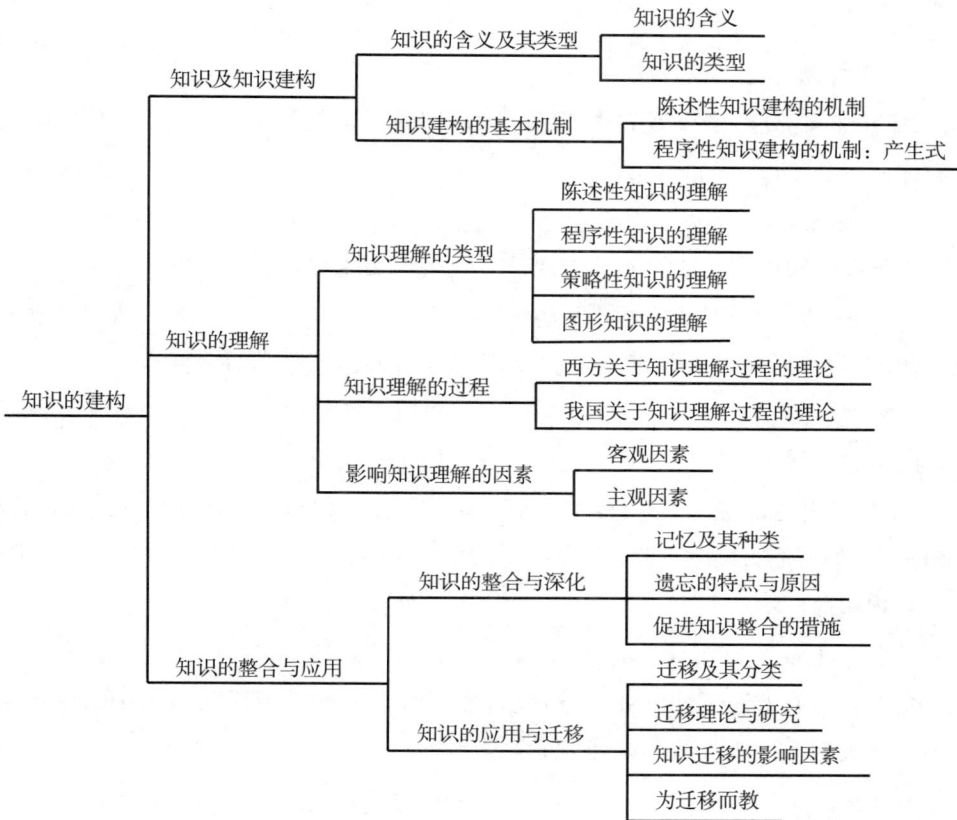

```
知识的建构 ─┬─ 知识及知识建构 ─┬─ 知识的含义及其类型 ─┬─ 知识的含义
            │                  │                      └─ 知识的类型
            │                  └─ 知识建构的基本机制 ─┬─ 陈述性知识建构的机制
            │                                        └─ 程序性知识建构的机制：产生式
            │
            ├─ 知识的理解 ─┬─ 知识理解的类型 ─┬─ 陈述性知识的理解
            │              │                  ├─ 程序性知识的理解
            │              │                  ├─ 策略性知识的理解
            │              │                  └─ 图形知识的理解
            │              ├─ 知识理解的过程 ─┬─ 西方关于知识理解过程的理论
            │              │                  └─ 我国关于知识理解过程的理论
            │              └─ 影响知识理解的因素 ─┬─ 客观因素
            │                                      └─ 主观因素
            │
            └─ 知识的整合与应用 ─┬─ 知识的整合与深化 ─┬─ 记忆及其种类
                                 │                      ├─ 遗忘的特点与原因
                                 │                      └─ 促进知识整合的措施
                                 └─ 知识的应用与迁移 ─┬─ 迁移及其分类
                                                       ├─ 迁移理论与研究
                                                       ├─ 知识迁移的影响因素
                                                       └─ 为迁移而教
```

自测题

一、选择题

1.【2008年311第34题】"知识就是力量"这一命题所表达的观念,在知识的分类体系中属于(　　)

　　A.陈述性知识　　　　　　　　　　B.程序性知识

　　C.条件性知识　　　　　　　　　　D.策略性知识

2.小明在学习物理时,能够清楚地解释"力"的概念,但在实际操作中难以准确地测量物体所受的力。这种情况反映了小明在哪种知识类型上存在不足(　　)

　　A.陈述性知识　　　　　　　　　　B.程序性知识

　　C.策略性知识　　　　　　　　　　D.图形知识

3.【2013年311第35题】学习单词basket(篮子)有助于学习单词basketball(篮球)。这里所产生的迁移是(　　)

　　A.顺应性迁移　　　　　　　　　　B.低路迁移

　　C.水平迁移　　　　　　　　　　　D.特殊迁移

4.在一项关于记忆的研究中,研究者发现参与者在学习后立即测试的成绩反而不如两天后测试的成绩。这种现象被称为(　　)

　　A.遗忘　　　　　　　　　　　　　B.记忆的恢复

　　C.过度学习　　　　　　　　　　　D.分散复习效应

5.根据记忆的结构,可以将记忆区分为瞬时记忆、短时记忆、长时记忆。其中,个人当时注意着的信息,为现实进行加工、操作服务的记忆过程是(　　)

　　A.瞬时记忆　　　　　　　　　　　B.短时记忆

　　C.长时记忆　　　　　　　　　　　D.情景记忆

6.【2019年311第36题】在掌握了"心理过程"概念后,再学习"认知过程"这一概念,前一学习对后一学习的影响属于(　　)

　　A.水平迁移　　　　　　　　　　　B.垂直迁移

　　C.一般迁移　　　　　　　　　　　D.逆向迁移

7.小李在学习新的编程语言时,发现它与自己之前掌握的编程语言有许多相似之处,这极大地加快了他的学习速度。这种现象属于学习迁移的哪种类型(　　)

　　A.垂直迁移　　　　　　　　　　　B.横向迁移

　　C.远迁移　　　　　　　　　　　　D.负迁移

8.【青岛大学 2014 年 333 第 14 题】迁移的概括化原理理论认为实现迁移的原因是两种学习之间有共同的概括化的原理,这一理论的代表人物是(　　)

A.桑代克　　　　　　　　　　B.苛勒

C.奥苏伯尔　　　　　　　　　D.贾德

9.冯忠良对知识的理解过程进行了阶段的划分,通过对教材的识记和保持来实现的是(　　)阶段。

A.领会　　　　　　　　　　　B.巩固

C.应用　　　　　　　　　　　D.整合

10.某高中数学老师在教授"三角函数"后,引导学生思考如何将这些知识应用到物理学中的"简谐运动"分析中。这位老师的做法最能体现"为迁移而教"的哪项措施(　　)

A.整合学科内容　　　　　　　B.加强知识联系

C.重视学习策略　　　　　　　D.强调概括总结

二、论述题

1.【2022 年 311 第 52 题】试论述程序性知识和操作技能的关系。

2.【东北师范大学 2019 年 333 论述题 3】介绍三种学习迁移理论。

3.【首都师范大学 2021 年 333 论述题 2】结合具体案例,说说在教学中如何促进正迁移的发生。

三、材料分析题

【2017 年 311 第 56-I 题】阅读以下材料并按要求回答问题。

通常,迁移可被界定为先前的学习结果影响新情境中的学习或表现的过程。当今的认知心理学家将学生习得的知识区分为陈述性知识和程序性知识两大类,因此迁移发生的情况可能会有:①陈述性知识向陈述性知识的迁移;②陈述性知识向程序性知识的迁移;③程序性知识向程序性知识的迁移;④程序性知识向陈述性知识的迁移。

尽管预期迁移发生的种类如此广泛,但迁移不会自然发生。吉克和霍利约克(Gick&Holyoak,1983)曾用实验证明了这一点。在实验中,他们使用了如下材料:

第一则材料:涉及医生治疗恶性肿瘤患者的材料。一位恶性肿瘤患者已无法采用手术治疗方案,但如不摧毁肿瘤便无法挽救其生命。有一种射线,如以足够高的强度照射肿瘤,可将其摧毁,但当以这样的强度照射肿瘤时也将摧毁肿瘤周围的健康组织;采用低强度的射线虽对健康组织不构成伤害,但对肿瘤也不产生任何作用。要使用射线摧毁肿瘤的同时又不伤及健康组织,若您是医生,将采用何种办法？（正确的方案是，可从不同的方向同时向肿瘤发出射线，从而使到达肿瘤部位的射线有足够摧毁它的剂量，又不伤及周围的健康组织。）

第二则材料：涉及具有同类结构的军事材料。守敌在通往自己据点的所有道路上都埋设了地雷，一旦道路受到过重的负荷便会自行引爆，而较轻的负荷则不会引爆。如要歼敌，攻方该如何进攻？

第三则材料：涉及具有同类结构的火灾救援材料。即如何使用来自不同方向的水源扑救大火。

鉴于在无任何准备的情况下很少有人能正确解决这类问题，吉克等人让大学生阅读其中的第一则或前两则材料。对读完第一则材料的学生，要求其写出故事的梗概。对读完前两则材料的学生，要求写出它们在各方面的相似之处，实验人员再根据他们写出的内容作出好、中、差的评判。然后让参与实验的所有大学生阅读第三则材料并提出解决方案。

实验结果表明：只读第一则材料的学生，之后问题的正确解决率仅为21%；读了前两则材料且评判为"好"的学生正确率为90%，评判为"中"的学生正确率为40%，评判为"差"的学生正确率为30%。

请回答：

(1)本实验中，实验者通过干预措施试图让学生形成哪种认知结构？由此产生了上述4种迁移类型中的哪种迁移？

(2)实验者采用了类比的方法来促进学生的学习迁移。请阐述类比教学的要义。

第五章 技能的形成

一、技能及其作用

（一）技能及其特点

1.技能的概念

技能就是通过练习而获得的合乎法则的认知活动和身体活动的动作方式。

2.技能的特点

（1）练习是技能的形成途径。技能通过不断练习逐步完善。

（2）动作方式是技能的形式。技能不是通过语言表述的，而是通过实际活动表现的。

（3）合乎法则是技能的标志。技能的各动作要素以及之间的顺序都要遵循活动本身的要求，即每步动作都要合乎法则。

（二）技能的类型

按技能的性质和特点，可以将其分为操作技能和心智技能两类。

1.操作技能

操作技能又叫运动技能、动作技能，是通过学习而形成的合乎法则的操作活动方式。指由一系列外部动作以合理的程序组成的操作活动方式，如骑车、体操、书写等。操作技能具有以下三个特点：首先，就动作对象而言，操作技能的活动对象是物质性客体或肌肉，具有客观性；其次，就动作进行而言，操作动作的执行是通过外部显现的肌体运动实现的，具有外显性；最后，就动作的结构而言，操作活动的每个动作必须切实执行，不能合并省略，在结构上具有展开性。

2.心智技能

心智技能也称智力技能、智慧技能，指借助于内部言语在人脑中进行的认知活动方式，如默读、心算、写作等。心智技能具有三个特点：第一，动作对象的观念性；第二，动作执行的内潜性；第三，动作结构的简缩性（不用像动作技能那样一一出现，内部言语是可以合并、省略及简化的）。

3.操作技能和心智技能的区别与联系

区别：操作技能具有物质性、外显性、展开性等特点，而心智技能具有关键性、内隐性、简缩性等特点。换言之，前者主要表现为外部的肌肉骨骼的操作活动，后者主要表现为内隐的思维操作活动。

联系：操作技能经常是心智技能形成的最初依据和外部体现的标志，心智技能的形成常常是在外部操作技能的基础上，逐步脱离外部动作而借助内部言语实现的；心智技能往往又是外部操作技能的调节者和必要组成部分，复杂的操作技能往往包含认知成分，需要学习者智力活动的参与，手脑并用才能完成。二者相辅相成、相互制约、相互促进。

【2007 年 311 第 42 题】阅读、写作、运算等技能主要是（　　）

A.运动技能　　　　B.动作技能　　　　C.策略技能　　　　D.心智技能

【解析】D

技能分为心智技能（也称智慧技能、智力技能）和运动技能（也称动作技能、操作技能）。吹拉弹唱、写字绘画等属于运动技能范畴，而阅读、写作、运算等则是常见的心智技能。策略技能则是认知策略与心智技能的合成，是一个"人造"术语。故本题选 D。

【2008 年 311 第 36 题】下列选项中，属于运动技能的是（　　）

A.摇头　　　　　　B.系鞋带　　　　　C.心算　　　　　D.作文

【解析】B

操作技能又叫作运动技能、动作技能，如骑自行车、写字、唱歌等；与之对应的是心智技能，又叫智力技能、智慧技能，如心算、阅读、写作等。C、D 项都属于心智技能。技能是指通过练习而获得的合乎法则的认知活动和身体活动的动作方式，这里限定了技能的三个必要条件：一、是通过学习或练习而形成的，不同于本能；二、是合乎一定规则和要求，受意识控制，不同于随意行为；三、是由一系列动作及其执行方式构成的活动方式，不同于知识。摇头是一种本能，不是一种技能。故本题选 B。

【2011 年 311 第 36 题】心智技能区别于运动技能的主要特点是（　　）

A.流畅性、简缩性和适应性　　　　　　B.简缩性、展开性和流畅性

C.简缩性、内潜性和展开性　　　　　　D.观念性、内潜性和简缩性

【解析】D

心智技能，是通过学习而形成的合乎法则的心智活动方式，是借助于内部语言，在人脑内部以简缩的形式对事物的主观表征进行加工、改造的过程。心智技能具有观念性、内潜性、简缩性等特点；运动技能又叫动作技能，是通过学习而形成的合乎法则的操作活动方式，具有客观性、外显性、展开性等特点。故本题选 D。

（三）技能的作用

1.技能作为合乎法则的活动方式,可以调节和控制动作的进行。

2.技能的掌握是进行学习活动、提高学习效率的必要条件。

3.技能的形成有助于对有关知识的掌握。

4.技能的形成也有利于智力、能力的发展。

二、心智技能的形成与培养

（一）心智技能的形成过程

1.加涅的智慧技能学习层级

随着认知心理学的发展,加涅等人对心智技能的解释成为主流看法。他们认为,心智技能是将已习得的知觉模式、概念、规则运用于实际情境,从而顺利完成任务的能力。

（1）内容:加涅按心智技能复杂程度的不同,将其分为五个层次。

①辨别。能区分刺激物的特征,发现事物之间的差异。

②具体概念。能列举事物的名称。

③定义概念。能理解以命题或公式表达的事物的本质属性。

④规则。能按规则进行操作,作出正确的反应。

⑤高级规则。能识别各类轿车的共同属性,并赋予其类别术语。

（2）关系:这五种心智技能的习得具有一定的层次关系,即高级规则学习以简单规则学习为先决条件,规则学习以定义概念学习为先决条件,定义概念学习以具体概念学习为先决条件,具体概念学习以知觉辨别为先决条件。这种层次关系是加涅心智技能层次论的核心思想。

2.心智技能的自动化

（1）加里培林的阶段形成理论

加里培林将心智动作的形成分成五个阶段:一是动作的定向阶段;二是物质活动或物质化活动阶段;三是出声的外部言语动作阶段;四是无声的外部言语活动阶段;五是内部言语阶段。

（2）冯忠良的三阶段理论

我国心理学家冯忠良根据有关研究并结合教学实际,将上述五个阶段进行了简化和改进,提出了心智技能形成的三阶段说,即原型定向阶段、原型操作阶段、原型内化阶段。

①原型定向阶段（相当于加里培林理论的第一阶段）。该阶段的学生主要是

在头脑中形成程序性知识。通过原型定向,学生在头脑中形成了有关活动方式的定向映象,而这种定向映象一旦建立,就可以调节以后的实际心智活动,同时也是心智活动得以产生的基础。

②原型操作阶段(相当于加里培林理论的第二阶段)。在该阶段,活动方式是物质化的,即外部言语和外显的动作按照活动实践模式一步步展开执行。学生在该阶段的活动是展开的、外显的,并经常借助于外部言语的引导和外部辅助手段,学员尚不能摆脱实践模式,而是依赖实践模式进行活动。

③原型内化阶段(相当于加里培林理论的后三个阶段)。原型内化即心智活动的实践模式向头脑内部转化,借助于内部言语,学生可以在头脑内部进行程序化的心智活动,并且能够以非常简缩、快速的形式进行。学生最初面临一个新任务时,要不断复述任务规则,但随着练习的进行,规则复述消失,这是内化的一个标志。

(3)安德森的三阶段理论

安德森的三阶段论包括:认知阶段、联结阶段、自动化阶段。

①认知阶段:了解问题的结构,即问题的起始状态、要达到的目标状态、从起始状态到目标状态所需要的步骤,从而形成最初的问题表征。

②联结阶段:学习者把某一领域的描述性知识"编辑"为程序性知识。

③自动化阶段:个体对特定的程序化的知识进一步深入加工和协调。此时,个体操作某一技能所需的有意识的认知投入较少,且不易受到干扰。

(二)心智技能的培养方法

1.遵循智力活动按阶段形成的理论

心智技能按阶段形成的理论,充分体现了心智技能的形成规律。在培养学生形成心智技能时,我们应该遵循阶段论,积极创造条件,帮助他们从外部的物质活动向内部的智力活动转化。

2.根据心智技能的种类选择方法

心智技能也有简单和复杂之分,对复杂程度不同的心智技能应该采取不同的方法和途径。

3.积极创造应用心智技能的机会

学生的实践活动是心智技能形成和发展的基础,想要促进心智技能的形成和发展,使学生达到熟练掌握的水平,教师必须积极创造问题情境,让他们的心智技能在解决问题的练习中得到锻炼。

4.注重思维训练

学生的心智技能的核心心理成分是思维,培养学生良好的思维方法和思维品质是对学生心智技能的形成与发展具有重要意义的措施。

三、操作技能的形成与培养

(一)操作技能的主要类型

1.按肌肉运动强度和动作精细程度的不同,分为细微型操作技能和粗放型操作技能。

(1)细微型操作技能:这类技能主要靠小肌肉群的运动来完成。

(2)粗放型操作技能:这类技能主要靠大肌肉群的运动来完成。

2.按操作的连续性的不同,分为连续型操作技能和断续型操作技能。

(1)连续型操作技能:表现为连续的、不可分的、协调的动作序列,需要对外部情境进行不断的调节,而且动作的序列较长,如骑车、游泳。

(2)断续型操作技能:由一系列不连续的动作构成,只包括较短的序列,其精确性可以计数,如射击、打字。

3.按动作对环境的依赖程度不同,分为闭合型操作技能和开放型操作技能。

(1)闭合型操作技能:这类技能在大多数情况下主要依赖机体自身的内部反馈信息进行运动,对外界环境中的反馈信息的依赖程度比较低,如舞蹈、体操。

(2)开放型操作技能:这类技能在大多数情况下主要依据外界反馈信息进行活动,对外界信息依赖程度较高,即根据外界环境变化来调整、控制并作出适当动作,如足球。

有些技能兼具闭合型与开放型,如高尔夫球、网球。

4.按操作对象的不同,分为徒手型操作技能和器械型操作技能。

(1)徒手型操作技能:不需要器械,仅通过身体协调来完成,如太极拳。

(2)器械型操作技能:通过操作一定的器械来完成,如击剑。

(二)操作技能的形成过程

1.菲茨与波斯纳的三个阶段模型

菲茨和波斯纳认为,动作技能的形成过程分为认知阶段、联系形成阶段、自动化阶段三个阶段。

(1)认知阶段。即学习者通过指导者的语言讲解或观察动作示范,了解和领会技能的要求、基本程序,掌握组成技能的局部动作的阶段。其主要特点是形成动作映象。例如,学习安装一个书架,就需要参照说明书上列出的步骤进行尝试,一边做一边按照说明书中的步骤进行检查。在这个阶段，我们需要时刻想着每一个步骤，头脑中还要形成一个画面，如想象如何给螺丝拧上螺帽，在此期间工作记忆的负荷非常沉重。

（2）联系形成阶段。即学习者把局部动作综合成更大的单位，以形成一个连贯的初步动作系统的阶段。其主要特点是学习者的视觉控制作用减弱，动觉控制作用逐渐提高，动作间的相互干扰减少，紧张度有所减弱，多余动作趋于消失。例如，工作人员选择合适的螺丝，并把它放在合适的位置，两个步骤需要发生自然的联系，动作之间形成连锁。

（3）自动化阶段。学习者动作的协调和技能的完善阶段，是技能形成的最后阶段。其主要特点是局部动作联合成一个完整的自动化的动作系统，多余动作和紧张状态已经消失，动作几乎不需要有意识控制。例如，组装了足够多的书架后，组装的同时，还能与他人聊天，对组装任务本身只用很少的注意就可以完成。

2.冯忠良的四阶段模型

冯忠良通过分析操作技能形成过程中的动作特点，并从教学实际出发，整合了有关研究，认为操作技能的形成过程可以分为操作的定向、操作的模仿、操作的整合与操作的熟练这四个阶段。

（1）操作的定向阶段。操作的定向即了解操作活动的结构，在头脑中建立起操作活动的定向映象的过程。虽然操作技能表现为一系列的操作活动，但学员最初必须了解"做什么""怎么做"，即首先要掌握程序性知识。程序性知识不同于操作技能，前者形成的是操作活动的定向映象，后者形成的是实际的操作活动方式。

（2）操作的模仿阶段。操作的模仿即实际再现出特定的动作方式或行为模式，其实质是将头脑中形成的定向映象以外显的实际动作表现出来。因此，模仿是在定向映象的基础上进行的，缺乏定向映象的模仿是机械的模仿。

（3）操作的整合阶段。通过整合，一方面动作水平得以提高，动作结构趋于合理、协调，动作的初步概括化得以实现；另一方面，学员对动作的有效控制逐步增强。因此，整合是操作技能形成过程中的关键环节，它是从模仿到熟练的一个过渡阶段，也为熟练的活动方式的形成打下了基础。

（4）操作的熟练阶段。操作的熟练阶段是前面讲过的操作的自动化阶段。

【2016 年 311 第 37 题】某学生在体操技能训练中表现为:整体动作趋于协调连贯,多余动作有所减少,视觉控制逐渐让位于动觉控制,但动作技能尚未达到自动化。该生的体操技能处于(   )

    A.操作定向阶段   B.操作模仿阶段

    C.操作熟练阶段   D.操作整合阶段

【解析】D

操作技能的形成过程可以划分为四个阶段,即操作定向阶段、操作模仿阶段、操作整合阶段、操作熟练阶段。操作整合是指把模仿阶段习得的动作依据其内在联系结合起来,并且固定下来,并使各动作成分相互结合,成为定型的、一体化的动作。在操作整合阶段,一方面动作水平得以提高,动作结构趋于合理、协调,动作的初步概括化得以实现;另一方面,学生对动作的有效控制逐步增强,但是并未达到自动化、熟练的阶段。故本题选 D。

(三)操作技能的训练要求

1.指导与示范

指导者应该做到:掌握相关的知识;明确练习目的和要求;形成正确的动作映象;获得一定的学习策略。

2.必要而适当的练习

(1)练习量:过度练习是必要的,但不是越多越好,要防止疲劳、错误定型。

(2)练习方式:根据分配时间的不同,分为集中练习、分散练习;根据完整性的不同,分为整体练习、部分练习;根据练习途径的不同,分为模拟练习、实际练习、心理练习。

3.充分而有效的反馈

一是内部反馈,即操作者自身提供的感觉系统的反馈;二是外部反馈,即操作者自身以外的人和事给予的反馈。采用何种反馈应依据任务的性质、学习者的学习进程而定。

4.建立稳定清晰的动觉

动觉是复杂的内部运动知觉,它反映的是身体运动时各种肌肉活动的特性,如紧张、放松,而不是外部特性。进行专门的动觉训练,可以提高动作的稳定性和清晰性,充分发挥动觉在操作技能学习中的作用。

本章内容思维导图

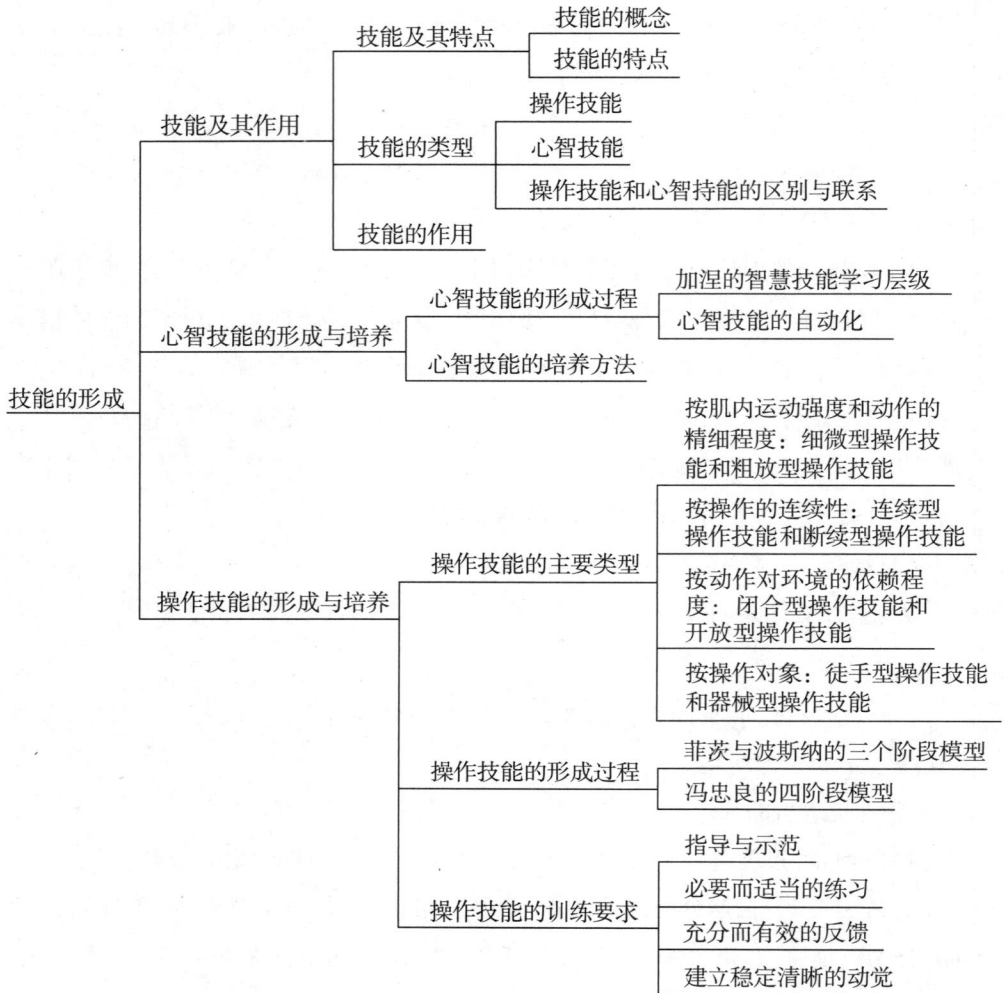

技能的形成
- 技能及其作用
  - 技能及其特点
    - 技能的概念
    - 技能的特点
  - 技能的类型
    - 操作技能
    - 心智技能
    - 操作技能和心智持能的区别与联系
  - 技能的作用
- 心智技能的形成与培养
  - 心智技能的形成过程
    - 加涅的智慧技能学习层级
    - 心智技能的自动化
  - 心智技能的培养方法
- 操作技能的形成与培养
  - 操作技能的主要类型
    - 按肌内运动强度和动作的精细程度：细微型操作技能和粗放型操作技能
    - 按操作的连续性：连续型操作技能和断续型操作技能
    - 按动作对环境的依赖程度：闭合型操作技能和开放型操作技能
    - 按操作对象：徒手型操作技能和器械型操作技能
  - 操作技能的形成过程
    - 菲茨与波斯纳的三个阶段模型
    - 冯忠良的四阶段模型
  - 操作技能的训练要求
    - 指导与示范
    - 必要而适当的练习
    - 充分而有效的反馈
    - 建立稳定清晰的动觉

自测题

一、选择题

1.下列关于技能特点的描述,不正确的是(　　　)

A.练习是技能形成的途径　　　　　　B.动作方式是技能的形式

C.技能主要通过语言表述　　　　　　D.合乎法则是技能的标志

2.【2019年311第35题】根据加里培林对技能的分类,阅读属于(　　　)

A.操作技能　　　　　　　　　　　　B.运动技能

C.心智技能　　　　　　　　　　　　D.学习技能

3.冯忠良提出的心智技能形成三阶段中,学员借助内部言语在头脑内部进行程序化的心智活动的阶段是(　　　)

A.原型定向阶段　　　　　　　　　　B.原型操作阶段

C.原型内化阶段　　　　　　　　　　D.认知阶段

4.【2007年311第43题】在操作技能的学习过程中,主要依靠视觉控制,各个动作要素之间的协调性差,常常出现顾此失彼现象的阶段是(　　　)

A.操作定向　　　B.操作模仿　　　C.操作整合　　　D.操作熟练

5.小明在学习骑自行车时,最初需要不断思考平衡、踩踏和转向,但经过一段时间的练习后,他可以自如地骑车并与朋友聊天。这体现了操作技能形成的阶段是(　　　)

A.认知阶段　　　　　　　　　　　　B.联系形成阶段

C.自动化阶段　　　　　　　　　　　D.操作定向阶段

6.加涅将心智技能按复杂程度分为五个层次,其中能够理解以命题或公式表达的事物本质属性的层次是(　　　)

A.辨别　　　　　　B.具体概念　　　　　C.定义概念　　　　D.规则

7.根据操作技能的类型,下列哪项属于开放型操作技能(　　　)

A.体操　　　　　　B.舞蹈　　　　　　C.足球　　　　　　D.太极拳

8.安德森提出的技能形成三阶段理论中,学习者把某一领域的描述性知识"编辑"为程序性知识的阶段是(　　　)

A.认知阶段　　　　　　　　　　　　B.联结阶段

C.自动化阶段　　　　　　　　　　　D.内化阶段

9.在操作技能的类型中,主要靠小肌肉群的运动来完成的技能属于(　　　)

A.细微型操作技能　　　　　　　　　B.粗放型操作技能

C.连续型操作技能　　　　　　　　　D.断续型操作技能

10.在下列操作技能的类型中,属于断续型操作技能的是(　　)

A.骑自行车　　　　B.游泳　　　　　　C.打字　　　　　　D.舞蹈

二、论述题

1.【2014年311第52题】试论述菲茨与波斯纳提出的操作技能形成阶段及其特点。

2.【华中师范大学2016年333论述题3】论述心智技能的培养方法。

第六章 学习策略及其教学

一、学习策略及其结构

(一)学习策略的概念

学习策略是指学习者为了提高学习的效果和效率,有目的、有意识地制订的有关学习过程的复杂方案。

【2009 年 311 第 43 题】"学会如何学习"的实质是(　　　)

A.学会在适当条件下使用适当策略

B.掌握科学概念与原理

C.掌握大量言语信息

D.形成学习兴趣

【解析】A

学会学习,即学会运用一定的技巧和方法,提高自身的学习效率,帮助自己更好地学习,这说的就是学习策略的运用。学习策略,即学习者为了提高学习的效果和效率,有目的、有意识地制订有关学习过程的复杂方案。故本题选 A。

(二)学习策略的分类

学习策略由两种相互作用的成分组成:一种是基本策略,直接用于学生的认知活动;另一种是辅助性策略,用来维持合适的学习心理状态,如情绪调控策略。

图 5 为迈克卡等人提出的学习策略结构框架图。

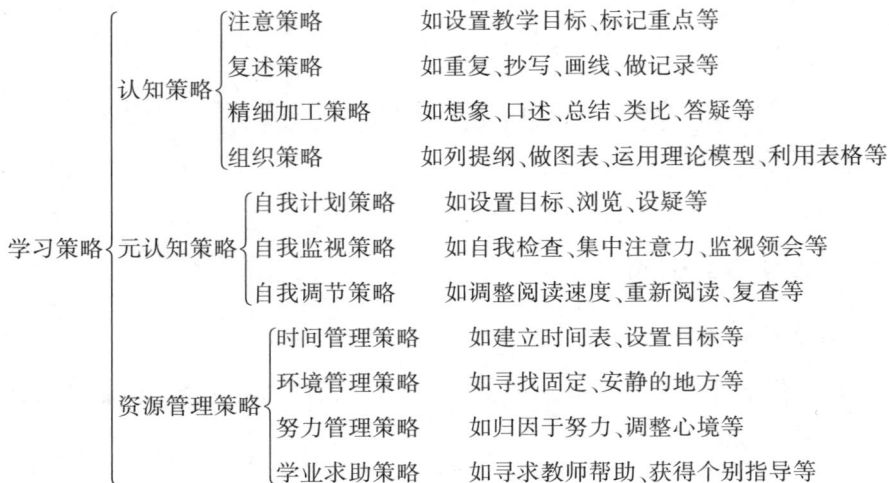

图 5　学习策略结构框架图

二、认知策略及其教学

认知策略是学习者信息加工的方法和技术。其基本功能有两个：一是对信息进行有效的加工和整理；二是对信息进行分门别类的系统储存。认知策略主要分为注意、精细加工、复述与组织策略四种。

（一）注意策略

注意策略指的是学习者在学习情境中激活与维持学习心理状态，将注意力集中于有关的学习信息上，对学习材料保持高度觉醒和警觉状态的学习策略。它指向学习活动的各个阶段，主要作用是帮助学习者进行知觉定向，实行自我控制，促进有意义学习。在教学过程中，教师可以通过以下几种途径将学生的注意力集中于课堂上。

1.设置教学目标，告知学生本课的目标。

2.使用标示重点的线索，如手势。

3.增加材料的独特性，多用带感情色彩的词汇。

4.使用奇特的或独特的刺激。

5.告知学生后面讲的内容对他们很重要。

（二）精细加工策略

所谓精细加工，指对学习材料进行深入细致的分析加工，理解其内在的深层意义，以促进记忆的学习策略，即通过把新学的信息和已有的知识联系起来，并以此来增加新信息的意义。我们运用已有的图式和已有的知识使信息合理化。其具体策略主要有以下几种。

1.简单知识的精细加工策略

对于简单的知识,精细加工策略是非常有效的。其中记忆术是一种常用的有效策略。比较流行的精细加工策略有以下几种:

(1)位置记忆法。

(2)首字联词法。

(3)限定词法,即谐音联想法,如记忆马克思的生日:1818年5月5日——"马克思一巴掌一巴掌,拍得资本主义呜呜呜地哭"。

(4)关键词法。

(5)视觉想象。

(6)寻找信息间的内在联系,利用信息的多余性。

2.复杂知识的精细加工策略

对复杂知识进行精细加工,主要通过以下几种方法:

(1)做笔记。从信息加工的角度来看,做笔记有助于对材料进行编码,同时还具有外部存储的功能,主要包括摘抄、评注、加标题、写段落概括语以及结构提纲等活动。

(2)联系生活实际。在学习过程中,教师不仅要帮助学生理解所学知识的意义,更要让学生感受到这些知识的价值,教会学生如何利用所学的知识,并迁移到课堂之外的环境中去。

(3)利用背景知识。在对复杂信息进行加工时,背景知识有助于把新旧知识联系起来,从而有助于加深对新知识的理解,因此起着非常重要的作用。

(4)主动应用。能够应用于实践中的知识,往往更容易被记忆。

(5)有意记忆。我们不要孤立地去记东西,要找出事物之间的联系,这样即使所选信息部分遗忘了,也可以通过信息之间的联系推出来。

(6)提问策略。

【2010年311第37题】在学习"gas—煤气"这一单词时,学生加入了中介词,成了"gas—该死—煤气"。该学生使用的策略是(　　　)

　A.精细加工策略　　　　　　B.组织策略

　C.复述策略　　　　　　　　D.计划监控策略

【解析】A

精细加工策略是指把新信息与头脑中的旧信息联系起来,寻求字面背后的深层意义,或者增加新信息的意义,从而帮助学习者将信息储存到长时记忆中去的学习策略。该策略旨在通过对要记忆的材料补充细节、举出例子、作出推论,或使之与其他观念形成联想,以达到长期保持的目的。故本题选A。

（三）复述策略

复述策略是在工作记忆中为了保持信息而对信息进行反复重复，以便将注意力维持在学习材料之上的策略。长时记忆中也会用到复述策略。复述策略在教学上的应用有以下几种。

1.排除干扰

2.抑制和促进

前后所学的信息之间存在相互影响。这种影响有些是消极的，称为抑制。当先学的信息和新信息混在一起时，先前所学的信息就会遗失，这种现象叫作倒摄抑制；当先学的信息干扰了后面信息的学习时，就会出现前摄抑制。前后信息的影响有些也是积极的。先学的某件事常常有助于学习类似的事，这种现象叫前摄促进；反之，后面所学的信息有助于先前信息的巩固，叫作倒摄促进。

3.首位效应和近位效应

教育心理学最古老的发现之一，就是当我们学习完一系列词汇后，马上加以测验会发现，我们对开始的几个词和结尾的几个词的记忆一般比中间的词要好得多。人们倾向于记住开始的事，是因为倾注了更多的注意力，造成了首位效应；另一方面，由于最后的项目几乎不存在什么干扰，造成了近位效应。

4.及时复习

5.集中复习和分散复习

一般分散复习更有益于保持，如考前突击复习或许能帮你通过测试，但这些信息并不一定能整合到你的长时记忆中。

6.部分学习和整体学习

一下子学习大量的内容会比较困难，所以把大块知识分解成部分进行学习，效果要好于整体学习。

7.自问自答或尝试背诵

8.过度学习

又称为过度识记，是指达到一次完全正确再现后仍继续识记的记忆。研究表明：150%的过度学习是最适宜的。

9.自动化

随着任务学得越来越好，所要求的注意力就越来越少，这样的过程被称为自动化。自动化主要是通过操练和练习获得的。

10.亲自参与学习

11.情境相似性和情绪生理状态的影响

俗话说"触景生情""睹物思人",就是说相似的情境有助于回忆,同样,情绪状态的相似性也大大影响了记忆。我们兴奋时,想到的大多是愉快的事;心情不佳时,会唤起许多不开心的回忆。

12.心向、态度和兴趣的影响

这一点是指对自己感兴趣的事记得牢一些,不感兴趣的事记得差一些。

【2016 年 311 第 36 题】某学生花 20 分钟学习一首短诗刚好成诵。为了防止遗忘,他又继续学习了 10 分钟,这种学习属于(　　)

A.适度学习　　　　　　　　B.过度学习

C.掌握学习　　　　　　　　D.意义学习

【解析】B

过度学习指的是一个人要掌握、记牢所学的知识,一定要通过反复练习和复述,才能巩固、加强所学内容。对于必须牢记的基础知识,可以进行适当的过度学习。一般来说,150%的过度学习时间效果最佳,超过了 150%就会出现"报酬递减"效应,造成事倍功半的效果。题干中某学生花 20 分钟学习一首短诗刚好成诵,为了防止遗忘,他又继续学习了 10 分钟,这种学习属于过度学习。故本题选 B。

(四)组织策略

1.含义

组织策略指整合所学新旧知识之间的内在联系,形成新的知识结构的策略。组织是学习和记忆新信息的重要手段,其方法是将学习材料分成一些小的单元,并把这些小的单元置于适当的类别之中,从而使每项信息和其他信息联系在一起。

2.常用组织策略

(1)列提纲。列提纲是以简要的语言来描述新知识的内在层次,这样有利于体现出知识的组织结构,从而促进学习者的理解和记忆。

(2)做示意图。运用图解的方式来说明信息之间的内在关系,用连线和箭头等符号形象地显示组织结构。

(3)运用理论模型。这种方法就是用图解的方式来说明某个过程之间的要素是如何相互联系的,如系统结构图、概念关系图等。

（4）利用表格。即对材料进行综合分析之后,提取出关键信息,并按照一定的方式陈列出来,使其一目了然,清晰明确。

> 【2016年311第38题】学生采用画图表或列提纲的方式整理所学知识。这种学习策略属于(　　)
>
> A.资源管理策略　　　　　　　B.元认知策略
>
> C.精加工策略　　　　　　　　D.组织策略
>
> 【解析】D
>
> 组织策略是指发现部分之间的层次关系或其他关系,使之形成某种结构,以达到有效保持之目的的一种学习策略。组织策略主要有两种:一种是归类策略,用于概念、语词、规则等知识的归类整理;另一种是纲要策略,主要用于对学习材料结构的把握。画图表或列提纲的方式属于组织策略中的纲要策略。故本题选D。

三、元认知策略及其教学

（一）元认知的概念及其作用

1.元认知的概念

元认知是对认知的认知,具体地说,是一个人对自己认知过程的认识以及调节这些过程的能力。在学习的信息加工系统中,存在着一个对信息流动的执行控制过程,它监视和指导认知活动的进行,负责评估学习中的问题,确定用什么学习策略来解决问题,评价所选策略的效果,并改变策略以改善学习效果。这种执行控制功能的基础就是元认知。

2.元认知的作用

（1）元认知可以提高认知活动的效率和效果。

（2）元认知的发展可以促进智力的发展。

（3）元认知的发展有助于个体发挥主体性。

（二）元认知策略

元认知策略是指学生对自己的学习过程进行有效监控的策略。学习时,学生要学会使用一些策略去评估自己的理解、预计学习时间、选择有效的计划来学习解决问题。例如,假如你读一本书时,遇到一段读不懂的文本,你该怎么办呢？或许你会慢慢再读一遍,或许你还会退到这一章更前面的部分,这意味着你要学会了解你什么地方不懂,以及如何去改正自己。此外,你还要能预测可能会发生什么,或者能说出怎样做是明智的,怎样做是不明智的。所有这些都属于元认知策略。

概括起来,元认知策略大致可以分为以下几种。

1. 自我计划策略

自我计划策略指根据认知活动的特定目标,在一项认知活动之前计划各种活动、预计结果、选择策略,想出各种解决问题的方法,并预估其有效性。该策略包括设置学习目标、浏览阅读材料、产生待回答的问题,以及分析如何完成学习任务。

给学习做计划就好比足球教练在比赛前针对对方球队的特点与出场情况提出对策。不论是完成作业,还是为了应付测验,学生在每一节课都应当有一个一般的"对策"。成功的学生并不只是听课、做笔记和等待教师布置测查的材料。

2. 自我监控策略

自我监控策略是在认知活动的实际过程中,根据认知目标及时评价、反馈自己认知活动的结果与不足,正确估计自己达到认知目标的程度和水平。主要包括:自我记录、自我提问、领会监控(如改变阅读的速度,重读较难的段落,中止判断、猜测等)、集中注意(如提前注意学习目标,标示重点,增加材料的情绪性,使用独特的刺激,告知重要性)等。

3. 自我调节策略

自我调节策略是对认知策略效果的检查,发现问题则采取相应的补救措施,根据对认知策略效果的检查,及时修正、调整认知策略,以保证学习有效、顺利地进行。

自我调节策略与自我监控策略有关。例如,当学生意识到自己不理解某一部分内容时,就会退回去读困难的段落;在阅读困难或不熟的材料时放慢速度;复习不懂的课程材料,或测验时跳过某个难题,先做简单的题目等。自我调节策略能帮助学生矫正他们的学习行为,便于他们补救理解上的不足。

4. 自我评价策略

自我评价策略指个体按照一定的标准和规范来判断自己的行为。

5. 自我指导策略

自我指导策略就是学习者采用口头或者书面的方式,把学习步骤或者方法呈现出来,用来引导和监督自己的学习。

【2008年311第37题】在学习过程中,通过自我监控、自我调节等方式来促进学习的策略是(　　)

  A.元认知策略   B.资源管理策略

  C.精细加工策略   D.组织策略

【解析】A

元认知策略是学习者对自己的学习过程进行调控的策略,包括自我计划、自我监控、自我调节、自我评价、自我指导。故本题选A。

四、资源管理策略及其教学

资源管理策略是辅助学生管理可用环境和资源的策略。它有助于学生适应环境和调节环境以满足自己的需要,对学生的学习动机起着重要作用。该策略主要包括时间管理策略、努力管理策略、学业求助策略、环境管理策略等。

(一)时间管理策略

1.统筹安排学习时间

时间管理策略就是指学习者通过一定的方法合理安排时间,有效利用学习资源。常见的时间管理策略有:设定目标、设定学期计划、规划每周(日)活动。

2.高效利用最佳时间

首先,要根据自己的生物钟安排学习活动;其次,要根据一周内学习效率的变化安排学习活动;再次,要根据一天内学习效率的变化安排学习活动;最后,要根据自己的工作曲线安排学习活动。

3.灵活利用零碎时间

零碎时间大多是学习的低效时间,如课余、饭前饭后、等人等车、乘车乘船等。这些时间也可以灵活利用。比如,可以利用零碎时间处理学习上的杂事,读短篇或看报纸、杂志等。此外,在轻松的气氛里与人交流有助于创造性思维的启发。

(二)努力管理策略

努力管理策略是指学习者归因于努力,通过调整心境、自我谈话、坚持不懈、自我强化等方式,激发学习积极性的策略。该策略的目的是使学习者能够更有效地将精力用在学习上。具体来讲,主要包括情绪管理、动机控制、环境管理、自我强化等策略。

系统性的学习大都是需要意志努力的。为了使学生维持自己的意志努力,教育者需要不断地鼓励学生进行自我激励。如激发内在动机、树立为掌握知识而学习的信念、自我奖励等。

（三）环境管理策略

学习的环境管理策略是指善于选择安静、干扰较小的地点学习，充分利用学习情境的相似性等。该策略主要涉及学习环境的控制，比如是选择在安静的还是嘈杂的场所学习；冬日里，在冰天雪地的户外还是空调房学习等。一次选择，一次管理。因此，在学习时，首先要注意调节自然条件，如流通的空气、适宜的温度、明亮的光线、和谐的色彩等；其次要设计好学习的空间，如空间的范围、室内布置、用具摆放等因素。

（四）学业求助策略

学业求助策略就是在学习中善于寻求老师、同学的帮助，或者通过小组中同学间的合作与讨论来促进自己的学习，加深对学习内容的理解和记忆。

学业求助策略可以细分为两方面：一方面是对工具的求助，另一方面是对人的求助。

1.工具利用策略

学习工具是学习中必不可少的学习资源，学会有效利用学习工具对学生来说是非常重要的。具体包括参考资料、工具书、图书馆、广播电视、电脑网络等。

2.社会性人力资源的利用策略

学习总是需要与人交流的，老师和同学是学习中最重要的社会性人力资源，必须善加利用。

【青岛大学 2015 年 333 第 15 题】时间管理策略属于学习策略中的（　　　）

A.认知策略　　　　　　　　　　B.元认知策略

C.努力管理策略　　　　　　　　D.资源管理策略

【解析】D

资源管理策略是辅助学生管理可用环境和资源的策略。它有助于学生适应环境和调节环境以满足自己的需要，对学生的学习动机起着重要作用。该策略主要包括时间管理策略、努力管理策略、学业求助策略、环境管理策略等。故本题选 D。

本章内容思维导图

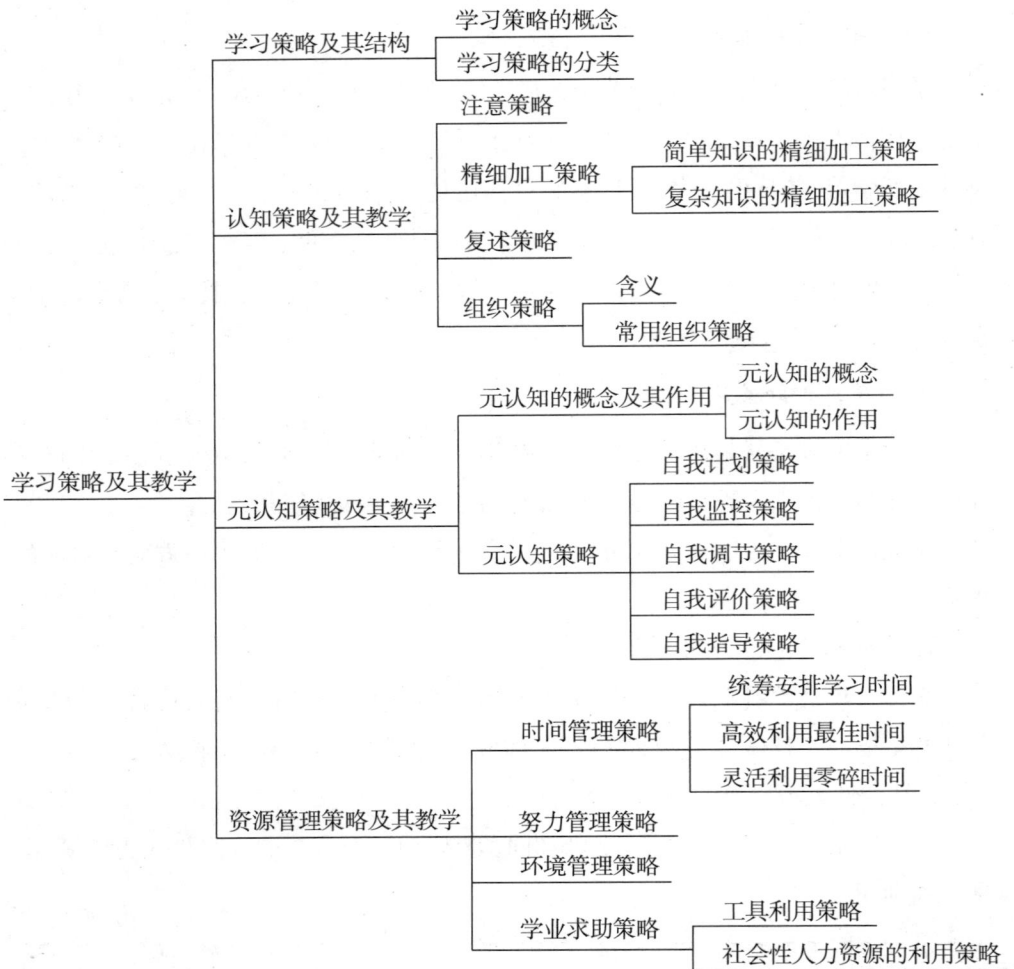

```
                                          ┌─ 学习策略的概念
                        学习策略及其结构 ──┤
                                          └─ 学习策略的分类

                                          ┌─ 注意策略
                                          │
                                          │                    ┌─ 简单知识的精细加工策略
                                          ├─ 精细加工策略 ──────┤
                        认知策略及其教学 ─┤                    └─ 复杂知识的精细加工策略
                                          │
                                          ├─ 复述策略
                                          │
                                          │                    ┌─ 含义
                                          └─ 组织策略 ─────────┤
                                                               └─ 常用组织策略

                                          ┌─ 元认知的概念及其作用 ┌─ 元认知的概念
                                          │                      └─ 元认知的作用
                                          │
学习策略及其教学 ───────────────────────┤                      ┌─ 自我计划策略
                        元认知策略及其教学┤                      │
                                          │                      ├─ 自我监控策略
                                          │                      │
                                          └─ 元认知策略 ────────┤─ 自我调节策略
                                                                 │
                                                                 ├─ 自我评价策略
                                                                 │
                                                                 └─ 自我指导策略

                                          ┌─ 时间管理策略 ┌─ 统筹安排学习时间
                                          │               ├─ 高效利用最佳时间
                                          │               └─ 灵活利用零碎时间
                                          │
                        资源管理策略及其教学├─ 努力管理策略
                                          │
                                          ├─ 环境管理策略
                                          │
                                          └─ 学业求助策略 ┌─ 工具利用策略
                                                          └─ 社会性人力资源的利用策略
```

自测题

一、选择题

1.【2017年311第35题】学生学习时用简洁的语词写出材料中的主要观点、次要观点及各观点之间的关系。这种学习策略属于(　　)

A.精加工策略
B.计划策略
C.调节策略
D.组织策略

2.【2018年311第38题】将电话号码8585885编成"帮我帮我帮帮我"以帮助记忆,这种方法可称为(　　)

A.语义复述
B.精加工
C.组织策略
D.情景性复述

3.【2020年311第35题】为了顺利背诵课文,某学生在理解课文各个段落意义的基础上,认真地整理了各段落之间的关系。这种学习策略是(　　)

A.监督策略
B.复述策略
C.精加工策略
D.组织策略

4.【南京师范大学2018年333第8题】精细加工策略有利于提高学习效果,不属于该策略的是(　　)

A.运用表象记忆
B.进行过度学习
C.采用位置记忆法
D.采用首字连读法

5.【2018年311第35题】根据过度学习原则,如果一个学生经过4次复述刚好可记住某个英语单词,那么他学习该词最适宜的复述次数应该是(　　)

A.5次
B.6次
C.7次
D.8次

6.【陕西师范大学2020年333第8题】(　　)指个体对自己认知活动的体验,包括个体对自身认知活动的自我意识和自我调节。

A.元监控
B.元体验
C.元认知
D.元理解

7.小明在复习历史知识时,将"戊戌变法"记为"五四变法"。这种记忆方法属于精细加工策略中的(　　)

A.位置记忆法
B.首字联词法
C.限定词法
D.关键词法

8.老师在讲解新课时经常会说"这一点很重要,大家要注意"。这种做法主要

运用的注意策略是(　　)

　　A.设置教学目标　　　　　　　　　B.使用标示重点的线索

　　C.增加材料的独特性　　　　　　　D.告知重要性

　　9.张老师在课堂上经常使用手势来强调重要内容。这种教学方法主要运用的注意策略是(　　)

　　A.设置教学目标　　　　　　　　　B.使用标示重点的线索

　　C.增加材料的独特性　　　　　　　D.使用奇特的或独特的刺激

　　10.小李在复习时发现自己对某个知识点不太理解,于是他决定重新阅读相关章节并寻求同学的帮助。小李的这种行为主要体现的元认知策略是(　　)

　　A.自我计划策略　　　　　　　　　B.自我监控策略

　　C.自我调节策略　　　　　　　　　D.自我评价策略

二、论述题

　　1.【华东师范大学 2016 年 333 论述题 4】试从元认知视角分析提升学生学习效能的教学策略。

　　2.【2021 年 311 第 52 题】试论认知策略和元认知策略的区别和联系。

三、材料分析题

　　【2019 年 311 第 56-Ⅰ题】阅读下列材料,按要求回答问题。

　　学习过程中有许多方式可以应用,其中一种被称为精细加工策略,即人在学习某一新的知识时,会想起一些与其有关的旧知识,或想起属于这一观念范畴的某个例证,或再现与其有关的表象,甚至会由此对这些知识作出某种新的推断。学习过程中也可以对新知识作出逻辑上的组织,即按照学习材料的特征或类别进行整理、归类等。心理学家加涅称:"组织是将信息分成若干子集,并标明各子集关系的过程。"心理学家约翰·安德森则进一步补充道:"这种有层级的组织能够使人在搜寻自己的记忆时表现出结构化,使人能更有效地提取信息。"请回答:

　　(1)"精细加工策略"何以会有助于个体日后对所学知识的回忆?

　　(2)"精细加工策略"与"组织策略"有何区别?

　　(3)根据你对以上两种认知策略的理解,对当下流行的碎片化学习现象作出评析。

第七章　问题解决能力与创造性的培养

一、智力的基本理论

（一）传统智力理论

多年来,心理学家提出了许多智力理论。然而,在 20 世纪 80 年代以前,智力研究领域基本为传统智力理论所统领。传统智力理论,以心理测量为基础,认为智力由因素构成,可以通过因素分析进行探索,进而认识智力的内核。许多颇有影响力的智力理论,比如斯皮尔曼的二因素论、瑟斯顿的群因素论、卡特尔的流体智力和晶体智力理论、吉尔福特三维结构的多因素理论等,都从属于这一理论阵营。这些智力理论,虽然在构成智力的因素数目以及层次上存在分歧,但是都承认存在着一个一般的智力。

1.单因素论

主张智力单因素论的人认为,人与人之间智力上有高低,但智力只是一种总的能力。高尔顿、比奈、推孟等人都主张智力是单因素的,他们编制的量表只提供单一分数(智商),只测一种智力。

2.斯皮尔曼的二因素论

英国心理学家斯皮尔曼提出二因素说,他将人类智力分为两个因素:一是普遍因素,又称 G 因素,主要是推理因素,是智力的首要因素,表现在一般性的活动上,是在不同智力活动中所共有的因素;另一个是特殊因素,又称 S 因素,表现在特殊性的活动上,是在某种特殊的智力活动中所必备的因素。二者相互联系,先有普遍因素,然后才有特殊因素,完成任何作业都需要 G 因素和 S 因素的结合。例如,完成一个算术推理测验需要 G+S1;完成一个语言推理测验需要 G+S2;完成第三个测验则需要 G+S3。由于每种作业都包含各不相同的 S 因素,而 G 因素则始终不变,因此,G 因素是智力结构的基础和关键,各种智力测验就是通过广泛取样而求出 G 因素的。

3.瑟斯顿的群因素论

美国心理学家瑟斯顿提出智力结构的群因素论。他认为,智力包括七种彼此独立的心理能力,即语词理解(V)、语词流畅(W)、推理能力(R)、计数能力(N)、机械记忆能力(M)、空间能力(S)和知觉速度(P)。瑟斯顿为此设计了智力测验来测量这七种因素,测验结果与他原来认为各种智力因素之间彼此无关的设想相反,各种因素之间存在着正相关。例如,计算能力与语词流畅相关系数为 0.46,与语词理解相关系数为 0.38,与机械记忆能力相关系数为 0.18。事实说明,各种智力因素并非彼此无关,而是存在相互关联的一般因素,这就与二因素论接近了。

4.卡特尔的流体智力和晶体智力理论

美国心理学家卡特尔等人在 20 世六七十年代,根据智力的不同功能,将智力划分为两种:流体智力和晶体智力。流体智力是指人不依赖于文化和知识背景学习新事物的能力,即指与基本心理过程有关的智力,受先天遗传因素影响较大,会随年龄的老化而衰退,如注意力、知识整合力、思维的敏捷性等。晶体智力则是指人后天习得的能力,与文化知识、经验的积累有关,并且不随着年龄的老化而衰退,如知识的广度、判断力、常识等。从时间上看,流体智力在人的成年期达到高峰后,就会随着年龄的增长而逐步衰退,而晶体智力自成年后不但不衰退,反而会上升,如图 6 所示。

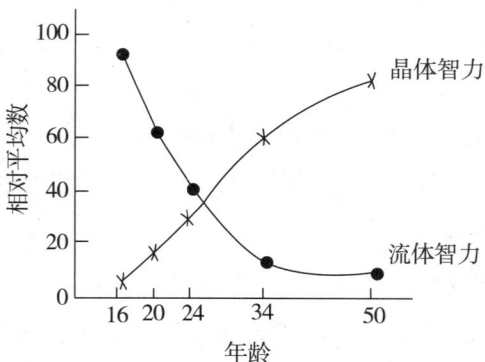

图6　流体智力和晶体智力的发展

随着对智力认识的加深,这些理论在主张上越来越接近。比如,斯皮尔曼和瑟斯顿都对自己的理论进行了修改,相互承认,特别是由于各种新兴智力理论的冲击,传统智力理论也发生了演变。1993 年,卡罗尔提出了认知能力层级模型,该模型指出智力由三个层级组成,最低一层是各种特殊因素,最高的层级是一般智力因素 G,居于二者之间的是受 G 因素影响的中间层级,由流体智力、晶体智力、记忆容量、视知觉、听知觉、一般流畅性、一般加工速度七个因素构成。卡罗尔的理论受到了大多数传统学派学者的拥护,被认为代表着该派理论的最新发展。

5.吉尔福特的智力三维结构理论

美国心理学家吉尔福特提出智力三维结构模型,如图 7 所示。该理论认为,智力结构应从操作、内容、产物三个维度去考虑。

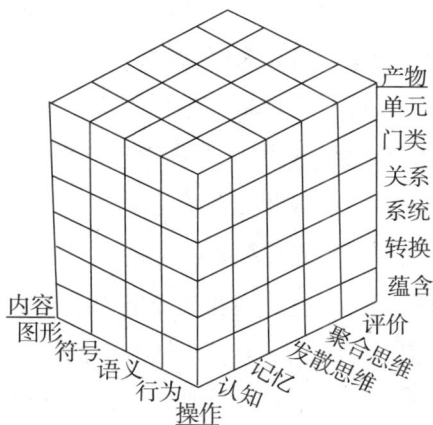

图7 吉尔福特的智力三维结构图

智力的第一个维度是操作,即智力活动的过程,包括认知、记忆、发散思维、聚合思维、评价五个因素;第二个维度是内容,即智力活动的内容,包括图形、符号、语义、行为四个因素;第三个维度是产物,即智力活动的结果,包括单元、门类、关系、系统、转换、蕴含六个因素。

把这3个变项组合起来,会得到4×5×6＝120种不同的智力因素。

吉尔福特把这些构想设计成立方体模型,共有120个立方块,每一个立方块代表一种独特的智力因素。吉尔福特的智力三维结构模型,是当前西方比较流行的一种智力理论。它对我们认识智力结构的复杂性、把握各智力要素之间的关系、启发我们对智力结构进行深入细致的讨论,都有积极意义。

智力的多因素理论目前还未成定论,尚存在争议,但是它们的出现,表明学生学业失败未必是因为智力不高,他们的长处可能完全在学校教育范围之外。

传统智力理论对社会最大的影响就是建立在其基础之上的智力测验或者说IQ测验,经过多年的发展,如今IQ测验作为一种很好的标准化方法,已经开发出了适应各类人群的智力量表,并在世界范围内普遍使用,而作为其基础的传统智力理论也由此更加深入人心。因此,虽然传统智力理论受到了研究者的种种批评,但其在固有的基础和理论上的不断发展仍使其占有优势地位。

(二)多元智力理论

美国哈佛大学教育学院教授霍华德·加德纳提出了多元智力理论。

1.八种智力

该理论认为人类的心理能力中，至少应该包括以下八种不同的智力。

（1）言语智力，指学习和使用语言文字的能力。

（2）数理智力，指数学运算和逻辑思维推理的能力。

（3）空间智力，指凭借知觉辨认距离、判断方向的能力。

（4）音乐智力，指对音律节奏的欣赏和表达的能力。

（5）体能智力，指支配肢体与完成精密作业的能力。

（6）社交智力，指与人交往且能和睦相处的能力。

（7）自知智力，指认识自己并选择自己生活方向的能力。

（8）自然智力，指辨别生物以及对自然世界其他特征敏感的能力。

2.人的智力的差异性

这八种智力在人体身上的不同组合使每个人的智力都有独特的表现方式和特点，因此，很难找到适用于任何人的统一评价标准来评价一个人的聪明程度和智力水平的高低。

3.理论基础

加德纳的理论和传统智力理论的一个根本区别是方法学上的不同。传统智力理论从因素分析出发，而加德纳受生物制约观思潮的影响，依靠的是大量神经生理学证据。他搜索了与智力相关的各门学科的文献（含实验数据），特别是对神童、天才、脑损伤病人等进行了研究，采用主观因素分析的方法，列举了上述八种智力模块。

4.重视社会文化对多元智力的影响

虽然强调每一种智力都有它的生物学来源，但加德纳并未否认文化历史的作用。他认为智力的前提是在特定社会文化情境中有用和重要，不同的文化和历史时代重视不同的智力类型，因此他并不否认教育的作用。

5.评价

加德纳智力理论的创新在于突破了传统的智力范畴，提出了多维智力的理念，并相应引发了人们对教育、人才、智力开发、教育评价的思考；另外，既注重神经生理学证据，又不忽视社会文化的作用，也使得其理论更具说服力。因此，该理论在世界范围内对教育理论和教育实践都有极大的影响力。

（三）成功智力理论

1985年，斯腾伯格提出了三元智力理论，此后在三元智力理论的基础上，他又提出了成功智力理论的概念。成功智力是指为了完成个人的以及自己群体的或者文化的目标而去适应环境、改变环境和选择环境,即智力是适应、选择和塑造环境背景所需的心理能力。

1.成功智力的三种基本成分

(1)分析性智力,用于解决问题和判定思维成果的质量。

(2)创造性智力,帮助个体从一开始就形成好的问题和想法。

(3)实践性智力,将思想及其分析结果以一种行之有效的方法加以实施。

人生取得成功不仅需要具备这三种能力,更需要在这三种能力间取得平衡。成功智力是一个有机的整体,只有在它的组成部分相互协调、相互平衡的时候,个体才能取得成功。

2.成功智力的四个关键元素

(1)应在一个人的社会文化背景内,按照个人的标准,根据在生活中取得成功的能力定义智力。

(2)个体取得成功的能力依赖于利用自己的力量改正自己的错误或弥补自己的不足。

(3)成功是通过分析、创造和实践三方面智力的平衡获得的,其中分析性智力是进行分析、评价、判断或比较与对照的能力,也是传统智力测验测量的能力;创造性智力是面对新任务、新情境产生新观念的能力;实践性智力是把经验应用于适应、塑造和选择环境的能力。

(4)智力平衡是为了实现适应、塑造和选择环境的目标,而不仅仅是传统智力所强调的对环境的适应。斯腾伯格还强调,成功智力的基础是跨越文化普遍存在的智力加工过程。

3.评价

斯腾伯格认为三元智力仍不足以解释现实社会中的人类智力,因此,1996年他在三元智力理论的基础上提出更具实用和现实取向的成功智力理论(又称成功智力的三元理论),强调智力不应仅涉及学业,更应指向真实世界的成功。

二、问题解决的实质与过程

(一)问题及问题解决

1.问题的定义

目前,大多数教育学家和心理学家都赞同美国学者纽厄尔和西蒙对"问题"所下的定义:问题是这样一种情景,个体想做某件事,但不能马上知道做这件事需采取的一系列行动。

2.问题解决

一般是指形成一个新的答案,超越过去所学规则的简单应用,而产生一个新的解决方案。当常规或自动化的反应不适应当前的情景时,问题解决就发生了。其中原有知识经验和当前问题的组成成分必须重新改组、转换或联合,才能达到既定目标。

问题不同于简单的习题,问题解决是由认知成分参与的、有目的的一系列运算。问题解决主要包括以下三个特征:第一,问题解决具有目的性;第二,问题解决包括一系列的运算;第三,问题解决具有认知性。

(二)问题解决的基本过程

1.发现问题阶段

发现问题是问题解决中最困难也是最富有挑战性的环节,需要解题者的创造性和坚持性。只有真正意识到问题的存在,才可能随后出现一系列问题解决行为。

2.理解和表征问题阶段

这一阶段包括识别问题的相关信息,理解问题中信息的含义,表征问题,并对问题进行归类。

解决问题的第一步是确定问题到底是什么,也就是要识别与问题相关的信息,接着必须准确地表征问题。

成功地表征问题要完成两个任务:第一个是语言理解,即理解问题中每个句子的含义;第二个是集中问题的所有句子,以达成对整个问题的准确理解。

3.选择恰当策略的阶段

这一阶段就是运用一定的问题解决策略来解决问题。问题解决策略主要有两种类型:算法式策略和启发式策略。

(1)算法式:把解决问题的所有可能方案都列举出来,逐一尝试,直到选择一种有效方法解决问题,即为了达到某一个目标或解决某一个问题而采取的一步一步的程序。如拼图,存在一种固定的程序,如果你找到了就能很快地解决问题。

(2)启发式:所谓启发式,指个体凭借已有的经验,采用较少的操作来解决问题的方法,其种类及相应信息如表所示。

表3 启发式策略解决问题的方法种类

名称	定义	优点	缺点	应用领域
手段—目的分析法	把问题划分为一系列子目标,通过逐个实现子目标,最终达到问题解决	稳妥,应用范围广	搜索问题空间时常受到较多约束	广泛应用于各个领域,如完成复杂的工程
爬山法	手段—目的分析法的一种变式,以渐进的步子向目标状态靠近,是一种向前的工作方式	可以评定每一步是否接近目标	常常达到中间状态,有时可能会倒退	在不确定手段与目标的差距时应用,如医生治疗慢性病患者时寻找最佳用药量
逆推法	从目标状态出发,考虑如何达到初始状态的问题解决方法	无须考虑目标状态同当前状态之间的差距	应用范围有限,并且要求解决者具备相应的问题领域内的知识	在与目标状态相联系的解决路径明显少于与初始状态联系的路径的情况下应用,如迷宫问题
联想法	联想已经解决的相同或类似的问题的思路来解决当前问题的方法,包括相似联想、接近联想、对比联想、因果联想等多种形式	应用广泛,容易转化为具体学科的思维方法	容易被表面特征所迷惑	在解决具体领域问题时常用,通过自我提问以激活过去的相关解题经验,如解代数应用题
类比法	当面对某种问题情境时,个体可以运用类比思维,先寻求与此有些相似的情境的解答	跨领域,有利于发明创造	很容易受到问题表面相似程度的影响	在解决不熟悉的问题时常用,如类比蝙蝠回声定位而发明了声呐技术

4.应用策略阶段

也叫执行计划或尝试某种解答阶段，当表征某个问题并选好某种解决方案后，下一步就要执行计划、尝试解答。

5.评价结果阶段

当选择并执行某个解决方案后，还应对结果进行评价，以确定对问题的分析是否正确、选择的策略是否合适、问题是否得到解决等。

（三）结构不良问题的解决过程

1.厘清问题及其情境限制

厘清问题指问题解决者首先需要确定问题是否真的存在，然后厘清问题的实质。情境限制指问题解决者需要利用相关的知识和经验，针对当前的具体情境，对影响当前问题的各种可能因素和制约条件进行具体分析。

2.澄清、明确各种可能的角度、立场和利害关系

问题解决者需要从多个角度、立场综合考虑问题中的多种可能性，权衡各方面的利害关系。

3.提出可能解决的办法

问题解决者需要从不同立场和理解方式出发，设计问题的解决方案。

4.评价各种方法的有效性

结构不良问题通常没有唯一的标准答案，因此，这种问题的解决实际上是要寻找一种在各种方案中最为可取的解决方案。解决者要为自己确定的解决方案提供证据，用有力的、充分的理由来支持自己的判断。

5.对问题表征和解法的反思监控

问题解决者需要监控对解决过程的规划，以判断自己对问题解决过程的规划是否合理、周全。对问题表征和解法的监控并不是一个独立的、在问题解决之后发生的活动环节，它贯穿于整个问题解决的过程中。

6.实施、监察解决方案

问题解决者需要实际实施解决方案，在实施过程中需要认真监察问题解决的进度和效果，看它能否达到所期望的目标，能否满足不同方面的要求，能否在给定的条件下解决问题，以及是否还有更有效、更便捷的解决方案等。

7.调整解决方案

问题解决往往不是一次性完成的，针对问题解决结果的反馈信息，解决者常常需要调整解决方案，或者改变理解问题的方式和思路。

【2022年311第37题】下列属于解决结构不良的问题的是(　　　)

A.根据背景推测照片中人物的身高

B.预测神舟飞船返回地面的时间、地点

C.测算某一形状不规则物体的体积

D.评价某年轻老师的课堂教学效果

【解析】D

根据问题结构的完整性,可以将问题分为结构良好的问题和结构不良的问题,其中结构不良的问题是指没有明确的结构或解决途径。题干中A、B、C三项均有明确的解决问题的途径。评价某年轻老师的课堂教学效果,需要确定评价的方式或者维度才能进行,所以属于结构不良的问题。故本题选D。

三、问题解决的训练

(一)影响问题解决的因素

1.相关的知识经验

任何问题的解决都离不开一定的知识、策略及技能。相关的知识经验能促进对问题的表征和解答。只有依据相关的知识经验,才能为问题的解决确定方向,选择途径和方法。

2.个体的智力与动机

个体的智力水平是影响问题解决的极重要的因素。因为智力中的推理能力、理解力、记忆力、信息加工能力和分析能力等成分都影响着问题解决,也影响着问题解决的方法。

动机是促使问题解决的动力因素,对问题解决的思维活动有重要影响。动机的性质和动机的强度会影响问题解决的进程。

一定限度内动机强度和解决问题的效率是成正比的,动机太强或太弱都会对解决问题的效果产生消极影响。心理学家的研究表明,动机强弱与问题解决的关系,可以描绘成一条倒"U"形曲线,见图8。可见,适中的动机强度最有利于问题

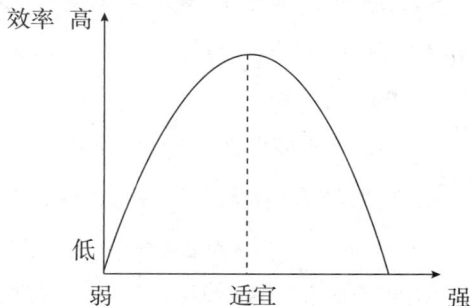

图8　动机强弱与问题解决

的解决。

3.问题情境与表征方式

（1）问题情境

问题情境是指呈现问题的客观情境（刺激模式），也就是问题呈现的知觉方式，是个体面临的刺激模式与其已有知识结构所形成的差异。一般而言，呈现的刺激模式与学生已有的知识经验越接近，越能直接提供适合于解决问题的线索，越有利于找到解决问题的途径和方法。问题情境对问题的解决有重要影响。

①问题情境中物体和事物的空间排列不同，会影响问题的解决。一般说来，解决某一问题所必需的物体若比较靠近，都在人的视野之中，问题就容易解决；反之则困难。

②问题情境中的刺激模式与个人的知识结构越接近，问题就越容易解决。

③问题情境中所包含的物件或事实太少或太多都不利于问题的解决。太少可能遗漏事实，太多则会产生干扰。

（2）表征方式

问题表征方式是问题解决的一个中心环节，它说明问题在头脑中是如何表现的。问题表征方式反映对问题的理解程度，涉及在问题情境中如何抽取有关信息，包括目标是什么、目标和当前状态的关系等。问题表征方式不同，就会产生不同的解决方案，直接影响问题的解决。如果不能恰当地进行问题表征，在一个错误的问题空间搜索，就会导致问题解决的失败。

4.思维定势与功能固着

（1）思维定势

定势也称心向，指由先前的活动所形成的并影响后继活动趋势的一种心理准备状态，即个体经由学习而积累起来的习惯性倾向。定势在问题解决中有积极作用，也有消极作用。当问题情境不变时，定势对问题的解决有积极的作用，有利于问题的解决；当问题情境发生变化时，定势对问题的解决有消极影响，阻碍主体用新方法来解决问题，不利于问题的解决。

（2）功能固着

功能固着是指个体在解决问题时往往只看到某种事物的惯常功能，而看不到它的其他功能。这是人们长期以来形成的对某些事物的功能或用途的固定看法。

换句话说，功能固着是指当个体熟悉了一种物体的某种功能时，便很难看出该物体的其他功能的心理特点；最初看到的功能越重要，就越难看出其他功能。功能固着使人难以发现事物功能的新异之处，因此会阻碍问题的顺利解决。

【2011 年 311 第 38 题】人在解决一系列相似的问题之后，容易出现一种以习以为常的方式方法解决新问题的倾向。这种现象被称为( )

A.学习准备   B.思维定势

C.功能固着   D.思维阻抑

【解析】B

思维定势指的是人用某种固定的思维模式去分析问题和解决问题，这种固定的模式是已知的、事先有所准备的，它能够影响后续活动的方式，题干中所提到的现象是思维定式的现象。故本题选 B。

5.原型启发与酝酿效应

（1）原型启发

原型启发是指在其他事物或现象中获得的信息对解决当前问题的启发。其中对解决问题具有启发作用的事物或现象叫作原型。在问题解决过程中，由于原型与要解决的问题之间存在着某种共同点或相似之处，因此原型启发有很大的作用。

作为原型的事物或现象多种多样，存在于自然界、人类社会和日常生活之中，例如，人类受到飞鸟和鱼的启发，发明了飞机和轮船；受到蒲公英随风而飞的启发，发明了降落伞。

（2）酝酿效应

酝酿效应又称直觉思维。当一个人长期致力于某一问题的解决而又百思不得其解的时候，如果暂时中止对这个问题的思考而去做别的事情，几个小时、几天或几周之后，可能就会忽然想到解决的办法，这就是酝酿效应。酝酿效应似乎也与定势有关。当一个人考虑解决问题的途径时，进入了一条不通的死胡同，离开这种情境一会儿，用另外的方式来进行探索，最终就有可能找到有效的方法，使问题得到解决。酝酿效应实际上是顿悟的产生，使人们打破了原来不恰当的思路，从一个新的角度思考问题，从而使问题得以解决。

（二）问题解决能力的培养

1.充分利用已有经验，形成知识结构的体系

培养学生问题解决的能力，要促使学生尽快熟练地掌握专业知识，完善知识结构。在知识传授时，教师不仅要重视陈述性知识的讲解，更重要的是要重视程序性知识的传授。

2.分析问题的构成,把握问题解决规律

问题解决需要一个过程,掌握问题解决的基本程序有利于问题解决。在教学中教给学生一些通用的问题解决的方法和思维策略,会有效提高他们问题解决的能力。

3.开展研究性学习,发挥学生的主动性

研究性学习是指在学校的宏观调控下,在教师的指导下,学生以类似于科研的方式,主动选择学习,并对社会生活中的某些问题加以研究,从而获取知识、增长见识、发展能力的一种学习方式。通过自主探究,学生的积极主动性在问题解决中得以发挥。

4.教授问题解决策略,灵活变换问题

帮助学生习得多种问题解决的策略,是培养学生问题解决能力的有效方式,其中启发式策略最能有效地提高解决问题的效率,因为一般的启发式策略能适用于较广的范围和领域,并可以转化为具体学科的思维方法。常用的启发式策略主要有:手段—目的分析法、逆推法、联想法、简化计划法等。

5.鼓励学生大胆猜想,积极开展实践验证

教师应让学生了解习惯定势、功能固着、酝酿效应等对问题解决有怎样的影响,以及如何发挥这些因素的积极作用和克服其阻碍作用的有效策略等。应该让学生打开思路,从多种角度提出问题解决的策略,并鼓励学生进行积极的尝试和实验,在实践中验证自己的猜想。

四、创造性及其培养

(一)创造性的含义

创造性也称创造力,是个体利用内外条件,产生新颖独特、具有社会和个人价值产品的心理特性。这种心理特性是综合的、多维的,包括与创造活动密切联系的认知品质、人格品质和适应性品质。个体根据一定的目的和任务,利用一切已知信息,开展能动的思维活动,产生出新颖、独特、具有社会或个人价值的产品。创造性表现于创造活动(过程)之中,其结果以"产品"为标志,其水平以产品的价值为标准。

(二)创造性的基本结构

创造性是由多种心理因素构成的复合体,其心理结构具有多维性。张大均等认为创造性是由多种心理品质有机结合构成的心理结构系统,主要包括创造性认知品质、创造性人格品质、创造性适应品质三个子系统。其中,在创造性认知品质中,创造性思维非常重要,是创造性的核心,我们需要了解创造性思维的特点。

1.流畅性

是指在给定时间内能联想起更多的观念。它反映了思维的敏捷性。

2.变通性

指能超越习惯的思考方式,在更广阔的视角下开创各种不同的思路,展示众多的思考方向。

3.独特性

指善于对信息进行重新组织,产生不同寻常、与众不同的见解。

4.综合性

指创造性思维是各种思维的综合,是抽象思维与形象思维、发散思维与聚合思维、逻辑思维与非逻辑思维相互作用而出现的整体思维功能。

5.突发性

指创造性思维在时间上往往以豁然开朗标志着某一突破的获得,通常表现出一种非逻辑性的特征。这是长期量变基础上的质的飞跃,主要表现形式是灵感和顿悟。

(三)影响创造性发展的主要因素

1.知识

知识是影响创造力的因素之一,个体的知识储备是创造的前提和基础,没有一定的知识作为基础,就谈不上创造。但是具有了知识也不一定就具有创造力,僵死、混乱的知识不仅不利于创造,反而会阻碍创造。因此,对待知识一定要灵活和善于变通,只有这样,才有利于创造。

2.智力

智力包括多个方面,如观察力、记忆力、想象力、分析判断能力、思维能力、应变能力等。智力的高低通常用智力商数来表示,用以标示智力发展水平。

(1)高智商可能有高创造性,也可能有低创造性。

(2)低创造性者智商水平可能高,也可能低。

(3)低智商不可能具有创造性。

3.个性

创造性与个性之间具有互为因果的关系。高创造性者一般具有以下个性特征:具有幽默感,有抱负和强烈的动机,能够容忍模糊与错误,喜欢幻想,具有强烈的好奇心,具有独立性。

4.动机

动机是个体进行创造活动的驱动力,创造活动离不开动机的维持和激发。从动机来源上看，动机可分为内部动机和外部动机。研究表明，内部动机更有利于创造活动的产生和发展。当个体是被完成创造活动本身所带来的满足感和挑战感而激发，而不是被外在的压力等其他因素激发时，个体最具有创造力。

5.情绪

（1）正面情绪，如快乐、兴奋等可以促进创造性思维。正面情绪能够拓展人的思想，使人更富有想象力，产生更多新颖的想法。

（2）负面情绪，如焦虑、抑郁等会抑制创造力。

（3）适度的情绪波动也有助于激发创造力。心情的起伏变化，可以产生不同视角和思路的碰撞，形成更多创造性思维。

（4）情绪温和时有助于收敛思维，进行创意精炼。而情绪高亢时，有助于思维活跃，产生更多新奇想法。

6.家庭、学校及社会环境

环境对创造力的形成作用是潜移默化的。环境包括了一系列的宏观和微观环境，如家庭、学校及社会环境。有利于提高创造力的总体环境特征是气氛和谐、宽容、有节制以及提供资源丰富的条件支持。

（四）创造性的培养

1.创造意识形成

简单地说，创造意识就是指一个人想不想创造，这不仅会影响到他的创造动机的强弱，而且会影响到他的创造能力的发挥。一般来说，没有强烈的创造意识，就无法增强创造的动机和欲望，无法养成创造的思维习惯，创造是不可能成功的。因此，培养创造意识是至关重要的。

2.开发创造性思维

创造性思维是创造性的核心。培养创造性思维的方法有以下几种：

（1）脑激励法。即头脑风暴法，基本做法是教师先提出问题，然后鼓励学生畅所欲言，寻找尽可能多的答案，不必考虑该答案是否正确，教师也不做评论，一直到所有可能想到的答案都提出来为止。

（2）分合法。戈登于1961年提出的一套团体问题解决的方法，其本义是"把原本不相同、不相关的元素加以整合"，包括两种心理运作过程："使熟悉的事物变得新奇"和"使新奇的事物变得熟悉"。

熟悉的事物陌生化的过程要求学生用新颖而富有创意的观点去重新了解旧问题、旧事物、旧观念，从另一个新奇的角度来解释一些熟悉的概念。常见的类比方法有四种:狂想类比、直接类比、拟人类比、符号类比。

(3)自由联想技术。自由联想技术即教师提供一个刺激,让学生以不同的方式自由联想,教师对于学生所提的看法或意见不给予建议或批评,完全让学生依据自己的方式,自由提出各种不同的想法及观念。当学生提出独特的、少有的构想时,教师则进行鼓励。

(4)直觉思维训练与头脑体操法

直觉思维也属于创造性思维,是一种跳跃式的思维,不经过明显的中间推理过程,就能得出结论。

头脑体操是一种训练直觉思维的有效方法,即当问题出现时,马上凭直觉去想一个正确答案。此时,问题解决者也可能是"知其然而不知其所以然"的。

3.发展批判性思维

批判性思维是敢于质疑的创造性思维,是在主动思维中对已知或结论等积极辨析判断,并能有根据地作出肯定接受或否定质疑的断定,在评判中形成较为全面的思维。发展批判性思维,教师应做到以下几点:

(1)改变观念。教师要形成"弟子不必不如师,师不必贤于弟子"的观念,营造民主平等、宽松和谐的教学氛围,允许学生对各种事物进行批判和否定。

(2)鼓励质疑。教师要引导学生敢于否定原来的设想,善于打破原有思路,注重培养学生质疑问难的学习态度。

(3)倡导辩论争鸣。教师要引导学生以怀疑的态度辨析既有事实和理论,区别真伪;或根据课堂教学内容有针对性地设计论题,使学生通过辨析争论阐述自身观点,客观评价他人意见,培养思维的批判性。

(4)创设想象情境。教师要让学生依靠想象力拓展思维空间,探寻超越现实局限的方法,在此基础上进行批判创新。

4.培养创造性个性及独创精神

创造性个性品质是指具有创造的意向、创造的情感、创造的意志和创造的性格等独特的心理品质。培养创造性个性及独创精神需要注意以下几点:教师要保护好学生的好奇心;解除学生对犯错误的恐惧心理;培养冒险精神和挑战精神;鼓励独创性与多样性。

5.激发创造动机

创造动机是个体激发和维持创造行为的内在动力。要激发学生的创造动机,教师应指导学生进行正确的归因,提高学生的自我效能感水平,培养学生健康向上的兴趣,运用恰当的奖赏和评价,引入合作和竞争机制。

本章内容思维导图

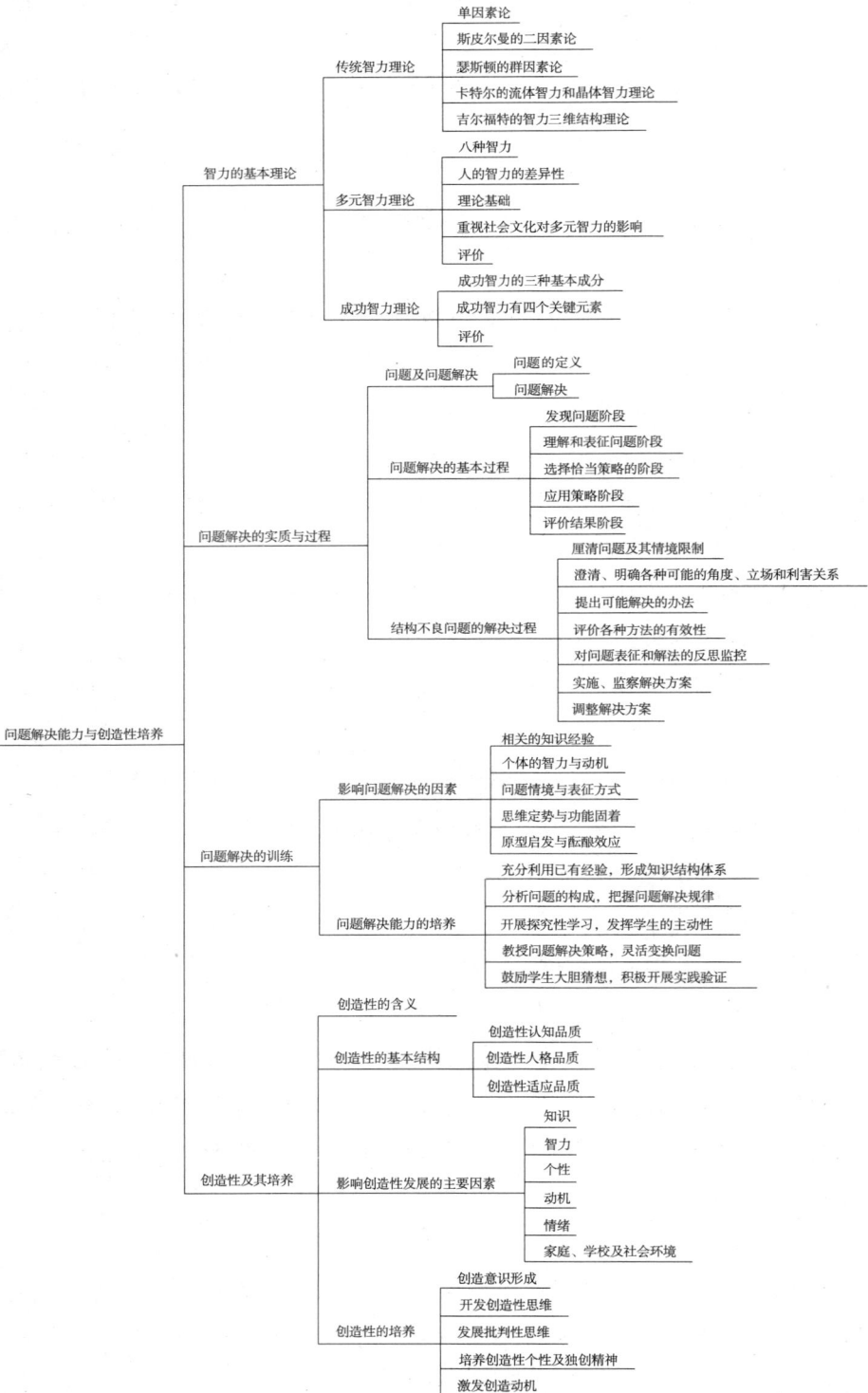

- 问题解决能力与创造性培养
  - 智力的基本理论
    - 传统智力理论
      - 单因素论
      - 斯皮尔曼的二因素论
      - 瑟斯顿的群因素论
      - 卡特尔的流体智力和晶体智力理论
      - 吉尔福特的智力三维结构理论
    - 多元智力理论
      - 八种智力
      - 人的智力的差异性
      - 理论基础
      - 重视社会文化对多元智力的影响
      - 评价
    - 成功智力理论
      - 成功智力的三种基本成分
      - 成功智力有四个关键元素
      - 评价
  - 问题解决的实质与过程
    - 问题及问题解决
      - 问题的定义
      - 问题解决
    - 问题解决的基本过程
      - 发现问题阶段
      - 理解和表征问题阶段
      - 选择恰当策略的阶段
      - 应用策略阶段
      - 评价结果阶段
    - 结构不良问题的解决过程
      - 厘清问题及其情境限制
      - 澄清、明确各种可能的角度、立场和利害关系
      - 提出可能解决的办法
      - 评价各种方法的有效性
      - 对问题表征和解法的反思监控
      - 实施、监察解决方案
      - 调整解决方案
  - 问题解决的训练
    - 影响问题解决的因素
      - 相关的知识经验
      - 个体的智力与动机
      - 问题情境与表征方式
      - 思维定势与功能固着
      - 原型启发与酝酿效应
    - 问题解决能力的培养
      - 充分利用已有经验，形成知识结构体系
      - 分析问题的构成，把握问题解决规律
      - 开展探究性学习，发挥学生的主动性
      - 教授问题解决策略，灵活变换问题
      - 鼓励学生大胆猜想，积极开展实践验证
  - 创造性及其培养
    - 创造性的含义
    - 创造性的基本结构
      - 创造性认知品质
      - 创造性人格品质
      - 创造性适应品质
    - 影响创造性发展的主要因素
      - 知识
      - 智力
      - 个性
      - 动机
      - 情绪
      - 家庭、学校及社会环境
    - 创造性的培养
      - 创造意识形成
      - 开发创造性思维
      - 发展批判性思维
      - 培养创造性个性及独创精神
      - 激发创造动机

自测题

一、选择题

1.李老师在数学课上鼓励学生用不同方法解答同一道题并分享各自的解题思路。这种做法主要培养了学生的哪种能力( )

A.分析性智力   B.创造性智力

C.实践性智力   D.记忆能力

2.在解决问题的过程中,下列哪种策略属于算法式策略( )

A.手段—目的分析法   B.爬山法

C.逆推法   D.穷举法

3.小明在解决一道数学难题时,突然想到可以用之前学过的一个定理来解决。这种现象体现了问题解决过程中的( )

A.功能固着 B.原型启发 C.酝酿效应 D.思维定势

4.在创造性测量方法中,下列属于传统方法的是( )

A.个性测验   B.传记调查表

C.作品分析法   D.投射式测验

5.下列关于问题解决过程的描述,顺序正确的是( )

A.发现问题—理解问题—选择策略—应用策略—评价结果

B.理解问题—发现问题—选择策略—评价结果—应用策略

C.发现问题—选择策略—理解问题—应用策略—评价结果

D.理解问题—选择策略—应用策略—发现问题—评价结果

6.小李在解决一个复杂问题时,将问题划分为几个子目标,逐个解决后最终达成目标。这种问题解决策略是( )

A.爬山法   B.手段—目的分析法

C.逆推法   D.类比法

7.在创造性培养中,下列哪种方法不属于开发创造性思维的技术( )

A.脑激励法   B.分合法

C.自由联想技术   D.作品分析法

8.下列关于创造性的说法,正确的是( )

A.低智商可能具有高创造性

B.负面情绪如焦虑、抑郁有助于提高创造力

C.外部动机比内部动机更有利于创造活动

D.适度的情绪波动有助于创造力的发挥

9.小明在解数学题时,一开始觉得很困难,但他暂时放下题目去做其他事情,过了一会儿再回来看,突然想到了解题方法。这种现象体现了(　　)

A.功能固着　　　　B.思维定势　　　　C.酝酿效应　　　　D.原型启发

10.老师在课堂上提出一个问题,鼓励学生畅所欲言,提出尽可能多的答案,不考虑答案是否正确。这种教学方法是(　　)

A.分合法　　　　　　　　　　B.脑激励法

C.自由联想技术　　　　　　　D.直觉思维训练

二、论述题

1.【华东师范大学 2015 年 333 论述题 3】根据创造性的心理结构分析,说明学生创造力的培养措施。

2.【华东师范大学 2019 年 333 论述题 1】论述加德纳多元智力理论对教育工作的启示。

3.【华东师范大学 2022 年 333 论述题 3】结合实际,谈谈如何培养和提高学生的问题解决能力。

三、材料分析题

1.【2021 年 311 第 56-I 题】阅读以下材料,按要求回答下列问题。

看上去促进学生学习的教育实践,可能压制学生的创造性,因为这些实践不鼓励创新性,不奖赏创造性,反而会剥夺学生形成创造性思维的机会,传统上大规模使用的标准化测验是最为有效的——尽管可能是无意的——压制创造性的工具,教师自己编制的测验,在这方面的情况也好不了多少,这并不是说测验本身是个坏东西,问题的关键在于我们使用了什么测验。当前流行的课堂教学实践,看上去也不利于发展学生的创造性思维,这意味着要鼓励学生:①创造;②发明;③发现;④想象;⑤假设;⑥预测。（编译自 Sternberg. R., *Teaching for creativity*,2016）

（1）据上;阐述材料中提到的四种帮助学生创新的途径。

（2）2020 年 1 月发布的《中国高考评价体系》提出了"基础性、综合性、应用性、创新性"四个方面的要求。结合材料,阐述其对学生的创新能力有什么意义。

（3）用材料中的六种教学策略设计,设计一个有助于激发学生创新思维的教学活动方案(如以语文为例),要求:①至少用到两种教学策略;②方案要包括目标和操作步骤。

2.【2025 年 333 第 36 题】阅读材料,回答下列问题。

在一次"学生创造性培养"课题研讨会上,教师就学生成绩与创造性之间的关联展开了一场激烈且富有深度的争论。数学教师王老师率先发表观点,他凭借多年在数学教学领域的经验与观察指出:学习成绩好的学生,在解决数学问题时往往能够展现出更为丰富的创造性思维。语文教师李老师随即对王老师的观点表示赞同,并进一步阐述:那些阅读鉴赏能力强的学生,无一不是学习成绩出众的佼佼者。然而,历史教师张老师却持有截然不同的意见:在学生群体中,不乏一些成绩并不理想的学生,他们虽然在学业成绩方面表现欠佳,但在艺术欣赏领域展现出令人惊叹的创造性天赋。信息技术教师黄老师对张老师的观点深表认同,他说,在他所负责的班级里,有些学生信息技术课程的成绩长期处于较低水平,但在小程序设计方面展现出非凡的创造力与动手能力。主管科学研发的赵校长提醒在场的各位教师,陶行知先生曾经深刻地指出:"处处是创新之地,天天是创新之时,人人是创新之人。"这意味着,每位学生,无论其成绩优劣,都应当成为我们创造性培养的重点对象。

(1)请解释在学习成绩好的学生中,有些学生的创造性能力好,有些学生的创造性能力差。

(2)根据影响个人创造性发展的因素,谈谈教师如何培养每个学生的创造性能力。

第八章　态度与品德的学习

一、态度与品德的性质

（一）态度的性质

1.含义

态度是人对客观对象、现象是否符合主体需要而产生的心理倾向。态度的心理结构包括情感成分、行为意向成分、认知成分。

（1）情感成分：是个体对态度对象的情感取向，也就是态度对象是否满足人的情感需要而引起的主体的内心体验。表现为人对态度对象的喜爱或憎恶、亲近或冷漠等。它伴随着态度的认知因素而产生，通常被认为是态度的核心成分。

【知识点拓展：布鲁姆情感目标分类】

布鲁姆等人在 20 世纪 50 年代开始对教育目标进行系统分类，最初主要关注认知领域，后来逐渐扩展到情感领域和动作技能领域。情感目标分类理论旨在对学生在情感方面的学习结果进行分类和描述。

布鲁姆将情感领域的目标分为以下五个主要层次，从简单到复杂依次递进。

接受或注意：指学生愿意注意某种现象或刺激，对特定的学习内容有一定的感知和意识，是情感目标中最低层次的水平。

反应：学生不仅注意到某种刺激，而且还对其作出了某种反应，包括默许、愿意反应和满意的反应等不同程度。

评价：学生将某种现象、行为或事物与一定的价值标准相联系，对所学内容在信念和态度上表示正面肯定，体现了学生对学习内容的价值判断。

组织：学生能够将不同的价值观念组织成一个体系，克服它们之间的矛盾和冲突，并建立起内在一致的价值体系，将各种价值系统化、有序化。

性格化：即价值与价值体系的性格化。这是情感目标的最高层次，指学生将价值体系内化为自己的性格特征，在行为和态度上表现出长期而稳定的一致性，形成了独特的价值观和人生观，并能在各种情境中自然地表现出相应的行为方式。

【2025 年 333 第 30 题】在公园里玩时,姐姐把其他小朋友丢在地上的垃圾捡起来扔进垃圾箱,并告诉 4 岁的乐乐:"要把垃圾扔进垃圾箱里。"随后,乐乐看到地上有垃圾就会捡起来扔进垃圾箱。这说明,乐乐对"垃圾入箱"的态度至少达到(　　)

A.反应水平　　　　B.评价水平　　　　C.组织水平　　　　D.性格化水平

【解析】A

此题考查情感目标分类。根据布鲁姆的情感目标分类理论,情感领域的学习目标包括五个层次,从低到高分别为接受或注意、反应、评价、组织和性格化。乐乐看到地上有垃圾就会捡起来扔进垃圾箱,说明乐乐对捡垃圾的行为产生兴趣,并作出实际的行为反应,但 4 岁的他还未能进行价值判断和形成态度,因此至少达到反应水平。故本题选 A。

(2)行为意向成分:指个体对态度对象可能产生某种行为反应的倾向。它构成态度的准备状态,表现为接近或回避、赞成或反对等倾向。行为意向不等于行为本身,有行为意向也并不等于一定会发生实际行为。

(3)认知成分:指个体对态度对象所持的认识和评价,是态度得以形成的基础。对于同一对象,不同个体态度中的认知成分是不同的,有些态度是基于正确的信息和信念的,而有些可能基于错误的信息和信念。

(4)三者关系:通常条件下,态度的三种成分之间的关系是协调一致的。但有时也会出现不协调的情况,情感成分与行为意向成分之间的相关性比较高,认知成分与情感成分、认知成分与行为意向成分之间的相关性比较低。

2.性质

态度的性质主要体现在其实质与特点上。

(1)实质:态度的实质是个体对外部客体与主体需要之间关系的反映。态度是一种内部准备状态,而不是实际反应本身;态度不同于能力,尽管它们都是内部倾向;态度是通过学习形成的,而不是天生的。

(2)特点:从态度的实质中可以发现,态度主要具有以下四个特点。

①对象性。个体所持有的任何态度都是指向某个具体对象的,无法离开一定的对象而孤立存在。

②内在性。态度是个体内在的心理状态,不能从外部直接观察到,只能间接地推测得知。

③持久性。态度是个体在后天的社会生活中形成的,一旦形成就具有相对的持久性。

④概括性。个体对一类事物所形成的积极或消极的态度,是对各种具体对象的态度概括化的结果。

(二)品德的性质

1.含义

品德,又称道德品质,是指个体依据一定的道德行为准则行动时所形成和表现出来的稳定的心理倾向和特征。品德的心理结构包括道德认知、道德情感、道德意志和道德行为。

2.性质

品德的性质主要体现在其发展的实质与特点上。

(1)实质:品德发展的实质是个体对社会生活(规范)的适应。品德的发展就是个体在与环境的相互作用中,不断将社会规范、道德准则内化,主动建构相对稳定的行为判断准则的过程,逐渐达到平衡,从而更好地适应社会。

(2)特点:从品德发展的实质,可以看出品德具有以下四个特点。

①品德发展是个体的品德心理结构不断完善和协调发展的过程。

②品德发展表现出阶段性的特点。不同年龄阶段的个体表现出不同的品德特点。

③品德发展是个体对社会规范的学习和内化过程。品德发展是通过个体对社会规范的认知学习、情感学习与行为学习,经历由简单到复杂、由片面到全面、由表层到深层、由外界到内化,完成知、情、意、行的整合而构建起来的。

④品德发展过程就是个体不断社会化的过程。品德的发展是个体从生物人向社会人逐渐转化的过程,也体现了个体拥有合乎社会规范要求的稳定的心理特性。

二、态度的形成与改变

(一)态度的形成

态度的形成受主客观条件的影响。

1.主观条件

(1)对态度对象的认识。进行态度教学前,学生的认知结构中首先要有关于新态度对象的观念或认识,其次还要有一套关于行为与其相应情境的关系的观念。

(2)认知失调。当个体处于认知失调状态时,就会努力改变自己的观点或信念来求得新的平衡。因此,认知失调就成为态度教学的必要条件。

(3)有形成或改变态度的意向。意向是一种习惯性倾向,有着持久的影响。具备前两种条件并不能确保学生形成或改变某种态度。在特定条件下,学生可能会没有或者失去形成、改变态度的意向。

(4)对教育者的信任度。家庭、学校、社会教育是人形成或改变态度的主要影响源,其中学生对教育者的信任度是关键。教育者要提高自身综合素质,增强教育方法的科学性与艺术性。

2.客观条件

(1)所传递信息的可信度。态度的形成或改变更多是在沟通中完成的,其基础就是对信息的认知与理解。信息的真实性及价值性决定了主体对所传递信息的信任度。

(2)榜样人物的选择。许多态度是由模仿他人的行为而习得的。在观察他人态度的形成与改变时,学生获得了关于榜样行为、行为情境以及行为结果的知识,从而获得替代性强化,影响自身态度的形成与改变。

(3)外部强化。外部强化也可导致态度的形成或改变。外部强化可分为两种,即直接强化(如奖励或惩罚)和间接强化(如特定的环境氛围、群体的舆论、群体成员的评价等以潜移默化的方式影响着人的态度的形成与改变)。

(二)态度的改变

教师可以综合运用一些方法来帮助学生形成或改变某种态度。通常可应用的方法有提供榜样法、说服性沟通法、角色扮演法等。

1.提供榜样法

学校能提供的榜样一般来自教材和教师。教材既注重学科知识的传授,也注重人文素养和社会价值观念的培养。学生所仰慕、模仿的教师通常是品德高尚、关心学生、知识渊博的教师。

按照班杜拉的社会学习理论来选择榜样、设计榜样、示范榜样行为,以及运用有关的奖惩措施,引导学生形成某种合乎要求的态度。

2.说服性沟通法

在实际教育情境中,教师常常通过言语说服的方法来改变学生的态度。这种方法又称为说服性沟通法。有效的说服技巧主要有以下几种:教师要恰当地选择证据;做到情理服人,以情动人;逐渐缩小师生之间的态度差距。

3.角色扮演法

角色扮演法指人依照自己的角色来行事，也指模仿别人的角色来行事。在角色扮演的过程中，个体有越多的情感摄入，在角色扮演中所花费的力气越大，改变态度的效果就越好。

三、品德的形成与培养

（一）品德的学习与发展过程

1.道德认知发展论

（1）皮亚杰道德认知发展论

皮亚杰用认知发展的观点来解释道德发展，把道德发展分为两个阶段：

①他律期，即接受外部支配的时期，5—8岁。该时期的儿童一般服从外部规则，接受权威制定的规范，他们只根据行为后果来判断对错。该阶段也称为道德现实主义或他律的道德。

②自律期，也就是自主期，大约是小学中年级（八九岁）以后。道德发展到这个时期，个体不再无条件服从权威，但自己的判断还不成熟，故该阶段称为道德相对主义或合作的道德。皮亚杰认为，儿童的道德在五岁以前处于"无律期"，以"自我中心"来考虑问题，还谈不上道德发展。

（2）科尔伯格的道德发展阶段理论

见第一章详细内容。

2.道德情感发展的理论

（1）人本主义情感取向的道德教育理论

人本主义的道德教育思想是情感取向的道德教育理论之一，主要可以归纳为五个方面。①承认人性是建设性的。②重视情感在道德教育中的作用。③实施道德教育的三个最基本的条件：一是真诚；二是接受和信任；三是移情性理解。④视道德教育为一种过程，教师应是这一过程的"促进者"。⑤以学生为中心的非指导性教学模式。

（2）移情及其训练

移情是对事物进行判断和决策之前，将自己置于他人的位置，考虑他人的心理反应，理解他人的态度和情感体验。移情是自我与道德行为之间重要的中介变量，是助人、安慰、合作、分享等亲密社会行为的动机基础。个体移情能力受抚养人态度、个体过去经验、个体敏感性以及社会认知等多种因素的影响，也可以通过训练提高。

费希巴赫等人曾对小学三、四年级的学生进行移情能力训练。训练内容包括：

①以图片的方式提供假定的情绪情感情境,让学生想象在这种情境中他人是如何进行情境知觉的;②让学生说出他们知觉这种情境的原因,帮助他们识别情绪情感线索,并训练他们用语言表达情绪情感的准确度;③用语言暗示,通过表情动作和言语导向,提醒他们对情境线索的情感反应给予注意,以便提高学生对他人情绪情感的敏感性。

3.道德行为发展的理论

（1）斯金纳的品德理论

斯金纳坚持从强化理论来阐述道德行为,他认为儿童品德的形成是操作行为受强化而建立条件反射的过程。斯金纳特别重视外部环境对道德行为的强化作用,他认为环境包含了满足人们基本需求的条件,这些条件对个体行为起到了非常重要的强化作用。道德教育塑造道德行为就是通过对环境的控制和改变来实现的。斯金纳强调道德行为的形成是行为操作而不是主观能力,是行为效果而不是行为动机。

（2）班杜拉的品德行为形成理论

班杜拉认为,观察学习是儿童学习的主要形式,品德学习也是通过观察学习完成的。不同的成人及同辈榜样是儿童大部分道德行为获得和改变的主要原因。儿童通过观察学习不仅可以缩短学习过程而迅速掌握大量的整合行为模式,而且还可以避免由于直接尝试错误和失败可能带来的损失或挫折。

儿童道德行为的习得受到观察者内部和外部因素的影响。外部因素主要指榜样的示范性特征及其后果。内部因素主要指观察者的动机或认知水平。在儿童的道德行为形成过程中,观察者本人、环境和行为三者是相互作用的。班杜拉的品德行为形成理论强调观察学习的重要性,具有重要的现实意义。

【2007年311第45题】在社会规范学习与道德品质发展的研究中,班杜拉等心理学家的研究重点是（　　　）

A.道德认识　　　　　　　　B.道德情感

C.道德意志　　　　　　　　D.道德行为

【解析】D

班杜拉等社会学习理论家的研究重点是道德行为,皮亚杰和科尔伯格等认知发展理论家的研究重点是道德认知,而精神分析学派和人本主义学派的研究重点是道德意志或道德情感。故本题选D。

（二）影响品德学习与发展的因素

1.影响品德形成的外部因素

（1）家庭环境

家庭环境对品德发展的影响可分为客观因素和主观因素两个方面。

客观因素方面的研究结论包括以下几点：①家庭经济状况和居住条件同儿童与青少年的品德之间不存在显著的相关；②在家庭结构和主要社会关系中，父母之间感情破裂而导致的分居或离婚，对子女品德的发展有严重的不良影响，主要社会关系也对儿童与青少年的品德发展有一定的影响；③家长职业类型与文化程度的不同，对子女的品德有明显的影响。

主观因素方面的研究结论包括以下几点：①家长是儿童模仿学习的榜样，家长品德不良，会对孩子品德的发展产生不良影响；②家长对子女的教养态度及期望，在很大程度上影响着孩子人格的发展，良好的养育态度和对子女寄予积极期望对孩子品德的发展有积极的影响；③家长作风和家庭气氛也会影响孩子的品德发展，和善作风有利于儿童的良好品德发展，过于严厉的作风则会使儿童产生敌对和反抗行为，在和睦、平常和紧张三种不同的家庭气氛条件下，儿童的品德发展情况存在着显著的差异。

（2）学校集体

①班集体的影响。班集体是构成学校集体的基本单位，学校集体的特点也通过班集体的特点表现出来：第一，班集体信念对集体成员的品德形成起作用；第二，班集体情感对集体成员的道德情感有很大影响；第三，班集体坚定的意志行动不仅直接增强了集体成员形成良好品德的决心，而且提高了他们形成良好品德而克服困难的自觉性，并使集体成员统一行动，保持和维护良好的道德风尚，自觉约束自己的行为；第四，班集体的行为习惯水平会对集体成员的品德形成影响。

②学校德育的影响。学校德育是根据一定的社会思想政治观点、道德行为规范和学生的身心发展规律，有目的、有计划地塑造儿童与青少年心灵的教育活动。它主要通过三条途径实现：学科教学；全校、年级、班级或团队活动；课外和校外活动。

③学校集体中其他因素的影响。如教师的领导方式；集体舆论；校风班风。

④校园文化的影响。近年来，在学校校园文明建设过程中，人们深切地感受到学校文化环境，包括教室、操场、食堂、宿舍等处的设备，卫生，装饰布置等硬件和软件建设，对学生的精神面貌和行为方式也具有重要的影响。这是值得关注和深入

研究的课题。

（3）社会化

社会化是指个体加入社会系统,通过与社会环境的相互作用,由自然人向社会人转化的过程。个体正是在和社会环境相互作用的过程中,学会适应环境进而形成相应的人格特征。因此,品德的形成和发展无疑是在社会化的过程中进行的。社会文化对人格和品德形成的影响,明显地表现为三个方面:①社会文化是人类创造出来的,是人类适应环境和改造环境的工具,人们在创造自己文化的同时,也塑造了自己的人格和品德;②人类积累的文化遗产成为塑造新的人格和品德的依据和范式,并且人们力图用这种文化遗产来塑造新生的一代;③新一代的成长是在吸收文化遗产和自己的创造活动中进行的,他们对社会文化有着各自的选择,这就是造成新的人格和各自不同品德的原因。

2.影响品德形成的内部因素

（1）道德认识

人的行动总是被人的认识支配,人的道德行为也不例外地受到人的道德认识的制约。但道德认识不是与生俱来的,而是在实践中逐渐形成的,代表着人们对社会公认的品德准则、社会行为的是非善恶标准的了解与掌握。但作为独特的个体,学生在同化外界信息时呈现出不同的特点,受不同认知特性的制约,每个人的道德认识会呈现出不同的水平与程度。

（2）个性品质

个性对品德发展的作用,主要体现为个性倾向性和个性心理特征对品德发展的影响。

①个性倾向性。个性倾向性在思维发展上起动力（或动机）作用。其中每一种具体成分所起的作用又有不同的表现形式。有的本身就是动力因素,如动机、兴趣、理想、信念,它们制约着学生品德发展的方向和水平;有的与品德平行发展,但关系密切,如自我意识,它是整个品德结构中的监控结构,有助于提高品德发展的策略性和自我评价能力。

②个性心理特征。各种稳固的品德特征与能力、气质、性格等个性心理特征的影响也是分不开的。人的能力是复杂多样的,许多能力与品德发展有密切联系,其中认知能力有着特别重要的作用,认知能力是品德发展的基础。气质虽然不能决定个体品德的发展,但它却影响着某些品德形成的快慢和难易程度。气质直接影响着品德结构、品德过程,特别是品德行为的强度、速度、灵活性、平衡性和指向性。重视气质对品德的影响,是成功地进行品德培育的一个重要依据。人的性格和品

德有相似的结构，且统一在一个人完整的个性中。一个人的性格可以表现他的品德，也可以发挥动机的作用，推动个体从事某种活动或不从事某种活动。因此，性格培养可以巩固已形成的品德心理特征，也可以改造或矫正不良品德。

（3）适应能力

在社会化过程中，个体通过社会角色地位的不断变化来掌握相应的社会规范和行为模式，然后形成稳定的道德品质。从社会对个体品德的要求出发，适应能力包括两大方面：一是自我教育能力；二是社会生活和工作能力。由于人与人之间存在差异，因而人的适应能力各不相同，其品德表现也各不相同。在复杂的社会面前，缺乏适应能力的人会感到思想上的困惑和行动上的茫然，于是或从众随流，或故步自封，甚至会作出一些有悖于社会道德要求的事情。为此，要使学生在复杂的社会信息、社会现象中成为独立的、有道德的公民，就必须加强对学生适应能力的培养与训练。

（三）品德的培养

1.道德认知的培养

道德认知的形成与发展主要依赖于道德概念的掌握、道德信念的确立和道德评价能力的发展三个维度。

（1）道德概念的掌握

道德概念是人对社会道德现象的本质特征和内在联系的反映，是在丰富的道德表象的基础上，通过分析、综合、抽象、概括的思维活动而形成的。掌握道德概念的条件如下：

第一，道德概念的掌握有赖于形象的事件和感性的经验。

第二，道德概念的掌握有赖于道德知识的学习和概括能力的发展。

第三，道德概念的掌握有赖于理解道德行为规范的社会意义和个人意义。

（2）道德信念的确立

道德信念指人们将道德知识作为指导个人行动的基本原则，当人们坚信它并决定为之奋斗时，就产生了道德信念。道德信念不是一种单纯的道德认识，它是坚定的道德观点、强烈的道德情感和顽强的道德意志的"合金"。它一经形成，就不会轻易改变。道德信念是道德动机的高级形式，它可以引起、推动和维持人的道德行动，使人的道德行为表现出坚定性和一贯性。因此，它是道德品质形成的关键因素。

（3）道德评价能力的发展

道德评价指学生根据已掌握的道德规范对已发生的道德行为的是非善恶进行

分析判断的过程。道德评价是一种智力活动的过程,即在评价中不断地深化道德认识,增强道德情感的体验,确定合理的行动,为道德行为定向。

2.道德情感的培养

学生道德情感的培养途径和方法主要有以下几种。

(1)丰富学生有关的道德观念,并使这种道德观念与各种情绪体验结合起来。

(2)利用具体生动的形象引起学生道德情感的共鸣。

(3)在具体情感的基础上阐明道德概念、道德理论,使学生的道德体验不断概括、不断深化。

(4)在道德情感的培养中,教师要注意引导学生调控自己的情绪,要注意在培养品德时学生出现的情绪障碍,并设法加以消除。

(5)重视教师情感的感化作用。

(6)教师应营造一种安全的课堂气氛,学生在这种气氛中可以真诚而坦率地表达他们的观点和决策,进行情感交流。

教师对学生的情感直接影响着学生道德情感的发展,此外,教师自身的道德情感对学生有着潜移默化的作用。要培养学生高尚的道德情感,教师自己必须具有这种情感,教师要用自己高尚的情操培养学生健康的道德情感。

3.道德行为的培养

学生的道德行为习惯是在教育和生活过程中经过反复练习和实践逐步形成的。道德行为的培养途径主要有以下几种。

(1)激发学生的道德动机。

(2)帮助学生掌握合理的道德行为方式。

(3)帮助学生养成良好的道德行为习惯。

(4)锻炼学生的道德意志。

在培养道德行为时,教师应该注意以下几个方面。

(1)创设重复良好行为的情境,让学生坚持有意识地练习。

(2)及时纠正学生的问题行为和不良习惯。

(3)合理慎重地使用惩罚。

(4)让学生远离犯错误的情境。

4.品德的综合培养方法

(1)案例研究法。案例研究法是一种有效的方法,是发展道德推理技能和能力的一种实际活动。它从给学生的具体案例出发,而不是从各种原则、价值或理想入手,从中归纳出相关的原则和价值范围。

（2）游戏和模拟。游戏和情境模拟的使用可以为其他道德教育学习活动提供重要的工具。游戏和模拟的根本目的是为决策行为提供直接的经验。

【2025年333第13题】
小刚明知自己不能私自拿别人的东西，可是看到别的同学那里有自己喜欢的东西时，还是忍不住悄悄拿来放在自己的书包里，事后又感到愧疚和不安。根据德育过程理论，对小刚进行干预时最适合的切入点是（　　）
A.道德认知教育　　　　B.道德情感培养
C.道德意志训练　　　　D.道德榜样示范
【解析】C
此题考查德育过程。小刚明知自己不能私自拿别人的东西，可还是忍不住悄悄拿来放在自己的书包里，这说明小刚缺乏道德意志。对小刚进行干预时最适合的切入点应是道德意志训练。故本题选C。

（四）品德不良的纠正与教育

1.品德不良的含义与类型

（1）含义

品德不良是指学生经常违反道德要求或犯有较为严重的道德过错。品德不良的学生最初的表现是一般的过错行为，这些过错行为虽然在严重性和稳定性上还没有达到违法的程度，但是如不及时加以矫正，就会发展为严重的道德过错。学生从而形成不良品德，甚至走上违法道路。

（2）类型

青少年品德不良表现在与其息息相关的学习生活的各个领域。青少年较为普遍的品德不良类型有以下几种。

①作弊行为。考试作弊属于学习领域较普遍的品德不良表现之一。该现象长期存在，并且一直受到社会的广泛关注。

②诚信及文明礼仪缺失。诚信及文明礼仪缺失是青少年在社会生活领域中品德不良的主要表现。

③责任意识淡薄。责任在整个道德规范体系中居于最高层次。一个人能否形成一定的责任意识，能否勇于承担一定的社会责任，关键要看青少年阶段所受教育的情况。责任意识淡薄的主要表现有：注重个人意识，对集体、社会责任意识淡漠；

自私、冷漠、懦弱,缺乏正义感;行为上表现出怕负责任或逃避责任。

2.品德不良的成因分析

(1)学生品德不良的客观原因

①家庭方面

现在的家庭教育环境中有四个问题比较突出:①养而不教,重养轻教;②宠严失度,方法不当;③要求不一致,互相抵消;④家长生活作风不良,给孩子潜移默化的影响。

②学校方面

现在的学校教育中存在着三个比较突出的问题:①只抓升学率,忽视了对学生思想品德的教育;②有的教师对学生不能一视同仁,对学习成绩差或者有缺点的学生教育方法简单粗暴,对他们冷淡、歧视,导致他们失去了自尊心和自信心,在一定程度上助长了他们的缺点和错误的形成;③少数教职工的不良品德直接对学生的品德产生了不良影响。

③社会方面

随着年龄的增长,学生越来越广泛地接触到社会的各个方面,社会对他们的影响也越来越大。

(2)学生品德不良的主观原因

①缺乏正确的道德观念或法治观念淡薄

品德不良的形成常与学生道德认识上的错误或无知有密切的关系。有的学生分不清是非善恶,甚至以是为非、以非为是。总之,学生不良品德的形成,有的是从认识开始的,有的是从情感、意志开始的,有的则是从行动开始的。

②缺乏道德情感或情感异常

品德不良的学生缺乏道德情感,他们往往爱憎不分、好恶颠倒。例如,认为给他一点儿便宜的人是"好人",认为严格要求和管束他的人可恶。他们同教师、父母和其他一些关心他们的人情感对立,存有戒心,而与他们的"伙伴"情感相投。

③明显的意志薄弱与畸形的意志发展

④养成了不良的行为习惯

⑤青少年学生的心理内部矛盾

正在成长的青少年内部心理因素的发展是不平衡的,往往会产生各种各样的心理矛盾。这种矛盾如果得不到适当的解决,就可能产生品德方面的问题。

3.品德不良的纠正与教育

(1)品德不良学生的转化过程

品德不良学生的转化要经历一个由量变到质变的过程。这个转化过程大体可以划分为醒悟、转变与自新三个阶段。

①醒悟阶段，这是指品德不良的学生开始认识到自己的错误，从而产生改过自新的意向。

②转变阶段，这是指品德不良的学生有了改过自新的意向之后，在行为上发生一定的转变。这是一种可喜的进步，但必须清醒地看到这仅仅是开始，在整个转变阶段，该学生必然要经过不断的矛盾运动才能最终成为一个新人，在不断的矛盾斗争中，有时还会出现反复，即重犯以前的过错。反复的情况也有两种：一种是前进中的暂时后退；另一种是教育失败出现的大倒退。

③自新阶段，这是指品德不良的学生经过较长时期的转变之后，不再出现反复，而进入一个新的时期。对那些已经转变的青少年要倍加关心和爱护，充分地信任，热情地鼓励，逐步提高要求，不断引导他们前进，任何歧视与翻旧账的言行都是极为有害的。

（2）品德不良的纠正与教育

①以充满信任的教育和关爱，消除其疑惧心理和对抗情绪。

②培养其正确的道德观念，提高其明辨是非的能力。

③针对学生的个体差异，采取灵活多样的教育措施，在集体活动中激发其道德情感。

④加强其道德意志训练，提高其抗诱惑能力，培养其良好的行为习惯。

本章内容思维导图

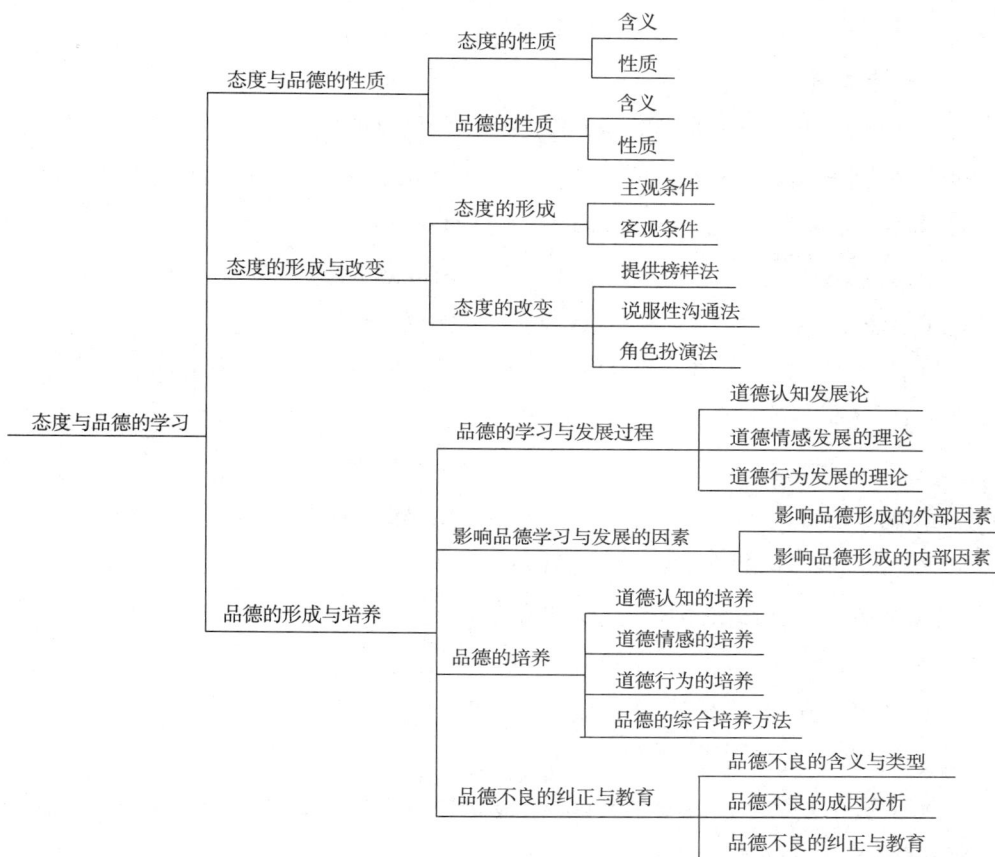

```
态度与品德的学习
├── 态度与品德的性质
│   ├── 态度的性质
│   │   ├── 含义
│   │   └── 性质
│   └── 品德的性质
│       ├── 含义
│       └── 性质
├── 态度的形成与改变
│   ├── 态度的形成
│   │   ├── 主观条件
│   │   └── 客观条件
│   └── 态度的改变
│       ├── 提供榜样法
│       ├── 说服性沟通法
│       └── 角色扮演法
└── 品德的形成与培养
    ├── 品德的学习与发展过程
    │   ├── 道德认知发展论
    │   ├── 道德情感发展的理论
    │   └── 道德行为发展的理论
    ├── 影响品德学习与发展的因素
    │   ├── 影响品德形成的外部因素
    │   └── 影响品德形成的内部因素
    ├── 品德的培养
    │   ├── 道德认知的培养
    │   ├── 道德情感的培养
    │   ├── 道德行为的培养
    │   └── 品德的综合培养方法
    └── 品德不良的纠正与教育
        ├── 品德不良的含义与类型
        ├── 品德不良的成因分析
        └── 品德不良的纠正与教育
```

自测题

一、选择题

1.【青岛大学 2013 年 333 第 9 题】小明写了保证书,决心今后要遵守《中学生守则》,做到上课不再迟到。可是冬天天一冷,小明迟迟不肯钻出被窝,以致又迟到了。因此,对小明的教育应从提高其(   )水平入手。

  A.道德意志   B.道德认识

  C.道德情感   D.道德行为

2.【重庆师范大学 2012 年 333 第 13 题】科尔伯格研究道德发展的主要方法是(   )

  A.自然观察法   B.实验室实验法

  C.两难故事法   D.对偶故事法

3.态度的心理结构包括哪三个成分(   )

  A.情感成分、行为意向成分、认知成分

  B.情感成分、行为成分、认知成分

  C.情感成分、意志成分、认知成分

  D.情感成分、行为成分、意志成分

4.小明在考试中发现同桌在作弊,他想告诉老师但又担心会影响同学关系。这种情况下,培养小明的道德品质,最有效的方法是(   )

  A.告诉小明作弊是不对的,应该举报

  B.让小明进行角色扮演,体验不同立场

  C.奖励小明举报的行为

  D.惩罚小明不举报的行为

5.在进行品德教育时,教师创设情境让学生扮演不同角色,体验不同立场,这种方法属于(   )

  A.说服性沟通法   B.案例研究法

  C.游戏和模拟法   D.提供榜样法

二、论述题

1.【南京师范大学 2013 年 333 论述题 1】品德及其构成要素是什么?如何根据品德的要素进行道德教育?

2.【华南师范大学 2012 年 333 论述题 3】分析学生品德不良的成因。

三、材料分析题

【2023 年 311 第 56-I 题节选】阅读材料,并按要求回答问题。

党的二十大报告明确要求,实施科教兴国战略,强化现代化建设人才支撑,健全学校家庭社会育人机制,为家庭教育事业指明了发展方向。《中华人民共和国家庭教育促进法》第十七条规定:未成年人的父母或者其他监护人实施家庭教育,应当关注未成年人的生理、心理、智力发展状况,尊重其参与相关家庭事务和发表意见的权利,合理运用以下方式方法:(一)亲自养育,加强亲子陪伴;(二)共同参与,发挥父母双方的作用;(三)相机而教,寓教于日常生活之中;(四)潜移默化,言传与身教相结合;(五)严慈相济,关心爱护与严格要求并重;(六)尊重差异,根据年龄和个性特点进行科学引导;(七)平等交流,予以尊重、理解和鼓励;(八)相互促进,父母与子女共同成长;(九)其他有益于未成年人全面发展、健康成长的方式方法。

根据教育心理学相关理论,谈一谈如何运用上述家庭教育方式对儿童进行品德教育。

参考文献

1.张大均主编.教育心理学.人民教育出版社，2005.

2.陈琦，刘儒德主编.教育心理学.高等教育出版社，2005.

3.张立平主编.教育综合（333）考试宝典.首都师范大学出版社，2021.

答案与解析

第一章　心理发展与教育

一、选择题

1.D　【解析】皮亚杰用来说明儿童认知发展的重要概念是图式、同化、顺应、平衡。其中,图式是指儿童对环境进行适应的认知结构;同化是指个体利用已有的图式把新的刺激纳入已有的认知结构的认知过程;顺应是儿童通过改变已有的图式或形成新图式来适应新刺激的认知过程;平衡指同化和顺应之间的"均衡"。故本题选 D。

2.A　【解析】皮亚杰认为,个体认知发展的结果是形成认知结构。认知结构是指个体在认知活动中形成的心理结构,是一个有组织的整体。故本题选 A。

3.B　【解析】小莉的表现属于皮亚杰认知发展理论中前运算阶段(2—7 岁)的特征。这一阶段的儿童具有泛灵论倾向,认为外界的一切事物都有生命。这反映了儿童思维的自我中心性和想象性特点,他们还不能完全区分自己的心理活动和外部世界。故本题选 B。

4.C　【解析】学生能理解"北京、首都、中国"的关系,表明已进入具体运算阶段(7—11 岁)。这一阶段儿童能进行分类和排序,思维具有可逆性。他们可以理解事物之间的逻辑关系,但仍需具体事物或经验的支持,尚未完全发展抽象思维能力。故本题选 C。

5.C　【解析】维果茨基的"最近发展区"是指学生独立活动时的实际发展水平与在成人指导下通过模仿而达到的发展水平之间的差距,即正处于掌握边缘的解决问题水平。它强调教学应该走在发展前面,针对学生即将掌握的能力进行引导,从而促进学生的认知发展。故本题选 C。

6.C　【解析】科尔伯格道德发展阶段理论中,"好孩子"定向阶段属于习俗水平。这一阶段的个体遵守道德规范是为了获得他人的认可和赞许,表现出对人际关系和社会期望的关注。这反映了个体道德认知从外部约束向内部认同的过渡。

故本题选 C。

7.C 【解析】"以社会契约为准则"属于科尔伯格道德发展阶段理论中的后习俗水平。这一水平的个体能够理解法律和道德规范的相对性,认识到它们是为了维护社会秩序和人权而制定的。他们能够根据普遍原则来评判现有规范的合理性。故本题选 C。

8.B 【解析】小辉因害怕被批评而遵守上课纪律,属于前习俗水平中的惩罚与服从取向阶段。这一阶段的儿童遵守规则主要是为了避免惩罚,而不是出于对规则本身的理解和认同。他们的道德判断主要基于行为的后果。故本题选 B。

9.D 【解析】埃里克森认为,青少年时期(12—18 岁)的主要发展任务是获得自我同一感。这一阶段青少年需要解决角色认同与角色混乱的矛盾,形成稳定的自我认同,包括职业取向、性别角色、政治立场等方面的认同。故本题选 D。

10.A 【解析】埃里克森的理论中,6—12 岁儿童的主要任务是解决"勤奋与自卑"的矛盾。积极解决这一矛盾有助于发展出"胜任力"的品质。这种胜任力表现为儿童对自己能力的信心,以及完成任务和实现目标的能力。故本题选 A。

二、论述题

1.本题考查皮亚杰的认知发展阶段理论及其对学校教育的启示。答题时需要清晰地阐述理论的主要内容和对学校教育的启示两个部分。参考答案如下:

(1)皮亚杰的认知发展阶段理论

皮亚杰将儿童认知发展分为四个主要阶段。感知运动阶段(0—2 岁):主要通过感觉和动作认识世界,获得客体永久性概念。前运算阶段(2—7 岁):出现符号功能,但思维具有自我中心性、不可逆性等特点。具体运算阶段(7—11 岁):能进行守恒、分类、排序等具体运算,但仍需具体事物的支持。形式运算阶段(11—16 岁):能进行抽象思维和假设演绎推理。

(2)对学校教育的启示:尊重认知发展的阶段性,教学内容和方法要与学生认知水平相适应。重视学生的主动建构,创设有利于学生主动探索的学习环境。关注个体差异,因材施教。重视具体操作和实践活动,促进学生认知结构的发展。注重培养学生的抽象思维和逻辑推理能力。

2.本题考查科尔伯格的道德发展阶段理论及其教育应用。答题时需要清晰地阐述理论的主要内容和教育应用两个部分。参考答案如下:

(1)科尔伯格将道德发展分为三个水平,六个阶段(阶段特征可自行展开论述):

①前习俗水平(0—9 岁)。这一水平的主要特征是:儿童的道德观念是纯外在的,儿童为了免受惩罚或获得奖励而顺从权威人物规定的行为准则。这一水平包

括两个阶段:第一阶段是惩罚和服从的道德定向阶段;第二阶段是功利性的相对主义的定向阶段。

②习俗水平(9—15岁)。这一水平的儿童为了得到赞赏和表扬或维护社会秩序而服从父母、同伴、社会集体所确立的准则,或称因循水平,也可以说是为了满足社会的需求和希望。这一水平包括两个阶段:第三阶段是人际和谐的定向阶段,又称为"好孩子"定向阶段;第四阶段是维护权威或秩序的定向阶段。

③后习俗水平(15岁以后)。这一水平又称原则水平,达到这个水平的人,其行为原则已经超出了某个权威人物的规定,它的特点是道德行为由共同承担的社会责任和普遍的道德准则所支配,道德标准已被内化为他们自己内部的道德命令。它也可以分为两个阶段:第五阶段是社会契约和法律的定向阶段;第六阶段是普遍的道德原则或良心的定向阶段。

(2)教育应用:

①了解学生的道德发展水平,有针对性地进行道德教育。

②创设道德两难情境,促进学生道德认知和道德推理能力的发展。

③培养学生的道德敏感性和道德判断能力。

④注重道德行为的实践,将道德认知转化为道德行为。

⑤尊重学生的主体性,引导学生自主思考和判断。

3.本题考查人格和行为的性别差异。答题时需要从多个方面系统地阐述性别差异,包括智力、情绪和性格、社会行为、兴趣和职业选择等方面。同时,还应指出这些差异受到生物因素和社会文化因素的共同影响。参考答案如下:

(1)智力的性别差异。①认知方面:从13岁开始,男性空间知觉能力明显优于女性;女性触觉、嗅觉、痛觉的知觉速度较快,对声音的辨别定位及颜色色调的知觉优于男性,而男性视觉能力较强。②记忆方面:女性机械记忆能力强,短时记忆广度超过男性;男性的理解记忆、长时记忆优于女性。③思维发展:学龄前女孩略高于男孩,小学到初一差异逐渐明显;初二以后,男孩思维发展速度迅速赶上并超过女孩。④思维倾向:女性倾向于形象思维或思维的艺术型,男性倾向于抽象思维或思维的抽象型。

(2)言语发展的性别差异。从婴儿期到青春前期,女孩言语发展一直优于男孩,在包括接受性和创造性言语任务及需要高水平言语能力的任务中,女孩得分均高于男孩。女性口头言语有明显的流畅性、情感性,很少有口吃等言语缺陷,男性的言语表达具有较强的逻辑性和哲理性。

(3)行为的性别差异。从2—5岁开始,男孩在社会性游戏中就表现出比女孩更强的身体侵犯性和言语侵犯性。男性的行为常易受情感支配，缺乏自制力而具有冲动性。

（4）兴趣的性别差异。男性的注意多定向于物，即所谓"物体定向"。女性的注意多定向于人，一般对人与人之间的关系很注意、很敏感。

（5）自信心的性别差异。一般认为，女性的自信心低于男性。在成败归因上，女性更多地把自己的成功归因于运气，把失败归因于自己的能力；男性更多地把成功归因于自己的能力，把失败归因于任务难。

（6）这些差异受到生物因素和社会文化因素的共同影响。在教育中，应该尊重这些差异，同时也要避免对性别的刻板印象，为每个学生提供平等的发展机会。

三、材料分析题

本题考查埃里克森的心理社会发展理论在小学生家庭教育中的应用。答题时需要结合埃里克森理论中小学生阶段的主要特点，提出相应的家庭教育策略。参考答案如下：

根据埃里克森的心理社会发展理论，小学生（6—12岁）处于"勤奋感对自卑感"的阶段。基于此，对小学生的家庭教育可以从以下几个方面开展：

①培养勤奋感：鼓励孩子积极参与学习和各种活动，培养主动性和责任感。设置适当的目标和任务，让孩子体验成功，增强自信心。

②避免自卑感：避免过分苛刻的要求和频繁的批评，以免打击孩子的自信心。关注孩子的优点和进步，给予及时的肯定和鼓励。

③发展社会交往能力：鼓励孩子参与集体活动，学习与同伴合作。指导孩子处理人际关系，培养社交技能。

④培养独立性：给予适当的家庭责任，如整理房间、照顾宠物等，培养独立能力。尊重孩子的意见，让他们参与家庭决策，培养决策能力。

⑤发展兴趣爱好：支持孩子探索各种兴趣爱好，发展多元化的能力。根据孩子的兴趣和特长，提供相应的资源和支持。

⑥建立良好的学习习惯：帮助孩子制订合理的学习计划，培养时间管理能力。指导孩子掌握有效的学习方法，提高学习效率。

⑦关注情感需求：保持良好的亲子关系，给予情感支持。倾听孩子的想法和感受，帮助他们处理情绪。

⑧树立正确的价值观：通过日常生活中的言传身教，培养孩子的道德观念和价值观。引导孩子理解努力的重要性，培养积极向上的人生态度。

在实施这些家庭教育策略时，家长应该注意尊重孩子的个性差异，根据每个孩子的特点进行个性化的教育。同时,也要与学校教育相配合,形成家校合力,共同促进孩子的全面发展。

第二章　学习及其理论解释

一、选择题

1.D　【解析】加涅的学习水平分类:(1)信号学习,即经典性条件,其作用是学习对某种信号作出某种反应;(2)刺激—反应学习(S—R 的学习);(3)连锁学习:一系列刺激—反应的联合;(4)语言联想学习,也是一系列刺激—反应的联合,但它是由言语单位所连接的连锁化;(5)辨别学习,学会识别多种刺激的异同并对之作出不同的反应;(6)概念学习,对刺激进行分类,学会对一类刺激作出同样的反应,也就是对事物的抽象特征的反应;(7)规则的学习,规则指两个或两个以上概念的联合,规则学习即了解两个或两个以上概念之间的关系;(8)解决问题的学习,又叫高级规则的学习,即在各种情况下,使用所学规则去解决问题。题目中的学生已经可以应用学过的规则解决问题,并生成了新的结论,因此是一种高级规则的学习。故本题选 D。

2.A　【解析】奥苏伯尔根据两个维度对认知领域的学习进行了分类,一个维度是学习进行的方式,是接受还是发现;另一个维度是学习材料与学习者原有知识的关系,是机械的还是有意义的。故本题选 A。

3.C　【解析】桑代克提出了三个学习律:练习律、准备律、效果律。其中,效果律指的是情境与反应的联结会因获得积极的结果而增强,会因获得消极的结果而减弱。题干中提到学习成功的学生往往对学习抱积极态度,而屡受挫折的学生易对学习抱消极态度,能对这种现象作出合理解释的是效果律。故本题选 C。

4.B　【解析】根据斯金纳的观点,强化的目的是增加反应的概率,其中正强化是指通过增加愉快的刺激来增加反应的概率,负强化是指通过撤销不愉快的刺激来增加反应的概率;惩罚的目的是减少反应的概率,其中正惩罚是指通过呈现消极刺激来减少反应的概率,负惩罚是指通过中止积极刺激来减少反应的概率。本题中的学生"越来越多地表现出类似行为",说明反应的概率增加了,因此是一种强化。这种强化是通过不被提问实现的,因此属于撤销了"提问"这个不愉快的刺激,因此是一种负强化。故本题选 B。

5.C　【解析】奥苏伯尔认为影响接受学习的关键因素是认知结构中起固定作用的观念。为此,他提出了先行组织者的教学策略。所谓"先行组织者",是先于学习任务本身呈现的一种引导性材料,它的抽象、概括和综合水平高于学习任务,并且与认知结构中原有的观念和新的学习任务相关联。其目的是在新的学习任务和旧知识之间搭建一座桥梁,为新的学习任务提供观念上的固着点,增加新旧知识之间的可辨别性,以促进学习的迁移。故本题选 C。

6.D 【解析】班杜拉在观察学习理论中提出了动机过程。动机过程指个体不仅通过观察模仿从榜样身上学习到一定的行为,而且愿意在适当的时机将习得的行为表现出来。也就是说,榜样的行为已经被观察者内化,动机过程中包括外部强化(直接强化)、替代强化(榜样强化)和自我强化(自我奖赏或自我批评)。故本题选 D。

7.C 【解析】文字和图像的组合是运用了双重编码的形式,有助于学习者识记和回忆再认。故本题选 C。

8.C 【解析】认知理论认为学习并不是在外部环境的支配下被动地形成刺激—反应之间的联结结果,而是主动地在头脑中形成认知结构的过程;联结理论认为学习的实质就是形成刺激与反应之间牢固联结的过程;建构主义理论认为学习是积极主动的意义建构和社会互动过程,学习者的知识建构过程具有主动建构性、社会互动性以及情境性等特征,强调学习应该与情境化的、具体可感知的社会实践活动结合起来;人本主义理论从人性论、自我实现理论以及"患者中心"出发,突出情感在教学活动中的地位和作用,并倡导以学生经验为中心的有意义的自由学习。故本题选 C。

9.D 【解析】发现学习有利于激发学生的好奇心及探索未知事物的兴趣,有利于调动学生的内部动机和学习的积极性,最大限度地为学生提供自由回旋的余地,有利于学生创造性、批判性思维的发展。但是,发现学习也容易忽视学生学习的特点,歪曲接受学习的本意;同时,对发现学习的界定缺乏科学性和严密性,而且发现学习比较浪费时间,不能保证学习的水平。因此,发现学习应该根据教材性质和学生的特点来灵活安排。故本题选 D。

10.D 【解析】建构主义认为学习者的知识构建过程具有三个重要特征。(1)学习的主动构建性:面对新信息、新概念和新命题,每个学生都以自己原有的知识经验为基础构建自己的理解。学习是个体建构自己知识的过程,这意味着学习是主动的,要对外部信息做主动的选择和加工。(2)学习的社会互动性:学习任务是通过各成员在学习过程中的沟通交流、共同分享学习资源完成的。(3)学习的活动情境性:建构者认为知识并不是脱离活动情境而抽象地存在,知识只有通过实际情境中的应用活动才能真正被人理解。因而,学习应该与情境化的社会实践活动结合起来。故本题选 D。

二、论述题

1.本题考查考生对奥苏伯尔有意义学习的理解与掌握程度。参考答案如下：

（1）有意义学习的实质

所谓有意义学习就是在符号所代表的新知识和学生认知结构中已有的适当观念之间建立非人为的和实质性的联系。否则，就只是机械学习。

（2）有意义学习的条件

有意义学习的产生既受客观条件（学习材料的性质）的影响，也受主观条件（学习者自身因素）的影响。

①客观条件。有意义学习的材料本身必须能够与学生认知结构中的有关知识建立实质性和非人为的联系。也就是说，第一，材料必须具有逻辑意义，是学生可以理解的；第二，材料应该是在学生学习能力范围之内的，符合学生的心理年龄特征和知识水平。

②主观条件。第一，学习者要有有意义学习的意向或倾向，简单地说，学生必须想通过理解以及新旧知识之间的相互作用去获得这些知识，而不是死记硬背；第二，学习者认知结构中必须具有适当的知识基础；第三，学习者必须积极主动地使具有潜在意义的新知识与认知结构中有关的旧知识发生相互作用，从而加强对新知识的理解，使认知结构或旧知识得到改善，使新知识获得实际意义。

2.本题考查考生对班杜拉观察学的理论理解程度。参考答案如下：

（1）观察学习的过程

班杜拉认为，人类大多数的行为都是通过观察习得的，人们通过观察他人的行为，可以获得榜样行为的符号性表征，并以此引导观察者在今后作出与之相似的行为。这个学习过程受注意、保持、动作再现和动机四个子过程的影响。

①注意过程。注意过程是观察学习的首要阶段，调节着观察者对示范活动的探索和知觉，决定着在大量的榜样影响中选择什么作为观察对象。

②保持过程。保持过程有赖于表象系统、语言系统，有时还有动作演练。在这一过程中，个体把观察到的榜样行为转换为表征性的形象或语言符号，保留在记忆中。

③动作再现过程。班杜拉认为，个体对动作行为的再现过程包括：反应的认知组织、反应的发起和监控以及在信息反馈基础上的精练。一个人即使充分意识到了榜样行为并记忆在头脑中，但如果没有适当的动作能力，个体仍不能再现这种行为。因此，是否具备榜样行为所需的动作能力也是一个条件。

④动机过程。指个体不仅通过观察模仿从榜样身上学习到一定的行为,而且愿意在适当的时机将习得的行为表现出来。也就是说,榜样的行为已经被观察者内化,动机过程中包括外部强化(直接强化)、替代强化(榜样强化)和自我强化(自我奖赏或自我批评)。

(2)观察学习理论的教育应用:教师要发挥以身示范的榜样作用,为学生提供良好的榜样;教师要按照观察学习的基本过程和条件,指导学生进行观察学习;教师要充分发挥替代强化和自我强化的作用,激发学生学习的能动性;教师要消除社会环境中的不良榜样行为。

3.本题考查考生对布鲁纳的认知—发现说与奥苏伯尔的认知—接受说中发现学习和接受学习的掌握情况。参考答案如下:

发现学习和接受学习分别由布鲁纳与奥苏伯尔两位学者提出,二者虽然存在着差异,但又相互制约、相互促进。

(1)二者的区别

①在知识的获取方式上:布鲁纳的发现学习强调学生用自己的头脑去发现、探索知识;奥苏伯尔的接受学习强调原有的认知结构和同化作用。

②在知识的学习过程上:布鲁纳的发现学习强调归纳过程,让学生由特殊发现一般;奥苏伯尔的接受学习强调演绎过程,从一般到特殊。

③在教学方式上:布鲁纳反对教师在教学中的系统讲解,主张学生自行发现其中的道理,并认为一切知识都应该通过参与探究和发现的活动来学习;奥苏伯尔认为,有意义的讲解式教学应该是教学的主要模式,且发现学习可以是有意义的,也可以是机械的。

④在教师的作用上:发现学习中,教师是学生探究过程的引导者,需要给学生提出问题,引导学生提出假设、验证假设,最终得出结论;接受学习中,教师是知识的传授者,要通过师生互动的方式促进学生的理解。

(2)二者的联系

①在认知结构的作用上:二者都重视学生对认知结构的构建。学生发现新知识,是以认知结构中原有的适当知识作为基础。学生同化新知识也不是消极被动地接受教师所传授的知识,而是通过自己的头脑积极主动地去形成认知结构。

②在学习的效果上:二者都可能发生有意义学习,也都可能发生机械学习。教师引导学生发现时,要建立在已有知识的基础上;让学生接受时,不是死记硬背,而是学生在原有知识的基础上主动建构而成。

（3）评价（该部分可自行结合实例进行展开说明）

①发现学习不一定是有意义的，接受学习不一定是无意义的。

②两种学习方式各有所长，在教学中应相辅相成。

三、材料分析题

本题考查考生对各行为主义学习理论及其教育应用的理解与掌握。参考答案如下：

材料的5个实例中对学生不当行为的处置措施，集中体现了行为主义学习观点在学校教育中的运用。行为主义学习理论把个体行为改变的过程视为条件反射的形成与消除过程，而影响这一过程的重要条件是强化、惩罚和消退等外部条件。

例一中教师运用的方法是消退法。依据行为主义学习观点，一种行为若不予以强化就会消退。教师对学生"做鬼脸"的行为采取不理睬、忽视的态度，最终使其消退。如果教师因学生的错误行为出现过激的反应，反而会成为一种强化。

例二中教师运用的方法是隔离法。他对学生采取"孤立"的措施，目的是将违规学生与其他学生"隔离"开来，防止其不当行为因部分学生的支持、赞赏而得到强化。

例三中教师运用的方法是惩罚法。该学生行为的错误性质较严重，予以忽略是不恰当的。教师采用严肃批评、写情况说明等惩罚性措施，使其错误行为受到禁止，或使其发生的概率降低。

例四中教师运用的方法是餍足法（过度满足法）。在采用其他方法无法终止学生违规行为的特殊情况下，教师让学生过量地重复其原有行为，使其因得不到强化、失去意义而自动消退。

例五中教师运用的方法是强化法。教师对平时在课堂上经常讲闲话的学生"不再讲闲话"的表现及时予以表扬，实际是通过强化与学生原有错误行为不相容的行为来制止学生的错误行为，并培养其良好的行为习惯。

第三章　学习动机

一、选择题

1.A 【解析】"知之者不如好之者，好之者不如乐之者"强调的是学习的兴趣和乐趣，属于内部动机。内部动机是指个体从事活动的动力来自活动本身的乐趣和满足感，而非外部奖励。故本题选A。

2.C 【解析】内部动机是指个体出于对活动本身的兴趣或乐趣而进行某项活

动的倾向。为了满足好奇心而学习是典型的内部动机。相比之下，为了得到奖励、避免惩罚或取悦他人而学习都属于外部动机，因为这些动机来源于外部因素而非活动本身。故本题选 C。

3.A 【解析】人的基本需要由低到高依次是生理的需要、安全的需要、归属与爱的需要、尊重的需要、求知与理解的需要、审美的需要和自我实现的需要。其中前四种属于缺失需要，它们的产生是因为身心的缺失，一旦缺失需要得到满足，其强度就会降低。后三种需要属于成长需要，其特点在于永不满足。故本题选 A。

4.A 【解析】马斯洛需要层次理论中，最高层次的需要是自我实现需要。自我实现需要指个体充分发挥潜能，实现理想的需要，是人类最高级的需要。故本题选 A。

5.A 【解析】维纳的归因理论将归因分为三个维度：内部归因和外部归因、稳定归因和不稳定归因、可控归因和不可控归因。"自己不是学这科的料"属于内部归因（自身因素），且是一种相对稳定的特质，因此属于内部、稳定性的归因。故本题选 A。

6.D 【解析】目标定向理论将学习目标分为掌握目标和表现目标。认为学业求助是缺乏能力的表现、是对自我价值构成威胁的学生，更关注他人对自己能力的评价，属于表现目标定向。故本题选 D。

7.B 【解析】目标定向理论将成就目标分为掌握目标和表现目标。持有掌握目标的学生倾向于选择那些有挑战性的任务，以求通过自己的努力真正发展自己的能力。他们把注意力集中在能力的提高和对任务的把握与理解之上。这与题目描述的"倾向于选择有挑战性任务以发展自己能力的学生"相符。具体来说，掌握趋近目标着眼于掌握知识、完成任务，获得比自己过去强的能力或者胜任任务的能力。故本题选 B。

8.A 【解析】自我价值理论将学生分为四种类型。其中，高趋低避型学生对学习有极高的自我卷入水平，拥有无穷好奇心，通常表现得自信机智。这类学生被称为乐观主义者、成功定向者和掌握定向者。他们通过不断刻苦努力发展自我。故本题选 A。

9.D 【解析】"自我效能感"这一概念是由班杜拉在社会学习理论中提出的。他认为自我效能感是个体对自己是否能够成功完成某一行为的主观判断。故本题选 D。

10.B 【解析】归因于努力是最具有动机价值的归因模式。因为努力是内部的、可控的、不稳定的因素，学生认为通过努力可以改变结果，这种归因模式最能激发学习动机。故本题选 B。

二、论述题

1.本题考查的奥苏伯尔的学习动机理论和马斯洛的需要层次理论都关注人的内在需要,但二者在需要的具体内容、层次划分和动机激发方式上有所不同。比较两种理论的异同,有助于全面理解学习动机的本质和激发途径。参考答案如下:

(1)首先分别简要介绍两种理论的主要内容。

(2)奥苏伯尔学习动机理论和马斯洛需要层次理论的联系:都强调内在需要对行为的驱动作用;都认为高层次需要对学习更有意义;都强调需要的层次性和发展性。

(3)二者的区别:①需要的具体内容不同;奥苏伯尔提出认知内驱力、自我提高内驱力、附属内驱力;马斯洛提出七种基本需要。②需要的层次划分不同:奥苏伯尔的三种内驱力无明确层次;马斯洛的七种需要有严格的层次顺序。③动机激发方式不同:奥苏伯尔强调认知需要的满足;马斯洛强调逐级满足各层次需要。④理论关注点不同:奥苏伯尔侧重学习动机;马斯洛关注一般性动机。

2.本题考查的维纳的成败归因理论解释了人们如何解释自己的成功或失败,以及这种解释如何影响未来的行为。该理论对教育实践具有重要启示,可以指导教师帮助学生形成积极的归因方式,提高学习动机。参考答案如下:

(1)维纳成败归因理论的基本观点:将行为结果归因于六个因素:能力高低、努力程度、任务难度、运气好坏、身心状态、外界环境。这些因素可以归为三个维度:内部归因和外部归因、稳定归因和不稳定归因、可控归因和不可控归因。不同的归因方式会影响个体的情感反应、期望和后续行为。

(2)教育实践启示:引导学生进行积极归因,将成功归因于努力和能力,将失败归因于努力不够。帮助学生认识到努力的重要性,培养正确的归因习惯。教师应给予恰当的反馈,强调学生的进步和努力,而非仅关注结果。创造机会让学生体验成功,增强其自信心。培养学生的内部控制感,提高其自我效能感。针对不同学生的归因倾向,采取个别化的指导策略。

3.本题考查多个学习动机理论的交叉运用。本题案例产生原因,可以从目标设置理论、自我效能感理论和期望—价值理论等角度进行解释。参考答案如下:

(1)目标设置理论认为,具体而明确的目标比模糊的目标更能激发动机。具体目标使学生明确努力方向,易于衡量进展,从而增强动机。

(2)自我效能感理论指出,难度适中的目标最能提高自我效能感。过难或过易的目标都不利于自我效能感的提升。适度挑战性的目标让学生相信通过努力可以达成,从而增强学习动机。

（3）期望—价值理论认为,学习动机由成功期望和任务价值共同决定。近期可实现的目标提高了学生的成功期望,增强了任务的价值感知,从而激发学习动机。

（4）近期目标的实现能带来及时的成功体验和正强化,根据强化理论,这有利于维持和增强学习动机。

（5）根据需要层次理论,近期可实现的目标能满足学生的成就需要,从而激发学习动机。

三、材料分析题

1.小明的厌学、弃学行为可以从多个学习动机理论角度进行解释。选择成败归因理论、自我效能感理论、期望—价值理论进行分析,可以全面阐释小明动机丧失的原因,并为教育实践提供启示。参考答案如下:

（1）成败归因理论的解释:小明将学习失败归因于能力不足"怀疑自己是不是缺乏数学细胞",这是一种内部稳定的消极归因。根据维纳的成败归因理论,这种归因方式会导致学生对未来成功丧失信心,降低学习期望,产生习得性无助感,最终放弃学习努力。教师应引导学生将失败归因于努力不够等可控因素,以维持学习动机。

（2）自我效能感理论的解释:根据班杜拉的自我效能感理论,小明在高中阶段多次考试失利,缺乏成功经验;老师很少让他回答问题,缺乏言语说服;同学的优秀表现与其形成对比,影响他的替代性经验。这些因素共同降低了小明的自我效能感,使他对学习丧失信心,产生逃避心理。教师应创造机会让学生获得成功体验,多加鼓励,以提高其自我效能感。

（3）期望—价值理论的解释:根据阿特金森的期望—价值理论,小明多次考试失利降低了他的成功期望;学习任务的难度超出他的能力范围,降低了任务的价值感知。成功期望和任务价值的双重降低导致小明学习动机丧失。教师应帮助学生设置适当难度的学习目标,增强其成功期望,提高学习任务的价值感知,从而激发学习动机。

2.（1）外部奖赏对内部学习动机可能存在的三种影响

①外部奖赏削弱内部学习动机。物质奖励之类的外部奖赏会让学生将学习行为与奖励联系起来,而不是对学习本身产生兴趣,从而使内部动机减弱。②增强内部学习动机。当学生把外部奖赏视为自身有能力的标志,或者给予学生的奖赏出乎其意料时,会增强学生的内部学习动机。③外部奖赏不会损害内部动机。比如

学生因在数学竞赛中表现优异而获得奖励,他将奖励视为对他数学能力的认可,会继续保持对数学的兴趣。

（2）基于不同特征有效使用外部奖赏的策略

根据学生的年龄特征和学习目标定向需求状态,外部奖赏应结合以下方式使用:①年龄上,小学生偏向于外部动机驱动,外部奖赏对他们有较大的激励作用,所以对小学生用及时的具体奖励,如小红花或小贴纸,同时不要让学生感到被操纵,要引导学生把奖励视为对努力和能力的肯定。中学生内部动机逐渐增强,逐渐关注个人成就感,相比外部奖赏,更注重对其能力的认可和尊重。因此,对中学生的激励要体现对其能力的认可,同时增强其持续学习的动力,将奖励与未来发展关联。②在目标定向上,掌握目标定向的学生,倾向于注重内部动机,关注学习过程和自身成长,重视成就感,增强对努力和学习能力提升的反馈,进行外部奖赏时最好要能帮助其进一步提升,如奖励其课堂展示的机会,给予其持续学习的资源。成绩目标定向的学生倾向于注重外部动机,关注最终结果和外部评价。对成绩目标定向的学生要对其最终结果进行明确的反馈和奖励,如对成绩排名的奖励、竞赛获奖的奖品。

第四章　知识的建构

一、选择题

1.A　【解析】根据知识的不同状态和表述形式,可以分为陈述性知识和程序性知识。陈述性知识又称描述性知识,反映事物的状态、内容和事物发展变化的原因,主要表述为是什么、怎么样;程序性知识又称操作性知识,反映活动的具体过程和操作步骤,主要阐明做什么、怎么做。条件性知识反映的是知识适用的条件,是陈述性知识和描述性知识的结合;策略性知识能帮助学习者提高学习效果和效率,是关于认知、解决问题的思想和方法方面的知识。"知识就是力量"是对知识"是什么"的表述,是一种陈述性知识。故本题选 A。

2.B　【解析】陈述性知识指的是"知道是什么"的知识,如概念、原理等。程序性知识指的是"知道怎么做"的知识,涉及具体操作和技能。小明能解释"力"的概念(陈述性知识),但难以测量力(程序性知识),说明他在程序性知识方面存在不足。故本题选择 B。

3.D　【解析】从学习迁移发生的方式和范围上看,学习迁移可分为特殊迁移和非特殊迁移。某一领域或课题的学习直接对学习另一领域或课题所产生的影响叫作特殊迁移；非特殊迁移是指一种学习中所习得的一般原理、原则和态度对另一种具体内容学习的影响，即将原理、原则和态度具体化，运用到具体的事例中去。特殊迁移产生的内在原因比非特殊迁移直接明了，题干中学习单词basket（篮子）会直接对学习basketball（篮球）有帮助。故本题选D。

4.B 【解析】记忆的恢复是指在学习后的两三天测得的保持量会比学习后立即测得的保持量多的现象。题目中描述的情况正是这种现象，特别常见于儿童和较难材料的学习中。故本题选B。

5.B 【解析】记忆可分为瞬时记忆、短时记忆、长时记忆。短时记忆，也称工作记忆，指个人当时注意着的信息，为现实进行加工、操作服务，它具有记忆容量有限、储存时间短、对信息进行有意识加工的特点，还具有语音听觉、视觉形象、语义等多重编码的特点。故本题选B。

6.B 【解析】垂直迁移指不同抽象和概括水平的经验之间的相互影响。"心理过程"是更抽象和概括的概念，而"认知过程"是其下位概念，两者处于不同抽象层次，前者对后者的学习产生影响，属于垂直迁移。故本题选B。

7.B 【解析】横向迁移（或水平迁移）指同一抽象和概括水平的经验之间的相互影响。小李将已掌握的编程语言知识迁移到新的编程语言学习中，这两种语言属于同一抽象水平，因此属于横向迁移。故本题选B。

8.D 【解析】迁移的概括化原理理论由贾德提出。贾德认为，迁移产生的关键在于学习者能够概括出两组活动之间的共同原理，学习者的概括水平越高，迁移的可能性越大。故本题选D。

9.B 【解析】冯忠良将知识的理解过程分为三个阶段：领会、巩固、应用。其中，知识的领会是通过对教材的直观和概括来实现的；知识的巩固是通过对教材的识记和保持来实现的；知识的应用是通过具体化过程来完成的。故本题选B。

10.A 【解析】整合学科内容是指注意把各个独立的教学内容整合起来，注意各门学科之间的横向联系。数学老师引导学生将三角函数知识应用到物理学中，正是在整合不同学科的内容，促进知识的迁移应用。故本题选A。

二、论述题

1.本题考查考生对程序性知识和操作技能的定义、练习和区别的理解和掌握。参考答案如下：

程序性知识和操作技能的关系：

(1)定义：程序性知识：反映活动的具体过程和操作步骤，说明做什么和怎么做，是一种实践性知识。操作技能：通过练习而形成的操作动作系统，是完成某项活动所必需的操作方法。

（2）联系：程序性知识是操作技能的理论基础；掌握程序性知识有助于形成操作技能；操作技能是程序性知识的具体实践和应用；通过对操作技能的练习可以巩固程序性知识。

（3）区别：程序性知识更强调认知层面，而操作技能更强调行为层面；程序性知识可以用语言表述，而操作技能更多依赖实际操作；程序性知识的获得主要通过理解，而操作技能的形成主要通过练习。

因此，在教学中应注意程序性知识的传授与操作技能的培养相结合，促进学生全面发展。

2.本题考查考生对学习迁移理论的掌握程度。参考答案如下：

（1）共同要素说（桑代克和伍德沃斯提出）：认为两种学习情境存在相同的成分是产生迁移的原因。该理论认为迁移是由于两次学习在刺激—反应联结上具有共同点，但过于强调外部相似性，忽视了学习者的主观认知过程。

（2）概括化理论（贾德提出）：认为迁移产生的关键在于学习者能够概括出两组活动之间的共同原理。学习者的概括水平越高，迁移的可能性就越大。该理论强调了学习者主动认知的重要性，为教学实践提供了指导。

（3）格式塔关系转换理论：认为迁移的产生主要是对学习情境内部关系的概括。理论的主要内容为学习者顿悟了某个学习情境中的关系，就可以迁移到一个有相应关系的学习情境中去。该理论强调整体性和结构性，关注学习者对问题本质的把握。

这三种理论从不同角度解释了迁移的产生机制，为教育实践提供了理论指导。

3.在教学中促进正迁移发生的具体措施：

（1）整合学科内容：注意各门学科之间的横向联系，鼓励学生把在某一门学科中学到的知识运用到其他学科中。如在物理课上学习力学原理时，可以联系数学中的向量知识，促进学科间的正迁移。

（2）加强知识联系：重视新旧知识技能之间的联系，通过提问、提示等方式，使学生利用已有知识来理解新知识。在教授新的数学概念时，可以引导学生回顾相关的已学知识，建立联系。

（3）重视学习策略：有意识地教学生学会如何学习，帮助他们掌握概括化的认知策略和元认知策略。如在语文阅读教学中，教授学生使用概括主旨、提取关键信息等阅读策略，并引导他们将这些策略应用到其他学科的学习中。

（4）强调概括总结：引导学生对所学内容进行概括总结，培养和提高学生概括总结的能力。如在历史课结束时,让学生总结本节课的主要内容和历史规律,并思考如何将这些规律应用到现实生活中。

（5）培养迁移意识:通过反馈和归因控制等方式使学生形成关于学习的积极态度,鼓励学生大胆进行知识迁移,灵活运用知识。在解决数学应用题时,鼓励学生思考类似问题的解决方法,培养他们主动迁移的意识。

三、材料分析题

（1）本实验中,实验者试图让学生形成的认知结构是问题解决的抽象图式。

实验者通过让学生阅读多个具有相似结构的问题材料,并要求他们写出故事梗概或比较相似之处,目的是让学生抽取这些问题的共同特征和解决原理,形成一个抽象的问题解决图式。这个图式包含了问题的核心要素(如分散力量、多方向汇聚等),可以应用于解决具有相似结构的新问题。

这种干预措施产生的迁移类型是陈述性知识向程序性知识的迁移。学生通过阅读和比较多个问题材料(陈述性知识),形成了一个抽象的问题解决图式,然后将这个图式应用到解决新问题(程序性知识)中。这体现了从"知道是什么"到"知道怎么做"的迁移过程。

（2）类比教学的要义。

定义:类比教学是通过建立已知事物与未知事物之间的相似关系,利用学生已有的知识和经验来理解和掌握新知识的教学方法。

核心原理:①相似性原则:寻找已知和未知之间的共同特征或结构;②迁移原则:将已知领域的知识和解决方法迁移到未知领域。

主要步骤:①选择合适的类比源(已知事物);②确定目标概念(未知事物);③建立映射关系;④引导学生进行推理和迁移;⑤总结和反思类比的限度。

注意事项:①选择恰当的类比源,避免误导;②注重类比的深层结构,而非表面特征;③明确类比的限度,防止过度类比。

第五章　技能的形成

一、选择题

1.C　【解析】技能的特点包括:练习是技能的形成途径;动作方式是技能的形式;合乎法则是技能的标志。技能不是通过语言表述的,而是通过实际活动表现的。故本题选 C。

2.C　【解析】加里培林将技能分为两类:操作技能(也称运动技能或动作技

能)和心智技能(也称智力技能或智慧技能)。操作技能主要涉及外部的肌肉骨骼活动,如骑自行车、体操等;心智技能主要涉及内部的认知活动,通过内部言语在人脑中进行,如默读、心算、写作等。阅读是一种认知活动,主要在大脑内部进行信息处理和理解,属于心智技能。故本题选 C。

3.C 【解析】冯忠良提出的心智技能形成三阶段包括原型定向阶段、原型操作阶段、原型内化阶段。其中,原型内化阶段是指心智活动的实践模式向头脑内部转化,学生可以借助内部言语在头脑内部进行程序化的心智活动。故本题选 C。

4.B 【解析】冯忠良提出操作技能形成的四阶段模型:操作的定向阶段、操作的模仿阶段、操作的整合阶段、操作的熟练阶段。操作定向阶段:学习者主要是认知性的,还没有开始实际操作。操作模仿阶段:学习者开始实际再现特定的动作方式或行为模式,主要依靠视觉控制来指导动作,动作之间的协调性较差,容易出现"顾此失彼"的现象,需要高度的注意力来执行每个动作步骤。操作整合阶段:动作水平开始提高,动作结构趋于合理、协调,学员对动作的有效控制逐步增强。操作熟练阶段:动作高度协调,几乎不需要有意识控制,相当于其他理论中的自动化阶段。题目中描述的特征"主要依靠视觉控制""协调性差""顾此失彼"最符合操作模仿阶段的特点。故本题选 B。

5.C 【解析】这个例子体现了操作技能形成的自动化阶段。在这个阶段,动作已经形成完整的自动化系统,几乎不需要有意识控制,可以同时进行其他活动(如与朋友聊天)。这符合菲茨与波斯纳三阶段模型中自动化阶段的特征。故本题选 C。

6.C 【解析】根据加涅的心智技能学习层级理论,五个层次分别是辨别、具体概念、定义概念、规则和高级规则。其中,定义概念指的是能理解以命题或公式表达的事物的本质属性。故本题选 C。

7.C 【解析】开放型操作技能是指在大多数情况下主要依据外界反馈信息进行运动,对外界信息依赖程度较高的技能。足球就是一个典型的开放型操作技能,因为球员需要根据场上情况的变化来调整自己的动作。相比之下,体操、舞蹈和太极拳更多属于闭合型操作技能,主要依赖机体自身的内部反馈信息。故本题选 C。

8.B 【解析】安德森的三阶段理论包括:认知阶段、联结阶段、自动化阶段。其中,联结阶段是指学习者把某一领域的描述性知识"编辑"为程序性知识。故本题选 B。

9.A 【解析】根据资料,按肌肉运动强度和动作的精细程度,操作技能可分为细微型操作技能和粗放型操作技能。其中,细微型操作技能主要靠小肌肉群的运动来完成。故本题选 A。

10.C 【解析】根据资料，按操作的连续性的不同，操作技能可分为连续型操作技能和断续型操作技能。断续型操作技能由一系列不连续的动作构成，只包括较短的序列，其精确性可以计数，如射击、打字。相比之下，骑自行车、游泳和舞蹈都属于连续型操作技能，表现为连续的、不可分的、协调的动作序列。故本题选 C。

二、论述题

1.本题考查操作技能形成的理论知识。答题时需要清晰地列出三个阶段，并分别说明每个阶段的主要特点。要特别注意区分不同阶段的特征，如认知阶段需要大量的有意识控制，而自动化阶段则几乎不需要有意识控制。同时，要体现出技能形成是一个渐进的过程，从需要大量注意力到逐渐实现自动化。参考答案如下：

菲茨和波斯纳认为，操作技能的形成过程分为三个阶段：认知阶段、联系形成阶段、自动化阶段。

（1）认知阶段：学习者通过指导者的语言讲解或观察动作示范，了解和领会技能的要求、基本程序，掌握组成技能的局部动作。主要特点是形成动作映象。学习者需要时刻想着每一个步骤，头脑中形成画面，在此期间工作记忆的负荷非常沉重。

（2）联系形成阶段：学习者把局部动作综合成更大的单位，形成一个连贯的初步动作系统。主要特点是视觉控制作用减弱，动觉控制作用逐渐提高，动作间的相互干扰减少，紧张度有所减弱，多余动作趋于消失。动作之间形成连锁反应。

（3）自动化阶段：学习者动作的协调和技能的完善阶段。主要特点是局部动作联合成一个完整的自动化的动作系统，多余动作和紧张状态已经消失，动作几乎不需要有意识控制。可以同时进行其他活动，对技能本身只用很少的注意就可以完成。

2.本题考查心智技能培养的方法和策略。答题时需要从多个角度来论述培养方法，包括理论指导、技能特点、实践机会、思维训练等方面。特别要注意结合心智技能的形成理论（如阶段论）和分类（如加涅的层级理论）来阐述培养方法。同时，要强调实践和思维训练的重要性，以及促进技能自动化的必要性。答案应该体现出对心智技能特点的深入理解，以及如何针对这些特点设计有效的培养策略。参考答案如下：

心智技能的培养方法主要包括以下几点：

（1）遵循智力活动按阶段形成的理论：根据心智技能形成的阶段论（如加里培林的五阶段理论或冯忠良的三阶段理论）设计教学过程；创造条件，帮助学生从外部的物质活动向内部的智力活动转化。

（2）根据心智技能的种类选择方法：对简单和复杂的心智技能采取不同的方法和途径；考虑心智技能的特点（如观念性、内潜性、简缩性），选择适当的培养策略。

（3）积极创造应用心智技能的机会：创造问题情境，让学生在解决问题的练习中锻炼心智技能；提供实践活动，作为心智技能形成和发展的基础；通过练习，使学生达到熟练掌握的水平。

（4）注重思维训：练思维是心智技能的核心心理成分，培养学生良好的思维方法和思维品质，强化思维训练。

第六章　学习策略及其教学

一、选择题

1.D　【解析】学生用简洁的语词写出材料中的主要观点、次要观点及各观点之间的关系，属于组织策略。组织策略指整合所学新旧知识之间的内在联系，形成新的知识结构的策略。这种方法有助于系统化和结构化信息，促进理解和记忆。故本题选 D。

2.B　【解析】将电话号码编成易记的词句，属于精细加工策略中的限定词法（谐音联想法）。精细加工策略通过把新学的信息和已有的知识联系起来，增加新信息的意义，促进记忆。故本题选 B。

3.D　【解析】学生整理课文各段落之间的关系，属于组织策略。组织策略是整合所学新旧知识之间的内在联系，形成新的知识结构的策略。这种方法有助于理解课文结构，促进记忆。故本题选 D。

4.B　【解析】精细加工策略包括表象记忆、位置记忆法、首字连读法等。过度学习属于复述策略，不是精细加工策略。精细加工策略是对学习材料进行深入细致的分析加工，理解其内在的深层意义，以促进记忆的学习策略。故本题选 B。

5.B　【解析】过度学习是指达到一次完全正确再现后仍继续识记的记忆。根据过度学习原理，150%的过度学习最为适宜。学生经过 4 次复述刚好记住某个英语单词，最适宜的复述次数应为 $4 \times 150\% = 6$ 次。故本题选 B。

6.C　【解析】题目描述的是元认知的定义。元认知是对认知的认知，包括一个人对自己认知过程的认识以及调节这些过程的能力。它包括对自身认知活动的自我意识和自我调节。故本题选 C。

7.C 【解析】小明使用的是谐音联想法，即限定词法。"戊戌"与"五四"谐音，通过这种联想来记忆历史事件，属于限定词法（谐音联想法）的精细加工策略。故本题选 C。

8.D 【解析】老师强调某些内容很重要，让学生注意，这属于"告知学生后面讲的内容对他们很重要"这种注意策略，目的是集中学生的注意力。故本题选 D。

9.B 【解析】张老师使用手势来强调重要内容，属于"使用标示重点的线索"这种注意策略。这种方法可以帮助学生将注意力集中在重要信息上。故本题选 B。

10.C 【解析】小李发现自己不理解某个知识点（自我监控），并采取重新阅读和寻求帮助的补救措施（自我调节），这主要体现了自我调节策略。自我调节策略是指根据对认知策略效果的检查，及时修正、调整认知策略，以保证学习有效、顺利地进行。故本题选 C。

二、论述题

1.本题考查对元认知策略的理解和应用。答题要点包括：明确元认知概念及其重要性；详细阐述各种元认知策略（自我计划、自我监控、自我调节、自我评价、自我指导）；提出具体教学策略，如示范、创设情境、提供反馈、鼓励反思等；强调培养元认知能力的长期性和系统性。解答关键是将元认知策略与提升学习效能的教学实践紧密结合，展示对元认知在学习中重要作用的深入理解。参考答案如下：

（1）元认知的概念和作用

概念：元认知是对认知的认知，包括一个人对自己认知过程的认识和调节这些过程的能力。

作用：提高认知活动效率，促进智力发展，有助于发挥主体性。

（2）元认知策略的类型

自我计划策略：设置学习目标，浏览材料，分析任务等。

自我监控策略：自我记录，自我提问，领会监控，集中注意等。

自我调节策略：及时修正和调整认知策略。

自我评价策略：个体按照一定的标准和规范来判断自己的学习行为。

自我指导策略：学习者用口头或书面的方式呈现学习步骤或方法。

（3）提升学习效能的教学策略

培养学生制订学习计划的能力。

教导学生运用自我监控策略。

指导学生进行自我调节。

鼓励学生进行自我评价。

训练学生使用自我指导策略。

2.本题要求比较认知策略和元认知策略。答题应从概念、功能、具体内容三个方面阐述区别,并分析二者的相互依存、共同目标和相互促进关系。解答该题的重点在于理解认知策略直接作用于学习内容,而元认知策略监控调节认知过程。答案还应探讨两种策略在实际学习中如何协同工作,如在解决复杂问题时的应用,以展示对这两种策略本质和作用的全面理解。参考答案如下:

(1)区别

概念不同:认知策略是学习者信息加工的方法和技术,直接用于学生的认知活动;元认知策略是学生对自己的学习过程进行有效监控的策略。

功能不同:认知策略是对信息进行有效的加工和整理,对信息进行分门别类的系统储存;元认知策略是监视和指导认知活动的进行,评估学习中的问题,确定策略,评价效果。

具体内容不同:认知策略主要包括注意、复述、精细加工与组织策略;元认知策略主要包括自我计划、自我监控、自我调节、自我评价、自我指导策略。

(2)联系

相互依存:元认知策略指导和调控认知策略的使用;认知策略的使用为元认知策略提供实施基础。

共同目标:都旨在提高学习效率和效果。

相互促进:有效的元认知策略能提高认知策略的使用效果;熟练的认知策略使用有助于元认知能力的发展。

三、材料分析题

(1)解答应围绕精细加工策略的本质和作用,解释深层加工、意义构建、多重编码、个人化理解和实践应用如何增强记忆。(2)比较精细加工和组织策略的目的、处理方式、具体方法、认知过程,突出二者在信息处理上的不同侧重点。(3)分析碎片化学习与精细加工策略、组织策略的关系,评价其优缺点,并提出结合两种认知策略的改进建议,体现对认知策略的深入理解。参考答案如下:

(1)精细加工策略有助于个体日后对所学知识的回忆

深层加工:精细加工策略对学习材料进行深入细致的分析加工,理解其内在的深层意义。建立联系:把新学的信息和已有的知识联系起来,增加新信息的意义。多种方法:使用记忆术、位置记忆法、首字联词法、限定词法等多种方法,增加记忆的多样性。个人化理解:通过联系生活实际、利用背景知识等方式,使知识更有意义。主动应用：能够应用于实践中的知识，往往更容易被记忆。

（2）精细加工策略和组织策略的主要区别

目的不同：精细加工策略是促进对材料的理解和记忆；组织策略是整合所学新旧知识之间的内在联系，形成新的知识结构。

处理方式：精细加工策略是对单个信息进行深入加工；组织策略是对多个信息进行整合和结构化。

具体方法：精细加工策略的方法有记忆术、联系生活实际、利用背景知识、主动应用等；组织策略的方法有列提纲、做图表、运用理论模型、利用表格等。

认知过程：精细加工策略主要涉及深化理解和意义构建；组织策略主要涉及信息的重组和结构化。

（3）对当下流行的碎片化学习现象作出评析

优点：利用零散时间，可以充分利用碎片化时间进行学习；信息获取便捷，能快速接触各种信息，拓宽知识面；适应现代生活，符合快节奏的生活方式。

缺点：不利于深度加工，碎片化学习可能难以进行深入的精细加工；缺乏系统性，不利于形成完整的知识结构，难以应用组织策略；知识碎片化，难以建立知识间的联系，不利于长期记忆和应用；注意力分散，频繁切换学习内容可能影响注意力集中。

建议：合理利用，将碎片化学习作为补充，而非主要学习方法；注重整合，定期对碎片化学习内容进行梳理和组织；深化学习，在碎片化学习基础上，适时进行精细加工；建立知识体系，有意识地将碎片化知识纳入已有知识结构；平衡学习方式，将碎片化学习与系统化学习相结合。

第七章　问题解决能力与创造性的培养

一、选择题

1.B　【解析】鼓励学生用不同方法解题并分享思路，有助于培养学生的发散思维和创新能力，这主要培养了学生的创造性智力。故本题选 B。

2.D　【解析】算法式策略是把解决问题的所有可能方案都列举出来，逐一尝试。穷举法属于算法式策略，其他选项都属于启发式策略。故本题选 D。

3.B　【解析】原型启发是指在其他事物或现象中获得的信息对解决当前问题的启发。小明联想到可以用之前学过的定理来解决当前问题，体现了原型启发。故本题选 B。

4.C 【解析】传统的判断个体创造性的方法包括作品分析法和主观评估法。其他选项属于标准化测验或创造性人格测验的方法。故本题选 C。

5.A 【解析】问题解决的基本过程为发现问题、理解和表征问题、选择恰当策略、应用策略、评价结果。故本题选 A。

6.B 【解析】手段—目的分析法是把问题划分为一系列子目标，通过逐个实现子目标，最终达到问题解决。小李的做法符合这一策略。故本题选 B。

7.D 【解析】脑激励法（头脑风暴法）、分合法、自由联想技术都是开发创造性思维的方法。作品分析法是创造性测量的传统方法，不属于培养创造性思维的技术。故本题选 D。

8.D 【解析】适度的情绪波动有助于创造力的发挥，可以产生不同视角和思路的碰撞，形成更多创造性思维。低智商不可能有高创造性，负面情绪会抑制创造力，内部动机比外部动机更有利于创造活动。故本题选 D。

9.C 【解析】酝酿效应是指当一个人长期致力于某一问题的解决而又百思不得其解时，如果暂时中止对这个问题的思考而去做别的事情，一段时间后可能会忽然想到解决的办法。小明的经历正是酝酿效应的体现。故本题选 C。

10.B 【解析】题目描述的教学方法是脑激励法，也称头脑风暴法。其基本做法是教师先提出问题，然后鼓励学生畅所欲言，寻找尽可能多的答案，不必考虑该答案是否正确，教师也不做评论，一直到所有可能想到的答案都提出来为止。故本题选 B。

二、论述题

1.本题考查创造性心理结构与创造力培养措施的关系。答题时需要先简要阐述创造性的心理结构，包括创造性认知品质、创造性人格品质、创造性适应品质，然后针对每个结构提出相应的培养措施。解答重点在于将理论知识与实际教育措施相结合。参考答案如下：

创造性的心理结构包括创造性认知品质、创造性人格品质、创造性适应品质。

（1）培养创造性认知品质：开发创造性思维，运用头脑风暴法、自由联想等方式；培养批判性思维，鼓励质疑，倡导辩论；发展想象力，创设问题情境。

（2）培养创造性人格品质：保护好奇心；消除对错误的恐惧；培养冒险精神和挑战精神；鼓励独创性与多样性。

（3）培养创造性适应品质：提供丰富的创造性实践机会；教授创造技法；培养创造性问题解决能力。

2.本题考查加德纳多元智力理论及其教育应用。答题时需要简要介绍加德纳的多元智力理论，然后从多个角度分析其对教育工作的启示，包括教学方法、课程设置、评价方式等。解答重点在于理论与教育实践的结合。参考答案如下：

（1）加德纳多元智力理论认为人类至少存在8种智力：语言、数理、空间、音乐、体能、社交、内知、自然智力。

（2）对教育工作的启示：尊重学生的个体差异，因材施教；丰富教学方法，开发多种智力；改革课程设置，平衡发展各种智力；创新评价方式，全面评估学生能力；拓展教育内容，培养多元化人才；重视非智力因素，促进学生全面发展；调整教育目标，培养学生核心素养。

3.本题考查问题解决能力的培养方法。答题时需要结合问题解决的基本过程，从多个角度提出培养措施，包括认知能力、策略运用、实践经验等。解答重点在于理论知识与具体培养方法的结合，以及与实际教育情境的联系。参考答案如下：

培养和提高学生问题解决能力的方法：

（1）培养问题意识。鼓励学生发现问题，提出问题。

（2）提高问题表征能力。教授问题分析方法，训练信息提取技能。

（3）传授问题解决策略。教授算法式和启发式策略，如手段—目的分析法、类比法等。

（4）增强知识储备。夯实学科基础知识，拓展跨学科知识。

（5）培养批判性思维。鼓励质疑，倡导辩论。

（6）提供实践机会。设置真实问题情境，开展项目式学习。

（7）培养元认知能力。指导学生反思和监控问题解决过程。

（8）营造良好氛围。鼓励创新，容忍失败。

三、材料分析题

1.本题考查创新能力的培养与教育实践的关系。答题时需要分析材料中提到的创新途径，结合《中国高考评价体系》探讨创新能力培养的意义，并设计具体的教学活动。解答重点在于理解创新思维的培养方法，以及如何将其应用于实际教学中。参考答案如下：

（1）四种帮助学生创新的途径

①鼓励创造：支持学生产生新颖独特的想法。②鼓励发明：引导学生设计新的产品或方法。③鼓励发现：支持学生探索未知领域，获取新知识。④鼓励想象：培养学生丰富的想象力和联想能力。

（2）《中国高考评价体系》对创新能力的意义

①强调创新能力的重要性,引导教育重视创新人才培养。②提供全面评价标准,促进学生多方面发展。③引导教学改革,鼓励采用有利于创新能力培养的教学方法。④激励学生主动学习,培养创新意识和能力。

（3）教学活动方案（以语文为例）

①目标:培养学生的创造性和想象力,提高写作能力。

②操作步骤:

创造与想象:给出一件物品（如铅笔）,让学生想象它的其他用途。

假设与预测:提出一个假设情境（如"如果人类失去语言能力"）,让学生预测可能发生的事情。

小组讨论:分享想法,激发更多创意。

创意写作:基于讨论结果,完成一篇短文创作。

2.如下:

（1）解释

①成绩优秀与创造性并不具有必然的联系。成绩优秀是基础知识储备扎实的体现,没有一定的知识作为基础,就谈不上创造。因此在数学和语文两门学科中,能够创造性地回答和有新颖视角的学生通常都是成绩比较好的。但是知识的储备不是影响创造性的唯一因素,个体的智力、个性、动机、情绪、习惯等因素也会影响学生的创造性。

②学习成绩好但创造性能力差可能的原因有应试教育的束缚,如有些学生的好成绩是通过大量的重复性练习和死记硬背获得的。还有心理因素的限制,有些成绩好的学生可能害怕犯错,所以在面对需要创造性的任务时,担心自己的想法不符合常规而受到批评或者得到较低的评价。

（2）基于影响个体创造性的因素,教师培养学生创造性能力的策略

①知识因素。教师首先要确保学生有丰富的知识储备,注重培养学生运用知识的能力,通过设置实际问题情境,让学生学会将所学知识灵活运用到新的情境中。

②个性因素。鼓励个性发展,培养独立性和自主性,给予学生更多的自主学习空间,让他们能够独立思考和探索。

③动机因素。激发学生内在动机,激发他们的学习兴趣和创造性解决问题的动机。提供适当的奖励和反馈,合理运用外部奖励来强化学生的创造性行为。

④情绪因素。营造积极情绪氛围,如在课堂上和班级中营造轻松、愉快的氛围。教师可以用幽默的语言、有趣的教学案例来缓解学生的紧张情绪。进行情绪

管理教育,教导学生如何管理自己的情绪,尤其是面对挫折和压力时。

⑤形成创造意识。教师要引导学生树立创造信心、激发创造热情、磨砺创造意志、培养创造勇气。教师可以使用脑激励法、分合法、自由联想技术培养学生的创造性;发展批判性思维,善于打破原有思路,注重培养学生质疑问难的学习态度。

⑥培养创造性个性及独创精神。要保护好学生的好奇心,消除学生对犯错误的恐惧心理,培养冒险精神和挑战精神,鼓励独创性与多样性。

第八章　态度与品德的学习

一、选择题

1.A　【解析】品德的心理结构包括道德认知、道德情感、道德意志、道德行为四个要素。在这个案例中,小明已经写了保证书,表明他有遵守规则的认知和情感,但在实际行动中却未能坚持。这反映出小明的道德意志薄弱,无法克服困难(冬天寒冷)来实践自己的诺言。因此,对小明的教育应从提高其道德意志水平入手,培养他克服困难、坚持实践的能力。故本题选 A。

2.C　【解析】科尔伯格是著名的道德发展理论家,他提出了道德发展的六阶段理论。在研究过程中,科尔伯格主要使用"两难故事法"来评估个体的道德判断水平。这种方法是通过向被试讲述一些包含道德两难困境的故事,然后询问被试在这种情况下应该如何行动,以及为什么这样行动。通过分析被试的回答,科尔伯格能够判断被试所处的道德发展阶段。故本题选 C。

3.A　【解析】态度的心理结构包括情感成分、行为意向成分、认知成分。情感成分是态度对象是否满足人的情感需要而引起的主体的内心体验;行为意向成分指个体对态度对象可能产生某种行为反应的倾向;认知成分指个体对态度对象所持的认识和评价。故本题选 A。

4.B　【解析】在这种情况下,小明面临道德困境。让小明进行角色扮演,体验不同立场的感受,可以帮助他更好地理解情境,作出更合理的道德判断。这种方法属于角色扮演法,是品德综合培养的有效方法之一。其他选项或过于简单化,或可能产生负面效果。故本题选 B。

5.C　【解析】根据资料,游戏和情境模拟是品德教育中的重要方法,其中角色扮演是常用的技巧。让学生扮演不同角色,体验不同立场,属于游戏和模拟法的范畴。故本题选择 C。

二、论述题

1.本题考查品德的概念、构成要素及其在道德教育中的应用。答题时需要准确定义品德,分析其构成要素,并结合教育实践探讨如何基于这些要素开展道德教育。解答重点在于理解品德的多维度特性,以及如何将理论知识应用于实际教学中。参考答案如下:

(1)品德的定义:品德是个人依据道德行为准则形成的稳固特征。

(2)品德的构成要素:道德认知,对道德概念、原则的理解;道德情感,对道德事物的情感体验;道德意志,践行道德的意志力;道德行为,符合道德要求的实际行为。

(3)基于要素的道德教育:认知培养,讲授道德知识,开展案例分析。情感激发,创设情境,引发情感共鸣。意志锻炼,设置适当挑战,培养坚持精神。行为养成,提供实践机会,形成良好习惯。整合教育,在实践中统一认知、情感、意志、行为;采用多元化教学方法,如角色扮演、情境模拟等;注重榜样示范,发挥教师和优秀学生的引导作用;创造真实的道德实践机会,如社会服务活动等。

2.本题考查学生品德不良的成因分析。答题时需要从客观和主观两个层面分析学生品德不良的各种影响因素,包括家庭、学校、社会等外部环境因素,以及学生自身的认知、情感、意志等内部因素。解答重点在于全面理解品德形成的复杂性,以及如何基于这些成因制定有针对性的教育策略。参考答案如下:

学生品德不良的成因可从客观和主观两方面进行分析。

(1)客观原因

①家庭因素:教育方式不当,家长榜样作用缺失。

②学校因素:过分注重升学,忽视德育;教师行为失范。

③社会因素:不良风气影响,社会价值观扭曲。

(2)主观原因

①道德认知缺失:缺乏正确的道德观念,法治观念淡薄。

②道德情感异常:爱憎不分,好恶颠倒。

③意志薄弱:缺乏自制力,易受不良影响。

④不良行为习惯:长期形成的不良行为模式。

⑤心理矛盾:青少年内部心理因素发展不平衡导致的矛盾。

三、材料分析题

本题考查品德教育的方法和家庭教育在品德培养中的作用。答题时需要分析材料中提到的家庭教育方式,结合品德的构成要素,探讨家庭教育对品德培养的意义,并设计具体的家庭教育活动。解答重点在于理解品德培养的方法,以及如何将教育心理学理论应用于家庭教育实践中。参考答案如下:

(1)运用"亲自养育,加强亲子陪伴"和"潜移默化,言传与身教相结合"的方式,可以通过榜样示范和观察学习,培养儿童的道德认知和行为。这符合班杜拉的社会学习理论,强调了榜样的重要性。

(2)"相机而教,寓教于日常生活之中"可以创设自然情境,促进道德认知、道德情感和道德行为的内化。这种方法有助于将道德教育融入生活,提高教育效果。

(3)"严慈相济,关心爱护与严格要求并重"有助于培养儿童的道德意志,锻炼自我约束能力。这种方法平衡了爱护和要求,有利于儿童品德的全面发展。

(4)"平等交流,予以尊重、理解和鼓励"可以激发儿童的道德情感,促进道德认知的发展。这种方法强调了尊重儿童主体性的重要性。

(5)"尊重差异,根据年龄和个性特点进行科学引导"符合维果茨基的最近发展区理论,有助于因材施教,促进儿童的全面发展。